The photographs encyclopedia of

HOUSE BUILDING

写真と図説でわかる「いい家づくり」のコツ、すべて

家づくり大百科

主婦の友社

目次 CONTENTS

＊本書は「はじめての家づくり」「はじめてのRe;Form」に掲載された実例を再編集したもので、家族構成などは掲載当時のものです。
＊実例ページの「本体工事費」とは、家全体にかかわる工事費で、家を建てるにはこのほか別途工事費や諸費用がかかります。
＊また、一般的に3.3㎡（坪）単価とは、この本体工事費を延べ床面積で割った金額をさします。
＊以上の金額は、その建物の竣工当時の金額です。

巻頭特集

家族構成別4ケース・4スタイルの住まい

PROFILE & DATA

奥さまも仕事をもつ青柳さんご夫妻。以前は、この場所に建つ築20年の家に暮らしていました。日当たりが悪く、昼間でも照明をつけていたそう。

フラットなファサードと切り妻屋根のシンプルなデザイン。玄関から三角形に張り出したひさしがモダンなアクセントを加えています。外壁の仕上げはリシン吹きつけ。

CASE 1

夫婦2人

青柳さん宅（東京都）

DATA

敷地面積	93.65㎡（28.33坪）
建築面積	44.33㎡（13.41坪）
延べ床面積	82.77㎡（25.04坪） 1F43.87㎡＋2F38.90㎡
構造・工法	木造2階建て （在来工法・準耐火構造）
工 期	2008年7月 ～12月
本体工事費	約1995万円 （地盤改良費、空調工事費、外構工事費は別途）
3.3㎡単価	約80万円
設計	明野設計室一級建築士事務所

宇宙関連の職場にお勤めのご夫妻と1歳の長女の3人家族。以前の家は眺望抜群の高層マンションで土地探しも見晴らし優先で探し始めたそう。

シンプルなフォルムに、木製フェンスであたたかみを添えた外観。左手に路地のある旗ざお状敷地で、2階南面に開口を設け、南の路地方向から採光を確保。手前の空き地は隣地で、いずれ家が建つ予定。

CASE 2

夫婦＋子ども1人

Sさん宅（東京都）

DATA

敷地面積	86.74㎡（26.24坪）
建築面積	39.31㎡（11.89坪）
延べ床面積	101.14㎡（30.59坪） 1F39.31㎡＋2F39.31㎡＋3F22.52㎡
構造・工法	木造3階建て （軸組み工法・準耐火構造）
工期	2014年12月～2015年5月
本体工事費	約2850万円 （エネファーム約200万円、床暖房約40万円は別途）
3.3㎡単価	約93万円
設計	Unit-H 中村高淑建築設計事務所

ご夫妻と8歳の長女、5歳の長男の4人家族。大好きな絵本の、素朴で愛らしい世界が家づくりの理想でした。インテリアのお手本にもしたとか。

外観でこだわったのは、フラットなファサードと勾配屋根。敷地の奥行きを生かして、道路側には駐車スペースを配置。

CASE 3

夫婦＋子ども2人

Kさん宅（東京都）

DATA

敷地面積	189.06㎡（57.19坪）
建築面積	77.59㎡（23.47坪）
延べ床面積	112.16㎡（33.93坪） 1F70.16㎡＋2F42.00㎡
構造・工法	木造2階建て（軸組み工法）
工期	2015年5月〜10月
設計	プランボックス一級建築士事務所

9歳、7歳、4歳の3姉妹の5人家族。ご夫妻は前の家でのDIYリフォームがきっかけでインテリア好きに。「TRUCK」の家具がお気に入り。

夏の高い日ざしは遮り、冬の低い日ざしは効率的にとり込む軒庇が印象的な外観。「京都市は景観条例で軒庇が義務づけられている」そう。

CASE 4

夫婦＋子ども3人

東光さん宅（京都府）

DATA

敷地面積	257.21㎡（77.81坪）
建築面積	64.59㎡（19.54坪）
延べ床面積	108.77㎡（32.90坪） 1F61.28㎡＋2F47.49㎡
構造・工法	木造2階建て（SE構法「重量木骨の家」）
工期	2009年9月〜2010年2月
本体工事費	約2350万円
3.3㎡単価	約71万円
設計	ビルド・ワークス

SITE & PLANNING 敷地とプラン

CASE 1

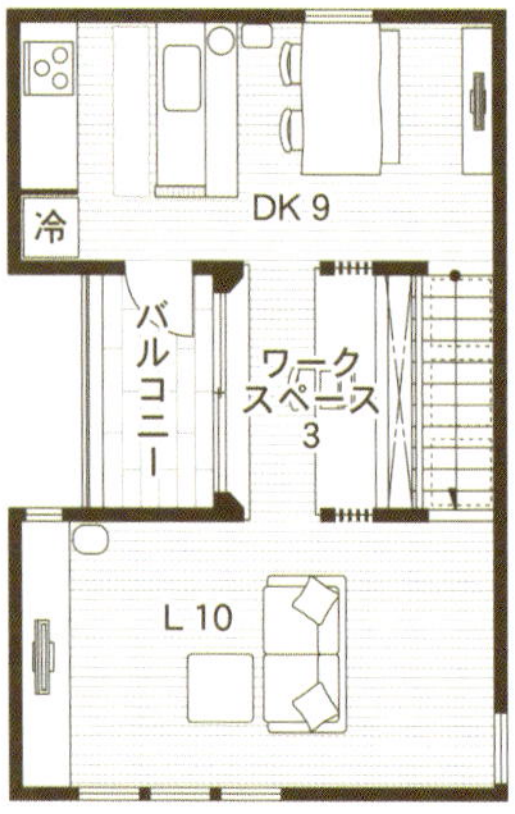

2F

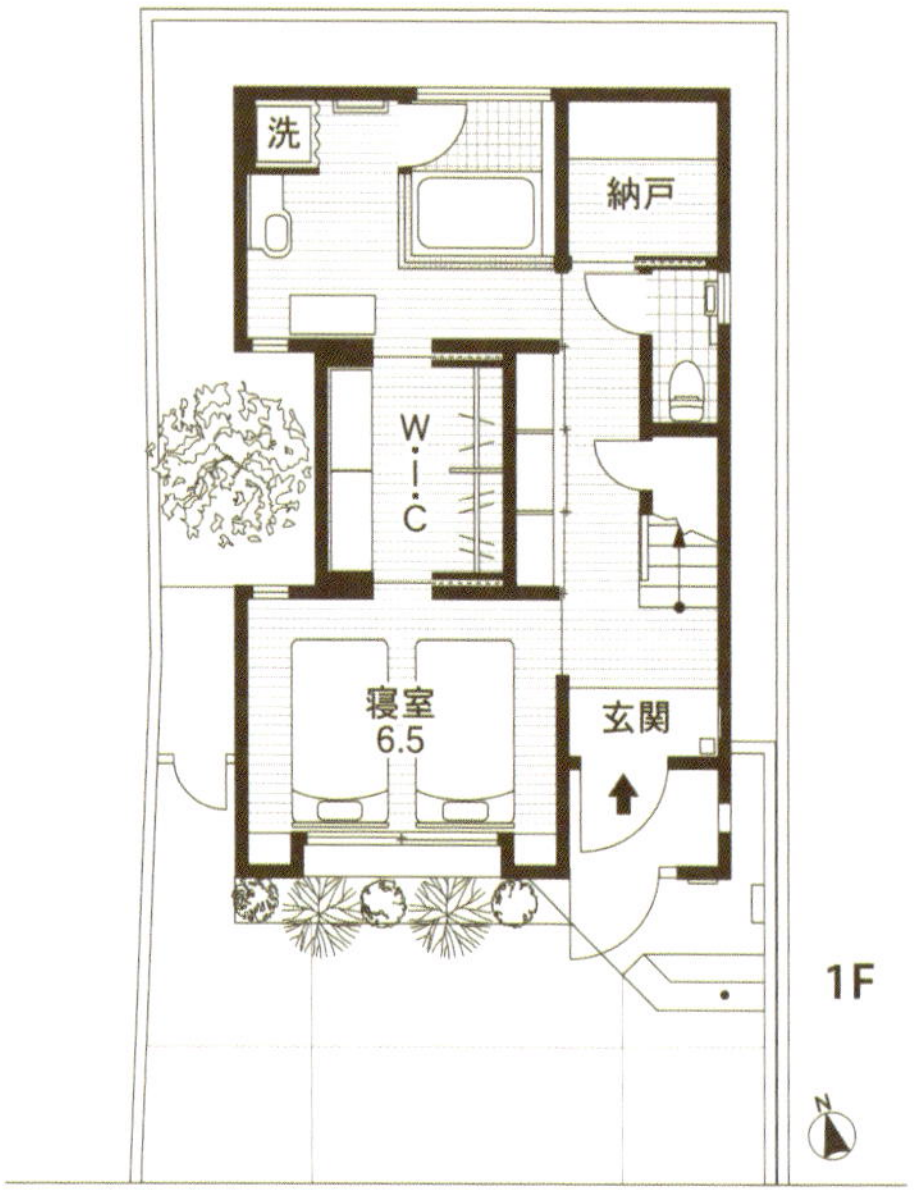

1F

設計のポイント

共働きで忙しいご夫妻にとって、家ではゆったりくつろげることが第一条件。「つかず離れず、お互いの気配を感じながらもくつろげるLD」というリクエストから、リビングとダイニングの間にブリッジ状のワークスペースを設けたプランに。空間同士はつながっていても、それぞれのスペースにほどよい独立感が生まれ、どこにいても落ち着いて過ごせる住まいになりました。1階に配置したプライベートルームやサニタリーも、窓の位置や動線を工夫。くつろぎ感を重視したプランニングです。

敷地

以前の家があったのは、日照などの条件に難のある旗ざお状敷地。建てかえにあたり、道路側の敷地を買い増し、広さと日当たりを確保しました。

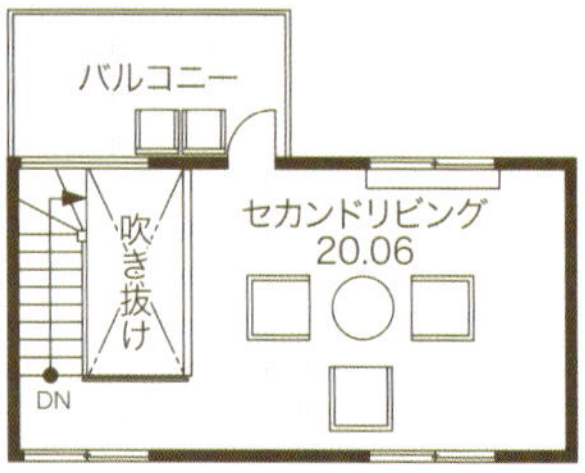

3F

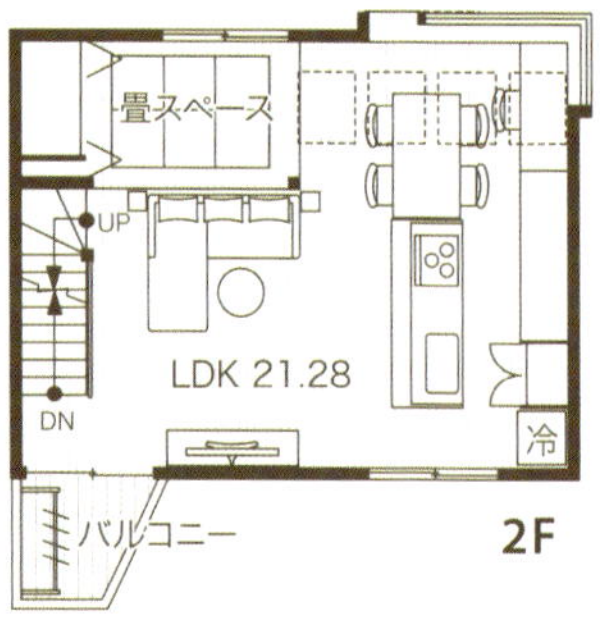

2F

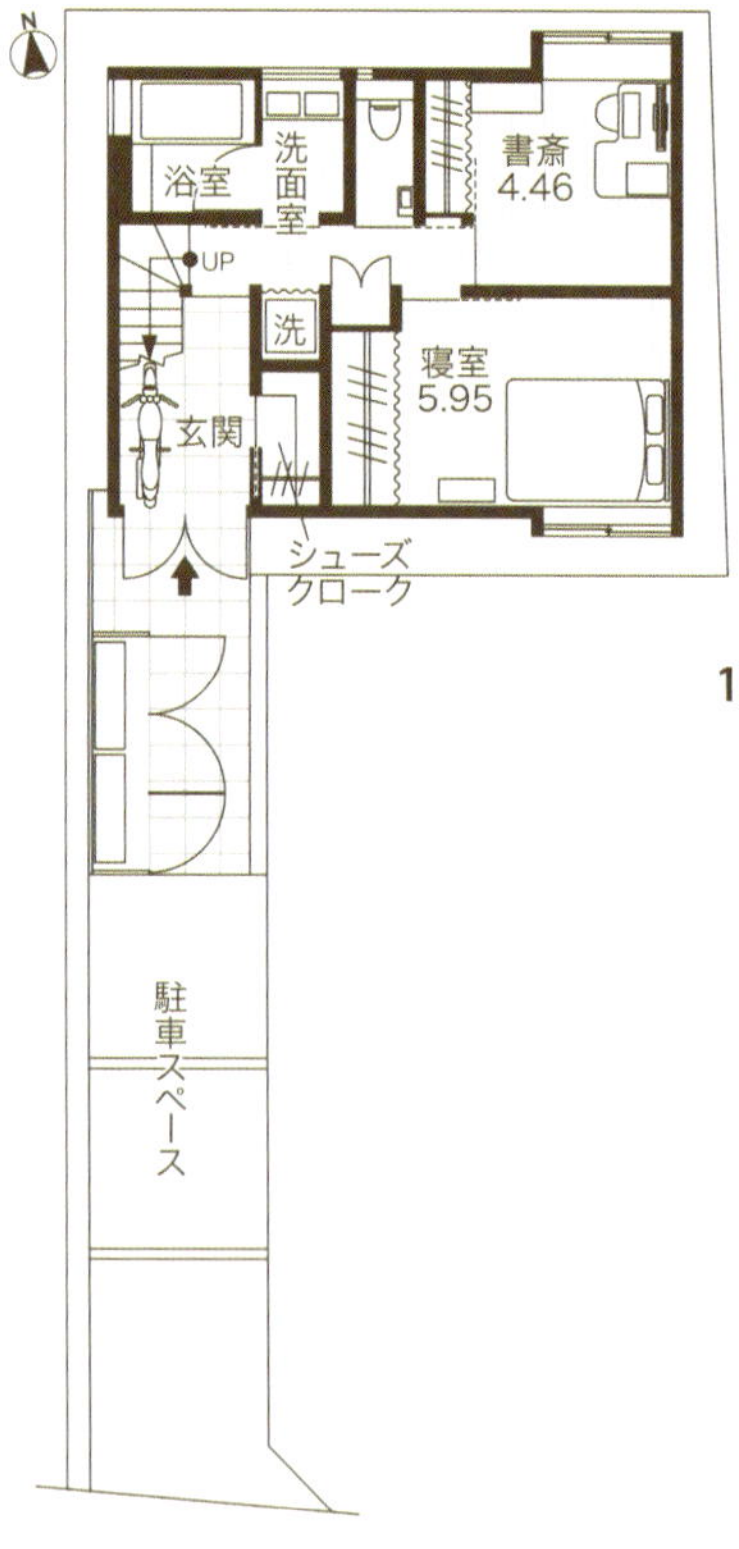

1F

CASE 2

設計のポイント

北側が傾斜している土地で、その高低差を利用して眺望が開ける開口部を工夫。2階のLDKには北側にL字型の窓、南側に路地からの採光を得る開口を設置。都市部の密集地でありながら、たっぷりの採光と眺望を確保しています。共働き＆子育て中なので、片付けや掃除にかける時間はできるだけ短縮したいというリクエストもあり、玄関のシューズクローゼットをはじめ、水回りやLDKには収納するものの数や大きさに合わせて家具を造作しました。

敷地

旗ざお状の26坪という狭小地ながら、かつて大名屋敷があった名残から、周囲に高いビルなどがなく、都市部にしては緑の多い環境。北側に面する隣地が1段低くなっている立地。

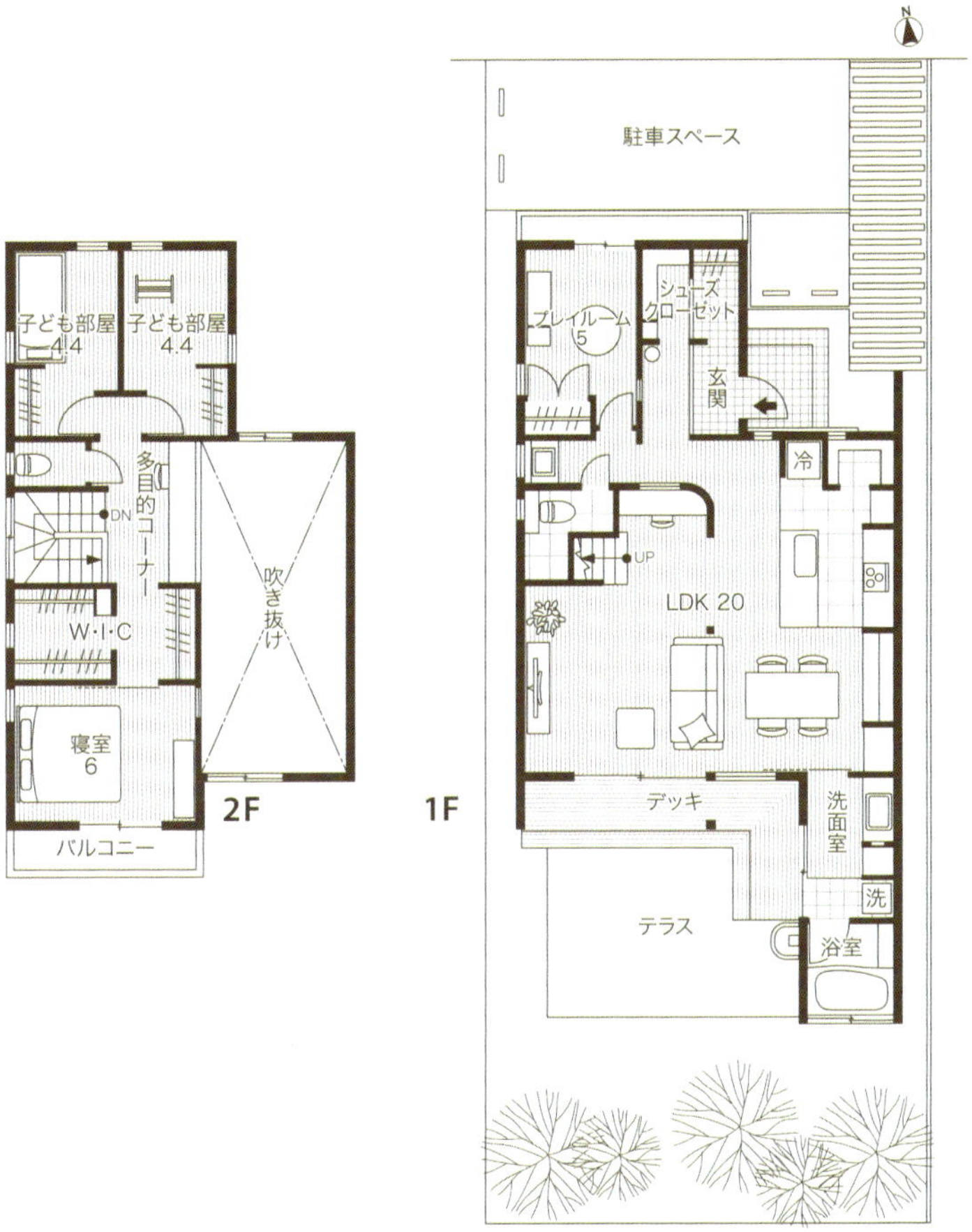

CASE 3

設計のポイント

南側の庭をL字型に囲む形で、LDKと水回りを配置。洗面室と浴室も明るくて快適なうえ、キッチンやデッキに直結しているので、洗濯動線をはじめ、家事効率も抜群です。開放感を高めるために、2階フロアの床面積をしぼり、吹き抜けをプラン。吹き抜けは、リビングではなくDKにつくったのもポイント。ふだん奥さまのいるスペースを2階につなげたことで、家族がどこにいても気配を感じられます。DKからはリビングも見渡せて、家の中心的役割を果たしています。

敷地

南北に長く、面積も57坪と比較的ゆとりがある敷地。南側にゆったりと庭を設けることで、隣家との間に距離ができ、日当たりとプライバシーの面でもメリットが。

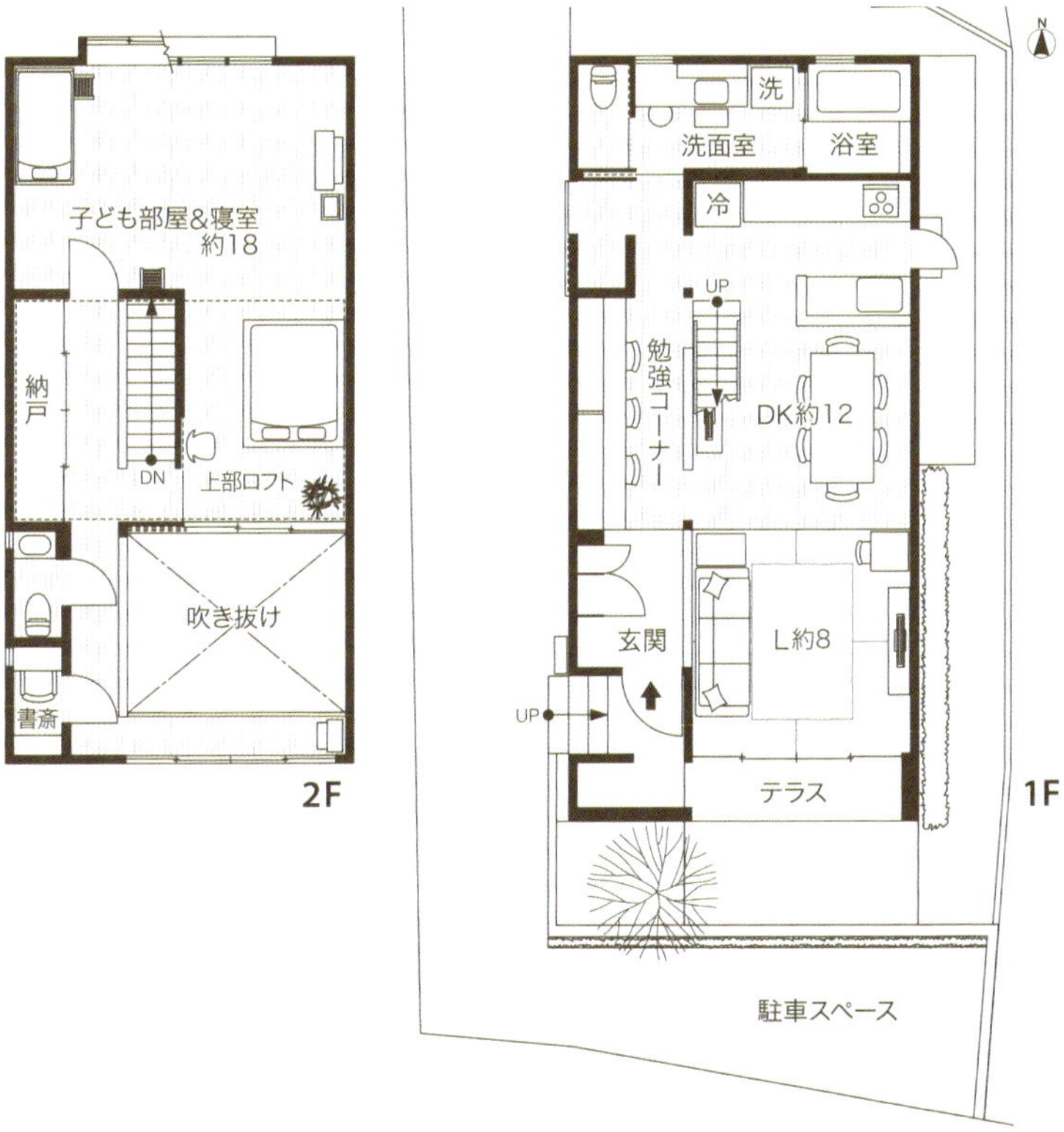

CASE 4

設計のポイント

「仕切りがなく、無駄な空間がない家」という希望をもとに、吹き抜けで上下階をつなげ、大きな開口を設けた大空間のリビングをプラン。強靭な木材と金物による軸組みと、緻密な構造計算で大空間が可能になるSE構法を採用して実現させました。魔法びんのように外壁で断熱することで、上下階の温湿度差のない、どこにいても快適な住まいに。軒庇や蓄熱性のあるリビングの土間コンクリートの効用で、夏は涼しく冬は暖かい室内環境が得られています。

敷地

南向きで道路側が低くなっている敷地。その特性を生かして、外からの視線を気にすることなく、南向きの大きな開口が実現しました。

LIVING リビング

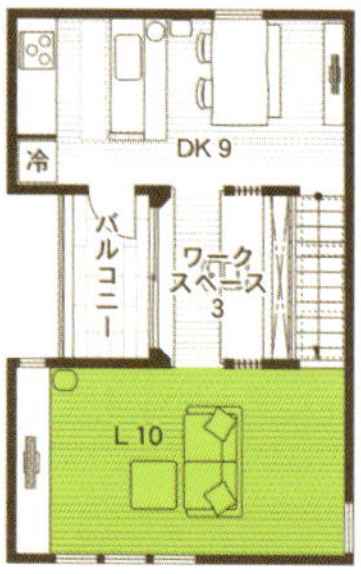

CASE 1

ダイニングとスペースをわけて ゆったり過ごせる空間に

南からのあたたかな日ざしが降り注ぐリビング。西側はテレビを置くためのシンプルなシェルフのみ。こまごましたものは市販のバスケットに入れて、すっきりとさせています。

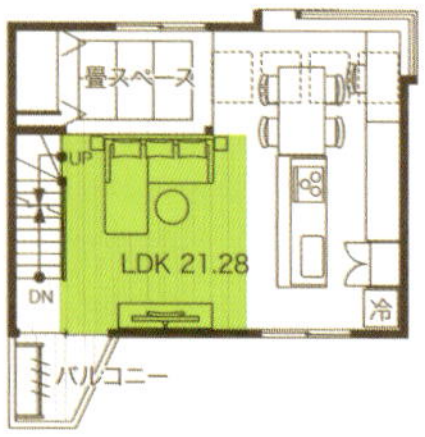

CASE 2

空間の広がりが得られる ワンルームプラン

木をアクセントに使い、ぬくもりをプラスしたリビング。一角には子どものお昼寝やゲストルームに重宝する畳スペースを。天井の色を変えて落ち着いた空間に仕上げています。

CASE 3

天井を低くして ほどよい落ち着き感を

LDKは仕切りのないワンルームですが、リビング部分は天井高を抑え、吹き抜けのあるDKとは雰囲気を変えています。窓のない壁面をあえてつくり、家具をレイアウト。

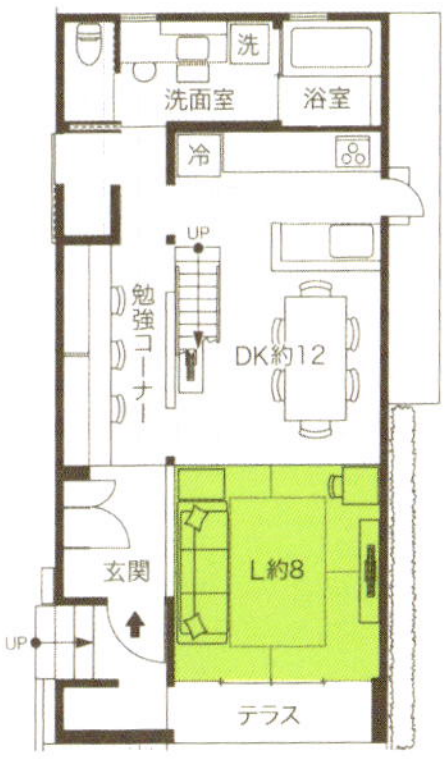

CASE 4

吹き抜けの2フロア分の 窓からたっぷりの 光と風が降り注ぐ

SE構法ならではの大空間＆大開口を実現したリビング。コンクリート土間の床はテラスと高さを合わせているので、そのままテラスにつながる開放感があります。

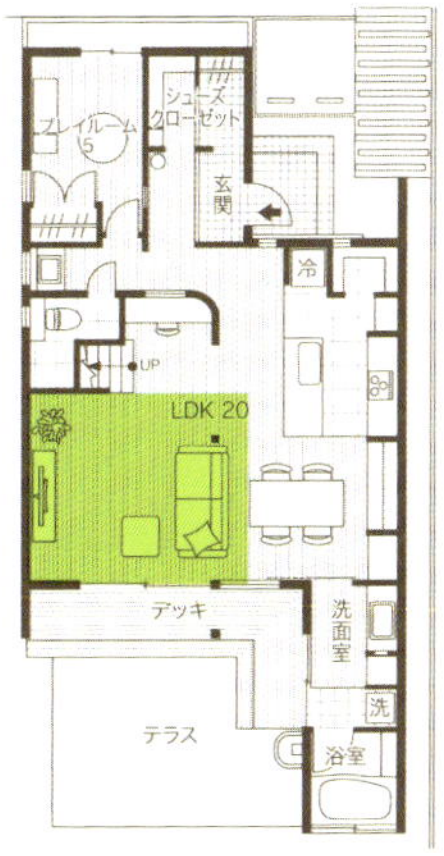

DINING ダイニング

CASE 2

トップライトからの光で北側でも日中を通して明るく

北側斜線の立地を生かして設けたコーナー窓から東京タワーや六本木ヒルズが見え、夜景も抜群！　キッチンカウンターのLD側はティーセットやグラス類専用の収納スペースに。

CASE 1

切り妻屋根に沿った勾配天井で開放感いっぱいのダイニング

天井のいちばん高いところは3m60cm。対面式キッチンとの間のつり戸棚もなくし、のびやかな空間に。カウンターの下に奥行きの浅い収納をつくり、食器をしまっています。

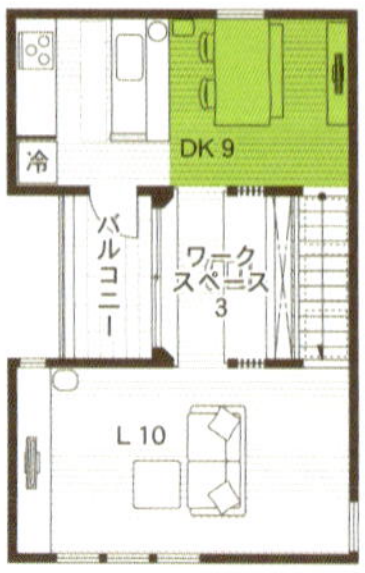

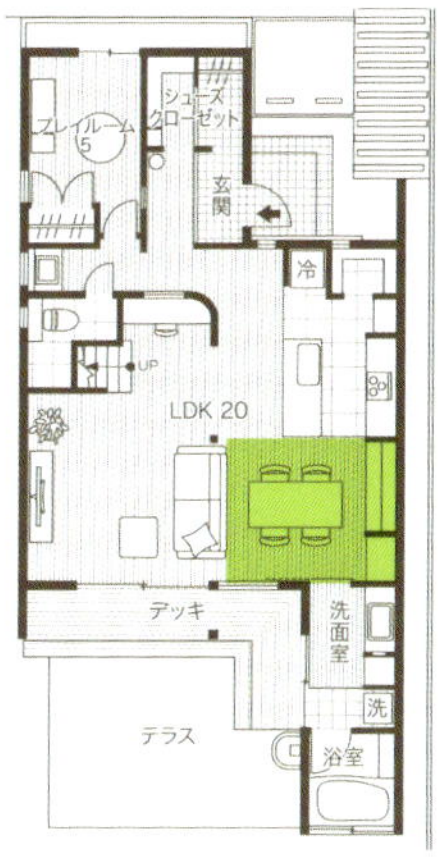

CASE 3

つくる人と食べる人が一体になれるオープンな食スペース

アイランドキッチンと一体にプランされたダイニング。ダイナミックな吹き抜けに、太い梁がかかるおおらかな空間です。掃き出し窓の先にはテラスが続きます。

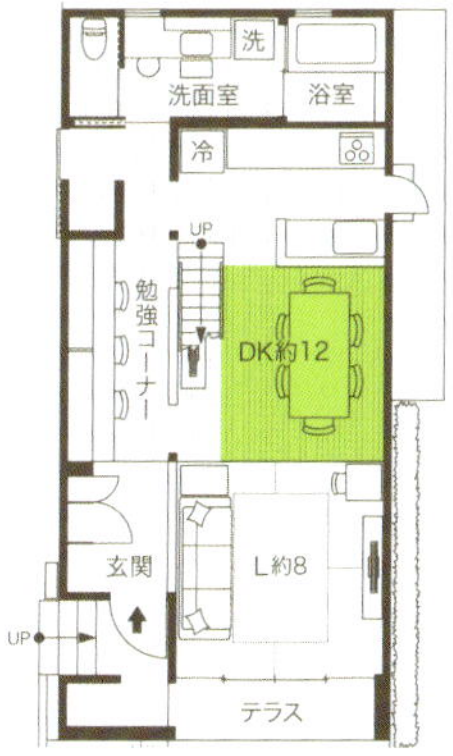

CASE 4

大開口のおかげで奥まったダイニングにもたっぷりの光が

リビングとダイニングはひと続きの空間ですが、床材を変えることでゆるやかにエリア分け。杉材のフローリングを無塗装で仕上げたラフな質感も、心地よさにつながっています。

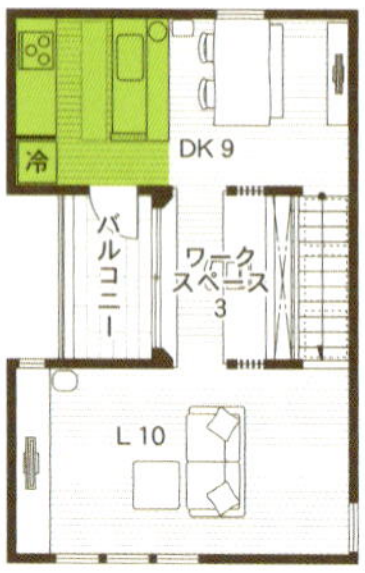

CASE 1

造作工事でほしい機能だけとり入れた使い勝手のいいキッチン

設備機器はシンプルなものを厳選。カウンター下はオープンにして、バスケット型の収納を活用。ダイニング側のカウンターは高めにして作業中の手元が隠せるようにしています。

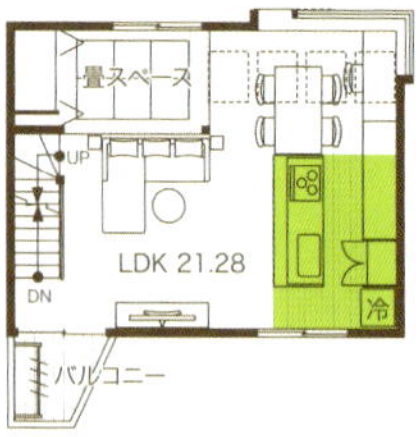

CASE 2

動線に無駄がなく作業がスムーズなアイランドキッチン

設備、収納、デザインにこだわりがあったので、フルオーダーでつくり、複数でも作業しやすいアイランド型に。背面は壁面収納＋作業カウンター＋ワークスペースを一列に配置。

CASE 3

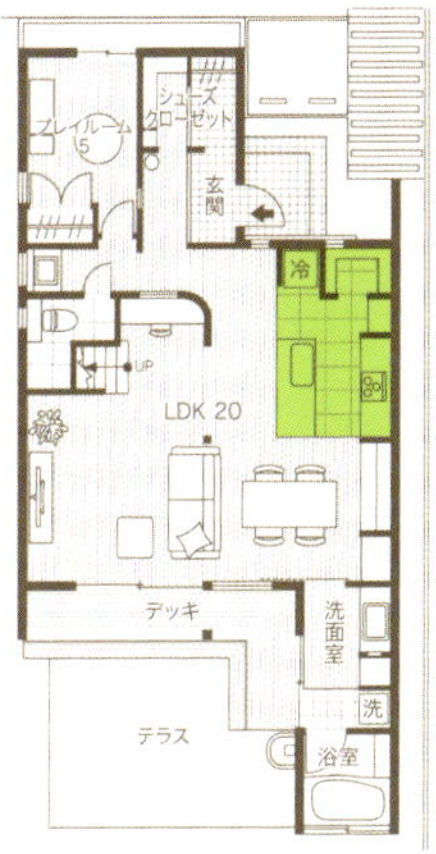

木やレンガなど素材にもこだわって理想のスタイルを実現

オープンなアイランドキッチンには、コンロまわりに古いレンガ、収納の面材にラーチ、カウンタートップは手入れもしやすい大判タイルを採用。奥にはパントリーも。

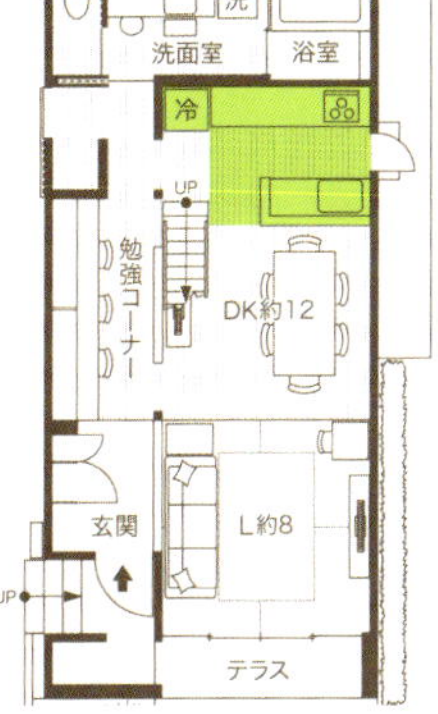

CASE 4

開放的なリビングに向かって料理ができる配置に

設備優先でシステムキッチンを選び、背面にカウンターと棚を造作。「かわいくなりすぎないよう、黒で引き締めました」。キッチンの奥に設けた勝手口は風の抜け道にも。

WORKSPACE ワークスペース

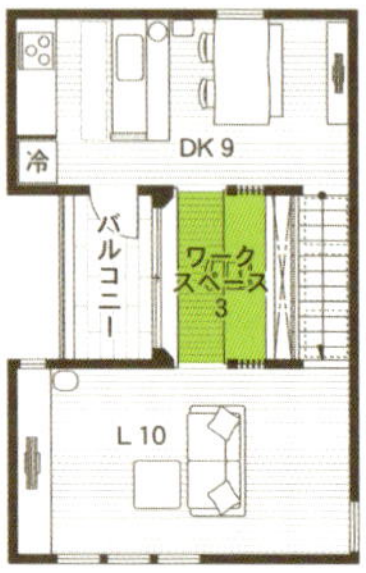

CASE 1

ダイニングとリビングを結ぶ通路に ワークスペースをレイアウト

デスクを造りつけたワークスペースが、食事とだんらんのスペースをほどよい距離に保って。デスクの前はトップライトのある階段ホール。背面はバルコニーなので明るさも十分。

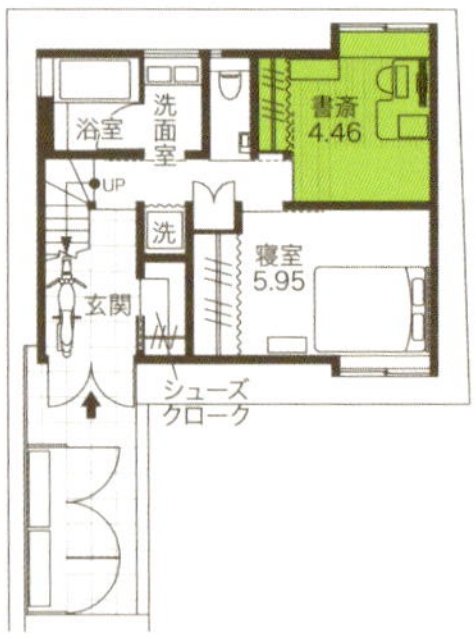

CASE 2

独立した書斎を 1階の北側にプラン

たっぷり4.5畳ほどのスペースをとった書斎。隣地境界線と重なるわずかなすき間をねらってコーナーに窓をつくったことで、思った以上に採光と眺望が得られました。

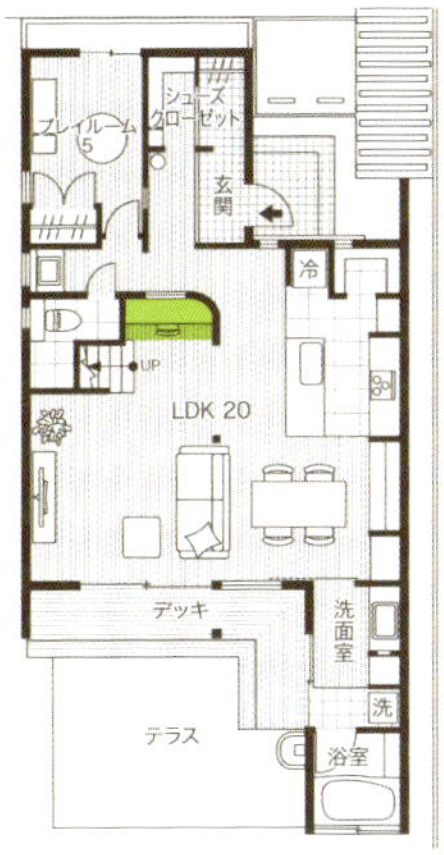

CASE 3

家の中心に配置した家族みんなのワークスペース

シンプルなカウンターを造りつけたワークスペース。目の前が壁ではなくガラスの室内窓なので、圧迫感を感じることなく過ごせます。窓の向こう側は玄関ホールに。

CASE 4

LDKの一角に三姉妹のための勉強コーナーを

リビング側から机の上が見えないよう腰高の壁を立て、ホワイトボードも設置。オープン棚におそろいの収納ボックスを並べて、おもちゃやリビングで使う日用品を収納しています。

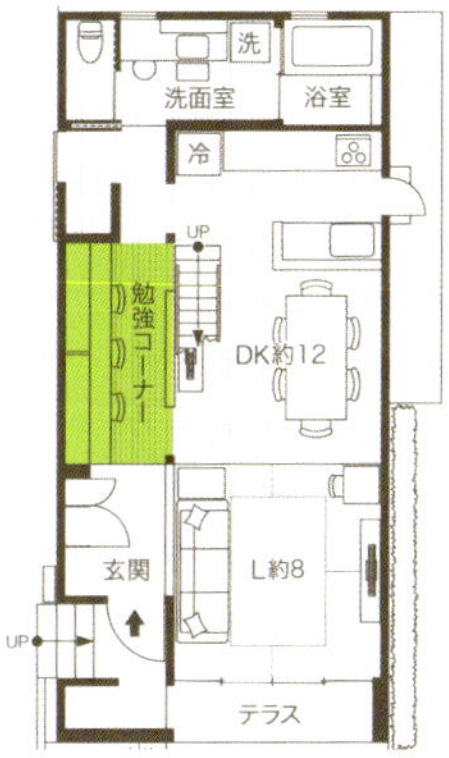

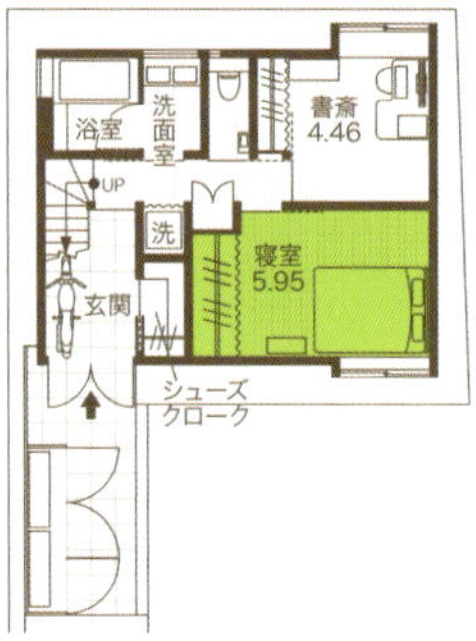

CASE 2

天井の段差を生かしたライティングでリラックス感満載の空間に

上階がキッチンで、配管スペースがあることから天井に段差が生じましたが、それをライティングに利用。テープライトを設置して、落ち着いた間接照明をプランしています。

CASE 1

防犯と通風を両立させる高窓を道路側に設けた寝室

1階の南側に配置した寝室。道路側の窓はあえて大きくとらず、ハイサイドライトのみに。小物を置けるニッチが、ベッドをはさんでシンメトリーに設けてあります。

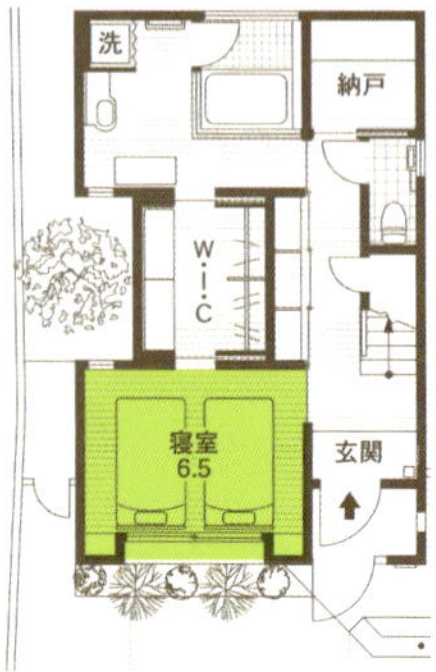

CASE 3

壁の小窓から1階を見下ろせる楽しい工夫も施して

寝室の掃き出し窓の先には、洗濯物干し用のバルコニーを配置。南側を子ども部屋にすると、洗濯物干しのたびに通過することになると考え、あえて寝室にしました。

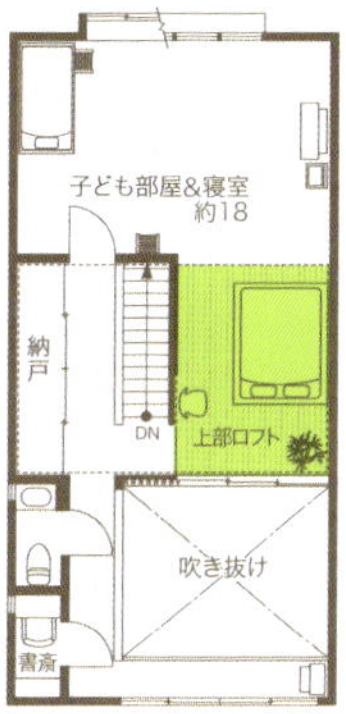

CASE 4

吹き抜け越しの光で爽快に朝を迎えられるベッドルーム

吹き抜けに面した寝室は、たっぷりの光で朝も気持ちよく目覚められるそう。引き戸も立て込んであるので、暗くしたいときや空気の流れを遮断したいときは閉められます。

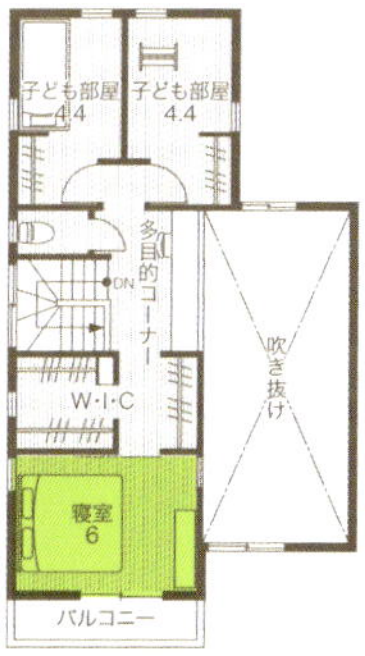

KIDS ROOM 子ども部屋

CASE 2

現在はセカンドリビング。いずれ間仕切りを加えて子ども部屋に

3階はワンフロアを丸ごとセカンドリビングに。南面から光がたっぷり入るうえ、眺望も素晴らしく、ゲストと楽しむにはもってこいのスペースです。将来の子ども部屋にもぴったり。

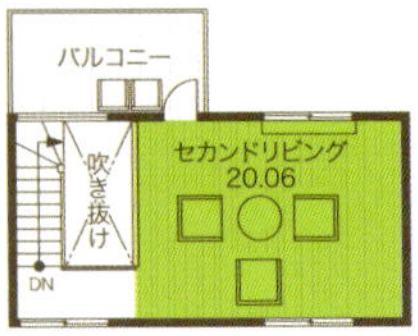

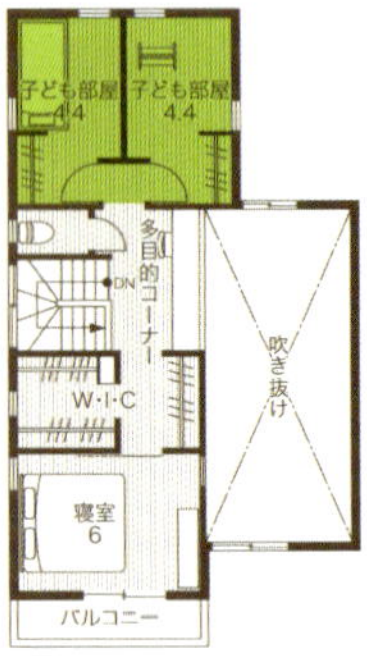

CASE 3

広さもつくりもおそろい！の姉弟の部屋

あとから仕切れる子ども部屋も検討しましたが、男の子と女の子なので、最初から2部屋にするプランに。窓やクローゼットの位置や大きさも、同じになるようにそろえています。

CASE 4

裏山の景色をたっぷり満喫できる贅沢なプレイルーム

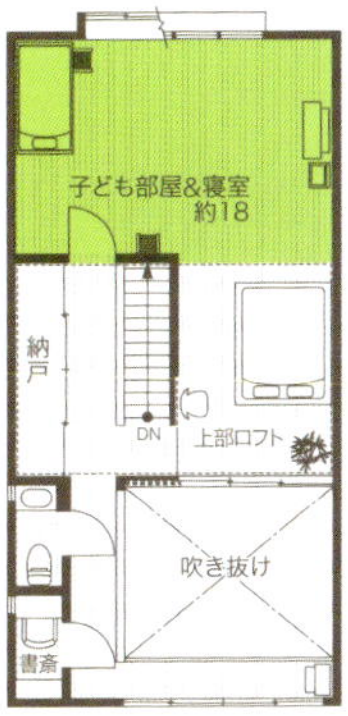

切り立った林に面しているので、大きな窓をつくり、窓外の景色を楽しみながらやわらかな光をとり込む子ども部屋。天井を高くすることで、空間に広がりをもたせました。

SANITARY サニタリー

CASE 1

ガラスで囲んだ バスルームは 開放感満点！

「最初はとまどいましたが、このプランにして正解。ゆったりした気分で落ち着いて入浴できます。壁で仕切っていたら狭苦しくて圧迫感があったかも」と青柳さん。

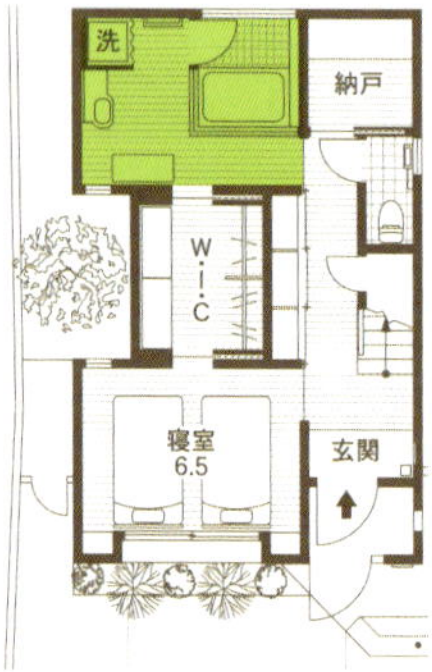

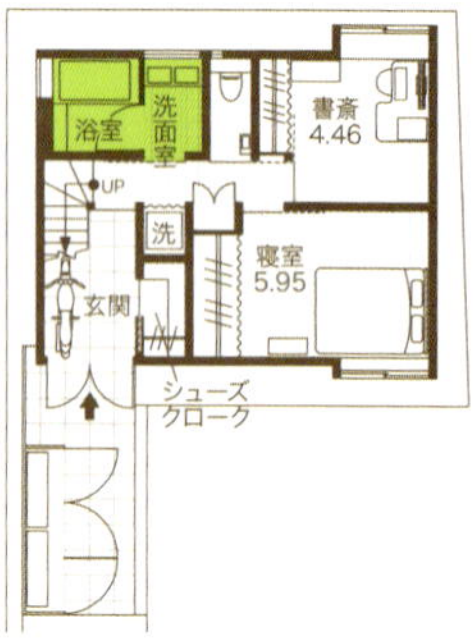

CASE 2

白で統一したさわやかな サニタリースペース

ワイドな鏡は狭い空間を広く見せる効果も。カウンター下は使いやすい引き出し収納に。浴室は在来工法を希望していましたが、予算オーバーのためメーカーのシステムバスを採用。

CASE 3

南側に配置した水回りは明るくて快適！

洗面室と浴室を南側に配置するという驚きのプラン。洗面室の掃き出し窓から直接デッキに出られるので、戸外の気持ちよさを感じながら身づくろいや家事ができます。

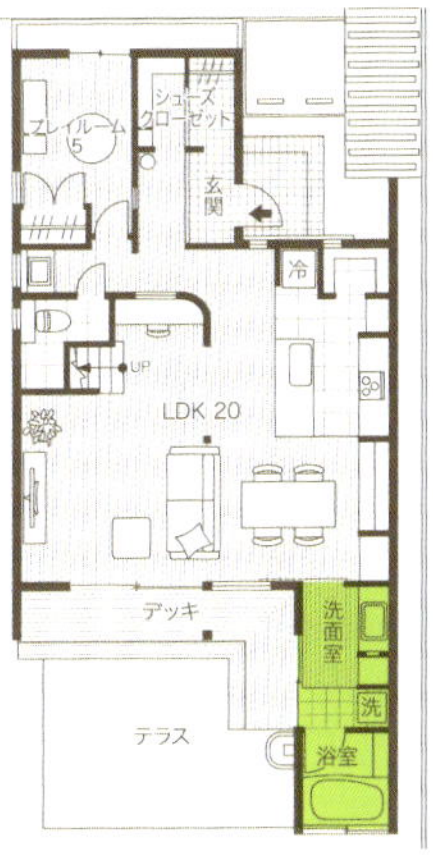

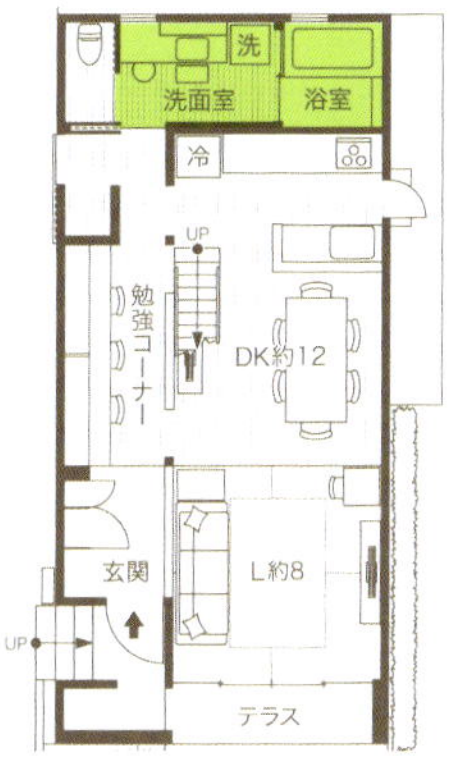

CASE 4

木製カウンターでナチュラル感満載の洗面室

床や洗面台に木材を使ってナチュラルに。木材は防水効果のあるワックスで仕上げました。入り口の引き戸を開けておけば、縦長の窓が出口となって室内に風の流れが生まれます。

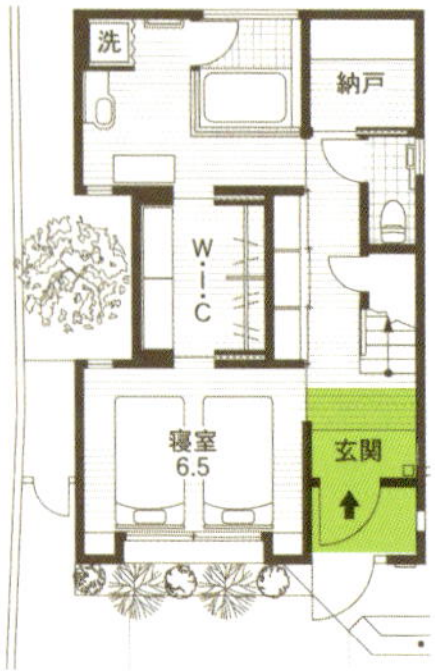

CASE 1

白い壁にブルーのドアがさわやかな玄関スペース

右側に並んだ引き戸は、玄関側から寝室の入り口、W・I・C、サニタリーの入り口。省スペースで見た目もすっきり。玄関ドアは、新防火地域対応のスチール製を採用しました。

CASE 2

玄関はバイクガレージも兼ねる広さを確保

バイク好きのご主人が希望したバイクガレージ。出し入れしやすいように、玄関扉は両開きのワイドタイプのものを特注しました。存在感のある自家発電設備「エネファーム」の本体も、玄関まわりに合わせて木製フェンスで囲んでいます。

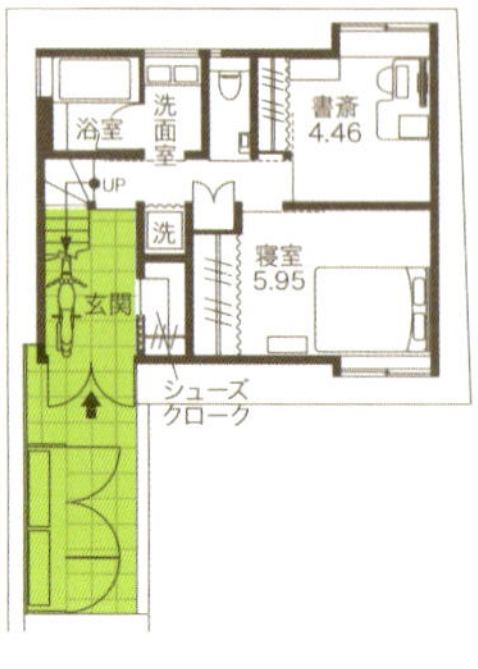

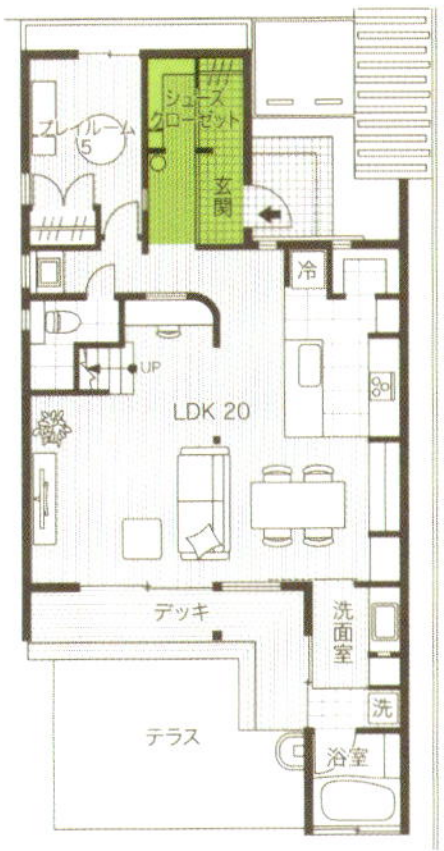

CASE 3

家族用とゲスト用の２つの動線を用意した出入り口

家族は奥のシューズクローゼットから、ゲストは手前からホールに上がるプラン。扉などは省いてコストを抑えました。ポーチとたたきはDIYでタイル貼りに挑戦。

CASE 4

玄関ホールを省いてスペースを有効利用

廊下やホールは無駄なスペースだと思っていたので、思いきって省きました。ドアを開けるとすぐにリビングや勉強コーナーが広がります。動線も短くて暮らしやすいプランです。

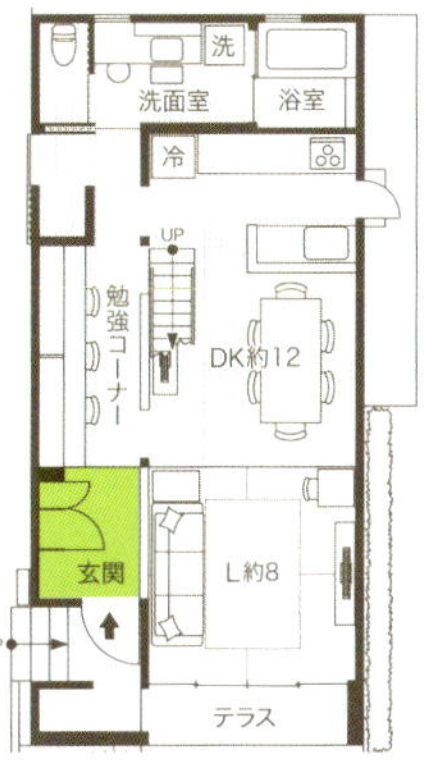

STAIRS & CORRIDOR 階段・廊下

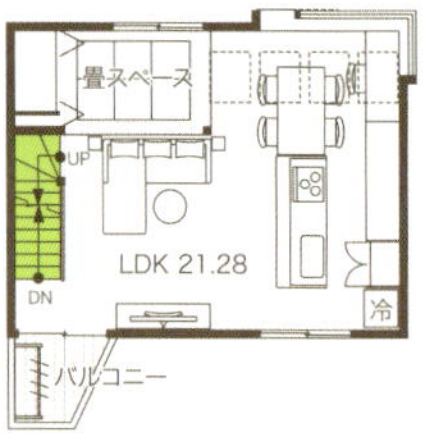

CASE 2

スケルトン階段で
上階からの光を階下に届ける

仕切りのないワンルームスタイルで階段もリビング内にプラン。2階から3階へ上がる階段脇に吹き抜けを設け空間的なつながりをもたらすと同時に、上からの光を届ける役割も。

CASE 1

階段上のトップライトで
上下階ともに光を回して

隣にアパートが建っているため、左手の壁面には窓をつけず、トップライトで採光しています。壁はホタテの殻を混ぜ込んだ塗料（ナチュラルカルシウムペイント）仕上げに。

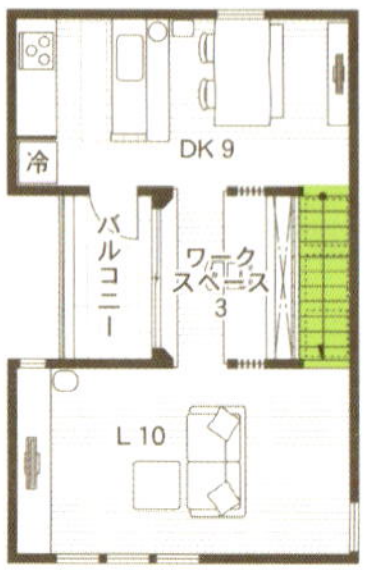

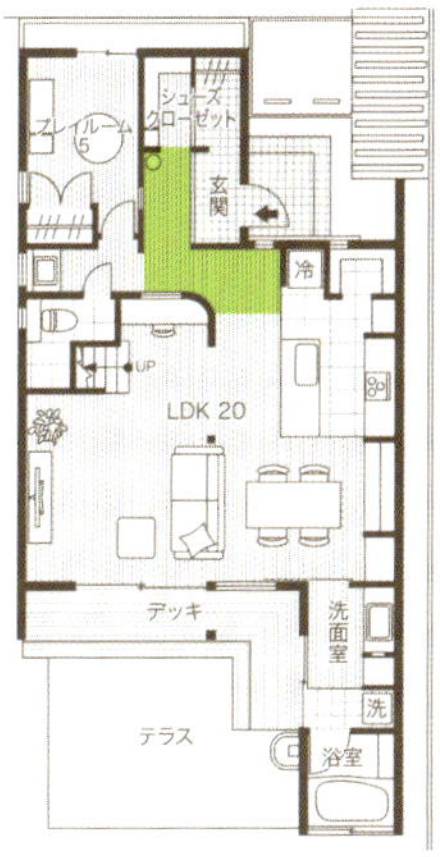

CASE 3

やさしい曲線のフォルムが自然に室内へといざなって

玄関からLDKにつながる壁面には、さりげなくアールがついています。見た目にもやわらかい印象をもたらしているほか、入り口から室内へ、動線を自然に導いています。

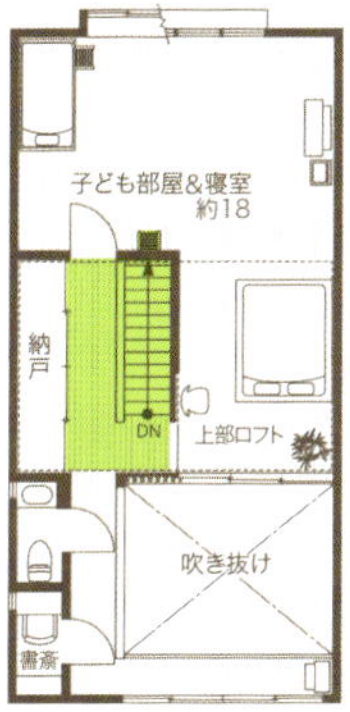

CASE 4

デザインにこだわった箱階段がインテリアのアクセントにも

箱を積み上げたようなラフな雰囲気の階段は、スケルトン階段を構造材で包んでつくりました。手すりのデザインも個性的。右の写真は2階の廊下。片側を全面納戸にして収納を確保。

OUTDOOR 屋外空間

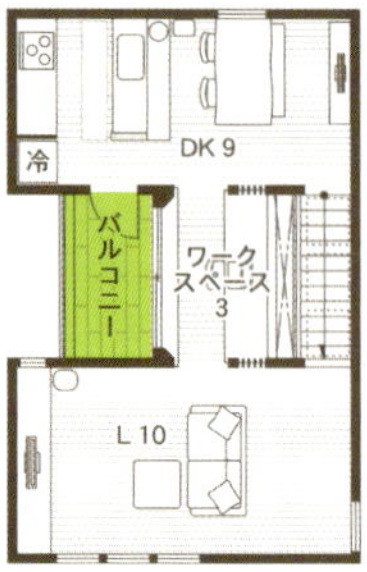

CASE 1

キッチンの横に設けたバルコニーで家事動線をスムーズに

プライバシーに配慮して、敷地の西側に設けた物干し用のサービスバルコニー。キッチンから出入りできる位置なので、家事動線がラクなうえに、キッチンの採光にも役立っています。

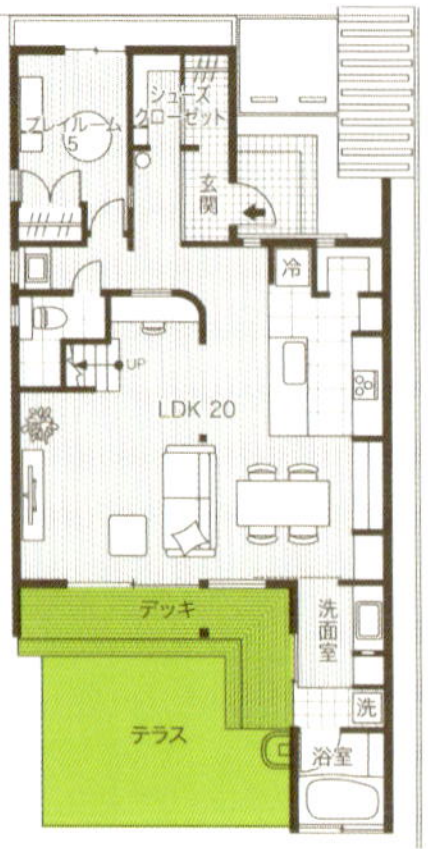

CASE 3

リビングと洗面室の２方向からアプローチできるデッキ

LDKと庭、洗面室と庭が自然につながるように、デッキをL型にプラン。お子さんが遊んだり、洗濯ものを干したりと、大活躍の外空間になりました。庭には水道もとりつけて便利に。

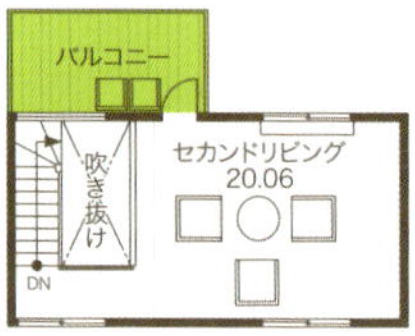

CASE 2

眺望抜群の３階に設けた北向きのバルコニー

3階のセカンドリビングから出入りするバルコニーは、北側斜線制限を避ける形でセットバックした部分に設けています。景色を眺めながら飲むビールは気分も味も最高！とか。

PART1

プランニングの考え方

プランニングの基本を知っておこう

暮らしやすさを左右するのは、間取りづくり＝プランニング。単に広ければいいというわけではなく、どこにどんなスペースをつくるかが重要です。日当たりや風通し、スムーズな動線など基礎知識をもっていると、自分たちの要望を上手に伝えることができます。

まずは暮らし方から考えていきましょう

理想的な住まいの形を具体的にイメージしてみる

家づくりをどこに依頼するにしても、まずはマイホームの仕上がりイメージをはっきりさせておくことが大切です。また、理想像が具体的になればなるほど、依頼先をしぼりやすくなります。

間取りやインテリアなどを考えるときにいちばんのヒントになるのが、今の住まいの不満点や気に入っているところを洗い出すこと。そうすれば、部屋数が不足していたり、収納が少ないなどの問題点がわかってきます。また、どんな暮らし方をしたいかによって、新居のあり方も変わります。小さな子どものいるお宅では、親子のふれあいや安全性を重視した間取りに。料理が趣味のご夫婦なら、家の中心に大きなオープンキッチンを据えるのもいいでしょう。

建売住宅の場合は〝器〟に暮らしを合わせなくてはいけませんが、念願の新築戸建て。家族のライフスタイルや好みを、ぜひとも反映させてください。

四季を通していちばん条件のよい場所をLDに

「全室南向き」をうたったマンションや分譲住宅が人気のように、住み心地を左右するのが、日当たりと風通しのよさ。どの部屋もあふれんばかりの光と風がとり込めればよいのですが、現状では困難です。そこで、間取りづくりに着手する前に、家族の生活リズムを再確認して、採光や通風面で部屋に優先順位をつけることをおすすめします。

最優先させたいのがLD。家族みんなが食事をしたりくつろいだりする部屋は、一年を通して家じゅうで最も採光や通風がしやすく、できれば眺めもよい場所に配置。昼間、家にいることの多い祖父母の部屋や子ども部屋も日当たりのよい場所につくりましょう。

間取りづくりのステップ

1	理想の住まいを家族で話し合う。生活パターンを再確認し、今の家のよい点や悪い点、憧れの暮らし方などをリストアップする。住宅誌の実例や住宅設備・建材のカタログもイメージづくりに役立つ。
2	建ぺい率や容積率などを調べ、敷地に建てられる建物のおおよその規模を把握しておく。
3	敷地の日当たりや風向き、前面道路の通行量、周囲の建物など、敷地の立地条件を把握。敷地や周囲の写真を撮っておくと、ゾーニング時の参考になる。
4	ゾーニングでは、まず門や車庫、建物、庭を敷地のどこに配置するかを考える。それにより、玄関の位置がほぼ決まる。
5	立地条件や生活スタイルに配慮しながら、1、2階にどんなスペースをつくるのか、おおまかなゾーニングをする。
6	各部屋の配置を決める。部屋の広さや、ほかの部屋や外部空間とのつながり、採光・通風、1、2階の部屋の位置関係が適切かをチェックする。

自分の好みを知ることも家づくりには大切です

　家づくりのきっかけは人それぞれですが、つくるからには「自分らしい家」にしたいもの。自分の好みやこだわりにぴったりフィットした家こそが、住んでからの満足度の高い、本当に暮らしやすい家になるからです。

　でも、改めて振り返ってみると、自分についての情報は意外と少ないと思いませんか？　ファッションモデルがかっこよく着ている服がかならずしも自分には似合わないように、自分にフィットしていなければ、いくらかっこいい家ができても暮らしやすさは望めません。家づくりを進めていくうえで、自分の好みやこだわりを知ることも大切なポイントです。

　注意したいのは、くれぐれも家づくりを「情報集め」から始めないこと。雑誌を買い集めて調べたり、インターネットで検索したり、ショールーム回りをしたり……行動を起こすのはいいことですが、寄せ集めの情報から自分の好みやこだわりを見つけ出すのは至難の業。パントリー、アトリエ、タイル張りキッチンなどの人気アイテムを羅列したり、他人の成功例ばかりをパッチワークすることになりがちです。情報集めはこのあとの段階でしっかりするとして、まずは「自分の好みを自分の中から引き出すこと」を最優先させてください。

心地よかった体験を生かしましょう

　自分の好みやこだわりを見つける1つの方法をご紹介します。できれば今の住まいから離れて、旅行先や海辺、木陰、カフェなどで、リラックスしながら。鉛筆も紙もパソコンも使いません。

　まず、今まででいちばん心地よかった体験を思い出してみてください。たとえばひなたぼっこをしたとき。洗いたてのシーツにくるまれたとき。火の前でくつろいだとき。おしゃれしてパーティに出かけたとき——素敵な音楽や日だまりの匂い、薪のはぜる音まで思い浮かぶのでは。こんなふうに、音や匂い、肌触りといった五感を使ってイメージをふくらませます。

　次に、それを感じた場所を思い出してみます。実家の縁側、ひなびた温泉宿、薪ストーブのあるビストロなど、心地のいい空間のイメージが広がっていくはずです。

　このように自分自身にアプローチしていくことで、雑誌に載っている「架空のあこがれの空間」ではなく、「自分が心地よく感じる空間」を意識しやすくなります。こうした空間を探すために、ホテルや古民家、美術館などを訪れてみるのもおすすめです。

好きな雑貨をイメージソースとして役立てて

　自分の好みの素材感も探ってみましょう。手っとり早いのは、実際の素材に触ってみること。ショールームで手に取るだけでなく、気になる素材のサンプルを取り寄せてそばに置き、生活しながら触れてみるのがおすすめです。

　内装のテイストやデザインの好みは、家具や雑貨、食器の選び方に自然とあらわれるもの。素朴な手びねりの茶器が好きな人、ヨーロッパの優美なティーセットが好きな人、それぞれで理想のダイニングのイメージはまったく違うはずです。また「こんな無垢材のテーブルで食事したい」「こんなアンティークのキャビネットを壁際に置きたい」など、使いたい家具を先に見つけて、それをイメージソースにするのも手。もちろん実物を手に入れなくても、写真があれば十分です。

　もうひとつ、意外なキーアイテムは掛け時計。どんなデザインの時計をどこに掛けるかを考えると、壁面の大きさや仕上げ方をはじめ、インテリアの方向性が自然と決まってきます。

理想のイメージができたら誰かに伝えてみて

　こうして心地よい空間のイメージや好みの素材感がつかめてきたら、それを言葉にしてみましょう。夫婦や家族のほか、設計者など家づくりのパートナーがすでにいるなら、その人にも自分の好みやこだわりを話してみます。話の前後関係や矛盾は気にせず、その時のイメージをそのまま伝えるのがポイントです。これはクリエーターたちのものづくりの現場でもよく使われる方法。言葉にすることで漠然としていたイメージが整理されて具体的になり、自分にとっても把握しやすくなります。

　ここまできたら、やっと雑誌やインターネットの出番です。「自分の気になるもの」のビジュアルを探してスクラップしましょう。街角の風景や小物、ファッション、花など、好きな写真を集めていくと、あいまいだったイメージが可視化されます。好きな住宅の写真があれば、それも切り抜いてスクラップを。住宅雑誌はふせんをつけて積んでおくより、分解したり切り抜いたりして「好きなものを集めた一冊の雑誌」をつくる感覚で活用しましょう。

これから建てる家のストーリーを考えましょう

自分探しの仕上げは「脚本づくり」。住まいを「○ＬＤＫ」や「○畳のリビング」のような間取りではなく、家族のストーリーとして考え、そこでの暮らしを脚本にしてみるのです。

この脚本は「明るく」「広々とした」などといった月並みな表現ではなく、できるだけ「生きた自分の言葉」で埋めるのがコツ。脚本といっても起承転結は要りません。「ポカポカした縁側でお昼寝」「家事の合間にキッチンガーデンを見ながらコーヒーブレイク」「昼間の入浴で温泉気分を満喫」など、思い浮かんだシーンを自由につなげていけばＯＫです。

不思議なことに、脚本にすることで夢は実現しやすくなります。そして、この脚本は家づくりの最初から最後まで役立つもの。プランニングの途中で悩んだり迷ったりしたときも、これを読み返すと答えが見つかるはずです。「暮らしやすい家」は高価な家や広い家ではありません。自分が主役のストーリーをどう実現するか――このことを何より大切にして家づくりを進めてください。

どれくらいの規模の家が建つのかを把握しておきましょう

新居のイメージをふくらませると同時に、自分たちの敷地にどれくらいの大きさの家が建つのか、だいたいの目安をつけておきましょう。「要望を全部実現するには敷地以上の床面積が必要だった」というのは、よく聞く笑えない話。ベースとなる床面積くらいは、自分で把握しておきたいものです。

土地には用途地域というものが法律で定められていて、その区分によって建物の容積や高さが制限されています（158ページ参照）。自分の土地の用途地域を調べて、建物の大きさのイメージをつかんでおきましょう。また、意外に見落としがちなのが斜線制限です。北側や道路側には必ず斜線制限があり、それによって上階の空間が違ってくるので要注意です。

間取りを大きく左右する敷地の特徴をしっかり読みとって

どんな間取りの家でどう暮らすか、その選択は土地選びの段階から始まっています。駅や学校からの距離といった立地条件以外にも、その敷地の特徴をよく知り、メリットを存分に生かすことが、間取りづくりには欠かせません。

敷地の特徴をつかむためには、近所を散策したり、航空写真を見たりして周囲の環境を広く知ることが大事です。たとえば、「四方を家に囲まれているけれど、この方角には緑の多い公園がある」ことがわかれば、その緑を見通せる場所にＬＤを配したり、大きな窓をとるなどのプランが生まれます。お隣の庭に立派な木があれば、その景色を拝借する（＝借景）間取りができるかもしれません。

街とのつながりとプライバシーのバランスも重要。周囲からの視線が気にならず、かといって閉鎖的すぎない間取りが理想です。ここでも敷地条件を読み解くことで、隣家や道路から見通せない窓のデザインや配置、中庭のつくり方、目隠しになる植栽計画など、具体的なプランが導き出されます。

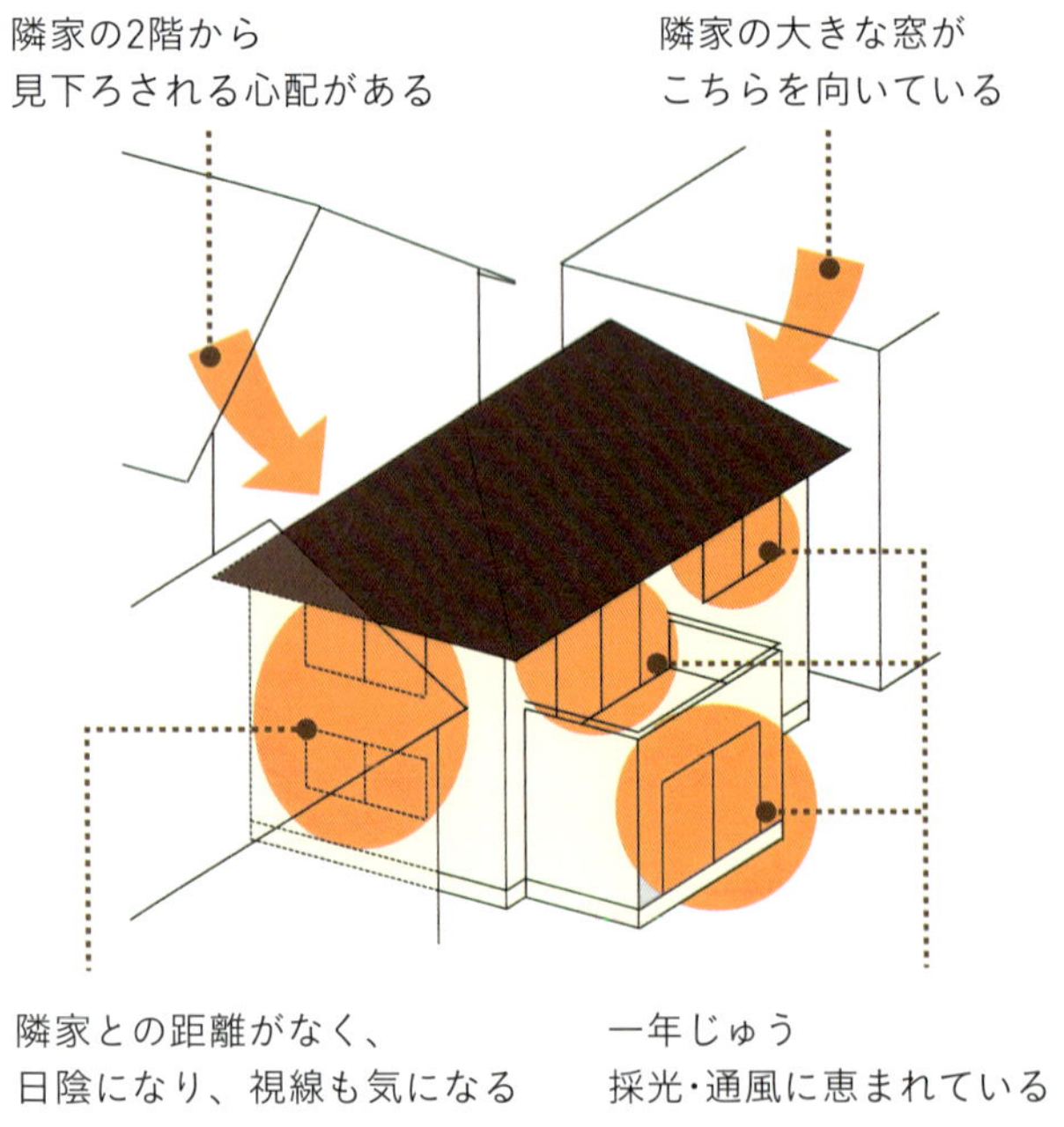
隣家の2階から
見下ろされる心配がある
隣家の大きな窓が
こちらを向いている
隣家との距離がなく、
日陰になり、視線も気になる
一年じゅう
採光・通風に恵まれている

間取りを考えるときは、方位や周囲の環境をよく調べることが大切。四季を通して日当たりや風通しのよい場所を、LDKや昼間の在宅時間が長い家族の部屋にする。

生活に必要なスペースをおおまかに配置していきましょう

敷地条件を確認して配置計画からスタート

間取りづくりで必ずおさえておきたいのが「ゾーニング」。どんなゾーン（スペース）をどこに配置するのかをおおまかに決めていく作業のことです。間取りというと、部屋の細部のことばかりが気になるものですが、まず大切なのは、敷地にどのように建物を配置するのかをプランする配置計画です。道路と敷地の関係（道路づけ、高低差など）、周囲の環境（隣地、方位、日当たり、通風、眺望など）を確認しながら、門や建物、車庫、庭の配置を決めていきます。敷地に無駄な空間はないか、快適に暮らせる家になるかを検討しながら行います。隣家が迫った敷地では、お互いのプライバシー対策にも配慮が必要です。

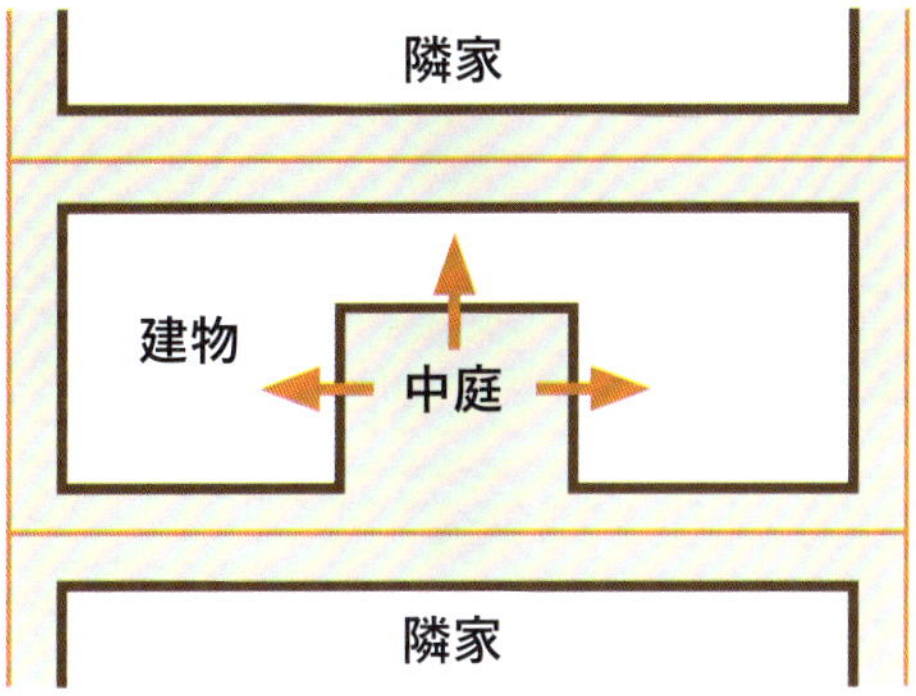

密集地の細長い敷地では、中庭を囲むコの字形の建物にすると、光や風がとり込みやすくなる。デッキにすると部屋感覚で使えて便利。

日照条件のよい場所は、みんなが集まるLDに

ゾーニングのやり方にはいろいろな方法がありますが、まずは、パブリック、プライベート、サービス、移動の4つに分けます。パブリックゾーンとは、家族だけでなくお客さまも利用するスペースで、主にLDになります。夫婦の寝室や子ども部屋、書斎のように、家族それぞれが使うスペースがプライベートゾーン。キッチンやサニタリーのように、生活を支える機能面にかかわるのがサービ

ゾーンの分類例とプランのポイント

ゾーン	部屋・スペース	ポイント
パブリックゾーン	LD	玄関から近く、外部からの視線が入りにくく、日ざしが長時間とり込める場所がよい。
プライベートゾーン	寝室・書斎・子ども部屋	静かで落ち着ける場所がよい。子ども部屋は、年齢や教育方針に合ったプランに。親の目が届きやすい場所にすると安心だが、子どものプライバシーも尊重して。
サービスゾーン	キッチン・浴室・洗面室・トイレ	機能や動線を考えて、便利な場所に設ける。家族用のトイレは寝室や子ども部屋の近くに、ゲストと家族の兼用ならLDからあまり離れていない場所がよい。
移動ゾーン	玄関ホール・廊下・階段	玄関ホールはゆとりをもたせて。廊下が短いプランにすると、居住スペースが広がる。狭小地では、移動ゾーンをLDにとり込むオープンプランもおすすめ。

スゾーン。そして、以上3つのゾーンをつなぐ役割をするのが、玄関ホール、廊下、階段の移動ゾーンです。

ゾーニングは、間取りづくりのたたき台になるもの。○や□をゾーンや部屋に見立てて、何パターンか描いてみましょう（37ページ参照）。ゾーニングの作業にとりかかる前に、家族の生活リズムを再確認して、部屋に優先順位をつけることをおすすめします。たとえば日当たりや通風について、どの部屋にも十分な光と風がとり込める敷地ならよいのですが、困難なのが実情。その場合、敷地で最も日照や通風に恵まれている場所に、LDや、昼間の在宅時間の長い家族の部屋を配置するとよいでしょう。

パブリックと プライベートを 上手に分けましょう

具体的には、まず玄関の位置を最初に決め、次に住まいの中心となるパブリックゾーン（LD）、玄関とLDをつなぐ移動ゾーンやサービスゾーン（キッチン、サニタリー）などを配置する方法が一般的。関連した用途のゾーンを近くに配置することが、機能的な間取りづくりのコツです。

また、パブリックなスペースにプライベートな動線（個室とサニタリーなどを行き来する動線）が入り込まないように注意することも大切です。たとえば、リビングを通らなければトイレや洗面室に行けないような間取りはどうでしょうか。来客中、外出先から帰ってきた子どもが、お客さまの前を通って手を洗いに行かなければならなかったり、家族がトイレに行くたびに気まずい思いをすることになるはずです。

2階建てでは、上の階の生活音が下の階に伝わりやすいため、上下階の部屋の位置関係も確認しておくことがポイントです。

また、玄関の位置は、敷地の広さや形、道路づけによって変わってくることを頭に入れておきたいものです。1面だけ道路に接した間口の狭い敷地では、玄関の位置はある程度限定されてしまいますが、敷地によっては、建物の中央や端など、いく通りかにプランできることがあります。下の図で示したとおり、玄関の位置によって部屋のとり方はかなり変わってくるため、玄関の位置を変えたプランをいくつかつくって検討してみましょう。

玄関の位置による部屋のとり方

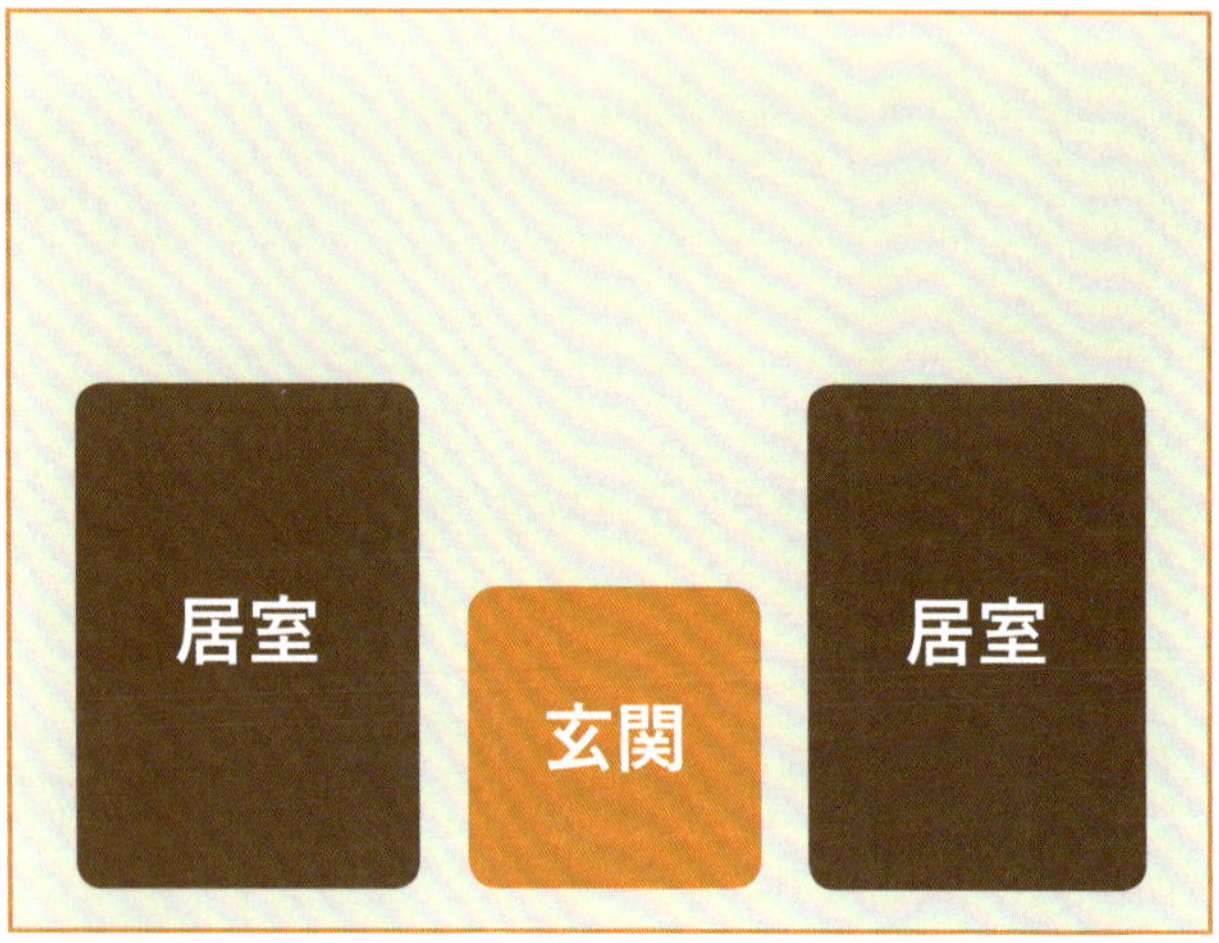

玄関を中央に設けると、左右に独立した部屋がとれるが、それぞれの道路側の部屋の間口は狭くなる。

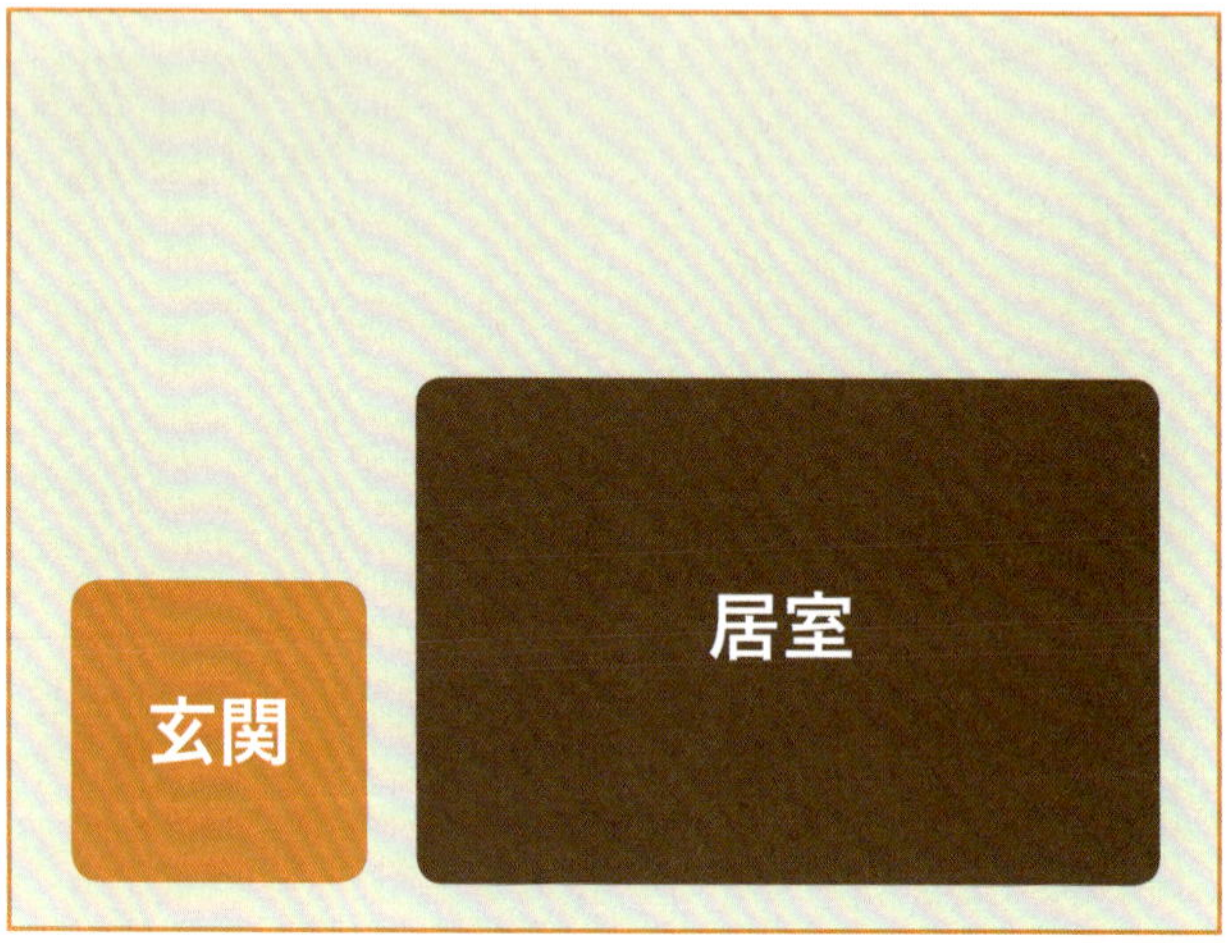

玄関を端に設けると、道路側に間口の広い部屋がとれる。

上手なゾーニングの手順

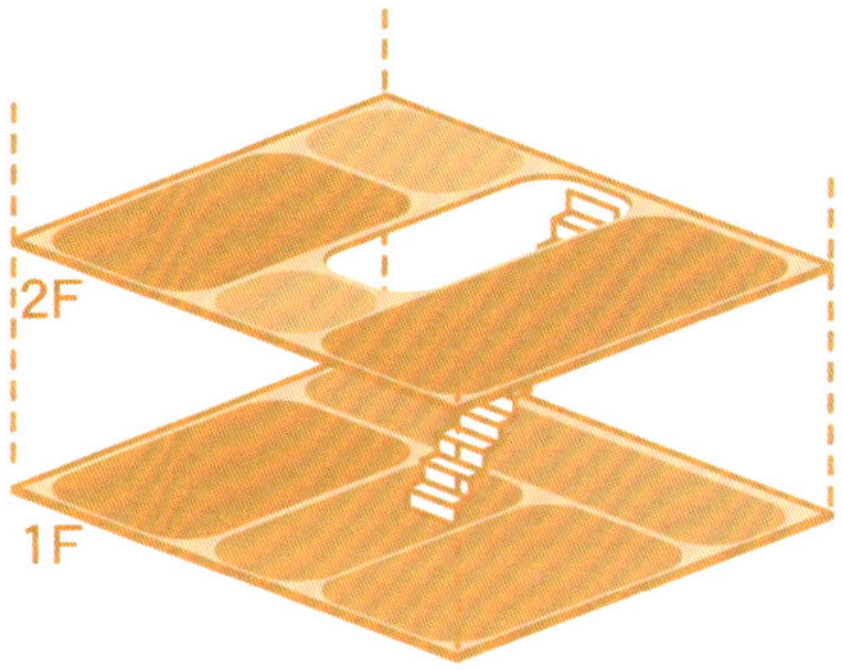

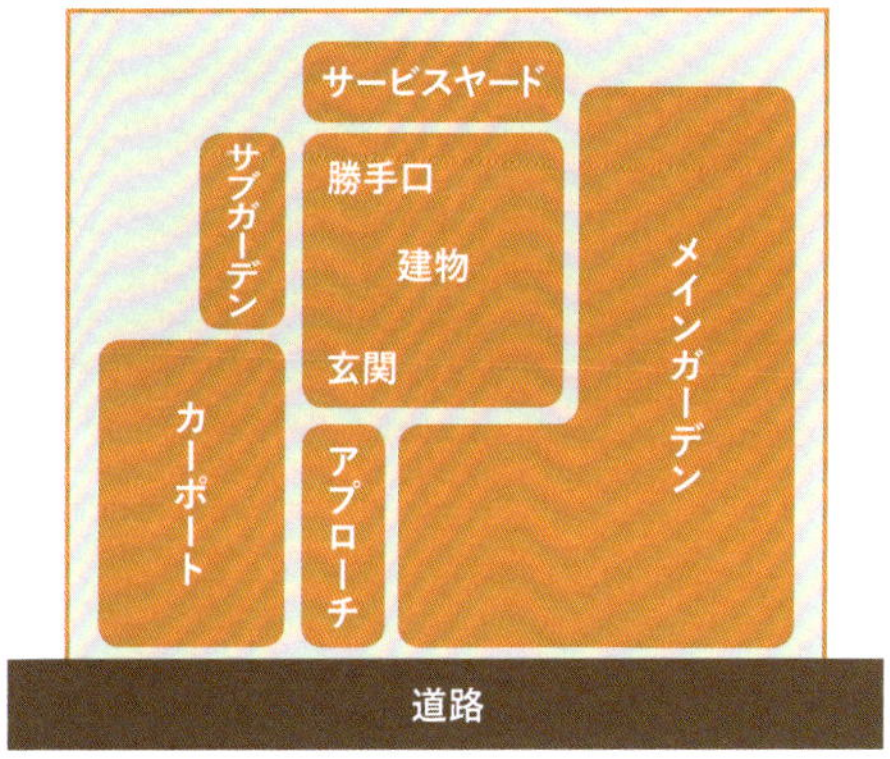

STEP 1

配置計画

建物、庭、車庫、門、アプローチなどを敷地に対してどのように配置するかを決める。道路づけや方位、周囲の環境をよく見直してからプランする。玄関やLDなど主要な部屋をどこにつくるのかも頭に入れて計画する。

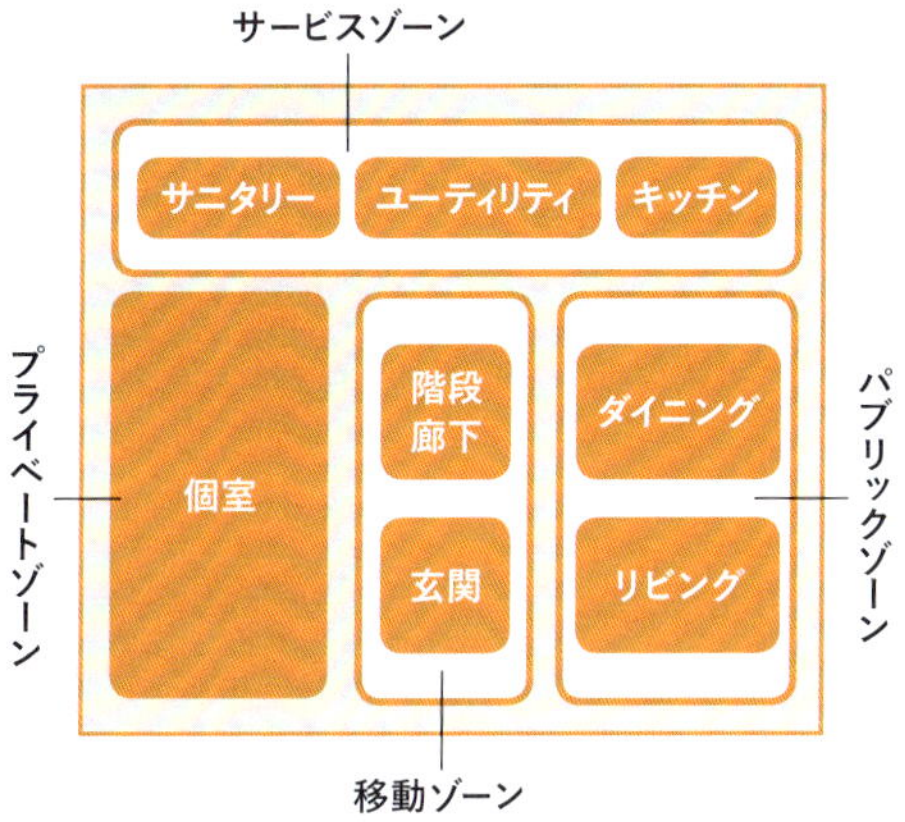

STEP 2

1階・2階の平面のゾーニング

生活スタイルを見直し、どこにどのゾーンがあれば便利かを考えながら決める。深夜に入浴することが多いなら、ほかの家族の安眠を妨げない場所に浴室を設ける。プライベートな動線がパブリックゾーンに入り込まないようにするとよい。納戸や造作収納の設置場所にも配慮を。

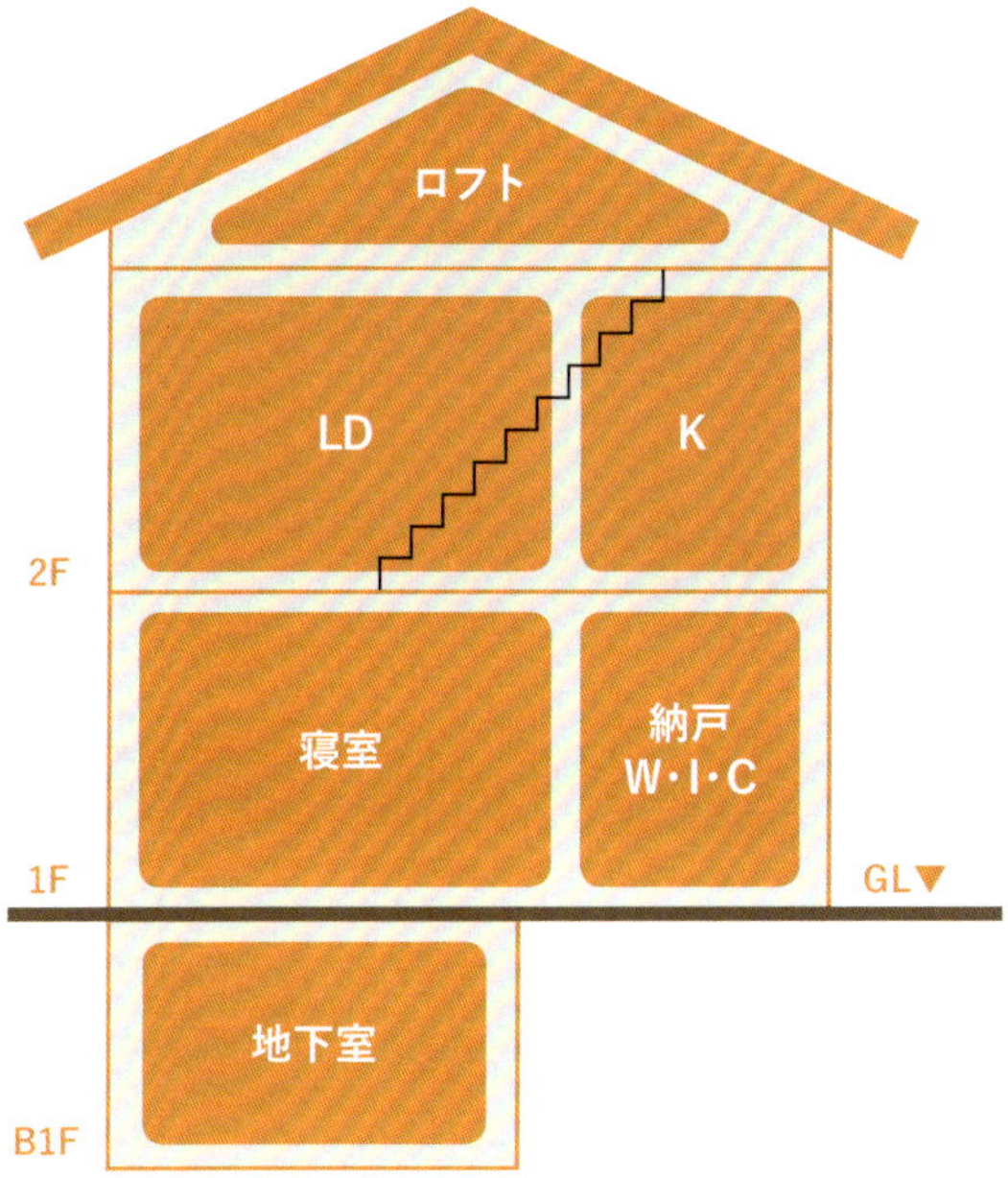

STEP 3

立体的なゾーン計画

1階、2階の部屋の位置関係はよいか、立体的にチェックしてみる。特に上階からの生活音の伝わり方に注意。敷地条件や生活スタイルによっては、ロフトや地下室を検討しても。

暮らしやすい家にするには動線計画を入念に

短く、シンプルな動線にすると暮らしやすさがアップします

　人が移動する軌跡のことを「動線」といいます。あちこち迂回することなく目的の場所に行くためには、「動線は短く、単純に」が基本です。動線をよく考えてプランすると、動きに無駄が出ないばかりか、空間の有効利用にもつながり、快適な住まいになります。

　そのためには、機能や用途に関連のあるスペース同士を近くに設けることがポイントです。たとえば、食卓のあるダイニングに連続してキッチンがあれば、配膳やあと片づけのための行き来がスムーズになります。

　さらに、動線計画では、人が無理なく動ける通路を確保しておくことも大切。複数の人がすれ違う廊下やみんなが集まるLDなどは、通路幅を広めにとると窮屈になりません。注意したいのが、家族の接触事故。コンロで加熱調理している人の後ろを誰かがすり抜けようとして、熱い鍋をひっくり返すことも、なきにしもあらず。コンロの近くなど危険が予測される場所は、なるべく通路にしないほうが賢明です。

　また、リビングを通らなければ子ども部屋から洗面室に行けない間取りでは、朝寝坊した休日の朝など、来客の前を通って顔を洗いに行かなければならないことも。このように、パブリックスペースにプライベートな動線が入ると、プライバシーの点で問題が起こることも考慮して、プランを練りましょう。

人が通るのに必要なスペース

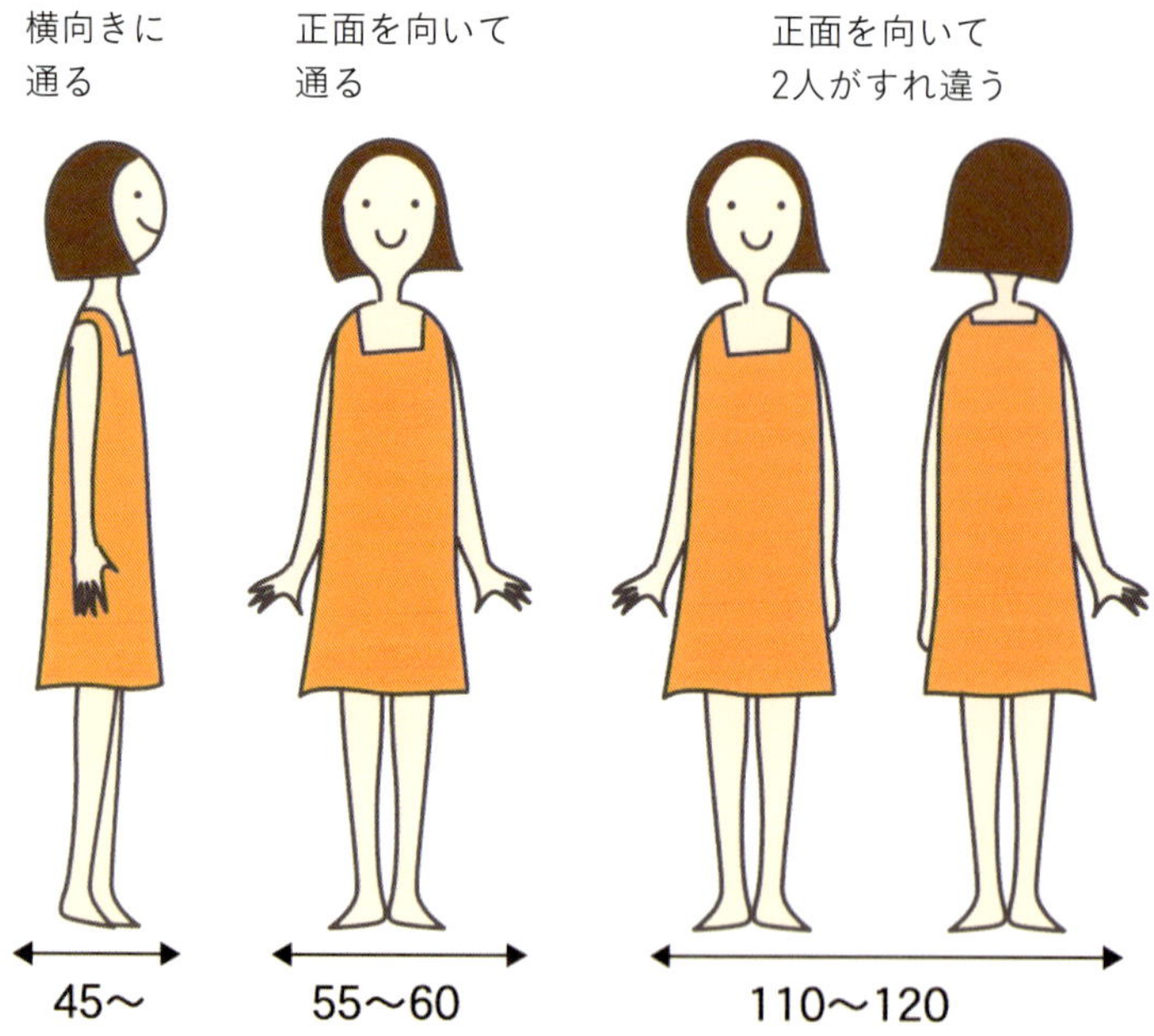

通路となるスペースに余裕がないと、スムーズに動けない。複数の人が頻繁に行き来する場所は、広めにとるとよい。（イラストの数字の単位は㎝）

生活動線はライフスタイルから考えるとうまくいきます

　シンプルで暮らしやすい動線を考えていくと、「すべてのスペースをLDKにつなげたい」など、希望によっては矛盾が生じることも。この場合は、どの動線を優先させるかが大切になります。

　その基準となるのは、自分たちのライフスタイル。家族の一日の生活を順を追って思い浮かべてみて、どのように動けたらスムーズになるかを考えてみましょう。たとえば、朝起きたらすぐキッチンに立ち、ごはんの支度をしながら寝室まで家族を起こしに行く。そんな日常であれば、キッチンと寝室があまり離れていると負担が大きいはず。キッチンに寝室を直結させるのは難しいとしても、できるだけ距離が短くなるようにプランするのが得策です。また、夜ベッドに入る直前におふろに入るなら、寝室と浴室を近くに。おふろに入ったあとリビングでくつろぐなら、リビングと浴室を近くに。

このように、家族の生活習慣をもとにして、短いほうが便利になる動線を優先させます。トイレもなんとなく「ワンフロアに1つ」ではなく、夜使うトイレは寝室に近く、昼間使うトイレは落ちつけるようにLDから離すなど、動線に基づいた配置を考えましょう。

家事動線は何を同時進行するかで決まります

動線の中でも、家事をするときの動きにかかわるものを「家事動線」といいます。具体的には、調理やあと片づけ、洗濯や物干し、収納、掃除などの動線。小さなお子さんのいる家庭なら、これに子どもの身支度やおふろの世話などが加わることもあるでしょう。これらの家事の負担をなるべく軽くするためには、「自分にとって同時進行したい家事は何か」を考え、それを行うスペース同士を近づけたプランが有効です。

プランニングの際のリクエストでもっとも多いのは、台所仕事と洗濯を同時進行したいというケース。この場合はキッチンに洗面室やユーティリティを直結させて、さらにそこに洗濯機を設置したり、さらに物干し用のバルコニーをつなげるなどのプランがよく採用されます。ただし、これも自分たちのライフスタイル次第。洗濯は台所仕事がすべて済んだあと、夜にまとめてするというお宅や、共働きで家事は分担制というお宅では、この動線を優先させる必要はないかもしれません。ここでも自分たちの暮らし方をしっかり見直し、プランに反映させることが大切です。

生活動線と来客動線の関係は、ゲストとの関係しだいです

動線にはさらに、お客さまが移動する経路＝「来客動線」があり

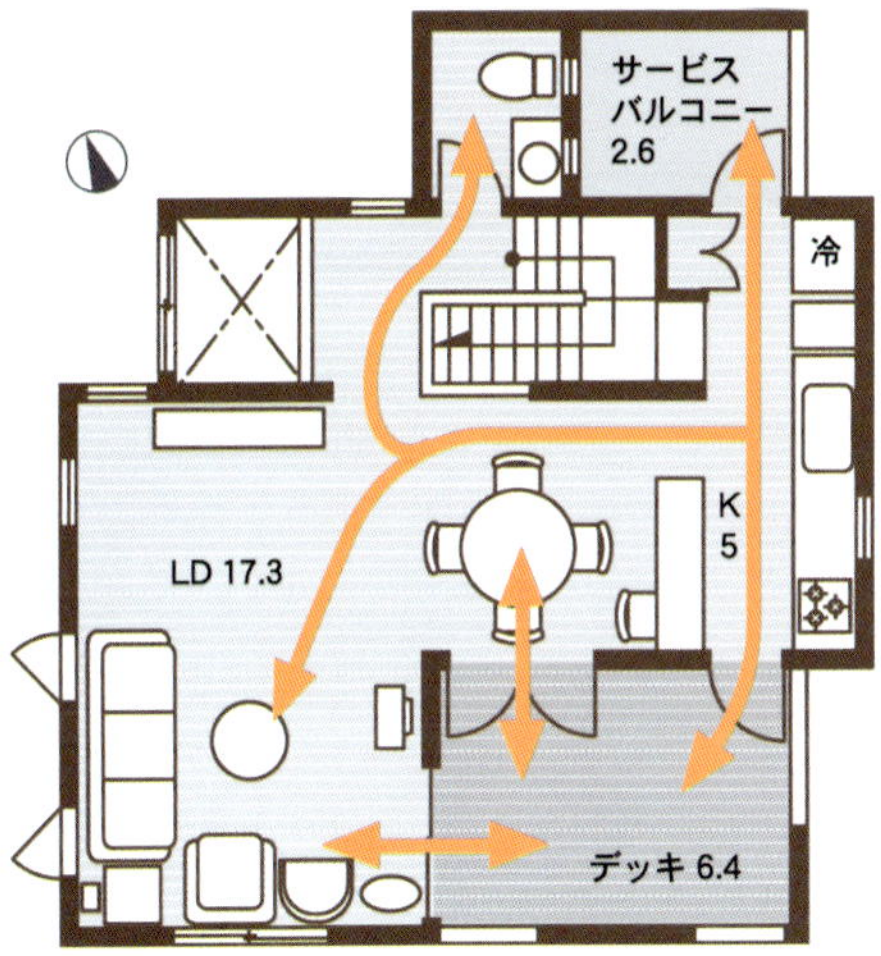

動線計画

間取りを考えたり、建築家やハウスメーカーから提案された平面図をチェックするときは、動線を確認。キッチン→ダイニング→リビングなど、実際に家の中で動き回っている様子を想像してみると、動線に無理や無駄がないかがわかる。

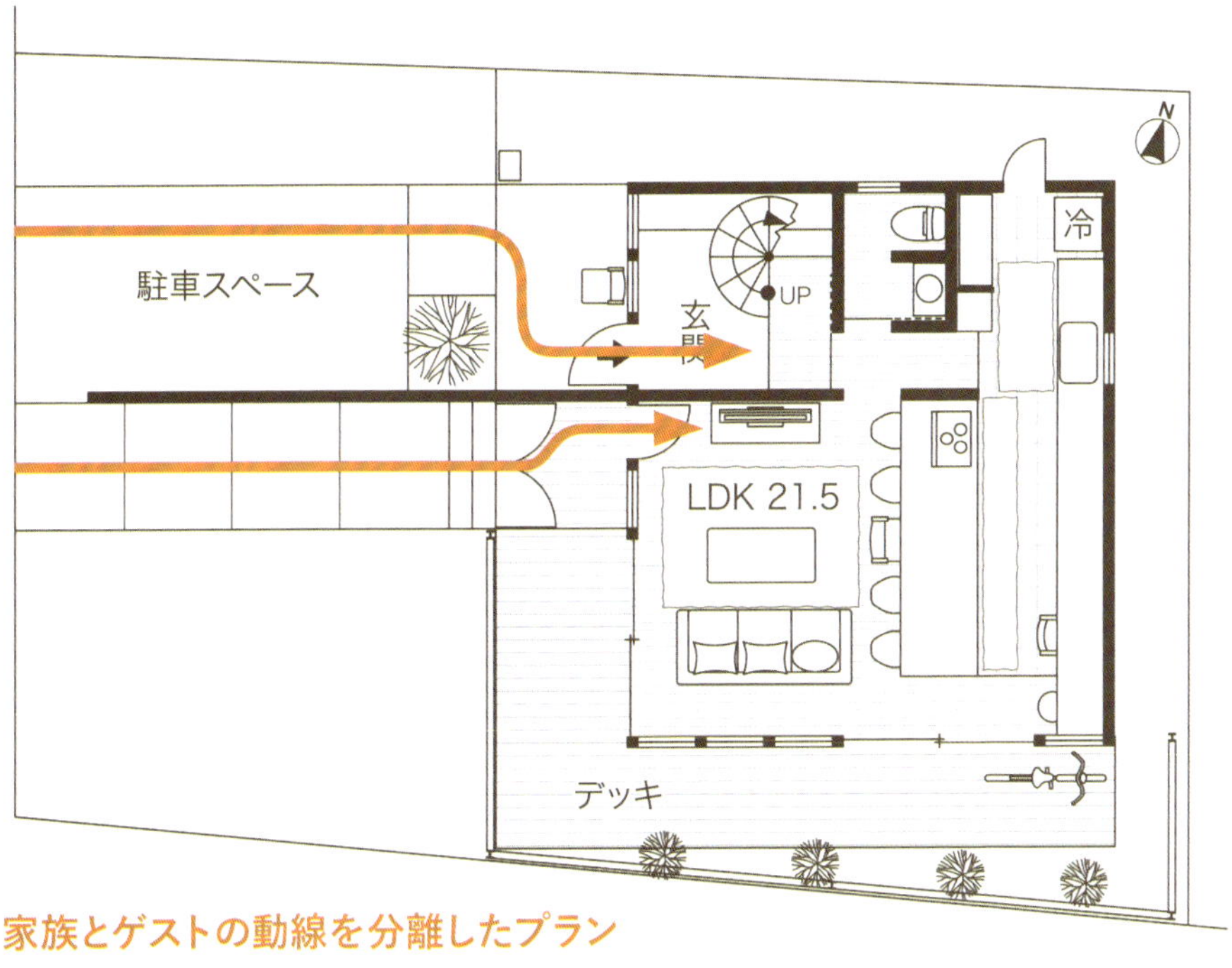

家族とゲストの動線を分離したプラン

将来、自宅でカフェを開くことを念頭に、家族用の玄関のほかに、デッキからLDKに直接入れる入り口をつくった例。2階にファミリーリビングとプライベートルーム、サニタリーを配置して、来客中でも家族がゆったり過ごせる間取りに。（上田邸　設計／ライフラボ）

ます。これが家族の日常的な生活動線と重なってしまうと、部屋着のままの家族がゲストの前をうろうろしたり、リビングに案内するまでの間にキッチンなどの〝楽屋裏〟を見せてしまうことになります。抵抗があるなら、家族だけが使うバックヤード的な通路をつくるなど、動線を別々にするといいでしょう。

ただ、最近は「身内やごく親しい友達しか家に招かないから、あまり気にしない」というお宅が増えてきました。つまり、来客動線は招くゲストとの関係しだい。パジャマ姿を見せてもいい〝準家族〟のような関係なら、楽屋裏を見られても気にならないでしょう。一方で、保険の外交員や庭の手入れをしにきてくれた職人さんなど、家の中をすべて見せるには抵抗のある来訪者もいるはず。そのために、トイレだけでも玄関からパブリックスペースを通らずに行ける動線を用意しておくと安心です。学校帰りの子どもの友達が「トイレ貸して!」なんていう場合にも役に立ちます。

スムーズな動線をかなえるのが回遊式プランです

移動がラクで、広々感も味わえると、注目を集めているのが、「回遊式」といわれる間取りです。ひとつ例をあげると、キッチン→洗面室→玄関→LD→キッチンのように、動線が輪になっていて、ぐるりとひと回りできるプランのことです。2方向の動線があるので、あと戻りすることなく、目的の場所に移動できます。行き止まりがないため、子どもたちが追いかけっこをすることもでき、広々とした住まいになります。このプランは、家族みんながよく利用する、水回りや玄関まわりにとり入れると便利です。たとえば上の図のように、キッチン脇のサニタリーを抜けて玄関に出られるようにしておくと、LDを通る場合よりずっとスムーズ。調理中に来客があっても、すぐに応対できます。出入り口は、あけたままでも邪魔にならない引き戸が最適です。

ただ、回遊式プランにするには、部屋に2カ所の出入り口が必要です。つまり、壁になるはずの場所が通路になるため、収納が減ってしまうことに。造りつけの棚などのほか、家具を置く場所も限られてしまいます。特に面積の狭いキッチンや洗面室などの水回りでは、収納計画とあわせて慎重にプランしましょう。

もう1つは、照明のスイッチングが複雑になること。1つのスペースに出入り口が複数できるため、照明をどこでつけ、どこで消すかをきちんと考えておかないと、生活するうえで不便が生じるので注意してください。

「見えない廊下」をきちんと分けておきましょう

特に狭小住宅をプランする際、移動するだけの廊下を省くテクニックがよく用いられます。ただし、一見すると廊下のないプランでも、室内にはかならず「人が自然と通る通路」ができるもの。この「見えない廊下」をきちんと整理しておかないと、くつろぎの場がどことなく落ちつかない空間になってしまいます。

「見えない廊下」は、たとえばLDの出入り口とソファの間、出入り口とダイニングテーブルの間、リビングとキッチンの間などに生まれます。これが食事している人のすぐ脇や、ソファとテレビの間を通っていたりすると、いつも誰かが目の前を行き来しているような居心地の悪さを感じるはず。ゾーニングをする際にはかならず「ここととこの間は人がこう動く」という想定をすることが大切です。

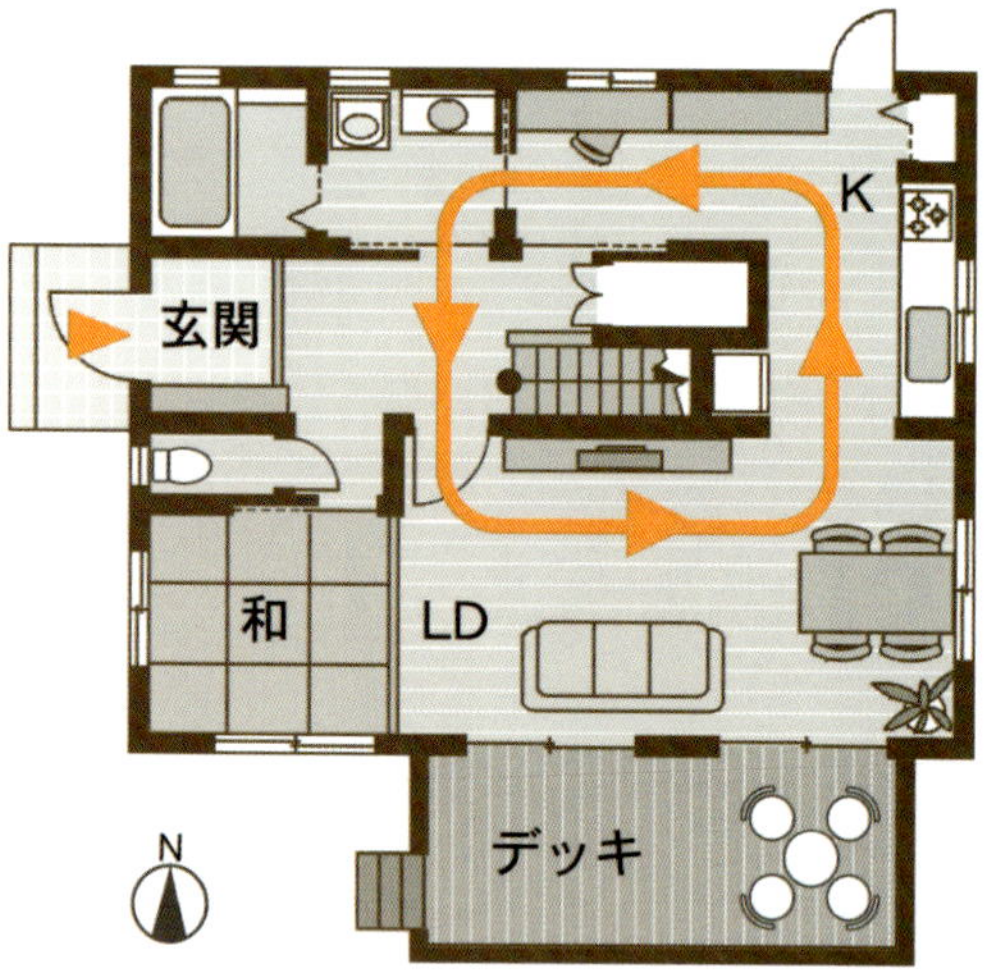

回遊式で家事をスムーズに

家事をテキパキ行うには、移動にかかる時間を短縮するのがいちばん。そう思ったかたは回遊式プランを検討してみては。これは、キッチン→玄関→LD→キッチンというように、ぐるりとひと回りできる間取りのこと。動線が2方向あるので、あと戻りすることなく目的の場所に移動できます。

間取りをつくるうえで大切なことは？

一般的な部屋の広さを知っておこう

おおまかな間取りのイメージがつかめたら、各部屋の配置や広さを考えてみましょう。その際には各部屋の一般的な広さを知っておくと、簡単な間取り図を描くのにも便利です。

リビングやダイニング、キッチンは、ライフスタイルや好みによって必要な広さに幅があります。最近はオープンキッチンの人気が高く、LDKをワンルームにするケースも少なくありません。そうすることで、床面積がそれほど広くなくても、開放感があってゆとりを感じさせる空間になることも多いので、敷地が狭い場合はLDKスタイルを検討しましょう。

キッチンは、4畳半から6畳くらいの空間があればたいていのプランに対応できますが、広すぎると家事動線が長くなり、かえって使い勝手が悪くなるので注意しましょう。

玄関、トイレ、バスルームは大きさがある程度決まっているスペース。玄関は3畳程度の広さをたたきと板の間に分けるのが一般的です。トイレは1畳、浴室は2畳が目安。敷地が狭い場合は、トイレと洗面をいっしょにしたり、トイレと洗面室とバスルームをワンルームにまとめるといったプランも有効です。

寝室は、ダブルベッド1台で6畳、シングルベッドを2台入れる場合は8〜10畳必要です。

大きなプランを考えてから細部を詰めていきましょう

プランニングの初期段階で重要なのは、優先順位のつけ方。どうしてもゆずれないことや、あとからでは変えられないこと（たとえば2階LDKなど）を最優先させて、こまかな希望はあとづけしていくのが理想的な進め方です。

はじめての家づくりでは、どうしてもこの「こまかな希望」にとらわれがち。対面式キッチン、パントリー、床暖房など、ほしい条件をチェックポイントのように列挙して、それらをすべて盛り込もうとしてしまいます。

ところが、挙げたチェックポイントにすべて○がついたとしても、それでいい家ができるわけではありません。これは人間にたとえるとわかりやすいはず。容姿・学歴・収入・ファッションセンスなどのチェックポイントにすべて○がついていても、その人が魅力的とは限りませんよね。ちょっとくらい欠けた部分があっても（あえて言うなら、欠けた部分があったほうが）、キャラクター全体として魅力的な人はたくさんいます。

家づくりも同じように、こまかな条件を寄せ集めていくだけでは、けっしていい家になりません。まず大枠として魅力あるプランがあって、そこにほしい条件を加えら

各部屋に必要な広さの目安

部屋	広さ
リビング	8〜20畳程度
ダイニング	4.5〜8畳程度
キッチン	3〜6畳程度
寝室　ダブルベッド1台の場合	6畳〜
シングルベッド2台の場合	8畳〜
クローゼット	3〜4畳
子ども部屋	6畳程度
洗面室	3畳程度
浴室	2畳
トイレ	1畳
玄関	3畳程度
階段	2畳弱

れたらなおよし。そんな姿勢で家づくりに取り組んでみてはいかがでしょうか。

予算が少ない自覚があればローコスト住宅は難しくありません

「予算が少ないから理想の家を建てられない」「ローコスト住宅をつくるのは大変」という声を耳にしますが、果たしてそうでしょうか。極端な話をすると、もし5千万円の予算があっても、1億円の家を建てようとしたら理想通りにはなりませんし、コストカットに大変な苦労をするはずです。

このように、予算不足にまつわる困難は、ほとんどの場合が希望と予算が釣り合っていないだけ。予算が少ないことをしっかり自覚できていれば、自然と自分なりの妥協点を持つことができ、さほど苦労せずにいい家ができます。

大切なのは「ゆずれない部分」を挙げたら、同時に「ゆずれる部分」を挙げること。たとえば広いLDはどうしてもゆずれないから、キッチンはどんなスタイルでもいい、トイレは1カ所でいい、設備機器は最新機種じゃなくてもいい、といった具合に。妥協できる部分が多ければ多いほど、ゆずれない部分に予算をかけられます。

ゆずれない部分だけでは家は建ちません。多くの可能性を用意しておくことが、ローコストでも魅力ある家づくりにつながります。

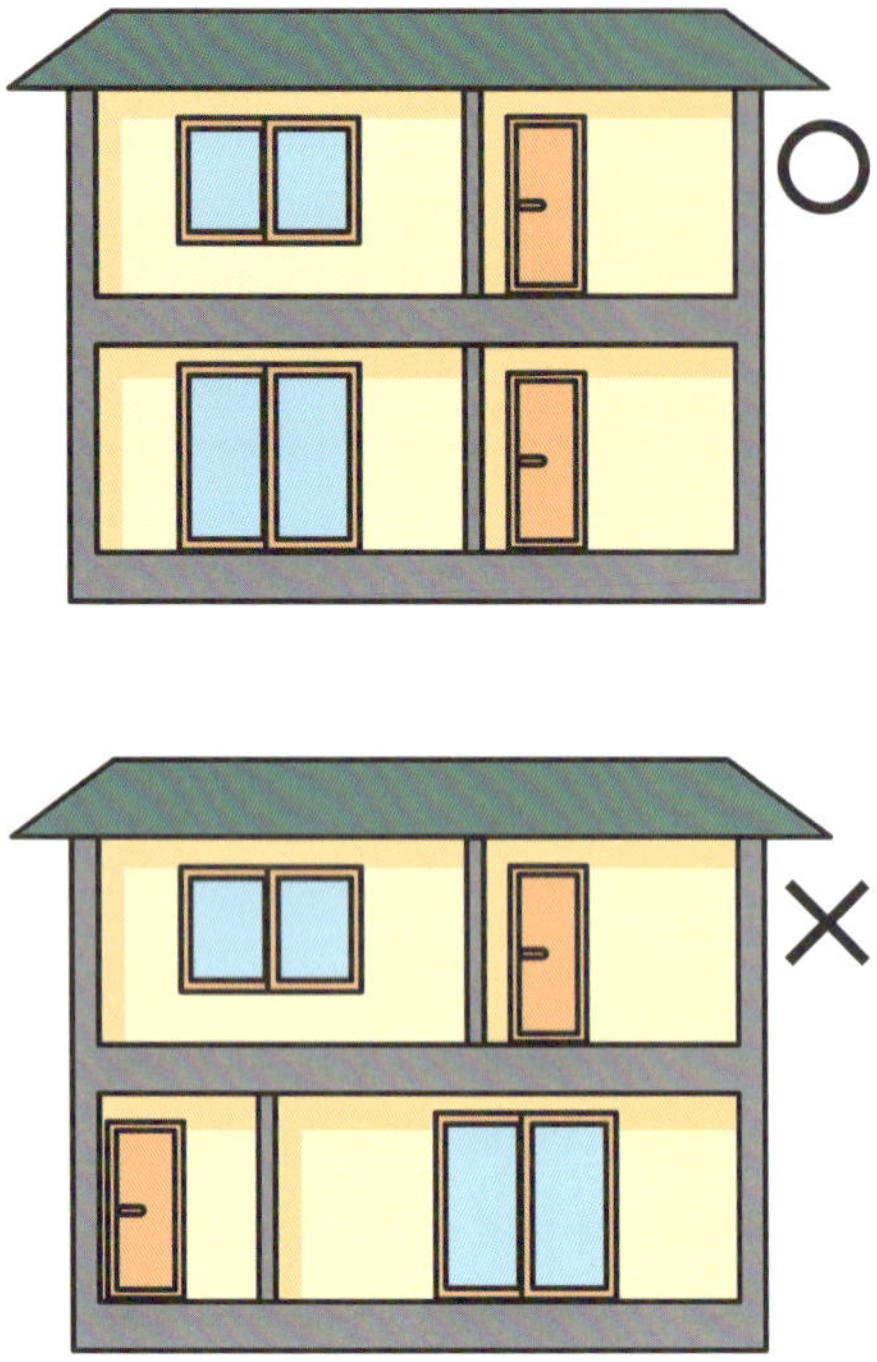

バランスのよい構造

上は、上下階の柱の位置が一致している、バランスのよい構造の例。下は、1階と2階の柱の位置がずれているため、1階に補強のための梁を入れる必要が。1階に広い空間をとり、2階に間仕切り壁が多い構造も、1階の少ない柱で2階を支えるために補強が必要です。

バランスのよい構造なら安全とローコストを両立できます

丈夫で長持ちする家を建てるには、必要な強度を備えた構造にすることが不可欠。最も安全で堅牢なのは、バランスのよい構造です。

バランスのよい構造とは、上下階の壁や柱の位置がそろっていて、四隅に通し柱があり、コーナー部に耐力壁があって、必要な壁にすじかいが入っている構造です。当然、外観デザインはシンプルで、外壁などに凹凸がない形になります。建物のバランスがよければ、地震や台風など外からかかる力にも平均して対応し、影響されにくいのです。

最近は、大空間を優先する傾向にありますが、少ない柱や梁で強度を得るためには、通常の木造軸組み工法で使う建材よりも太いものを使用する必要があります。バランスのいいシンプルな構造にすれば、コスト面でも効率がよくなります。

暮らしの変化を見越しておくことも必要です

将来の生活や家族構成の変化に備えて、自由に変えられる部分を残したプランを「可変性のあるプラン」といいます。家は何十年と使い続けていくものなので、可変性は大切な要素。そのつど必要なリフォームをすることを考え、最小限の工事ですむように新築時にある程度、準備しておくと安心です。工法によってリフォームのしやすさに違いがありますから、大がかりなリフォームをするかどうかも考えておきましょう。

間取りを変えることを考慮したプランには2通りの方法があります。ひとつは、オープンな間取りにしておき、必要に応じて壁を新設したり、家具で仕切ったりする方法。もうひとつは、隣り合った部屋の間仕切り壁を撤去して、ひと続きにする方法です。この場合、とり除く可能性のある壁は、構造を支える耐力壁にしないなどの準備が必要です。いずれにしても設計者に計画してもらうべきことですから、将来の変化を見越して相談するとよいでしょう。

ただし、可変性のあるプランにはデメリットもあることを知っておきましょう。たとえば、仕切れる子ども部屋。将来家族が増えたときに有効なプランですが、分けたあとの窓の面積が平等にならなかったり、中央にあるはずの壁がないため、コンセントの配置が難しいなどのデメリットを併せ持っています。

この程度なら大きな問題ではありませんが、可変性を求めるあまり、今の暮らしが不便になってしまうのは考えもの。将来の変化を想定するなら、1〜2パターンにとどめておくのが無難です。また、可変性＝作り替えられるだけではありません。リビングとダイニングを入れ換えられたり、キッチンカウンターやクローゼットを可動式にするなどの工夫も、可変性として注目してみては。

家づくりは柔軟に。失敗を恐れすぎないことも大切です

最近の家づくりの傾向として、「絶対に失敗したくない！」が先に立っているケースが多いよう。もちろん一生に一度の大事業ですから、その気持ちも当然ですが、失敗を恐れるあまり、手に入ったかもしれない心地よさまで手放してしまうのは考えものです。

経験豊富な設計者であれば、自分たちには想像もつかない快適で暮らしやすいプランを提案してくれるはず。提案を受けた建主に求められるのは、そのプランを受け入れる柔軟性や包容力です。ここで失敗を恐れすぎてしまうと、プロに依頼した意味がなくなってしまうことに。「思い通りの家」ではなく「思った以上の家」ができるかどうかは、建主の決断しだい。相手を信頼し、まかせるところはまかせるスタンスを忘れずに。

素材の特性を見極めてとり入れましょう

これから長い間住み続けていくことを考えると、内・外装にはなるべく「いい感じに年をとる素材」を使いたいもの。床などの木部は、高価でなくても無垢材にしておくと、飽きにくく経年変化も楽しめます。外壁はモルタルであれば、汚れも勲章に。ほかにもしっくいや珪藻土などの左官材、アイアンの手すりなども、使うほどに味わいが増す素材です。

サイディングなどの樹脂製品やビニールクロス、アルミなどには、美しく経年変化していく性質がありません。ただし機能面にはメリットも。たとえばビニールクロスは材料費や施工費が安いうえ、汚れたら水拭きでき、伸縮性があるため継ぎ目が目立ちません。10年くらいで張り替えが必要ですが、子ども部屋などでは利点を生かせるでしょう。

また、自分たちの好みは将来どう変化していくかわかりません。建物自体のデザインや素材はできるだけベーシックにしておき、家具やファブリック、照明器具など、あとから簡単に取り替えられるもので、そのときの流行や季節感をプラスするのがおすすめです。

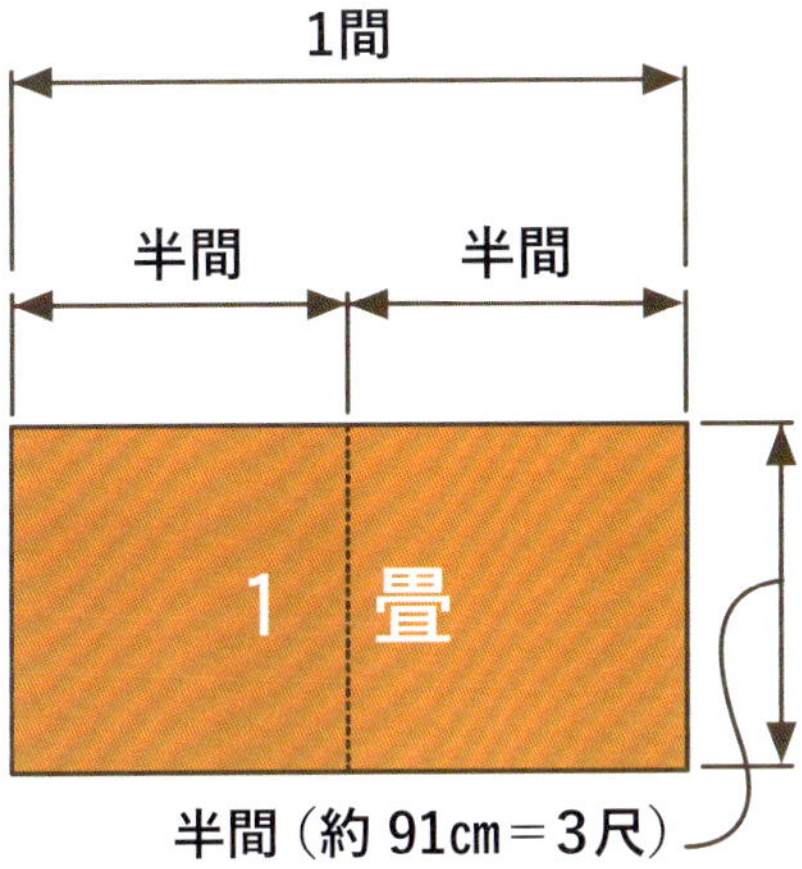

※1畳×2＝1坪となる

間取りの単位

建築の分野では、「尺」や「間（けん）」を基準とする「尺貫法」がまだまだ現役。「メートル法」に慣れていると、「尺って、一体何cm？」という疑問が浮かびます。それを解決するには、畳のサイズを知ること。地域差はありますが、中京間ではおよそ182×91cmです。畳の長辺の182cmが1間（6尺）、短辺の91cmが半間（3尺）です。4畳半の部屋は1間半×1間半、6畳なら2間×1間半の広さとなるように、間取りは、半間＝3尺（約91cm）を単位にしてつくられます。ちなみに、1尺は約30.3cm、1寸（1尺の10分の1）は約3.03cmです。土地や床面積の単位として使われるのが「坪」で、1坪とは、畳2枚分、1間×1間の広さです。

光と風をとり込むためには

心地よい家づくりに欠かせないのが光と風のとり入れ方。どの向きに、どの大きさの窓を設けるかがポイントになります。家族やゲストが集うLDや、ゆったりくつろぎたい寝室やサニタリーなど、スペースごとに最適な窓をつくると、家中の快適さがぐんとアップします。

敷地条件を見極めて、最適な窓をプランしましょう

　窓には、〝採光・通風〟という役割のほか、そこから外部に視線が抜けることで、部屋に奥行き感や開放感を与えてくれる〝広がりの演出〟という役割もあります。光をいちばんとり込みやすいのは、南側が開けた敷地ですが、昨今の住宅事情では困難なことも多いでしょう。間取りづくりでは、「明るい光＝南向きの大きな窓」にこだわるのはNG。また、先にあげた3つの機能を、一つの窓に求めないことも大切です。南に隣家が迫っている立地では、ハイサイドライトやトップライトから光をとり入れ、通風は、ほかの窓からとる方法もあるからです。敷地の中でもっとも採光や通風がしやすい位置をチェックしてみましょう。

　また、小さな家では、窓を広がりの演出にも積極的に生かしてほしいもの。隣家の庭木や近くの公園が望める場所に窓をつければ、自分の家には庭がなくても、緑にふれられ、広がりや開放感が味わえるはずです。

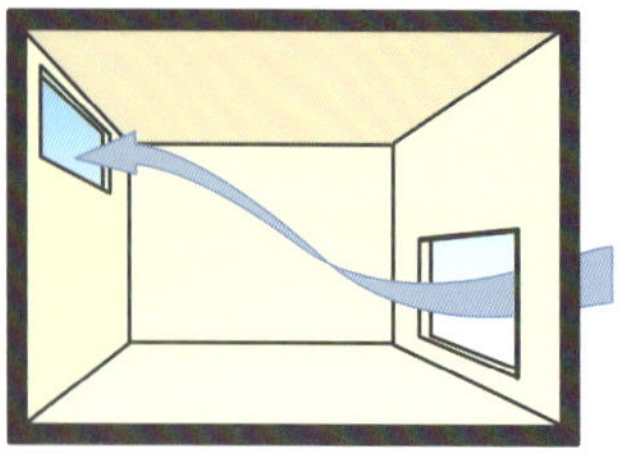

窓を上下につけると、風の通り道が長くなり、より換気しやすい。風の出口を上部に設けると、熱気がスムーズに排出できる。

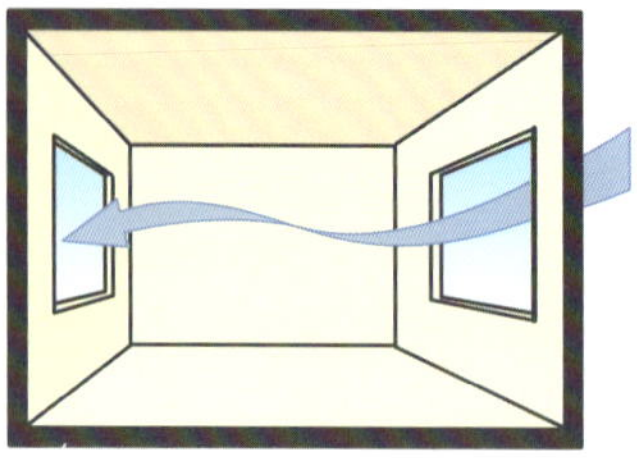

大きな窓があっても1面だけでは、風が抜けにくい。対面する位置に窓をつけると、風が通りやすくなる。

窓プランのポイント

1. 敷地の条件をよく確認して、もっとも採光や通風がしやすい場所に大きな窓をつけると効率的。
2. 密集地では、隣家の窓の正面にこちらの窓がこないようにずらすと、互いのプライバシーが守られる。
3. 窓の高さやサイズ、種類によって、光の入り方などが違う。スペースに合わせて選ぶとよい。
4. 風の入り口と出口を考えて窓を配置すると、風通しがよくなる。
5. 1部屋に2面以上の窓をつけるのが理想的で、窓が1カ所の部屋は、室内窓を設けるとよい。
6. 断熱性をよくするには、ペアガラスサッシを。窓の錠やガラスは、防犯面も考えて選ぶとよい。

風の入り口と出口に窓を設けて、さわやかな風が通り抜ける家に

建物の換気が悪いと湿気がたまり、建物にも住む人の健康にもよくありません。風通しをよくするには、風の入り口と出口になる位置に窓を設けて、家の中に空気の流れをつくります。大きな窓があっても袋小路では風が抜けにくいため、南・北か南東・北西といった、向かい合った壁に窓を設けます。さらに、3面の壁に窓を設ければ、風向きに影響されずに通風できます。風上と風下に窓があれば、たとえ小さなサイズでも風が通り抜けます。

窓が2面以上の壁にあると、日ざしが入る時間が長くなるので、採光面でも利点があります。けれども、窓が1面しかとれず、2方の壁が廊下や吹き抜けに面している部屋なら、室内窓を設けて風を逃がす方法もあります。ドアの上に開閉式の欄間をつけるか、あけておいても邪魔にならない引き戸にする方法も、通風に効果的です。

換気に適した窓

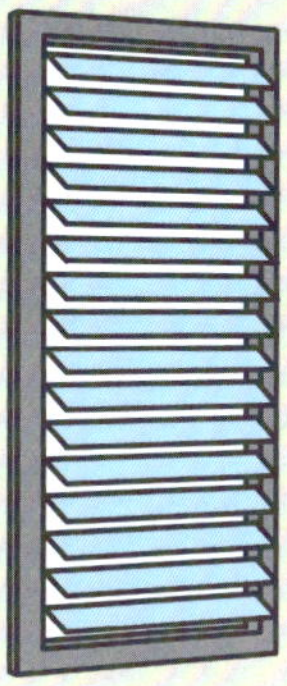

ガラスルーバー窓

換気量が調節しやすく、開き角度が小さければ、外から見えにくい。気密性や水密性はやや劣る。面格子がつけられる。

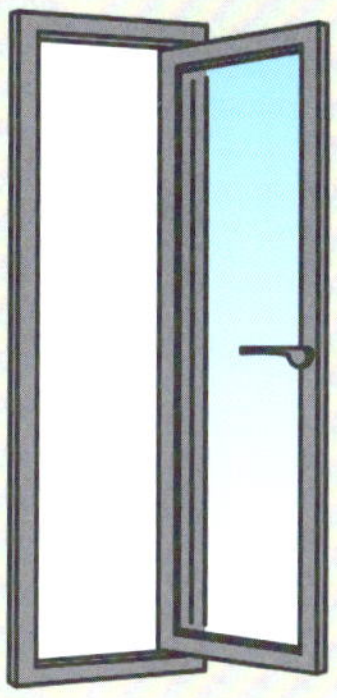

縦すべり出し窓

開き角度が小さければ、つり元方向からの視線がカットできる。ただし、開いた角度からの視線が斜めに入るので、設置場所に合わせてつり元の位置を選ぶとよい。面格子はつけられない。

内倒し窓

全開にしても外から見えにくいが、窓を内側に倒してあけるため、内部空間を狭めてしまうデメリットがある。面格子がつけられる。（イラストは室内側）

オーニング窓

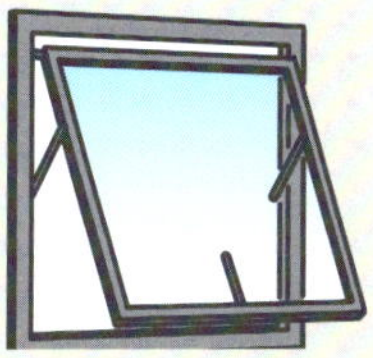

横すべり出し窓

オーニング窓、横すべり出し窓

開き角度が調節できて、小さい角度では外から中が見えにくい。けれども、大きく開けばガラスルーバー窓と同じく、外から見えてしまう。面格子はつけられない。

光をじょうずにとり入れるには、窓の高さがポイントに

採光・通風ばかりか、インテリアや外観にも関係がある窓。方位やプライバシー保護、家具の配置、外観デザインなど、トータルに考えてプランすることが大切です。以前は引き違い窓が主流でしたが、最近では種類が豊富なので、目的に合わせて窓を使い分けるのもポイントです。また、窓は高さによって、光の広がり方などが違うことも念頭に入れておきましょう。

天井近くにつける窓をハイサイドライトといい、道路沿いや隣家が迫っている場所に最適です。外からのぞかれる心配がなく、隣家の大きな窓があっても、互いの視線が届かないため、プライバシーが保てます。床面近くにつけるローサイドライトも、同様に、外からの視線を防ぎながら通風や採光が確保できます。採光が難しい密集地では、トップライトをつけるか、中庭を囲む間取りにして、家のすみずみまで光と風をとり込む方法もあります。

窓は、高い位置にあるほど採光量が多くなります。また、同じ面積の窓なら、縦長のほうが横長よりも部屋の奥まで光がさし込みます。掃き出し窓やテラス窓も、下がり壁をなくして天井近くまでの高さにすると、明るい日ざしがたっぷり入り、換気もしやすくなります。

窓の種類と特徴

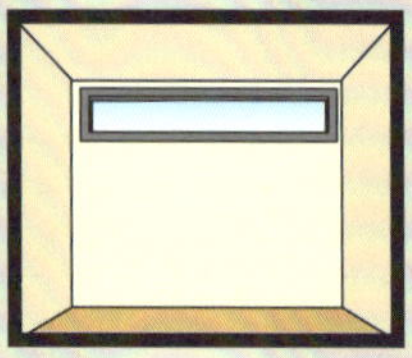

ハイサイドライト

天井近くにつける窓。外からの視線が入りにくいので、プライバシー保護に役立つ。壁や天井に反射させて光をとり入れるため、やわらかく安定した光が得られる。

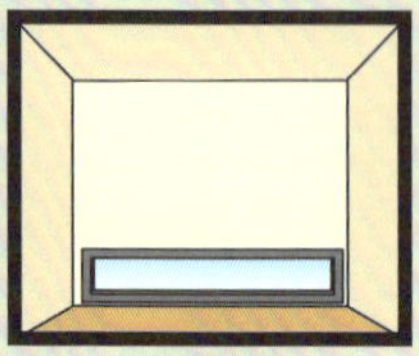

ローサイドライト

床面近くにつける窓。直射日光が入らないので、熱を遮りながらソフトな光と風がとり込める。道路沿いの部屋や玄関、和室、トイレなどに。

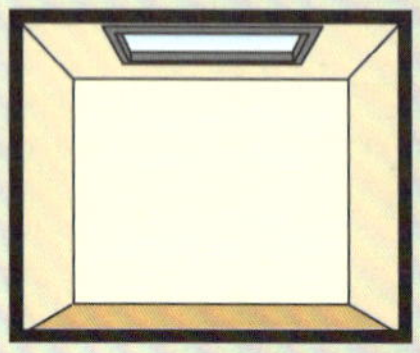

トップライト

天井につける窓で、サイドライトの3倍の明るさが得られる。場所により、開閉式にしたり、ブラインドをつけたりするとよい。北側の階段や玄関などの採光にも。

テラス窓

テラスやデッキなど、外部空間から出入りする場所に。床の段差が少なく、大きな開口部がとれる。扉は開き戸（フランス窓）や全開できる折り戸などがある。

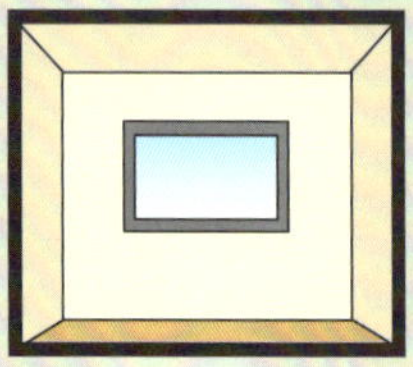

横長の窓

幅の広い窓は開放感がある。窓は高い位置にとりつけるほど、部屋が均一に明るくなる。

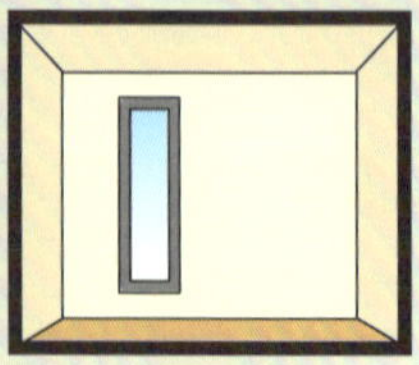

縦長の窓

面積が同じなら、横長より縦長の窓のほうが、部屋の奥まで光がさし込む。

小窓

外部からの視線を防ぎながら採光と通風ができる。複数をバランスよく配置すると、外観やインテリアのポイントにもなる。

借景

隣家の木々が見える方位にピクチャーウィンドウをプラン。四季折々の眺めを楽しんで。

コーナー窓

道路側に設けたコーナー窓。室内に広がりが生まれるうえ、ワークスペースも明るく。

I邸のプラン

四方に家の立て込んだ旗竿敷地で、効果的に窓をとったお宅。視線の抜けやすいコーナーに窓を設けたり、あえて窓のない壁をつくったりと、住宅密集地ならではの工夫が満載。（設計／明野設計室一級建築士事務所）

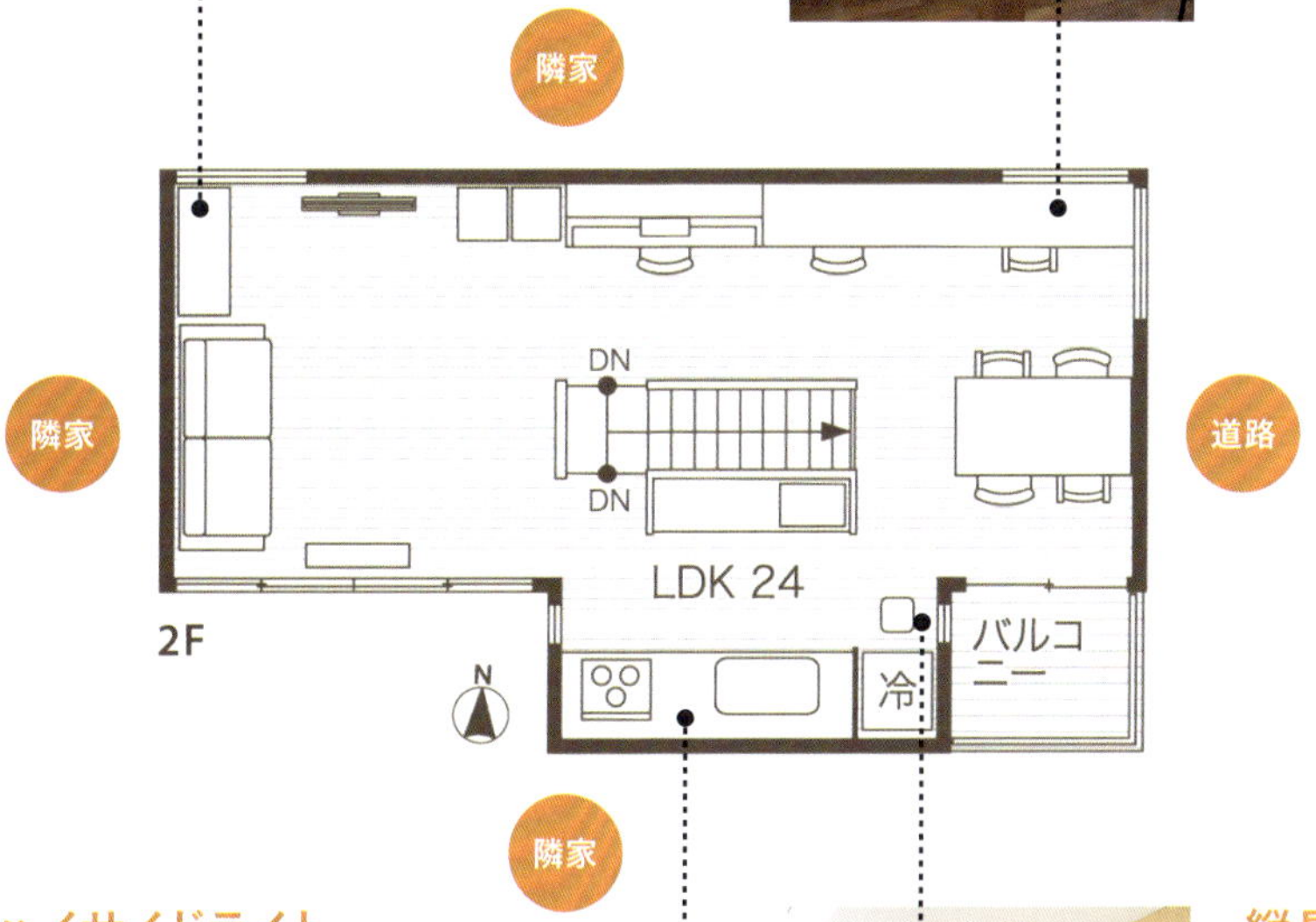

ハイサイドライト

2階フロア全体に光を届けているのは、外から視線の入らないハイサイドライト。

縦長窓

キッチンの窓は隣家から見通せない角度に設置。向かい合わせなので風通しも抜群です。

眺めとプライバシーのバランスで窓の配置を決めましょう

窓はただ南側に設ければよいというわけではありません。特に家が立て込んだ住宅密集地では、まず隣家との位置関係をしっかり把握し、お互いのプライバシーを守るのが基本。そのうえで、視線の抜けやすい方位や借景できる方位を選び、窓をあける位置や大きさ、窓の種類（引き違い窓や押し出し窓、ルーバー窓など）を決めていきます。隣家に近い壁面にはなるべく窓をつけないか、つけるとしたらハイサイドライトがおすすめ。また窓を壁面の中央ではなく、部屋のコーナーに配置すると、隣家の窓とぶつかりにくく、周囲の建物と建物の間を視線が抜けやすくなります。建物に凹凸をつけたプランも、隣家から窓までの距離をとりやすく、お互いの視線が気になりません。

上のプランは、住宅密集地の旗ざお状敷地に建つお宅。日当たりなどの条件のいい2階にワンルームのLDKを配し、隣家との位置関係を考えながら、各コーナーにそれぞれ適した窓をプランした好例です。

窓のつくり方アイディア集

「どこに窓をあけるか」＝「どこに壁を残すか」

窓をつくると、その周囲に残るのは壁。つまり、どこにどんな大きさの窓を配置するかによって、室内の壁の場所や面積が決まるということです。壁面の量は暮らし心地を左右する大切な要素。家具をレイアウトしたり、絵のフレームをかけたりする場所をあらかじめ計画しておくと、住みはじめてからの快適さに大きく差が出ます。

特にダイニングテーブルやソファなどの大きな家具と、TVを配置する壁はあらかじめ確保したいもの。明るく開放的になるからと、ひとつの空間に掃き出し窓をいくつもつけてしまうと、これらの配置が難しくなるので注意を。またソファスペースの奥に掃き出し窓を設けると、ソファにすわった人の前を家族が行き来することになり、落ちつき感が損なわれてしまうことも。このように、窓の配置は外との関係だけでなく、室内での過ごし方とも密接に関係しているため、双方のバランスを考えてプランすることが大切です。

大きな壁に沿ってソファを配置し、落ちつけるリビングに

隣家が迫っている側の壁面は窓なしに。ソファの背後が壁になるため、落ちついて過ごせる空間になりました。光や風は左右に設けた窓から取り込んでいます。白い壁面と木目の勾配天井とのバランスも美しい。（I邸　設計／明野設計室一級建築士事務所）

出窓には思いがけない効果があります

出窓はつくり方によってさまざまな効果を生み出します。まず思い浮かぶのは、カウンター部分に花や雑貨などを飾れる腰窓タイプの出窓。ガラスまでの奥行きがある分、隣家との間のワンクッションになり、プライバシーの保護にも役立ちます。腰窓よりもっと低くつくった出窓なら、ベンチがわりに腰掛けることもでき、使い道が広がります。

ガラスをはめる位置は、出窓の正面だけとは限りません。たとえば張り出させた上の面だけをガラスにして、正面の部分は壁にしてしまうアイディア。上から差し込んだ光が白い壁に沿って広がり、印象的な窓回りをつくれるうえ、外からの視線を気にせずに採光できます。また、同様に正面部分は壁にしておき、張り出させた左右に上げ下げ窓やルーバー窓などをつける手も。この場合も外からの視線をカットしながら採光でき、さらに窓と窓の間を風が抜けるというメリットが生まれます。

ベンチがわりになる出窓が、家族のくつろぎスペースに

リビングの角に大人が座れる高さと幅の出窓をプラン。明るい日差しが降り注ぐ、心地いいくつろぎの場になりました。出窓分の広さと奥行きがプラスされ、視界も開けるため、狭さ克服にも効果的。（小笠原邸　設計／トトモニ）

スリット窓を出窓の左右に設置して、風通しを確保

ベッド側の壁面を一部張り出させ、その左右にスリット窓を設置。風が通り抜けて快適なうえ、光がまぶしすぎないというメリットも。プライバシーや防犯面からもおすすめ。（明野設計室 一級建築士事務所）

視線の方向を考えて窓をつくりましょう

廊下や階段など、人が一定の向きで移動することがわかっているスペースでは、その視線の先に窓をとる方法があります。たとえば階段の上がり口に窓を設けると、2階から下りてくるたびに眺めを楽しめます。

廊下でも左右の壁面ではなく、先端部分に窓をとるのがポイント。移動していく先に外の景色が開けていることで、自分のいる場所そのものの面積にかかわらず、広がりや明るさを感じられるようになります。

この場合、窓の外がただの塀では効果は半減。なるべく遠くに視線の抜ける場所を選んだり、敷地内に木を植えるなどして、ピクチャーウィンドウのように楽しめたら理想的です。窓も中央に枠が入る引き違いではなく、風景をきれいに切り取れるタイプを選ぶといいでしょう。部屋のコーナーに窓をつくるプランも、視線がいちばんのびる場所から外の景色が見えるため、広がりを感じやすくなる効果があります。

階段ホールの窓から公園のグリーンを借景

このお宅の北側は国有の緑地、西側は公園。恵まれた立地を開口部のプランにも生かしました。階段ホールに設けたピクチャーウィンドウからは、公園の緑を借景。階段回りにつくったライブラリーに光をもたらす役割も。（O邸　設計／ア・シード建築設計事務所）

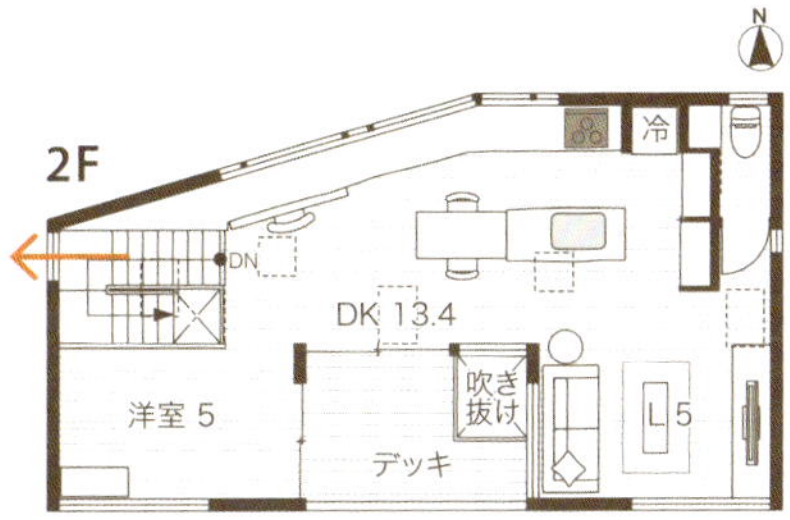

季節の移ろいが身近になる坪庭を階段の上がり口に

ガラス越しに見える坪庭には、紅葉の木が1本。階段を上がり下りするたびに四季それぞれの姿を楽しめます。招かれたゲストも、玄関を入ったあと、この坪庭を見ながら2階のリビングへと導かれます。（S邸　設計／スターディ・スタイル一級建築士事務所）

ガラス張りの階段で上がり下りが楽しく

天井や壁に加えて、踊り場にまでガラスを使った階段ホールは、奥さまの念願だったもの。天窓から1階まで光が届くうえ、移動するにつれて次々と眺めが変わるため、たんなる階段の上がり下りが楽しいアクションに。（辻邸　設計／建築設計事務所フリーダム）

眺めをつくる方法もあります

窓からは木々の緑や空、遠くの街並みなどが見えるのが理想的ですが、都市部の住宅地ではなかなか難しいもの。隣家の窓だけは避けられたとしても、やはり周囲の建物の壁やベランダなどが視界に入ってきてしまいます。そんなときは、余計なものをできるだけ隠し、見たいものだけにフォーカスする工夫を。たとえば隣家の庭にきれいな木が植えてあり、その手前に古いフェンスが立っているような場合、木だけが見えるような横長のハイサイドライトをつけたり、バルコニーの手すりを高めにしてフェンス部分を隠したりすると、借景したいものだけにフォーカスできます。

隠したいものが上のほうにあるならひさしで遮る、横にあるなら袖壁を立てるなど、視界の切り取り方は状況に合わせて。そのためには敷地の周囲をしっかりチェックすることが大切です。購入した土地に古家が建っているなら、かならず2階に上がらせてもらって眺めを確認し、何を見たいか、何を見たくないかをプランに反映させましょう。

隣地の竹林を地窓で切り取って美しい眺めを堪能

LDKにつなげた和室。地窓の外に見えるのは、隣地に植えられた竹。しっとりした借景が落ち着いた空間づくりに貢献しています。窓をコーナー状に配したことで、屏風を立てたような印象になり、実際の面積以上の広がり感も生み出しています。(井上邸　設計／光と風設計社)

緑を見ながらのバスタイムでオン・オフの切り換えを

浴槽に入ったときの目線の高さに窓をつけ、その外に坪庭をプラン。いやされる風景を積極的に演出しています。浴室内のホテルのような仕上げとともに、仕事モードとリラックスモードの切り換えに役立っているそう。(尾崎邸　設計／谷田建築設計事務所)

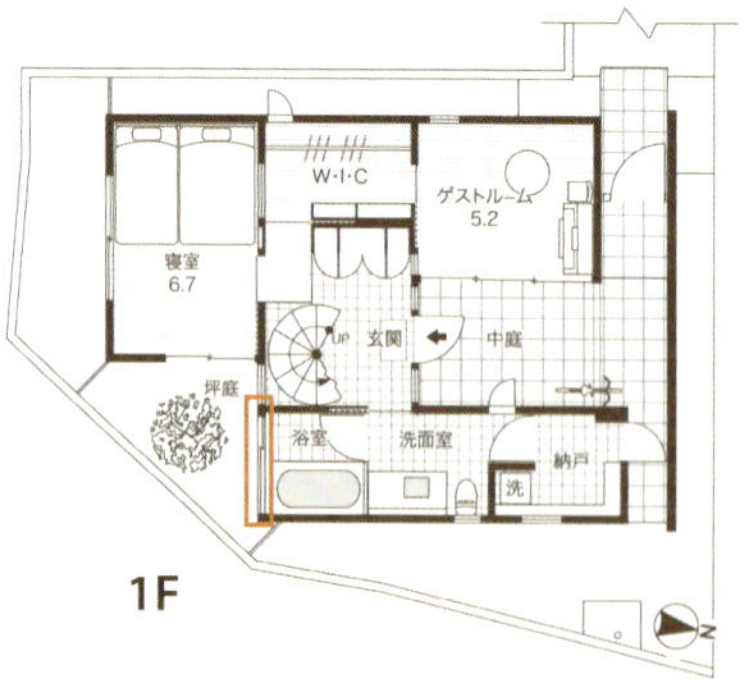

木々の葉だけが見えるハイサイドライトから採光

階段ホールの窓は、ちょうど隣家の木々が見える高さ。外からの視線を壁で遮ったうえで、光をとり入れ、さらに見たいものだけを見られるようにした好例です。春には桜、秋には柿の実を眺められるそう。(G邸　設計／ポラテック　ポウハウス)

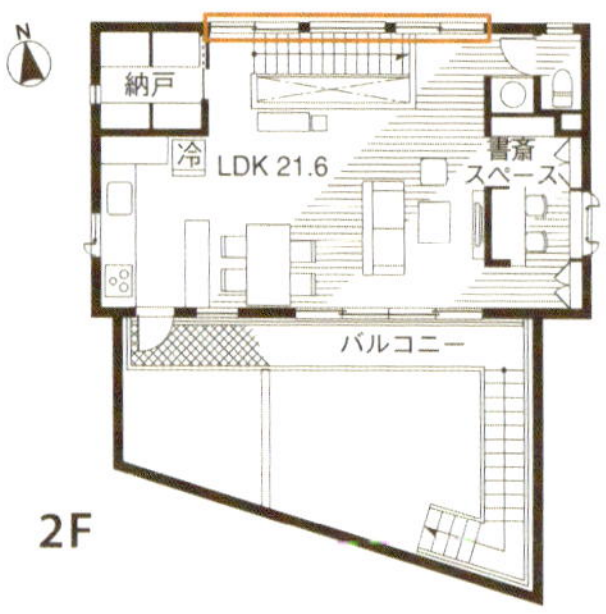

窓を通してちらりと室内をのぞく楽しさも

玄関ホールとリビングの間に、ガラス入りの室内窓を採用。帰宅したとき、リビングでくつろぐ家族を窓越しに眺められます。玄関ホールの奥はDK。お互いのスペースの見通しがいいのもメリット。(入江邸　設計／プランボックス一級建築士事務所)

窓のデザインを厳選。内装のアクセントにも

ペイントした壁で囲んだキッチンには、アンティークのステンドグラスをあしらい、カフェのような印象に。リビングに隣接する予備室との間には3連の押し出し窓を。光や風とともに家族の気配も伝わります。(太田邸　設計／プランボックス一級建築士事務所)

室内窓で家の中をつなぐアイディアもおすすめ

窓は外壁につけるだけでなく、建物の中の間仕切り壁につける方法も。家の中なのでアルミサッシなどを使う必要はありません。場所や目的によって、木製にしたり、ガラス入りにしたり、紙を張って障子風にしたりと好みのデザインを選べます。

室内窓をつけることで、仕切られている空間同士がつながり、別のスペースにいる家族の気配を感じ取りやすくなります。たとえば2階LDKの場合、玄関ホールを吹き抜けにして室内窓をつけておけば、2階にいながら子どもやご主人の帰宅した様子がわかります。1階LDKと2階の子ども部屋を、吹き抜け＋室内窓でつなぐプランもおすすめ。窓ははめごろしではなく開閉できるタイプにしておくと、声がよく聞こえて風通しにも役立ち、エアコンをつけたときだけ閉め切ることができます。室内窓を通して視線が遠くに抜けることで、狭い空間にありがちな閉塞感も軽くなります。室内窓の先に外壁に面した窓があり、外の景色が見えると、さらにその効果を実感できるでしょう。

窓は街との接点という役割もあります

暗くなってから帰宅して、家にあかりが灯っているのを見ると、家族のいる幸せを感じるという人も多いのでは。そんなひとときのために一役買ってくれるのが、街に向かって開かれた窓です。防犯やプライバシーを重視して、道路側に窓をつくらないお宅もありますが、人の気配が感じられない家は不気味な印象を与えることも。ご近所との良好な関係を築くためにも、街に向けて窓をつくることが大切です。

できれば子どもの友達が「○○ちゃん遊ぼう！」と声をかけられるくらい、オープンな窓をつくれたら理想的。また、道路で何か騒ぎが起こっているとき、家の中からちょっと覗ける窓があることで安心感も生まれます。もちろん、外から家の中が丸見えにならないよう、窓の向きや大きさには十分に配慮を。1階では人が侵入できないタイプの窓を選ぶのもいいでしょう。

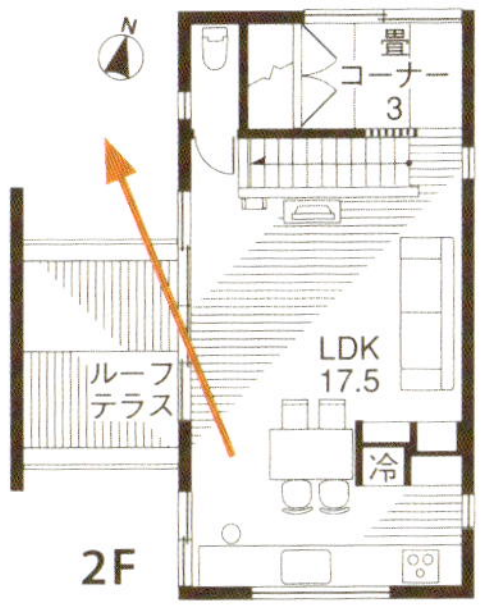

道路から声が届くルーフテラスで街とつながる

2階のLDKにルーフテラスを接続。道路側は手すりのみのオープンな造りにしたので、ここで子どもが遊んでいると、友達が下から声をかけてくることもあるそう。隣家側には目隠しのフェンスを立て、プライバシーを確保。(H邸　設計／明野設計室一級建築士事務所)

光を楽しむテクニック

吹き抜け空間にハイサイドライトを設けると家じゅうに光が回ります

　上下階をつなぐ吹き抜けは、室内の開放感を高めるのはもちろんのこと、窓のつくり方しだいで、心地よい光をもたらすことができる最高の方法です。吹き抜け空間は、床から天井まで2層分あるので、通常の窓に加えてハイサイドライト（高窓）を設ければ、各階に光を回し込むことも可能になります。ハイサイドライトからの光は、壁全体に反射して空間をやわらかく包み込むため、腰窓や普通の大きさの窓だけでは得られないたっぷりの光を楽しめます。リビングやダイニングに吹き抜けを計画しているのなら、ぜひハイサイドライトもセットで考えるといいでしょう。

　ハイサイドライトのデザインはいろいろですが、天井いっぱいまで壁一面をガラス窓にすれば、まるで光の壁のような開口部が演出できるでしょう。伸びやかに広がる大きな窓、その先に見えるのは空だけ。室内空間の開放感と相まって、最高に満足感の高い空間になるでしょう。

ハイサイドライトからの光が家中に届くプランに

3方を建物に囲まれた敷地ですが、リビングの南側半分を吹き抜け空間にし、天井いっぱいまで大きく開口。窓からたっぷりの光が差し込み、2階の居室と1階のLDK、つまり家全体を明るく演出しています。（赤見邸　設計／unit-H 中村高淑建築設計事務所）

トップライトは、壁窓の3倍の光をもたらします

　屋根面につくるトップライトは、住宅密集地や狭小住宅などで壁面に窓がとりにくい場合、外からの視線を気にせず、効果的に光をとり込めます。建築基準法では、壁窓の3倍の光量としてカウントされます。

　また、採光だけでなく部屋にいながら太陽や雲や月の動きを楽しめて、空を身近に感じられる窓としても人気。使い方次第でおもしろい光のとり入れ方ができるのも魅力です。ただし、北側以外の直射日光が入りやすい方角に設置する場合は、強すぎる熱や光に対しての注意が必要です。断熱性能のあるガラスを使用したり、遮光のためのブラインドやカーテンをつけるなど工夫しましょう。

上からの光が気持ちいいサニタリースペース

プライバシー保護のために、あえて大きな窓をとらなかったサニタリーですが、トップライトからたっぷりの光が入り込み、明るく清潔感たっぷりのスペースになっています。このトップライトは隣の浴室まで連続しています。（冨沢邸）

トップライトからの光で明るく快適なリビングに

切妻屋根の形状を生かした勾配天井で、伸びやかな空間を実現したリビング。屋根に大きく切り取ったトップライトからたっぷり光が入り、部屋の奥まで届きます。真夏は、直射日光を避けるためトップライトにカーテンを設置。（岩角邸　設計／佐賀・高橋設計室）

北側のDKは空から光を取り込む

2階の北側にキッチン＆ダイニングを配置。キッチンの真上には、光を取り入れるためのトップライトを設置しています。スポットライトのように差し込む明るい自然光の下、家族で食卓を囲める気持ちのいいスペースになりました。（K邸　設計／宮地亘設計事務所）

天井高いっぱいに開口をとると、部屋の奥まで光が届きます

昼間の太陽の光は上から差し込むので、窓は高い位置に設けたほうが採光量が多くなります。立地や方位の関係で日当たりの悪い部屋でも、天井の高さギリギリに設置すると、思った以上の光量が得られます。

掃き出し窓で、床から天井までぴったりサイズの既製品が見つからない場合は、特注するか、とりつけ方を工夫して。天井高に近いサイズのものを、床のほうを立ち上げて、上は天井いっぱいに設置。10～20㎝ほどの立ち上がりができますが、出入りにはほとんど問題ありません。あえて段差をつくって室内側にベンチや収納をつくる手もあります。

デッキに面した窓は天井までの高さに設置

ダイニングとリビングをデッキを囲むようにL型に配置。天井いっぱいまであけた2面の窓からたっぷりと光が入っています。リビング側の窓から入る光は、仕切り壁の奥につくったワークスペースにも届いています。（Ｉ邸　設計／明野設計室一級建築士事務所）

南側は壁一面を開口部に。光と景色を楽しむ

3階建ての建物で、南面は1階から3階まですべて大きく開口。壁から壁、床から天井まで一面のガラス窓を設置しています。春になると、川沿いに咲く桜が窓いっぱいに広がり、家族みんなで絶景を楽しめます。（山口邸　設計／unit-H中村高淑建築設計事務所）

隣家が迫っている側は、ハイサイドやローサイドで採光します

気持ちのいい光をとり込むのも窓ですが、外からの視線を通すのも窓。特に、隣の建物との間に余裕がない敷地に家を建てる場合、隣家の窓とこちらの窓が向き合わないように配慮する必要があります。

窓がとりにくいといっても、窓自体がNGというわけではなく、窓の位置を工夫することで、効果的に光を得ることができます。たとえば、外からの視線が届きにくい天井近くにハイサイドライトを設けたり、同じく床近くにローサイドライトを設けるのもひとつ。どちらかひとつでもいいし、ハイサイド&ローサイドを両方を設けて、中間を収納などに活用するプランもおすすめです。

壁の上下に横長の窓をとり、視線を遮りながら光を導く

北に道路が走り、東西に隣家が迫る立地のため、東側は上下に細長く窓をとってプライバシーを守りつつ採光を確保。中間域は収納スペースとして利用しました。床に近いローサイドライトは開閉できる窓になっています。（五十嵐邸　設計／佐賀・高橋設計室）

天井付近に窓を小さく配置。採光とくつろぎ感を楽しむ

隣家が立つ東側は小さめのハイサイドライトを。壁面を大きく残して落ち着きのある空間に。南面も家具が配置しやすい腰窓。出入りができない窓は、採光を確保しつつくつろぎ感をもたらす効果があります。（入江邸　設計／プランボックス一級建築士事務所）

中庭をコの字型に囲めば、全部屋に光が回ります

細長い敷地や都市部の住宅密集地でも、たくさんの光の中で暮らしたい。そんな願望をかなえるためには、建物のほぼ中央に中庭や坪庭をつくれば実現できます。

たとえば、両サイドに隣家が迫っている敷地では、隣地境界線と建物との間に十分な距離をあける余裕がなく、壁から十分な光を取り込むことができません。京都の町屋は典型的な例で、このような立地の場合、中庭を設けて1階も2階も中庭に向けて窓をとれば、どの部屋にも光が届き、通風を得ることも可能です。中庭をガラス窓でぐるりと囲めば、庭越しに向こうの部屋が見通せて、開放感も得られるでしょう。

家具を置いてアウトドアリビングとして使うのなら別として、光を取り入れるためだけの中庭ならば広さはそれほど必要なく、最低でも1坪あれば十分。小さいスペースながら1本の木を植えたり草花の鉢を置くだけで、やすらぎのスペースが生まれます。

1階から3階まで中庭の光と緑に憩う

住宅密集地にある旗ざお状の敷地は約25坪の狭小地。周りを住宅に囲まれ、日当たりも通風も厳しい立地です。そこで、建物中央に中庭をつくり、庭を囲んで部屋を配置。スケルトン階段のメリットも生かして各階に光を導きます。（安達邸　設計／The Green Room）

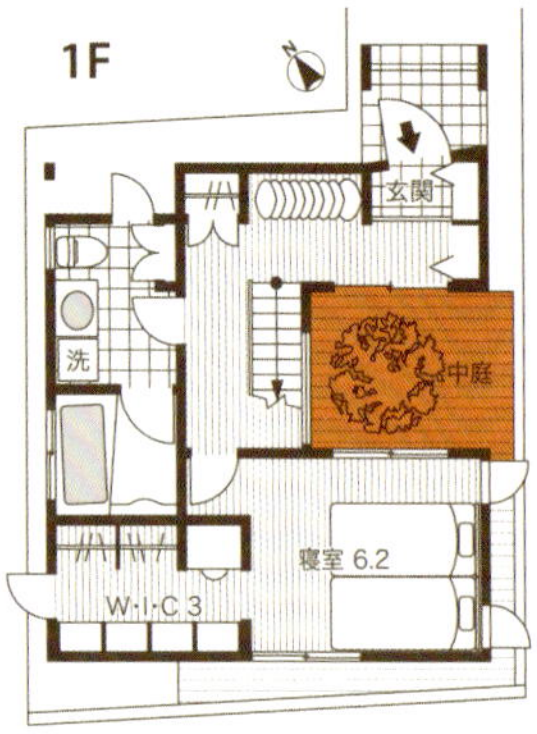

フロストガラスやガラスブロックなら目隠ししつつ光もとり込めます

窓はかならずしも透明とは限らず、外の視線をカットしつつ光を取り入れたい場合、フロストガラスを採用するのも手です。フロストガラスは、透明ガラスの表面を加工して乳白色の不透明にしたもの。光が当たると拡散し、障子越しに入るやわらかい光のような心地よさがあります。

採光はしたいけど、外の視線は遮りたい、室内からは見たくない景色がある場合は、このフロストガラスがおすすめです。また、室内の仕切りにとり入れるアイディアも。壁で仕切ると暗くなる場所も、フロストガラスで仕切れば、明るさも得られ、まる見えになるのも防げます。

ビルや店舗でよく使われるガラスブロックも、フロストガラスと同じ効果が期待でき、割れにくく断熱性もあります。ただし、コストが高いというデメリットも。小さな窓に使うなど予算に合わせて選びましょう。

ガラスの壁から差し込むのはやわらかな極上の光

道路側を除いた3面と、屋根の一部をフロストガラスで囲った、スタイリッシュな家。吹き抜け空間は、天井まで約6m。ガラスの壁面からやわらかな光が降り注ぎ、木漏れ日のデッキにいるような心地よさを感じさせます。（基邸　設計／M.A.D+SML）

道路側からの採光はガラスブロック+スリット窓

南側に道路が接する敷地なので、採光のための窓にはスリットとガラスブロックを組み合わせて、外からの視線を遮りながら明るさを確保。ガラスブロックの光の壁が、インテリアのアクセントにもなっています。（Y邸　設計／アーキテラス一級建築士事務所）

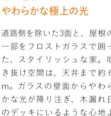

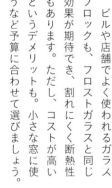

南面の光だけにこだわらず全方位の光を有効に使いましょう

採光のための窓の向きは、東西南北どの方位にもよさがあります。光には、朝・昼・夕とそれぞれに違った味わいがあるからです。

南向きの窓は一日中たっぷりと光が入りますが、南からの採光が十分に望めない場合は、それぞれの向きに、いちばん効果的な窓の位置を考えます。東の窓は朝日が差し込み、さわやかで気持ちよく、夕方から日が入る西の窓は、きれいな夕日が楽しめます。角度によって冬は部屋の奥まで光が差し込んで、ポカポカとした心地よさを楽しめます。北の窓は直射日光が入らず、一日中安定した光が得られます。画家や彫刻家のアトリエが北側に窓をとるのはそのためです。暮らし方や部屋の使い方に合わせて、それぞれの光の特性を生かした窓を設ければ、各方位から趣の違う光をとり込める、味わい深い家になるでしょう。

東の小窓から差し込む光の帯を日時計のように楽しむ

ここからの光が、リビングの壁に光の帯となってあたり、刻々と移り変わる一日の太陽の動きを楽しめます。（S邸　設計／プランボックス一級建築士事務所）

3方に高窓を設置。多角度からの光が回るリビング

南側と北側に隣家が迫る、東西に細長い敷地の家。2階に配置したLDには、南・北・西の3方にハイサイドライトを設けて、多方向からの光を楽しみます。海が眺められる西向きには大きな開口もとっています。（渡辺邸　設計／アスデザイン アソシエイツ）

小さな窓を設けるとささやかな光で美しい陰影が楽しめます

「窓は大きければ大きいほどいい」とは限りません。大きな窓からはたっぷりの光と風が得られて、開放感も味わえますが、小さな窓にも、小さいなりの利点があります。

たとえば、細い廊下のつきあたりや、玄関や水回りなどの狭いスペースに、雑誌サイズの小窓があるだけで閉塞感がなくなり、そこから差し込む小さな光に、落ち着きと心地よさを感じるはずです。あるいはインテリアのアクセントのように、小さな光を楽しめるのも小窓ならでは。簡単に明るさや換気が欲しければ、照明や機械などの装置で間に合いますが、小さな窓からのわずかな光は、人工的な装置では得られない豊かさをもたらしてくれます。

わずかなすき間で採光できるスリット窓

狭くて明かりのとりにくい玄関は、スリット窓も効果的。収納スペースをきっちりとりながら採光も確保できます。わずかでも外に視線が抜けるので、圧迫感も解消。（竹内邸　設計／アイシーエー・アソシエイツ）

外からの視線を遮りながら光を取り込む地窓

土間風玄関のコーナーに設けた小さな地窓。暗くなりがちな玄関の奥も、小さな開口のおかげで明るくなっています。地面に近いので庭の草花も間近に見え、目を楽しませてくれる効果も。（F邸　設計／アルクデザイン）

3つの細窓からの光が室内のアクセントに

畳コーナーに設置された3連の窓。室内に落ちる陰影が刻々と変わる様は、眺めているだけでも楽しい。縦長のスリット窓は、プライバシーを保ちながら外の気配を感じることもできます。（S邸　設計／山岡建築研究所）

上階から階下に光を導く という方法もあります

建物中央の奥まった場所にある部屋や、限られた窓しか設けられない地下、プラン上、窓がとりにくい玄関…。これらの場所に光を届けるには、上階から導いてくる、という手法が効果的です。

方法としてはいくつかありますが、上階の床の一部にガラスやアクリル板、グレーチングなどの光を通す素材を張り、そこから階下の部屋に光を取り込むのが一般的。あるいは、最上階に設けたトップライトから、吹き抜けを介してストレートに下の階に光を落とす方法もあります。とくにトップライトからの光は壁窓の3倍といわれ、下の階まで十分に明るさが得られます。

上からの光は、壁窓からの光とはまた違う趣があり、時とともに動いていく光を感じ取るなど、暮らしにゆとりや潤いをもたらす効果も期待できます。せっかくの自然光を自由な発想で利用して、明るく心地のいい空間づくりを実現したいものです。

上の階に"光床"を設けて階下の玄関を明るく

2階リビングのバルコニー側に光床をつくり、1階の奥まった場所にある玄関を明るくしています。グレーチングとポリカーボネートを透かした光はやわらかく、白い壁に反射して雰囲気のある玄関に。（佐藤邸　設計／スターディ・スタイルー級建築士事務所）

吹き抜けのトップライトから1階のリビングに光をもたらす

北、東、南の3方を建物に囲まれた立地で、1階リビングの採光を得るために、建物中央に吹き抜けをつくり、その上部にトップライトを設けています。空からの光が階下のLDKにまで届き、明るく快適な空間になっています。（O邸　設計／ピーズ・サプライ）

真夏の直射日光を遮り ほどよい光を とり入れる軒に注目!

日本の家は昔から、軒を深くとって直射日光を遮り、自然の風をとり入れてきました。また、雨よけとしての役割もありました。最近は雨風はサッシで防ぐことができますが、南中時の直射日光を遮って快適に暮らすためには、やはり軒はあったほうがいいでしょう。

ただし、浅い軒では効果はなく、少なくても90㎝ぐらいは必要です。そうなると、都市部の住宅密集地では軒を深く出すことで建物が小さくなるため、現実的に難しいケースも。この場合は、軒のかわりに窓の直上に小さな庇をつけたり、光量の調節ができるブラインドやパーゴラ、オーニングなどを設置するといいでしょう。四季を通じて気持ちのいい暮らしが実現できます。

90㎝の軒の出が夏の強い日ざしをカット

真南に向けて、天井までの大きな開口を設けていますが、軒の出を90㎝とり、夏の南中時の直射を回避しています。逆に、太陽の位置が低くなる冬は、この大きな窓からたっぷりの日が差し込む設計に。（赤見邸　設計／unit-H 中村高淑建築設計事務所）

デッキの木製パーゴラで日差しをやわらげる

眼下に広がる街と海の景色を楽しむために、南側にフルオープンの窓を設置したリビング。フラットにつながるデッキにはパーゴラをつけて、真夏の強い日差しがリビングに直射するのを防ぎ、快適な室内環境をつくります。（城木邸　設計／森井住宅工房）

大きな開口部をとりにくい部屋はコーナー窓がおすすめ

最上階にある屋根なり天井の部屋や、密集地で隣家からの視線が気になるケースなど、大きな窓の確保が難しい場合は、コーナーに向けて横長の窓を設けると、光をより多くとり入れることができます。2面にまたがって開口部を切りとるため、同じ幅の壁窓より視野が広くなり、光の量も多くなります。

屋根勾配をとり入れた落ち着き感のある寝室

大きな窓をとるのが難しいため、部屋のコーナーに窓を設置。たっぷりの光と眺めを楽しみます。（笹塚の家　設計／FISH＋ARCHITECTS一級建築士事務所）

室内からつづくスペースをつくって屋外の気持ちよさをとり込んで

いろいろな工夫を試みても室内にダイナミックに光を引き込むのが難しい場合は、屋外空間を暮らしにとり込むという発想もあります。リビングなど暮らしの中心となる場所にデッキやバルコニーを設け、スライディングやフォールディングの「フルオープンになる窓」で一体感をもたせます。また、バスルームからつづくバルコニーは、リゾートホテルのような心地よさが得られます。

大きな窓とバスコートでリゾート気分満載！

バスコート（デッキ）に続くフレンチウインドーを全開にすれば、まるで露天風呂！　塀で囲まれているので、外からの視線を気にすることなく、ぜいたくなバスタイムが楽しめます。（永田邸　設計／アトリエSORA）

光が入りにくい場所では仕切りを透明にする手があります

どの部屋にも窓を設けてたっぷりの光をとり込めるといいのですが、特にコンパクトなスペースとなる水回りなどは、プランによっては窓がとれないケースもあります。こういった場合は、隣り合うスペースとの間仕切りを壁ではなくガラスにして、光をとり込みましょう。浴室&洗面室、トイレ&洗面室などで、このプランを採用すると、明るいサニタリースペースがつくれます。

ガラスの壁越しにサニタリーからたっぷりの光が

サニタリー手前の土間スペースに窓がなく、光が入らないため、ガラスで仕切ってサニタリーから光をとり込むプランです。内側にブラインドがあるので、まる見えも防ぎます。（代田の家　設計／FISH＋ARCHITECTS一級建築士事務所）

高窓はプライバシーを守りながら光を入れて風も通します

洗面室やトイレなどの水回りは、外部に面して大きな窓はとりたくないものの、通気や採光の窓を無視するわけにはいきません。こうした空間は、高い位置に窓を設けることで、外からの視線を遮断しながら光と風を通すことができます。

ハイサイドライトで効果的に採光を

白でまとめたさわやかなサニタリースペース。天井付近に横長の窓をつくって光をとり入れています。コンパクトな窓ですが、白い内装に光が反射して、より明るい印象に。(立野の家　設計／FISH＋ARCHITECTS一級建築士事務所)

スケルトン階段にすると空気が回って光も通ります

もともと階段は風の通り道としての効果がありますが、蹴込み板を省くスケルトン階段や、ネット状など透ける素材を採用すれば、上階の光を下まで届ける効果も期待できます。また、上から光が降りてくると、心理的に上がりたくなって、階段の移動が楽しくなるという声もあります。

天井からの光で明るい階段スペース

3階まで半階ずつ上がるスキップフロアの家。階段を通気性のあるスチールネットでつくっているので、トップライトからの自然光が階段スペースに降り注ぎます。(M邸　設計／ノアノア空間工房)

サービスバルコニーのドアを全面ガラスにすればキッチンが明るくなります

光が十分にとり込めないキッチンは、サービスバルコニーにつなげて勝手口を設け、ドアを全面ガラスにすると一石二鳥。光もとり込めて、湿気がこもりがちなキッチンに風も通します。ドアを閉めたまま通風したい場合は、ルーバーや上げ下げ窓つきのガラスドアも便利です。

奥まったキッチンにガラスドアで光をとり込んで

2階にLDKを配置したプランで、L字型のキッチンの奥にサービスバルコニーを設けて使いやすく。バルコニーへのドアは全面ガラスなので、閉めていても光が差し込みます。(秋山邸　設計／FISH＋ARCHITECTS一級建築士事務所)

蹴込み板を省いた軽やかな階段をプラン

こちらは蹴込み板を省いたスケルトン階段。2階の廊下に設けた小窓から光と風をとり込み、階段を介して1階の玄関まで導いています。段板と段板の間から向こう側が見えて、空間に奥行きを与えるメリットも。(秋山邸　設計／FISH＋ARCHITECTS一級建築士事務所)

風をとり込むテクニック

防犯上も有効な高窓が室内に滞った空気の出口に

隣家が迫るLDKの南側2か所に横長のハイサイドライトを設置。壁窓から入った風がこのハイサイドライトから抜けていきます。仕切りのないワンルームスタイルなので家中の空気が循環し、心地よい室内環境に。（竹内邸　設計／アイシーエー・アソシエイツ）

天井近くに窓をとると、室内の空気が自然に流れます

暖かい空気は上へ、冷たい空気は下に流れる性質があるのはよく知られたことですが、この性質を利用して、窓を部屋の高い位置に設ければ、天井付近に溜まった熱気が外に抜け、室内に空気の対流をつくることができます。とくに、夏場の熱い空気には効果的。高い位置の窓から自然に熱気が抜けていき、気持ちのよい室内環境が得られます。一般的な腰窓や掃き出し窓を設けた部屋なら、その反対側の壁の天井近くに、小さな窓をいくつか設置するといいでしょう。高窓から、その日の空模様を眺めながら窓の開閉をすることで、家に居ながら自然を身近に感じることもできます。

　大きな吹き抜け空間の天井付近など、手の届きにくい位置に設けた窓の開閉は、電動式にする手もありますが、そこまでしなくてもコストの安い手動式のものでも十分。ボールチェーンの操作で開閉したり、長いフック付きの棒を使うものなどもあります。

吹き抜けに設けた高窓から天井付近の熱気を逃す

リビングにつくった吹き抜けの天井付近に、風抜け用の高窓を設置。開閉は手動式のボールチェーンで行い通風をコントロール。デッキ側には大きな開口の掃き出し窓があって、家中に風が抜けるプランに。（片岡邸　設計／MONO設計工房一級建築士事務所）

引き違い窓を室内に設けて通気の調整を

ワンルームスタイルのLDKで、階段室へつながる壁面に室内窓を設けています。上部の引き違い窓を開けると、階段を介して上下階に空気の流れが生じます。また、階段の奥に設置した窓からも風を通せます。（O邸　設計／田中ナオミアトリエ一級建築士事務所）

室内扉を工夫して風の通り道をつくりましょう

家中に風を通すには、壁や屋根に設ける窓のほか、室内扉も工夫して、部屋から部屋へ風の抜け道を確保することが大切です。

室内の換気調整がしやすい建具といえば、好きな幅だけ開けておける引き戸があります。寝室や和室、水回りなどの入り口を引き戸にしておけば、ふだんは開け放しておいて風を通し、必要なときだけ閉めてプライバシーを確保するといった使い分けが可能です。

　引き戸と違って、開け放しておくのが難しい開き戸でも、工夫しだいで風の通り道を確保することができます。たとえば、開閉できる欄間をドアの上につくったり、建具自体に換気ガラリやアンダーカットなど通風用の仕掛けを施すなどすれば、ドアを閉めた状態でも空気の入れ換えが可能になります。こういった工夫をすることで、窓が1か所しかとれない部屋でも、入り口ドアを介して廊下や別の部屋にある窓との間で風を通すことができます。

ドア回りにひと工夫して部屋に風を通す

和風建築でよく見られる欄間は、部屋から部屋へ、自然に風が流れるように設けられるもの。この家では子ども部屋のドアの上を開閉できる欄間にし、換気に対応しています。室内～廊下へと自然に空気が流れる設計です。（S邸　設計／山岡建築研究所）

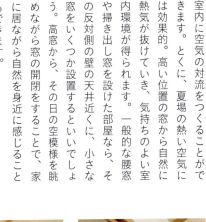

スケルトン階段は、上下階に風の流れがつくれます

階段は、その構造上かならず吹き抜け空間になるので、風の通り道として有効です。なかでも、いちばん効果的なのがスケルトン階段です。

スケルトン階段とは、蹴込み板をなくして踏み板とフレームだけで構成した階段のこと。段板と段板の間からも風が抜け、階段スペースを縦横無尽に空気が流れます。上下階を一直線に結ぶ直階段のほか、上り下りの途中で向きが変わる曲がり階段、渦巻き状にデザインしたらせん階段など、階段の形状によってそれぞれ違った風の流れを生み出します。

階段を利用した風の抜けをさらに高めるなら、階段上部に開閉できるハイサイドライトやトップライトを設ける方法がおすすめ。上昇気流によって下から押し上げられた空気が窓から抜け、効率のよい通気を促します。

1階から3階まで。らせん階段が風の通り道に

3階建て住宅で、木製のスケルトン階段を採用。1階から3階まで同じ位置に階段を設けているので、家中の風の流れがスムーズに。上階の腰壁もルーバーにするなど、空気を遮断する壁は極力省いています。（F邸　設計／unit-H 中村高淑建築設計事務所）

キッチンや水回りには小さな窓から新鮮な風をとり入れて

湿気や臭いが発生しやすいキッチンには、通風に配慮した小さな窓があると便利です。調理中に発生する油煙や水蒸気はレンジフードや換気扇によって強制的に排出できますが、機械が動いていないときにも室内環境を快適に保ちたいもの。そういった観点からも自然の風を取り入れられる通風窓はおすすめです。シンク前、勝手口、加熱機器の横など、作業中でもちょっと手を伸ばせば開閉できる位置につくると便利に使えます。気をつけたいのは、食品を扱うキッチンに直射日光が当たる窓をつけてしまうこと。強い日差しは食品を早く傷めてしまうので、そのような窓を食回りのスペースに設置するのは避けましょう。

湿気やすい洗面室は鏡回りに風抜け用の窓を

洗面室の窓はミラーの上のハイサイドライトと右手のスリット窓の2か所。通風と明るさが十分に確保されていて、朝のあわただしい時間でも快適に過ごせそうです。大きめの鏡は狭い洗面室を広く見せる効果も。（仲田邸　設計／ふくろう建築工房）

オープンキッチンには通気用のルーバー窓を確保

対面式キッチンの背面はカウンター式の作業スペース。吊り収納との間の壁部分をルーバータイプの窓にしています。LDとワンルームのオープンスタイルなので、風が真っ直ぐ抜ける窓を設置したプランに。（赤見邸　設計／unit-H 中村高淑建築設計事務所）

奥まったキッチンは上下の小さな窓で通風

左手に見えるカウンター越しにLDとつながるセミオープンのキッチン。奥の壁の、高い位置と低い位置の2か所に小さな窓を設け、上下から効率よく風が抜けるようにプランした例。年中快適なキッチンスペースになっています。（K邸　設計／佐賀・高橋設計室）

2階の床をグレーチングにすれば階下に風を送れます

グレーチングとは本来、排水溝のふたとして使う、格子状の鋼板のこと（軽量のFRP材のものもあり）。立体駐車場などに使われている「下が見える床」というと、イメージしやすいかもしれません。格子が風や光を通すので、上階の床の一部にとり入れることで、上下階の通気をよくすることもできます。バルコニーの床をグレーチングにして、1階のテラスに光と風を送る手もあります。

床の素材を工夫して階下にも風を届ける

壁いっぱいに開口部を設け、窓際の床をグレーチングに。窓からとり込んだ光と風を階下にも届けるアイディアです。（宇多津モデルハウス　写真提供／アトリエSORA）

格子や壁で視線を遮りながら風を通す方法も

プライバシー面が気になるけれど、やっぱり外に向けて大開口の窓を設けたいという場合、格子や適度な開口部を設けた壁でほどよく囲い、視線を遮りながら心地よい風をとり込むプランも。あわせて、テラスやデッキを併設するのもおすすめです。外部からの視線を気にすることなく、アウトドアリビングとして過ごせる心地よい場所に。風と光だけでなく、緑や空も満喫できます。

スクエアな白い外観に木格子でぬくもりを

室内とデッキのプライバシーを確保するために設けた格子が、外観のほどよいアクセントに。スリット状なので、風は心地よく抜けていきます。（高知モデルハウス　写真提供／アトリエSORA）

引き戸にすると通風を自由にコントロールできます

一般的に昼間はほとんど使わない寝室ですが、ドアを閉めたままにしておくのも避けたい。そんな悩みは引き戸にすることで解決します。片開きの室内ドアと違って、引き戸は開閉の幅を自在にコントロールできる建具です。使用しない日中は、換気のために、室内が見えない程度に少しあけておくといいでしょう。

引き戸で通風を自在にコントロール

1階の玄関の隣に配置した寝室スペース。入り口を引き戸にしているので、開けておけば玄関ホールやその先のデッキとの一体感が生まれます。（秋山邸　設計／FISH＋ARCHITECTS一級建築士事務所）

開放感を楽しもう

理想の住まいを実現するためには、「開放感」を演出することもポイントに。敷地の広さや床面積にかかわりなく、たとえ小さな家でも、部屋の仕切りを工夫したり、視線の抜けをつくるなどテクニックを駆使すれば、開放感いっぱいののびやかに暮らせる家が実現します。

L・D・Kを仕切りなく並べ、開放的で気持ちのいいくつろぎの間を実現。ゆるく勾配のついた天井も広く見せる効果大。写真手前の部屋も引き戸でつなげたので、開け放てば、20畳の空間に。(小平邸　設計／unit-H 中村高淑建築設計事務所)

間仕切りを極力省いたオープンプランなら広々暮らせます

開放的で伸びやかな住まいをつくるなら、まずオープンプランがおすすめです。部屋と部屋の仕切りをできるだけ省いて、空間に連続性をもたせることで、小さなスペースでも広々とした印象になります。隅から隅まで見通せることで広さを実感するわけですが、その先に外が見えればなお効果的です。このような開放的な空間は、家族が集うＬＤＫにぜひ取り入れたいもの。ひとつの空間にリビング、ダイニング、キッチンをレイアウトすることで、家族が思い思いにくつろげる、コミュニケーションも密な家になります。

一方で、ＬＤＫが同じ空間にあることで、問題も発生します。それは、調理しているときの臭いや作業の音がＬＤに流れること。「気になってリラックスできない」「来客のときに困る」という家族には、オープンプランは不向きでしょう。そのような空間を楽しめるかどうか、家族間で話し合っておく必要もあります。

吹き抜けで縦空間の広がりを楽しんで

1階と2階の空間をつなげた吹き抜けは、天井までの高さが2層分になるため、同じ床面積でも空間の広さを2倍に感じることができます。さらに吹き抜け上部にトップライトやハイサイドライトを設ければ、たっぷりの光が降り注ぎ、いっそう広々とした印象に。とくに、家族が長い時間を過ごすリビングやダイニングに吹き抜けを設けるプランは、上下階のコミュニケーションを深める意味でも有効です。

吹き抜けをプランするときは、同じ空間に天井の低い部分もつくると効果的。ワンルームのＬＤなら、リビングを吹き抜けに、ダイニングを通常の天井高にするといった具合です。ひとつの空間に高低差をつくることで、吹き抜けの高さを際立たせ、さらなる開放感が享受できるわけです。反対に、低い天井のスペースはほどよい落ちつき感のある空間に。相反する2つのスペースをバランスよく配置することで、より心地よさを実感できる家になります。

吹き抜けを取り込んだ開放的なダイニング。小さいスペースですが、吹き抜けの効果で狭さを解消しています。スペースを有効に使うことと、視野を広くするために、造りつけテーブルは若干、斜めに振ったデザインに。(加納邸　設計／佐賀・高橋設計室)

開放感を楽しむアイディア集

回遊式プランは広々感が味わえます

空間に広がりを感じさせるためには、生活動線を回遊させる設計手法があります。たとえば玄関～LD～キッチン～洗面室～ユーティリティ～玄関というように、どこへ行くにも後戻りせずに移動できるプランにすれば、閉塞感がなくなり、空間を広く感じることができます。また、動線が輪になることで、2方向にアプローチできて動きに無駄がなく、生活がしやすくなるメリットも。行き止まりがなく、ぐるぐる走り回れる家は、子どもにとっても天国。家中が格好の遊び場になるでしょう。

回遊式プランは、家の中だけでなく、バルコニーやテラスなどの外部空間も含めてつくると、家から外への広がりもプラスされ、さらなる開放感が味わえます。動線を家全体で回遊させるのが難しい場合は、キッチン～水回り、浴室～庭、寝室～ウォークインクローゼットというように、部分的に取り入れるだけでも、効果が実感できます。

デッキまでつながる のびのび回れる動線を確保

リビングにデッキをつなげることで、キッチンを中心とした回遊動線が、さらに外まで連続し、実際以上の広がり感を確保。階段スペースを軸に、子どもスペースを取り込んだ2つめの回遊動線もつくりました。（高橋邸　設計／unit-H 中村高淑建築設計事務所）

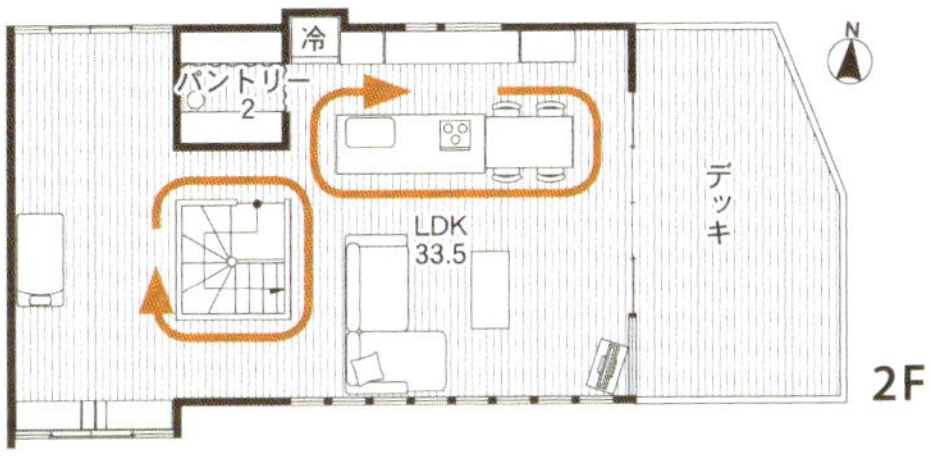

"開く"と"閉じる"をコントロールできる引き戸を活用しましょう

室内扉といえば開きドアが一般的ですが、昔から日本の住宅に使われてきた引き戸を見直してもよいのではないでしょうか。部屋と部屋、部屋と廊下を仕切る障子や襖は、閉じれば独立した部屋になり、開ければ広い空間になる、とてもフレキシブルな建具です。開閉の幅も自由自在で、ほんの少し風や光を取り込みたいときは細く開き、家中に風を通したいときや広い空間を確保したいときは開け放つことで可能になります。

また、リビングの一部に畳を敷き、引き戸で囲っておくと、ふだんは開け放して広々使い、仕切ったときにはゲストが宿泊する独立した部屋として使うことも可能。子ども部屋でも、中央に引き戸を設けておくと、きょうだいで遊ぶときは開け放して広く使い、勉強するときは閉じて独立した部屋にするなど空間を自在に仕切れます。

壁になったり、扉になったりと変幻自在な便利な建具、引き戸。現代の住宅でも、積極的に活用したいアイテムです。

昔ながらの和の雰囲気を 楽しむ開放的な住まい

土間～キッチン～畳敷きのリビングを1室にまとめたオープンプランです。それぞれのゾーンを仕切るのは引き戸で、普段は開け放して開放的に、来客時や冷暖房を効かせたい時は閉じて独立した部屋に。（武藤邸　設計／プラスティカンパニー）

スキップフロアを取り入れると、広がりが生まれます

床のレベルをフロアごとにずらして配置するスキップフロアは、上下にずれる分だけ、部屋と部屋の距離が長くなり、かつ階段越しに視線が抜けて部屋が見通せるので、同じ階に部屋を配置する通常のプランよりも、広がりを感じることができます。

スキップフロアには、半階ずつずらして、いくつかのフロアをつなげていく方法と、ある一部のフロアにスキップを採用する方法があります。いずれも、上下の空間が同時に見えることで、広々した印象を受けます。

また、家族の気配が伝わりやすいという利点も。狭い家の欠点を補うという点ではメリットが多いプランといえるでしょう。ただし、空間が途切れることなくつながっているため、屋根、外壁、床に断熱材をしっかり施し、冷暖房効率を高める配慮が必要になります。階段が多くなるので、高齢者には不向きという一面も。将来のことや同居する家族の年齢なども考えて検討しましょう。

各部屋をスキップに配置して空間に抜けを

2階建て＋ロフトのある建物で、リビング～ダイニング、ダイニング～ロフトをスキップでつなげています。それぞれのスペースに視線が抜け、空間を広々と感じさせると同時に、ほどよい独立性もキープ。（山口邸　設計／プランボックス一級建築士事務所）

空間に抜けができると楽しさが倍増します

部屋を仕切る間仕切り壁は、特に狭い空間では閉塞感が高く、心地よくありません。そこで、間仕切りをしつつ、実際以上の広さや奥行きを感じさせる手段として、視線の抜けを利用する手があります。

具体的には、ガラスやアクリルなどの透ける素材で仕切る、細い柱を等間隔で並べる、間仕切りを目の高さでカットする、壁スリットや開口をとるなど。実際には仕切りがあるのにあたかもないように見せたり、奥の存在をやわらげるアイディアは、奥のスペースを感じさせ、空間を広く見せるのにとても効果的です。

リビングと階段室の仕切りに、視線が抜ける工夫を

細長いスペースにリビング、ダイニング、キッチンを縦に並べてレイアウト。間口が狭いため、壁ではなく細い角柱を等間隔に7本立てて、部屋と階段室を仕切っています。柱と柱の間を視線が抜けるので、奥行きが感じられて、圧迫感も解消。（S邸）

透明の仕切り壁１枚で狭いスペースが開放的に

リビングと階段室の仕切りにひと工夫。透明のアクリル板を立て込み、外へと視線が抜けるように計算されています。この仕掛けが、リビングに床面積以上の広がりをプラス。北窓から見える借景の緑は、室内に居ながら目と心を和ませてくれます。（佐藤邸）

階段の特性を利用すれば開放感を楽しめます

どんなデザインでも、階段を設置すると、その一角は吹き抜け空間になります。たとえば、限られた面積の玄関ホールでも、階段を設置すると、視線が上階へ導かれ、閉塞感のない広々した空間が実現できます。

また、リビングダイニングなどの居室に階段をオープンに設置すれば、吹き抜けと縦方向に伸びるデザインが相乗効果となって、上階への抜けと広がりを感じさせる豊かな空間が演出できます。垂直方向の移動は、人の気持ちをワクワクさせる楽しい一面もあります。

間仕切りのないシンプルな箱階段で、空間をすっきり見せる

玄関を入って正面に階段をしつらえています。廊下との仕切り壁がないことや、2階が少し見えていることで、開放感とワクワク感を同時に感じさせます。階段の下はすべて収納スペースとして活用されています。（深見邸　設計／アトリエ71）

窓からの光が階段のすき間を抜け、心地のいい空間を演出

小さな敷地に建てた3階建ての家は、1フロアが約30㎡。畳数にしてたった18畳ですが、どのフロアも狭さを感じさせないのは、1階から3階をらせん階段でつないでいるから。軽やかな白いスケルトン階段が空間に広がりをもたらしています。（土方邸）

TOPICS 暮らしやすい3階建ての家をつくるには？

3階建てならではのメリットとデメリットをプランに生かしましょう

建物の層が2階から3階になると、当たり前の話ですが面積が1層分増えます。特に、地価の高い都心部では、1層分の面積は貴重なものです。さらに、新たに生まれた3階部には、良好な日当たりと眺望という下層にはない環境があります。窓からの抜け感や、心地よく差し込む自然光は、気持ちのいい室内環境を提供してくれるでしょう。

逆に、3階のデメリットとは、その高さそのもの。日常的に1階から3階までを上がり下がりすることで、ストレスが生じることもあります。層を移動するときの階段の数は、約13段。その13段を多いと見るか、少ないと見るかは住む人しだいですが、最低限、家事動線をコンパクトにまとめる工夫は必要です。せっかく建てるからには、3階建てのデメリットを最小限に抑え、メリットを生かしたプランを実現させましょう。

2フロアの移動ですむ間取りと階段がカギに

実際に3階建てに住んでいる人の声を聞いてみました。「いつも1階から3階までを使っているわけではないので、階段はあまり気になりません。1階に寝室、2階にリビング、3階に水回りという間取りで、時間によって、いるフロアが違うという感じです」。一方で、ときどき不便を感じるという声は、「小さい子どもを抱っこして玄関から2階のリビングに上がるとき」「1階から3階まで荷物をとりに行くとき」など。特に重いものを持っての移動が問題となるようです。

階段室は大きな吹き抜け。音や熱が伝わる面も

「階段が吹き抜けのようなつくりなので、声が届きやすく、子どもが小さいわが家にはよかった」という半面、「2階のリビングのテレビの音や話し声が3階の寝室に響く」という声も。また、「2階の吹き抜けと階段を開放的にしたため、1階の冷気が2階にも伝わり、思っていた以上に冬が寒い」「2階を吹き抜けにしたので日当たりがよく明るいのですが、夏は3階に熱がたまりとても暑い……」という意見もあります。

意外に気づかない?! トイレとリビングの関係

フロアごとに、寝室などのプライベート、リビングなどのパブリックと、空間を分けることが多い3階建てでは、トイレの配置も迷うところです。「リビングのある2階にトイレを配置しようと思ったら、『小さい家なので、2階にあると水を流す音がリビングまで聞こえて、気分がよくないですよ』とアドバイスされ、1階と3階にトイレを設けました」という例も。寝室と同じフロアに配置するか、昼間、家族が長い時間を過ごすフロアに設けるか、家族の生活動線を頭に思い描きながら考えていきましょう。

階段と部屋の仕切りをすべて素通しの本棚に。すれ違っても支障がない広さにし、踏み面も大きくとったので上り下りもラク。（春田邸　設計／ますいいリビングカンパニー）

小さな敷地に、中庭を囲んだ3階建ての家をプラン。家じゅうに光と風が行き渡る気持ちのいい家になりました。（安達邸　設計／The Green Room）

緩和既定の活用で広く暮らす

土地と建物には、法律によってさまざまな規制があり、建てられる家の広さや高さが決められています。一方で、小屋裏や地下室などは一定の基準を満たせば容積率や面積に含まれないという緩和既定も。特に小さな家の場合は、これを利用してスペースをプランするのがおすすめです。

＋αの小屋裏スペースで小住宅の収納不足を解消しましょう

敷地が狭く、床面積も限られた小さな家では、押入れなどの収納庫に十分な広さをさくことができません。また、庭がほとんどとれないと、物置が設置できないこともあるでしょう。そんなケースにおすすめなのが、通常はデッドスペースになってしまう小屋裏（ロフト）の活用です。最近は、ＬＤなどに吹き抜けを設け、上部に小屋裏スペースをつくるプランも多く見られます。

小屋裏は、面積がすぐ下の階の2分の1以下で、天井の最高部が1・4m以下、小屋裏に上がるための階段は固定式のものではなく、簡単にとりはずせるはしごなどであること（自治体により異なる）が、容積率に算入されない条件になります。要注意なのが天井高で、平均の高さが1・4m以下ではない点。用途は、原則として収納などに限られ、子ども部屋などの居室としては使用できません。自治体によって設置できる窓の大きさなどが制限される場合もあります。

小屋裏はゆとりのスペースにはなりますが、重いものの出し入れには不便かもしれません。

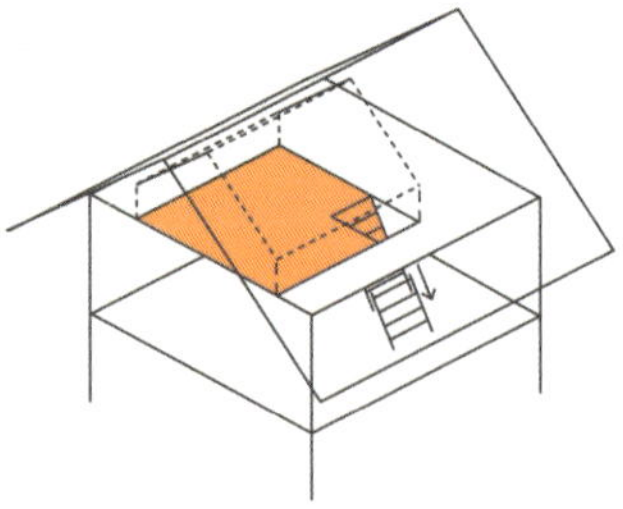

天井のいちばん高いところが1.4m以下で、床面積が直下の階の2分の1以下であることなどが、小屋裏が延べ床面積に含まれない条件。

2階DK上の小屋裏は、ご主人の隠れ家。一部を畳敷きにしてあるので、ゴロンと横になってくつろげます。トップライトは換気ができる開閉式。（首藤邸　設計／佐賀・高橋建築設計室）

地下室をつくれば居住空間がワイドに使えます

住宅の地下室は、その建物の床面積の合計の3分の1までの広さなら、延べ床面積に算入されません。たとえば、建ぺい率50％、容積率100％で、敷地面積が100㎡のケースでは、限度いっぱいに建てても、1階が50㎡、2階が50㎡の、延べ床面積が100㎡の建物しかつくれません。けれども、地下室を設ければ、もう50㎡分プラスされた150㎡の家ができます。ただ、すべてが容積率に不算入というわけではなく、地下室の天井面が地盤面から高さ1m以下にあり、かつ、床面から地盤面までの高さが、天井高の3分の1以上という条件が。

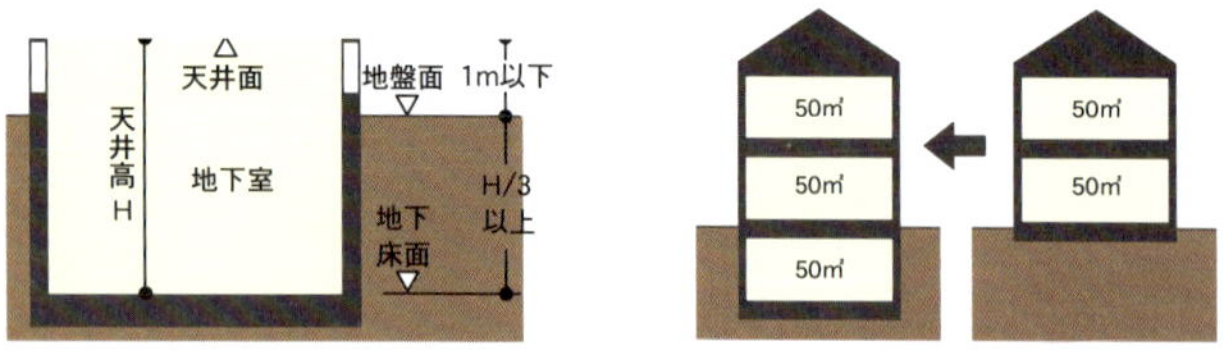

（右）建ぺい率50％、容積率100％の100㎡の土地の場合、総2階では、各フロア50㎡、延べ床面積100㎡の建物しかできないが、地下室を設ければ、1.5倍の150㎡の家ができる。（左）建築基準法では、地下室とは床が地盤面より下にあり、床面から地盤面までの高さが、天井高の3分の1以上のものをいう。建物の床面積の合計の3分の1以下の広さの地下室は、延べ床面積に算入しなくてよいが、地下室の天井面が地盤面から1m以下にあるものに限られる。

建ぺい率も容積率も厳しい狭小地ですが、地下室を設けることで十分な床面積を確保。半地下構造なので、コストも抑えられました。（M邸　設計／ワークスアソシエイツ）

いわゆる半地下と呼ばれる地下室の場合は、地面から出ている高さが1ｍ以下なら不算入になります。

　地下室を収納や楽器の練習室などに使うなら、窓は不要ですが、換気設備が必要なこと、火を使用しないことなどの制限があります。居室にする場合は、換気や採光のために、一定面積のドライエリアをつくる必要があります。天井面が地上に出た半地下室は、採光や換気のために一定面積の窓を設ければ、居室として認められます。

出窓は部屋に広がりをもたらしちょっとした飾り棚にも

　狭い部屋を少しでも広く見せたい場合にとり入れてほしいのが、出窓。LDや寝室だけでなく、和室や浴室などにもおすすめです。ふつうの窓と違って外に張り出すため、室内に広がりが生まれます。ローボードを置くスペースがない小さなリビングでは、出窓を小物のディスプレイスペースにしてもいいでしょう。キッチンのシンク前に設ければ、補助カウンターとしても使えます。狭い敷地では、出窓の奥行きを浅くするなど工夫してみましょう。

　ただ、出窓が延べ床面積に算入されないためには、出窓の下端の高さが床面から30cm以上で、外壁からの出っ張りが50cm未満という条件があります。そのため、出窓の下に地袋をつけて収納にしてしまうと、延べ床面積に算入する必要が出てきます。また、室内側から見た出窓の正面部分は、2分の1以上が窓になっていなければなりません。

　また、出窓は、一般の窓よりコストが高めになります。収納を重視したい場合は、ふつうの窓をつけ、窓の下に沿って薄型の収納を設ける方法がおすすめです。

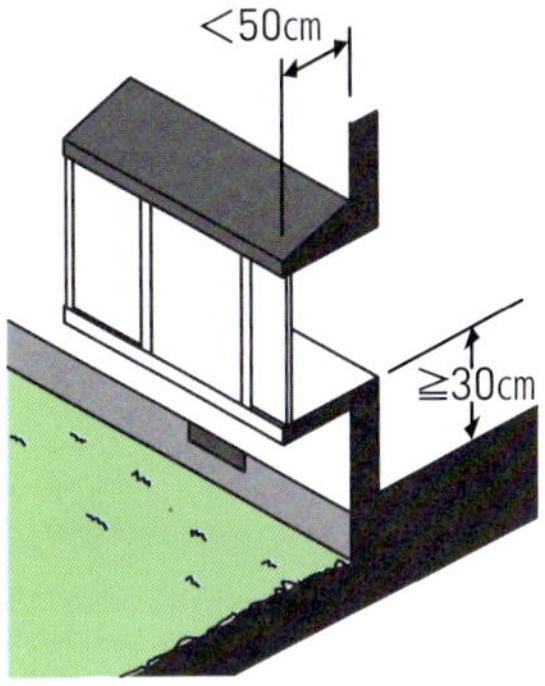

（上）限られた敷地のため、地下室やロフトなどの緩和既定を利用、写真の玄関も床面積に算入されない範囲で出窓を設置。（梅田邸　設計／アスデザイン アソシエイツ）。（下）外壁からの出幅が50cm未満、出窓の下端の高さが床面から30cm以上、室内から見た出窓の面積の2分の1以上が窓であることの3つを満たせば、延べ床面積に算入されない。

狭い敷地におすすめのビルトインガレージ

　建物にとり込んだビルトインガレージの場合、その面積が延べ床面積（車庫の面積も含む）の5分の1以下なら延べ床面積に算入されないという規定があります。1階を車庫にする場合、高さ制限や日影規制などの問題がクリアできれば、3階建てにすることも可能です。ビルトインガレージは、屋外に車庫がとりにくい都市部の狭小地にも最適です。ただ、車の出入り口に柱や壁がつけられないため、耐震性を考えた構造にする必要があります。

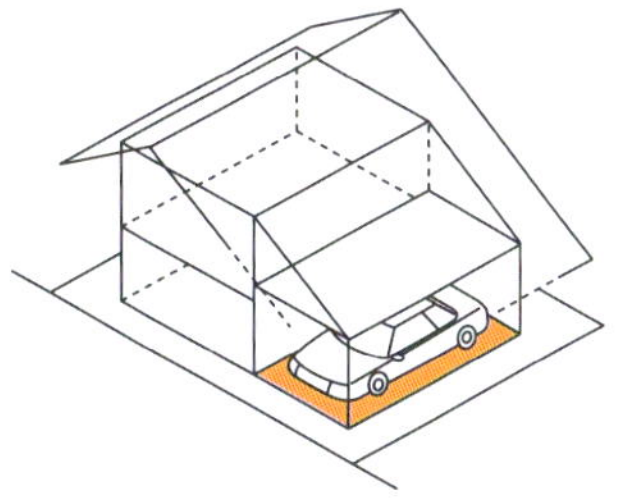

建物内に車庫を設ける場合、その面積が延べ床面積の5分の1以下であれば、延べ床面積に算入しなくてよい。

物干しスペースに重宝なバルコニーはプランターを置いて庭がわりに

　ひさしや屋根のないバルコニーは、延べ床面積には算入されません。ひさしや屋根がある場合は、以下の条件に合えば、算入されません。手すりから上の開放されている高さが1.1ｍ以上で、かつバルコニーの天井高の2分の1以上、バルコニーの先端から外壁までが2ｍ未満。

　建築面積については、外壁からの出幅が1ｍ未満なら不算入です。1ｍ以上張り出させる場合、先端から1ｍ後退したラインより内側の部分は建築面積に算入。これは、ひさしや軒の場合も同じです。

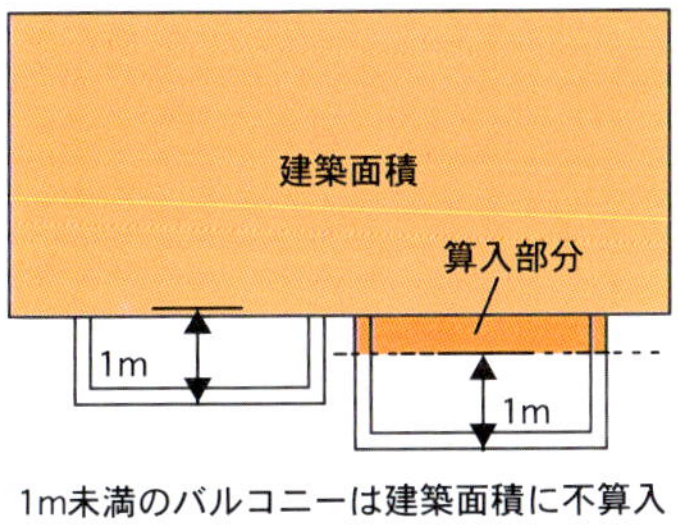

1m未満のバルコニーは建築面積に不算入

バルコニーの張り出し寸法が1m未満なら建築面積に算入しなくてよい。1m以上張り出した場合は、先端から1m後退したラインから内側を建築面積に算入する。

収納を計画する

限られた空間をより広く、快適に暮らすためには、的確な収納計画が欠かせません。生活に必要な持ち物をすっきりと収納し、ものが散乱しないように維持管理するには、プランニングの段階から収納プランをおり込んでいくことが成功のカギになります。

まずは持ち物のリストアップからはじめていきます

限られたスペースを広々と、すっきり暮らすためには、持ち物の量や種類をきちんと把握して、それに沿った収納計画を立てることが大切です。持ち物に合わない収納スペースがあっても、部屋の中にはものがあふれ、収納スペースの中はあいているという状態になりかねません。

たとえば洋服なら、丈の長いものがハンガーパイプに○m分、短いものが○m分、縦○cm×横○cm×高さ○cmの衣装ケースが○個分と具体的な量を確認。本や食器などは、現在使っている棚の大きさと個数をチェックします。その際、妻の分、夫の分、子供の分と個別に把握するようにしましょう。

新築やリフォームをする人のほとんどは、収納スペースを現在の住まいよりふやすことを希望します。しかし、その分、居住スペースは狭くなり、収納扉などは意外と高価でコストアップのもとに。収納に困るほど持っているものは、本当に必要なものでしょうか。食器棚に眠っているいただきものの食器、合わなくなった洋服、途中でやめてしまったお稽古事の道具などなど。不用品はもちろん、いつか使うかもと期待を込めて持っているものも、この際、思いきって見直してみては。

収納部分をシェイプアップすることで居住スペースが広がり、建築費もコストダウンします。

次は「作業ごとに必要な道具」に分類していきましょう

持ち物のリストアップが終わったら、その持ち物を作業の目的別に分類します。たとえば、家事に必要な道具なら、「炊事」「洗濯」「掃除」「裁縫」など、それぞれの作業を行うときに使うもの、ごとに分けていきます。そして、同じ目的で使うものは同じ場所にしまえるように、収納計画を始めていきましょう。

具体的には、洗濯に使う洗剤や道具は洗濯機のそばに、アイロンがけの道具はアイロンをかける場所に、といった具合にまとめ、作業と整理が一連の流れでスムーズに行えるようにしていきます。作業する場所から離れたところに収納場所を設けると、使ったあとにしまうのが面倒になり、つい出しっぱなしになってしまいます。

収納の高さと使いやすさの目安

軽いもの ↑ ↓ 重いもの		［身長160cmの場合］
使用頻度が低いもの（踏み台が必要）	ものを出し入れできる上限	184cm（身長×1.15）
ときどき使うもの（手を伸ばす姿勢）	引き出しから出し入れできる上限	144cm（身長×0.9）
	肩の高さ	136cm（身長×0.85）
使用頻度の高いもの	前屈する高さ	64cm（身長×0.4）
ときどき使うもの	ひざの高さ	40cm（身長×0.25）
使用頻度の低いもの（かがむ姿勢）		

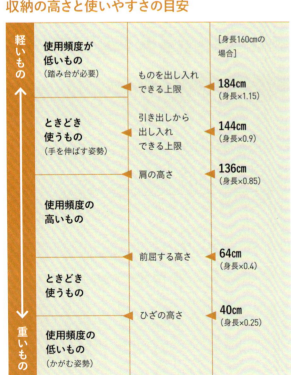

使用頻度と重さに合わせてしまう高さを決めます

収納庫にしまう前に、持ち物を使用頻度に合わせて分類することも大切です。「毎日使うもの」「使う時期が限定されるもの」「ほとんど使わないが、捨てられないもの」に分け、ふだん使いのアイテムはとり出しやすい場所にしまいましょう。季節行事の道具や捨てられないものは、出し入れが多少しづらい小屋裏や納戸でもOK。どこにしまったか忘れないよう、「わが家の収納ノート」をつくると便利です。

ものがとり出しやすい場所とは、ひざ上から肩くらいまでの高さ。それより高いと踏み台などが必要となり、低いとかがみ込む姿勢をとらなければなりません。使う人の身長も影響するので、68ページの表を参考に収納計画を立ててみましょう。また、しまうものの重さも収納計画を考えるときのポイントです。重いものを高い位置にしまうと出し入れしにくく、落下の危険もあるので、重量のあるものは下へ、軽くて壊れにくいものは上部にしまうようにしましょう。

日用品のサイズを把握して使いやすい奥行きを検討しましょう

私たちがふだん使うものの大きさは、じつにさまざまです。一般家庭で使うもののサイズを、イラストにしてあげてみました。食器や本などを、それぞれのサイズより奥行きの深い場所にしまうと、探すのに手間どったり、スペースが無駄になったりします。収納スペースを計画するときは、しまうもののおおよそのサイズをきちんと把握しておきましょう。

ただし、寸法にこだわって、仕切りをふやしたりするとコストがかさむので、造作の収納はシンプルに設計するほうがよいでしょう。あらかじめ市販の安価な収納用品のサイズをチェックし、効率よく組み合わせることも検討して。

造りつけの収納庫を設けるときは、「見渡せること」がポイントです。できるだけ間口が広く、奥行きの浅い収納棚をつくると、中をひと目で見渡すことができ、ものをしまったまま死蔵品となる心配がなくなります。また、とり出しやすく、元に戻しやすいので、日々の整理整頓もスムーズになります。

収納庫の内部で、さらに中身の見えない箱や引き出しなどにものをしまうときは、ラベルなどで目印をつけておくと便利。家族全員がどこに何をしまっているかわかるようにすることが大切です。

奥行きたっぷりの大型収納庫は、一見ものがたくさん入って便利そうですが、手の届かない奥の部分がデッドスペースになりがちです。奥に押し込んだものはとり出しにくく、しまいには持っていたことすら忘れてしまうこともあります。

大容量収納庫を使いこなすには、適度な仕切りがポイントに。奥行きを内側で分割し、表と裏の両サイドから使えるなどの工夫をすると、使い勝手がアップします。整理整頓が苦手なかたは、むやみに大きな収納庫をつくっても使いこなせないケースが多いので注意しましょう。

奥行15cmあれば細々した日用品もたっぷりしまえます

ティッシュ、トイレットペーパー、洗剤、ハンディ掃除機などなど、いわゆる日用品と呼ばれるものにはさまざまな種類がありますが、奥行き15cmの棚があれば、その大半がすっきりと収まります。

こうした細々としたものは、奥行きが深い収納庫に入れてしまうと、奥のものが出し入れしにくく、入れたものを忘れてしまうことも多いので、奥行きの薄い棚のほうが、かえって便利。中のものが一目瞭然で、ストック品の管理も行き届きます。

棚を設ける場所は、たとえば、廊下の幅を広めにとって壁面に設置すれば、家族皆が使いやすくなります。

壁の厚みを利用するニッチ棚

日用品のサイズ

一般家庭にあるもののサイズは、このように、ほぼ6種類の奥行きにおさまります。

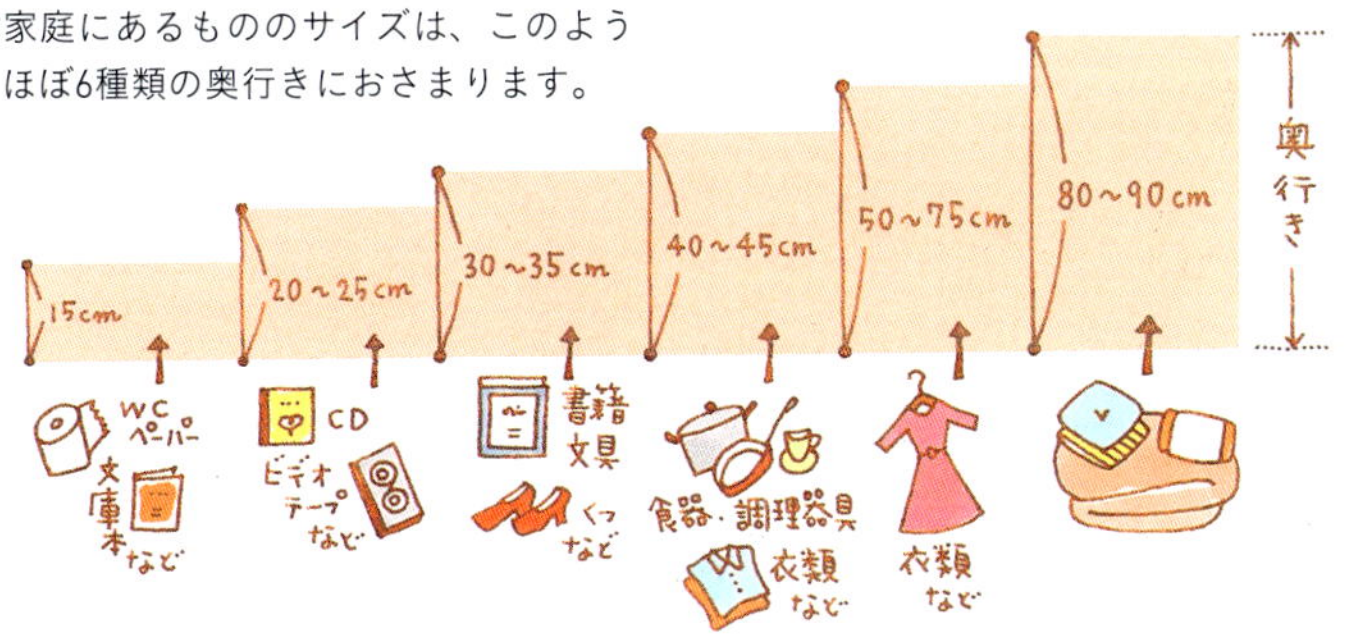

は、通常10cmほどしか奥行きが取れないので、壁を少し厚くして、奥行き15cmの棚を設ける方法も。または、奥行き10cmのニッチ棚でも、洗面台脇などに設ければ、歯ブラシ、コップ、ブラシなど、必要なものがいろいろ収納できます。入れるもののサイズを見極めて棚を設けましょう。

生活スタイルをふり返り、合理的な収納プランを

「ものは使う場所にしまう」。これは収納の大原則です。たとえば、たくさんの洋服が1カ所にしまえる大型のウォークインクローゼットは、寝室の近くに設けることが多いようですが、生活スタイルによっては不便になることも。シャワーのあとの着替えが習慣になっているかたは、サニタリー内に下着の収納スペースを設けたり、バスルーム付近にクローゼットを設けたほうが合理的です。また、「子どものものは子ども部屋に」など、そのものの属性で収納場所を考えがちですが、実際は、子どもが小さいうちはダイニングで宿題をすることも多いでしょう。こういったケースでは、ダイニングに子どもの収納スペースを用意しておくと便利です。

収納計画を立てるときは、「洋服=寝室の近く」といった既成概念は捨てましょう。家族のライフスタイルをふり返り、玄関からLDK、個室、洗面室など部屋ごとに必要となるものを書き出し、そのリストをもとに考えれば、無理のない収納プランが立てられます。

収納計画を決定する前に家具のレイアウトを確認しましょう

造りつけ収納には、置き家具が不要となり、部屋をすっきり見せるというメリットがあります。半面、造りつけ収納の前には家具が置けなくなるので、レイアウトが限定されてしまうデメリットも。収納計画を決定する前に、家具のレイアウトについても一度確認しておくほうがベターです。

家具と家具の間を人が通行する場合、横向きでは約45cm、正面向きでは約55cm、ものをかかえた状態では、幅60cm以上ないと通りづらさを感じます。また、収納庫の扉が開き戸のときは、あけたときに支障がないよう家具の前に空間が必要となります。引き戸やオープン棚であれば、50〜60cmあければ問題ありません。

収納スペースと家具の距離

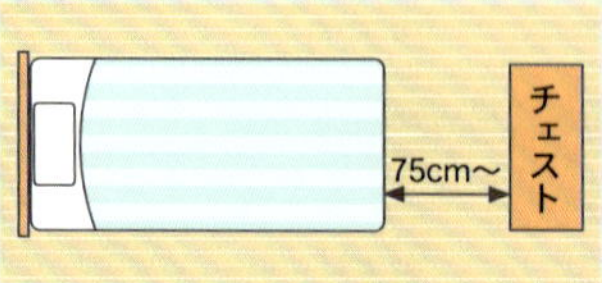

チェストとベッド

チェストの前には、引き出しを引き出すための奥行きに加え、ものを出し入れするときに人がかがむためのスペースが必要です。ベッドとの間を最低75cmは確保しましょう。

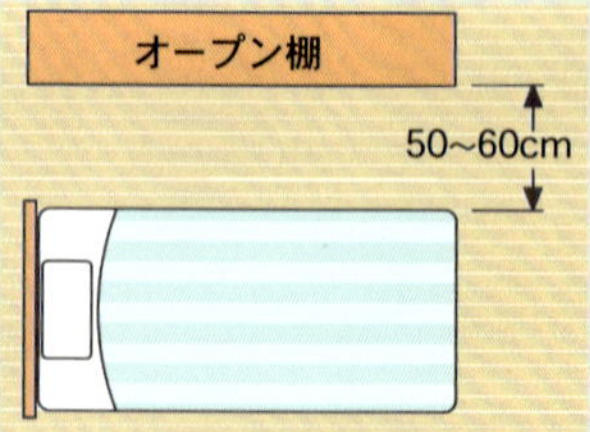

オープン棚とベッド

扉のないオープン棚の場合、ほかの家具との距離は50〜60cmでOK。造りつけの棚は問題ありませんが、置き家具の場合は地震などの揺れで転倒しないように固定しましょう。

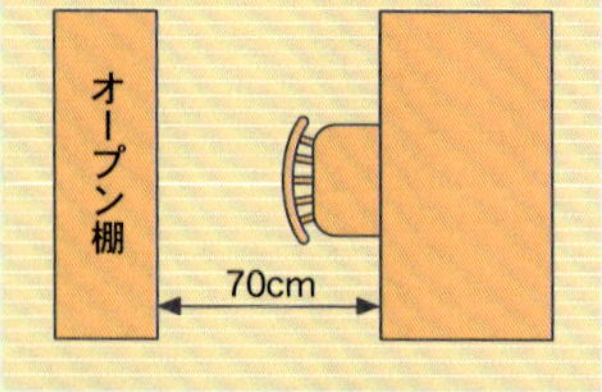

オープン棚とデスク

オープン棚にデスクで使うものをしまう場合、棚とデスクの間隔が広すぎると、逆に不便になることも。70cmほどの間隔であれば、デスクに向かって座り、振り向くだけで棚に手が届きます。

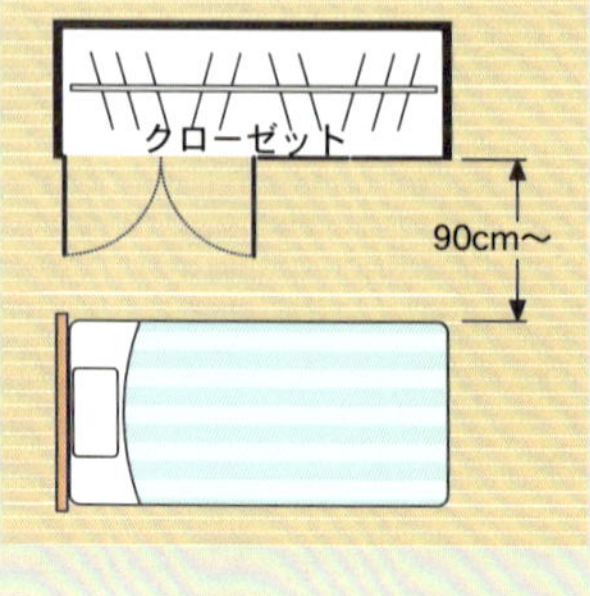

クローゼットとベッド

間口90cm、開き戸が2枚ついているクローゼットの場合、ベッドとの間隔は90cmは必要ですが、引き戸や折り戸であれば、50〜60cmの間隔でOK。スペースを有効活用できます。

ドアの位置を少しずらすと、ゆとりの収納が生まれます

家具のレイアウトを考えるときは、造りつけ収納はもちろん、室内扉の位置もポイントとなります。たとえば、壁から壁まで本棚を置きたいけれど、そのままではドアが開閉できないという場合、扉の位置を少しずらすことによって、本棚にぶつからず、収納力をアップさせることができます（下図参照）。

また、採光や通風に必須の窓も、たくさんとりすぎると家具のレイアウトが難しくなる原因に。窓下にローボードを置く予定であれば、窓の高さに配慮するなど、家のプランニング段階で家具のレイアウトを決めておいたほうがベターです。人気の高い壁づけタイプの薄型テレビについても、あらかじめ壁の補強をしたり、壁内に配線を組み込んでおけば、すっきりとした仕上がりになります。

パソコンを置く予定があるときは、周辺機器も必要となるため、コンセントの位置を十分に検討しておきましょう。

デッドスペースが生まれない家具の配置

デッドスペースがある例

ドアをあけると本棚にあたってしまうので、壁一面に本棚が置けず、デッドスペースが生まれてしまいます。

デッドスペースがない例

本棚を壁一面に置いたプラン。本棚の奥行きに合わせ、ドアの位置をずらすことで収納力がアップ。

生活の変化に対応できるフレキシブルな収納がおすすめ

収納計画をじっくり練ることは大切ですが、現在のライフスタイルに合わせて綿密に収納計画を立てても、5年後、10年後、20年後には家族構成や好みが変わり、持ち物の内容も変わってしまいます。すべての収納庫や棚を固定してしまうのではなく、将来の変化に対応できるような配慮もしておきましょう。

棚板の位置を変えられるようなダボ（棚受け）を使えば、収納物に合わせて収納庫内を組み換えることが可能です。キャスターつきの棚などを組み合わせれば、フレキシブルに模様替えできます。

最初はガラガラのスペースがあるくらいでちょうどいい

「ものが増えたら、収納家具を買えばいい」と考える方もいますが、市販の収納家具だと、中途半端なすき間ができたり、インテリアのテイストをこわしてしまうことが多いもの。家づくりの段階で、造りつけ収納をたっぷり設けておけば、そんな失敗を回避できます。

また、「持ち物は少ないほうなので、収納スペースは最小限にして、その分部屋を広くしたい」という方もいるのですが、何年も引越しをしていない方は特に、収納庫にすき間なくものを詰めているため、いざ新居ができて引っ越すときに出してみたら、意外なほど持ち物が多かった――というケースが少なくないのです。ものは少ないほうと思っている方も、とにかく収納庫は可能な限り多くとっておくことをおすすめします。

ものは確実に増えていきますから、最初はガラガラな棚があるくらいでちょうどいいのです。むしろ、ものが収まりきらなくなる心配があるので、「持ち物は収納庫に入るだけの量に」と決めることが大切。買い物をするときは、本当に必要か、じっくりと検討を。

各部屋に壁面収納を設けると、すぐにしまえて部屋も広びろ

部屋を常に整然と保つには、使う場所のすぐそばに、ものの定位置をつくるのがいちばん。それには、各部屋に壁面収納を設けるのが効果的です。特にリビングやダイニングは、いちばんすっきりさせたい場所なのに、使うものも多くて、散らかりがちなので、ぜひ検討してみましょう。

壁面収納の扉を壁と同色にすれば、部屋に違和感なく溶け込みます。あとから雰囲気の合わない収納家具を買って、インテリアを損ねることもありません。

収納を設けるより、そのぶん、部屋の広さを優先させたいというかたも多いのですが、ものが散らかると、せっかく広くとったスペースも、乱雑で狭苦しく感じてしまいます。反対に、収納をきちんと設けて、常にすっきり保てれば、部屋はかえって広く感じられます。

コンパクトな空間を部屋に溶け込む壁面収納で有効に

白でまとめたLDKは、冷蔵庫脇の壁、キッチンの並びに壁面収納がたっぷりとってあります。既製の棚と違い、スペースに無駄がありません。各棚は奥行きを変え、食器や本など、さまざまなアイテムを収納しています。(森・朝比奈邸　設計／ノアノア空間工房)

壁面収納の上や下に抜けをつくると圧迫感がありません

壁一面を収納にする壁面収納棚は、圧迫感を感じる、という場合は、棚の上または下に、少しオープンな空間を設けると、窮屈な印象がなくなります。

たとえば、上部を少しあけて、その部分に横スリット窓をあけると、採光や通風にも役立ちます。反対に下をあければ、床が棚の奥まで続くので、空間に広がりが感じられる効果が。和室なら吊り押入れにして、押入れの下を床の間風に使ったり、奥に地窓を設け、外に竹などを植えると、いかにも和の空間らしいしつらいになります。

棚の上下とも、オープンにする方法もおすすめ。こうすると、棚が宙に浮かんでいるようになり、ぐんとおしゃれな印象に。上下に照明を取り付ければ、間接照明となって、より洗練された雰囲気が演出できます。収納棚だからといって、機能面ばかりを追求しないで、こうした遊び心も加えると、日々の暮らしに、ちょっとした潤いをプラスできます。

2面に壁面収納を設けたLDは片側の棚に抜けを

LDのテレビ台は、下をオープンに。反対の壁面に造りつけた収納棚は床まで棚にしているので、テレビ台も床までにすると、部屋が窮屈になってしまいます。抜けを設けたおかげで、広がりを獲得できました。(松本邸　設計／FISH＋ARCHITECTS一級建築士事務所)

上下に抜けをつくった本棚とげた箱を間接照明で演出

写真は玄関ホールの例ですが、本を収納するための壁面収納を造作。上にも下にも抜けをつくったので圧迫感がなく、しかもげた箱も高さをぴったり合わせたので、視線がスッとのびて、奥行も感じられます。さらに間接照明でスタイリッシュに演出。(M邸　設計／ノアノア空間工房)

収納棚の奥行きは30～45㎝あれば十分です

奥行きがある棚が、たっぷりしまえて便利とは限りません。深すぎると奥のほうにしまったものが手前のもので見えなくなってしまい、死蔵品になることもあるので注意しましょう。棚の奥行きの目安は、30～45㎝。それだけあれば、リビングで読むような雑誌や、日用品、おもちゃなども、とり出しやすくしまうことができます。

家族共有でパソコンを使っている家庭では、リビングにパソコンコーナーを設けているケースも多いようです。コーナーを確保するのが難しいときは、収納棚の一部をデスクがわりに使うのも一案。奥行き45㎝ほどの腰高の位置であれば、ノートパソコンを置くことができます。

リビングにおもちゃ専用の収納も用意しましょう

子どもが小さいうちは、リビングで遊ぶことも多いもの。ところが、おもちゃの収納場所が子ども部屋にしかないと、出し入れが面倒になってリビングがなかなか片づかず、自分で片づける習慣もつきません。リビングの一角の低い位置におもちゃ専用スペースを設け、子どもが自分で片づけられるようにしましょう。

パソコン１台分の奥行きで書斎コーナーに

キッチンカウンターの一角にパソコンコーナーを。パソコンが置けるだけの奥行きがあれば、ミニ書斎コーナーが完成。（H邸　設計／明野設計室一級建築士事務所）

天井高いっぱいの浅い飾り棚が天井を高く見せる

リビングの一角に、空間を圧迫しない程度の奥行きが浅い飾り棚を設置。天井高いっぱいまで設けたことで天井が高く感じられます。（山口邸　設計／ワークスアソシエイツ）

目立たない場所にお出かけグッズの収納場所を

リビングの一角、玄関に近い位置にお出かけグッズの収納コーナーをつくり、子供の着替えなどを収納。玄関やDKからは見えない位置です。（鈴木邸）

子どもが小さい場合はリビングに着替えの収納があると便利です

小さな子どもは服を汚すことが多く、頻繁に着替えが必要です。そのたびに子ども部屋に服をとりに行くのは面倒なもの。子どもが小さいうちは、リビングのそばに着替えをしまうスペースを確保しましょう。必要なときにさっと着替えさせることができ、育児にもゆとりがもてます。

空間を広く使える引き戸の造りつけ収納

ダイニングまわりのアイテムを一気にしまえる大型の造りつけ収納。引き戸にしたことで、収納庫まわりを有効に活用できます。(N邸　設計/DON工房)

開き戸よりも引き戸がおすすめ

リビングの収納に扉をつけるときは、前に余分なスペースが必要となる開き戸よりも、引き戸がおすすめです。戸をあけたままで作業しても、扉の角に頭をぶつける心配もなし。また、地震のときに振動で扉があいてしまい、中にしまったものが飛び出してしまう、という危険もありません。

中身が見える収納ケースで整理整頓を

リビングの造りつけ収納に、子どもの雑貨や学用品、ランドセルまで収納。自分で整理できるよう、中身が見える透明の収納ケースを用意しました。(酒井邸)

日用品は扉つきの浅い収納にしまって

つめ切りや薬箱、ペンとメモ用紙など、家族全員が使う日用品は、「どこに何があるかすぐわかる」「とり出しやすく、しまいやすい」収納場所にしまうことが大切です。扉つきの収納スペースを設け、こまごましたものは箱や引き出しなどにしまいましょう。扉をあけたらひと目で中身がわかるよう、箱や引き出しにはラベルを貼っておくと便利です。

雑多なものの収納スペースもつくっておきましょう

ダイレクトメールや学校からのプリント、レシートなどは、ついテーブルの上に置きっぱなしになりがち。ティッシュや薬、読みかけの新聞、筆記用具などの日用品も、雑然と置きがちなものです。これらにも定位置を決めておくと、ぐんと片づけやすくなります。収納棚の一部に扉のないオープンスペースを設け、市販のカゴや収納ボックスを入れておけば、そこに無造作にほうり込むだけでOKです。種類や用途別にカゴを分けたり、家族ひとりひとりに専用のカゴを用意して簡単にグルーピングしておけば、あとの整理がしやすくなります。

白のオープン棚×バスケットですっきり収納を実現

ダイニングの壁面に設けたオープン棚。お菓子や薬など、日常的に必要なアイテムをバスケットに入れて収納しています。(F邸　設計/プランボックス一級建築士事務所)

CDやビデオはサイズを合わせて収納すると便利です

CDやビデオは大きさが決まっているので、ぴったりサイズの収納にしまうと省スペースに。専用のボックスが市販されているので、それを利用するのも手です。市販のボックスにサイズを合わせて収納棚を設け、ボックスごと収納すれば、しまいやすくとり出しやすい収納になります。

既製品のCDラックを組み込んで

手すりの厚みを利用してCDを収納。キャスターつきの市販のCDラックに合わせて壁面をくりぬきました。（明野邸　設計／明野設計室一級建築士事務所）

エアコンの収納も事前に計画すればインテリアがすっきり

エアコンはなくてはならないものですが、できるだけ存在は消したいもの。とくにLDKのように暮らしのメインになる部屋は、新築時に、エアコンの設置場所や収納をプランしてインテリアに溶け込ませるようにしておくと、ゆったりくつろげる部屋になります。

おすすめなのは、壁面収納棚の上部にエアコンを設置する方法。これだけでも位置的に目立ちにくくなりますが、扉と同色のルーバーで覆えば、より存在が気になりません。床置き型のエアコンも、壁面収納の一部に組み込んだり、パソコン用などのカウンターデスクの下におさめるのも手です。それでも気になる場合は、壁掛け型と同様、ルーバーで覆いましょう。

店舗やオフィスなどに多い、天井埋め込み型を設置する方法も。一般的に、このタイプはコストがかかるといわれますが、選ぶ機種によっては、必ずしも壁掛け型よりコストがかかるとはいえないので、施工業者に相談してみましょう。設置の際は、風が顔に直接かからないように、椅子やソファとの位置関係を確認してください。

板張りの天井際に設置し、ルーバーで囲んで違和感なく

ダイナミックな勾配天井の、いちばん高い部分にエアコンを設置して、ルーバーで目隠し。ちょうど梁の上にあたる位置なので、視覚的に違和感がなく、ルーバーも天井に近い色合いで、インテリアにすっきり溶け込んでいます。（M邸　設計／アトリエグローカル一級建築士事務所）

存在感のある設備は枠で囲って見た目すっきり

リビングと階段を仕切る大型収納に、床置き型の蓄熱暖房機を組み込みました。棚の奥行にぴったりおさまり、同色なのでオープンでも違和感なし。DKは天井に埋め込み型のエアコンを。こちらもインテリアの雰囲気を壊さずに溶け込んでいます。（秋山邸　設計／ FISH+ARCHITECTS一級建築士事務所）

見せる収納で季節の演出をしましょう

リビングは家族が集まり、またお客さまを迎える場所でもあります。趣味で集めたものを飾ったり、季節の花や行事の飾り物を置くスペースがあれば、その家らしさの演出にもなります。造りつけ棚の一部を扉なしのオープンスペースにして、見せる収納にするのも一案です。リビングの見せ場ですから、なるべく目につく場所につくりましょう。

スクエアなニッチを組み合わせて

小さなニッチを組み合わせた飾り棚をダイニングキッチンの一角に。ナチュラルな雑貨を並べ、センスが光るディスプレイコーナーが完成。（山取邸　設計／ワークス溝口）

キッチンのレイアウトは I型、II型がおすすめ

収納の使いやすさやスペースの効率といった点から見ると、キッチンカウンターのレイアウトは、シンプルなI型やII型がベターです。L字型やコの字型のレイアウトは、コーナー部分の収納庫が使いにくく、どうしてもデッドスペースができてしまいがち。I型、II型のキッチンなら、その心配がありません。

また、カウンターの後ろに収納棚があれば、作業をしながら振り向くだけで、収納してある食器や鍋にすぐ手が届くというメリットがあります。調理中の動線が短くなるので、作業がスムーズに。コンパクトなキッチンでも、作業性はぐんとアップします。

家事動線がスムーズになる家電と収納の位置関係

シンク下に組み込んだ食洗機。洗い終わった食器は後ろの引き出し収納にしまえます。洗う→しまうの一連の片づけ作業がスムーズに。（F邸　設計／プランボックス一級建築士事務所）

つり戸棚には開き戸より引き戸を選びましょう

つり戸棚の扉は、開き戸よりも引き戸がおすすめです。開き戸の場合、あけたまま作業をしていて扉の角に頭をぶつけることもあります。引き戸ならあけたままでも安全に作業でき、また地震のときに開く心配もありません。

引き戸のつり戸棚でI型キッチンの収納力をアップ

ダイニングから内部が見えないように開口部を狭くした、オーダーメイドの対面式キッチン。つり戸棚は、安全な引き戸に。（K邸）

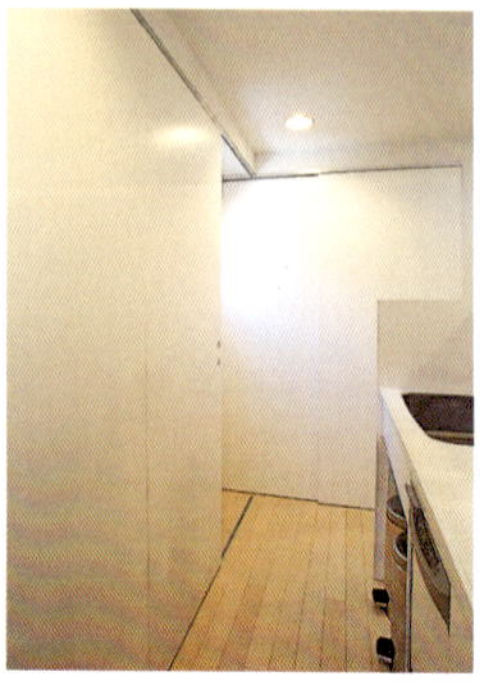

キッチン空間を有効活用する引き戸の壁面収納

食器や家電までまとめてしまえるキッチンの壁面収納。引き戸を閉めれば気になる視線をシャットアウトできます。（有田邸　設計／ワークスアソシエイツ）

カウンター下は引き出しタイプが便利です

最近のシステムキッチンは、カウンター下が引き出し収納になっているタイプが主流です。従来の開き戸タイプに比べて奥のものがとり出しやすく、スペースを無駄なく使うことができます。使いやすさを考えれば、キッチン収納は引き出しタイプがおすすめ。各社から手ごろな価格で出ているので、比較検討してみましょう。

鍋や調味料の高さに合わせた引き出し収納

調味料のボトルを立ててしまえる深い引き出し収納は便利。鍋や調理ツールも高さをはかり、それに合わせて収納庫をプランしました。（山本邸　設計／プランボックス一級建築士事務所）

料理好きの憧れ、包丁専用引き出し

カウンター下にはこだわりの包丁がずらりと並ぶ引き出し収納を設置。見やすく、とり出しやすくしまいやすい、かつ安全な収納アイディアです。（関谷邸）

食器がたっぷりしまえる引き出しカウンター

キッチンカウンターをすべて引き出し収納にしました。奥まで見やすく、子供にもとり出しやすいのがうれしい。（中林邸　設計／佐々木正明建築都市研究所）

引き出し板つき家電収納棚

キッチンの壁面収納棚に、家電をしまうスペースを確保。棚板ごと引き出して使える仕組みです。（M邸　設計／プランボックス一級建築士事務所）

家電製品は縦に並べて置くと使い勝手がアップ

キッチンに必需品の電子レンジや炊飯器、電気ポットなどの家電は、スペースを立体的に使い、縦に並べて置くと、すっきり使いやすくなります。市販のラックを利用したり、造りつけ棚をつけてもらいましょう。

食器棚の奥行きは浅めの30～45cmに

食器は1列におさまる奥行きの浅い棚に並べ、ひと目でわかるようにしまうと出し入れがスムーズです。奥行き30～45cmもあれば、茶碗や小鉢、カップ＆ソーサーなどふだん使いの食器を収納するのに十分。毎日使う食器は、かがんだり背伸びしなくても届く位置にしましょう。

1列に並ぶ食器をひと目で見渡せる

奥行きの浅いオープン棚は食器専用。ずらりと並ぶ食器がひと目で見渡せるので、どこに何をしまったかがすぐにわかります。（坂本邸　設計／山野創作建築工房）

キッチンカウンターから振り向いたところにオープンな食器棚を設置

建築業の父親のすすめでつくったというオープン棚。出し入れが楽で、友人に手伝ってもらうときも便利だそう。（小山邸　設計／きのへそ工房・西峰工務店）

レシピ本を置く場所をキッチンに確保して

ついついふえてしまうのが、料理本やレシピのファイル。本棚にいちいち取りに行くのは面倒ですから、キッチン内にあらかじめ専用スペースを確保しておきましょう。

とりあえず置けるオープンスペースがあると便利です

パントリーや床下収納がつくれない場合は、カウンター下をすべて棚や引き出しにしてしまわず、一部をオープンにしておけば、買ってきた野菜やお米などを"とりあえず"置いておくのに便利です。また、サイズを合わせて、カウンター下をゴミ箱スペースにすれば、キッチン全体がすっきりとした印象になります。

調理中でもすぐにとり出せる場所にレシピ本を

家族や友人と料理が楽しめるアイランドカウンター。カウンターのサイドにはレシピ本を見せながら収納できるスペースを。(H邸 設計／ネイチャーデコール大浦比呂志創作デザイン研究所)

大きめバスケットは何でもポンポン入れられて便利

ステンレスのオーダーキッチンは、シンク下をオープンに仕上げました。バスケットを使ってスペースを無駄なく使いこなしています。(城木邸 設計／森井住宅工房)

ゴミ収納スペースも必ず計画しておきましょう

最近はどの地域もゴミの分別が厳しくなっていて、種類によっては、1〜2週間に1度しかゴミ出しできないものもあります。4〜5人家族だと、かなりの量を家の中に置くことになってしまいます。ゴミは生活感がストレートに出てしまうものだけに、うまく隠せるかどうかで、インテリアがよくも悪くもなると心得て、新築時にきちんと収納法を検討しましょう。

そのためにはまず、ゴミの種類ごとに、どのくらいの量が出るかを把握し、それがおさまるサイズのゴミ箱を用意することが必要。その上で、ゴミ箱がきちんと入る収納スペースを確保します。収納場所としては、キッチンのカウンター下や壁面収納棚の中、パントリーの一部などに、専用スペースを設けるのがいいでしょう。

勝手口を設ける余裕がある場合は、勝手口の外にゴミの一時置き場を設けるのも便利。2階のキッチンなら、サービスバルコニーを設けるのもひとつの方法です。

旅行に出ることが多い人は、階段下などのデッドスペースを、旅行時のゴミ置き場にしても。その際は庫内に換気扇を設けましょう。

シンク下に大小のゴミ箱の収納スペースを

ゴミの分別がスムーズにできるよう、シンク下にゴミ箱置き場をたっぷり確保。大型のゴミ箱2個のサイズに合わせてつくったキャスターつきの引き出しは、軽く引き出せて○。(Y邸 設計／ライトスタッフデザインファクトリー)

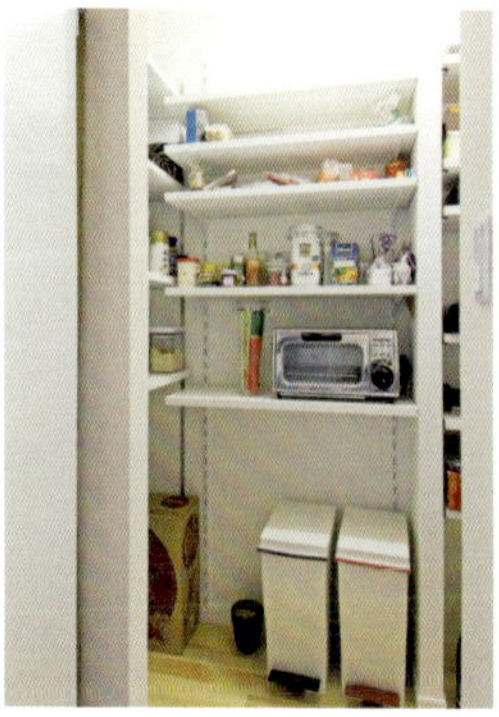

パントリー内のオープンな収納棚にゴミ箱用スペースを

キッチンの奥に、奥行きの深い、収納量たっぷりのパントリーを設置。その内部に設けたオープンな壁面棚の一部が、ゴミ箱の指定席。シンクや調理台からも近い位置なので、短い動線でゴミを捨てられます。(山本邸 設計／建築実験室水花天空)

キャニスターがぴったりしまえるオリジナルの収納棚

手持ちのキャニスターがぴったりおさまるよう、サイズに合わせてつくったオリジナルの収納棚。上部の引き上げ式の棚も便利！（櫻元邸　設計／上福浦建築工房）

作業をスムーズにするアイレベルを活用しましょう

カウンターから目線の高さまでをアイレベルといい、すぐに手にとりやすい、いちばん便利な位置になります。お玉やフライ返しなどの調理器具、ささっと使いたい調味料などは、このアイレベルゾーンに置くと便利です。

壁にパイプをとりつけて、つるす収納に

つり戸棚とカウンターの間は、よく使う調理器具や調味料を"見せる収納"に。壁にパイプをとりつけて、使い勝手をよくしました。（鈴木邸）

お気に入りの雑貨のデザインも楽しめるオープン棚

キッチンカウンターの前にとりつけた奥行きの浅い棚。よく使うものが手にとりやすく、ディスプレイも楽しめます。（大森邸　設計／佐々木正明建築都市研究所）

おおざっぱで可変性のある収納を設けましょう

子どもが成長し、育ち盛りになるにつれて、食器や調理道具も変わってきます。ライフスタイルの変化に対応できるように、収納スペースは棚板がはずせたり、位置を変えたりできるようにしておきましょう。

棚の位置が変えられるおしゃれなオープン棚

壁面のオープン棚は、しまうものの高さに合わせて棚板の位置を変えられます。棚板をふやすのもスムーズです。（塚原邸　スターディ・スタイル一級建築士事務所）

割ける面積によって配置やつくり方を工夫しましょう

収納プランでリクエストの多いパントリー。食品はもちろん、ホットプレートなどの大きな調理器具やレシピ本など、カウンター下や吊り戸棚に入れにくいものもおさまるため、「このスペースがあるだけでキッチンが片づく」「食器もしまえるのでカップボードを置かなくてすむ」と、メリットを実感している人が多いようです。

パントリーはキッチンの奥に配置することが多いのですが、面積が許せば「通り抜けられるパントリー」がおすすめ。キッチンと玄関ホール、廊下、LDなどをつなぐ回遊動線としてプランすると、買い物から帰ったときにアクセスしやすく、食品以外の生活用品もしまいやすくなります。反対に、人が入れるだけのスペースをとれなければ、大きめの壁面収納をつくるだけでも、食品庫として十分に役立ちます。

デッドストックのため込み場にならないよう棚は浅めに

パントリーを、「これさえつくれば、今現在の〝ごちゃごちゃキッチン〟の問題がすべて解決する魔法のようなスペース」と誤解している人が多いのですが、中に人が入れないくらいぎっしりとモノを詰め込みすぎてしまうと、本来のパントリーとしての機能を果たしません。パントリーは、収納するものを具体的に考えずにつくると、活用されないものばかりの〝単なる死蔵品置き場〟になってしまう危険性があるので要注意です。また、奥行きが20㎝くらいの、あまり深い棚にしないこともポイント。モノが少しくらいはみ出してもいいというくらいの奥行きが、棚の奥のデッドストックをなくすコツです。

プランのポイント

1	通り抜けられると使い勝手がぐんとアップ
2	大きな壁面収納だけでもパントリーとして役立つ
3	フレキシブルに使えるよう内部のつくりはざっくりと

Sさん宅(東京都)

引き戸をつけた壁面収納のおかげで、キッチンがすっきり

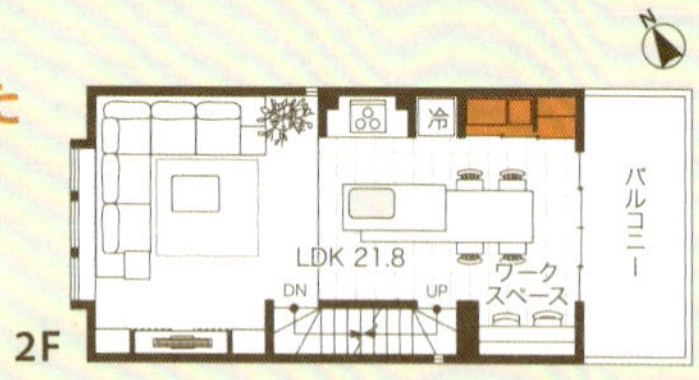

コンロ側の壁面に、食器棚と食品庫を兼ねた収納をプラン。平行移動するだけで、必要なものが手にとれます。あけておいてもじゃまにならない引き戸を採用。調理や後片付けの間はオープンに。(設計/プランボックス一級建築士事務所)

(左) アイランドカウンターと一体型のテーブルが、DKの中心。食器棚などの収納家具がないため、すっきりした印象に。(右) 3枚引き戸のうちの2枚をあけたところ。電子レンジなどの家電もこの中に。

Hさん宅(山梨県)

通路型パントリーが家事の省力化に活躍

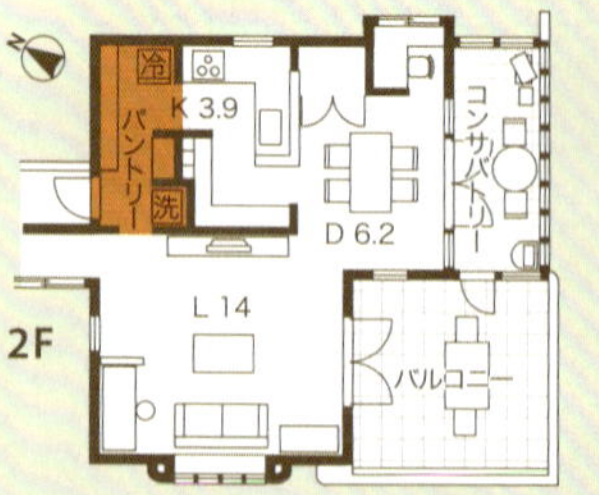

キッチンからもリビングからも入れるパントリーを採用。ものをとりに行くときにキッチンを経由しなくてすむため生活動線が便利に。洗濯機も設備し収納兼ユーティリティに活用。(設計/プランボックス一級建築士事務所)

(左) キッチンから見たパントリー。壁一面にオープン棚をつくり、たっぷりの収納を確保。冷蔵庫もここに。(右) キッチンはナチュラルな素材で統一。雑多な生活用品はパントリーにしまい、お気に入りの雑貨だけ飾って。

場所別・収納のテクニック集 サニタリー

意外にものが多い場所なので総量を把握してスペースを確保しましょう

洗面室には、洗面用品やタオル、バス用品、洗剤、掃除道具、体重計など、想像以上にたくさんのものを収納する必要があります。家族の下着やパジャマまで置きたいとなると、なおさらです。ただでさえ狭い場所に置き家具を置かずにすむように、あらかじめ必要なものの総量を把握して、それが入るだけの造りつけ収納を用意しましょう。

オープン棚と引き出し収納で雑多なアイテムを収納

木材をふんだんに使い、明るく仕上げたサニタリーは、カウンター下の収納を充実させました。サイドのオープン棚も便利です。（H邸　設計／ネイチャーデコール大浦比呂志創作デザイン研究所）

何でも入る壁面収納はバスケットで整理

サニタリーの壁一面を使って壁面収納を設置。タオルから着替えの下着まで、たっぷり収納できます。引き戸を閉めればすっきり！（U邸　設計／YURI DESIGN）

見せたくないドライヤーは専用スペースに収納

手前に倒れる扉の中に、ドライヤーを収納。コンセントも設置したので使い勝手は上々です。（金子邸　設計／アスデザイン アソシエイツ）

洗濯機の上も収納に有効利用できます

サニタリーに洗濯機を置く場合、上の空間がデッドスペースになりがちです。洗濯機の蓋がぶつからない位置に、造りつけの棚を設ければ、こまごまとしたものを収納するのに便利です。ドラム式洗濯機ならすぐ上に棚をつくることができるので、スペースをさらに有効に使えます。

洗濯も書き物もいっしょにできる便利なワークスペース

キッチンと2列になるようにつくったワークスペースに、洗濯機を置けるようにしました。家事に必要なものを収納棚にまとめてしまえて効率的。（阿部邸　設計／スピカ）

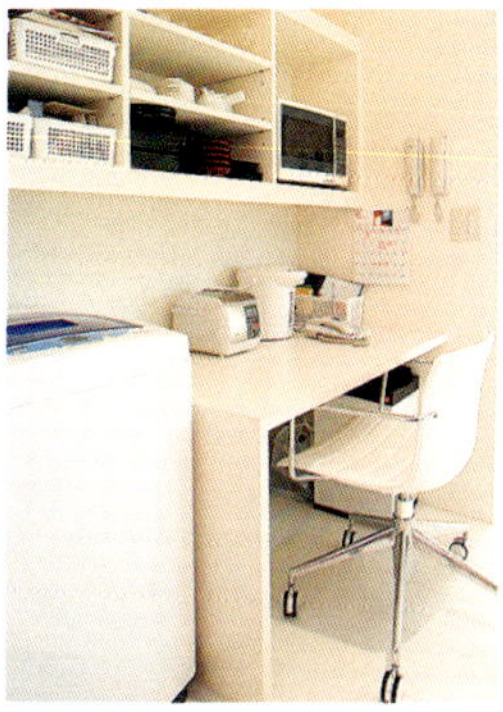

素朴テイストの木製ボックスを壁面に設置

洗濯機の上にカントリーテイストの木製ボックスを設置。木製シェルフと合わせ、洗剤などの収納コーナーとして活用。（西邑邸　設計／メープルホームズ神奈川中央）

洗濯機を白のタイル壁で目隠し

白のタイルで清潔感を演出したサニタリー。無機質な印象を与える洗濯機をうまく目隠しして、さわやかな空間に仕上げています。（鶴峯邸　設計／案山子屋ボックスプランニング）

こまごましたものはオープン棚にカゴを並べて整理しましょう

洗面室のこまごまとしたアイテムを整理するには、オープン棚を造りつけにして、そこに市販のカゴや収納ボックスを並べるという方法も。洗剤のボトルやドライヤーなどもすっきりしまえるうえ、用途別、家族別などカテゴリーを決めて分類すると、使い勝手のいい収納になります。タオルをそのまましまう場合は、色をそろえると見た目もすっきり。

キュートなモザイクタイルでかわいらしい空間に

洗面カウンターから収納棚、壁面にまでモザイクタイルを使用。棚はオープンに仕上げ、バスケットで統一感を出しました。（矢内邸　設計／アルカイック建築設計事務所）

狭い場所だから引き戸か折り戸が有効です

スペースが限られている洗面室に収納棚を設けるときは、前に開閉スペースが必要となる開き戸より、引き戸や折り戸がおすすめです。あるいは、オープンな棚にロールスクリーンをつけて目隠しをすれば、開閉スペースもいらず、扉つきの収納棚よりぐっとコストが安くなり、見た目にもすっきりと仕上がります。

使わないときは扉を閉めればOK

浴室と洗面、トイレを一つの空間にまとめ、引き戸の奥には洗濯機を設置。タオルや洗剤などの収納庫も兼用しています。（高橋邸　設計／佐賀・高橋建築設計室）

タイルの色と小物にこだわったポップな印象のサニタリー

カウンタータイプの洗面台はミントグリーンのモザイクタイル仕上げ。収納棚には赤×白のバスケットを並べ、ポップな空間に。（倉田邸　設計／アトリエ71）

洗面台の下はオープンにするかワゴン式がおすすめ

洗面カウンターの下は、ものが取りにくく、使いづらい収納スペースです。思い切って扉をはずしてオープンにしてしまい、棚をつけてとり出しやすくするのも一案です。また、カウンター下にワゴンタイプの収納を組み込めば、奥のものもとり出しやすく、掃除も楽。湿気がたまりにくいというメリットもあります。

タイルトップの洗面台で、小さなコーナーもおしゃれな雰囲気に

トイレの向かい側、廊下の一角に設けた洗面台。コンパクトなスペースですが、カウンター下をオープンにして収納に利用。（M邸　設計／プランボックス一級建築士事務所）

収納庫内にもコンセントを設置しておくと便利で見た目もすっきり！

ちょっと意外な方法ですが、日用家電を収納する棚には、庫内にコンセントを設置しておくと重宝します。たとえばインテリアにこだわったおしゃれな洗面コーナーも、電動歯ブラシや髭剃りなどが出しっぱなしでは、魅力も半減。そんな場合も、充電器ごと棚の中に収納できれば洗面カウンターはいつもすっきり保てます。使うときも棚をあけてさっととり出せるので便利。ちょっとした工夫ですが、毎日の暮らしやすさに差がつくアイディアです。

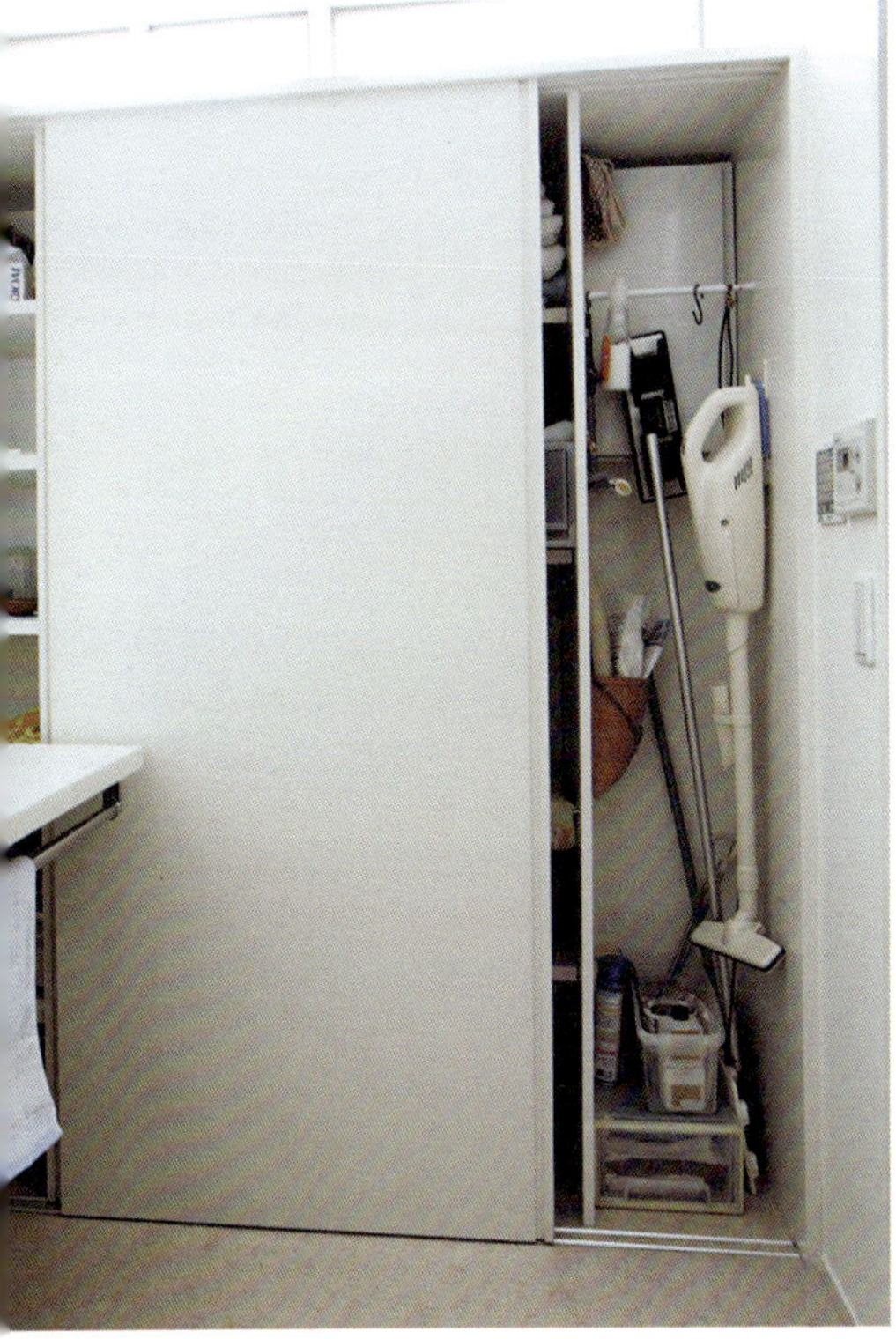

ハンディ掃除機を充電しながら収納

洗面所に、タオル類のほか掃除道具や洗剤など、日用品をたっぷりしまえる壁面収納棚を設置。充電式のハンディ掃除機をしまう場所にコンセントを設置したので、充電しながら収納できます。（K邸　設計／長浜信幸建築設計事務所）

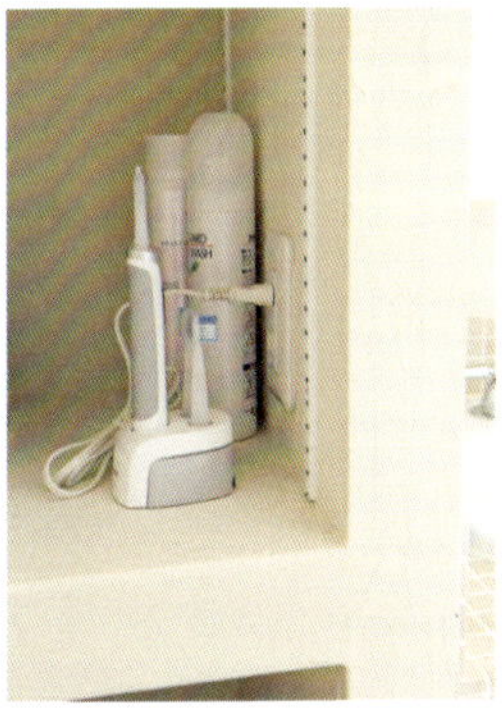

洗面所の庫内に電動歯ブラシを。生活感なし！

ぬくもりのある天然木やタイルでまとめた清潔感あふれる洗面所は、できるだけ生活感を感じさせないように、収納をたっぷり設けました。電動歯ブラシも扉の中に。内部にはコンセントを設け、充電器ごとしまっています。（H邸　プロデュース／シャルドネホーム）

壁の厚みを利用したデッドスペースを活用しましょう

収納スペースを確保しにくいトイレですが、洗剤や掃除道具、トイレットペーパーの収納棚があれば、掃除やペーパーの補充のたびに取りに行く手間が省けて便利です。壁の厚みを利用して奥行きの浅い棚を設ければ、スペースをとることなく、必要なものをしまうことができます。

化粧品などのボトルの収納に便利な壁面収納

壁の厚みを利用して、奥行きの浅い棚を造りつけたサニタリー。大工工事で製作したので、リーズナブルに仕上がりました。（今岡邸　設計／ダンス建築研究所）

階段下のスペースをトイレと収納庫に活用

トイレの手洗いの向かい側に、壁をくりぬくように収納庫を設置。階段下のデッドスペースを効率的に使った好例です。（西邑邸　設計／メープルホームズ神奈川中央）

トイレの手洗いはカウンターにして下を収納にするのがおすすめ

最近は、便器がどんどん小型化し、タンクレストイレの人気も高まっています。広くなった空間に手洗いボウルを置けば、パウダールーム風の気持ちよいトイレが完成。手洗いボウルをカウンター式にし、下に棚をつければ、こまごまとしたものを収納するスペースになります。扉をつける場合は、場所をとらない引き戸がおすすめです。

ホテルライクな手洗いカウンターと収納棚

来客も使うトイレには手洗いボウルとカウンターを設置。下はオープン棚にして小物を収納しています。（山本邸　設計／プランボックス一級建築士事務所）

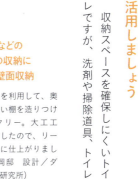

場所別・収納のテクニック集 廊下・玄関

廊下の壁厚分はちょうど本の収納に利用できます

木造軸組み工法の家の場合、柱と柱の間に壁の厚み分の空間ができます。奥行きはあまりありませんが、文庫本をしまうには十分な厚み。廊下の壁厚を本棚に活用すれば、かなりの本をしまうことができ、廊下が単に通り過ぎるスペースではなく、ライブラリーとして活用できます。

2階廊下の立ち上がり壁を本の収納に活用

2階の廊下を囲む壁に、壁厚を利用した書棚を設置。家族のライブラリースペースとなりました。（中村邸　設計／ベグ・ディー・オフィス）

吹き抜け階段の壁にぎっしり本を収納

吹き抜けのある階段の壁面を、大型書棚として活用。床から天井まで最大5m15cmあるので、収容量もたっぷり！（I邸　設計／ワークスアソシエイツ）

雑誌・新聞の置き場を廊下や玄関の一部に

雑誌や新聞は、廊下や玄関に1カ月分の収納スペースを確保して、回収日にそこから出すようにしましょう。ひもやはさみをいっしょにしまっておくと、縛るときに便利。リビングには数日分の新聞や読みかけの雑誌だけを置くようにして、出入りのついでに収納スペースへ運びます。

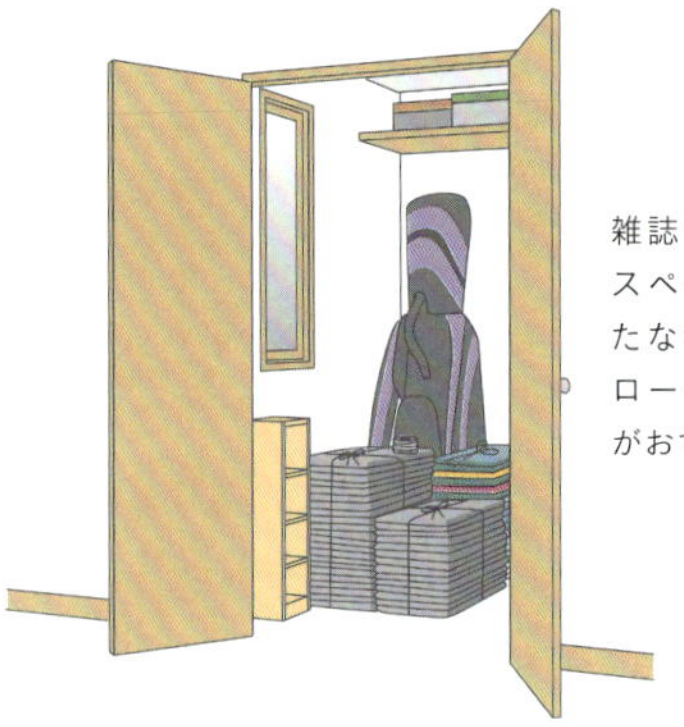

雑誌や新聞の収納スペースは、目立たないシューズクローゼットや納戸がおすすめ。

デッドスペースが書斎に変身！

階段下のデッドスペースをちょっとした書斎スペースに。窓や給気口をつけて、採光や通風にも配慮しました。（馬場邸　設計／小川次郎）

キッチン近くに設けてパントリーとして活用

階段下をキッチンから使える収納スペースに。基礎のまま仕上げているので、低温で食品が保存できるのも便利。（K邸　設計／さくら建設 夢工房一級建築士事務所）

家族4人分の靴を収納する階段下のシューズクローゼット

靴収納は階段下を利用。家族4人分の靴も、奥行きたっぷりの収納スペースにすっきりしまうことができます。（K邸）

階段下のデッドスペースを活用しましょう

階段下のデッドスペースは、収納に最適なスペース。ただし、奥行きがかなりあるので、棚板やハンガーパイプをつけたり、市販の収納ボックスを活用して、うまく使いこなしましょう。扉をつけて、洗濯機置き場にするのも一案。洗剤などもまとめてここに収納してしまいましょう。

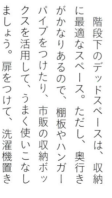

玄関には縦長の収納があると便利です

玄関にはガーデニング用品やアウトドア用品、大工道具、ゴルフバッグやスキー板などさまざまなものが集まりがち。きちんと収納スペースを確保しないと、土間にまでものがあふれてしまい、出入りするたびに雑然とした印象を与えてしまいます。玄関は住まいの顔。常に美しい空間をキープするためには、これらのものや家族分の靴がしまえる縦長の収納があると便利です。さらに、収納庫内にハンガーパイプを設置すれば、かさばるコートなどをしまうこともできます。

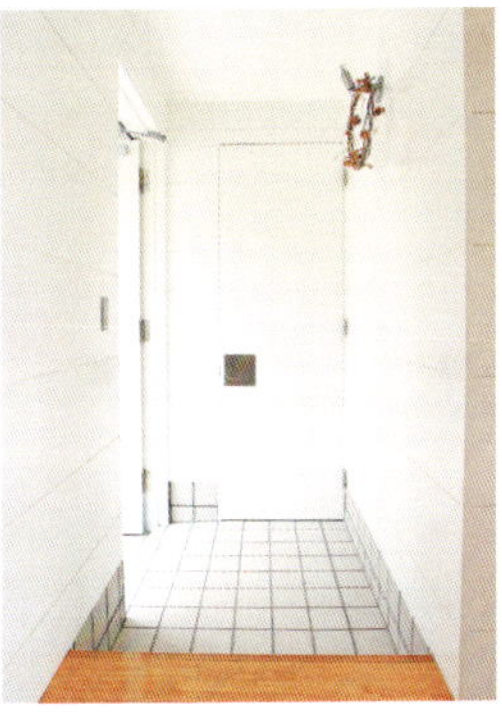

大型収納があるから玄関がいつもすっきり！

玄関横には靴、傘、アウトドア用品をすべてしまえる大型収納庫を設置。玄関全体を白でまとめて広く見せています。（高橋邸　設計／佐賀・高橋建築設計室）

飾るスペースもとり入れた玄関の大型収納

愛犬のことも考えて、たたきから廊下までタイル貼りにしたという開放的な玄関。大型収納は一部に窓を設けて、飾るスペースに。（伊東邸　設計／伊東空間研究所）

小さなカウンターやニッチをつくるとゆとりが演出できます

玄関に十分な収納スペースを確保することも大切ですが、さらに小さなカウンターやニッチなどを設け、雑貨や花などをディスプレイできるスペースをつくると、玄関にゆとりが加わります。その家らしさが感じられる雑貨や写真、季節の花や行事の飾り物などを置きましょう。

ひと目で見渡せるI型かII型がおすすめ

玄関に収納庫を設置するときは、ひと目で何が入っているかを見渡すことができるI型、II型のレイアウトがおすすめです。奥行きを靴のサイズに合わせた大型のオープン棚があれば、靴や雑多なものをまとめてしまうことができて便利。どこに何がしまってあるか、一目瞭然です。

見せながらしまえるオープンシェルフ

玄関ホールには、しっくい仕上げの収納棚を設置。雑貨やキーボックスなどを飾りながら収納しています。（西邑邸　設計／メープルホームズ神奈川中央）

ギャラリーを意識して高さを抑えた玄関収納庫

高さを抑えて圧迫感を感じさせない飾り棚兼靴入れ。上にはギャラリー感覚で小物やアートフレームをディスプレイしました。（T邸　設計／ワークスアソシエイツ）

明かりとりの窓の前にグリーンを飾って、玄関を明るく

天井までの大型収納庫を造りつけにした玄関。窓の前だけ収納の高さを抑えてグリーンを飾れるようにしています。（小山邸　設計／きのへそ工房・西峰工務店）

明るいシューズクローゼット

玄関横のシューズクローゼットは、自然光が入る明るい空間。扉をつけずにコストダウンしました。（沙々木邸　設計／アルカイック建築設計事務所）

I型のオープン棚でシンプルに

シンプルなオープン棚だけのシューズクローゼット。靴、ゴルフバッグ、子供の一輪車までここに収納できます。（岩本邸　設計／森本組一級建築士事務所）

すっきりした玄関で人を招くのが楽しくなるメリットがあります

靴だけをしまうなら一般的な靴箱でも間に合いますが、玄関には意外と大きな生活用品を置くことが多いもの。ベビーカーやチャイルドシートなどの子ども用品、自転車の空気入れやスポーツ用品、ガーデニング用品、実家から届いた土つきの野菜などなど。これらを玄関のたたきに出しっぱなしにしなくてすむというのが、シューズクローゼットの人気の理由です。

行き止まりの収納スペースとしてつくるほか、クローゼット内を通り抜けてホールに上がれるようにする手も。家族だけのプライベートな動線をつくることで、生活感のないエントランスを演出でき、ゲストを気持ちよく迎えられます。

プランのポイント

1	生活用品を収納する物置きを兼ねる
2	湿気がこもらないよう風通しのいいつくりに
3	「シューズクローゼットから出入りする」という発想も

靴の脱ぎ履きがしやすいスペースの確保とにおいや湿気対策を

狭い空間に無理やりウォークインタイプの玄関収納をつくると、人が入る部分に面積をとられてしまい、棚をつける壁の量が少なく、モノがあまり入らないことも。手前に飲料ケースなどを積み重ねてしまい、結局、入れなくなってしまっているウォークインのシューズクローゼットもあります。ですから、家の広さなどによっては、ウォークインタイプの玄関収納をおすすめできないケースもあります。靴も脱げないようなプランでは、あまり活用できません。

また、「シューズクローゼットは、におうから入りたくない」というご主人も結構います。奥さんからしてみれば、シューズクローゼットを経由して靴を脱ぎ履きすることが習慣になれば、お客さんが来たときにあわてて片づけなくてすみ、いつもすっきりしておけると思うのです。でも考えてみれば、みんなの靴がある空間は、いやなにおいがしたり、こもったりしています。そこを通って家に上がるより、きれいな玄関を通りたいというのもわかります。ですから、換気や通風など、においや湿気対策もポイントです。

Oさん宅（神奈川県）

家族用とゲスト用、2つの玄関をシーンごとに使い分けて

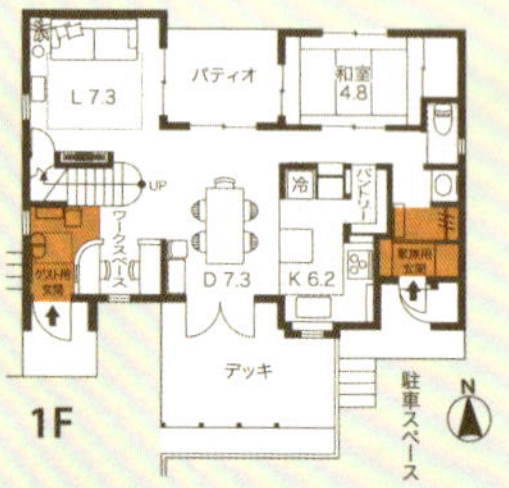

ゲスト用玄関は道路からアプローチを通って、家族用玄関はカーポートから入れるようにプラン。家族用玄関は、両側の壁面を収納にして、通過しながら使える動線に。（設計／プランボックス一級建築士事務所）

（左）ゲスト用玄関。家族用と分けたことで、内装デザインや素材へのこだわりを生かせました。（右）家族用玄関は、シューズクローゼットの中を通って出入りします。ドアは光を通すガラス入りを採用。

佐賀江さん宅（滋賀県）

通り抜けられるので家族の動線がスムーズに

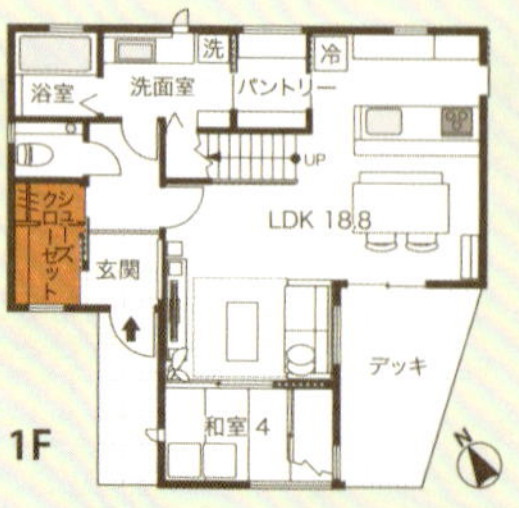

たたきから直接ホールに上がるメインの動線のほかに、クローゼット内を経由する動線をプラン。帰宅した家族はここを通って、靴や上着などをしまいながらリビングに向かいます。おかげで玄関ホールはいつもすっきり。（設計／アトリエイハウズ）

（左）シューズクローゼット内には靴をしまう棚のほか、コートハンガーなどのパーツもとりつけて機能性を高めています。（右）クローゼットにはたたきから入り、奥の出口からホールに上がる仕組みに。

寝室・子ども部屋

壁一面をクローゼットにしたいときは家具の配置も考えましょう

寝室に大型クローゼットがあると、衣類の収納に便利です。ただし、壁面をクローゼットにするときは、前にベッドなどが置けなくなるので注意して。扉を引き戸にしても前に家具があるとものが出しにくく、引き出しを引き出せない場合もあります。家具と家具の間に必要なスペースを考慮して、プランの段階で家具レイアウトを考えましょう。

寝室＋クローゼットで広さを確保

寝室の隣に約3畳の大型ウォークインクローゼットを設置。仕切りの引き戸をあければ、寝室と連続した空間として使うことができます。（N邸　設計／アルクデザイン）

スペースを有効活用できるのは引き戸

寝室の限られたスペースを有効に使うため、クローゼットには引き戸を採用。クローゼットの扉近くまでベッドを置くことができます。（T邸　設計／岡崎建築設計事務所）

子ども部屋の収納は「手が届く」「あけ閉めがカンタン」「整理しやすい」が基本です

子ども部屋の収納は、子どもの目線で使い勝手を考えましょう。子どもの手が届かない場所に収納があっては、自分で片づける習慣がつきません。収納スペースが大きすぎても整理しにくいので、適度なサイズのスペースを確保しましょう。

寝室にテレビを置くならプランに入れておきましょう

寝室でテレビやDVDを見たい人は、その置き場所についても考える必要があります。造りつけの棚を設け、そこにテレビやデッキを置けば、空間全体がスマートな印象に。特に、人気の薄型テレビを壁づけにしたい場合は、あらかじめ家具のレイアウトを考えておき、壁を強化する必要があります。

寝室のベッドで寝転んだままテレビを見たい人は、見やすい位置にテレビスペースを確保しましょう。

水色×白のペイントで仕上げたボーイズルームの収納

5才の男の子が楽しみながら片づけができる造りつけの収納棚。絵本を見せながらしまえるオープン棚も楽しいアイディアです。（西邑邸　設計／メープルホームズ神奈川中央）

リビングの壁面収納が子供のスタディコーナーに！

リビングの壁面収納の中に子供の机を設置。本や学用品などもまとめてここにしまえます。使うときは扉をあけ、ふだんは閉めておけばすっきり。（松永邸）

可動式の収納家具で部屋を仕切るテクもおすすめです

子どもが2人以上いるお宅では、可動式の収納家具で部屋を仕切るアイディアがおすすめです。どちらか一方のスペースを広くしたいときは、家具を動かすだけでOK。子どもが独立したあとも、すぐにワンルームに戻すことができます。あらかじめドアを2つつけておくと、さらに使いやすくなります。

2段ベッドで子ども室を2つに仕切る

子ども室の真ん中に2段ベッドを置いて、左右にパーソナルスペースを振り分けたレイアウト。カーテンなどで仕切れば、さらに独立した空間になります。（K邸）

置き家具で仕切り、1部屋を広く使う

1つの空間の中で、長女と次女のスペースを家具で仕切ったお宅。それぞれシンプルにコーディネートしました。（梶川邸　設計／小暮渉建築研究室）

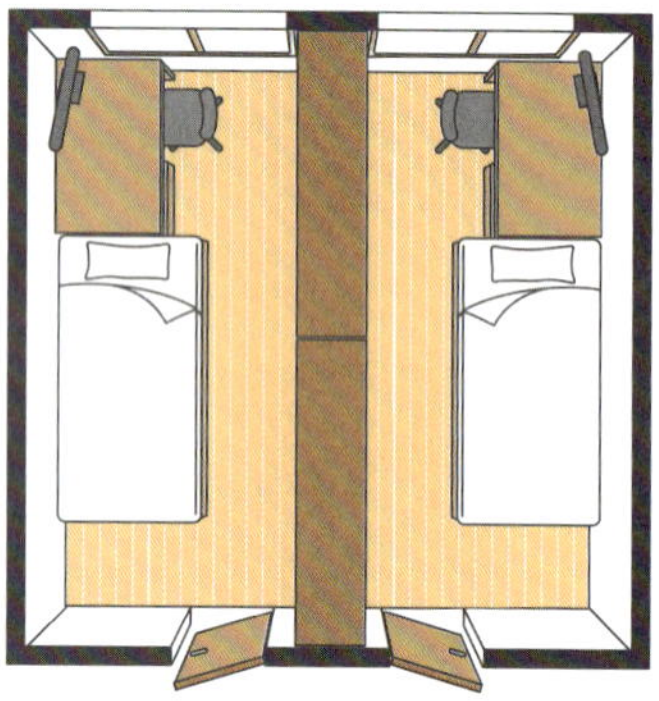

おそろいのデスクや衣装ケースなどを組み合わせて。家具の背面がきちんと仕上げられているものを選んで。

ロフトを設けてベッドスペースや収納に利用しましょう

子ども部屋にロフトをつけると、ベッドスペースや収納スペースとして活躍します。ただし、ロフトは熱がたまりやすいので、通風には十分な配慮が必要です。また、はしごで上り下りするので、上げ下ろしの難しい大きなアイテムの収納には不向きであることを考慮に入れておきましょう。

小さいうちは収納庫に、大きくなったらベッドにできるロフト

子ども部屋にベッドとしても使えるロフトを設置。ロフト下にカーテンレールをつけると、収納スペースとして使うことができます。（櫻元邸　設計／上福浦建築工房）

畳の下は絶好の収納スペースになります

和室の床を30㎝ほど高くすれば、その下を大型収納庫として活用できます。行事の道具やスキー用品など、年に数回しか使わないものをしまうのに便利。90㎝角ほどの半畳タイプの畳にすれば、上げ下げが楽になります。リビングの一部を小上がり風の畳スペース＋収納庫にしても。

ビデオテープなどもしまえる畳下収納

LDの一角の床を1段上げて、畳コーナーに。畳下には引き出しをつけ、こまごまとしたものを収納。（上杉邸　設計／瀬野和広＋設計アトリエ）

"死蔵品置き場"にしないためにも使いやすいプランを

納戸やウォークインクローゼット（W・I・C）などの大型収納は、各部屋に細かい収納をつくるよりローコストですみ、ものが1か所にまとまるので家事の省力化にも役立ちます。

使いやすくするには、入れたい家具のサイズを測り、それに合わせて壁の長さを確保します。正方形より細長くプランしたほうが、同じ面積でも無駄がありません。避けたいのは、人が1人入れるだけのような中途半端な広さ。面積のわりに収納量が少なく使い勝手もいまいち。つくるなら思いきって6畳ほどの広さを割くのもおすすめ。死蔵品をふやさないためには、生活の中で誰もが無理なく使えることが大切。家族が行きやすい場所にプランしましょう。

プランのポイント

1. 家族みんなが使いやすい場所に配置する
2. 中途半端な広さではなくそれなりの広さを確保する
3. 細長くプランすると面積に無駄が出ない

Nさん宅（東京都）

寝室の前の廊下をまるごとクローゼットに

クローゼットを寝室の中ではなく、外に出したのがポイント。衣類を出し入れするたびに寝室に入らなくてすむため、身支度や家事の手間が省けます。1つのスペースに通路と収納を兼ねさせることで、面積の無駄もカット。（設計／FISH+ARCHITECTS一級建築士事務所）

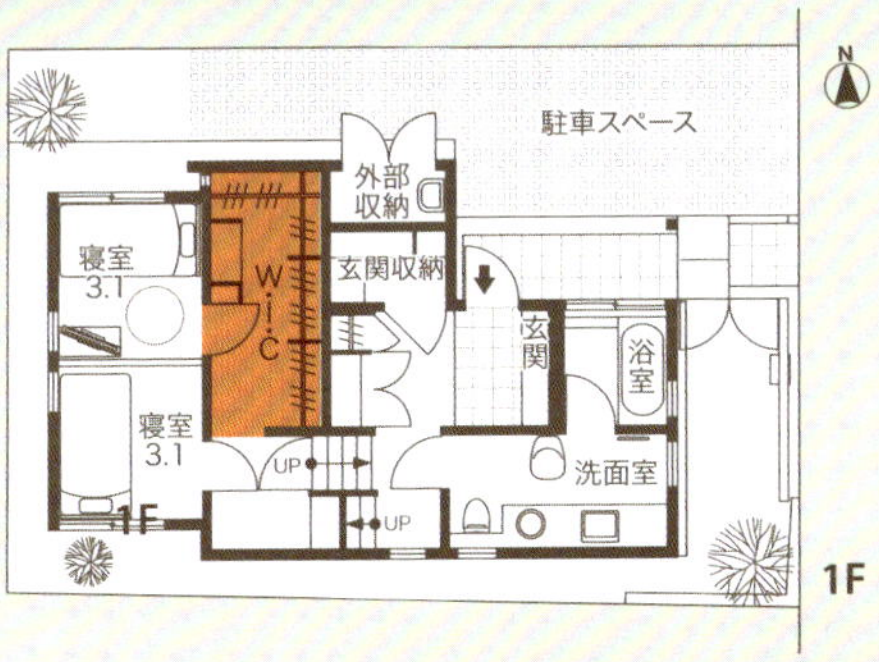

（左）寝室は約3畳とコンパクトなつくりにし、ベッドのみを置いています。（右）寝室の入り口にあたる廊下の幅をやや広げ、片側の壁面をすべて収納スペースとして活用。衣類をひと目で見渡せるのも魅力です。

Iさん宅（東京都）

大型収納と回遊動線の組み合わせが成功のカギ

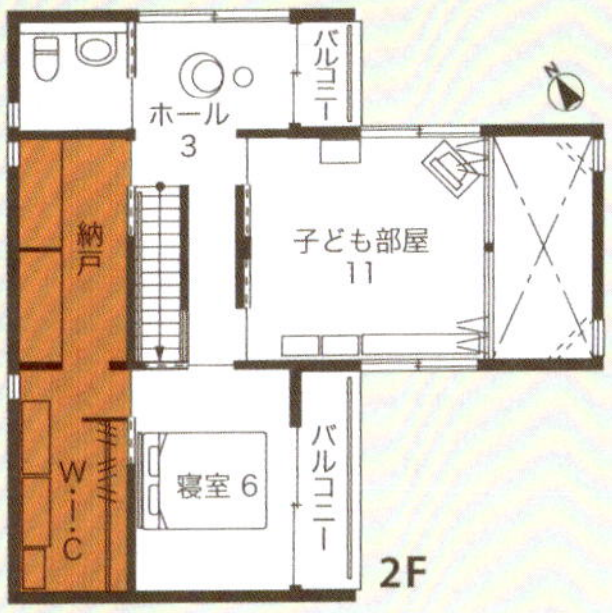

細長い納戸とW・I・Cを一直線につないだプラン。ホール側と寝室側の両方に出入り口があるので、生活の中で無理なくアクセスできます。引き戸をあけておけば、ものを持ったまま出入りするのもラク。（設計／明野設計室一級建築士事務所）

（左）面積の無駄が少ない通路状の納戸。奥にクローゼットが続いています。内部はシンプルな棚のみにして、既製品の引き出しなどを活用。（右上）クローゼットは寝室からも出入りできるので、朝晩の身支度もスムーズ。（右下）廊下の左手に納戸への入り口が。子どもにとっても使いやすいレイアウトです。

手持ちの家具は まるごとクローゼットに 入れてしまうのも手です

婚礼家具など、インテリアに合わないタンス類を活用したいときは、ウォークインクローゼットに置けるようにあらかじめサイズを合わせて設計してもらいましょう。タンスをまるごとクローゼットに入れてしまえば、室内はすっきりとした印象に。クローゼットの収納力もアップし、棚や引き出しなどを設置する費用も節約できます。

手持ちのチェストをそのまま活用。収納力もアップ！

手持ちのチェストを入れて、家族3人分の衣類をフルに収納している3畳ほどのウォークインクローゼット。（宇山邸　設計／瀬野和広＋設計アトリエ）

大型の納戸を設ける場合は 棚を設置すると 使いやすくなります

壁面収納をあちこちに設けるより、大きな納戸を設けたほうがなんでもしまえて便利、という考え方がありますが、整理が苦手な人は要注意。ガランとした空間にものを詰め込むと、奥や下のものがわからなくなるし、高い部分はあきスペースになりがち。W・I・C（ウォークインクローゼット）のように、用途がはっきりした収納庫は別ですが、「なんとなく便利そう」と設けると、失敗しがちです。大型収納ならではのメリットとしては、レジャー用品やシーズンオフの暖房器具などをしまうのにぴったり、扉の枚数が少なくてすむので、コストも低く抑えられる、などが挙げられます。

メリットデメリットを検討したうえで大型収納を設ける場合、内部には必ず棚を設置し、空間を立体的に使いやすくする工夫を。おおまかな棚をつくり、市販のラックで細分化してもいいでしょう。W・I・Cも、単にポールを渡すだけでなく、ポールの上部に棚板を渡したり、たたんだ衣類を収納できる棚など、仕切りを設けるとさらに使い勝手がよくなります。

収納庫内を立体的に使いこなすアイディアが満載

サニタリーと寝室の間に設けたウォークスルータイプのクローゼット。ポールを上下2段に渡したり、ポールの上やたんすの上に棚板を設置。市販のケースも利用して、天井際の空間まで、立体的に無駄なく活用。（青柳邸　設計／明野設計室一級建築士事務所）

押入れの奥行きを浅くする、クローゼットに 布団をしまうなど 柔軟にプランしましょう

布団の収納に便利な押入れも、たっぷりとした奥行きや天袋が使いこなせないことも。布団をしまう目的がないなら、奥行きの浅い押入れを設けるのも一案です。また、「布団は押入れに」と決めつけずに、天井いっぱいまでのクローゼットにして、布団のサイズに合わせて棚板を3段ほど設ければ、使い勝手のいい収納スペースになります。

寝室の壁２面を収納庫にして衣類や布団を収納

扉や引き戸をやめて、ロールスクリーンで仕切り、使いやすさとコストダウンを両立させました。布団をしまうスペースは奥行きを90cmに設定。（千葉邸　設計／千葉明彦建築設計室）

既製の物置に外壁と同じ板を張って

木製サイディングのかわいい小屋は、実は物置。既製品物置に、外壁と同じ板を張ってデザインを統一しています。庭置き用の製品を利用しているので、耐久性の面も安心です。（横田邸　設計／FISH＋ARCHITECTS一級建築士事務所）

外回りにも収納を設けるのがおすすめ

家の外回りにも収納庫を設けると、アウトドア用品や園芸用品などを、家の中に持ち込むことなくしまえて重宝します。

庭に物置を設置する場合は、既製のスチール製のものだと味気ないので、建物の外壁と同じ外装材を張ってなじませるアイディアもおすすめ。また、玄関まわりの一部に塀を立て、その内側に直接、奥行きの浅い棚を設置すれば、園芸用品や外回りの掃除道具などをしまえます。

外回りに面した位置に収納スペースをつくり、扉を外壁の一部にあけ、戸外から使える外部収納をつくる方法も。その場合は室内に不自然なでっぱりができないよう、階段下のデッドスペースを内部で仕切って、半分を内側から、半分を屋外から使えるようにするなど工夫しましょう。

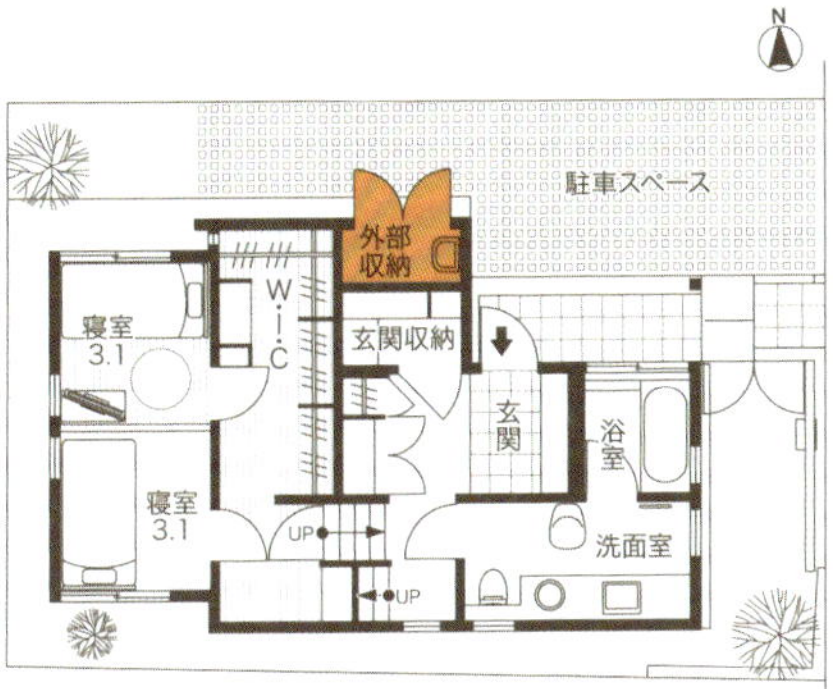

1F

カーポートの奥に外から使える収納を配置したプラン

外壁に扉を開け、駐車スペースから、ものを出し入れできる外部収納を。アウトドア用品を車に積み込むときなど、とても便利。屋内の収納庫と背中合わせなので、室内側のでっぱりもなし。収納内部にはスロップシンクも設置して、より使い勝手よく。（N邸　設計／FISH＋ARCHITECTS一級建築士事務所）

通過しながらついでに片づけられる収納が便利です

収納プランの基本は、しまうものの使用頻度を考えること。月に1回から年に数回しか使わないものなら、必要なとき納戸や物置に取りに行くスタイルで問題ありません。一方、毎日のように使うものは、どこかに取りに行く、しまいに行くのではなく、生活動線の途中で収納できると理想的です。

たとえばウォークインクローゼットは、寝室だけでなく廊下からも入れるようにしておけば、寝室を経由する動線を省けます。LD回りのこまごましたものも、家族の動線上に収納をつくり、行き来の途中に出し入れできるようにすると便利です。いわば「通過するついでに片づけられる収納」。動線計画と収納計画を一緒に考えるのがポイントです。

1F

玄関と洗面所をクローゼットでつなぐ

帰宅した家族は玄関ホールに設けた勝手口から上がり、クローゼットに上着などをしまってから洗面所へ。そこで手を洗ったり洗濯物を出したりしてからLDKに向かいます。生活動線に収納計画を賢く組み込んだプラン。（三原邸　設計／イン・エクスデザイン）

家事が効率よくこなせる家とは？

主婦にとって、毎日の家事のしやすさは、そのまま暮らしやすさにつながります。洗濯や物干し、食事の支度や後片づけがスムーズにこなせるよう、家事動線やスペースづくりを工夫して、家事ストレスフリーの住まいを目指しましょう。

ユーティリティがあると家事の省力化が実現できます

1年365日。休むことなくつづく家事仕事。とくに共働きや子育てに忙しい世代にとっては、毎日の負担もかなりのものになります。家づくりのプランには、家事をいかに効率よくすませられるかを、しっかりと盛り込んでください。そのためには、まず自分の家事の習慣を見直すことからスタートしましょう。

家事を手早く、楽しくこなすためには、ユーティリティをつくるプランがおすすめです。ユーティリティを設ける際は、ふだん、どの作業とどの作業を同時進行しているかを思い出し、それに基づいて配置する場所を決めます。たとえば、いつも台所仕事と洗濯を同時進行しているなら、キッチンのそばに洗濯機を備えたユーティリティを。その中でアイロンがけや家計簿つけなどをするなら、窓やカウンターを設けたり、暑さ・寒さ対策を施したりと、長く過ごせる環境づくりも大切です。

また、洗濯物の移動ルートをもとにプランを組み立てる方法も。ユーティリティ～物干し場～クローゼットを同じフロアでなるべく近づけて配置すると、毎日の洗濯の負担が軽くなります。

行き止まりのない回遊動線で家事ストレスをフリーに

行き止まりがなく、ぐるぐる回れる回遊動線を水回りに利用して、キッチン→ユーティリティ→サニタリーをつなぐと、家事の同時進行がしやすくなります。台所仕事の途中でユーティリティのパソコンでレシピをチェックし、そのまま洗濯をしにサニタリーに行き、またキッチンに戻る、などの移動がとてもラク。朝の忙しい時間でも、家族の生活動線がぶつかることなく、家事がスムーズにこなせます。

また、アイランドカウンターのキッチンも、小さな回遊動線に。カウンターのまわりをぐるぐる回れるので、壁付けタイプのカウンターに比べて移動がぐんとスムーズです。家族やゲストと一緒にキッチンに立つ場合も、複数の人が同時に動きやすくて料理がはかどります。

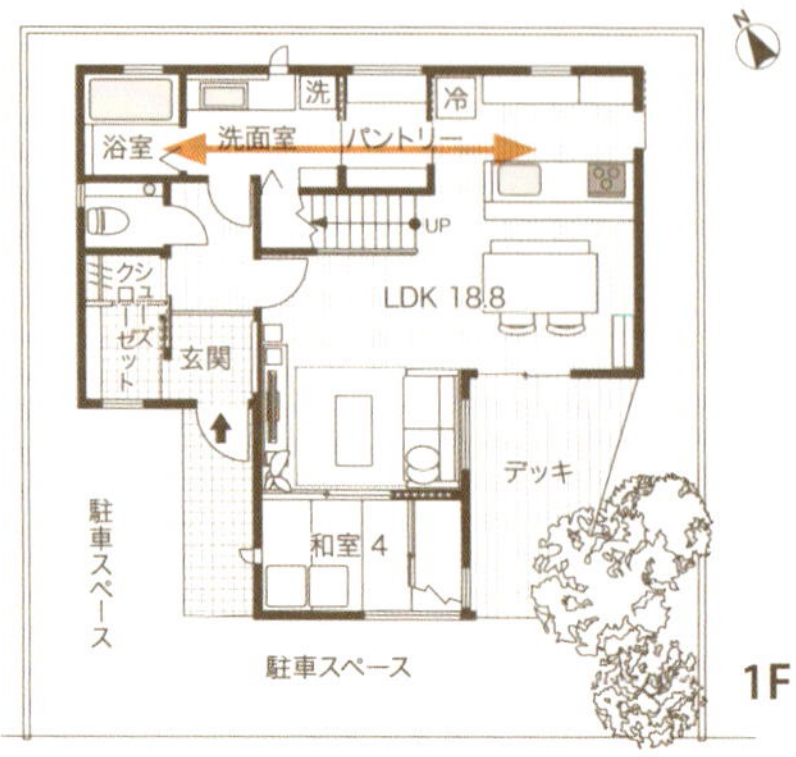

サニタリーとキッチンを一直線につなげ、回遊動線もプラス

写真手前は可動棚を設けた洗面室。そこからパソコンカウンターつきのパントリー、キッチンと一直線につなげました。さらにサニタリーへは玄関から直行でき、キッチンとLDの間には2階に上がる階段を配置。移動しやすい動線計画で家事の効率をアップ。（佐賀枝邸　設計／アトリエイハウズ）

気持ちのいい場所にプランニングし、洗濯を素敵な日常のワンシーンに

夫婦共働きがふえている中、花粉や突然の雨対策に、物干しスペースを兼ねたランドリー（洗濯室）が欲しいという要望がふえています。

ランドリーコーナーは洗面室内に設けたり隣接させたりすることが多いのですが、物干しスペースをしっかり確保したい場合は、無理にランドリーコーナー内に設けず、風がよく抜ける場所に計画します。面積にゆとりがない場合は、2階の廊下を少し広くし、天窓をつけるなどしてそこを物干しスペースにするという手もあります。廊下のように人が往来する場所や吹き抜けの上部なども、空気が動いて洗濯物が乾きやすい場所です。

また、ゆとりがあるなら、コンサバトリーやサンルームのような半戸外空間のイメージでランドリールームを計画するのもおすすめです。ヨーロッパの町並みで見かける、洗濯物がずらりと並んでいるシーンは素敵ですよね。洗濯物に日が当たって乾いていく様子は健康的で、生き生きした生活のナチュラルな風景です。つまり、そんな気持ちのよいシーンを、ランドリールームとして家の中にプランニングするということです。

また、洗濯物が気持ちよく乾くということは、日当たりや風通しがいいということ。ランドリールームを単なる作業場として計画するのではなく、ときに植物を置いたり、ちょっとしたティーテーブルを置けるくらいの空間として準備しておいてもいいかもしれません。ランドリー用品や洗剤にお気に入りのものを使い、洗濯をしている過程も気持ちよくショーアップしたいと思うおしゃれなかたが、ランドリールームをつくると成功しています。

どこで干すのがいちばん気持ちいいのか、あまり固定化しないで、家全体で探してみてください。

じめじめする場所につくらないこと。将来、転用できるプランも考えて

ランドリールームをせっかくつくっても、風通しがよくなかったり、ごちゃごちゃとしたモノの置き場所にしてしまうと、結局はそこに洗濯物を干さなくなってしまい、活用しきれません。また、お子さんが小さい頃は洗濯物も多いのですが、お子さんが独立して夫婦だけの生活になれば洗濯物も少なくなり、ランドリールームが単なる物置きになってしまうというケースもあるので要注意です。

ランドリールーム以外の用途に転用できなかったり、じめじめしていやな空間になるくらいだったら、ランドリールームはつくらず、広めの廊下などで代用したほうが空間を有効利用できます。

どうしてもランドリールームをつくりたいなら、将来的にそこでゆっくりお茶でも飲めるくらい気持ちのいい場所につくること。そうすることで、物干しスペースとしてもフル活用でき、暮らしが変化しても利用できる、無駄ではないスペースになります。

プランのポイント

1	風がよく抜ける場所に配置する
2	2階の廊下などに物干しスペースをつくるのも手
3	暮らしが変化しても利用できるスペースに

（上）洗濯機を置かなくてすむため、洗面室はゆったり。洗面カウンターのデザインや素材感も◎。（下）手洗い用シンクや室内干しポールなども設置。バルコニーからの光と風を感じながら家事ができます。

Oさん宅（神奈川県）

洗濯にかかわる家事がすべてワンフロアですむプラン

2階の南側にランドリールームをプラン。洗濯物の出る洗面室も、物干し用のバルコニーも、衣類をしまうクローゼットもすべて2階にあるため、洗濯物がフロアをまたぐことがありません。（設計／プランボックス一級建築士事務所）

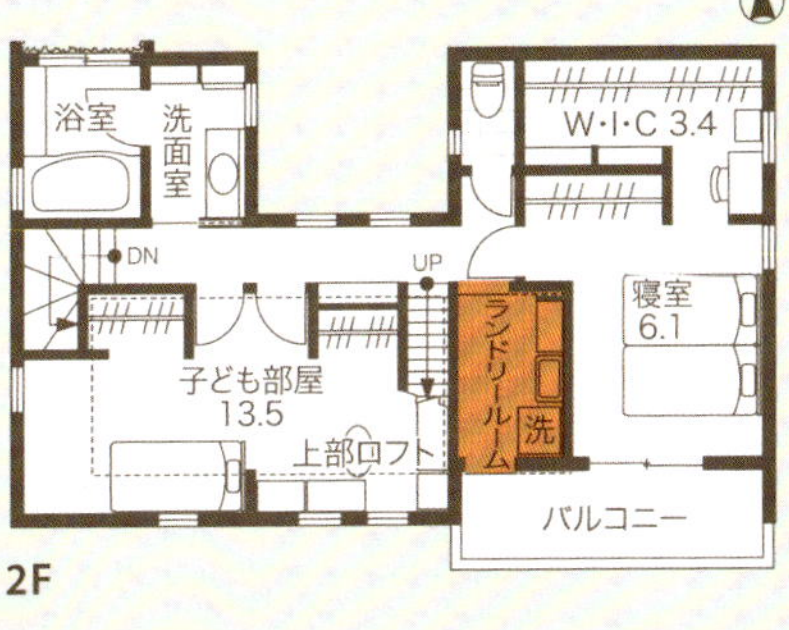

家事が効率よくこなせるアイディア集

キッチンカウンターの横にテーブルを配置すれば移動がスムーズです

キッチンの対面カウンター越しにダイニングを配置する間取りは、キッチンから家族の様子がわかって安心ですが、配膳や後片付けの際、カウンターをぐるりと回り込むことになり、動線が長いのが難点。移動をスムーズにするには、キッチンカウンターの横にダイニングテーブルを続けて置くレイアウトが機能的です。キッチンから横に移動するだけで、配膳や後片付けができてラク。カウンターはシンク奥（水栓側）の立ち上がりをなくしてフラットにすれば、キッチンの対面側に座る人も、サッと横に移動するだけで、シンクに洗いものをさげられます。

カウンターとテーブルの奥行きをそろえるとすっきり見えるので、サイズの合うテーブルがない場合は、オーダーするのがおすすめ。またこのプランだと、DKがコンパクトに配置されるので、リビングスペースをゆったりとれるというメリットもあります。

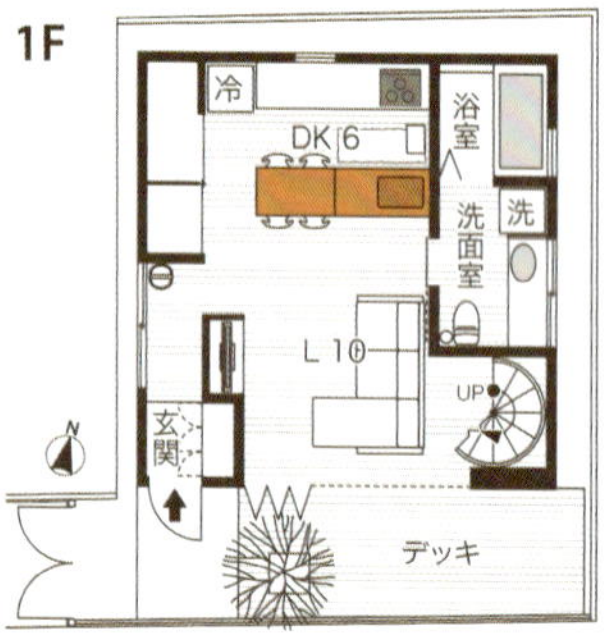

カウンターと奥行きを合わせたテーブルを並べて

ダイニングテーブルはオーダー。カウンターは立ち上がりをなくしてフラットにしたので、DとKを横に移動するだけで、カウンターの両側から家族一緒にキッチン仕事ができます。DKがコンパクトにまとまったぶん、リビングはゆったりとれました。（I邸　設計／ノアノア空間工房）

玄関からLDを通らずにキッチンへ行ける動線があると便利です

1階に独立型キッチンをつくる場合、玄関から直接キッチンへ入れる動線が便利です。玄関からかならずLDを通ってキッチンに入るプランでは、買い物から帰ってきたとき、荷物を運ぶ動線がどうしても長くなります。またLDが客間を兼ねている場合、家族がゲストと鉢合わせして気まずい思いをすることも。来客用のお茶菓子の買い出しを頼まれたご主人が、ケーキの箱を持ってゲストの前を通り過ぎる…なんてシーンは避けたいものです。できればキッチンにはLD側と玄関側に出入り口をつくり、回遊できるようにすると理想的。キッチンに勝手口を設け、車から直接荷物を運び込めるプランも便利。歳を重ねてからも暮らしやすい家になります。

玄関～洗面所～キッチンを回遊できる動線を確保

玄関ホールからLDKに入れる動線のほかに、洗面所を通ってキッチンに入れる2つめの動線を設けました。引き戸を開けておけば行き来もスムーズ。水回りをまとめて配置しているので家事効率もよい便利なプランです。（小林邸　設計／宮地亘設計事務所）

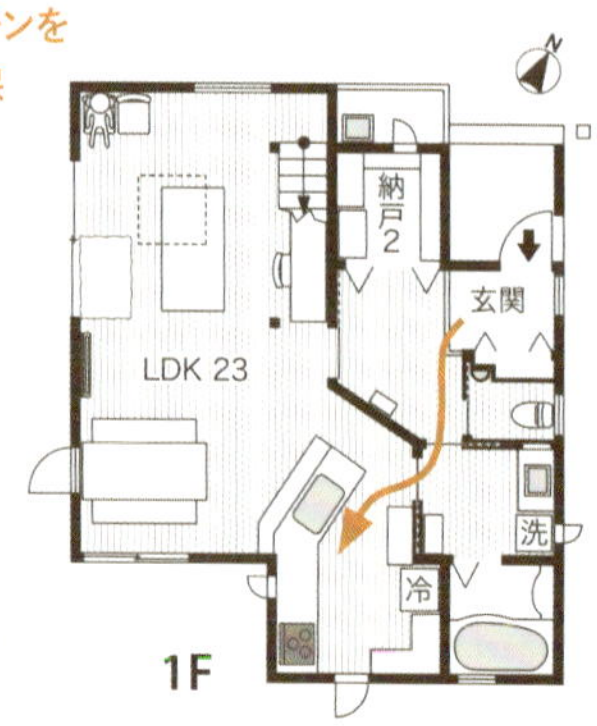

玄関とキッチンを最短距離で結ぶプラン

玄関を入るといちばん手前にキッチンがあるプラン。キッチンの出入り口には引き戸を設けてあるので、来客時などは閉めてすっきりと目隠しできます。キッチンカウンターはタイルで仕上げてナチュラルに。（T邸　設計／明野設計室一級建築士事務所）

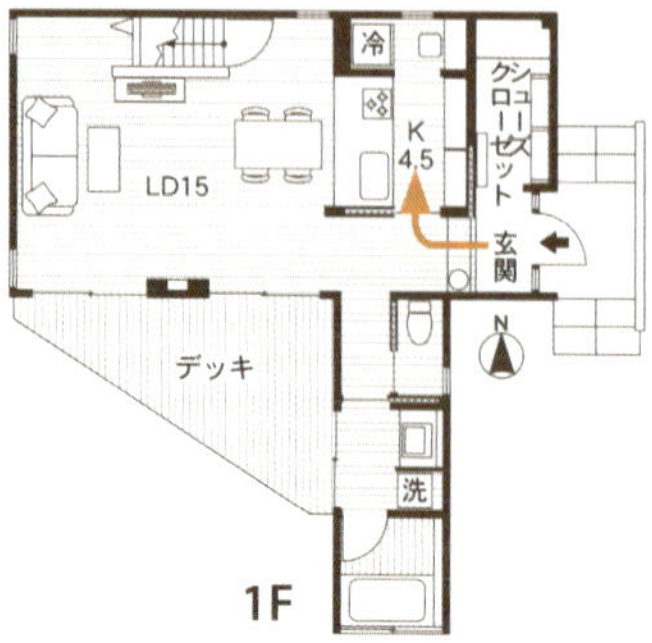

階段とキッチンの動線を短くすると、朝の支度がラクになります

意外と見落としがちなのが、1階のキッチンと階段の下り口の位置関係。これは2階に寝室があるプランに限ってのことですが、この距離が短いほど、朝の家事や身支度がラクになります。朝起きたら、まずキッチンに直行してお湯を沸かす、炊飯器のスイッチを入れる。それから洗面所で顔を洗ったり洗濯機を回したり、子どもを起こしに行ったり。スイッチさえ入れておけばその間に同時進行できる作業は多いもの。忙しい朝の時間を効率よく使うには、この「ながら家事」がスムーズに行える動線計画がカギになります。2階から下りてすぐキッチンに入れれば、この動きがラクになるというわけ。下り口の近くにキッチンを配置するのがポイントです。

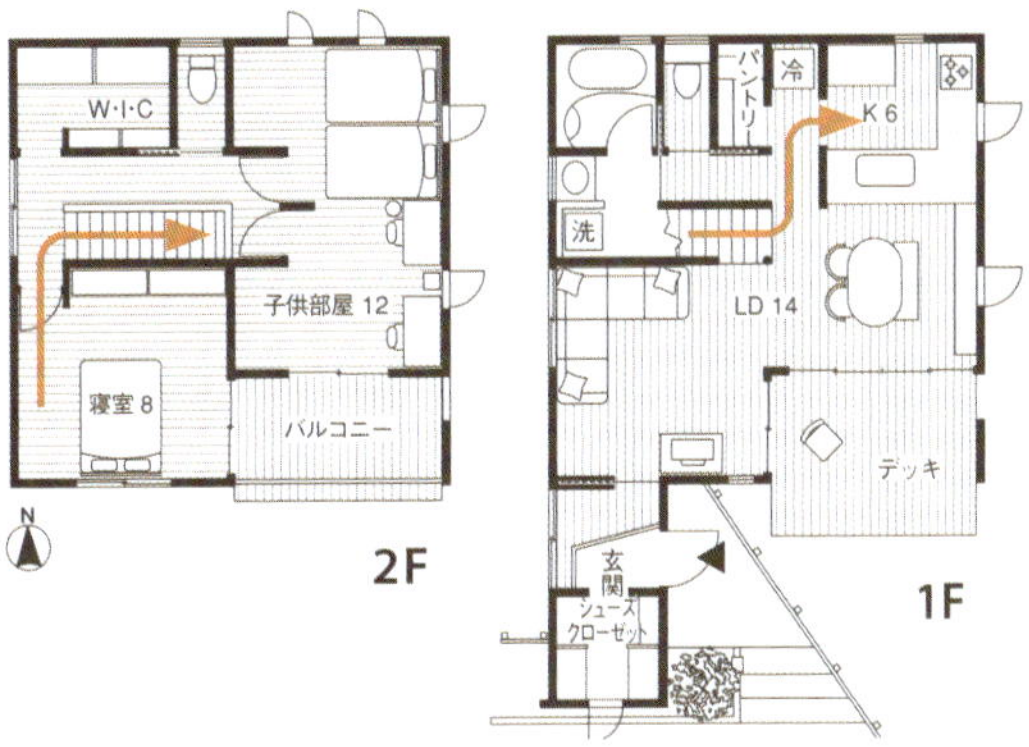

2階の個室とキッチンを短い動線で結んだプラン

寝室から出て階段を下りると、そのままキッチンにつながる動線をプラン。キッチンから2階の子ども部屋にいる子どもたちに声をかけるのもラクです。お菓子作りを楽しめるよう、L型のステンレストップを採用。（鈴木邸　設計／明野設計室一級建築士事務所）

よく使うものの収納にはオープンシェルフが便利です

収納スペースからものを取り出すには、「扉や引き戸を開ける・探す・取り出す・閉める」という一連のアクションが必要です。この動作を省くと、家事の手間はぐっと軽減されます。そこでおすすめなのがオープンシェルフ。特に毎日、何度も使う調理器具や調味料などは、手を伸ばすだけでとれるようにしておくと便利です。棚の奥行きを浅めにすれば、ものが重ならず、ひと目で置き場所がわかります。ダイニングにもオープンシェルフを造りつけておくと、お気に入りのデザインの食器や調理器具などを飾りながら収納できます。

美しいデザインのキッチン雑貨を並べて

旅行先で手に入れたお気に入りの食器や、電子レンジ、コーヒーメーカー、パン焼き機もデザインの美しいものを選び、オープンシェルフにディスプレイ。下の引き出しにはふだん使いの食器を収納。（入江邸　設計／プランボックス一級建築士事務所）

各フロアに掃除機を収納すればさっと使えます

日々の掃除を手軽に行うには、各フロアに掃除機を収納しておくのがおすすめ。高性能の掃除機を複数用意するのはコストがかかるので、カーペットを敷いた部屋があって、しっかりホコリをとりたいフロアには高機能タイプ、そうでないフロアには充電式のハンディタイプなど使い分けてはどうでしょう。

掃除機の収納は、使う場所の近くに、が鉄則。LDや廊下などの壁面収納に専用スペースをつくっておくと、使いたいときにすぐ手にとれます。ハンディ掃除機なら、20㎝ほどの奥行きがあれば収納できます。

壁面収納なら、リビングにも違和感なく掃除機を収納可能

LDの壁に、AVボードとワークスペースを一体化させた壁面棚を造作。その一部を背の高い、掃除機専用の収納庫に。一見、掃除機が入っているとはわからず、出し入れもしやすくて機能的。（小林邸　設計／アーツアンドクラフツ建築研究所）

スポーツ大好きなご主人と、ご自宅でWEBデザインのお仕事をする奥さま、2人のお子さんの4人家族。ご主人の実家の隣家が売り出されたので、購入して建て替えることに。

暮らしやすい間取り CASE 1

深津さん宅（京都府）

たっぷりの光と開放感！ 広い土間が楽しい家

WORKSPACE

ダイニングの一角に設けたワークスペースは、おもに奥さまが仕事をする場所。木とアイアンのシンプルなデスクを造りつけました。

ダイニング内に設けた階段は構造用の合板で造作。収納にも活用し、下には蓄熱暖房機、オープン棚に本や小物、扉の中にはモデムなどを隠しています。

家づくりのキーワードは「土間のある家」。「コンクリートの土間や足場板、アイアンなどの素材感がいいなと思って」。実際にプランが始まっても、間取りよりも優先したのはデザインや素材でした。ネットの施工事例を集めたサイトなどを利用して、好きなイメージの家やインテリアの写真を収集。アルツ デザインの水本さんにどんどん送ったそう。また、家事動線にもこだわったという奥さまは、図面に希望を書き込んで何度もやりとり。そうしてキッチンに続く家事室や家族全員のウォークインクローゼットが実現しました。

コンクリートの土間もそうですが、コストを抑えた素材やデザインが、カッコよさにつながっている深津さん宅。下地用合板でつくった階段も、天井板を張らずに構造をむき出しにしたリビングも、工夫が転じて魅力になっています。キッチンカウンターはタイル貼りを希望していましたが、デザインとコストの関係でコンクリートブロックに。収納扉も3枚から2枚に減らしましたが、ブルーにペイントした棚の中が見えて、かえって素敵です。

ほかにも、「スイッチは小さいけれど雰囲気を変えると思うので、気に入ったデザインのものを選びました」。洗面室とトイレのランプは金属作家の工房にオーダーメイド。風合いのある手作り作品は、目にするたびに心がなごみます。

設計のポイントである二重の壁のおかげで、光が間接的に入ってやわらかく、夏の暑さも緩和されるそう。お子さんたちは広い土間でのびのび遊び、奥さまは好きなデザインに囲まれて大満足。内と外が自然につながるプランは、スポーツ好きのご主人にもぴったりです。

DK

ダイニングはコンクリートの土間。カウンターはコンクリートブロックの上に鉄板を。ランダムな長さの電球ランプが空間のアクセントに。

キッチンの収納は扉で隠すスタイル。コストが抑えられて、さっと片づくのが魅力です。オープン棚の部分だけをブルーにペイントし、飾るように収納。

KITCHEN

LDから見えないキッチンはシンプルで機能的なものを選びました。リビングとの間の壁にはレンガタイルを貼って、室内窓を設置しています。

SANITARY &W・I・C

（左）木のカウンターに実験用シンク。ブルーのモザイクタイルを貼り、木枠のミラーを造作し、レンガタイルの壁にニッチも設けました。（右）家族全員のウォークインクローゼットを1階に。朝の準備もお風呂上がりにも便利で、衣類を一括管理できて◎。

LIVING

床はヴィンテージ風の無垢のオーク材。壁はビニールクロスより高いけれど塗り壁よりは安価な竹炭クロスを選びました。壁の一面は古材風の板張りに。「ここはどうしても実現したかった部分です」

構造材むき出しの素材感がカッコいい

（左）室内窓にとり入れた格子のデザインは、この家のシンボル的なもので、外まわりにも使っています。細めのアイアンでシャープに。（右）土間のダイニングからリビングとキッチンにそれぞれ入るプラン。室内窓で声や気配は伝えつつ、空間を分けています。

HALL

子ども部屋の前のホールに長いカウンターを設置。お子さんがもう少し大きくなったらスタディスペースとして使う予定です。

BEDROOM

吹き抜けに面して窓を設け、植栽の緑も見下ろせる寝室。勾配天井が落ち着いた雰囲気をつくります。壁はDIYでブルーにペイント。

KIDS ROOM

（上）黒板ペイントもDIYで。床は汚してもお手入れしやすいフローリングに。（左上）反対側の壁は黄色に。「300色くらいある色見本の中から選びました」

TOILET

コンパクトなトイレには、コーナーを利用した省スペース型の手洗い器を。ステンレスの一体成形ですっきり、お手入れもラクです。

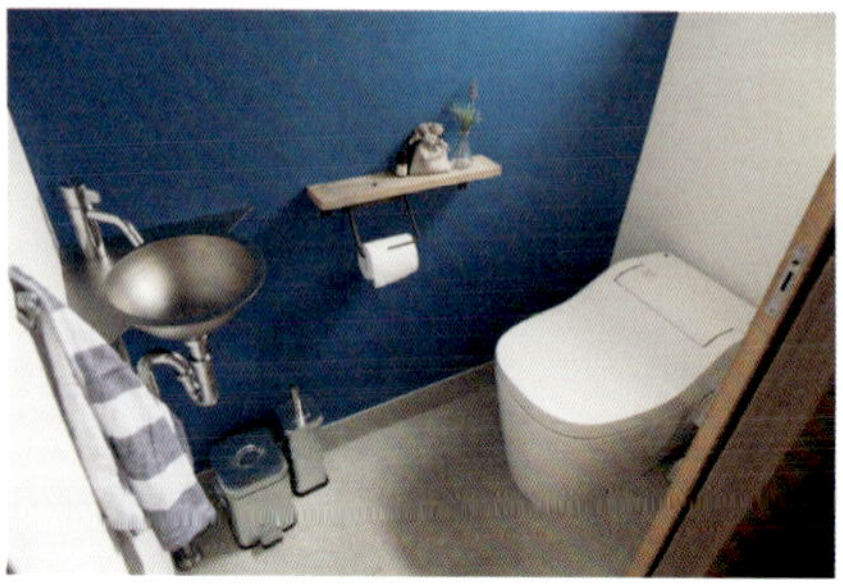

ENTRANCE

（左・中）玄関の上に季節用品などを収納するためのロフトを設置。階段箪笥のような靴箱を上って到達します。（右）玄関の前にシンボルツリーになるアオダモを。木の格子も家のシンボルです。

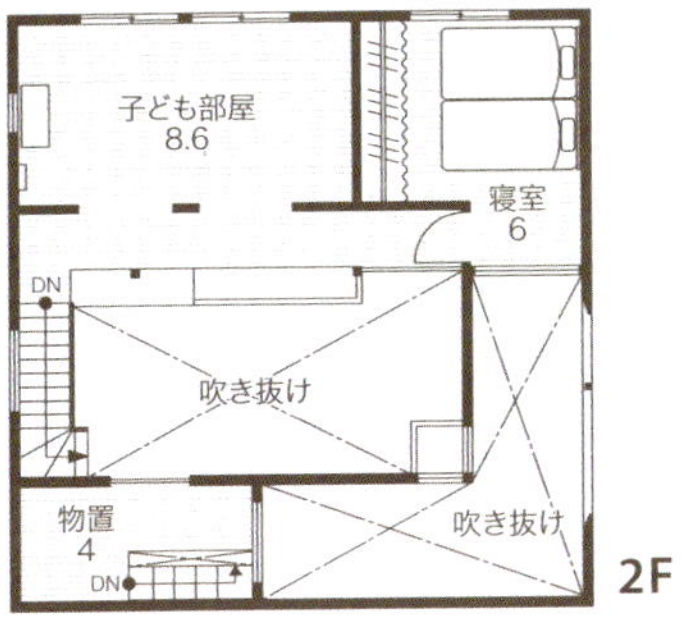

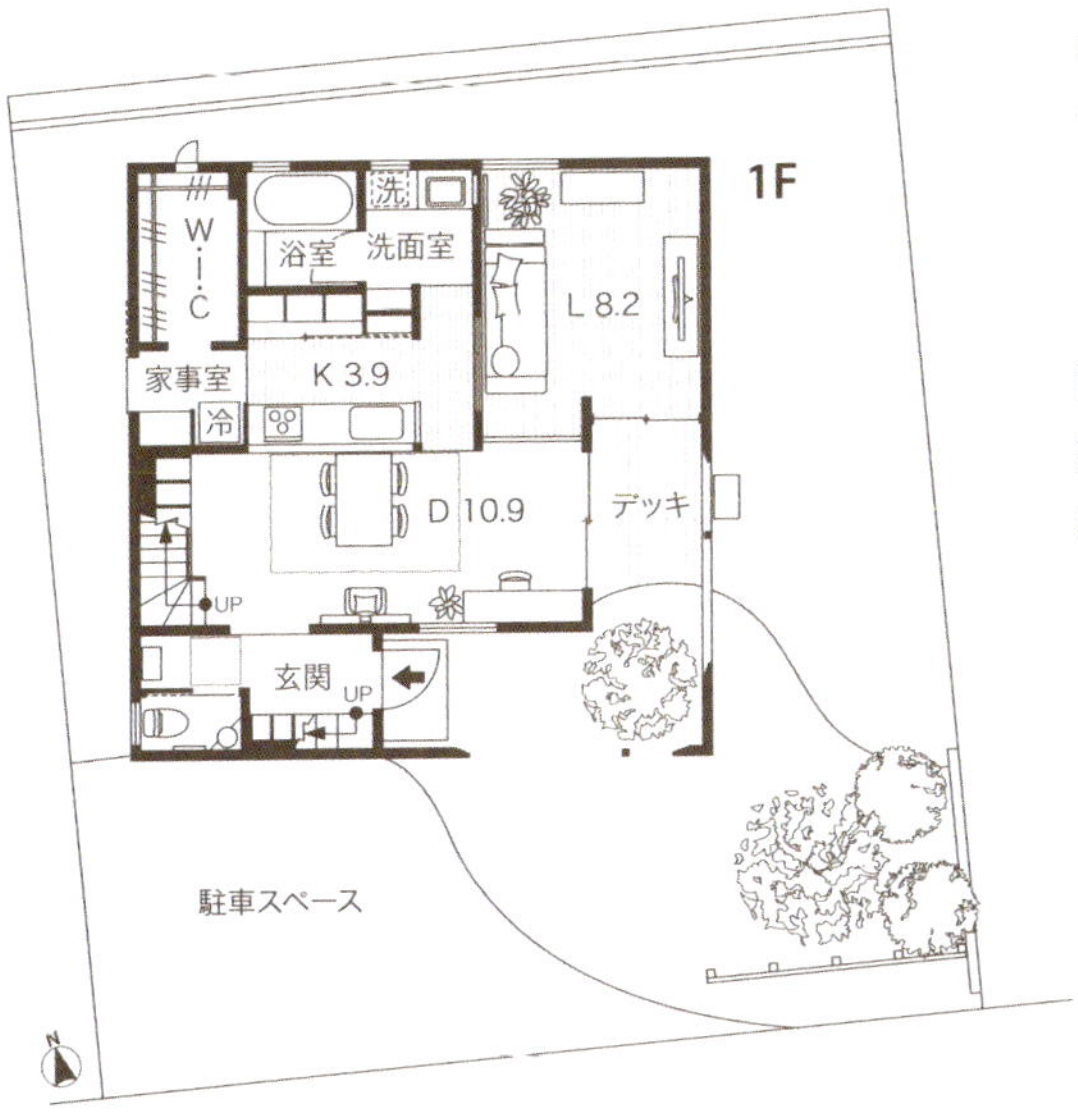

DATA

家族構成……夫婦＋子ども2人
敷地面積……198.30㎡（59.99坪）
建築面積……61.42㎡（18.58坪）
延べ床面積……103.47㎡（31.30坪）
1F59.96㎡＋2F43.51㎡
構造・工法……木造2階建て（軸組み工法）
工期……2015年11月～2016年4月
本体工事費……約2220万円
（そのほか24時間換気システム約32万円、蓄熱暖房機約37万円、照明器具工事約32万円、外構工事約130万円、設計料10％）
設計デザイン費……約240万円（税込み）
3.3㎡単価……約71万円
設計……株式会社 ALTS DESIGN OFFICE

住宅街の中でプライバシーを守りつつ、開放感を得るために、壁を二重に設けて窓を隠す設計に。芝生スペースの前には木の塀を。

設計のポイント

コンセプトは「窓の家」。外から見ると窓がほとんどなく、中に入ると窓がたくさんあるというプランを、壁を二重に設けて開口をずらすことで実現。壁の間に芝生の丘を設けることで、窓や開口から植栽が顔を出し、自然が徐々に内部にとけ込んでいるような感覚を生じさせています。1階にこだわりの素材を使い、2階は既製品にするなどのメリハリをつけて、コストを調整しました。

高校時代からのおつきあいというご夫妻と、2歳の息子さんの3人暮らし。もうすぐお子さんが生まれ、4人家族の暮らしが始まります。

広びろテラスにみんなが集う平屋の家

大江さん宅（徳島県）

（上）夏と冬の日ざしの高さの違いを考慮した軒の長さ。一年中、快適に。（下）夏のある日、親戚が集まってバーベキューを。

ENTRANCE

黒×茶の配色がカッコいい玄関。扉を開けるとテラスからの光がこぼれます。

TERRACE

シマトネリコが影をつくる木造のテラスは、第2のリビング。手前にご両親の家があり、両家のつなぎ役にもなっています。

LDK

テラスがあるつくりのおかげで、明るく開放感いっぱい。人目を気にすることなく、いつも外の気配を感じることができます。

結婚を機に家づくりをスタートさせた大江さん夫妻。高いところからの見晴らしがよさそうだったので、2階建てを想像していたそうですが、設計を担当した建築家の高橋利明さんから提案されたのは、平屋の家でした。

「コストのことを考えると2階建てのほうが安くできますが、実際に土地を見たところ、家の前の交通量が激しく、2階建てにしても電柱などが視界を遮ってしまうので意味がないなと。平屋にして中を開放的にしてあげるほうが、この地には合っているのではないかと思いました」と高橋さん。想定外のプランに驚きはしたものの、人をたくさん呼びたいと思っていた大江さん夫妻にとって、気軽に人を呼べる大きなテラスは魅力的に思えました。

そのかわり工夫したのが建材選びや建て方。壁面はビニールクロス、外壁はガルバリウム鋼板など安価な建材を使って、素材の力に頼るのではなくデザイン力で勝負。凹凸の少ない箱形の外観デザインもコストダウンに貢献しています。「カッコいい家に住みたい」という希望をあきらめるのではなく、家づくりでどこを重視するのかをはっきりさせることが、大江さん宅のローコスト法。そしてなんといっても、高橋さんが日頃からひいきにしている職人さんが、高い技術はそのままに作業代を抑えてくれたこともコスト減につながった大きなポイントです。「依頼者と施工者のつながりや経験値がものを言うのだと実感しました」

シンプルなデザインと、連続する登り梁の天井が魅力的な大江さん宅。南側のテラスに向かって傾斜しているつくりは、テラスに視線を集める効果を狙っただけではなく、夏と冬の日ざしの高さを計算してのこと。これは太陽の光や熱、風といった自然エネルギーを利用して、快適な住まいづくりを行う〝パッシブデザイン〟といわれる設計手段で、冬はあたたかく、夏は涼しく過ごせるようになっています。電気やガスなどへの依存率が減少し、省エネで快適な毎日を送れるのが魅力です。

KITCHEN 2人並んで立っても十分に余裕のあるキッチンカウンターを造作。奥行きを110㎝とり、カウンターとしても使えるように。

床面と壁面の間にすき間がなく、ホコリがたまらず害虫が逃げ込む心配もなし。清潔に保てることが過ごしやすさの秘訣。

（左）立ち位置の高さまではすりガラスに。光は確保しつつ外からの視線は気になりません。（中）あらかじめ壁をへこませる施工を行い、スイッチやコントローラーをその中に。見た目がよく誤作動も防げます。（右）キッチンカウンターと造作棚はまとめてつくって節約を。調理器具がぴたりとおさまる大きさに設計したので使い勝手も抜群。

（上）インテリアの雰囲気を損ねないよう、エアコンは木枠の中におさめて。（下）押入れの上にロフトが。今は必要なくても、将来に備えて収納量を確保しておくと安心。

無駄のない間取りがシンプルな暮らしを生む

TATAMI ROOM 伊東豊雄さんデザインのペンダントランプが映える、すっきりとした和室。ふだんはしまっている扉をつければ立派なゲストルームに。

KIDS ROOM

（左）ベッドとして使ったり、荷物を置いたりできるロフトを設置。（右）ロールブラインドの設置部分を板で隠してスマートに。

BEDROOM

LDKとは対照的に窓を極力少なくして落ち着ける空間に。ウォークインクローゼットにつながっているので動線もスムーズです。

CORRIDOR

（右）東側の回廊の先には洗面室と浴室が。引き戸を開けっぱなしにしておけば、風のとおりがよく湿気もこもりません。（上）テラスの先に見える白い平屋がご両親の家。（左）トイレと回廊の間のわずかなスペースに収納を設置。壁面に見えるようなフラットさがスマートです。

WASHROOM

品のいい人造大理石のホワイトつや消し仕上げの洗面台。換気扇は目立たないように、この洗面台の下にとりつけています。

BATHROOM

ガラス繊維強化樹脂のFRPの床でコスト減。バスタブは角のない丸い形が特徴的な「サンワカンパニー」の「バルカ」を採用。

TOILET

（左）タンクレスの「パナソニック」の「アラウーノ」で、すっきりコンパクトに。小窓で採光と通風を確保しています。（右）正円のフォルムがモダンな印象のボウルは「サンワカンパニー」の「ASSO」。

あたたかな間接照明の明かりがテラスを照らして。「テラスから眺めるわが家が好きです」とご主人。

ENTRANCE

すっきり感を大切にしたいので、大容量のシューズクローゼットを完備。中を隠す扉も必須。

設計のポイント

交通量の多い通り沿いだったため、内向きに広がりをつくろうと「コの字形」の平屋を提案。「ひとつの部屋」としてとらえた中庭（テラス）は、どの部屋にも光を落とし込み、心地よい風の通り道にもなっています。住まい手の要望だった家族や知人が集える家を、このスペースを設けることで実現。大きな空を仰ぎながら楽しく食事をとれる「つながりのある住まい」の大切な核となっています。

すっきりとしたフォルムとクールな配色が印象的な外観。丈夫で安価なガルバリウム鋼板を、デザインでカッコよく見せています。

DATA

家族構成	夫婦＋子ども1人
敷地面積	340.71㎡（103.06坪）
建築面積	105.83㎡（32.01坪）
延べ床面積	104.02㎡（31.47坪）（ロフト10.83㎡は除く）
構造・工法	木造平屋（伝統構法＋在来工法）
工期	2014年4月～9月
本体工事費	約2260万円（そのほか家具、エアコン、外構、設計料）
3.3㎡単価	約72万円
設計	TTA+A 高橋利明建築設計事務所

9歳と7歳の男の子2人との4人家族。ご主人は、土日は息子さんが参加する少年サッカーのコーチをしているそう。奥さまは、住宅誌を熟読して家づくりに臨みました。

津村さん宅（神奈川県）

公園みたいで楽しい！スキップフロアの家

階段をらせん状に上がるスキップフロア。最後に浴室があり、親子で「じゃんけんグリコ」をしながらお風呂へ行く楽しみもあるそう。

COURTYARD

敷地内の高低差を生かしたため、階段のある中庭に。1階のリビングと、手前にある中2階の子ども部屋をつなぐ役割も。

リビングに入ると、階段のある中庭がまっ先に目に飛び込んでくる津村さんのお宅。奥さまは以前から、建築家が手がけた家を紹介する番組を欠かさず見るほど、オリジナリティのある家に関心があったとか。「家をつくることになって住宅展示場も見ましたが、プランが平凡だし、仕様もたいてい既製品から選ぶので、やっぱり住みたい家とは違うな、と思ったんです。キッチンのような大きな部分だけでなく、手すりとか、壁の下に回す幅木とか……」。ご主人も「妻といろいろ見るうち、既製品とオリジナルのものの違いがわかってきたので、建築家に依頼する方向で考え始めました」。

雑誌なども参考にして、自分たちの好みに合う建築家をピックアップしたなかで特に気に入ったのが、ノアノア空間工房の大塚泰子さんでした。女性目線が生む、住み心地のよさそうなプランやシンプルなデザインにひかれ、一度相談してみることに。

「予算は2000万円だったので、その金額で建てられるか心配でしたが、住宅誌『はじめての家づくり』でも1000万円台で建てた家の記事があったので、大丈夫かもしれないと思って（笑）」。そのときにはすでに土地も見つかっていたので、敷地図を持って事務所を訪ね、予算を告げたところ、「大丈夫ですよ！」と力強く言ってもらえたそう。迷わず依頼することに決め、さっそくプランをつくってもらい、提示されたのが、この

LD 壁面の下半分のコンクリート部分は、敷地に高低差があるために深く築いた基礎を、そのまま見せてアクセントに。

中庭のあるプランです。
津村さん宅の土地は高低差があり、その形状を生かして、中庭のまわりをスキップフロアで半階ずつ上がっていくつくりに。中庭を通してリビングと子ども部屋を行き来でき、階段はベンチにも。中庭を囲む廊下では、兄弟がサッカーをしたりと、家じゅうが公園のよう！ 常に家族の気配が感じられるのも魅力です。

「中庭のある家にはあこがれていたけれど、この予算で実現するとは、衝撃というか感動でした」。こまかい注文は出さずに信頼しておまかせにした結果、想像を超える魅力的なプランの家に。「大塚さんのセンスがとても気に入っていたので、不安はまったくありませんでした」とご夫妻。最良のパートナーを得て、愛着のもてる家が完成しました。

LIVING
リビングと中2階の南側の通路は、壁でふさがずオープンにしました。子どもたちは階段下にもぐり込んで遊んだりしているとか。

ダイニングテーブルはカウンターの幅に合わせてオーダーしました。壁いっぱいに造りつけた棚は頼もしい収納量。

中庭があるから光が家じゅうにあふれて

DK

コンロ前の壁は、コストの関係でタイルをあきらめてパネルに。掃除がラクで結果的によかったとか。レンジフードは奥さまの希望で「サンワカンパニー」に。

KITCHEN

（左）リビングから見えない位置に冷蔵庫と水きり棚を設置。大塚さんのオリジナルキッチンは使い勝手抜群だそう。ご主人も料理をするのでカウンターは高めの87.5cmに。（右）天板は合板の表面にステンレス。断面に木目シートを張ったローコスト素材です。

LD

南側は隣家が迫っているので、中庭から採光するプラン。左奥の窓は北向きですが、午前中、北側の建物の壁に反射した光がさし込みます。

KIDS ROOM

将来、兄弟のスペースを仕切れるよう、入り口の引き戸を2つ設置。上部のアールのデザインにもこまやかなセンスが。

TATAMI ROOM

（右）ファーストプランでは納戸だった場所を、将来ご主人のお母さまと同居できるよう和室に変更しました。

WORKSPACE

（左）通路の一角に書斎を。デスクと棚板は、安価な構造用合板をペイントしたもの。ごつごつした手ざわりにかえって味わいが。

WASHROOM

（右）洗濯機のある洗面室からデッキに出られるので家事動線がスムーズ。引き戸内は大型納戸。日用品の収納や来客時にモノをしまうのにも重宝。（左）洗面台も鏡もワイドで、家族が並んで使えます。

CORRIDOR

暗くなりがちな寝室前の廊下も、中庭に面しているのでこの明るさ。

BEDROOM

南と西に大きく窓をとった寝室。2階の天井は、構造用面材で断熱材をはさんだ構造用パネルを、そのまま仕上げ材として使用。

BATHROOM

雑誌で見ていた大塚さんオリジナルのおしゃれなバスルームにあこがれていましたが、予算の関係でシンプルなシステムバスに。

ENTRANCE

（左・中）玄関ドアは採光のためガラス入りをオーダー。（右上）ホールには収納をたっぷりと。（右下）取っ手はコンクリートの配筋に使う「異形鉄筋」。個性的なうえ握りやすい。

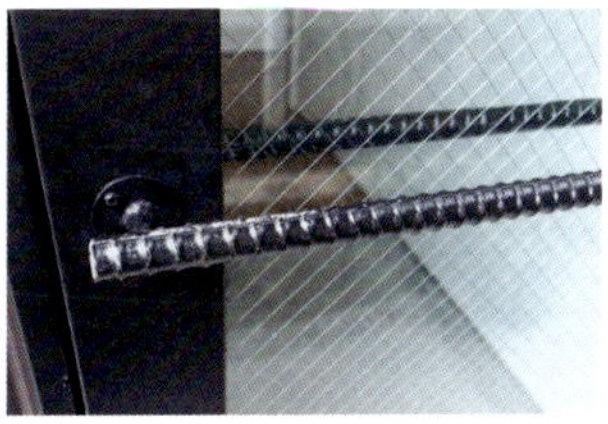

設計のポイント

敷地内に高低差があり、しかも予算が限られているとのこと。敷地を平坦にするとコストがかかってしまうので、地形をくずさずに、段差を逆手にとって、階段のある中庭を中心に回遊するように上がっていくプランに。中庭から家じゅうに光をとり込みます。元気なお子さんたちなので、中庭を公園に見立てて、活動的な場にしてほしいと思いました。

2F

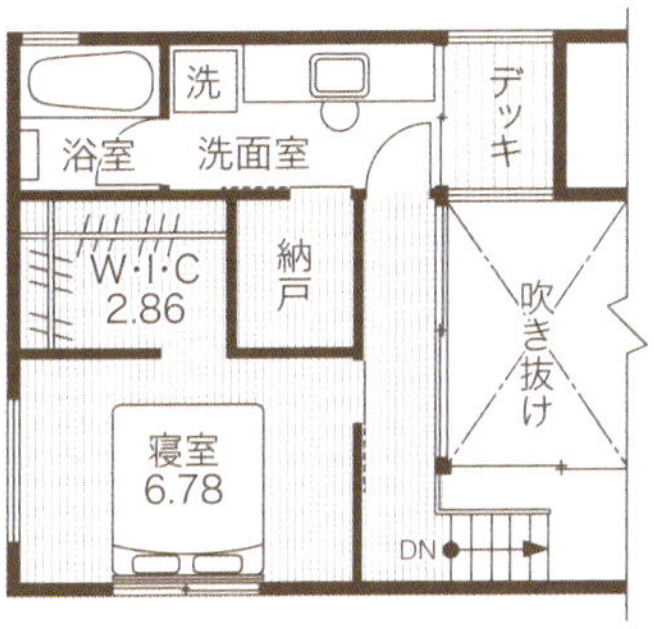

西側の道路から見ると、シンプルなボックス形。1か所大きくあけた窓がアクセントで、照明をつけるとまた違う表情になります。

DATA

家族構成	夫婦＋子ども2人
敷地面積	127.80㎡（38.66坪）
建築面積	68.48㎡（20.72坪）
延べ床面積	104.57㎡（31.63坪） 1F・M2F68.48㎡＋2F36.09㎡
構造・工法	木造2階建て（軸組み工法）
工期	2013年7月～12月
本体工事費	約2100万円 （外構、キッチン、設備機器／税込み）
3.3㎡単価	約66万円
設計	㈲ノアノア空間工房

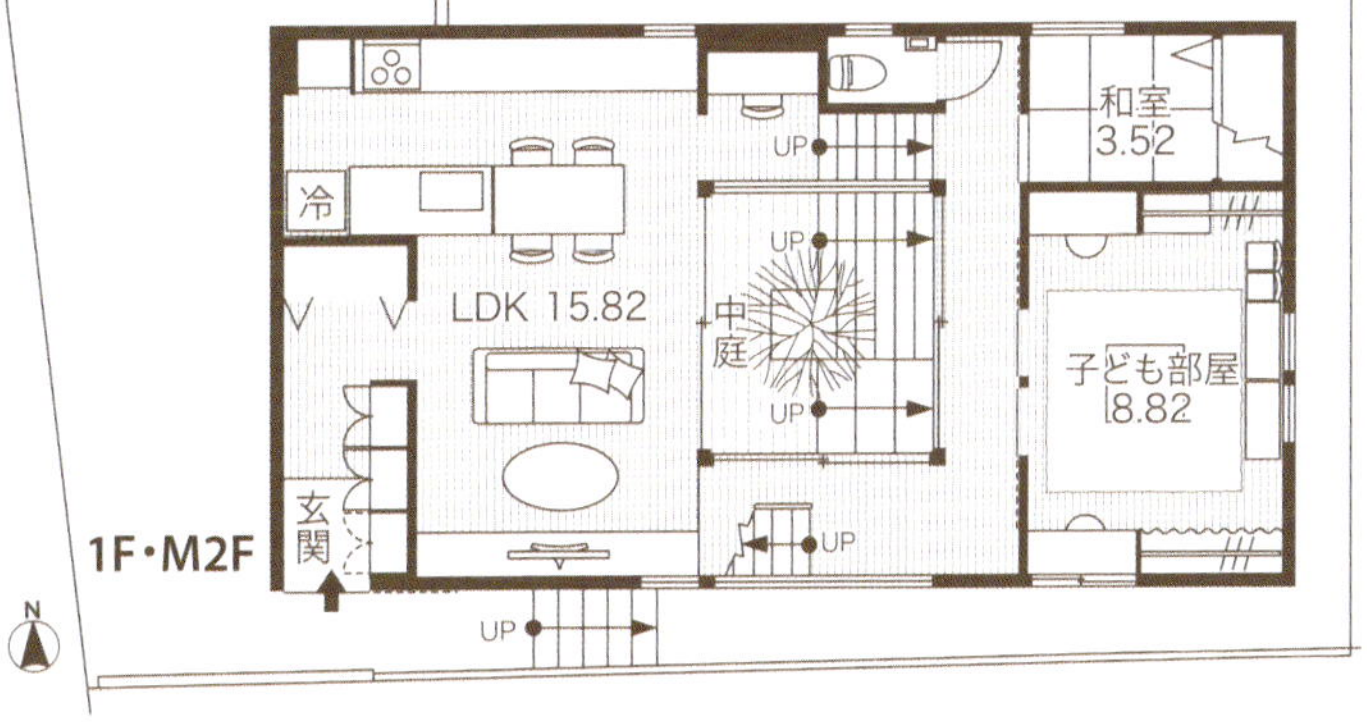

暮らしやすい間取り CASE 4

ご夫妻はともに30代。結婚前からご主人が土地を探し、結婚生活を新居でスタートさせました。奥さまは現在妊娠中。「この家で新しい家族を迎えるのが楽しみです」

収納や家事ラクが考えられたカジュアルな家

小松さん宅（千葉県）

DK ダイニングの上は吹き抜け。階段ホールのハイサイドライトから明るい光が落ちてくる、開放的な空間です。

ご主人が住宅関係の仕事、奥さまは看護師。忙しい毎日を送るお二人がめざしたのは、無理なくすっきり暮らせる工夫と、あたたかみのあるモダンデザインをあわせもつ住まいでした。家づくりのパートナーは、シンプルだけどモダンすぎない作風にひかれたという設計事務所「アトリエハコ」。くつろぎの場はできるだけ広く！というリクエストに沿って、1階は間仕切りのないワンルームに。さらにリビングから畳スペース、その先に光あふれるデッキが続きます。この空間のつながりが、いちばんの魅力。シンプルで心地よい印象を引き立てています。

畳スペースは奥さまの念願だったもの。「勤務時間が不規則なので、ちょっと横になれる場所が欲しくて。かといって独立した和室は違うなと思っていたので、このプランがぴったりでした」。塀が外からの視線を遮ってくれるため、カーテンは不要。ひなたぼっこをしながらのんびりくつろげるうえ、窓まわりのきれいなデザインも満喫できます。庭をデッキ張りにしたことも、シンプルモダンな印象の一因に。植木の手入れがいらず、室内の延長のように使えるのが気に入っています。

LIVING

存在感のある梁が並ぶ天井と、四角く切りとられた黒い壁がシンプルモダンな印象です。

デッキ側から十分に採光できるため、ほかの壁面は窓のサイズをしぼり、広い壁面を収納に生かしました。特にダイニングとキッチンには、たっぷりサイズの造りつけ収納がずらり。「シンプルな暮らしには、やっぱり収納が不可欠。子どもが生まれると、持ち物がぐんとふえるはず。収納は多めにして正解でした」とご主人。今は雑貨などを飾って楽しむ、ゆとりのスペースとして活躍しています。

衣類の収納は2階にプラン。浴室&洗面室や、物干しスペースを兼ねたバステラスも2階にあるため、洗濯にかかわる家事がワンフロアですみます。「とり込んだ洗濯物をたたむのは、バステラス前のホールで。日ざしや風がたっぷり入ってきて気持ちがいいんです」と奥さま。2階の廊下の幅を少し広げたことで使いみちが広がり、暮らしやすい家になりました。

モダンなインテリアにヘリなし畳がすんなりマッチ。サッシを全開放すると、室内とデッキが一体になります。

収納やデザインの工夫で すっきり快適に

LIVING

畳スペースの吊り押入れも、テレビ台を兼ねたリビング収納も、すっきりと端正なデザイン。壁の一部にカラークロスを張ってアイキャッチに。

ずらりと並ぶ梁は、２階フロアを支えるために必要だったもの。おかげで間仕切りのない大空間が実現できました。

BEDROOM

布団を敷いて使っている寝室。主に夜使う部屋なので明るさより視線の入りにくさを重視。スリット窓でも風通しには十分効果あり。

KIDS ROOM

子ども部屋の入り口は２つありますが、内部はつながったワンルームの間取り。必要になったら、中央で仕切れるつくりに。

KITCHEN

キッチンの背面収納は、上下それぞれあけられるつくりに。引き戸なのであけたときも扉が邪魔せず、使いやすい。

STAIRS

２面の窓から光が降り注ぐ階段ホール。階下にも心地よさを届けています。

CORRIDOR

左手のサッシの外が物干し兼バステラス。このゆったりとしたホールが、家事をするスペースとしても役立っています。

SANITARY

洗面室と、バステラスを眺めながら入浴できる浴室。どちらも設備機器は手頃な既製品を選びました。

（左）広めにとったたたきの一角に折り戸をつけ、奥を収納に。リサイクルゴミの一時置き場などに活用。（右）ホールには天井までの靴箱をプラン。左手の半透明の間仕切り壁はポリカーボネート製。奥のダイニングに光と家族の気配を届けます。

ENTRANCE

（左）玄関アプローチも塀で囲み、パティオ風のスペースに。道路からワンクッションおくことで屋内に落ち着きが生まれました。（右）玄関ドアも外観同様シンプルでおしゃれなものに。

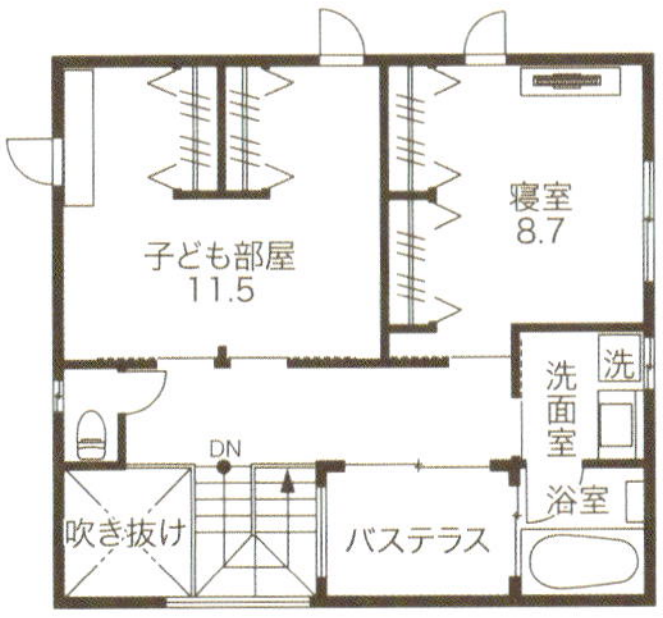

2F

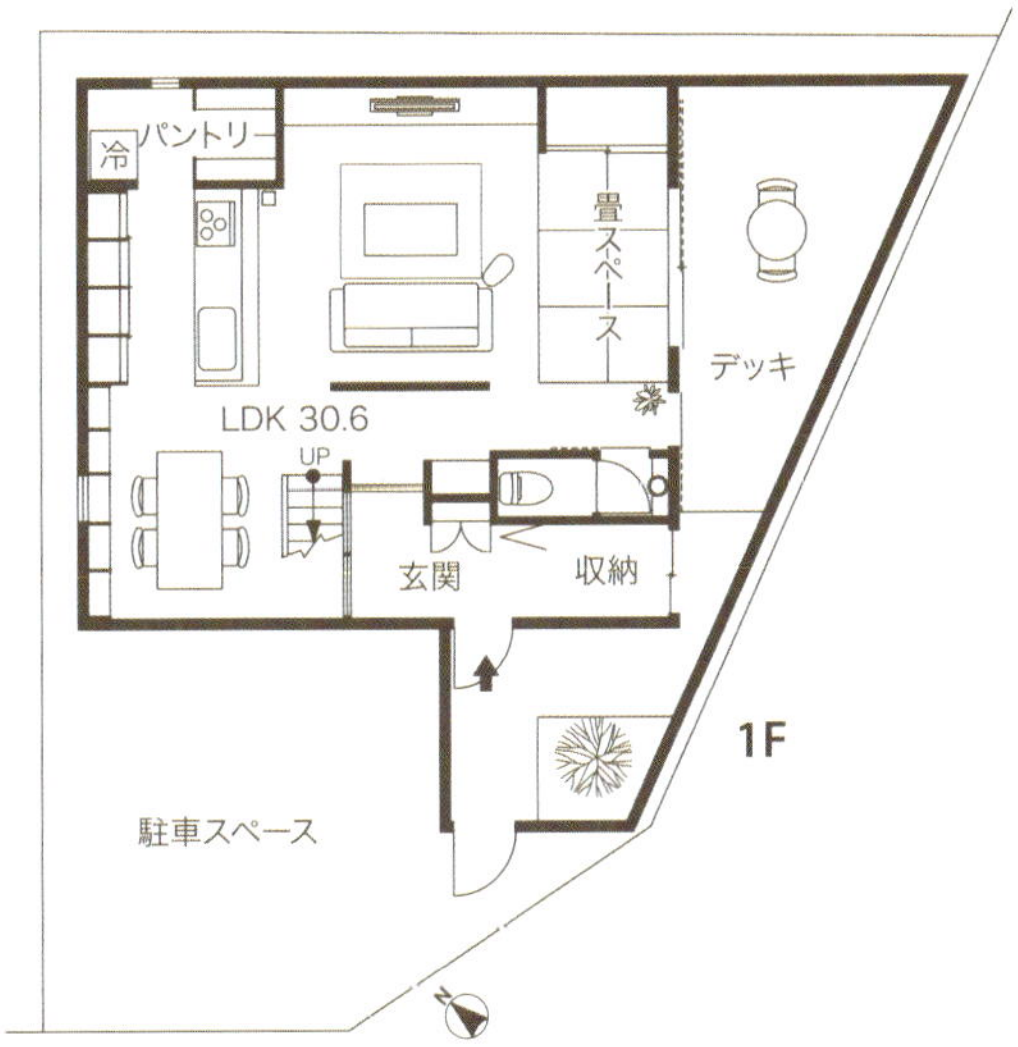

1F

DATA

家族構成	夫婦
敷地面積	134.04㎡（40.55坪）
建築面積	59.62㎡（18.04坪）
延べ床面積	110.96㎡（33.57坪） 1F59.62㎡＋2F51.34㎡
構造・工法	木造2階建て（2×4工法）
工期	2014年4月～10月
本体工事費	約2300万円
3.3㎡単価	約69万円
設計	アトリエハコ建築設計事務所

設計のポイント

前面道路の交通量が多いため、塀で囲んだ中庭（デッキ）をつくり、そこに向けて大きく開放させました。このような中庭型の住宅は壁面が多く、窓が小さくなりがちで、ともすると“不気味”な印象を与えるおそれも。小松さん宅ではそうならないよう、２階にインパクトのある真四角の窓をつけるなど、やわらかい外観デザインを心がけました。

三角屋根に真っ白い壁、真四角の窓。無駄をそぎ落としたシンプルなデザインながら、絵本に出てきそうな愛らしさも感じられます。

暮らしやすい間取り CASE 5

奥さまの実家近くで土地探しをしたKさん夫妻。同じ千葉県内で依頼先を探し、「HPのほのぼのした雰囲気にひかれて」建築家の宮地亘さんをパートナーに選びました。

Kさん宅（千葉県）
こだわりがぎゅっとつまった あたたかな家

カウンターキッチンに並べてダイニングテーブルを配置。配膳や後片付けもスムーズです。

デッキをL字形に囲むようにリビングとダイニングをプランしたので、たっぷりの明るさと開放感を満喫できます。

KITCHEN

ほかのメーカーのシステムキッチンより手頃だったうえに、デザインもいちばんよかった！という「イケア」のキッチン。施主支給にしてさらに予算を抑えました。

DK

通常より天井を上げ、和室や階段までとり込むことで、広々としたLDKに。奥に設けたコーナー窓も効果的です。壁沿いにはワークカウンターを造りつけて。

「小さくてもいいから、ちょっと洋風のあたたかな家が欲しかったんです」というKさん。無垢材の床と木枠の窓、左官仕上げの壁に映える白いキッチン——こうした理想が新居で叶いました。

成功の秘訣は、絶妙な予算配分。購入した土地にはもっと大きな家も建てられましたが、あえてボリュームをしぼることで大きくコストダウン。また、面積が大きいぶんだけコストのかさむ外装材も、安価なサイディングを選びました。

一方で、屋根にはあこがれだった洋瓦を使ったり、水回りには十分な面積を割いたり。「2階の個室はクロスでいい、ロフトは物置になりそうだからいらないなど、メリハリをつけました」とお二人。この工夫が功を奏して、こだわりのあった内装に予算をかけることができました。

なかでもお気に入りは水回り。好みのデザインのキッチンはもちろん、家じゅうで最も条件のいい2階の南側に設けた洗面室も居心地抜群の空間になりました。「毎朝、歯を磨くのが楽しみ。水回りが快適だと、家事も日常生活も気持ちよくできますね」

さらに、暮らしやすい工夫も随所にたっぷりと。洗面室と物干しバルコニーを直結させているうえに、寝室→ウォークインクローゼット→洗面室がぐるりと回れる回遊動線もプラン。洗濯物を洗う・干す・しまうが短い動線ですみ、効率よく家事がこなせます。

ほかにも、将来の家族構成の変化に備えて、2階には2つに分けて使えるフリールームを用意。LDKの一角には、くつろぎの場にも客間にもなる和室もプラン。お二人の要望が、予算内で見事に実現した、最高の住まいが手に入りました。

TATAMI ROOM　「ごろりとできるスペースが欲しくて」小上がり風の和室をプラン。階段下の納戸にはエアロバイクなど大きなものを収納。

自然素材の素朴な風合いが心地よさを生んで

洗面カウンターの背面はバルコニー。洗った洗濯物をすぐに干せて便利だそう。夏場の暑さ対策として設置したエアコンは、室内干しをするときにも大活躍しているそう。

SANITARY

（左・右）洗面室と浴室があるのは2階の南側。「最初にプランを見たときはびっくり。でも住んでみると、とにかく快適！ 収納たっぷりの洗面カウンターもお気に入りです」

FREE ROOM

子どもは2人くらいと考えて、2つに仕切って使える部屋を用意。出入り口を1つにして、左右に引き込める戸をつけたのでこのままでも違和感なく使えます。

DECK

（左・右）

LDKの窓まわりは、あえて予算をかけてとり入れたという木枠のサッシ。やさしい表情と高い断熱性を兼ね備えています。木枠の窓の外にはデッキが広がります。デッキ材は耐久性抜群のイタウバとセランガンバツ。

BEDROOM

（左・右）北側の寝室には、朝日をとり込めるコーナー窓を設置。クローゼットはウォークスルータイプで洗面室に通じています。「入浴の前後や寝る前の身支度、洗濯物の収納がラクです」

ENTRANCE

（左・右）玄関ポーチとたたきにとり入れたのはテラコッタタイル。「普通の磁器タイルより高価でしたが、イメージどおりの仕上がりになったので、選んで正解でした」

洋瓦が愛らしい印象の外観。当初希望していた左官仕上げや吹きつけではなく、材料費も施工費も安価なサイディングに。

DATA

家族構成	夫婦
敷地面積	125.52㎡(37.97坪)
建築面積	62.10㎡ (18.79坪)
延べ床面積	110.96㎡(33.57坪) 1F56.31㎡＋2F54.65㎡
構造・工法	木造2階建て(軸組み工法)
工期	2015年2月～8月
本体工事費	約2500万円
3.3㎡単価	約74万円
設計	宮地亘設計事務所

設計のポイント

予算を聞いて、最初からこの床面積のプランを提案。コストを抑える目的もありますが、敷地にめいっぱい建ててしまうと、南側のお宅との距離が近くなりすぎ、採光やプライバシーの面でもデメリットが生じるからです。さらに北側の道路ギリギリまで建物を寄せて配置。こうすると外構のフェンスがいらず、植栽だけですむというメリットも。Kさんもこれから花壇をつくる予定だそうです。

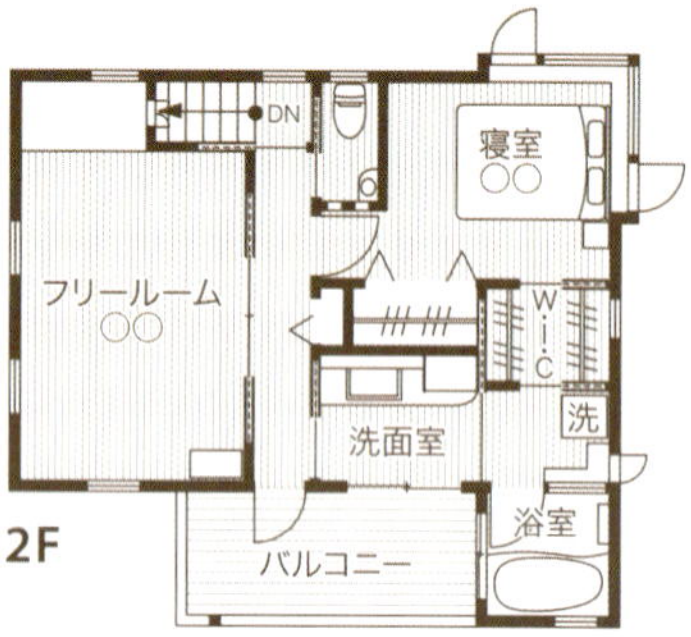

PART2

スケジュールのたて方

家づくりとお金のステップと予定

土地探しから新居の完成まで、家づくりは長い時間がかかります。そのあいだにさまざまな書類を用意したり、工事費を数回にわけて支払ったりと、いろいろなことをこなさなければなりません。まずは全体のスケジュールを把握して、スムーズな家づくりをめざしましょう。

イメージをしっかりかためて家づくりスタート！

START!

イベント

A 土地探し・土地の購入 ← B 依頼先を決める ← C 設計・工事監理契約を結ぶ ← D 基本設計 ← E 実施設計・最終確認

お金のスケジュール

A

購入時はさまざまな書類が必要です

- 売買契約書の写し
- 土地・建物登記簿謄本
- 土地・建物の構図および地積測量図
- 住民票
- 所得証明書
- 印鑑証明書
- 身分証明書など

A

購入費用のほかにも支出があります

- 売買契約書印紙税
- 土地の所有移転登記費用
- 手付金（契約時に必要。通常は契約後3か月以内に残金を支払います）

C

書類はじっくり確認を

契約書や見積書などは、内容をきちんと理解できるまでじっくり目を通しましょう。わからないことは必ず質問して、見落としがないように確認してください。

C

印紙税も忘れずに用意しましょう

- 設計・工事監理契約の印紙税
- 設計着手金（設計料の10～20%が目安）

D

設計料の一部を支払います

- 設計料の一部（20%が目安）
- 地盤調査を行う場合は調査費用

チェックポイント

A

土地は入念にチェックしましょう

土地を探すときは、地盤の状況や周辺環境などもしっかり確認を。平日と休日、昼と夜など条件を変えて訪れてみましょう。可能であれば、設計をお願いする設計士などにもチェックしてもらうと安心です。

B

信頼できる相手かどうかも大切です

相見積もりやラフプランなどを出してもらい、その内容や対応などをチェックしましょう。

D

納得がいくまでとことん打ち合わせを

設計者には要望を具体的に伝えて、納得がいくまで打ち合わせしましょう。予算調整が必要なときは、要望に優先順位をつけて、予算の配分にメリハリをつけるとうまくいきます。

E

図面から仕上がりをイメージしてみましょう

図面から収納や照明、ドアの位置、コンセントの数など細かいところまで読みとって、できあがりの空間をしっかりイメージしましょう。

F 設計料の一部を支払います

- 設計料の一部（40％が目安）

G 申請時にも費用が発生します

- 建築確認申請料
- 住宅性能評価申請料
- 長期優良住宅申請料

H 住宅ローン申請に必要な書類をきちんとそろえましょう

- 本人確認書類
- 所得証明関係書類
- 物件関係書類
- 印鑑証明書
- 住民票など

H 住宅ローン申請時にはさまざまな諸経費がかかります

- ローン契約の印紙税
- 融資事務手数料
- 保証料など

J 工事スタート時に費用の一部を支払います

- 建築工事費の一部（1/4 が目安）
- 解体工事費（建て替えの場合）
- 引っ越し費用（建て替えの場合）
- 引っ越し先の家賃（建て替えの場合）

K 地鎮祭を行うときにも費用がかかります

- 地鎮祭費用

F プラン決定 ← G 建築確認申請 ← H 住宅ローンの申し込み ← I 工事の請負契約を結ぶ ← J 工事スタート ← K 地縄張り・地鎮祭 ← L 基礎工事 ←

F 今後の予定をチェック

実際のプランが決まったら、設計料と建築工事費、今後の工事のスケジュールや、支払い回数とそのタイミングなどをしっかり確認しましょう。

G 各種制度の申し込みを行います

「フラット35」や住宅性能表示制度、長期優良住宅認定制度を申し込む場合は、このタイミングで行います。

H ここでマネープランを確認しましょう

実際に住宅ローンがおりるのは、建物の完成後になります。工事途中での支払いについては、ローンとは別に現金が必要になるので、いついくら支払いが必要か、あらかじめ確認しておきましょう。

I 図面をすみずみまでチェック！

契約時は、契約書や見積書、図面や仕様書など確認が必要な書類がたくさんあります。しっかり目を通して理解しておきましょう。とくに、工期が遅れた場合の対応についても書面で確認しておくことをおすすめします。

K 忘れずにあいさつ回りをしましょう

工事がスタートする前に、近隣へのあいさつ回りをしておきましょう。工事責任者だけで行くケースもありますので、事前に確認してみてください。

L ときどき現場をチェックしにいきましょう

工事が始まったら現場にマメに足を運んで、気になる点があれば、納得がいくまで確認するようにしましょう。現場に行くときは、くれぐれも職人さんたちの作業の邪魔にならないように注意してください。

ポイントをおさえて工事の状況をチェック！

M

工事費の一部を支払います

- 建築工事費の一部（1/4 が目安）
- 上棟式費用

Q

工事費の一部を支払います

- 建築工事費の一部（1/4 が目安）

M 木工事（上棟式） ← N 屋根工事・外部建具工事 ← O 外壁・内壁下地工事・断熱工事 ← P 配管工事・配線工事 ← Q 内部・外部仕上げ工事・内部建具工事 ← R 設備機器工事

M

上棟式はやる？やらない？

地域によっても、上棟式のやり方が異なりますので、施工会社の責任者に確認しておくといいでしょう。最近では、上棟式を省略するケースもあります。

N

住宅金融支援機構の審査があります

住宅金融支援機構を利用する場合は、このタイミングで審査が行われます。

P

図面と突き合わせて確認しましょう

コンセントやスイッチの位置や数は、暮らしやすさを左右する大きなポイントです。図面どおりに施工されているかどうか、入念に確認しましょう。

Q

追加工事があるときは……

工事が進んでからの変更や追加工事は予算オーバーの原因になりがちですので、できれば避けたいところです。よく相談してからどうしても必要であれば、後悔しないためにも決断をしましょう。変更事項や現場でのやりとりは、その場で必ずメモに残しておきます。

Q

仕様書と合わせてチェックを

現場を訪れたときには、サイズや仕上げが図面どおりに仕上がっているか、チェックしましょう。

R

設備をチェックしてみましょう

仕様書どおりの機種（または色）の設備機器が搬入されているかどうか、確認しましょう。

S

外構は家を印象づける大事な工事です

予算配分に失敗して外構工事の費用が足りない……といったことが起こらないように、きちんと予算取りしておきましょう。

竣工検査は最後のチェック。
仕上がりを入念に確認して

Y
家を手に入れると、さまざまな支払いがあります
●不動産取得税
●固定資産税
●都市計画税
●団体信用生命保険料（ローンスタート時）

W
引っ越し前に新生活に必要なものを用意しましょう
●家具購入費
●備品購入費

X
なにかと出費がかさみますが、細かい費用まできちんと準備を
●引っ越し代
●近隣あいさつの手土産代

V
最後の支払いを忘れずに！
●建築工事費の残金
●設計料の残金
●追加工事費用の精算
●火災保険料

T
登記にも費用が必要です
●登記関連費用

U
検査費用を支払います
●完了検査費用

Y 新生活スタート！ ← X 引っ越し ← W 家具やカーテンの搬入 ← V 竣工検査・引き渡し ← U 完了検査 ← T 建物の完成・表示登記 ← S 外構工事 ←

Y
住宅ローンを利用するなら確定申告を忘れずにしましょう
住宅ローン控除をうけるためには、確定申告が必要です。会社員などでふだん確定申告を行っていない人も、忘れずに申告しましょう。

W
予算オーバーに注意！
入居する前に、必要な家具や備品を買いそろえますが、意外にコストがかかるのがカーテン代です。家具も含めて予算オーバーにならないように注意してください。

X
諸手続きを済ませましょう
引っ越しに合わせて、住民票の移転や郵便転送サービスの手続きを行います。引っ越しの日は、工事中に迷惑をかけたお詫びも兼ねて、近隣へあいさつにいきましょう。

V
仕上がりを念入りにチェックしましょう
引き渡しの前に、最終確認のつもりですみずみまで仕上がりを確認しましょう。やり直し工事が発生する場合は、費用負担について確認します。設備の使い方がわからないときは必ず質問しましょう。保証書や設備の取扱説明書、建物の手入れ案内書、鍵などを受け取ります。

T
諸手続きを忘れずに行いましょう
引っ越し前に、電気やガス、水道などの手続きを済ませておきましょう。

U
仕上げの完了検査を行います
建物が完成したら、建築基準法に沿ってきちんと建てられているかどうかを確認する完了検査と、住宅性能表示検査を行います。

ハウスメーカーに依頼する場合

かかったお金

- 建物売買契約金（100万円。建築工事費の約3%）
- 設計・工事監理契約書の印紙税（1万5000円）
- 土地の分筆登記費（36万円）
- 古屋の解体費用（120万円）
- 地盤調査費（5万円）
- ローン契約時の印紙税
- 融資事務手数料（13万3000円）
- 保証料（50万5000円）
- 抵当権設定費用（ローン融資が決定したあと）

2000年 9月

「家づくり」を考え始める

夫が転勤族なので、妻の実家の敷地内に家を建てることは、結婚当初から考えていました。子どもが生まれた頃に、中学生になるまでに建てようと話し合いました。

2004年 12月

依頼先探し 家のイメージづくり

雑誌に載るような家に憧れて、あらゆる住宅・インテリア誌を参考にしました。依頼先選びで重視したのは、強い構造と快適性。建築予定地が高台にあって寒いこと、台風が直撃することなどがわかっていたので、安心できる家を建ててくれるパートナーをリサーチ。

2012年 1月

依頼先を決定

2004年から「ここで建てられたらいいなあ」と思っていた「スウェーデンハウス」に決定。決め手になったのは、真冬なのに快適だった宿泊体験と、たくさんのオーナーさん宅を見学して、いろいろとお話を聞けたこと。営業さんの対応のよさも印象的でした。

6月

建物売買の契約を結ぶ

こまかいところまで見落とさないように、契約書を読むのに何時間もかかりました。家を買うってすごいことなんだ！とドキドキ。

土地の所有権移転登記、建てかえのため既存の古家を解体、地盤調査、住宅ローンの申し込み

市街化調整区域だったため、低金利のネット銀行はすべてNG。最終的には都市銀行で、低金利だった変動型を選びました。金利が上がるとしたらどれくらい上がるのか、その場合は支払いできるか、担当者からくわしく説明してもらい、安心して申し込めました。

ここがよかった！

建てる前に家のよさを疑似体験できる！

実際の建物に宿泊できたり、何年も住んでいるオーナーさん宅を見学できたり。家の購入前にさまざまな体験ができて安心！

古家を解体して更地に

実家の隣にあたる建設予定地。高台にあるので、日当たりや見晴らしには恵まれています。念のため地盤調査も行いました。

内装やインテリアが好みのテイストだったうえに、構造や断熱などの性能面も希望どおりの「スウェーデンハウス」をパートナーに。

●建築確認申請料（10万円）→ 8

●建築工事費1回目（工事金額の27％）
●工事請負契約書の印紙税（1万5000円）→ 9

●上棟式の費用（約8万円）
●建築工事費2回目（工事金額の約40％）→ 10

●建築工事費の残り（工事金額の30％）
●引っ越し代（約6万円） ●近隣あいさつ費
●家具・備品・カーテン購入費（約130万円）
●不動産取得税 ●固定資産税（4万4000円）
●都市計画税 → 12

●建物表題登記費用（7万円）→ 1

2013年

7 ← 8 ← 9 ← 10 ← 12 GOAL ← 1

家具・カーテン選びをスタート

多くの家具店やネットショップを検討。図面で各部屋の広さを測り、それに合わせて家具を選びました。カーテンはサンプルをもらい、住んでいた家に掛けてみて決定。

プランニングがスタート

7～8月は毎週末に打ち合わせ。間取りはほぼ自分たちの中で決まっていたので、こまかい部分以外はIパターンのプランで進めました。重視したのは動線や蓄熱暖房、白い内装など。設計者からは2方向から使える収納などを提案してもらいました。

ショールーム巡りがスタート

建築確認申請

建築確認申請にあたって最終プランをチェック。掃除がラクな小さな家を希望していたものの、いざ延べ床面積を見てみたら28・70坪！ 本当に小さいと実感しました。

地縄張り・地鎮祭

基礎工事がスタート

上棟式・木工事などがスタート

上棟式はするものと思っていたので、親族を招いてとり行い、終了後に食事会を開きました。工事中の職人さんたちへの差し入れは、現場の隣に住んでいる両親に代理でお願いしました。

竣工検査・引き渡し・引っ越し

自分が生まれ育った場所で、近隣は知り合いばかりなので、引っ越しのあいさつ回りも気軽。デパートで縁起のいい食品を用意していきました。

家具・カーテンの搬入

購入したのは、イージーチェアやストリングシェルフ、パン生地をこねるための業務用カウンターなど。

追加の工事・DIY

入居後に行った工事はカーポートの設置。自分たちも雑貨屋さんのディスプレイ棚を参考に、パントリーやクローゼットなどに可動棚をとりつけました。仕上がりには大満足！

建物の登記

ここが意外だった！

予定していなかった出費もちらほらと……

水道引き込み、浄化槽設置などの「その他の工事」の費用が思ったより高額でした。火災保険などの保険料も、思わぬ出費に。

ここが残念だった！

現場が遠かったため完成まで見学できず

建設地は佐賀県、当時の住まいは大阪府だったので、工事の様子は写真でしか見られませんでした。近ければ毎日でも行きたかった！

上棟式もちゃんと行う！

棟梁をはじめ関係者のみなさんへの感謝と、工事の無事を願う気持ちをあらわせたので、やってよかった！

佐賀に戻って地鎮祭を

地鎮祭の段どりはスウェーデンハウスが整えてくれたので、準備もいらず参加するだけ。安心しておまかせしました。

ハウスビルダーに依頼する場合

かかったお金

実家からも畑からも近いロケーション。作業用の小屋が撤去されたのを機にゆずり受けて。

土地は実家の畑から

2007年 2月 → 2013年 12 → 2014年 1 → 2 ●申込料（10万円） → 3

「家づくり」を考え始める

農業に転職し、とりあえずは実家に同居。子どもの成長とともに手狭になることを予想して、完成目標時期はないものの、「いずれは新居を建てよう」と家づくりを決意。

依頼先探し・家のイメージづくり

モデルハウスや雑誌を参考にして、その中で見つけた「アトリエイハウズ」の施工実例写真が気に入り、見学会に何度も通ってイメージをかためました。

土地探し・資金貯蓄

実家が所有する数か所の畑のうち1か所をゆずってもらえることになり、広さやロケーションなどをじっくり検討。その間に資金の目標額を決め、貯蓄に励みました。

プランニングをスタート

土地の候補が決まり、貯蓄も目標額に達したため、アトリエイハウズを訪問。間取りやデザインの希望を話して、ラフプランを描いてもらいました（2回まで無料）。土地も見てもらい、法規や地盤についても相談。家づくりに必要な資金の話も聞きました。

依頼先を決定

約7年間も見学会に参加し続け、心はほぼアトリエイハウズに決まっていたものの、実際にラフプランを見て家づくりの話をし、「ここだ！」と確信。「お願いします」とはっきり伝えました。

申し込み・プランニング

ラフプランをもとに打ち合わせを重ね、やりとりをして手直し。理想の暮らしと好みに合うプランに近づけていきました。

農地転用の手続き

もとは畑で、ビニールハウスや小屋が立っていた土地。小屋の撤去に伴ってゆずり受け、家を建てることになりました。そのため、農地から宅地への転用の手続きが必要でした。

ここがよかった！

かかる総額を最初から教えてくれた

本体工事費以外にかかる家具やカーテン、登記や保険なども含めた総額を伝えてくれたので、わかりやすく、信頼できると感じました。

ここがよかった！

申請や手続きの相談にのってくれた

法規を調べたり、実際に土地を見て道幅などを測ったり、申請に必要な図面を描くなど、農地転用にも親身に対応してくれました。

花やハーブの苗を育てる仕事をするTさんは、家づくりも夫婦でよく話し合って進めたそう。小学生の兄妹との4人暮らし。

5 ← 6 ← 7 ← 8 ← 9 ← 10 ← 12 ← GOAL

- 5：●建築工事費1回目（工事金額の20%） ●工事請負契約書の印紙税
- 7〜8：●建築工事費2回目（工事金額の20%）
- 8：●上棟式の費用（5万円） ●建築工事費3回目（工事金額の30%）
- 12：●登記関連費用（15万円） ●建築工事の残り（工事金額の30%） ●引っ越し代（約3万円） ●家具・備品・カーテン購入費（約28万円）

工事の請負契約を結ぶ

実施設計・最終確認

建築確認申請・地盤調査

畑だった土地で地盤に不安を感じていましたが、地盤調査の結果、とくに改良や補強の必要はなく、安心しました。

地鎮祭　神主などを呼ばない略式スタイルを希望。準備はアトリエイハウズにおまかせし、家族と数人のスタッフだけで簡素に行いました。

基礎工事がスタート

上棟式・本工事がスタート

上棟には4～5人の大工さんが携わり、てきぱきと組み上げていきます。棟が上がると子どもたちも参加し、建物の四隅にお酒や塩をまいてお清めを。宴会は行わず、大工さんたちにご祝儀とお赤飯、お酒などを渡しました。

中間検査

家具・カーテン選びをスタート

テーブルやベンチ、AVボード、靴箱などはアトリエイハウズに併設の工房にオーダー。ソファやチェアはネットも参考にしながら、京都の家具ショップ「フィンガーマークス」などで実物を見て購入しました。カーテンはアトリエイハウズから紹介されたショップにオーダー。

建物の登記

竣工検査・引き渡し

登記はアトリエイハウズにおまかせ。竣工検査でもとくに不具合は見つからず、スムーズに引き渡しまで進みました。

引っ越し 家具・カーテンの搬入

住んでいた実家のごく近くに建てたので、引っ越し業者は3人くらいで、手持ちのベッドやたんすなどを運搬。新しくした家具やカーテンは、引っ越しの前後にそれぞれの購入先から搬入してもらいました。

地鎮祭は家族だけで

お神酒やお清めの塩などはアトリエイハウズが準備。畑から駆けつけたTさん夫婦と両親、スタッフでとり行いました。

大工さんとも上棟式で顔合わせ！

上棟式にはTさん家族と両親、アトリエイハウズのスタッフ全員、大工さんや職人さんが集合。全員で工事の無事を祈りました。

ここがよかった！

引き渡し時にもらったDVDに感激！

サプライズでプレゼントされたDVD。家づくりのストーリーがプロセス写真と音楽で展開されていて、大感激でした。

設計事務所に依頼する場合

かかったお金

2014年

6月 → 8 → 9 → 11 → 12

11
●土地の売買契約時の手付金（購入価格の10%）
●土地の所有権移転登記費用

12
●ローン契約時の印紙税（2万円）
●抵当権設定費用（約10万円）

「家づくり」を考え始める

10年間の賃貸マンション暮らしを経て、上の子の小学校入学を機にマイホーム計画を立て始めました。完成目標は2016年3月頃。

依頼先探し・家のイメージづくり

絵本や住宅雑誌を参考にしつつ、同時に雑誌やネットで依頼先探しをスタート。3社を比較・検討し、設計事務所「プランボックス」に決めました。

土地探し

子どもが転校しなくてすむ学区内で探しました。重視したのは、日当たりのよさと価格。最寄り駅から徒歩圏内というのも希望でした。

土地の購入・登記

Kさんが住んでいた独身寮の土地が売り出され、静かさや利便性を知っていたので購入。登記は不動産会社に紹介された司法書士に依頼。

依頼先を決定

小山さん、湧井さんの第一印象と、打ち合わせに足を運んだオフィスの雰囲気、提案力や過去の設計例が気に入り、プランボックスに決定！

住宅ローン（土地）の申し込み

金利が有利だったことから、三菱UFJ信託銀行の固定金利ローン（35年）を選択しました。

＼ 絵本のような家を！ ／

新居のイメージのもとになったのは、大好きな絵本『くまのがっこう』シリーズ。素材やパーツの使い方、グリーンの似合う雰囲気などが理想的でした。

＼ 住宅・インテリア誌を参考に！ ／

「住まいづくりカルテ」に貼り込んだ切り抜き。愛読誌「プラスワンリビ[illegible]

＼ 最も大切にしたのは"家族が幸せになること" ／

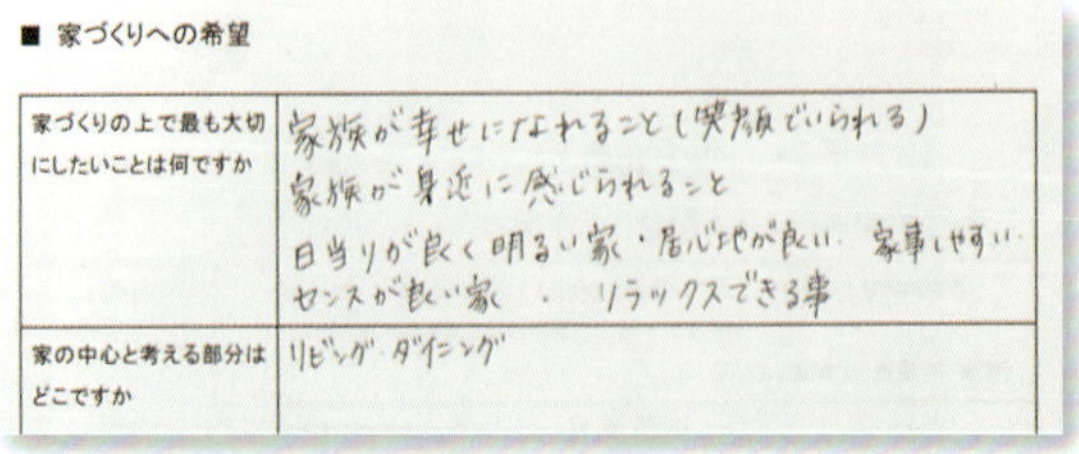

■ 家づくりへの希望

家づくりの上で最も大切にしたいことは何ですか	家族が幸せになれること（笑顔でいられる） 家族が身近に感じられること 日当りが良く明るい家・居心地が良い 家事しやすい センスが良い家 ・ リラックスできる事
家の中心と考える部分はどこですか	リビング・ダイニング

プランボックスから渡されて書いた「住まいづくりカルテ」。新居への希望をぎっしりと書き込みました。

道路側の外観デザインはなるべくシンプルに。建築家ならではの設計力で、1階でも明るさと開放感抜群のLDKに。

2015年

1
●初期プラン（7パターン）、修正プラン（2パターン）作成料
●概算見積料

2
●設計契約料

4
●設計料2回目
●建築確認申請料（約3万円）
●ローン契約時の印紙税（約2万円）
●抵当権設定費用（約10万円）

5
●建築工事費1回目（工事金額の10%）
●固定資産税（土地。5、7、9、12月に分納）
●都市計画税（土地）

6
●設計料3回目
●上棟の際、棟梁に贈りもの
●建築工事費2回目～（1か月ごとに工事金額の10%）

プランニングがスタート

1～4月に4～5回の打ち合わせを行い、最終的に9パターン＋αのプランを検討しました。Kさんからは明るいLDK、断熱、全館空調、自然素材の内装などをリクエスト。建築家さんからは吹き抜けや1階のLDK、自主施工などをすすめられました。

ショールームめぐりをスタート

プランニングと同時進行で1～4月に、TOTO、LIXIL、アドヴァン、サンワカンパニー、東京ガスなど、水回り設備や建材メーカーのショールームを7～8か所まわりました。

設計・施工監理の契約を結ぶ

家具・カーテン選びをスタート

たくさんのインテリアショップをまわった結果、予算と雰囲気のバランスから、ウッドユウライクカンパニー（ダイニングテーブル＆チェア）、MOMO NATURAL（ソファ、AVボード）、コロニアルチェック（カーテン）などで購入。

実施設計・最終確認

建築確認申請

7つあった基本プランの中から選んだ案を、さらに2段階発展させ、それをもとに詳細な図面（実施設計図）を作成。内装材や設備機器などは工事が始まってから決めました。

住宅ローン（建物）の申し込み

土地のローンと同様に、三菱UFJ信託銀行の固定金利ローン（35年）を選択しました。

工事の請負契約を結ぶ

基礎工事がスタート

敷地に地縄が張られて、コンクリートの基礎部分から着工。地鎮祭をするかわりに、家族で木を植えて植樹祭としました。

上棟・木工事などがスタート

上棟式はせず、職人さんたちにときどき飲み物を差し入れました。工事中の現場では、床材のほか、窓の位置やキッチンカウンターの高さ、水回りのパーツなどを決定。

ここがよかった！

豊富なプラン提案に夢が広がりました！

提案されたプランはどれも素敵で、ひとつひとつにスペースの特徴や暮らし方などの書き込みが。新居のイメージがふくらみました。

ここが不安だった！

このまま着工して大丈夫!?と思ったら…

内装などの詳細が決まっていないまま最終確認の段階になりましたが、「現場で実物を見ながら決めましょう」と言われて安心！

ここがうれしかった！

建築予定の立て札に期待が高まって

敷地の道路側に立てられた「○○様邸新築工事」の看板を見て、「いよいよ始まるんだ！」と実感。家族で記念撮影もしました。

ここがよかった！

現場で決めたことで納得のセレクトに

LDKの床材などは、工事中の現場で選びました。打ち合わせ中に見たサンプルとは印象が全然違い、当初の予定から変更したほど。

かかったお金

- 引っ越し代（約6万円）
- 近隣あいさつ費
- 家具・備品・カーテン購入費（約100万円）
- 不動産取得税（2016年度から）
- 固定資産税（建物）
- 都市計画税（建物）
- 団体信用生命保険料（ローンスタート時に）

- 建物表題登記費用（約10万円）
- 建築工事費の残り（40％）
- 設計料の残り
- 別途費用の精算（追加工事で約100万円）

ここが意外だった！

登記には意外とお金がかかった

ずっと賃貸住宅住まいで、家を持つのがはじめてだったため、土地や建物の登記にこんなに費用がかかるとは知りませんでした。

8 → 10 → 11 → GOAL

8 DIYで自主施工

8〜9月の週末と平日の帰宅後、2階の個室の珪藻土を塗りました。湧井さんから「挫折したら職人さんに頼めばいいから」とアドバイスされていたので、気負わずにチャレンジできました。

10 建物の登記

土地の登記と同様、今回も司法書士のかたにお願いしました。

竣工検査・引き渡し

完成後、湧井さんや現場監督さんと一緒に不具合がないか家全体をチェック。

こんなハプニングも！

初期不良で水もれが発覚！

竣工検査のときにトイレの水を流したら、配管部分から水もれが。よくあることのようで、すぐ新品に交換してもらいました。

11 引っ越し

引き渡しに合わせて連休がとれる時期に引っ越し。その当日と翌日に、お菓子を持って近隣へあいさつ回り。

家具・カーテンの搬入

オーダーしていた家具やカーテンが新居に入ったときは、家の雰囲気とよく合い、イメージどおりで大満足！

追加のDIY・工事

入居後にお願いした工事は、鏡のとりつけと、洗面室の物干しポール受けの補強。Kさんは玄関ポーチとたたきのタイルを貼ったり、可動棚をとりつけました。

新築現場が当時の住まいから近かったので、こまめに見学。家づくりを経験するまで、こんなに現場に入れるとは思いませんでした。

＼ DIYが家族の思い出に ／

脚立などの道具は職人さんが貸してくださり、塗り方の手ほどきも。窓まわりなどは難しかったけれど、いい思い出になりました。

＼ 引っ越し後もDIYを楽しむ！ ／

珪藻土塗りはおもにKさんが頑張りましたが、タイル貼りには奥さまも参加。腰が痛かったけど、楽しかった！

PART3

予算のたて方

家づくりにかかる費用とは？

家づくりを考えるとき、土地や建物にかかるお金にばかり気をとられがちですが、そのほか保険料や税金などの支払いも必要です。また、引っ越し代や地鎮祭の費用といった諸経費も、積もり積もると大きな出費に。あとからあわてることのないように、きちんと予習しておきましょう。

本体工事費だけでは家は完成しません

家づくりの資金計画で注意したいのは、総費用をしっかり把握しておくことです。よく、「本体工事費」という言葉を耳にすることがあるかもしれませんが、これだけでは、暮らせる家にはなりません。これ以外に、「別途工事費」と呼ばれるものがあり、さらに工事以外にかかるさまざまな諸費用もあります。これらをすべて支払ってはじめて、新居が完成して新生活がスタートできるわけです。

左下の表にあげたように、総費用を10とすると、そのうち本体工事費が7割程度、別途工事費が約2割、諸経費が約1割かかるといわれています。家づくりの予算オーバーをなくすには、まず総費用をきちんとつかんでおくことがとても大切です。

建物そのものにかかる費用が「本体工事費」です

建物として、ほぼ完成した状態にするための費用を「本体工事費」といいます。さらに本体工事費は、「躯体工事費」「仕上げ工事費」「設備工事費」の3つに分けられています。

「躯体工事」とは、基礎をつくって柱を立て、梁をかけ渡して家の骨組みをつくる工事です。そこに、外壁の塗装、内装のクロス張り、床のフローリングなどを施していくのが「仕上げ工事」に。さらに、ドアなどの建具や造作家具、キッチン・トイレ・浴槽など主要設備をとりつけて、電気や水道の内部配線・配管などを行うのが「設備工事」になります。ここまででほぼ建物は立ち上がりますが、この状態ではまだ完成とはなりません。このほかにもさまざまな工事費や諸経費が発生します。「本体工事費＝家づくりの総予算」と考えてしまうと、資金不足になりかねませんので、注意しましょう。

設計事務所に依頼する場合設計料が別途かかります

家づくりを設計事務所に依頼すると、工事費とは別に設計料がかかります。金額の目安は、建築費の10～15%になります。

一方、ハウスメーカーに設計と施工を一括して依頼するケースでは、建築費の1～2%が設計料となっていて、本体工事費に含まれていることが一般的です。

外まわりの工事やオプションにかかる費用が「別途工事費」です

建物を建てるときにかかるお金

家づくり総費用の内訳

約7割	**本体工事費** 建物本体を形にする工事費。ハウスメーカーの場合は標準仕様一式の工事 **（設計料）** 建築家に依頼する場合は、設計料と施工先の工事費が別枠になる **（オプション工事費）** ハウスメーカーで標準仕様外の注文をした部分の工事費
約2割	**別途工事費（付帯工事費）** ライフラインの専門業者部分の費用、インテリア関連費用などは、本体見積もりとは別枠扱いにし、費用の確定時期も本体工事費とずれることが多い
約1割	**諸費用** 施工先以外に払う家づくり関連費用。建築確認費用、登記費用、税金、住宅ローンの手続き費用、引っ越し関連費用、家具購入費用などが考えられる

実際の項目＆金額を大公開！

総予算2000万円以内を目標に、新築に取り組んだ実際の例。工務店から受け取った「予算書」を参考に、多岐にわたる家づくり費用の項目と金額をチェック！

工種	仕様	数量	金額	
直接仮設工事	外部足場等	1式	250,000	
	クリーニング、防蟻	1式	150,000	
基礎工事	鉄筋コンクリート ベタ基礎	1式	1,100,000	
	玄関前コンクリート	1式	100,000	
木工事	プレカット、羽柄材等	1式	2,200,000	
	大工手間、釘、金物代	1式	1,700,000	
	ひさし取り付け（材工）	1式	300,000	
建材	ボード、断熱材、フローリング等	1式	740,000	
	1階3層フローリング(床暖用)	1式	350,000	❶
	木製建具	1式	550,000	
	サッシ、ペアガラス	1式	780,000	❷
	階段	1式	130,000	
内装工事	クロス、水回り床等	1式	550,000	
	その他雑金物工事	1式	80,000	
屋根樋工事	ガルバリウム	1式	730,000	
	樋	1式	100,000	
防水工事	FRP防水	1式	120,000	
外装工事	サイディング(窯業系)	1式	1,400,000	
	バルコニー笠木	1式	100,000	
	バルコニー木格子	1式	200,000	
	左官工事（玄関モルタル）	1式	200,000	
住設機器	キッチン(食洗機あり)	1式	400,000	
	洗面化粧台	1式	180,000	
	トイレ手洗い（単水栓）	1式	58,000	
	温水洗浄トイレ、備品	2式	170,000	❸
	ユニットバス(浴室乾燥機あり)	1式	465,000	
	洗濯機パン、水栓	1式	15,000	
電気工事	インターホン、換気、配線工事	1式	750,000	
	床暖房	1式	350,000	
	基本照明（ダウンライト）	1式	70,000	❹
給排水衛生設備	敷地内外部含む	1式	750,000	
ガス工事	基本工事	1式	200,000	
	給湯器	1式	120,000	
A 建物合計			**15,358,000**	

工種	仕様	数量	金額	
デザイン設計料		1式	100,000	❺
基本設計料		1式	150,000	❺
構造計算費用		1式	130,000	
建築申請費用		1式	200,000	
建物中間完了検査費		1式	50,000	
工事監理費用		1式	100,000	
地盤調査料（改良費別途10年保証込み）		1式	50,000	
契約印紙代		1式	15,000	
瑕疵担保保険料		1式	64,700	
B 設計検査申請費合 計			**859,700**	
付帯工事	仮設水道		35,000	
	幹線引き込み工事(申請込み)		98,000	
	仮設トイレ		50,000	
	共通仮設		50,000	
	管理諸経費		250,000	
	安全管理費		200,000	
C 付帯工事費合計			**683,000**	
請負金額合計	A+B+C		16,900,700	
お値引き			-262,605	
消費税（5%）			831,905	❻
合計			**17,470,000**	
別途工事				
地盤補強工事（予想）			500,000～600,000	❼
外構費			要相談	
家屋解体費			1,200,000	❽

❶床暖房対応でナチュラルな表情のある3層フローリングを奮発。❷入居後のランニングコストを考慮して、ペアガラスやLow-Eガラスを採用することに。❸コストダウンのためトイレを1カ所にしぼることが頭をよぎるも、やはり2カ所必要という結論に。❹照明はダウンライトがいちばん安価。❺工務店でもある建築設計会社に依頼したため、設計料はリーズナブル。❻消費税5%が適用されるうち（～2013年9月末）に工事請負契約を結んだため、この金額に。❼近隣の土地で地盤改良工事をしている気配がなかったため、念頭に置いていなかった費用。調査してみたら必要に。❽「古家あり」の土地では必須の費用。

で、「本体工事費」に含まれていない項目が、「別途工事費」と呼ばれるものになります。たとえば、外まわりの工事や特注の家具、照明器具などを建築中にとりつける場合も、オプションで工事費がかかります。具体的にどんなものがあるか、いくつか例をあげていきましょう。

　ガスや給排水の本管から敷地内に引き込む工事は、各自治体の指定業者が行うことが決められていて、これも本体工事費ではなく別途工事費になります。自治体によって異なりますが、30万～60万円の費用がかかります。

　また、建物の外まわりに関する工事も別途工事費になり、たとえば、門扉や塀、フェンス、玄関までのアプローチの敷石、カーポート、物置などです。どんなふうに外回りをプランするかによっても費用は異なりますが、30万～200万円が目安となります。

　玄関先のシンボルツリーなどの植栽や芝、飛び石など、庭づくりにかかるお金も別途工事費になります。費用の目安は1坪当たり1万～10万円です。

未確定の工事費まで きちんと 整理しておきましょう

　水道、電気などの屋外工事やガス工事全般などは、当初の見積もりでは金額を明示しないことが一般的です。敷地や建築の条件で費用が変わり、プランがかたまってから委託する専門業者の費用を確認するかたちになるためです。インテリア、外構、造園などの費用も、家全体のプランをある程度かためてから詳細を決めることがよくあります。

　見積書の書き方は施工先によって異なり、打ち合わせをしながら概算段階から正式なものまで、何度か提示されます。そのつどきちんとチェックしましょう。そして、見積書にどの範囲の金額が明示されているかを調べ、何が未確定の費用になっているか、いつかたまるかを確認して。まず、工事費自体の見込み違いをなくすことが大事です。

工事費以外にも 着工前から入居後まで さまざまな出費があります

　さらに、工事費以外の諸費用も発生します。ていねいな見積書の場合、本体工事費、別途工事費のほかに、登記費用、税金、ローン手続き費用などを参考に付記してくれることがあります。しかし、基本的には見積書は、工事を請け負う側が自分がもらう金額を示すものですから、施主が、役所、銀行、税務機関などに直接払う費用は含まれないと考えておいたほうがよいでしょう。家づくりの総費用は自分で管理するという姿勢が大切です。

　どんな費用が発生するかは、どこに、どういう家を建てるのかなど、ケースによってさまざまですが、左ページの表におもな項目をあげてみました。建て替えなのか新築なのか、土地から購入するのか、所有している土地に家を建てるのか、などによっても費用は変わります。建て替えのケースでは、仮住まいの家賃のほか荷物保管料なども発生しますし、引っ越し費用も2回ぶんかかることになります。

　また、新築した家で使う家具なども、どこまで新しく買いそろえるのかも、ある程度計画しておきましょう。近隣あいさつや工事中の大工さんへの差し入れをどうするか？　地鎮祭や上棟式などの祭礼をどうするか？　なども考え方しだいで費用が変わってきます。ほかにも、住宅ローンなども借りる額によって保証料などが変わります。

　こういった、支払い先も金額も異なるこまごまとした費用がつもりつもって、総費用の約1割といった額になるわけです。この諸費用分は、基本的に住宅ローンの融資対象にはなりません。諸費用向けローンもありますが、住宅ローンとは別枠に借りる、比較的金利の高い無担保型融資のような形になります。できれば自己資金でカバーしたいところです。自己資金＝頭金（施工先に当初支払う分）と決めつけずに、きちんと支払い計画を立てることが大事。自分なりにリストをつくり、整理しておきましょう。

総費用の把握

- □ 見積書は別途工事費などまでもれなく示しているかをチェック。金額が未定になっている部分は、いつ決まるかを確認
- □ 家づくりでは施工先に払う工事費だけでなく、諸費用も発生する
- □ 諸費用は支払い時期を管理し、急な出費にあわてないようにする

諸経費一覧

調査・工事関係

確認申請料
着工前に、建築基準法などに適合しているかを確認する。自治体や住宅の規模によって金額は異なり、10万円程度が目安。

工事契約の印紙代
「工事請負契約書」を交わすときの印紙税。契約金額によって異なり、500万円超1000万円以下なら5000円、1000万円超5000万円以下なら1万円（P144参照）。

近隣挨拶・職人茶菓子代
着工前に隣家に挨拶をする際の菓子折り代。工事中に差し入れをする場合はその茶菓子代もかかるが、最近は「気づかい不要」と断られることも多い。

地鎮祭・上棟式費用
神主さんにおはらいをしてもらう際の初穂料とご祝儀で5万円程度。建物の骨組みができ上がったときに行う上棟の儀式では、神主さんへのお礼や棟梁・職人さんへのご祝儀、食事代などで10万円程度。

水道負担金
新しく水道を引くときに、自治体によってはお金がかかることがある。水道メーターの口径によって10万～40万円と金額が異なる。

敷地調査費
正確な敷地測量図がない場合、設計前に行う。5万～10万円が目安。

地盤調査費
地盤の地耐力や地質を調べて、地盤改良の必要性がないかを検討する。建物の構造を決定するためにも必要な調査。試験方法によって費用が異なり、3万～8万円程度かかる。

地盤改良費
地盤調査の結果、改良が必要な場合に行う。地盤の状況にもよるが、100万円程度かかることも。

家屋調査費
建築工事や古い家の解体工事が近隣に影響を与える可能性がある場合に、着工前に隣家の家屋の状態を調査し、証拠として写真を撮るなどする。補償コンサルタントに依頼。10万円程度が目安。

保険

火災保険
融資を受ける際は加入が義務づけられている。保険料は建物の構造や地域により異なる。保険会社によっても違うが、20万～30万円が目安。

地震保険
任意加入。単体ではかけられず、火災保険とセットで契約。保険料は建物の構造や地域により異なる。

ローンと登記

印紙代
ローンを申し込んで「金銭消費貸借契約書」を作成する際の印紙税。ローン契約をした金額によって異なり、1000万円超5000万円以下なら2万円（P144参照）。

融資手数料
融資を受ける際の手数料。住宅ローン商品によって金額も支払い方法もまちまちだが、目安は3万円程度。

抵当権設定登記料
融資の抵当権を敷地に設定する際の登記費用と登録免許税。免許税は借り入れ額の0.1～0.4％で、司法書士への報酬と、登記にかかる実費が6万～10万円程度（P145参照）。

保証料
融資を受けた人が、死亡や病気以外の理由で返済できなくなったときの保証保険料。金額は借り入れ額と返済期間で決まる。「フラット35」（P153参照）は保証料無料。

団体信用生命保険料
融資を受けた人が不測の事態で返済できなくなった場合の生命保険料。金額は借り入れ額と返済期間で決まる。民間ローンは保険料が金利に含まれていることもある。

不動産登記料
新築した家の所有権を示すための登記。司法書士に支払う登記手数料と登録免許税がかかる。免許税は一般に固定資産税評価額の0.4％だが、新築の場合は条件を満たせば0.1～0.15％に軽減される（P145参照）。

税金

不動産取得税
不動産を取得したときに支払う税金。固定資産税評価額の4％が原則だが、住宅用の敷地・建物の場合は3％に軽減され、さらに条件を満たすと、住宅・建物ともに一定の控除が受けられる（P145参照）。

固定資産税・都市計画税
毎年1月1日現在の土地・建物の所有者にかかる税金。固定資産税は、原則として固定資産税評価額の1.4％だが、地域や広さによって土地・建物それぞれに軽減措置がある。都市計画税は、市街化区域にある土地・建物だけが課税対象。固定資産税評価額の0.3％が原則だが、条件を満たせば軽減措置が受けられる。どちらも家を建てた年だけの税金ではなく、毎年納税する。年の途中で不動産の売買がある場合は、引き渡し日を基準に日割り計算をした税額を負担する（P146参照）。

家づくりの諸費用は支払い時期もさまざまです

資金計画では、かかる費目と金額を把握するのはもちろん、それをいつ支払うのかも、きちんと確認しておくことが大切です。施工業者などに支払う工事費や、建築家に支払う設計料も、一括ではなく、工事の進行に合わせて3回程度にわけて支払うのが一般的です。たとえば工事費の場合は、工事請負契約を結んだとき、上棟したとき、完成したとき、といった具合です。これに対して、住宅ローンがおりるのは、建物の完成後になります。工事途中の支払いについては、ローンとは別に現金が必要になりますので、いつ、いくら支払いが必要になるか、あらかじめ確認しておきましょう。

そのほかの諸費用についても、支払いのタイミングに合わせて、そのつど用意しておかなければなりません。そして、大半は完成時期に支払いが集中します。それまでに手持ちの資金を使い果たすことがないように、しっかり計画しておきましょう。下の表に、諸費用の一覧と、支払い先や支払い時期をまとめたので、参考にしてください。

家づくりの諸費用と支払い時期

<table>
<tr><th></th><th colspan="2">主な費用</th><th>支払い先</th><th>支払い時期</th></tr>
<tr><td rowspan="4">手続き
関連</td><td colspan="2">土地売買契約書印紙代</td><td>印紙購入先</td><td>契約時</td></tr>
<tr><td colspan="2">地盤調査費用</td><td>調査会社</td><td>プランニング前</td></tr>
<tr><td colspan="2">建築確認申請費用</td><td>施工先など手続き代行先を
通じて支払い</td><td>建築確認申請時</td></tr>
<tr><td colspan="2">工事請負契約書印紙代</td><td>印紙購入先</td><td>契約時</td></tr>
<tr><td rowspan="6">住宅ローン
関連</td><td colspan="2">ローン契約書印紙代</td><td>印紙購入先</td><td rowspan="6">建物完成後、
ローンの正式契約時
（金融機関に支払うものは、
ローン実行金額と差し引きにできるものもある）</td></tr>
<tr><td colspan="2">事務取扱手数料</td><td rowspan="4">金融機関
（金融機関を通じて支払い）</td></tr>
<tr><td colspan="2">保証料</td></tr>
<tr><td colspan="2">団体信用生命保険料</td></tr>
<tr><td colspan="2">特約火災保険料</td></tr>
<tr><td colspan="2">抵当権設定の登録免許税、
司法書士手数料</td><td>登録免許税は登記所、
司法書士手数料は司法書士</td></tr>
<tr><td rowspan="3">土地や
家の登記</td><td>土地の所有権
移転登記</td><td>登録免許税、
司法書士手数料</td><td>登録免許税は登記所、
司法書士手数料は司法書士</td><td rowspan="3">登記時</td></tr>
<tr><td>建物の表示登記</td><td>土地家屋
調査士手数料</td><td>土地家屋調査士</td></tr>
<tr><td>建物の所有権
保存登記</td><td>登録免許税、
司法書士手数料</td><td>登録免許税は登記所、
司法書士手数料は司法書士</td></tr>
<tr><td rowspan="3">そのほか</td><td colspan="2">引っ越し、仮住まい、荷物保管など</td><td>運送会社、家主、荷物保管業者など</td><td>引っ越し時期、仮住まい期間など</td></tr>
<tr><td colspan="2">地鎮祭、上棟式、近隣あいさつなどの費用</td><td>儀式依頼先、あいさつ品購入先など</td><td>それぞれの実施時期</td></tr>
<tr><td colspan="2">家具や家電製品の買い換え</td><td>購入先</td><td>建築後</td></tr>
<tr><td rowspan="2">家の取得や
保有の税金</td><td colspan="2">不動産取得税</td><td>都道府県</td><td>取得後1年以内程度に納付書送付</td></tr>
<tr><td colspan="2">毎年の固定資産税、都市計画税</td><td>市区町村</td><td>1月1日時点所有者に対し、
年度初めに納付書送付</td></tr>
</table>

住まいの税金を知っておきましょう

自分のケースに合わせて税金の情報を収集して

税金関係には、住宅取得者の負担を軽くする特例制度もあります。どんな人に役立つ特例なのか、手続きは必要かなどを確認しておきましょう。まずは、家づくりの流れに沿って、どんな特例の情報を集めたらよいかを整理してみましょう。

まず、自己資金づくりの際に、親などからの資金援助を受ける人がいるでしょう。親からの援助でも通常は贈与税がかかります。しかし、相続時に精算することができる特例があります。概要はP149のコラムにまとめました。贈与税は暦年1年分の贈与をまとめて翌年申告する形ですので、実際の手続きはあとですが、親の援助を受ける人はプランニング当初から確認しておきたい制度です。

また、前の住まいを売って買い換える人には、譲渡益が出た場合の譲渡所得税の軽減、譲渡損が出た場合の控除の特例などもあります。

次に家づくりの諸費用として払う税金に注目します。印紙税、登録免許税、不動産取得税などにも軽減措置があります。印紙税と登録免許税は、条件に合えば納付時点に軽減された額を支払うので、特別な手続きは必要ありません。不動産取得税の軽減を受けるには申告が必要です。

Column

自分で申告する税金と納付書がくる税金があります

税金の納付の方法には申告納税方式と賦課課税方式があります。申告納税方式は、納税する人が税額を計算し、自主的に申告書を作成して納付します。所得税や贈与税がその形になっており、軽減措置を受ける場合も手続きが必要です。一方、賦課課税方式は、課税機関が税額を計算します。その方法のうち、納付書を納税者本人に直接送付するのが普通徴収と呼ばれる形。不動産取得税や固定資産税がこれにあたります。

また、国税と地方税では管轄する役所が違うので、問い合わせや相談などをする際は注意しましょう。所得税、贈与税、印紙税、登録免許税は国税なので税務署、不動産取得税は都道府県税なので都道府県税事務所、固定資産税は市町村税なので市区町村役場となります。

税金特例の活用チャート

資金計画で、親からの援助を受けて自己資金を充実させたい	→	贈与税軽減の特例がある	→	申告手続きが必要 P149コラム参照
住宅の取得についての税金を軽くしたい	→	印紙税、登録免許税、不動産取得税などに、住宅取得者の軽減特例がある P144～146参照	→	不動産取得税は申告が必要。それ以外は、軽減特例に該当する人であれば、特別な手続きをせずに、当初から安い金額で納付
住宅の保有についての税金を軽くしたい	→	固定資産税、都市計画税の軽減特例があるP146参照	→	（同上）
新築後、住宅ローンに関する所得税の控除を受けて、家計の負担を減らしたい	→	住宅ローンの年末残高に応じた控除制度がある	→	申告手続きが必要。サラリーマンなどは還付の形をとるP147参照

家づくりに関係する印紙税の概要

契約書の種類	土地売買契約書	工事請負契約書	住宅ローンの金銭消費貸借契約書
契約書に記載された金額			
500万円以下（省略）			
500万円超 1000万円以下	1万円 （5000円）	1万円 （5000円）	1万円
1000万円超 5000万円以下	2万円 （1万円）	2万円 （1万円）	2万円
5000万円超 1億円以下	6万円 （3万円）	6万円 （3万円）	6万円
1億円超 5億円以下	10万円 （6万円）	10万円 （6万円）	10万円
5億円超（省略）			

※（　　）内の金額は、2018年3月31日までの軽減措置。土地売買契約書、工事請負契約書にはこの税額が適応されます。なお、住宅ローンの金融消費貸借契約書には軽減措置はありません。

そして、住んでからの税金の軽減もあります。住宅ローンを借りている人には所得税の控除があり、申告手続きが必要です。また、毎年払う固定資産税にも住宅などに軽減措置があります。こちらは、市区町村のほうで、軽減した税額の納付書を作成します。納付書の内容チェックは必要ですが、通常、特例を受けるための特別な手続きはありません。

住宅を取得したとき、保有しているときの税金の詳細を説明していきましょう。

契約書を交わすときには書面の金額に応じて「印紙税」を支払います

印紙税の課税対象になる契約書などの文書を作成すると、印紙を購入して貼らなければなりません。家づくりに関係して施主が負担するものには、土地売買契約書、建物の工事請負契約書、住宅ローンの契約書（金銭消費貸借契約書）などがあります。この印紙税の額は、金額の記載がある書面では、その金額に応じて決まります。記載金額と税額の対応を上の表に整理しました。不動産の譲渡、建設工事の請負などには税額を軽減する特例が実施されているので、その額を示しています。

たとえば、3000万円の工事請負契約なら、その契約書の印紙代は2万円（2018年3月31日までの契約なら、軽減措置により印紙代は1万円）。ローンを2500万円利用するなら、ローン契約分の印紙代が2万円です。もし、追加工事などがあって工事請負契約書が複数作成されれば、そのつど印紙代がかかります。住宅ローンも2つの金融機関から1000万円、1500万円のように分けて借りると、合計は同じ2500万円でも、契約書が2通になり印紙代は3万円になってしまいます。印紙代を考えるなら、契約書ができるだけ少なくなるように計画したほうがおトクです。

土地や建物を手に入れたら評価額に応じた「所有権の登録免許税」を

登録免許税は、不動産や会社などの登記にかかる税金です。家づくりの際にも、不動産登記費用が発生します。まずはどんな種類があるか、見ていきましょう。

家を建てて、はじめに行うのが表示登記です。登記簿をつくるための最初の登記で、新築した人などに登記義務があります。義務化されているかわりに登録免許税はかかりませんが、手続きに図面添付などの専門知識が必要なため、土地家屋調査士に費用を払って依頼するのが一般的です。

次に、所有権の登記を行います。これは、所有権をほかの人に主張できるようにする登記です。登記をするかしないかは自由で、登記する場合は登録免許税がかかります。さらに、住宅ローンを借りると抵当権の登録免許税がかかります。自分で申請できる登記もありますが、工事請負先、金融機関などとの関係から、迅速に処理できる専門家（司法書士）にすべて代行してもらうケースが一般的で、依頼する場合は、登録免許税のほかに、手続き代行費用がかかります。

ここで、登記にかかる税金について、その計算方法を紹介します。まずは所有権に関する登記です。

最初の所有者として登記するのが保存登記で、新築して建てた家はこの登記になります。一方で、前所有者から自分の所有に移すのが移転登記で、土地を取得した際に登記する場合は、これにあたります。これらの税額は、不動産の評価額に税率をかけて算出します。

そこで、まず評価額を決めます。土地の所有権移転では固定資産税課税台帳の評価に従います。新築住宅の所有権保存では、新しく誕生した家屋を一定の方法で評価しますが、実際の工事費よりは安くなります。こうした評価額に登記種類に応じた税率を乗じます。土地の所有権移転は現在1・5%（2019年3月31日までの軽減税率。以降は2・0%）。所有権保存は本則では0・4%ですが、床面積50㎡以上の居住用建物なら0・15%に軽減されています（2020年3月31日までの軽減税率）。また、一定の条件を満たす住宅の場合は、さらに軽減税率が適用されます（P395参照）。

住宅ローンを借りる場合に行う抵当権の設定にも登録免許税が必要です

住宅ローンを借りると、お金を貸した金融機関やその保証会社が、土地と建物に抵当権を設定します。万一、返済ができなくなったとき、土地や建物を処分して貸したお金を回収できるようにするためです。この抵当権の設定にも登録免許税がかかります。税額は債権金額×税率。借入金額によって税金も変わります。複数の金融機関から借りれば、第一順位、第二順位……というように複数の抵当権がつき、それぞれ登録免許税を支払います。

税率の本則は0・4%ですが、住宅には軽減する特例があります。居住用建物を取得するための債権で、その建物の条件が所有権の保存登記と同様に床面積50㎡以上なら、税率が0・1%となります。

不動産を取得した年に1回だけ支払うのが「不動産取得税」です

不動産取得税は、不動産を取得した人に対し、その不動産が存在する都道府県が課する税金です。本来は自主的に申告しなければならない税金ですが、都道府県税事務所では登記をした人などの情報をもとに納付書を作成し、発送しています。

税額は課税標準×税率という形

家づくりに関係する登録免許税

新築住宅の表示登記	無税
土地の所有権移転登記	固定資産税評価額×1.5% ※1
新築住宅の所有権保存登記	新築建物の評価額×0.15% ※2
住宅ローンの抵当権設定登記	債権金額×0.1% ※3

※1……2019年3月31日までの税率
※2、3……住宅の登記に関する軽減特例。現行2020年3月31日まで。

住宅の特例を利用できる条件（新築の場合）

	新築住宅の所有権保存登記	住宅ローンの抵当権設定登記
取得者	個人（収入の制限はない）	
用途	居住用（併用住宅の場合、90%超が住宅部分）	
住宅	床面積50㎡以上（上限なし）	左記の住宅を取得するための貸付債権を担保する抵当権の設定

不動産取得税

住宅の敷地	固定資産税評価額×1/2 ※1 × 3% ※2 －税額控除 ※3
新築した住宅	（新築建物の評価額 － 1200万円 ※4）× 3% ※2

※1　土地の評価額を1／2に軽減できるのは、2018年3月31日までの特例
※2　税率3%は2018年3月31日までの特例
※3　住宅の敷地に関する税額控除は、2018年3月31日まで取得後3年間適用可。条件は下表参照
※4　認定長期優良住宅の場合は1300万円。

※3 住宅の敷地の税額控除を受けられる条件

控除額	以下❶❷のいずれか多い額 ❶土地の1㎡あたりの固定資産税評価額×1/2×住宅の床面積の2倍（上限200㎡）×3% ❷150万円×3%（4万5000円）
条件	［家づくりの場合］ 土地取得後3年以内、土地取得前1年以内に、下記「住宅の評価減」を利用できる住宅を取得した場合

住宅の評価減を利用できる条件（新築の場合）

取得者	個人、法人
用途	個人の居住用。個人、法人の賃貸用
住宅	床面積50㎡以上240㎡以下（共同住宅は40㎡以上240㎡以下）

で計算します。課税標準とは、税金を計算する際に基本にする金額のことです。不動産取得税の課税標準のもとになるのは、土地も建物も固定資産税評価額です。新たに建築された建物は一定の方法で評価されます。そして土地の場合、この評価の2分の1が課税標準になります。また、建物には居住用建物の軽減特例があります。床面積50㎡以上240㎡以下なら、評価額から1200万円（認定長期優良住宅は1300万円）を控除した額が課税標準になります。

税率は標準税率で4%ですが、住宅と住宅用土地については、現在3%とする特例が実施されています。さらに住宅の敷地には税額控除もあります。控除額と条件はP145※3の表のとおりです。

注意したいのは、課税機関の判断で納付書が送られてきますが、特例の適用を受けるには自分から申告する必要があること。手続き方法は各都道府県の条例で定められており、取得後の申告時限などもあります（東京都は60日以内）。都道府県税事務所に確認しておきましょう。

固定資産税、都市計画税

	固定資産税		都市計画税	
	課税標準×標準税率1.4%		課税標準×制限税率0.3%	
土地の課税標準	小規模200㎡以下部分	固定資産税評価額（負担調整後）の1/6	小規模200㎡以下部分	固定資産税評価額（負担調整後）の 1/3
	200㎡超部分	固定資産税評価額（負担調整後）の1/3	200㎡超部分	固定資産税評価額（負担調整後）の 2/3
住宅の課税標準	固定資産税評価額（ただし、新築住宅には一定年、税額計算後に税額控除がある。下表参照）		固定資産税評価額（税額控除などの軽減はない）	

固定資産税の税額控除（新築住宅）

内容	床面積120㎡までの税額を1/2に軽減。中高層耐火の3階建て以上は5年間（認定長期優良住宅は7年間）、それ以外は3年間（同5年間）
住宅の条件	床面積50㎡以上280㎡以下。賃貸用集合住宅は40㎡以上280㎡以下

家や土地の所有者が毎年支払うのが「固定資産税」です

市町村税の固定資産税、都市計画税は、土地や建物を所有している限り、毎年かかります。納付書が送られ、どのような計算をしたかが示されますので確認しておきましょう。税額計算法や評価の仕方、特例などの概要を上の表に整理しました。

税率は自治体の条例で定めます。標準税率とは税法が目安として示す税率で、自治体はこれを基準に実際の税率を決めます。制限税率はこれより高くしてはいけない上限です。固定資産税は制限税率が廃止されて標準税率だけの定めになりました。理論的には表にあげた税率より高いケースも低いケースもありえます。実際はほとんどの自治体が標準税率にしているようですが、財政事情によって変わるかもしれません。都市計画税は制限税率の定めですので、これより高くはできません。制限税率と同じケースが多いのですが、それ以下の自治体も見受けられます。

残高に応じて所得税が減る「住宅ローン控除」

個人の税金には、家づくりに関係なく毎年払う所得税もありますが、住宅ローンを借りて住宅を取得した人には、この所得税を軽減する特例があります。それが住宅ローン控除（住宅借入金等特別控除）です。給与所得者のように所得税を先払いしている人は、控除分が還付されます。新築資金に役立つ特例ではありませんが、住宅取得後10年間の家計の負担を軽くしてくれる制度ですので、ぜひチェックしておきましょう。

これまでも同様の特例が内容を変えて実施されていて、現在の特例は2021年までのものです。その内容を下の表に整理しました。最初の手続き時に控除の上限が決まり、2017年中に入居した場合は、いくら借りていても4000万円（認定住宅の場合は5000万円）が計算に入れられる上限となり、10年間、年末残高に控除率をかけて実際の控除率を計算します。控除率は年末のローン残高の1％です。

控除額の計算のもとになるのが自分のローンの年末残高であることにも注意しましょう。毎年の返済負担は元利均等返済の場合、ずっと同じですが、残高は返済するに従って減ります。住宅ローン控除は返済額ではなく、残高をベースにしているので、残高がずっと控除の上限を超えていない限り、返済が進むにしたがって控除額は減っていきます。

サラリーマンでも初年度は確定申告が必要です

対象になる借入金は、金融機関、ハウスメーカー、勤務先などの住宅ローンで返済期間10年以上。複数に分けて借りた場合は合計でき、先行取得した土地のローンも一定条件（新築前2年以内など）を満たすと、家を建てて住んだ時点で控除対象になります。収入にも条件があり、合計所得金額が3000万円を超えた年は控除を受けられません。しかし、一度超えても3000万円以内におさまる年は控除できます。

手続き上で注意したいのは、確定申告のときに計算明細書や添付書類をつけて、控除を受ける旨を申告する必要がある点。給与所得のみで確定申告をしない人も、住宅ローン控除を受ける初年度は確定申告が必要です。申告用の書類は税務署に用意されています。給与所得者の場合、2年目以降は年末調整の手続きで継続されますので、初年度の申告手続きを忘れないようにしましょう。

住宅ローン控除の手続き

- □ サラリーマンでも初年度は確定申告が必要（2年目以降は年末調整で手続き可）
- □ 申告用の計算明細書は税務署に用意されている
- □ 手続き時は、金融機関の残高証明書、住民票や家屋の登記事項証明書などの添付書類も必要になる

住宅ローン控除（住宅借入金等特別控除）の額

住宅の種類	居住開始年	借入金などの年末残高の限度額	控除率	各年の控除限度額	最大控除額
一般住宅	2014年4月〜2021年12月	4000万円	1.0%	40万円	400万円
認定住宅（長期優良住宅、低炭素住宅）	2014年4月〜2021年12月	5000万円	1.0%	50万円	500万円

住宅ローンの年末残高の一定割合を計算して、10年間にわたり所得税から控除できる制度。
各年の控除率＝住宅ローンの年末残高×控除率。

控除を利用できる条件

住宅	床面積50㎡以上。床面積の1/2以上を居住専用に使用
住宅の利用	新築してから6カ月以内に入居（主として居住用に供する）
所得	控除を受ける年の合計所得金額が3000万円以下
ローン	返済期間10年以上

資金計画の大切なポイント

家を建てると決めたら、最初にとりかかりたいのが資金計画。家族の将来を予測して、いつどのくらいのお金が必要になるか、ライフプランをつくってみましょう。そのうえで、住宅資金にいくら用意できるのか、住宅取得後の生活が苦しくならないように、適正金額を考えていきます。

20～30年後のライフプランを予測しましょう

住宅は大きな買い物ですから、資金繰りをあやまると、家を建てたあとに家計が破たん……ということにもなりかねません。そうならないためにも、資金計画にじっくり取り組みましょう。

住宅資金を計画するときに、最初に考えたいのが、今後の家族のライフプランです。マイホーム購入はゴールではなく、そこから家族の新しい生活が始まります。今後数十年、住宅ローンを返済しながら、子どもを育てたり、家族で旅行したり、楽しく暮らしていくためには、将来を見通した資金計画がなによりも大切です。

そこで、ライフプラン表をつくることをおすすめします。下の表を参考にして、今後20～30年のあいだの家族の年齢、ライフイベント、必要な資金を書き込んでいきましょう。今後、数十年に考えられる大きな支出を予測してみると、住宅にまわせる資金がおおまかに見えてくるでしょう。

頭金ゼロはリスク大！まずは貯蓄習慣を身につけましょう

最近は、頭金がなくても、物件価格の１００％の融資が受けられる金融機関が数多くあります。でも、借りられることと返せることはまったく違います。頭金がないということは、それまで貯蓄の習慣がなかったということですから、その後の20～30年にわたってローンの返済をし続けるのはそうとう難しいことが予想されます。しかも、住まいにかかるお金は、家を手に入れたから終わり、ではありません。住み続けていくうえでは修繕費や固定資産税もかかりますから、ローン返済をしながら、年間50万～60万円の貯蓄ができる

ライフプラン表

	2017年	2018年	2019年	2020年	2021年	2026年
夫	35歳	36歳	37歳	38歳	39歳	44歳
妻	30歳	31歳	32歳	33歳	34歳 ※パート開始 収入月5万円UP	39歳
長男	10歳	11歳	12歳	13歳	14歳	19歳 ※大学進学
長女	3歳	4歳 ※幼稚園入園 10万円	5歳	6歳	7歳	12歳
特別出費	家族旅行 20万円		車の買い替え 100万円			
貯蓄目標額（年）	80万円	80万円	80万円	80万円	100万円	80万円

と理想的です。家を買ったあとに家計がまわらなくなることがないように、貯蓄の習慣を身につけることから始めましょう。

共働きの人は、妻の働き方をしっかり検討しましょう

資金計画を考えるときに気をつけたいのは、現在の収入が将来的に維持できるかどうか。たとえば共働きで夫婦ともに収入のある世帯は要注意です。今後も妻が働き続けるのか、出産退職して夫だけの収入になることはないか、産休や育休、時短勤務で妻の収入が減る可能性はないか、夫婦でよく話し合いましょう。世帯収入が変われば、ローン返済に回せる額も変わってきます。自営業などで収入が不安定なケースでは、収入がもっとも少ない月を基準に返済計画を立てると無理がありません。

頭金は積立定期預金でコツコツ貯めるのが得策

住宅を取得するときには、予想外の出費がつきものですので、自己資金はできるだけ多めに準備しておけるとベストです。自己資金を確実に準備するのにおすすめなのは、積立定期預金などで先取りでコツコツ貯めていく方法です。勤務先に財形住宅貯蓄の制度がある人は、ぜひ利用を検討してみましょう。給料天引きで貯蓄されるので貯金を引き出しにくく、また、住宅購入に使うと、元本に対する利息が一定額まで非課税になるというメリットも。

「早く貯めたいから」とリスクの高い商品に投資するのはできれば避けましょう。大切な資金を大きく減らすことにもなりかねません。

公的機関の助成金を利用する手もあります

省エネ性の高い住宅を建てると、公的機関から助成金が出る場合があります。たとえば、ZEH（ネット・ゼロ・エネルギー・ハウス／P286参照）を建てる場合や、地域材を使って、地域に適した良質な「地域型住宅」を建てるときに補助金が出る「地域型住宅グリーン化事業」、一定の省エネ性をもつエコ住宅に建て替える場合などです。補助金の実施は期限つきのものも多く、来年度以降の実施が未定のものもあるので、こまめに情報をチェックしてください。

また、太陽光発電など省エネ設備を設置したり、地元の木材を使用することで補助金が出るなど、市町村単位で実施している補助金制度もあります。お住まいの地域の情報を集めて、プランニングの際に設計者に相談しましょう。

Column

省エネ、耐震、バリアフリー住宅なら、非課税で1200万円の資金援助が受けられます

家を建てる場合、親や祖父母から資金援助を受けるケースもあるでしょう。ふつう、親族とはいえお金をもらい受けると、「贈与税」という税金がかかります。しかし、住宅に関する資金援助の場合は、その金額によって有利な制度がいろいろあります。

一般的な贈与税の制度では、110万円までは基礎控除です。つまり、援助額が110万円以内なら通常の贈与であっても税金はかかりません。そして、援助が住宅取得のための資金である場合は、超過額が700万円まで非課税となります。さらに、省エネや耐震、バリアフリーのいずれかを備えた「省エネ等住宅」（※1）なら、非課税枠は1200万円になります。親や祖父母から20歳以上の子や孫への贈与であれば、この制度が利用できます。

もっと多額な援助なら、「相続時精算課税」の制度を利用することを検討してみてもいいでしょう。これは、いってみれば「相続財産の前渡し」のようなもので、2500万円まで非課税になります。たとえば、父親から2500万円の援助を受けた場合、その時点では贈与税はかからず、父親が亡くなったときに父親の遺産に2500万円を組み入れて相続税が計算されるというしくみです。相続額によっては相続税が発生しますが、贈与税を支払うより税率が低くすむ可能性があります。

名称	上限	税金
住宅取得等の贈与の非課税	一般住宅 700万円 省エネ等住宅（※1）1200万円	非課税
相続時精算課税	2500万円	相続税がかかることがある（相続時に相続財産に組み込まれる）

※1 「省エネ等住宅」とは、省エネ等基準（①断熱等性能等級4もしくは一次エネルギー消費量等級4以上、②耐震等級（構造躯体の倒壊等防止）2以上もしくは免震建築物、③高齢者等配慮対策等級（専用部分）3以上）に適合する住宅。

※2 住宅取得等の贈与の非課税の額は、2016年1月1日から2020年3月31日までのもの。ただし、消費税が10％の場合は2500万円（省エネ等住宅は3000万円／2019年4月1日～2020年3月31日）。

返済可能額を計算しましょう

ローンを検討するときは、「いくらなら安心して返せるか?」を考えましょう

住宅ローンを組むときに、もっとも大切なのは、「いくら借りられるか?」ではなく、「いくらなら安心して返せるか?」です。P148で説明したライフプランが完成したら、表に書き込んだ資金をねん出しても、無理なく返せる住宅ローンの借り入れ額を計算してみましょう。

家計からローン返済にまわせるのは、今支払っている家賃に、プラン表の「貯蓄目標額」から、将来のために残したい貯蓄や購入後の家の維持費などを差し引いた額をプラスしたものです。これを「将来、住居費にあてられる金額」にあてはめると、安心して返済できるローン金額がわかります。

1 将来、住居費にあてられる金額を出しましょう

基本は、現在支払っている「月々の住居費」+「月々の住宅資金として貯蓄している金額」になります。住居費には、家賃のほか駐車場代も含めてください。また、月々の貯蓄をすべて住宅資金として計上してしまうのは要注意です。小さな子どもがいる家庭では、教育費の貯蓄も必要ですし、老後資金としての貯蓄も確保したいものです。必要な生活費や今後の収入の変化、ライフイベント用の貯蓄額なども考慮して、月々、いくらなら住居費にまわせるか、考えてみましょう。

月々の住居費（家賃・駐車場代など）		月々の貯蓄額から住居費にまわせる金額		※この金額を「A」とする。
年間　　万円	+	年間　　万円	=	万円

2 住宅の維持費を差し引きます

毎年かかる固定資産税や修繕費用など、家を維持管理していくための費用も意外とかかるものです。きちんと予算をとっておきましょう。一戸建ての場合は、年間で15万〜20万円が目安です。この維持費を、1で計算した金額「A」から差し引きます。この金額「B」が年間返済可能額になります。

「A」の金額		住宅の維持費		※この金額を「B」とする。
万円	−	年間　　万円	=	万円

3 返済できる期間を計算します

住宅ローンは定年までに完済するのが基本です。最長で何年間借りられるか、定年退職の年齢から現在の年齢を引いた年数を出します。より安全策をとるなら、定年前に支払いが完了する設定にしてもいいでしょう。その年数を書き込んでください。

定年の年齢 ［　　　歳］ － 返済開始の年齢 ［　　　歳］ ＝ ［　　　年］ ※これを「C」とする。

4 金利別の借り入れ可能額をチェック

右の表は、年間返済額100万円あたりの借り入れ可能額を金利ごとにまとめたものです。利用するローンの金利と、3で計算した返済期間「C」が交差するところを探してください。たとえば、返済期間が30年で、金利1.0%のローンを利用する場合の借り入れ可能額は、2591万円になります。

年間返済額100万円あたりの借り入れ可能額早見表（単位：万円）

金利／返済期間	20年	25年	30年	35年
0.5%	1903	2350	2785	3210
0.6%	1884	2321	2745	3156
0.8%	1848	2265	2666	3052
1.0%	1812	2211	2591	2952
1.2%	1777	2159	2518	2857
1.4%	1744	2108	2449	2766
1.6%	1711	2059	2381	2679
1.8%	1679	2012	2317	2595
2.0%	1647	1966	2255	2516

5 返済可能額を計算しましょう

4の表の金額は、年間返済額100万円あたりの借り入れ可能額なので、そこに自分の年間返済額「B」を掛けて100万円で割り、適切な借り入れ可能額を計算します。たとえば年間返済額「B」が120万円で、4で見つけた額が2591万円の場合、2591万円×120万円÷100万円＝約3109万円。これが安心して返せるローンの借り入れ額です。

4の金額 ［　　　万円］ × 「B」の金額 ［　　　万円］ ÷ 100万円 ＝ ［　　　万円］ ※これを「D」とする。

また、住宅用の自己資金（頭金）に、上で計算した安心して返せるローンの借り入れ額「D」をプラスすると、無理なく購入できる住宅の上限価格がわかります。ただし、この上限価格には家づくりの際にかかる諸経費も含まれますので、注意してください。

自己資金（頭金） ［　　　万円］ ＋ 「D」適正ローン金額 ［　　　万円］ ＝ 住宅上限価格（諸経費込み） ［　　　万円］

住宅ローンはどうやって選ぶ？

少しでも金利の低いローンを探しましょう

住宅ローンを選ぶときに、最優先するべきことは「金利」です。たとえば、2000万円を2・0％の金利と2・2％の金利で借りた場合を比べると、2・0％のほうが返済利息が約87万円も少なくてすみます（借り入れ期間35年、月々の返済のみの場合）。期間限定の金利優遇を行っている銀行も多いので、店頭で最新情報をチェックしましょう。また、住宅ローン専門の「ARUHI（旧SBIモーゲージ）」などのネット系の住宅ローンなども、金利が低いので狙い目です。金利には、「固定金利型」「変動金利型」「固定金利選択型」の3種類があり、同じ金融機関でもどのタイプの金利を選ぶかによって適用金利が異なりますので注意してください。

自分にとって有利な住宅ローンを見つけましょう

金融機関によっては、取引の内容などによって、一般に提示している住宅ローンの金利よりも低い特別優遇金利を設けているところがあります。そのなかでも多いのが、「給与振込口座があれば金利を優遇する」というものです。また、融資の申し込み時に口座を開けばOKという場合もありますので、口座のない銀行の優遇情報も確認してみるといいでしょう。また、地方公務員の場合、地元の銀行や信用金庫で、会社員の場合は、勤務先が提携する金融機関で融資を受けると、手数料や金利を優遇してもらえる場合があります。勤務先の総務部などに確認してみてください。

長期固定金利のローンでシミュレーションしてみましょう

ローンの契約時にかかる保証料や手数料は、借り入れ額などによって決まります。金融機関によって算出方法も異なりますので、どのローンが本当に得なのかを計算するには、自分で試算してみるのがいちばん確実です。ローンの候補がいくつかしぼれたら、自分の借り入れ額や返済期間をあてはめて、総返済額を計算してみましょう。金利は、今後の金利情勢で変動する変動金利型や固定金利選択型よりも、将来的にずっと変わらない固定金利が安心です。ローンのシミュレーションは、「フラット35」のサイト（http://www.flat35.com/simulation/）などでできます。

たくさん借りるための「ボーナス返済」はできれば避けて

ローンの返済金額を計算する際は、月々いくらなら無理せず返せるか？ をもとに計算するのが鉄則です（P150参照）。ローンを組むときに、たくさん借りるためにボーナス返済を組む人もいますが、できれば避けたほうがいいでしょう。ボーナスが減ったり、教育費があがった場合など、家計がピンチになってしまうこともありえます。ボーナスに余裕があるなら、月々返せる額でローンを組んだうえで、ボーナス返済を組み入れて期間短縮をするプランにしましょう。これなら、効率よく返済ができて、たとえボーナスが減ってしまったときにも、月々の返済のみに戻すことが可能ですのでダメージが少なくてすみます。

住宅ローン選びのポイント

- ☐ 最優先すべきなのは「金利」。期間限定の金利優遇など、最新情報をチェックする。
- ☐ 給与振込口座や勤務先が提携する金融機関などで、手数料や金利などの優遇を行っていないか、確認を。
- ☐ 「フラット35」のサイトなどを利用して、自分の借り入れ額や返済期間をあてはめて、ローンのシミュレーションをしてみる。
- ☐ ボーナス返済はできれば避けて、月々の返済額をベースに計算する。

ネット銀行の住宅ローンにも注目！

実店舗のないネット銀行の場合、住宅ローンを組むときの手数料や金利が、他行に比べて20万円ほど抑えられるケースもあります。ネット上ですべての手続きがすむため、銀行に出向く時間がない人などにもおすすめです。ほかにも、低金利のところが多いことや、保証料・繰り上げ返済手数料・団体信用生命保険加入料などが不要の場合が多いなどのメリットが挙げられます。

一方、デメリットも。書面のみの審査になるので、リスクを避けるために審査が厳しく、日数もかかります。とくに自営業の人などは審査が厳しくなります。また、手続きがすべてネットになるので書類集めに手間がかかります。勤務先が安定している会社員や、融資の実行までに時間の余裕があるケースでは、おすすめです。

どんな住宅ローンがあるか知っておきましょう

住宅ローンには大きく分けて公的ローンと民間ローンがあります。そのほかに、中間的なシステムの「フラット35」があり、最近の主流となっています。それぞれのローンについて説明します。

フラット35

「フラット35」は、銀行や保険会社、ノンバンクなどが扱っている住宅ローンです。各金融機関はあくまでも窓口で、ローン債権は住宅金融支援機構が買いとる仕組みになっています。

最長35年まで借りられる長期固定金利型の住宅ローンで、35年間全期間一律の固定型か、11年目から金利が上がる段階性かを選択できます。どちらにしても契約時に返済終了までの金利がわかるので、返済計画を立てやすいのが大きなメリットです。また、保証料も無料になります。

同じ「フラット35」でも、取り扱う金融機関ごとに独自の手数料を設定しているので、金利や手数料が異なります。利用する場合は、いくつかの金融機関を比較・検討してみるといいでしょう。

また、「フラット35」は、民間の住宅ローンに比べて、物件に対する審査が厳しいのが特徴です。建築予定の住宅が、住宅金融支援機構による耐久性などの技術基準をクリアしなければ利用できません。

その一方で、人に対する条件はゆるやかで、民間の金融機関のような厳しい審査はありません。転職したばかりの人や、収入が不安定などの理由で銀行のローン審査に通りにくい人でも、利用できるケースがあります。

公的ローン

公的ローンには「財形住宅融資」と「自治体融資」があります。最近は、民間ローンに魅力的な商品が出そろっているため、公的ローンを利用する人は少ない傾向にあります。

【財形住宅融資】　財形貯蓄を1年以上継続していて、貯蓄残高が

「フラット35」を利用できる人の要件

- 申し込み時の年齢が70歳未満であること
- 一定の収入があること
- 日本国籍をもつ人、または永住許可などを受けている外国人であること
- 「フラット35」とそのほかの借り入れ金を合わせたすべての借り入れ金の、年間返済額の年収に占める割合が、次の基準を満たしていること。年収400万円未満…30％以下。年収400万円以上…35％以下
- 申し込み本人または親族が住むための住宅の建設資金または購入資金であること（リフォームのための資金には利用できない）

「フラット35」を利用できる住宅の条件

- 一戸建ての場合、住宅の床面積が70㎡以上あること
- 住宅の耐久性などについて、住宅金融支援機構が定めた技術基準に適合していること
- 店舗や事務所と併用した住宅の場合、住宅部分の床面積が全体の2分の1以上であること
- 建設費（建設に付随して取得した土地の購入も含む）、または購入価格が1億円以下（消費税を含む）であること

50万円以上あること、それに加えて一定の条件を満たした人が利用できる住宅ローンです。比較的金利が低いのが魅力ですが、金利は5年ごとに変わるので、将来的な資金計画が立てにくいというデメリットもあります。

【自治体融資】　地方自治体が行っている融資ですが、最近は利用できる自治体が少なくなってきました。一部の自治体では、利子補給制度を実施しているところもあります。これは、所定の金融機関でローンを組んだ場合に、その金利の一部を、一定期間補助するというものです。

民間ローン

民間の金融機関では、住宅ローンを取り扱っているところが多く、その商品も多種多様です。基本的に民間ローンは、ローンを借りる「人」に対しての融資になるので、申し込みの際には一定の審査があります。

【銀行のローン】　都市銀行や地方銀行などがそれぞれに行っているローンです。その銀行を給与振込口座にしている場合は優遇金利が適用されるなど、さまざまなサービスが提供されています。

【信用金庫・信用組合のローン】　信用金庫や信用組合が行っているローンで、低金利の商品もあります。ただし、利用できる地域や職業が限定されていることがほとんどです。

【JAのローン】　JAの組合員向けのローンです。組合費を納めて准組合員になれば、農家以外の人でも利用できるケースがあります。

【住宅ローン会社のローン】　住宅ローンを専門に扱っている会社が取り扱っているローンです。実店舗がなく、インターネット上だけで営業している会社もあります。人件費などのコストがカットできるので、比較的金利の低い商品があります。

住宅ローン借入先による手続き費用の違い

	「フラット35」	金融機関独自ローン
事務取扱手数料	取扱金融機関によってかなり異なる。大半は必要。定額（3万～10万円＋消費税）のタイプと、融資額に応じたタイプ（融資金額×0.525～2.1%）がある	必要。3万円＋消費税程度が多い
保証料	不要	必要。借入金額と返済期間に応じて決まる（2000万円35年返済の場合、40万円強など）
物件検査手数料	必要	不要
団体信用生命保険料	利用可	要加入
火災保険料	特約火災保険利用可。なんらかの形で火災保険をつけて、それに金融機関が質権をつけることが求められる	

住宅ローンの手続き費用は借入先によって違います

　住宅ローンを借りると、金融機関などに支払う手続き費用が発生します。保証料、事務取扱手数料などです。しかし、ローンの種類により内容は変わります。

現在、民間金融機関が扱う住宅ローンは、大きく分けて2タイプあります。もともと金融機関が商品化していた独自ローンと、住宅金融支援機構と連携しながら融資する「フラット35」です。

　独自ローンは、中身に金利タイプなどのバリエーションがありますが、多くは保証人のかわりに保証会社の保証をつけることが必須条件になっており、保証料がかかります。その額は借入金額と返済期間に応じて決まる形が多く、借入条件により変わります。金融機関ごとの差も出ており、一括払いではなく、金利を高めにして返済額に含めて払う形にできる金融機関もあります。さらに、事務取扱手数料もかかり、多くは定額制をとっています。

　一方、「フラット35」は銀行が預金を原資に貸し出すのとは別の仕組みとなっていて、保証料が不要です。しかし、事務取扱手数料はかかり、この手数料と金利が金融機関ごとに違います。おおまかに言うと、金利を下げるかわりに手数料は高めにし、融資額に応じた一定割合にするグループと、手数料を定額にして金利を高めにするグループがあります。

　そのほか、団体信用生命保険、火災保険などの加入も求められますので、金融機関ごとの条件を確認しておきましょう。三大疾病保険付きローンなどには、保険料を銀行が負担するものもあります。また、住宅ローンでは抵当権設定費用もかかります（P145参照）。税金などの費用なので金融機関による大きな違いはありません。

住宅ローンの金利と返済方法を抑えておきましょう

ローンを利用するときには、「金利」と「返済方法」を選びます。それぞれどんなものがあるのか、特徴を知っておきましょう。

金利の種類

【固定金利型】 ローンを契約するときの金利が、返済中もずっと続く方式です。月々の返済額が一定で返済計画が立てやすく、低金利のときにローンを申し込めると、返済期間中に金利が上昇しても当初の金利のまま利用できるのがメリットです。

【変動金利型】 通常、半年に一度の割合で、金利が見直される方式です。実際の返済額は半年ごとには変わらず、5年ごとに再計算されるのが一般的です。固定金利型より低金利なのが魅力ですが、金利の変動に伴って将来の返済額も変わってくるので、返済計画が立てづらい面もあります。

【固定金利選択型】 最初に5年や10年などの期間を選択して、その間だけ金利を固定するという方式です。一定期間が終了したら、再び固定にするか、変動金利に変えるかを選びます。このとき、どちらの金利もスタート時より上がっていた場合、結果的に総返済額が増えることになります。

返済方法の種類

【元利均等返済】 毎回の返済額を一定にする返済方法です。元利均等返済は、返済額に占める元金と利息の割合が毎回変わり、はじめのうちは、返済額のなかで占める利息の割合が大きいので、元金の減りは元金均等返済よりも遅く、そのぶん利息も多くなります。月々の返済額が決まっているので、家計管理をしやすいのが大きなメリットです。期間中、当初の返済額を多くしたくない人にとっては、元利均等返済が向いているといえます。

【元金均等返済】 一方で、毎回の返済額の元金にあたる部分を一定にするのが元金均等返済です。利息額は、各回の元金の額に金利を掛けた分を支払う方法。最初のうちは、返済額が高くなりますが、元金をどんどん返していけるので、そのぶん利息が早く減り、総返済額を少なくできます。

このように、返済期間と金利が同じ条件なら、総返済額は元金均等返済のほうが元利均等返済より少なくなります。ただし、当初の返済額が高いため、家計にゆとりがある人、あとで返済を楽にしたい人、数年先に買い換えを予定している人などに向いているといえます。

家計にゆとりができたらローンの利息を減らせる繰り上げ返済を

繰り上げ返済とは、毎月返済やボーナス返済などの決まった返済とは別に、借入金（元金）の一部または全部を返済することをいいます。返済金額は、全額が元金の返済にあてられるので、利息を減らすことができます。

繰り上げ返済には、返済期間を短縮する「期間短縮型」と、毎回の返済額を減らす「返済額軽減型」の2種類があります。同じ金額を繰り上げ返済する場合、期間短縮型のほうが、利息を多く減らせます。

元金均等返済

たとえば、1000万円を金利1.0%（返済期間35年）で借りる場合、元金均等返済の1回目の返済額は3万3000円。総返済額は1176万円になります。

元利均等返済

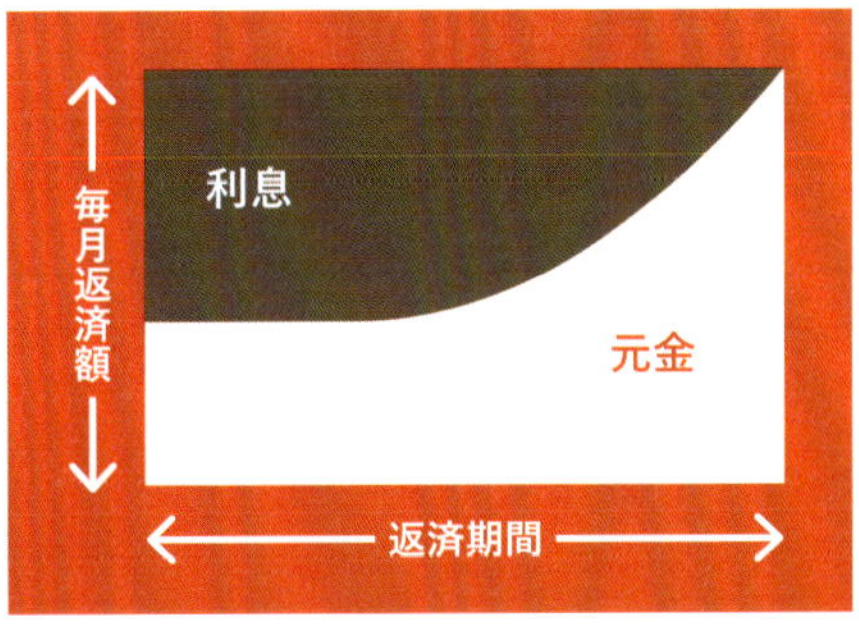

たとえば、1000万円を金利1.0%（返済期間35年）で借りる場合、元利均等返済は返済期間を通して月々の返済額が2万9000円。総返済額は1186万円になります

住宅ローン金利が過去最低レベルの今なら、長期固定金利を選びましょう

　銀行に預けている預金には、利息がつきます。でも、金利がマイナスになると、お金を預けている私たちが銀行に利息を払わなければいけないという事態が起こります。これが「マイナス金利」といわれるものです。ただし、2016年2月に始まった「マイナス金利」は、銀行などが日本銀行に預けている一部のお金に対して行ったものです。日本銀行としては、銀行が預けているお金をもっと外に出して、融資や投資に回し、景気回復に役立ててほしいと考えた末のことでした。

　こうした日本銀行の政策の影響を受けて、国内の金利水準はじりじりと下がってきています。同時に、住宅ローンの金利も下降傾向にあって、いまは過去最低のレベルにあるといえるでしょう。これから住宅ローンを組む人にとっては、この低金利を生かさない手はありません。そこで、もっともおすすめなのが、将来、金利が上がったときでも安心な、長期の固定金利ローンです。たとえば、35年固定金利の「フラット35」なら、金利は約1・370％です（金融機関によって異なります）。返済期間中は、金利がずっと変わらないので、長期にわたって低い金利のまま、さらにライフプランを立てやすいというメリットもあります。

消費税が10％になると住宅資金も大きく影響を受けるので要注意です

　現在8％の消費税は、いずれ10％へと引き上げられます。ただし、その時期が2019年10月まで再延期されることになりました。今後の法令改正によって変更となる可能性もありますが、現在の法令（2017年11月現在）によると、消費税が上がる半年前に契約していれば、引き渡しが消費税アップ後であっても、現在の8％が適用されることになります。

　というのも、家づくりでは、費用を一度に支払うことはなく、ふつう、工事請負契約時に総額の3分の1、上棟時に3分の1、引き渡しの際に残りを支払うといったケースがほとんどです。家の工事中に消費税が上がると、最初の1回は8％で、残りの2回は10％といった複雑な事態になることも考えられますので、そうならないように、消費税率は工事請負契約時を基準に統一されることになりそうです。今後、法令が改正されることもありえますので、消費税が上がる前に家を買いたい人は、今後の動向を注意深くチェックする必要があります。

　ちなみに、消費税は「商品」と「サービス」にかかる税金です。住宅の場合、課税の対象となるのは、木材や建材、システムキッチンやユニットバスなどの「商品」と、工事費や契約時の手数料などの「サービス」になります。商品でもサービスでもない「土地」には、消費税はかかりません。

年収が510万円以下なら、最大30万円給付される「すまい給付金」があります

　住宅ローン減税は、支払った所得税や住民税から戻る仕組みなので、収入が低い人ほど減税効果は小さくなります。そこで、減税が不十分なケースをカバーするために給付されるのが、「すまい給付金」です。

　給付には、年収が510万円以下であること、床面積が50㎡以上であること、住宅瑕疵担保責任保険へ加入（または同等の検査が実施された住宅）、もしくは建設住宅性能表示を利用するなど、施工中に第三者の現場検査を受け、一定の品質が確認される住宅であることなどの条件があり、給付額は消費税8％の場合で最大30万円、消費税が10％になると最大50万円になります。収入や夫婦でローンを組んだ持ち分などで異なりますので、国土交通省の「すまい給付金」専用サイト（http://sumai-kyufu.jp/）でシミュレーションしてみましょう。すまい給付金の実施は、2021年12月末までの予定です。

給付対象者の主な要件

- 住宅の所有者（不動産登記上の持ち分保管者）であること
- 住宅の居住者（住民票において、取得した住宅への居住が確認できる者）であること
- 年収の目安が510万円以下（消費税10％時は775万円以下）であること
- 住宅ローンを利用しない場合のみ、年齢が50歳以上（消費税10％時は年収の目安が650万円以下であることが追加される）

給付対象となる主な住宅の要件

- 床面積が50㎡以上であること
- 第三者機関の検査を受けた住宅であること

PART4

敷地の探し方

土地の種類と特徴を知ろう

自分の土地だからといって、自由に家を建てられるわけではなく、法律によって高さや広さなど、さまざまな規制を受けます。新居のプランや、その後の住み心地にも影響大なので、法規制の基本について、まずは頭に入れておきましょう。

建物の広さや高さは用途地域で決まります

建物の種類や規模（面積や高さ）をほぼ決定づけるのが、都市計画法の用途地域による規制です。病院と娯楽施設など、用途の違う建物が無秩序に乱立していると、混乱が生じます。用途地域による規制は、似通った用途の建物を集約することで、環境を守り、利便性を向上させるために設けられました。左の表のように、用途地域は、「住居系」「商業系」「工業系」の３つに大別され、さらに12地域に分類されています。それぞれの地域ごとに、建てられる建物の種類や用途、建ぺい率や容積率などが決められています。

また、都市計画法では防火上から、市街地を防火地域と準防火地域に指定しています。防火地域では、延べ床面積１００㎡を超える建物は、鉄筋コンクリートなどの耐火建築物としなければならず、原則として木造住宅は不可。準防火地域では木造住宅は建てられますが、隣地境界線から一定の距離内の外壁や軒裏などには防火規定があります。自分の土地がどの用途地域かは、都市計画図で確認を。役所で閲覧、購入できます。

用途地域の種類

系統	用途地域	内容
住居系	第一種低層住居専用地域	低層住宅の良好な環境を守るための地域で、小規模の店舗や事務所を兼ねた併用住宅なども建てられる。
住居系	第二種低層住居専用地域	低層住宅の専用地域ではあるが、床面積の合計が150㎡以下の店舗は建てられる。
住居系	第一種中高層住居専用地域	3階建てや4階建ての中高層住宅と店舗などが混在しているが、床面積が500㎡以上の飲食店などは建てられない。
住居系	第二種中高層住居専用地域	第一種中高層住居専用地域より規制がゆるく、床面積が500㎡以上の事務所、飲食店、スーパーマーケットなどは建てられる。
住居系	第一種住居地域	住宅地のための地域で、大規模な店舗や事務所は制限されている。
住居系	第二種住居地域	住宅地のための地域で、大規模な店舗や事務所も認められる。
住居系	準住居地域	自動車関連施設等と住居が調和して立地する地域。
商業系	近隣商業地域	近隣の住民が日用品の買い物をする店舗などの業務の利便性を図る地域。住宅や店舗のほか、工場なども建てられる。
商業系	商業地域	銀行、映画館、飲食店、百貨店など、商業などの業務の利便性を図る地域。
工業系	準工業地域	主に軽工業の工場や環境悪化のおそれのない工業施設が建てられる地域。住宅や店舗、飲食店も建てられる。
工業系	工業地域、工業専用地域	どちらも、どんな工場でも倉庫でも建てられる地域だが、工業専用地域に住宅やホテル、学校などは建てられない。

※市街化区域は12の用途地域に分けられ、それぞれ建物の用途や規模などを規制している。表では、下にいくに従い、規制がゆるくなる。

家の広さに関するもの

住居系の地域は「建ぺい率」「容積率」が厳しい

敷地と建物の大きさの比率を、建ぺい率や容積率であらわし、用途地域ごとに上限が定められています。住居系の地域では、住宅地としての環境を保つために、建ぺい率の上限は低く定められており（30〜60％）、商業系の地域は、土地が有効利用できるように、80％と高く設定されています。そのため、敷地の面積が同じでも、用途地域が違えば、建てられる家の広さが違ってきます。

建ぺい率とは、建築面積の敷地面積に対する割合で、建築面積を敷地面積で割った数値であらわします。建築面積とは、いわゆる建坪のことで、建物を真上から見たときに、どれだけ土地をおおっているかを示したものです。具体的には、建物の外壁や柱の中心線で囲われた水平投影部分をさし、出寸法が1m未満のひさしやバルコニー、柱や壁のない外階段、出寸法が50cm未満の出窓、地盤面から天井までの高さが1m以下の地下室などは原則として含まれません。算定の細目については、各自治体の基準があるため、事前の調査が必要です。

容積率とは、延べ床面積（各階の床面積の合計）の敷地面積に対する割合です。容積率は、この延べ床面積を敷地面積で割った数値であらわします。ただし、敷地の接する道路の幅員（幅）が12m以上か未満かによって、容積率が変わってくるので注意が必要です。また、奥行きが2m未満のバルコニー、一定条件内の出窓や小屋裏、地下室、車庫などは、容積率に含めなくてもよいことになっています。詳しくはP66〜67を参照してください。

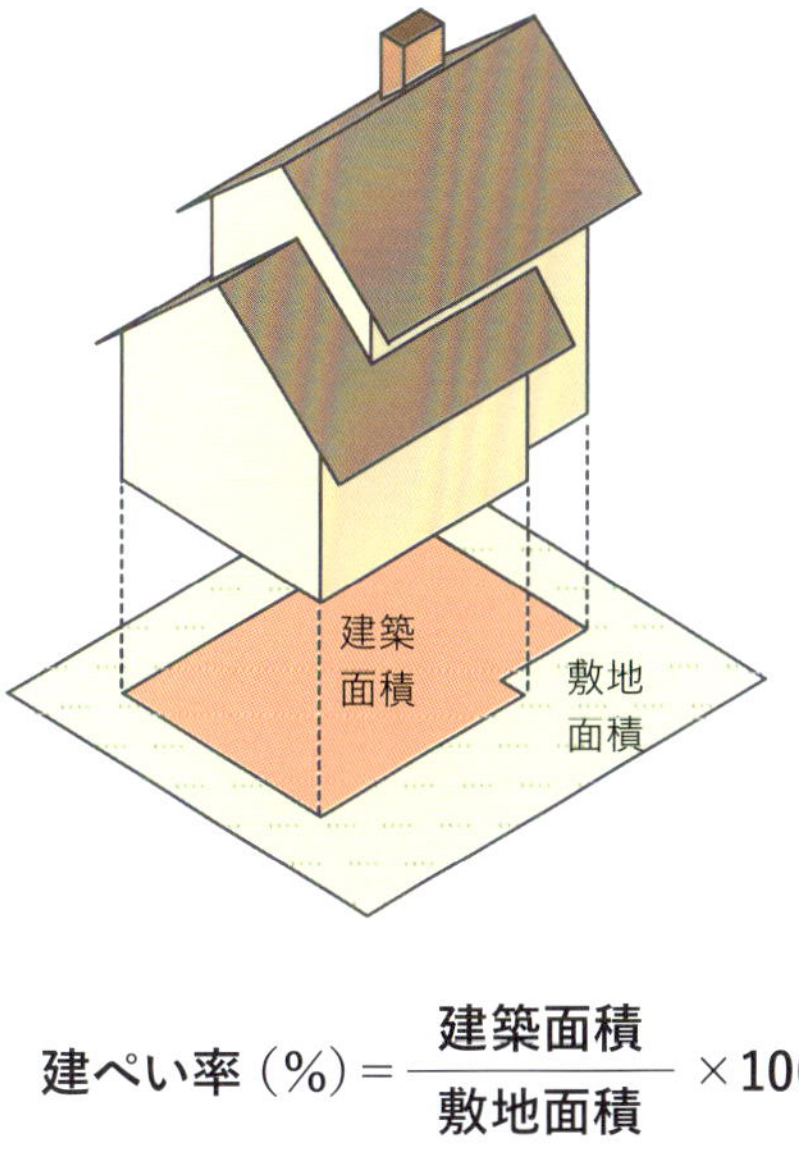

$$建ぺい率（\%）= \frac{建築面積}{敷地面積} \times 100$$

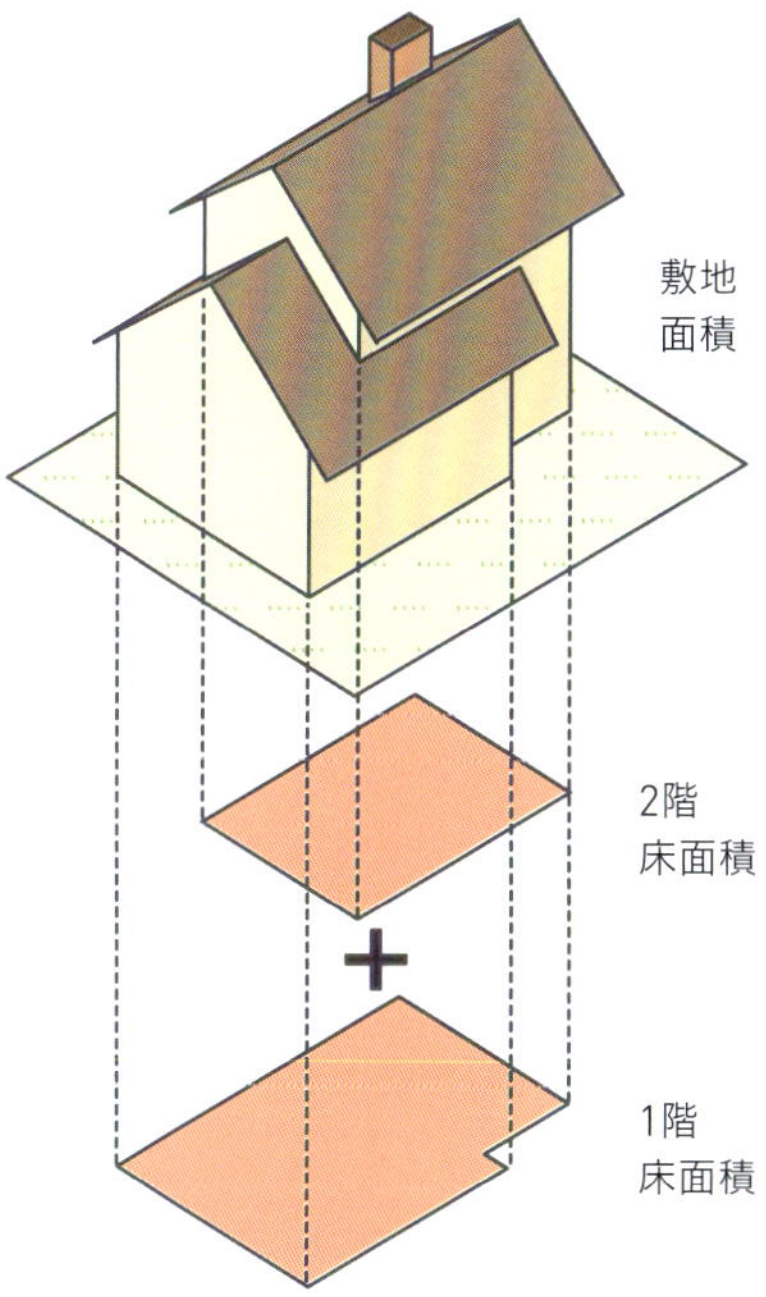

$$容積率（\%）= \frac{延べ床面積}{敷地面積} \times 100$$

建物の主な法規制

建ぺい率

建築面積（建坪）の敷地面積に対する割合のことで、用途地域により上限が定められている。

容積率

延べ床面積の敷地面積に対する割合のことで、用途地域により上限が定められている。

斜線制限

用途地域により、道路斜線制限・隣地斜線制限・北側斜線制限が設けられている。高度地区の場合は、さらに厳しい制約がある。

絶対高さ制限

第一種・第二種低層住居専用地域では、絶対高さ制限があり、10mもしくは12mの高さまでの建物しか建てられない。

隣地境界線から外壁までの距離

第一種・第二種低層住居専用地域では、建物の外壁から隣地境界線までの距離を、1.5mまたは1.0m以上あけなければならない場合がある。

防火地域、準防火地域、法22条地域（屋根不燃化地域）

防火地域では、延べ床面積100㎡を超える建物などは、耐火建築物としなければならず、原則として木造は不可。準防火地域では、木造建築物は、延焼のおそれのある部分は防火構造とする。法22条地域でも、屋根材や外壁材に不燃材を使うなどの制限がある。

家の高さに関するもの

「高さ制限」は環境や日照条件を守るための規制です

用途地域によっては、建物の高さが制限されます。第一種・第二種低層住居専用地域では、建物の高さが10mもしくは12mに制限されています(絶対高さ制限)。さらに、北側斜線制限により、第一種・第二種低層住居専用地域、および第一種・第二種中高層住居専用地域では、建物の北側も高さ制限を受けます(北側斜線制限)。これは、新しく建物を建てることで、隣の建物への日照を妨げないように設けられている規制で、北側の屋根部分の高さと勾配を数値で定めています。また、都市部では第一種高度地区という地域指定があり、さらに厳しい条件が設けられています。

前面道路の幅によって「道路斜線制限」がかかることも

建物が前面道路に与える圧迫感を抑えるために設けられた制限で、道路の幅員によって、建ててよい建物の高さが決まります。建物は、道路の反対側の境界線までの距離に一定の数値(住居系では1・25倍、そのほかの地域では1・5倍)を掛け合わせた高さ以内にしなければなりません。そのため、第一種・第二種低層住居専用地域に家を建てるときは、絶対高さ制限に加え、道路斜線制限と北側斜線制限にも配慮した形状にする必要があります。2つの斜線制限をクリアするには、屋根に勾配をつけるなどの方法があります。道路斜線制限にも緩和規定があり、建物を後退させることで、その分、道路が広いとみなされ、より高い建物が建てられます。斜線制限には、高さが20mまたは30m以上の建物が対象の隣地斜線制限があります。第一種・第二種低層住居専用地域には適用外なので、戸建てでは配慮する必要はありません。

第一種・第二種低層住居専用地域の斜線制限の例

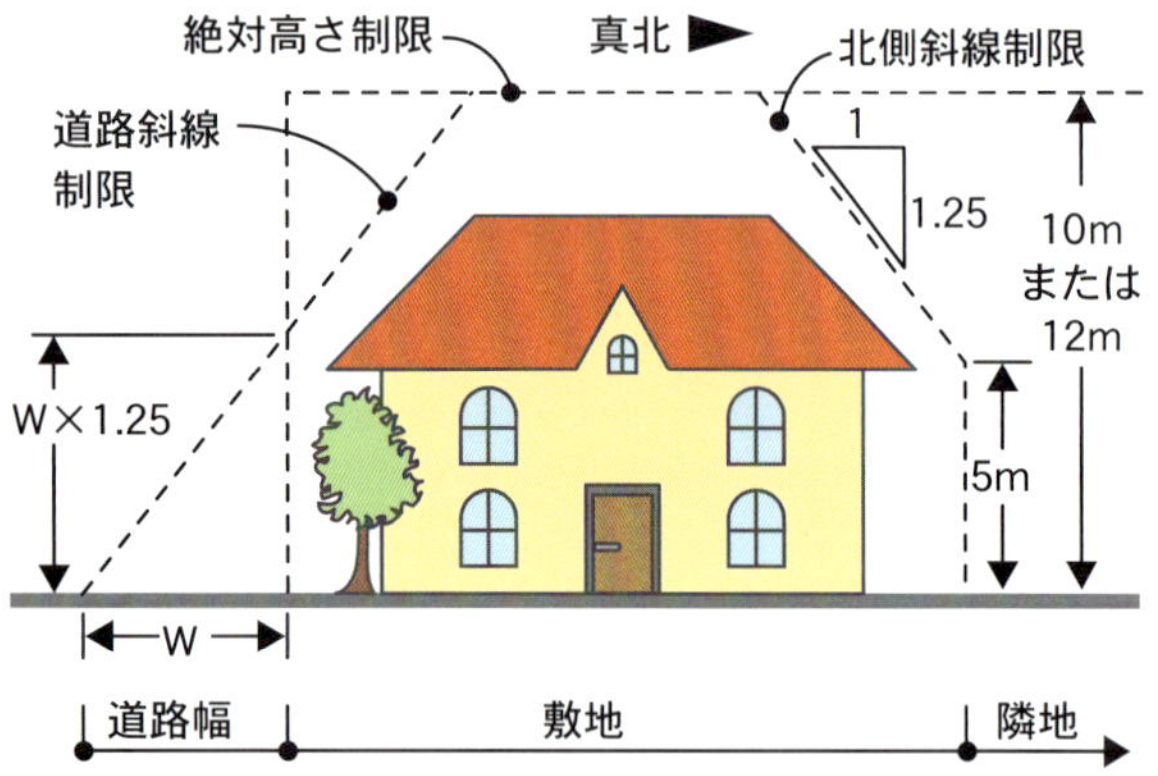

道路斜線制限の緩和措置

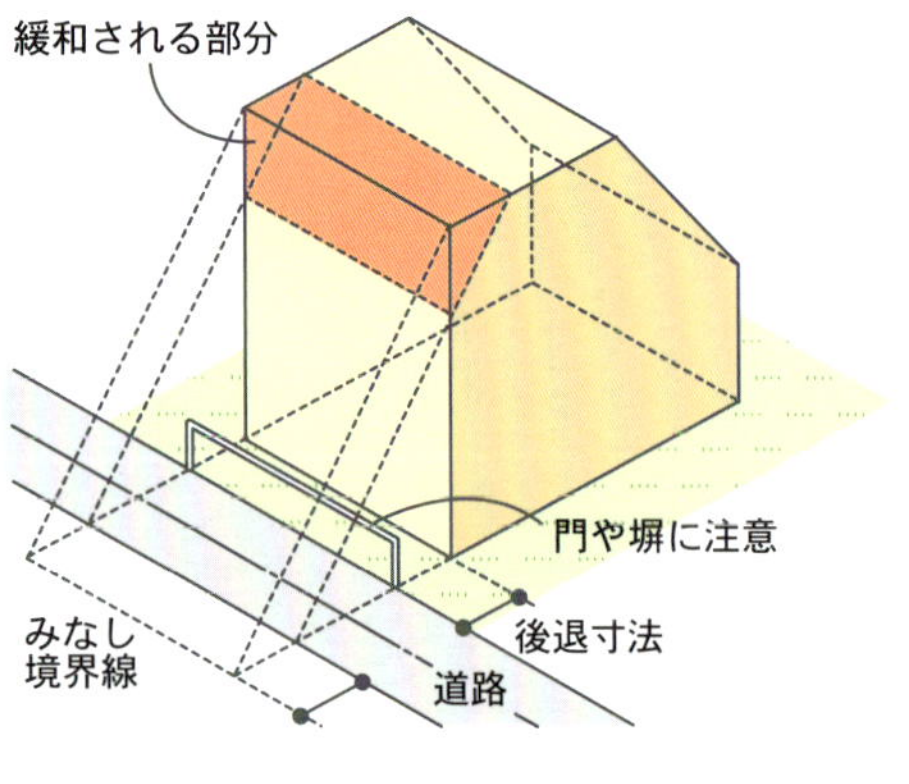

道路から建物を後退させると、そのぶん、道路が広いとみなされ、高い建物が建てられる。

第一種高度地区の高さ制限

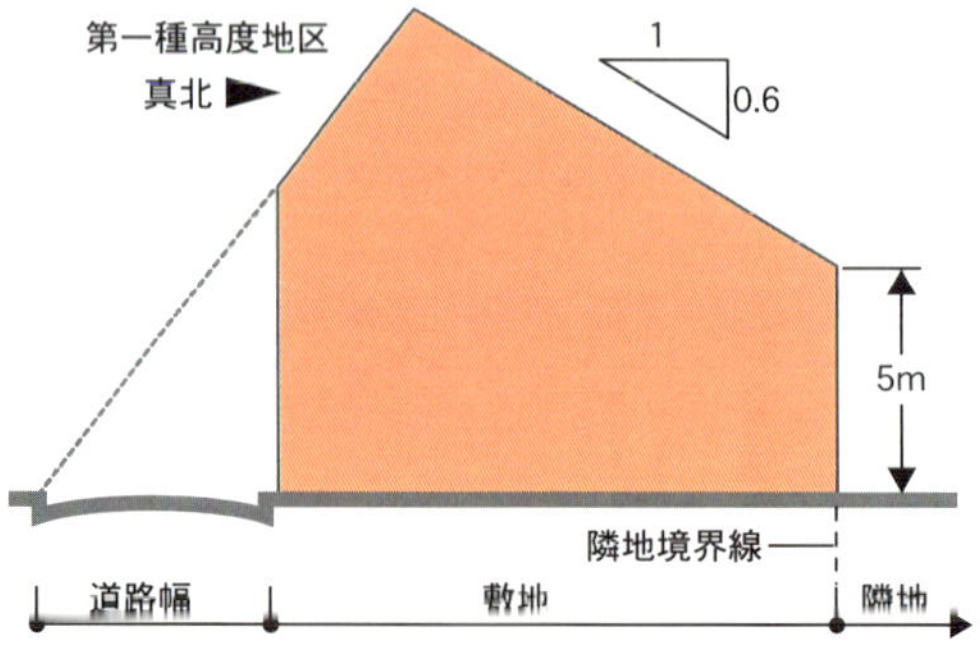

道路と土地に関するもの

道路に2m以上接する「接道義務」があります

建築基準法では「建築物の敷地は道路に2m以上接していなければならない」と定められています。ここでいう道路とは、幅4m以上（地域によっては6m以上）の公道や、位置指定道路と指定された私道などのこと。幅4m未満の道路でも、建築基準法が定められた昭和25年以前からあった道路で、役所が指定した道路（通称2項道路）であれば、道路として認められています。

1つの敷地に建てられるのは1つの建物、というのが原則なので、もし2軒以上建てる場合は、それぞれ道路に2m以上接するように敷地を分割しなければなりません。また「袋地」や「旗ざお状敷地」と呼ばれる敷地は、路地状部分が道路に2m以上接していなければなりません。また、路地状部分の長さについては、各自治体の条例によってきめられています。東京都の場合、路地状部分の長さは20m以内に規定されていて、それを超える場合は、道路に接する部分が3m以上ないといけません。

路地状敷地

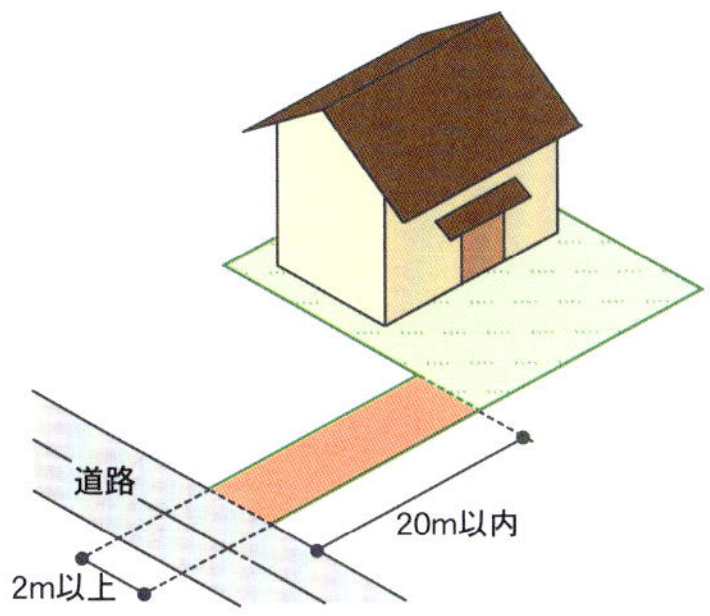

セットバック

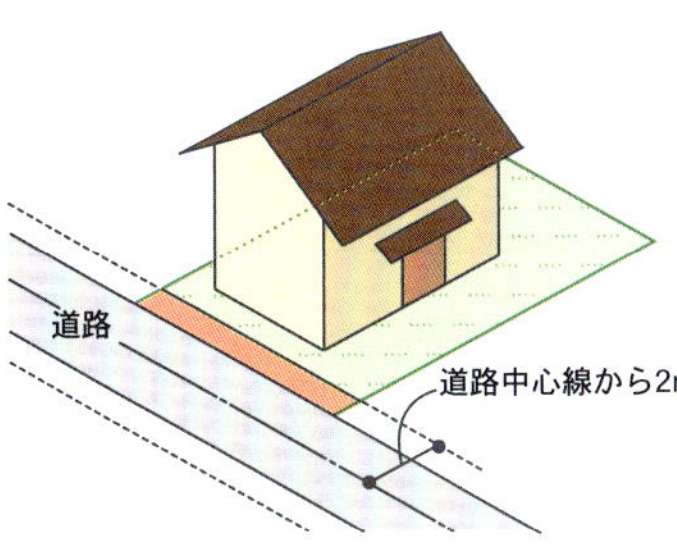

条件しだいでは「セットバック」の義務も

4m未満の2項道路に接する敷地に家を建てる場合、道路の中心線から2m（地域によっては3m）、敷地を後退させなければなりません。建ぺい率や容積率は、後退部分を除いた敷地面積で計算します。また、風致地区などでは、道路境界線や隣地境界線から外壁を、1mや2mなど定められた距離だけ離さなければならないので、注意が必要です。

角地の場合は「隅切り」が必要なケースも

幅6m未満の道路が交差する角は、角度が120度未満の場合、道路の見通しをよくするため、その角の部分を削らなくてはならず、建物や塀などをつくることはできません。これを「隅切り」といい、どれくらい削るかは各地方自治体の条例などにより異なります。角度が120度以上の場合は、隅切りの必要はありません。この隅切り部分は、敷地後退の場合と違い、通常は建ぺい率や容積率に影響しません。また、角の部分を道路に提供することで、建ぺい率が10%緩和されます。

隅切り

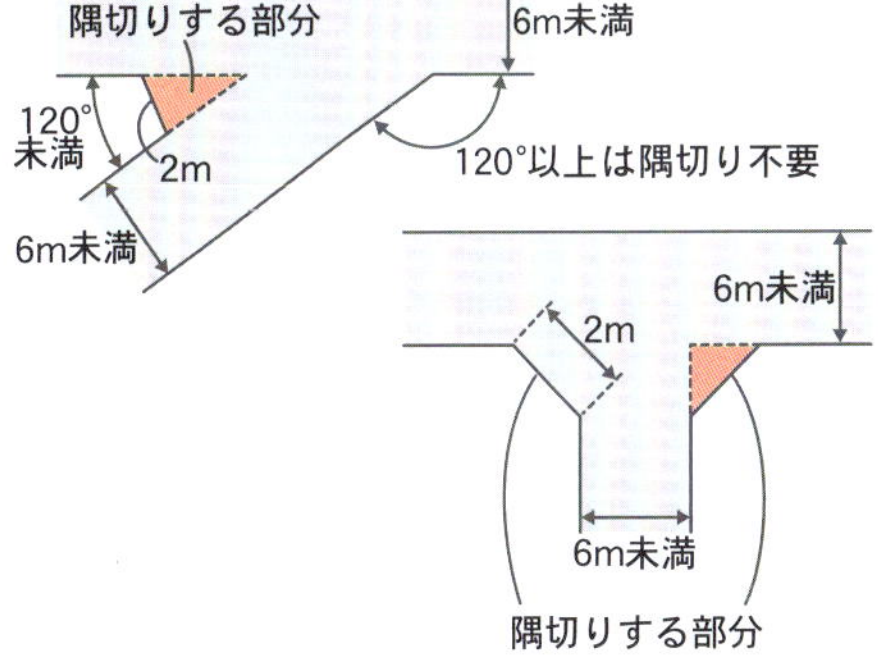

「隣地との境界」についても決まりがあります

民法では、隣地境界線近くに家を建てる場合、建物をその境界線から50cm以上離すように定められています。50cm未満の場合は、隣家は建築の中止や変更を要求できます。また、境界線から1m以内の場所に、隣地が見渡せる窓やベランダを設けるときは、目隠しが必要。雨水が隣地に直接流れ落ちるような屋根などもつくれません。隣地境界線上に塀などを設ける際の費用は、双方が等分に負担し、双方の所有物となります。

土地選びに必要なコツ

理想の住まいを手に入れるためには、建物のプランニングと同じぐらい、土地探しも重要です。でも、ただ広ければいいというわけではなく、周囲の環境や道路との位置関係など、考慮すべきポイントもたくさんあります。上手に土地を探すためのコツを解説します。

あせって先に土地を買うのはNGです

先を読まずに土地を買うと、とり返しのつかない失敗が！

家づくりでなによりやっていけないのは、家のプランや予算を立てるより前に土地を買ってしまうことです。というのは、限られた予算の中、土地優先で話を進めてしまうと、希望していた家の仕様をあきらめなくてはならなくなる可能性が高いからです。

家を建てるうえでかかるのは、〝土地代〟だけではありません。建築費はもちろん、諸経費、インテリア費など、想像以上にさまざまな費用が発生します。これらを含めた資金計画を立てずに土地にお金をかけすぎてしまうと、賢い家づくりはできません。

予算がオーバーすると、おのずと建築費が削られ、建物のつくりや設備であきらめなければならない部分が出てきます。「カッコいい書斎を持ちたい」「憧れの食洗機をとり入れたい」など、長年夢に見たマイホームが、高い土地を買ってしまったあとでは、かなわぬ夢になる場合があります。

「土地を購入するときは不動産会社もアドバイスしてくれるのでは？」と思う人がいるかもしれません。しかし、彼らは土地探しのエキスパートであって建築や金融のプロではないのです。物件を見つけ出し、土地にまつわる最低限のことは教えてくれても、その後にかかるこまかい諸経費を教えてくれたり、希望の家を実現するためにどれくらいの費用がかかるのか、無理のないローンはいくらなのかまでアドバイスしてくれる人はまれです。むしろ商売なので、早く土地を売るために都合のいい言葉を並べることも。「諸経費は気にするほどかかりません」「少し高めでも駅近はやっぱり便利ですよ」「掘り出し物なので、早急に決めないと売れてしまいます」などと言われることも。そうなると、つい冷静さを失ってしまいます。そんなときに賢く判断するためにも、「まずは家づくりの全体像をつかんでおくこと」を最重要視しましょう。

周辺にとらわれると住まいのクオリティが損なわれることも

土地を先行して買って失敗するもうひとつの理由に、「家のプランに入ってから、思い描いていた暮らしができない土地だったことに気づく」ということがあります。土地を買うときは、つい周辺環境や立地条件ばかりを気にしがちです。もちろん、「最寄り駅が勤務先の沿線」「駅から近い」「商店街が便利」などの立地条件は魅力的ですし、それを第一に考えて土地を選ぶ人もいるでしょう。ただ、実際に生活をするのは土地の中ではなく〝家の中〟です。利便性を優先したがために変形地や狭小地を選ぶと、理想の住まいとはほど遠くなる可能性があるのです。どんな住まいにしたいのかを思い描き、それを実現できる土地を選ぶようにしましょう。

家に求める条件を整理しましょう

住まいに求めるものを家族で話し合って

まずは、〝どんな空間〟で〝どんなふうに〟過ごしたいのかを家族で話し合ってみましょう。

「夏は開放感あふれるテラスでビールを飲みたい」「リビングは日当たりのよさが大切」「キッチンには窓が欲しい」など。そうして出し合ったものを「絶対にゆずれないこと」「できればかなえたいこと」「妥協してもいいこと」に整理して、優先順位をつけましょう。こうすると、自分たちが探すべき土地が、だいたいでもつかめてきます。そしてこのリストは、家づくりの相談でのちのち建築家を訪ねるときにも役立ちます。

もしこの条件を整理せず、家のイメージを明確にしないままに土地探しをしたら……。つい駅近などの立地条件だけに気をとられたり、不動産会社に言われるがままに、理想の暮らしが実現できない土地を買うことになりかねません。

購入前でも建築家にもっと相談して

土地を決める前でも、建築家や建築会社が決まっているのなら、住まいに求める条件を整理して、どんなプランが考えられるか相談してみるといいでしょう。具体的な土地が決まっていないと、正確な設計図はつくれませんが、大まかな設計プランを出してもらうことは不可能ではありません。

土地の条件はさまざまです。敷地の形や広さ、日当たりのよしあしだけではなく、地盤によっては改良工事が必要になることも。また、住宅密集地では、住環境を保つために建物の高さ制限の規制が厳しく、一般の人には判別しにくいことがあります。これぞという土地に出会ったとき、買うべきかどうかを建築家に相談できるのは心強いもの。その土地ならではの条件の中で、自分たちが求めている家を建てられるかどうか、アドバイスしてくれるでしょう。

トイレと洗面室を一室にして省スペースをはかったことで、ホテルのパウダールームのような印象に。

限られた広さの玄関も、たっぷり収納できる靴箱を設置すれば、靴が散らかりません。

子ども部屋の吹き抜けは、「日が注ぐ明るい空間にしたい」という希望にも添っています。

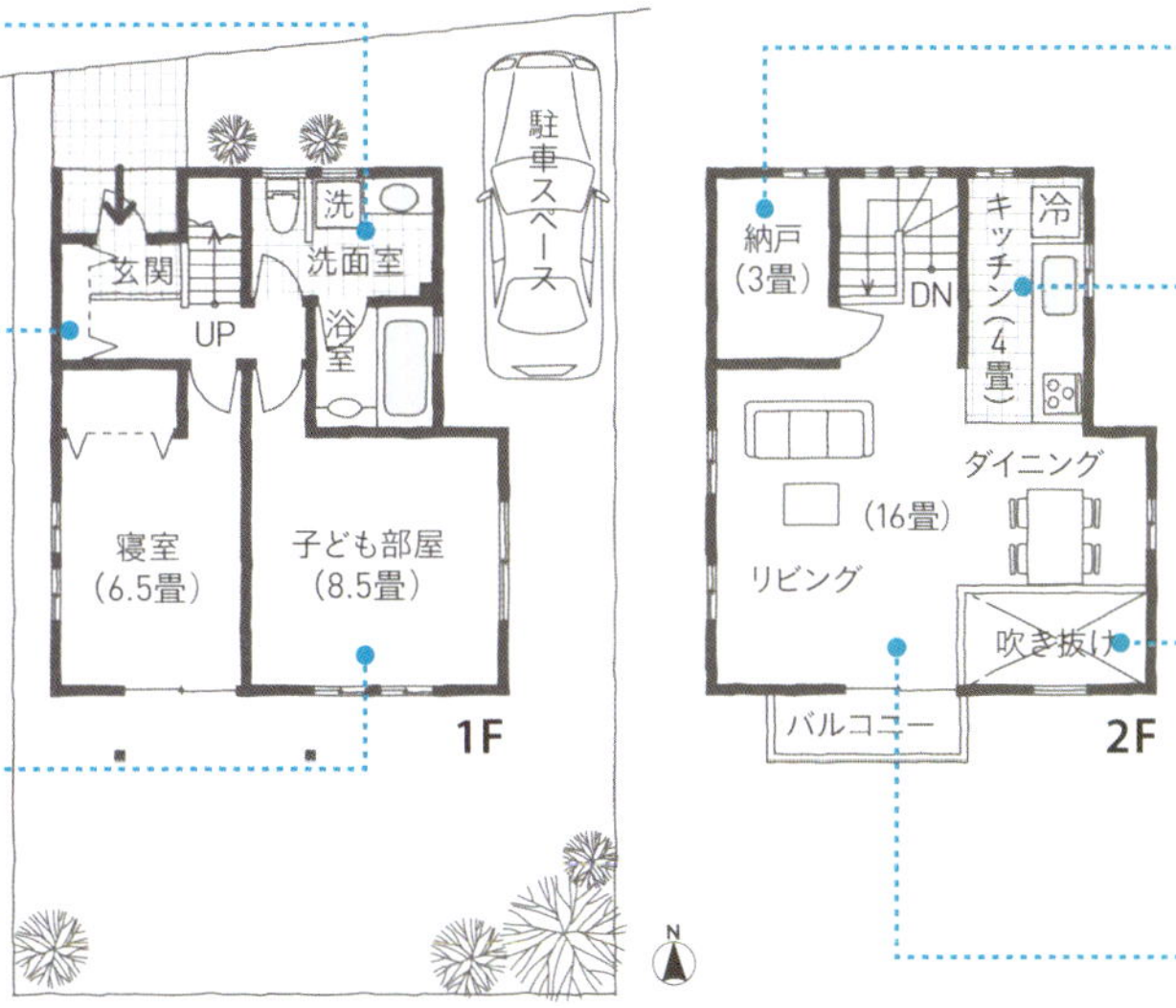

3畳と広めにとった北側の納戸は、ご主人からの強い要望があった"書斎"にも。

生活感を出したくないという希望から、キッチンは奥に配置。LDとの間はオープンなので会話も楽しめます。

家族がつながるつくりにしたいとの要望から、ダイニング横は吹き抜けに。

のびのびと過ごせるLDにしたいとの話を受けて、天井は屋根裏をあらわに。視界が広がり、開放感も。

土地購入前に建築会社が提案したプラン例

土地の購入前でも建築会社によっては設計プランを考えてくれます。土地を探している施主から依頼を受けて、建築会社が提案したプラン例。

土地にかけられる金額を見極めて

無理のない借り入れ額を出して総予算を知ろう！

家づくりのはじめの段階で着手したほうがよいこととして、ローンの計画もあげられます。余裕をもって返済できる借り入れ額を算出して「総予算」を決定し、それから土地にかかる費用や建築工事費、諸経費の配分を決めましょう。憧れの家を思い描き、それに基づいて家づくりを進めても、借り入れ額に無理があると暮らしが圧迫されてしまいます。借り入れ可能額を最大限に利用するのはリスクが高いので、やめましょう。総予算は「自己資金＋総借り入れ可能額」ではなく、「自己資金＋無理なく返済していける借り入れ額」として計画することが大切です。では、「無理なく返済していける借り入れ額」はどうすれば出せるのでしょうか。子どもの成長とともに発生する教育費、定年後にとっておきたい生活費など、当然ですが、この先かかる費用は住まいのことだけではありません。将来に起こりうることをわかる範囲で把握し、そこにかかる費用がどれくらいかを予測することが重要です。

諸経費は多めに考えるのがベター

家づくりには、土地代、建築工事費のほかにも経費がかかります。諸経費として総予算の10～15％を見積もっておくのがおすすめです。主なものとしては、税金、ローン関連の手数料、仲介手数料などの事務手続き費用があげられますが、新築となればそろえたくなる新しい家電や家具の費用、近所への挨拶時のお菓子代などもあります。さらに、地盤改良工事が必要になることも。工事が必要かどうか、またその費用については土地購入前に調べられないケースが多いためはっきりしませんが、100万円くらいは見ておくのが安全です。このような経費は、積み重なるとかなりの金額に。たとえば2000万円の土地に2000万円の建物を建てる場合、合計4000万円。この金額の15％となると諸経費は600万円見ておく必要があり、総予算は4600万円なくてはなりません。もしこの金額で負担が大きければ、土地や建物の費用を抑える必要が出てきます。

家づくりにかかる主な諸経費

□ 土地・建物取得
- 敷地調査費
- 地盤改良費用
- 印紙税
- 水道負担金
- 上棟式・竣工式費用
- 不動産取得税
- 仲介手数料

□ ローン関連と登記
- 印紙税
- 融資手数料
- 保証協会への費用
- 登録免許税
- 登記手数料
- 火災保険料
- 地震保険料

□ そのほか
- 引っ越し代
- 近隣への挨拶代
- 照明、家具、カーテンなどの内装費
- テレビ、冷蔵庫などの家電代

土地購入の大まかな流れ

1	**物件の説明** 不動産会社から物件の説明を受ける。
2	**購入申込書（買い付け証明）** 希望価格などを記入し、売主に購入の意思を確認。不動産会社は土地の調査をスタート。みずからもリサーチをして土地をしっかり把握する。※売買契約ではないので自由に撤回できる。
3	**重要事項説明書（物件説明書）** 契約の数日前には説明を受け、不明点は質問。特に「備考」「その他」欄は見逃さないこと。
4	**不動産売買契約書** 署名・押印して契約が成立。売主に手付金（現金または預金小切手）を支払う。
5	**住宅ローンの申し込み** 申し込み後、10日ほどで結果が出る。ローン条項をつけた場合、通らなかったときは、売買契約は撤回される。
6	**残金決済** 金銭消費貸借契約。残金の支払い、所有権移転の登記申請。

不動産会社は信頼できる1社とじっくりつきあう

何社か回り、相性のよしあしを確かめて

土地探しは、本来は1社で探すのがいいといわれています。なぜなら、不動産物件が登録されている「不動産流通標準情報システム（レインズ）」というネットワークは、宅地建物取引業の免許があれば同じ情報を入手し、販売できるからです。だからこそ、じっくりつきあえる不動産会社に出会えるかどうかが成功のカギなのです。

そのためには何社か回って、相性のいい会社を探すようにしましょう。信頼できる不動産会社の条件は、〝何でも質問がしやすい〟こと。クチコミや建築家からの紹介も手ですが、自分で確かめるほうが確実です。

契約書を交わす前に注意したいのは、「重要事項説明書」を理解すること。数日前には入手し、契約前に疑問点の解決を。余裕をもって渡さないような会社は、見送っていいといえます。

重要事項説明書の備考欄

水道管工事が必要なことなど、大切なことは「備考」「その他」欄に小さく書かれていることが多いので、入念なチェックが必要。

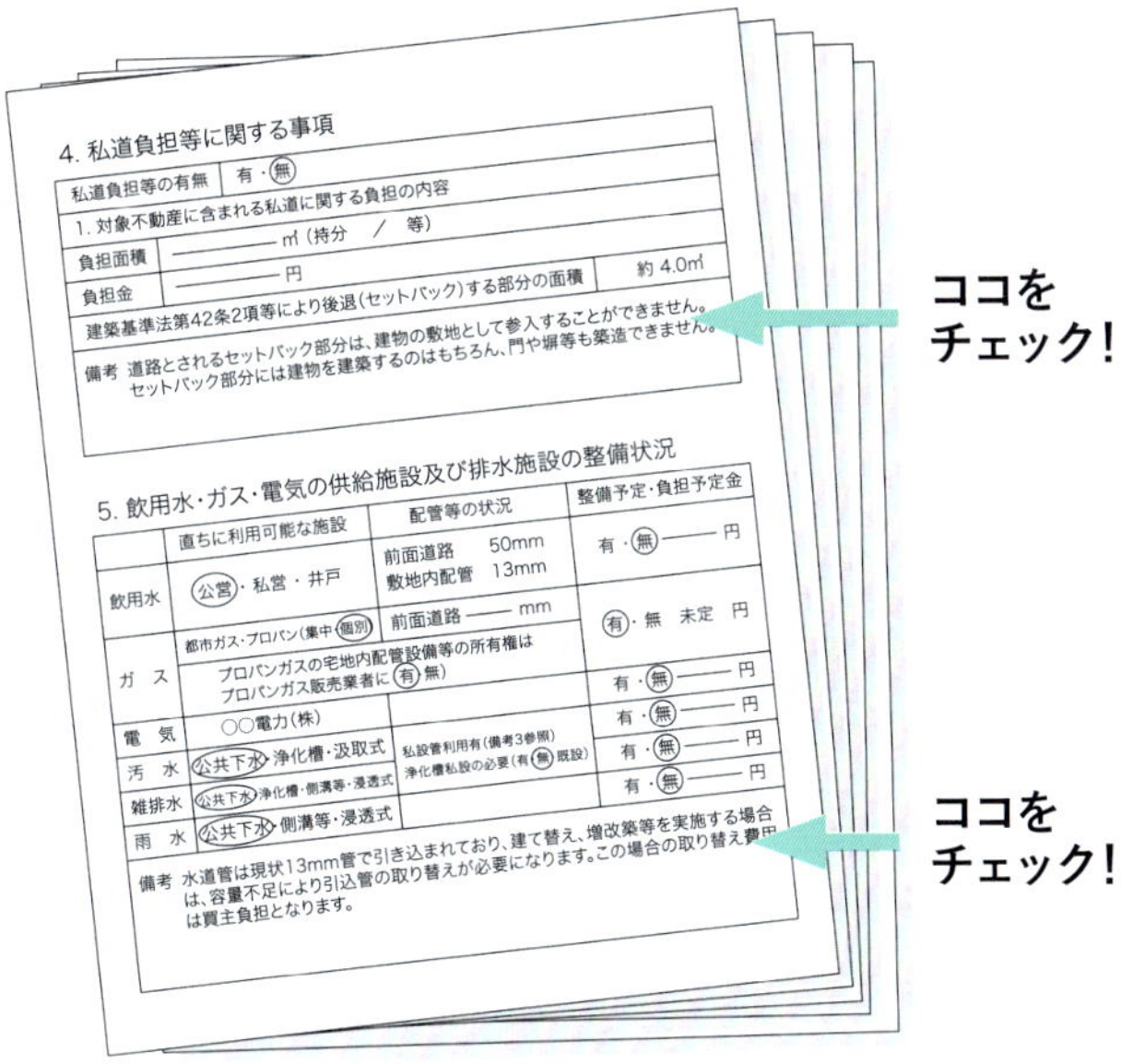

Column

条件つき土地の種類とメリット・デメリットは？

建築条件つきの土地

指定された施工業者で、一定期間内に家を建てることを条件に売られる土地のこと。先に土地を売却してから建物を建てることから、「建売住宅」に対して「売建住宅」とも呼ばれる。

建売住宅との大きな違いは、土地の売買契約のあとに工事請負契約を結ぶため、建物の間取りや仕様などを自由に決められること。売主側がある程度プランを作成しているケースもあるが、基本的には自由設計で建てられる。ただし、決められた施工業者に依頼しなければならないため、工法やデザインなどは限られる。土地を購入する段階から、その施工業者でいいかどうかを検討すること。

メリット
・住宅建築を前提とした土地なので、事前調査が省ける
・宅地造成などの負担が少ない
・ほぼ自由設計で建てられる

デメリット
・施工業者が指定されるため、工法やデザインの自由度が少ない

定期借地権つきの土地

土地を購入せず、借地に家を建てる方法。借地の保証金と毎月の地代を払うだけですむため、同じ条件の土地を購入するより大幅なコストダウンが期待できる。住宅用として最も多い定期借地権の期間は50年以上。ただし、契約期間が満了すると、借地契約はいっさい更新できない。建物を壊し、更地にして土地所有者に返還することが決められているので、将来を見据えた計画が必要。

メリット
・土地購入費用がかからないため、低コストで一戸建てを取得できる
・契約内容にもよるが、期間内の建てかえや増改築などは基本的に自由

デメリット
・住まいを次の世代に引き継ぐことができない

中古住宅つきの土地

建物が立ったままで売られる土地のことで、通常の土地に比べて安価なのが魅力。ただし、建物を壊して新たに建築する場合は、解体費用が余分にかかる。購入してしばらくはその建物に住み、資金が準備できたら建てかえるという方法も。

メリット
・更地より安価なことが多い
・法令上、住宅建築に支障がない土地であることが多い
・敷地に住宅が建ったイメージがつかみやすい

デメリット
・建てかえにあたっては解体費用がかかる
・既存の建物が建った時点から条件が変わっているケースがある

時間帯や天候を変えて現地をチェック！

土地選びのチェックポイント

- □ 建築基準法で定められた道路に2m以上接しているか
- □ どの用途地域にあたるか
- □ 市街化調整区域に指定されていないか
- □ 防火地域や準防火地域に指定されていないか
- □ 日照や風向き、水はけはどうか
- □ 地盤は弱くないか（川、池、沼、谷など、水にかかわる地名は要注意）
- □ 周囲の環境はどうか
- □ 通勤・通学・買い物に便利か
- □ 病院や役所など暮らしにかかわる施設は近くにあるか

時間がない中でも最低限のリサーチを

納得のいく土地を手に入れるためには、実際に現地を訪れてみることは欠かせません。人気の物件は早く売れてしまうため、あせりがちですが、「時間帯」と「天候」を変えて何度か訪れることは、最低限やっておきたいことです。

同じ土地だからといって、いつも状況が同じとは限りません。日中は静かでも、通学路が近ければ朝と夕方は子どもたちのにぎやかな声が響き渡るでしょう。大きな道路に接していなくても、敷地のまわりが国道への抜け道になっていれば、朝夕の通勤ラッシュ時に車の往来が激しくなり、騒音や排気ガスに悩まされるかもしれません。晴れている日は問題がなくても、水はけが悪いと雨の日に歩きにくかったり、建物や庭の植物に悪影響を及ぼしたりする可能性も。

また、よく知っている地元であればよいのですが、住んだことのない地域なら、訪れただけでは気づかないこともあるものです。なかには、急かされて契約をしたら、ゴミ焼却場や墓地など、あまり快いと思えない施設があったり、近隣に気をつかう神経質な人が住んでいることがわかったというケースもあります。地元で長く営んでいる不動産会社なら、土地柄についてくわしく話してくれることもあるでしょう。もし土地にくわしい人がまわりにいないようなら、商店街で買い物をするついでにお店の人に聞いてみるのも手です。後悔しないためにも、できるだけ歩き回って街の雰囲気を確かめることをおすすめします。

公的な機関の正確な情報をしっかり活用しよう

土地はエリアによって価格帯や地震のときの安全性に違いがあります。エリアの選定をするときに役立つのが「公示価格」と「路線価格」です。「公示価格」は土地の取引価格の相場がわかるもので、毎年3月下旬に国土交通省が発表。「路線価格」は相続などの課税基

Column

水道管の表示は要注意です！

Aの土地	Bの土地
1500万円　売主物件	1500万円　売主物件
〈設備〉	〈設備〉
前面道路水道あり	水道宅内引込あり
前面道路ガスあり	ガス宅内引込あり
前面道路下水あり	下水宅内引込あり

Aの物件だと水道配管を敷地内に引き込む必要が。金額表示が同じでも、費用に100万円以上の差が出ることもある。

準を出すために、国税庁が毎年発表しているものです。災害時の安全性は、自治体が手がける「地域危険度測定調査」や「ハザードマップ」を参考にするとよいでしょう。

地盤を調べるには古地図で歴史を探る手も

土地を購入するときは、地盤の確認が必須です。軟弱地盤では、建物が傾く不同沈下が起こりやすく、地震の被害も大きくなります。地盤の強度が不安な土地は、必ず地質調査を行い、どれだけの荷重に耐えられるか調査を。そのうえで地盤に合った改良工事や建物の工法を検討しましょう。建物の基礎は、コストはアップしますが、広い面に建物の重さを分散させるベタ基礎がおすすめです。

地盤改良工事が必要になるかどうかは調査をしてみないとわかりませんが、エリア一帯の地盤の強さがどの程度かは、国土地理院が発行する「土地条件図」で調べられます。また、役所の資料室などにある地元の歴史本や古地図から探ってみるのもひとつの方法です。登記所にある「登記簿謄本」は、土地の履歴がわかるので参考に。ここには「公図」「地積測量図」（古いと正確でない場合も）もあり、土地の形状などを調べられます。

地盤改良工事のほかに思わぬ出費となるのが、傾斜地の「擁壁」の耐久性と、水道管の有無の問題。敷地まで水道管が引き込まれていない場合は、工事が必要に。傾斜地の場合、「切り土」「盛り土」「擁壁」のそれぞれで対策をとらなくてはならないことも。いずれにしても費用が発生するようなことは「重要事項説明書」の「備考」「その他」欄に書かれています。契約書を交わす前に念入りに確認しましょう。

手に入れたい土地の資料

- □ **公図**
  土地の形状や境界線をあらわしたもので、登記所で入手できる。ただし正確でない場合も。
- □ **地積測量図**
  長さや形状、地番、境界線などがわかる。登記所で入手可能。古いものは誤差があることも。
- □ **地域危険度測定調査**
  地域ごとの地震の危険度をあらわしたもの。自治体で調査をしているほか、東京都はホームページにも掲載。
  www.toshiseibi.metro.tokyo.jp/bosai/chousa_6/home.htm
- □ **登記簿謄本**
  土地の履歴がわかる。登記所のほか、インターネットで取得できる地域も。
- □ **土地条件図**
  地形や地質、高低差などがわかり、地盤の強度を調べられる地図。書店で入手できる。
- □ **ハザードマップ**
  予測される災害の範囲、程度、避難場所などを記したもの。自治体で入手できるほか、ホームページにも掲載。
  http://disaportal.gsi.go.jp

傾斜地の地盤の注意点

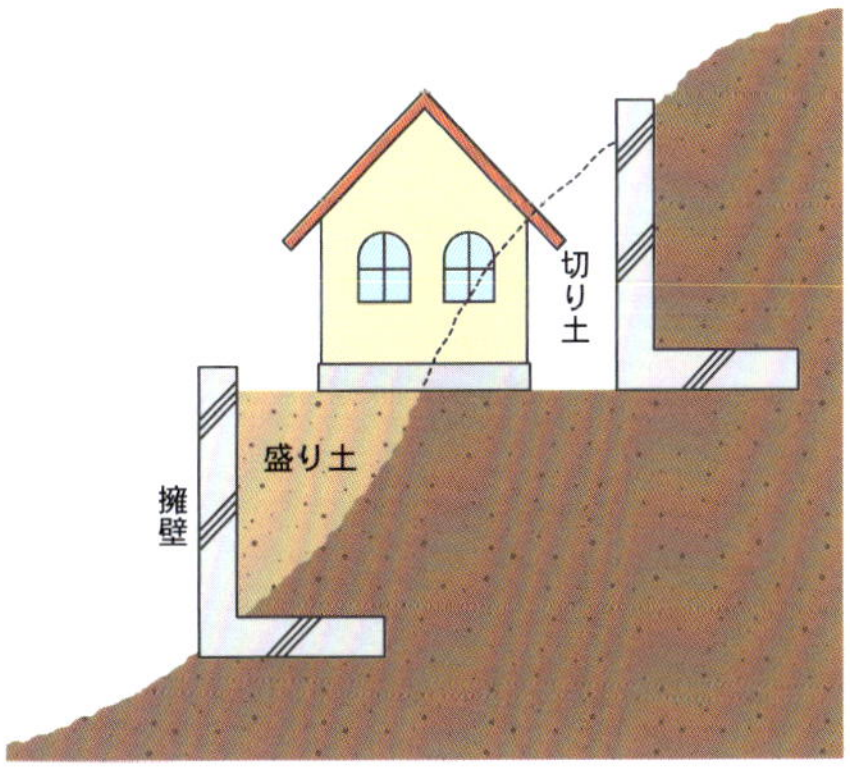

「切り土」はしっかりしているが、処理の仕方によっては土砂くずれのおそれが。「盛り土」は軟弱なので、何らかの対策をとる必要がある。「擁壁」も耐久性によっては工事をしなくてはならない場合が。

軟弱地盤にはベタ基礎が最適

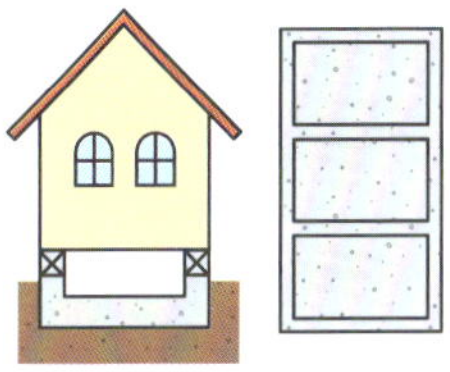

ベタ基礎

建物の下全面を鉄筋コンクリートで固めた基礎。建物の加重が面に分散されるため、不同沈下を防ぎ、耐震性も高い。軟弱地盤に向いている。

布基礎

一般的な住宅の基礎。建物の外周や間仕切り壁の下に沿って基礎部分が細長く連続しており、連続基礎ともいう。

土地にかかわるお金も把握しておきましょう

防火地域では建築コストのアップに注意

都市部に多い防火地域や、準防火地域に家を建てる場合、建築基準法で定められた箇所の窓には、防火サッシを採用しなければなりません。さらに、2014年1月以降は、国土交通省が個別認定した製品しか使用できないことになっています。それ以前にも防火サッシはありましたが、新基準の認定を受けた防火サッシは、価格が以前のものの3倍くらいになっています。ですから、あちこちにたくさん窓をつけると、それだけで建築コストが数十万~百万円単位で上がってしまうことにもなりかねません。敷地の風向きや採光をよく見極めたうえで、無駄のない窓のプランを考えましょう。そのためには、新居に置きたい家具やその配置なども、家づくりの最初の段階から計画しておくといいでしょう。

敷地調査費は5万~10万円が目安です

正確な敷地測量図がない場合は、設計前に敷地調査を行います。敷地調査では、土地の測量をして、土地の大きさや高さ、隣地との関係や道路との接道状況を調べます。さらに、その土地に建てられる建物の用途や大きさを規制する用途地域や、北側の隣地や前面道路との関係で建物の高さに規制がかかる斜線制限の有無、防火地域などの規制があるか、前面道路の幅が4mに満たない土地では、敷地の境界線を後退させるセットバックが必要かなど、法的調査も行います。費用は5万~10万円程度です。

家屋調査が必要なケースでは10万円の費用が発生します

古い家の解体工事や、建築工事を行うことで、近隣に影響を与える可能性がある場合には、着工前に隣家の家屋の状態などを調べて写真に撮っておくなどする家屋調査を行うことをおすすめします。工事が始まったあとに、隣家に破損個所が見つかった場合に、それが解体工事の際に生じる振動などが原因によるものなのか、工事が始まる前からあったものなのか、着工前に撮影した写真で確認できます。調査は補償コンサルタントに依頼して、費用は約10万円です。

新しく水道を引く場合3万~40万円の負担金がかかる場合もあります

家を新築して、新しく水道を引くときには、「水道加入金」(または「水道施設負担金」「水道分担金」ともいいます)と呼ばれる費用を払わなければならない自治体があります。基本的には水道メーターの口径によって金額が異なり、13ミリで3万~10万円、20ミリで4万~20万円、25ミリで12万~40万円程度です。ちなみに、東京23区などでは水道加入金の制度がありません。水道負担金は、給排水の本管から敷地内に水道を引き込むための工事代とは別のものなので、注意してください。

地盤調査の費用には3万~8万円かかります

耐震性の高い丈夫な家を建てるためにも、建築前に地盤調査を行うことをおすすめします。地盤の地耐力や地質を調べて、地盤改良の必要がないかどうかを検討するための調査で、建物の構造を決めるためにも必要です。試験方法によっても費用が異なりますが、3万~8万円ほどかかります。

地盤改良費には100万円程度かかる場合も

地盤調査の結果、改良が必要となった場合はその費用がかかります。基本的には、軟弱地盤の深さが深く、建物の底面が大きいほど費用が上がります。また、道路から重機が入りやすいかどうかでも費用が変わります。

造成地などに見られる表面だけが弱い地盤の場合、弱い部分の土にセメントの粉を混ぜる「表層改良」を行います。工期も比較的短く費用も安くなります。軟弱な地盤の深さがさらに深い場合は、「柱状改良」「支持杭」「摩擦杭」(P289参照)といった方法があります。地盤の状況と工法によって費用は異なり、100万円程度かかるケースもあります。

いい敷地を見極めるコツは？

土地をたくさん見学することで相場感が身につきます

土地の値段は「需要と供給のバランス」で決まります。つまり、多くの人がほしいと思う敷地ほど高額になるということ。南道路の敷地を100とすると、北道路の敷地は90、旗竿敷地は70と、条件が悪くなるにつれて価格は下がっていきます。不動産価値としては低くても、プランしだいで暮らしやすい家ができるなら、勇気をもって安い敷地を選びたいもの。敷地の購入費用を抑えられれば、それだけ建物に予算をかけられます。

ただし、土地選びはたいへん難しく、なかなか簡単には決断できません。そこでアドバイスしたいのは、とにかく多くの土地を検討してみること。安くて条件のいい敷地はパッと決断しないと手に入りません。数多くの現場を見学して〝相場感〟が身についていれば、その判断がスムーズにできるのです。可能なら100件は検討し、いいかもしれないと思ったらできる限り現地に足を運んでみることをおすすめします。

また、土地を購入するときに手数料を支払う不動産業者との信頼関係も大切。人柄がよくても能力に疑問があると感じたら、思い切って担当を代えてもらうといいでしょう。

プランで乗り越えられる悪条件とは？

安価でも住みやすい家ができる敷地としておすすめなのは、北道路の敷地。日本では南向きの窓が根強い人気ですが、実は北向きの開口部にもメリットがたくさんあります。まぶしさを抑えながら明るくできる、室内の光が逆光ではなく正光になる、外の建物が光を受けて明るい面がこちらを向く、木々の花もこちらを向いて咲く、などなど。まずは〝南道路信仰〟をやめてみるだけでも、敷地の選択肢はぐっと広がります。

さらに購入しやすい旗ざお敷地では、道路から玄関までのアプローチが長いため、子どもの遊び場ができるほか、緑豊かなガーデンをつくったり、道路側にわが家らしいサインを出したりと、家に入るまでの楽しいストーリーを演出できます。都市部に多い狭小敷地や「うなぎの寝床」状の敷地も、プランしだいで悪条件を克服できます。狭小敷地では、建物の対角線に開口部をつくると、室内に距離感が生まれて広々とした印象に。南北に細長い狭小敷地では、その長さを区切らずに突き抜けるようにプランすると、広がりのある快適な住まいになります。

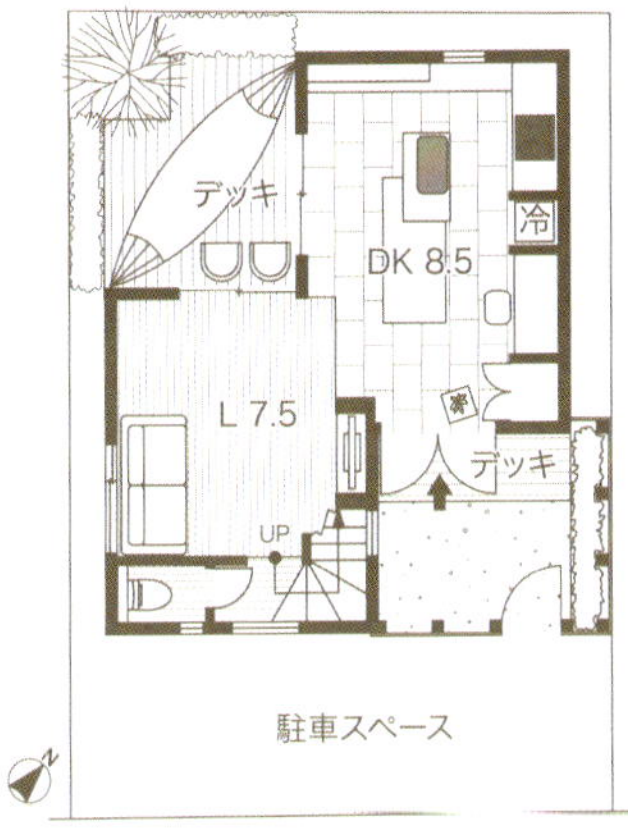

2つのデッキから光と風を取り込む、快適な狭小住宅

敷地の広さは約25坪。東と西の対角線上に1つずつデッキを設けたことで、ＬＤに広がりが。東側のデッキが玄関を兼ねているのもポイント。玄関ホールはなく、ダイニングにそのまま入ります。（岩佐邸　設計／プランボックス一級建築士事務所）

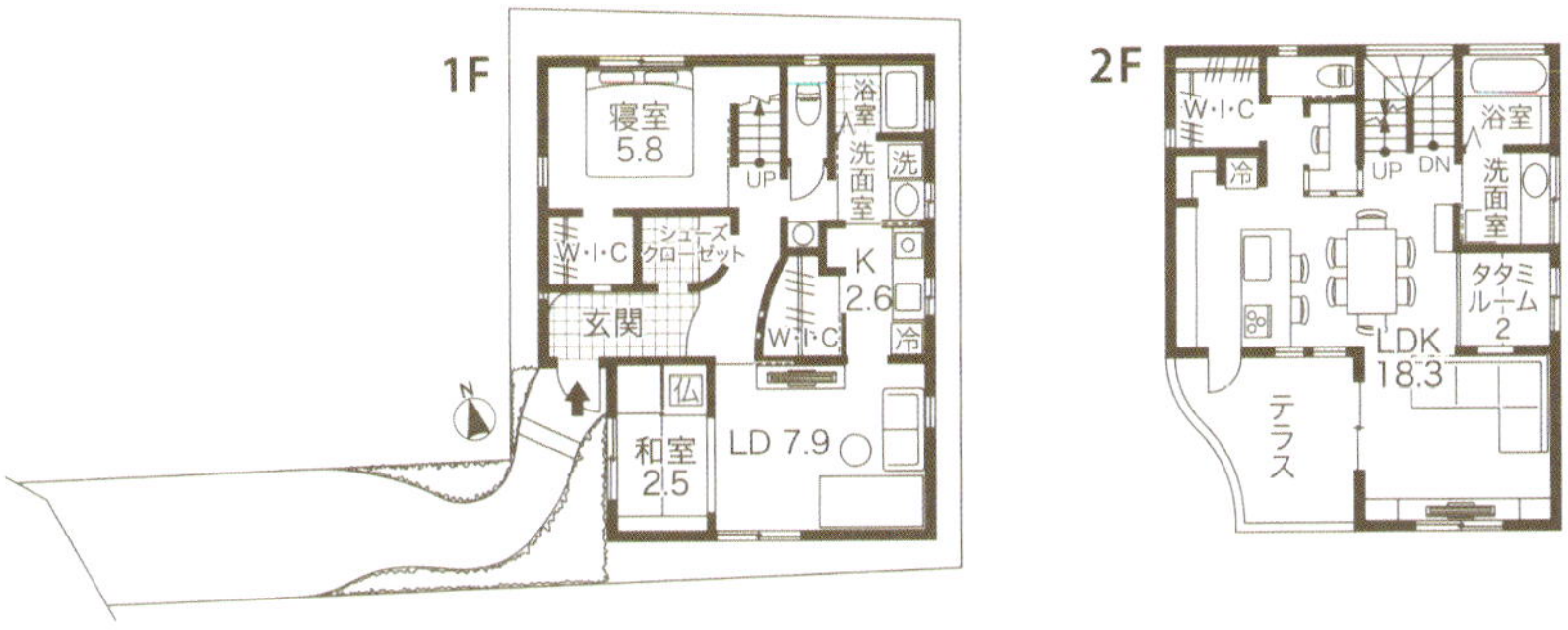

旗竿敷地のデメリットを逆手にとって暮らしに生かす

見通しのいい旗ざお部分に向けて、２階にテラスを設置。道路までの旗ざお部分には、枕木を敷き、植栽で彩って豊かなアプローチに。子どもの遊び場にも大活躍しています。（原邸　設計／プランボックス一級建築士事務所）

避けたほうがいい悪条件もあります

土地に限らず、買い物全般に当てはまることですが、「理由のないディスカウント」はないと思ったほうが無難。相場より安いと感じる敷地を見つけたら、その理由をはっきりさせましょう。そして、下がっている値段以上に建築コストがかかるような土地は選ばないように注意を。

たとえば、擁壁で補強してある高低差のある敷地。古くて丈夫そうな擁壁でも、構造計算書がないと危険とみなされ、建物の基礎工事や擁壁の改修にコストがかさんでしまいます。

もうひとつは地盤の悪い敷地。先にも説明しましたが、場合によっては地盤改良費が100万円近くかかることもあるので、役所から近隣のボーリングデータをとり寄せたり、できれば購入前の地盤調査をすると安心です。雨が降ると水が出たり、土砂崩れが起きたりしないかご近所にリサーチを。

防空壕、井戸、古家の基礎などの地中障害物があった場合も、予想外の処分代がかかることに。このような場合にどう対処してもらえるかについても、不動産業者に確認しておきましょう。

敷地のなかの条件の悪い場所に家を建てましょう

敷地を手に入れたら、その特徴をしっかり把握してプランに生かすために「敷地カルテ」をつくりましょう。図のように周囲の建物などを書き込み、写真などを貼りながら気づいたことをメモしていきます。このカルテが、建物をどこに建てるか、各部屋をどこに配置するか、開口部をどの向きにどの大きさでつくるかなどのベースになります。

限られた敷地をすみずみまで使い切るには、日当たりの悪い場所、湿気が多くじめじめした場所に建物を建てるという方法があります。一見すると間違いのようですが、条件のいい場所に建物を建てて湿気の多い場所を残してしまうと、悪い条件はそのままで改善されません。いくらスペースが余っていても、庭としての利用価値も望めないでしょう。じめじめした場所に建物を建て、悪条件を積極的に補うことで、屋内も庭も快適に使えるようになります。窓の外が日当たりのいい庭なら、心地よく使えるデッキもつくれます。

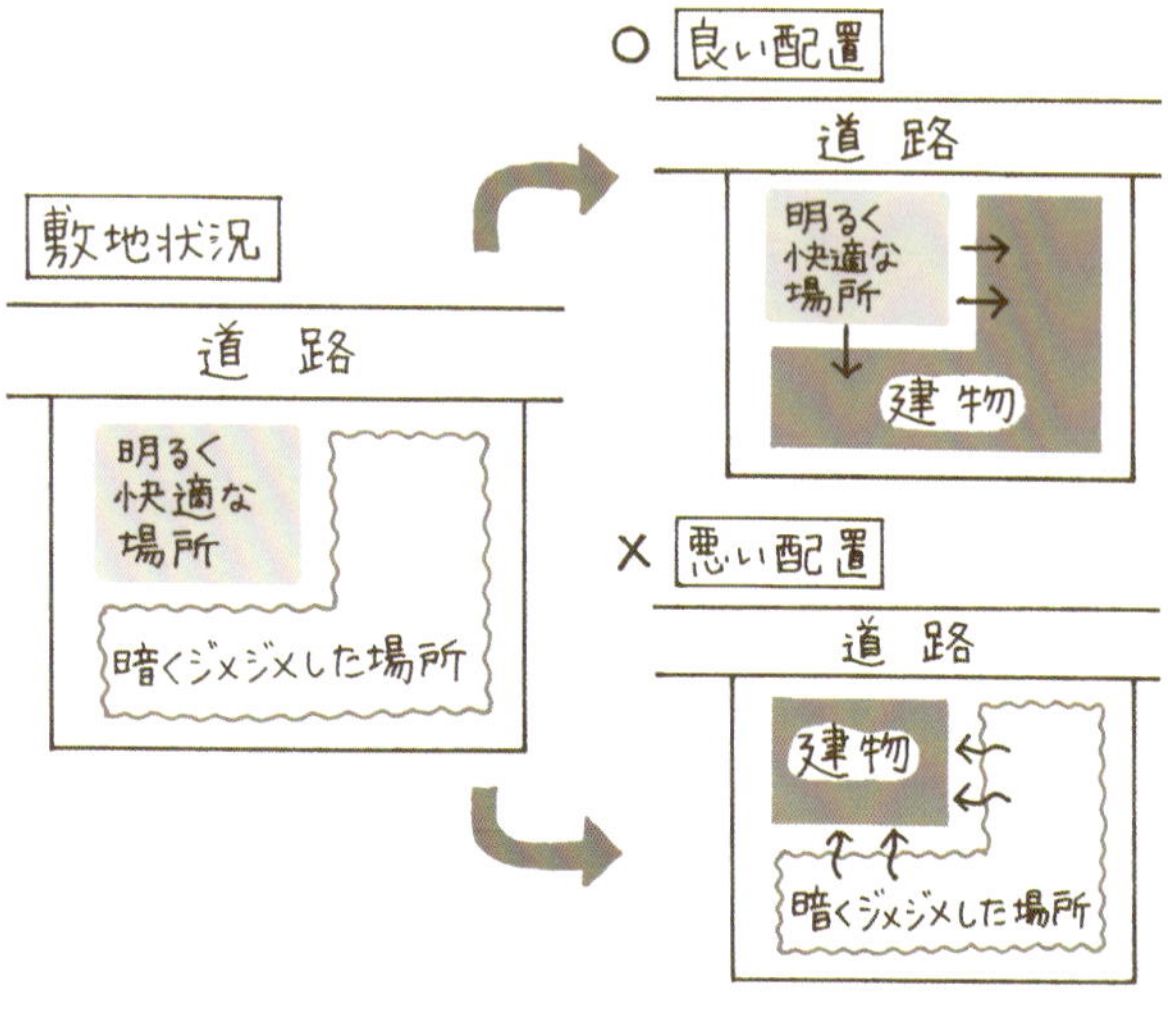

敷地のなかに2種類の状況がある場合、「悪い配置」では、暗くジメジメした環境が建物に悪影響を与えてしまいます。「良い配置」では、建物によって悪い条件を改良することが可能になります。

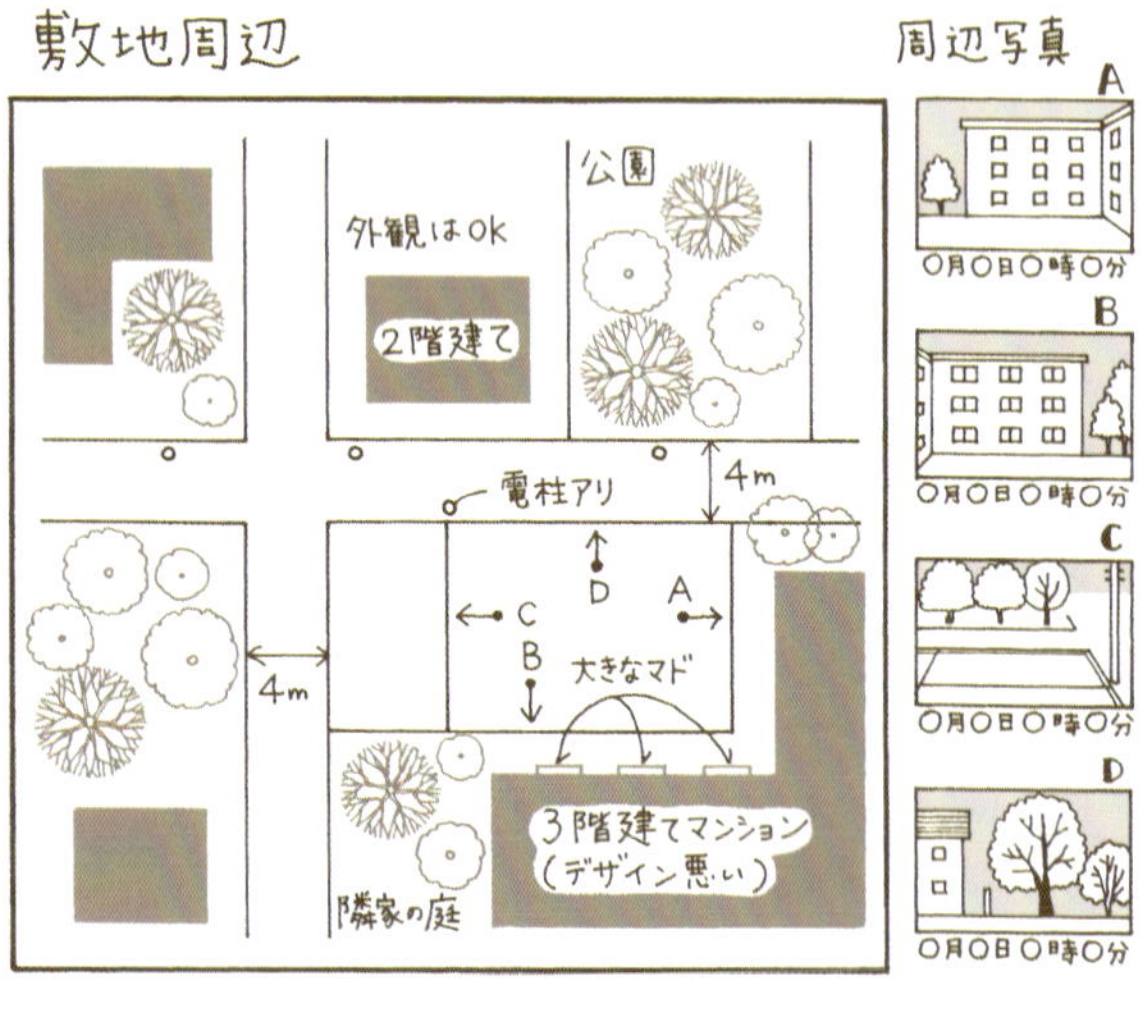

敷地カルテをつくりましょう

用意するもの：①敷地の図面、②カメラ、③大きめのボード
ボードの中央に敷地の図面を貼ります。まわりに写真を貼ったり、書き込みをするので余白はたっぷりとって。現地に行き、周辺の写真を撮りながら気づいたことを記入。日照などは、どの時期のいつの時間帯かも大切なので写真を貼ったら月日や時間も書いておきましょう。

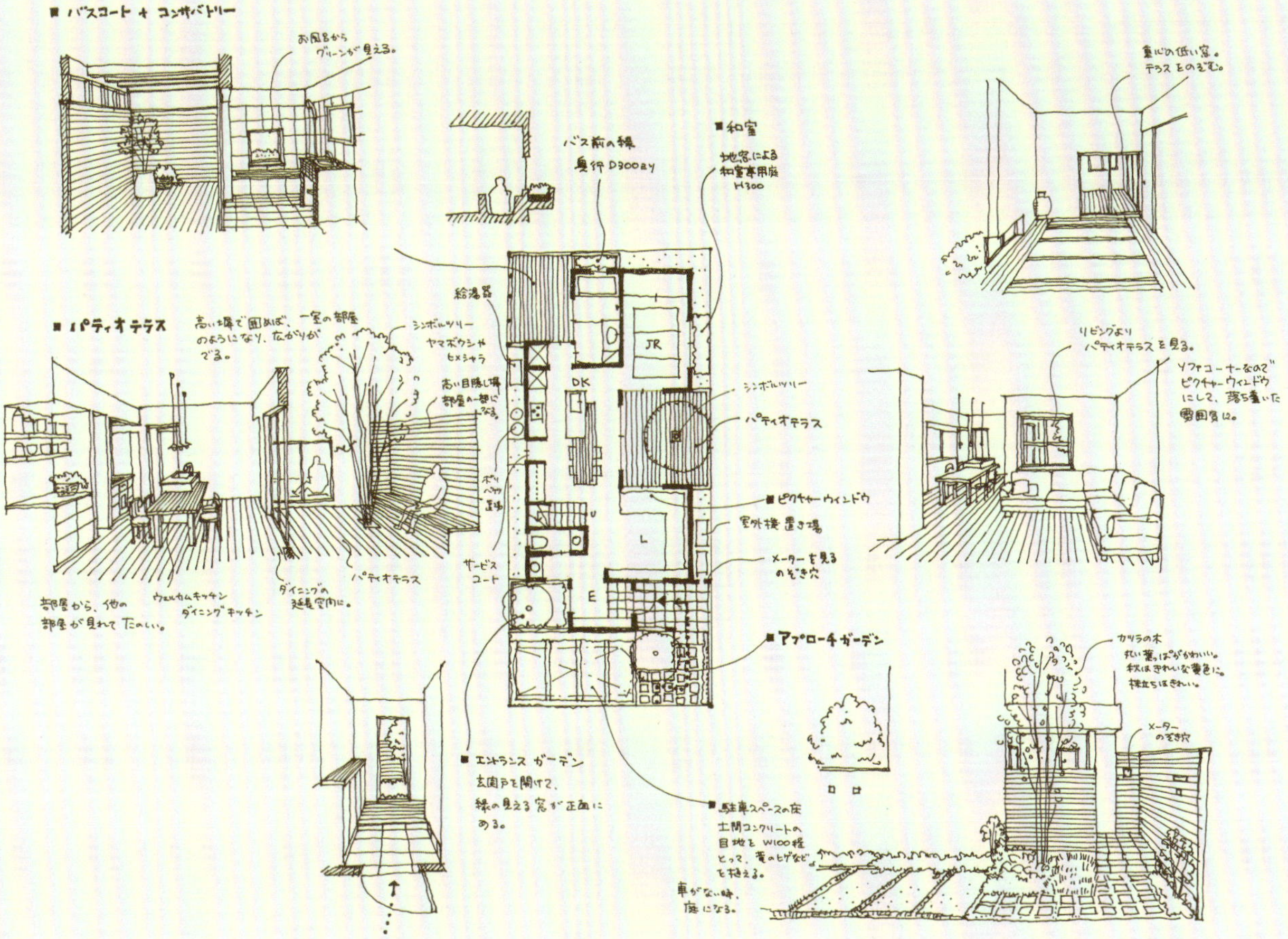

O邸のプラン

周囲の空きをすべて生活空間として生かした例。細長い狭小敷地でも、アプローチとパティオ、バスコートを実現。30cmほどのすき間にも植物を植えて地窓をつけ、眺めを楽しんでいます。（設計／プランボックス一級建築士事務所）

敷地のすべてを生活の場としてとらえましょう

建物を配置するときの大切なポイントは、敷地の空け方にメリハリをつけることです。具体的には、敷地境界線のぎりぎりまで寄せられるところは寄せて、空けられるところは思いきってダイナミックに空けるようにします。空けるのは南側にこだわらなくてもOKで、視線が遠くに抜ける場所、プライバシーを守れる場所、隣家のグリーンを借景できる場所などを選びましょう。

反対に、避けたいのは、建物の周囲を中途半端に空けてしまうパターンです。たとえば南側だけ広くとり、ほかの3辺を隣家から1mくらいずつ離して配置してしまうと、周囲の空きはたんなる通路になってしまいます。

一戸建てのプランのよしあしは、ずばり「建物のない部分をどうつくるか」です。「まず建物を建てて、余った部分が庭」ではなく、「敷地のすべてが生活空間」ととらえて、建物の内外を分けずに計画しましょう。すべての空きスペースに「〇〇ガーデン」と名前をつけられたら大成功です。

狭小地・密集地を克服するアイディア集

住宅密集地で眺望や建物の高さに制限があっても、窓の位置やロフトなどで難条件を克服。

広く感じるデザインや窓のつけ方などで狭さ、暗さをカバー

狭小・住宅密集地に家を建てる際、敷地いっぱいに広く、また、できるだけ高く計画したいところですが、家づくりにはさまざまな法規制があり、土地ごとに建てられる建物の広さや高さも決められています。また、エアコンの室外機を置くスペースなども考慮する必要があります。でも、床面積だけで暮らしやすさが決まるわけではありません。視覚的に広く見せる工夫や縦の空間を活用して狭さをカバーしたり、窓のつけ方などで日当たりや通風を確保しながらプライバシーを守ることも可能です。小さくてものびのびと、豊かさを感じながら暮らせる家づくりのプランを、設計者や施工会社とじっくり検討しましょう。

Idea「狭さ」を克服する

実質的にも視覚的にも広くなる出窓を活用

出窓も条件を満たせば延べ床面積に算入されず、出窓分の奥行きがプラスされます。部屋のコーナーに出窓を設けると、対角線状に長い奥行きが出て、視覚的に広く感じられる効果が。座れる高さの出窓なら、ベンチとしても利用でき、椅子を置かずにすみます。

天井の高さなどを変えて、空間にメリハリを

一様に天井の高さをそろえるのではなく、その場所の性質に合わせて天井の低い部屋・高い部屋を使い分けることで、空間にメリハリが生まれ、居心地もよくなります。高さ制限で天井が高くできないときは、勾配天井（斜めの天井）にして高さを確保しましょう。

廊下を減らし、居室スペースを広くする

廊下のスペースを極力減らし、LDなどの居室にとり込めば、部屋は広くなります。写真は、玄関ホールに直接、2つの部屋が続き、リビング内に階段を設けたプラン。玄関の位置と階段の位置によっては、1階に廊下のない間取りも可能。

ロフトを設けて使える面積をふやす

ロフトは条件を満たせば容積率に算入されないので、小屋裏のスペースを有効活用できます。居室の天井とつなげてつくれば広々とした空間をつくり出せますし、シーズンオフ用品の収納として活用すれば、その収納スペース分だけ居室を大きくすることができます。

目線の抜けをつくると視覚的な広がりが生まれる

リビングやダイニング、キッチンなどのパブリックスペースは、間仕切り壁やドアをなくすと、長い距離で目線が通るので視覚的に広く感じ、空間の豊かさを味わえます。途中に数段でも段差を設けると、その分、距離ができ、フラットな床に比べて広く見えます。

近隣の景色を借りる「借景」で開放感を

公園、街路樹、学校など計画地から緑が望めるなら、積極的にプランにとり入れましょう。敷地に庭を設ける余裕がなくても、ほかから景色を借りることができれば居心地のいい居室に。窓の先が抜けていると圧迫感が緩和され、季節の移ろいも感じられます。

Idea「明るさ」を確保する

トップライトで壁窓の3倍の明るさを確保

屋根につくる窓をトップライト（天窓）と呼びます。壁窓に比べて3倍の光量があるといわれ、小さくても十分に採光できるので、壁面に大きな窓がとりにくい住宅密集地や日当たりの悪い1階でも、明るさの確保に有効。上から降り注ぐ明かりは壁窓と違った趣も。

高窓やトップライトの併用で2階LDをより明るく

2階は光が入りやすい高窓やトップライトがつくりやすく、住宅密集地でも明るいLDを実現できます。天井を高くして高窓を設けると、視覚的な広さも確保できて、より効果的。視界を遮るものもほとんどなく、視線が上に抜けます。

リビングの延長にデッキなど明るいスペースを設ける

デッキやバルコニーなど、光が当たる明るいスペースがリビングに続いていると、視覚的に明るく、空間ものびやかに感じられます。高窓を併用する、デッキと部屋の床段差をなくして中と外がつながっているように見せる、などの工夫もあわせて行うといいでしょう。

Idea「風通し」をよくする

2方向に開口部を設けて風が抜ける間取りに

敷地の特徴をよくつかみ、風の流れをとり込むようにしましょう。季節によっても風の流れは変わります。風通しをよくするには、複数の開口部を設けて風の入り口と出口をつくるのが理想的。また、高い位置に窓を設けると、上下に空気の流れができて効果的です。

スケルトン階段で家全体を風通しよく

上下階をつなぐ階段は、風の通り道にもなります。壁で仕切られていなかったり、蹴込み板をなくしたスケルトン階段は、空気の流れを遮る壁や板がない分、建物全体の風通しをよくするのに有効な手段。視線が抜けるため、空間が広く見えるメリットもあります。

奥まった居室などはルーバーで通風を確保

空気がこもりがちな奥まった部屋や、通気をよくしたいキッチンなどは、細長い板をすき間をあけて平行に組んだルーバーを利用することで、風通しを確保。断熱性能が高い住宅なら各部屋を間仕切りする必要はなく、冷暖房の熱損失にそれほど影響しません。

Idea「プライバシー」を守る

ブラインドで外からの視線だけシャットアウト

ブラインドは、スラットの向きを調整することで、外からの視線を遮りながら、光と風を室内にとり入れられるメリットがあります。カーテンと違って、上下方向の開閉なので、目の高さまでブラインドを下げ、外部の視線が届かないようにすることも可能。

自然な雰囲気のルーバーフェンスや植栽で目隠し

外構で目隠しをつくる場合、明るさと通風を確保するならルーバーフェンスがおすすめ。自然素材でつくるとリラックスした空間に。日中は外から家の中は見えにくく、また前面に植栽があると、より安心感が得られ、自然を感じることもできます。

窓位置の工夫で採光や通風、プライバシーも確保

高窓や床面近くにつける地窓は、目線を遮りながら採光や通風を確保できるので、道路沿いや隣家が近い場合に最適です。図面を作成する前の計画段階で近隣の窓位置などを確認し、通りからのぞかれず、隣家からの目線が届かないようなプランを立てましょう。

設計／トトモニ

1フロア約17㎡の4層構造で 超狭小地を最大限に生かす

10坪に満たないこの敷地は、奥さまのおじいさまからお父さまへと受け継がれた愛着のある土地。ここに新築をすすめられ、「自分たちの家が持てるなら」と決意したものの、当初は超狭小地にとまどいも。ところが、建築家の中村高淑さんから提案されたプランが気に入り、不安は払拭されました。各フロアをらせん階段でつないだ4層構造の間取りは、遊園地のアトラクションのようだと友人たちにも好評です。

開口部を大きくして遠くに視線をのばす

道路に面している南側に大きな開口部を。2階なので通行人の視線も気にならず、視線が遠くまでのびて広々と感じられます。

家族全員分の集中収納を設置

家族全員の衣類をまとめるウォークインクローゼットをプラン。各部屋の収納家具が不要になり、限られた面積を有効に使えます。

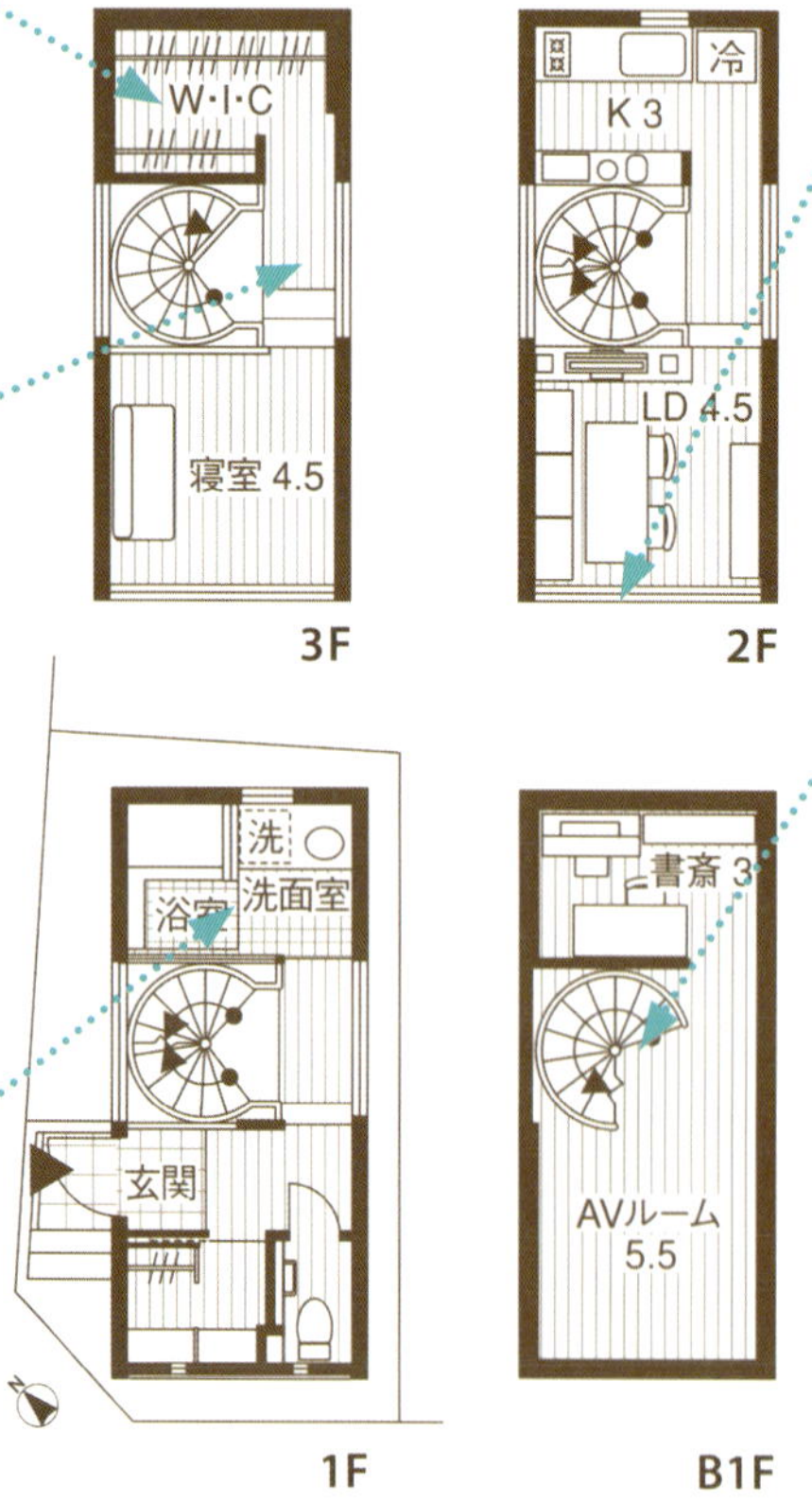

スキップフロアで 奥行きのある空間に

南側の寝室は、低めの間仕切り壁で圧迫感を抑制。スキップさせることで上方向に広がりをもたせ、奥行き感を生んでいます。

省スペースのらせん階段を採用

箱階段に比べて省スペースですむらせん階段は、狭小住宅向き。上階からの光がらせん階段を通して地下まで届くメリットも。

洗面室と浴室を ワンルームスタイルに

1室にまとめることで空間を広く使えて、スペースの有効活用に。洗濯機と接している壁面のみ透明ガラスで仕切りました。

山口邸

DATA

家族構成	夫婦＋子ども1人
敷地面積	32.23㎡（9.75坪）
建築面積	17.39㎡（5.26坪）
延べ床面積	69.56㎡（21.04坪）
B1F17.39㎡＋1F17.39㎡＋2F17.39㎡＋3F17.39㎡	
構造・工法	RC造（地下1階＋地上3階建て）
設計	unit-H 中村高淑建築設計事務所

オープンプランと回遊動線で広々と感じられる住まいに

狭小地のうえ、3方を隣家に囲まれている敷地。

設計を依頼する予定の建築家が手がけた、同じような敷地条件の住まいの見学をきっかけに、設計の工夫で明るく広々とした家が実現できると確信して、土地購入に踏みきりました。

上下階とも間仕切りを最小限にして、回遊動線をとり入れたオープンな間取りにすることで、「明るさも風通しも問題なし。家にいるのが楽しい」と、難条件を感じさせない新居が完成しました。

吹き抜けで縦方向に広がりをもたせて

2階の南北にそれぞれ吹き抜けをつくり、天井の高さを強調。面積以上の広さを感じられるのがメリットです。

キッチンを回遊動線の通路に

2階は、キッチン、LD、和室をぐるりと回遊できる間取り。キッチンに通路の役割ももたせて、スペースを有効活用しています。

仕切ることもできるLDとつながる部屋をフレキシブルに活用

寝室として使っている和室は、日中は子どもの遊び場や客室として活用。多用途に使える部屋を設けることも、狭小地克服の知恵。

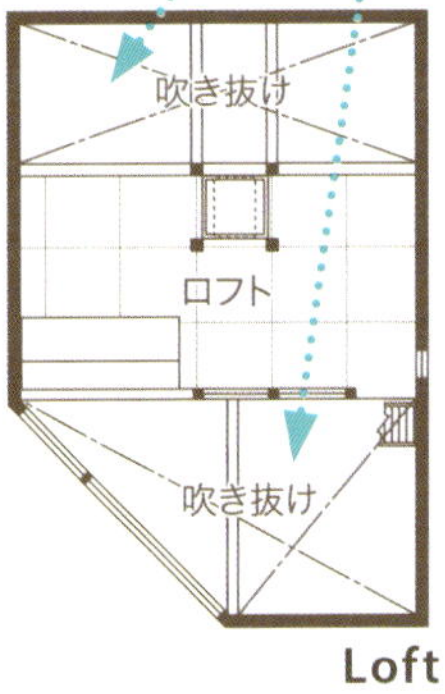

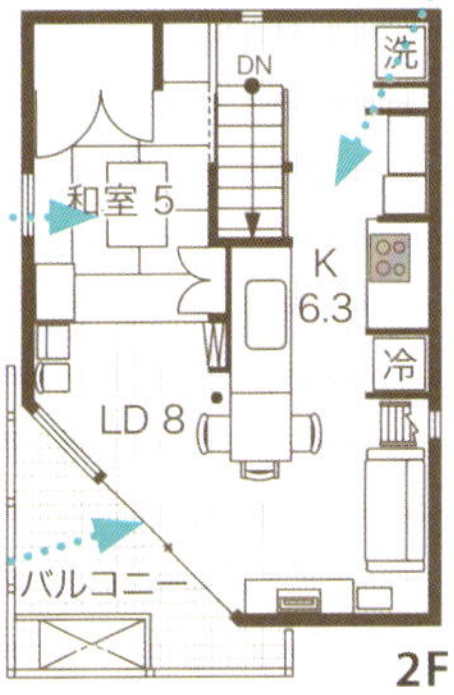

間仕切りのないオープンプランで開放的に

1階は、階段を中心に据えたワンルームのつくり。こまかく仕切らないことで、狭さを感じさせない開放的なフロアになりました。

大きな窓とバルコニーでのびやかなLDを実現

建物の角を斜めに切りとることで、大きな開口が設けられ、広々としたLDに。三角形のバルコニーも、部屋が続いているような効果をもたらします。

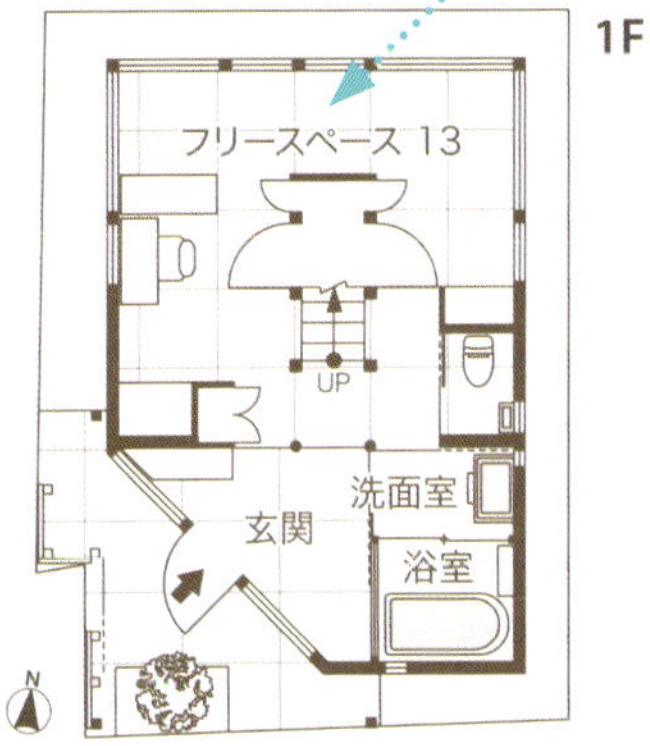

鶴巻邸

DATA

家族構成	夫婦＋子ども1人
敷地面積	56.32㎡（17.04坪）
建築面積	33.20㎡（10.04坪）
延べ床面積	65.82㎡（19.91坪） 1F32.91㎡＋2F32.91㎡
構造・工法	木造2階建て（軸組み工法）
設計	アルクデザイン

数段ずつのスキップで空間をつなげて広がりを感じさせる

ご夫妻と2人のお子さん、ご主人のお母さまの5人が快適に暮らせる家を希望。約19坪の細長い狭小地という難しい条件でしたが、スキップフロアをとり入れ、“6.5層の”床面を積み重ねた3階建てにすることで、床面積と空間の広がりを確保しました。部屋の一部としてとり込んだ幅広の階段は、子どもの遊び場やベンチとしても使えて、フラットな部屋より広く感じられると好評です。

建物に食い込ませて駐車スペースも実現

ファサードを利用して駐車スペースを確保。居住空間の床面積が減らないように、2階と3階はオーバーハングさせて。

キッチンを壁づけにしてDKを広く

人気の対面式キッチンは、広さが必要なのが難点。キッチンを壁づけにすれば、大きなテーブルが置ける、ゆとりあるDKに。

斜めの天井と壁を生かして開放感のある部屋に

3階の天井と壁は北側斜線に合わせた形状。トップライトを設けて、ペントハウスのような居心地のいい空間になりました。

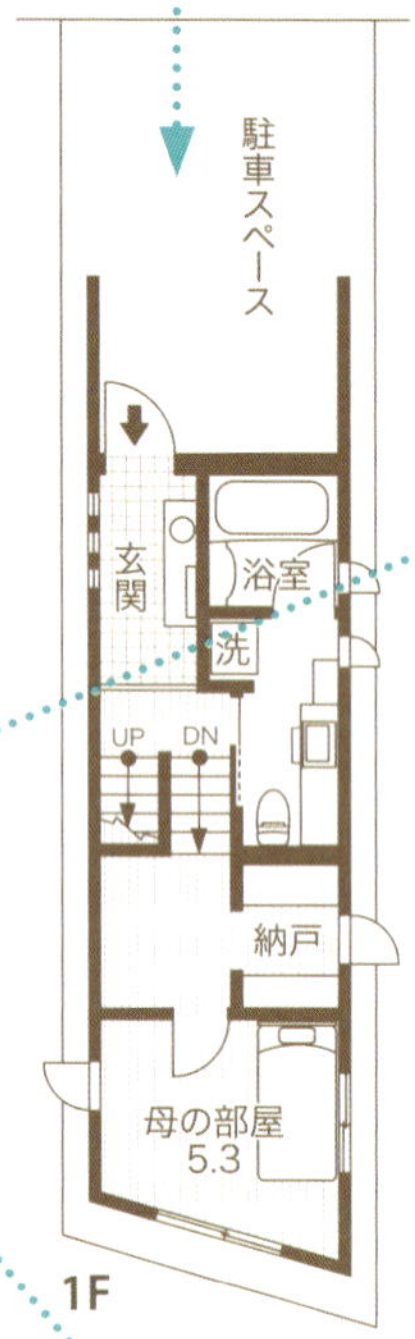

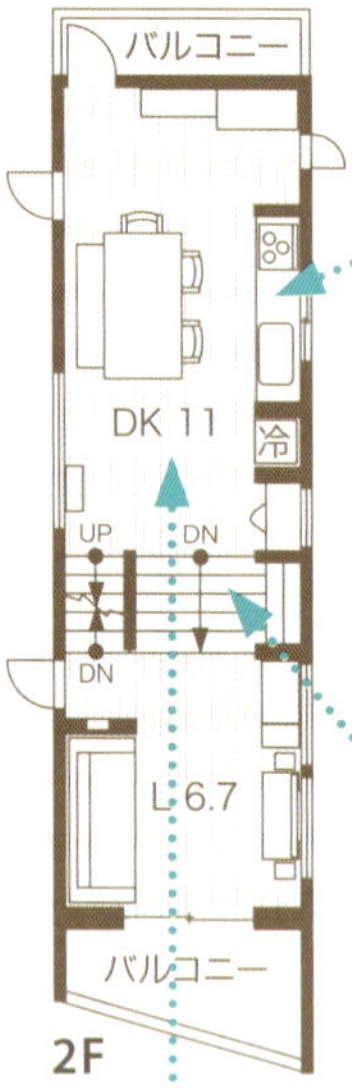

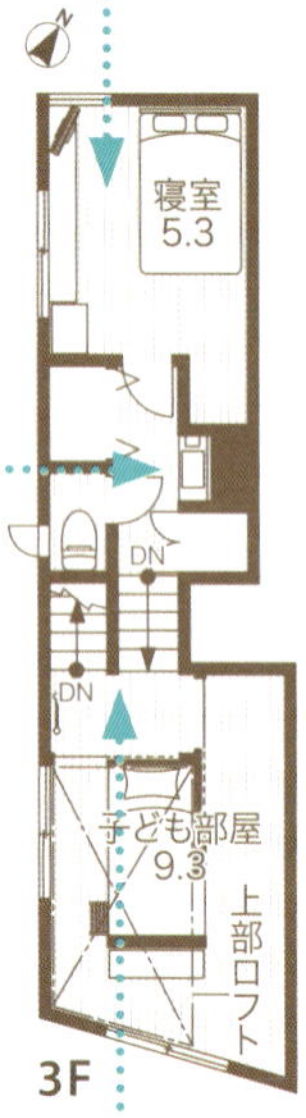

洗面コーナーを廊下の途中に設けて床面積を節約

3階の廊下は、通路であると同時に一角に洗面台を据えて洗面室の機能ももたせました。子世帯専用で、気兼ねなく使えるのも◎。

移動スペースの階段を居住空間としても活用

リビングとDKをつなぐ階段の幅を広くとって、部屋の一部として活用。限られた広さの住まいでは、貴重な居住スペースに。

ロフト収納を設けて、各部屋をできるだけ広く

子ども部屋の小屋裏空間に、床面積に加算されない大容量のロフト収納を設けて、各部屋の収納スペースの少なさをカバー。

奥行き感をもたらすスキップフロアで広がりを

写真手前がDK、半階分下がった奥がリビング、右の階段上が子ども部屋。床をスキップさせることで、視線が上にも下にものびて広く感じられます。

宮﨑邸

DATA

家族構成	夫婦＋子ども2人＋母親
敷地面積	63.16㎡(19.11坪)
建築面積	37.68㎡(11.40坪)
延べ床面積	97.20㎡(29.40坪) 1F30.43㎡＋2F33.33㎡＋3F33.44㎡
構造・工法	木造3階建て(軸組み工法)
設計	KURASU

密集地を克服する間取り CASE 4 南面に家が連なる

中庭を中心に囲んで開く プライバシー重視のプラン

民家が立ち並ぶ環境で、周囲からの視線が気になる立地だったものの、予算の都合で購入を決意。施主の萩原さんは建築家。この土地を目にしたときに、「中庭を設けて、外側に閉じて内側に開いた家」のプランがひらめいたそう。外に面した窓は最小限にしたので、近隣からの視線を遮ることができ、中庭の効果で、密集地でありながら光と風にあふれる家が実現できました。

あえて閉じた壁面を本棚に活用

「外に閉じた」プランを生かし、北西の壁一面を家族みんなの本棚に。採光と通風はハイサイドライトで確保。

「外に閉じて内に開く」プランで開放感を

中庭の上部にあたる吹き抜けを囲むように居住空間をプラン。家じゅうに光と風が入り、密集地とは思えない心地よい住まいに。

窓のサイズと位置で見たくない景色をカット

ソファ横の小さな地窓は、眼下に流れる川を眺めるための窓。隣家の外壁や屋根を避けて、好きな景色だけを切りとりました。

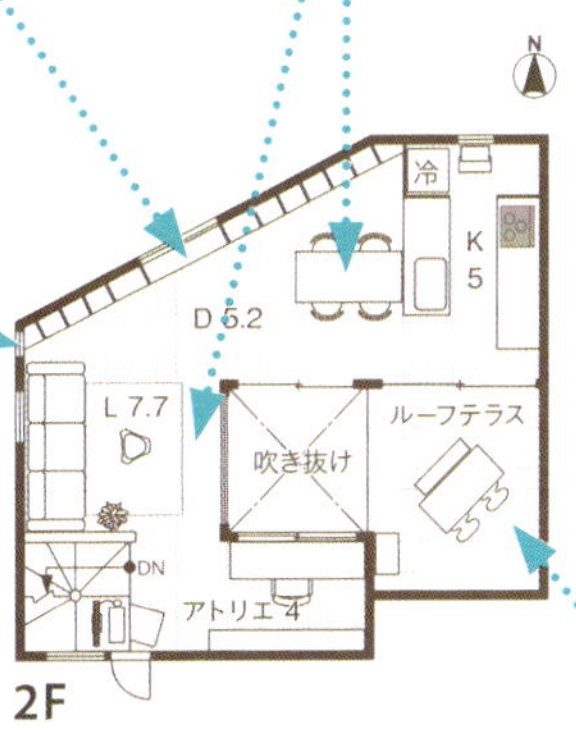

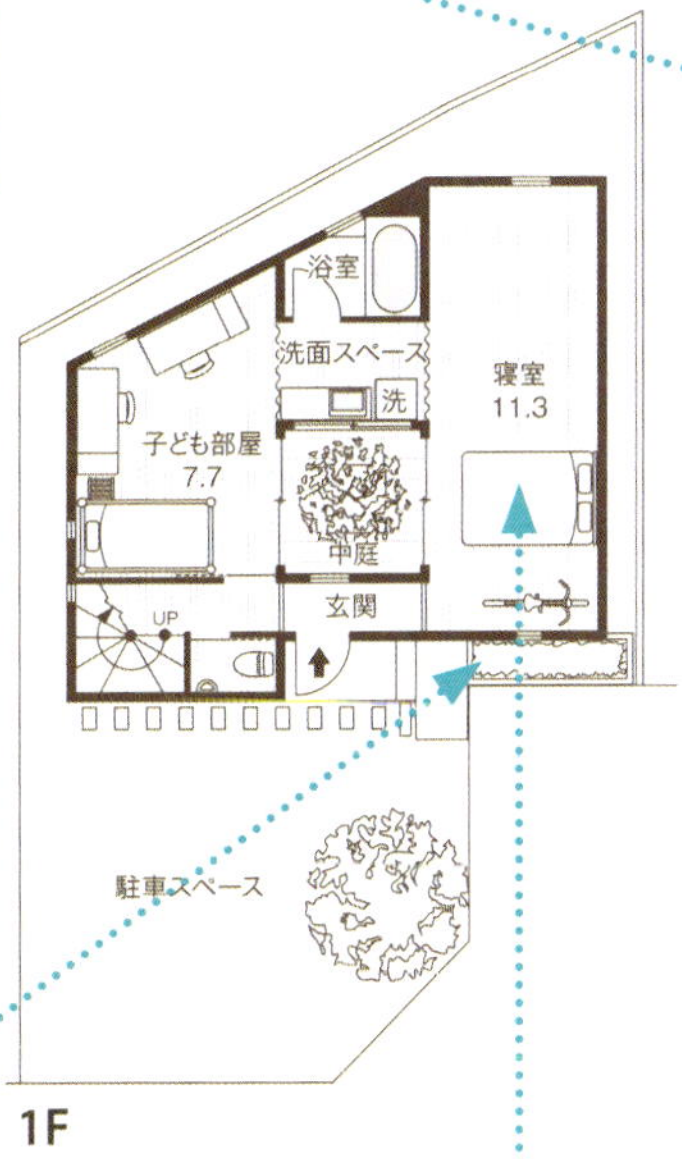

ルーフテラスは塀で囲ってくつろぎ感アップ

キッチン横に設けたルーフテラスは、休日のだんらんスペース。身長より高い塀をつけたので、外の視線を気にせず過ごせます。

植栽スペースを設けて騒音をシャットアウト

密集地の場合、建物が隣家や道路に接近しがち。車などの音が気になるケースも多いので、植栽スペースを設けて音をカット。

プライベートルームの窓は中庭に向けて

中庭に向けて大きな開口部を確保した分、隣家の迫る東側に窓は一切なし。開口部のメリハリで、リラックスできる空間に。

萩原邸

DATA

家族構成	夫婦＋子ども2人
敷地面積	112.90㎡（34.15坪）
建築面積	48.23㎡（14.59坪）
延べ床面積	85.70㎡（25.92坪） 1F46.16㎡＋2F39.54㎡
構造・工法	木造2階建て（軸組み工法）
設計	秋原健治建築事務所

3方に隣家がある

おおらかな吹き抜けで光と風をたっぷりとり込んで

3方に住宅が迫っている密集地の、約30坪の敷地。

建ぺい率50%の用途地域のため、建坪を15坪におさめるという制約もありました。設計は狭小地での家づくりを得意とする設計事務所に依頼。メインフロアに設けたダイナミックな吹き抜けと、大小の窓の配置の工夫で、家じゅうに光と風が抜ける開放的な住まいになりました。

密集地でも"屋外"を楽しめるスペースをつくる

庭をつくっても周囲からまる見えという心配がある立地なら、ルーフバルコニーや屋上に庭の役割をもたせるのも手。隣家の高さによっては、プライベート感のある特等席に。

高窓で光と風をコントロール

ダイナミックな吹き抜けのリビング。壁一面の大開口は設けず、障子つきのハイサイドライトで、周囲の視線をカットしながら採光と通風を確保。

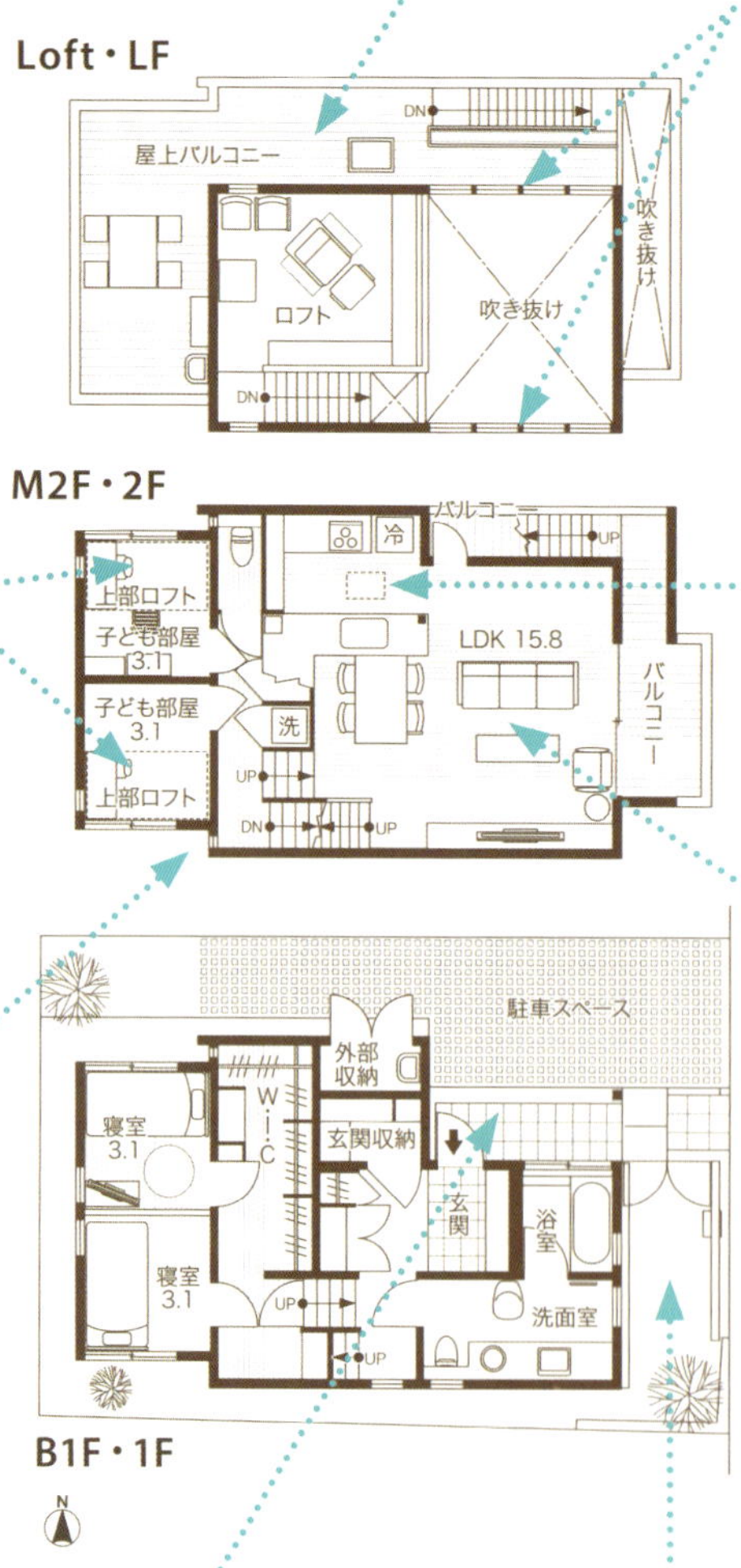

上部に設けた小窓で夏も快適に

子ども部屋は、隣家から少し距離のある南北に窓をとり、西側は採光と通風用の小さな窓だけに。ロフトベッドの熱気が解消できます。

キッチンはトップライトで採光&通気

北側にも隣家があるため、キッチンの壁面に窓をとらずトップライトを採用。揚げ物料理のときは、ここから油煙が抜けていくそう。

開口部をとりにくい側にはスリット窓が◎

プライバシーを考えると、隣家側には窓を設けにくいもの。スリット窓なら視線が入りにくく、採光や通風、抜け感の演出に有効。

LDK は条件のいい2階にプラン

密集地では、1階より2階のほうが条件のいい場合がほとんど。日当たりも風通しも望めてプライバシーも守れるほか、天井高もとりやすくなります。

アプローチをとって道路から玄関を遠ざける

アプローチを長めにとることで、「玄関ドアをあけるとすぐに道路」が避けられます。道路側から玄関内部がまる見えにならないのも◎。

前庭を設けてプライベート感アップ

道路に面した水回りのプライバシーを守るため、緩衝地帯となる前庭をプラン。高窓やルーバー窓の採用でより落ち着ける空間に。

N 邸

DATA

家族構成	夫婦+子ども2人
敷地面積	100.01㎡ (30.25坪)
建築面積	49.81㎡ (15.07坪)
延べ床面積	96.60㎡ (29.52坪) B1F22.18㎡+1F・M2F44.44㎡+2F30.98㎡
構造・工法	地下RC造+木造2階建て(軸組み工法)
設計	FISH+ARCHITECTS一級建築士事務所

変形敷地を克服するアイディア集

変形地ならではの家づくりを楽しむポジティブな姿勢で

変形地に合わせて家を建てると建物や部屋の形が変形になり、変形地に整形の家を建てると敷地に余白が生まれます。でも、それを「使い勝手が悪い」「家が狭くなる」と考えず、「個性豊かな家」「生活のゆとりスペース」ととらえれば、魅力的な家に一歩近づきます。余った敷地に小さな庭をつくるなど、何かおもしろいことができないか、考えてみましょう。デメリットはメリットにもなりえます。あえて個性的な土地を探してみるのも、予算内で大満足の家を手に入れるひとつの方法です。変形プランは屋根のかけ方や壁の計算などが複雑になりがちなので、対応できる施工会社に依頼しましょう。

奥に進むにつれて幅が狭まる、細長い台形のリビング。借景を望める大きな窓を設け、落ち着きと開放感が同居する空間に。（設計／FILE）

Idea 「余白」を生かす

庭と一体化した駐車場スペースを設置

変形地では道路と駐車スペースの間が微妙な形であくことも多く、そこに1本でも木を植えると、庭と一体化して素敵です。駐車場をかっちりつくらず、「道路、樹木、駐車スペース、樹木、家」というふうに樹木で囲むと、家からの景色もだいぶやわらぎます。

植栽や家庭菜園で趣味や季節を楽しむゆとりスペースに

余った土地に植栽や家庭菜園を設け、生活のゆとりスペースにしましょう。植物のお手入れをしたり、緑を眺めたりすることで、季節の移ろいを楽しめる家になります。三角地は奥行きがあるため、面積のわりに広く見え、小さいスペースなら箱庭のようなたたずまいの庭をつくることも可能です。

Idea 「変形」を楽しむ

三角のコーナーを生かし、飾り棚やミニベンチに

変形の家は四角い家と違い、家の中にいろいろな角度があります。そのため、三角のコーナーが生まれやすいという特徴があります。それをデッドスペースにせず、どう生かすかがポイント。飾り棚やミニベンチなどをつくることで、空間に遊びが加わります。

部屋が広く見えてアクセントにもなる斜め壁をとり入れる

斜め壁は直線よりラインが長くなることで距離感が生まれ、壁の面積も大きくなるので、部屋が広く見える効果があります。また、斜めのラインが空間のアクセントにもなり、部屋に個性が生まれます。斜め壁の窓は、景色が違って見えるのもおもしろい点。

三角や台形の畳で変形の部屋をユニークな和室に

変形プランでも和室をあきらめることはありません。畳は長方形や正方形以外の形でもつくることができます。台形の畳や三角の床の間など、ユニークな和室をつくってみるのも楽しいプランです。変形地のプランニングには柔軟な発想で臨みましょう。

 設計／トトモニ

変形敷地を克服する間取り CASE 1 三角形

鋭角スペースを上手に使って暮らしやすい家に

昭和初期から両親が住んでいた家の敷地は、見事な“三角形”。

敷地がネックとなって、ハウスメーカーからは納得のいくプランが出ず、設計事務所の門を叩くことになりました。

計画されたのは、敷地の形に逆らわない地下＋総2階建ての三角柱のような建物。2階のLDは直角に近い角の部分をとり込み、“三角形を”意識させない、のびやかな空間に。

直角を生かして長方形に近いLDを実現

いちばん広く快適な空間にしたいLD。直角に近い角の部分をとり込み、間仕切り家具も活用して、整形の部屋のような感覚をもたせて。

三角形の敷地に合わせて建物を配置

三角形の敷地に整形の建物をプランしようとすると、床面積は大幅にダウン。敷地の形に逆らわずに、面積を目いっぱい活用することで、広さを確保しています。

変形部分は居住性に影響しない収納スペースに

寝室に併設したウォークインクローゼット。三角形の角の部分を長方形に近づける形に切りとり、枕棚とパイプで使いやすい収納に。

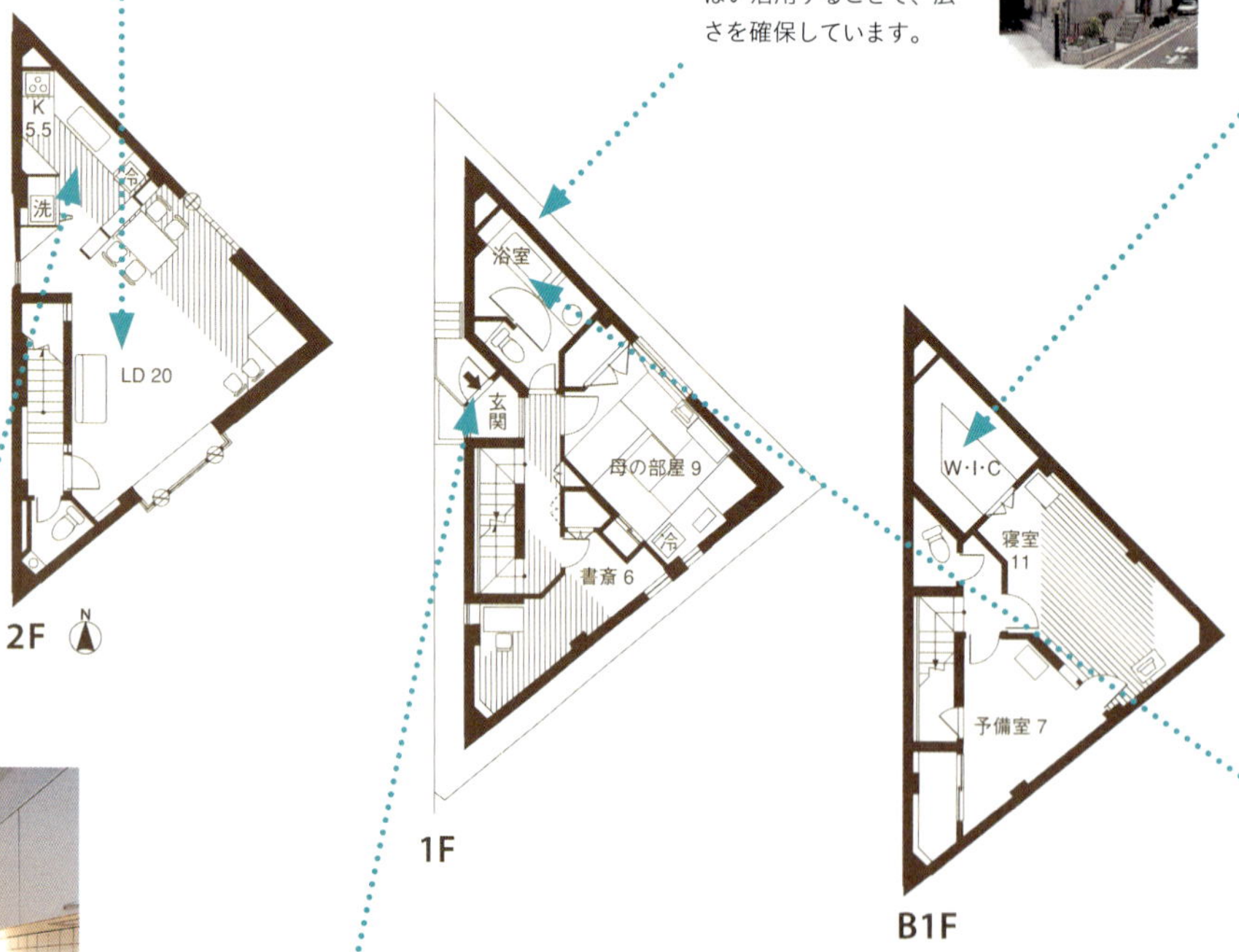

水回りは間仕切りを最小限に

変形部分に設けた水回り。こまかく仕切ると複雑になり、閉塞感も生まれるため、間仕切りを最小限にしてそれぞれのスペースの快適性をアップ。

使いやすさを考慮したキッチンに

三角形の角の部分にガスコンロを配置して、キッチンカウンターの幅を確保。背面側には三角形の造りつけ収納もプランしました。

玄関ドアを斜めに設置して内部を隠す

玄関ドアは、道路に対して45度の角度をつけて設置し、外からまる見えになるのを防止。五角形のたたきは、かえって余裕が感じられます。

高梨邸

DATA

家族構成 …… 夫婦＋母親
敷地面積 …… 73.41㎡（22.21坪）
建築面積 …… 46.44㎡（14.05坪）
延べ床面積 …… 137.17㎡（41.49坪）
B1F46.44㎡＋1F44.29㎡＋2F46.44㎡
構造・工法 …… RC造（地下1階＋地上2階建て）
設計 …… 佐賀・高橋建築設計室

長方形と三角形の特徴を引き出しながら建物を効率的にプラン

長方形と三角形を組み合わせたような、約30坪の変形敷地。「車2台分のインナーガレージのほか、屋外に1台分の駐車スペースも」というFさんの譲れない希望を盛り込めるよう、整形の形が大きくとれる長方形の部分と、三角形の部分とを有効に使い分けて、ロスのない建物配置にしました。変形のバルコニーは毎日の暮らしには影響がなく、南側なので、かえって日当たりのいい快適なスペースになりました。

長方形部分を効果的に使って物干し兼用の廊下に

敷地の長方形部分を生かして、3階には、吹き抜けに面した長い廊下をプラン。奥さまのリクエストだった物干しスペースも実現できました。

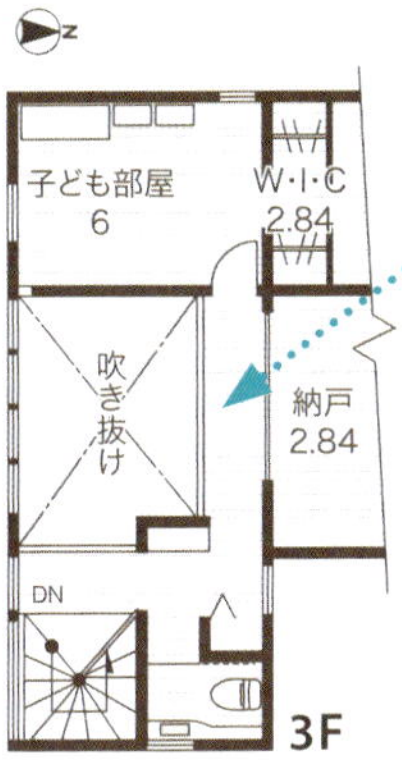

パブリックスペースを条件のいい場所に配置

快適性を優先したい、家族が集まるLDKを、敷地の整形部分にゆったり配置。南側で日当たりも抜群です。

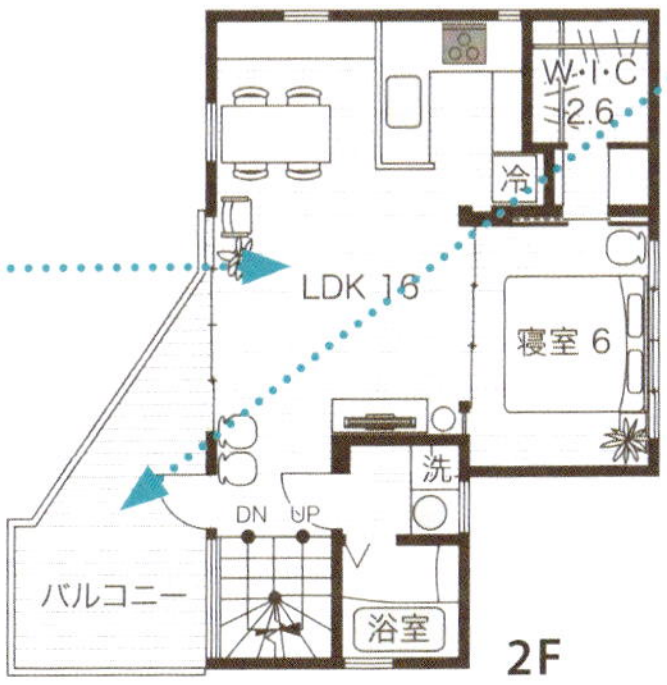

屋外空間なら変形でも気にならない

ワークルーム上の変形スペースは、バルコニーとして活用。5畳近いスペースがとれて、奥行きもあるので、LDの延長としてさまざまな用途に使えます。

優先したいスペースは整形部分にゆったり確保

「整形でゆったり面積がとれる場所」に、最優先の希望だったインナーガレージをプラン。新居の満足度がぐんとアップします。

居住性に影響の少ない部屋を変形部分に配置

ご主人のワークルームを、変形でも支障のない、日当たりのいいこの場所に。かえって収納に使えるスペースもとれました。

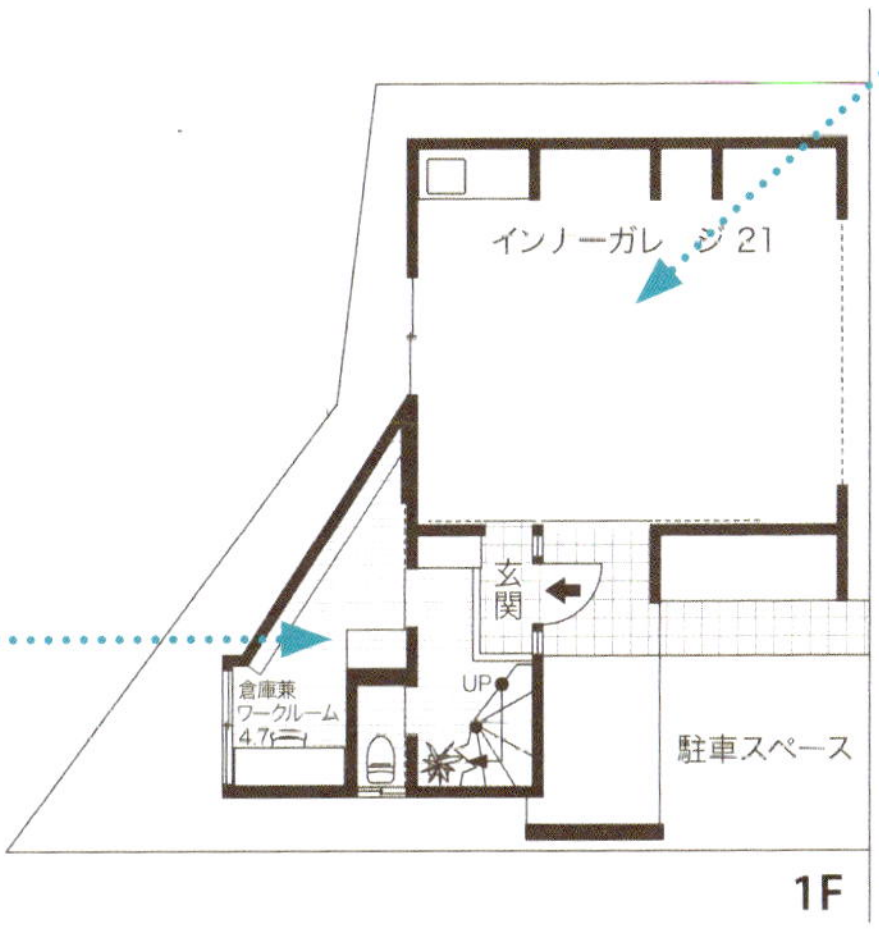

F邸

DATA

家族構成	夫婦＋子ども1人
敷地面積	100.51㎡（30.40坪）
建築面積	59.97㎡（18.14坪）
延べ床面積	145.67㎡（44.07坪） 1F59.97㎡＋2F50.51㎡＋3F35.19㎡
構造・工法	木造3階建て（軸組み工法）
設計	unit-H 中村高淑建築設計事務所

大きな開口部から光と風をとり入れて難しい条件をクリア

Iさんが購入したのは、隣家に囲まれた旗ざお状敷地。路地部分を除いた敷地面積は約20坪と、家族4人が暮らす家を建てるには厳しい条件でした。依頼した建築家から提案されたのは、建物を道路から見えにくい位置に寄せて、隣家の庭に面してデッキを設けるプラン。旗ざお状敷地ならではの路地部分も有効活用して、「奥に何があるんだろう」という期待感をもたせる住まいが完成しました。

壁のないオープンな間取りで開放的に

子ども部屋も、間仕切りをなくしたオープンスタイル。吹き抜けを介して大きな窓から光をとり込み、密集地を忘れさせる開放感を実現。

広く見えるオープンキッチンに

キッチンは、間仕切りや吊り戸棚をなくしたフルオープンのつくり。リビングとダイニングに仕切りなくつなげ、広く見える工夫を。

狭さを感じさせない吹き抜けを効果的に採用

リビング部分は階段スペースもとり込んだ大きな吹き抜け。密集地こそ、のびのび開放的な空間をつくり、室内の快適性を高めて。

路地部分は駐車スペースとして有効活用

長めのアプローチを利用して、道路に近い部分を駐車スペースに。通路にも機能をもたせることで、限られた敷地面積を有効活用。

アプローチ先のデッキでプライバシーを守る

建物を北側に寄せ、アプローチの延長にデッキを設置。さらにデッキを高い塀で囲ったので、隣家を気にせずくつろげる空間に。

毎日行き来するアプローチは家までの魅力的な導入部に

デザイン性の高い門扉で、アプローチとプライベートゾーンを明確にゾーニング。目隠しにもなるうえ、ワクワク感も誘います。

大型収納を設けて室内を広々と使う

「ものを出さずにすっきりさせたい」と、奥行きたっぷりの収納庫をプラン。広さの限られた住まいをすっきり快適に。

I邸

DATA

家族構成	夫婦＋子ども2人
敷地面積	94.72㎡（28.65坪）
建築面積	39.68㎡（12.00坪）
延べ床面積	72.31㎡（21.87坪） 1F39.69㎡＋2F32.62㎡
構造・工法	木造2階建て（軸組み工法）
設計	ノアノア空間工房

変形敷地を克服する間取り CASE 4 旗ざお

アプローチ+玄関土間で敷地のデメリットをメリットに転換

大のバイク好きというご夫妻。新居を計画したのは、路地部分の幅は比較的広いものの、典型的な旗ざお状の敷地でした。建築家は、路地部分の延長線上にあたる建物の北西の角を斜めに切りとって、路地部分が自然と玄関土間につながるユニークなプランを提案。玄関土間は、バイクのメンテナンスに没頭できる場となりました。斜めの壁は真上のDKにも生かされ、借景と路地を介した抜け感が楽しめる心地よい住まいに。

路地のある西側に向けた開口で視線をのばす

2階のDKは、建物の形状を生かした変形プラン。西側の路地に向けて窓を設けたので、その先に隣接する公園まで見渡せます。

隣家を考慮した開口部でプライバシー保護

窓の位置を隣家とずらして、視線が合わないように工夫。開放感を損なわずにプライベート感もキープして。

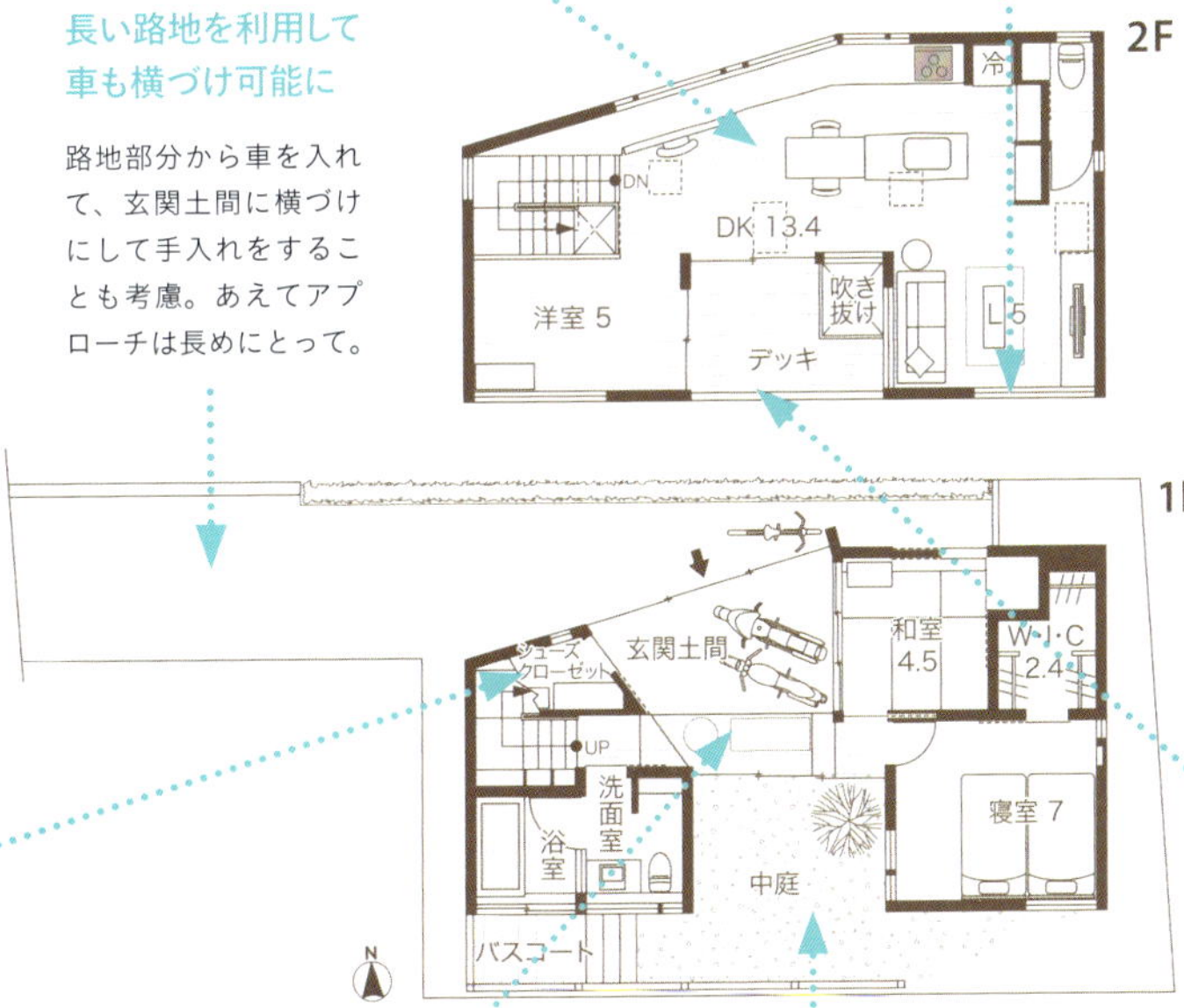

長い路地を利用して車も横づけ可能に

路地部分から車を入れて、玄関土間に横づけにして手入れをすることも考慮。あえてアプローチは長めにとって。

変形スペースは収納に活用して

アプローチを斜めに切りとったことでできた変形スペース。シューズクローゼットにすることで有効活用しています。

高めの塀でプライバシーを保護

中庭の上をデッキにして、室内と一体感のあるスペースに。高めの塀を設けたので、隣家を気にせずリラックスして過ごせます。

大きな開口部で路地と玄関土間を自然につなげる

角を切りとった形状のおかげで大きな開口部がとれ、バイクの出し入れもスムーズ。路地が自然と玄関土間につながる心憎い設計。

中庭から建物の奥まで採光

周囲に隣家が立て込んでいるケースも多い旗ざお状敷地。中庭を設けることで、建物の奥まで光をとり込みやすくなります。

O邸

DATA

家族構成	夫婦
敷地面積	133.86㎡（40.49坪）
建築面積	51.58㎡（15.60坪）
延べ床面積	101.73㎡（30.77坪） 1F51.33㎡＋2F50.40㎡
構造・工法	木造2階建て（軸組み工法）
設計	ア・シード建築設計事務所

吹き抜けをつくって奥の部屋にも光と風を通し、開放感あふれる住まいに

新築を決意し、交通の便のいい場所に土地を見つけたものの、間口の狭い約15坪の細長い敷地。「限られた面積を立体的に生かした、明るい家を」と希望して、2階にワンルームのLDKを据えた3階建てのプランを建築家から提案されました。吹き抜けやリビング階段の採用により、東西に長い狭小地でも、明るくのびやかなLDKが実現。開口部は大小のメリハリをつけて、開放感とプライバシー保護を両立しています。

吹き抜けで明るさと開放感を確保

吹き抜けと大きな窓との相乗効果で、細長い建物の奥まで光を行き渡らせて。上方向にも開放感が生まれ、広々と感じられます。

開けている方向には大開口を

道路に面した、唯一開けている西側は、目いっぱい間口をとってバルコニーも設置。庭のかわりに"屋外"を楽しめる場に。

光が届かない場所は収納に利用

3方が隣家に囲まれていることから、道路からいちばん奥まった東側は採光が難しい場所。収納スペースにすれば問題ありません。

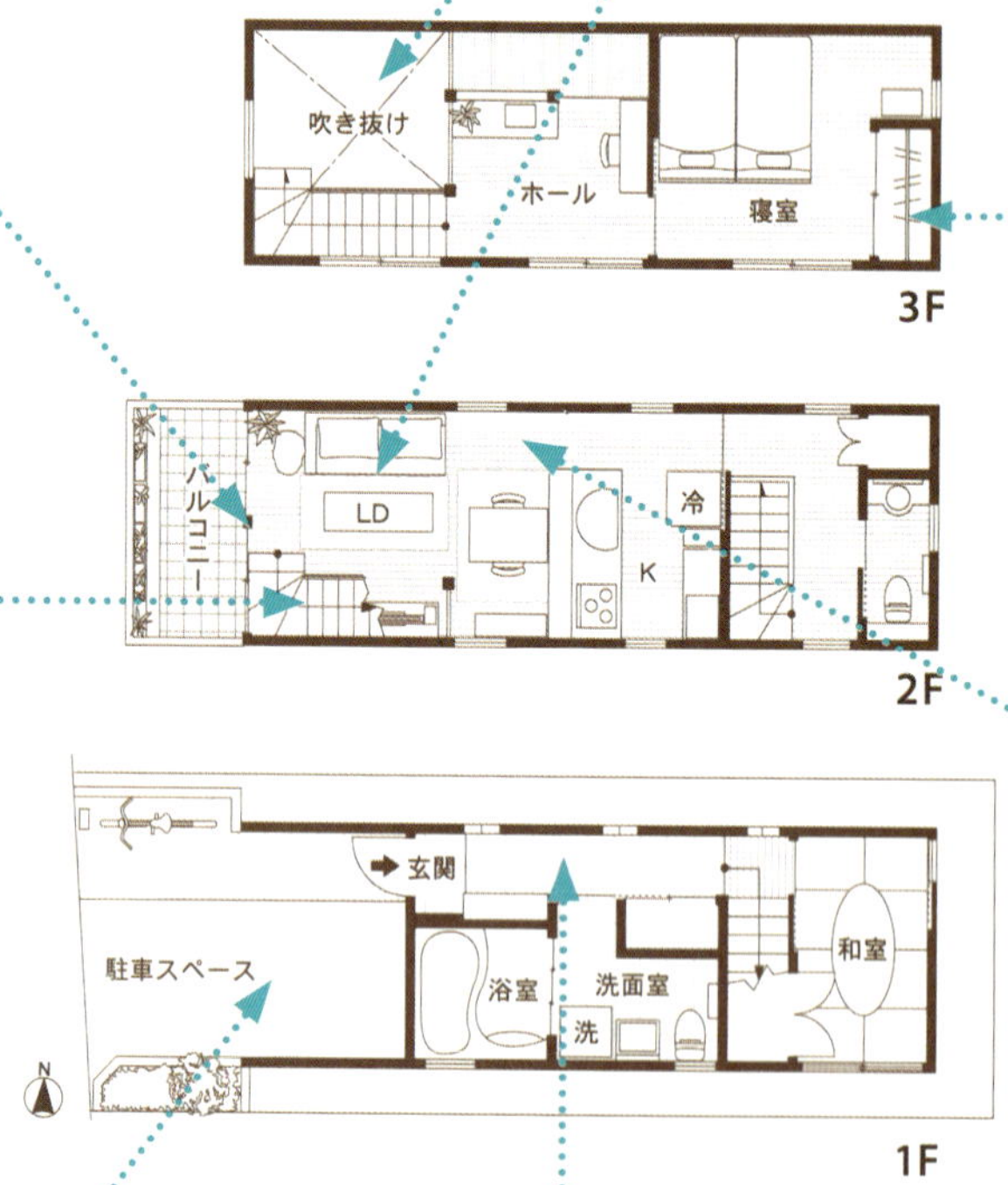

リビング階段で広く見せる

リビング内の階段は仕切り壁がなく、吹き抜けを伴うので空間が広く感じられ、省スペースにも貢献。間口の狭い敷地に有効です。

グレーチングで上階からの光を下階へ

3階の床の一部にグレーチングを採用して、真下のフロアに光を落としています。唯一、採光が望める西側から建物の奥まで光を入れて、ダイニング&キッチンを明るく。

前面をガレージにして敷地を有効活用

2階、3階をオーバーハングさせて、1階の約3分の1はガレージに活用。その結果、玄関が道路から奥まり、安心感が生まれます。

隣家が迫った廊下はガラスブロックで採光

すぐ横に隣家が迫っているため、壁の一部にガラスブロックを採用。やわらかな光がとり込めて、プライバシーも守れます。

Y邸

DATA

家族構成	夫婦
敷地面積	50.57㎡ (15.30坪)
建築面積	28.72㎡ (8.69坪)
延べ床面積	75.33㎡ (22.79坪) 1F27.00㎡+2F27.00㎡+3F21.33㎡
構造・工法	木造3階建て(軸組み工法)
設計	設計工房/Arch-Planning Atelier

間仕切りは最小限に。南北の開口部から家じゅうに光を回して

中島さんが新居を計画したのは、住宅密集地にある、間口約3.2m、奥行き約9.1mという細長い敷地。

約15坪と広さも十分ではありませんでしたが、家族が集うLDKをいちばん条件のいい3階にプランして、採光、通風、見晴らしにすぐれた快適空間に。

隣家が迫った東西にはほとんど窓を設けず、南北の開口から、細長い建物全体に光と風が通るように工夫されています。

キッチンは細長い敷地形状に逆らわない配置に

細長いスペースをそのまま生かして、キッチンとダイニングを縦に並べたレイアウトに。長さが強調され、広く感じられる効果も。

個室も細長い敷地を生かしてオープンに

階段を部屋と一体化させて広々と。南北に振り分けた子ども部屋と寝室もドアを設けず、敷地の奥行きをそのまま生かした間取りに。

浴室の窓から入る光を窓のない廊下まで導いて

浴室の出入り口をガラス戸にし、さらに斜めに配置することで、浴室の窓から入る光を、洗濯コーナーを兼ねた廊下まで導いています。

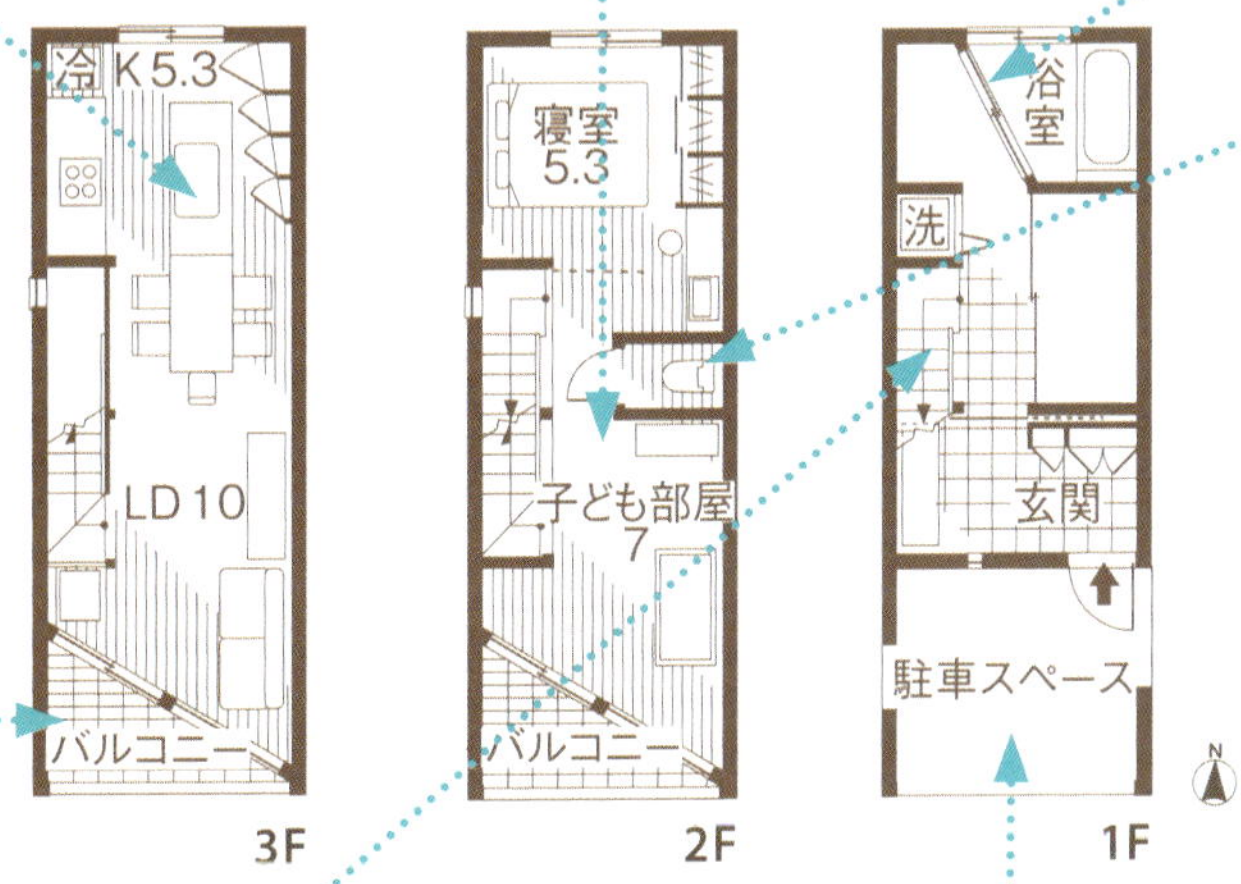

トイレは、どの部屋からもアクセスしやすい場所に

細長い3階建ての建物は、室内の移動距離が長めに。1カ所にしぼったトイレは、どこからもアクセスしやすい2階中央に配置。

道路側は全面開口にして光と風をとり込む

開けた南側は開口部を大きくとり、室内に奥行きを生む三角形のバルコニーをプラン。床はグレーチングで階下に光と風を送ります。

中島邸

DATA

家族構成 …… 夫婦＋子ども1人
敷地面積 …… 49.98㎡（15.12坪）
建築面積 …… 29.30㎡（8.86坪）
延べ床面積 …… 82.04㎡（24.82坪）
1F29.30㎡＋2F26.37㎡＋3F26.37㎡
構造・工法 …… 木造3階建て（軸組み工法）
設計 …… アルクデザイン

階段は採光に効果的な形状&位置に

スケルトン階段で、光の届きにくい1階に上階から光を導いて。建物の中央寄りに設けて、開口部から遠い部分の採光の助けに。

上階の広さを確保できるオーバーハング

"半ビルトイン"の形でガレージを設け、2階と3階を張り出させることで、居住スペースの床面積を確保。

傾斜地を克服するアイディア集

地形を生かすプランで予算を抑えつつ、個性の光る住まいに

傾斜や高低差がある敷地は土地代が安く、高低差をうまく処理できればおトクなことも。ただし、擁壁工事や地盤改良工事が必要になるケースが多いので、注意が必要です。近隣の地盤データを参考にしたり、高低差の処理方法など、専門家と相談しながら進めましょう。高低差のある敷地は扱いが難しい半面、眺望が素晴らしかったり、自然豊かな環境を手に入れることできたりと、独自の魅力も備えています。そのため、擁壁や土留め工事でかっちり造るのではなく、できるだけ自然の地形を生かしたプランを考えると、コストを抑えながら自然環境にとけ込んだ家になります。

土地の高低差を利用して床のレベルを半階ごとにずらし、各階の空間をゆるやかにつなげています。視線が上下に抜けるため、広がりのあるのびやかな空間に。（設計／佐々木正明建築都市研究所）

Idea 「傾斜・高低差」を楽しむアイディア

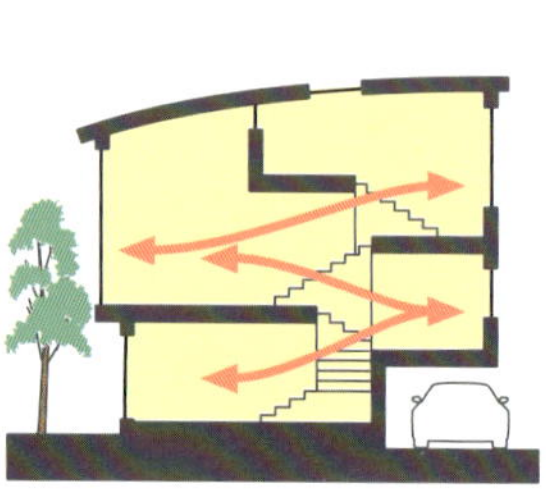

スキップフロアで、動線に無駄のない開放感のある家に

床のレベルを半階ずつずらして配置するのが「スキップフロア」。土地の高低差を利用し、半階ずつゆるやかにつなぐ構造にすることで、視線が斜め上下にのびます。階段まわりに部屋を配置するので動線に無駄がなく、廊下を少なくして居室を広くとることも。（設計／プランボックス一級建築士事務所）

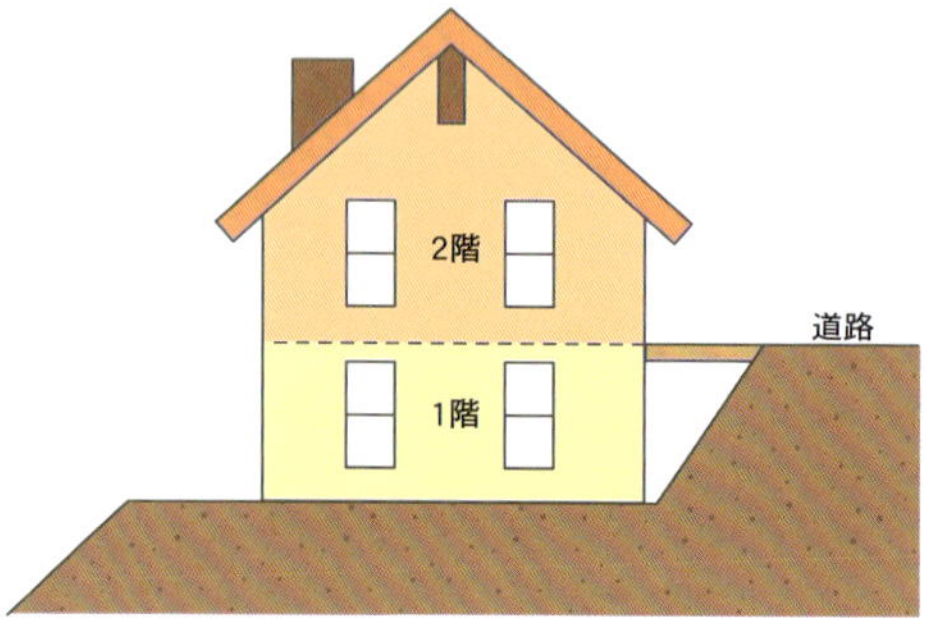

傾斜を生かし、オープンで見晴らしのよい住まいに

崖地などの傾斜地は眺望がよく、隣家の視線が気にならないため、オープンで見晴らしのよい住まいをつくれます。道路から1段下がった敷地に家を建てるときは、排水ルートの確認を。排水ルートが道路レベルにしかとれない場合は、水回りは2階に設けます。

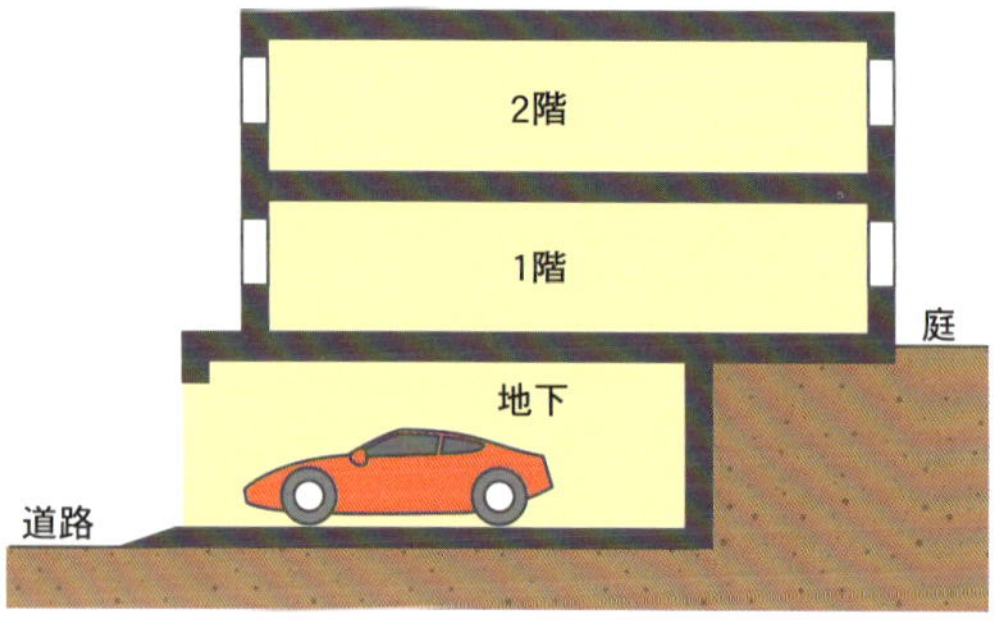

ビルトイン車庫で住居部分を1階分アップ

道路から1段上がった敷地では、道路のレベルにビルトイン車庫をつくり、上を住居スペースにするプランもおすすめ。住居部分が道路から1段上がっているので、道路からは住居部分が2階・3階のように見え、プライバシーを守りやすく、採光がよくなるメリットも。

なだらかな地形を生かしたアプローチを楽しむ

高低差のある土地を平らにならさず、なだらかな斜面を緑でおおい、ゆるやかな外階段を設けて、趣のあるアプローチに。土地の個性に逆らわず、できるだけその地形を生かすプランにすることで、家に個性をもたせながら予算を抑えることができます。

傾斜地を克服する間取り CASE 1

道路より下がった敷地

敷地の傾斜を最大限に生かして見晴らし抜群の家に

道路面がいちばん高く、東側に向けて徐々に下がっていく敷地。
一般的に難条件とされる傾斜地ですが、辻さんの場合は
東面の眺望のよさが土地購入の決め手になりました。
間取りももちろん、見晴らしのよさを存分に生かしたものに。
景色を満喫できるようにLDKをレイアウトして、
玄関はドアをあけると正面に眺望が広がる仕掛けに。
傾斜地を最大限に生かした、個性あふれる住まいになりました。

眺めのいいベストポジションにLDKを

視線を遮るものがない東にLDKを配置。東側のほか、南側にも開口部をとって視野を広げ、傾斜地ならではの開放感を高めました。

上下移動の負担を減らして家事ラクな家に

玄関からアクセスがよく、高低差の少ない1階にLDKと水回りを集合させて。上下移動が最小限ですむ、家事ラクの間取り。

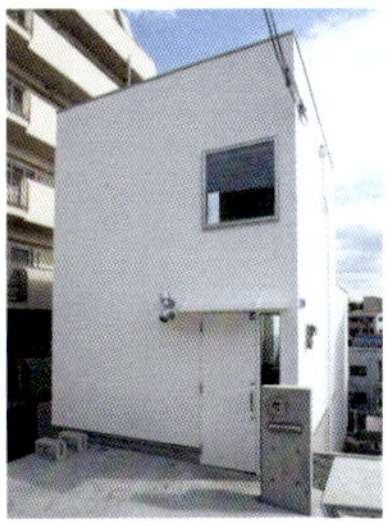

辻邸

DATA

家族構成	夫婦＋子ども1人
敷地面積	246.29㎡（74.50坪）
建築面積	62.64㎡（18.95坪）
延べ床面積	113.40㎡（34.30坪） B1F43.74㎡＋1F57.51㎡＋2F12.15㎡
構造・工法	木造2階建て（在来工法）
設計	建築設計事務所フリーダム

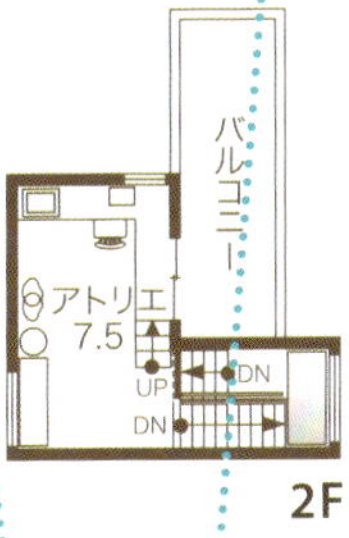

ガラス張りの階段室で抜け感を楽しむ

階段まわりの壁と天井に開口部を多数設置。踊り場の床もガラス張りに。上階から光を落とし、傾斜地特有の抜け感も楽しめます。

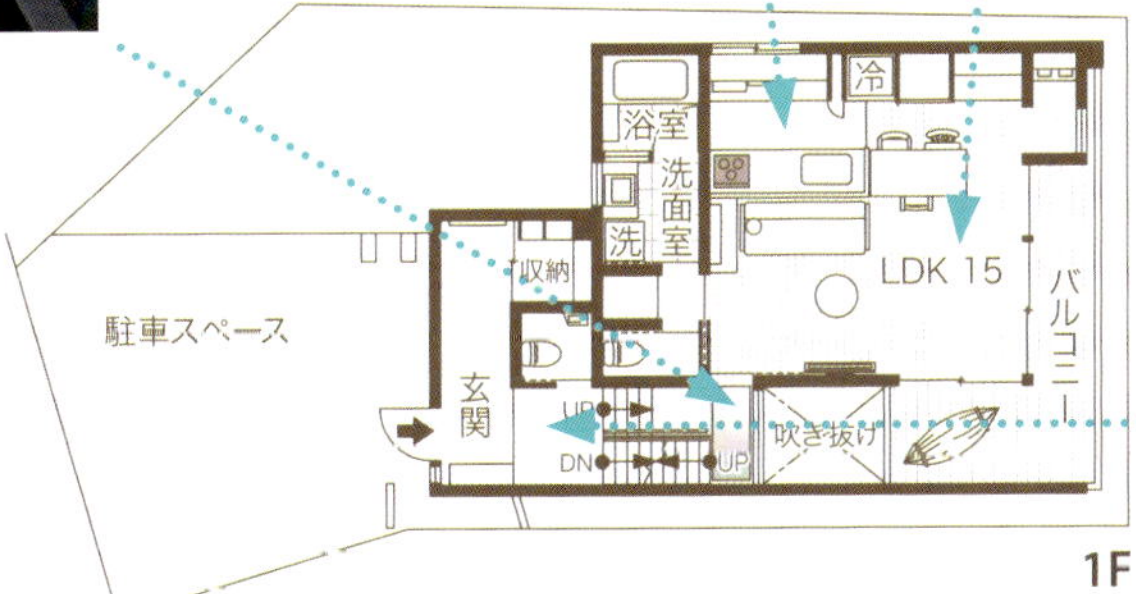

階段は視線を遮らないスケルトンに

ドアをあけた瞬間、お客さまに「わぁ！」と言われる玄関。窓の先の眺望が目に入るように、スケルトン階段を採用した成果です。

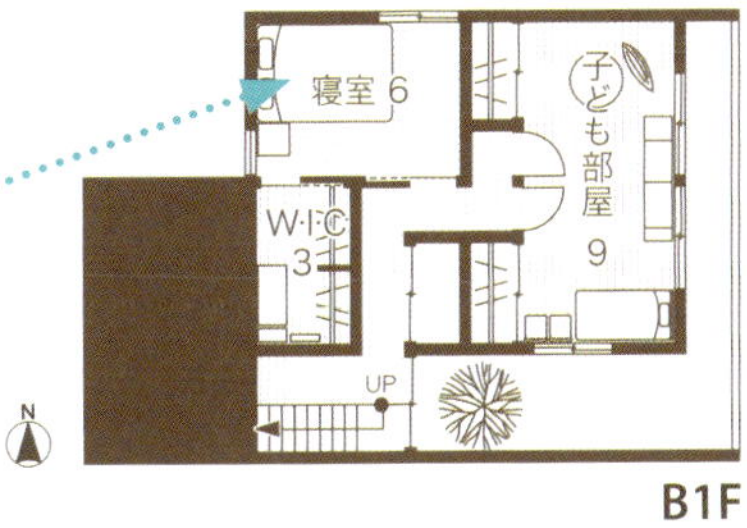

静かで落ち着ける場所に寝室を配置

寝室は、道路面より下がった半地下部分に配置。開口部のとれない基礎に面した部分にはW・I・Cを配置して。

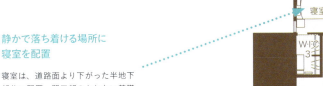

傾斜地を克服する間取り CASE 2 道路から階段50段

傾斜地のメリットを生かした、将来のライフスタイルにも対応するプラン

限られた予算では条件のよい土地が見つからず、人気のない変形敷地にシフトチェンジして探したところ、高台のここが見つかったそう。道路から50段上った、ビルなら5階建ての高さに相当する敷地で、数字上の面積には余裕があるものの、有効に使える部分は限られた、扇状の変形地でもあります。建物自体はコンパクトになりましたが、2階LDKからの眺めは抜群。傾斜地の利点が最大限に生かされています。

仕切り壁は眺望を遮らない高さに

眺望を望める方向に階段のあるリビングコーナー。ここからも傾斜地の抜け感が感じられるよう、階段との仕切り壁は低めに。

メインルームはさらに見晴らしのいい2階に

LDKを2階に配置することで、高台の魅力がさらにアップ。眼下に街並みが広がるデッキは、ゲストにも大好評です。

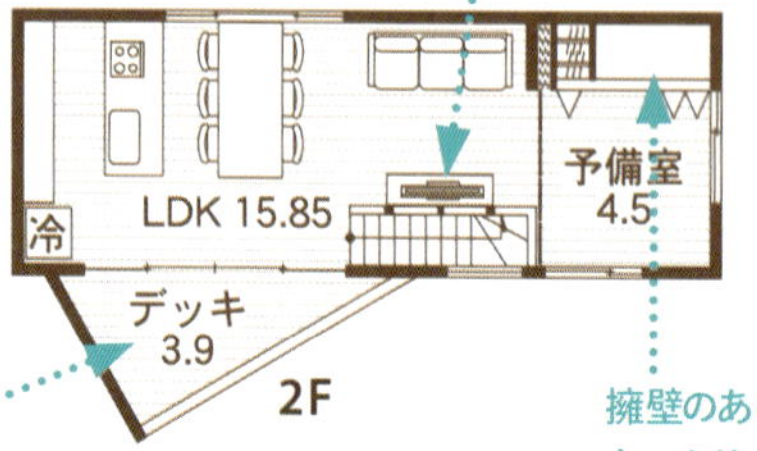

擁壁のある方向はたっぷりの収納に

窓を設けても擁壁しか見えない予備室の北側は、潔く収納に活用。幅も高さも目いっぱい使った大容量です。

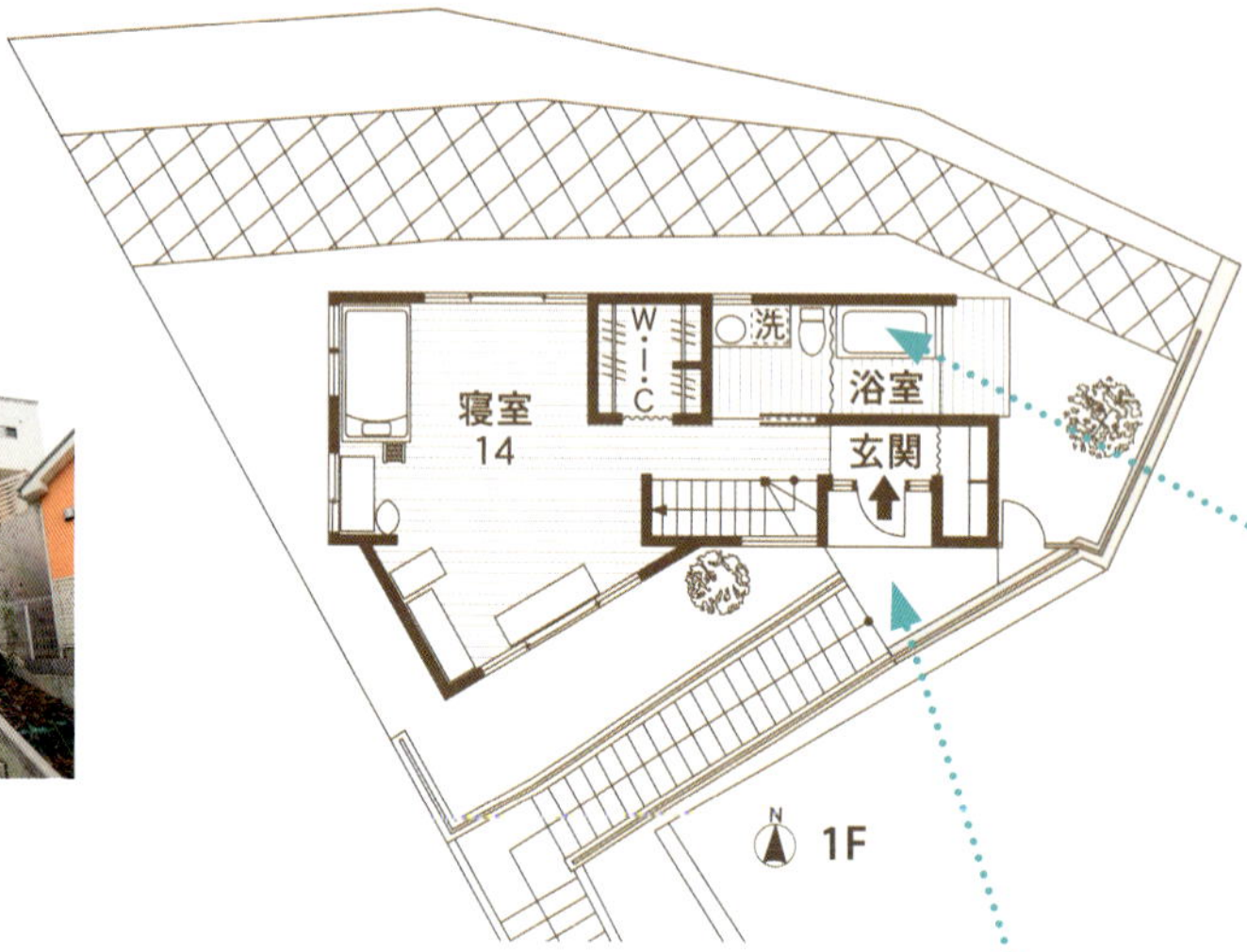

小平邸

DATA

家族構成……夫婦＋子ども3人
敷地面積……205.24㎡(62.09坪)
建築面積……44.54㎡(13.47坪)
延べ床面積……79.32㎡(23.99坪)
1F41.23㎡ ＋2F38.09㎡
構造・工法……木造2階建て(軸組み工法)
設計……unit-H 中村高淑建築設計事務所

階段と玄関の間にひと息つけるスペースを

50段の階段を上りきると少しスペースがあり、その先に玄関が。高台だけに、この余白スペースが安心感につながります。

外部からの視線が入らない場所に浴室を

北側には擁壁がそびえていますが、人が行き来しないというメリットを利用して浴室をプラン。大きな開口部も設けられます。

PART5

設計依頼先の見つけ方

設計はどこに依頼したらいいのか？

理想の住まいを実現するために大事なのは、自分に合ったパートナー選び。建築家に設計を頼むのか？ 地元の工務店か？ 大手のハウスメーカーか？によって、得意とする分野やデザインの方向性などが異なります。それぞれの特徴から依頼先選びのコツまで紹介します。

どんな家にしたいかを明確にすることからスタートしましょう

家づくりが決まったからといって、いきなり依頼先を検討し始めるのはNG。その前に、住みたい家のイメージを固めておくことが大切です。外観デザインやインテリアスタイルのほか、「地震に強い構造の家」「国産材を使った木のぬくもりあふれる家」などという希望が具体的にあれば、情報収集をする際に、それらを得意とする依頼先がおのずと絞られ、無数にある設計・施工業者の中から自分たちの好みにフィットする依頼先を見つけやすくなります。

家づくりと依頼先探しの"予習"は住宅展示場で

モデルハウスがずらりと並ぶ住宅展示場は、ハウスメーカーで家を建てる人だけが見に行く場所だと思っていませんか？ 住宅展示場は、依頼先がまだ白紙の人にとっても、構造・工法や、雑誌やカタログではわからないスケール感など、初歩的な知識をゲットできる便利な場所です。家づくりの予習を兼ねて、「こんな家にしたい（＝この会社も候補にしよう）」「この家は好みと違う（＝この会社は圏外）」をリサーチする場として、住宅展示場を活用するのもおすすめです。

メディアを活用してとにかくたくさん施工例を見てください

住宅誌や、インターネットの住宅サイトなどで紹介されている施工例（事例、作品、Ｗｏｒｋｓなどの名称も）は、依頼先を選ぶときの重要な参考資料になります。印象に残った家の記事や写真をスクラップしていくと、同じハウスメーカーだったり、同じ設計事務

ケース別・おすすめの依頼先

Aさん とにかく早く建ててほしい！

子どもの小学校入学を控え、それまでに家を建てて引っ越しや手続きをすませてしまいたいAさん。

スピード重視派にはハウスメーカーがおすすめ！

スピードならハウスメーカーがいちばん！ あらかじめ基本プランが用意されているので、そこに希望をプラスすれば、プランニングに1〜3カ月、工期2〜4カ月で完成します。

Bさん 変形地に家を建てたい

変形地をすでに購入ずみのBさん。通常のプランでは敷地に無駄が出てしまうかも。

オリジナリティの高い住まいは建築家が得意！

プランニングに工夫が必要な変形地なら、建築家とじっくり相談しながら家づくりを進めて。ライフスタイルにぴったりの、世界でたったひとつの住まいが手に入ります。

Cさん コストを抑えて家を建てたい！

予算は抑えめで、地元の業者と楽しく安心感のある家づくりをしたいCさん。

地域重視派の人には工務店がおすすめ！

工務店の魅力は、なんといってもコスト面。そして、地元ならではの利便性も。メンテナンスが必要になっても安心です。

Dさん 安心できるパートナーがほしい！

家づくりに不安を感じているDさん。できれば信頼できる相談相手がほしい。

慎重派のあなたには大手ハウスメーカーがおすすめ！

大手ハウスメーカーなら、大手ならではの安心感が。さらに、技術面でも各社が競い合っているので信頼度が高いといえます。

所（建築家）の手がけた家だったりすることも多く、そこがあなたの理想に近い家を建ててくれる有力候補に。施工例をたくさん見ることは、依頼先を絞るうえではずせないプロセスです。

「話が合う」「趣味が同じ」ことも重要なポイントです

手がける住宅が自分たちの希望にかなっていることが、依頼先選びの最低条件であるものの、営業マンや設計担当者との相性も重要なカギ。雑談をきっかけに、「同じ犬種の犬を飼っていた」「バイク好きだった」「旅行先で同じ建物を訪れていた」などの共通点が判明して、趣味が共通だからこその〝かゆいところに手が届く〟設計を施してくれたり、漠然としたイメージをスムーズに共有できたりすることも。「コミュニケーションがとりやすい相手か」も考慮するのが得策です。

見学会やイベントに参加して情報収集を

モデルハウスを持たない設計事務所などは、建主が入居する前にその家を一般公開する「完成見学会」や「オープンハウス」をよく開催しています。また、ハウスメーカーでも「工場見学ツアー」や、すでに家を建てた人や検討中の人が集まる「交流会」などのイベントを開催。その会社の特徴を知るのはもちろん、自分たちと同じ立場の人と情報交換ができるいい機会なので、ぜひ参加してみてください。情報はホームページや、DMやメールマガジンを受けとって、チェックしてみましょう。

「建てた人」の声からマイナス面も含めて検討しましょう

メディアから得る情報のほか、地域のクチコミや知人からの紹介も、依頼先を選ぶときの大きな決め手になるようです。実際に建てた人の率直な意見は、貴重な情報源。可能であれば、気になっている会社に紹介を依頼し、スタッフの印象や季節ごとの住み心地など、ネガティブ情報も含めた生の声を聞いてみるといいでしょう。前項でふれた見学会やイベントも、その会社で家を建てた人の声を聞けるいいチャンスです。

数社に絞り込めたら提案力や予算配分を比較してみましょう

最終的に、迷わず1社にしぼり込めればいいのですが、あと2〜3社の候補で迷うケースが多いようです。そこまでしぼり込めたら、予算や建物の規模、間取りなどの条件をすべてそろえて候補の会社に伝え、プランの提案と見積もりを依頼しましょう。条件をそろえることで、各社の設計力の差や、予算配分の違いなどがはっきりするので、ぐんと比較しやすくなるはずです。また、思いがけない提案をしてくれたり、ゆずれない条件を実現しながら、別の部分でコスト調整をしてくれたり。提案された内容を見てピンときた会社があったら、そこがベストパートナーになる可能性大です。

コンタクトをとる前に整理しておきたいポイント

- □ **資金計画**
  家づくりに用意できる自己資金と借り入れ金を整理しておく。現金で用意する必要のある諸費用もあるので、余裕をもっておくこと。
- □ **敷地条件**
  計画地の面積や建ぺい率、容積率、斜線制限などのほか、日照、通風、周辺環境、ライフラインの整備状況なども確認しておく。
- □ **今後の家族構成**
  今の家族構成より、将来の家族構成をふまえて検討を。子どもがふえる可能性や、親と同居する予定があるのかなどを確認しておく。
- □ **新居のイメージ**
  雑誌やカタログなどの切り抜き、ハウスメーカーのプラン集などを参考に、理想の住まい像を具体的にノートなどにまとめておく。
- □ **今の住まいの不満点**
  日当たりが悪い、部屋数が少ないなど、今の住まいの不満点を洗い出して整理しておけば、新居のプランニングに反映させることができる。

設計はどこに依頼したらいいのか？ 大手ハウスメーカー

工期が短く、アフターケアも万全です

長年にわたって培われた高い技術力が強みです

日本国内のハウスメーカーは、大手だけでも10社近くあり、各社それぞれに工法や性能を研究・開発し、常に技術を競っています。同じ工法や構造でもメーカーごとに特徴が異なるので、カタログなどであらかじめチェックし、モデルハウスで実際に体感するのがおすすめ。断熱性、気密性、空調設備などの効果は目に見えないものなので、実際の建物で確認するのがいちばんです。同時に営業マンからも説明を受け、それらのデメリットやメンテナンスなどについても確認しておきましょう。

ハウスメーカーでは、ほとんどの会社が施工専門子会社や協力会社による施工になります。その会社の技術力やメーカーの工事監理体制がしっかり整っているかを確認することも大事です。

担当の営業マンとの信頼関係も大事

プランの豊富さもハウスメーカーの大きな魅力のひとつ。大別すると規格型（企画型）と自由設計型があり、以前はメーカー推奨のプラン集の中から選ぶ規格型（企画型）が主流でしたが、最近は自由設計型に人気が集まっています。都市部に多い狭小地や変形敷地にも対応し、吹き抜けやオープンプラン、スキップフロアなどの間取りも可能。しかし、採用できる部材や設備は、メーカーとして品質が保証できる範囲内に限られます。すべてを自由にできるというわけではないので要注意です。

また、不動産会社と業務提携をしているメーカーも多く、土地情報が豊富で、優先的に物件を紹介してもらえることも。希望のプランに合った土地を探してもらえるメリットもあるので、土地を探すのに自信がない人は相談してみるといいでしょう。ほかにも、住宅ローンの相談にも対応しているなど＋αのサービスも充実。総合的なサポートが期待できるので、はじめて家を建てる人には頼もしい依頼先のひとつです。

担当の営業マンとどうしても合わないときは？

担当者との相性が悪くても、家自体は気に入っているのなら、断ってしまうのは惜しいもの。そのような場合は、担当者の直属の上司にあたる人に相談してみましょう。原因を精査し、別の人を担当につけてくれるはずです。メーカー側にとっても接客方法を見直せる情報になります。

大手ハウスメーカーの『強み』はココ！

長年の研究開発で培われた技術が武器

経営規模の大きなハウスメーカーは、性能アップのための研究・開発を日夜繰り返し、その成果を商品に反映させています。こうした最新テクノロジーは、工場見学ツアーなどで実際に確認することも可能です。

工場生産なので品質が安定している

使用する構造体や部材を、あらかじめ自社工場で生産し、それを工場や現場で組み立てます。最新技術が導入され、徹底した品質管理のもとで生産されるので、品質のばらつきが少なく、工期も短くなります。

完成した建物を住宅展示場で確認できる

試乗してから車を買うことができるように、モデルハウスを見学してから購入を検討できるのがハウスメーカーの家。1 社だけでなくさまざまなメーカーの住宅を自分の目で見て比較できるのも、大きなメリットです。

商品の種類が豊富で選ぶ楽しさがある

ハウスメーカーの多くは、規格型（企画型）、自由設計型、フルオーダー型の3タイプを用意。規格型（企画型）は多数の推奨プランがあり、コストを抑えたい場合に◎。自由設計型は保証の範囲内で要望にこたえてくれます。

アフターケアの充実で入居後も安心が続く

完成後10年、15年などの保証制度も充実し、構造体30年保証を導入しているメーカーもあります。メンテナンスに関しては定期巡回、定期点検サービスがあり、365日24時間受け付けシステムを実施しているところも。

資金計画、土地探し、引っ越しまでサポート

ファイナンシャルプランナーによる資金計画相談、土地探しから始める人には予算に見合った土地の仲介、さらに引っ越し業者の仲介まで一貫したサポートがあり、家の売却が必要になったときに相談にのってくれる会社も。

地元の建築会社

その土地特有の気候風土に合った家づくりが得意です

多少のわがままにも柔軟に対応してくれます

地元密着型の建築会社は、小回りがきき、自由なプランニングが可能です。建主自身が考えたプランでも柔軟に聞いてくれますし、DIYで参加したいという要望も気軽に受け入れてくれる可能性大。「自分たちも家づくりに参加したい」人にはおすすめです。また、身内に左官屋さんや電気屋さんがいる場合、その人たちを使ってもらうことも可能です。地方ではこうした依頼はよくあるので、遠慮せずに相談してみましょう。

施工例を実際に見て技術力を確認しましょう

建築会社といっても、棟梁と大工さんが数人のところもあれば、社員が何十人といる会社も。最近は、設計事務所と工務店の機能を兼ね備えた「ハウスビルダー」といわれる会社もふえています。建築会社を探すには、新聞の折り込みチラシや町中の看板、エリア限定の住宅誌も参考になります。なかには施工のみを行う会社もあり、その場合は設計を外注することになります。設計部門も併設している会社なら、プランの打ち合わせもできて家づくりがスムーズに進みます。

また、会社の施工実績を入念に調べたいなら、建築士事務所として登録している建築会社に限りますが、「業務実績」を見せてもらうことができます。これは当該事業年度にかかわった建築物すべての構造や規模、設計期間、工事監理期間などを記載した書類で、住宅を含めてどんな建物を何棟設計したかがわかります。

建築会社に依頼する際の注意点は、会社によって技量にばらつきがあることです。ハウスメーカーと違い工場生産した部材が少ないので、技術力の差がそのままでき上がりに反映されます。こうした技術力は施工例を見て判断するしかないので、手がけた家を自分の目で見ることが大事。「完成見学会」を催しているなら積極的に参加しましょう。

過去に手がけた家を見学したいときはどうしたらいい？

入居前の見学会に参加できればベターですが、タイミングが合わない場合は、引き渡しずみの家を見せてもらえないか相談を。建築会社が間に入って建主に依頼してくれるでしょう。すでに生活を始めているお宅なので、勝手にドアや収納扉を開けないなど、マナーに注意を。

地元の建築会社の『強み』はココ！

自社で設計・施工を行うので連携ミスによるトラブルが少ない

会社にもよりますが、中規模以上の建築会社なら、施工部門のほかに設計部門も設けて、設計・施工一貫で家づくりに対応します。そのため、設計者と施工者の連携が密になり、伝達事項などもスムーズに伝わります。

地元産の良質な木材を調達できる

国土の70 %近くが山林という日本ですが、都市部では特に良質な木材の入手が難しい場合も。山林が近い地方の建築会社では、リーズナブルな価格で調達できる場合が多く、木をふんだんに使う木造住宅に本領を発揮。

地域の気候風土に適した構造やプランを提案

太平洋側と日本海側では気候風土が違うように、それぞれの地域に特有の自然条件があります。気候風土を知り尽くし、長年、その地域で家をつくり続けている建築会社だからこその住まいを提案してもらえます。

構造を把握しているので先々のリフォームも安心

建物の構造は、建主より施工した建築会社のほうがくわしいもの。ライフスタイルの変化で間取りを変更したいときや、家族構成が変わって増築したいときなど、新築時のことを知っている建築会社に依頼すれば安心です。

地域密着型で小回りがきき、対応もスピーディ

大きな会社のように社内伝達システムが複雑でないため、建主の困りごとは担当者に直接伝わり、電話1本で駆けつけてくれるようなスピーディさがあります。アフターサービスも迅速で、竣工後1カ月で点検をする会社も。

無駄のない施工でコスト節約のアイディアも豊富

施工に精通している建築会社は、現場でのコストダウンのアイディアが豊富。また、多くは独自の流通ルートを確保。問屋を通さずに直接、部材や設備機器を仕入れている建築会社なら、その分、工事費が割安になります。

敷地条件に合わせて工夫を凝らしたプランを

家づくり成功の決め手は設計者との相性です

設計事務所の仕事は、「建主の要望に沿った建物の設計」「正しく施工されているか工事を監理」「見積もりの調整」という3本柱がメインになります。設計事務所との家づくりは建主との共同作業でもあるので、住まいに対する考え方や価値観、美的センスなどが共有できるか、つまり「相性が合うか」が重要なポイントになります。そうしたことを無視して「有名だから」「カッコいい家を設計しているから」という理由で設計事務所（建築家）を選んでしまうと、あとあとトラブルになったり、不満が残ることになります。

注意したいのは、すべての設計事務所が住宅設計を得意としているわけではないということ。大きなビルやマンション、公共の建物などの設計がメインのところもありますので、個人住宅の設計実績が多いところを選ぶと安心です。

最優先させたいこだわりを最初に伝える

気になる設計事務所が見つかったら、直接アプローチして会ってみましょう。第一印象で、おおよそでもその建築家との相性がわかると思います。そのとき、敷地条件や予算などの情報をまとめておくと、相談がスムーズに進みます。希望を伝えるときは、家づくりで何をいちばん優先させたいのかを率直に伝えます。たとえば「ローコストで建てたい」「風通しのいい明るい家」「ＬＤＫをいちばん過ごしやすい空間に」「中庭のある家に憧れている」など。雑誌の切り抜きなどでイメージを伝えるのもおすすめです。

また事務所ごとに仕事の進め方も異なります。基本設計に半年以上かける場合もあれば、基本設計だけ代表者が考え、あとはスタッフにまかせる場合も。こうした設計事務所の体制を知らずに依頼してトラブルになるケースもありますので、仕事の進め方、スタッフの人数、これまでの実績なども確認しておきましょう。

「設計料」はどれくらいかかるの？

設計事務所に支払う設計料は、建物の規模にもよりますが、工事費の10～15%が一般的。プランづくりのほか、敷地調査や竣工までの設計監理、建築確認申請などの法的手続き、見積もり調整など、多岐にわたる仕事に対する報酬と理解しましょう。

設計事務所の『強み』はココ！

見積もり依頼から施工業者選びまでサポート

予算に合わせて設計し、数社の施工会社に見積もりを依頼し、適正な内容か、値引きしてもらえるものはないかなど、見積もり調整を行うのも設計事務所の仕事。施工業者の技量などもプロの目でチェックしてもらえます。

厳しい敷地条件にも対応できる設計力がある

敷地が狭い、変形している、日当たりが悪いなどの困難な敷地条件も、建築家ならではの柔軟な発想で解決。さまざまなアイディアを駆使し、悪条件を逆手にとってプラスに変えたプランを考えてくれます。

オリジナリティのあるオーダーメイド住宅が実現できる

さまざまな制約がある中で、建主のためだけの住まいを提案してもらえるのが最大の魅力。プランニングにじっくり時間をかけるケースが多いので、家づくり計画は時間的な余裕をもって臨むことが大事。

インテリアまで含めたトータルの提案が得意

建物に合わせ、同じテイストでキッチンや造作家具をデザインするなど、家の意匠とのバランスをとりながら、インテリアの提案もします。また、スペースを無駄にしない効率のよい収納スペースづくりも得意。

第三者の立場で工事監理をするので安心

工事中の現場を第三者の目でチェックすることを工事監理といいます。工事が始まると、建築家は現場に足を運んで、設計図どおりに工事が行われているか、工程に遅れはないかなどを厳しく見ていきます。

ローコストでも魅力的な家を提案

限られた予算しかない場合も、はじめに伝えれば、住宅としてのクオリティをキープしながら、その中で最良のプランを提案してくれます。「ローコスト住宅こそ、腕の見せどころ」という建築家もいるほどです。

ほかにもこんな依頼先があります

好みの世界観をそのまま反映できるインテリアショップ

オリジナル家具やキッチンの製作・販売を手がけるインテリアショップの中には、ライフスタイル提案の一環として、インテリアから発想する家づくりをプロデュースしているところがあります。家具が美しくおさまる空間構成や機能的で洗練されたキッチン、収納や照明計画まで、ショップのコンセプトに則した内装デザインを提案。こまやかな配慮が行き渡った住まいが実現できます。また、ショップの個性が反映されるので、完成後の住まいの雰囲気がイメージしやすいのもメリットです。

家づくりの進め方にもいくつかタイプがあり、デザイン・プランニング・設計・施工まで一貫して行うビルダータイプ、デザイン・プランニング・設計までして、施工は建築会社に依頼する設計事務所タイプ、デザインや基本プランの提案をして、設計・施工は別の業者に依頼するプロデュースタイプがあります。それぞれ契約や保証の内容が違うので、最初に確認しておきましょう。

建築プロデュース機関はニーズに応じてサポート内容もさまざま

具体的な業務内容は機関によりさまざま。建主に設計事務所（建築家）を紹介するマッチングサービスを提供する機関は、建主の希望や家づくりの条件を聞き、登録建築家の中から適した人を紹介します。建主はその建築家と〝お見合い〟をし、条件が合えば契約へ。紹介料は無料のところと有料のところがあるので、確認してください。

一方、紹介だけでなく、設計コンペ形式をとっている機関もあります。建主の要望に応じて、複数の登録会社がプランを持ち寄り、それぞれプレゼンテーションを実施。建主はその中から1案を選び、契約します。費用は数千円から数万円と幅があるようです。

依頼先選びだけでなく、家づくりのすべての面倒を見てもらいたい場合は、資金計画から引き渡しの立ち会いまでのトータルサービスを提供している機関がおすすめ。建主と設計者、施工業者の間に立ち、第三者の公平な立場で適切なアドバイスを行います。素人には理解が難しい契約にも立ち会ってもらえるので安心です。

おしゃれなオーダーキッチンが人気のショップに依頼した住まい。いちばん条件のいい場所にキッチンをプラン。（S邸　設計・施工／FILE）

無垢材の家具やキッチンで知られるショップが手がけた、ぬくもりいっぱいの住まい。（冨田邸　プロデュース／シャルドネ福岡）

建築プロデュース機関の例

OZONE 家 design
オゾンいえデザイン
http://iedesign.ozone.co.jp
計画整理から依頼先の選定、引き渡しまで専門スタッフがサポートする「フルコース」（有料）や、登録建築家などの「紹介コース」（無料）など、多彩なサービスを用意。

the house
ザ・ハウス
http://thehouse.co.jp
ヒアリングを通して、経験豊富なスタッフが建主にぴったりの「建築家」または「工務店」を紹介してくれます。登録の会社は、すべて厳しい審査をクリア。紹介料は無料です。

地元の建築会社

6〜7カ月

建築会社の見学会や
勉強会などで情報収集

↓

相談（希望や予算を伝える）

↓

敷地調査

↓

打ち合わせ
ラフプランの依頼

↓

概算見積もり

↓

詳細な設計打ち合わせ

↓

最終見積もり

↓

建築確認申請

↓

工事請負契約

5カ月〜

↓

地鎮祭

↓

着工・上棟

↓

竣工・引き渡し・入居

最初の打ち合わせ後、ラフプラン、概算見積もりまでの流れはハウスメーカーと似ていますが、大工さんによる現場施工のため、工期は少し長くなります。

大手ハウスメーカー

2カ月〜

展示場などを訪ねる
相談（希望や予算を伝える）

↓

敷地調査

↓

打ち合わせ
（商品の説明・概算見積もり・ラフプランの依頼）

↓

工事請負契約

3カ月〜

↓

プラン・仕様の詳細打ち合わせ
予算の最終打ち合わせ・詳細見積もり

↓

建築確認申請

↓

追加工事契約・最終見積もり

↓

地鎮祭

↓

着工・上棟

4カ月〜

↓

竣工・引き渡し・入居

ラフプランの提示までは比較的スピーディに進み、契約後の詳細打ち合わせに時間をかける傾向が。工場生産の部材が使われるため、ほかの依頼先に比べて工期が短いのも特徴。

ハウスメーカーの注文住宅で建てたお宅。土地の広さ的に難しいと思っていた、開放的な広びろリビングが、メーカー独自の工法で実現しました。（山﨑邸　設計／ポウハウス一級建築士事務所）

地元の建築会社で建てたお宅。使い込んで味の出る家をイメージした住まいは、オーク材の床やオリジナル造作のドアもヴィンテージ風の味わい。（T邸　設計／アトリエイハウズ）

家づくりを設計事務所に依頼したお宅。室内でも屋外の気持ちよさが味わえるのびやかな空間を、建築家ならではのデザイン力で形に。（牧田邸　設計／エムエースタイル建築計画）

設計事務所

3カ月～

雑誌などで情報収集

↓

最初のアポイント・相談

↓

打ち合わせ
（希望や予算を伝えるる・お互いを理解する）

↓

敷地調査

↓

スケジュール・予算計画
ラフプランの依頼

↓

設計契約

2カ月～

↓

基本設計完了

2カ月～

↓

実施設計完了

1～2カ月

↓

見積もり依頼（建築確認申請）
見積もり調整

↓

施工業者と工事請負契約

6カ月～

↓

地鎮祭

↓

着工・上棟

↓

竣工・引き渡し・入居

スムーズに進行すれば、依頼から竣工までは1年半くらいが目安です。しかし、敷地条件や予算が厳しい場合は調整に時間がかかるので、余裕をもって臨みましょう。

構造・工法を知っておこう

住まいの丈夫さや間取りづくりに大きくかかわるのが建物の構造や工法です。専門的な内容ですし、難しい用語もありますが、それぞれのメリットとデメリットを知ったうえで、設計者のアドバイスも受けながら、納得して選ぶことが大切です。

木造軸組み工法は設計の自由度が高く幅広いデザインに対応できます

柱や梁、桁（けた）、土台などの部材で建物の骨組みをつくる建て方が、木造軸組み工法です。古くから日本の住宅に使われてきたので、在来工法ともいいます。地震などの横からの力には、すじかいや構造用合板で補強して抵抗。柱と梁の接合は、木材の先端にホゾ（突起）をつくり、もう一方の木材に設けた穴とかみ合わせるのが基本ですが、ボルトや金物を併用して耐震性を高めています。

２×４工法と比べて構造上の制約が少なく、窓を大きくとったり、広くて開放的な部屋をつくることが可能。和洋どちらのデザインにも対応しますが、構造材を壁で覆わずに木肌をそのまま見せるつくり（真壁）は、木造軸組み工法ならではといえます。

大工さんの技量により仕上がりに差が出ることも

木造軸組み工法は、設計の自由度が高い構造です。そのため、変形している敷地でも、その形なりの平面の建物がつくれて、敷地が有効に利用できます。また、同様の理由から増改築がしやすいのも特徴です。柱を移動したり、梁を補強したりすることで、広い部屋がつくれるなど、間取り変更が比較的たやすくできます。

現場で手作りに近い方法で建てられるため、大工さんの腕によって仕上がりに差が出ることもあります。最近では、各部材を工場であらかじめ加工するプレカットや、各種接合金物を導入することなどによって、職人の技能によって仕上がりが左右されることなく、品質の安定をはかっている業者もふえています。

メリットは？

1	構造上の制約が少ない。そのため、狭い敷地や変形敷地にも柔軟に対応でき、開口部の設定や間取りも比較的自由。リフォームもしやすい。
2	和風から洋風まで幅広いデザインに対応できる。
3	予算や好みに合わせて、いろいろな木材が選べる。

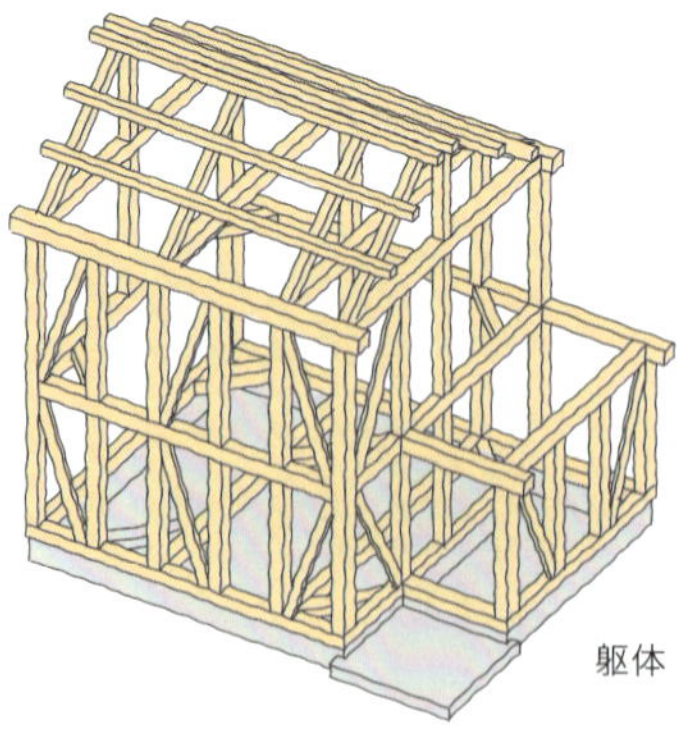

躯体

デメリットと注意点は？

1	気密性や遮音性に劣る。
2	構造材の防蟻・防腐処理をきちんと施すことが大切。
3	各部材を緊結金物で補強し、耐力壁をバランスよく配置するなど、耐震性への配慮が必要になる。
4	施工業者の技術の差により、仕上がりにバラつきが出やすい。

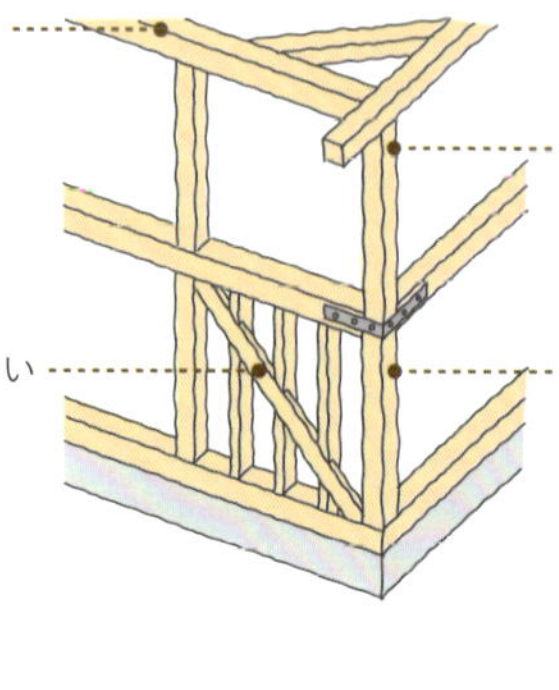
梁
通し柱
すじかい
2階建ての
隅柱は
通し柱とする

2×4工法は6面体の箱型構造ですぐれた耐震性が

北米から1974年に導入された工法。軸組み工法が、柱や梁などの線で骨組みをつくるのに対し、2×4工法では、面（壁）で建物を支える構造で、枠組み壁工法とも呼ばれます。

建て方は、まず基礎の上に床根太を一定間隔で並べ、構造用合板を張って床下張りをつくります。この床の上に、平らに倒した状態で組み立てられた壁パネルをのせ、垂直に起こして壁をつくっていきます。壁パネルは、断面が2×4インチの木材で枠を組み、構造用合板を打ちつけてつくります。

4面の壁と床、天井の6面で構成される2×4工法は、地震などの力をそれぞれの面で分散して受け止めるため、すぐれた耐震性を備えています。また、北米など寒い地域で誕生した工法だけに、高い気密性や断熱性も備えています。工場生産した部材を使ってマニュアルに沿って施工されるため、現場の職人の技能に左右されることが少なく、工期も短くてすみます。

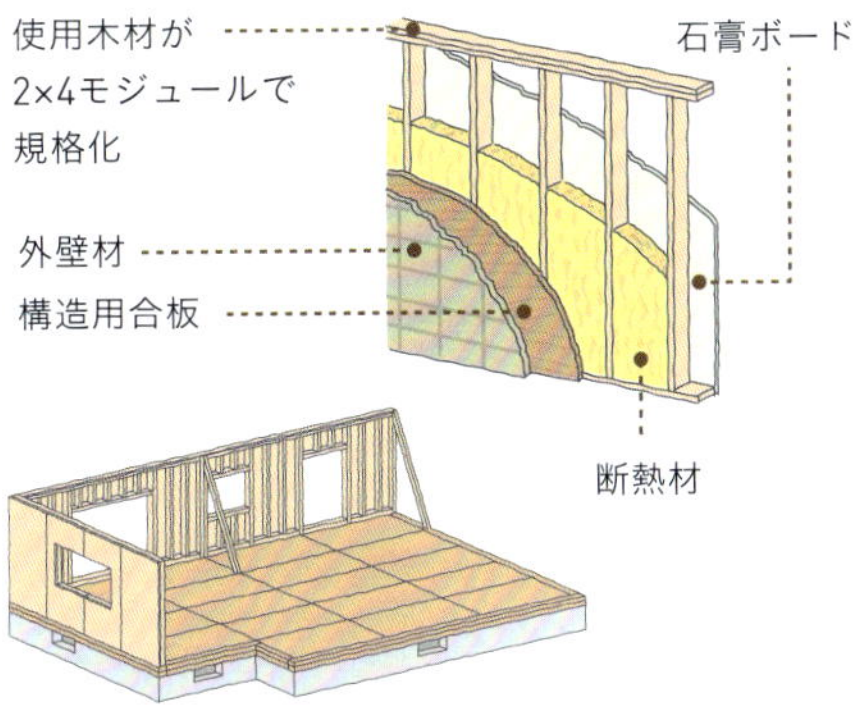

メリットは？

1. 6面体の箱型構造により、すぐれた耐震性を備えている。柱のない広々とした空間がつくれる。
2. 断熱性、気密性、耐火性にすぐれている。
3. 部材や施工法がマニュアル化されているため、品質のバラつきが少なく、工期が短い。
4. 和洋いずれのデザインにも対応できる。

デメリットと注意点は？

1. 壁の位置が限定されるので、大きな開口部がとりにくい。
2. リフォームの際に、壁の位置を移動するなどの間取り変更や、増築がしにくい。

複雑な形の屋根にも対応できるのが鉄骨造です

木造軸組み工法の柱や梁などを軽量鉄骨にした鉄骨軸組み工法、重量鉄骨の柱と梁を接合したフレームで支える鉄骨ラーメン工法、パネルユニット工法があります。柱の間隔を広くとって大空間をつくったり、半円形など特殊な形の屋根にも対応。鉄はさびやすいので防錆塗装を施しましょう。

メリットは？

1. 強度が高い。
2. 高い耐久性があり、耐震性にもすぐれているが、揺れが大きくなりやすい。
3. 間取りや開口部のとり方などに制約が少なく、敷地対応力がある。

デメリットと注意点は？

1. 鉄は、虫害や腐朽の心配はないが、酸化しやすく熱に弱いため、防錆処理や耐火皮膜を施す必要がある。
2. リフォームの際に、ブレース（すじかい）の入った耐力壁は移動できない場合が多い。

大規模な建物に向くのが鉄筋コンクリート造です

引っ張る力に強い鉄筋と、圧縮する力に強いコンクリートの2つの特性を一体化して強度を実現させたのが鉄筋コンクリート造（RC造）。腐食やシロアリの心配がないのもメリットです。コンクリートの品質や鉄筋を組む技術などが一定の水準を満たしていないと、耐久性が劣ります。

メリットは？

1. ほかの工法に比べ、耐久性、耐震性、耐火性、遮音性、断熱性にすぐれている。
2. 防火地域でも建てられる。
3. 設計の自由度が高い。
4. 重厚感のある建物になる。

デメリットと注意点は？

1. コストが高い。工期が長い。
2. ほかの工法に比べ、特に基礎工事にコストや時間がかかる。
3. 重量があるため、軟弱地盤では地盤改良などが必要になる。
4. 施工が適切に行われないと、コンクリートの強度に問題が出る。
5. コンクリートが乾燥するまで、入居後しばらくは湿気が気になることがある。

プレハブ工法は品質の安定や工期短縮を実現した工業化住宅です

ハウスメーカーの建物は、プレハブ住宅と呼ばれる工業化住宅がほとんど。プレハブとは「あらかじめつくっておく」という意味。住宅を構成する主要部材の規格化をはかり、工場で製造・加工することで、現場の作業がスピーディに行える方式が採用されています。

品質管理が行き届いた工場で部材を量産し、現場ではマニュアルに従って施工するため、品質の安定化とコストダウンが両立されています。ただし、設計の自由度が少なく、設備機器や仕上げ材などの種類が限定されるため、デザインが画一的になりがち。間取り変更を伴うリフォームがしにくい工法もあります。

主なプレハブ工法の特徴

木質系パネル工法

壁、床、天井をパネルで施工する工法。2×4工法と同様に6面体の箱型構造になるため、耐震性にすぐれているが、リフォームがしにくい。工期が短くてすむ。

鉄骨系プレハブ工法

軽量鉄骨造と重量鉄骨造の2種類があり、主に軽量鉄骨が用いられるが、3階建てでは重量鉄骨で建てることもある。工法には、梁や柱で支える軸組み工法、面で支えるパネル工法、軸組みとパネルの併用工法などがある。いずれも強度が高いが、さびが発生すると弱くなる。

ユニット工法

工場で内装・外装パネルや設備機器などを組み込んだユニットを、現場でクレーンを使って積み木のように組み立てていく工法。ユニットのフレームには、主に軽量鉄骨のラーメン工法が採用される。プレハブ工法の中で最も工期が短い。

コンクリート系プレハブ工法

工場で生産した鉄筋コンクリートパネルを、現場で組み立てていく工法。現場でコンクリートを打つ方法より品質が安定し、工期も短い。耐久性、耐震性、耐火性にすぐれている。

構造・工法を選ぶ際のチェックポイント

- [ ] **敷地の形状や条件に対応できるか？**

変形・狭小地では、大きな機材を使う工法は不向きで、資材の搬入ができないことも。部材のサイズが限られるプレハブ住宅の規格プランなどは、変形敷地には対応できないことがある。防火地域や準防火地域では構造・工法が限定される。

- [ ] **理想とする間取りや空間ができるか？**

窓やドアなどの開口部が自由にとれるか、どれくらいの広い空間がつくれるかをチェック。壁式構造より、梁や柱で骨組みをつくる軸組み工法のほうが、開口部の位置が比較的自由にできる。

- [ ] **地盤に適しているか？**

軟弱地盤では、鉄筋コンクリートなど重量のある建物の場合、基礎にコストがかかることが多い。

- [ ] **好きなデザインの家ができるか？**

愛着のわくわが家をつくるには、デザイン性も大切。好みのインテリアにできるかをチェック。

- [ ] **地震に強く、丈夫で長もちするか？**

長く安心して住むためには、耐震性、耐久性、耐火性にすぐれていることが重要。

- [ ] **品質は安定しているか？**

現場での手作業が多い構造・工法では、職人の技量によって仕上がりの精度にバラつきが出やすい。

- [ ] **坪単価は予算内か？**

住宅ローン返済に無理のない価格かをチェック。

- [ ] **健康的で快適な暮らしができるか？**

気密性や断熱性、遮音性がよいと、住み心地がよく、冷暖房費が節約できる。

- [ ] **工期は家づくりのスケジュールに合うか？**

工期が長い建て方はコストアップになる。工場生産率が高いプレハブ工法は、工期が短い。

- [ ] **将来の暮らしの変化に対応できるか？**

間取り変更や増築がスムーズにできる構造・工法なら、家族構成や暮らし方が変わっても住み続けられる

PART6

部屋別・プランニングのコツ

LDKのプランニング

住まいの中心になるＬＤＫは、家族が毎日の生活をくり広げる家じゅうでいちばん大切なスペースです。と同時に、家族で過ごすのはもちろん、友人や知人を招いて過ごしたりと、多目的に使う場所でもあります。家族構成やライフスタイルを思い描きながら、くつろげる場所をプランしていきましょう。

最初に決めたいのがキッチンのスタイルです

リビングとダイニング、キッチンは、機能面で切り離すことができません。プランニングするうえで、それぞれのスペースがどのように配置されていれば自分たちがいちばん暮らしやすいかをイメージしてください。敷地の広さや暮らし方によっては、デッキやバルコニー、庭などの外部空間も一緒に計画するとよいでしょう。生活スペースが大きく広がり、暮らしがさらに豊かになるはずです。

ＬＤＫの間取りは、各スペースのつながり方によって、左ページの図のようなパターンに大別されます。ほかには、ダイニングとキッチンを1室にし、リビングを独立させた「ＤＫ＋Ｌ型」もあります。これはダイニングキッチンとリビングの組み合わせで、ファミリースペースとフォーマルな接客スペースを分離させたいお宅に使いやすいスタイルです。ＤＫとリビングは必ずしも隣接させる必要はなく、ホールなどを間に設けると、プライベートとパブリックのゾーンがより明確に分けられます。ただし、リビングへのお茶出しを考えると、2室はあまり離れていないほうが便利でしょう。

ＬＤＫのレイアウトでは、キッチンとＬＤの連続性があればあるほど家族の交流がはかれて、空間の広がりも得られます。ただし、仕切りのないワンルームのプランでは、雑然としたキッチンがまる見えになるのが気になったり、調理中のにおいや音がＬＤでのくつろぎやテレビタイムのじゃまをするかもしれません。独立型キッチンの最大のメリットは、こうしたにおいや音がほかの部屋に届きにくいこと。生活感が出やすいキッチンが分離しているため、ＬＤの美しいインテリアを損なうことも

LDKのポイント

- □ 採光と通風がしやすい場所につくり、プライバシーが守れるように窓の配置などを考える。
- □ LとDとKのつながりを考える。まず、暮らしに最適なキッチンのスタイルを決めること。それには、オープン型や独立型などのメリット、デメリットを検討する。オープンなLDKでは、LDのインテリアにマッチするキッチンを選び、生活感を抑える工夫が必要。
- □ 広さが限られているなら、吹き抜けをとり入れたり、デッキやバルコニーを部屋の延長として使えるプランにする。

みんなで料理を楽しむならオープンキッチン

ダイニングテーブルと一体型のアイランドキッチンを家の中心にレイアウト。家族もゲストも自然に集まるプランです。（尾崎邸　設計／プランボックス一級建築士事務所）

料理に集中したい人にぴったりの独立型キッチン

キッチンとダイニングとの間にアンティークの室内窓を採用。料理をしながら、食卓の様子を見渡せます。出入り口はフリーハンドで描いたようなやさしいデザイン。（山口邸　設計／プランボックス一級建築士事務所）

ありません。ただし、調理する人が孤独感をもったり、配膳作業に多少時間がかかったりします。

LDK型

間仕切りを設けずに、すべてをワンルームにおさめるスタイル。コンパクトにまとまるため狭小住宅に適しており、料理をしながらLDにいる家族とコミュニケーションがはかれるのもメリット。ただし、調理に伴うにおいや煙などがLDに広がってしまうため、排気能力の高い換気扇を選ぶなどの工夫が必要です。キッチンの配列は、I型を壁づけにするプランがいちばん省スペースですが、広さや使い方によっては、シンクをLD側に向けた対面式やアイランド型にしてもよいでしょう。

K+LD型

LDをワンルームにして、キッチンのみをセパレートさせるスタイルです。キッチンとLDは、境に壁やドアを設けて完全に仕切る方法と、下の図のようにキッチンを対面式にして、腰壁と下がり壁によってLDと適度に仕切るセミオープンスタイルにする方法があります。前者はキッチンが独立しているため調理に専念でき、においや汚れなどがLDに届かないのがメリットですが、LDにいる家族との交流はあまりはかれません。後者は、開口部を通してキッチンからLDが望めて、家族のふれあいが楽しめます。LDからキッチン内部が見えすぎないので、生活感はクリアできますが、においや汚れがどうしてもLDに広がってしまいます。

K+D+L型

各スペースを独立させるスタイルで、フォーマルな来客が多いお宅などに適しています。また、敷地はある程度ゆとりがあるほうがよいでしょう。キッチンはコンパクトでもよいのですが、リビングとダイニングの両方が狭いというのでは、窮屈感のある家になってしまうからです。

左の図では、間仕切りに引き戸を採用し、ふだんはオープンにして広々と使い、来客時にはクローズできるように考えられています。引き戸はドアと違って、あけ放したままでもじゃまになりません。「K+LD型」のプランでも、キッチンとLDは引き戸で仕切ってもよいでしょう。

敷地を上手に生かし、明るく広々とした空間に

明るい日ざしとさわやかな風は、快適な暮らしの基本。LDは、ぜひとも日当たりと風通しのよい場所につくりたいものです。南面に隣家が迫っていても、ハイサイドライトやトップライト、中庭などから光や風をとり入れることができます。

また、広がり感も心地よさを演出する大切な要素。ゆとりの床面積がとれない場合は、勾配天井や吹き抜けをとり入れて、広がり感をつくってみても。ワンルームのLDKでは、ダイニングとキッチンの天井を低くしてリビングを吹き抜けにするなど、ゾーンによって天井高を変えると空間に変化がつきます

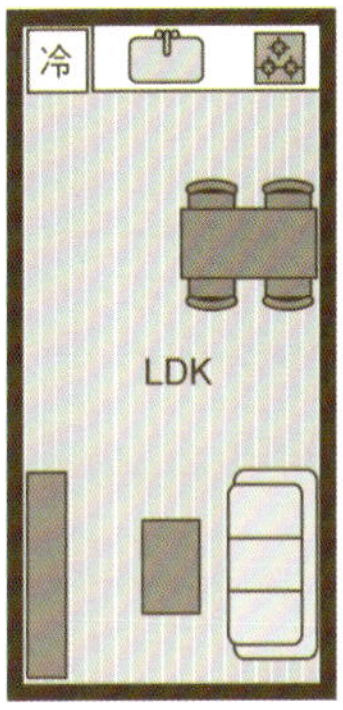

LDK型

LDKをワンルームにまとめたプラン。小スペースにおさまり、家族の交流がはかれる。キッチンの汚れやにおいなどがLDに広がり、雑然と見えがちなのがデメリット。

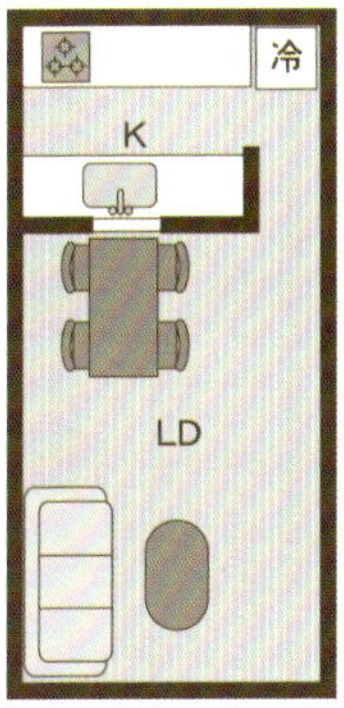

K+LD型

対面式キッチンのLD側に腰壁と下がり壁を設け、キッチンとLDに適度な連続性と独立性をもたせたプラン。キッチンを完全に独立した1室にする方法もある。

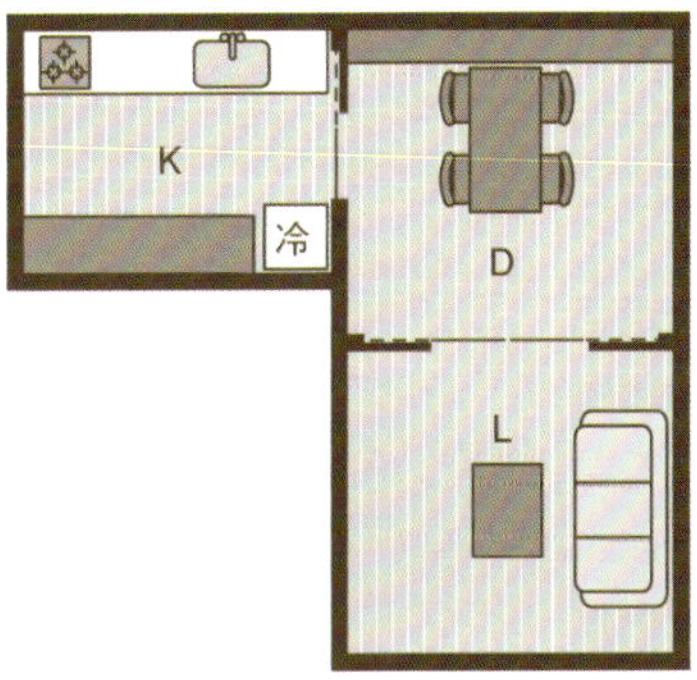

K+D+L型

キッチン、ダイニング、リビングをそれぞれ独立した1室にしたプラン。間仕切りに引き戸を使用し、あけ放して一体化することもできる。庭を囲むL字形の平面にすると、採光や通風がしやすくなる。

ダイニング&リビングの基本プランをおさえましょう

家具をレイアウトしてみると、理想的な部屋の広さがわかります

部屋の広さを決める際には、ダイニングは8畳、リビングは10畳などと大ざっぱに考えないこと。設計の初期段階から各部屋での生活を想定して、必要な家具がきちんと置けるかを検討しましょう。同じ間口と奥行きの部屋でも、窓の位置や高さ、ドアの位置などにより、のちのち思うように家具が置けないことがあるからです。また、家具の配置が決まっていれば、照明器具やコンセントなどの設置場所に迷うこともありません。

図面に家具を配置してみる際には、まず開口部の位置を確認しましょう。ドアをあけたときに家具にぶつからないか、家具が窓からの採光や通風の妨げにならないかをチェック。ドアの位置を少しずらすことで、ローボードがおさまることもあります。

LDは、食事をしたりテレビを見る多機能な空間です。そのため必要な家具も多くなりますが、通路になるスペースをとるのはもちろん、椅子やソファに座ったり立ったりの動作が無理なくできる空間を確保します。ソファの配列には、I型、L型、対面型の3タイプがあり、限られた空間でたくさんの人が座るにはL型が最適です。コーナーに設置すれば空間が有効に使えて、ソファから部屋全体が見渡せるので開放感が味わえます。

ただし、空間を有効利用したくても、ソファや収納家具を壁にぴったりつけて置くのはよくありません。壁と家具の間の風通しが悪くなるため、カビが生えやすくなるからです。空気が流れるように2～5cm程度は離したいものです。

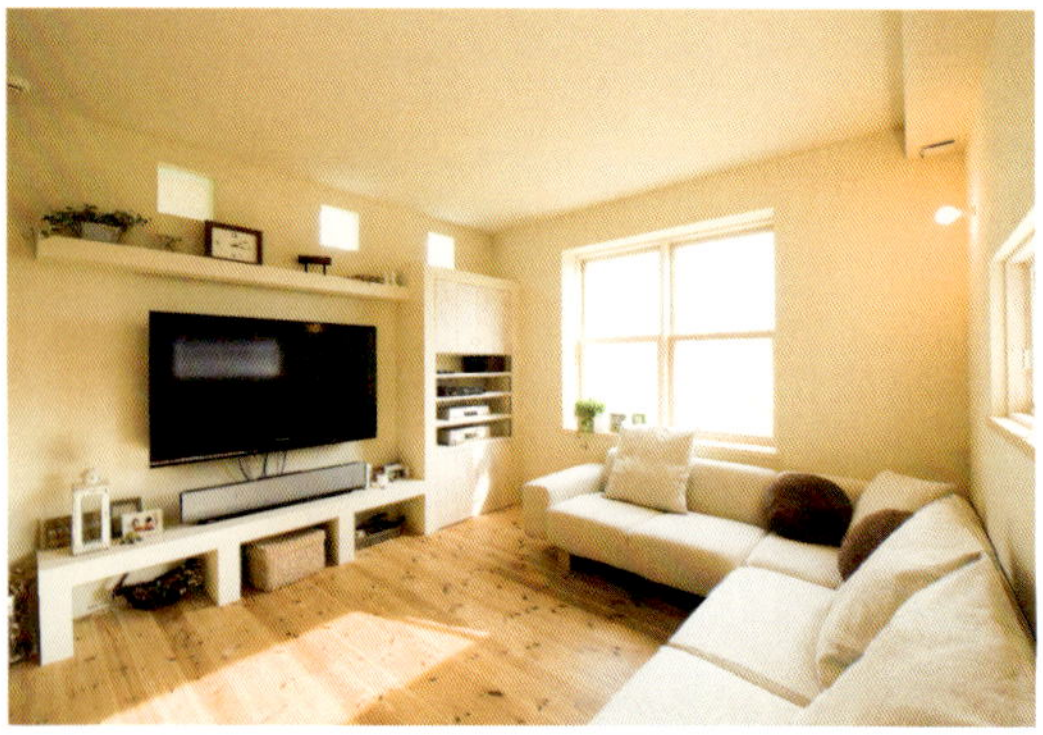

個々に過ごしていても一体感のあるLDを

リビングとダイニングは空間をつなげながらも、ほどよい距離感でゾーニングし、食の空間とくつろぎの空間を分けています。リビングは掃き出し窓をやめ、低めのＬ字型ソファをゆったりとレイアウト。（尾崎邸　設計／プランボックス一級建築士事務所）

テーブルまわりに必要なスペース

立ったり座ったりするには約60cm、腰かけている人の後ろを通るには60cm以上が必要。動作のための最小限のスペースは必ず確保して。

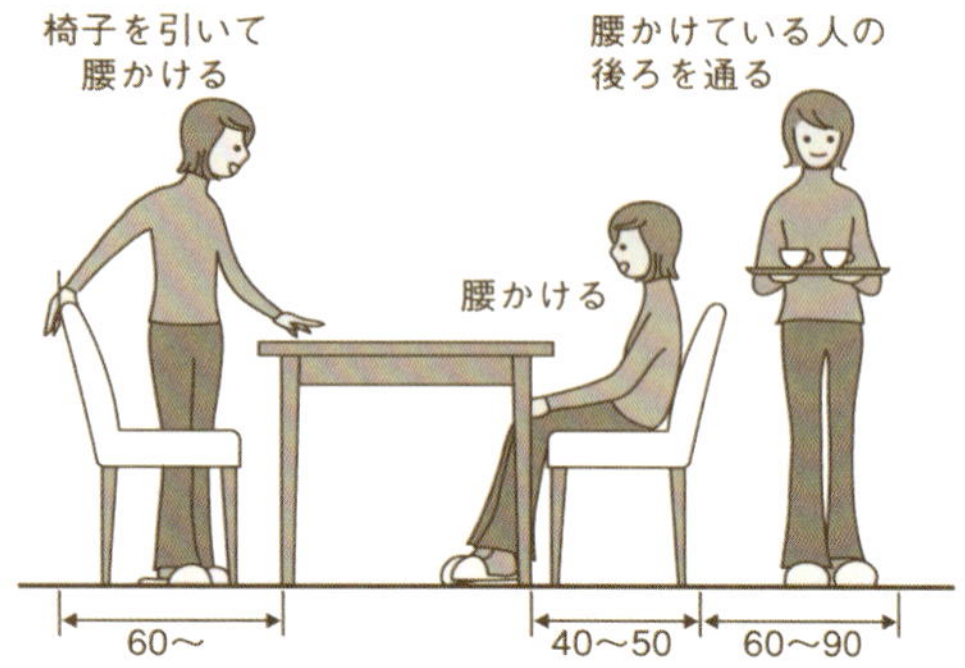

ダイニングセットに必要なスペース

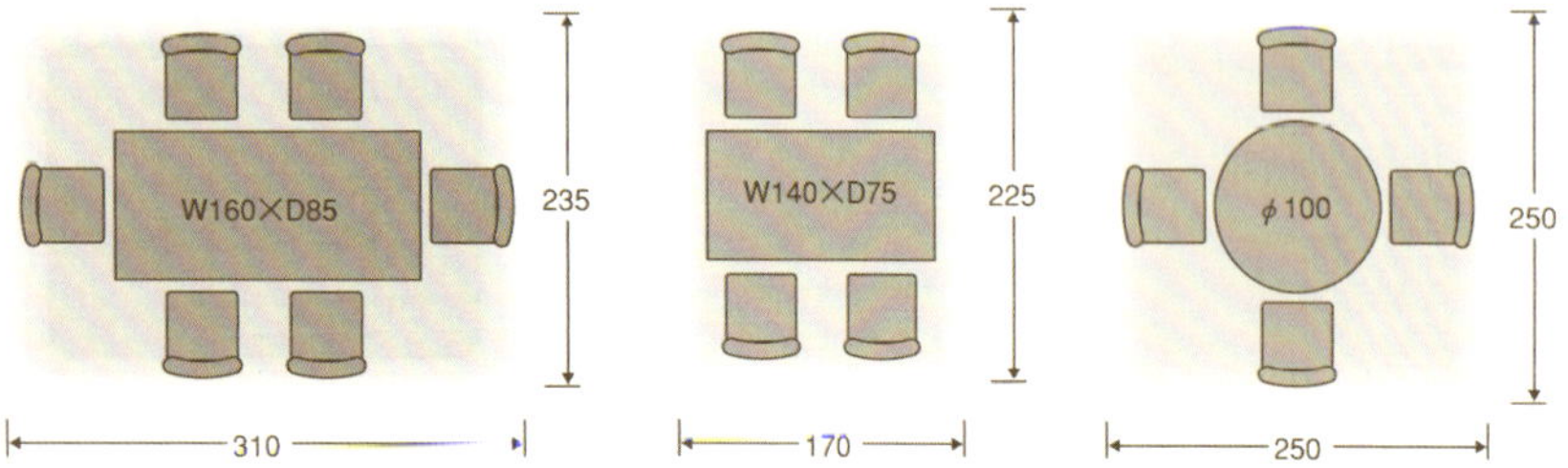

ワンルームのLDKでは視線計画を忘れずに

LDKは雰囲気づくりも大切にしたい部屋です。それには、視線計画がポイントになります。窓からの眺めには注意を払っても、部屋の中の視線計画は意外に忘れがちなもの。ワンルームのLDKは家族のコミュニケーションがとりやすく、ファミリールームには最適です。けれども、来客をもてなすスペースとしては、生活感が気になる場合もあります。

ソファの配置にひと工夫すれば、同じ部屋でもソファに座ったときの見え方がかなり違ってきます。子どもが小さいお宅では、料理をしながらリビングで遊ぶ子どもに目が届くように、ソファをDKに向けて配置。来客が多いお宅なら、DKに背を向けるようにソファを置けば、DKに視線が届かず、リビングに独立性が生まれます。

ソファの向きによる視線の広がり方

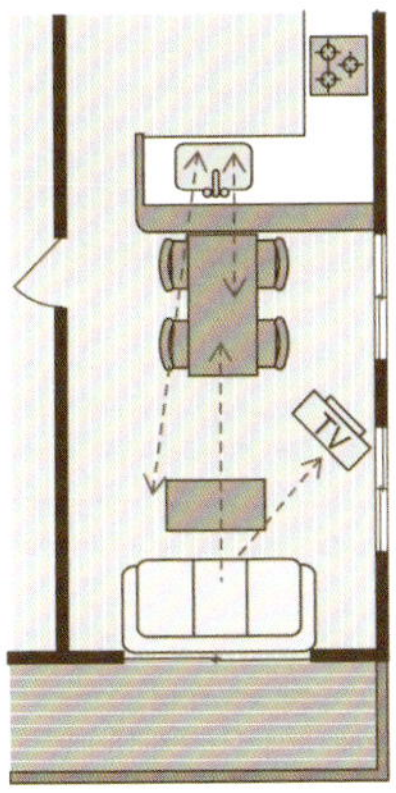

キッチン→LD、LD→キッチンと、お互いに視線や会話が交わせる。リビングで遊ぶ子どもの様子を見守りながら調理ができるので、子どもが小さいお宅に適した配置。ただし、ソファからDKが見渡せるので、来客に雑然とした印象を与えることも。

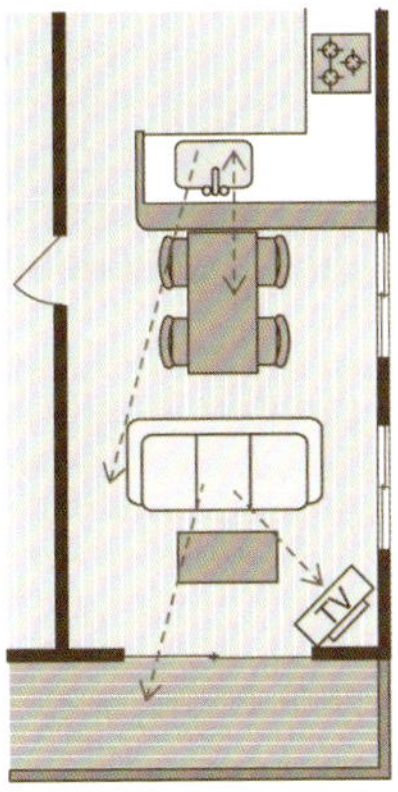

キッチンからはLDの様子が眺められるが、ソファからはDKが見えない。連続した空間でありながら、ダイニングとリビングではお互いの視線を意識しないで過ごせる。来客が多いお宅や、テラスや庭に視線を向けたい場合に適した配置。

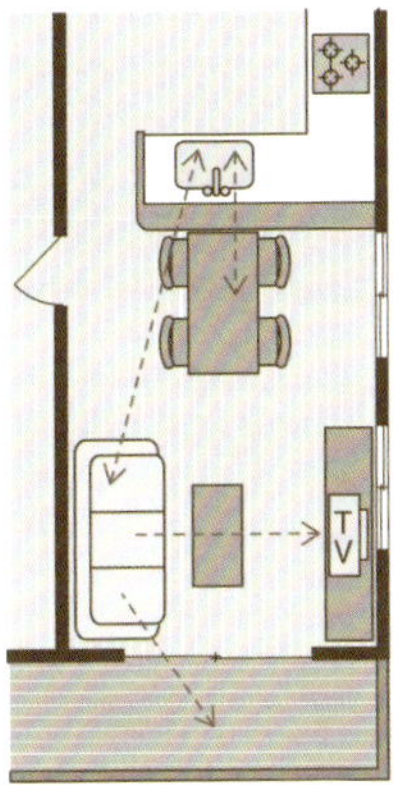

左2つの折衷プラン。ソファに座って正面を向いていれば、DKの様子はさほどわからないが、視線をDKに向けることもできる。ソファを壁づけにしたので空間が有効に使えて、視線がテラスや庭にも届くため、広がりが感じられる。

ソファの配列

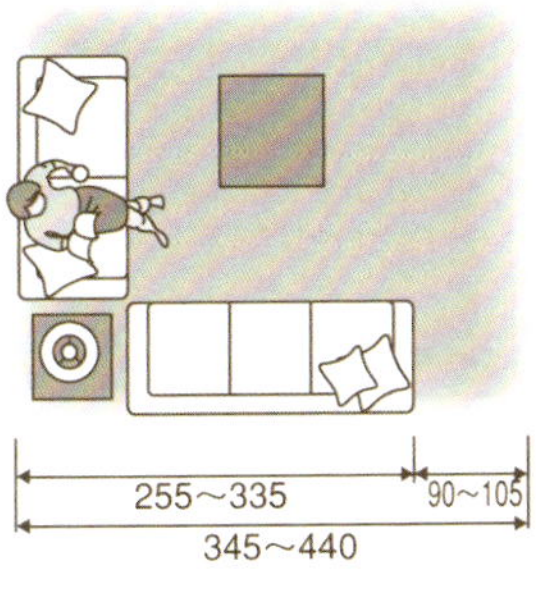

L型

コーナーに設置すれば、空間が有効利用できる。お互いの視線が対面しないので、来客に緊張感を与えにくい。

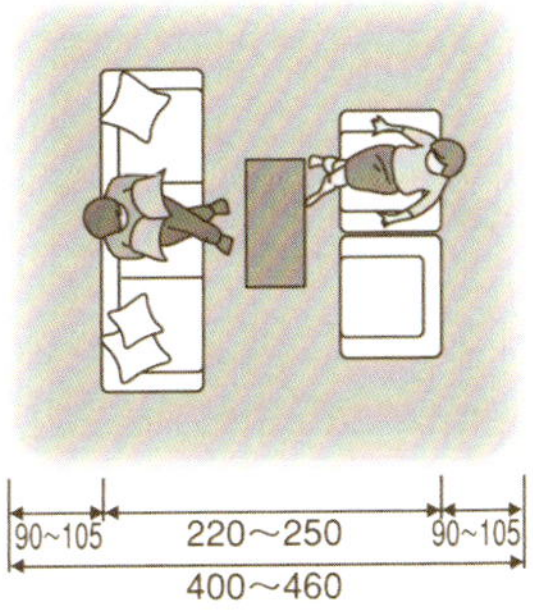

対面型

お互いの顔を見ながら会話ができる、応接向きのレイアウト。部屋の中央に設置するなら、周囲に通路スペースが必要。1人がけソファをスツールにするとコンパクトにおさまる。

ソファとテーブルの間に必要なスペース

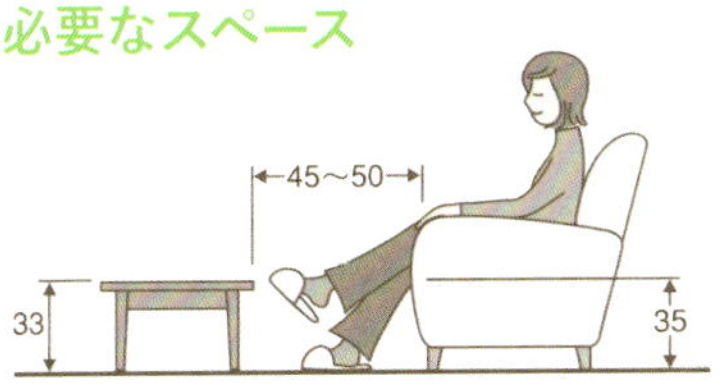

ゆったりしたカジュアルタイプのソファの場合。ソファとテーブルの間には、足を伸ばしたり、組んだりする空間が必要。

通路スペースのとり方

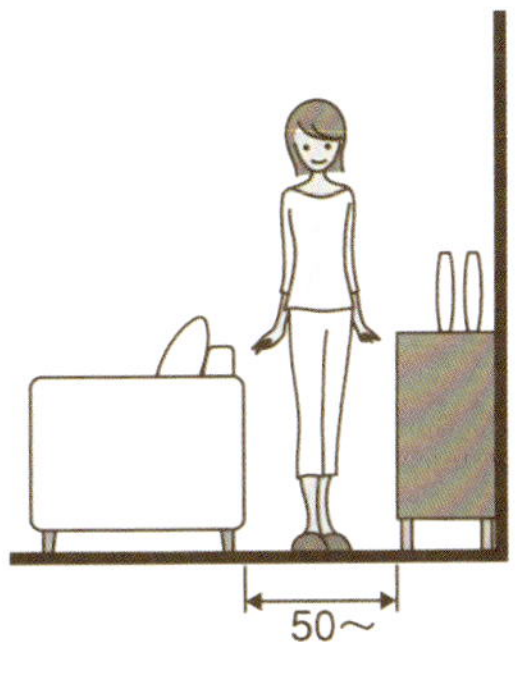

低い家具の間

両側が低い家具の場合は、上半身の動きがラクになるので、通路幅は最低50cmあればよい。

低い家具と壁の間

片側が壁または背の高い家具の場合は、通路幅は最低60cmほど必要になる。

標準的なソファのサイズ

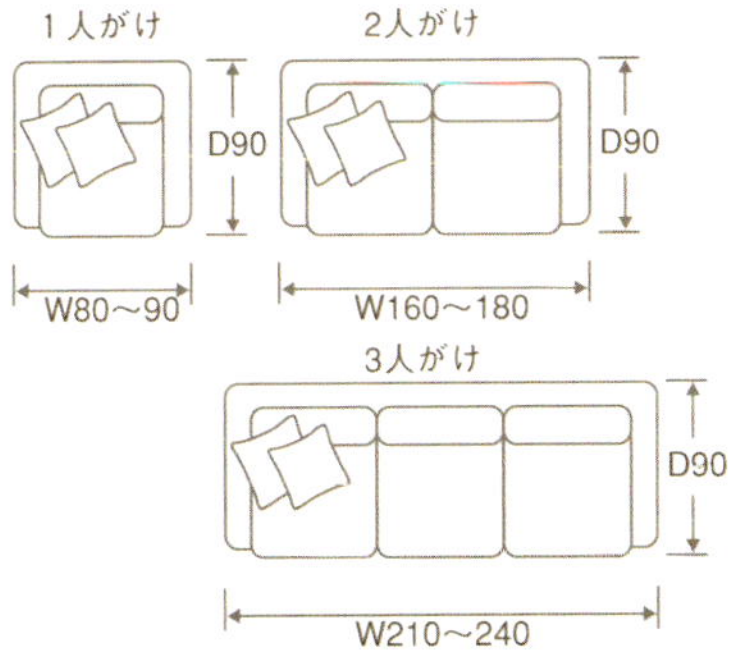

※イラスト内の数字の単位はcm

家族のコミュニケーションを重視したＬＤＫのプラン

家の中でいちばんいい場所を家族のスペースに

家の中で、家族が集まるスペースはどこでしょうか。たとえば食べることが好きな家族なら、ダイニングで集まることが多くなるはず。音楽が好きなら、リビングのソファで過ごすことが多いかもしれません。家のプランを考えるときは、家族の家での過ごし方を確認して、長く過ごすスペースを、家の中のいちばん気持ちのいい場所に配置しましょう。

気持ちのいい場所とは、日当たりの良さや視界の抜け感、眺望の良さがポイント。窓からぽかぽかと日が差し込み、冬でも暖かく過ごせるスペースなら、自然に家族が集まり、コミュニケーションが生まれます。風が気持ちよく抜ける空間なら、夏場でも心地よく過ごすことができるでしょう。

視界の抜け感や眺望の良さを確保できない敷地の場合は、ウッドデッキを連続させてスペースを広く見せたり、吹き抜けにして開放感を演出したりといった工夫をプラスして。特に、天井は３ｍを超えると、高く感じられ、空間を広く見せることができます。

吹き抜けからの光とコンクリートの土間で心地よい空間を演出

吹き抜けの2フロア分の窓から、光と風がたっぷり降り注ぐリビング。夏の強い日差しは軒庇で遮ります。土間風の床はコンクリート仕上げ。蓄熱性が高いので、冬でも暖かく過ごすことができます。（東光邸　設計／ビルド・ワークス）

ＬＤＫをオープンにすると家族が自然に時間を共有できます

家族がコミュニケーションをとりやすい家に必要なのは、お互いの気配が感じられる空間です。最近人気のオープンキッチンや、ひと続きのＬＤＫは、家族のコミュニケーションをとるのには実にぴったりのプラン。家族全員が同じことをしていなくても、オープンにつながる空間で過ごすことで、自然と同じ時間を過ごしている感覚を共有できます。

たとえばキッチンで調理や食事の後片づけをしているとき、リビングで夫や子どもが見ているテレビの画面がキッチンからも見られれば、それが糸口となり、リビングで過ごす人との会話もはずむでしょう。同じ場所で、同じメディアを共有すれば、そこからさらにコミュニケーションが派生します。

一方で、家族全員がつねに顔を突き合わせていなければいけないワンルームでは、気詰まりな緊張感が生まれるのでは？という声も聞かれます。その場合は、さりげない距離感をつくるのがポイントです。リビングとダイニングを少しずらして配置したり、Ｌ型につなげたり、スキップフロアにしたり。単純な四角いワンルームのＬＤより、どこかに見え隠れする部分があると、自分の居場所を見つけやすいようです。

仕切りのない大空間で自由に暮らす

玄関を兼ねた通り土間とLDKがオープンにつながり、戸外の気持ちよさをたっぷりとり込んだ開放的なプラン。好きな場所で自由に過ごす生活を、家族で楽しんでいます。（本田邸　設計／アトリエSORA）

吹き抜けダイニングにかかるスタイリッシュな階段

キッチンから見渡せる場所に配置したスチール製のオープン階段。個室のある2階をつなぐ、コミュニケーションツールです。手すり部分には木製の笠木をプラスして、ナチュラルテイストのインテリアにもしっくりなじんでいます。（山田邸　設計／スターディ・スタイル一級建築士事務所）

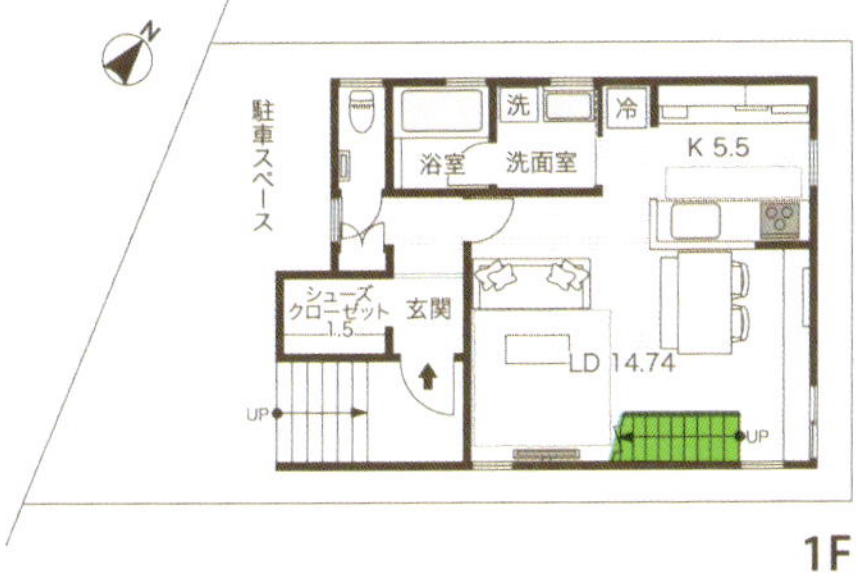

1F

LDKのプラン・アイディア集

リビング内階段は家族が顔を合わせやすくなります

子ども部屋とLDKのフロアが分かれるときは、リビング内階段がおすすめです。外から帰ってきたときも、かならずリビングを通って子ども部屋へ向かうので、母と子が常に顔をあわせることができ、家族間のコミュニケーションがスムーズになります。子どもたちの友人が遊びにきたときも、リビングを通って行き来するので、遊びの様子が見えて安心です。

キッチンに立ったときに、玄関からリビング階段まで部屋中を見渡せる配置にしておくと、作業中でも子どもの顔を見て「おかえり」と出迎えることができます。階段の下段にベンチ代わりに腰掛けて、お母さんとおしゃべり。なんていう楽しいシーンも生まれます。

吹き抜けでLDと子ども部屋をつなげると、上下階で声が届きます

独立した子ども部屋をつくるときは、別室で過ごす家族にも、子ども部屋の様子が伝わる工夫が必要です。LDと同じフロアに配置できればベストですが、難しい場合はLDのすぐ上に配置して、上下階を吹き抜けでつなげるプランがおすすめ。吹き抜けに向けて子ども部屋に小窓をつけたり、ロフトのようなオープンスペースに仕上げれば、上下階が身近な空間になります。キッチンにいる人が、子ども部屋に向けて「ごはんよー」と呼びかけると、その声がすぐに伝わる距離が理想的です。

子どもが成長して、本格的な個室が必要になったときに備えて、間仕切り壁などができるようにしつらえておくと、将来的なリフォームもスムーズになります。

小さな小窓をつけた遊び心あふれる演出

1階のダイニングキッチンの真上をキッズルームに。吹き抜けに面して小窓をつけ、上下階の気配が感じられるよう配慮しています。2階への階段をリビング内に配したので、キッチンで家事をしていても、常に子どもの気配が感じられます。（冨田邸　プロデュース／シャルドネ福岡）

吹き抜けとオープンにつながるキッズルーム

1階のLDKにつながる吹き抜けに面した、2階子ども部屋。仕切り壁のないオープンなつくりで、コミュニケーションもスムーズになりました。外壁の一部をガラスブロックで仕上げたことで、プライバシーも確保しています。（I邸　設計／ノアノア空間工房）

子どもの勉強スペースをLDにつくりましょう

最近は、「勉強をする部屋＝子ども部屋」ではなく、リビングやダイニングの一角で、宿題や勉強をするケースが増えています。食後や食前に、ダイニングテーブルで勉強をする子どもも多いようですが、それだと、配膳のときに勉強道具を片づけなければなりません。リビングダイニングの中に勉強スペースをつくっておけば、途中でも勉強道具を広げたままにしておけるので、親子ともに好都合です。

具体的なプランとしては、リビングやダイニングスペースの横に、コンパクトなカウンターをつけて、宿題もできるワークスペースにするなど。家族共有のパソコンも置いておけば、家族が一緒に過ごす時間も増えて、会話もはずみます。キッチンの横にワークデスクを設けるプランでは、調理をしながら、宿題をする子どもの様子を見るのもスムーズに。パソコンでレシピを見たり、書類を置いておくワークスペースとしても活用できます。

ＬＤＫの一角に間仕切りできる畳スペースを設け、ふだんは子どもの勉強スペースに、来客時は宿泊もできる客間として使うのもおすすめです。

キッチンから一列に並ぶ勉強コーナー

DKの壁際に設けた勉強コーナー。造りつけの本棚や机に、市販の引き出しを組み合わせ、1畳強のスペースを有効活用しました。キッチンと横並びの位置にあるので、家事をしながら子どもの様子をチェックできます。（大隅邸　設計／ティー・プロダクツ建築設計事務所）

お母さんの気配が伝わるよう LDK の一角にプラン

玄関を入るとオープンなLDKが広がるお宅。その一角に勉強コーナーを配置しています。LDKとは階段を挟んだ裏側にありますが、雑然としがちなデスクまわりがLDから丸見えにならないように、腰高の仕切り壁をつくって目隠ししています。（東光邸　設計／ビルド・ワークス）

リビングにいながら玄関の気配が感じられる仕掛けを

ＬＤと玄関の距離がある家では、帰宅したときの子どもの様子がわからないというケースも。家族がリビングにいるときも、玄関の気配が感じられるプランを考えましょう。

たとえば2階リビングなら、玄関の近くに階段をつくってリビングに直結させると、玄関の様子がダイレクトに伝わります。1階リビングの場合は、道路から玄関までの人の動きがリビングから見えるよう、開口部やアプローチを工夫しましょう。と同時に、外から丸見えにならないための、植栽などの配慮も必要です。

2階ＬＤＫのプランなら子ども部屋も2階に

採光や通風、プライバシーの観点から、特に都市部などでは2階にリビングを配置するケースも多いようです。この場合、1階に子ども部屋など個室を設けることとなり、玄関から子ども部屋へ直行するプランになりがち。面積にゆとりがあればＬＤＫとともに子ども部屋も2階にレイアウトするのがおすすめです。ＬＤＫとの間をフルオープンにできる引き戸にしておけば、ふだんは開け放して自由に行き来することも。子どもの様子がわかるので、親子ともに安心です。

玄関の様子がすぐに伝わるリビング前のテラス

リビングの掃き出し窓の先に設置されたウッドテラスは、アプローチを兼用。このテラスを通って玄関に入るため、帰宅した子どもや来客者の様子が、リビングにいながらにしてすぐわかります。リビングからテラスへの出入りもスムーズ。（O邸）

LDKと同じフロアに回遊式の子ども部屋を

2階にLDKと子ども部屋をコンパクトに配置。リビングには吹き抜けも取り入れ、面積以上に広がりの感じられる空間に。いまはフロア全体が子どもたちの遊び場になっているそう。（秋山邸　設計／FISH＋ARCHITECTS一級建築士事務所）

屋上やデッキ・テラスは食イベントを楽しめる最高のスペースです

広めのデッキやテラスがあると、天気のいい日は外で食事ができて気持ちがいいもの。住宅密集地でこうしたスペースをつくる場合は、通気性のあるルーバータイプや、不透明なパネルタイプのフェンスなどで囲むと、開放感を損なわずにプライバシーも保てます。また、屋上もおすすめのスペースです。周囲の家より高い位置なら、煙を気にせずバーベキューもできるので、三方を隣家に囲まれたお宅でも安心です。

このように、キッチンから離れた位置にある屋外スペースで食事を楽しむなら、小さくてもシンクを設け、水道をとおしておくと、便利です。それほど複雑な工事ではないので、ぜひとり入れてみてください。

ダイニングに眺めのいい窓を切りとると食事の場が豊かになります

明るく開放的にしたいからと大きな窓をたくさん希望する人も多いのですが、窓をつくるにはコストもかかりますし、あちこちに窓があると家具の置き場にも困ります。よくよく考えて数をしぼり、「ここなら」という場所を見極めてつくるとうまくいきます。

そのひとつがダイニングの窓。裏が公園だったり、隣家の庭に大きな木があったら、そこにダイニングを配して、それらがよく見える大きさや形に窓をつくります。すると、額縁に入った絵を飾ったかのように緑を眺めながら食事ができます。食卓に美しい窓があるだけで、心がなごみ、会話がはずみ、食事もおいしく感じられる。その素晴らしい演出力を利用しない手はありません。

夏はプール遊びやバーベキューを満喫できる屋上

東以外の三方に隣家のある住宅地に立つお宅。屋上へは、2階バルコニーに設置した階段から上がります。水道をとおし、夏はお子さんたちとプール遊びやバーベキューを楽しみます。（N邸　設計／FISH＋ARCHITECTS一級建築士事務所）

小さなスペースでも広がりを感じられる横長の窓

隣家の緑が借景となる窓は、設計者からの提案で実現。吊り戸棚も、窓に合わせて横のラインを強調しました。この窓のおかげでほどよい抜け感が生まれ、広がりを感じられるように。（秋山邸　設計／FISH＋ARCHITECTS一級建築士事務所）

サッシをフルオープンすれば、室内とテラスがひとつづきに

テラスをL字形にはさむようにしてリビングとダイニングキッチンを配置。室内から戸外へ自然とつながり、どこにいてもくつろげる空間に。奥さま念願のバーベキューパーティも、家の中から外まで使って楽しめます。（横山邸　設計／ダイニングプラス建築設計事務所）

水色の壁と外の緑が気持ちのいい空気感を生み出す

水色の壁にくり抜かれた窓からのぞく青々とした木々。キッチンに立ったときに正面に見えるこの風景が、奥さまのお気に入りです。窓の前にダイニングテーブルをセットして、この気持ちのよい空気感を味わいながらの食事も格別。（中村邸　設計／ユーロＪスペース）

キッチンに面したルーフテラスなら配膳も片づけもラク

キッチンに面した掃き出し窓から出入りできるルーフテラス。2面を壁で囲っていますが、あとの1面は中庭からの吹き抜けとなっているので閉塞感はありません。配膳も片づけもスムーズで、気軽に「外ごはん」が楽しめます。（萩原邸　設計／萩原健治建築研究所）

ゲストと楽しむためのLDKのプラン

ゲストの動線にDKを経由させていいか?を考えて

ダイニングやキッチンがゲストに丸見えでもよしとするかどうかは、個人の感覚で決めてよいと思います。人を招いて食事するのが好きという方は、DKをパブリックな場所としてとらえ、開放的なつくりにするのもひとつです。逆に、家族のためのプライベート空間にしたいなら、ゲストの動線がDKからはずれるような工夫を考えましょう。

ゲストとより親しい関係を築きたいなら、リビングではなくダイニングで接客するスタイルがおすすめ。かしこまったリビングのソファでもてなされるより、ダイニングで気軽にお茶や食事をいただくほうが、ゲストもくつろげるかもしれません。その場合は、玄関ホールとダイニングキッチンをつなぐように設計するのがポイント。家族もゲストも家に入ったら自然とDKへ導かれます。参考にしたいのはカフェのつくり。お気に入りのカフェがあったら、カウンターのレイアウトや素材使いなどに注目してみましょう。さらに、DKにデッキやバルコニーをつなげれば、オープンカフェのような空間も実現できます。

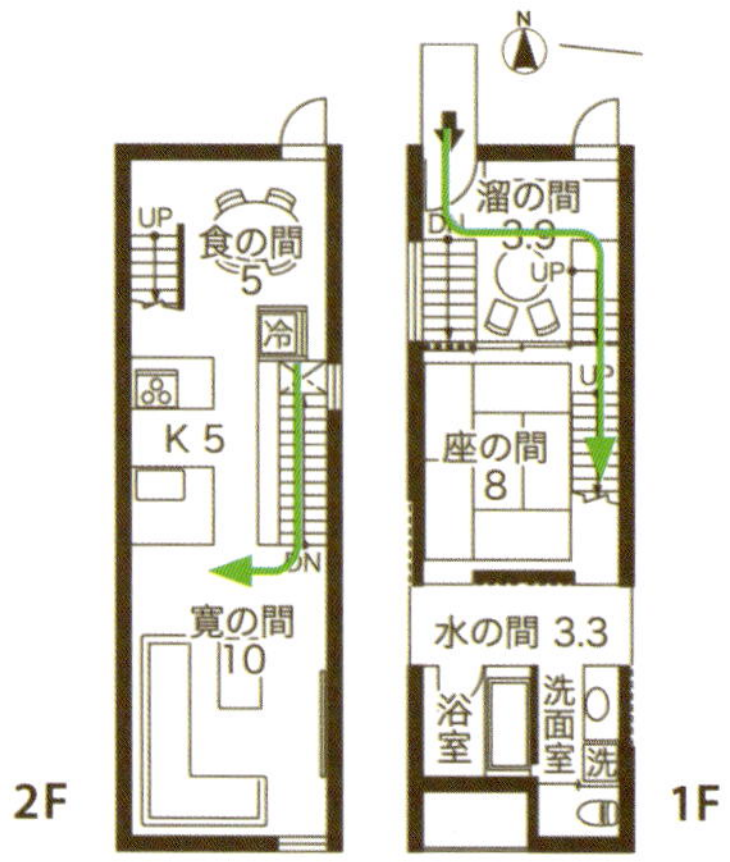

玄関土間や畳の間でゲストを気軽に迎え入れる

細長い狭小地に建つ地下1階地上3階の住宅。玄関土間を広くとった「溜の間」、そこから数段あがったところに設けた「座の間」は、ゲストが気軽に立ち寄ってお茶を飲むためのスペースとしてしつらえました。(O邸　設計／FISH＋ARCHITECTS一級建築士事務所)

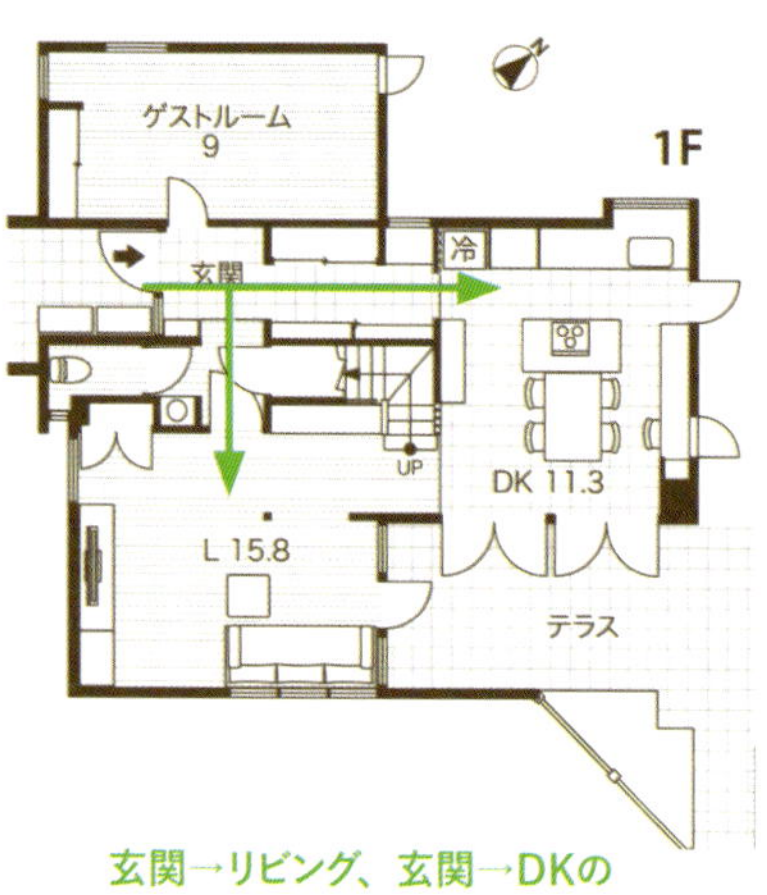

玄関→リビング、玄関→DKの2つの動線をプラン

玄関を入ってすぐ右手にリビングを配置。このリビングに入る動線のほか、DKに直結する動線もプラス。ゲストとの間柄しだいで、リビングでもてなしたり、DKやテラスでバーベキューパーティを開いたり、いろいろ楽しめるプラン。(横山邸　設計／ダイニングプラス建築設計事務所)

LDの中心にオープンキッチンを置くと、ゲストが手伝いやすく会話も弾みます

来客と一緒に料理をすることが多いなら、リビングダイニングの中心にオープンキッチンを置くと、動きもスムーズで、調理中の会話も弾みます。小さな子どもがいる家庭なら、お手伝いが習慣化するというメリットもあります。

リビングやダイニングと一体化したキッチンをつくるときは、音やにおいへの注意も必要。調理中のにおいがリビングに残っていたり、水仕事の音がリビングの会話をじゃますることもあります。高性能かつデザイン性の高いレンジフードや、静音性の高いキッチンシンクを選べば、LDKの快適性がアップします。

調理する人も食べる人も一緒に取り囲むキッチン

キッチンカウンターとダイニングテーブルが一体のフルオープンのキッチンで、つくる人と食べる人が一緒に楽しめるプラン。通り抜けのできる回遊式なので、家族や来客が気軽に出入りすることも。配膳や後片づけもスムーズです。(上田邸　設計／ライフラボ)

リビングの天井を高くすると、大勢集まっても狭さを感じさせません

最近の住まいでは、来客をもてなすのは家族が集うリビングスペースが中心。オープンタイプのキッチンが主流となっているので、リビングからダイニング、キッチンまでがひと続きになったＬＤＫが、住まいの中心であり、もてなしの場となっています。

家族と来客が集うスペースは、家の中で最も大切な場所。毎日そこで過ごす家族はもちろん、訪れた人たちもリラックスして過ごせるような演出が必要です。

まずは、家の中でももっとも日当たりがよく、眺望もいい、心地よく過ごせるスペースを確保しましょう。特に、大勢の来客を迎えることが多い家なら、部屋の天井高が大きなポイントになります。天井の高い空間は、実際以上の広がり感が得られるので、人が集まったときも圧迫感を感じません。たとえば、大きな吹き抜けにトップライトやハイサイドライトをつくったり、リビングと一体になるデッキをしつらえるなど、視線を天井や外に広げることで、たっぷりの開放感を味わえる空間が生まれます。

大きな開口部と高い吹き抜け天井が空間を広く見せる

掃き出し窓の高さはゆとりのある240cm。戸外の緑に視線が自然と向き、開放感が味わえます。吹き抜け空間のハイサイドライトからはたっぷりの自然光が。縦にも戸外にも視線が抜けることで、実際以上の広がり感が得られました。（O邸　設計／unit-H 中村高淑建築設計事務所）

床座スタイルにすれば大勢の来客にもフレキシブルに対応できます

来客が多い家におすすめしたいのが、床座スタイルのリビングです。ソファやダイニングテーブルのように、座る場所が固定されないので、大人数にも自在に対応でき、特に小さな子ども連れの人も、ゆっくりとくつろげます。リビングに畳スペースを設けたり、手ざわりのいい床材をセレクトすれば、さらに居心地よく過ごせるでしょう。

床座スタイルの住まいには、天井が高く見えるというメリットもあるので、コンパクトな住宅にこそおすすめのアイディアです。空間がより広く映るので、圧迫感を抑えて開放感が得られます。

床に座ってくつろぐ人と、キッチンに立って調理する人の視線のずれが気になる場合は、床座スペースのレベルを上げ、逆に調理スペースの床レベルを下げることで、視線のずれを解消できます。調理しながら会話もスムーズに楽しめます。

ゆっくりくつろげる掘りごたつ式のテーブル

メキシカンタイルを貼ったテーブルは、掘りごたつのようにしつらえて。北側にかけて天井が低くなっていますが、床座スタイルにしたことで視線が低くなり、空間の圧迫感がなくなりました。床材はテラコッタタイル。（Y邸　設計／プランボックス一級建築士事務所）

友人と自由な時間を過ごせるごろ寝OKの畳リビング

そのままごろりと寝ころぶことができる、畳リビング。建具をなくし、ダイニングや廊下、キッチンまでオープンにつながっているので、圧倒的な開放感が味わえます。来客と自由なスタイルで過ごせるお宅です。（小川邸　設計／田中ナオミアトリエ一級建築士事務所）

扉つきの収納があれば 急な来客時もあわてません

LDKをワンフロアにすると、食事の場、くつろぎの場、もてなしの場に必要な雑多なものが集まりやすく、急な来客時にあわてて片づける……ことにも。そんなとき、扉つきの収納があると、一時しのぎに放り込んでおけるので重宝します。

壁一面にオープンタイプの棚をつくってしまうと圧迫感がありますが、扉のついた収納なら見た目もすっきり。思いきって納戸をつくるのも手です。部屋の面積が狭くなっても、片づいた状態をキープできるので、ゆったり暮らしやすい家になります。

来客の視線をさりげなく2階へと誘導する階段

LDKを2階に配置したケース。玄関に入ると、目の前に2階へと続く階段があり、上部が明るく照らされているので、自然に足が向かいます。1階のプライベートゾーンは扉できっちり区分けを。ベンチとしても使える階段の1段目は、来客にも好評のアイディア。（本山邸　設計／トトモニ）

必要な場所に扉つき収納庫を設けてすっきり

ダイニングに壁面収納、リビング横に納戸、キッチンにパントリーを設置したお宅。（O邸　設計／田中ナオミアトリエ一級建築士事務所）

玄関からリビングに直行するシンプル動線

ホールを省いてたたきから直接リビングに入るプラン。2階まで見通せる開放的なリビングでゲストを迎えます。（H邸　設計／MONO設計工房一級建築士事務所）

玄関からリビングの流れをわかりやすくつくって

初めてその家を訪れた人が、リラックスして過ごせる家にするためには、玄関を入ったときの第一印象が重要です。たとえば、リビングがどこにあるのかわからないようでは、訪れた人がまごついてしまいます。玄関ドアを入った先の廊下が薄暗いようでは、第一印象もイマイチなものに。玄関から続く空間が、リビングへ向けて開いていて、その先がなんとなく明るく、楽しそうな雰囲気であれば、自然とリビングに足が向くでしょう。

家族用と来客用にそれぞれサニタリーを

サニタリーはプライベートな空間と考えがちですが、実はゲストが使うことも多く、人の目につきやすいスペースです。油断して洗濯物を置いたままだったり、日常使いの洗剤が出しっぱなしだったりすると、来客時に慌ててしまいます。また洗面室を経由するトイレをプランしてしまうと、トイレを使うゲストが洗面室を何度も通ることになります。

来客が多いなら、家族用と来客用に2つのサニタリーがあると理想的。家族用には洗濯機や掃除道具などを置き、ゲストも使うセカンドサニタリーはコンパクトに仕上げましょう。

自宅用と来客用を各フロアに設置してプライバシーを確保

人が集まる1階のLDKのすぐ横に、ゲスト用のサニタリーをプラン。コンパクトな空間ながら、洗面台も設置してあります。家族用のサニタリーは、これとは別に寝室や子ども部屋のある2階につくりました。（上田邸　設計／ライフラボ）

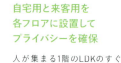

玄関ドアをあけたときに“抜け感”のある風景をつくりましょう

狭小住宅をワイドに感じさせる仕掛けのひとつとして、玄関ドアをあけたときに“抜け感”のある風景が目に入るようにすると、面積以上に広々見えます。正面に窓を設けて外が見えるようにしたり、スケルトン階段で光や視線を遮らないようにするのも手です。この“抜け感”を堪能するためには、玄関まわりの目につくところに生活感の出るものを置かずにすむよう、大型の収納を工夫するのも忘れずに。また、たたきと上がり框の段差を小さくすると、空間がひと続きに見えて広く感じます。

大きな開口とスケルトンの階段で開放的に

ドアをあけたつきあたりには大きな窓があり、その先はデッキへとつづきます。スケルトン階段のおかげで視線が抜け、明るくて開放的なスペースに。玄関を入ったときの開放感は格別！（秋山邸　設計／FISH＋ARCHITECTS一級建築士事務所）

ゲストが使うトイレはリビングの近くに、かつワンクッションあけて

ゲストがゆっくりくつろげる家づくりに、トイレのプランは大きなポイントに。トイレとリビングの距離が近すぎると、視線や音もれが気になり、来客にとって使いづらいトイレになってしまいます。リビングで過ごす人たちの視線が、トイレの扉に届かない場所に配置することも大切です。家族用とは別に、ゲスト用のトイレを設置する場合は、鏡や手洗い器などを用意することで、おもてなしの意を伝えることができます。

階段室の奥に配置。袖壁でリビングからの視線をカット

リビングと階段室を仕切る壁の向こうにトイレを配置。壁がほどよい目隠しとなって、家族もゲストも気兼ねなく使えるトイレになりました。トイレの外に設けた手洗いコーナーは、メキシコ製の洗面ボウルや、アイアン製のミラーをつけて、かわいらしい雰囲気に。（Y邸　設計／プランボックス一級建築士事務所）

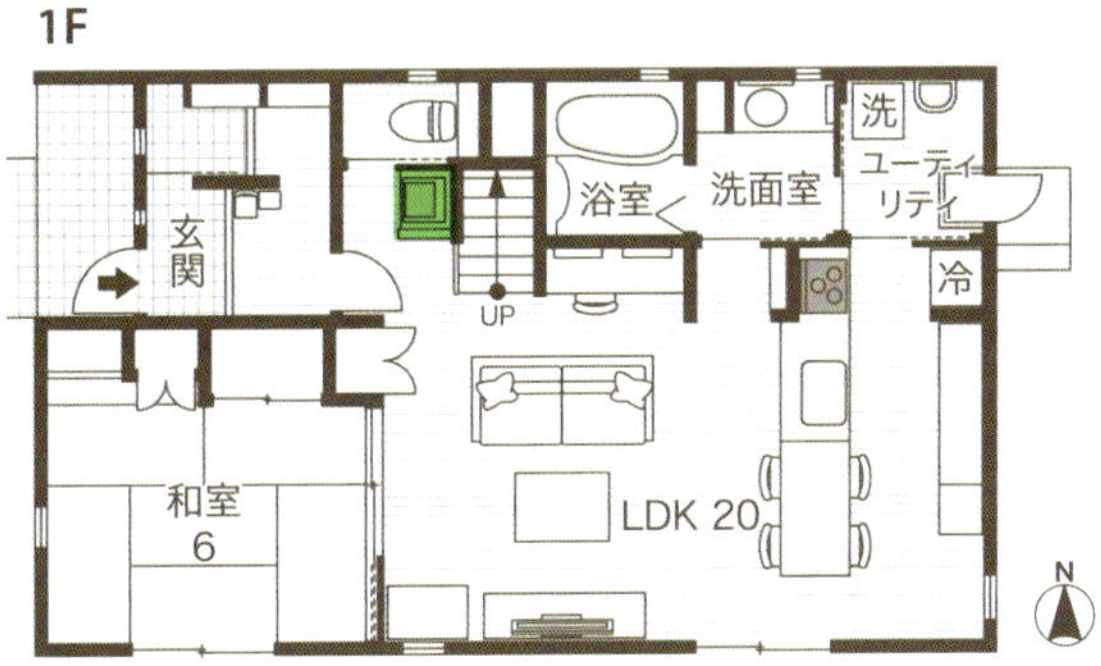

どこからもアクセスしやすい洗面コーナー

玄関からLDKのドアをあけた場所に設けた、ウォールナット材を使った洗面コーナー。個室ではなく、オープンにすることで玄関、トイレ、リビングからアクセスしやすく、ゲストからも「気兼ねなく使える」と好評だそう。（K邸　プロデュース／シャルドネ福井）

リビングの一角に手洗いコーナーをつくると便利です

サニタリーは家族のプライベート空間でもあるので、ゲストが使うときの利便性までプランに盛り込むのは難しい面も。そこで、サニタリールームとは別にリビングに小さな手洗いコーナーをつくっておくと、ゲストが案内不要で使えて便利です。また、小さな子どもがいるお宅なら、食事中にベタベタになった手をすぐ洗えたり、食べこぼしを拭くふきんをサッとすすぐこともできます。ペットがいるお宅にもおすすめです。

玄関土間を広くとれば応接スペースにも使えます

ゲストをもてなす場はリビング、と考える人が多いと思いますが、玄関のたたきを少し広くとって「土間」をつくり、もうひとつのリビングとしてみるのも、意外に使い勝手がよいものです。靴をはいたままちょっと腰かけておしゃべりしたり、お茶を飲んだりできるので、訪れる人はかしこまる必要がなく、迎え入れる側も家の奥まで招き入れるわけではないので気楽です。

宅配便の受け渡しやご近所さんとの短いやりとり、銀行や保険会社の担当者訪問など、玄関先ですませることが多いこれらのシーンも、広めの土間なら、あわてずゆったりと対応できます。

戸外と室内をつなぐアットホームな土間

友人や近所の人が気軽に立ち寄れるアットホームな雰囲気の土間は、ご主人からのリクエスト。縁側のイメージで和室につなげて木製ベンチを設けました。サッシや引き戸をあければ、戸外と土間、和室に一体感が生まれます。（中川邸　設計／下田設計東京事務所）

おおらかで心地よい広めの土間は自由な空間

広めの土間は、子どもの遊び場に、DIYの作業スペースに、ちょっと立ち話にも使える自由な空間。床には木片を埋め込み、あえて墨色に仕上げたので、汚れを気にすることなく気軽に出入りできます。（I邸　設計／田中ナオミアトリエ一級建築士事務所）

優しい日差しがさし込むコンサバトリーをつなげて

玄関ホールに「洋風土間」とも言えるコンサバトリーをつなげた家。タイルの床と板張りの壁にして天窓を設け、戸外のようなゆとりが感じられる空間に。家族やゲストとお茶を楽しむ大切な場所です。（高橋邸　設計／プランボックス一級建築士事務所）

オープンな外構づくりで人が集まりやすい演出を

人が集まりやすい家づくりは、外構のプランニングからスタートしています。住まいの立地状況も、大きなポイント。たとえば車で移動することが多い郊外のエリアなら、来客用の駐車スペースが必要に。自転車移動が多い都心で、親子が集うことが多い家の場合、駐輪スペースがあると便利です。

また訪れた際、玄関が門から見えない位置にある家は、訪問客に圧迫感を与え、なんとなく入りにくい印象です。防犯性との兼ね合いもありますが、アプローチ越しに玄関が見えれば安心です。

門まわりから少しのぞいたとき、在宅中なのか、リビングでくつろいでいるのか、なんとなく気配が伝わる家なら、訪れた人も声をかけやすいでしょう。その際、家族がくつろぐリビングスペースが、外から丸見えの状態ではリラックスできません。さりげなく視線を遮りつつ、窓越しに見える照明の光で気配が伝わる、バランスの良い住まいが理想です。

建物と道路の間にグリーンでワンクッション

道路と敷地の段差が85cmあったので、ゆるやかに上がるアプローチを設置。さらに、緑の土手をプラスしました。外からの視線を植栽でさりげなく遮りつつ、外に向けてオープンに開く外構デザインです。外壁はジョリパット仕上げ。（O邸　設計／トトモニ）

LDKに直接出入りできるゲスト用のエントランス

人が大勢集まることを想定したお宅。白い大理石の仕切り壁で、家族用とゲスト用のアプローチを分けました。ゲスト用のアプローチはデッキから直接リビングに出入りできます。家族用の玄関はカーポートの延長にあり、車からの物の出し入れがしやすく配慮されています。（上田邸　設計／ライフラボ）

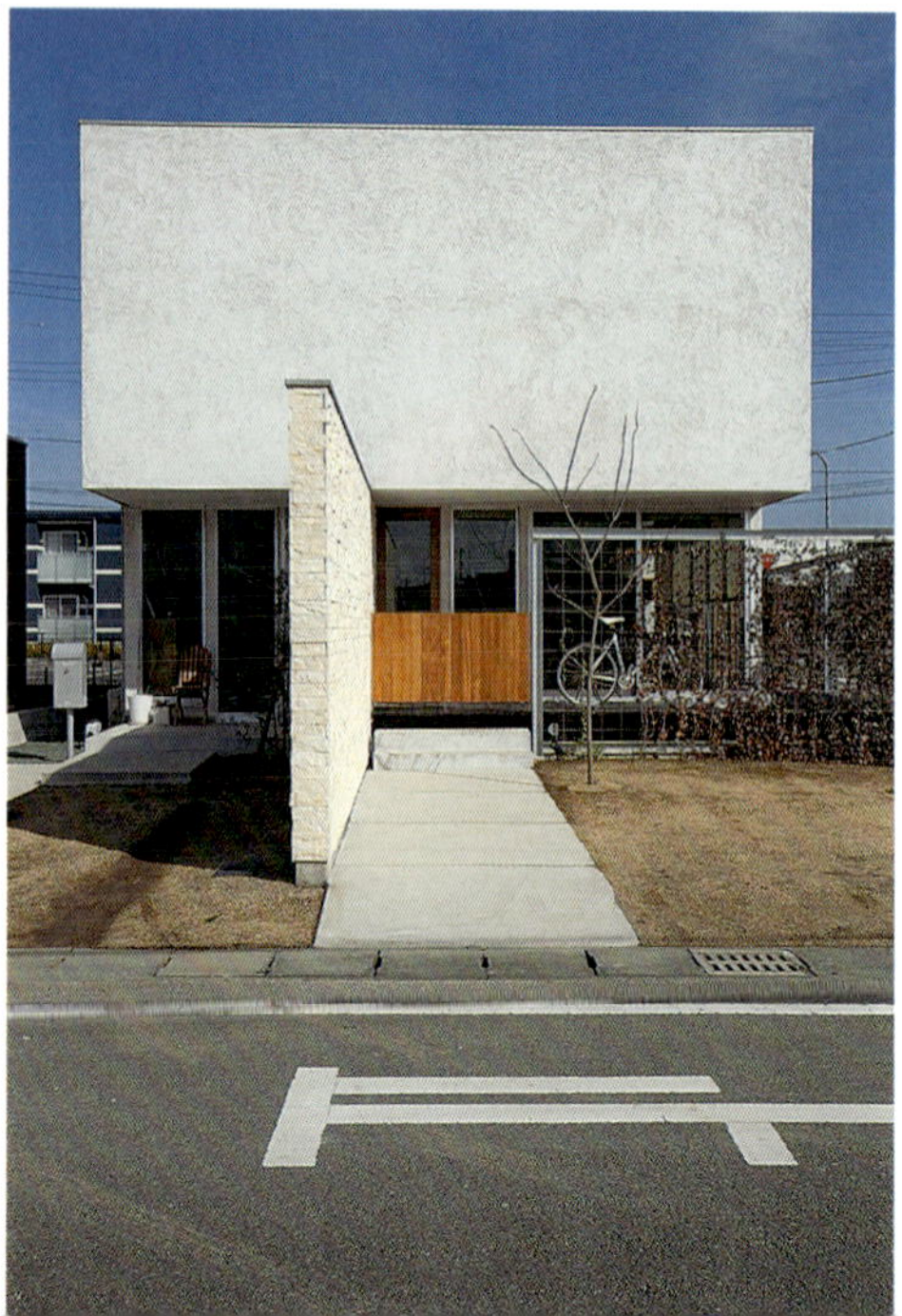

だれが泊まるか?を考えて ゲストルームを用意して

訪問客が宿泊するためのゲストルームを用意するときは、まず家族とゲストの関係性について考えてみます。たとえば気が置けない、親しい友人が泊まることが多い家の場合は、リビングの一角を可動式の扉で間仕切りするだけでもOK。床の一部を畳スペースにして、仕切れるようにしつらえておけば、突然の泊まり客のときも、ゲストルームをぱぱっと用意できます。朝食や朝の身支度も、家族といっしょににぎやかに過ごしたり、楽しい時間を共有できます。

年配の訪問客が宿泊するなら、ゲストルームはリビングと少し距離をおいた場所に配置。宿泊者が気がねなく使えるよう、サニタリーはゲストルームの近くにおくのが理想的です。ただし、家族が深夜に入浴することが多い家の場合は、「音が気になって眠れない」というケースも考えられます。この場合、ゲストルームとサニタリーを離しておくと、宿泊者もゆっくりと過ごせます。

ひんぱんに宿泊する親類がいるケースなら、近くに独立したシャワールームを設置した、ホテルライクなゲストルームも一案。朝の身支度をゲストルーム周辺で完了できれば、お互いにリラックスして過ごすことができます。

モダンな内装の和室を玄関横に配してゲストルームに

南側にある坪庭に面してつくった和室は、外部の視線が気にならない静かな環境で、ゲストルームとしても最適です。モダンな内装にしたので玄関ホールとも違和感なくつながります。(S邸　設計／スターディ・スタイル一級建築士事務所)

ゲストルームは多様に使える和室が便利です

洋室にベッドを入れてしまうと、泊まり客があるときしか使えない部屋になってしまうので、ゲストルームには、布団を押入れにしまえばさまざまな用途に使える、畳敷きの和室をしつらえておくのがおすすめです。ふちなし畳を敷いたり、窓に木製ブラインドを下げたり、スポット的な照明の使い方などで、モダンテイストの和室にして、ほかの部屋とのバランスをとっておくといいでしょう。オープンにしても違和感がない部屋なら、こまめに通気ができて畳が湿気で傷むのが防げるというメリットもあります。

ちょっと時間のあるときに、ゴロリと横になってもいいし、ときにはじっくり読書や趣味にとり組むなど自由に使えるのが和室のいいところ。ゲストルームにするだけでなく、〝わが家の多目的室〟としても上手に活用してください。

小上がりの和室が独立した空間に

リビングから連続する小上がりの畳スペース。引き戸をしめれば独立した空間になるので、客間としても活用できます。縦格子の引き戸は閉めたときのデザインも秀逸。(佐賀枝邸　設計／アトリエイハウズ)

オフィシャルなゲストを招くならLD分離プランを

「自宅で教室を開きたい」「仕事の打ち合わせをすることがある」など、オフィシャルな来客があるなら、リビングとダイニングを別々の空間としてプランしておく手も。そうすれば、来客中に家族の居場所がない！という事態を避けられます。

オフィシャルなお客さまに限らず、主婦仲間で食事会をひんぱんに開くといったお宅でも、ご主人や子どもがくつろいで過ごせるリビングを別に確保しておけば、家族に気兼ねすることがありません。このように「家族全員が接客モードにならなくてすむ」ことも、気軽に人を呼べるきっかけになるのではないでしょうか。

仕事で来訪するゲストはダイニングでおもてなし

仕事の打ち合わせにも使うので、1階に接客兼ダイニングを配置。キッチンも独立型にしてダイニングと分けて。(明野邸　設計／明野設計室一級建築士事務所)

キッチンの基本プランをおさえましょう

部屋の広さや使い方にフィットする配列を選んで

使い勝手のいいキッチンをプランするためには、シンクやコンロ、冷蔵庫の配置がカギとなります。冷蔵庫から食品をとり出して、シンクで洗って、下処理、加熱調理までの流れを考えると、冷蔵庫→シンク→コンロの順に配置すると効率よく作業できます。また、冷蔵庫には飲み物もしまうので、なるべくダイニングに近い位置に冷蔵庫を置くようにプランしてください。次に、キッチンプランの基本的な配列について説明します。

Ⅰ型

シンクとコンロ、冷蔵庫などを1列におさめたもので、ダイニングキッチンに多く見られる配列です。省スペースで、ローコストできるのも利点です。ただし、最大でも4mまでの幅にしておかないと、端から端まで移動するのが大変です。

Ⅱ型

Ⅰ型キッチンの背面の壁に収納キャビネットや配膳カウンター、冷蔵庫などを設ける配列。収納や作業スペースが広くとれるのが利点です。各列の間隔は最低でも90cmは必要で、2人で作業するなら120cmはあけてください。

L型

動線が短くてすむ効率的な配列で、夫婦や子どもと一緒など複数での作業にも向いています。ただし、コーナー部分がデッドスペースになりやすいので、工夫が必要です。ダイニングセットを囲むように配置すると、食事のときに落ち着かないかもしれません。常に整理整頓を心がけ、インテリア性の高いキッチン設備やグッズを選ぶとよいでしょう。

U型

あまり動き回らずに3方向に手が届く便利な配列です。独立型のキッチンにぴったりですが、LDKをワンルームにして、LD側のカウンターを軽食がとれるスペースにするプランもおすすめ。Ⅰ型と同様、コーナーを上手に生かしてください。

アイランド型

オープンカウンターが4方向から使えるアイランド型は、家族や友人と料理を楽しみたい人にぴったり。まわりの壁をすべて収納に

動線から考えるキッチンの配置

冷蔵庫&食品庫 ← シンク&作業台 ← 加熱機器&調理器具 ← 食器棚&配膳台 ← 食卓

キッチンの基本レイアウト

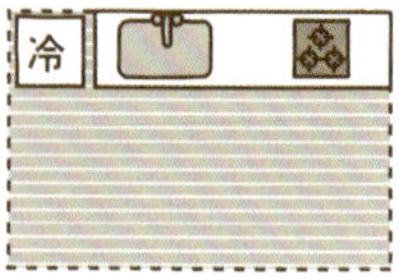

Ⅰ型

シンク、加熱機器、冷蔵庫などを1列に並べたシンプルなレイアウト。ローコストでコンパクトにつくれるのが特徴。間口が広すぎると動線が長くなり、作業効率が悪くなる。

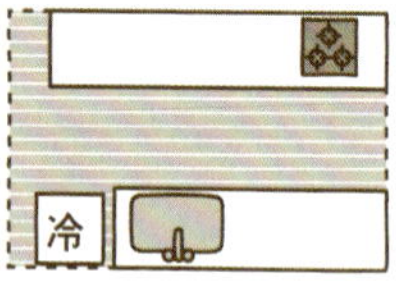

Ⅱ型

シンクと加熱機器を2列に分けるレイアウト。狭いスペースの中に収納や作業スペースを多くとることが可能。Ⅰ型よりも動線が短く、作業効率がよい。アイランドや対面式に向く。

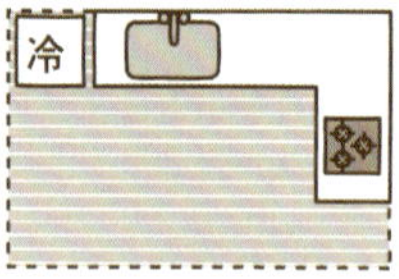

L型

シンクと加熱機器を直角に配したレイアウト。作業スペースが広くとれ、動線が短く効率的。コーナー部分がデッドスペースにならないよう、収納に工夫が必要。対面式にしやすい。

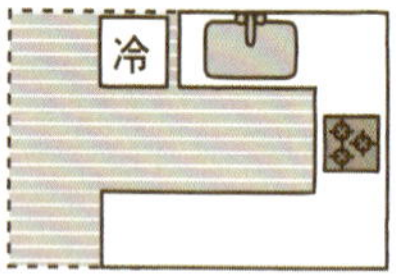

U型

シンク、加熱機器、作業スペースをU字型に並べたレイアウト。収納や作業スペースを多くとることができ、作業がしやすい。シンク前にカウンターを据えて対面式にするケースも。

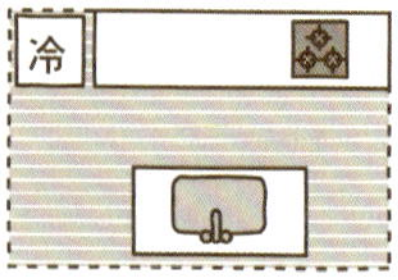

アイランド型

キッチンセットから一部またはすべての機器類を離し、独立する島（アイランド）をつくるレイアウト。四方から使えるので大人数でも作業しやすい。シンクを設けることが多い。

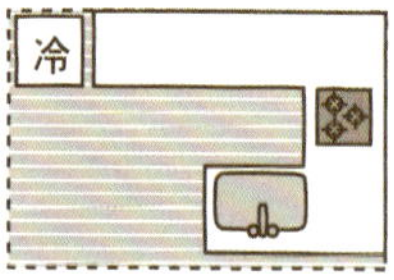

ペニンシュラ型

Ⅱ型、L型、U型の端が、半島（ペニンシュラ）のように突き出したレイアウト。半島部分が対面式となる。半島部分の間口を広くすると、キッチンへの出入りがしにくくなる。

できるのもメリットです。アイランド部分はシンクを設けるプランのほか、大きな作業台にするのも便利です。パンやお菓子を作る人なら、こね台として天板を大理石にしてもいいでしょう。

ペニンシュラ型

キッチンカウンターが、半島（ペニンシュラ）のように突き出たレイアウトです。アイランド型の島部分（カウンター）の片端が、壁にくっついている形になります。ペニンシュラ部分にシンクを設けるプランのほか、作業台や簡単な食事がとれるダイニングテーブルにするといった使い方もできます。

要所のサイズをおさえれば使いやすいキッチンに

カウンター（ワークトップ）の高さが使う人に合っていないと、無理な姿勢をとることになり、腰痛の原因に。使いやすい高さは、左下の図のように身長から割り出します。身長160cmの人なら85cmが目安です。ショールームでは、家にいる状態になるように靴を脱いで高さを確認しましょう。現在の家のキッチンの高さをはかってみるのも、高さを決める際の参考になります。

そのほか、使いやすいキッチンにするポイントは、広い作業スペースと出し入れしやすい収納の確保、そしてメンテナンスのしやすい素材を選ぶことです。カウンターにゆとりがないと、下ごしらえも盛りつけなどの作業もはかどりません。シンクとコンロのまわりには必要なスペースを確保することが大切です。左下の図では、I型キッチンを例に、それぞれのスペースの目安をあげましたので参考にしてください。ちなみに、I型キッチンの場合、4畳半か6畳の部屋にちょうど設置できる、間口2m55cmのものがポピュラーです。また、カウンターの広さを決めるときは、現在の家のキッチンを基準にして、あと何cm広ければ使いやすくなるかを調べてみるのもおすすめ。狭いキッチンなら、シンク前に出窓をつけると、ちょっとしたものが置けて重宝です。

デメリットをクリアすれば、快適なオープンキッチンに

広々としたLDKをつくるには、キッチンをオープンスタイルにするのがいちばん。ですが、においや油汚れが伝わったり、生活感が出すぎるのが気になります。においや油汚れの拡散を抑えるには、なにより排気能力の高い換気扇を選ぶことが大切。レンジフードは、コンロの幅より広いものが適しています。コンロの幅が60cmなら、レンジフードは幅90cmのものにするとよいでしょう。コンロ近くに排気口がある下引き排気装置もおすすめで、対面キッチンにも対応します。

IHクッキングヒーターも、オープンキッチンにぴったりのアイテム。上昇気流による油などの飛び散りが少ないため、周囲に汚れが広がりにくく、トッププレートがフラットなので手入れも簡単です。ただし、天ぷらや炒め物が多いお宅なら、コンロは壁に向けたほうがよいでしょう。吊り戸棚なしのオープンな対面キッチンで、コンロをLD側に設けるプランなら、コンロ前だけ天井までの壁にすると、油煙が広がりにくくなります。アイランド部分にシンクをつける場合は、シンク部分のカウンターを1段低くしておくと、まわりへの水はねが防げます。

キッチンをいつもすっきりと保つには、収納が大切です。LD側から見える場所の収納は扉つきにするなどして、ごちゃつき感を極力抑えて。対面式なら、シンク前の壁を25cmくらい立ち上げておくと、シンクにあふれた汚れ物がLDから見えません。また、ホームパーティをよく開くお宅なら、ぜひ食洗機をとり入れて。食後すぐに食器類をセットすれば、シンクやカウンターの上がすっきり。静音設計の機種なら、運転中もだんらんを妨げません。

シンクとコンロまわりに必要なスペース

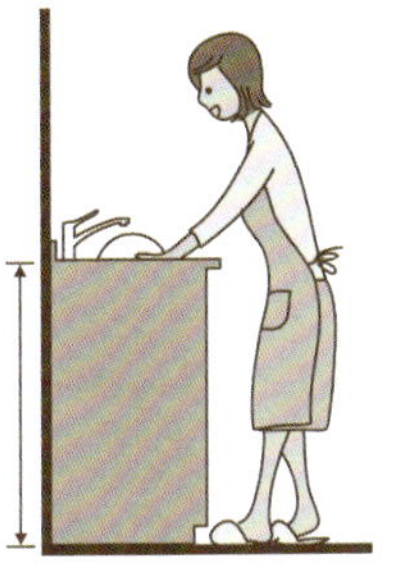

カウンターの高さは、身長(cm)×0.5+5(cm)が目安。現在の家のキッチンの高さを基準にして、プラスマイナスしてもよい。

コンロと脇の壁との間は、最低15cmは欲しい。鍋などを置くなら30cmは必要。

食洗機

15〜30cm

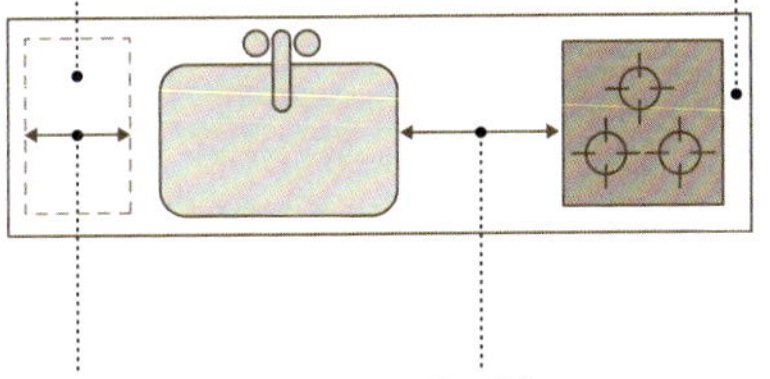

20〜45cm
水きりかごを置いたり食洗機を組み込みたいなら、必要なスペースを確保する。

75〜90cm
調理や配膳にはこのくらい必要。これより狭くなるなら、サブカウンターを工夫。

ライフスタイルに合わせて理想のキッチンスタイルを見つけましょう

小さな子どものいる家なのか、ご主人も料理をするのか、みんなでワイワイ料理をしたいか、一人で集中して台所に立ちたいかなど、家族構成や暮らし方によって理想のキッチンスタイルは異なります。まずはどんなふうに料理をしたいか?から考えてみましょう。

たとえば小さな子どものいるご家庭では、キッチンに立ちながらリビングで過ごす子どもの様子に目が配れると、親子ともに安心。それには、キッチンから部屋全体が見渡せるオープンキッチンがおすすめです。また、「キッチンはみんなで料理を楽しむための表舞台」と考える人にも、オープンキッチンが向いています。壁や柱にさえぎられないので、複数の人が同時に入ってもきゅうくつさを感じにくく、部屋のどこにいてもお互いが見えるので会話しやすいなど、コミュニケーションの場としても有効です。カウンターを四方から囲めるアイランドキッチンなどは、その代表例。シンクの前も広めのカウンターにしておくと作業スペースにゆとりが出ます。カウンターの一辺が壁に接するペニンシュラキッチンも、ダイニング側から使えるようにすると、複数の人が参加しやすくなります。調理中のにおいや音がLDに流れるのを気にする方もいますが、間取りや換気システム、窓の位置などの工夫でかなり抑えることが可能です。

料理に集中したい人には独立型が使いやすくておすすめです

反対に、「キッチンはおいしい料理を出すための楽屋裏」と考えるなら、独立型のキッチンが向いています。最近では、家族や友達とオープンキッチンを囲むスタイルが注目されていますが、クローズドタイプのキッチンにも根強い人気があります。その理由はやはり使い勝手のよさ。水や油でダイニングスペースが汚れる心配がなく、調理器具を好きなだけ広げながら、料理に集中できるのがメリットです。また、「コンパクトな独立型キッチンは、コックピットのようで使いやすい」という意見もあります。広すぎるキッチンは動線が長くなり、かえって使いにくいもの。小さなスペースに必要な機能をギュッと集約することで、無駄な動きをしなくてすみます。左ページにキッチンのレイアウトを紹介しているので、参考にしてください。

家族の「家事参加度」もプランニングのカギになります

キッチンをプランニングする際は、ご主人やお子さんが家事に参加するタイプか?も意外と重要です。一緒に料理をするかどうかはもちろん、配膳や食べ終わったお皿を運んでくれるかどうかで、レイアウトや収納のプランニングも変わります。手伝いやすいキッチンにすると、自然と手伝うようになる。というケースもあります。

間口が広めの独立型キッチンで配膳しやすく

ダイニングから独立させたキッチンは、出入り口をオープンにして間口を広めに設計。配膳や後片づけがスムーズです。スクエアな開口のデザインも印象的。(田村邸　設計/明野設計室一級建築士事務所)

家族が手伝いやすい大きなアイランド型

家族が一緒に料理をすることが多いので、回遊できるアイランドスタイルを選びました。どちら側からも参加できるよう、立ち上がりはつけずフラットに。(武藤邸　設計/ピーズ・サプライ)

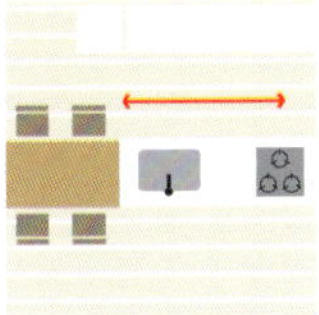

家事ラク No.1 サイドキッチン

キッチンと食卓が横並びになったスタイルは、配膳、片づけがスムーズに行えるとあって、今、一番人気。シンクとコンロ、どちらを食卓側に持ってくるかがポイント。料理教室をするお宅では、コンロを食卓側にすると、プレゼンテーションが盛り上がります。(M邸　設計／ノアノア空間工房)

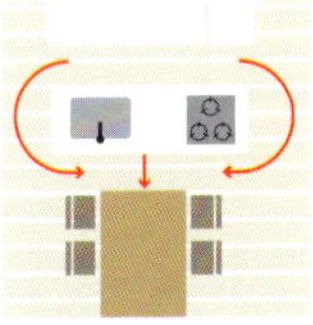

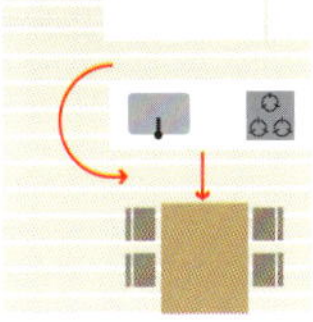

キッチンが暮らしの中心 対面式キッチン

LDとの一体感があり、舞台のように見栄えがする対面式キッチン。手元を隠したい場合はカウンターに15cmくらいの立ち上がりをつけるのがおすすめ。ただし、食卓とキッチンが分断されるので、配膳や片づけは意外と大変という面も。(岡本邸　設計／ Sala's)

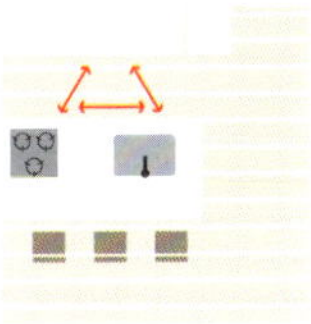

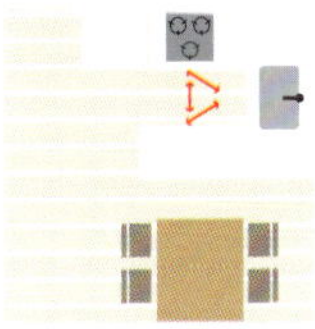

“ママの城”派におすすめ コックピットキッチン

「キッチンは一人で立ちたい」という人には、U型や通路の幅が狭いスタイルがおすすめ。「半歩で手が届く範囲」にコックピットのようにすべておさまるのが理想です。パントリーを別に設けると、より充実のキッチンに。(左・荒木邸　設計／設計工房/Arch-Planning Atelier)（右・水野邸　コーディネート／ハンドル)

スペース効率No.1 テーブルを囲むキッチン

L型のキッチンで食卓を囲むスタイルは、食卓を作業台として使えて、限られた空間を有効に活用できます。家族みんなで料理をしたり、友人が集まる機会の多い家にぴったり。手元や足元が見えるので、インテリアの一部としてコーディネートするのがおすすめ。(山田邸)

キッチンの素材選びはデザインとメンテナンス性を左右します

食材を扱う場所なので、できるだけ自然素材を使うのがおすすめです。ある程度汚れていくことを想定して、それを受け止める素材を選ぶのが快適キッチンのポイント。どこに、どんな素材を選ぶといいのか？　部位ごとにポイントと素材の例をまとめたので、参考にしてください。

壁

シンクやコンロなどワークトップの前壁には、耐水性のある素材を使います。レンガやブリックタイルなどの多孔質の素材は、油や水を吸収して自然となじんでいくので、磨き上げる必要がなくてお手入れもラクです。

珪藻土

においを吸着するので、コンロやシンクの前壁以外におすすめです。

ブリックタイル

油や水を受け止めてやがて味になるので、コンロ前に適した素材。

モザイクタイル

目地は、撥水加工を施したり漂白剤でお手入れすると、いつもきれい。

タイル

目地を濃い色にすると、汚れが目立ちにくくなって◎。

（S邸　設計／プランボックス一級建築士事務所）

天板

ワークトップの天板は食材や鍋を直接置く場所なので、清潔を保てて、耐熱・耐水性にすぐれたタイルやステンレスが人気です。タイルは種類も豊富で、ナチュラルインテリアとなじみのいい素材。目地の汚れが気になる場合は、撥水加工を施したり、濃い色の目地を使うのがおすすめ。

ステンレス

耐熱性にすぐれ、傷もいい雰囲気に。水アカが落ちにくいのが難点。

モザイクタイル

熱に強くお手入れしやすいが、モノが落ちると割れやすい。

木

無垢材は水や熱にはやや弱いが、使い込むうちに味わいに。

床

床も水や汚れに強くメンテナンス性のよいタイルや石がおすすめですが、LDからひとつづきのキッチンは、LDと同じフローリングで一体感をもたせるとすっきり見えます。木は水や汚れを吸収しやすいので、保護するために撥水ワックスを塗るのがポイント。

石

水や油を受け止めて、いい味わいに変化していきます。

タイル

耐水性＆メンテナンス性にすぐれた素材。冬場、冷たいのが難点。

テラコッタ

カントリースタイルに似合うテラコッタ。撥水性のコート剤で保護して。

木

足ざわりがよく、疲れない。水や油を吸い込むので撥水ワックスを。

扉・カウンター本体

安価でお手入れしやすいことから、システムキッチンなどで多く使われるのがメラミン素材。ですが、つるっとした質感はナチュラルインテリアとはあまり相性がよくないので、木やステンレス、珪藻土がおすすめ。

木（無垢材）

シミや傷も、年月を重ねるごとに味わいが増すのが魅力。

木（合板）

ペイントで仕上げるときは、MDFなどの合板に塗装。

珪藻土

壁になじませたいときにおすすめ。汚れも受け止めます。

ブロック×古材
カフェスタイル
Café Style

白くペイントしたコンクリートブロックや、あえて粗く仕上げたペイントなどのラフな質感が、カフェスタイル。（西迫邸）

タイル×ペイント
フレンチカントリー
French Country

黒やグレーのペイントをきかせるとフランスっぽく。市松模様のタイルもフレンチテイストにひと役買っています。（M邸）

モザイクタイル×木
ナチュラルカントリー
Natural Country

白いモザイクタイルと木の組み合わせはナチュラルキッチンの王道スタイル。木部を白くすると洗練された雰囲気に。（斎藤邸）

業務用ステンレスキッチン
カフェの厨房風
Café Kitchen

おしゃれなツール類が映える業務用キッチン。ステンレスは傷がつきやすいのですが、それを磨き上げるのも〇。（小栗邸）

コンクリート×スチール
ファクトリースタイル
Factory Style

打ち放しのコンクリートの素材感がカッコいい、男前なキッチン。石と同様に水や油を吸収するので、味わいが増していきます。（寺西邸）

キッチンも家具を選ぶ感覚でプランすると自分好みのテイストに仕上げられます

どんなキッチンにするかを考えるとき、調理・片付け・掃除のしやすさといった使い勝手が優先されがちです。それはもちろん重要ですが、実用一辺倒のキッチンでは、おもしろみに欠けてしまいます。せっかくいちからつくりあげるのですから、「わが家らしさ」を盛り込んだキッチンにしたいものです。

そのためには、機能性以外の、別の角度からキッチンをとらえてみましょう。たとえば、家具を選ぶ感覚で、理想のキッチンを思い浮かべてみるのです。自分好みの素材や色をとり入れたり、お気に入りのダイニングテーブルとのバランスを考えてみるのもひとつです。

これは、システムキッチンを選ぶ場合も同じです。最近は、LDと一体につながるオープンキッチンが人気なことから、部屋のインテリアにしっくりなじむ、デザイン性の高いシステムキッチンが続々と登場しています。自分が心地いいなと感じるインテリア空間に仕上げれば、キッチンで過ごす時間が格段に楽しいものになるはずです。

キッチンのプラン・アイディア集

トップライトがあると一日中明るいキッチンに

プランニングの際には、日当たりのよさはリビングダイニングを優先してしまうので、キッチンは北側にくることが多く、しかも裏側に家があると窓をとれないこともあります。そんなときは、トップライトを設けると、日ざしがたっぷり降り注ぎ、一段と明るい場所になります。開閉式にすれば、換気にも効果を発揮します。もしトップライトがとれないときは、小さくてもいいので、シンク台の両端側にそれぞれ窓を設けると、1日をとおして光が入り、窓をあければ十分に風をとおすこともできます。

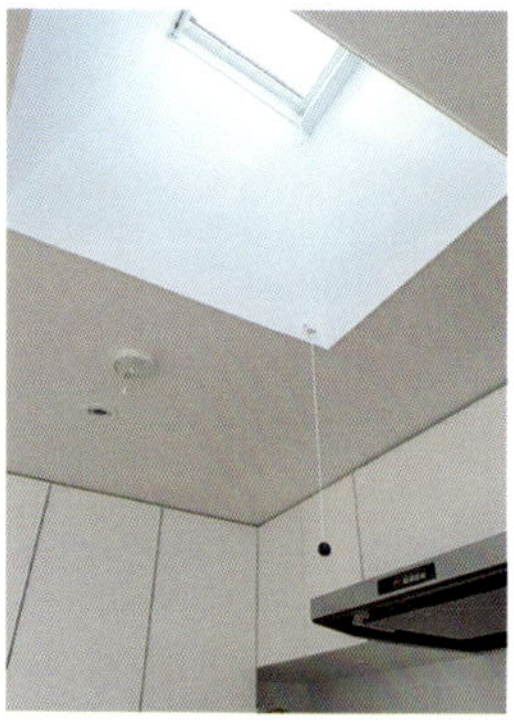

採光＆通風に長けたトップライトで快適キッチン

休日には母子でお菓子づくりを楽しむというお宅の明るいキッチン。北側に隣家があるため、壁面に窓をとるのは避けて、トップライトを採用。揚げ物料理のときも、この窓をあければ油煙が抜けます。（N邸　設計／FISH＋ARCHITECTS一級建築士事務所）

キッチンに立ったときに視線が抜けると爽快です

一日のある程度の時間を過ごす場所なので、居心地をよくする工夫も必要です。キッチンに立ったときに視線の先に緑があったり、デッキや外部空間が見渡せるようにして〝抜け〟をつくると、閉塞感がなくなり、毎日の台所仕事が楽しくこなせます。キッチン側の壁に窓がつくれなくても、カウンターからダイニング越しに大きな窓を設けて抜けをつくる手もあります。現在のキッチンに立ってみて、どこに〝抜け〟があると気持ちよさそうか探ってみましょう。

緑あふれるテラスをのぞむオープンキッチン

カウンターを囲むオープンキッチンは、シンク前が緑あふれるテラス。四季折々の眺めを楽しみながら洗い物ができます。庭にはベリーの木があり、毎日育ち具合を確かめる楽しみも。（S邸　設計／プランボックス一級建築士事務所）

「つくる―食べる」場所が近いほど効率よくなります

都市部に多い細長い狭小地に建てる場合、少しでも居住スペースを上げるために、DKをワンルームにしつらえることもあります。壁際にキッチンがあって、その近くに食卓があるスタイルです。動線が短くなるので、料理を運んだりお皿を下げるのもラク、キッチンに立ちながら食事中の子どもの様子にも目を配れる、次の料理を出すタイミングがはかりやすいなど、実に効率的。広さがとれないことを負ととらえず、狭い＝近いことをプランに生かしましょう。

団地のDKそのままを思い浮かべると、きゅうくつな印象を受けるかもしれませんが、表情のある床材を選び、壁はすっきりとさせ、キッチンカウンターとテーブルに統一感をもたせるなどして、コンパクトながら落ち着いたスペースをつくることができます。

壁づけキッチンなら大きなテーブルも余裕をもって置ける

細長い建物で、DKも決して広くない間取りですが、キッチンを壁づけにしたことで大きなダイニングテーブルを置くゆとりが生まれました。床は無垢のナラ材。古材っぽい表情にひかれて、あえて節のあるタイプをセレクト。（宮崎邸　設計／KURASU）

キッチン横の小さなエリアを落ち着けるダイニングに

ダイニングは、キッチン横の3畳ほどのスペース。コーナーにテーブルとイスをセットし、壁にはあえて何も飾らずにすっきりとさせているので、落ち着いて食事ができます。料理を運ぶのもキッチンからの動線が短いのでラク。（今井邸　設計／ビーズ・サプライ）

バックヤードのプランが家事力アップの決め手に

キッチンの付属設備としてあると便利なのがパントリーやユーティリティ。とくにオープンキッチンでは、まとめ買いしたストック食品や食器・調理器具が表に出ていると乱雑さが目立ってしまうので、バックヤード的存在があると重宝。ダイニングから死角になる位置につくるのがベストです。独立したパントリーがつくれない場合は、キッチン収納の容量を多めにとり、たっぷり入る深めのバスケットタイプの引き出し収納などを組み込んで予備スペースをつくりましょう。

料理をしながら書き物や縫い物も進められるプラン

奥さまたっての希望だったユーティリティ。キッチンの奥にあり、調理しながら別の作業も同時進行できます。玄関のたたきからも出入りでき、ダイニングを回らずキッチンに直行できます。買い物の荷物を運んだりゴミ出しも便利。（片岡邸　設計／MONO設計工房一級建築士事務所）

2階のキッチンならサービスバルコニーがあると便利です

2階にキッチンをつくったときのゴミ保管スペースには、サービスバルコニーがおすすめ。泥野菜の一時置き場に、ふきんやざるを乾かしたりと便利に使えます。調理中は扉を開ければ、こもった熱やにおいを逃すこともできるので、網戸も設置しておくといいでしょう。直射日光の当たらない北側や東北側につくるのが一般的で、見た目もそれほどよくする必要はありませんが、外から見上げたときにゴミ箱などがまる見えにならない配慮は必要です。

リビング側のバルコニーの延長にサービスバルコニーを

リビング横のバルコニーはL字形につくり、回り込んだ端の部分をサービスバルコニーとして使えるよう、キッチン側にもドアをつけました。夏はドアを開け放し、網戸だけにしておくと快適。（N邸　設計／FISH＋ARCHITECTS一級建築士事務所）

カウンター幅を広げると使い方の幅も広がります

料理はキッチンで、食べるのはダイニングテーブルで。と、きっちり分ける必要はありません。たとえば、キッチンカウンターの幅を通常より広くとると、調理中に食材や道具を並べられて、料理好きの人には重宝します。ほかにも、あわただしい朝や夜遅く帰宅した夫の軽い晩酌、日中妻がささっとすませる軽いランチなど、離れたテーブルにセットするまでもないときに大活躍します。カウンターの幅を少し広げるだけで、使い方の幅も広がり、生活の流れが変わることもあります。

対面式キッチンの天板をLD側に伸ばして

お気に入りのカフェで目にしたキッチンカウンターを参考にオーダー。対面式キッチンでLD側に天板を伸ばし、バーカウンターのように使うことに。夜が遅いご主人のために、奥さまはここで食事を準備して待っていることが多いそう。（本山邸　設計／トトモニ）

吊り戸棚は、欧米で主流の低い位置がおすすめ

踏み台がないと手が届かない吊り戸棚は、使いにくくて死蔵品がたまりがち。そこでおすすめなのが欧米のキッチンに多い低い吊り戸棚です。高さの目安はカウンターから40～45cm。作業中に頭をぶつけるのでは？と思われがちですが、実際に立ってみると扉が視線より下にあるので、角にぶつけることはありません。この高さなら、どの棚にも無理なく手が届き、とり出すのもしまうのもラク。造作で吊り戸棚をつくるときに、ぜひ検討してみてください。

背面カウンター側に低い吊り戸棚をプラン

キッチンは天井まで5mもある吹き抜け空間。そのおおらかな壁面に、無理なく手が届く吊り戸棚を設けました。引き手のないモダンなデザインも素敵。カウンター収納とともに造作家具としてつくりました。（岡野邸）

寝室のプランニング

リビングやダイニングの広さを優先させると、寝室などのプライベート空間はどうしても広さが限られてしまいます。それでも、工夫しだいでほっとくつろげる場所にすることは可能です。ぐっすり眠れて一日の疲れを癒やせる寝室づくりのポイントをまとめました。

夫婦の年代や暮らし方をプランに反映させましょう

寝室は家の中でも最も私的な空間です。自由に、自分らしい空間づくりを考えてみましょう。独立した書斎がとれない場合は、寝室の一角にカウンターを設けてご主人のコーナーをつくるのも一案。同居型の二世帯住宅なら、寝室を広めにして、プライベートリビングの機能をプラスしてもよいでしょう。

ベッドを置くスタイルでは、部屋の使い方が寝室に限られてしまいます。けれども布団の場合は、昼間は寝室を多目的に利用できます。和室にしておくと、子どもの遊び場やアイロンがけなどの家事スペースにもなって便利です。また、フローリングの洋室にして、一部に布団が敷ける広さの畳コーナーを設ける方法も。フローリングの上に置くだけで施工でき、撤去も簡単な置き畳を採用するのもよいでしょう。ただし布団の場合は、上げ下ろしの手間が必要で、年を重ねると負担になるかもしれません。また、寝具の収納場所として、奥行き80～90㎝、間口1間の押入れが最低限必要になります。奥行きが浅いと、布団を幾重にも折りたたむことになって不便です。

ベッドの場合は、部屋の広さとのバランスを考えてください。寝室はあまり動き回るスペースではないので、通路の幅は最小限でもいいのですが、あまり狭いとベッドメイキングや掃除の際に不便です。

また、プランニングするときは、収納家具の前に出し入れするスペースを確保しましょう。開き扉の場合はベッドとの間に90㎝必要ですが、折り戸や引き戸タイプなら50～60㎝ですみます。チェストは、引き出しを引く空間と人がかがむ空間を考えて、最低75㎝の間隔をあけてください。

寝室のポイント

- □ ベッドにするか布団にするかを決める。ベッドの場合は、サイズと配置の方法を考える。布団の場合は、寝具の収納を確保。出し入れがラクにでき、ゆったりしまえる設計にする。
- □ 衣類の収納スペースを確保する。狭い寝室なら、ウォークインクローゼットや壁面収納の扉は折り戸や引き戸が便利。
- □ 騒音や光、外からの視線に暮らしを妨げられない工夫をする。風通しのよい部屋にすることも大切。

ベッドまわりに必要なスペース

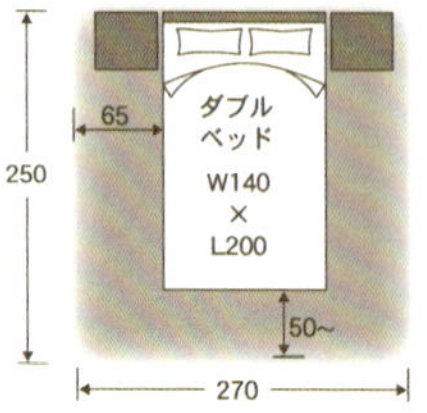

ダブルベッドは4.5畳あれば置けるので、狭い寝室向き。ただし、ドアの位置によっては開閉時にベッドにぶつかることがあるので注意。

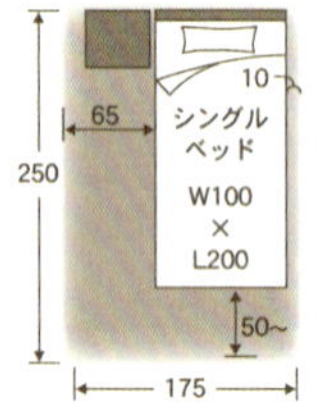

ベッドを壁にぴったり寄せると、掛け布団のずり落ちの原因に。布団の厚み分として、壁から10㎝ほど離す。

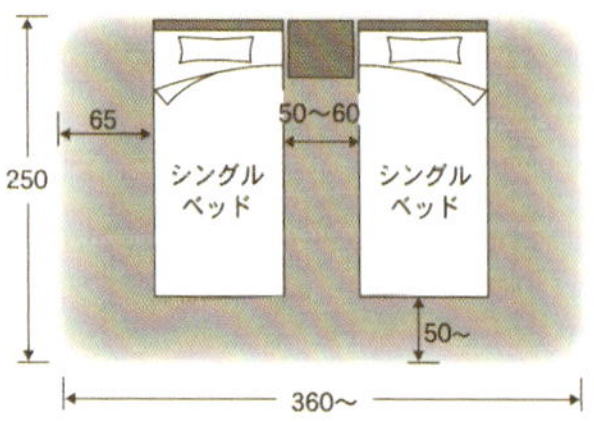

シングルベッド2台を離して置くには、約6畳のスペースが必要になる。クローゼットやドレッサーを置くには、8畳以上ないと窮屈になる。

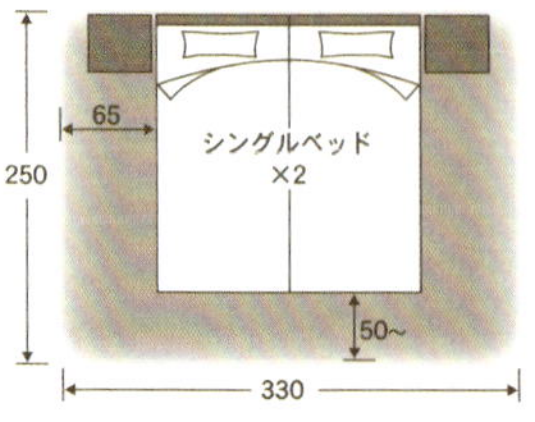

シングルベッド2台なら、お互いの体の動きが伝わらず、ゆっくり眠れる。どちらかを壁づけにしてしまうと、ベッドメイキングが困難になる。

※イラスト内の数字の単位は㎝

寝室のプラン・アイディア集

ベッドの置き方とエアコンの位置を決めておきましょう

寝室はリビングなどと違って、ゆったりとした広さがとれず、コンパクトになるケースが多いもの。ですから、間取りを決める際に、ベッドやドレッサーなどの家具配置も一緒に考えておかないと、収納の扉や引き出しが開閉しにくい、などということになりがちなので、気をつけましょう。

また、ベッドのレイアウトに合わせて、エアコンの場所も事前に決めておくことをおすすめします。せっかく、快適な睡眠を得るためにエアコンを取り付けても、冷風や温風が顔に直接当たると、とても不快で、安眠できなくなってしまいます。ベッドの配置を先に決めて、エアコンからの風が足元に行くように、設置場所を決めましょう。

このことを考えないで造りつけ収納や窓をレイアウトしてしまうと、エアコンの行き場が頭側しかなくなってしまうこともあるので注意を。エアコンの存在感が気になるときは、壁面収納の上部に取り付けて、ルーバーで隠す方法もおすすめです。

夜間でも開けておける窓をつくり、防犯と通風を両立させて

夜間に過ごす寝室では、採光より通風が大切。室内に湿気をこもらせず、真夏以外は冷房をつけなくても快適に過ごせるよう、あけたままにできる窓をつくりましょう。1階に寝室を設ける場合は、ルーバー窓や縦長の押し出し窓など、人が通れない窓を選ぶと安心です。また、枕元に通風用の小窓をとり、ブラインドで光を調節するプランもおすすめ。天井付近に横長の窓を設けると、位置が高いため外から人が入りにくく、まぶしすぎないやわらかな光をとり入れられます。

外からの視線や防犯にも配慮した窓で通風を

ベッドヘッド側と足元の2か所の窓は、どちらも細長いスリット窓。外からの視線を気にせず風を通せます。横スリット窓は玄関アプローチに面しているので、窓の外に縦格子を立てて視線と防犯対策をより万全に。(村上邸　設計/山岡建築研究所)

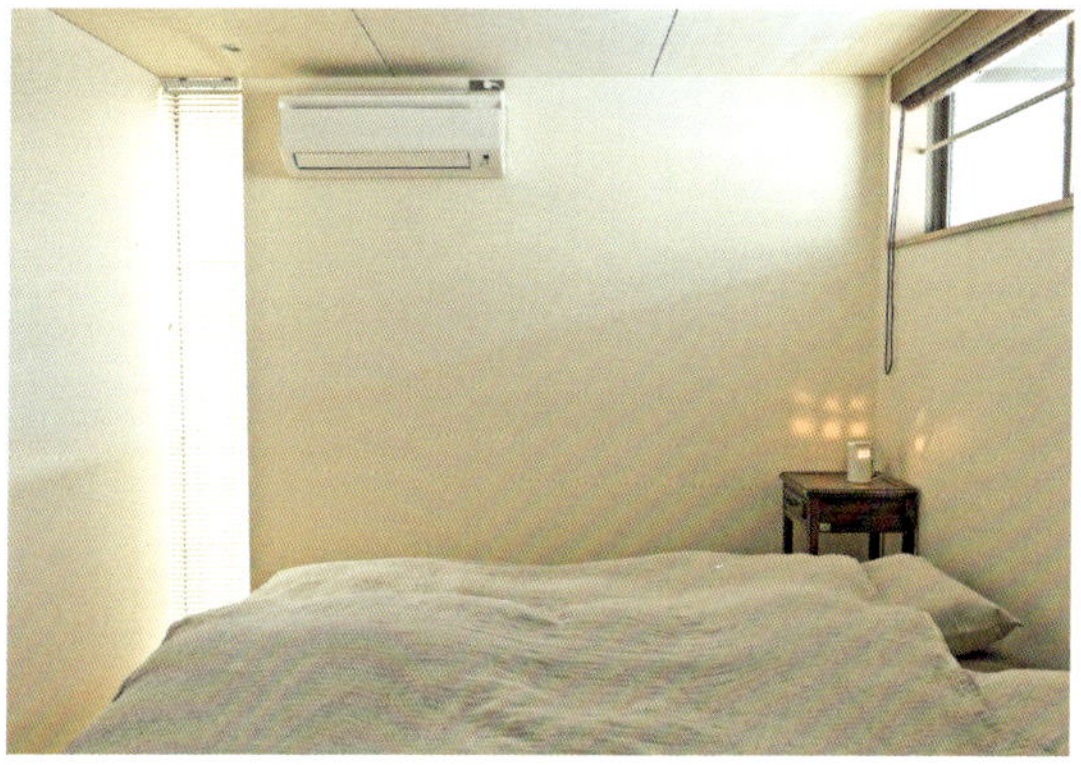

エアコンの風が横から足元に当たる位置に設置

ベッドの足元にエアコンを設置した例。冷暖房の風が直接顔に当たらず、心地よい眠りが得られます。(斎藤邸　設計/明野設計室一級建築士事務所)

窓や照明は低い位置につけると落ちついた空間に

寝室のくつろぎ感に大きくかかわるのが、窓や照明器具の配置。ベッドやふとんに横たわる寝室では、目線が低くなるのに合わせて重心を低く抑えるのがポイントです。窓はベッドヘッドにあたる部分を避けたほうがまぶしくありません。窓やドアの大きさをしぼり、壁面を大きくとると、包み込まれるような安心感が生まれます。また、照明計画で参考にしたいのがホテル。間接照明の使い方やフットライトなど、リラックスできる工夫が随所になされています。設置場所は低めに、身長より低い1・6m以下がおすすめです。

自由に調光できる窓を低い位置に設けて

横長の窓から外のグリーンを眺められる、リゾートホテルのような寝室。窓に設置した木戸を開け閉めすることで、室内に入ってくる光を調節できます。北側に面しているため、寒さ対策にも役立っています。(大隅邸　設計/ティー・プロダクツ建築設計事務所)

照明器具の配置に細かな配慮が

足元側にダウンライトを。横になったままで照明をつけても、光源が直接目に入りません。(青柳邸　設計/明野設計室一級建築士事務所)

寝室にトップライトを設けると星空や朝日を楽しめます

夜空に浮かぶ星や月を眺めながら眠りにつき、さわやかな朝日で目覚める。寝室にトップライトを設ければ、そんな暮らしが手に入ります。南に向いた屋根にトップライトをあけると、夏の強い日ざしが直接入ってしまうので、設置する場合は北側の屋根に設けましょう。ただし、夏場は特に空が明るくなる時間が早いので、室内も早くから明るくなります。朝日で目覚める爽快感をとるか、朝もゆっくり熟睡していたいのか、自分の好みやライフスタイルに照らし合わせて、設置を決めましょう。

採光が十分に取れない寝室は、隣室との仕切りを工夫して

寝室に思うように窓がとれない場合は、隣り合った部屋との壁に室内窓を設けて、光をとり込むアイディアがおすすめです。その場合、家具の配置などを気にせず、窓をとりやすいのは、壁の上部。仕切り壁の天井際を、1壁面全部はめ殺しのスリット窓にすると、隣の部屋からの光が適度に入ります。2部屋の天井が壁で途切れず連続して見えるので、閉鎖的になりがちな寝室が、広く見える効果もあります。

パステルカラーの壁を朝日が照らして爽快な目覚めを

北側に傾斜した片流れの屋根にトップライトを設置。壁はパステルブルーにペイントされていて、朝、日が昇ると、優しい色彩が目に入り、さわやかに目覚められます。夜はブルーの部屋を、星影がよりロマンティックに彩って。（M邸　設計／ノアノア空間工房）

明るい階段ホール側にフロストガラスの引き戸を

寝室が隣家に面していて大きな窓が取れなかったので、南からの光がたっぷり入る階段ホール側をフロストガラスの引き戸にして、光を取り込みました。引き戸の外の階段ホールは、リビングとは別のプライベート空間なので、ガラス戸でも気になりません。（永田邸　設計／アトリエSORA）

天井の形状を工夫するとくつろぎ感が高まります

寝室のデザインで重要なのは、ベッドに横たわったときに目に入る天井。工夫次第で眠りにつくときのくつろぎ感に差が出ます。たとえば天井に勾配をつけ、梁を出して仕上げれば、見上げたときの開放感は抜群です。1階の寝室で勾配天井が無理なら、ベッドの上にあたる部分の天井を数cm上げるだけでも、視界に変化がついてくつろぎ感を演出できます。反対に、「寝室の天井は低いほうがよく眠れる」という方も。自分にとっていちばん心地よく眠れる環境をととのえてください。

ガラスブロックならプライバシーと採光を得られます

光はほしいけど外からの視線も気になる。という場合におすすめなのが外壁の一部をガラスブロックにする方法。光は通しても、外から中はぼんやりとしか映らないので、プライバシーを守れます。密集地などで眺めがよくない場合もおすすめです。

ガラスブロックはインテリアのポイントにもなります。日が差し込むと美しい陰影が生まれ、夜は照明のあかりが外にやわらかくもれるので、日々の暮らしで光を楽しむ喜びも生まれます。

塗り壁と高い天井の心地よさを満喫できる寝室

片流れの高い天井が開放感たっぷり。太い丸太の梁がダイナミックな印象を加えています。壁はしっくいを使った左官仕上げ。照明をつけるとしっとりとした陰影が生まれます。（H邸　設計／プランボックス一級建築士事務所）

おしゃれなガラスブロックで視線をカットしながら採光

寝室に仕切りなしでつなげた階段室の外壁をガラスブロックに。住宅密集地ですが、外からの視線を気にしないで採光できます。さらに階段室の上部をトップライトに。光を贅沢に取り込んだ、清々しく目覚められる寝室です。（森・朝比奈邸　設計／ノアノア空間工房）

ベッドヘッドにニッチ棚があると便利です

コンパクトな寝室でもベッドヘッドまわりに小物を置けるようにするには、壁の厚みを利用したニッチを設けるのがおすすめです。時計、めがね、寝る前に読む本、携帯電話などが置けてとても便利。最近は携帯電話を充電しながら枕元に置き、目覚まし時計がわりにする人が多いので、ニッチ棚内にコンセントを設置するといいでしょう。壁を厚めにとり、奥行きの深いニッチを設けて照明スタンドなど、大きめなものを置けるようにするのもおすすめです。

和室の寝室には出し入れがラクな布団収納を

和室スタイルの寝室の場合、布団の収納が必須です。上げ下ろしは毎日のことなので、出し入れが負担にならないように工夫しましょう。押入れは幅も奥行きもかなりのスペースが必要となるので、吊り押入れにして下部に抜けをつくるのもおすすめ。圧迫感がなくなります。また、寝室の隣にW・I・Cをつくってその中に布団の収納スペースをつくる手も。出し入れがラクにできるように、入ってすぐの場所に設置しましょう。和室用の、ふたが電動で開閉できる床下収納を利用するのもひとつです。

壁の下部を厚くしてヘッドボードふうに

ベッドヘッド側の壁面の下部を室内側にはりださせて、ヘッドボードふうの棚に。壁の端から端までを棚にしたので、スッキリした印象。厚みはわずかですが、お気に入りの写真や小物を飾れるスペースに。（尾崎邸　設計／プランボックス一級建築士事務所）

W・I・Cの和室寄りに、布団がぴったりおさまる棚を設置

和室の隣に、ご夫婦の服をたっぷりしまえるW・I・Cを設置。入ってすぐの右手に、布団用の棚をつくりました。布団を運ぶ動線が短くてすみ、毎日の上げ下ろしが苦になりません。入り口の引き戸は、手前に布団を置いても開閉しやすいメリットが。（小川邸　設計／田中ナオミアトリエ一級建築士事務所）

寝室のそばに趣味コーナーをつくると、プライベートタイムを満喫できます

就寝前のひととき、大好きな趣味に没頭できるスペースを持ちたい！と考える人も多いでしょう。広さがあまり必要なく、大きな音が出ない趣味なら、寝室のそばにコンパクトな趣味コーナーを設けるのがおすすめです。

例としては、寝室に隣接するW・I・Cの一角や、W・I・Cを通り抜けたところなどに、造りつけのデスクや壁面棚を設置して、趣味を楽しむスペースを確保するプラン。この配置なら、眠くなったらすぐベッドへ直行できて便利。

寝室内の一角に設ける方法もありますが、このプランは、パートナーが就寝したあとも、遅くまで趣味を楽しみたい人には不向きです。照明の光や物音は、快眠の妨げになるからです。スペースの関係で寝室内に設ける場合は、ベッドとの間に袖壁を設けたり、コーナーごと引き戸で仕切るようにするなど、パートナーへの配慮を忘れずに。

寝室の隣のW・I・Cにコンパクトなコーナーを設置

寝室から続けて設けたW・I・Cの壁面に、デスクと棚を造りつけて。ベッドとの間は袖壁で仕切られているので、先に休むパートナーに気兼ねなく過ごせます。（O邸　設計／プランボックス一級建築士事務所）

寝室のサイドに設けた、愛車を愛でる優雅なスペース

寝室の両サイドをポリカーボネートの袖壁で仕切り、ご夫婦それぞれのスペースを確保。ご主人側は、窓からガレージの愛車を眺められます。ガレージの照明だけつければ、奥さまが先に就寝するときも気になりません。（宮坂邸　設計／かくれんぼ建築設計室）

子ども部屋のプランニング

足音や声などを気にせず、子どもを思いっきり遊ばせてあげられるのが、一戸建ての魅力のひとつです。子どもの成長に合わせて子ども部屋をどうつくるか？　勉強するスペースはどこにつくるか？など、子ども部屋はもちろん、家じゅうをフル活用した〝子どもの居場所〟を考えていきましょう。

将来を見越した柔軟性のある間取りに

年を経るごとに使い方が変わってくるのが、子ども部屋です。子どもは思っている以上に成長が早く、今が中1でも、10年後はもう社会人。子どもの成長に合わせた使い方ができるように、柔軟性をもたせた部屋づくりを。成長期には、多少なりとも悩みがつきもの。子どもの小さな変化を見逃さないように、子ども部屋は親の目が届きやすい場所につくるのが理想的です。そのため、玄関から2階の子ども部屋に直行できないように、リビング内に階段を設けるお宅もよくあります。小学校低学年までの2人で使う子ども部屋は、12畳程度のワンルームにしておき、将来、間仕切り壁を設けたり、置き家具で仕切って2部屋にするとよいでしょう。その場合、ドアや窓、造りつけのクローゼット、天井照明、コンセントなどは、仕切ることを考えて計画してください。個室が必要な年齢の子ども2人なら、2部屋の境の壁を撤去が簡単なつくりにしておき、子どもたちの独立後はワンルームにする方法もあります。子どもが小さいお宅は、安全にも配慮を。腰窓に沿ってローボードを並べる場合は、その上にのって転落事故が起きないように、窓に手すりをつけるなどの工夫をしてください。

子ども部屋のポイント

- □ 狭い空間に多くの家具をおさめることになるので、空間を立体的に利用する。デスクや収納は造りつけにすると、デッドスペースが生じない。
- □ 成長期の子どもなら、親の目が届きやすい場所に配置する。小さい子どもの部屋は、窓から転落することのないように窓の高さなどに配慮を。
- □ 両親の寝室と違って、昼間過ごす時間が長いので、明るく風通しのよい方位に配置する。
- □ 子どもの成長や独立後にも対応できるプランを考える。
- □ インテリアに子どもの希望をとり入れると、より愛着のわく部屋になる。

子ども部屋のプラン例

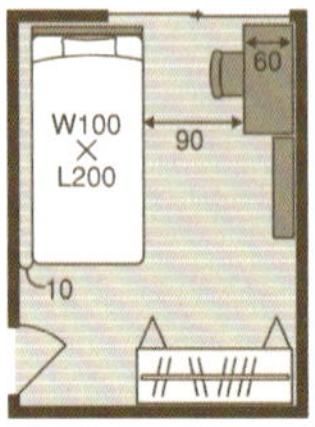

6畳の子ども部屋

標準的な広さ。デスクを窓に向けてもよいが、ベッドを背に向けたほうが勉強に集中できる。

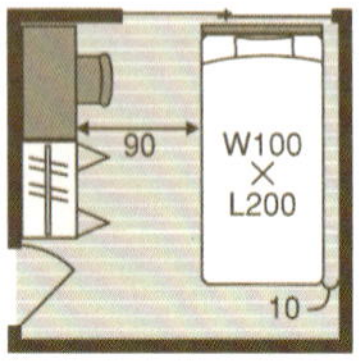

4.5畳の子ども部屋

子ども部屋としては最小限の広さ。収納も不足するので、下が収納になったロフトベッドを選んでも。

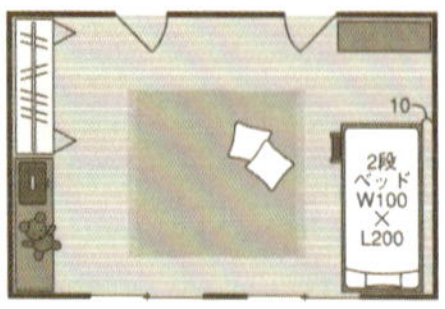

12畳の子ども部屋

小学校低学年までの2人で使う子ども部屋。勉強はダイニングですることが多いので、デスクは置かず、中央に遊び場をつくるとよい。

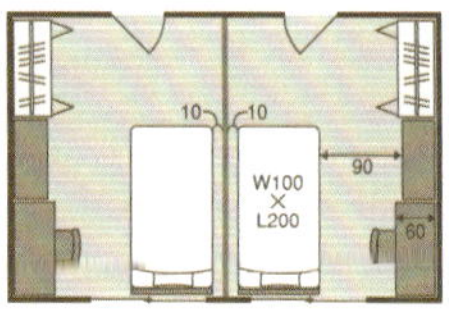

ワンルームを将来2分割したい場合は、新築時に窓やドア、コンセントなどの位置をあらかじめ計画しておく。

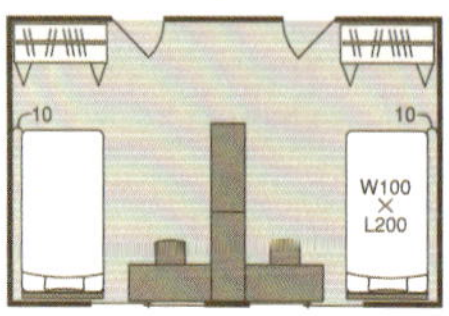

同性の場合は、中学・高校生になっても完全には仕切らず、椅子に座ったときに隣が見えない高さの本棚で仕切る方法もある。

※イラスト内の数字の単位はcm

子ども部屋のプラン・アイディア集

子ども部屋は極力小さく、「寝るだけ」のスペースに

家づくりをスタートする理由のひとつとして、「子ども部屋が必要になる」がよく挙げられます。その場合、どうしても子ども中心の部屋づくりになりがちですが、子どもが個室を必要とするのは、意外に短い期間。長く住み続ける予定であれば、「子どもにとって住み心地のいい家」ではなく、「家族全員が快適な家」を目指しましょう。

子ども部屋について考えるときは、「子ども部屋＝寝るスペース」と割り切り、必要以上に快適な空間にしないことがポイント。宿題などをするときはリビングダイニングで、遊ぶスペースはリビングやフリースペースでと、子ども部屋以外の場所を用意してあげれば、ベッド＋収納スペースを確保しただけのコンパクトサイズでも十分です。

2人以上の子どもがいるときは、フリースペースとしての子ども部屋を用意し、成長に合わせて間仕切りを加え、個室にするのも一案。独立後はリフォームを加え、夫婦のための個室や、趣味の部屋にすることも検討してみましょう。

楽しさと実用性を兼ねたロフト

子どもは、ロフトのような高低差のある空間が大好き。はしごを上ったり下りたりしながら、子どもならではのユニークな発想で遊びを発見していきます。屋根裏部屋や隠れ家というイメージも、子どもの冒険心を刺激するのかもしれません。

子ども部屋のロフトは、プレイスペースとしてはもちろん、ベッドとして、収納スペースとしても活用できます。狭小プランの場合などは、子ども部屋そのものはデスクが置けるだけの最低限の広さにしておき、ベッドがわりのロフトをつくるという手も。子どもの人数に合わせて個室を並べるプランでは、ロフトをつなげておくときょうだい同士のコミュニケーションの場になります。

活発な男の子に人気のロフトのある子ども部屋

ラフな表情のアンティークパインを取り入れた子ども部屋。4.5畳ほどの空間に、ベッドがわりのロフトを設けました。友達が遊びに来たときも大人気のスペースだそう。ロフトには風抜き用の小窓を設置。（山口邸　設計／プランボックス一級建築士事務所）

3つの個室に仕切り夫婦＋子どもの寝室や個室に

10.5畳の子ども部屋には3つの扉を設置。現在はフリースペースとして使っていますが、将来は3部屋に仕切り、中央を夫婦の寝室、両端を子どもの個室にする予定。手前のスペースは、共有のスタディルーム。（徳永邸　設計／宮地亘設計事務所）

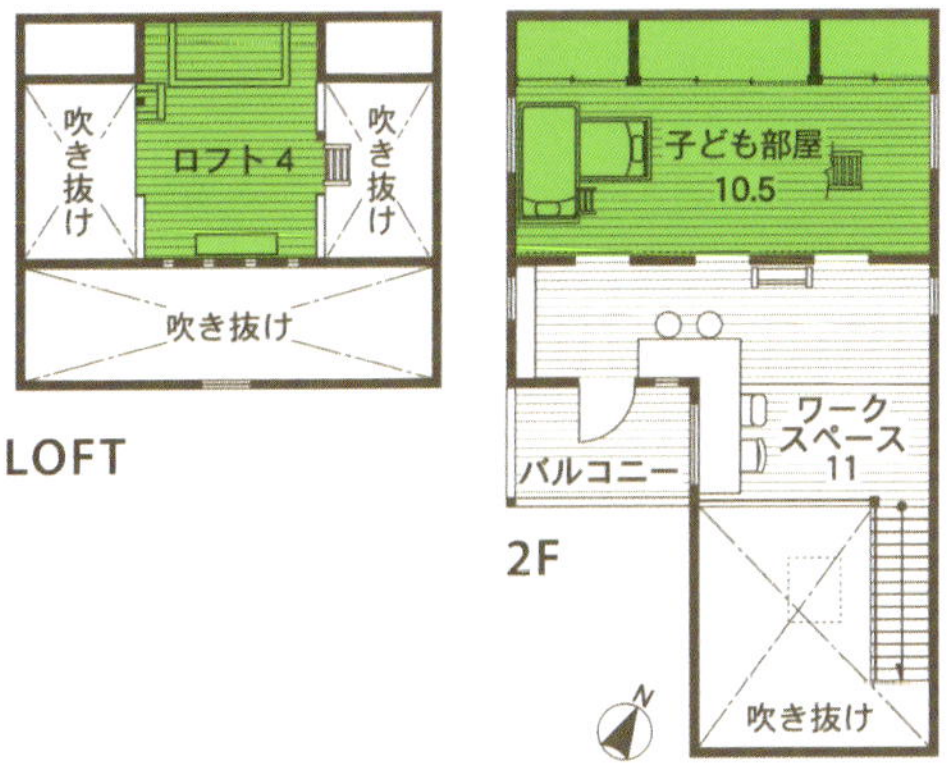

リビングと同じフロアに子ども部屋をつくりましょう

子ども部屋は、リビングと同じフロアに配置するのが理想的です。とくに2階にリビング、1階に寝室や子ども部屋といった個室を配置するプランでは、玄関からそのまま子ども部屋に向かうことになり、親子のコミュニケーションが育ちにくくなるといったケースも考えられます。玄関からリビングを通って子ども部屋にいく動線をつくっておけば、子どもの気配や、子ども部屋で遊んでいる様子が常に伝わって、親も子も安心して過ごせるでしょう。LDKとの仕切りを引き戸にして、フルオープンできるようにしておくのもおすすめ。日中は開け放しておけば、リビングから子ども部屋が一休となって、子どもがのびのび遊べる広びろ空間が実現します。

LDKと連続したオープンなキッズスペース

DKの隣のスペースを子ども部屋に活用。まだ小さい子どもが遊ぶ様子を、キッチンにいながら見守れ、距離も近いので子どもとのコミュニケーションもスムーズです。引き戸で仕切っているので開けておけばさらに一体感が。（K邸　設計／建築設計事務所フリーダム）

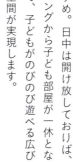

家具をつくらず子どもが自由につくれる空間に

子どもにプレゼントしたいのは、自分の空間へのワクワク感。「こんなふうに使いたい！ 飾りたい！」という自由な発想を伸ばしてあげたいものです。そこで、子ども部屋はあまりつくり込まないプランにして、子ども自身が手を加えられる余地を残しておくのがおすすめ。機能的な造りつけ収納も、子ども部屋では最低限に。設けるなら内部の棚板やポールなどを動かせるような配慮が必要です。

きょうだいで相談しながら、自分たちの部屋の使い方を決めていけたら楽しいはずです。どうやって仕切るか、それとも仕切らずに広く使うか、どこに何を収納するかなど、親ではなく自分たちで考えられる部屋にしておくと、子どもの自立心が育ちます。

子ども部屋は自分たちで使い方を決められるフリースペースに

バルコニーまでつながる開放感いっぱいの子ども部屋。3人のきょうだいで相談しながら、ワンルームのまま使うか、2部屋・3部屋に仕切るか決められるように、収納もラフなつくりにしています。（清水邸　設計／明野設計室一級建築士事務所）

寝室と子ども部屋をワンルームにするのも手です

「子ども部屋を用意したけれど、まだ小さいので親と一緒に寝室で寝ている」という家庭が多いようです。それなら寝室と子ども部屋をワンルームにしておき、子どもが成長したら壁で仕切るというプランはいかがでしょうか。子ども部屋をからっぽにしたまま寝室で狭い思いをするより、広い空間で親子でのびのびとやすめるほうが快適です。

ここは子ども部屋、ここは寝室と用途を決めずに個室をつくり、成長に合わせて部屋を交換するのも一案。幼児の間は広いほうの部屋を寝室として使い、大きくなったら子ども部屋にするという使い方です。広いほうの部屋を仕切れるようにしておけば、家族が増えたときも柔軟に対応できます。

5年後、10年後に使い方を変えられる寝室&子ども部屋

現在は子ども部屋と寝室を間仕切りなくつなげ、のびのびとした空間を満喫。将来は壁で仕切って独立した寝室にする予定だそう。子ども部屋も2部屋にできるよう、窓や照明を用意しています。（武藤邸　設計／プラスティカンパニー）

可動棚で2つの個室を自由に間仕切り

広いワンルームを可動式の収納棚で区切り、寝室と子ども部屋に分けているお宅。収納棚を動かすことで、空間を自在に区切ることができます。いまは子どもが小さいため、寝室側を広めに。（O邸　設計／田中ナオミアトリエ一級建築士事務所）

仕切れる子ども部屋は独立後も使いやすい

ワンルームの子ども部屋を仕切って2部屋や3部屋にできるプランは、きょうだいが増えたときはもちろん、子どもたちが成人して独立したあとも簡単にワンルームに戻せるため、夫婦のアトリエなどとして多目的に使えます。仕切り方には、柱や梁に沿って壁を立てたり、収納家具を設置してエリアを分けたりとさまざまな方法があります。プランのポイントは、仕切ったあとの条件がなるべく揃うようにしておくこと。面積に大きな差があったり、窓のある部屋とない部屋ができると平等に使いにくくなります。照明のスイッチなどをそれぞれのスペースで操作できるようにしておくのも忘れずに。

市販の家具を上手に活用して、将来の変化に備える

子どもの成長に合わせて簡単にレイアウト変更ができるように、家具は造りつけではなく市販品を使用。ドアは2か所につくり、将来それぞれの個室が必要になったとき中央で仕切れるように準備しました。（S邸　設計／佐賀・高橋設計室）

2F

廊下との間もオープンにした使い方自在の子ども部屋

子ども部屋と廊下の間は造りつけの収納棚のみ。壁を立てれば独立した空間になり、さらに中央で仕切れば2つの個室ができます。そのときそのときの家族の関係や使い方に合わせて、形を変えられる賢いプラン。（T邸　設計／明野設計室一級建築士事務所）

「子ども部屋は南向き」にこだわらなくてもいい

「子ども部屋は日当たりのいい南側がいちばん」という考え方がありますが、敷地条件などから実現が難しいケースもあります。その場合は発想を変えて、南側でなくても快適な子ども部屋づくりを考えてみてはいかがでしょうか。

たとえば北側に子ども部屋をつくる場合、もっとも配慮したいのは寒さ。断熱性の高いサッシや床暖房などでしっかり対策をとりましょう。実は寒ささえ防げれば、北側の部屋には独特の落ちつき感があり、勉強部屋や書斎などに向いています。直射日光が入らないため、カーテンやブラインドなしで過ごせるというメリットも。隣家の窓の位置を考えながら開口部を大きめにとり、室内が暗くならないように工夫しましょう。

LDKにつながる子ども部屋は北側でも十分な明るさ

建物の奥にあたる北側に子ども部屋を配しましたが、両サイドに天井まで開口部を設けたおかげで、明るさたっぷりの空間に。将来2つに区切って使えるよう、窓をシンメトリーにとり、照明のスイッチもそれぞれに用意しました。（S邸　設計／明野設計室一級建築士事務所）

2F

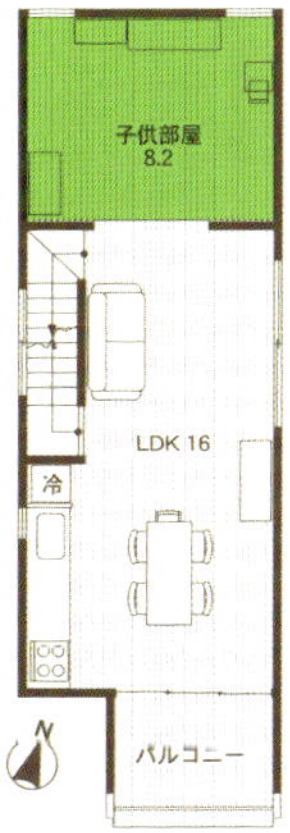

家のどこかにキッズスペースをつくるのもおすすめ

散らかしてもOK！の空間を用意してのびのびと子育てを

子どもにとっていちばん理想的な遊び方を考えてみると、「お片づけしなさい！」と叱られずに、おもちゃを目いっぱい広げられることかもしれません。とはいえ、小さいうちは個室の子ども部屋ではなく、親の目の届く範囲で遊んでほしいもの。そんな親心を反映するかのように、ＬＤＫの一角に専用のキッズスペースを設けるプランが人気を集めています。

床を畳敷きにしておけば、赤ちゃんをお昼寝させるのにも最適。将来は客間などに転用することもでき、置き畳なら簡単にフローリングに戻せます。ＬＤでゲストをおもてなしするとき、散らかったおもちゃを目隠ししたいなら、普段はあけたままにできる引き戸で間仕切りを。また、ゲストからは見えず、声や気配はしっかり届くロフトを、キッズスペースにする手もあります。

Kさん宅（神奈川県）

広々としたロフトが隠れ家みたいな遊び場に

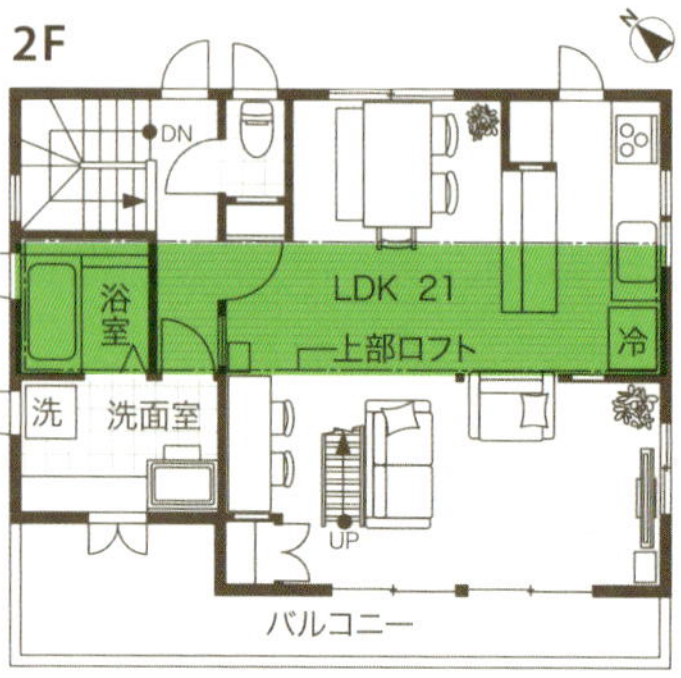

2階にLDKを配し、ゆったりした天井高を生かして建物幅いっぱいのロフトを設置。ここが格好のキッズスペースに。おもちゃを散らかしても気にならず、LDKにいる家族との会話もスムーズ。（設計／ピーズ・サプライ）

リビングはおおらかな吹き抜けにして、DKの上にロフトを設けました。階段の奥にはワークスペースが。

隠れ家風の空間は子どもたちに大好評。レゴブロックなどを作りかけのまま置いておけるのも魅力。

Nさん宅（熊本県）

LD全体に楽しさをもたらす畳敷きのキッズスペース

リビングにつなげた畳の間が、Nさん宅のキッズスペース。キッチンからもよく見通せる場所なので、家事をしながら子どもの様子を見守れます。大人が使うPCコーナーを、キッズスペースに隣接させたのもポイント。（設計／コムハウス）

キッチンから見た畳のキッズスペース。愛らしいおもちゃもインテリアの一部として役立っています。

畳敷きなので、素足で遊んだり寝ころんだりしても快適！

キッズスペース・アイディア集

大人と子どもが分かれて遊べるスペースを

子ども連れの友人が大勢集まるようなシチュエーションでは、大人と子どもがそれぞれに過ごせるスペースを用意するのがおすすめです。たとえばリビングの延長上に畳コーナーを設けてプレイスペースにしたり、広めのデッキをリビングと連続させるプランなどです。デッキや畳コーナーで子どもたちを自由に遊ばせておけば、大人はダイニングでお茶を飲みながら、ゆったり過ごせます。また、玄関ホールや階段まわりを広くとっておけば、そこがプレイスペースにもなります。

遊ぶスタイルに合わせて水回りを配置しましょう

外遊びが大好きなお子さんがいるなら、水回りを工夫しましょう。たとえば玄関まわりに手洗いスペースをつくるプラン。シューズクローゼットの中に手洗い器を設置すると、どろんこになって帰ってきた子どもが家に上がる前に手洗いできます。玄関ホールや廊下に設置したり、玄関から洗面室までの動線を短くするのもおすすめです。洗濯機を置いたサニタリーに外から直接出入りできるようにすると、帰宅後すぐに入浴できて、玄関を汚す心配もありません。

来客時でも気兼ねなく遊べるプレイルーム

「1つはほしかった」畳の部屋をLDにつなげて配置。プレイルームとして活用しています。リビングから少し奥まった位置にあるので、来客時に思う存分おもちゃを広げて遊んでもOK！　壁は水色にペイントし、オープン棚をプラス。（林田邸　設計／コムハウス）

庭から出入り自由なサニタリールーム

壁いっぱいの掃き出し窓で庭とつながる開放的なバス＆サニタリールーム。庭で遊んで汚れたときは、そのままサニタリールームに入り、入浴できます。小デッキを設置しているので、出入りもスムーズ。（石沢邸　設計／unit-H 中村高淑建築設計事務所）

遊び場にもなるデッキやテラスをつくりましょう

まだ子どもが小さい場合、家の敷地内に遊べるスペースがあると、戸外に出なくても気軽に遊べて便利です。庭をつくるのが難しいケースでも、広めのデッキやテラスを設置すると、安心して遊ばせられます。

たとえば、リビングにデッキをつなげ、自由に行き来できるスペースにするのもひとつ。開口部を大きくとり、フルオープンになるサッシを入れると、室内と戸外の連続性も高まり、広びろ遊べるプレイスペースに。その際は、子どもが家の中と外を行ったり来たり走り回ってもつまずかないよう、リビングとデッキの床レベルをそろえましょう。玄関まわりのテラスを広くとったり、土間スペースに余裕をもたせると、そこも子どもの遊び場に。ゆったりした玄関スペースは、帰ったときにほっとくつろげる和みの空間にもなります。

日差しや雨をしのげる快適なアウトドア空間

大きな屋根つきデッキをリビングに接続。強い日差しや雨を防ぎつつ、オープンエアの開放感を味わえます。デッキと室内の床をフラットにつなげたので、リビングの延長として使えるスペースに。（O邸　設計／田中ナオミアトリエ一級建築士事務所）

土間とテラスを連続させて広びろプレイスペースに

玄関を兼ねた広い土間と、その先につながるテラスが、子どもたちの格好の遊び場に！　玄関はフルオープンにできる4枚引き戸を設置したので、全開すると外と内とが自然につながり、圧倒的な開放感が味わえます。住宅密集地という立地なので、塀で囲むことで安心感をプラス。（永田邸　設計／アトリエSORA）

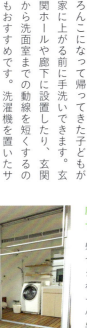

親が楽しめる家は 子どもにとっても楽しい

「子どもが楽しく遊べることを最優先しました」「子ども部屋を広くするために、趣味室をあきらめました」……一見すると〝子ども思い〟のこんな家づくり、じつはあまりおすすめできません。なによりもまず、「親が楽しめる家」をつくることです。

子どもは無意識のうちに親から大きな影響を受けるもの。パパとママが夢中になって楽しんでいる姿を見て、同じことに興味をもち、たくさんのことを吸収するのです。特に子どもが小さいうちに家づくりをするのなら、親が〝住まいを使って楽しんでいる姿〟をどんどん見せて、いい影響を与えてあげてください。

親子で一緒に楽しむことで 子どもはのびのび育ちます

そのためには、自分たちのテーマをはっきり決めることが大切。アウトドアが好きなご夫妻なら、キャンプ気分を味わえるデッキを。ハンドメイドが好きなら、作業に打ち込めるワークルームを。これからの暮らしを思いきり楽しむための〝核〟になるスペースを考え、そこを中心に家全体のプランを考えてください。

また、子どものどんな素質を伸ばしたいのかを考え、プランを組み立てていく方法も。これからあげる7つのヒントは、それぞれ子どもの成長過程を考えた実例プランをもとに解説しています。ただし、ここでも重要なのは「親も一緒になって楽しめること」。自分たちはさておいて、子どもだけをのびのび育てようとするのは無理な話。子どもと一緒に何を楽しみたいのか、そこから伸ばすべき子どもの素質が見えてくるのです。

家づくり体験を親子で 共有できれば理想的です

条件が許せば、家づくりは子どもの物心がある程度ついてから始めるのがおすすめです。家づくりは一生に一度の大プロジェクトですから、大人だけですませてしまうのはもったいない！　家づくりという共通体験を通して親子のきずなも深まり、その子にとっても一生愛着のもてる住まいになるでしょう。そのためにも、家づくりは他人まかせにしないこと。親子でプランを考え、施工にも参加できたらベストです。左官仕事やペンキ塗りなど、子どもでも挑戦できる作業はたくさんあります。LDの作業をまかせるのが不安なら、「自分の部屋の壁は好きにしていい」というように、失敗してもいいスペースを与えてはいかがでしょうか。

Hint_1
「活発さ」を伸ばすには子どもの〝バタバタ動線〟を生かして

子どもがのびのびと動けるプランの代表が「回遊動線」。LDや個室、廊下、水回りなどを行き止まりなくぐるぐると回れるようにしておくと、子どもはバタバタと駆け回って活発に遊びます。その動線の途中にデッキやバルコニーなどの外空間をとり込み、家の内外をつなげれば、さらに遊びの幅が広がります。

回遊動線は子どもだけでなく、大人が生活するうえでもメリット大。洗濯物干しや掃除、ものをしまいにいくといった家事のストレスを軽減できます。また行き止まりがないことで、光の届かない暗い場所や、空気のよどんでしまう場所もできにくくなります。

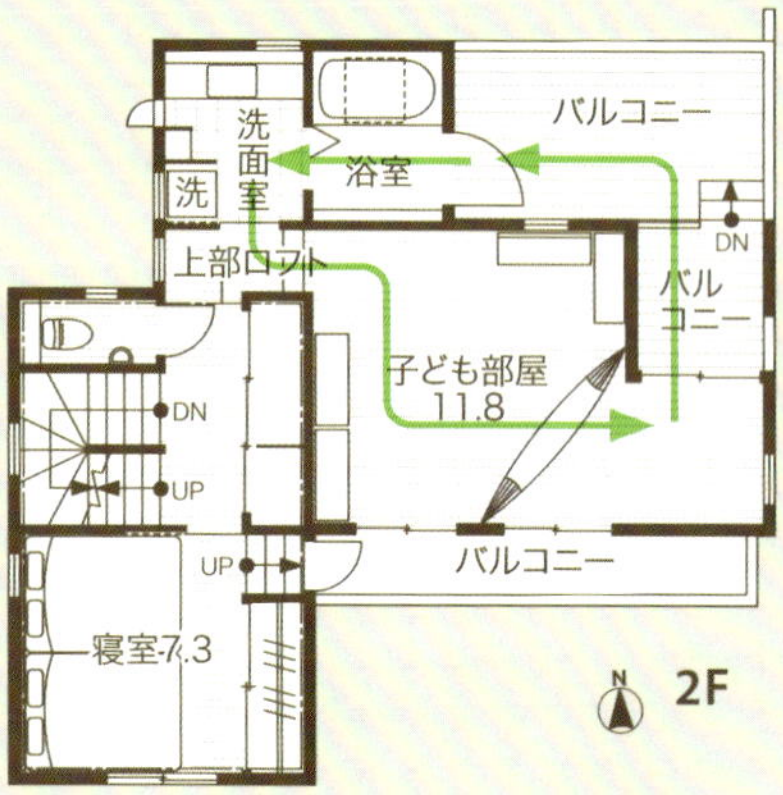

Sさん宅

外空間をとり込んだ〝バタバタ動線〟を2階にプラン。子ども部屋〜バルコニー〜浴室・洗面室〜子ども部屋をぐるぐる回れます。このプランでは水回りも動線に組み込んだため、お風呂までが子どもたちの遊び場に。夏にはバルコニーに出したプールで遊んだあと、お風呂に直行できます。

バルコニーからは浴室を通って洗面室→廊下→子ども部屋へと戻れる動線。水回りの明るさや開放感が増すというメリットも。

子ども部屋の南側と北側をバルコニーではさみ、どちらにも出やすくしたプラン。

Hint_2
「家事好き」を伸ばすには子どもの動線の途中に水回りを

料理や洗濯などの家事をよく手伝ってくれる子は、小さい頃から親が家事をする姿をよく観察し、興味をもつことからスタートしています。そこで、子どもの動線の途中にキッチンやユーティリティ（家事室）、物干し場などを組み込んでおくと、子どもが家事を手伝う機会が自然とふえます。

キッチンは独立型よりオープンスタイルのほうが、親が家事をしている姿を目にしやすく、子どもが作業を手伝うのもラク。また子ども部屋の外にあえて物干し用のバルコニーをつくり、子どもに洗濯物を干したりとり込んだりするのを手伝ってもらっているお宅もあります。

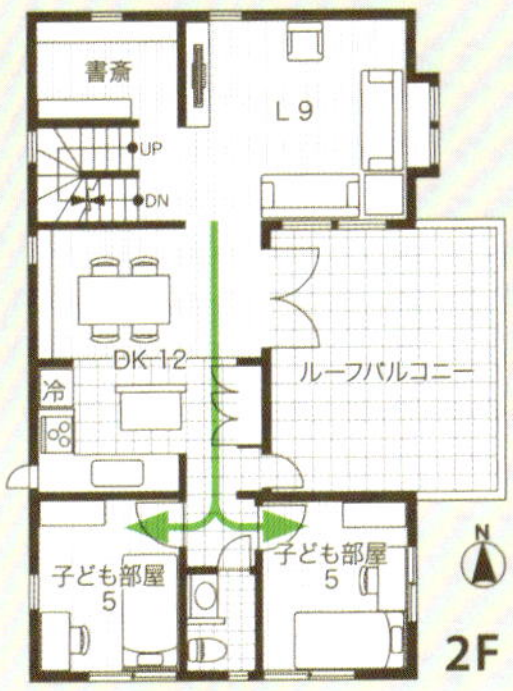

Fさん宅

2つの子ども部屋をキッチンの奥にプラン。子どもたちはLDと自分の部屋を行き来するたびにキッチンを通るため、自然と料理やあと片づけを手伝ってくれるようになります。キッチンカウンターの配置にも注目を。ダイニング側からはまる見えにならず、横を通過するときだけ作業する姿が見えるレイアウトです。

DKはワンルームでありながら、食事をする人からはカウンター内が見えないようにプラン。

キッチン横を通りすぎるとき、家事をする姿が見える仕組み。

キッチン横の通路を進むと、突き当たりが2つの子ども部屋。

小学生の次男の部屋。入居後は2人とも部屋をきれいに片づけるようになったそう。

2つある子ども部屋はそれぞれ5畳の広さ。こちらは中学生の長男の部屋。

Hint_3
「社会性」を伸ばすには街に向かって開かれた家に

最近は防犯性を重視するあまり、子どもを家の奥へ奥へとかくまってしまう傾向がありますが、これでは子どもをわざわざ社会から遠ざけているようなもの。誰とでも分け隔てなく接することができる社会性を伸ばしたいなら、住まいのセキュリティやプライバシーにこだわりすぎないことが大切です。

とはいえ、ただ外から室内をまる見えにするわけではありません。たとえば家の一部に街の人と交流できるスペースを設けてみては。同じ年頃の友達だけでなく、ご近所のおじさんおばさんやお年寄りとふれ合う機会をもつことで、子どもの社会性がのびのびと育まれるはずです。

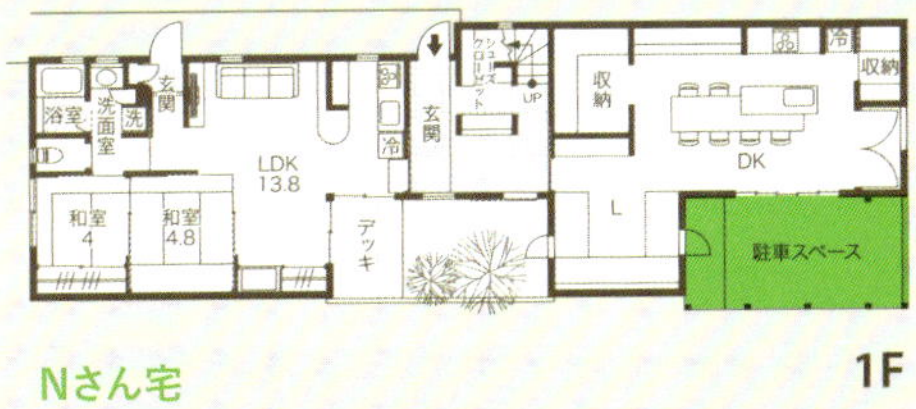

Nさん宅

東京の下町に建てた二世帯住宅。お祭り好きのNさんは、子世帯のガレージを地域のお祭りの際に「おみこし置き場」として提供できるように計画しました。近所の人が立ち寄る場があることで、街全体で子育てができる環境に。また祖父母のスペースと屋内で行き来できることから、世代を超えたおつきあいも学べます。

お祭りのときは玄関脇のガレージを街の人に開放。ご近所さんと自然にふれ合えます。

Hint_4
「本好き」を伸ばすには 家族共用のライブラリーを

読書が好きな子は、パパやママもたいてい読書好き。実際、親が本をまったく読まずに、子どもだけを読書好きにするのは至難の業といえるでしょう。親も本が好きで蔵書が多いのであれば、子どもの本と一緒にしまえるライブラリーをつくってみては。親の本と自分の本が一緒に並べてあることに子どもは誇りをもちますし、難しくても大人の本に自然と手を伸ばすようになります。ライブラリーはなるべく個室にしてしまわず、LDKとつながった空間にできれば理想的。本を読めるスペースを設けると、さらに楽しく過ごせるはずです。

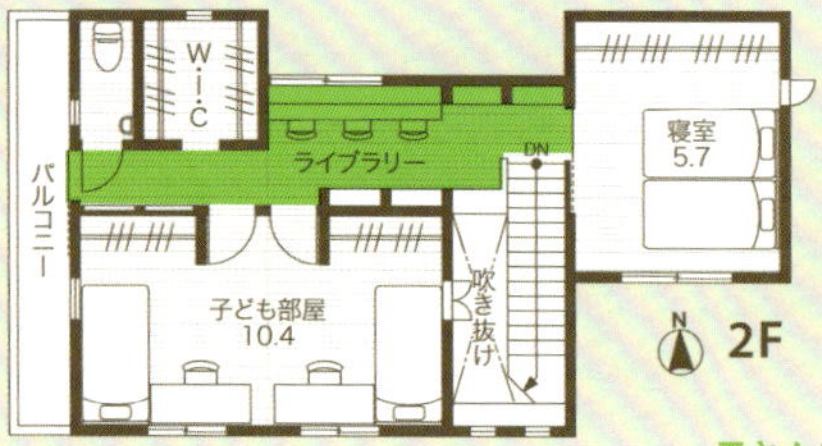

Tさん宅

2階の廊下をまるごとライブラリーにしてしまったお宅。左右の壁いっぱいに本棚を造りつけ、家族全員の本をしまっています。同じフロアに個室の子ども部屋もありますが、本を読んだり宿題をしたりするのは、このライブラリーのカウンターで。親子で遊ぶワークコーナーも兼ねています。

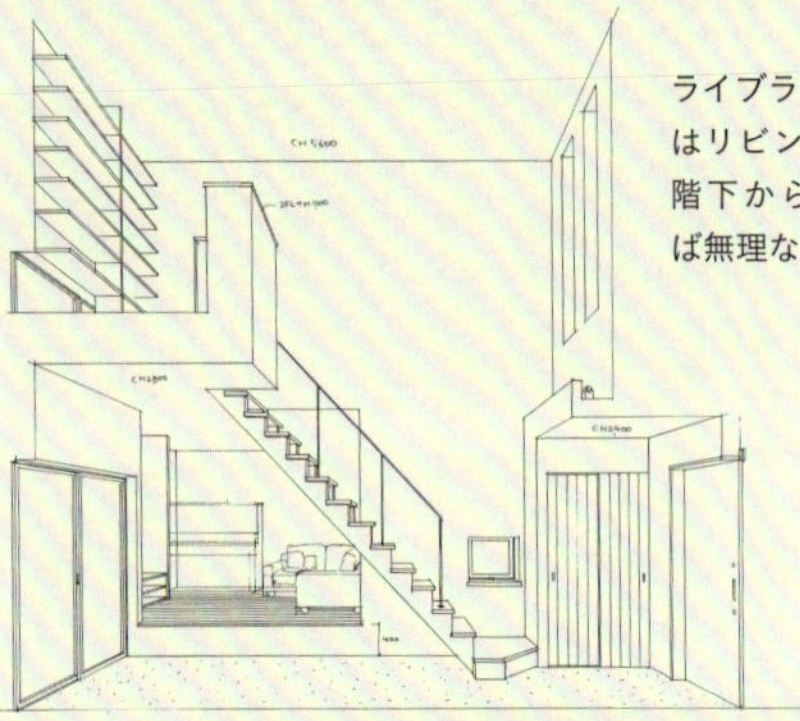

ライブラリーがあるのはリビング階段の上。階下から声をかければ無理なく届きます。

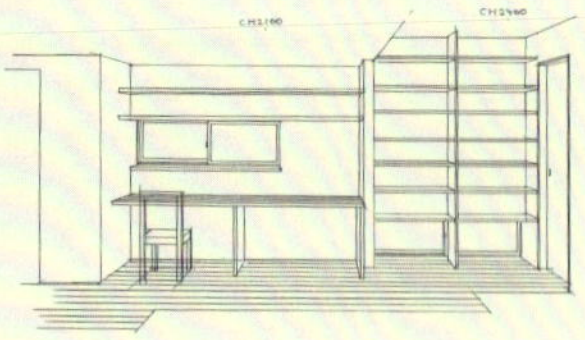

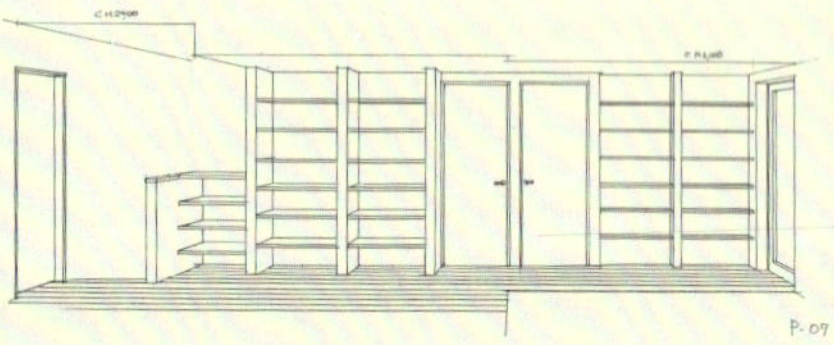

可動式の棚を造りつけることで、限られたスペースを無駄なく活用。しまいたい本に合わせて奥行きを決められるのもメリット。

廊下の幅をやや広げ、壁面をすべて本棚とカウンターデスクに。棚には子どものおもちゃも飾って。

Hint_5
「勉強好き」を伸ばすには みんなで学べる スタディコーナーを

「本好き」と同様、パパやママが学んでいる姿を見せることこそ、子どもの学びたい意欲をかき立てます。勉強好きな大人は「子どもにじゃまされずに好きな勉強に集中したい」と思うかもしれませんが、子どもへの影響を考えるなら、クローズドの書斎よりも親子で共用できるスタディコーナーのほうがおすすめです。このコーナーは、「わざわざそこに行く」のではなく、自然と集まれるようにつくるのがポイント。LDからオープンにつなげたり、ママが家事をするキッチンのそばに設けると、利用頻度が高くなります。

三方にぐるりと造りつけたカウンターに、それぞれの席を定めて。

カウンター前に窓をつけて、勉強する手元を明るく。その上に本棚をレイアウト。

スタディコーナーはダイニングに接続。家族がそばにいるため、独立した空間でも孤立感はなし。

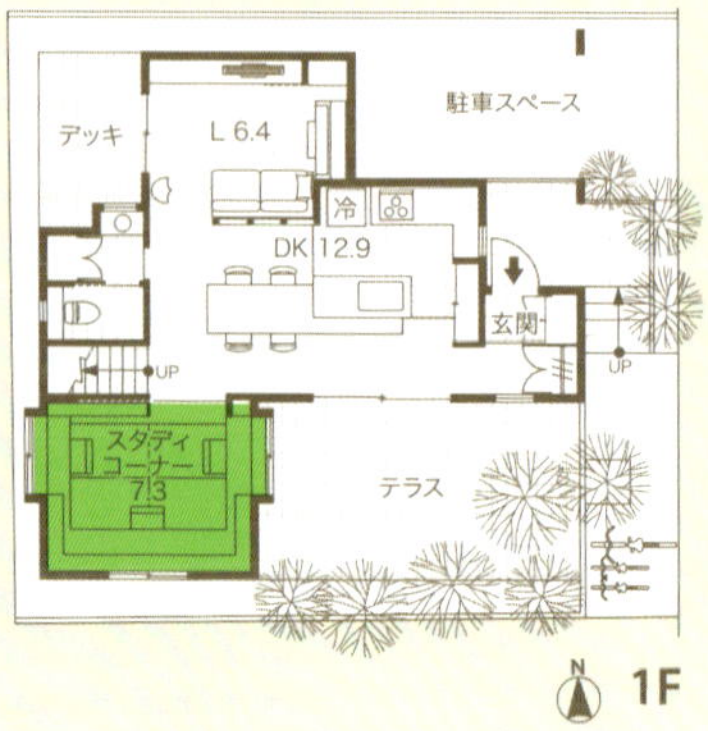

Sさん宅

子どもがのびのびと学べる住まいの好例。ひとつのデスクに全員が顔を突き合わせるスタイルにしなかったのがポイントです。一緒に遊んだりくつろいだりするときは畳スペースのまん中で、それぞれが勉強に集中したいときは各自の持ち場でというように、行動にメリハリがつけられます。

Hint_6
「やさしさ」を伸ばすには他人を迎え入れられる家に

他人の気持ちを思いやれるやさしい子に育てたいなら、「人と分け合う」ことを経験させてみては。たとえば本やおもちゃを自分の子に独占させるのではなく、お友達と共用にして順番に使わせる。そんな小さな体験が思いやりの気持ちを育てます。

そのために必要なのは「どんな人もウエルカム！」という気持ちが伝わるプラン。誰でも気軽に訪ねられる〝敷居の低い家〟をめざしましょう。近所の子どもたちと一緒に遊べるプレイルームを設けてもいいですし、昔の「縁側」のように交流の場になるデッキをつくるのも一案です。

本のぎっしり詰まった棚が圧巻。中央にはみんなで使えるデスクを。

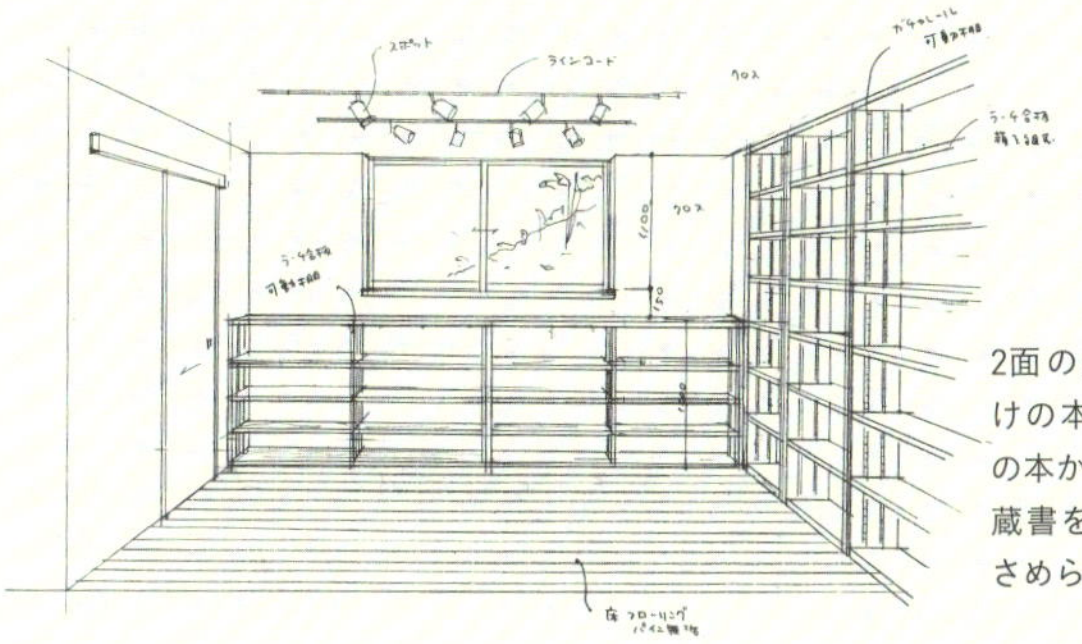

2面の壁を造りつけの本棚に。大人の本から絵本まで、蔵書をたっぷりおさめられます。

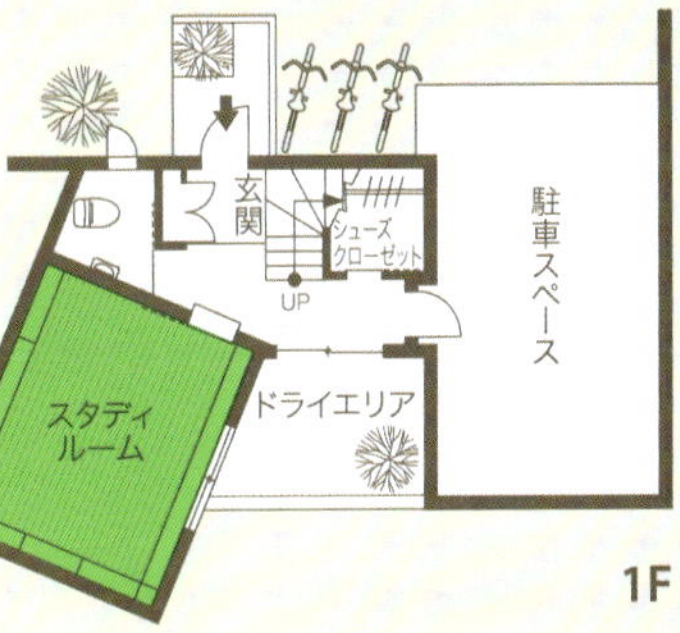

Yさん宅

家族のライブラリー兼スタディルームを、近所の子どもたちに開放しているお宅。玄関を入ってすぐの場所にあるため、LDを通過することもなく、訪ねる側にも気兼ねがいりません。遊びに来た子どもたちは、玄関脇に自転車を止めて自由に出入り。街のミニ図書館として活躍しています。

Hint_7
「個性」を伸ばすにはキャラクターに合った子ども部屋を

家づくりをする段階で、すでに子どもの性格や好みがはっきりしていれば、それに合った子ども部屋を用意することができます。たとえばものづくりが好きな子なら、傷がついても気にならない床材を。狭いところにもぐり込むのが好きな子なら、あえて小さくて落ち着ける子ども部屋を。壁や天井、カーテンなどにその子の好きな色をとり入れるだけでも、子どもの感覚に大きく影響します。ただし次ページからお話しするとおり、子ども部屋はあまりつくり込まないのが鉄則。凝った内装にする場合も、将来簡単にリフォームできるのがベストです。

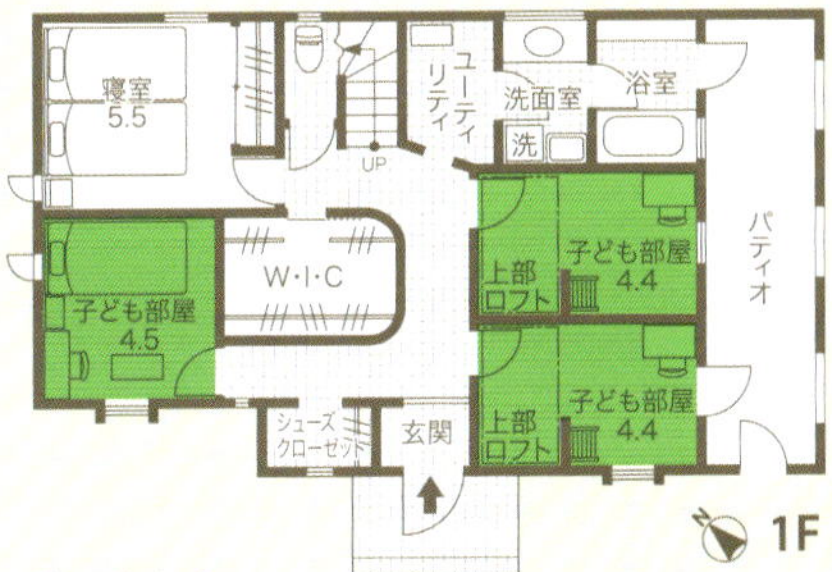

山口さん宅

11歳の長女、9歳の長男、7歳の次女の部屋を、それぞれのキャラクターに合わせてプラン。昆虫好きの長男の部屋には、外に出られる掃き出し窓をつけたり、インテリア好きの長女の部屋は自分で家具を選んだり。子どもたちがのびのびと個性を発揮できる住まいになりました。

長男の部屋はラフなアンティークパイン張り。汚れたり傷がついても気になりません。

（左）長女の部屋の床は大人っぽいレッドシダー。これから目地にしっくいを詰める予定とか。
（右）次女の部屋はナチュラルで愛らしい雰囲気に。活発に遊べるようにロフトも設けました。

小さいうちは子ども部屋で遊ばない子がほとんどです

欧米にならって日本でも「子ども部屋は1人1部屋」という考え方が根強いようですが、もし面積にゆとりのない狭小住宅で、子どもがまだ小さい家庭なら、最初から個室の子ども部屋にこだわる必要はありません。その理由はまず、小さいうちは親のいる場所で遊びたがるので、子ども部屋が単なる物置になってしまうケースが多いこと。そして、将来その子が個室の子ども部屋をほしがるとは限らないことです。

「子どもがすぐリビングにおもちゃを持ち込むから、片づけるのが大変！」というママのお悩みからもわかるとおり、小さい子は親の目の届くところで遊びたいのが普通です。そして「こんなことに興味があるんだね」「こういうものを大事にしているんだね」と、自分の行動や持ち物を大人に認めてもらうことで、人格や個性が育っていくのです。

さらに、子どもは自分にとって居心地のいい場所を見つける天才。親も知らないうちに、自然とそこを自分のスペースにしてしまいます。私たちが設計したあるお宅では、お兄ちゃんは玄関のシューズクローゼット、妹さんは和室の床の間を自分のスペースにしてしまいました。勉強などもそこでするため、用意した2つの子ども部屋はほとんど使われていません。このように、親が計画したとおりに、子どもが住まいを使ってくれるとは限らないのです。

子どものこうした習性に眉をひそめるのではなく、自分のスペースを自分自身でつくり上げていくことで、創意工夫が育まれていると考えてみては。実際、与えられた空間を与えられたとおりに使うより、自分なりになんとか使いやすくしようと工夫する、その経験から学べることは多いのではないでしょうか。

ほしくなったときに与えるのが理想的です

こう考えていくと、大人が最初から「子ども部屋はこうしておくとい

2本の柱が将来仕切るときのガイドライン。壁を立ててドアをつければ、子ども部屋が完成。

子どもスペースの上はロフト。ベッドとしても使えます。

ダイニングの一角につくったワークスペース。いずれお子さんの宿題を見たりするのにも使えます。

ダイニングは子どもスペースのすぐ横。対面式キッチンからも子どもたちの遊ぶ様子を見守れます。

子どもスペースを中心に、ダイニングとL字形につながるリビング。

将来は…

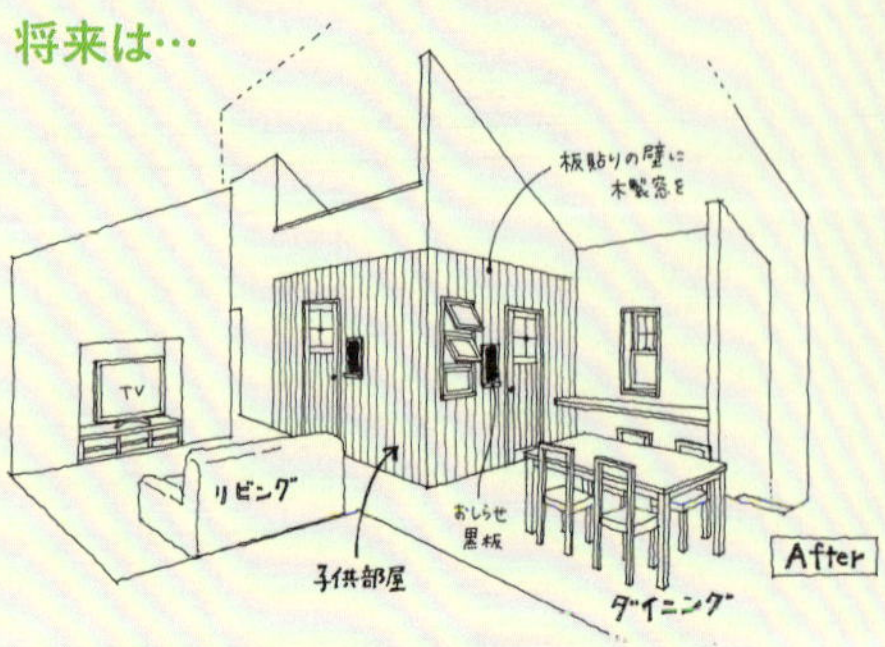

子ども部屋をつくらなかったIさんの場合

5歳と0歳のお子さんをもつIさんは、リビングとダイニングの間に子どもスペースを用意。ただし、最初から個室にしてしまわず、将来仕切る際のガイドラインとなる柱だけを立てておきました。LDと子どもスペースを合わせた面積は、なんと30畳。子どもたちは広さを目いっぱい使ってのびのびと遊んでいます。

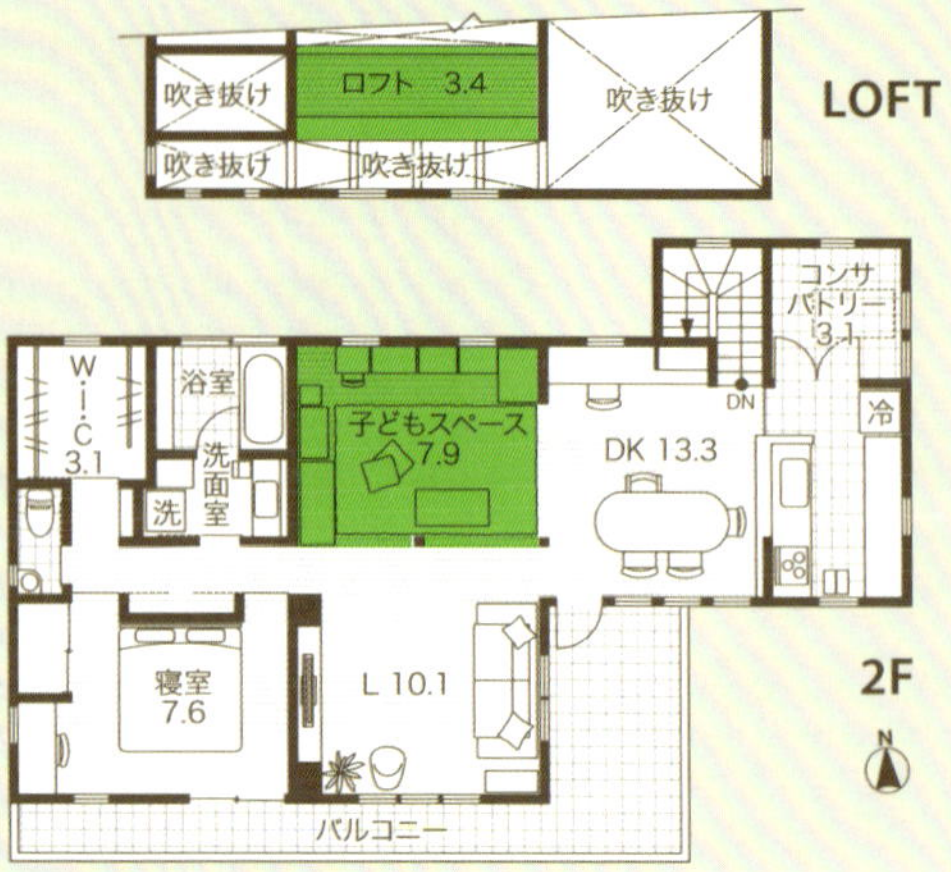

いだろう」と決めてかかるのは、あまり得策ではないことがわかります。家をつくる時期に子どもがある程度の年齢になっていれば、本人の希望を生かした子ども部屋をつくれますが、それより前ならなおさら、子ども部屋はあいまいにつくっておいたほうがいいでしょう。冒頭でもお話ししたとおり、まずは夫婦で楽しめるプランを優先させて、将来子どもが自分のスペースをほしがったら、そのときに与えられるようにしておくのがベストです。

たとえば、子ども部屋ではなく夫婦の趣味室としてつくっておいて、子どもが部屋をほしがったらそこを親子で分け合うプラン。広々としたLDで暮らしを楽しみつつ、子どもが成長したらその一角を明け渡すプラン。「これから10年間は目いっぱい子育てを楽しみたい！」と思うなら、LDからずっと見守っていられるプレイスペースをつくるのもいいでしょう。

こうしたプランは、子どもが巣立ったあとにも使いやすいというメリットがあります。子どもが子ども部屋を必要とするのは、ほんの10年足らず。「子ども部屋らしい子ども部屋」はほかの用途に使いにくいものですが、目的をあいまいにしたスペースなら、夫婦二人の生活になったときもフレキシブルに使えます。LDの一角を仕切るスタイルなら、もとの広々としたLDに戻すのも簡単です。

室内のつくりは、自由にできる余白を残して

もし個室の子ども部屋をつくるなら、室内のつくりや仕上げをあいまいにしておきましょう。たとえば壁に壁紙を張らず、下地材のままにしておけば、自由に落書きをしたり画びょうを打ったりできます。大きくなったら自分で好きな色にペイントするのもいいでしょう。収納も細部までつくり込まず、ざっくりした"箱"だけを与えておいて、内部を自由に仕切れるようにします。最初から造りつけ収納をつくらず、自分で何でも決められる年齢になったとき、予算を決めて好きな家具を選ばせてみるのも一案です。

これらのアイディアはすべて、子どもの創意工夫や自主性を伸ばすことにつながります。未完成な空間を与えられると、子どもは自分なりに工夫し、個性をのびのびと発揮できるはず。「部屋とともに自由を与える」という発想が大切です。もちろん、内装や収納などを未完成のままにしておくことは、コストダウンにも貢献。さらに子どもが独立したあともアレンジしやすいので、一石三鳥のアイディアといえるでしょう。

子ども部屋をつくらなかった大村さんの場合

DKとリビングがT字形につながる間取り。窓の外のデッキも、くつろぎの場として活躍。

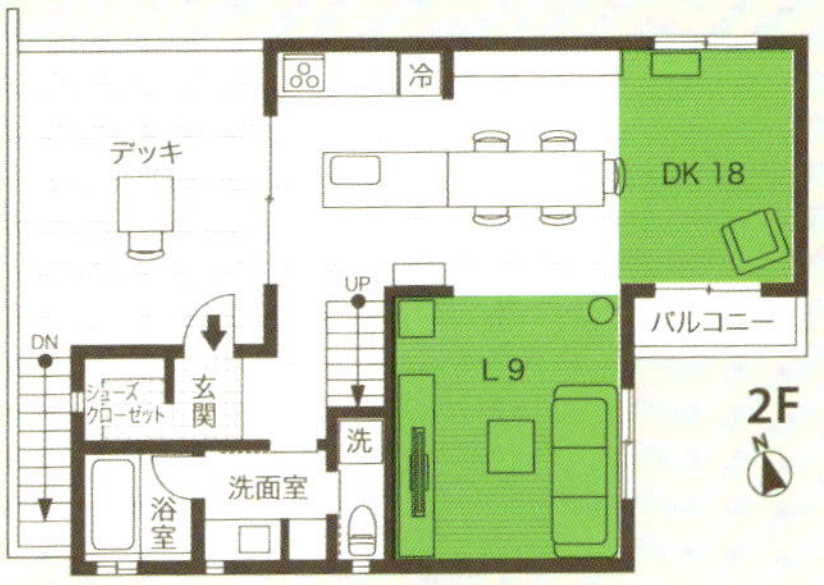

現在は夫婦二人暮らしの大村さん。あらかじめ子ども部屋を用意するのではなく、必要になったときにLDの一角を仕切り、子どもスペースとして使えるように想定しました。子どもが生まれるまではゆったりした広さを満喫。仕切ったあと、子どもスペースがLDKと同じフロアになるのも理想的です。

将来は…

将来は、仕切らずに子どもスペースにしても、壁を立てて独立した子ども部屋にしてもOK。

ダイニングの一角のフリースペース。将来、ここを子どもスペースにする手もあります。

設計／プランボックス一級建築士事務所

趣味室のプランニング

暮らしに必要な空間を快適につくりあげるのはもちろん大切なことですが、自分が大好きなことに没頭できるスペースが、家のどこかにあると、暮らしの充実度が格段にアップします。ゆったりと広いスペースをとらなくても、贅沢な時間を過ごせる小さな居場所をつくってみましょう。

専用のスペースをつくって気兼ねなく楽しんで

ハンドメイドが好きならアトリエ、車が好きならガレージなど、家族から同意を得られ、面積にも余裕があるなら、趣味を楽しむ専用のスペースをつくりましょう。趣味室のメリットは、作業をやりかけのままにできること。ダイニングテーブルなどで作業をしていると、食事のたびに片づけなければなりませんが、専用のスペースがあればそのまま置いておけます。

道具を使う趣味では収納スペースも必要。どれだけの道具をしまいたいのかを把握してから計画しましょう。

個室をつくるのが難しいなら、廊下や階段ホール、玄関の一角を趣味スペースにする手も。カウンターと棚を設け、袖壁で仕切るだけで立派な趣味コーナーに。ただし、明るさや暑さ寒さへの配慮はしっかりと。快適に過ごせるようにしておかないと、たんなる道具置き場になり、作業はＬＤでという結果になってしまいます。

趣味室のポイント

- □ 細かい作業を行う趣味があるなら、専用のアトリエを。材料や道具を好きなだけ広げておけるスペースがあると、リビングが散らからなくてすむ。
- □ 面積にゆとりがない場合は、廊下や階段ホールなどを広げてコーナーをつくるプランもおすすめ。
- □ 作業のために必要なスペースのほか、道具をしまう収納スペースも計画を。なにをどのくらいしまうか、事前に把握しておく。
- □ 長い時間を過ごす場所なので、適度な明るさと、暑さ・寒さ対策をきちんと計画すること。

趣味室のプラン・アイディア集

コンサバトリーで季節感やゆとりを楽しんで

グリーンを育てるのが好きな人におすすめなのがコンサバトリー。もともと植物を育てるためのスペースですが、最近では多目的空間としてプランにとり入れるケースもふえています。屋根をガラスにして床をタイルなどで仕上げれば、雨の当たらないインナーバルコニーのような空間に。室内に居ながら戸外のような開放感が味わえます。ＬＤの一角にコンサバトリーをつくり、季節ごとにデコレーションを変えれば、眺めるだけでも楽しいゆとりのスペースになります。

季節ごとのディスプレイを楽しんで

床に大理石タイルを使い、シックで大人っぽい雰囲気に仕上げて。お気に入りのアンティークを飾ったり、冬にはクリスマスツリーを出したり、ディスプレイを満喫できるゆとりのスペースに。（山口邸　設計／プランボックス一級建築士事務所）

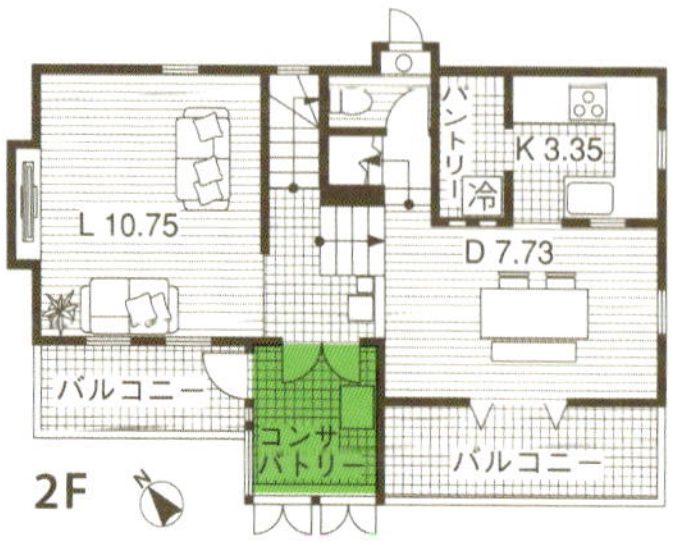

クラフト好きなら独立した趣味室があると重宝です

DIYや洋裁など、手作りが趣味の方には、独立した趣味室があると理想的です。プラモデルや布小物などの製作は、材料や道具の種類も多いので、専用スペースを設ければ、製作途中でも出しっぱなしにしておくことができます。

細かい道具も多いので、収納スペースのつくり方も工夫しましょう。道具がさっと手にとれるように、ディスプレー感覚で並べられるオープン棚を設置するのもおすすめです。

こうしたアトリエは、なるべくパブリックスペースからオープンにプランして、家族の気配を感じながら作業できると、なお理想的です。出しておく道具が危なくないなら、子どものプレイスペースを兼ねたつくりにするのもいいでしょう。

自宅で仕事ができる、あこがれの空間

天然酵母の手作りパンをカフェに卸している奥さまが、自宅に独立したパン工房を実現させました。キッチンから出入りできるので、家事との同時進行も無理なくできます。（K邸　設計／長浜信幸建築設計事務所）

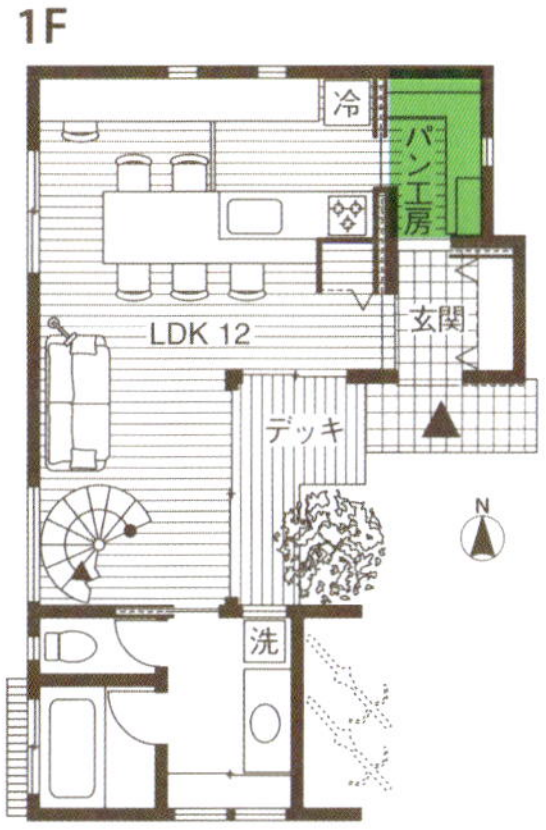

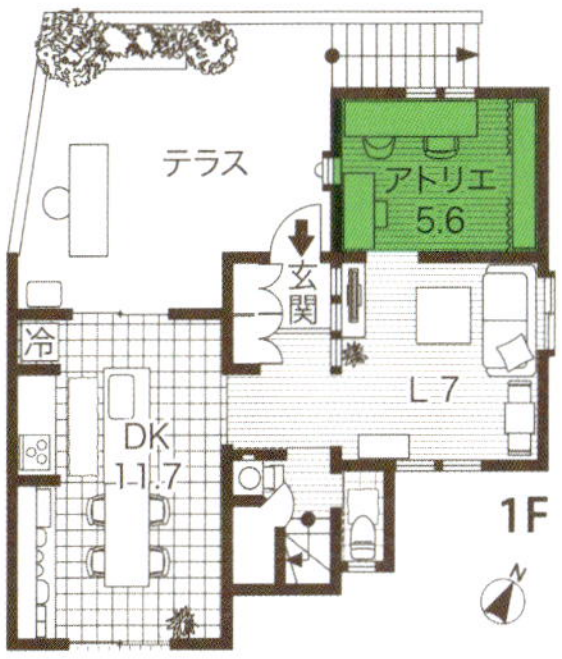

愛らしい手作りの子ども服が生まれる場所

衣装の製作を手がけていたという奥さまのアトリエ。現在は子どもたちの服や小物を作っているそう。リビングにつながっているのでこもっていても孤立感がありません。壁面収納は「IKEA」のもの。（入江邸　設計／プランボックス一級建築士事務所）

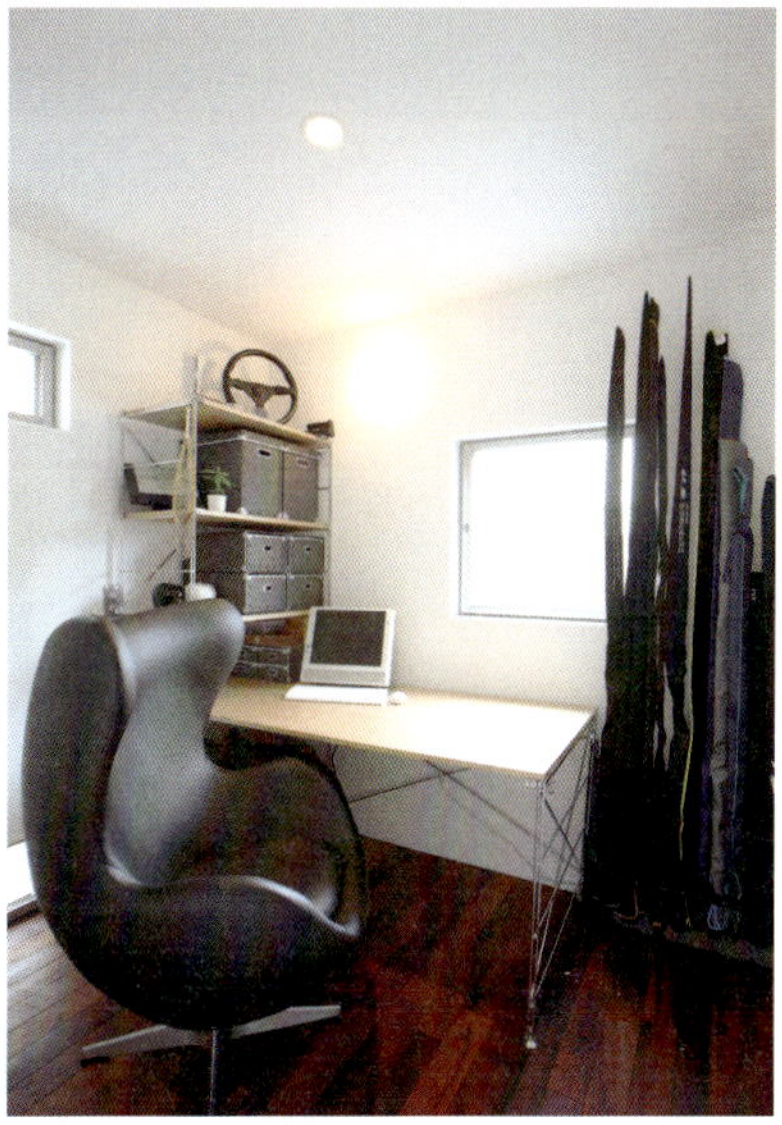

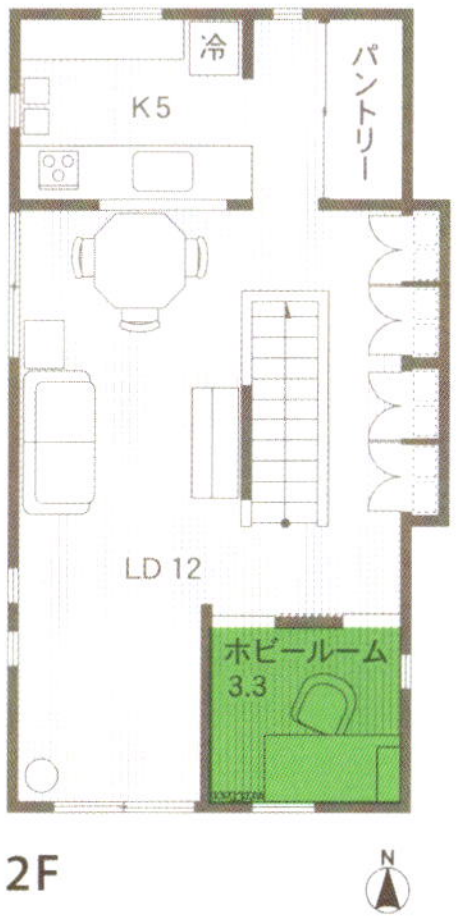

釣りが趣味のご主人のためにホビールームを用意

ご主人たっての要望が実現したホビールーム。写真右にずらりと並んでいるのは、宝物の釣竿です。座り心地が気に入って購入したというエッグチェアに腰かけ、道具の手入れをするのが至福の時間。（五十嵐邸　設計／佐賀・高橋設計室）

家族全員が使いやすい場所にレイアウトしましょう

パソコンで調べものをしたり、家計簿をつけたり、子どもが宿題をしたりと、今や暮らしに欠かせないワークスペース。おすすめなのは、リビングより、ダイニングやキッチンの近くに設けるプランです。パパにとっても子どもにとっても、家事をしているママのそばで過ごすのがいちばん落ち着くようで、ほかの場所に設けるより利用頻度が上がります。家族の気配を感じながらも作業に集中できるよう、袖壁や格子状のつい立てなどであいまいに仕切り、ちょっとした〝こもり感〟を演出できるとベストです。

ワークスペースは作業するだけでなく、雑多な紙類（領収書やチラシ、宅配のメニュー、学校のプリントなど）の収納場所としても活躍。棚をLDから見通せない角度にしておくと、ごちゃついた印象になるのを避けられます。

ダイニングまわりに２つのワークスペースを集めて

ダイニングテーブルと平行に配したデスクが、家族みんなのワークスペース。もうひとつのやんわり仕切ったワークスペースは、奥さまのアトリエ。（Y邸　設計／プランボックス一級建築士事務所）

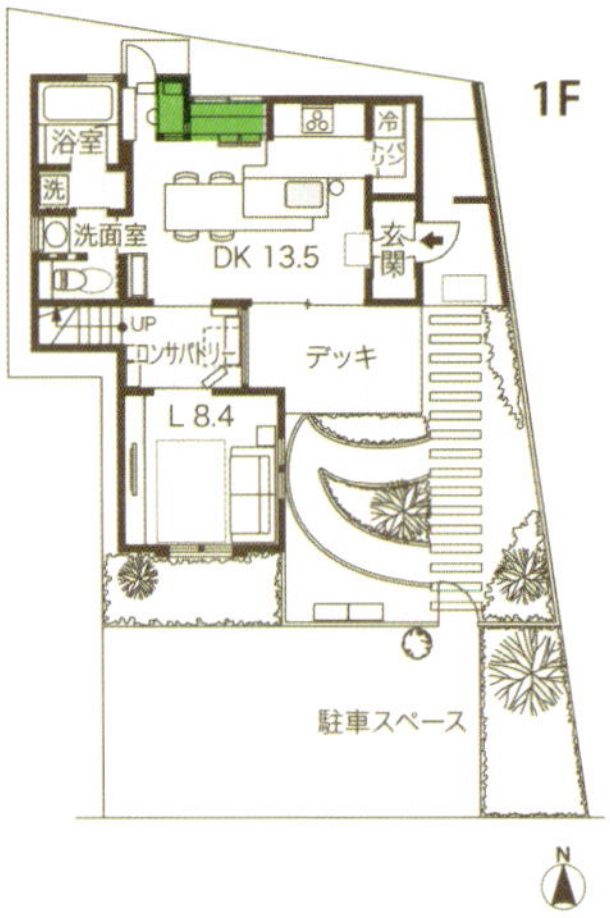

２階の階段まわりにワークスペースを配置

階段を上がってすぐのスペースを、家族共有のワークスペースに。ご主人はもちろん、子どもたちがここでパソコンを使うこともあります。目前には窓があるので、閉塞感もなく、リラックスして過ごせるスペースに。（M邸　設計／アトリエイハウズ）

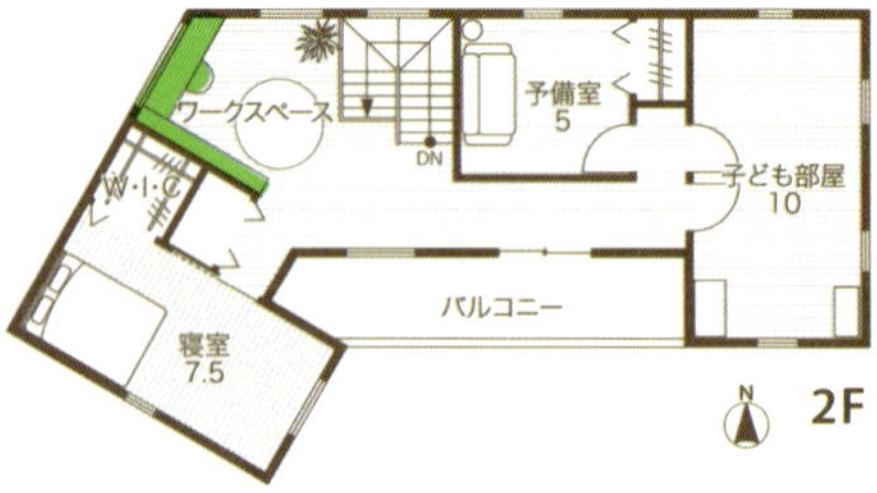

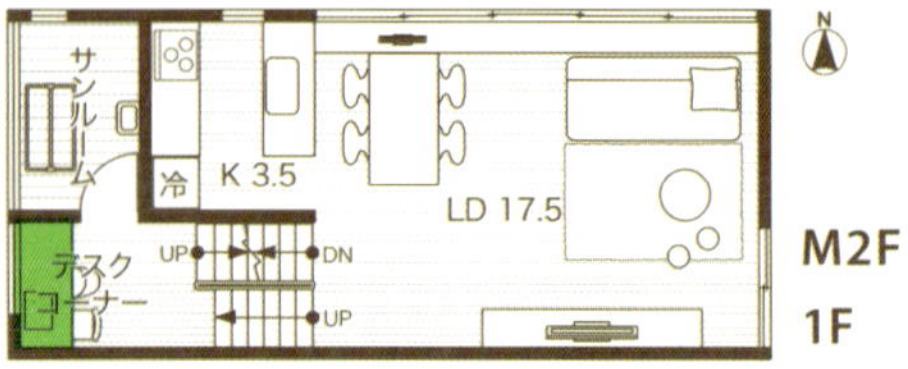

スキップフロアのすき間を活用したデスクコーナー

踊り場の幅を広げてデスクコーナーを設置。コンパクトですが、吹き抜けもあって開放的なスペースです。LDKから子ども部屋に行く動線の途中にあるので、家族みんなが立ち寄りやすい。（松本邸　設計／FISH＋ARCHITECTS一級建築士事務所）

ライブラリー

家族が自然に集まる大容量のライブラリー

読書家の奥さまが希望した本棚をダイニングの壁面に造作。高さは床から天井近くまであり、幅は6.5mというワイドサイズです。中庭からの光と緑も心地よく、子どもたちも「学校から帰ると本棚の前に釘付け」なんだそう。（荻原邸　設計／荻原健治建築研究所）

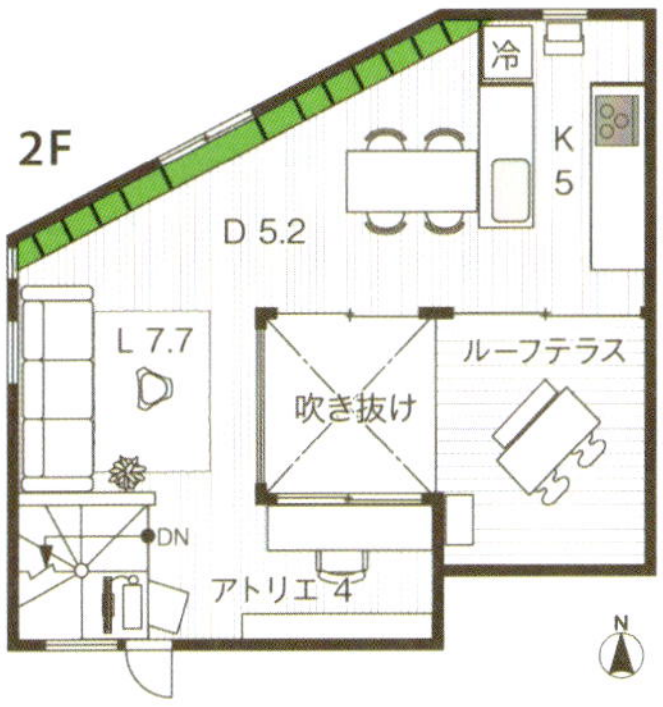

子どもを読書好きにしたい家庭にもおすすめのコーナー

子どもの本は子ども部屋に、大人の本はワークスペースや寝室に、と分けて収納するのではなく、1カ所に集めたライブラリーをつくるのも楽しいもの。大人の本が常に身近にあることで、子どもも自然と親からの影響を受け、「子どもが読書好きになった」という声もよく聞かれます。

床面積の限られた家では、ライブラリーに1部屋を割く必要はありません。廊下や階段ホールなど、壁面の多いスペースにライブラリーを設けたり、LDKの一角のワークスペースに本棚をたっぷりつくればOK。個室にするより省スペースですむうえ、家族みんながいる生活空間に近いことで利用しやすくなります。ちょっと腰かけて読書のできるカウンターを設けたり、家族の作品を飾ってギャラリー風に仕立てるのもおすすめです。

階段ホールの壁面を生かして圧迫感のない本棚をプラン

1階から3階まで続く階段ホールの壁面を、すべて本棚にしたお宅。室内に圧迫感を与えないよう、背板のないデザインを採用しました。階段に腰かけて本を読むのも楽しい。（春田邸　設計／ますいいリビングカンパニー）

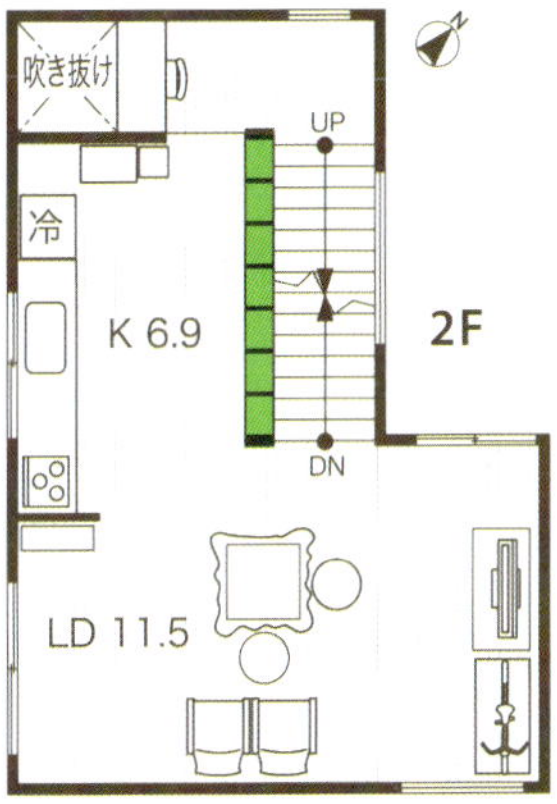

2階の廊下をライブラリー兼ワークスペースとして活用

蔵書の多いこのお宅では、廊下の幅を広げ、両側の壁面を目いっぱい本棚にしました。デスクを置いてワークスペースをしつらえたのもポイント。（T邸　設計／プランボックス一級建築士事務所）

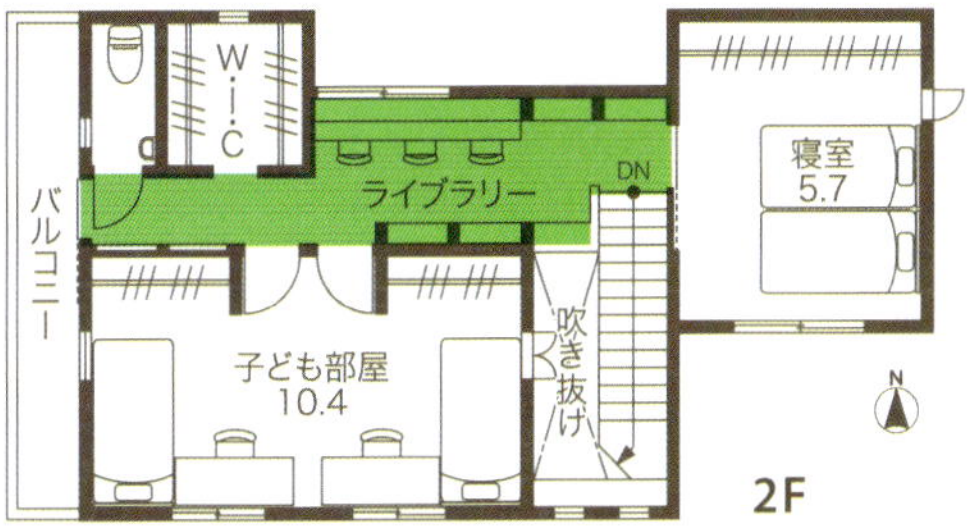

PART・6 部屋別・プランニングのコツ

暮らしや趣味の幅が広がる おすすめスペース

屋内と屋外をゆるやかにつなぐ半戸外スペースを「中間領域」といいます。屋根つきデッキや縁側のほか、家の中にある土間や、屋根のかかっている外土間などもこれにあたり、室内の延長としてのインドア空間と、開放的なアウトドア空間の両方のよさを兼ね備えています。

内土間も外土間も、天候や汚れを気にせずに過ごせるのが人気の理由。DIYやペットの世話、自転車の手入れなどを気兼ねなく楽しめます。アウトドアの趣味がなくても、雨の日に子どもがのびのび遊べたり、洗濯物を干したり、大きな荷物を一時的に保管したりと、生活面でのメリットも大。面積にゆとりがないなら、玄関のたたきを少し広げるだけでも用途が広がります。出入り口をドアではなく引き戸にしておくと、あけっぱなしにできて出入りしやすくなります。

大きな引き戸でテラスにつながるのびのびとした土間空間

ご主人が慣れ親しんだ"縁側"を、新居で再現。テラス～土間～LDKをそのままつなげ、家の内外の一体感を楽しめるようにしました。土間からは光と風がたっぷり入ります。(本田邸　設計／アトリエSORA)

屋根をかけた外土間が趣味のアウトドアに大活躍

住居とアトリエの間に"通り土間"をプラン。屋根があるため、雨や直射日光を気にせずに自転車やバイクの手入れをしたり、愛犬の世話をしたりと重宝しています。(明野邸　設計／明野設計室一級建築士事務所)

広い土間スペースが趣味の陶芸やDIYに活躍

玄関ホールを兼ねた土間のアトリエは、8畳もの広さ。ほかの部屋を削ってでも実現したかったスペースだそう。家族でDIYを楽しむほか、奥さまが趣味の陶芸に使っています。右の写真の奥に見えているのは陶芸用の窯。シンクも設置しました。(S邸　設計／明野設計室一級建築士事務所)

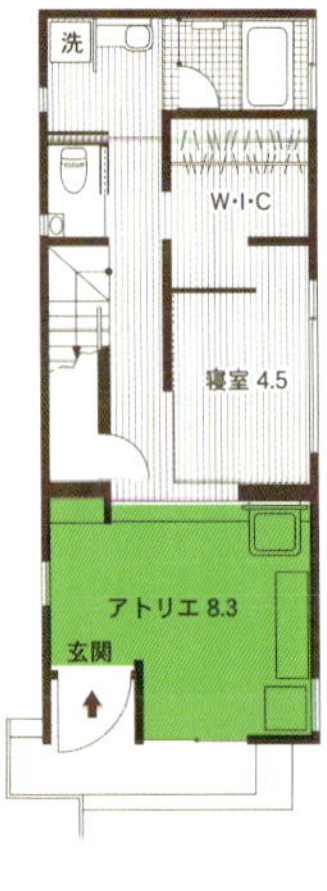

趣味室のプラン・アイディア集 畳コーナー

「畳」が再び人気。小さくつくって洋室との統一感を

最近またふえてきた要望が、小上がりの畳コーナーです。子どもが小さいときにはおむつ替えやお昼寝スペースに便利ですし、なによりお父さんがちょっとごろりと横になるために欲しいと希望されます。

その背景には、畳という素材がやはり気持ちいいと見直され、人気が復活していることがあります。高温多湿の日本では、一日じゅう靴を履いてデスクワークをしたり歩いたりしているご主人が、足を伸ばして横になりたいとの要望が多いのです。畳は足を伸ばしやすいし、夏はさらさら、冬はあたたかい素材です。小さい畳コーナーはLDKのインテリアと統一感を出しやすく、小上がりにすることで、ちょっとしたソファのように腰かけられて、使い勝手がよくなります。

路地のような廊下を抜けてしっとりした和室へ向かう

飛び石風に板を敷いた通路の先に、離れ風の和室をプラン。温泉旅館に来たようなゆったりした気分を味わえます。和室の一角に設けた板敷きの部分は、中庭に面しているため、縁側のように使うことも。(M邸　設計／プランボックス一級建築士事務所)

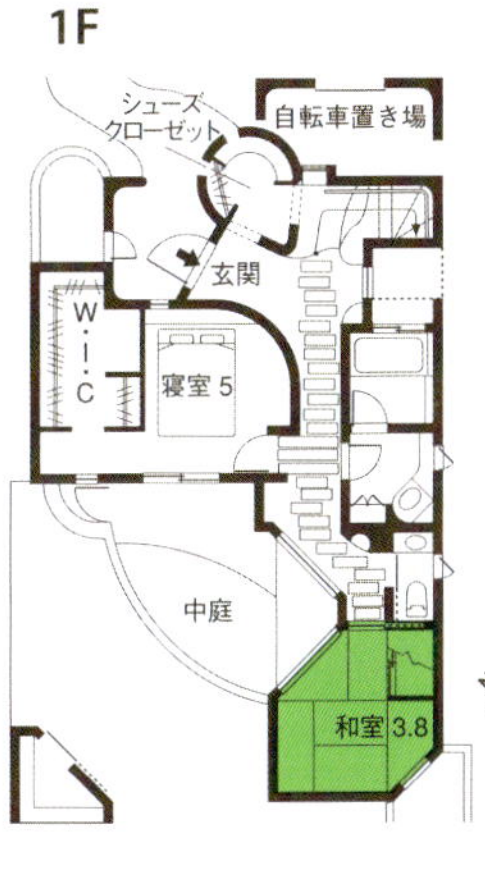

玄関ホールにつながる小上がりのような空間に

独立した和室は使いにくいからと、玄関ホールとオープンに設計。ふだんは開け放して、必要なときは吊り戸を閉めて使います。敷居がないためホールから床がそのまままつながり、空間の一体感が高まります。(S邸　設計／プランボックス一級建築士事務所)

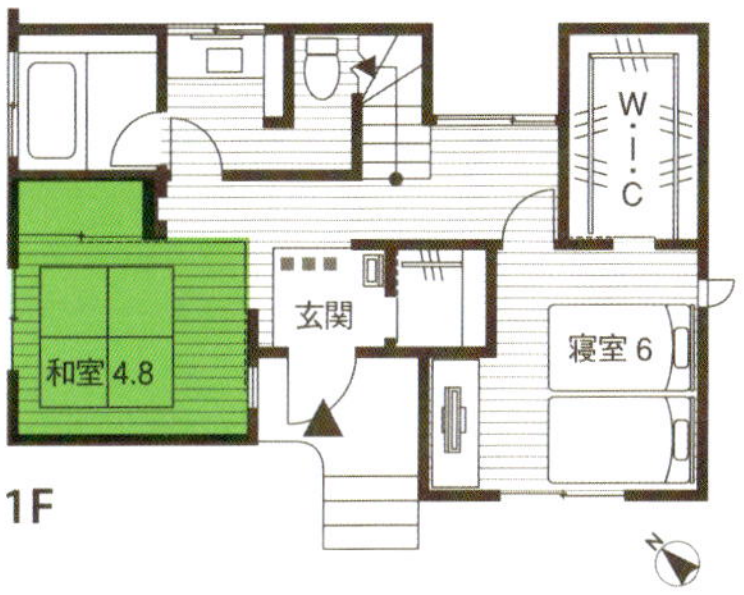

リビングのワンコーナーとして小さな畳の間を

リビングの一角にプランした4.5畳の和室。入り口には引き戸のかわりにプリーツスクリーンを採用しました。床がリビングから一段上がっているため、ホームパーティのときはベンチがわりになって重宝しているそう。(M邸　設計／ダイニングプラス建築設計事務所)

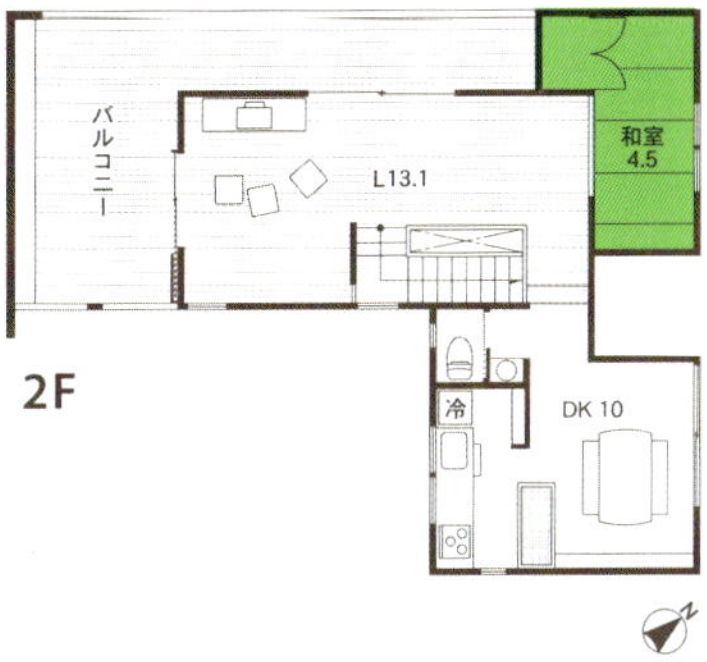

趣味室のプラン・アイディア集 インナーガレージ・アウトドア

インナーガレージは趣味室にも活用できます

プランニングの段階で、書斎や趣味の部屋がほしいと希望される方もいますが、面積の都合であきらめるケースもままあります。特に、道具を並べて、広いスペースを必要とする趣味の場合は、そのための部屋を設けるのが難しいことも。

そんなケースでおすすめしたいのが、インナーガレージの活用です。特に、車やバイクが好きな方にとっては、大切な愛車を雨風から守り、身近な存在として暮らすことができるスペースに。壁面に収納をつくっておけば、さっと工具が手にとれて便利です。DIYが得意な人にも、インナーガレージは格好の作業スペース。塗料の飛びちりや木くずなども気にせず、存分に腕をふるえます。

インナーガレージは、アウトドア好きな方にもおすすめのプラン。場所をとりがちな趣味の道具の収納場所として、そして、メンテナンスのスペースとして活用できます。作業台や手洗い場、コンセントの配置についてもあらかじめ考えてプランに盛り込めば、使い勝手がさらにアップ。エアコンも追加すれば快適性が向上し、長時間の作業も苦にならず、楽しむことができます。

大胆に面積を確保した趣味室としてのガレージ

ご主人の愛車2台＋バイクを収納するため、1階の大部分の面積をインナーガレージとして確保しました。車の整備やDIYもできるように、作業台や洗い場も完備。趣味のスペースとして活用しています。（F邸　設計／unit-H 中村高淑建築設計事務所）

アウトドアが好きなら そのための設備を用意して

キャンプや釣りなど、家族でアウトドアを楽しみたい。というお宅では、趣味の道具の収納場所に困っているという声がよく聞かれます。大型で種類も多く、場所をとりがちなこれらの道具をしまっておける収納スペースをきちんと計画しておくとよいでしょう。

おすすめは、玄関の近くに配置するプラン。カーポートからのアクセスが短いと、荷物の積み下ろしもラクになります。さらに収納場所の近くに水栓をつくっておくと、戸外で使った道具の汚れを落としたり、メンテナンス～しまう場所がひとところですみます。

海の近くに住んでいてサーフィンが趣味の方には、外まわりにシャワーを設置しておくアイディアもおすすめ。体を洗ったり、道具の手入れをするのに重宝します。そして、そこから玄関を通らずに直接サニタリーやバスルームに直行できる動線をプランしておくと、後片付けがさらにスムーズです。大好きな趣味を存分に楽しめる工夫をすることで、暮らしやすさの満足度に大きく差がつきます。

アウトドア用品はまとめて室外の収納へ

ガレージの奥に玄関を配したお宅で、玄関の脇に大容量の収納庫を設置。キャンプ用品や、レジャーアイテムなどをここにまとめて収納しています。雨の日でも濡れずに、車からの荷物の出し入れがラク。（小林邸　設計／アーツアンドクラフツ建築研究所）

海好き一家のための後始末がラクな「サーフ動線」

海から帰ったら、外に設けたシャワーで砂を落とし、玄関を通らずに納戸から直接、洗面室や浴室に入れるプラン。流れるような「サーフ動線」で後片付けがスムーズに行えます。納戸にはボードやウエットスーツを収納でき、洗濯機もあって便利。（尾崎邸　設計／谷田建築設計事務所）

工夫しだいで夢は実現できます

建て主さんからのリクエストには、じつにユニークなものもあります。「お気に入りの愛車を家の中から眺めていたい」「コレクションを飾って楽しみたい」「ひとりでこもれる書斎がほしい」……などなど。趣味やこだわりが強いからこそ、家の中でも自分の好きなものをとことん楽しみたいという思いがあるのでしょう。

そういったこだわりを聞くと、なにがなんでも実現してあげたいと思うのが設計者魂。先のリクエストの場合も、愛車をいつも眺めていたい人には透明ガラスを用いたビルトインガレージを、いじるのが好きな人には工具を収納する棚のあるガレージをというように、できるだけリクエストに沿った形でプランを考えていきます。夢やこだわりは人それぞれ。それが実現してこそ、居心地のいい家になるのだと思います。狭いから、予算がないからと最初からあきらめるのではなく、まずは設計者に思いを伝えることが、夢への実現の第一歩になります。

(上) 音楽好きのご主人の強い希望でロフトに実現したDJルーム。機材やレコードが並び、友人が遊びに来ると、ここにこもってしまうそうです。(仲田邸　設計／ふくろう建築工房)

(左)「家の中からも愛車を眺めていたい」というご主人の希望で、ガラスで囲んだビルトインガレージを設計。玄関を入るとすぐ見える場所なので、車好きの友人にも大人気。(S邸　設計／unit-H 中村高淑建築設計事務所)

2階のホールにつくったご主人のコレクションコーナー。野球が大好きで、人気選手のサインボールやバットなど宝物でいっぱい。ライトアップもできるようになっています。(石川邸　設計／ビーズ・サプライ)

ご主人の夢がかなった書斎。ふだんは廊下とつながるオープンな空間にし、家族のパソコンコーナーとして使っていますが、ご主人が仕事をするときは扉を閉めて仕切ることもできます。上写真は閉じた状態。(K邸　設計／長浜信幸建築設計事務所)

サニタリーのプランニング

小さなスペースですが、生活には欠かせないサニタリー空間。朝の身支度をしたり、お風呂でゆっくりくつろいだり、親子のコミュニケーションをはかったり。と同時に洗濯などの家事を行う場所でもあります。使いやすいことはもちろん、気持ちよく過ごせる空間づくりをめざしましょう。

水回りを上下階でそろえるのが効率のいいプランです

キッチンと浴室・洗面所などを「水回り」といいます。こうした水を使うスペースは、給排水の配管が必要なため、できるだけ1か所にまとめると、プラン上、効率がよくなります。また、キッチンのそばに洗濯スペースをつくると、炊事と洗濯が同時進行できるので、家事がラクになるというメリットもあります。

最近は、2階にキッチンや浴室・サニタリーを配するプランもふえてきました。その場合は、水音が安眠やだんらんを妨げないように、すぐ下に寝室やリビングを配置しないように注意しましょう。できれば上下階で水回りの位置をそろえておくと、配管の無駄や、水音の心配がなくなり、快適なプランになります。

サニタリーをどの部屋につなげるか?はライフスタイルから考えて

たとえば子どもが小さいお宅なら、キッチンの隣に浴室や洗面室を設けるプランにすると、料理や食事の後片づけをしながらでも、入浴するお子さんの様子に目配りができるので、歯磨きやお風呂上がりの身支度などを手伝いやすくなります。キッチンと浴室が離れていて、廊下を通ったり、階段を上り下りしないと様子がわからない間取りに比べると、ストレスがずっと軽減するでしょう。特に、小さいお子さんが2人、3人といるお宅は、検討してみる価値があります。この場合、脱衣所兼洗面室に洗濯機を置けば、キッチンと洗濯機の距離も近くなるので、キッチン仕事と洗濯をラクに同時進行できます。

反対に、共働きのご夫婦など、朝、ぱぱっと身支度を整えたいなら、寝室とサニタリーを近くに設けると、身支度の際の移動が最小限ですみ、忙しい朝の時間短縮に。この間取りは、入浴後すぐに就寝する人にもおすすめです。特に3

サニタリーのポイント

- □ キッチンやサニタリーなどはできるだけ1か所に。上下に分かれる場合も位置をそろえるなどすると、配管の無駄もなく水音も気にならない快適なプランに。
- □ サニタリーをどこに配置するかは、入浴スタイルや家事の進め方など、ライフスタイルから考える。
- □ 面積の無駄を省きたいなら、オールインワンスタイルや、廊下をなくして居室と扉1枚でつなげるプランがおすすめ。

入浴する子どもを隣のキッチンから見守って

キッチンのそばに浴室をというう奥さまのリクエストが実現したプラン。キッチンから入浴中のお子さんの様子をすぐ見に行けます。洗面所はトイレとワンルームにしたので、洗濯機は冷蔵庫の横に。キッチン仕事と洗濯を同時進行できます。（石橋邸　設計／瀬野和広＋設計アトリエ）

階建ての場合、このようなライフスタイルの人が、1階に浴室、3階に寝室を配置してしまうと、移動の負担が大きく、冬場などはせっかくあたたまった体が湯冷めしてしまう……なんてことにもなりかねません。

寝室のそばに浴室をつくる場合、通り抜けできるクローゼットを間に配置するのもおすすめです。寝室→クローゼット→浴室と移動できて、着替えやお風呂上がりの移動がスムーズに。お子さんのいない夫婦だけのお宅なら、寝室から浴室にダイレクトに入れる、ホテル感覚の間取りもいいでしょう。寝る前のプライベートタイムをゆっくり過ごせます。

無駄のないプランで広びろとした水回りをつくりましょう

狭小地などで、敷地の広さに余裕がない場合は、どうしても水回りにしわ寄せがきて、狭くて暗い空間になってしまう……というのはありがちな話です。こうしたケースでも、水回りを快適な空間にするためのアイディアをいくつかご紹介します。

まずひとつは、廊下をなくしてしまう方法。リビングやDKの隣に扉1枚だけの仕切りで、ダイレクトにサニタリーをつなげるプランです。この間取りのメリットは、スペースの節約だけではありません。小さなお子さんがいるお宅では、お子さんが入浴するときに、扉を開け放しておくと、居室で過ごす家族から様子がわかって安心です。扉を引き戸にすれば、開けたままでもじゃまになりません。

また、ホテルのように洗面・浴室・トイレをひとつの空間に配置するオールインワンのサニタリーを検討してみるのもひとつです。仕切りがないので広々とした空間になり、どこか1か所に窓を設ければ、全体を明るくすることが可能です。建具の数が減り、トイレ用のシンクも不要になるので、そのぶん、コストダウンにもつながります。

浴室からの水はねが気になるときは、浴室部分だけ扉で仕切ってもいいでしょう。ガラス扉にすれば、開放感や明るさが損なわれません。洗面スペースからトイレがまる見えになるのが気になるというかたは、くもりガラスの袖壁などで、視線を遮る工夫を。また、このプランの場合、入浴中にほかの人が用を足せるよう、別のフロアにもトイレを設置しましょう。

寝室+W・I・Cから、半階上がってサニタリーへ

寝室の前に、たっぷりと広さを確保したウォークインクローゼットを配置。スキップフロアを取り入れたお宅で、半階上がったところにサニタリーがあります。トイレも組み込んだ、ダブルシンクの広びろサニタリーで爽やかに朝を迎えます。（N邸　設計／FISH＋ARCHITECTS一級建築士事務所）

旗ざお状の狭小地。廊下をなくして省スペース

道路からのアプローチをのぞくと約20坪の土地なので、徹底して省スペースな間取りを計画。LDK奥の引き戸を開けると、ダイレクトにサニタリーに。洗面所とトイレを一体にしてありますが、引き戸の正面に洗面ボウルを設置して、見た目に配慮しています。（I邸　設計／ノアノア空間工房）

窓を大きく開けた、風も光もたっぷりのホテル風サニタリー

約20坪の敷地に建てた、3階建てのお住まい。建物の幅いっぱいに設けたオールインワンのサニタリーは、内装を白で統一。窓を大きく開けたので、光がたっぷりと入り、仕切りのない空間が、よりいっそう、開放的に感じられます。（基邸　設計／M.A.D+SML）

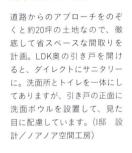

洗面室のプランニング

浴室と同じぐらい換気に気を配りましょう

　浴室の湿気を気にする人はいても、洗面室の湿気を気にする人はあまりいません。でも、お風呂から出た瞬間、湿気は一気に湿度の低い洗面室に流れ込み、浴室の換気扇だけでは排出しきれません。洗面室にも必ず窓を設けましょう。おすすめなのは、室内に風をとり込みやすい縦すべり出し窓。鏡の位置との関係性やプライバシーの確保も考えて、縦長の窓を2つ設けるなど工夫しましょう。開閉しにくい位置に設けるなら、オペレーターハンドル（開閉装置）つきの窓がおすすめです。さらに換気扇も設置しておけば安心。室内干しをするなら、乾燥機や扇風機などの設備も検討しましょう。

洗面室のPOINT

1	湿気対策は万全か？
2	内装材をどう選ぶか？
3	洗面ボウルはいくつ必要か？
4	何を収納するか？
5	コンセントはいくつ必要か？
6	メイクスペースは必要か？
7	何階にプランニングするか？
8	洗濯機を置くか？
9	室内干しスペースは必要か？

自然素材を使うときは選び方や使い方に工夫を

　洗面室は思った以上に湿気が多いので、調湿性の高い珪藻土などは、湿気を吸いすぎて飽和状態になり、カビが発生することも。一般的なビニールクロスのほか、タイル貼りや板張りもおしゃれでおすすめです。

　床は掃除しやすいクッションフロアのほか、サイザル麻やコルク、竹のカーペットなども足触りが◎。フローリングにする場合は、バスマットなどで保護する工夫を。無垢材をすのこ状に張るのも通気がよくておすすめです。

必要な機能は暮らし方によって変わります

　洗面室で何をするか？によってもプランが異なります。メイクも洗面室で行うなら、影が出にくい照明を選んだり、緑色の色素が入っている一般的な鏡ではなく、メイクの色がチェックしやすいクリアなガラスにしたほうがいいでしょう。また、子どもが小さいうちは想像しにくいのですが、お年頃になると朝は家族で洗面ボウルと鏡の争奪戦というお宅も。こういったケースでは、少し広めの洗面室にして洗面ボウルを複数設けると、毎日の身支度がスムーズになります。並んで使える横長の鏡もおすすめです。

　また、何階にプランニングするかも暮らしやすさにかかわる大切なポイント。たとえば、洗面室&浴室と寝室が別のフロアにある場合は、寝室の近くにも歯磨きができる洗面コーナーがあると便利です。来客が多い家では、メインの洗面室のほかに、来客も使える手洗いコーナーを設けるのもいいでしょう。メインは機能重視、サブはデザイン重視で仕上げるのもおすすめです。洗面室が2つあると、毎朝の身支度時の混雑も緩和できます。

洗面室に収納したいものをあらい出してみましょう

　下着やパジャマも洗面室に収納したい、逆に湿気が気になるのでタオルは収納したくないというお宅もあれば、掃除用具をおさめたい、メイクルームとしても使うから化粧品も収納したいなど、さまざまです。自分の家では何を収納したいのかを把握して、それに必要な収納を確保しましょう。

　家電も同様に洗い出してみましょう。たとえば、家族で電動歯ブラシを使うお宅では、洗面台の上に置き場所とコンセントの数を用意する必要があります。タオルウォーマーや扇風機を使う場合は、下のほうにコンセントがあると便利ですし、家電の数が多ければ、別回路を用意する必要があるかもしれません。使う家電をリストアップして、コンセント不足を防ぎましょう。

広さを少しプラスすれば室内干しスペースにも

　共働きのお宅や花粉アレルギーのかたなど、室内干しをする可能性があるなら、あらかじめプランニングに組み込んでおきましょう。おすすめは、洗面室にもう1畳プラスして室内干しスペースを兼ねるプランや、2畳プラスしてランドリールームをつくるプランなど。居室を1～2畳広くするよりも暮らしやすさがアップします。

　また、洗面室に洗濯機を置く場合は、洗濯機のサイズや蓋の開閉方向にも注意を。ドラム式と縦型ではサイズも異なりますし、ドラム式では扉の開閉方向を選べるので、新築と同時に購入するなら、開き方も考えておきましょう。

洗面室のプラン・アイディア集

手元が明るく、カウンターの素材が引き立つ採光を

洗面室の窓の種類やレイアウトは、明るさ、風通し、防犯性、プライバシーなどを考えて選びます。縦型のルーバー窓は防犯性が高く、通風にも効果的ですが、鏡の左右どちらかの側だけに設置すると光の入り方が偏り、メイクなどがしにくいことも。横長のハイサイドライトもプライバシー確保に有効ですが、位置が高すぎると手元が暗くなってしまいます。

そこで、鏡と洗面カウンターの間に壁面をとり、そこに小窓をつけるアイディアはいかがでしょうか。こうするとボウルやカウンターがもっとも明るくなり、手元の作業がしやすくなります。カウンターに光が当たることで、素材感をめいっぱい堪能できるのもポイントです。

手洗いボウルのシンプル＆モダンなデザインを満喫

木製カウンターにベッセル式（器型）の手洗いボウルを置いた、シンプルな洗面カウンター。顔の下側から安定した光が入るため、メイクもしやすいそう。トイレと洗面室はワンルームにして広々使います。（H邸　設計／プランボックス一級建築士事務所）

タイルの美しさが引き立つ窓のレイアウトに注目

真っ白なタイルで仕上げたカウンターに、低い位置からの光がたっぷり入り、清潔感あふれる空間に。窓からは前面道路を見渡せるので、子どもが学校から帰ってくる姿がひと目でわかります。シンク下は棚板を1枚渡して使いやすいオープン収納に。（入江邸　設計／プランボックス一級建築士事務所）

窓がとりにくいサニタリーは隣の部屋から光をとり込んで

リビングやダイニングなど居室の日当たりを優先させると、洗面室はどうしても暗くなりがち。北側に配置することも多いうえ、外からの視線を考えると、大きな窓をとりにくい場所です。そんなときは、隣の部屋から光を導き入れる方法があります。たとえば、隣室との仕切り壁の天井際に、はめ殺しの横スリット窓をあける方法です。これなら、サニタリーがまる見えにならずに、光だけをとり込めます。反対に、サニタリーからは隣室の天井が続いて見えるので、広がりを感じられるという効果もあります。また、浴室と洗面室の間をガラスの扉と壁で仕切り、浴室の窓からの光を洗面室までとり入れるというアイディアもおすすめです。

階段室との仕切り壁に採光用のスリット窓を

隣家が迫って窓がとれなかったので、階段室との仕切り壁の天井際に横スリット窓を。階段室にはトップライトがあるのでサニタリーにも光がふんだんに。光は鏡に映り込み、いっそうの明るさ。（森・朝比奈邸　設計／ノアノア空間工房）

窓のとれない洗面室は浴室の大きな窓からガラス越しに光を

窓を大きくとって東からの光をとり込む浴室。一方、その隣の洗面室は窓がとれなかったので、浴室との仕切りをガラスにして光をとり込む設計に。窓がなくても十分な明るさです。（I邸　設計／明野設計室一級建築士事務所）

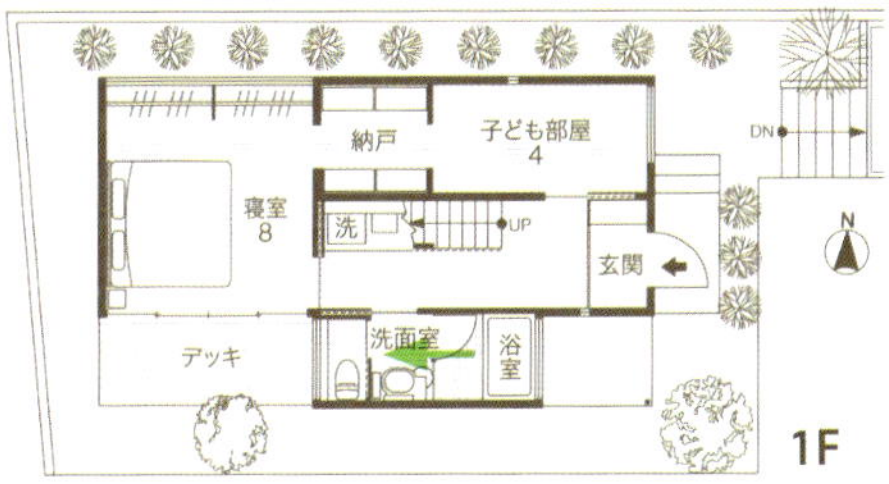

トイレのプランニング

くつろげるトイレは、どこにつくるか?がポイントになります

毎日かならず使うトイレは、機能性はもちろんデザインにこだわって、居心地のいいスペースに仕上げましょう。トイレのプランニングで大事なのが、家の中のどこにつくるか?です。水回りや収納などの家事動線は、なるべく短いほうがいいのですが、一方で、あまり短すぎると困るものもあります。そのひとつがLDKからトイレへの動線です。トイレには音の問題もあるので、ドア1枚でリビングに接しているようなプランでは、落ち着いて用を足せません。LDから近すぎず遠すぎず、間にワンクッションとなるスペースをはさむといいでしょう。LDに面してトイレを設けるというプランの場合は、ドアの色や素材を壁とそろえるなど内装を工夫してドアを目立たせないようにすると、くつろぎ空間のじゃまになりません。

昼間だけでなく、夜間に使うことも考えてプランしましょう

パブリックスペースからトイレへの動線は、長めのほうが落ち着けますが、プライベートスペースはその逆。寝室や子ども部屋からトイレへの動線は、短いほうが安心です。子どもが寝ぼけまなこでトイレに行くことや、冬場に寒い思いをしながら用を足しに行くことも考慮して。個室に近く、最低でも階段を上り下りしなくてすむように、同じフロアに設けるのがおすすめです。最近は、各フロアにそれぞれトイレをつくるのが一般的ですが、1階か2階のどちらかにしかトイレをつくれない場合は、プライベートスペースのあるフロアを優先しましょう。

LDKに接するトイレはドアのデザインに配慮を

正面の黒い壁面のいちばん左端が、トイレの出入り口。LDKから見える位置にあるため、壁と同じ色で仕上げて存在感を消しました。階段の奥にレイアウトし、くつろぐスペースからの距離をとるように配慮。(H邸　設計/明野設計室一級建築士事務所)

洗面室を経由してからトイレに入れるように工夫

1階のメインのサニタリーのほかに、2階LDKのそばにも小さな洗面スペースを設置。写真左手がトイレのドア。ダイニングから直接ドアが見えないよう、一度洗面スペースに入ってからトイレに入る設計です。(O邸　設計/田中ナオミアトリエ一級建築士事務所)

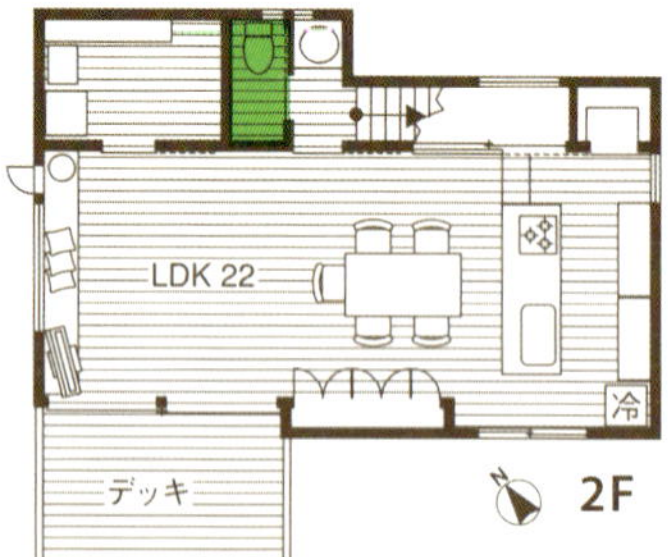

個室のあるフロアにトイレと手洗いコーナーを

2階に2つの子ども部屋と主寝室をレイアウトしたお宅。吹き抜けに面したホールにトイレを設け、どの個室からもすぐトイレが使えるように配慮しました。トイレの外にはデザインのきれいなペデスタル型の洗面台を。(O邸　設計/ピーズ・サプライ)

階段と寝室の間にトイレを配して、生活動線を短縮

トイレを家全体でひとつにしぼったため、寝室のあるフロアに優先的に配置。階段からもアプローチしやすく、2階から下りてきてすぐトイレに入れます。(秋山邸　設計/FISH+ARCHITECTS一級建築士事務所)

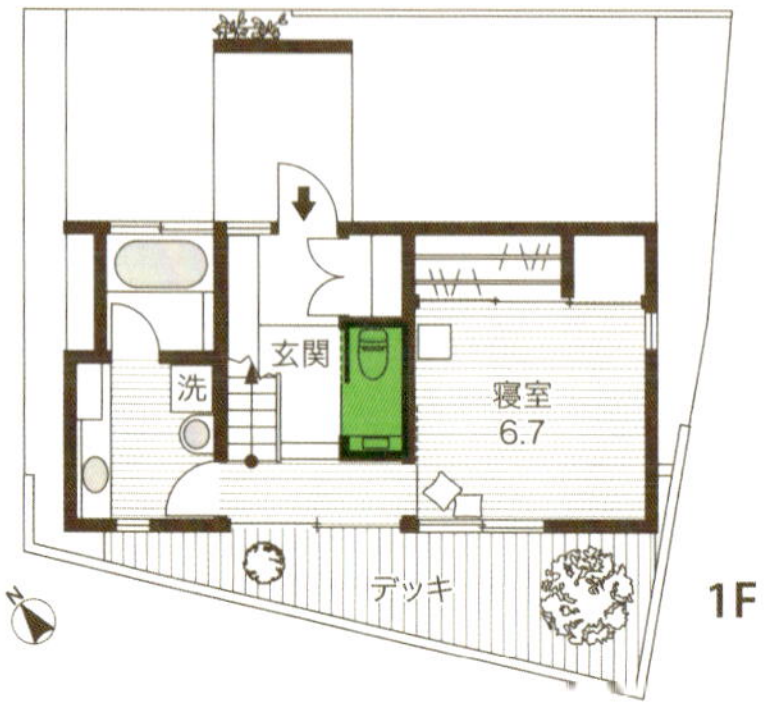

トイレのプラン・アイディア集

トイレにも小さく窓をつくると快適空間に

トイレは居室と違い、窓を設けなければいけない空間ではありませんが、十分に風をとおして換気できるよう、小さくても開閉できる窓があるといいでしょう。自然光がとり込めて視線も外まで伸びるので、閉鎖的な雰囲気も解消できます。密集地で視線が気になる場合は、くもりガラスにしたり、便器が見える位置からずらすなど工夫を。下側を押して開ける滑り出し窓にすれば、雨の日も窓を開けたままにできます。

居室につながるトイレはドアを開けたときの見え方に工夫を

トイレとLDKを直接つなげる間取りは、廊下がない分スペースが節約できます。が、気をつけたいのはトイレのドアをあけたとき、部屋から便器が丸見えにならないこと。ドアの開きの向きや、便器の配置を考えましょう。具体的には、トイレを部屋に対して平行にとり、扉をあけた横奥に便器を設置します。扉の正面には、おしゃれな手洗いボウルや景色を切りとる小窓、ニッチの飾り棚などを配し、扉をあけたときに見える部分を美しくデザインして。また、トイレの音がすぐ隣の居室に聞こえにくくするためには、トイレの仕切り壁に断熱材を多めに入れると、防音効果が期待できます。

トイレの外の手洗いコーナーは多目的に使えます

洗面所から離れたトイレには、簡単に手を洗えるように小さなボウルを設置するケースがありますが、この手洗いコーナーをトイレの外に出すと、幅広く使えます。

トイレの中の手洗いコーナーは、ボウルの大きさが限られてしまい、手を洗う以外には使いにくいもの。また人の感覚とは不思議なもので、同じ水道水でもトイレの中にある蛇口から出た水は、なんとなく口に入れにくいようです。これがトイレの外にあるだけで、うがいをしたり飲料水にしたりが違和感なくできます。雑巾を洗ったり、子どもが絵の具のパレットを洗ったり、看病のときタオルをしぼったりとさまざまな用途に使えて便利です。

窓も収納もしっかり確保。間接照明でリラックス感を添えて

洗面室と一体型のトイレは吊り戸棚とカウンターの間に、くもりガラスの引き違い窓を。狭苦しくなりがちなサニタリーに広がりが生まれました。窓を取りながら、収納量も十分確保。棚の上下に間接照明も設置し、リラックス空間に。（I邸　設計／ノアノア空間工房）

四角いシンクと窓の幅を合わせて整然とデザイン

キッチンの奥にトイレを配置。キッチンとの仕切り壁と平行にトイレを設け、左手奥に便器を配置したので、キッチン側からは見えません。見える部分はミニシンクや小窓で整然と。（M邸　設計／ノアノア空間工房）

換気効率のいい地窓やディスプレイ、照明で快適空間に

外からの視線が気にならない、横スリットの地窓を設置。下から入った風が天井の換気扇へ抜けるので、トイレ全体を効率よく換気できます。ファブリックのパネルを飾ったり、間接照明で、より居心地よく。（Y邸　設計／ライトスタッフデザインファクトリー）

シンクと幅をそろえたスリット窓ですっきりと

トイレのコーナーにスクエアなミニシンクを設置して、その幅に合わせた縦スリット窓を設置。トイレの引き戸を開けた正面に位置するので、戸を開けた瞬間、自然光が目に入って、開放感が感じられます。窓枠の下は、飾り台としても活躍。（S邸　設計／明野設計室一級建築士事務所）

家族5人でゆったり使えるカウンタータイプ

プライベートルームのある2階にコンパクトなトイレスペースをつくり、小さな手洗いボウルを外に設けました。子ども部屋で遊んで手が汚れたら、ここで気軽に手洗いできます。（清水邸　設計／明野設計室一級建築士事務所）

浴室のプランニング

バスルームの広さ

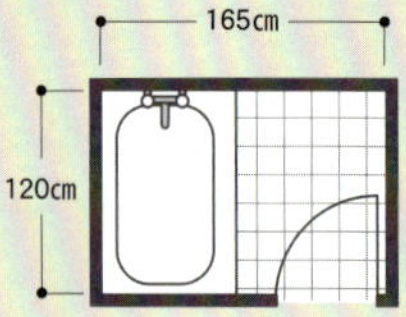

0.75 坪

バス水栓をなくすか、壁づけにすれば、間口120cmまでの浴槽が入る。洗い場を広くとるには、エプロンをリムから垂直に立ち上げるか、エプロンつきの浴槽にするとよい。

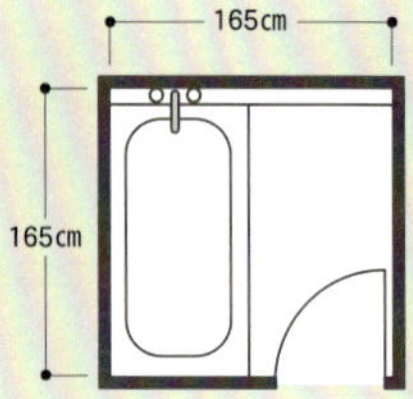

1 坪

一般的な広さ。バス水栓をなくすか、壁づけなら間口160cmまでの浴槽が入る。1坪、0.75坪タイプともに、洗い場を広くとるには、奥行き80cm以下の浴槽にするとよい。

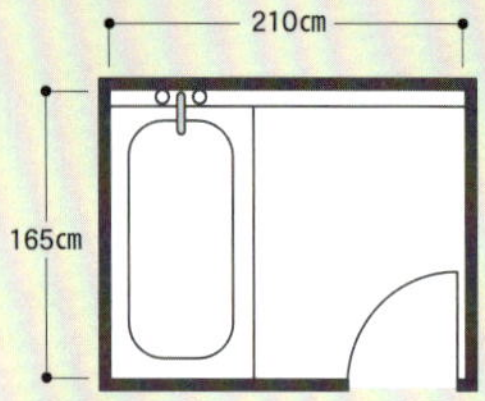

1.25 坪

間口は1坪タイプと同じでも、奥行きがあるので洗い場がゆったりとれる。浴槽は、壁づけのバス水栓なら間口160cm、デッキタイプなら間口140cmのものが入る。

バスルームは現場施行かシステムバスか好みに合わせて選ぶ

バスルームのつくり方には、現場施工（在来工法）と、システム（ユニット）バスを入れる方法があります。前者は、間取りが自由にでき、浴槽やタイルなどを自由に選べるのがメリット。後者は防水性にすぐれていて、2階への設置が容易なことや工期が短いことが特徴です。

標準的なバスルームの広さは左の3タイプ。一般的なのは1坪ですが、少し広めの1・25坪タイプも人気。スペースが十分にとれなくても、浴槽の脇に出窓をつけたり、洗面室との間仕切りを透明ガラスにすると、明るく開放的なスペースに。ゆったりと疲れが癒せる空間にしたいものです。

浴室のプラン・アイディア集

ガラスで仕切ると全体に光が回るうえ開放感も得られます

コンパクトになりがちな浴室や洗面室などの水回りスペースは、それぞれの空間を壁で仕切ると、さらに狭さが強調されてしまいます。そこで、浴室と洗面室の間をガラスにすると、空間は区切りながらも奥まで視線が抜けて、どちらもゆったりとしたスペースになります。また、浴室の窓からの光が、ガラス越しに洗面室まで届き、サニタリースペース全体が明るくなるという効果も得られます。「間仕切りがガラスだと、お風呂から洗面室がまる見えで落ち着かないのでは」と懸念する声もありますが、入浴中は湯気でガラスが適度に曇るため、実際にはあまり気にならないようです。

FIX 窓で洗面室まで明るさを導いて

洗面脱衣室と浴室の間に大きなFIX窓を取り入れたお宅。浴室の窓の外にはインナーテラス風のデッキがあり、そこから2つの空間に効果的に光を導いています。シンクは実験室のようなシンプルなデザイン。（M邸　設計／ダイニングプラス建築設計事務所）

空間に広がりを生み出すガラスの効果を実感

見通しのいいガラスで間仕切りしたことで、洗面脱衣室・トイレ・浴室がワンルームのような空間に。天井が奥までつながって見えるのも、広がり感を生み出すポイントです。モダンなペデスタルタイプ（脚付き）の洗面台をセレクト。（F邸　設計／アルクデザイン）

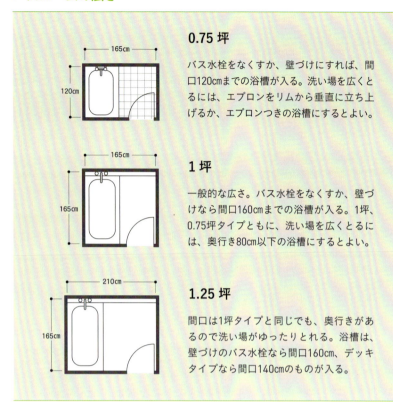

浴室にトップライトがあると空を眺めながらバスタイムが楽しめます

浴室の配置として多いのが1階の北側。そんな浴室を明るくするには、トップライトが効果的です。明るさを得られるだけでなく、青空や星空を望みながらの、贅沢な入浴タイムが過ごせます。トップライトを設けるには、1階を2階より張り出させる必要がありますが、そうすることで2階の床面積が狭くなってしまうという場合には、浴室の壁際に横スリット状のトップライトを設ける手も有効です。壁に沿って自然光が降りてくるので、独特の美しい陰影が楽しめます。

浴室の窓はバスタブの高さにつくると入浴中に開閉できて快適です

入浴中に、ちょっと風にあたりたいなというとき、浴槽に入ったまま窓があけられると便利。バスタブの縁の高さにそろえた低い位置にあると、さっと手が届きます。滑り出し窓やジャロジーにするとより開けやすく、くもりガラスにすれば外からの視線も気になりません。防犯性を高めるなら、人の頭が入らない小さい窓やスリット窓がおすすめです。窓を大きくとるなら、外に目隠し用のフェンスを立てましょう。

全面トップライトの傾斜天井。贅沢な明るさと開放感を獲得

3階に設けた浴室。北側に傾斜させた天井を、全面トップライトに。星や月が見える夜も、青空が広がる朝や昼も、とても気持ちのいい入浴タイムを過ごせます。洗面所との仕切りはガラス扉にしたので、洗面所も十分な明るさです。(M邸　設計／ノアノア空間工房)

窓の外にフェンスを立て、視線を気にせず光と風を

浴槽の高さの横スリット窓は、一部がジャロジー。入浴したまま開閉できます。浴室と洗面室が一体の間取りで、サニタリー全体を木のフェンスで囲んであるので、外からの視線を気にせず、光と風を取り込めます。(高橋邸　設計／unit-H 中村高淑建築設計事務所)

バスコートをつなげるとゆったりくつろげる浴室に

浴室から直接出られるバスコートを設けると、家にいながらにして、リゾート気分を楽しめます。たとえば、お風呂上がりにバスコートのデッキチェアでビールを1杯。お子さんのいるお宅なら、夏の日中、浴槽に水を張り、バスコートへの扉を開け放してプール気分で水遊び…。床の素材は、板張りのウッドデッキでも、滑りにくいタイル張りでもいいでしょう。

浴室内に、光とともに風を呼び込めるのもこのプランのメリット。浴室のカビが出にくくなるという機能面も見逃せません。ただし、近隣からの視線を防ぐ対策は忘れずに。ハイウォールを立てれば、住宅密集地でも実現可能。あまり閉鎖的にしたくないという場合は、ポリカーボネイトのように半透明な素材にしたり、すき間をあけすぎないルーバーにするのもいいでしょう。

出幅半間ほどのバスコートでも、浴槽から青空が！

浴室の掃き出し窓の外に、出幅約半間のバスコートを。視線を遮るためにハイウォールを立てましたが、上部に窓を開けたので、入浴しながら青空が望めて爽快！　観葉植物も置ける、コンパクトながらくつろぎ効果満点のバスコートです。(S邸　設計／アトリエシゲ一級建築士事務所)

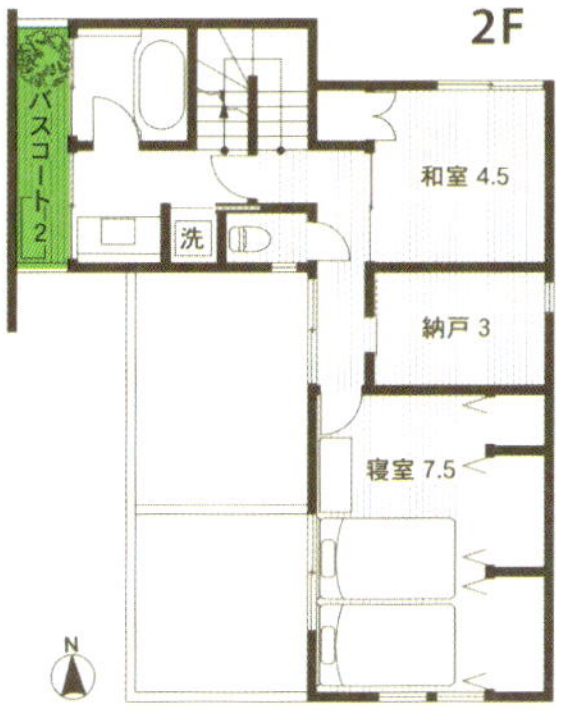

ウッドデッキをハイウォールで囲んで。住宅密集地でも露天風呂気分！

浴室の南側に、広々したウッドデッキのバスコートを。まわりをハイウォールで囲んだので、視線を気にせず、家族で露天風呂気分を楽しめます。デッキに出る扉をフレンチウィンドウにして全開できるようにしたので、より開放的。(永田邸　設計／アトリエSORA)

玄関のプランニング

家を訪れる人が最初に足を踏み入れる玄関は、住まいの第一印象を決定づける大切なスペースです。道路から玄関までのアプローチや、ドアをあけたときに広がる景色などを工夫して、やさしく人を招き入れる、ほっとなごめる空間に仕上げましょう。

街に面して玄関ドアをつけると気軽に訪問できます

高い塀がなく、道路から見通せる玄関は街に対してオープンな印象。「この家はここから入るんだな」というイメージがしやすく、人が訪れやすくなります。人通りのある道路からつねに見えていることで、防犯性も高まります。

玄関ドアは外観の印象を決める大切な要素。ファサードにドアがついている家には、なんだか人間の顔のような表情がある感じがしませんか？　絵本や子どもの絵にも、よく窓とドアが顔のように描かれています。どこにどんなデザインのドアをレイアウトするか、楽しみながら考えてみましょう。

前面道路との高低差がほどよい距離感を確保

道路からステップを数段上がって玄関へ。街に向けてオープンなアプローチでも、この段差のおかげで道路からほどよい距離が保たれています。道路から上がっている分の敷地を掘り込んで、ガレージも確保しました。（田村邸　設計／明野設計室一級建築士事務所）

玄関のポイント

- ☐ 街に対して与える印象も考慮しながら、玄関ドアの配置とデザインを工夫する。
- ☐ 道路から玄関までの距離をあえて長めにとって、楽しいアプローチを演出するのもひとつ。

長いアプローチは家の中へと導かれる、ドラマを演出できます

道路から玄関まで緑豊かなアプローチが続いていると、「どんな素敵な住まいなんだろう？」と期待感が高まるもの。外から建物にいたるまでの距離が長いほど、そこにさまざまなストーリーが生まれ、ゲストもゆったりした気持ちで訪れることができます。

このようなアプローチを計画するうえでのポイントは、敷地内をなるべく長く迂回できるように建物をレイアウトすること。玄関が真っ直ぐに見通せず、見え隠れする部分をつくっておくと、ドラマティックなアプローチが演出できます。グリーンの選び方や植え方も工夫しましょう。また、塀やフェンスなどエクステリアのデザインや素材を建物とそろえると、一体感のある外観になります。

ヨーロッパの小道のようなアプローチの先に玄関が

道路から門扉をくぐり、左右に豊かなグリーンを愛でながら玄関へとたどりつくプラン。自然石を張ったアプローチも真っ直ぐではなく、ゆるやかに蛇行するようにデザイン。玄関では無垢材のドアがお出迎え。（H邸　設計／プランボックス一級建築士事務所）

玄関のプラン・アイディア集

玄関ドアの正面を窓にすると新鮮な開放感が得られます

玄関ドアをあけたときに、視線の“抜け”をつくると、実際の面積以上の広がりが感じられます。正面にできるだけ大きな窓を設けて光をとり込み、シンボルツリーなどの緑がぱっと目に入るようにすると、ドアをあけるたびに新鮮な驚きが感じられ、訪れる人にとっても素敵なおもてなしになるでしょう。

小さな玄関ではインテリアで見せ場をつくりましょう

玄関は出入りのたびに通るスペースですから、ゆとりの感じられる演出をすると暮らしが豊かになります。広い面積を割けないなら、小さくてもいいのでお気に入りの家具を置くスペースをつくりましょう。引き出しつきのテーブルやキャビネットなら、印鑑や鍵などのこまごましたものをしまう収納になり、上に花や雑貨を飾ることもできます。それだけの広さがないなら、子ども用チェアに一輪挿しを飾るだけでもいいかもしれません。小さくてもどこかにひとつ“見せ場”をつくるだけで、玄関の印象がぐっと引き締まるはず。プランニングの際に、そのための場所を計画しておきましょう。

窓の外の風景を額縁の絵のように楽しむ玄関

玄関ドアをあけると目に飛び込んでくるシンボルツリーのカツラの木。窓枠で切りとられた風景はまるで絵画のよう。緑あふれるテラスに面してフィクス窓をつけ、玄関を出入りするたびに四季折々の姿が楽しめます。(S邸　設計／プランボックス一級建築士事務所)

小さなインナーテラスで玄関にゆとりをプラス

玄関ホールに設けたタイル張りのスペースは、あこがれの中庭をイメージしたもの。靴を脱ぐたたきとは別に土間を設けたことでお気に入りの自転車もゆったりディスプレイ。(山本邸　設計／建築実験室水花天空)

アンティークの家具でエレガントな空間を演出

大理石張りのたたきにキャビネットをレイアウト。好みの家具を置けるよう、あらかじめ壁を凹ませてあります。壁にデザインしたガラスブロックから入る光も美しい。(山本邸　設計／プランボックス一級建築士事務所)

玄関ドアはフロア全体を見渡せない向きに

玄関ホールに間仕切りドアなどをつけないプランは、面積に無駄がなくコストダウンにもなります。ただし、この場合に注意したいのは玄関ドアの向き。ドアを開けた正面に居室をレイアウトすると、訪れた人から生活空間が見通せてしまい、落ちつきのない住まいになるおそれがあります。その場合、ドアの向きを90度変え、たたきの左右どちらかの側からホールに上がるプランにすると、玄関からの視線が室内に入りにくくなります。ドア正面の壁にニッチや飾り棚をつくれば、訪れた人をなごませるアイキャッチになります。

狭小住宅では「玄関ホールをなくす」発想もあります

たたきで靴を脱いで、ホールに上がって廊下や室内に入る、という固定概念をはずして、玄関ホールをなくしてしまうというプランもあります。たたきから直接室内に入るため、ホールに必要な面積を省けるうえに、室内からたたきまでが一体の空間となり、狭小住宅でも広がりが感じられるのがメリットです。冷暖房対策として、たたきと室内の間に引き戸をつけておくといいでしょう。

LDを直接見通せないドアの配置に注目

左右を緑に包まれたアプローチを進み、テラスを通って玄関へ向かうプラン。たたきから直接リビングダイニングに入る設計ですが、玄関を開けても室内は見通せない向きにドアを配置しています。正面に見えるのはシューズクローゼットの扉。(O邸)

スペースの無駄を省いたコンパクトな玄関を計画

たたきから直接、右手前のリビングに上がるプラン。エアコンをつけるときだけポリカーボネートの引き戸を閉めます。ポリカーボネートは軽くて開閉がしやすく、閉めておいてもやわらかく光を通すのがメリット。(A邸　設計／MONO設計工房一級建築士事務所)

廊下・階段のプランニング

自由な発想で階段スペースを楽しんで

2階リビングの場合、ふだんの生活の中で階段の上り下りをする回数がぐんと増えます。ということは、階段自体を楽しいスペースにすれば生活がもっと楽しくなる、ということです。たとえば、ガラスで囲まれた空中にいるような階段室、ギャラリー風に使えるらせん階段、本棚に接した階段、照明や手すりのデザインにこだわったスタイリッシュな階段など。踊り場を利用して、家族で使うパソコンコーナーやユーティリティスペースを設けるのも、おもしろいアイディアです。

リビングに階段を設置する場合は、眺めても楽しめるように、らせんやスケルトンなど、素材やディテールにこだわってデザインを工夫するのも手。階段越しに上階から降り注ぐ光は、階段のデザインとともにインテリアのアクセントにもなります。単に上り下りだけではもったいない。階段の特性を生かして自由な発想で工夫すれば、予想以上に楽しいスペースが出現することでしょう。

廊下・階段のプラン・アイディア集

廊下や居室の一角に家族のワークスペースを

家の中のどこかに、共有のワークスペースがあれば、家族が自然とそこに集まり、豊かなコミュニケーションが生まれます。人気が高いのは、家族みんなで使えるパソコンスペースをつくるプランです。ＬＤの一角にカウンターを設置したり、廊下を広くとってスタディコーナーを設けたり、さまざまなアイディアが考えられます。

廊下の壁面や、階段周辺などを活用した書棚もおすすめ。さらに廊下の幅を少し広げたり、小さなデスクコーナーを併設するなど、ちょっとした溜まりの場をつくると、リビングの開放感とはまた違った、こじんまりとした居心地のいいスペースが実現できます。家族それぞれの蔵書を収めたライブラリーでは、両親の愛読書を子どもが手にとったり、といった共通の読書体験が生まれ、一冊の本をきっかけに会話が広がるといったケースも。天井高ぎりぎりまで使って書棚を設置すれば、大容量の収納力を確保できます。

上り下りの途中に書斎コーナーをプラン

踊り場の奥行きを広げて、本棚とデスクを造作。1階・2階ともにアプローチしやすく家族のコミュニケーションもスムーズ。（石橋邸　設計／瀬野和広＋設計アトリエ）

らせん階段に沿って子どもの作品を飾って

姉妹のリクエストにより、ジブリ美術館をイメージして実現したらせん階段。子ども部屋のある3階まで続く階段回りの壁面に子どもの絵を飾り、上がり下りのたびに楽しめるように演出しました。（森邸）

玄関ホールが創造力を育てるギャラリーに

玄関ホールの壁面に大きなコルクボードを張り、子どもの描いた絵、映画や演劇のチラシなどをランダムにディスプレイ。通園バッグや帽子などもかけられるので、帰ってきたらすぐに自分でお片づけができます。（山下邸　設計／グリフォスタジオ）

子どもの作品を飾れるギャラリーコーナーに

玄関ホールや廊下など、家族やゲストが通るスペースに、ギャラリーをつくるプランもおすすめ。自分の作品を飾ってもらえるのは、子どもにとって誇らしいもの。おとなが趣味でつくった作品や、家族の写真などを飾るのも楽しいものです。遊びにきた友達や祖父母に見やすい場所にプランするのがポイント。いろんな世代の目に触れることでコミュニケーションのきっかけが増えます。ギャラリーといっても特別なスペースを設ける必要はなく、廊下の壁をコルク張りにしたり、上部を飾り棚に使える腰高収納を設置するだけで十分です。

リビング階段はインテリアのアクセントとして効果大です

リビングにある階段は、空間のアクセント効果が高く、存在感を放ちます。ひと口に階段といっても、らせん状のものから一直線に上る階段、折り返しのあるものまで形状もさまざま。選ぶ素材や色によっても印象が大きく異なります。インテリアとのバランスを考えながらデザインしましょう。

また、外から帰ってきたとき、リビングを通って子ども部屋へ向かうプランなら、顔を合わせる機会が自然とふえます。

らせん状のスケルトン階段が風の通り道に

3階建て住宅にスケルトン階段を採用。1～3階まで同じ位置に階段を設けたので、家中の風の流れがスムーズに。パイン材のらせん階段は手ざわりがやさしく、小さな子どもにも安心。(F邸　設計／unit-H 中村高淑建築設計事務所)

オープンなスケルトン階段で開放的なリビング

1階のLDKはおおらかなワンルーム。階段もリビングにとり込み、家族が必ずここを通ってプライベートルームへ向かうように設計しました。(M邸　設計／アルクデザイン)

スケルトン階段は、上下階の風の流れがつくれます

家の中でかならず吹き抜けになるのが〝階段ホール〟で、これを風の通り道として生かさない手はありません。もっとも効果的なのは、蹴込み板をなくし、踏み板とフレームだけで構成したスケルトン階段です。段板と段板の間からも風が抜け、階段スペースに縦横無尽に空気が流れていきます。さらに、階段の上に開閉できるハイサイドライトやトップライトを設けると、上昇気流によって下から押し上げられた空気が窓から抜けていくので、通風の効率がぐっと上がります。

階段の特性を利用すれば開放感が楽しめます

吹き抜けのある住まいにあこがれるけど、広さにゆとりがなく、大きな吹き抜けを設けるのが難しいなら、階段に注目して。その一角だけはかならず吹き抜けになるという特性を生かして、LDの中にオープンな階段を設置すれば、吹き抜け効果と、視線が上に向かう階段ならではのデザインがあいまって、上階への抜けと広がりが感じられます。垂直方向への移動は、人をワクワクさせる一面も。広がりと楽しさを階段の工夫でとり入れてみましょう。

パブリックな洗面コーナーを廊下につくると重宝します

お客さまがみえたとき「ちょっと手を洗わせて」と頼まれて、あわてて洗面脱衣室を片づけた…という経験をおもちの方はいませんか？　洗面脱衣室は家族のプライベートスペース。替えの下着や洗濯物が置いてあったりと生活感があふれていて、ゲストを案内するのは気が引けるものです。そこで、おすすめなのが、廊下や玄関ホールなどのパブリックスペースに、小さな手洗いコーナーをつくるプラン。鏡をつけておけばメイク直しもでき、ゲストに気兼ねなく使ってもらえます。

圧迫感のないスケルトン階段で明るく開放的な玄関に

吹き抜け空間を生む階段の特徴を、玄関スペースに生かした例。細いスチール製のスケルトン階段が上の階とのつながりを強調し、玄関をのびやかに見せています。2階から届く光が玄関スペースを明るく。(F邸　設計／アルクデザイン)

おもてなしの空間としてデザインにもこだわって

家族用のメインサニタリーは2階にありますが、1階にも来客用を兼ねた手洗いコーナーを採用。カウンターにガラスタイルを使った涼しげなデザインが印象的です。玄関とLDKの間にあるため、家族もふだん使いにしているそう。(K邸　設計／ネイチャーデコール)

外部空間のプランニング

家の中の間取りももちろん大切ですが、そのまわりの外部空間をどう工夫するかで、暮らしやすさがぐんとアップします。アウトドアリビングとして積極的に利用するほか、眺めて楽しんだり、バックヤードとして活用したり、外まわりの生かし方を見ていきましょう。

楽しめる外空間で暮らしを豊かに

敷地の空きを「積極的に楽しむ外空間」と位置づけると、暮らしがぐっと豊かになります。最近はこの考え方が広まり、外空間をプランにとり入れるケースが増えていますが、予算をかけて作ったわりには利用率が低いという現実も。そこで、暮らしの中で自然に使いこなせるアウトドアスペースの作り方をご紹介しましょう。

まず、土のあるウエットな部分を限定し、ドライな部分を増やすことで利用率が上がります。たとえばタイル張りのテラスやウッドデッキなどですが、木製のほうが夏場でも表面が熱くなりすぎず、素足で気軽に出られるようです。掃除も室内のついでに掃除機をかければいいので、メンテナンス性にもすぐれています。

デッキやテラスはさんさんと日の当たる南側に…と考えるのは早合点。直射日光の当たる南や西は、屋根や日除けがないと暑くて過ごしにくいものです。一方で東や北につくった外空間は、建物の陰になる部分が多いため、春〜夏〜秋まで快適に使えます。

どの部屋につなげるか？も大切

アウトドアスペースの利用率を上げるためには、自然と出入りしたくなる場所につなげることも大切。おすすめなのはリビングではなく、キッチンやダイニングにつなげるプランです。テラスやデッキに出るときは、お茶やおやつを持って行きたいもの。ＤＫにつなげれば運ぶ距離が短くてすむため、気軽に外に出やすくなり、ゲストのおもてなしの場としても活躍することうけあいです。

もう1つのおすすめは、子ども部屋やバス・洗面室。子ども部屋からデッキやバルコニーに出られるようにしておくと、活発に外遊びをするチャンスが自然と増えます。デッキにおふろをつなげたプランなら、そこに水遊びの楽しみがプラス。プールで遊んだらそのままおふろにドボン！という楽しみ方ができます。

次ページでご紹介する「戸外のような室内空間」をつくり、そこにテラスなどをつなげるのも一案。家の内外を同じ質感の素材で仕上げることで一体感が生まれ、アウトドアスペースとの距離がぐんと近づきます。

北側デッキがオープンカフェのような外空間に

外階段からデッキを通って出入りするプラン。デッキは北側にあり、建物の陰になって直射日光にさらされず、真冬以外は快適に。DKに接続したのもポイント。（大村邸　設計／プランボックス一級建築士事務所）

寝室からも子ども部屋からも出入りできる外空間

寝室と子ども部屋をデッキでつないだお宅。安心して外遊びができるうえ、寝室からデッキ越しに子ども部屋の様子がうかがえるのも○。（橋本邸　設計／The Green Room）

外部空間のプラン・アイディア集

屋内に戸外のような空間をつくる手も

戸外に条件のいい外空間をつくれない場合や、敷地が狭い場合などは、家の中にアウトドア風の空間をつくる方法があります。その1つがコンサバトリー。外回りで使うタイルや石で仕上げると、屋内でも戸外にいるようなおおらかな雰囲気を味わえます。独立したスペースとしてつくる余裕がなければ、部屋の一角を外回りっぽい素材で仕上げる手も。屋内ならではのやわらかい素材感の中に、石などの硬い素材が入ることで、インテリアも引き締まります。

眺めて楽しめる外空間もおすすめです

坪庭やバスコートなどの小さなアウトドアスペースは、実際にそこに出なくても、屋内から眺めて楽しむことができます。ちょっとした空間があれば実現できるので、狭い敷地での家づくりにも向いています。

坪庭は塀と窓との間に植栽を入れてしつらえます。和室や玄関、浴室、廊下などから眺めるプランがありますが、特に和室や浴室では低い目線から眺めることができるため、グリーンの美しさを堪能できます。廊下では人の移動するルートをよく考え、できるだけ日常的によく通りがかる場所を選ぶのがコツです。

デッキが見える角度に設けた手洗いスペース

1階のトイレに接続した手洗いスペース。出窓風のカウンターにボウルを置いたシンプルな造りで、窓からはデッキを眺められます。このようなプランでは、デッキは実際に出ても室内から眺めても楽しめる、一石二鳥の役割を果たしてくれます。(S邸　設計／プランボックス一級建築士事務所)

ダイニングの一角を“外っぽい素材”で演出

ソファを置いたスペースは、床が大理石仕上げ。天井は板を張ってペイントし、古材風の梁をあらわしにしました。ここだけラフな質感の素材を使うことで、部屋のワンコーナーがコンサバトリーのような雰囲気に。(太田邸　設計／プランボックス一級建築士事務所)

戸外に屋内のような空間をつくるアイディアも

反対に「家の中のようなアウトドアスペース」をつくるのもおすすめ。戸外で屋内のようにくつろぐためには、プライバシーの確保が先決。密集地などでは目隠し壁が必要です。圧迫感を感じさせない高さで適度に囲い込むと、パティオ(中庭)のような落ち着いた雰囲気が生まれます。壁で囲む必要がなければ、頭上を覆うパーゴラをつけてみては。簡易的な屋根があると屋内のような感覚になり、室内の延長として使いやすくなります。こうしたアウトドアスペースは、かかるコストが同じなら、大きく1か所につくるより小さく2か所につくるのがおすすめ。室内の風通しに役立つうえ、季節によって使い分けができて利用頻度もアップします。1つは木製のデッキ、1つはタイル張りのバルコニーとしつらえを変えるのも楽しいです。

パーゴラつきデッキが第2のダイニング

ダイニングキッチンの南側に接続したウッドデッキ。頭上を覆うパーゴラをつけたことで、室内がそのまま続いている雰囲気に。天気のいい日はテーブルと椅子を出してランチやお茶を楽しみます。(入江邸　設計／プランボックス一級建築士事務所)

プライバシーを守りながらゆったりのびのびできる広めのデッキ

建物をL型に置き、コーナーにデッキをつなげています。道路に面しているため高めの壁で囲っていますが、圧迫感をなくすのと通風のため適度にスリットを設置。デッキの草花が四季の移り変わりを楽しませてくれます。(S邸　設計／アトリエシゲ)

外構のつくりも家の印象を決める大切なポイントです

街に対してどんな家構えにするかも考えておきましょう。防犯性との兼ね合いもあるので一概には言えませんが、門から玄関が見えないレイアウトの家は、訪れる人に圧迫感を与え、なんとなく入りにくい印象になりがちです。反対に、アプローチ越しに玄関が見えると、初めて訪れる人も安心するはずです。

家族が過ごすリビングが、外からまる見えでは、落ち着いてくつろげませんが、視線はさりげなく遮りながら、窓から漏れる照明の光などでなんとなく気配が伝わる―ぐらいのバランスがとれると理想です。

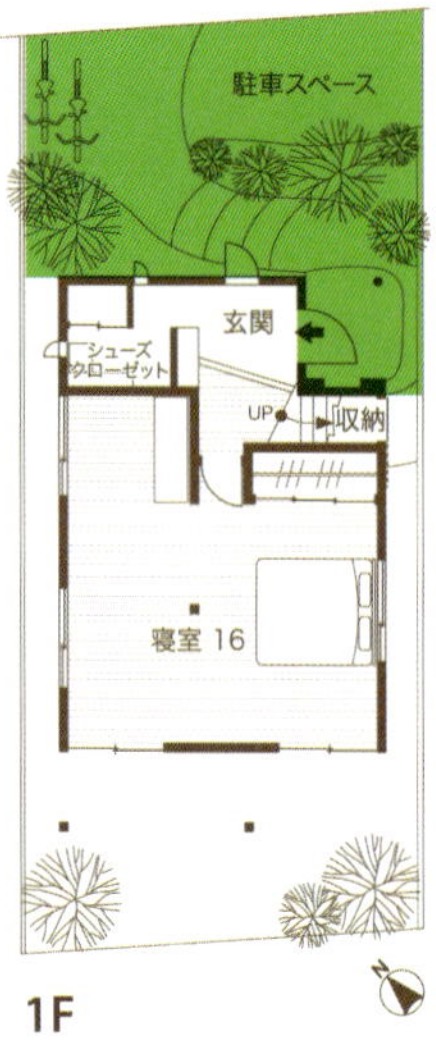

ゆるやかなアプローチとグリーンがほどよい緩衝材に

道路から蛇行しながら玄関にたどりつくアプローチをプラン。道路と敷地に85cmの段差があるので、緑の土手や植栽をバランスよく配置しました。家の中が丸見えにはならず、街に向かってオープンに開く外観デザインに。（O邸　設計／トトモニ）

見せたくないものはバックヤードに

エアコンの室外機や給湯器、エコキュートのタンクなど、建物の外回りには無骨な設備機器がつきもの。あらかじめ設置する場所を計画しておくと、外観デザインを損なわずにすみます。

敷地に余裕があるなら、専用のバックヤードを設けて塀で囲い、見せたくないものをすべて隠すのがベスト。狭小敷地の場合は、周囲の空きに分散させて配置することになります。エアコンの室外機は背が低いので、腰窓の下の壁際などに。エコキュートのタンクは外壁を一部くぼませてそこに設置すると、通路をふさぐこともなくすっきりとおさまります。このように、外観デザインに響かず、室内から見えず、中庭やデッキからも気にならない場所を見つけるのがポイント。どうしても目につく場所に室外機を置くなら、木製の柵で囲んだり、上に棚をつくって鉢植えを置いたりするだけでも気にならなくなります。また、ガスや水道などのメーター類は、門扉を開けなくても調査員のかたから見える場所につけておくと便利です。

ゴミ置き場をあらかじめ計画して、生活の場を美しくキープ

玄関ドアの左の引き戸は、ゴミの一時置き場。敷地の空きを利用して、暮らしに必要不可欠なスペースを用意。2階のキッチンにもゴミを置くためのサービスバルコニーを接続。右手の低い窓から出し入れします。（Y邸　設計／プランボックス一級建築士事務所）

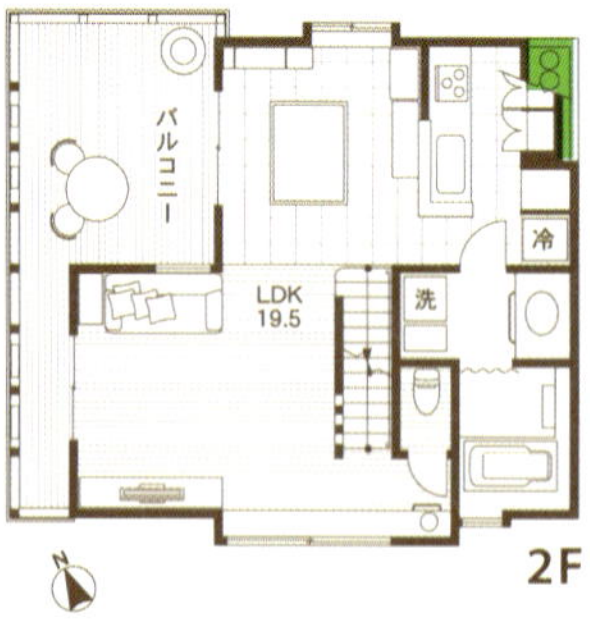

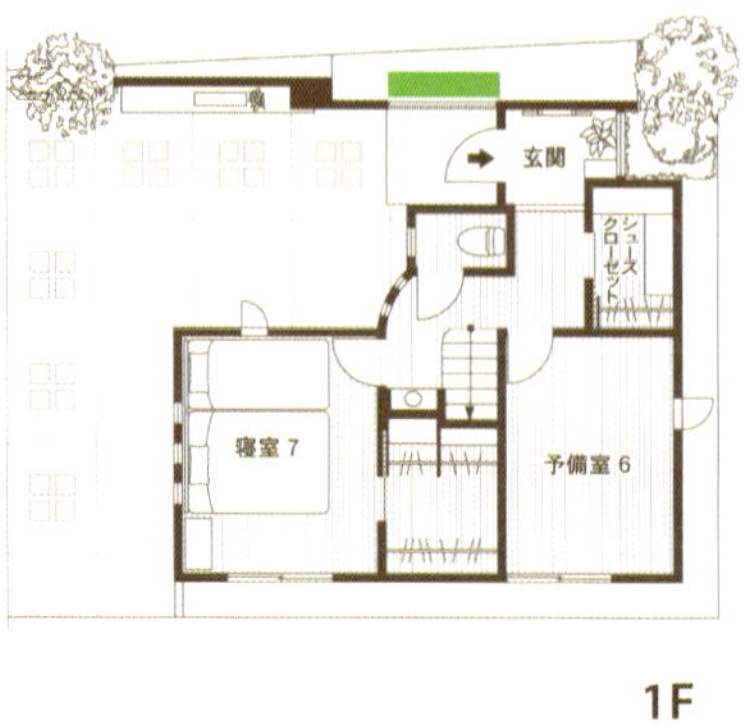

屋外収納や自転車置き場もつくっておくと便利です

家の中の収納スペースは綿密に計画しても、屋外収納は後回しという方も多いようです。後から既製品を設置してもいいのですが、敷地にゆとりのない狭小地などでは、建物の一部に屋外収納を組み込んだプランもおすすめです。ガレージから入れるようにしたり、シューズクローゼットと兼用するなどつくり方はさまざま。見た目もすっきりしますし、使い勝手のいい収納が完成します。

自転車の置き場もあらかじめ考えておくと、フェンスと外壁のすき間になんとなく停めておく……といった事態が避けられます。最近では趣味が自転車というかたも増え、玄関のたたきにそのためのスペースをつくるケースも多くなりました。

ポーチを広くとって自転車置き場に活用

建物をくりぬく形でプランした玄関ポーチ。屋根がかかっているので、自転車置き場としても最適です。玄関まわりのデザインは、ガルバリウム鋼板のモダンな感じを生かしてシンプルに。（I邸　設計／MONO設計工房一級建築士事務所）

外構はあとからゆっくりつくる手もあります

予算が限られているなら、新築時に外回りまで完成させなくてもOK。テラスやデッキなどは、スペースだけあけておき、ゆとりができてから手を加えてもいいでしょう。実際に暮らしてみると「ここにデッキをつくるなら屋根が必要かも」と気づくことも多いので、最初から計画するより成功しやすくなります。

庭づくりは植樹だけ業者に頼み、草花は自分たちで。アプローチの敷石の周囲にグラウンドカバーをするならイワダレソウがおすすめ。芝より手入れが楽で白い花も楽しめます。

ガレージの奥に物置として使える収納を

ガレージの奥に玄関を配し、玄関脇に収納を設置。雨を気にせずものの出し入れが便利。（小林邸　設計／アーツアンドクラフツ建築研究所）

こだわりの外壁や窓は道路側だけに限定して

素材感のいい左官仕上げの外壁や、見た目にぬくもりのある木枠の窓は、外周すべてにとり入れるとやはり高価。特に外壁は面積が大きい分、素材の選び方によって建築費に大きな差が出ます。そこで、道路から見えない部分には安価な外壁材やアルミサッシを使い、道路から見える側の壁面だけ好みの仕上げにする手も。左右の隣家が近い場合は1～2面だけですみ、コストを抑えながらこだわりを生かせます。

あきスペースと掃き出し窓を準備

デッキやテラスはいずれつくることにして、敷地にスペースだけ残してあります。リビングから出入りできるよう、あきスペースに向けて掃き出し窓を設置。（H邸　設計／プランボックス一級建築士事務所）

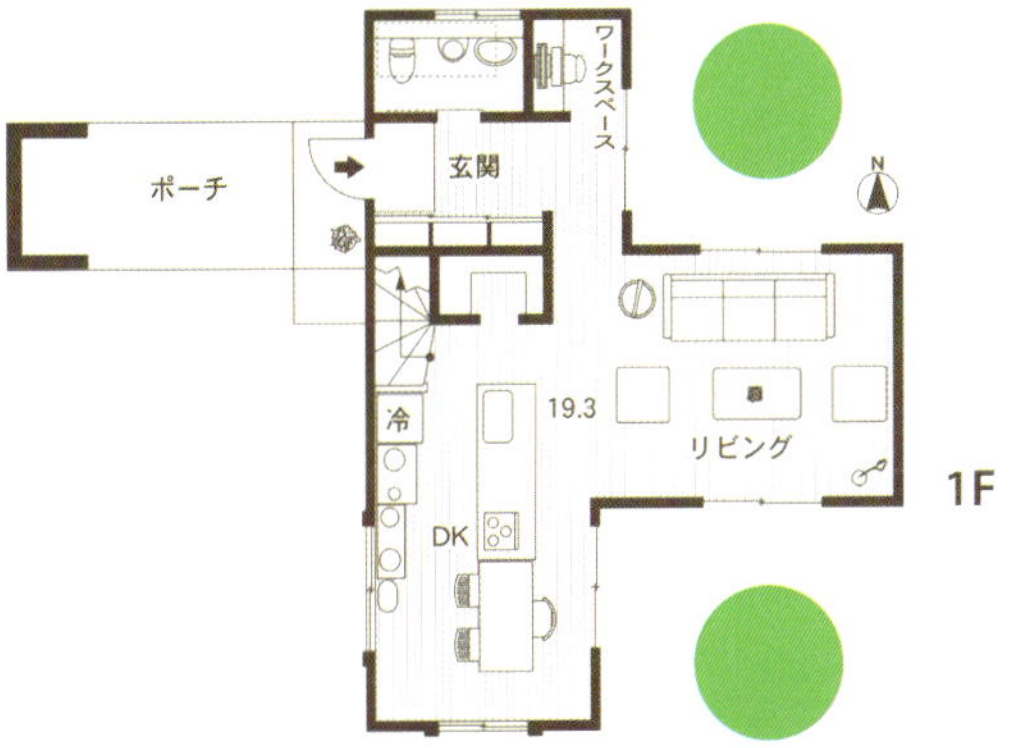

見える側の仕上げにこだわった素朴な外観

周囲に住宅が立ち並ぶ立地で、道路側の1面だけ素材にこだわってコストにメリハリを。左官仕上げの外壁と木製窓を採用して、シンプルながらあたたかみのある外観に。ほかの3面はガルバリウム＋アルミサッシに。（南邸　設計／ピーズ・サプライ）

完全分離タイプ

親世帯（妻の両親）
＋
子世帯（夫婦2人）

小さな家ならではの一体感とお互いが心地よい距離感が絶妙

森さん、朝比奈さん宅（東京都）

右側が子世帯の森清司さん、美香さん夫妻。左側が美香さんのご両親の朝比奈孝蔵さん、雅子さん夫妻。スタイル抜群の美香さんは元CA。「竣工後にわかったのですが、設計をお願いした大塚泰子さんのお姉さんは同僚でした。うれしいご縁です！」と美香さん。

STAIRS

省スペースですむらせん階段は、スペースを有効に使うプラン。さらに、蹴込み板のないスケルトンタイプにすると、トップライトから自然光が入り、開放感が高まります。

TOILET

トイレは「TOTO」の「ネオレスト」。床材はLDKと同じ大理石にしました。「白くて明るい大理石は、空間に広がりを感じさせるいい素材と知り、自分から希望しました」と清司さん。

KITCHEN

「小さな家だと家具がおさまりにくいことが多いので、収納は造りつけにするのがおすすめ、というのを大塚さんから聞いたときは、なるほど！と思いました」と森さん夫妻。

DK

白いオーダーキッチンは、「料理教室を開く日を夢見て、調理中も会話が楽しめるII型に」と美香さん。ダイニングテーブルも一緒に造作して、キッチンの延長で使えるように。

2F
子世帯フロア

新宿のビル群も眺められる、都心にある森さん、朝比奈さんのお宅。美香さんが生まれ育った築30年の日本家屋の建てかえを機に、二世帯住宅の話がもち上がりました。建築面積は8・5坪の狭小地。「この面積で2世帯住宅を」というと誰もが尻込みする中、建築家・大塚泰子さんが2つ返事でOK。「こちらの希望は伝えましたが、プランは大塚さんのアイディアに委ねました」。結果、大塚さんが得意とする光と風がふんだんに入る、小さくても居心地のいい住まいが実現しました。

親世帯が求めたことは、「私たちはこぢんまり、その分、子世代がのびのび暮らせたら」ということだけ。お二人とも外出が好きなため、「不便なところに住むよりは、都心で、慣れ親しんだこの街がいちばん。家が広すぎても掃除が面倒で、荷物がふえて管理も大変になるので、ちょうどいい広さです」と朝比奈さん。森さんは完全分離型を選択。子どものいない大人だけのつきあいのため、ほどよい距離感があったほうがいいと判断したそう。「気軽に一緒に食事を楽しめて、いろいろと助け合うこともできる。二世帯住宅にしてよかったと思います」

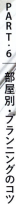

BEDROOM

(上)くつろぎ感を高めるために、床はフローリングに。壁には、採光しつつ目隠しもできるガラスブロックを。(右) トップライトから光がたっぷり入る3階。朝日で目覚め、月明かりで眠りにつける、とっておきの空間です。壁一面の本棚は、ディスプレイスペースとしても活躍しています。

3F
子世帯フロア

お互いを思う気持ちと豊かな発想のプランでみんなが笑顔になれる

SANITARY

水回りはワンルームにまとめてスペースを最小限に抑えたプラン。サニタリーと浴室の間をアクリル製の扉にして、限られた空間でもゆとりを感じられるように。浴室内に、階段室のトップライトからの光をとり入れているのもポイント。

SANITARY

開閉スペースをとらない引き戸を採用。寝室から見えても美しい部分のみ開口部で切りとれば、扉をあけたままでも違和感はなし。「ホテルのようで気に入っています」。洗面ボウルは「サンワカンパニー」。

1F
親世帯フロア

LD

（上）木の床×コンクリート壁のコントラストがおしゃれなLD。オレンジのソファは「カンディハウス」で新調。ダイニングチェアとしても使える、ほどよい高さがお気に入り。（下）押入れの下に布団を収納。寝るときだけ広げて、昼間は居室として使えるようにしています。

KITCHEN

「一見コンパクトですが、ワンステップでモノの出し入れができるので使い勝手には納得。外食の機会が多いので、キッチンはこれくらいで十分です」とお母さま。

SANITARY

「小さいながらもリッチな気分を味わえるように」という大塚さんの思いから、間接照明を低い位置に設置。ご両親も、お風呂に入るたびに「ホテルのよう」とうれしくなるそう。

子世帯
親世帯
共用スペース

DATA

家族構成	夫婦＋妻の両親
敷地面積	49.58㎡(14.99坪)
建築面積	28.17㎡(8.52坪)
延べ床面積	70.46㎡(21.31坪)
	1F22.66㎡＋2F23.60㎡＋3F24.20㎡
構造・工法	RC造3階建て
工期	2010年2月〜8月
本体工事費	約3000万円
3.3㎡単価	約141万円
設計	ノアノア空間工房

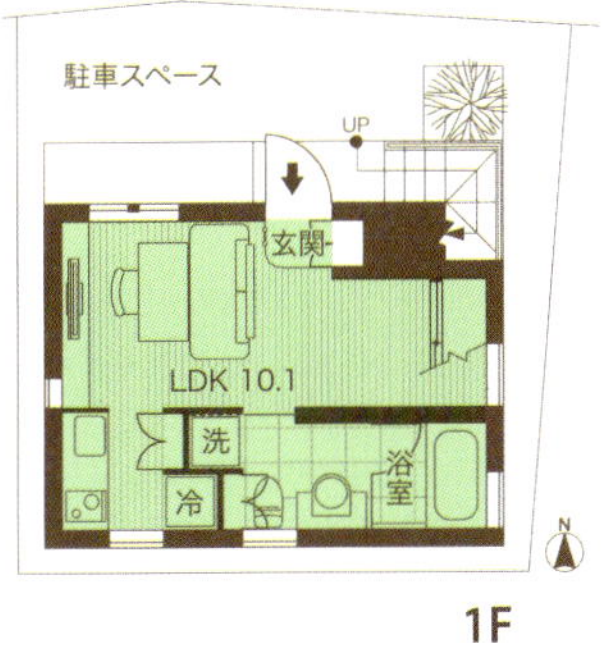

1F

設計のポイント

完全分離タイプですが、小さな家なのでお互いの気配が自然と感じられるのがいいところ。各フロアほぼワンルームの構成で、横のつながりも大切にしています。家の中心で良質な光が入る2階にLDKを設けたのもポイント。

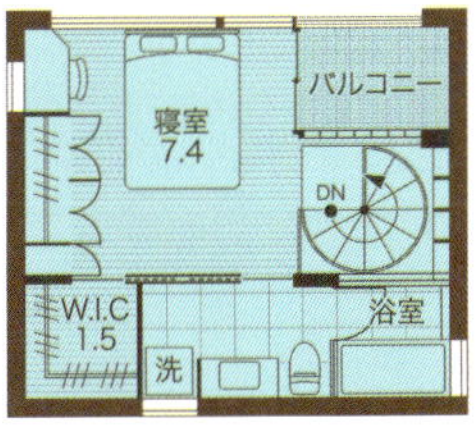

3F

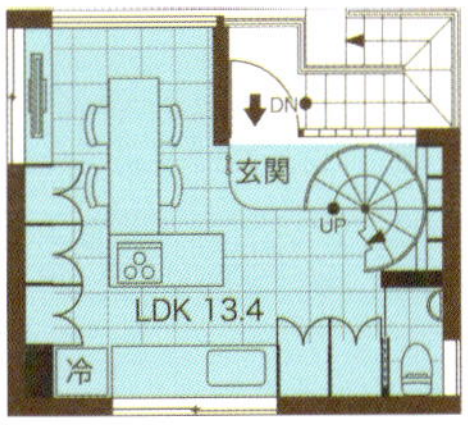

2F

一部共用タイプ

それぞれの親が住んでいた隣同士の2軒を建てかえ、3世帯5人で暮らす住まいをつくったTさん。子世帯のお二人は中学時代の同級生で、親同士も昔からの知り合いという「濃い」関係だったとはいえ、親御さんたちはこのような住み方になるとは夢にも思っていなかったそう。

Tさん、Kさん宅（大阪府）

23坪の敷地をプランで乗り越え3世帯で暮らす

親世帯（夫の両親）
＋
親世帯（妻の母親）
＋
子世帯（夫婦2人）

2F
共用フロア

KITCHEN

2世帯分の食器を収納するために、奥行きの深い引き出し収納をオリジナルで造作。取っ手もなくした、シンプルデザインです。家電用の棚は、高さを変えられる仕組み。バルコニーに出る勝手口も設けました。

DK

シンプルなデザインと間接照明が、広がりを感じさせる空間。白い壁はペイント仕上げ、黒い壁は黒板塗料とマグネット塗料で仕上げてあり、「みんなの伝言や、姪っ子たちのお絵描きボードとしても活用しています」。

Tさん一家の「3世帯同居計画」は3年前、奥さまのお母さまが住んでいた連棟式住宅の片方が空き家になり、譲り受けたことが発端でした。「ここに引っ越したら？」とご両親にすすめたのはご主人。

将来、2軒を建てかえて一緒に住むことも視野に入れての提案だったそうです。そして一昨年の春。友人である住宅デザイナー・田端さんに相談し、プランニングをスタートしました。

基本は1階にそれぞれの親世帯、2階に共用のLDKと水回り、3階に子世帯。共用のキッチンでは元調理師のお父さまが腕をふるい、Tさん夫妻と毎日食事を共に。奥さまのお母さまも一緒に鍋を囲むなど、3世帯の交流の場として使われています。

それぞれの部屋は、暮らしぶりに合わせてプラン。3階の子世帯は壁一面にオープン棚を造りつけ、本やコレクションを飾りながら収納しています。ご主人の両親はキッチンや水回りは2階を使うため、1階にはくつろげる和室を。奥さまのお母さまは足が少し痛むため、ミニキッチンや浴室を備えた部屋を用意しました。2階で一緒に食事をしたあとは、1階と3階に分かれてそれぞれの時間を過ごす。2つの親世帯は同じ1階にあるけれど玄関は別々。そんなほどよい距離感も、3世帯同居成功のカギかもしれません。

LIVING

共用のリビングはナラ材のフローリングを、ナチュラルなホワイトオイル仕上げに。白さが明るさや広さを生み、透けた木目がぬくもりを感じさせます。食後はしばらくここでくつろいでから、それぞれのフロアへ。

階段は踏み板だけのスケルトンタイプ。視線が抜けるので圧迫感がなく、通り抜ける光の効果も素敵です。LDKから直接階段につながるプランで、省スペースにも。

SANITARY

共用の洗面室には、洗面台とミラーつきの吊り戸棚を造作。たっぷり収納でき、大きめのシンクはつけおき洗いにも利用できるなど、使い勝手に配慮しています。

BATHROOM

子世帯とご主人の両親が使う浴室は、デザイン性に定評のある「スピリチュアルモード」のユニットバスを採用。ミラーの奥が収納スペースになっているなど、とても機能的。

SANITARY

白いカウンターに、陶器のスクエアな洗面ボウルを埋め込んだオーダーメイドの洗面台。ミラーにかけた布や雑貨がアクセントに。天井近くに窓を設け、自然光もとり込みます。

LIVING

バルコニーに面して大きな掃き出し窓を設け、圧迫感を解消。「バルコニーからは花火大会も楽しめるんです」。光もたっぷり入って快適。床は2階と同じナラ材のフローリングを、ダークな色に仕上げて変化をつけました。

本や雑貨を見せて収納できる、オーダーメイドのオープン棚。埋め込み式のシンプルなレールと棚受け、白い棚板で、壁面にとけ込ませています。パソコン用のデスクも便利。

TOILET

階段横のスペースを無駄なく使ったトイレは、扉も省スペースの引き戸に。2つの窓は田端さんが外観デザインにこだわった結果ですが、「明るくなってよかったです」とTさん。

3F
子世帯フロア

シンプルな空間に オープン棚で 自分たちらしく

BEDROOM

手前は布団の収納スペース。オーダーメイドの引き戸は壁のように空間にとけ込みます。奥にはウォークインクローゼットを設置。デッドスペースにはよく着る服用のハンガーを。

ENTRANCE

広めにとってトップライトを設けた玄関は開放感があり、ちょっとした接客もできます。階段やミラーを張った収納扉など、お客さまにもインパクトを与えるデザイン。

1F
親世帯フロア

LIVING

DKや水回りは2階の共用スペースを利用し、1階には居間兼寝室を。窓は家具などの配置も考慮して、高めに設けています。壁面にたっぷりの収納をつくり、シンプルな造作の引き戸を設置。畳も縁なしですっきりと。

LDK

足に痛みのあるお母さまは、立ち座りしやすい椅子生活を希望。フローリングに畳ベッドで、和洋折衷に。奥にはミニキッチンとサニタリー、追い焚きもできる浴室を設け、暮らしのすべてを機能的にまとめています。

DATA

家族構成……夫婦＋夫の両親＋妻の母親
敷地面積……76.89㎡（23.26坪）
建築面積……53.54㎡（16.20坪）
延べ床面積……122.54㎡（37.07坪）
1F49.68㎡＋2F39.74㎡＋3F33.12㎡
構造・工法……木造3階建て（軸組み工法）
工期……2012年2月～5月
本体工事費……約2350万円
3.3㎡単価……約63万円
設計……ラブデザインホームズ

設計のポイント

住宅に囲まれた密集地なので、トップライトなどから光をとり入れる工夫をしました。限られた面積の中で、玄関は広くするなどメリハリをつけ、ゆとりを感じさせています。玄関ドアや建具は造作にこだわりました。

子世帯
親世帯
共用スペース

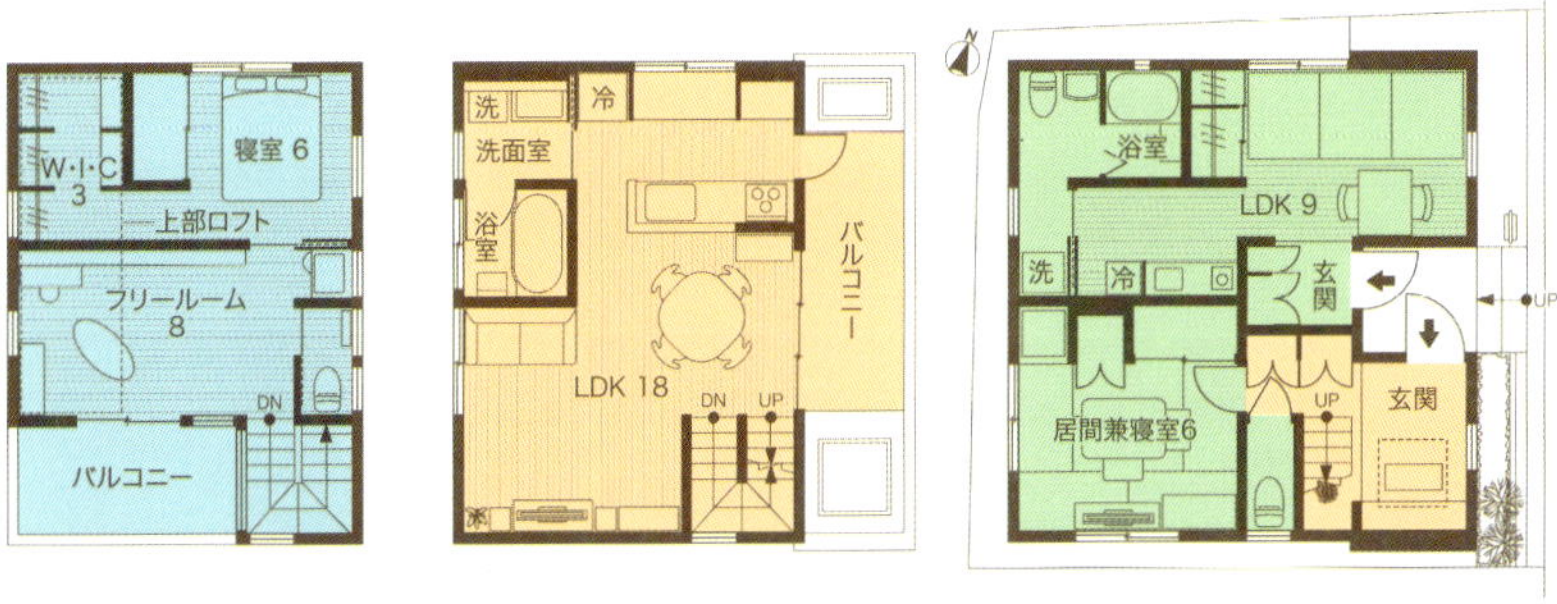

3F　2F　1F

一部共用タイプ

親世帯（祖母）
＋
子世帯
（夫婦＋子ども2人）

Hさん、Mさん宅（愛知県）

祖母と孫世帯がひとつ屋根の下に。家や家族が地域とつながって

1F
共用フロア

高校の同級生だったというHさん夫妻と、3歳の長女、1歳の長男。そして、89歳とは思えないほどお元気な、奥さまのおばあさまMさん。月に一度は奥さまのご両親も加わり、みんなで遊びに出かけるそうです。

DK

（左）大きなキッチンカウンターはご主人のピザ作りに対応。背面カウンターにはパントリーがわりの壁面収納も。「ダイニングテーブルは、欲しいサイズが見つからないと言っていたら、大工さんがつくってくれました」（右）正面は玄関。引き戸1枚でキッチンとつながるので買い物時に便利。「オープンキッチンなので、吸引力がいちばん強い換気扇を選びました」

LD

開放感いっぱいのLD。廊下とひとつながりに見えるよう、ガラスの引き戸に。エアコンの目隠し下の壁面収納（左奥）は、AVラックとともに造作工事でつくりました。

SANITARY

（左）タンクレストイレを選択し、省スペースの手洗い器を設置。おばあさまのための手すりつきカウンターが、壁面のアクセントに。（右）浴室には脱衣スペースを確保。「上が女の子なので、洗面室と脱衣室は別々にしました」

SECOND LIVING

（右）パソコンや読書など入浴後から就寝までのリラックスタイムを過ごすセカンドリビング。（上）吹き抜けには、耐震性を上げるためにベイマツの梁を。「将来、床を張ることも可能です」

BEDROOM

「寝るだけの部屋と割りきりました」というシンプルな寝室。隣家からの視線を配慮し、窓は高い位置に。

KIDS ROOM

子ども部屋は吹き抜けをはさんで2室用意。収納は、子どもたちが自由に考えられるように扉をつけていません。

2F
孫世帯フロア

SANITARY

（左）「朝の歯磨きは1階、夜は2階（写真）と、洗面台が2つあって便利」。カウンター＆ボウルが一体化した洗面台は、継ぎ目がないので手入れもラクです。（右）孫世帯が使う2階のトイレはコンパクトに。「ナチュラルカラーの家なので、ここだけはアジアンテイストの壁紙にしました」

STORE ROOM

収納したいもののサイズに合わせて棚を造りつけた、2階の納戸。客用布団や、ひな人形などの季節用品はここに。「この納戸がない生活は考えられません（笑）」

1F
祖母スペース

ふえた安心感と、減った気疲れ。ほどよい距離感が心地よい

PRIVATE ROOM

（上）この椅子が、自室でのおばあさまの定位置。ベッドは奥まった場所にあるので、来客があっても気になりません。結婚前からご主人の家にあったという水屋箪笥は、今も食器棚や食品庫として大活躍。（左）遮音のため、リビングとの間はすべて壁面収納に。「大事な仏壇と、前の家で持っていた荷物がおさまってよかった（笑）」

（右）部屋の入り口すぐにあるキッチンは、作業動線が短くなるII型のレイアウトに。自転車で近所のスーパーまで買い物に行くのが日課だそう。（左）造りつけの背面カウンター。炊飯器はスライド式で出し入れできるように。

上部と下部をガラス張りにした、廊下とリビングの間の壁。「気配だけでなく、トイレに行く祖母の足元が見えるようにしました」とHさん。

ひとり暮らしのおばあさまが「余っている部屋があるから」と誘ってくれたのがきっかけで同居をスタート。その家も築40年以上が経過し、建てかえを決意しました。自宅に人を招くのが大好きなお二人の希望は「地域とつながりながら暮らせる家」。建築家・梶浦博昭さんが考えたのは、リビング＆ダイニングを「広場のような空間」と位置づけること。道路のある南側に大きな窓を設け、庭には塀や柵をつくらず、中と外がつながるオープンな家にしました。

もうひとつの希望は、祖母と孫世帯が「お互いにストレスなく、心地よく住める家」。1階いちばん奥の日当たりのいい場所を、祖母の部屋に。おばあさまがトイレに行くときには、あえてリビングの横を通る間取りにし、廊下とリビングの間の壁の一部をガラスにして、足元が見える工夫もしています。一方で、祖母室の階上は遮音シートで足音を軽減し、壁面収納をリビング側に設けるなど、生活音への配慮も施しました。

吹き抜けを通し、上下階で声が伝わるのも魅力。壁の1面がガラス張りの子ども部屋も、セカンドリビングから室内の様子が見えるなど、家族の気配が伝わります。

暮らしやすい間取り CASE3 一部共用タイプ

ENTRANCE

（左）「どこかに格子を入れたくて」という奥さまの希望で、ヒバ材のルーバーを2階バルコニーに設置。シマトネリコの植栽以外、外と中を遮るものはありません。（右）おばあさまの要望で設けた、屋根つきの自転車置き場。「ほかにも、工具やバーベキュー用具を置けて便利です」

1F
共用フロア

（左）玄関までは階段ではなくスロープに。ヒバ材の柵には内側に手すりがついています。（右）玄関脇の階段下スペースを利用した土間納戸。ベビーカーや保育園バッグ、おばあさまの杖など、外出に必要なものがさっと手にとれます。

DATA

家族構成	夫婦＋子ども2人＋祖母
敷地面積	168.13㎡（50.86坪）
建築面積	95.97㎡（29.03坪）
延べ床面積	159.12㎡（48.13坪） 1F83.44㎡＋2F75.68㎡
構造・工法	木造2階建て（軸組み工法）
本体工事費	約2913万円
3.3㎡単価	約61万円
工期	2014年4月～10月
設計	梶浦博昭環境建築設計事務所

設計のポイント

地域のコミュニティを大切にしたいとの希望から、1階のLDは、外部ともつながる広場のような空間をめざしました。また、二世帯で暮らす安心感を確保しつつ、気疲れを軽減するよう音や動線にも配慮しました。

孫世帯
祖母スペース
共用スペース

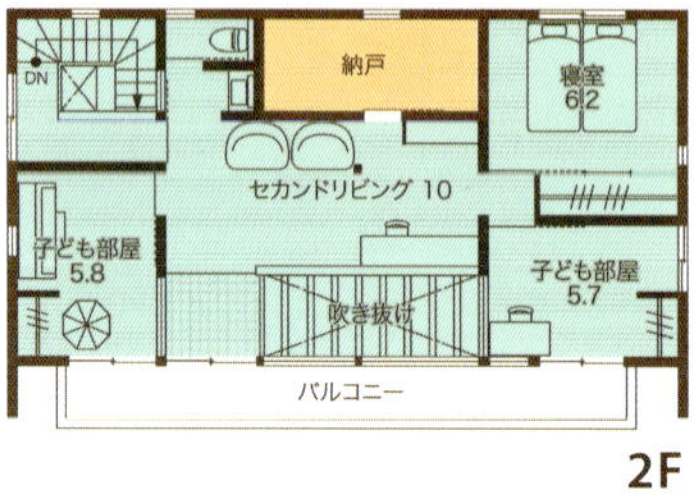

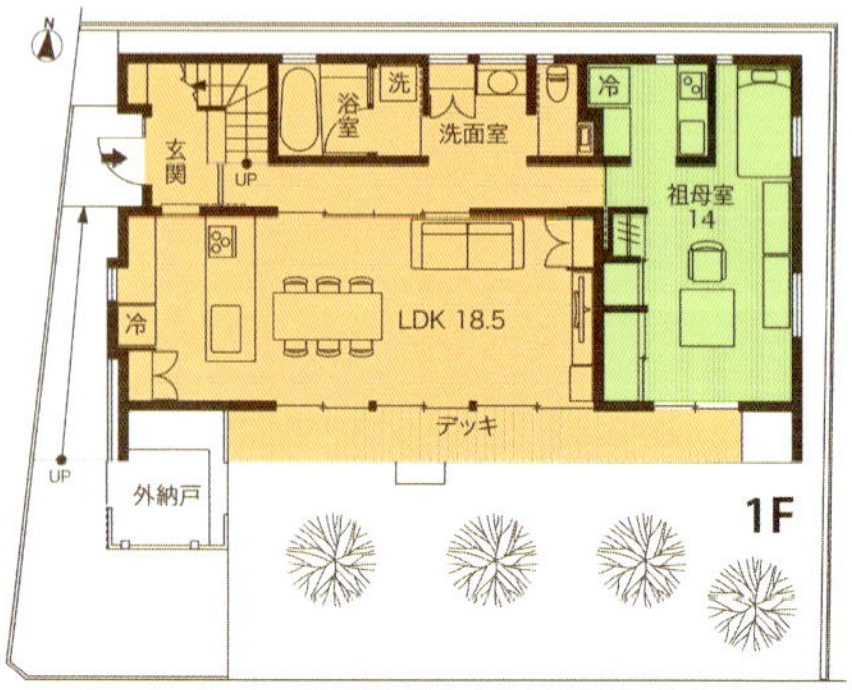

PART7

住まいの設備と機能

心地のいい家に必要な設備と機能とは？

素材やデザインにこだわったおしゃれな住まいでも、快適性や安全性の機能や設備が欠けていては、心地のいい家にはなりません。断熱性や耐震性といった基本的な機能から、自然環境に負荷をかけない省エネ設備のとり入れ方まで。自分たちの住まいにはどんな機能が必要か、じっくり考えていきましょう。

まずは住まいの断熱性を高めることから考えていきましょう

断熱性への配慮が省エネ住宅の基本です

断熱性とは、室内の快適な温度を外に逃がさないための住宅性能のこと。「夏涼しく、冬あたたかい」家をつくるには、欠かせない性能のひとつです。熱は、高いほうから低いほうに移動する性質をもっているので、断熱がきちんと施されていないと、冬は室内の空気が気温の低い屋外へと逃げていき、いくら暖房をつけても部屋があたたまりません。反対に夏は、外の熱い空気が室内に入ってくるため、エアコンがなかなかきかない……ことになります。この熱の移動を防ぐのが「断熱」で、その性能にすぐれている家が「高断熱住宅」です。

最近では、温暖化対策が世界的

長期優良住宅の認定基準

性能項目	概要	住宅性能評価では
劣化対策	数世代にわたり住宅の構造躯体が使用できること。	劣化対策等級3＋α
耐震性	極めてまれに発生する地震に対し、継続利用のための改修の容易化を図るため、損傷のレベルの低減を図ること。	耐震等級（構造駆体の倒壊等防止）2など
維持管理・更新の容易性	構造躯体に比べて耐用年数が短い内装・設備について、維持管理（清掃・点検・補修・更新）を容易に行うために必要な措置が講じられていること。	維持管理対策等級（専用配管）3
可変性※1	居住者のライフスタイルの変化等に応じて間取りの変更が可能な措置が講じられていること。	
バリアフリー性※2	将来のバリアフリー改修に対応できるよう共用廊下等に必要なスペースが確保されていること。	高齢者等配慮対策等級3
省エネルギー性	必要な断熱性能等の省エネルギー性能が確保されていること。	断熱等性能等級4
居住環境	良好な景観の形成その他の地域における居住環境の維持および向上に配慮されたものであること。	
住戸面積	良好な居住水準を確保するために必要な規模を有すること。	
維持保全計画	建築時から将来を見据えて、定期的な点検・補修等に関する計画が策定されていること。	

※1　共同住宅および長屋のみの基準　※2　共同住宅の共用部分などのみの基準

「長期優良住宅」の仕様を参考に快適で長持ちする家づくりを

高度成長期の日本の住宅は、20～30年程度で建て替えられるものが少なくありませんでした。こうした消費型の住宅サイクルを見直し、「世代を超えて住み続けられるいい住宅をつくることにより、解体などによる廃棄物を抑制して環境への負担を低減し、国民の住宅への建て替え費用の負担を軽減する」ことを目的に2009年、「長期優良住宅の普及の促進に関する法律」が制定されました。「長期優良住宅」の認定を受けるには、耐震性、省エネルギー性などの項目で、定められた等級（以前からある「住宅性能表示制度」の等級）を満たす必要がありますが、これらの仕様をクリアすると、基本性能のバランスがとれた、快適性の高い長持ちする家になるので、ぜひ参考にしてみましょう。所得税や固定資産税などが軽減されたり、ローン金利優遇も受けられます（2017年11月現在）。資産価値が高まり、将来売却するとき有利になる利点も見逃せません。

にも大きな課題に。国際的枠組みである「パリ協定」によって、温室効果ガスの排出を、今世紀後半には実質ゼロにすることが、世界全体の目標となりました。そして、各家庭でもこれまで以上に省エネに積極的に参加する必要性が求められています。そのためには、住宅の断熱性や気密性を高めて、エネルギーロスの少ない「高気密・高断熱住宅」にすることが必須。

そのうえで、エアコンなどの設備機器も省エネ性能の高いものを選ぶなど、少ないエネルギーで快適に暮らせる家づくりを目指しましょう。断熱性の高い家は、冷暖房効率も上がるので、光熱費が節約できるのもメリットです。

どのくらいの断熱性・気密性を目指したらいいのかは、悩むところですが、目安のひとつになるのが、長期優良住宅の仕様にも用いられている「断熱等性能等級4」という基準です。これを目指すと、断熱・気密性ともにバランスのいい住宅となります。

断熱材で家全体をくるんで室内の温度を均一に

断熱材は、外気に触れるところに用いるのが基本です。屋根、外壁、床に入れて家全体をくるみ、家の中の温度が均一になるようにします。断熱性を高めると、冬、寒い廊下などに出たときに脳卒中を起こす、ヒートショックの予防にもなります。また最近は、日当たりや周辺環境などを考慮して、リビングを2階に配置して、勾配天井にするケースも多くみられます。この場合は、屋根になるべく厚くて効果の高い断熱材を入れましょう。

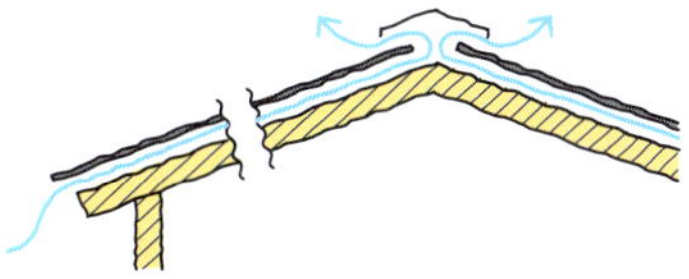

屋根通気工法

屋根面に断熱層を設ける工法。その際、太陽の直射熱の影響をやわらげ、熱を逃がす通気工法を採用するのが望ましい。

緑のカーテン(夏)

とくに日差しの強い夏場などは、ベランダの先から軒先に植物を這わせて緑のカーテンを設けるのも日よけに最適。ヘチマ、ゴーヤ、アサガオなどは葉が日差しを遮るだけでなく、葉からの水分の蒸散作用によって気化熱が吸収され、温度を下げる効果も。

屋根

天井面に断熱材を敷き込んで、小屋裏には換気口を設けてこもった熱を逃がす。ほかに左のイラストのように、屋根面に断熱層を設ける方法もある。最近は、吹き抜け勾配天井などが好まれ、後者の断熱方式を用いることが多くなっている。

開口部

熱の出入りがもっとも大きいのが窓や扉といった開口部。ペアガラスや二重サッシ、Low-Eガラスなどにより断熱性能を上げるほか、カーテンや障子なども有効。

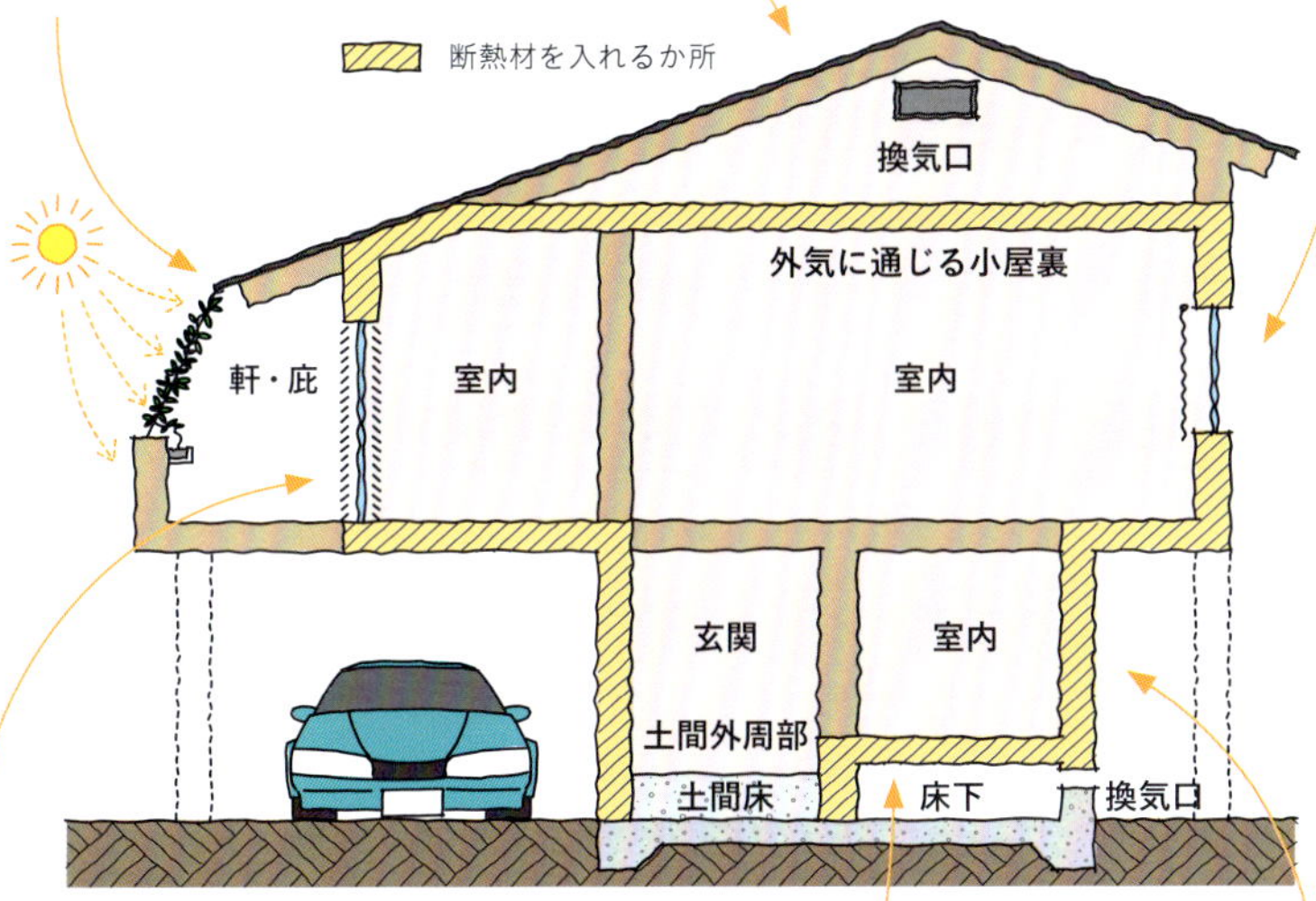

開口部の日射遮蔽

ガラスの断熱性向上のほか、軒や庇で夏の日差しをカットする方法も。スクエアなデザインの外観で軒を出さない場合は窓に小庇を。横からの西日を防ぐには、すだれやブラインドも効果的。

床

床下に換気口を設け、床下を外部空間と考えて室内の床の直下で断熱する。

外壁

柱と柱の壁中にグラスウールなどの断熱材を充てんする方法と、壁の外側にパネル状断熱材を張る外断熱の方法に大別される。壁内結露を防いだり外気の影響をやわらげるため、断熱層の外側に通気層を設け、室内側に防湿層(防湿フィルム)を設ける。

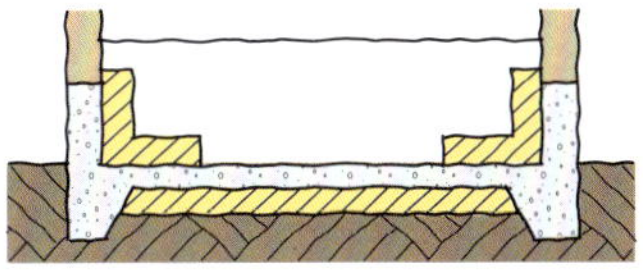

イラストのように、床下を室内と考えて、基礎の外周で断熱する方法もある。

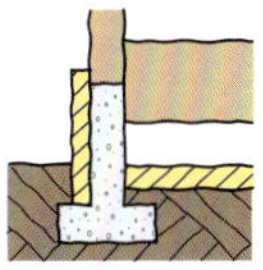

上図のほか、さらにこういうタイプの基礎断熱もある。

心地のいい家に必要な設備と機能とは？ 断熱性

内断熱と外断熱は何が違う？施工上の注意点は？

断熱工法には大きく分けて内断熱工法と外断熱工法の２つがあります。壁の中に断熱材を入れるのが内断熱工法、それに対して構造材の外側に断熱材を入れ、建物全体を包むように施工するのが外断熱工法です。

以前の内断熱工法では、断熱材の外側に通気層を設けないことが多く、そのため壁の内部に湿気が溜まって壁内結露が生じ、湿気に弱い断熱材（グラスウール）が湿って下部にずり落ち、断熱効果が低くなるのが難点でした。

そこで最近では、外壁材と断熱材の間に通気層を設けることでこの問題を解決しています。内断熱工法にする場合、通気層を設けることは基本中の基本です。

さらに内断熱工法では、室内で調理したときなどに出る湿気が壁内に入るのを防ぐため、断熱材の内側に気密シートを張り、電気のスイッチプレートなど湿気が入りやすい部分には気密テープを張ったり、壁と床の継ぎ目に気密材（木材）を入れることが重要です。

外断熱工法のほうが、断熱性が高いのでは？と思われがちですが、内断熱工法でも、このような施工上の注意を守れば十分断熱性が得られます。

グラスウールの特徴と断熱材の性能を高める条件とは？

一般的によく用いられている断熱材は、ガラスを細かい繊維にして綿状加工した、無機質繊維系のグラスウール。湿気に弱いのが難点ですが、前項でも述べたように、施工の工夫で湿気を防げます。

また、たいていの断熱材は、密度が高くなり、厚みが増すほど断熱性が高まります。グラスウールに関していえば、密度が16K（1㎥あたり16kg）か24Kで、厚さ10㎝のものが多く使われています。

窓には熱の出入りを防ぐペアガラス＋Ｌｏｗ－Ｅガラスを

窓などの開口部は熱の出入りが多いので、開放的なプランでリビングなどに大開口を設ける場合は注意が必要です。ペアガラスは、ガラスとガラスの間が6㎜と12㎜の2種類がありますが、なるべく断熱効果の高い12㎜を選びましょう（ガラスの厚みの組み合わせによっては、12㎜にできない場合も）。Ｌｏｗ－Ｅ（ローイー）ガラスには遮熱型と断熱型があり、関東以西は遮熱型、東北以北では断熱型を使うのが一般的です。また、最近のサッシは断熱性が高いだけでなく、すき間がなくて気密性も非常によくなっています。

外断熱工法

構造材の外側に断熱材を入れ、建物全体を包むようにする

発泡系の断熱材を用いることが多い

大手ハウスメーカーなどの高気密住宅にこの工法が多く見られる

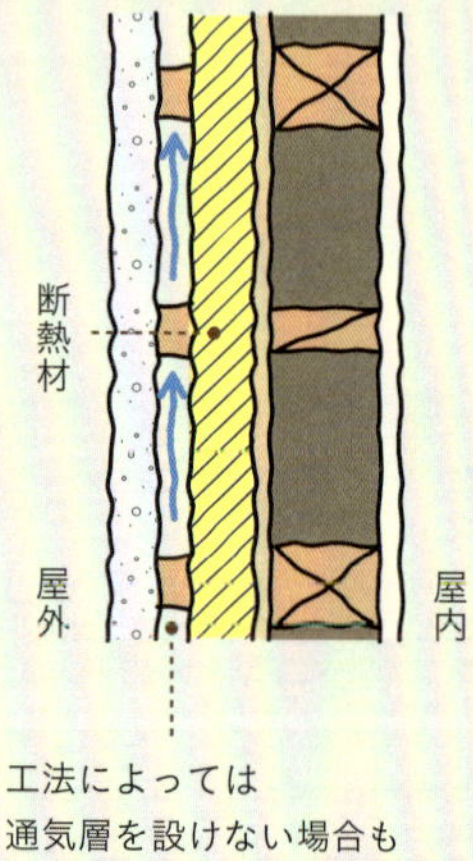

工法によっては通気層を設けない場合も

内断熱工法

柱や間柱のすき間に断熱材を入れる

ガラス繊維を綿状にしたグラスウールや、木質繊維を利用したセルローズファイバーなど、繊維系の断熱材を用いることが多い

躯体内に湿気がこもらないよう、防湿層と通気層を設ける

室内の水蒸気が躯体に入らないよう、断熱材と壁の間に防湿層（フィルム）を

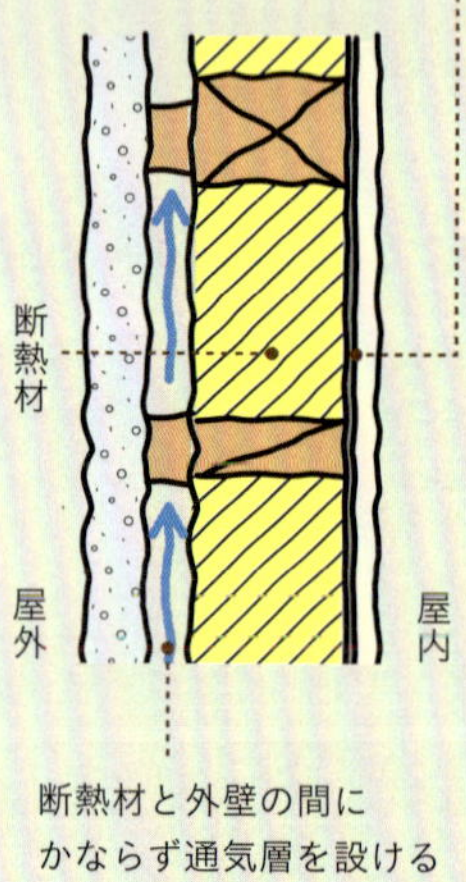

断熱材と外壁の間にかならず通気層を設ける

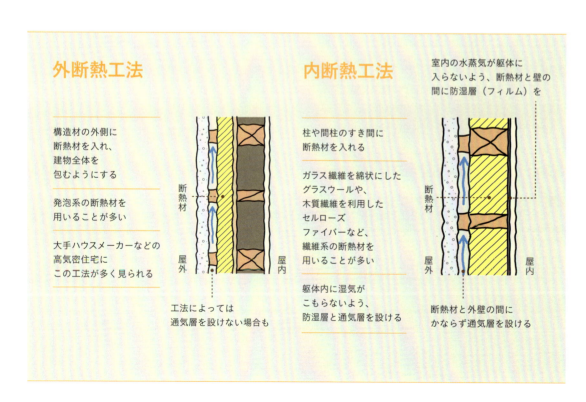

サッシは結露対策がしてあるものを選んで

結露は熱が通りやすいところに起きるので、結露対策をしてあるサッシを選ぶことも重要です。ペアガラスだとガラス面は結露しませんが枠が結露するので、枠内に断熱材が入っているタイプや、結露しやすい部分が一部アルミではなくプラスチック樹脂になっているサッシを選びましょう。寒冷地では、ペアガラスサッシを二重に取り付ける二重サッシが、結露対策に効果大です。

南からの日差しを防ぐには深い軒や小庇が有効です

南面の軒を深くすると、夏の高い位置からの陽射しはカットでき、冬の低い位置からの陽射しはさえぎることなく室内に取り込めるため、夏冬とも快適に過ごせます。外観をスクエアなデザインにするなど、軒を出さない場合は、それぞれの窓のすぐ上に庇を設ける、小庇も効果的です。

低い位置から射す西日を遮る対策も忘れずに

軒や庇は、夏の南からの日差しを防ぐには有効ですが、東西から低い角度で射す陽射しは防げません。すだれやルーバーなどを窓の前に設け、日射を直接遮るのがもっとも効果的。遮熱型Ｌｏｗ－Ｅガラスも西日対策に有効です。

真夏の西日は、実は北西に近い方向から射すことにも注意が必要です。北側の高窓から西日が射して不快なことも。各地域の緯度によっても角度は異なりますが、ＣＡＤ（キャド／コンピューターによる設計支援ツール）を使って比較的容易に、太陽の位置と建物の関係をシミュレーションできますので、設計者などに調べてもらうのもよいでしょう。

熱の出入りが多い玄関ドアも断熱タイプを選びましょう

玄関ドアからも熱が多く出入りするので、断熱仕様のものを選びましょう。デザインを重視して、玄関ドアをオーダーし、断熱タイプではないものを使う場合は、玄関ホールとリビングの間にドアを入れて室内と玄関の間にワンクッションおき、リビングへの熱の出入りを防ぐなどの工夫が必要です。この場合、リビングからバス・トイレへの動線は、寒い玄関を通らずに行けるようにしましょう。

都市の CO_2 排出抑制を目的にした「低炭素住宅」

低炭素建築物の認定基準

定量的評価項目
（必須項目）

省エネ基準と同等以上の断熱性能・日射熱取得性能が確保されていること

省エネ基準に比べ、一次エネルギー消費量（家電等のエネルギー消費量を除く）が–10％以上となること

＋

選択的項目
低炭素化に資する以下の8つの措置のうち、2項目以上を講じていること

HEMSの導入
1.HEMSの設置
2.再生可能エネルギーと連系した蓄電池の設置

節水対策
3.節水に資する機器（便器、水栓など）の設置
4.雨水、井戸水または雑排水の利用のための設備の設置

躯体の低炭素化
5.住宅の劣化の軽減に資する措置
6.木造住宅または木造建築物である
7.高炉セメントまたはフライアッシュセメントの使用

ヒートアイランド対策
8.一定のヒートアイランド対策（屋上・壁面緑化等）の実施

東日本大震災後のエネルギー事情を背景に、2012年の12月に、都市の低炭素化（CO_2排出抑制）を目的にした「低炭素住宅認定制度」が施行されました。「低炭素住宅」の認定を受けるには、断熱性などの省エネ基準（平成25年基準　以下同）を満たした上で、一次エネルギー消費量（P284参照）を省エネ基準に比べて10%削減し、さらにHEMSの導入や節水対策、木材の利用、ヒートアイランド対策などを組み合わせる必要があります。認定を受けると、容積率が緩和されたり、税制や住宅ローン金利の優遇などを受けることができます。同様に国に認定される「長期優良住宅」の場合は（P278参照）、省エネルギー性のほか、耐震性、維持管理・更新の容易性などの基準もクリアしなければなりませんが、「低炭素住宅」はそれよりも低いハードルで、税制などの優遇が受けられるといえます。

昔ながらの知恵を上手にとり入れて快適に

従来からある「ローテク」の知恵も大きな効果が

家庭からのCO_2排出量が増えている現状を見ると、最新の技術で省エネすることと同時に、エアコンやテレビなど、設備機器類の数や使い方を見直す必要もあるといえるでしょう。また、従来からある、「ローテク」の知恵にも効果が高いものが多いので、ぜひ取り入れてみましょう。

昔ながらの日本の家は、軒や庇のある外観が特徴的。これは単にデザイン的なものではなく、夏の高い位置からの日差しを遮る工夫でもありました。また西側の窓にすだれをかければ、強い西日が入るのを防げます。障子は冬場、断熱性を高めるのに効果的です。

地窓（部屋の床面に接する位置に設ける窓）を北側に設け、反対側に高窓を設けると、夏場、涼風が地窓から高窓へと抜け、部屋全体を涼しくすることができます。家の南側に植物を植えるだけでも、夏場の暑さがやわらぎます。ほかにも、節水のアイディアとして、庭の水やり用の水をためる雨水タンクを設ける方法があります。

丈夫で長持ちする家こそ究極のエコ住宅です

以上にあげたように、エコ住宅のための省エネ設備や工夫はいろいろあり、それらを取り入れることも大切ですが、それ以前にまず、短いサイクルで建て替えずにすむ家を建てることが重要です。丈夫で長持ちする家にすることで、解体による廃棄物が減るなど、エコにつながるということを、頭に入れておきましょう。

そのためには、表からは見えない骨組みをしっかりと頑丈につくること。ライフスタイルは意外と速いスピードで変わるので、間取りはなるべく変更しやすいプランにしておくことが大切です。

屋上緑化

10cmほどの厚みに土を盛り、芝を植えた屋根。屋上を緑化すると植物と土が太陽の熱を遮り、2階の居室や小屋裏の暑さが緩和されます。荷重がかかるので構造計算をして、防水対策もしっかり行うことが大切。（K邸　設計／YURI DESIGN）

パーゴラ

南側のテラスにパーゴラを設けたお宅。キウイなど冬に葉が落ちる植物を這わせると、夏の直射日光を遮るだけでなく、葉から水分が蒸散する際に気化熱が生じ、気温が下がる効果も期待できます。（喜田邸　設計／ネイチャーデコール）

雨水タンク

雨どいに流れ落ちる水を、227ℓまでためられる雨水タンク。シックな色合いで、外観のデザインを損ねません。ためた水は庭の植栽への水やりに利用しているそう。ごく単純な仕組みですが、節水の効果大です。（H邸　設計／アトリエグローカル一級建築士事務所）

軒・庇

建物南面の軒を出すと、夏の高い位置からの日差しはカットし、冬の低い日差しは十分取り込めます。最近の住宅に多いスクエアなデザインで軒を出さない場合は、南側の窓の上に小庇を設けるといいでしょう。（K邸　設計／unit-H 中村高淑建築設計事務所）

濡れ縁と前庭

昔ながらの濡れ縁は、夏の夕涼みや冬の日向ぼっこにぴったり。前庭に落葉樹を植えると、夏は葉の蒸散作用により気温が下がり、室内からの眺めも涼やか。冬は葉が落ちるのであたたかい日差しをとり込めます。（H邸　設計／プランボックス一級建築士事務所）

太陽熱をシンプルに生かすシステムにも注目です

建物の構造や間取り、素材などの工夫によって、太陽熱を利用するのが「パッシブソーラーシステム」です。「太陽光発電」のように、太陽の光を太陽電池パネルなどの工業製品を利用してエネルギーに転換するのと違い、もっとシンプルな装置を用いるシステムです。

そのため、性能がとても高いわけではなく、縁側で日向ぼっこをしているようなあたたかさが得られるといったイメージです。冬は室温が17～18℃までしか上がらないので、室内でセーターを着こむのは当たり前。太陽の出ない雨や雪の日にはききません。このシステムの価値観は、太陽の熱を利用しないのは「もったいない」という自然に沿った感覚。最初にかけたコストもなかなか回収できないので、価値観の合わない人には向きません。この仕組みをおもしろいと思える人にはおすすめです。

代表的なパッシブソーラーは「OMソーラー」と「そよ風」

パッシブソーラーシステムにもさまざまな仕組みがありますが、代表的なのは「OMソーラー」と「ソーラーシステムそよ風」で、どちらも「空気式集熱式ソーラーシステム」と呼ばれています。

仕組みは、屋根面で集熱したあたたかい空気を、ファンでダクト内を通して床下に下ろし、床下で蓄熱。その熱を床面の吹き出し口から室内へ循環させるというもの。夏は熱を逃がす仕組みですが、エアコンのようにひんやりした温度にまでは下がらないので、「夏は扇風機で暮らせたらいいなぁ」という感覚の人向けです。

システムを導入する際は、できるだけ大きな屋根面を南に向け、集熱しやすいよう金属製の黒い屋根に。床下をベタ基礎にするなどコンクリート層を設け、家全体に一定の断熱性能を持たせるなどの注意点があります。

ぜひ見直したい昔ながらの太陽熱温水器

ひと昔前の住宅の屋根によくのせていた、太陽熱でお風呂などのお湯を沸かす太陽熱温水器も、エコ意識の高まりに伴って、あらためて見直されています。新たに導入する場合、地域によっては自治体からの補助金が出るケースもあるので確認しましょう。

パッシブソーラーシステムのいろいろ

左上／屋根に強化ガラス製の集熱面をのせるのが特徴。左下／あたためた空気は床面から放熱。中／空気を小屋裏から床下に送るダクトを室内に設置。右／小屋裏のハンドリングボックス。（H邸　設計／アトリエグローカル一級建築士事務所）

屋根のガラス集熱面であたためた空気を床下へ

OMソーラー

軒先から取り入れた新鮮な外気を、屋根にのせた「ガラス集熱面」であたためます。この空気を「棟ダクト」から屋根裏の「ハンドリングボックス」に集め、ここから小型ファンで室内のダクトを通し床下の「蓄熱層」に蓄え、床そのものをあたためると同時に、床面の吹き出し口から放熱して部屋の空気をあたためます。導入のコストは100～150万円程度。

屋根のガラス集熱面をなくす方法も

ソーラーシステムそよ風

仕組みはOMソーラー同様、軒先から取り入れた外気を屋根の熱であたためて小型ファンで床下に送り、床下の蓄熱層に溜めた空気を、床の吹き出し口から室内に循環させます。屋根に強化ガラス製の集熱面をのせず、鉄板の屋根の熱で空気をあたため、その分コストダウンさせる方法も取り入れています。

屋根に貯湯槽をのせてお湯を沸かす

太陽熱温水器

太陽の熱でお湯を沸かす「太陽熱温水器」は、太陽エネルギーからの変換効率が高いうえにコストも低いので、注目を集めています。お湯の温度は地域や設置の方位にもよりますが、快晴の場合、夏なら約70℃、冬なら40℃程度です。設置に補助金や優遇制度がある自治体もありますので確認を

安定した温度の地中の熱を利用

地中熱利用システム

一年を通して昼夜繰り返される、太陽による蓄熱と夜間冷気による放熱で、地中内の温度はその地域の平均気温とほぼ同じになります。つまり、外気と違って夏はほんのり涼しく、冬はほんのりあたたかい熱が蓄積されています。この熱を冷暖房に利用し、家全体の温度をゆるやかに調整するシステムです。

エネルギーをつくってためるのがこれからの省エネ住宅

建物と設備機器、トータルで省エネを

従来、国が定めていた省エネ基準（平成11年改正の『次世代省エネ基準』）では、おもに建物の断熱性能を評価していましたが、その後のエネルギー事情をふまえて見直された『平成25年基準』では、「一次エネルギー消費量」という指標を用いて、設備機器も含めた、住まい全体の省エネ性能を評価する内容に改正されました。省エネ性能が評価される設備は、「暖冷房」「換気」「給湯」「照明」です。ポイントをごく簡単に挙げると、

【暖冷房】ヒートポンプ方式のインバーター制御で効率よく節電。

【換気】換気中も室温を一定に保つ熱交換型が有効。

【給湯】少ない熱で給湯する「エコジョーズ」「エコキュート」など。

【照明】ＬＥＤ電球の使用を。

このほか太陽光発電などによる「エネルギーを創出する取り組み」も、積極的に評価されます。２０２０年には、すべての新築建築物に、この基準が義務化される予定です。

一次エネルギー消費量とは？

省エネ性能の指標となる「一次エネルギー消費量」について説明しましょう。

一次エネルギーとは、化石燃料、原子力燃料、水力・太陽光など自然から得られるエネルギーのこと。これらを変換・加工して得られる電気、灯油、都市ガスなどを「二次エネルギー」といい、住宅では二次エネルギーが多く使われています。二次エネルギーの計量単位はそれぞれ異なり、それを「一次エネルギー消費量」へ換算することにより、建築物の総エネルギー消費量を同じ単位で求められるようになりました。

省エネ設備のいろいろ

給湯
高効率でお湯を沸かす省エネタイプが目白押し

従来よりずっと少ない熱でお湯を沸かす給湯器には、ガスを熱源とする「エコジョーズ」、電気を熱源とする「エコキュート」、石油を熱源とする「エコフィール」など、さまざまなタイプが揃っています。導入の際には国などから補助金が出るものもありますが、年ごとに応募期限があるので注意。

エアコン
ヒートポンプ方式のインバーター制御で大幅に節電

最近の家庭用エアコンは、ほとんどがヒートポンプ方式のインバーター制御。ヒートポンプとは、冷房時には室内の空気の熱を室外へ、暖房時は室外の空気の熱を室内へ移動させるしくみで、非常に効率よく熱を使えます。また、インバーター制御によって、冷やしすぎや暖めすぎを防げます。

照明
LEDの種類が豊富になり価格もどんどん安価に

LED電球は一般的な白熱電球に比べて消費電力は約80%カット、耐久性は15～50倍です。登場した当初は価格が高いのが難点でしたが、どんどん安価になり、照明を100%LEDにする家も増えています。LED電球と、笠やカバーなどが一体になった安価な製品も（電球が切れたら器具ごと交換）。

換気
換気中も室温を一定に保つ熱交換型を選ぶのも有効

高気密・高断熱の効果を損なわないためには、換気扇を回しているときも室温を一定に保てる、熱交換型の換気扇を選ぶのも有効です。エアコンと一体型の製品も登場。もっと簡便にするなら、室内側にふたがついている換気扇に。使用していないときはふたが閉まっているので熱が逃げません。

トイレ
節水タイプが一般化。これからは節電にも目を向けて

従来の7割近く節水できる超節水タイプも登場。また、あらたな省エネ基準で評価される設備機器にトイレは入っていませんが、温水洗浄便座が一般的になった現状を考えると、トイレの節電にも目を向ける必要が。従来より消費電力を大幅にカットするタイプも登場しています。

太陽光発電はCO_2を出さない発電システムです

太陽光発電は太陽の「熱」ではなく、「光」を電気に換えるシステムです。太陽光を利用するので、火力発電のようにCO_2を排出しない、クリーンなエネルギーなのが魅力。東日本大震災以降のエネルギー事情を受け、一般住宅にも広く浸透してきました。

一般住宅での発電量や導入コストの目安は？

南向きの屋根に20㎡ほどパネルをのせ、3kwぐらい発電するのが、3〜4人家族の場合の都心部での目安です。この発電量だと春、夏、秋の晴れた日には余剰電力が出るので、電力会社に売電することも可能。ただし、売電価格の変動には注意が必要です。発電量や売電量などは専用のモニターがあり、随時室内でチェックできます。

導入コストは普及にともなってかなり下がり、3kwで110万円程度が目安（2017年現在）。今後ますます下がって、導入しやすくなる見込みです。地方自治体で補助金を出しているところもあるので確認してください。

また、発電に使用する太陽光電池パネルは、電池とはいっても蓄電はできないので、今まではつくった電気はそのつど使用したり、あまった電力を売電していましたが、家庭用蓄電池が徐々に普及してきたため、太陽光発電でつくった電気をためて、くもりや雨で発電できないときなどに使えるようにもなってきています。

パネルの選び方や設置時の注意点は？

太陽電池パネルは、メーカーによって素材や発電方式が違い、パネル1枚あたりのコストや発電効率も違うので、十分に検討しましょう。パネルの設置角度は、真南に向けて30度ぐらいが理想です。各パネルメーカーのHPで、地域、パネルの面積などで発電量のシミュレーションができます。

ただし、都心部の住宅密集地では北側斜線制限が厳しく、南側から北側への片流れの屋根にするといったケースも多く、パネルをのせる場所がないことから、設置は意外と難しいのが実情です。屋根材に直接ビスでとりつける方法は、雨漏りの原因にもなりますので、専用ラックに固定するなどの対策を講じましょう。

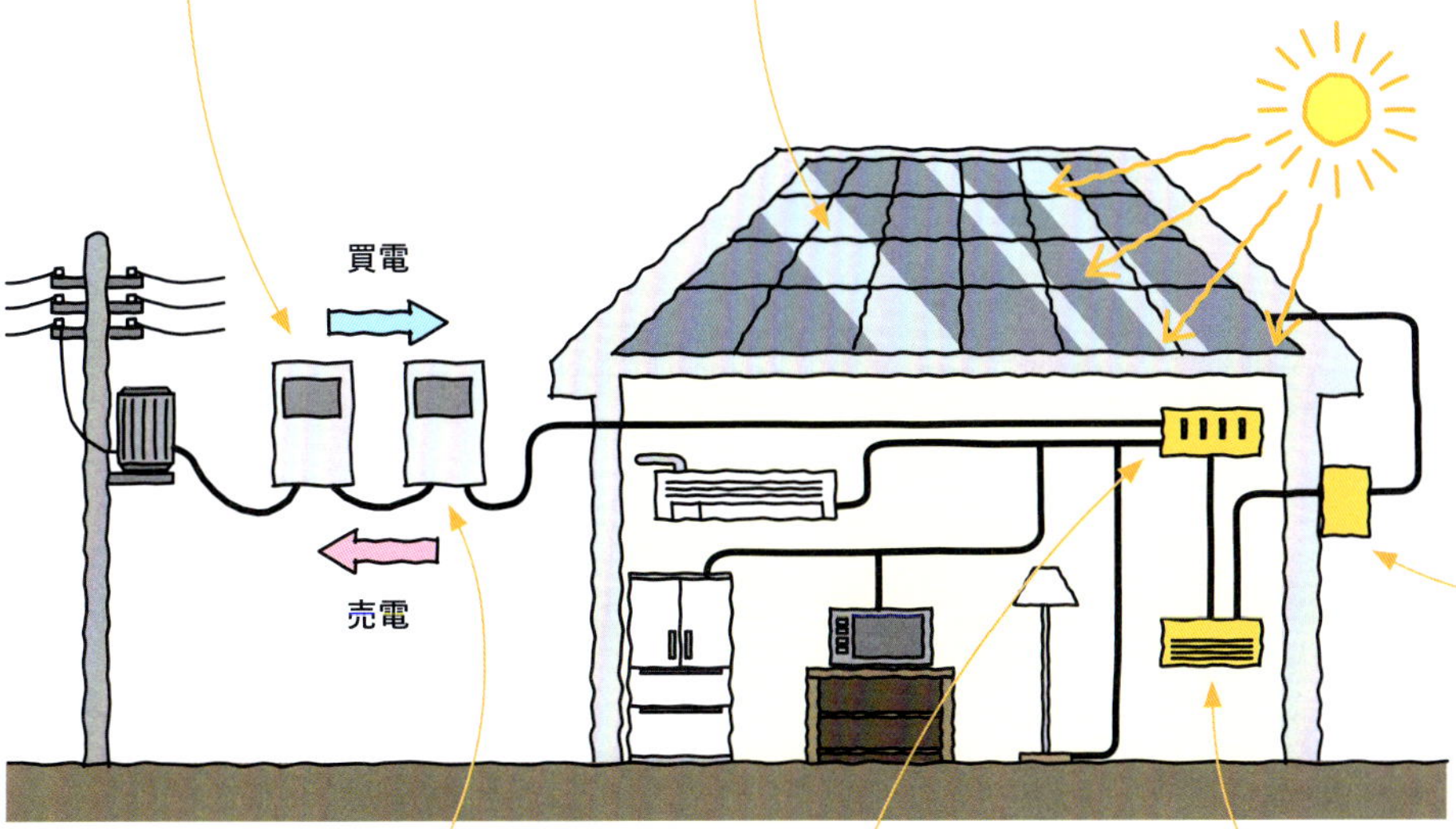

買電用電力量計
電力会社から購入する購入電力を計量。

太陽電池パネル
太陽エネルギーを直流の電気エネルギーに変換。

接続箱
太陽電池から出た複数の配線をひとつにまとめるボックス。

売電用電力量計
電力会社が買い上げる余剰電力を計量。

住宅用分電盤
パワーコンディショナからの電力を、家庭内の各電気機器が使えるように分配する。

パワーコンディショナ
太陽電池で発生した直流の電気を家庭で使える交流の電力に変換。

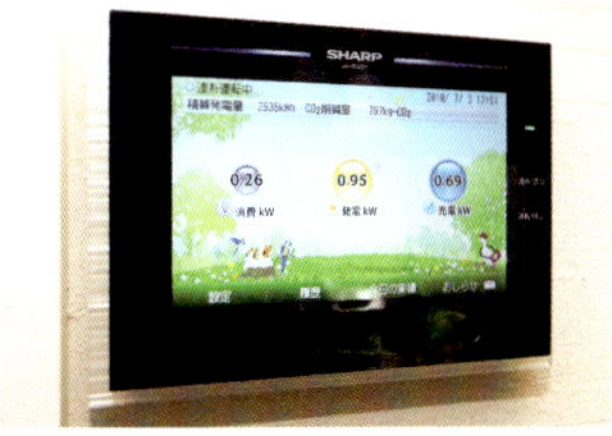

発電量や買電・売電量などは、室内の液晶パネルでリアルタイムにチェックでき、家族のエコ意識も自然と高まります。（H邸 設計／優建築工房）

これからの住まいは エネルギーを つくってためる！

これからの住まいは、消費エネルギーを抑える「省エネ」だけでなく、太陽光発電などでエネルギーを生み出す「創エネ」も、いっそう一般化しそうです。家庭でエネルギーをつくる方法としては、太陽光発電のほか、ガスを燃料にして、家庭用燃料電池「エネファーム」でクリーンに発電する方法もあります。これは発電と同時にお湯が沸かせる点もメリットで、沸かしたお湯は床暖房にも利用できます。太陽光発電、エネファームとも、導入コストはかなり下がってきていて、今後さらに下がる見込みです。

こうしてつくったエネルギーを、家庭用蓄電池でためる「蓄エネ」の流れも見えてきました。以前は非常に高価だった家庭用蓄電池の価格が下がってきていて、今後も次第に求めやすくなりそうです。

このように、つくってためたエネルギーを「HEMS」（ヘムス）で賢く使うのが「スマートハウス」です。「HEMS」とは、「Home Energy Management System」の略で、電気やガスなどの使用量をモニター画面などで「見える化」したり、家電機器を自動制御して、家庭で使うエネルギーを節約する管理システムです。エネルギー収支がゼロになる「ZEH」も注目されています。

ZEHとはエネルギー収支がゼロになる住まい

「ZEH（ゼッチ）」とはNet Zero Energy House（ネットゼロエネルギーハウス）のことで、一次エネルギー（P284参照）の年間消費量より、住宅でつくり出したエネルギーのほうが多い、またはその差が正味（ネット）ゼロになる住宅のことです。省エネや創エネとHEMSを組み合わせてエネルギーを管理することで実現させます。国は2020年までに標準的な新築住宅でZEHの実現を目指すとし、2012年度から補助金を交付しています。

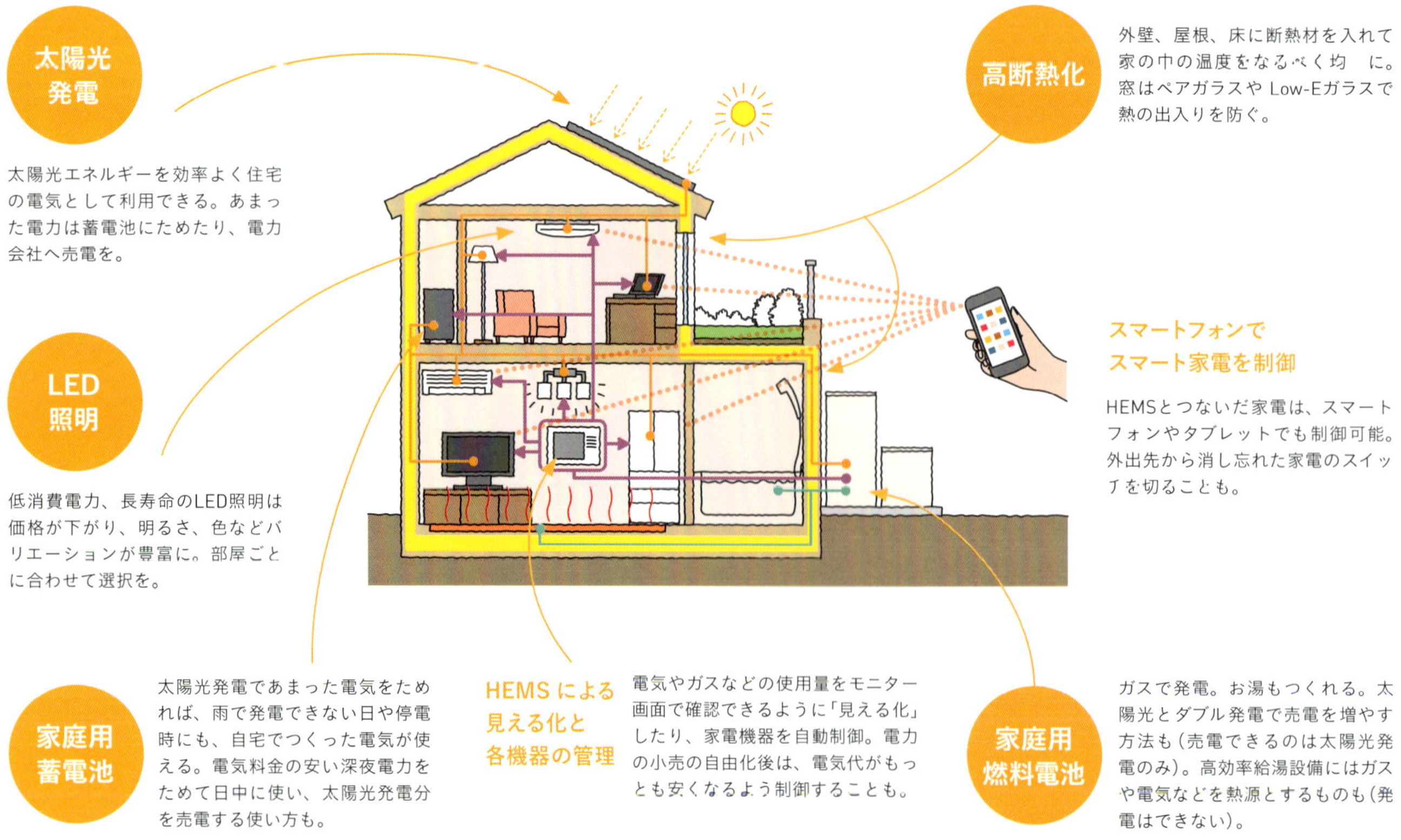
太陽光発電
太陽光エネルギーを効率よく住宅の電気として利用できる。あまった電力は蓄電池にためたり、電力会社へ売電を。
高断熱化
外壁、屋根、床に断熱材を入れて家の中の温度をなるべく均一に。窓はペアガラスやLow-Eガラスで熱の出入りを防ぐ。
LED照明
低消費電力、長寿命のLED照明は価格が下がり、明るさ、色などバリエーションが豊富に。部屋ごとに合わせて選択を。
スマートフォンでスマート家電を制御
HEMSとつないだ家電は、スマートフォンやタブレットでも制御可能。外出先から消し忘れた家電のスイッチを切ることも。
家庭用蓄電池
太陽光発電であまった電気をためれば、雨で発電できない日や停電時にも、自宅でつくった電気が使える。電気料金の安い深夜電力をためて日中に使い、太陽光発電分を売電する使い方も。
HEMSによる見える化と各機器の管理
電気やガスなどの使用量をモニター画面で確認できるように「見える化」したり、家電機器を自動制御。電力の小売の自由化後は、電気代がもっとも安くなるよう制御することも。
家庭用燃料電池
ガスで発電。お湯もつくれる。太陽光とダブル発電で売電を増やす方法も（売電できるのは太陽光発電のみ）。高効率給湯設備にはガスや電気などを熱源とするものも（発電はできない）。

安心して暮らせるために考えておきたい機能

耐久性を高めた住まいは メンテナンスも重要です

国も推進している「長期優良住宅」では、躯体を１００年以上持たせようとしているため、新築時からメンテナンスの対策を立てることが必要です。

長期優良住宅では、住まいの耐久性を高める対策について、以下の３つを大きな柱としています。

①構造躯体の劣化を防ぐ

防腐・防蟻処理を施し、構造体や屋根裏、床下に通気を。配管がチェックできるよう、小屋裏と床下などに点検口を。床下は配管チェックと通気のため高くします。

②設備のメンテナンス対策

従来は基礎の中や下に埋めていた配管を、修理しやすいように基礎の上に出すなど、給配水管を点検、修理、交換できるように。

③住宅履歴書をつくる

メンテナンスの計画書をつくり、実際にどのようなメンテナンスを行ったか履歴書をつくります。これがないと、後の世代が適切に維持管理できなくなってしまいます。住まいを売却したり人に貸す必要が出たとき、客観性が出るので資産管理の意味でも重要です。

シロアリ対策で有効なのは 床下の湿気を防ぐこと

シロアリは湿気を好むので、床下は湿気が抜けるよう通気をしっかりと。一般的な基準では、土台のほか地面から１ｍ以内の外壁の軸組みなどに防腐・防蟻剤処理が必須ですが、ベタ基礎にしたうえでヒノキ、ヒバなどシロアリが出にくい樹種を使えばこの処理はかならずしも必要ではありません。

通気・換気を計画して カビの発生を防ぎましょう

カビは結露が原因で発生するので、断熱と躯体内の通気をしっかりして結露を防げば、カビも防げます。水回りのカビ防止は換気と通風が重要。収納内のカビ対策は、細かい穴のあいた有孔ボードを扉に使う、押入れ用の吸放湿材を内側に張る方法が。大型収納は北側の外壁側など冷気に接するところを避けて設けましょう。

点検口の設け方の例

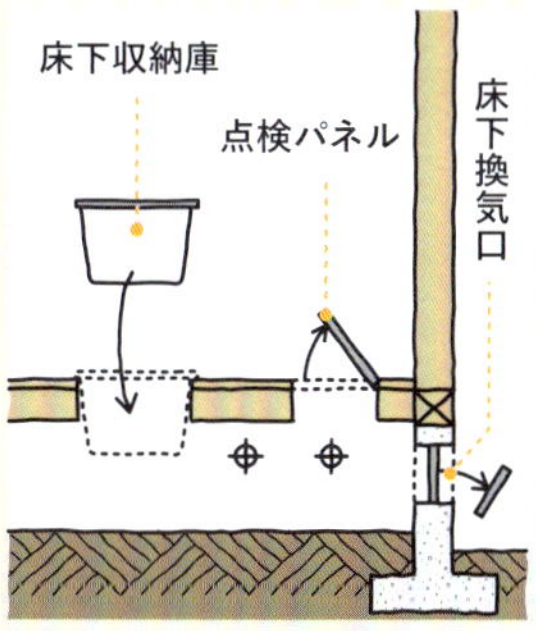

床下横引き配管用点検口

1階水回りの床下点検口は、洗面室やキッチンなどに設置するケースが多い。キッチンの場合は床下収納庫を利用しても。和室なら畳下を利用することも可能。

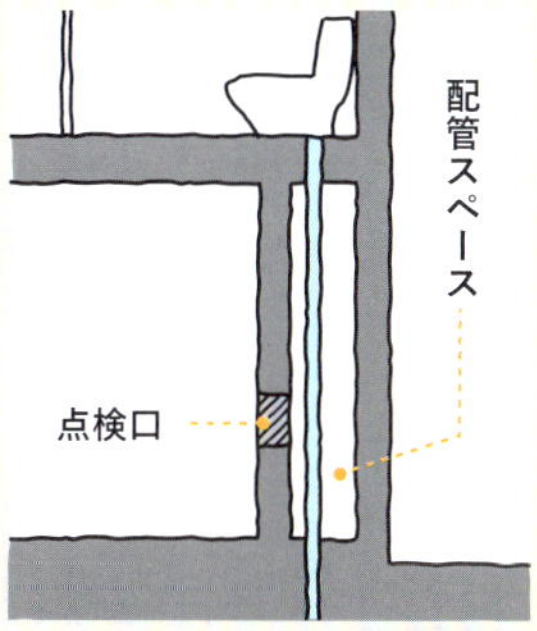

竪管用点検口

2階のトイレなど上階の配管が1階に下りてくる場合は、1階壁面に設置する。収納を利用して対応するとよい。

配管方法の例

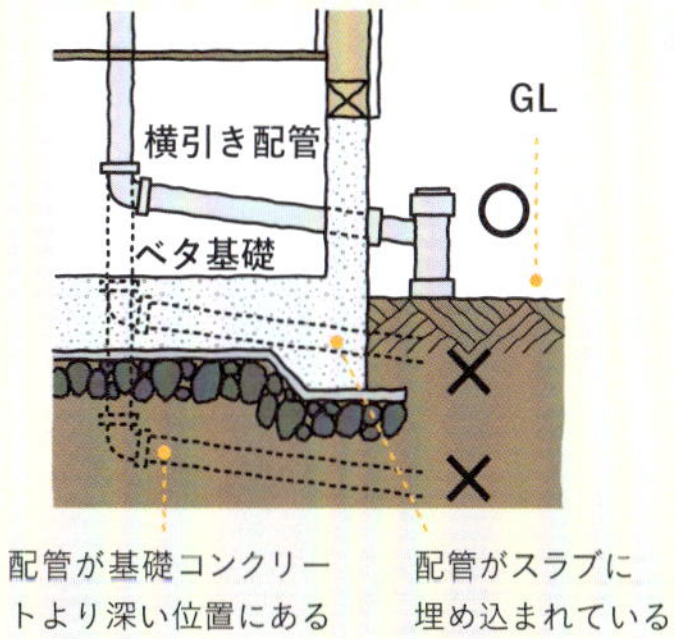

ベタ基礎の配管方法の例

配管は、基礎下部および基礎底盤のコンクリート中に埋め込まず、地上部分で横引きとするなどいくつかの方法がある。

心地のいい家に必要な設備と機能とは？ 耐震性

安全な土地を選び、かならず地盤調査を

　建物の耐震性を高める前にもっとも重要なのは、しっかりした地盤の土地を選ぶこと。地盤が良くても液状化の恐れのあるところもあるので、注意が必要です。

　見分け方の確かな方法は地盤調査ですが、土地購入前に調査できない場合も多いので、まずは役所などで地盤や液状化などの近隣データをチェックします。「土を盛った盛り土は軟弱だが、土を切った切り土は安全」とか、「『○○台』という地名なら安全」などの見方は、かならずしも確実とはいえないので、建築前に地盤調査をするのがおすすめです。

　調査を行ったら、その結果に合わせてしっかりした基礎を築くことが重要です。一般的な基礎の種類にはベタ基礎と布基礎があり、最近では広い面積で建物の重さを支えられるベタ基礎が増えています。地盤調査の結果、そこそこ地盤がよければ、とくに地盤補強をせず、ベタ基礎にして家を建てます。

　硬い地盤が深いところにある場合は、その深さに合わせて「表層改良」「柱状改良」「支持杭」「摩擦杭」といった方法で地盤補強をしたり杭を打って、しっかりした基礎を築きます。

どのくらいの耐震性が必要？地震に強い工法は？

　建築基準法の基準でもある、住宅性能表示制度の構造等級1は、必要最小限の耐震性の基準です。構造等級3は「数百年に一度程度発生する地震による力の1・5倍の力に対して倒壊、崩壊などしない程度」なので、等級3を目指すのが理想ですが、吹き抜けなどを設ける場合は難しいケースも。デザイン面も考えながら耐震性を持たせるには、等級1と3の中間で、「長期優良住宅」の基準である等級2程度を目安にするのがいいかもしれません。等級2や3にしておけば、資産価値も上がります。

　次に耐震性と工法について見ていきましょう。木造住宅には、大きく分けて軸組み工法と枠組み工法があります。どちらも柱と梁だけでは持たないので、筋交いや面材を入れた耐力壁をバランスよく配します。一昔前までは2×4に代表される枠組み工法のほうが地震に強いともいわれましたが、現在は各工法で基準を満たせばどちらが強いとは言えません。十分に乾燥させた強度の高い木材を使用し、耐震等級の基準を満たせば木造でも必要な耐震性が得られるので、鉄骨造やRC造のほうが地震に強いとも限りません。

耐震性を高めるプランで必要に応じて構造計算を

　大きな吹き抜けは、開放的で気持ちがいい空間になりますが、家の強度や耐震性の面からは不安材料となることも。また、木造3階建てでビルトインガレージをつくるケースではとくに、耐力壁を適切に配置するなど、耐震性を考慮したプランニングが必要です。ついデザインを優先しがちですが、正方形に近く、内部にしっかり壁が入って…という家が地震に強いことは知っておきましょう。極端に細長だったり、L字などの変形の家、吹き抜けやビルトインガレージが大きい家などは、たとえ建築基準法で構造計算が義務づけられていない2階建てでも、構造計算をしたほうが安心です。

　ところで、耐震性の高い設計をしても施工がいい加減では元も子もありません。図面どおり施工しているかを現場でチェックする人がいるかどうか、設計者や施工業者に確認しましょう。

建物自体の揺れを防ぐ 免震、制震の方法も

　これまでに述べたような方法で強度を高めるのは、ごく一般的な「耐震」と呼ばれる、建物が地震で揺れても倒壊あるいは損壊しにくくする方法です。一方、ハウスメーカーなどによっては、地震の揺れを建物に伝えない仕組みの「免震」や、揺れを吸収する「制震」といった工法に力を入れているところもあります。「免震」や「制震」のメリットは、建物の倒壊、損壊を防ぐだけでなく、建物自体の揺れが少なくなるので、室内の家具の転倒や、食器が割れるなどの被害も防げる点にあります。

耐震

柱や壁を強化して、地震で揺れても崩れないようにする、地震の対策としてごく一般的な方法。

免震

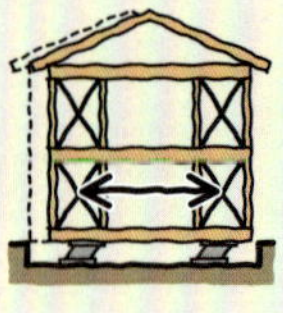

建物の足元に、地盤の揺れをそのまま伝えない免震装置を入れ、建物自体の揺れを抑える。

制震

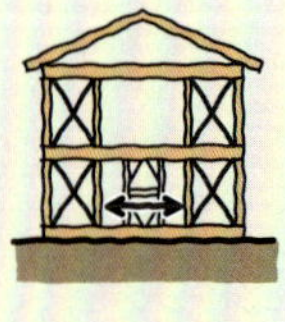

建物内部の壁などに、揺れを吸収する制震装置を入れて、建物自体の揺れを抑える。

Ⓐ 接合部の緊結

木造の場合はとくに、基礎と土台・柱、柱と梁などがはずれないように、金物やホゾなどで緊結する。

バルコニー

奥行きが大きい場合は、先端に柱を立てるなどの補強が必要。

屋根

床と同様に建物を水平方向に固める役割がある。天井面に火打ち梁を設けて補強する。

火打ち梁

木造の床組みや小屋組みが、地震や台風で発生する水平力で変形するのを防止するため、火打ち梁という斜め材を入れる。

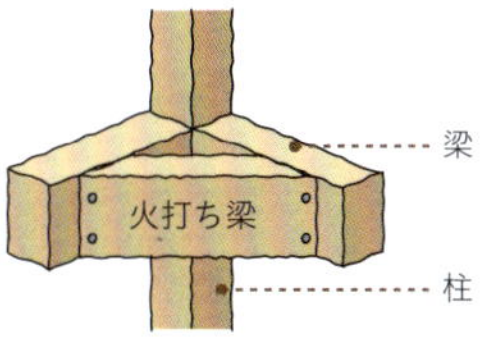

軒先

台風などの強い横風の際に下からあおられる恐れがあるので強風を想定した補強が必要。

ロフト

床面積の広いロフトは、構造的に建物に負担がかかるので、耐力壁などを割り増しする必要がある。

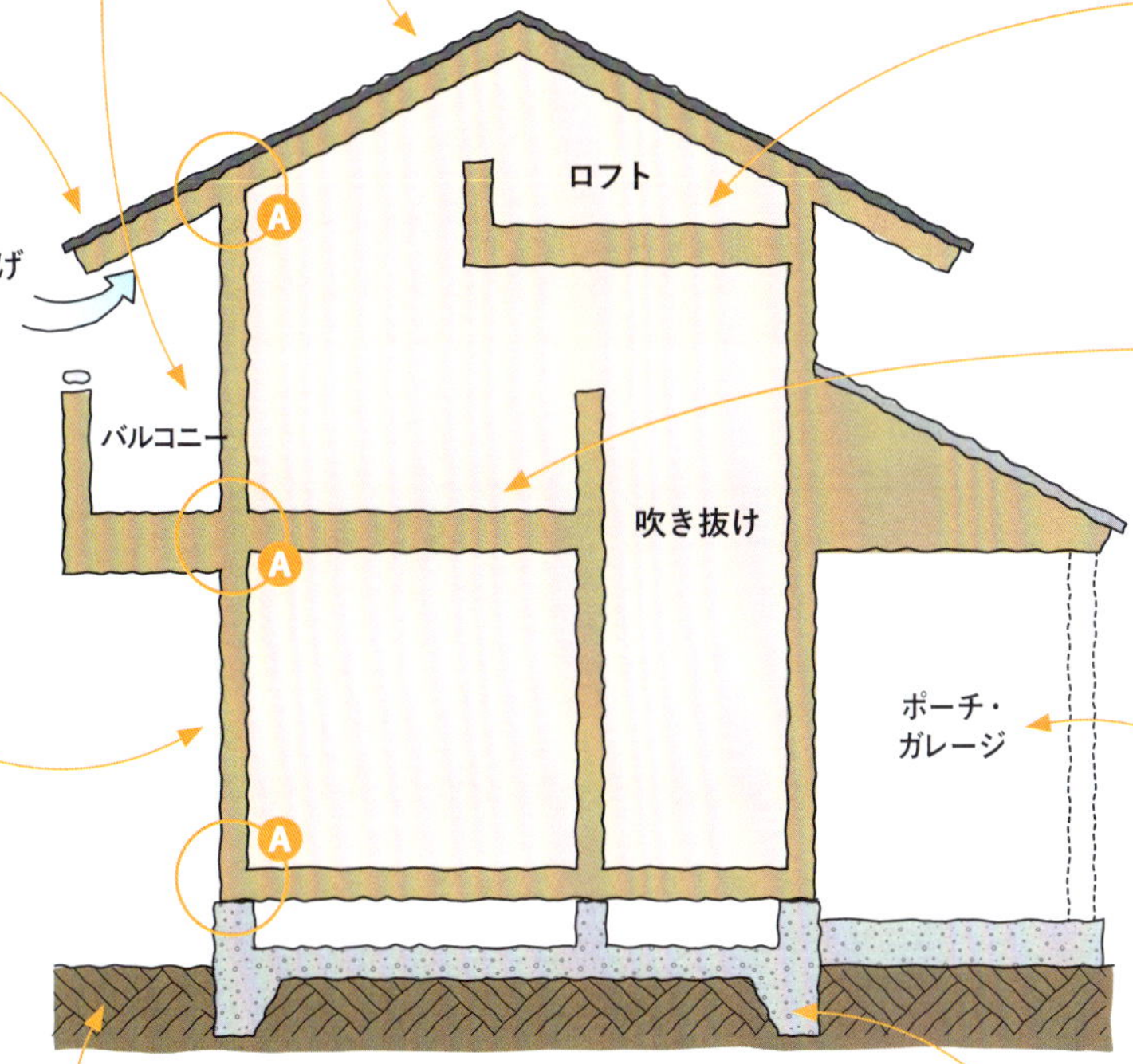

壁

地震や強風に対して建物が倒壊したり、損傷したりしないように、耐力壁などをバランスよく配置する。

床（上階）

地震や強風に対して、建物が水平方向に変形しないように、剛性の高い（固い）床面を設ける。とくに吹き抜けや階段など上下に床が抜けている部分が集中しないように、バランスよく床や火打ち梁を配置する。

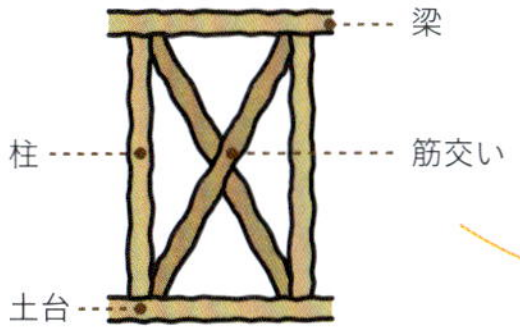

筋交い

柱と柱の間に斜め材の筋交いを入れることで、水平力を受けたときの変形を防ぐ。

ポーチ・ガレージ

構造的な弱点になりやすいので、柱や壁などを設けて十分に補強する。

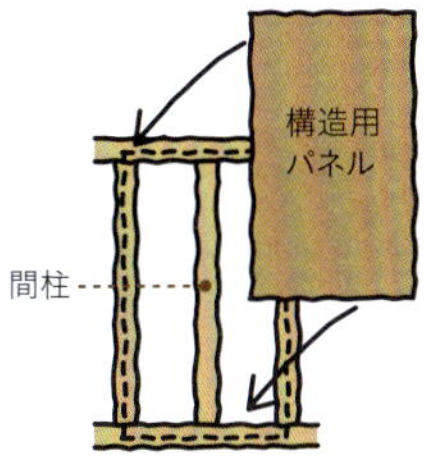

面材耐力壁

構造耐力上、主要な部分に用いる目的でつくられた構造用パネルで補強する。

地盤

地盤調査をして、場合によっては地盤補強を行う。地盤がよくないと建物が沈下したり、傾いたり、地震時の液状化などにより大きな被害が生じる。

基礎

地盤の状況や建物の形状によって、適切な基礎形状を選択する。コンクリート強度や鉄筋の太さ・間隔など基準に合った仕様で施工する。

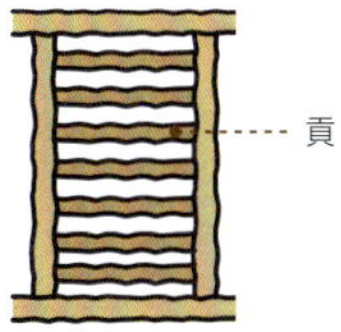

貫

貫とは柱の間に通す水平材のこと。構造的な粘りが出て倒壊を防ぐといわれる。

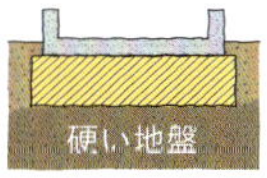

❶表層改良

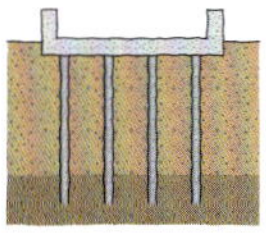

❷柱状改良

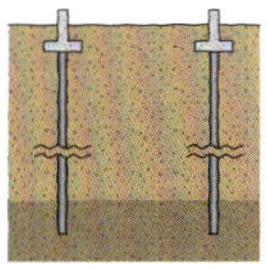

❸支持杭

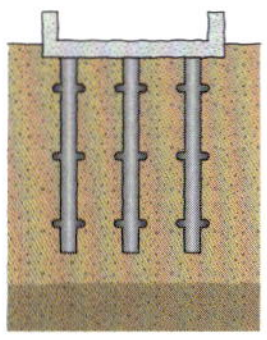

❹摩擦杭

❶表層改良：造成地などに多い、表面だけが弱い地盤の場合、弱い部分の土にセメントの粉を混ぜる。
❷柱状改良：軟弱な地盤の深さが5mぐらいまでの場合、セメントを混ぜた土を柱状に入れる。
❸支持杭：硬い地盤（支持層）に達する支持杭を打つ方法。住宅用には、鋼管支持杭が比較的多く用いられる。
❹摩擦杭：硬い地盤が深い場合、杭外周の摩擦力で建物を支える方法もある。

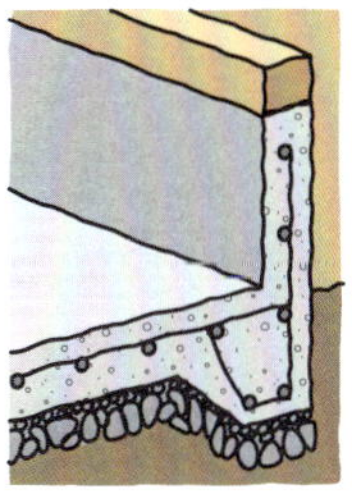

ベタ基礎

基礎の立ち上がりだけでなく、底板一面が鉄筋コンクリートになっている基礎。

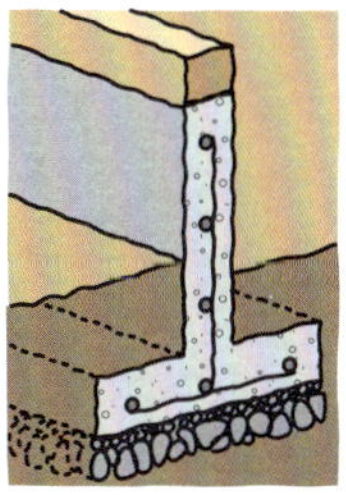

布基礎

Tの字を逆にした断面形状の鉄筋コンクリートが連続して設けられた基礎のこと。

断熱性・気密性の高い家は防音性能もすぐれています

断熱材を必要なか所に適切な施工で十分に入れ、ペアガラスサッシを採用した断熱性・気密性の高い住宅は、おのずと外から音が入りにくく、室内の音も漏れにくい構造になっています。上下階や壁を隔てた隣に他人が住んでいるマンションやアパートと違い、一戸建ての場合はそれほど神経質に防音性を高めなくても、断熱等性能等級4程度を満たせば、ある程度十分な防音性も同時に得られます。

それでも、幹線道路沿いだったり、飛行場が近いなど、とくに騒音が気になる地域では、防音の弱点となる開口部に、普通のペアガラスサッシよりさらに気密性が高く振動も伝えにくい、防音サッシを用います。気密性が高いと、すき間からの音の侵入を防げます。

天井を張らないと上階の音が下に響きやすい

自然素材の家などで見受けられる、天井を張らないで2階の床下の梁をそのまま見せる方法は、上階の音が下に響きやすいので、家庭内の生活騒音を気にする人には不向き。天井の懐を深くすることで、音は伝わりにくくなります。

小さな家でトイレの音が気になるときは…

トイレの音が気にならないようにするには、間取りの工夫が第一。トイレの入り口がリビングなどに向かないように気をつけましょう。また、便器がリビングのすぐそばにくるのも避けて。これは、来客への配慮としても必要です。

どうしてもリビングと便器が近くなる場合は、トイレとの間の壁に断熱材を入れて防音する方法があります。高めの密度のグラスウール（16K・24Kなど）で、10cm厚さのものを入れるとかなり効果的。壁の厚みは10・5～12cmなのでちょうどおさまります。ほかにも、壁の下地材の石膏ボードを二重にして、音を伝えにくくするのもひとつの手です。

水回りの配水管や換気扇から漏れる音にも注意

2階にキッチン、バス、トイレを設ける場合、配水管は、なるべく1階リビングや寝室など、音の気になるところを避けて通します。配管を家の外に出すと音が気にならず、メンテナンスもしやすいのでおすすめ。この場合、デザイン的に目立たない場所に配するよう工夫します。二世帯住宅で居室内に配水管を通す場合は、なるべく上下階の水回りの位置をそろえましょう。

また、キッチンもトイレも壁に直接穴をあけてファンを取り付ける壁付け型の換気扇は、音が外から侵入したり漏れやすいもの。気になる場合は、天井にファンをつけてダクトで外に排気するシロッコファンを採用してください。

防音室には密度の高い特殊材や防音サッシ・扉を

防音室は、石膏ボードを二重にするなど、壁厚をどんどん厚くすることが基本で、同時に壁を重くすることで防音性能を高めます。鉛や密度の高い石膏ボードなど、防音用の特殊材があるのでそれらを利用するのもおすすめです。いちばん音が漏れやすいのは開口部なので、防音サッシ、防音扉にすることが重要。プラン的には、上下階に寝室を持ってこないよう注意を。ピアノを弾く人など向けに、メーカーによる音響効果も考えられたユニットタイプの防音室もあります。また、地下を防音室にするのは、コストはかかりますが効果の高い方法です。

家の中で聞こえる音は 2 つの種類がある

	音源	感じ方
LH（重量衝撃音）	子どもがドンドン 飛び跳ねる音 人が歩く音	「ドーン」「ドスン」 比較的低い音源 低音域で音が発生する
LL（軽量衝撃音）	スプーンのような軽くて 硬いものを落としたときの音 椅子の移動音	「カチッ」「コーン」 比較的高い音源 中高音域で音が発生する

音には重量衝撃音と軽量衝撃音の2種類があり、それぞれ防音対策は異なります。子どもが飛び跳ねたときなどに生じる、「ドンドン」「ドスーン」といった重量衝撃音を防ぐには、コンクリートや鉛などの重い材料を使います。

一方、椅子の脚がフローリングに当たった「カタカタ」いう音や、ペンなど硬いものを床に落としたときに生じる「カツン」「コーン」といった軽量衝撃音（振動音）を防ぐには、グラスウールの断熱材やコルク床など、多孔質なものやクッション性のある材料をかませます。

換気扇や換気口

外部との開口から音が侵入したり、漏れたりするので、直接壁に穴をあけるのではなく、ダクトを介して天井に換気扇を取り付けたり、使用時以外はふたが閉じられる換気扇や換気口を用いるなどの工夫が必要。

外部騒音

- 一般的な外部騒音に対しては、しっかりした躯体、建てつけがよく気密性の高いサッシ、外壁への断熱材の施工など、建物の基本性能がきちんとしていれば、ある程度、問題は解決。
- 鉄道、幹線道路、航空機などの特殊な騒音に対しては、防音サッシの取り付け、換気扇や給気口からの音の侵入防止、壁の防音性の強化などが必要。

トイレなどの生活音

- 寝室やリビングの上部にトイレを配置しないなどプランニングで工夫。
- 排水管のパイプシャフトにグラスウールを充てん。
- トイレと隣接する部屋の間仕切り壁にグラスウールを充てんする。

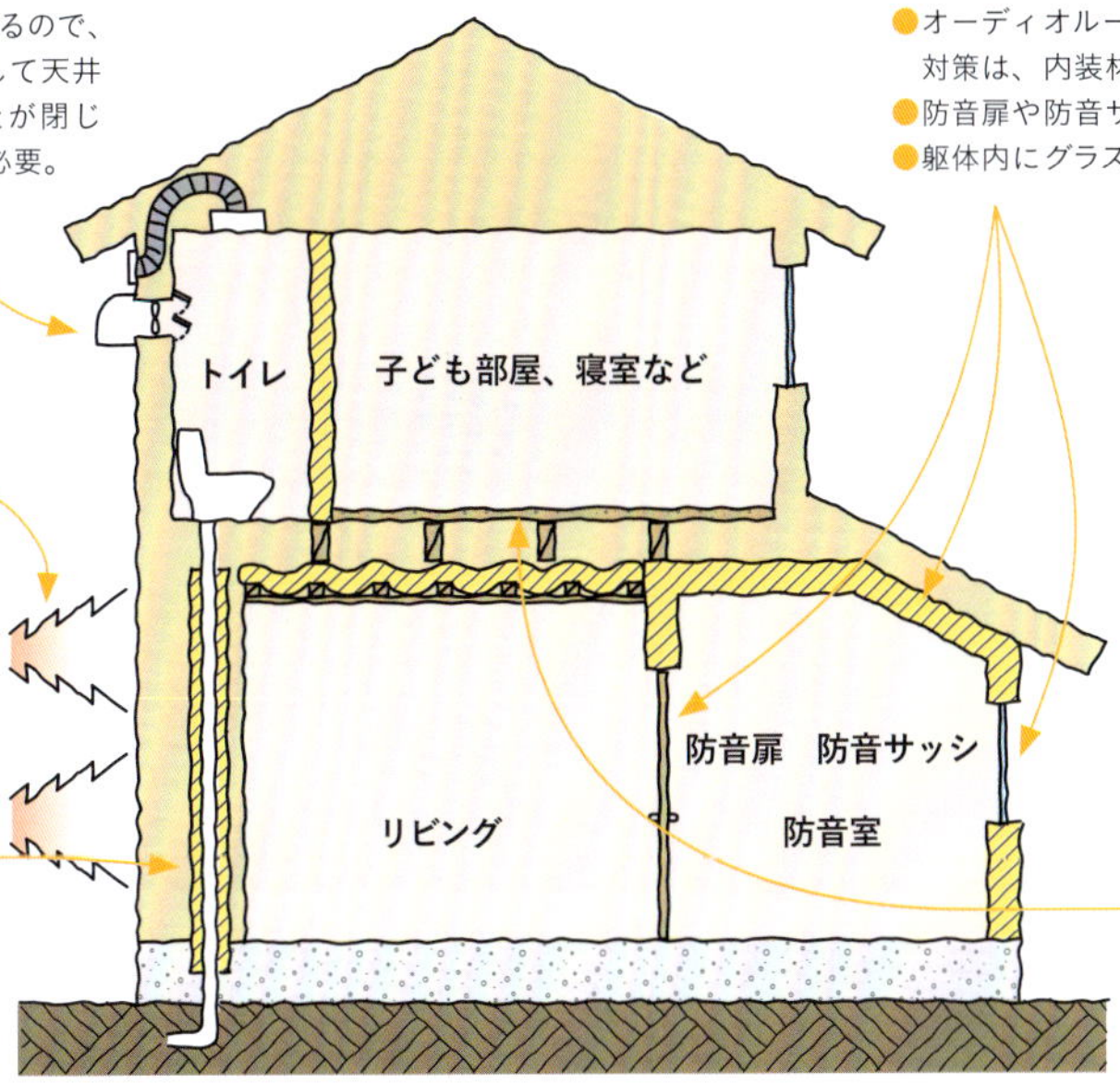

防音室など

- オーディオルームなど、大きな音の発生源となる部屋の防音対策は、内装材に音を吸収しやすい材料を用いる（吸音）。
- 防音扉や防音サッシなど開口部から音を外に漏らさない。
- 躯体内にグラスウールを充てんするなど遮音をしっかりする。

上下階の防音対策（2世帯住宅や子ども部屋など）

- 上階の床材をコルクなどのやわらかい材料にする。
- 床仕上げ材の下に、遮音シートやクッション材（ゴム、石膏ボードなど）を敷き込む。
- 天井の上に、グラスウールなどを敷き込む。
- 2階の床を支える根太と、1階の天井材が直接触れ合わないように工夫する。

心地のいい家に必要な設備と機能とは？ シックハウス対策

気密性の高い住宅にはシックハウス対策を

昔の建物は木や土などの自然素材でできていましたが、戦後、工業製品が多数出てきて化学建材が非常に増えました。加えて住宅の気密性が高まったために、建材から出る目に見えない化学物質（揮発性有機化合物）が室内にとどまるようになり、すき間が多かった以前の建物に比べると、室内の空気環境が悪化することに。化学物質が原因で、体調に不良をきたすシックハウスを防ぐための対策が必要となったのです。

現在、建築基準法では、化学物質が極力出ないよう、化学物質の中のホルムアルデヒドとクロルピリホスについて、建材への使用に規制をかけ、とくにクロルピリホスは使用を禁止しています。

ホルムアルデヒドを使用している建材は、空気中の発散量によってランクづけされています。現在、市場に出回っている建材は発散量がもっとも少ないF☆☆☆☆（エフ・フォースター）の製品がほとんど。しかし、最高ランクとはいっても、いちばん厳しい規制値を下回っているという意味にすぎず、やはり少量ながらホルムアルデヒドを放散しています。

ですから、基準法でも、F☆☆☆☆の建材を使う場合、1時間に室内の空気を0・5回換気する24時間常時換気を義務づけています。具体的な方法としては、微風量換気扇を設置して強制的に換気を行います。もっとランクが下のF☆☆☆やF☆☆を使う場合は、使う面積に応じて、さらに換気量を割り増しする必要があります。

F☆☆☆☆の建材さえ使えば安全と思われがちですが、化学物質による汚染がゼロになるわけではありません。また、最近はアスベストのような極端に体に悪影響を及ぼすものは減っていますが、ホルムアルデヒドとクロルピリホス以外の化学物質は建築基準法では規制していないので、化学物質に過敏な人は注意が必要です。

ホルムアルデヒドの発散速度（mg/㎡h）と記号

発散速度	記号
0.12 を超える	無等級
0.02 を超え、0.12 以下	F★★
0.005 を超え、0.02 以下	F★★★
0.005 以下	F★★★★

どこまでの防犯性能が必要か見極めて

住まいの防犯性能を高める技術や製品はたくさんありますが、まずはどれぐらい防犯性能を高めるか、設計者を交えて、家族で話し合いましょう。というのは、家族の間でも防犯についての意識に差がある場合があり、ご主人はあまり気にしないけれど、奥さまや中・高生以上のお嬢さんは、防犯性を高めないと怖い——と思っているケースも多いからです。

プランニングの際には、家族形態や暮らし方のバランスも考えて、必要な防犯製品を取り入れます。たとえば玄関ドアはオートロックが普及していますが、夜間、子どもが塾に通うお宅などでは、うっかり鍵を持たずに出てしまうと、帰宅時にドアが開かなくて困るといったトラブルも。指紋認証のドアロックは、冬場、乾燥している時期は読み取り精度が落ちるため、とくにお年寄りが指を当てても開かないケースもあり、結局、つねに解錠している例も。いたずらに防犯性能を高めると、かえって暮らしにくくなる一面もあります。一方、共働きで子どもが留守番をすることの多い家や、ご主人が単身赴任で妻と子どもだけの家庭、お年寄りだけの家庭は、防犯性能を高めておくと安心でしょう。

防犯対策はあくまでもケースバイケース

次ページに、一般的な防犯対策をあげましたが、これはあくまでもひとつの目安。たとえば犯罪者の進入を防ぐため、塀やバルコニーの手すりは見通しがよいタイプにしたり、塀を低めにするという方法があります。高い塀で囲ってしまうと、塀の中に侵入されたときに周辺から死角となり、家の中に侵入する作業がしやすくなってしまうからです。これは、ある程度人通りのある場所では確かに有効な方法ですが、家の中がまる見えになり、かえって侵入しやすいという側面もあります。ストーカーなどの変質者からプライバシーを守るには、反対に視線を遮るハイウォールでバルコニーを囲うなどの対策が有効でしょう。

また、センサーライトは猫が通っても反応してしまい、住宅密集地ではクレームにつながることも。防犯への備え方や周辺の状況で対策は変わります。家族みんなが安心して暮らすために、納得のできる対策を検討しましょう。

開口部の防犯対策はダブルロックが原則です

犯罪者が室内に侵入してくるのは、当然、玄関と窓の開口部からといったケースがほとんど。玄関には最低でもピッキング対策が必須です。既製のドアの鍵は、ほとんどがピッキングに強い鍵になっていますが、これに加えてダブルロックにするとなお安心です。窓も同様に、なるべくクレセントロック機構がついたものにして、サッシ枠の上か下に補助錠を。防犯面からいえば、開口部はダブルロックが原則です。また、できれば1階に雨戸かシャッターをつけると安心。小さい子どもが留守番をすることの多いお宅なら、来訪者の顔がわかりやすい、カラー画面のインターホンもおすすめです。

最近では一般の家庭でも、警備会社に依頼するケースが多くなりました。ステッカーが貼ってあるだけでも防犯になり、犯罪者が侵入するとフラッシュがつくフラッシュライトも有効です。契約内容にもよりますが、一般住宅の場合、1か月7000円〜1万円程度で契約できるので、一考する価値はありそうです。

防犯建物部品の例

窓	ドア
防犯ガラス　中間膜（特殊フィルム）が内部に密着されているため、通常のガラスに比べて破壊されにくい **サッシ外れ止め**　サッシを持ち上げて外すことができないようになっている **補助錠**　2か所をロックすることで、容易に開けることができないようにしている	**防犯サムターン**　サムターン回しに耐える高性能な種類（3アクションタイプや両面シリンダータイプなど） **シリンダー**　ピッキングに強い複雑構造。ドリル攻撃にも耐える強固なもの **ドアの強度**　金切バサミなどで切り破られない材質を使うなど、強固なつくりになっている

防犯性の高い部材につけられるCPマーク

ガラス、サッシ、錠、ウインドウ・フィルム、シャッター、ドアなどには、CPマークのついた製品があります。これは、犯罪者の侵入をおおむね5分以上防げる性能を確かめた「防犯性能の高い建物部品」です。たとえばドアは、ピッキング、サムターン回し、カム送りといった、強引にこじ開ける手口に対して強くつくられ、サッシはガラス部分に防犯合わせガラスを入れ、サッシ全体の外れ止め対策が施されたものなど。目録はホームページでも公開されています。www.cp-bohan.jp

バルコニー

- 格子状の柵など見通しのよい構造にする
- 縦樋、手すりなどを伝ってバルコニーに上れない構造に

見通しの悪い窓

- 面格子を設置する

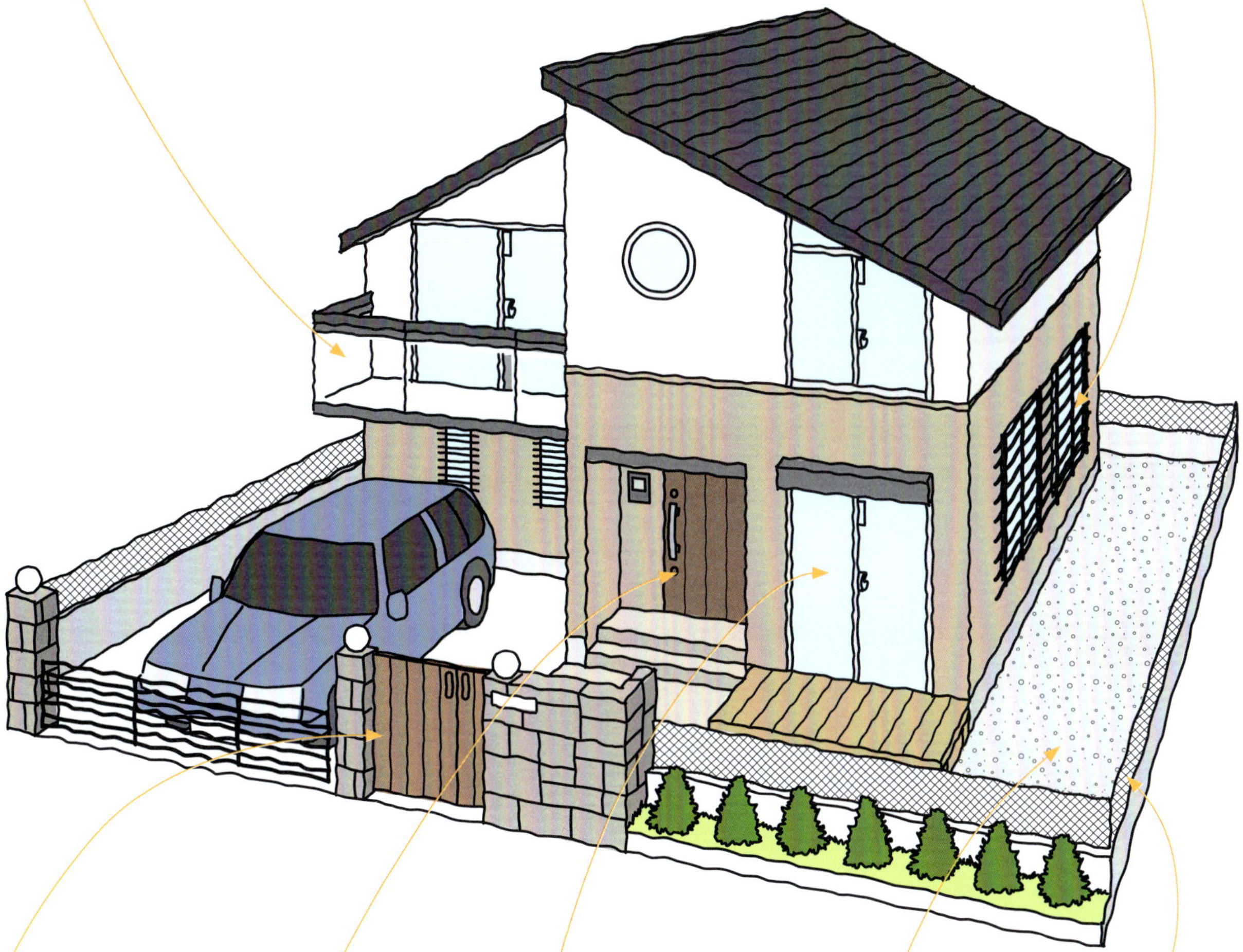

門扉

- 外部から容易に侵入できない構造にする
- 錠をつける

玄関・勝手口

- 道路からよく見えるようにする
- ドアの材質は破壊が困難なものを選ぶ
- ドアの鍵はピッキング、サムターン回しなどの対策が講じられているものを設置
- ひとつのドアに2か所のロックをつける
- 採光用のガラスは破られても手を差し込めない構造にする
- ドアチェーンや取り外せないドアスコープをつける
- 防犯カメラやテレビモニターつきドアホンの設置

掃き出し窓

- 道路からよく見えるようにする
- 防犯合わせガラスを使用する
- ロックつきクレセントと補助錠をつける
- シャッターや雨戸の設置

塀・柵・垣根

- 見通しのよいつくりにする
- 高さを抑えるなど上階への足場にならないように注意

庭・外回り

- 歩くと音が出るような砂利を敷く
- 植栽は見通しがいいように剪定する
- 窓のそばに足場になるようなものを置かない

ユニバーサルデザイン

新築時から将来に備えた工夫を

30〜40代で家を建てる場合も、将来に備え、安全のためにできる工夫と、場所によっては改造しやすくしておきましょう。バリアフリー（障害がないの意）の工夫は、親や祖父母が訪れるときのためにも必要です。さらに「老若男女、誰もが使いやすい」というユニバーサルデザインの観点で家づくりをすれば、小さい子どもも安心して過ごせます。

エレベーター設置の場所もあらかじめ確保しましょう

最近は2階にリビングを設ける家が多いので、将来エレベーターを設置する場所を確保しておきましょう。押入れの位置を上下階で揃えたり、吹き抜けを利用します。エレベーターは、1間の押入れほどの広さから取り付け可能ですが、車椅子で乗るか、介助者も一緒に乗るかなどで設置に必要なスペースが違います。どのタイプに備えるかを事前に検討しておきましょう。階段に椅子タイプの斜行エレベーターをつけられるよう、下地補強しておく方法もあります。

室内の温度差対策や安全な機器類の選択を

断熱性の高い住まいでは、室内の温度差はあまりありませんが、それでも冬は北側の温度が低くなります。ヒートショックを起こさないよう、北側の寒い廊下を通らずにバス、トイレに行ける動線の工夫を。また、キッチンのコンロは火を使わないＩＨヒーターや、ガスなら安全装置つきや、レバーが大きくて点火・消火がはっきりわかるものなど安全性の高いものがおすすめです。ほかにも、引き戸や折れ戸は指つめが怖いので、小さい子どもがいる家では角が丸いタイプを。階段や吹き抜けの手すりは、子どもが落下する心配のないデザインにしましょう。

以外に見落としがちな照明・コンセントも対策を

高齢になり視力が弱まると暗く感じるので、明るさを調節できる照明器具を選ぶなどの対策を。電気器具のコードにつまずく事故も多いので、コンセントはなるべく多めに設置して。コードの抜き差しがラクなよう、コンセントプレートの中心は床から35㎝と高めにしましょう。

リビング・ダイニング
- 明るさを調節できる照明器具（高齢になると視力が弱くなり、暗く感じる。逆に、白内障などの場合、通常の明るさだとまぶしく感じるケースもある）

キッチン
- 安全装置つきのコンロ

玄関
- 手すり、腰かけ
- スロープなどを設けられるゆとりのスペース

アプローチ
- 道路からポーチへいたるスロープ、手すり

出入り口
- できるだけ引き戸に
- 段差解消

ポーチ
- 雨に濡れにくい庇つき
- 駐車スペースから玄関ドアまでの段差解消

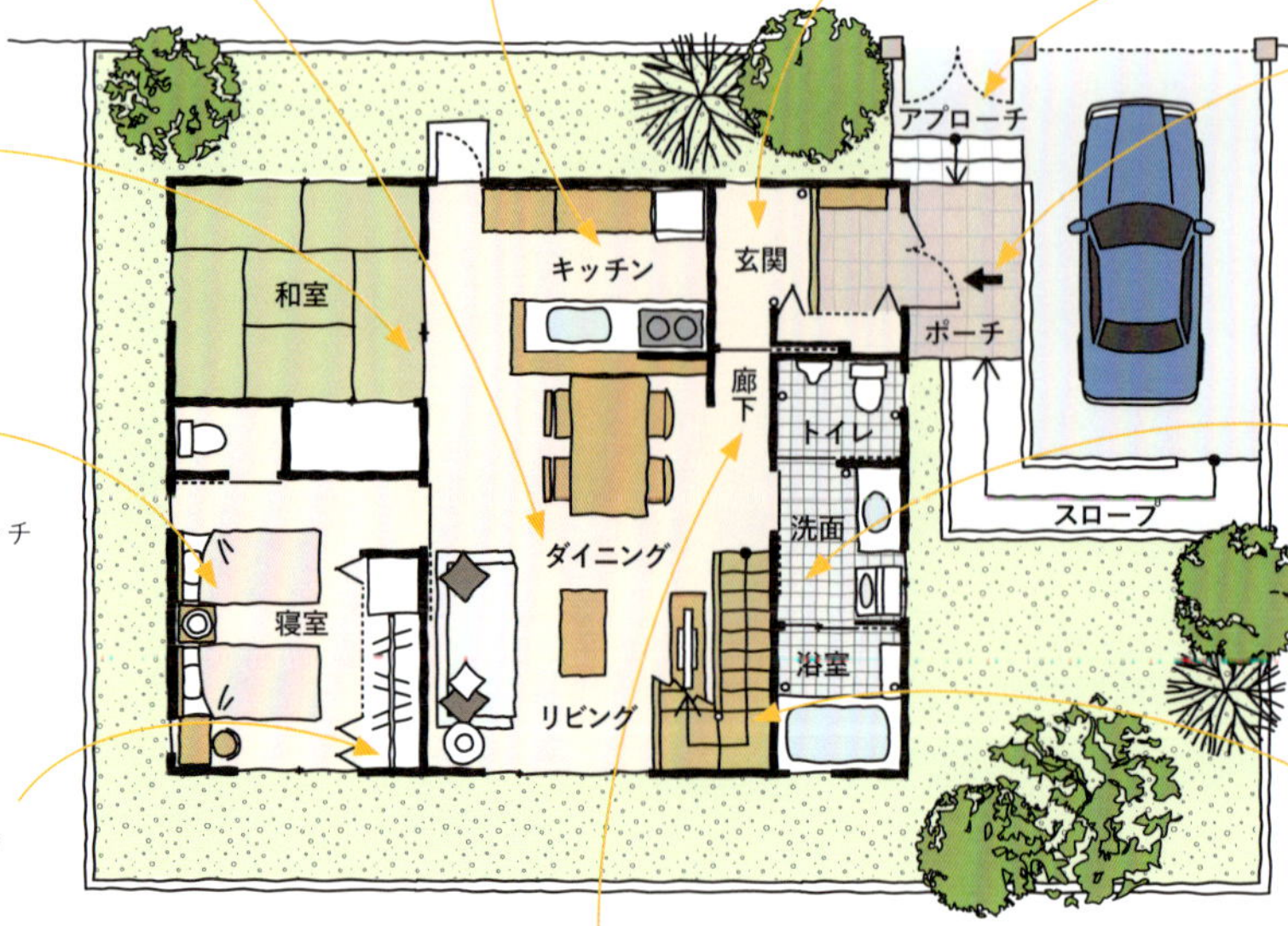

寝室
- 近くにトイレを配置
- ベッドの手元に照明スイッチ

水回り（トイレ、洗面、浴室）
- ヒートショックのない温熱環境
- 段差解消、手すり
- 滑りにくい床材
- 将来、車椅子も利用可能な間取り

収納
- 1階と2階の収納の位置を重ねるなど、将来ホームエレベーターが設置できるようなスペースを確保（図で示したのは必要最小限のサイズ）

階段
- ゆるい勾配、手すり
- できるだけ一直線ではない形状
- 足元灯

廊下
- 車椅子が通れる幅員（80㎝以上）

PART8
内装と設備・パーツの選び方

インテリアコーディネートの基本を知っておく

人それぞれ好きな服や音楽が違うように、インテリアの好みやくつろぎのスタイルもさまざまです。家で過ごす時間を格別のものにするためには、インテリアのコーディネートが大きなカギ。内装材の選び方から家具のレイアウトまで、心地よい空間をコーディネートする方法を紹介します。

めざすインテリアのスタイルを決めましょう

インテリアスタイルにもいろいろあって、それぞれ固有の雰囲気をもっています。それを形づくっているのが、インテリアを構成するアイテムの「素材」「質感」「形」「色」。この4つの要素の違いで仕上がりの雰囲気が変わります。

まずは「素材」。木や土などの自然素材か、プラスチックなどの人工素材か、また素材のかたさも重要で、布などのやわらかい素材か、石などのかたい素材かによっても受ける印象が異なります。次に「質感」です。同じ木でもゴツゴツしたものか、なめらかなものか、塗装でピカピカの仕上がりなのかでイメージが変わります。

また、家具や照明、柄などの「形」（フォルムやライン）の特徴も大切。具体的には、面か線、骨太か華奢、直線か曲線、有機的な曲線か人工的な曲線かなどです。最後に「色」。赤、青などの色みだけでなく、同じ赤でも明るいものや暗いもの、鮮やかなものからくすんだものまであります。めざすインテリアのスタイルごとに、4つの要素の組み合わせをまとめたので、参考にしてください。

Style_1 ナチュラル

木の質感を楽しめる無垢材の床や家具で構成されたダイニング。（金光さん宅・愛知県）

木や革など自然素材の経年変化を楽しむ
色みより自然な素材感を重視する

素材…木部は無垢材か天然木の突き板仕上げ。布は木綿や麻などの天然繊維。珪藻土やテラコッタタイル、革、石などの自然素材。

質感…木や革は、ウレタンではなく自然オイルやワックスなどでツヤを抑えた素材本来の質感を生かした仕上げ。ざっくりした質感。

形……均一でない、木の枝ぶりのような、意図したデザインではない自然な曲線や、過度な装飾をしていない直線。

色……木の茶色や木綿の生成りなど自然素材の色や、連想させる色。

Style_2 フェミニンナチュラル

アイボリーでまとめられた、やさしい雰囲気のキッチン。（安達さん宅・神奈川県）

こまかく華奢なラインのモザイクタイル貼り
フリルなど丸みのあるデザイン

素材…無垢材や木綿、麻などの自然素材を使用。古くなって丸みをおびた古材や、やわらかさのある布などをプラス。

質感…自然素材の質感を残しながら、経年変化でなめらかになったり、やわらかくなったりした質感。きめこまかい仕上げ。

形……自然な曲線や直線。フリルやレースなどの丸みをおびた女性的なモチーフや、こまかくて細い、華奢なライン。

色……アイボリー、生成りなど、時間がたってあせたような明るい色。

Style_3 マニッシュナチュラル

コンクリートと木の内装に、古い木や鉄、革などの家具を合わせて。（寺西さん宅・東京都）

素材……無垢材などの自然素材に、古くなって味わいを増した古材や革、硬さや重さを感じさせるコンクリートや鉄などの無機質素材を。

質感……素材の質感を生かし、仕上げをしていないような粗削りな質感。

形……業務用機材のような、機能的で装飾のない、ラフで直線的なデザイン。ラインはがっちりと骨太で、線より面で構成される。

色……木や鉄などの素材の色。使い込んで味わいが出てきたような色。経年変化で濃くなったような渋くて無機的な色。

Style_4 シンプルナチュラル

シンプルなデザインのDK。バーチ無垢材の床がナチュラルな雰囲気。（石沢さん宅・神奈川県）

素材……木目のある木や珪藻土、木綿、麻などの自然素材のほか、シナ合板やペイント、タイル、ステンレス、化学繊維など。

質感……木や珪藻土の素材感を感じさせつつ、スムーズ（なめらか）な仕上がり。さらさら、ざらざら、つるつるした感じ。

形……すっきりとした直線、軽やかな細い直線。デザインされて単純化された人工的な曲線。フラットな面。ミニマルデザイン。

色……木や珪藻土などの明るい色。白、ベージュや寒色系の色。

Style_5 シンプルモダン

吹き抜け空間に軽やかな階段がアクセントになった、明るくのびやかなLDK。（基さん宅）

素材……ガラスや樹脂などの透明感や軽さのある硬質な素材。すっきりした木目や、木目を塗りつぶした仕上げの木。

質感……光沢のある仕上げ。ムラのない仕上げ。軽快な感じ。クールで軽やかな感じ。硬い感じ。つるつる、ぴかぴかした感じ。

形……シャープな直線と人工的な曲線。細いライン。フラットな面。重心が高い緊張感のある形。

色……白、グレーなどの明るい無彩色。メタリックカラー。

Style_6 ナチュラルモダン

上質な素材感のあるウォールナット材の床にモダンデザインの家具を。（Yさん宅・兵庫県）

素材……木、石などの素材感のある自然素材。合板、陶製タイル。コンクリート、ガラスなどの硬質で無機的な素材。プラスチック。

質感……素材感を生かした仕上げ。ムラのない仕上げ。つるつる、ぴかぴかした感じ。クールで硬い感じ。

形……シャープな直線と人工的な曲線。フラットな面。重さのあるかたまり。重心が高い緊張感のある形。

色……自然素材の色。無彩色、メタリックカラー、ビビッドカラー。

内装材や部材のカラーコーディネートをしよう

インテリアの構成要素となるのが床、壁、天井、造作材や家具などです。部屋の中の木部や金属部など、インテリアのベースとなる部分の色のコーディネートによって、部屋の雰囲気の方向性が決まります。新築の際に、組み合わせ方のコツを知っていると、その後のカラーコーディネートもまとまりやすくなるので、覚えておきましょう。

Rule_1 色の「配分」のコツは7対2・5対0・5

インテリア・カラーコーディネートとは、すべてを同じ色に〝揃える〟ことではなく、部屋の中の色の調和をはかることです。そのため、色彩計画では色と色の相性はもちろん、どの色をどれくらいの面積で使うか＝色の「配分」も重要です。

初心者はまずインテリアで使いたい色を「ベースカラー」「メインカラー」「アクセントカラー」の3つに分け、その配分を70％＋25％＋5％で考えてみましょう。色の配分に差をつけることで、めざすインテリアのイメージがわかりやすくなり、強い色も調和させやすいので、安定感があっておしゃれな部屋に仕上げられます。

ベースカラー…床、壁、天井などに使われる、部屋の大半を占める基調となる色のこと。インテリア全体をまとめる色で、面積の配分は全体の70％くらいになります。明るい感じにするのか、シックな感じにするのか、イメージの方向性の基調となる色です。

メインカラー…部屋の主役になる色。面積の配分は25％程度で、ソファやカーテン、ラグなどに使います。その部屋のカラーイメージを発展させ決定づける色なので、ベースカラーとの調和を考えながら、色調などにもこだわって選びましょう。

アクセントカラー…インテリアのポイントや引き締め役になる色。面積の配分は5％程度で、クッションやラグ、絵、スタンドのシェードなどに使います。アクセントとして使う色ですから、メリハリがきくように、目が引きつけられる色を選びましょう。

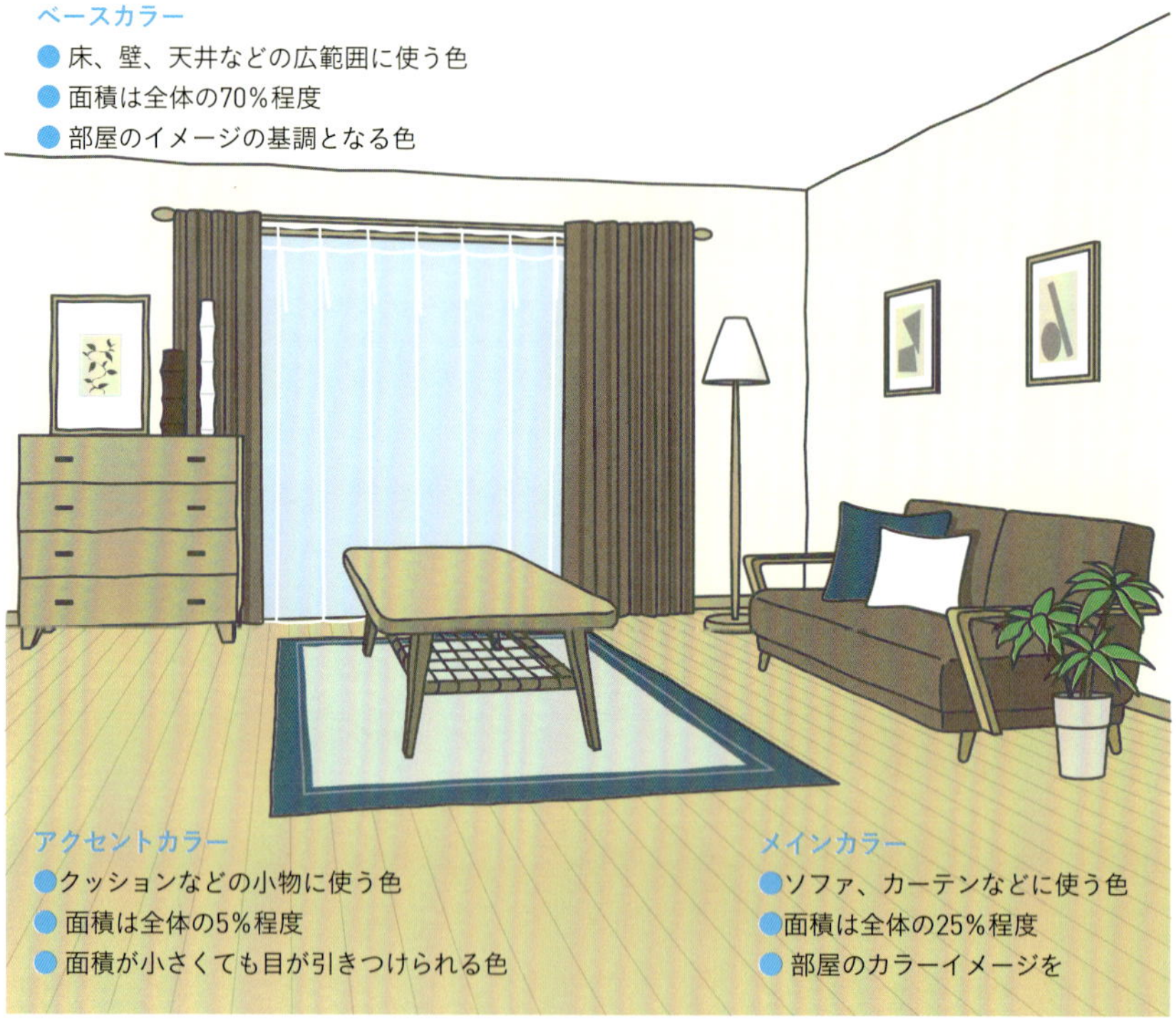
ベースカラー
床、壁、天井などの広範囲に使う色
面積は全体の70％程度
部屋のイメージの基調となる色
アクセントカラー
クッションなどの小物に使う色
面積は全体の5％程度
面積が小さくても目が引きつけられる色
メインカラー
ソファ、カーテンなどに使う色
面積は全体の25％程度
部屋のカラーイメージを

Rule_2 床→壁→天井の順に明るい色を使うと、広くのびやかな感じに

サイズと重さが同じものでも、

上にいくほど明るい色にすると、天井が高く見える。壁と天井は同じ色で統一しても。

天井を暗くすると、実際より低く見える。落ち着き感を出したい寝室や書斎などは、暗い色を使っても。

色が黒いと重く見え、白いと軽く見えます。この明暗による効果を、内装材選びにも応用しましょう。床を暗い色に、天井にいくほど明るい色にすると、天井が高くのびやかに見えます。具体的には、白い天井は、見た目に10cmほど高く、反対に黒い天井は、20cm低く見えるといわれています。

Rule_3
建具の造作材の色は「床合わせ」か「壁合わせ」が基本です

建具や造作材などの木部の色の決め方で一般的なのが、床材の色に合わせる方法です。左のイラストがそれにあたります。真ん中のイラストのように、建具や造作材を床材より濃い色にすると、引き締まった印象になります。造りつけ収納があるなど壁に対して建具の面積の比率が大きい部屋は、建具を床材と同色にすると、木部が主張しすぎて圧迫感が出ることも。床の色にもよりますが、右のイラストのように、建具を壁と同化する色にすると、空間が広々と見えます。

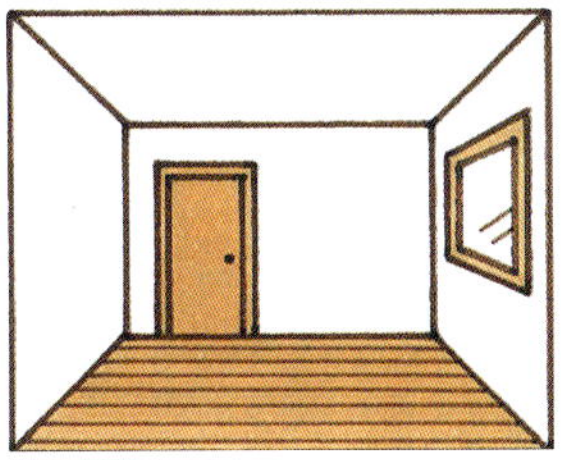
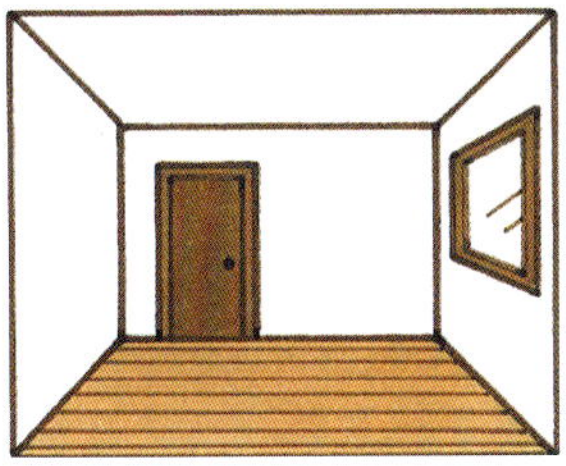
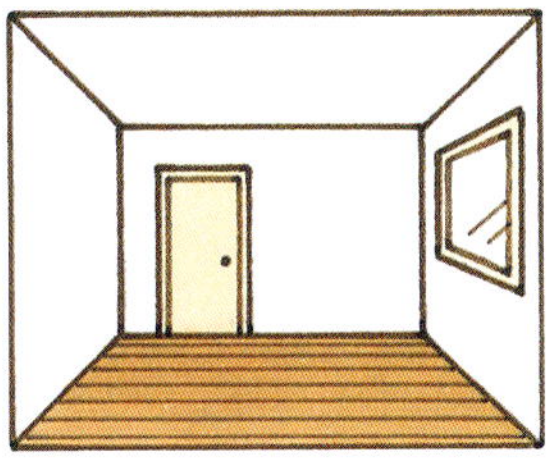

建具や窓枠などを床と同じ木の色に合わせると、調和させやすい。（福地さん宅・北海道）

建具や造作材を床より濃い色に。空間が引き締まり、シックに仕上がる。（デキさん宅・大阪府）

建具や造作材を壁に同化する色で仕上げると、部屋が広々と感じられる。（萩原さん宅・茨城県）

Rule_4
木部や金属部の色をそろえると調和しやすくなります

カラーコーディネートで注意したい「色」が、木部と金属部の色です。特に木部は、薄茶色、赤茶色、こげ茶色を使ったら、すでに3色使っているという意識をもってください。

インテリアのなかでも存在感をはなつ主要な家具の色は、ドアや造作材にそろえると、部屋全体がすっきり見えます。また、細かいところですが、サッシや照明などに使われている金属部も、色や仕上げの質感をそろえるようにしましょう。

（Nさん宅・神奈川県）

（峰川さん宅・栃木県）

家具のレイアウトと間取りの関係を知っておきましょう

家づくりを家具の配置から考える、という人もいます。長く愛用しているソファが映えるリビングが欲しい。お気に入りの家具のテイストから、インテリアのイメージをふくらませる。というケースもあるようです。それほどに、家具の配置は、暮らしやすさやインテリアの美しさを左右します。家具選びや配置をあとまわしにせず、窓の位置や収納の位置などを自由に決められるプランニングの段階から、同時に考えていきましょう。

Rule_1

人の動きや行為を考えた「動線計画」と「居場所づくり」から配置を考えます

家具のレイアウトの基本は、「動線計画」と「居場所づくり」です。家の中では、料理を配膳するためにキッチンからダイニングへ、また洗濯物を干すために洗濯機のある洗面室からバルコニーへなど、暮らしに必要な移動をたえず行っています。この動きが効率的になるように考えることを、動線計画といいます。

もし、家具が人の動きを妨げてしまい、遠回りや横歩きを強いられれば、大きなストレスになるでしょう。狭い部屋では、たとえばソファを置かずに、ダイニングでくつろぐことを検討するなど、家具のしぼり込みを考えることも必要です。

さらに、家具を置くということは、そこに人の居場所をつくるということです。たとえば、ソファの脇にお茶やメガネを一時置きできる小さなテーブルを置くなど、その居場所が心地よくなるように、周辺家具や収納家具の配置をしましょう。

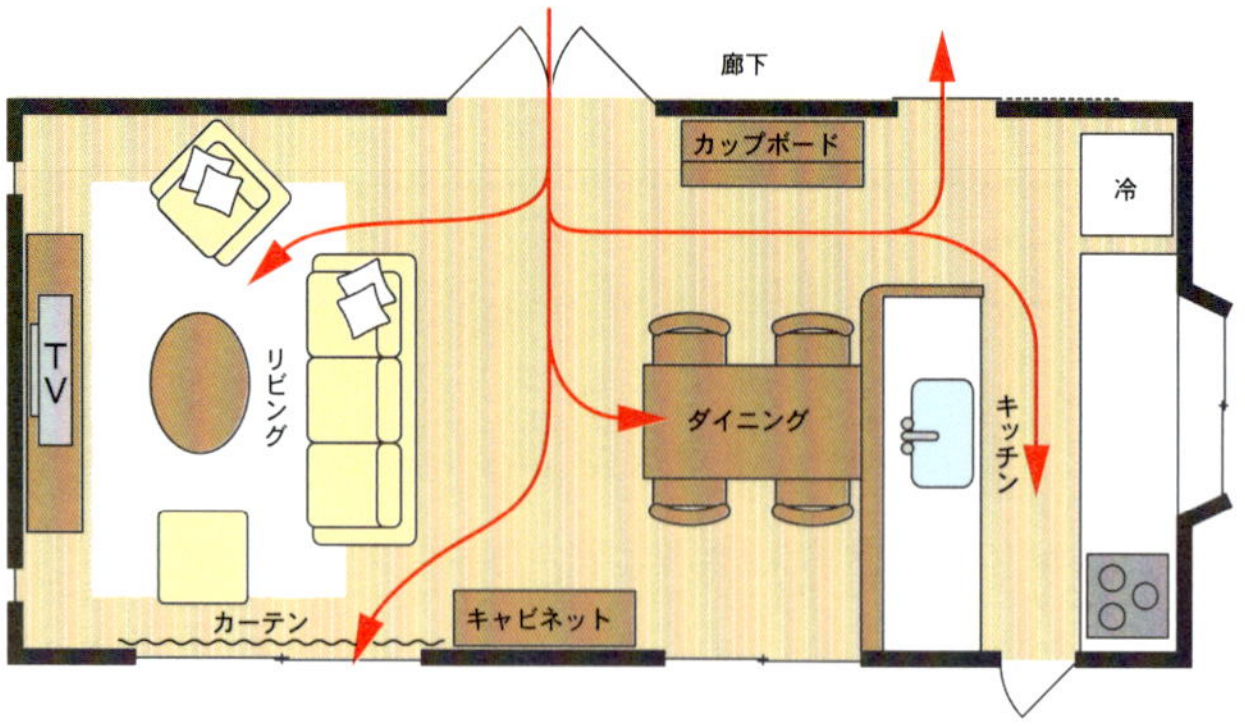

レイアウトの基本は「動線計画」

→ 人が移動する動線

人が通るのに必要なスペース（単位はcm）

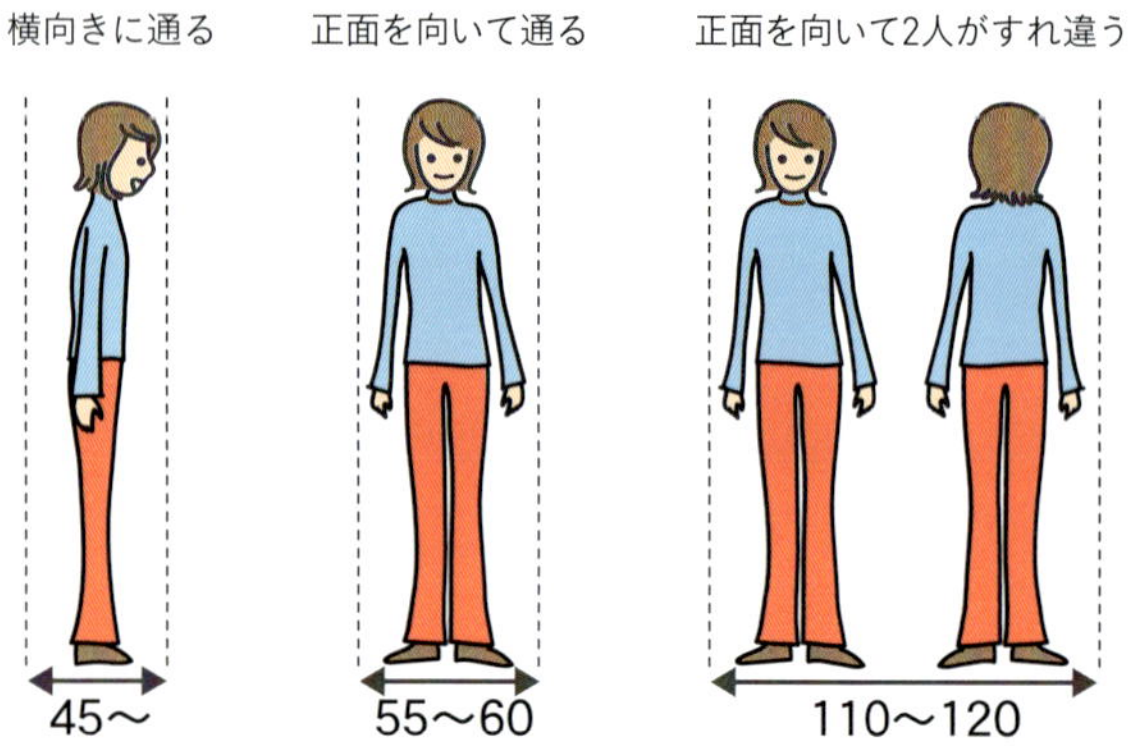

動線に十分な通路スペースを確保することは、暮らしやすさに直結する。よく行き来する場所や大人数が集まる部屋、大柄な家族が多い家では、やや広めにとる。

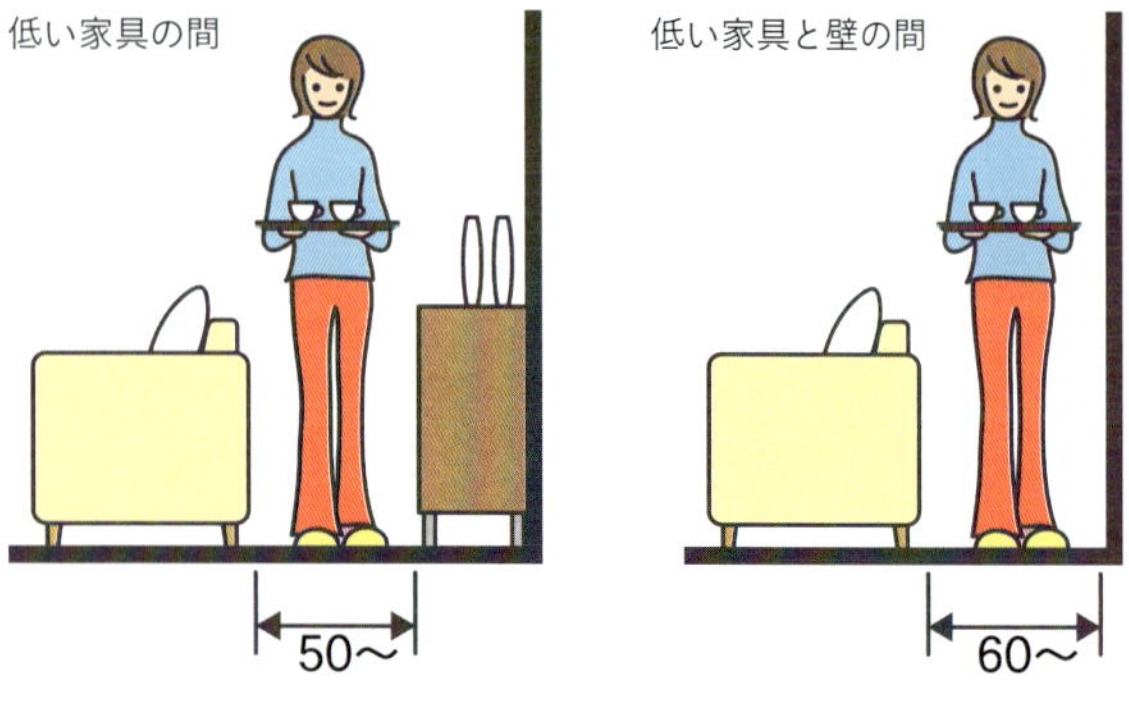

両側が低い家具の場合、上半身の動きがラクになるので、通路幅は最低50cmあればよい。片側が壁または背の高い家具の場合は、通路幅は最低60cmほど必要になる。

Rule_2

家具を使うために必要な「動作寸法」を把握して

動作寸法とは、人が動作をする際に必要な寸法のこと。たとえば、引き出しをあける、椅子を引く、ソファに座って足を出す、ベッドのシーツを替えるなど、家具の周辺にその家具を使うための動作寸法が必要です。家具のサイズだけで「置ける・置けない」の判断をすると、部屋の中の通り道がなくなったり、引き出しや扉をあけられないなど、暮らしにくい部屋になってしまいます。また、見落としがちなのが窓まわり。開閉のためのスペースが必要なのはもちろん、カーテンは意外に厚みがあり、その分も考えて家具を配置する必要があります。

カーテンは布厚やひだにより20cm前後張り出すことも。(岩渕さん宅・群馬県)

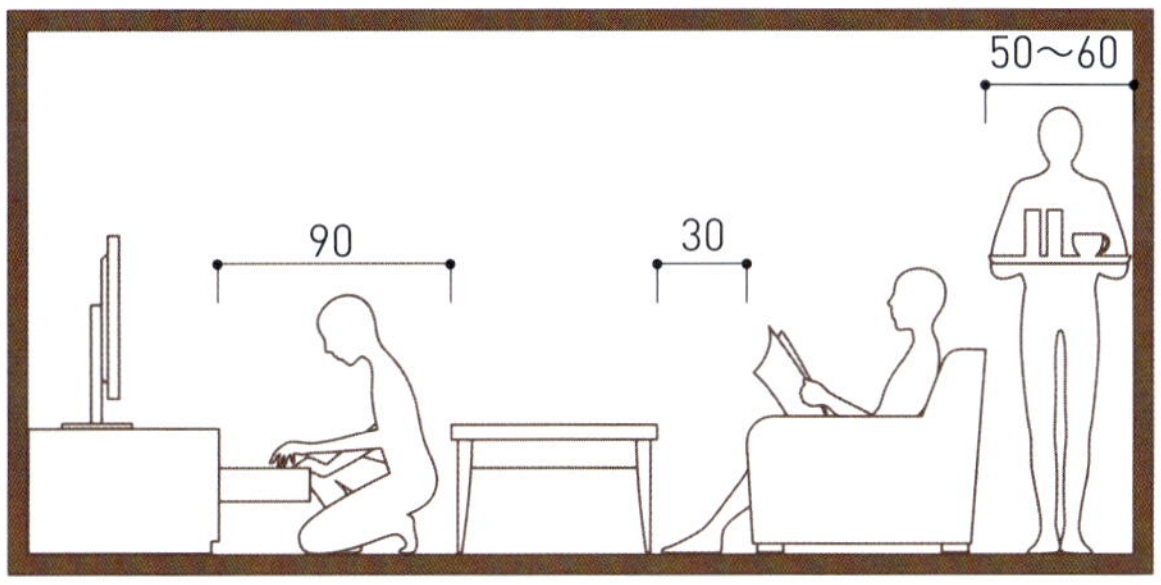

家具のサイズと動作寸法（単位はcm）

一般的に、引き出しをあけるには90cm、ソファとコーヒーテーブルの間は30cm、人が通るには最低50cmのゆとりが必要といわれている。通路は、実際にはトレーや洗濯物を運んだりするので、90cmくらいあるのがベター。

Rule_3

「左右対称」「非対称」を意識し何かとラインを揃えて配置しましょう

家具の配置は部屋の骨格づくりのようなもの。骨格がしっかりしていれば、部屋はすっきりと見えます。その配置の基本として考えたいのが「左右対称（シンメトリー）」と「左右非対称（アシンメトリー）」。この2つの基本の特徴を知って、家具配置のベースにしてください。

また、いろいろな家具を無造作に置くと、ごちゃついた印象に。軸線を設定し、それを基準に家具を配置するとすっきり見えます。

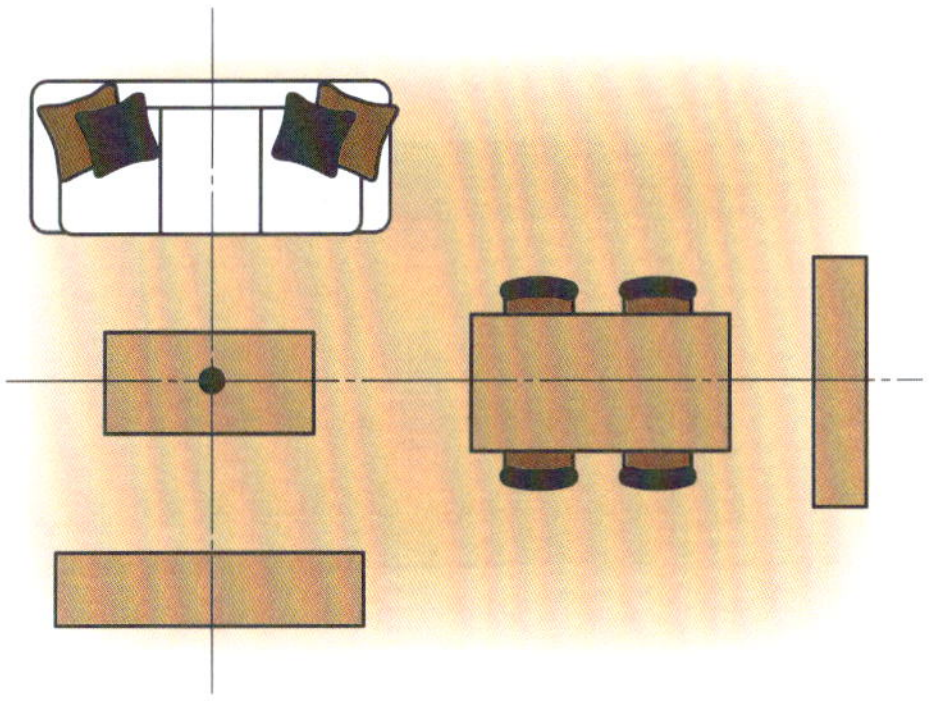

すっきり見せる家具の並べ方

複数の家具を並べるときは、基準線を設け、家具の中心または端のラインを揃えると整然と見える。基準線を壁や窓のセンターに合わせると、より気持ちのよい配置に。

窓の中心線に、ソファ、テーブル、照明の中心を合わせた、すっきりとした配置。(Kさん宅・群馬県)

左右非対称は和の空間に多い。ものは少なく、余白をとることで生きる。(吉田さん宅・京都府)

左右対称は西欧インテリアの基本。安定感があり、多めに収納できる。(正林さん宅・東京都)

部屋を広く見せるインテリアのアイディア集

ソファやフローリングを明るいナチュラルカラーで統一

壁の珪藻土、パイン材フローリング、ソファなど、明るいナチュラルカラーで統一。やわらかく光がまわって広がりが。（F邸　設計／プランボックス一級建築士事務所）

明るく淡い色で統一すると広く感じられます

部屋を実際以上に広く見せてくれるのは、「膨張色」といわれる白やクリーム色などの明るく淡い色。壁や天井だけでなく、床材までこうした色調で統一すると、窓から入る光も部屋全体によくまわり、いっそう広がりが感じられます。同様に、ソファなどボリュームのある家具や、室内で大きな面積を占めるラグマットなども、ナチュラルカラーや白系がおすすめです。

床のタイルまで真っ白に統一してサニタリーの狭さを払拭

コンパクトな洗面・脱衣室も、珪藻土など内装材を白にしたので広々と感じられます。（高瀬邸）

素通しの棚で間仕切りしましょう

間仕切りとして素通しの棚を活用するという方法もあります。棚ごしに向こう側が見えるので、仕切られていても、つながりが感じられます。この場合、収納目的というより、ディスプレイ棚として活用するようにしましょう。飾るものをセレクトし、適度にあきをつくることが大切です。

床材は1種類に統一しましょう

ひとつづきの空間の場合、床材が同じ色や素材でつづいているほうが、視覚的に広く見えます。床材をこまかく使い分けると、空間がつづいていてもそこで区切っているような印象を与えます。オープンなLDKなどは、同じ床材で仕上げましょう。玄関なら、土足で入るたたきと靴を脱ぐホールや廊下を同じタイルにするという方法もあります。

LDKの床全体を白で統一して明るく広く

階段スペースが中央にある細長いLDK。キッチンから階段脇、リビングまでの床全体が白い床材でつながり、広く感じさせます。（樋口邸　設計／プランボックス一級建築士事務所）

ダイニングとリビングの間をディスプレイ棚で仕切って

構造上必要な柱が含まれていた壁の一部を素通しの棚に。壁だけで仕切られているより、2つの空間に一体感が生まれます。（福田邸　設計／福田康紀建築計画）

天井の見切りは目立たないものに

壁や天井に、白や明るい色を選んだら、天井と壁の見切り（回り縁）もやはり白か、同色の明るい色にしましょう。見切りをまったくつけなくてもOK。区切りをはっきりさせないことが、広がりを感じさせるコツなので、視線が行きやすい天井は特にすっきりさせることが肝心です。

天井の見切りはいっさいなくしてすっきりと

床との見切りは、床のパイン材と同色のあめ色ですが、壁と天井をオフホワイトにして見切りをつけていないため、すっきりした印象に。（野田邸　設計／ワイズ）

型板ガラスを間仕切りに使うのもおすすめ

狭い空間ほど、間仕切りのアイディアが広がり感を左右します。壁で仕切ってしまうと狭苦しく感じられる場所には、型板ガラスやポリカーボネートなど、向こう側がやんわりと透けて見える素材を使うという方法も。向こうのけはいを感じさせつつ、ゴチャつきを隠す仕切りとして有効です。

ウインドートリートメントはシンプルに

狭い空間では、カーテンなどのウインドートリートメントもシンプルにしたほうが、空間全体がすっきりします。定番の「ドレープカーテン＋レース」というスタイルより、壁にとけ込むような軽やかな印象のものがおすすめ。ブラインドやシェードにはさまざまな種類がありますし、ドレープカーテンなら薄手のやわらかな素材を一重掛けにするというテクニックもあります。

シャープな窓辺で、モダンな部屋をよりすっきりとした印象に

小さな窓にはロールスクリーン、出入りに使う掃き出し窓には縦型ブラインド。シャープな2種類の窓装飾で、白いLDKをよりすっきりと仕上げています。（I邸　インテリアコーディネート／ライフインテリア）

リビングと玄関を型板ガラスで仕切る

広くするため、玄関とリビングを仕切る壁をとり払う予定だったのを、設計者のアドバイスで型板ガラスの間仕切りに。向こうが透けて、光がまわることで広がり感が生まれ、適度に遮断されているため、落ち着くという2つのメリットが生まれました。（初見邸　設計／アトリエ71）

天井の低いファミリールームは小さな柄の壁紙で圧迫感を解消

細長いファミリールーム。斜線制限のため天井が低くなっていますが、小柄の壁紙は狭苦しさを感じさせません。（澤守邸　設計／アトリエシゲー級建築士事務所）

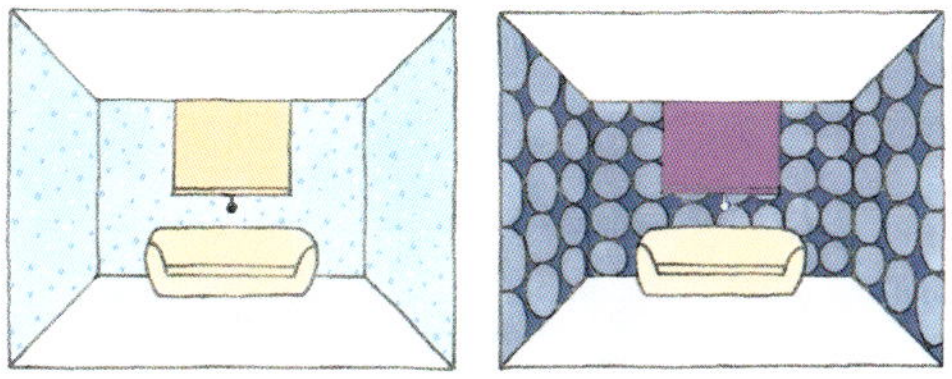

大きな柄物の壁紙やカーテンは、前に迫ってくるように見えて、部屋が狭く感じられます。狭い部屋なら、明るい色で小さな柄の壁紙やカーテンを選べば、圧迫感がありません。

壁紙は小さな柄を選びましょう

柄物の壁紙を選ぶときは、柄の大小によって遠近感が違って見えるので、小柄で薄い色にしたほうがよいでしょう。こまかい柄で淡い色のほうが、大柄で濃い色よりも遠くにあるように見えるため、部屋に広がり感が生まれます。これはカーテンを選ぶときにもあてはまるルールです。

低い間仕切りで足元を隠してすっきり見せましょう

低い間仕切りには、「視界の広がりを遮らないようにしながら、ゴチャつく足元は徹底して隠す」というメリットがあります。対面式カウンターキッチンも、生活感のある部分はLDから仕切って隠す効果が。圧迫感の出がちな上部のつり戸棚をやめて、カウンターだけで低く仕切るのがポイントです。

ガラスのテーブルは広く見せる効果があります

ガラスという素材の軽やかさやシャープさが、テーブルの存在感をやわらげるため、狭い空間にはうってつけ。特に大きなダイニングテーブルほど、その効果が出るでしょう。

高低差のある2つの空間を低い間仕切りで居心地よく

ごろりと横になってくつろぐリビングと、スキップフロアでつながったダイニング。低い間仕切りで、空間の広がりはそのままに、ダイニング側の足元を隠してリビングのくつろぎ感もキープ。（H邸　設計／ネイチャーデコール大浦比呂志創作デザイン研究所）

デコラティブなテーブルもガラスの天板で軽やかに

ダイニングコーナーに置かれたテーブルは、大きくて大胆なデザイン。ガラスの天板のおかげで軽やかになり、室内に圧迫感を与えません。（喜田邸　設計／ネイチャーデコール大浦比呂志創作デザイン研究所）

背の高い収納は天井や床の間にスペースをとって

背の高い収納は収納量が多いのが利点ですが、部屋を狭く感じさせがち。そんなときは、天井や床との間に少しスペースを設けると効果的。視覚的にゆとりを感じさせる空間をつくることで、狭苦しさを回避するテクニックです。「玄関にトールタイプの靴収納がほしい」など、狭い場所で多くの収納スペースが必要なときほど、あえて一見無駄な空間をつくってみましょう。

主要な家具は低いものを選びましょう

面積が同じでも、天井が高い部屋のほうが広く見えるのは、空間全体の大きさを感じるから。狭さ解消に天井を高くするのは無理でも、ソファなど大きな家具を低くすれば、残った上部空間がゆったり広く感じられます。大きな家具は下に濃い色、上に薄い色という配色だと、ポイントが下にいき低い印象になります。

わずか3畳の和室にはつり押入れを

子供が昼寝したり、洗濯物をたたんだりする和室。床との間にスペースを設けたつり押入れに。（H邸　設計／明野設計室一級建築士事務所）

造作のトール収納の上部に小物を飾るスペースを

ダイニングキッチンの雰囲気に合わせたパイン材の扉のトール収納。上部に雑貨を飾れるスペースを設けて圧迫感を解消。（小野邸　設計／案山子屋ボックスプランニング）

リビング収納を思い切って低くオーダー

オフホワイトの空間の中で存在感のあるテレビと濃い茶の造作収納は、思い切り低くレイアウト。テーブルも低いものをセレクトして。（S邸）

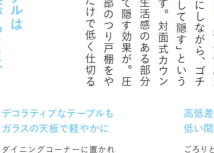

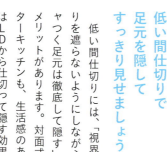

家具は集中して配置しましょう

床がすっきり見えていると、広々と感じられるもの。家具をうまく配置して、まとまったオープンスペースをつくりましょう。家具の占有面積が床面積の3～4割程度なら、ゆったりした印象になるようです。ショップでは家具が小さく見えがちなので、購入時はサイズ、特に奥行きを確認してください。

家具は色や高さ、奥行きをそろえて

部屋をすっきり見せるには、まず色使い。あえてポイントにする場合は別として、主要な家具の色は統一するのが基本です。置き家具を並べるときは、高さと前面のラインをできるだけそろえましょう。高さが違う家具を隣に並べるなら、低い家具の上に絵を飾るなど、高低差を補正するように工夫しましょう。

リビングテーブルはあえて置かず、床をすっきり見せる

家族みんなで座れるように買った2台のソファと、小ぶりのチェアをコの字型に置いて。テーブルはソファサイドの小さなもののみ。中央にはあえて置かないという選択です。(F邸　設計／プランボックス一級建築士事務所)

手持ちのカップボードを白くペイントして生かす

カップボードを白い塗料でリメイクしたり、低いコンソールテーブルの上にニッチをつくったり、高さや色をそろえる工夫があるコーナー。(石川邸　設計／ピーズ・サプライ)

フォーカルポイントを設けてメリハリを

フォーカルポイントとは、見た瞬間、思わず視線がいく場所のこと。そうしたポイントがあれば、部屋にメリハリが生まれて、こまかいものに目がいかず、すっきりと見えます。ドアをあけたときや、ソファに座ったときに自然に目がいく壁に、家具を置いたり、絵や小物を飾って見せ場をつくりましょう。窓やニッチなどもうまく利用すればフォーカルポイントになります。

壁と天井をライトアップしてみましょう

明るい部屋というのは広く感じますが、ライトアップするなら場所が肝心。全体をまんべんなく照らすより、天井と壁だけに光を当てると、実際より天井が高く、部屋も広々と感じます。

アンティークの椅子とカラフルな絵や雑貨で玄関を演出

玄関ドアをあけた正面のディスプレイ。アンティークの椅子やランプ、雑貨とともにカラフルな絵が飾られて目を引きます。(石川邸　設計／ピーズ・サプライ)

絵と照明がソファを引き立て、洗練されたコーナーに

個性的なフォルムのソファが目立つリビングですが、絵とライトをシンメトリーに飾って、ぐっと洗練された一角に。ソファに合わせてモノトーンだけで構成しています。(今井邸)

設計時からプランニング。高低差をつけて壁と天井を多灯照明に

天井から壁を照らす照明、低い間仕切り壁の棚の中の照明など、白い空間に広がりと奥行きを与えるライティングを設計時から工夫。(酒井邸)

素材と仕上げの選び方

内装材のなかでも、とくに床や壁の素材はインテリアのベースになる大切な要素です。目で見るのはもちろん、手や足で触れることも多い床や壁材のデザインや機能性は、暮らし心地に影響するので、それぞれの特徴と性質を知り、ライフスタイルに合ったものを選びましょう。

部屋のイメージを決める内装材選びは重要な作業です

内装材とは、床や壁、天井に使う仕上げ材や下地材の総称。どんな内装材を使うかで部屋のイメージは変わりますし、防音性や調湿性など、素材がもつ機能も暮らしやすさに密接にかかわってくるので、慎重に選びたいものです。

選ぶ際にはまず、大きく2種類、自然素材と新建材の違いを理解しましょう。自然素材とは木や土など自然のものを材料にした建材。素材のもつ調湿・消臭作用で室内環境を快適に保ち、健康面でも安心。経年変化で風合いが増すのも魅力です。ただし、メンテナンスが必要で傷がつきやすく、無垢フローリングのように反りや変形が起こりやすいという難点も。一方、新建材は人工的につくられた素材で、手入れの必要があまりなく、丈夫で最初の美しさが比較的長く続くのがメリット。しかし傷がつくと見た目も悪く、価値もぐっとダウン。ひと昔前はシックハウス症候群の原因となるホルムアルデヒドが含まれるとマイナスイメージがありましたが、現在は規制が厳しくなっているのでさほど過敏になる必要はないでしょう。新技術により調湿性や抗菌性などの機能をもつ新建材もふえています。

自然素材と新建材を上手に使い分けて快適さをアップ

内装材を選ぶときは、家族環境や自分の性格をよく考えて選ぶことが大切です。子どもに安全な素材を使いたい、メンテナンスが苦にならない、傷や変形もインテリアの味わいと思えるなら自然素材が適しているでしょうし、小さな子どもやペットがいるので汚れや傷がつきにくいほうがいい、日々の掃除をラクにしたいと思うなら新建材が向いています。

コストの面で言うと、新建材は自然素材より安価なものが充実。自然素材に限りなく近い質感を再現した製品もあります。過ごす時間が長いリビングには無垢フローリング、汚れやすいダイニングには複合フローリングなど、自然素材と新建材を組み合わせれば、コストを抑えながら納得した暮らしを手に入れられます。

	自然素材	新建材
メリット	年月がたっても劣化することなく、風合いが増していきます。素材そのものが呼吸をして室内環境を快適に保ち、人にも環境にもやさしい素材。接着剤のような有害物質を使わない施工が可能で安心です。	姿形、品質が均一で施工しやすく、工後のブレが少ないのが特徴です。メンテナンスはほとんど必要なく、拭き掃除程度でOK。色柄だけでなく、防汚機能や調湿機能などが備わった素材が豊富です。
デメリット	傷つきやすく、汚れやすいので、こまめなメンテナンスが必要。姿形にバラつきがあり、施工に手間がかかることも。施工後も反りや割れなどの変形が起こりやすいことを理解していないと、ストレスにつながります。	人工的な質感で風合いに欠けがち。時間がたつと劣化するので、10～20年程度で一新する必要があります。製造過程で接着剤などを使っている場合、健康に害はない程度ですが微量の有害物質が含まれているものも。
コスト	比較的高価ですが、種類やグレードごとに値段が変わり、新建材より安いものも。人気の無垢フローリングも流通の幅が広がってハードルが低くなり、樹種や節の有無によっては手頃な価格で選べるものが多くなりました。	大量の工業生産が可能なため低コストのものも多くそろいます。見た目だけでなく手ざわりまで、自然素材をリアルに再現したり、機能性を多くもたせたりしたシリーズは、自然素材より高価な場合があります。

内装材の部屋別セレクトポイント

部屋によって求められる機能が異なる内装材を、部屋別にガイドします。

家具とのトータルコーディネートも考えながらライフスタイルに合った機能性も重視するとよいでしょう。

	壁材		床材	
	おすすめの壁材	セレクトポイント	おすすめの床材	セレクトポイント
リビング・ダイニング	クロス、左官、木質系、タイル、石	暮らしの中心となる空間だからこそ、ライフスタイルや好みを表現する素材を選びましょう。家具が映える白やベージュ系が人気ですが、TVボード側だけタイルなどを貼ってアクセントウォールにするのもおすすめです。	フローリング、カーペット(Lのみ)、コルク、Pタイル、タイル、石	人気のフローリング以外では、遮音性や足ざわりのよさでカーペットやコルクが人気です。幼児がいる場合は、ダイニング部分のみ、水や汚れに強いタイルやPタイルにすれば食べこぼしなどの掃除に手間がかかりません。
寝室、子ども部屋	クロス、左官、木質系、タイル	寝室は安眠できる色や素材を。子ども部屋は睡眠、遊び、勉強のいずれを優先するかを考えて選びましょう。機能性を重視するなら、調湿性のある左官材やタイルを選ぶと心地よさを感じられ、結露防止の効果もあります。	フローリング、カーペット、コルク	フローリングはノミ・ダニの心配がない清潔感が◎。保温性と遮音性、足ざわりのよさからカーペットも人気ですが、掃除をまめにしないと不衛生になるので注意が必要です。子ども部屋には、あたたかみのあるコルクもおすすめ。
和室	クロス、左官、木質系	左官壁に板目の天井という純和風仕上げが伝統的ですが、最近は個室にせず、“ゴロ寝スペース”としてリビングの一角に設けることが多くなりました。リビング・ダイニングと同じ壁材で空間を一体化させるとよいでしょう。	畳	リビングの一角に和室スペースを設けるのが主流となり、置き畳や小上がりにするのが人気。畳表はイグサのほか、防臭機能がついたビニールや和紙製も登場。色やへりの有無などデザインが豊富で、好みに合わせて選べます。
キッチン	クロス、タイル、石、化粧パネル	コンロやシンクまわりは、耐火性、耐水性、メンテナンス性を重視。最近は、目地汚れが気になるタイルよりも化粧パネルが人気です。抗菌性、防汚性のある目地材もありますが、タイルはバックカウンターなどにアクセントでとり入れて。	CF、Pタイル、コルク、タイル、石	耐水性やメンテナンス性はもちろん、立って作業する場所なので歩行感のよさもポイントになります。タイルや石がコスト的に難しくても、CFやPタイルならリーズナブルに雰囲気を演出することができ、掃除も手軽です。
洗面室	クロス、タイル、石、化粧パネル	湿気が気になる場所なので、結露やカビの発生を抑える調湿機能のある素材が適しています。水ハネが気になる洗面台まわりには耐水性のある化粧パネルや、タイルを貼ってアクセントをつけてもよいでしょう。	CF、Pタイル、コルク、タイル、石	耐水性を重視したいのはもちろんのこと、ヒートショックを起こしやすい場所なので、コルクのようなあたたかみのある保温性の高い素材を選ぶと◎。畳や竹をリアルに再現したPタイルで、粋な空間を演出することもできます。
トイレ	クロス、タイル、化粧パネル、左官（天井のみ）	ゲストも使うので、機能性とともにデザインにもこだわりたい場所。尿ハネする部分にだけ、汚れがつきにくく拭きとりやすい化粧パネルやビニールクロス、タイルを貼って。脱臭にこだわるなら天井だけ左官にしても。	CF、Pタイル、タイル	強力な洗剤を使う場所なので、耐水性、耐薬品性、掃除のしやすさなどの機能性を重視しましょう。しみ込むとにおいの原因になるので、目地が少ないものを選ぶのが鉄則です。CFは張り直しもリーズナブルにできておすすめ。
玄関・ホール	クロス、左官、木質系、タイル、石	家族やゲストが最初に目にする場所なので、玄関からリビングにかけてはデザインとテクスチャーにこだわって高級感の演出を。調湿・消臭効果のある素材を選び、空気をきれいに保って。タイルや石でアクセントをつけても。	タイル、石、モルタル、フローリング（ホールのみ）	土足で使用するたたきは、汚れにくく、洗える素材に。最近はモルタルのままにするのも人気です。ホールはリビングと同じ考え方でOKですが、たたきと段差を小さくして同じ素材で仕上げると、広く見せる効果があります。

※CF＝クッションフロア、Pタイル＝プラスチックタイル。

床材は機能面＋足ざわりもチェックしましょう

直接ふれる場所なので、壁材以上に機能性を重視して

内装材は家全体でコーディネートする必要がありますが、工事の進め方から考えると、壁よりも先に床材を決める必要があります。壁のイメージに合わせ、快適さと機能性を考えて選びましょう。

快適さは、日本では靴を脱いで素足で床に直接ふれることが多い分、最も重きをおくポイントかもしれません。おすすめなのは、やはり無垢材。足ざわりがよくてほのかなぬくもりを感じられます。ショールームを活用して、可能であれば実際に素足で歩き、気になる製品の感触を確認するのがおすすめです。また最近では、使い古した味わいを楽しみたいと、古材や足場板なども人気です。

機能面では、耐水性や防汚性、すべりにくさなどをチェックしたいところ。前述した無垢フローリングでも、樹種によってその特徴は異なり、たとえば、パインなどの針葉樹系は空気を含んでいる分、肌あたりがやさしいですが、それは裏を返せば傷つきやすく、水分や汚れがしみ込みやすいということ。床を傷つけないように、食べこぼしをしないようにと暮らしの中でずっと気をつかうのはストレスを生むので、もし自分がきれい好きで几帳面なタイプだと思うなら、迷わず耐水性や防汚性にすぐれた複合フローリングを選ぶというのもひとつです。複合フローリングとは最も一般的に使われている、いわゆるフローリングのことで、木目調のシートを張った安価なものから、合板の表面に薄くスライスした無垢材の突き板を張ったナチュラルなタイプまで、種類も豊富です。

そのほか床材には、クッション性が高くあたたかみのあるコルクや高級感のあるカーペットやタイル、お手入れがラクなプラスチックタイルなどがあります。プラスチックタイルには、木目調や石目調、タイル調などの自然素材をリアルに再現したデザインのものがたくさんあり、場所を選ばずとり入れられることができて人気です。

汚れや傷も個性に、年月を経た味わいが魅力

古材、足場板

おすすめスペース LD

コスト ★★★☆☆

MEMO

無垢のパイン材よりやや高価。ラフなLDづくりに

長い年月を経過した独特の表情が魅力の古材。以前は店舗などの内装に使われることが多かったのですが、一般住宅でも床や梁、柱などに使う人がふえています。

古材といっても、使い古しただけの木材ということではなく、古材を扱う流通業界では、『昭和20年以前に建築された民家に用いられた木材』、もしくは『築60年以上経た民家に用いられていた木材』を〝古材〟と定義しています。

以上のような国産古材とは別に、最近では欧米やアジアの古い建物から解体された木材を加工したフローリング材、日本の建築現場で実際に使われていた古い足場板などにも注目が集まり、年代もののテイストを楽しむ人がふえているようです。

古材足場板

足場板とは、建築現場などで作業する際の仮設の作業台に使われていたスギの板材のことです。最近では木製の足場板の需要が減りましたが、その分、使用ずみの足場板をフローリングや家具などに再利用するケースがふえています。

アンティークパイン

欧米では古材再生事業が盛んで、古い建物を解体したときの木材が日本にも多く輸入されています。なかでもアンティークパインはダントツの人気です。古いフローリングそのものをリユースした床材、太い木材を加工したものなどがあります。

本物の木の素材感を味わえる

無垢フローリング

おすすめスペース LDK、玄関ホール、洗面室

コスト ★★★☆☆

MEMO

樹種、厚み、幅、長さなどによって価格に差がある

フローリングに使われる樹種はさまざまで、大きくは広葉樹系と針葉樹系に分けられます。

広葉樹は手のひらを広げたような平たい葉をもち、ナラ、メイプル、チーク、ウォールナット、チェリーなどが床材として使われます。材質は堅くて重量感があり、反りや縮みが比較的少ないといわれています。一方、針葉樹は針のように尖った葉が特徴。パイン、スギ、ヒノキなどが知られ、材質は柔らかで肌ざわりがよく、節の多いものは比較的入手しやすい価格になっています。

無垢のフローリングとは、一枚ものの無垢材を使った床材のことで、合板でつくられた基材の表面に薄い天然木を張った複合フローリングとは区別されています。無垢ならではの風合いが楽しめるほか、内部に空気を含んでいるため断熱性があり、湿気を吸ったり吐いたりする調湿機能や適度な弾性があって歩行感がよく、熱を伝えにくく肌ざわりがあたたかいなどの長所があります。しかし、湿度や温度変化によって反りや割れなどができやすいという欠点もあるので、電気カーペットを長く使用したり、温風ヒーターを直接当てるのは避け、床暖房に無垢材を使いたい場合は温度変化に対応できる商品を選ぶようにしましょう。

無垢フローリングの仕上げ材

ワックス

木の表面に薄い膜をつくって保護。色みはほとんど変わらず、さらっとした仕上がりに。

オイル

木材に浸透し、内側から保護。しっとりとした濡れ色になり、木目が浮かび上がります。

チェリー

バラ科　きめこまかくなめらかな木肌をもつ材。時を経るごとにつやを増し、明るい琥珀色は深みのある赤褐色に変化します。造作材や内装材に重宝されているほか、ヨーロッパなどでは古くから高級家具に使われています。

チーク

クマツヅラ科　東南アジアに多く分布。心材は金褐色や赤褐色、辺材は黄白色で、特有の光沢や香りをもっています。耐水性や耐朽性があるため、狂いが少なく、建築材のほか、船の甲板などにも使われています。

パイン

マツ科　一般に出回っているパインは北米や欧州が原産で、ベイマツやアジア原産のカラマツなども同じマツ科です。美しい木目をもち、歩行感がよく、人気の樹種。加工性がよいことから欧州では家具にも多く使われます。

ローズウッド

マメ科　東南アジア、南米が原産で紫檀ともいわれ、銘木として知られています。心材は赤色、赤紫色、紫色、黒色、辺材は白色で、これらが美しい縞模様をつくります。重量感があってかたく、狂いが少なく、虫害にも強い性質が。

メイプル

カエデ科　北米、欧州が原産。心材は赤茶色、辺材は白みがかった赤褐色で波形の美しい縞模様や鳥の目のような杢が現れるものもあります。重厚で割れにくく、時間とともに全体が飴色になるので、経年変化が楽しめます。

スギ

スギ科　原産地はアジアで、国産も多く、まっすぐに成長するため、昔から構造材や床柱などに多く使われてきました。心材は赤褐色、辺材は白色。軽くてやわらかく、歩行感もよく、求めやすい価格帯なので人気があります。

カリン

バラ科　東南アジア、中国が原産で、心材は赤褐色、辺材は褐色から淡黄色をおび、濃淡の縞模様が見られます。湿気にも強いことから床材に多く使われます。また割れにくい性質があるため、家具や造作材にも多く使われます。

ウォールナット

クルミ科　北米原産。心材はチョコレート色から紫赤色、紫黒色、辺材は淡色で、濃淡の美しい縞を現し、人気の樹種。重量感があってかたく、耐久性があります。狂いが少なく、加工性にも優れているので、家具にも多く使われます。

ナラ／オーク

ブナ科　アジアが原産で心材は淡褐色、辺材は灰白色で年輪がはっきりしています。緻密で光沢があり、加工性がよいので建具や家具など幅広く使われます。オークと呼ばれている木も北米や欧州原産のブナ科で、ナラの仲間です。

ざっくりとした独特の手ざわりが魅力

麻

サイザル麻は、中南米やアフリカなどで栽培されたサイザル麻を原料に、葉をつぶして繊維を取り出し、敷物として加工したもの。弾力性に富み、丈夫で通気性もあります。見た目はざらっとしていますが、素足で歩いたときの感触は心地よく、冬はあたたかな肌ざわり。

さらりと心地よく水ぬれにも強い

竹、藤

竹はしなやかで傷がつきにくく、丈夫。膨張・収縮率が小さく、さらっとした肌ざわりで、とくに水回りに適しています。藤は表面がホウロウ質で覆われていて水に強く、耐久性のある素材。洗面室や廊下、リビングと幅広い空間で活躍します。

ごろりとくつろぐスペースづくりに最適

畳

い草を織り込んだ畳表で畳床を覆う日本古来の床材。最近では、縁のないものや正方形のものなど、バリエーションも豊富。染色したモダンなカラー畳も人気です。最近では、畳表に木質繊維を使い、さらっとした質感に仕上げた新感覚の畳も。い草のような毛羽立ちが起こりにくく、使うほどに光沢が出て味わいを増します。

やわらかさや断熱性、遮音性にメリット大

コルク

コルク樫の樹皮が原料の、吸音性、衝撃吸収性にすぐれた素材。さらっと心地よい肌ざわりも魅力。すべりにくく、転んでもケガをしにくいのもメリット。

シックな雰囲気に人気が再燃

ウールカーペット

羊の毛が原料。保温性とほどよい調湿作用があり、冬はあたたかく、夏は涼やか。静電気が起きにくく、汚れにくいのも特徴です。

モダンな空間づくりや
屋外のような演出に

石

おすすめスペース

玄関のたたき、コンサバトリー

コスト ★★★★☆

MEMO

施工費はタイルと同じ程度。
素材の価格はやや高め

大理石

独特の模様と華やかな色彩が人気の石材。産地により色はさまざま。イタリア原産の白大理石が最もポピュラー。

御影石

白や黒、赤が基調。仕上げ(磨き方)により表情が変化します。流れるような模様が美しく、エレガントな印象に。

ライムストーン

マットでやさしい表情をもつ石材。水中に沈んだ生物の殻などが堆積して岩石化したもので、四角に成形加工したものや自然のままの乱形も。壁材に使われることもあります。建築用石材の中ではやわらかく、吸水性が高いのが特徴。

タンブルストーン

大理石や石英岩などをタンブル加工して角を落とし、磨きをかけずに仕上げた素材をタンブルストーンといいます。天然石のため、模様や色にバラつきがありますが、それも風合いのうちなので、楽しめる人には魅力的な素材でしょう。

アンティークレンガ

石材ではありませんが、ラフな印象の素材として人気。製鉄所や溶鉱炉などで使われていた耐火レンガや、ヨーロッパの古い建物から解体したレンガなどが輸入されています。赤みがかった色、白っぽい色とバリエーションもさまざま。

質感によって素朴にもモダンにも

タイル

おすすめスペース　玄関のたたき、洗面室、浴室（テラコッタタイルは除く）、コンサバトリー

コスト ★★★☆☆

MEMO

素材の価格だけでなく、施工費も要チェック

磁器タイル

粘土や石が原材料。防水性や耐摩耗性にすぐれ、色や形などのバリエーションが豊富。蓄熱性が高い素材なので、床暖房の仕上げにも向いています。また、磁器質タイルは水拭きができるので、ペットを飼っているお宅にもおすすめです。

テラコッタ調タイル

テラコッタタイルの表情を再現していますが、素地は磁器質やせっ器質です。高温で焼かれるのでかたく、耐摩耗性にすぐれ、釉薬をかけた製品は水にも強い性質をもちます。手入れに自信のない人に。

サーモタイル

基材部の中に微細な気泡を多数分散させて断熱層を形成することで、タイル自体の熱伝導率を小さくしています。足裏から奪われる熱が少なく、冬場の不快なひんやり感を軽減するので、浴室やサニタリーなどに向いています。

テラコッタタイル

素焼きタイルのことで、南欧では中世からつくられていました。低温で焼くため、吸水しやすく、割れたり傷もつきやすいのですが、素朴でラフな独特の表情に根強い人気があります。専用のワックスをかけると、よごれにくくなります。

アンティークテラコッタ

18〜19世紀に使用されていたテラコッタタイルをアンティークテラコッタタイルと呼び、なかには古い城を解体したときに出たものもあります。サイズや色は不揃いのものが多く、汚れや傷もありますが、それを楽しむおおらかさをもって。

床材選びのチェックポイント

無垢フローリングと複合フローリングの違いは？

天然木を15～30㎜程度の厚さに切った床材が無垢フローリング。厚みがあるほどそりや割れなどが出にくくなります。内部に空気が多く含まれているため蓄熱性に富み、冬でもあたたかく感じられます。一方、5㎜程度にスライスした無垢材を芯材に張り合わせたものが複合フローリング。反りや割れの心配はありませんが、表面の無垢材が薄いため、特有のメリットはあまり期待できません。湿度変化によるそりやゆがみがほとんどないので、扱いやすい内装材です。傷がついて下の合板部分がのぞくと補修が困難なのが、デメリットです。

無垢フローリングには自然系塗料がおすすめ

あたたかな質感や湿気を調節する機能など、木のよさを生かすためにも、天然成分の塗料を使うと、よりいっそうナチュラルな風合いが楽しめます。天然成分のみでできているオイルやワックスには、油性ワニス、チークオイル、亜麻仁油など、さまざまなものがあります。これらの塗料で仕上げたフローリングは、いずれも表面に厚い膜をつくらず、自然な仕上がりになるのが特徴。合成樹脂の塗料と違って、木の呼吸をさまたげず、無垢材の質感が楽しめます。

施工方法の違いによってコストに差が出ます

合板でできている複合フローリングは無垢のフローリングより安いというイメージがありましたが、最近では、高級感を出した複合フローリングや、安価な無垢フローリングが輸入されるなど、製品のコスト差は、比較しにくくなっています。むしろ、パネル状に加工された複合フローリングは施工も簡単で工期も短時間ですみ、一枚一枚張っていく無垢のフローリングは施工に手間がかかるなど、コストの差は、施工方法によって違うと思っていいでしょう。

幅や張り方で床材の印象はどう変わる？

幅が14cm以上ある幅広タイプの床材は、安定感のある印象に。反対に幅が7cm程度だと、端正に見える半面、やや複合フローリングに近い印象になります。短い辺をあえてそろえない乱尺張りにすると、ラフでカジュアルな雰囲気に。強い印象を与えるヘリンボーン張りは、面積の小さい洗面室などにおすすめです。

乱尺張り
（U邸　設計・施工／KURASU）

ヘリンボーン張り
（S邸　設計・施工／アートアンドクラフト）

床暖房を導入するなら適したフローリングを

木は暖房の熱による乾燥で、収縮してそりやすき間ができたりしますが、その対策として、耐熱処理や伸縮を抑える加工がされた、床暖房用の複合フローリングが多種類販売されています。無垢のフローリングの場合は、クリやナラなどの伸縮率の低い樹木に人工乾燥などを施して、床暖房用として推奨されているものもあります。なお、無垢のフローリングを床暖房に使う場合は、木への影響が少ない低温温水式の床暖房システムが適しているといわれています。

木製家具と床の色はどう合わせればいい？

たとえば床が白っぽい色だと、ダークブラウンの家具は合わないのでは？と思われるかもしれませんが、じつはあまり気にする必要はありません。無垢材という共通点があれば、色合いや木目の入り方が違っても自然となじむものです。それよりも気になるのは、光沢があるかないか。しみ込むタイプのオイルなどで仕上げた無垢フローリングに、ウレタンやニスをかけたテカテカした家具を合わせるほうが、違和感が大きいはずです。また、もともと白っぽい樹種の床でも、年月がたつにつれて濃い色に変わっていくため、家具との色の差は小さくなっていきます。

タイルや石貼りの床は冷えが気にならない？

日の当たらないキッチンや洗面室などでは、足元の冷えは避けられないと思います。心配ならその部分だけ床暖房を入れるなどの対策をしておくといいでしょう。また、冷えとともに注意したいのが、タイルや石のかたさからくる足の疲れ。そのため、長時間立って作業するキッチンなどより、掃き出し窓の周囲にアクセント的に使ったり、鉢植えを室内にとり込むコンサバトリーなどに採用するのがおすすめです。

タイルの目地の色や素材はどう選べばいい？

タイル仕上げの内装で気になることといえば、目地の汚れ。目立ちにくいのは、グレーやベージュなどの色のついた目地材です。ただし、最近は白でも汚れにくいタイプが主流になってきました。また、同様に重視したいのが割れにくさ。ストロングタイプの目地材なら、ペットの爪でも傷がつきにくい硬度があるので、床暖房を施工するケースやペットと暮らす家におすすめです。

天然の石材を床に張るときの注意点

玄関のたたきに大理石やみかげ石を使うケースや、ナチュラルスタイルの家ではライムストーン（石灰石）やサンドストーン（砂岩）などを使う人がふえています。これらの天然石は、思ったよりも汚れや水分がしみ込む性質があり、汚れやすい場所で白っぽい石を使うのは避けたほうが無難でしょう。また、家の構造や工法は問いませんが、施工するときは、石の重みで、たわまないようきちんとした下地づくりが必要となります。

種類がたくさんある床材の中から失敗なく選ぶコツは？

いちばん大切な基準はやはり好みですが、とり入れる部屋の暑さ寒さ、湿気の多さ、足音の響き方なども考慮に入れると、住んでからの快適さに差が出ます。選ぶときはカタログで見るだけでなく、必ずショールームで現物を見たり、サンプルを取り寄せたりして、色や質感のチェックを。ただし、膨大にある製品の微妙な違いを自分たちで見極めるのは、至難の業。好みやセンスのぴったり合う設計・施工会社を見つけて、理想のイメージをしっかり伝え、プロの目で探してきてもらうのが得策です。

メンテナンスの仕方

無垢のフローリングは定期的なメンテナンスを

複合フローリングの傷は、小さいものなら、市販されている補修材でわかりにくくすることは可能です。無塗装の無垢のフローリングは、汚れはつきやすいのですが、傷やへこみはアイロンの蒸気などをあてててふくらませれば、ある程度修復できます。オイルやワックス仕上げの場合は、ふだんの手入れはから拭きが基本ですが、半年に1回程度はワックスがけをするなど、定期的なメンテナンスが必要です。一枚の板でできている無垢は傷やよごれがついても、表面をサンドペーパーでこすったり、削り直すなどの補修も可能。半永久的な耐久性があります。

テラコッタタイルは一年に一度のはっ水剤を

本物の素焼きのテラコッタタイルなら、一年に一度、専用のはっ水剤を塗ったほうが、汚れにくく、水もしみ込みにくくなります。とくに、キッチンやサニタリーなど、水を使う場所に施工した場合は、メンテナンスが必要です。はっ水剤を塗った後は、ツヤがでて落ち着いた表情になり、雰囲気もますので、その意味でもおすすめ。テラコッタ調タイルは、施工時のままの状態を保つので、メンテナンスは不用。汚れたら、水をかけてたわしでこするなどの掃除もOKです。

畳を気持ちよく使うための、日常の注意点

畳表（畳の表面）は乾燥させたい草を編んでつくられているのが一般的です。芯になっている畳床は、昔は稲わらを使いましたが、最近ではインシュレーションボードやスチレンボードを使った化学床が主流。畳といえば、ダニなどの発生が心配ですが、掃除をこまめにすることと、風通しを心がけて対応してください。もし発生してしまったら、畳を上げて風通しのよい場所にたてかけ、乾燥させてから、畳表を薄めた消毒用アルコールで拭いて除菌しておきましょう。

面積が大きい壁材は色&テクスチャーを重視して

機能性を高めた壁材で暮らしやすさをアップさせましょう

部屋の中で最も広い面積を占めるのが壁面です。インテリアの重要なポイントになるので、色柄選びは慎重に行いましょう。

面積が大きくなるほど明るい色はより明るく、暗い色はより暗く感じるので、ショールームに足を運び、できる限り大きめのサンプルで確認すると、仕上がりをイメージしやすくなります。このとき、壁紙などの壁材は施工状態と同じように床に垂直にしてチェックするのがポイント。もし可能であれば、サンプルを持ち帰って床材と合わせたり、現場の光でどのように見えるかを確認しておくと失敗を防げます。

内装に使われる主な壁材には、壁紙（クロス）、塗り壁、タイルや石などがありますが、一般的に使われているのはビニールクロスと呼ばれるポリ塩化ビニール製の壁紙です。デザインが豊富で拭き掃除などのメンテナンスが簡単、価格もお値頃というのがその理由です。

一方、かつての日本家屋の壁に多く使われてきたしっくいや珪藻土といった自然素材の左官材（塗り壁）も、テクスチャーに味わいがあり、調湿・消臭効果もあるとして近頃とても人気です。ただ、質について言うと、じつはメーカーによって幅があります。純度の高さが決め手になるので、成分などのデータを比較して選ぶとよいでしょう。

もし調湿・消臭効果を期待して採用したいけれどコストが気になるという場合は、壁ではなくて天井だけに塗るというのも一案。十分な効果を得られます。なお、珪藻土としっくいは、仕上がりの質感、機能ともにほとんど差はありません。真っ白な明るい壁にしたい場合は、しっくいがおすすめです。

そのほか、消臭・耐水・防汚性などが非常に高い機能性タイルや化粧パネルといった素材もたくさん出ているので、部屋の用途なども考慮しながら、空間に合わせて選ぶとよいでしょう。

原材料によって素材感もさまざま

左官材

おすすめスペース　玄関ホール、LDK

コスト　★★★☆☆

MEMO

しっくいはやや高価、珪藻土は手頃。DIYにも向く

インテリアの壁仕上げで人気の高いのが、珪藻土やしっくい、シラスなどの左官壁です。自然素材の機能とテクスチャーが、ナチュラル志向にフィットし、湿気の多い日本の気候風土にも適した素材ということで、注目されてきました。施工方法は、下地処理をした石膏ボードの上に塗っていく方法がいまは一般的ですが、専門の技術が必要なため、手間も費用もかかります。いずれも、美しく平滑に仕上げる方法のほか、コテ跡残し、櫛引（くしびき）など、塗り壁ならではのさまざまなニュアンスも楽しめます。また、左官壁は時間がたつにつれて汚れが加わってきますが、洗剤拭きはNG。汚れも味のうちと考え、変化を楽しむとよいでしょう。

ホタテ貝

廃棄物となるホタテの貝殻を利用したエコ建材。ほかの左官材と同様に高性能ながら、低価格でD IYにも適しています。

しっくい

消石灰に海藻のりや、麻すさを入れて練り合わせたもの。耐火性、耐久性にすぐれ、調湿機能もあります。白だけでなく、顔料で着色した色しっくい、砂を混ぜた砂しっくい、施工性を簡単にした生石灰クリームなどバリエーションも豊富。

珪藻土

太古の海や湖に生息していた植物性のプランクトンの死骸が堆積し、化石化した土。無数の微細な孔があいているため、調湿性、断熱性、保温性のほか、遮音性、吸水性、消臭性などもあるといわれています。

シラス

太古の時代に噴出した火山灰をシラスといいます。堆積した土壌は農耕に不向きなため、やっかいものとされてきましたが、近年、壁材として活用法が開発されました。調湿性、消臭性にすぐれ、ホルムアルデヒドも吸着。結露やカビ、シックハウス対策に◎。

微妙な色合いも思いのままに

ペイント

おすすめスペース 玄関ホール、LDK 、子ども部屋、寝室

コスト ★★★★☆

MEMO

下地づくりに手間がかかるため、施工費がやや高め

欧米では、壁をカラフルなペイント仕上げにしているお宅が多いようですが、日本の住宅では壁紙や左官による壁仕上げが人気で、ペイント仕上げはあまり多く見かけません。しかし、ペイント仕上げは、壁の色をいかようにも変えられ、左官材やクロスにはない微妙な色を自由に調合できるのが大きな魅力です。さらに、ただ平らに塗るだけでなく、特殊な骨材を混ぜて表面に凹凸を出したり、石目やコテ跡の模様をつけて左官壁風のテクスチャーにしたり、いろんな技法も楽しめます。

ペイントの種類は、大きくは油性と水性に分かれますが、刺激臭の少ない水性ペイントがおすすめです。汚れたら、数年に1回程度、塗り直せばいいでしょう。

単色ペイント

色を抑えたシンプル系のインテリアを好むお宅では、家じゅうの壁を白や薄いグレーで統一することが多いようです。壁面を無彩色にすると、家具やカーテン、その他の雑貨に色を使って楽しむことができるメリットがあります。

カラーペイント

部屋をカラフルなペイント仕上げにすると、印象ががらりと変わります。LDKの壁に抵抗があるなら、まずは子ども部屋や寝室など、プライベート空間に挑戦してみては。海外の個性的なペイントがぞくぞく輸入されています。

板壁ペイント

カントリーテイストのインテリアにしばしば見られる板壁。白やカラーのペイントで仕上げれば、ぬくもり感がいっそう増します。木目を塗料で塗りつぶすのもいいし、木目の素地を生かすステイン系の塗料で仕上げるのも素敵です。

自然素材系のペイント

水性ペイント

鉱物や石灰などの天然成分のみでつくられた塗料。静電気を抑え、ホコリの発生を防ぐ効果も。天然顔料で着色も可能。

オイルステイン

天然オイルが原料の木材用塗料。吸湿・放湿性を損なわず、木の内部に浸透して保護する効果も。木目を引き立てる仕上がりに。

色、柄が豊富で多彩なイメージを表現

壁紙

おすすめスペース 玄関ホール、LDK

コスト ★★☆☆☆

MEMO

自然素材系の壁紙は左官仕上げより手頃で、ビニールクロスと比べると高価

日本の住宅の壁仕上げのほとんどは、一般にクロスと呼ばれる壁紙です。素材の種類は豊富で、生産量が最も多いビニール壁紙をはじめ、和紙などを主原料にした紙壁紙、天然繊維を原料にした織物壁紙などがあります。

左官仕上げやペイント仕上げに比べて手間もコストもかからないので、工事費を抑えたい場合はクロス壁がおすすめ。最近では、塗り壁風、ペイント風に見える壁紙も販売されているので、検討してみてはいかがでしょう。

分厚い見本帳からお気に入りを選ぶのはたいへんなので、まず、どんな部屋にしたいかをイメージし、テイストや素材の検討をつけてから絞り込んでみてください。

プリント壁紙

欧米では比較的ふつうに使われるプリントの壁紙。白一色の部屋も居心地はいいのですが、少し冒険したいなという人にプリントの壁紙がおすすめです。色も柄も鮮やかなプリントはインテリアがいっそう華やかになるでしょう。

珪藻土壁紙

主原料である珪藻土の多孔質性能を生かしてつくられたクロス。珪藻土を壁に塗る場合に比べて、職人の手間が軽減できるので、工事費の節約ができます。白以外に、オレンジ、クリームなどの色もあり、表面に凹凸をつけたタイプもあります。

カラー壁紙

マットなタイプ、ツヤのあるタイプ、シックな色、ビビッドな色と、カラー壁紙は色のバリエーションが豊富。最近は部屋全体に色を使うのではなく、壁の一面、あるいはコーナーだけというように部分的にカラー壁紙を張るのが人気です。

ウッドチップ壁紙

再生紙に木片をすき込んだ自然素材の壁紙。素地のままでもいいし、ペイントの下地としても使えます。調湿機能もあるので結露で壁が汚れる心配もありません。軽い汚れは消しゴムで、ひどくなったら上から塗装するといいでしょう。

布壁紙

綿や麻、シルクなどの天然織物を紙で裏打ちした壁紙。通気性にすぐれ、結露しにくくなります。高級感とあたたかみのあるテクスチャーが魅力。

和紙壁紙

洋紙に比べて繊維が長い和紙の壁紙。繊維同士のすき間が大きいので、調湿効果もあります。強靭で、年月とともに風合いを増します。

壁面の仕上げ材にもいろいろありますが、モザイクタイルやブリック、ストーンなどの個性的な素材が注目されています。リビングやダイニング、キッチンなどの壁面の一部に用いることで、異素材の組み合わせが楽しめて、インテリアのグレードもアップ。また、外部に用いることが多かった石やブリックを室内に取り入れることで、洗練された一角が生まれます。タイルやブリックは網代張りや馬踏みなど、張り方のパターンが楽しめるのも、ひとつの魅力なので、部屋の雰囲気に合わせてデザインするといいでしょう。

なお、壁面に石やタイルを施工する場合は、モルタル下地に張る方法や専用の接着剤で張る方法が一般的です。

水回りはもちろん、居室のアクセントにも

タイル・ブリック

おすすめスペース キッチンや洗面室の一部、LDの腰壁など

コスト ★★★☆☆

MEMO

壁全面に貼ると飽きるので、ポイント使いがおすすめ

ブリック

欧米ではレンガのことをブリックといいます。素朴な風合い、やわらかい質感は、フレンチカントリーのキッチンにぴったり。ブリックは、油を吸収する性質がありますがベタベタすることがないので、キッチンの壁面におすすめです。

調湿タイル

湿気を吸収・放出する小さな孔のある、調湿性や吸臭性の高いタイル。有害物質を吸収する性質もあり、空気をきれいに保ちます。

陶磁器質タイル

粘土や石が原材料。焼成温度などによる違いはあるものの、防水性や防汚性が高いのが特徴です。

アンティークブリック

欧米だけでなく、最近は中国からも輸入されているアンティークブリック。古い建物を解体して取り出し、薄くスライスするなどの成形加工をしたものがほとんどです。時を経た味わい深い素材がインテリアを引き立てます。

コーラルストーン

珊瑚や貝殻が長い年月をかけて堆積して生まれた化石がコーラルストーンです。珊瑚の結晶が混在したピンクがかった色は、天然ならではの美しさです。断熱性、防音性があり、調湿機能もある、優れた自然素材です。

モザイクタイル

2.5～3 cm角の小さなタイルをモザイクタイルといいます。キッチンやサニタリーの一部にアイキャッチ的に使うのもおすすめ。磁器質タイルが一般的ですが、ガラス質や大理石もあり、おしゃれな空間が演出できます。

アクセントウォールにぴったり

板張り

おすすめスペース LDの壁や天井の一部

コスト ★★★☆☆

MEMO

コストは樹種や施工方法による。
ポイント使いがおすすめ

板張り

無垢材の壁材。断熱&防音効果や空気の清浄効果もあります。

明るさや抜け感の演出に効果あり

ガラス

おすすめスペース 洗面室、浴室

コスト ★★★☆☆

MEMO 室内窓として居室にとり入れる方法もおすすめ

ガラスモザイクタイル

ガラス製の装飾用タイル。透明感のある輝きが美しく、光をランダムに反射して表情豊かな空間を演出します。

ガラスブロック

中は空洞のブロック状のガラス。光を通して明るさをもたらすだけでなく、遮音性や断熱性にもすぐれています。

壁材選びのチェックポイント

しっくいと珪藻土はどう違うの？

しっくいの原料は消石灰。混じりけのないきれいな白に仕上がり、くずれにくい特徴がありますが、二度塗りが必要なため施工費はやや高めになります。一方、珪藻土の原料は植物性プランクトンで、もともと少し黄色味を帯びています。単独で固まる性質がないため、樹脂などを混ぜて塗りつけますが、手でふれる機会の多い場所（壁のエッジなど）は、くずれやすい傾向が。一度塗りで仕上げられるため施工費が比較的安く、ＤＩＹにも向いています。

珪藻土の性能は製品によって違う

珪藻土はミクロン単位の微粒子ですが、その一粒一粒に、無数の微細な穴があいています。その穴があることで、調湿性、保温性、遮音性、ニオイを吸着するなどの機能が保たれているといわれています。しかし、珪藻土自体は壁にくっつく性質がないため、製品にする過程で付着力が強くなるよう合成樹脂を混ぜているケースもあります。合成樹脂は珪藻土の機能を低下させる場合があるので、購入するときは各社の成分データを比較して選ぶとよいでしょう。

しっくいの性質を知って使う場所を選びたい

しっくいは、湿気や汚れを吸収しやすいという性質があり、水ぶきができません。水回りなどの直接水がかかる場所や湿気の多い場所、極端に汚れがつきやすい場所は避けたほうが無難です。また、調湿機能があるともいわれていますが、その機能に期待するなら１㎝ほどの厚さに塗らないと効果がないともいわれ、リフォームなどでは既存のドアのおさまりなどに影響がでてしまうことも。テクスチャーが気に入って使用するなら、薄塗りでも全く問題はありません。

左官材の仕上げ方に迷ったら…？

左官材は素材のテクスチャーや色だけでなく、塗り方によっても印象が大きく変わります。コテあとがほぼ見えないようにマットに塗ると、クールでモダンな印象に。コテあとを少し残したラフな塗り方は、ナチュラルスタイルのインテリアに向きます。コテあとのパターンをはっきり出しすぎるとやぼったくなり、飽きるのも早いため、なるべく無造作に塗るのがおすすめ。とはいえ、塗り方は左官屋さんのセンスによるところが大きいので、あらかじめ施工例を見せてもらうといいでしょう。

施工コストをじっくり検討することが大事

珪藻土やしっくいのような左官材は、壁紙に比べて手間がかかるため施工時のコストもアップします。施工費・材料費込みで５０００円～７０００円／㎡といわれています。「建築コストは節約したいけど、塗り壁にもこだわりたい」という場合は、下地にモルタルなどを塗る必要がない、施工の簡単な製品を使えば、工期も短く、コストダウンも可能です。自然素材としての機能を重視するのではなく、塗り壁のテクスチャーを楽しむなら、それでも十分でしょう。

塗り壁を希望するなら熟練の職人さんを見つけて

珪藻土やしっくいなどの塗り壁が人気とはいえ、腕のいい左官職人さんの数が減っているのも確かです。どんな工務店でも珪藻土仕上げを引き受けてくれるとは限りません。「施工経験がない」という理由で断られるケースもあるようです。断られたけれど、どうしても珪藻土で仕上げたいのなら、製品を少量取り寄せてみて、左官屋さんに試用してもらったり、メーカーからアドバイスしてもらって、交渉してみましょう。施主の側から職人さんを探すという努力も必要です。

大きな柄や目立つ色の壁紙をとり入れるコツは？

壁紙は飽きたら比較的容易に張りかえられるので、好みのスペースにとり入れてＯＫ。人気なのは壁の1面だけにアクセント的にとり入れるテクニックで、無地の部分とのコントラストで柄の魅力が引き立ちます。輸入壁紙は繊細な色柄や豊富なバリエーションが人気ですが、張るときにシワが寄りやすかったり、厚すぎてはがれやすかったりと、扱いがむずかしいものも。国産の製品より幅の狭いタイプも多いため、柄合わせに苦労したり、素材のロスが出やすいという傾向もあります。

輸入壁紙を使うなら慣れた施工業者を

施工が簡単なビニールクロスが普及している昨今、それ以外は施工したことがないという職人さんも存在し、輸入壁紙などの施工を断わる業者もいるようです。施工の技術が求められる輸入壁紙を使いたい場合は、それに見合う工期や施工費の心づもりをして、職人さんを探しましょう。ふすま職人も兼ねている内装業者は、紙の扱いに慣れているともいわれます。購入するメーカーからその製品に慣れた職人さんを紹介してもらうという方法もあるようです。

壁紙を選ぶときは、部屋をイメージして

新築やリフォームなどで壁紙を選ぶとき、分厚い見本帳を見るのがふつうです。けれども、何百種類もの中からお気に入りを選ぶのは至難の技。まず、どんな部屋にしたいのかをイメージし、テイストや素材の見当をつけてから見本帳を開き、絞り込んでいくようにしましょう。なお、インテリアイメージが絞りきれない場合は、プロのインテリアコーディネーターが手がけたマンションのモデルルームや住宅展示場のモデルハウスを参考にするといいでしょう。

人気の自然素材系壁紙を選ぶときの注意点

住宅用の壁紙というと、一般的なのはビニールクロスですが、最近は自然素材の壁紙も人気です。紙壁紙や、織物壁紙、植物系の自然繊維を使ったもの、沖縄原産の月桃など、植物を主原料とした壁紙などです。ビニールクロスより通気性はありますが、汚れ防止のコーティングが厚いと、そうした機能は失われるので注意が必要。また、自然素材系壁紙といっても、自然素材が5％以下というものもありますので、表示を確認して選ぶようにしましょう。

壁面の色や素材を失敗なく選ぶには？

面積が大きい壁面は、飽きにくく、家具や雑貨とケンカしない色や素材を選ぶのが無難です。基本的なルールは、壁を含めた内装の色を3色にしぼること。壁を白、フローリングを茶色、キッチン回りのタイルをベージュにしておけば、あとからどんな差し色を加えても無理なくなじむはず。また、同じ白い壁でも、光沢のある仕上げとつや消しの仕上げとでは、印象ががらりと変わります。よりナチュラルな空間をめざすなら、つや消しがおすすめ。ショールームで施工例にふれ、違いを確認しておきましょう。天井と壁の色をそろえるのも飽きのこない空間をつくるテクニックです。

メンテナンスの仕方

しっくい壁の汚れや傷は、味わいのうちと考えて

しっくい壁は、しばらくするとヘアクラックと呼ばれる細いひびが入ります。左官用の石膏ボードの上に塗る工法は、ボードの継ぎ目に沿ってひびが入ることも。また、あとで補修・リフォームするときに塗り重ねができません。水ぶきはNGですが、ひどい汚れには上からクリーム状のしっくいを塗るのはOKです。

珪藻土はちょっとした汚れなら自分でも落とせる

手あかなどは消しゴムで落とせますし、しょうゆなどのシミは漂白剤を布にしみ込ませ、たたきながらとります。下地が浮いたりして弱くなった部分は削りとって塗り重ねて補修します。コテ跡を残したラフな仕上げなら、補修した個所はあまり目立たないでしょう。

ペイント仕上げの壁は汚れたら塗り変えてリフレッシュ

ちょっとした汚れなら、硬く絞った布で軽くふきとれば落ちますが、範囲が広かったり、年月の経った汚れを落とすのはめんどうなものです。色にもよりますが、汚れたら4〜5年に一度塗り替えて、リフレッシュするものと考えてください。

ビニールクロスは手入れが楽

ときどき拭き掃除でほこりを吸いとったり、からぶきしておくとよごれや水分がつくのを防ぎ、変色を抑えられます。水ぶきもできるので、キッチンの壁など汚れが激しい場所は、薄めた中性洗剤で汚れを落としましょう。

素材・仕上げ

床／カラマツ無垢フローリング

壁／紙クロス（塗装下地用）、一部カラマツ合板（10 cm間隔に溝を掘る）

カラマツの木目と四季折々の風景を楽しむくつろぎ空間

リビングは一面の壁だけ素材を変えて、カラマツ合板に10cm間隔の溝を掘り、羽目板風に仕立てて。3方の窓から入る光で、いろんな表情の木目が楽しめます。経年変化でカラマツの壁があめ色になり、味が出るのも楽しみ。そのほかの壁には塗装下地用壁紙を利用。天然紙だから通気性、透湿性、コスパもGOOD！（藤本邸　設計／一級建築士事務所m+o）

素材・仕上げ

床／パイン無垢フローリング

壁／珪藻土、一部縦板張り（ペイント仕上げ）

天井／構造材表し（ペイント仕上げ）

パイン材に板壁を合わせたさわやかなインテリア

海が好きなご夫妻が建てたのは、パイン材の足ざわりが心地よいビーチハウスをイメージしたお宅。白くペイントした板壁や構造材がさわやかな印象を添えています。リビングの窓からは隣家のグリーンも借景できて、インテリアのアクセントにも。背の高い収納家具を置かないことで、空間がより広々感じられます。（O邸　設計・施工／ピーズ・サプライ）

素材・仕上げ

床／オーク無垢フローリング（ヴィンテージ風に塗装）

壁／しっくい（コテむら仕上げ）、一部レンガタイル

木としっくいの空間に 古材やアイアンをきかせて

床はオーク材をヴィンテージ風に塗装し、壁はコテむらをつけたしっくい塗りに。ソファ正面の壁にはレンガタイルを張っています。シンプルなステンドグラスや大きなランプもアクセントに、「好き」な素材やデザインをとことん詰め込みました。照明はお気に入りのものをネットや雑貨ショップで探したそう。（竹内邸 設計・施工／ウエストビルド）

素材・仕上げ

床／ナラ無垢材フローリング、和紙畳

壁／珪藻土

天井／シナ合板

収納扉／シナ合板

畳×珪藻土×木。自然素材たっぷりのリラックス空間

北側斜線に合わせて傾斜させた天井にはシナ合板を。珪藻土の壁や畳空間ともほどよくマッチして、ゆったりくつろげるのびやかな空間に。リビングの畳は、ダニが発生しにくく、メンテナンスもラクな和紙の畳をセレクト。背もたれにもなるよう、壁面収納の扉に強度をもたせました。長さ5.4mのカウンターは、TV台、デスク、収納に大活躍。（H邸　設計／悠らり建築事務所）

素材・仕上げ

床／石（アンティカトラベルティーノ「アドヴァン」）、パイン無垢材

壁／スギ材、珪藻土

天井／スギ材

石材やスギ材で演出したコンサバトリー風のスペース

2階のワンフロアをまるまるオープンスタイルのLDKにしたお宅で、リビングの一角だけ床に石材を貼り、壁や勾配天井に無垢のスギ材をとり入れて、コンサバトリーに。同じ空間でもがらりと雰囲気が変わり、くつろぎ感も高まります。（森田邸　設計／プランボックス一級建築士事務所）

素材・仕上げ

床／アルダー材（えごま油仕上げ）

壁／しっくい

天井／梁表し

しっくいの壁がホームシアターになるリビング

アルダー材の床は、自分たちでえごま油を塗って仕上げ、しっくいの壁も実家の家族総出でDIY。自然素材をふんだんに使いつつ、コストダウンにも。隣家側は視線が気にならないように、地窓を小さくつくり、壁面を広びろと。スピーカーとプロジェクターをとりつけて、大きな白壁がホームシアターに早変わり。とくにサッカーの試合は大迫力！（K邸設計／Life-labo東埼玉）

素材・仕上げ

床／オーク材
（オイル仕上げ「オスモ」）

壁／クロス

大胆な色使いがおしゃれな開放感あふれるリビング

壁は手頃なクロス張りですが、1面だけ色を変えてアクセントに。床はオーク材で「オスモ」のオイルをDIYで塗装しました。DKの上部には納戸がわりの小屋裏収納をプラン。天井高を抑えたぶん、リビングの吹き抜けがよりダイナミックに感じられます。（M邸　プランコーディネート／FILE）

素材・仕上げ

床／モルタル、無垢スギ材

壁／シナ合板

天井／梁表し、スギ材（2階床板）、シナ合板

薪ストーブ／高蓄熱型薪ストーブ
（スイス「トーンヴェルク・ラウゼン」）

たたきから続くモルタルの床で土間のようなリビング

玄関の土間がリビングにまで広がり、窓を開け放すと、リビングがまるで縁側のような空間に。ソファに座ってテレビを見たり、段差に腰かけたり、思い思いのスタイルでくつろげます。冬は薪ストーブが加わって、あたたかな火を眺めながら過ごす楽しみも。マットな黒が空間の引き締め役に。（阿知波邸　設計・施工／リビングデザインビューロ）

素材・仕上げ

床／無垢ナラ材、一部畳

壁／ペイント仕上げ（水性塗料「ポーターズペイント」）

天井／一部梁表し

カラフルな壁や畳スペース 楽しいが詰まったリビング

壁の一面をDIYでペイントした、鮮やかな色が印象的なリビング。刷毛ムラが出る塗料なので、素人の仕上げもかえって味わいになりました。玄関から仕切りなく続くワンルームで、吹き抜けのあるリビング、ハンモックをとりつけた畳スペースなど、コーナーごとに変化をもたせて。家族それぞれがお気に入りの場所でくつろげます。（N邸　設計／ノアノア空間工房）

素材・仕上げ

床／ウォールナット材

壁／クロス、一部タイル貼り

薪ストーブ+ブラウンのタイルで 落ち着いたインテリアを演出

肌に直接ふれる床材は、本物志向にこだわりたいと、無垢のウォールナットを採用。存在感たっぷりの薪ストーブは、部屋のコーナーではなく、あえて中央に置いてフォルムを堪能します。ストーブまわりにあしらったブラウンのタイルも、インテリアのアクセントとして効果的。床材にこだわったぶん、壁は手頃なクロス仕上げに。（近藤邸　設計・施工／スターディ・スタイル一級建築士事務所）

素材・仕上げ

床／無垢材（斜め張り）

壁／コンクリート(一部ペイント)

天井／コンクリート

壁の一部をパリ風のニュアンスカラーに

海外旅行が大好きというMさん夫妻の希望をかなえた、旅気分を味わえるインテリア。無垢の床材を斜めに張ったり、壁に色を使ったりと、外国テイストの雰囲気づくりを施しました。フローリングを斜めに張ると、視覚効果で空間がより広く感じられます。「カリモク60」のロビーチェアとラグで落ち着いた雰囲気にまとめて。（M邸　設計／エイトデザイン）

素材・仕上げ

床／無垢オーク材（目地を黒く塗装）

天井／コンクリートの構造表し

目地を黒く塗装したオーク材の床にユーズド家具が自然となじんで

「古い家具や雑貨が似合う、味のある家」を目指し、天井はコンクリートの構造を表しに、無垢のオーク材の床は、目地を黒く塗装してアンティーク風に仕上げました。アイアンラックは、名古屋のユーズド家具ショップ「ホリドール」で見つけたもので、リビングのディスプレイコーナーに。「TRUCK」のソファが自然となじむ、リラックス空間になりました。(N邸　設計・施工／リノキューブ)

部屋別・素材と仕上げの実例集 ダイニングキッチン

素材・仕上げ

床／カラマツ無垢フローリング

壁／紙クロス(塗装下地用)、一部タイル貼り

キッチン／本体：オーダー（I型・幅 230 cm)、天板：ステンレス、レンジフード：「パナソニック」、水栓金具：「TOTO」

憧れのタイル使いを実現したカウンターキッチン

雑誌で見たサブウェイタイルのカウンターキッチンをイメージソースにしたキッチン。背面には出し入れしやすくコスパもいいオープン収納を造作。一部をタイル貼りに、目地を黒にしてメンズライクに仕上げています。(藤本邸　設計／一級建築士事務所m+o)

素材・仕上げ

床／パイン無垢フローリング

壁／珪藻土、一部タイル貼り

天井／梁表し（ペイント仕上げ）

キッチン／本体：オーダー（I型・幅 265× 奥行き 90 cm)、カウンター：板張り（ペイント仕上げ)、天板：ステンレス（ヘアーライン仕上げ)、レンジフード:「アリアフィーナ」、食洗機:「パナソニック」、水栓金具：「グローエ」、ガスコンロ：「ノーリツ」

白いタイルと板壁を組み合わせたさわやかなキッチン

対面式のペニンシュラスタイルのキッチンは、インテリアの雰囲気に合うように素材使いにこだわって。板壁を白くペイントしたカウンターに、扉つきの背面収納を組み合わせて、やさしいデザインに仕上げました。湿気対策として収納の扉はルーバータイプを選択。(O邸　設計・施工／ピーズ・サプライ)

素材・仕上げ

床／アルダー材、一部タイル貼り

壁／しっくい

天井／梁表し

キッチン／カウンター：造作、レンジフード：「アリアフィーナ」、シンク：「中外交易」、水栓金具：「三菱レイヨン」

カウンターとテーブルを一体にしたコンパクトDK

オリジナルで造作したキッチンは、カウンターとダイニングテーブルが兼用。余計な家具が省けて機能的なうえコストダウンにも。キッチン部分の床は手入れのしやすいタイル貼り。ダイニングと段差をつけてあるので、カウンターに座った人との目線もちょうどよく、会話もスムーズ。（K邸　設計／Life-labo東埼玉）

素材・仕上げ

床／幅広ボルドーパイン材

壁／クロス

天井／クロス

キッチン／本体：オーダー、天板：ステンレス、壁面：一部タイル貼り、収納(面材)：シナ合板(塗装仕上げ)

レトロな塗装を施してどこか懐かしいキッチンに

和のユーズド建具がイメージソースになったというキッチン。建具のテイストに合わせて、収納をレトロなブラウンで塗装し、ほっこりとしたあたたかみのあるスペースに。ダイニングの内装をシンプルにしたぶん、ちらりと見えるキッチン収納の表情が引き立ちます。（I邸　設計・施工／ビーズ・サプライ）

素材・仕上げ

床／無垢材（エイジング加工）

キッチン／システムキッチン、
腰壁：板張り（自然塗料仕上げ）

木製の腰壁でシステムキッチンを造作キッチンの雰囲気に

“ざっくりした素材感のある雰囲気”にこだわり、ダイニングキッチンの床は、エイジング加工を施した無垢材を採用。木製の造作キッチンはコスト面から断念。かわりにシステムキッチンの周囲に木製の腰壁を設けてイメージを近づけました。ダイニング側に棚などはつけずにコストを抑え、自然塗料で仕上げて風合いを出しています。（K邸　設計・施工／菱和ホーム）

素材・仕上げ

床／土間コテ押さえ

壁／ラワン合板、一部ケイカル板

天井／足場板

キッチン／本体：オーダー、カウンター：ステンレス、天板:モルタル塗り、レンジフード:「サンワカンパニー」、水栓金具：「カクダイ」

モルタル塗りのキッチンや使い込んだ足場板ワイルドな素材使いが個性的

コンクリートの床、古い足場板の天井、黒皮鉄の階段のラフな素材感が、倉庫っぽい雰囲気を醸し出して。キッチンは、料理好きなご主人と２人で立てるように、シンクとコンロをT字形にレイアウト。これが予想以上の使いやすさに。モルタル塗りの天板は耐熱・耐水・耐久性があり、メンテナンスもラク。（中土邸　設計／アルツ デザイン オフィス）

素材・仕上げ

床／レッドパイン無垢材フローリング

壁／クロス、ベネチアングラスのモザイクタイル貼り

天井／梁表し

キッチン／「トーヨーキッチンスタイル（I型・幅255cm）」

ステンレス×モザイクタイルがおしゃれ！なコンパクトキッチン

細長いDKスペースを広く使うため、壁づけのオープンスタイルに。ステンレスカウンターと壁に貼ったベネチアングラスのタイルがシック。ダイニングとキッチンの距離が近いので家事動線もラク。（宇野邸　設計／ポウハウス一級建築士事務所）

素材・仕上げ

床／無垢ナラ材、畳

壁／ペイント仕上げ（水性塗料）

天井／構造材表し

キッチン／本体：オーダー、天板：ステンレス、壁：一部モザイクタイル貼り

タイルやペイントの壁で色使いが楽しいキッチンスペース

IHヒーターつきのカウンターが、そのままダイニングテーブルにも。食空間をコンパクトにまとめました。動線が短いので効率もいいそう。畳スペースをベンチがわりに、いろんなスタイルで過ごせます。ハロゲンランプの照明は、安価なものをネットで購入。換気扇フードはオーダーをやめて既製品にしてコストダウン。（N邸　設計／ノアノア空間工房）

素材・仕上げ

床／幅広パインフローリング、タイル貼り

壁／しっくい

天井／梁表し

キッチン／本体：オーダー、壁面：モザイクタイル貼り、カウンター（側面）：板張り

タイルや板張りのおしゃれな要素が満載！

白い板張りにアクセントの引き出しがかわいいカウンターを囲んで、家族で料理に参加できるＬ型＋カウンタースタイルのキッチン。ダイニング側にも引き出しと収納があって使い勝手が○。カウンタートップのほか、壁の一部にもモザイクタイルをあしらって清潔感あふれるスペースに仕上げました。（島田邸　設計・施工／Sala's）

素材・仕上げ

床（キッチン）／ホモジニアス・タイル

キッチン／セミオーダー：「H&H Japan」天板：ステンレス（ヘアライン仕上げ）

細部のデザインにまでこだわったシンプルキッチン

予算とデザインが見合うメーカーを、ネットで探してセミオーダーしたこだわりのキッチン。DKは玄関からリビングへの動線も兼ねているので、カウンターとテーブルを横並びに配置。細長い敷地を無駄なく生かしています。キッチンの背面は大きな引き戸を立て込んでまるごと収納に。（小畑邸　設計／フリーダムアーキテクツデザイン）

素材・仕上げ

床／ヴィンテージ風の床材（突き板）、タイル貼り（キッチン）

壁／ペイント仕上げ、一部黒板塗料仕上げ

天井／ペイント仕上げ

黒板塗料で仕上げた壁で大人っぽい雰囲気を演出

タイル貼りの床や黒板塗料など、ハードな質感でまとめたモダンテイストのキッチン。カウンターのまわりに腰壁を立ち上げ、室内側からキッチンの手元が隠せるように。ちょっとしたカウンタースペースもあっておしゃれな雰囲気になりました。施工費を抑えるためにLDKの壁と天井はDIYでペイント。色むらやハゲなどもかえって味わいになっているそう。（上野邸　設計・施工／ウィル）

素材・仕上げ

床／オーク材（エイジング加工）、タイル貼り（キッチン）

キッチン／本体：オーダー、壁:一部タイル貼り（コンロまわり）、天板：ステンレス、作業台：木製の脚にアイアン塗装

オーク材とタイル貼り。床材を変えてエリア分け

オープン収納の開放的なキッチン。色や素材をしぼったことで、ものが見えていても雑然とした印象にはならず、おしゃれな雰囲気に。床材を変えることで、ダイニングとキッチンをエリア分け。ダイニングの床は、古材風に加工したオーク材で味わい深く。「sacco」でオーダーした足場板のテーブルや、「ザ・ブラウンストーン」のチェアがよく映えます。（M邸　設計・施工／リノキューブ）

素材・仕上げ

床／幅広パインフローリング

壁／しっくい

傾斜天井で〝こもり感〟を演出。木製の小窓があたたかみを添えて

ご夫妻の寝室をロフトに配置したお宅。パインのフローリングやしっくい壁などやさしい質感の内装に加えて、ロフトならではの傾斜天井で"こもり感"が生まれ、ゆっくりくつろげるスペースになりました。アンティークテイストの木の小窓からはリビングが見下ろせます。（島田邸　設計・施工／Sala's）

素材・仕上げ

床／モルタル金ゴテ仕上げ

壁／クロス、一部塗り壁

モルタルの床と白い壁に囲まれた洞窟のようなイメージに

玄関から寝室まで、モルタルの床で仕上げたお宅。寝室の入り口に扉はなく、アールを描いた壁でゆるやかに仕切っています。「洞窟のように」というご主人のイメージどおり、窓も小さめに、白い壁に囲まれてやすらげる空間に仕上げました。照明はシンプルなダウンライトを採用。（宇野邸　設計／ポウハウス一級建築士事務所）

素材・仕上げ

壁／しっくい

天井／構造材表し

バルコニーにまで床が広がる感覚で開放感たっぷりのスペース

構造材を表した天井を見上げながら眠りにつくベッドルーム。床とバルコニーの素材感を合わせて、視覚的な空間の広がりをもたせました。DIYで仕上げたしっくいの壁も、やさしい表情を醸し出しています。隣家が迫る南面にはスリット窓を採用して、プライバシーを守りながら通風を確保。（石川邸　設計／アトリエSORA）

素材・仕上げ

床／フローリング

天井／クロス

黒い天井や間接照明で落ち着いて眠りにつける空間に

生活感のないモダンな白い空間をつくりたかったという岸和田さん。寝室は、無駄を削ぎ落としたデザインでシンプルにまとめました。アクセントとして、また安眠できるように、天井は黒いクロスに。白い壁とのコントラストも美しい、理想の空間が実現。（岸和田邸　設計／クニヤス建築設計）

部屋別・素材と仕上げの実例集 子ども部屋

素材・仕上げ

床／パイン材フローリング（OS ワックス仕上げ）

壁／クロス

格子の窓枠が映える パープルのキッズルーム

「壁を自分の好きな色にできてうれしかった」という長女の部屋は、淡い色使いがおしゃれ。白い枠と格子デザインの窓もアクセントに、外国の雑誌に出てきそうなインテリアに仕上げました。ベッドまわりにあしらった雑貨のディスプレイにもセンスが光ります。（中山邸　設計・施工／Sala's）

素材・仕上げ

床／幅広パインフローリング

壁／しっくい

自然素材たっぷり ロフトつきのキッズルーム

姉妹の部屋は、ゆるやかに仕切られたロフトつきのワンルーム。無垢材の床や木製のドアでやさしい表情を添えています。将来、２部屋にできるように扉も２つ、窓やクローゼットの配置も同じつくりに。間仕切り壁には姉妹の部屋をつなぐガラスの小窓を造作。ほどよく目隠しになるように気泡が入った板ガラスをセレクト。（島田邸　設計・施工／Sala's）

素材・仕上げ

床／フロアタイル（木目調）

壁／クロス

素材使いも仕掛けも楽しい！ 仲良し兄妹の子ども部屋

4畳ずつの広さを確保した子ども部屋は、空間を立体的に活用して省スペースに。張り出した部分が隣室のベッドになります。仲良し兄妹のために、壁に小窓をつけて楽しい空間に仕上げました。床は、木目調のフロアタイル。傷に強くて掃除もしやすいから、子どもたちが汚してもOK。（Y邸　設計・施工／ウエストビルド（アイディールホーム））

素材・仕上げ

床／無垢パイン材

壁／しっくい

天井／しっくい、構造材表し

しっくい壁と傾斜天井で 趣のある空間に

「小公女の部屋のように」とイメージした子ども部屋。古材風の構造材がリズムよく並ぶ傾斜天井は、狭く感じないように高さや角度を検討しました。窓からしっくい壁に広がる光もきれい。ベッドは家具ショップ「モビリグランデ」で購入。（垣本邸　設計・施工／ケーアイリビング）

部屋別・素材と仕上げの実例集 畳ルーム

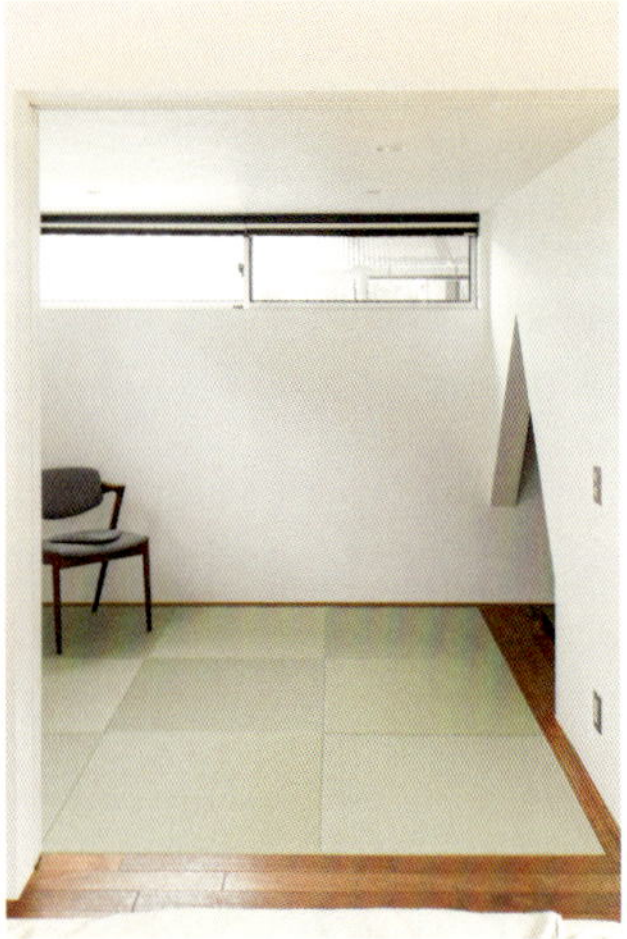

素材・仕上げ

床／縁なし畳、無垢チーク材

壁／ビニールクロス

切り妻屋根をイメージした床の間風スペースが個性的

フローリングの床をそのままのばして、「洋」のリビングに違和感なくつながる和室をプラン。縁なし畳をセレクトし、切り妻屋根のデザインをとり入れた床の間を配して、モダンなデザインもプラス。入り口は引き戸で仕切っていて、閉めてしまえば独立した和空間が生まれます。（小畑邸　設計／フリーダムアーキテクツデザイン）

素材・仕上げ

床／縁なし畳（スクエアタイプ）、土間コンクリート金ゴテ仕上げ「アシュフォードジャパンアクアカラー」

壁／プラスターボード12.5mm幅 AEP 塗装

天井／構造材表し

縁ナシ畳を市松状に並べたモダンな和空間

入り口部分は廊下から続く土間コンクリート。その奥に縁のない正方形タイプの畳を敷き詰め、モダンな雰囲気が漂う空間をプラン。両親が訪れたときの客室用につくったという和室は、廊下の突き当たりにあって、ウッドデッキ越しにダイニングの様子が伺える絶妙な配置。（O邸　設計／川辺直哉建築設計事務所）

素材・仕上げ

床／縁なし畳

木製ルーバーがアクセント無駄のないシンプルな畳の間

縁なし畳のシンプルなしつらえと、壁の幅いっぱいに造りつけた収納を組み合わせた、すっきり無駄のない和室。5畳ほどのスペースですが、収納の下部をあけてつくった地窓からの光で、実際以上の広がりが感じられます。収納上部の木製ルーバーの奥にはエアコンを設置。（M邸　設計・施工／アトリエイハウズ）

素材・仕上げ

床／縁なし畳

壁／クロス

黒い畳を市松模様に並べてモダンテイストに

正方形の縁なし畳の目の方向を互い違いに並べて、市松の柄に。墨で染色したという黒い畳をセレクトして、和空間ながらモダンなインテリアに仕上げました。塗り壁をやめてリーズナブルなクロスを採用してコストダウン。ユニークなデザインの電球ランプは「ザ・コンランショップ」で購入したもの。（M邸　設計・施工／ラブデザインホームズ）

部屋別・素材と仕上げの実例集 玄関

素材・仕上げ

たたき／タイル貼り（「LIXIL」）

壁／クロス

白いタイルですがすがしいエントランス空間

白いタイル貼りのたたきに、壁や天井も白で統一した、すっきりシンプルな玄関。外からの出入りをラクにするため、たたきは低めに。室内への段差はふえましたが、左手の段はあえて高くして座るのにぴったりの高さに仕上げました。地窓からの光が白い壁に広がって、明るくのびやかな空間に。（山﨑邸　設計／ポウハウス一級建築士事務所）

素材・仕上げ

たたき／テラコッタタイル

床／オーク無垢フローリング

壁／しっくい

ナチュラル素材とアンティーク小物でほっとなごめるスペースに

テラコッタタイルのたたきと無垢材の床を包むのは、コテ塗りのしっくい壁。そこに木のリビングドアやアンティークのフックなどをあしらった、ぬくもりいっぱいの玄関。ペンダントランプは「アトリエ キーメン」にオーダーしたもの。素材使いやパーツ選びに徹底的にこだわり抜きました。（竹内邸　設計・施工／ウエストビルド）

素材・仕上げ

たたき／モルタル金ゴテ仕上げ

床／モルタル金ゴテ仕上げ

壁／ AEP 仕上げ

天井／ラワン構造用合板

モルタル＋ AEP 塗装でシンプルに仕上げた玄関

靴脱ぎスペースから3cmほど上がった室内まで、床は全面モルタル仕上げ。奥のテラスまでトンネルのように土間の空間が広がります。左官の手間賃を含めると、価格はフローリングと同等だそう。（K宅　設計／一級建築士事務所　ストレートデザインラボラトリー）

素材・仕上げ

たたき／ショウエンモルタル t30 刷毛引き仕上げ

床／カバ無垢材フローリング

壁／天然火山灰クリームローラー仕上げ（「日本エムテクス」）

天井／板張り

玄関ドア／カナダ杉かまち引き戸（建具業者製作）

スギ材のドアと板張りの天井にガラス越しの緑が目にやさしく

玄関に入るとゆったりとしたたたきが広がり、正面には庭が。玄関ドアのほかに、庭との間にも天井いっぱいまでの引き戸を。開けると屋内外の一体感が高まります。寒さ対策として、玄関ホールに蓄熱式暖房機を用意。（K邸　設計／瀬野和広＋設計アトリエ）

部屋別・素材と仕上げの実例集 洗面室

素材・仕上げ

床／コルクタイル

壁／一部タイル貼り

ボウル／「TOTO」

水栓金具／「三栄水栓」

ボウルも鏡も2つずつ並べた ぜいたくな洗面スペース

「出かける時間が一緒だから、同時に準備できるのが便利」。木のカウンターにボウルを2つ埋め込んだ洗面台には鏡も2つ。朝シャンするご主人は実験用シンクをセレクト。木枠つきの鏡は「イケア」。ちょっとした小物も置けます。壁の一部には白いタイルを貼ってアクセントをつけて。（K邸　設計／Life-labo東埼玉）

素材・仕上げ

床／FRP防水下地イペスノコ張り

壁／「キーテックLVL壁柱」

天井／FRP

ボウル・水栓金具／「セラトレーディング」

木をふんだんに使った リゾートみたいな空間

木肌のぬくもりを味わいながら、リゾートホテルのように心地よく過ごせるサニタリー。洗面台は「AEG」の洗濯機が入る高さで造作。オープン棚に並べたタオルもホテルライクに色を統一しています。床や天井はプールでよく使用される防水にすぐれたFRP。（中村邸　設計／unit-H 中村高淑建築設計事務所）

素材・仕上げ

カウンター／タイル貼り

ボウル／実験用シンク

タイルも木もシックな色みに そろえて落ち着いた空間に

洗面台はダークな色のタイル＋実験用シンクを使って造作し、理想のデザインに。広々としたカウンター兼収納スペースを用意して、洗面室とユーティリティとして使います。洗濯からアイロンがけまでここで行い、下着類やタオルはそのまま棚に収納。（K邸　設計・施工／ビーズ・サプライ）

素材・仕上げ

床／モルタル

カウンター／マツ材

オープン棚／スギ材

モルタルにマツ材×スギ材 いろいろな素材感を楽しむ

既製の洗面化粧台を選ばず、カウンターと収納棚をオリジナルで造作。洗面台はマツ材、壁面のオープン棚はスギ材でシンプルに仕上げました。結果、コストダウンに。収納や扉のない足元は風通しがよく、掃除もラク。（阿知波邸　設計・施工／リビングデザインビューロ）

素材・仕上げ

床／モルタル

壁／ペイント仕上げ（樹脂塗料）

カウンターと洗面台の組み合わせ方がユニーク

床はモルタル、壁は耐水性のある樹脂塗料でペイント。洗面台は「リボス」のオイルで仕上げました。縁のない大型の鏡やスクエアな洗面ボウルを合わせて、すっきりしたデザインに。トイレと洗面スペースを一緒にした2in1スタイルで、広々とした空間を確保。（和田邸　設計・施工／スマサガ不動産）

素材・仕上げ

壁／一部タイル貼り

ボウル／カウンター一体型「セラトレーディング」

タイルやランプ、ミラーなどパーツにこだわったおしゃれ空間

カウンターや収納を造りつけず、一体型の洗面台を設置したコンパクトなスペース。壁に貼ったタイルも味わいを添えています。水栓金具や照明、鏡など、ひとつひとつこだわって選びました。小さなハイサイドライトも空間にぴったりおさまって。（Y邸　設計・施工／ウエストビルド（アイディールホーム））

素材・仕上げ

床／コンクリート

カウンター／木製

コンクリートと木、ガラスを組み合わせて明るく快適に

トイレと洗面室を一体に、ガラス戸で仕切った浴室もつなげて、“抜け感”のあるオールインワンスタイルに。洗面スペースは、コンクリートのラフな質感に木をあしらってぬくもりをプラス。浴室のハイサイドライトからとり込んだ光がガラス戸をとおり、サニタリー全体にやわらかく光を回しています。（本田邸　設計／アトリエSORA）

素材・仕上げ

床／塩ビタイル

白い空間をきりりと引き締めるダークカラーの床

家族が多いので、ダブルシンクを選択。ゆったりスペースをとったゆとりのサニタリー空間です。壁・天井・洗面カウンターやキャビネットは白で統一。耐水性のある塩ビタイルは濃い色を選んでモダンテイストのサニタリーに。トイレも同じ空間にまとめてスペースを節約。（N邸　設計／FISH+ARCHITECTS一級建築士事務所）

素材・仕上げ

床／「TOTO」

壁／タイル

浴槽／「TOTO」

黒っぽいタイル使いでシックな空間に

「お風呂は暗めの色のほうが落ち着ける」という奥さまの希望で、黒っぽいタイルをセレクト。シックでモダンなバスルームに仕上げました。窓から見える借景の緑がほどよいアクセントとして効いています。(H邸　設計／悠らり建築事務所)

素材・仕上げ

床／FRP樹脂加工

壁／FRP樹脂加工

天井／FRP樹脂加工

浴槽／FRP防水〜塗装仕上げ（オーダー）

浴槽から床・壁・天井まで手頃なFRP加工で仕上げて

システムバスより広くできる在来工法を採用。タイル貼りは高価なため、内装全体をFRP樹脂加工で仕上げて、すっきりシンプルなバスルームに。雄大な山の景色を切りとる窓もつくり、ご主人の希望で音楽スピーカーも設置。(藤本邸　設計／一級建築士事務所m+o)

素材・仕上げ

床／タイル貼り

浴槽（エプロン部分）／タイル貼り

壁／タイル貼り

浴槽／「DURAVIT（大洋金物）」

白×黒の内装+デッキで絶好のリラックススペース！

「当直明けの朝風呂が最高！」な浴室は、白と黒のタイルでシックにまとめた空間。壁いっぱいの掃き出し窓の先にバスコートをつくり、開放感をたっぷり味わいます。浴槽に浸かりながらデッキを眺めたり、バスコートに出て涼んだり、いろんなくつろぎ方を楽しめます。(O邸　設計／ア・シード建築設計事務所)

素材・仕上げ

壁／サワラ材

天井／サワラ材

傾斜天井にサワラ材の板張りですがすがしいバスタイムを

建物の高さ制限で傾斜した天井と壁は、水に強いサワラ材の板張り。木のぬくもりを存分に味わえるぜいたくなバスルームに。入浴後はシャワーで水を流すだけでOK。お手入れも簡単です。(小笠原邸　設計・施工／トトモニ)

素材・仕上げ

壁／構造用合板 1.2cm厚（オイルステイン仕上げ）

天井／構造用合板 1.2cm厚（オイルステイン仕上げ）

トイレ／「LIXIL」

トイレットペーパーの収納がユニーク

背面の壁に、ペーパーの収納場所をつくった個性的なデザインのトイレ。全面を合板にしたことで、ぬくもりが感じられる空間になりました。（牧田邸　設計／エムエースタイル建築計画）

素材・仕上げ

床／タイル貼り

天井／古材の化粧梁

余った古材を化粧梁にして トイレに趣をプラス

ゲストも使うトイレは、とことんデザインにこだわって。タイル貼りの床に、木の手洗いカウンター、天井には古材の梁をあしらって、おしゃれでくつろぎ感のある雰囲気に。（島田邸　設計・施工／Sala's）

素材・仕上げ

壁／一部タイル貼り

カウンター／チーク材

手洗いボウル／信楽焼

ゲストも使うトイレは タイル壁でゴージャスに

石を思わせるタイル壁、チーク材のカウンターに信楽焼の手洗いボウルを組み合わせたトイレ。お客様も使うので、ホテル風に仕上げました。タンクレスタイプを選んで空間をすっきりと見せています。（岸和田邸　設計／クニヤス建築設計）

素材・仕上げ

壁／クロス

コンパクトなスペースを 大胆な大柄クロスで楽しんで

トイレの壁は、大柄のクロスを張りたくて日々、ネットで探したそう。輸入壁紙のオンラインショップ「WALPA」で発見して購入。施主支給にしてコストを抑えました。クロスの色みにそろえた壁に小さな棚をとりつけて、色使いがおしゃれなトイレに。（Y邸　設計・施工／ウエストビルド（アイディールホーム））

窓まわり・建具選びのアイディア集

建具やサッシは既製品でリーズナブルに

ドアやサッシ、収納扉や手すりなどは、オーダーでつくると既製品の何倍もコストがかかります。一方、安定した品質を保ち、大量生産される建材メーカーの既製品は、価格もリーズナブルなのでねらい目です。色やテイスト、素材などのバリエーションも豊富にそろっているので、安く抑えたいなら既製品のなかから選ぶのも手です。

それでも、オリジナリティのあるものをとりつけたい！というかたは、既製の普及品のなかからシンプルなデザインのものを探して、ひと手間を加えるアイディアはいかがでしょうか。たとえば、無垢材の無塗装室内ドアをペイントしたり、既製品のサッシを組み合わせて個性的なデザインにすると、オリジナリティのある仕上がりが楽しめます。

もうひとつ、普及品のサッシで印象的な窓まわりをつくるアイディアを紹介します。たとえば雰囲気のあるピクチャーウインドーをつくりたい場合、特殊なサッシはやはりコストがかかってしまうので、一般的なサッシをとりつけます。そして、窓の手前に壁を立てて窓枠を壁で隠すと、室内から見えるのはガラス部分だけになるので、フィクス窓のような印象になるという方法です。さらに壁を左官仕上げにすると、雰囲気のある窓まわりが演出できます。ほかにも、大きな窓のかわりに安価な小さい窓を連続させ、窓と窓の間のサッシが隠れる幅の板を室内側にとりつけるアイディアもおすすめです。高価な木製窓のような雰囲気を、普及品のサッシで味わえます。

こだわりのピクチャーウインドーをローコストで

一般的な引き違いの掃き出し窓の手前に壁を立てて四角くくりぬくことで、外の景色を印象的に切りとるピクチャーウインドーに。屋外側から見ると仕組みがわかります。はめごろしのフィクス窓と違って開け閉めができるので、かえって便利！（T邸　設計／プランボックス一級建築士事務所）

規格サイズの建具やサッシを駆使してシンプルデザインに

玄関ドアをはじめ、家じゅうのサッシや内部の室内ドア、収納扉にいたるまで、すべて既製品を採用したお宅。「複雑な機能をもたないもの」という視点で選び、規格サイズをプランに生かすことで、シンプルなデザインの家をローコストで実現しました。（A邸　設計／ KURASU）

一般的なサッシで実現した額縁を思わせる印象的な眺め

アルミサッシの枠を隠すように室内側に壁を立てて、ピクチャーウインドー風に仕立てた窓まわり。はめごろしのフィクス窓を使うよりもぐんと安く、隣家のしだれ桜を借景しながらくつろげるリビングになりました。（K邸　設計／プランボックス一級建築士事務所）

勝手口用のセカンドドアを採用したシックな玄関

玄関ドアに使用しているのは、なんと勝手口用として生産されているもの。スタイリッシュな外観にシンプルで無機質ともいえるデザインがマッチして、個性的な玄関スペースになりました。暗証番号で開閉できる機能もあって便利。（I邸　設計／ MONO設計工房一級建築士事務所）

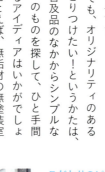

窓は引き違いのアルミサッシが安上がりです

一般的に住宅で多く使われているのは、引き違いタイプの窓。ですが、既製品の窓には、ほかにも、上げ下げ窓や滑り出し窓などさまざまなデザインがありますし、サッシも、木製や樹脂製などいろいろです。特殊な用途に使う場合は別として、通常の開口部にとりつけるなら、引き違いのアルミサッシを使うのが、いちばん安上がりです。ただし、通風用の小さな窓には、縦の滑り出し窓を選ぶのが割安でおすすめです。

トイレにも小さな窓をつくっておくと、採光や通風が

トイレの採光と通風のための小窓には、開閉の角度が自在に調整できる小さな縦滑り出し窓を選ぶのが割安で正解です。写真のお宅でも、上部につくった収納キャビネットのすぐ下に小窓を。手が届きやすくて開閉がラクにできる配置です。(A邸　設計／KURASU)

デッキに面した小さな開口には縦滑り出し窓をチョイス

四角形の縦の1辺を軸に前後に動かして開閉するのが、縦滑り出し窓です。窓を開ける量を好きな位置で固定できるので、通風用の窓として重宝。バスタブにつかったときに、ちょうど外が見える位置にとりつけました。開け閉めにも便利な高さです。(冨田邸)

ハイサイドライトにも既製品の引き違い窓を選んでコストダウン

デッキを囲むように建物をL字型に配置して、2面に掃き出し窓とハイサイドライトを設けたケース。デッキに面した窓は、すべてリーズナブルな既製品の引き違い窓を選びました。たっぷりの開口部から光が入る、明るくて開放的な住まいに。(I邸　設計／MONO設計工房一級建築士事務所)

窓は大きいタイプを少なく設けるとコストダウンに

サイズの小さい窓をいくつもとりつけるよりも、幅も高さもある大きなサイズの窓を1か所につけたほうが、コストダウンになります。というのも、窓を1つとりつけるごとに、窓枠や金具が必要となるので、施工費もよけいにかかってしまうからです。また、一面に2つの窓を並べてつけるのと、大きな窓をひとつつけるのとを比べると、後者のほうが部屋が広く見えるという効果が期待できます。

×

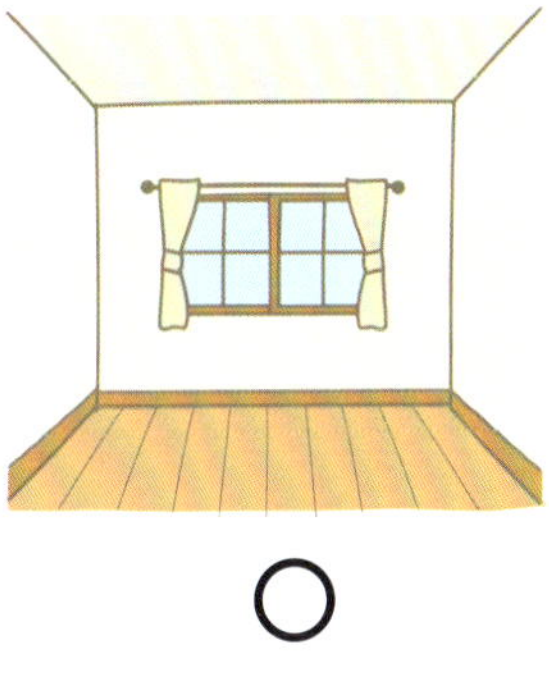

○

大きな開口部で、抜群の見晴らしと開放感を満喫

高台にある敷地の利点を生かして、隣家の視線を気にすることなく、たっぷりの開口をとりました。壁の幅いっぱいに窓をとりつけたので、室内が実際の面積以上に広びろと感じられます。せっかくの眺望を楽しむために、カーテンは省きました。(辻邸　設計／建築設計事務所フリーダム)

出入り口のドアを1枚減らすと、約5万円のコストダウンに

室内ドアをつくるのには、扉そのもののほか、金物やとりつけ費、塗装代などがかかります。この扉を1枚減らせば、5万円ほどのコストダウンになります。そこで、家じゅうのプランを見直して、とりつける予定のドアがいま本当に必要かどうか、検討してみましょう。たとえば、子どもが小さいうちは、子ども部屋のドアはつけずにオープンのまま過ごすプランにすれば、部屋で過ごしている子どもの様子が伝わって、親子ともに安心です。また、水回りはあえてドアをつくらずにおくと、手がふさがっているときでも移動がラクな家事動線になります。ほかにも、間仕切り壁を省いてオープンプランにしたり、将来2つに区切って使う予定の部屋の仕切りも最初はつくらずに、必要になったら設置するなど、いろんなアイディアがあります。

建具を省いてフロア全体を開放的なレイアウトに

リビングの隣に配置したワークスペースは、入り口部分にドアも下がり壁もつけずに、空間を広く感じさせるように工夫しました。ドアがないことで開け閉めの動作が省けるので、家事動作や移動がラクというううれしい効果も。（太田邸　設計／プランボックス一級建築士事務所）

間仕切りにカーテンを使い建具の予算を大幅にカット

室内ドアや収納の扉をできるだけ省いてスペースを有効利用するとともに、コストダウンも実現させたお宅。玄関からLDKに続く部分も仕切りをなくしてオープンなままに。圧迫感のないレースのカーテンで間仕切りしました。（Y邸　設計／ライトスタッフデザインファクトリー）

箱階段にすると手間がかからずコストを抑えられます

階段室を囲う部材として、木製の縦格子やアイアンの手すりなどを採用するのも、インテリアのアクセントにもなって素敵です。ただし、そのようなつくり込みは、材料の種類がふえたり、化粧材を扱う手間がかかったりするので、そのぶんコストアップにつながります。

「階段を安くつくりたい」なら、箱階段がおすすめです。壁の仕上げでいちばん安く抑えられるのが、量産品のクロス張りですが、そのクロス張りの壁に囲まれた箱階段は、ほかの壁と仕上げを統一できるので、材料や手間の種類が増えずにコストを抑えることができます。

周囲を壁で囲まれた箱状の回り階段でスペースも節約

リビングからダイレクトにつながる回り階段には、木製の腰壁を採用しました。踏板には無垢のスギ材を使い、ナチュラルテイストの仕上げにしています。回り階段はコンパクトなスペースにおさまるのもメリット。（S邸　設計／カームデザインスタジオ）

空間を遮らない腰壁で階段を仕切って部屋を広びろ見せる

リビングのなかに階段を設けた例。階段との仕切り壁を低く抑えることで、圧迫感をなくすように工夫しました。天井と壁を白いクロス張りに、床を明るめのフローリングにすることで、広びろと見えるリビングに。（竹内邸　設計／アイシーエー・アソシエイツ）

曲線をつくるなら、見切り材を省略する手もあります

インテリアのデザインに曲線をとり入れるとやわらかい表情が加わりますが、残念ながらコストダウンにはなりません。建築業界では、「R（アール）は3倍」という言葉があって、屋根、壁、造作などに曲線をつくると、平面にするよりも3倍の費用がかかるというのが常識となっています。そこでおすすめなのが、見切り材（仕上げ材が変わる部分や終端に入れる化粧材）を省いてつくり込む方法です。これなら、コストを半分に抑えることができます。

人気のアーチもコストをかけない方法で実現

玄関からLDへの入り口をアーチ型にして、空間にアクセントをつけたお宅。アーチ型の見切り材を現場で製作するとコストがかさみますが、安く流通している薄手の合板をU字型に曲げて、入り口アーチの下地材に使いました。この方法ならぐんと安価にできます。（T邸　設計／ KURASU）

曲線の上がりがまちが楽しい玄関スペース

上がりがまちは、曲線をとり入れたデザインにして、楽しい玄関スペースを演出しました。通常、床の端には曲線に加工した見切り材を入れて処理しますが、コストを節約するために省略。切り放しのままの仕上げにしています。（K邸　設計／ KURASU）

幅木や回り縁、窓枠の三方をなくすと10万〜20万円コスト減に

30坪程度の家でも、幅木や回り縁を家じゅうに施すと、10万〜20万円程度かかります。幅木とは、壁と床が接する部分の壁にとりつける横板で、回り縁は、壁と天井の境にとりつけるもの。いずれもおさまりをきれいに見せるためのものなので、構造体に影響はありません。仕上がりがさほど気にならないなら、省いてしまっても構わないでしょう。ただし、「壁面に掃除機などがあたって傷がつくのが気になる」なら、幅木だけつけて回り縁は省く方法もあります。

壁や床と同じ色の幅木をとりつけて目立たない仕上げに

床から壁・天井まで白でまとめたシンプルモダンなインテリアのお宅。回り縁は省いて幅木だけとりつけています。幅木だけが目立つことがないように、壁や床と同じ色に仕上げました。壁に掃除機があたってしまっても安心です。（辻邸　設計／建築設計事務所フリーダム）

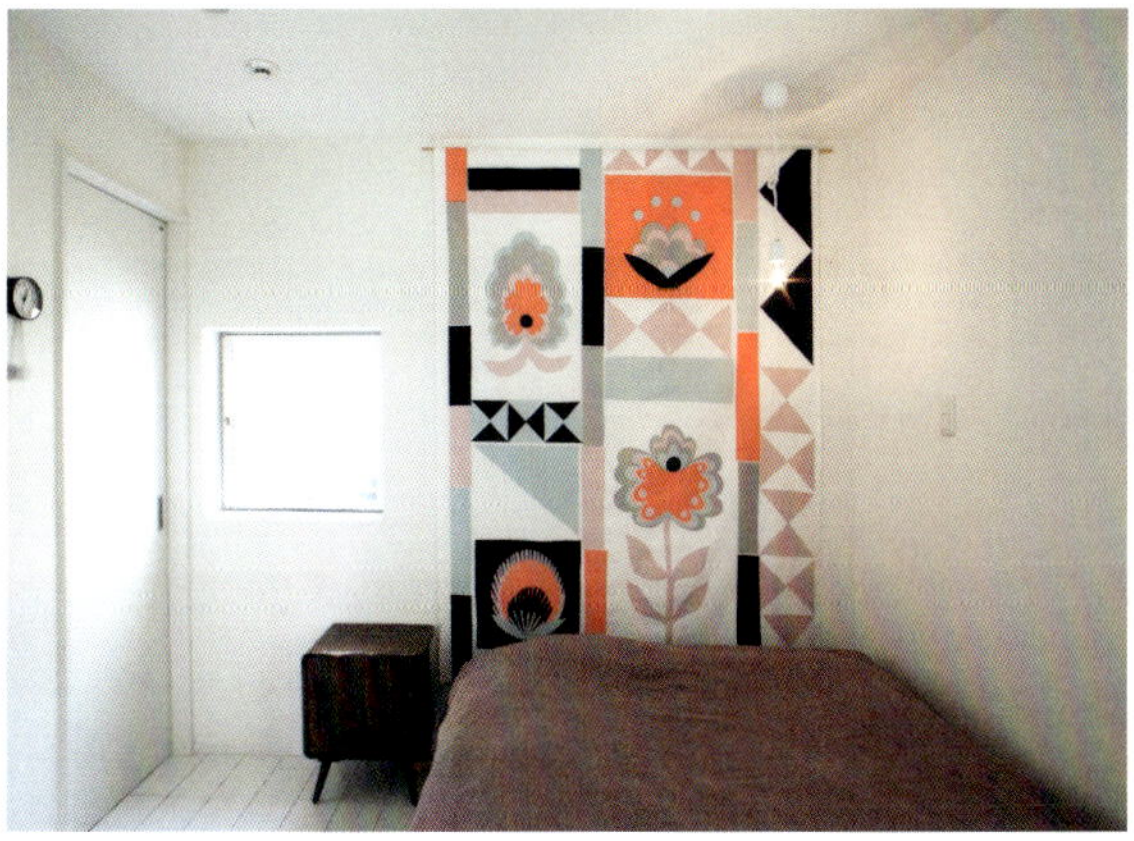

幅木と回り縁を省いて壁面をすっきり見せる

あえて壁面を大きくとることで、落ち着きのあるリビングスペースを実現。幅木も回り縁も省いたのでラインが消え、すっきりとした印象の空間になっています。壁を大きくしたことで、ソファもゆったり置けました。（入江邸　設計／プランボックス一級建築士事務所）

設備・パーツ選びのアイディア集

既製品にプラスひと手間で グレードアップする アイディアがおすすめ

家は40年50年と住み続けていくものですが、キッチンや洗面台などの水回り設備は、15年ほどでとりかえが必要になる場合が多いものです。つまり、建物とは違って「消耗品」と考えてみるとしっくりいくでしょう。家づくりの予算が限られているのなら、やはり長く使う建物本体に予算をかけるのがセオリーで、設備面ではコストを抑えるというのがコスト配分としては正解です。

もっともローコストで手に入るのは、大量生産されているメーカーの普及品のシステムキッチンや洗面化粧台です。それでは味けないと感じるかたは、既製品と造作工事を組み合わせて、オリジナリティのある仕上がりを目指すのがおすすめです。たとえばキッチンなら、カウンタートップだけ既製品にして、土台部分を大工さんにつくってもらう方法も。材質や収納スタイルを自由に選べるので、使い勝手のいいキッチンになります。洗面台のみ既製品にしてアンティークミラーをつけたり、オープン棚をプラスするアイディアもあります。また、ユニットバスを採用するなら、浴槽だけはプラスチックではなく人造大理石を選ぶのがおすすめ。劣化の速度が格段に違うので、とりかえの時期を延ばせます。

収納内部は大工工事で扉は既製品を使ってコストダウン

キッチンの背面にとりつけた扉の中は大工工事でつくった収納棚に。４枚の引き戸のセンター部分を開け放すと、便利な作業スペースが登場します。扉はメーカーの既製品を利用して、特注扉よりコストダウンに。（A邸　設計／ KURASU）

システムキッチンに輸入もののタイルで味わいを添えて

タイル貼りのオーダーメイドも検討しましたが、機能性とコストを優先して木目柄のシステムキッチンを選んだお宅。床は手入れのしやすい磁器質タイル、壁には輸入もののタイルを貼って表情豊かなインテリアに。（Y邸　設計／ウエストビルド／アイディールホーム

既製品と造作工事を組み合わせてつくったナチュラルキッチン

パイン材で製作した台に、既製品のカウンターとシンクをとりつけたキッチン。シンクの下はオープンスペースにしてコストを節約。背面収納はカウンターだけ造作して、市販のシェルフを組み合わせています。（水島邸　設計／ MONO設計工房一級建築士事務所）

施工会社がすすめる設備機器を選ぶのが得策です

システムキッチンやトイレ、水栓金具やサッシなど、設備機器をできるだけ安く購入したい場合、特に使いたいメーカーや商品が決まっていないなら、施工会社にまかせるのも手です。施工会社には、それぞれにつきあいのあるメーカーがあって、まとめて仕入れる独自のルートをもっているので、そのメーカーの製品から選ぶと、かなり割安で購入できます。なかでも、流通量の多い普及品は割引率が高くなります。

また、メーカーによっては、戸建て用のほか、マンション・アパート用の製品を販売しているところもあり、一般的には後者のほうが安価です。ショールームで実際に見てみて、サイズに問題がなく戸建て用と比べて遜色がなければ、こうした製品を選ぶという選択肢もあります。

不要なものははずして自分仕様に。+コストダウンにも

既製品の洗面化粧台についている上部の収納スペースは不要と判断して、ベースキャビネットのみ設置しました。壁面にシンプルな鏡をとりつけて、オリジナルの洗面コーナーに。空間もすっきりして広びろ感じられます。(平田邸　設計/アトリエブルー)

設備機器は標準タイプを選んでコストの節約に

キッチンをはじめ、システムバス、トイレなどの水回り設備は、シンプルな「LIXIL」製で統一。コスト配分を考えながら標準的なタイプを選びました。キッチンは空間にとけ込む、白いシンプルなものをチョイス。(大屋邸　設計/ダイニングプラス建築設計事務所)

使用範囲が狭ければ、在庫品をねらうのもありです

じつは、施工会社の倉庫には、大量に仕入れて半端に残った内装材や、発注ミスによって使われなかった設備機器が眠っていることがよくあります。業者にしてみれば、こうした在庫品はなるべく早く処分したいものですから、「安価な処分品はありますか?」ともちかけてみるのもひとつの手です。家づくりの材料が、予想以上に安く手に入ることになれば、もうけものです。

小物ひとつひとつにこだわったオリジナリティあふれるサニタリー

洗面台はメーカーのコンポーネントタイプの既製品ですが、壁にモザイクタイルやミラー、ブラケットライトを組み合わせて、おしゃれな洗面スペースに。タイルの色は、お気に入りのブルーグレーのタオルに合わせて選び、好みのインテリアを実現させました。(甲斐邸)

半端な在庫品を割安で入手して、カラフルな色使いの床に

LDKの床に、数種類の色タイルをランダムに貼って、個性的なインテリアを演出。じつはこのタイル、半端な在庫品を安く手に入れて利用したもの。ポップな空間が、コスト削減と同時に実現できました。(田中邸　デザイン&プロデュース/BOLT)

照明器具など手軽なものは施主支給にしてコストダウンする手も有効です

施主が、施工会社をとおさずに自分たちで部材や設備などを仕入れたり、個人輸入したりすることを「施主支給」といいます。通常、施工業者をとおして発注する場合には、中間マージンがかかりますが、直接購入すればマージンをカットすることができます。さらに、インターネットで価格を比較しながら選べるといったメリットもあります。ただし、発注から搬入までを施主自身が手配しなければならないので、手間がかかることや、運搬費やとりつけ費は施主の負担になるので、とり寄せてみたものの、かならずしもコストダウンにならなかった……というケースもあるので注意しましょう。施主支給で安く仕入れたいと思ったら、照明器具など手軽なものにしておくのがおすすめです。

施主支給の置き畳を敷いて洋室を畳ルームに

2階の洋室は、現在は家族4人の寝室に。布団を並べてみんなで寝られるように、縁なしの置き畳を敷いて畳ルームにしています。畳はホームセンターで購入して施主支給に。置き畳なら工事も不要で簡単にはずせるので、いつでも洋室に戻せます。（小林邸　設計／宮地亘設計事務所）

木の素材感を生かしたインテリアに素朴なデザインの照明がぴったり

コストを調整するために、照明器具はネットで探して施主支給に挑戦しました。自分たちで見つけた照明器具は、ナチュラルテイストのインテリアにもマッチして、愛着もひとしおです。（笠松邸　設計／きのへそ工房・西峰工務店）

照明器具の費用を抑えたいなら配線ダクトがベストです

店舗などでもよく使われる配線ダクトを利用した照明は、ライティングダクト、スライドコンセントともいわれています。天井に、通電できるレールを埋め込んだり直づけにして、アダプターつきの照明器具を差し込んで使います。スポットライトやペンダントライトなどを複数とりつけて使うことができるので、欲しいところに必要なあかりを灯すことができます。交換やとりはずしは素人でも簡単です。最近では、引っかけシーリングに設置できる簡易タイプも出ているので、一般住宅でのとりつけがさらに容易になりました。工事も簡単で、照明器具そのものも安く買えるので、費用を抑えたい場合におすすめです。

配線ダクトにスポットライトを。自由に移動できて便利

リビングとダイニングのあいだに渡した梁の両面に、配線ダクトをとりつけたお宅。両方のスペースに必要な光が届くように、それぞれにスポットライトを装着しています。照明器具の角度が自由に変えられるので、部屋の模様替えをするときにも便利です。（南邸　設計／ピーズ・サプライ）

スポット照明＋ペンダントライトで光を自在に楽しむ

オープンスタイルのLDKは、2か所に配線ダクトを設置。照明は、シンプルなデザインのスポットライトを多めにとりつけています。ところどころにペンダントライトもプラスして、光の陰影を楽しめるぬくもりのある空間に。（山本邸　設計／アイエスワン）

ダウンライトは スポット的に使って コストの節約を

天井に埋め込むタイプのダウンライトは、主照明にも補助照明にもなる便利な照明ですが、天井板を丸くカットするなど、見えない部分での加工に手間がかかります。ですから、コストを抑えたい場合は、あまりおすすめではありません。ダウンライトは個数を減らしてスポット的に使い、シーリングライトやブラケットなどほかの照明と組み合わせて用いるといいでしょう。異なるタイプの照明を併用することで、より豊かに光の陰影を楽しむことができます。

シャッター雨戸を 1か所削れば 約6万円のコストダウンに

家の立地や間取りにもよりますが、とくに1階の開口部には防犯のために雨戸をつけると安心です。ただし、あっちにもこっちにもとりつけると、そのぶんコストもかさみます。開けたり閉めたりの手間もかかるので、結局はあけたままになっているというケースもよくある話です。一般的な掃き出し窓にシャッター雨戸を設置する場合、約6万円かかりますから、たとえば、寝室の窓や1階の掃き出し窓にだけ雨戸をつけるなど、防犯上必要な場所に絞り込むのでもいいでしょう。

アートを楽しむ部屋は ライティングにもこだわりを

造作家具をとりつけた壁面をギャラリースペースにして、吊り戸棚の底面にダウンライトを仕込んでいます。壁に飾ったお気に入りのアートが効果的に見える位置を選んで、集中的に光が当たるように、綿密な照明プランを立てました。(泉邸)

2種類の光をミックスさせて 空間をほんのり照らす

築50年の木造住宅をモダンにリフォームしたお宅。空間をさらに美しく引き立てているのが、ダウンライトとペンダントライトです。異なる光のコンビネーションが、落ち着いた雰囲気を演出しています。(羽根邸　設計/アーキグラフ一級建築士事務所)

Column

照明は住まいの大切な要素。あかりそのものに注目して計画を

照明計画で大切なのは「光の質」と「配置」。どんなあかりでどこを照らすかです。シーリングライトで部屋全体を明るくする、ペンダントをテーブル上に灯す、スポットライトを壁に当てて光を反射させるなど、あかりの使い方にはさまざまなテクニックが。それによって部屋の雰囲気も、家具のレイアウトも大きく左右されます。シェードのデザイン選びより、まずは空間全体の照明計画をしっかりと。

また忘れがちなのがスイッチングの問題。どこで照明をつけてどこで消すかは、生活のしやすさにかかわる重要なポイントです。たとえば暗くなってから帰宅したとき、まず玄関ホールの照明をつけ、廊下をつけて玄関ホールを消し、LDをつけて廊下を消し…と、オン・オフを繰り返すのは面倒なもの。玄関を入った段階でLDの照明をつけられれば、そのあかりだけで目的地にたどりつけます。

スイッチやコンセントは 数だけでなく設置場所も考慮を

キッチンなど家電を多く使う場所では、事前にコンセントがいくつ必要か確認することが大切。ですが、数だけでなく、どこにつけるかまで意識する方は少ないようです。スイッチやコンセントは、設置場所により、見た目や使い勝手がぐんとよくなります。たとえば、キッチンカウンターにコンセントや給湯ボタン、照明のスイッチまで設置すると、食卓で使うホットプレートのプラグを差しやすかったり、調理しながらお風呂を沸かしたり照明の調節もできて便利。寝室のヘッドボードにスイッチ類を集合させれば、就寝時に動き回らずにすみます。壁つけなら、スイッチは少し低め、床から1mの高さにするとドアノブの高さとそろい、見た目がすっきりするし、座った状態から手が届きやすい利点も。従来の位置にこだわらず、暮らしに合ったベストポジションを探してください。

キッチンのワークトップはステンレスがいちばんローコストに

キッチンのワークトップには、タイルや人造大理石、ステンレスなどさまざまな素材が使われますが、いちばんローコストでつくれるのはステンレストップです。シンプルで見ようによっては冷たい感じもするステンレスは、とくにナチュラルスタイルのキッチンや、ダイニングと一体になったオープンキッチンのプランの場合は、敬遠されがちです。が、反面、熱や傷に強くて、汚れがつきにくいので手入れがラクというメリットもあります。

ステンレストップとモザイクタイルでスタイリッシュなキッチンに

使いやすいL字型のキッチンは、カウンタートップにステンレスを採用しました。使い方が激しくても、傷が目立たないので手入れがラク。壁面に貼ったモザイクタイルともマッチして、スタイリッシュなキッチンになっています。（初見邸　設計／アトリエ71）

ステンレスパイプのツール掛けはローコストでできる便利グッズです

オリジナルキッチンをつくる場合、よく使う調理道具をかけておけるステンレスパイプをとりつけておくと重宝です。レンジやシンクのまわりなどにこうしたツール掛けがあれば、料理中にすぐに手が届いて、片付けるのもラク。家事効率が上がります。収納の中にしまうよりも通気性がいいので乾燥しやすく、清潔に保てるのもメリットです。壁にパイプを一本とりつけるだけなので、ローコストで便利なうえ、デザイン的にもおしゃれなアイディアです。

キッチンツールはコンロ横の壁面にあると使いやすい

調理中に使うことの多いレードルやゴムべらは、コンロに近い壁面に吊るしておくと、さっと手にとれて便利です。ステンレスパイプは、工事中に「イケア」で見つけたもので、急きょとりつけてもらいました。（小林邸　設計／OCUTA LOHAS studio）

カウンター下はオープンスペースにすると使いやすくてローコスト

キッチンや洗面台下をつくり込まずにオープンスペースにすると、じつはいろんなメリットがあります。扉をなくすことで、モノの出し入れがしやすくなり、湿気もこもらないので清潔に保ちやすくなります。市販の収納パーツを利用して自分仕様に使い勝手を工夫できますし、しまうものや使い方を変えたいときにも簡単に変更できます。そしてなにより扉にかかる費用がカットできるので、節約になります。まる見えになるのが気になる場合は、カーテンなどで目隠しするといいでしょう。

シンプルなつくりのキッチンで自分仕様に

木製カウンターにシンクとコンロを設置しただけのシンプルなつくりのキッチン。カウンター下はオープンスペースにしてカーテンで目隠ししています。扉をつけた収納よりも出し入れがラク。コンロ下はゴミ箱置き場にしています。（柏邸　設計／フィールドガレージ）

カウンター下は扉をなくしてコーナー奥までたっぷり活用

ゆったり身支度ができるようにと、洗面カウンターをL字型につくりました。壁面にとりつけたオープン棚にタオル類を整然と並べて、気持ちのいいサニタリースペースに。カウンター下は湿気がこもりがちなところなので扉をなくして、雑貨やゴミ箱をざっくり置いて使います。（S邸　設計／プランボックス一級建築士事務所）

メンテナンス費用が必要ない床暖房を検討しましょう

足元からぽかぽかとあたたかい床暖房は、その快適性からも人気の設備です。フローリングやタイルなどの床仕上げ材の下に、電気ヒーターや温水パイプなどの熱源を設置して、床全体をあたためるしくみで、設置費用は15畳程度の部屋に施工する場合で、70万〜100万円です。安い深夜電力を利用する契約にすれば、電気代はエアコンを使う場合とほとんど変わらないといわれています。一定のおだやかな温度を保つ床暖房は、広い空間でも上下の温度差がなく、空気の乾燥もないので、子どもやお年寄りにもやさしい暖房です。しかも、エアコンのように定期的なメンテナンスが必要ありませんので、長い目で見ても経済的な暖房といえるでしょう。

リフォーム時に工事だけすませてエアコンはあとづけに

リフォームを計画したお宅で、リビングや寝室など数か所にエアコンを設置しました。電気工事と配管用のスリーブ工事はリフォーム時にすませておき、エアコンは別途購入して、あとからつけることでコストダウンを実現。（小針邸　設計／KURASU）

吹き抜けのある大空間も床暖房で足元から快適に

1階は床組み工事が省けるタイル仕上げにしたお宅。大きな吹き抜けで2階までつながる、家じゅうがワンルームのような間取りですが、床暖房を設置して寒さ知らずに。真冬でも、タイル特有のひんやりした感じや上下の温度差がなく、快適に過ごせます。（M邸　設計／アルクデザイン）

エアコンは量販店で購入＋設置して安く抑えましょう

エアコンは、施工会社を通して購入するよりも、量販店などで安く買って竣工後に設置したほうが、コストダウンになります。ただし、設置場所もあとから考えればいいやと、あとまわしにするのはタブーです。どこにつけるかだけは、プランニングの段階で決めておき、電源コンセントと配管用スリーブは工事のときにつくっておきましょう。あとから壁に穴をあけると割高になるので、注意してください。

冷暖房設備は型落ちのものが手頃でおすすめです

家電の寿命は10〜15年といわれています。モデルチェンジのサイクルが早いものは、価格の高い最新モデルより、やや型が古くて価格も手頃なものを選ぶのが賢い選択です。また、エアコン選びの基準は、「どれぐらい涼しくしたいか?」。暑さをやわらげたい程度なら、12畳の部屋に6〜8畳用のエアコンで十分というケースも。住み始めてみないとわからないと思われるかたは、新築時はエアコンの商品説明に書いてある「目安の畳数」が、実際の部屋の広さよりやや小さめのものを設置して、必要になったらもう1台設置できるように、ダクト用の穴とコンセントだけ用意しておく手もあります。

Column

効率のいい空調計画で一年中快適に暮らせる住まいを

夏の暑さと冬の寒さを乗り切って快適に暮らすためには、効率のいい空調システムが欠かせません。具体的なシステムをひとつ、ご紹介しましょう。まず室内の温度と湿度はそのままに、空気を入れ替えられる「全熱交換器」を一台設置。ダクトで家全体の換気を行い、それに好みの熱源や冷源を組み合わせます。ダクトシステムの値段は、30坪で40万円ほど。これをつけると2時間で家全体の空気が入れ替わりますが、室内の温度や湿度を逃がさないので、冷暖房効率が高くなります。エアコンは各階に一台ずつ、室内ではなく廊下などに設置すると、家中の温度差がなくなって快適です。また空調の効率を上げるためには、断熱材のレベルも大切。隙間なく充填できて断熱効果を高められる水で発泡させるタイプの硬質ウレタンフォームや、二重壁にして通気層をつくる方法もおすすめです。

新築は家電とのつきあい方を見直すチャンスです

特に冷蔵庫や洗濯機、テレビなどの大型家電は、サイズや置き方によってプランそのものが左右されますし、どこにテレビを置いてどうくつろぐか、どこに冷蔵庫を置いてどう調理をするかなど、家電のレイアウトによって入居後の暮らしも大きく変わってきます。せっかくの新築時ですから、自分たちの暮らしに合った設置方法をじっくり考えて、プランに反映させるのがおすすめです。

その際、家電とのかかわり方も改めて見直してみては。「炊飯器は本当に必要？　お鍋で炊けば、いらないのでは？」と考えれば、キッチンに炊飯器を置くスペースを用意しなくてすみます。湯沸かしポットは？　食洗機は？　エアコンは？など、ひとつひとつの家電について要・不要を考えてみましょう。家を建てるときは、つい「この際だからあれもこれも……」となりがちですが、反対に「暮らしを見直して取捨選択をするチャンス」ととらえれば、不要な家電のないスリムな暮らしをスタートする絶好の機会になります。

10〜15年で買い替えると考えて手頃なものを

家電は、ハイスペックにこだわらないのが正解。「せっかくだから、いちばんいい最新型を」と思う人が多いようですが、今は新製品発売のサイクルがとても短く、最新モデルもすぐ旧式に。しかも、家電の寿命は長くても10年から15年。すぐに次の買いかえ時期がくると思って、高価な最新モデルより、ちょっと型が古くても手頃なものを選ぶのがおすすめです。また、家電選びのポイントとして、デザインをあげる人も多いはず。ただし、デザイン重視で機能性に欠ける製品があるのも事実。反対に、機能はいいのにデザインがちょっと、という製品もあります。このバランスがとれた家電がやはり理想的。機能性重視でデザインの気に入らない家電を使う場合は、LDから見えないところに設置場所をつくっておくなど、気持ちよく使える環境をととのえましょう。

あとからふやせないコンセントは綿密に計画を

コンセントは数もそうですが、設置する位置も重要です。たとえばテレビ用のコンセントは床から90㎝の高さにつけておくと、テレビ本体やキャビネットなどですっきり隠せて、室内のくつろぎ感が高まります。

スペース別チェックポイント 洗面室

建築家・宮地亘さんが愛用している「無印良品」の小型タイプ。小さくて軽く、持ち運びもラクラク。

洗濯機はサイズと扉のあき方が最重要ポイント！

最近の洗濯機は大型化が進んでいて、一般的な640×640㎜の防水パンにおさまらないものも。サイズ確認は必須です。ドラム式の場合は扉の開く向きによって作業しやすい場所が左右されます。

「オイルヒーター」は安全面で強い味方

狭い洗面室内で使うスポット暖房機としておすすめなのがオイルヒーター。やわらかな暖かさで家事ややけどの心配がなく小さな子どものいる家でも安心です。タオルウォーマーにも◎。

冷蔵庫はLDから見えない場所に

オープンキッチンの場合、冷蔵庫がまる見えにならないように配置すると、LDのくつろぎ感を損ないません。パントリーを設けて中に入れてしまう手もありますが、LDから距離があると飲み物をとりに行ったりする動線が長くなってしまい、パントリーの扉の開閉が面倒になる場合も。視線の届きにくい角度に置くだけでも、十分に効果があります。

側面の仕上げや奥行きも大事

冷蔵庫選びの際に見落としがちなのが側面の仕上げ方。正面の扉部分と同じ色のものを選ぶと、側面が見える配置でもすっきりまとめられます。隣に配置するキャビネット類と同じ奥行きのものを選ぶと、前面のラインがそろってきれいです。

調理家電は出したままでも気にならないデザインが鉄則

「機能はいいけれどデザインがイマイチ」が多い調理家電。でも、デザインが気に入らないからと扉の中にしまってしまうと、出し入れが面倒になって死蔵するハメに。毎日気軽に使うためには、やはり見える場所に出しておいても気にならないレベルのデザインを選ぶのが正解です。

また、操作ボタンが前面についていると、LDから見たときにごちゃごちゃした印象に。ボタンが上面についているものなら、椅子に座っている目線では気になりません。

電子レンジやオーブンは扉のあき方を見落とさずに

電子レンジやオーブンの扉には、上からあけるものと横からあけるものがあり、それによって使いやすい設置場所が変わってきます。たとえば上からあけるフラップ式は、高い場所に置くと出し入れがしにくいもの。使いたい製品が決まっているなら、それに合わせて設置場所をプランすると安心です。

食洗機は国産ならではのメリットに注目！

外国製の食洗機はスタイリッシュなデザインが人気ですが、日本製にもさまざまなメリットが。そのひとつが「洗浄」と「乾燥」を別々にできる製品が多いこと。手洗いした食器を乾燥だけさせたいときなどに便利です。また、食洗機のサイズは家族の人数に合わせるのが基本。大きいほうが来客時にも便利そうと、大容量のものを買ってしまうと、普段使いのときは水や洗剤が無駄遣いに。日本製なら、引き出し式のコンパクトタイプも多く、面積の限られたキッチンにも向いています。

白で統一した調理家電を、間を少しずつあけてレイアウト。特にデザイン性にこだわった家電でなくても、ととのった印象になります。

宮地さん宅では、冷蔵庫は調理中すぐ手の届く位置にありながら（右写真）、LDからはほとんど見えません（左写真）。隣の背面キャビネットと奥行きをそろえて、さらにすっきりと。

スペース別チェックポイント リビング

壁が白なら テレビのフレームも白を！

テレビのフレームは黒が当たり前と思っている人が多いかもしれませんが、フレームの白いテレビもおすすめです。リビングの壁は白の場合が多く、テレビも白だと背景にさりげなくとけ込み、存在感が薄まります。特に効果を感じるのはテレビをつけているとき。フレームがほとんど目立たなくなります。ただし同じ白でも製品によって色みや質感はさまざま。壁の色になじみやすい落ち着いたトーンの白を選ぶのがポイントです。

PCモニターとしても 使えるように準備して

最近はテレビそのものに、インターネット配信のビデオ（HuluやacTVila）やYouTubeを見られる機能がついている場合がほとんど。そのため、テレビの配線にはコンセントとアンテナのほかに、LANケーブルが不可欠です。もしテレビを壁かけにするなら、壁の中に掃除機のホースくらいの太さのパイプを通して、その内部にケーブル&コード類をまとめておくのがおすすめ。将来、接続スピードの変化に対応したいときなどに、ケーブルの交換がしやすくなります。

壁かけにするならデッキ類もすっきりが理想形！

新築時こそおすすめしたいのがテレビの壁かけ。壁の中にコード類をすっきりと隠せるので、インテリアを損いません。LDと収納スペースなどとの間仕切り壁を利用すれば、収納側に配線を出すことで設置や交換作業もラク。テレビの設置場所近くの壁をニッチ状にくりぬき、そこにデッキ類をおさめると、さらにすっきりします。

エアコンは目安の畳数より 小さくても十分なケースも

エアコン選びの基準は「どれくらい涼しくしたいか」。部屋全体をすぐに冷やしたいなら、部屋の畳数に見合ったタイプを選ぶべきですが、暑さをやわらげたい程度であれば、まずは「目安の畳数」が小さいものを設置しておき、必要になったらもう1台追加できるように、ダクト用の穴とコンセントだけ用意しておく手もあります。断熱性が高くて風通しのいい家であれば、12畳のLDに6～8畳用のエアコンで十分というケースも多いようです。

意外とあなどれない「ホットカーペット」

人気の床暖房は設置に数十万円から100万円ほどかかります。でも使う時期は1年のほんの数か月。寒い時期だけ、必要な場所にだけホットカーペットを活用するというのもひとつの考え方です。

白いフレームのテレビを壁かけに。壁内や床下に配線し、デッキ類を隣接した部屋に置いているため、リビングのAV機器はこれだけ。

リビング階段の壁を利用してテレビを設置予定のお宅。左手の階段下の死角部分にデッキ類の置き場も確保。

テレビの設置場所の下に、デッキ類をおさめるニッチを設けた例。出っ張りができず、キャビネットなどを置くより省スペース。

PART9
コストコントロールの方法

コストコントロールのポイント

満足のいく家を予算内で建てるためには、コストを調整するプロセスが必要です。どこに予算をかけるべきか、削っていいのはどんなところか？　基本的な考え方と、場所別にコストをコントロールするポイントを紹介していきます。

削ってもいいところとこだわるところをしっかり見極めましょう

「こんな家を建てたい！」という希望を盛り込んでプランをはじめていくと、最初の見積もりでは、金額がオーバーするケースがほとんどです。そこから、予算内におさめるために、少しずつコストダウンしていくことになります。

そのときに大切なのが、削ってもいい部分と、最後までこだわる部分をしっかり見極めることです。予算ばかりを気にしてあれもこれもと削っていくと、結果的に、満足できる家にはなりません。

コストを調整していくときは、建物自体のプランや部材選びにばかり目が行きがちですが、じつは、本体工事とは関係ない部分でも、意外とコストを落とせますから、少し視点を変えて検討してみましょう。　地盤改良の会社や住宅ロー

“夢”の部分は最後まで見失わないで

予算に合わせてコストダウンしていくうちに、いつの間にかいちばん大切な夢の部分まであきらめてしまうことになりがち。住み始めてから後悔することがないように、いちばん実現させたい夢は最後まであきらめずに、それ以外でコストダウンすることを心がけて。

毎日触れるパーツは気に入ったものを選びましょう

ドアの取っ手や水栓金具といったパーツは、毎日必ず手に触れるものです。小さな部分ですが、目にも入りやすいので、お気に入りのものをとりつけておくと日々の満足度が高まります。大きなコストアップにはつながらないので、ぜひこだわってみてください。

安全に関わる基礎部分にはとことんこだわりましょう

家の耐震性や耐久性に関わる基礎や土台は、絶対にこだわるべきところです。ベタ基礎にして、土台は地面から40㎝離すようにしましょう。構造に関しては、現在、法律がとても厳しいので、勝手にコストを落としにくくなっていますので、それほど心配する必要はありません。

同機能の設備機器ならメーカーを選ばない

キッチンやユニットバスといった設備機器は、それぞれの工務店ごとに安く仕入れられるメーカーがあるので、なるべくそのメーカーの品を使ってコストダウンを。外・内装材についても同じで、工務店が安く仕入れられるものにすると、コストを抑えられます。

住宅ローンや火災保険会社も見直すとコストダウンに

住宅ローンはネット銀行を利用するのも手。他行に比べて手数料や金利が低いので20万円ほど抑えられるケースもあります。ただし審査に時間がかかるので要注意。住宅ローンを利用する際に加入する火災保険も、会社によって保険料に差があります。

地盤改良や杭工事費は抑えられます

地盤改良にかかる費用は削れないもの、と思いがちですが、意外にもコストダウンが可能です。地盤改良の会社でも、工務店を通して地盤の10年保証に加盟している何社かで見積もりをとると、10～15万円ほど差が出ることもあります。保証がつくので工事内容は安心できます。

ランニングコストがかかってもOK？かどうかを見極めましょう

見た目の安さにひかれて選んだ部材でも、意外と維持費がかかるものもあるので要注意です。たとえばコストの低いサイディング塗装板の外壁は、15年後には塗り替えに１００万円前後かかることを理解したうえで選びましょう。

ンの銀行を変えることでコストを下げられるケースもあります。熱源も電気にするか、ガスにするかで初期コストに差が出ますので、見直してみましょう。

コストを上手にコントロールしましょう

限られた予算のなかで、満足のいく家を建てるためには、「コストコントロール」がカギとなります。実際にプランを進めていくなかで、予算がオーバーした場合は、「仕上げ(仕様)を変える」「既製品を使う」「あとからつくる」「施主支給にする」「減らす、省く」「施主施工にする」「プラン(間取り)を変更する」といったことを検討していきます。

下に、具体的な検討項目のリストを挙げたので、どの項目ならコストダウンできるかチェックしてみてください。ここで気をつけたいのは、家じゅうの仕上げ材をまんべんなく下げるなどして、家全体のコストを平均的に下げないようにすることです。とくにこだわりのない部分はカットして、どうしてもかなえたい部分にはコストをかけるといったように、家全体でコストバランスをとって、理想の住まいを実現させてください。

こうした出費に備えて、メンテナンス代を積み立てておくのがおすすめです。

電気かガスかで初期コストに差がつきます

熱源を何にするかによっても設置費用が異なります。一般的にオール電化は65〜75万円、都市ガスは40〜50万円、プロパンは給湯器代がガス代に上乗せされるので、とりあえずかかりません。プロパンを選んだ場合は、契約が切れる12年後に都市ガスやオール電化に変更するという手もあります。

仕上げ(仕様)を変える

- □壁や天井のビニールクロスを普及品にする
- □石膏ボードの下地材にペイントして仕上げにする
- □呼吸する自然素材なら珪藻土より吹付けがローコスト
- □ナチュラルな木の色がOKならベニヤ張りっぱなしもアリ
- □同じ面積の窓なら引き違いが安い
- □窓の面積を減らす
- □ムクのフローリングより突板合板がローコスト
- □下地材のサイズを生かして天井高を2.4mにすると材料も手間もカットできる
- □照明の数を整理する
- □引っ掛けシーリングのみ設置して器具は自分で買う
- □おしゃれで安価な照明器具はネット通販で探す
- □初期費用、維持費とも抑えるなら蛍光灯を選ぶ

既製品を使う

- □建具・収納家具に既製品を使う
- □建売住宅用の設備を使う

あとからつくる

- □子ども部屋の仕切りなどは必要になるまでつくらない
- □造りつけ収納や棚の扉はあとからつける
- □外構の門やカーポートは余裕ができてから

施主支給にする

- □照明器具や取っ手、ペーパーホルダーなどをネット通販で見つける

減らす、省く

- □外・内装材はなるべく種類を減らして統一する
- □幅木や回り縁、窓枠の三方をなくす
- □各部屋の収納をやめて大型収納を1か所につくる
- □設備機器類の過剰な機能を見直す
- □シャッター雨戸を減らす

施主施工にする

- □壁は石膏ボードの下地に水性ペイントを塗って仕上げる
- □範囲を限定して珪藻土を塗る
- □ベニヤ張りっぱなしの壁のニスを塗る
- □フローリングの床にワックスを塗る
- □キッチンや洗面台にタイルを貼る

プラン(間取り)を変更する

- □間取りの変更や減築は極力避ける

ダイニングキッチン

扉をつけずにあえて オープンにして見せる

デザインが美しい食器や鍋類は、オープンな棚に並べてインテリアの一部にするのもおすすめです。普段よく使うものなら出し入れもスムーズで便利。大工工事でつくれば、さらにコストダウンになります。

カウンタートップ素材のコスト比較

素材	参考㎡価格（工事費込み・円）
ステンレス	50,000～
タイル	14,000～
モザイクタイル	14,000～
石モザイク	20,000～
御影石	83,000～
人理石	83,000～
鉄板	30,000～
合板+メラミン樹脂	27,000～
木（タモの集成材）	35,000～

タイル張りを自主施工すれば㎡あたり 5,000 円コストダウンに。

シンク素材別のコスト比較

素材	サイズ（cm）	参考価格（工事費別・円）
ステンレス	85 × 53	43,000～
ホウロウ	80 × 54	96,000～

床をタイルにして自主施工にすると意外と安上がり

汚れやすいダイニングキッチンの床は、タイル張りにするのもおすすめです。ひとくちにタイルといっても、㎡あたり1000円以下のものから1万円するものなどさまざまですが、大判タイルなら貼るのもラク。自分で貼れば㎡あたり5000円の工事費がカットできます。

安価な合板でナチュラルテイストのダイニングテーブルを造作

ダイニングテーブルはフィンランドバーチ合板や表面に薄いウェスタンレッドシダーを張ってつくればローコスト。天板をL字アングルで止める方法なら大工工事でOK。

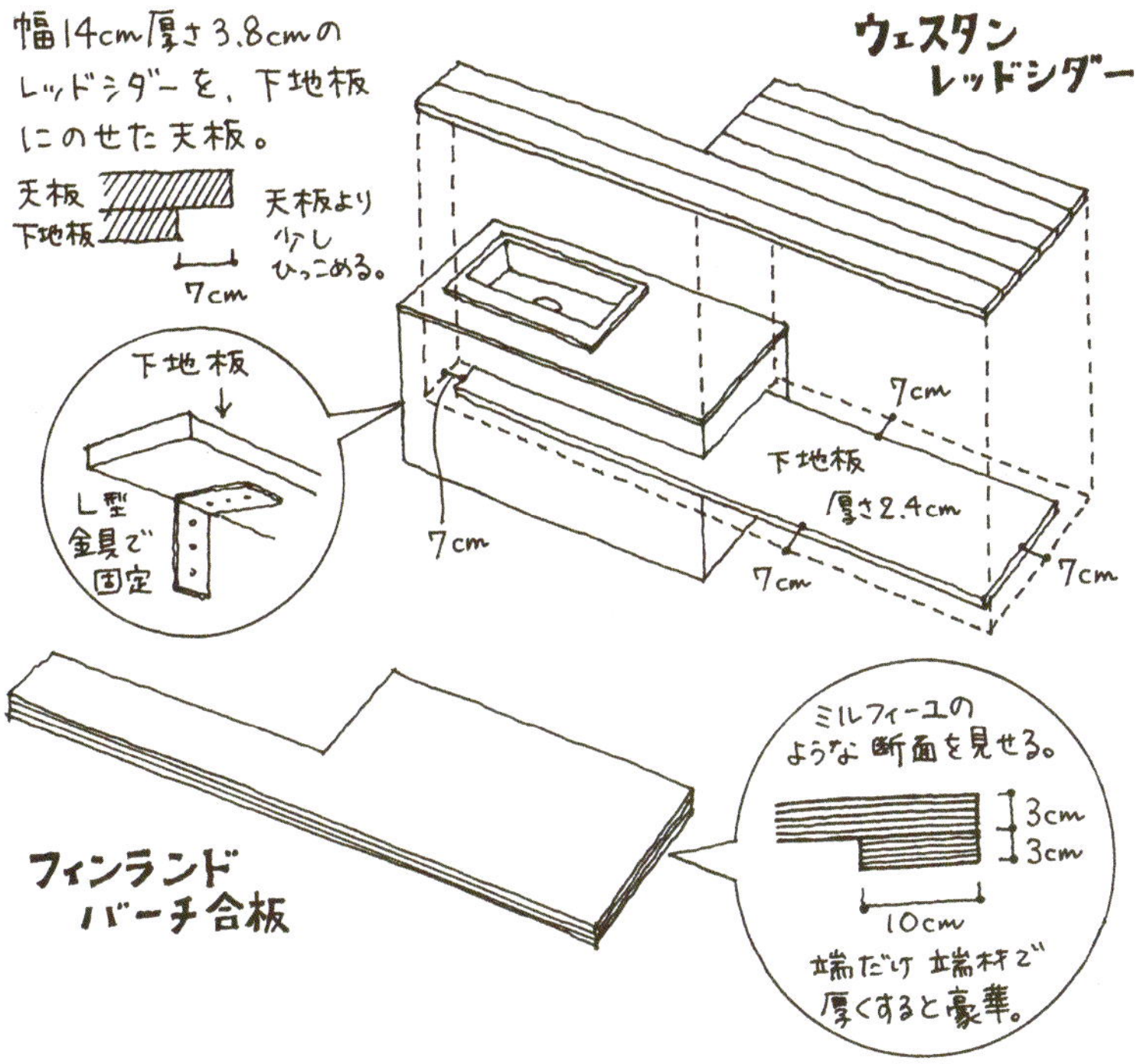

タイル張りを業者が行う場合、自主の場合のコスト比較

施工者	㎡参考単価（円）	6畳間（10㎡）の参考価格（円）
業者	10,000 ～（材料費・工事費）	100,000 ～（材料費・工事費）
自主	5,000 ～（材料費のみ）	50,000 ～（材料費のみ）

ダイニングテーブル素材別のコスト比較

（幅 90cm×長さ 180cm程度の場合）

素材	厚さ（cm）	参考価格（工事費込み・円）
フィンランドバーチ合板材	3	60,000 ～
パイン無垢材	4（3 枚はぎで 90cm幅に）	120,000 ～
ウォールナット無垢材	5（3 枚はぎで 90cm幅に）	200,000 ～
ウエスタンレッドシダー無垢材	5（3 枚はぎで 90cm幅に）	250,000 ～
シナ合板の表面に ウエスタンレッドシダーを張る	シナ合板 2.4cm ウエスタンレッドシダー 3.8cm	150,000 ～
チーク無垢材	8	800,000 ～
チーク集成材	3	200,000 ～

※金額はすべて工務店の仕入れ値を基準とした参考価格。消費税を含まない数字です。

コストコントロールのポイント ダイニングキッチン

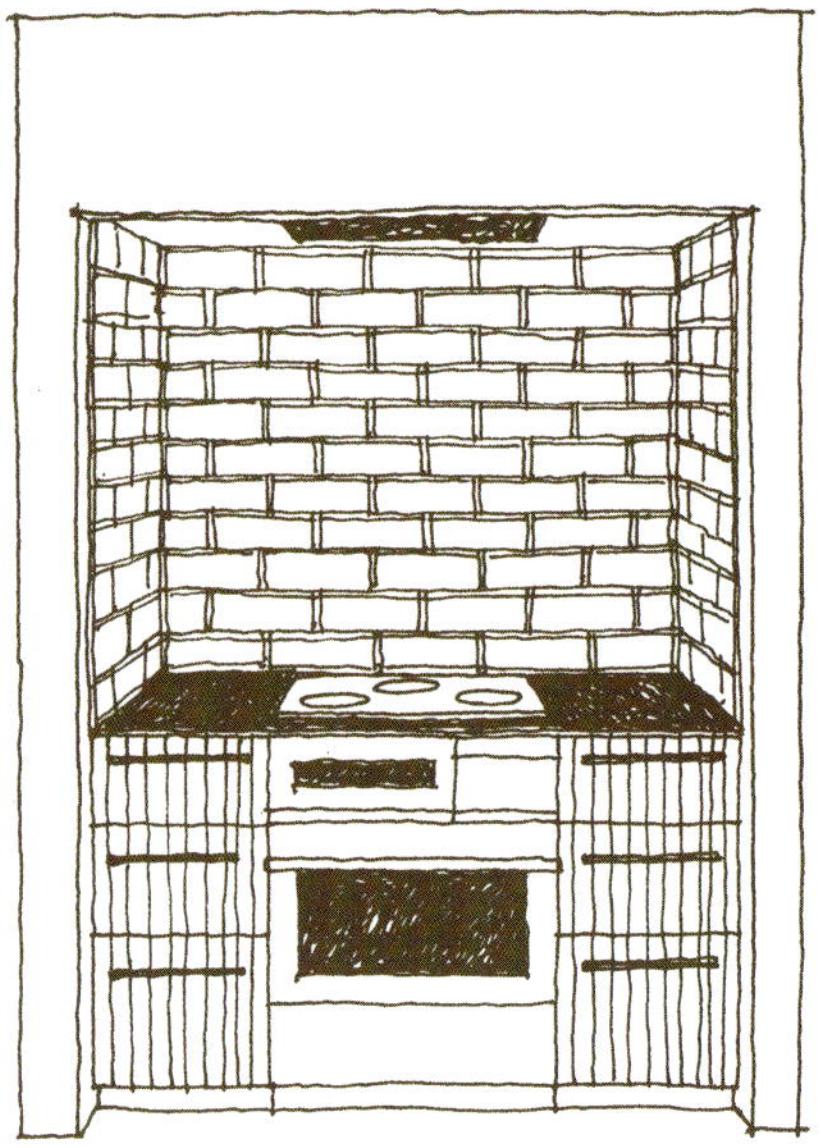

キッチン前壁材のコスト比較

素材	参考㎡単価（工事費込み・円）
ステンレス	15,000 ～
タイル	9,000 ～
モザイクタイル	9,500 ～
石	12,500 ～
石モザイク	15,000 ～

タイルやブリックタイルはローコスト。石やモザイクタイルも、張る面積が小さければ取り入れやすくなります。

キャビネットの収納のつくり方別コスト比較

収納のつくり	素材	キッチン下台参考価格（オープン別・コンロ、工事費込み・円）
イラストのように引き出し 6 個の場合	キャビネット／ラーチ合板、カウンタートップ／タイル	300,000 ～
イラストの引き出し部分を扉つきの棚にした場合（扉左右各 1 枚、内部の棚板 4 枚）	同上	220,000 ～
イラストの引き出し部分をオープン棚にした場合（棚板 4 枚）	同上	200,000 ～

引き出し→扉つきの棚→オープン棚と、つくりをシンプルにするほどコストは下がります。

既製キッチンと造作キッチン・下台のコスト比較

（長さ 2.55m の I 型キッチンの場合）

種類	仕様	参考価格（工事費込み・円）
一般普及品既製キッチン	キャビネット／メラミン合板、カウンタートップ／人工大理石、コンロ／ガス、オーブン・食洗機は含まない	250,000 ～
造作キッチン	キャビネット／ラーチ合板、カウンタートップ／タイル、他は上記同様	450,000 ～
造作キッチン	キャビネット／無垢板、カウンタートップ／大理石、他は上記同様	800,000 ～

DK は暮らしの中心なので、特に素材にはこだわりたいものですが、無垢材でなくても、針葉樹から作られている構造用のラーチ合板を使えば、安価で木目も楽しめます。

キャビネットの扉や引き出しは大きいものを少なくする

扉や引き出しをつくるときは、その大きさにかかわらず1個いくら、1枚いくら、という計算になるので、個数や枚数が増えれば増えるぶんだけ、コストが上がることになります。予算が厳しい場合は、収納をこまかくつくるのは避けましょう。

キャビネットは塗装をやめて経年変化を楽しむ

キッチンのキャビネットは、とくに汚れやすい部分なので、あらかじめワックスや蜜ろうなどを塗っておくといいでしょう。キッチンキャビネットだけでなく、室内建具や窓台、階段の段板などの塗装をやめると、1軒の家で約30万円ほどのコストダウンになる場合もあります。

造作キッチンをやめて既製のシステムキッチンに

設計図をつくってその家独自のオリジナルキッチンを造作するより、既製のシステムキッチンを設置するほうがコストは安くなります。建売住宅用のキッチンなら、さらにコストダウンに。利用可能かどうか工務店に確認してみましょう。

工夫次第でリーズナブルなキッチンでも十分

デザイン性にはそれほどこだわらない、というのであれば、リーズナブルなシステムキッチンを選ぶと安く上がります。その場合は、キッチンを対面式にして流し台の前に立ち上がりをつけたり、クローズドキッチンにするなど、LDからまる見えにならないように工夫するといいでしょう。

造作キッチンにこだわるならシンプルなつくりに

既製品のシステムキッチンに比べて、造作キッチンは手間や材料費にコストがかかります。引き出しを減らしたり、扉なしにすればコストダウンに。扉を合板にするならポリ合板、ナチュラルにするならシナベニヤが安価です。

露出型の換気扇フードは高価なので避ける

オープンスタイルのキッチンではデザイン性の高い露出型の換気扇フードを採用することも多いのですが、一般的なものに比べて約20万円と高価。対面キッチンにするなら、コンロ前に袖壁や下がり壁を設けて一般的な換気扇を。

食洗機をあとづけするなら事前に電気の配線を

食器洗い機や電気オーブンなど、とりあえずなくてもいいものは、あとから設置することでコストを抑えて。その際は、あらかじめ電気配線をすませたり、排水管を通す経路を確保しておきましょう。

キッチンの照明は全体を照らす直管蛍光灯に

直管蛍光灯なら、少ない消費電力でキッチンスペースをまんべんなく照らせるうえに安価です。直管LEDは、まだあまり出まわっていないので、高くつきます。

ガスでも電気でもコンロは一般普及タイプを選んで

どのメーカーのものでも、数を多く製造する一般普及品は価格が抑えめなのでねらい目です。いろんな機能がつくとそのぶん価格も上がりますので、シンプルなものを選びましょう。

キッチンそのものをあまり大きくつくらない

小さめのキッチンは、コストを抑えられると同時に、必然的に動線が短くなるので、調理の効率もあがります。ふだんあまり出番のない調理器具は思いきって処分するなどすれば、収納スペースは少なめでも大丈夫です。

吊り戸棚をやめる

対面式キッチンなどの場合、ダイニング側の吊り戸棚を省くとコストも減って圧迫感もなくなります。背面に設ける壁面収納も低めの高さにすれば、そのぶんコストダウンに。収納が少なくなりますが、棚の上にかごなどを置いてカバーすれば見た目もおしゃれに。

水栓金具にはこだわらない

凝ったデザインで存在感の強い水栓金具は、コストも高いうえにキッチンのテイストによってはそぐわないケースもあるので、シンプルなものを選びましょう。さらに施主支給すればコストダウンになります。

火災報知器は電池式で安くすませる

すべての住宅に設置が義務付けられている火災報知器は、電池式の安いものなら1個2000円前後で手に入ります。ただし工事費は別途かかります。

キャビネットの取っては安価なものを選ぶ

造作でキッチンキャビネットをつくる場合は、アンティーク店などで自分で探せば、おしゃれなものが100円程度で見つかることもあります。現場に落ちている木片などをつけるのも、個性的で素敵です。

コストコントロールのポイント リビング

壁、天井素材のコスト比較

種類	材料	参考㎡価格(円)	6畳間(10㎡)の参考価格(円)
一般普及品	ビニールクロス	1,000 〜(材料費・工事費)	40,000 〜(材料費・工事費)
	珪藻土	3,500 〜(材料費・工事費)	140,000 〜(材料費・工事費)
	珪藻土を自分で塗る場合	1,000 〜(材料費のみ)	40,000 〜(材料費のみ)

フローリング素材のコスト比較

種類	材料	参考㎡価格(工事費別・円)	6畳間(10㎡)の参考価格(工事費別・円)
一般普及品	突板合板材	2,200 〜	22,000 〜
	パイン無垢材	3,000 〜	30,000 〜
	オーク無垢材	6,000 〜	60,000 〜
	チーク無垢材	10,000 〜	100,000 〜
	オーク材をヘリンボーンに張る場合	12,000 〜	120,000 〜

ペアガラスサッシ種類・素材別のコスト比較

種類	開け方の種類	素材	サイズ(幅×高さ・cm)	参考㎡価格(工事費別・円)
一般普及品	引き違い窓	アルミ	123×117	16,000 〜
	上げ下げ窓(2連)	アルミ	128×117	50,000 〜
	上げ下げ窓(2連)	樹脂	128×117	60,000 〜
	上げ下げ窓(2連)	木	128×117	80,000 〜(マーヴィン)

照明はできるだけ安価なものをチョイス

照明の傘がなく、裸電球を取り付けるだけの「モーガルソケット」(E26口金・磁器製）なら、300円弱で買えます（工事費別)。傘がないので明るく、消したときにも目立たないシンプルさも人気です。

ペンダント照明はネット通販で安く購入

引っ掛けシーリングのみ工務店に設置してもらい、器具はネットなどで自分で安いものを探せば安くすみます。ライティングレールは2mで3万円前後です。

健康素材にこだわるならLDの壁のみ珪藻土に

コスト高の珪藻土はLDのみにしたり、壁だけ珪藻土にして天井は似た雰囲気のクロスにしたり、珪藻土より安価な化石を吹き付けるタイプにする手も。珪藻土クロスは扱いにくく価格も高いのであまりおすすめしません。

窓はなるべく安価な引き違いに

窓の数を減らすとコストダウンにはなりますが、通風が悪くなるというデメリットも。その場合は比較的安価な引き違い窓を設けて風の通り道を確保しましょう。極端に大きくない、はめ殺し窓も安価でおすすめです。

造りつけ家具をやめて既製品を使うのもおすすめ

ネット通販などなら安くてデザインのいい収納棚が豊富にそろっています。扉付き収納を希望するなら、造りつけをやめて既製品を選ぶのもひとつです。オープン棚を造りつけにするコストで、扉付きの棚を購入できます。

シンプルなインターフォンで約3万円のダウン

防犯上、とくに必要でなければ、カラー画面つきのものをやめて、音声だけのタイプを選べば安価です。工事費込みで、約3万円のコストダウンになります。

LDだけペイント壁にして自分たちで塗る

石膏ボードに水性ペイントを塗れば、ビニールクロスより多少コストは上がりますが、呼吸する壁になります。LDだけと場所が限られていれば、DIYにも気軽に挑戦できます。

室内ドアや収納扉などの建具は既製品を利用

部屋のドアやドア枠、引き戸、収納扉といった建具は、建具屋さんにつくってもらうとコストがかかるので、安くしたいなら既製品を利用するのがベストです。

逆転プランは梁が細くてすみ、結果、コストダウンに

生活の中心になるリビングを2階に配置する逆転プランは、壁の多い個室が1階になるため、2階を支える梁は細くてOK。また1、2階を吹き抜けにするより、逆転プランで天井を高くしたほうがローコストになります。

コンセントはやたらにつけない

二つ口タイプのシングルのコンセントは、1か所取り付けるのに1800円（工事費込み）かかります。あちこちにあると便利なようですが、意外と使う場所は限られてくるもの。よく使う場所に厳選してつけましょう。

幅木と回り縁を省き窓枠は三方を省略

壁の幅木や天井際の回り縁を省いて、窓枠は下台のみにするとコストダウンに。家全体で10万～20万円減らせて、見た目もシンプルです。どうしても壁の汚れが気になるなら、既製品の幅木と窓枠を使えば安くすみます。

コストがかかる造作家具は極力シンプルに

家具職人がつくる造りつけ収納は高くつくので、コストのかかる引き出しをやめたり、扉をなくすなど、できるだけシンプルなつくりにするといいでしょう。簡単な棚を大工工事でつくったり、DIYするのもありです。

予算オーバーになる場合はロフト用の梁だけ渡しておく

人が立てる天井高のロフトをつくると坪単価はほかの部屋と同じぐらいに。将来つくれるよう梁だけ渡しておくのも手。床の構造用合板をむき出しにして仕上げを省けばコストカットに。

コストコントロールのポイント サニタリー

水栓金具はあまり特殊なものはつけない

水栓金具にも、特殊な水流のシャワーが選べる機能がついたものなど、いろんな種類があります。が、機能がもりだくさんであれば当然高くなるので、本当に必要な機能かどうかよく検討しましょう。デザインも大げさなものは避けて、シンプルなものを選べば安上がりです。

浴室床・壁素材のコスト比較

素材	参考㎡単価（工事費込み・円）
タイル	9,500 〜
石	12,000 〜
木（デッキ材）	10,000 〜

ユニットバスと在来工法バスのコスト比較

種類	広さ	参考価格（工事費込み・円）
一般普及品（ユニットバス）	1 坪	350,000 〜
在来工法バス	1 坪	600,000 〜

床や壁をタイルや石張りなどにする在来工法の場合、ユニットより 25 〜 30 万円アップが目安。

浴槽素材のコスト比較

種類	サイズ	参考価格（工事費別・円）
FRP	幅 120㎝ × 奥行き 70㎝前後 × 高さ 60㎝前後	70,000 〜
樹脂（人工大理石）	同上	105,000 〜
鋳物ホウロウ	同上	118,000 〜

在来工法でつくるより ユニットバスがローコスト

現場施工の在来バスは、手間も材料費もかかってコスト高に。ユニットバスを設置するほうが、安価なうえに機能も充実しています。さらに、建売住宅用ユニットを選べばコストダウンになります。

消費電力が大きい浴室乾燥機よりエアコン＋室内物干し

浴室乾燥機は消費電力が大きい割には乾きが悪いものも多いので、予算が厳しい場合は、あまりおすすめではありません。洗濯物を干すために設置を検討しているなら、かわりに寝室などのエアコンのそばに室内物干しをつくることを考えてみましょう（P363参照）。

過剰な機能のない シンプルな浴槽を選ぶ

浴槽も水栓金具と同様で、ジェットやブロー機能がついたものなど高機能タイプのものだとコストが上がるうえに、掃除の手間もかかります。また、浅いデザインの浴槽は入りにくいので要注意です。

在来工法の浴室にこだわるならシンプルなパーツを選ぶ

在来工法でオリジナルの浴室をつくりたいならコストの安い素材を選んで。浴槽は安価なポリかFRPにして、側面はタイルを張るなどして目隠しすればおしゃれです。タイルを用いるなら、床には5cm角、壁は10cm角で一部にポイントをつけても素敵です。

浴室への建具を思いきって省くとコストダウンに

在来工法バスで浴室をつくる場合、洗面室との境に木製のドアをとりつけるとおしゃれですが割高に。安くすませるなら掃き出し窓用の引き違いサッシを。思いきって扉をなくすのも手。コンパクトなスペースが広びろ感じられます。

1坪タイプのユニットバスは必ずしも高くない

ユニットバスは機能や内装の違いでさまざまなグレードがあって、広い＝高いとは限りません。必要な広さを検討したうえで、予算内におさまるバスを探しましょう。0.75坪タイプより1坪タイプのものなら浴槽が40cmロングになります。

洗面台カウンタートップ素材のコスト比較

素材	参考単価（工事費込み・円）
2.5cm角タイル	13,000 〜
5cm角タイル	13,000 〜
25cm角タイル	12,000 〜
人造大理石	35,000 〜
御影石・大理石	50,000 〜

（幅75cmのカウンターの場合）

輸入の大判タイルは安価なものが多く、25cm角タイルだと、2.5cmや5cmのタイルを張るよりコストダウンできるケースが多くなります。

洗面ボウルのタイプ別コスト比較

タイプ	参考単価（工事費別・円）
オーバーカウンタータイプ（陶製）	15,000 〜
ベッセルタイプ（陶製）	22,000 〜

人気が高いベッセルタイプも、最近はコストが低いものも登場しているので、以前より取り入れやすくなりました。

ユニット洗面台・造作洗面台のコスト比較

種類	内容	サイズ	参考価格（工事費込み・円）
一般普及品／既製品	ユニット洗面化粧台　鏡、プラスチックオープン棚、陶製ボウル、メラミン合板キャビネットなど	幅 75 cm	50,000 〜
一般普及品／既製品	同上	幅 90cm	80,000 〜
造作	合板または無垢のオープン棚・キャビネット、陶製ボウル、タイルまたは石などのカウンタートップなど	幅 90cm	150,000 〜

既製品で収納などに凝ったものはどんどん金額が上がるので、それならシンプルな造作に。

壁厚を利用したオープン棚をつくれば小物の収納にも便利

家具工事で棚をつくるとコストが上がりますが、壁厚を利用した棚なら大工工事でできるので割安に。棚のぶんのコストもカットできます。

タイル張りの洗面台は自主施工にして5000円／㎡ダウン

インテリアにこだわる人のあいだでは、タイル張りの洗面台が人気です。自分で貼れば、㎡あたり5000円の工事費を省けます。小さいスペースなので、手軽にチャレンジしてみてはいかがでしょうか。

造作の洗面台より既製ユニットが安価。機能もそろって手軽

既製品なら鏡、照明、シャワー水栓ボウル、収納までついた洗面ユニットが安く手に入ります。これだけの機能を造作でつくるとなると、かなり割高に。建売用のものならさらに手頃です。

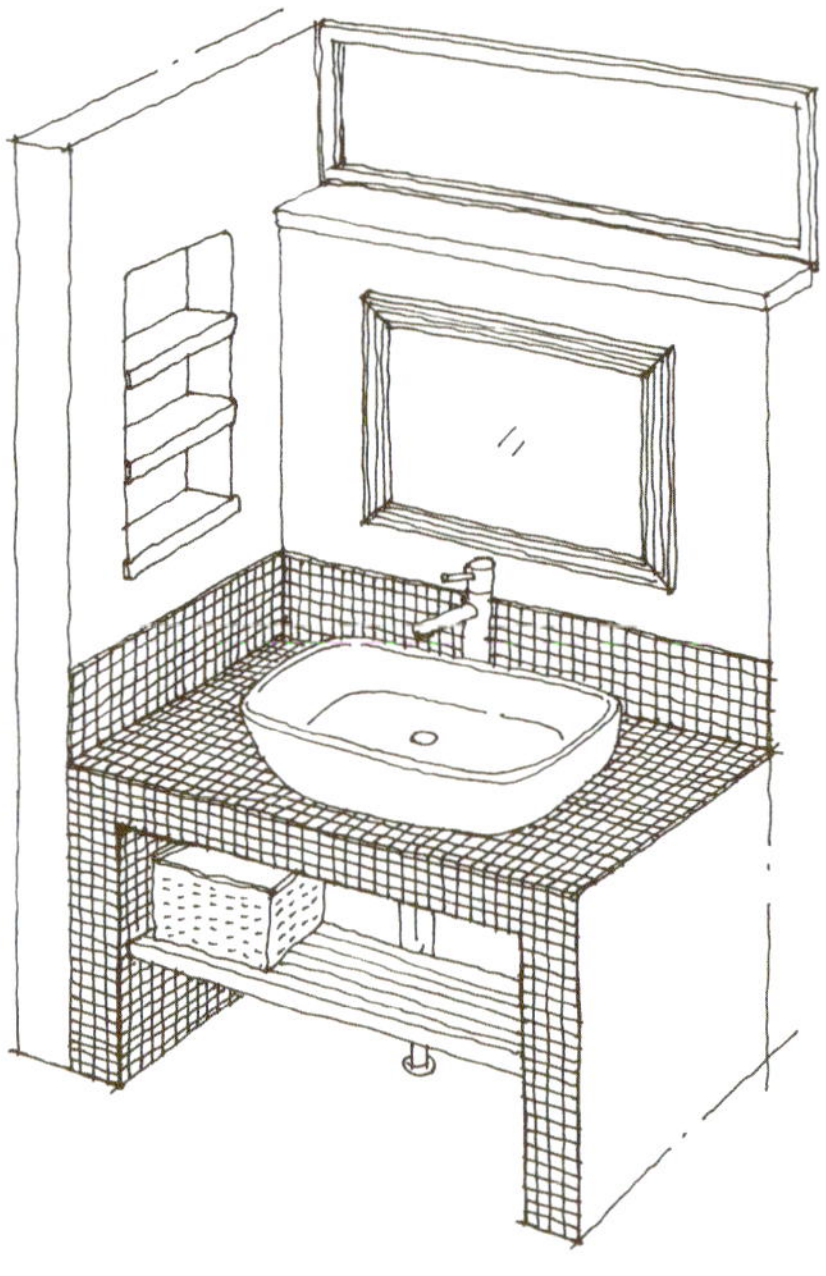

造作にこだわるならパーツを通販で探すのも手

洗面台を造作でつくると割高になりますが、それぞれのパーツを通販などで探すと、安く手に入ることがあります。ただし輸入品は日本の規格に合わない場合があるので、見つけたら工務店にチェック、購入してもらうのが無難でしょう。とくに水栓は要注意です。

造作の洗面台はシンプルなつくりにしてコストダウンを

たとえば洗面台下は何もつくらずオープンにすればコストがかかりません。湿気がこもらないというメリットもあります。棚は壁にニッチを設ければ大工工事でできて安くすみます。カウンターはベニヤを張ってもらい、タイル貼りを自分でやるとコストダウンに。

タンクと便器が一体型のタンクレスはコスト高に

掃除がラクでデザインもすっきり見えるタンクレスは、一般型よりも5万円ほどアップ。さらに上部に手洗いのないタンクは、別途シンクを設ける必要があります。ミニシンクをとりつけるとしても約7万円かかるので、どちらのタイプを選ぶかよく検討しましょう。

2つめのトイレはランクダウンしてもOK

1階と2階のそれぞれにトイレを設ける場合は、2つのトイレのグレードをそろえる必要はありません。ゲストも使うトイレは機能やデザイン性が高いものにして、家族が使うほうはランクを下げて、コストのバランスをとるといいでしょう。

凝ったクロスにして個性を楽しむのもあり

コンパクトな空間ですが、毎日必ず使う場所なので、インテリアを楽しく工夫するのもおすすめです。小さな場所なら、大胆な色や、普及品より凝った模様の中級品のビニールクロスを使っても、それほどコストアップにつながる心配はありません。

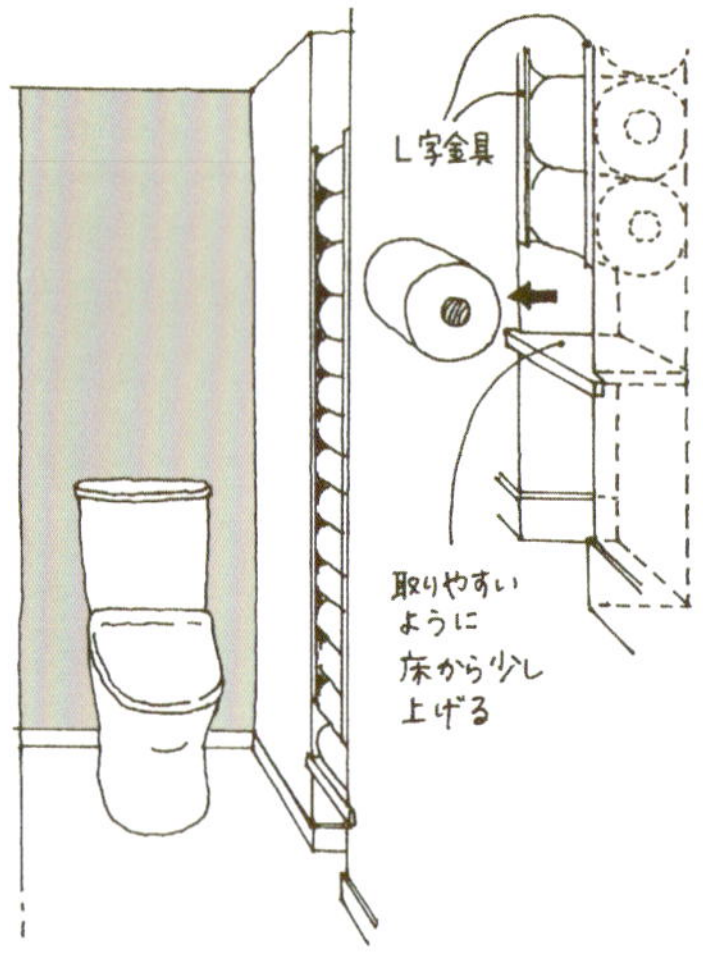

壁にニッチを設けてトイレットペーパーをオブジェふうに収納

トイレに、ペーパーのストックなどをしまえる収納があると便利です。吊り戸棚を設けるとコストがかかるので、壁にニッチを設けてペーパーホルダーにするアイディアはいかがでしょうか。ローコストで便利な収納が完成！

床は安価で手入れのラクなクッションフロアに

トイレは清潔を保ちたい場所なので、床は水拭きしたり洗剤を使っても大丈夫なクッションフロアがおすすめ。価格が安いのも魅力です。突板合板は、継ぎ目から水気が入るとはがれたり波打つのであまりおすすめできません。

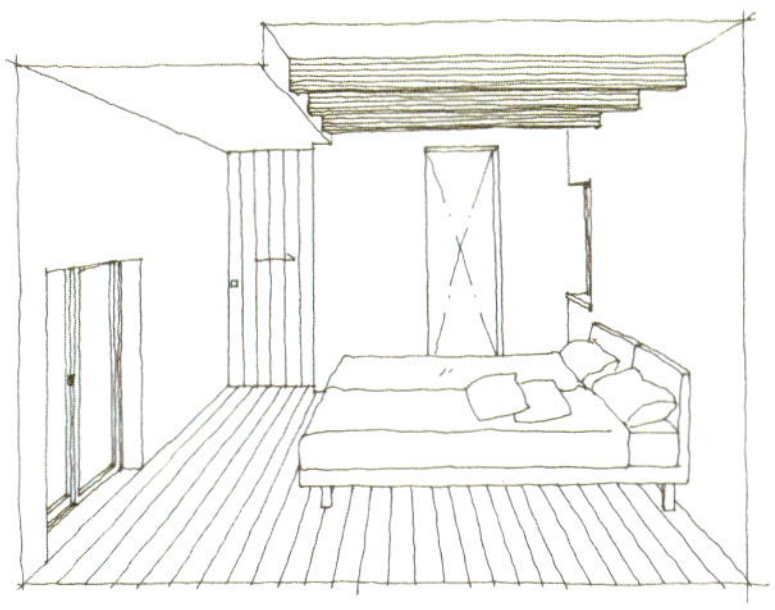

部屋を明るくしたいなら上げ下げ窓より引き違い窓に

小さな窓を多く設けるより、大きな窓を少しにしたほうがコストは減らせます。部屋を明るくするために窓を設けるなら、大きめの引き違い窓を設置するといいでしょう。

窓は設置する高さを変えてもコストにひびかない

腰高窓を設置する場合、必ずしも壁の中央にしなくてもOKです。また、低めにつけたり天井付近に寄せて高い位置につけてもコストにはひびきません。寝室の窓配置で大切なのは、プライバシーを確保することです。高さや位置をそろえる必要はなく、隣家の窓とずらしたり、通風しやすい位置に配置しましょう。

エアコンは家電量販店で購入し、設置してもらう

工務店に頼むよりも、量販店で安いものを購入して設置すると安くすみます。工務店工事の場合、ダクトを壁内に隠せるメリットはありますが、エアコン交換の際、壁を壊す必要が生じます。

建具の枠をなくせば戸1枚ごとに約2万円コストダウンに

通常、ドアのまわりには木枠をつけますが、引き戸ならなくしてしまっても問題ありません。開き戸の場合も省くことは可能です。戸1枚につき約2万円節約できます（工事費込み）。

収納内部のつくりはシンプルにして壁は化粧用石膏ボードに

棚板などが多いとコストアップになるので、ハンガーをかけられるポールを渡す程度に。内部の壁は最初から仕上げてある化粧用石膏ボードを用いると、手間賃がカットできます。

クローゼットの扉は引き戸より折れ戸のほうが安価

クローゼットなどの収納の扉を既製品にする場合、1間幅以上の間口のあるものは、引き戸より両開きの折れ戸にしたほうが安く上がります。

大容量の収納をつくるなら壁一面の棚よりウォークインクローゼットに

スペースがあるなら、壁面収納をつくるより、ウォークインクローゼットのほうがシンプルで、扉も減らせるので安く上がります。さらにクローゼットの入り口の扉をなくして、目隠し用の布をかけるようにすれば、コストダウンできるうえ、インテリアのアクセントにも。開き戸がないとベッドの配置もラクです。内部は既製の棚を利用すればコストを抑えられます。

室内物干しグッズのとりつけ金具を天井に設置しておく

竿を通せる物干しグッズのとりつけ金具を、あらかじめエアコンと窓のそばに設置しておくと便利です。雨用の物干しとして重宝な、浴室乾燥機を設置するより安価でとりつけられるうえに、乾きも◎。

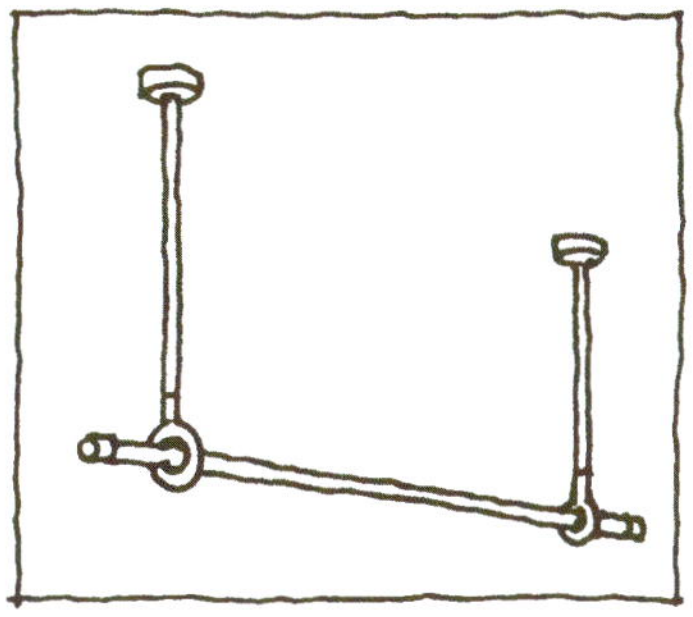

室内片引きドア・種類別のコスト比較

種類	素材・仕上げ	サイズ（幅×高さ・cm）	参考価格（取り付け工事費別・円）
一般普及品／既製品	樹脂化粧シート仕上げ	73×200程度	32,000～（枠ありのセット価格）
オーダー品	芯材+ラーチ合板材（P364イラスト参照）塗装仕上げ	同上	55,000～（枠なし）
既製品	パイン無垢材	同上	55,000～（枠なし）

コストコントロールのポイント　書斎・子ども部屋

書斎の棚は袖壁+ツーバイ材でつくると安くできる

袖壁に板を渡すシンプルな棚を大工工事でつくれば、大容量の本棚が安く仕上がります。2×10材は厚さ約4cmの無垢材で、4m3000円ほどで手に入ります。この棚は、キッチンやクローゼットなどにつくってもいいでしょう。壁が増えてもコストは上がらないので、あちこちに袖壁をつくってもらうと便利。

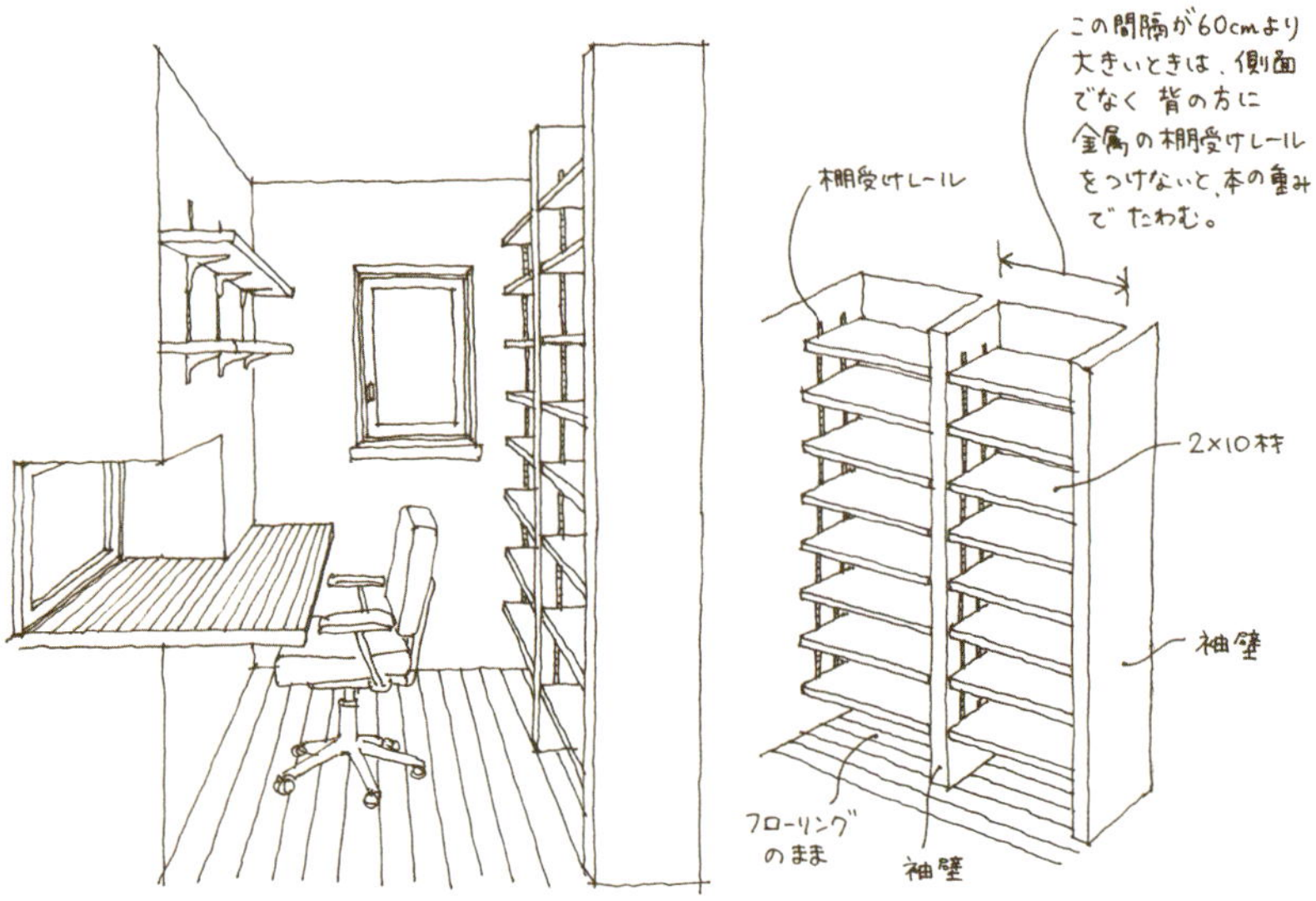

集成材をL型アングルでとめる方法で書斎机を安くつくる

集成材やフィンランドバーチ合板材などの天板を渡すだけなので、大工工事でできます。天板のとめ方は、P355のイラストを参照してください。

芯材+合板ならコストおさえめで味のあるドアに

オーダードアにこだわりたいなら、ラーチ合板を切って張れば、無垢板風のドアが手頃な価格で手に入ります。無垢よりも狂いが少ないという利点も。塗装を省けば、さらに1万円ほど安くできます。

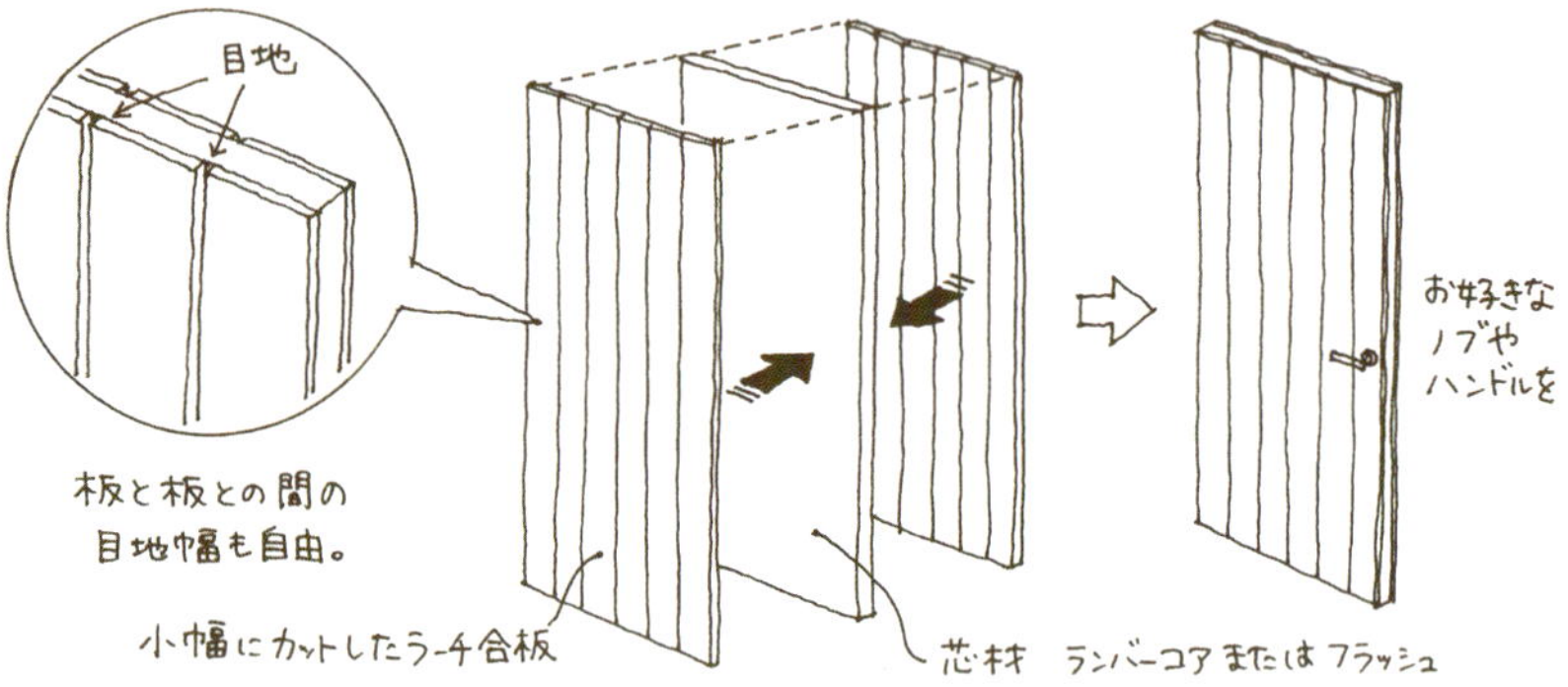

建具の取っては安価なものに

引き戸でも開き戸でも、要は手がかかればいいので、取っては簡単なつくりでOKです。レバーハンドルは7～8000円程度しますが、アンティークショップなどで探すと100円ほどのものも見つかります（ともに工事費別）。

きょうだいの子ども部屋はあとから仕切れるつくりに

新築時は、個室をふた部屋設けずに、オープンなひと部屋にプランしてコストダウンを。左右2か所にドアや窓、収納を設けて、将来必要になったときに真ん中を仕切って使えるようにしておきましょう。

大工工事の棚と家具工事の棚のコスト比較

工事の種類	材料	サイズ（cm）と棚板の枚数	参考価格（取り付け工事費込み・円）
大工工事	棚板／2×10材	幅50cm×天井までの高さ×奥行き23.5cm×2列 棚板16枚（イラスト参照）	65,000～
家具工事	ポリ合板材	同上	150,000～

壁や天井は和風のビニールクロスで洋室と同じつくりに

昔ながらの建材で和室をつくるとなると、かなりのコストアップになるので、壁や天井を和風のビニールクロスで仕上げましょう。床は、ほかの部屋より1.5cm下げて畳を入れます。

ふすまにも壁と同じ和風のビニールクロスを

わざわざふすま紙をそろえなくても、壁と同じもので統一すればローコストで仕上がります。テイストがそろってスッキリ見えるのもメリットです。反対に、アクセントをつけたい場合は、色違いのビニールクロスを張る方法も。これならコストもそれほどかかりません。

クロスを腰壁ふうに貼り分けてもおしゃれ

壁の下部に違う柄のビニールクロスを貼って腰壁ふうに仕上げるアイディアもおすすめです。ローコストで、趣のあるインテリアが完成します。もっと遊ぶなら下部に英字新聞を貼ってもおもしろいでしょう。

ヘリ無しの畳は半畳大より1畳大のほうが安価

畳のなかで安いのは、ヘリのある1畳大のもの。人気の高いヘリなし半畳大の琉球畳はコストも高めです。どうしてもヘリなしにこだわりたいなら、1畳大のものを選べば、琉球畳よりは安価ですみます。

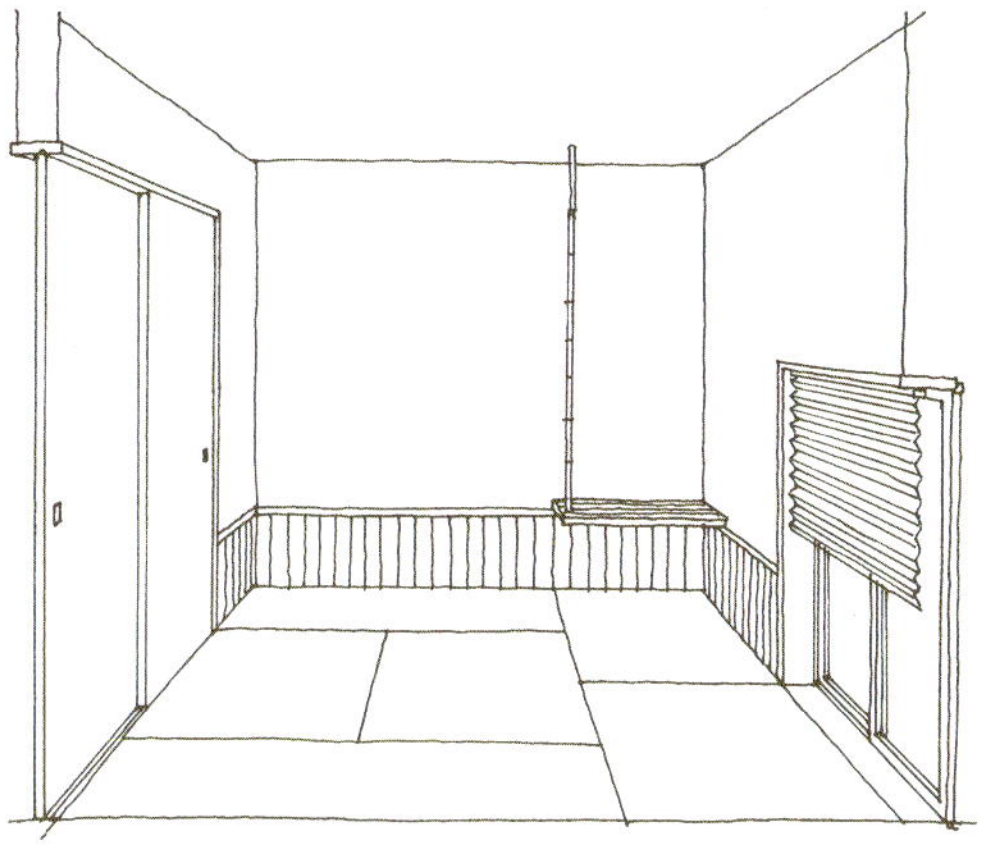

畳を安く買うならネット通販で探すのもおすすめ

大量生産している畳店の品なら、通常より安く手に入れることも可能です。「畳　大量生産　低価格」などのキーワードで検索してみてください。

コストのかかる障子は和紙のブラインドで代用するのも手

障子は、つくるのに手間がかかるのでコストも高くなります。かわりに、和紙のブラインドをとりつけると、やわらかい光がとり込めて、おしゃれな雰囲気の和室に。コストも1/2ほどですみます。

床の間を設けるかわりに吊り床もおすすめ

本格的な床の間をつくるとなると、かなりのコストアップになります。そこで、材料も手間もずっと簡易な吊り床をしつらえてみてはいかがでしょうか。ちょっとした部屋のアクセントにもなり、和の風情を十分に演出できます。

畳・種類別のコスト比較

種類	タイプ	サイズ	1枚の参考価格（工事費込み・円）	6畳の参考価格（工事費込み・円）
一般普及品	縁あり畳	1畳大	10,000 ～	60,000 ～
	琉球畳（縁なし）	半畳大	10,000 ～	120,000 ～

障子と和紙ブラインドのコスト比較

種類	サイズ	参考価格（円）
障子	幅 180cm × 高さ 117cmの窓に引き違いの障子を入れた場合	30,000 ～（工事費込み）
和紙のブラインド（既製品）	幅 180cm × 高さ 117cm	15,000 ～（工事費別）

玄関ドアはオーダーせずに既製品を使用

最近は既製品の玄関ドアも種類が豊富にそろっているので、デザインにこだわって選べば遜色ありません。無垢板の既製品もあるので、オーダーする前に既製品で気に入ったものがないかどうかチェックしてみましょう。

親子ドアよりも片開きのほうがローコスト

メインの玄関ドアにサブの小さなドアがセットになった親子ドアは、両開きにすれば、たっぷりの開口がとれるので便利に使えます。ただし、堂々とした風情になる親子ドアはコストが上がるので、コストを抑えたいなら片開きのタイプを選びましょう。片開きのほうがむしろシンプルで今ふうな玄関が演出できます。

引き戸タイプの玄関ドアを選んでもコストアップはなし

バリアフリー仕様にもなる引き戸は、開閉時の音に風情があってなかなかいいものです。ドアの開閉スペースがいらないので、コンパクトな玄関スペースにも便利です。これも既製品から選べばコストアップの心配はありません。

下駄箱セットをやめてシンプルなつくりのシューズクローゼットを

玄関のインテリアにもしっくりなじんで、比較的安価な下駄箱収納を既製品で探そうとすると、なかなかみつからないもの。そこにコストや手間をかけるなら、シンプルな収納棚だけをつくったシューズクローゼットを設置するほうがおすすめです。アウトドアグッズなどの置き場にも使えます。

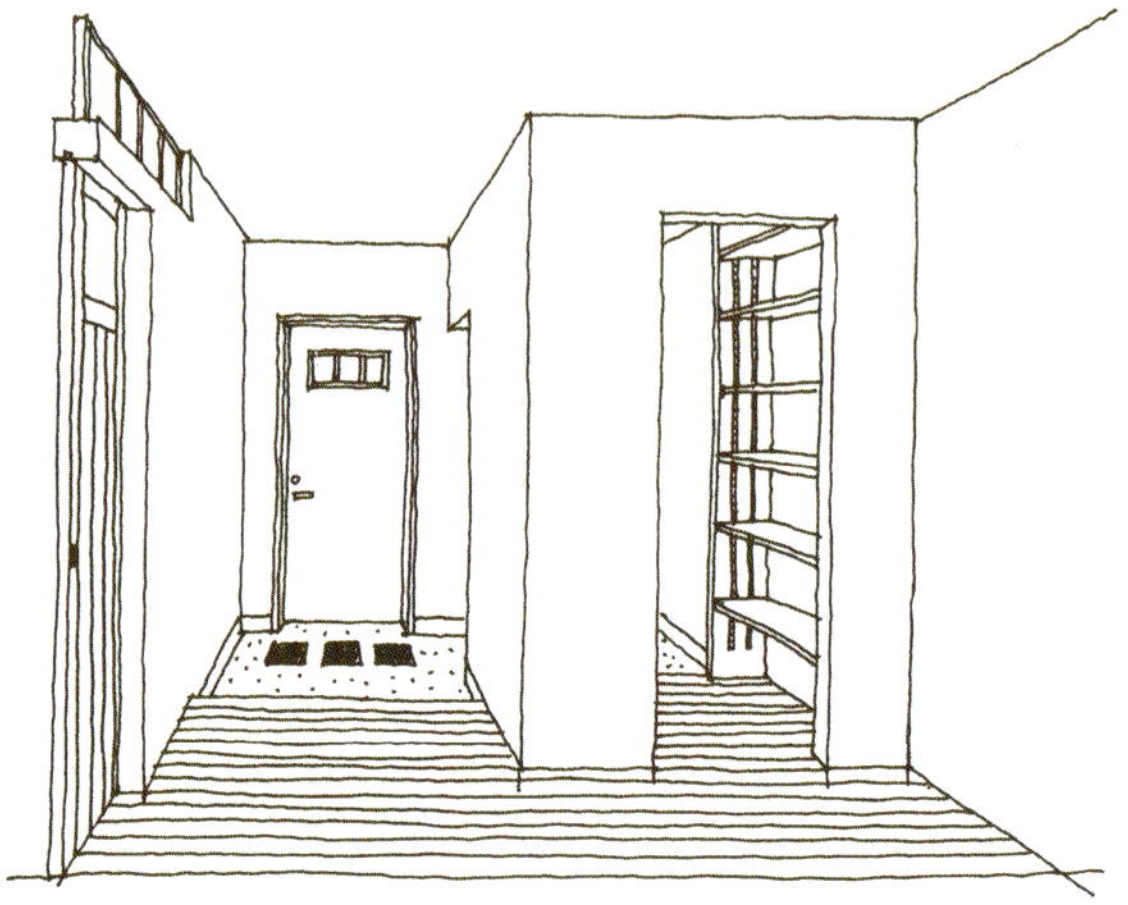

玄関戸はあまり高さのあるものにしない

標準的な玄関戸の高さは約２mです。それより高い２m40㎝などの戸にすると、一気にコストが跳ね上がるので、予算が厳しい場合はあまりおすすめしません。

たたきはモルタル仕上げにアクセントタイルを

玄関のたたきは、モルタル金ゴテ仕上げにすればローコストですみます。そこに、アクセントタイルや浜辺のビーチグラスを埋め込んでもおしゃれで個性的な玄関になります。タイルもネット通販なら安く手に入ります。

シューズクローゼットをつくるなら扉を省略する

シューズクローゼットは、たたきと室内の両方から入れるつくりにしておくと、便利に使えます。その際は、両方の出入り口とも扉なしにすると、コストも省けて動線もスムーズです。

棚1枚渡すだけでベンチや荷物置き台に

玄関には、靴の脱ぎ履きのときや、買い物の荷物をちょっと置いておけるベンチがあると便利。本格的につくるとなるとそれなりのコストがかかりますが、板を1枚渡してちょっとした台を設けるだけならローコストでできます。

玄関戸（片開き）素材別のコスト比較

種類	素材・仕上げ	参考価格（取り付け工事費込み・円）
一般普及品	既製のアルミ戸	100,000 ～
オーダー	スチール戸ガラスなし	170,000 ～
オーダー	スチール戸ガラス入り	200,000 ～
オーダー	木製戸（ラーチ合板を表面に張ったもの）	200,000 ～
オーダー	木製戸（無垢）	300,000 ～

ラーチ合板を表面に張る木製戸は、P364と同様のものを外部仕様にしたものです。

階段・廊下

階段は既製のユニット品がつくりもよくて安価

階段は工事の手間がかかる部分なのでユニット品を使えばローコストで仕上がります。機能性にもすぐれていて床鳴りなどもありません。ユニットといってもデザインは豊富にそろっているので、インテリアに合わせて選ぶのも楽しいでしょう。

ツーバイ材なら既製品と同コストでナチュラルな仕上がり

廊下の床をパイン材などの無垢のフローリングにした場合、既製のユニット階段だと見た目が調和しないといったこともあります。その場合は、針葉樹の無垢材なのに安価なツーバイ工法の構造材がおすすめです。これを段板に使って階段をつくれば、ユニット階段と同程度のコストですみ、ナチュラルな味わいに仕上がります。

思いきって上がり框をなくすのも手

「上がり框」は、玄関の上がり口に横に通す板のことです。部材の値段は1本2万円ほどで、別途工事費がかかります。これを省いて、廊下に張ったフロリングの断面を見せればシンプルに仕上がります。

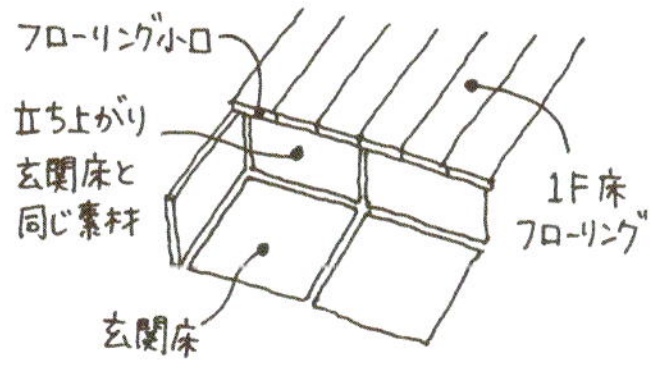

階段を大工工事にするならスケルトン階段に

ユニット階段を用いず大工工事にするなら、蹴込み板のないシンプルなスケルトン階段がおすすめです。工事の手間と、材料費ともにダウンできます。

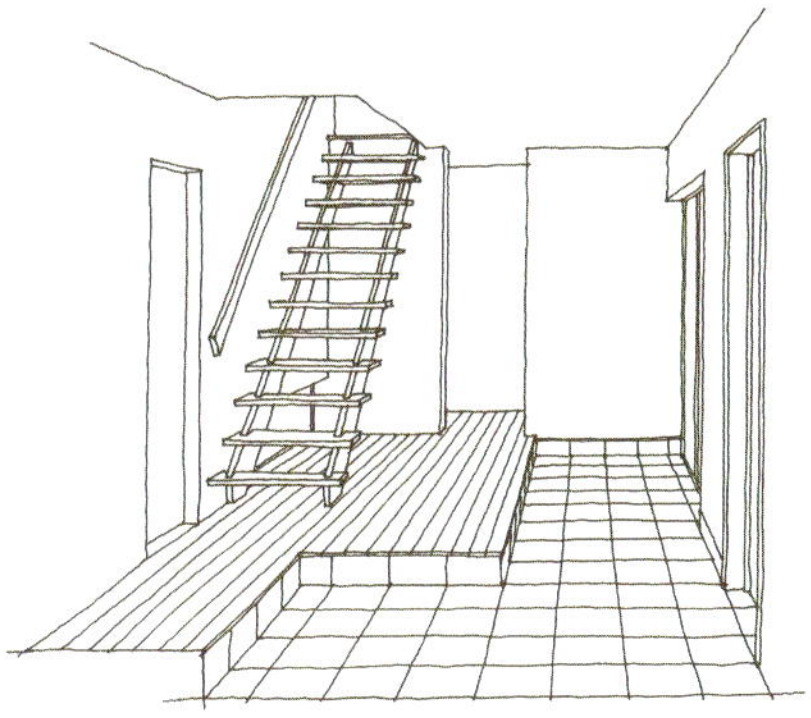

階段を上りきった部分の壁や柱はちょっとおしゃれに

かなり目につく部分なので、少しコストをかけて凝った照明をつけたり、ガラスタイルを貼ってキラキラの柱にするなど工夫するのもいいでしょう。こうした細かい部分ならそれほどのコストアップにはならずに、毎日の階段の上り下りが、格段に楽しくなります。

壁にニッチを設けて廊下や階段をギャラリーに

壁の一部をくぼませてニッチを設けるのは、それほど手間もかからず、コストにもほとんど関係なく実現できます。ただ通過するだけのスペースに、ギャラリーふうな楽しみが加わって、暮らしがぐっと豊かになります。

階段素材別のコスト比較

種類	素材	1層分の参考価格（工事費込み・円）
一般普及品	既製のユニット階段（樹脂化粧シート仕上げ）	120,000～
	段板にツーバイ材を使用	120,000～
	段板に無垢材（マツなど）を使用	220,000～

階段手すり素材別のコスト比較

種類	素材	1層分の参考価格（工事費込み・円）
一般普及品	既製の樹脂製	30,000～
	既製・木製	40,000～
	ツーバイ材製	30,000～
	アイアン製	100,000～

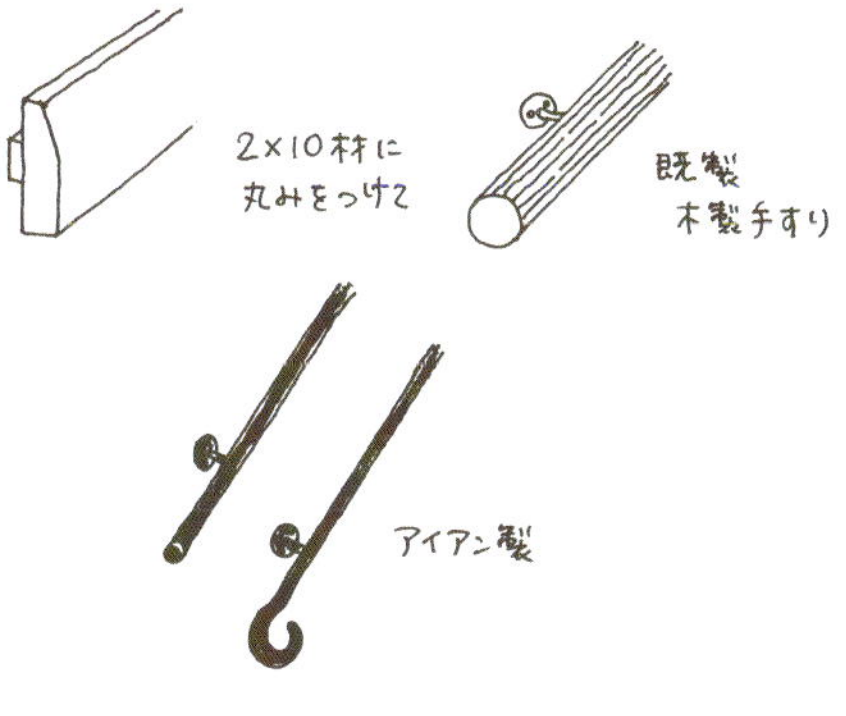

自然素材の階段に樹脂製の手すりは避けたいもの。ツーバイ材でつくれば既製の樹脂製と同程度のコスト。人気のアイアンは高価なので、他の部分のコストを上手にコントロールして取り入れて。

コストコントロールのポイント

デッキ・コンサバトリー

デッキに出る窓（パティオドア）の種類別コスト比較

種類	開き方	素材	サイズ（幅×高さ・cm）	参考価格（工事費別・円）
一般普及品	引き違い戸	アルミ	1.8×2m程度	30,000～
	全開放　折れ戸	アルミ	同上	145,000～
	全開放　壁に引き込み	アルミ	同上	150,000～
	片引き戸（マーヴィン）	木	同上	187,000～
	両開き戸（マーヴィン）	木	同上	213,000～

憧れている人も多い有名ブランド（マーヴィンなど）の両開きのパティオドアは、かなりコストがかかります。どうしてもこだわる場合は、他の部分のコストを上手に抑えて。

デッキ手すりの種類別コスト比較

素材・仕様	参考㎡単価（工事費込み・円）
モルタル吹き付け	5,000～
板材を張る	9,000～（防腐塗装込み）

コンサバトリー、デッキのコスト比較

タイプ	仕様	参考坪単価（工事費込み・円）
室内タイプのコンサバトリー	壁、屋根で囲う	500,000～
室外タイプのコンサバトリー	屋根をパーゴラにするなどの半囲い	300,000～
デッキ		100,000～

コンサバトリー・デッキ床材のコスト比較

素材	下地	参考㎡単価（工事費込み・円）
ＦＲＰ防水		7,000～
タイル	ＦＲＰ防水下地	10,000～
外部用の2×4材	同上	9,000～
防腐剤注入材	同上	11,000～
ヒノキ	同上	12,000～
セランガンバツー	同上	13,000～

タイル張りを自主施工する場合㎡当たり5,000円の工事費分コストダウンできます。

パーゴラ素材のコスト比較

素材	サイズ（縦×横×長さ）	1本の参考価格（工事費別・円）
ベイマツ	9cm×9cm×3m	2,000～
ヒノキ	同上	3,500～
レッドシダー	同上	7,000～
セランガンバツー	同上	10,000～

耐久性、強度ともに高いセランガンバツーはコストも上がります。

日陰のないデッキは使わなくなりがち。庇やオーニングを

奥行き1m以内の柱のない庇は、床面積に入らないうえにローコストで設置できます。ほかにも、オーニングを設置したりタープを張れるように金具をとりつけておくのもひとつです。せっかくつくったデッキをフル活用できるように、必要なものはなるべくコストのかからない方法で設置しておくことをおすすめします。

ウッドデッキ材でいちばん手頃なのは2×4の構造材

ウッドデッキに使う部材は、木の種類によって価格もさまざまです。手頃なのは2×4の構造材で、その次がレッドシダーですが、ともに3～5年で腐るので、2階に使う場合は要注意です。イペ、セランガンバツは高価ですが、耐久性が高く20年ほどもちます。初期コストとメンテナンス費のバランスも考えながら検討しましょう。

手すりで安価なのは既製のアルミ。維持費もローコスト

アルミ製の手すりなら比較的安くて、種類も豊富です。水に強い素材なので、メンテナンス費も安くてすみます。外からの視線を遮るために設けるハイウォールなどの塀は、リシン吹き付けで仕上げると安価に。杉板張りは見た目におしゃれですが、下地にサイディングを張るのでコストアップになります。

広びろしたデッキはコストアップに。面積を見直すことも必要

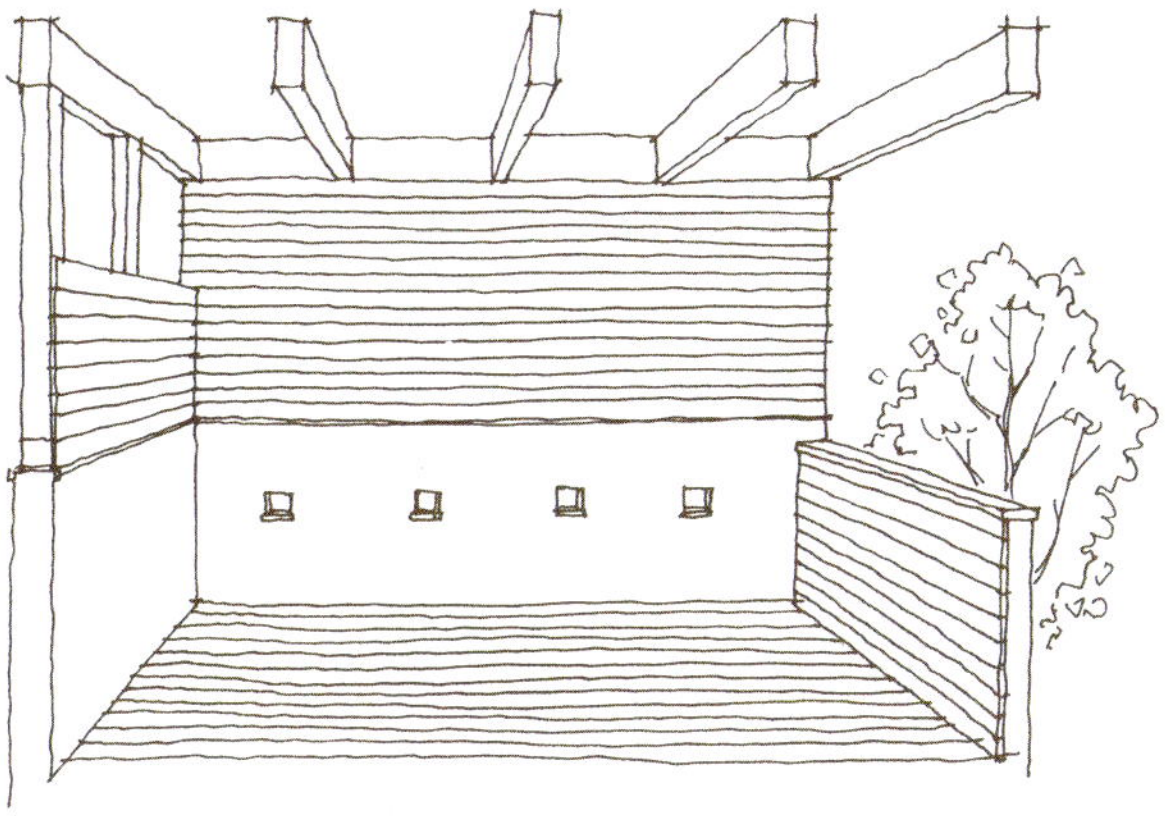

広いデッキは素敵ですが、広くなるほどコストも上がります。新生活でそれほどの広さが必要か、いま一度見直すことも大切です。室内とデッキの床の高さをそろえると、コストは変わらずに実際以上に広く見える効果があるのでおすすめです。

外壁から張り出すデッキよりルーフバルコニーのほうが安価

建物の上階部分で、本来屋根を設ける部分の一角に、屋根をなくしてつくるのがルーフバルコニー。建物の形をスクエアにとりやすいので、使い勝手が良好なうえ、デッキに比べて安価です。

思いきって屋上を設けると劇的に楽しい!

コストバランスをどう考えるか?にもよりますが、費用を割いてでもつくっておくと、暮らしの満足度が劇的にアップする!スペースもあります。屋上もそのひとつ。50～100万円ほどかかりますが、バーベキューやミニプール（お湯の出る混合栓をつければ露天風呂も）など、プチバカンス気分で楽しめます。洗濯干し場などにも便利です。

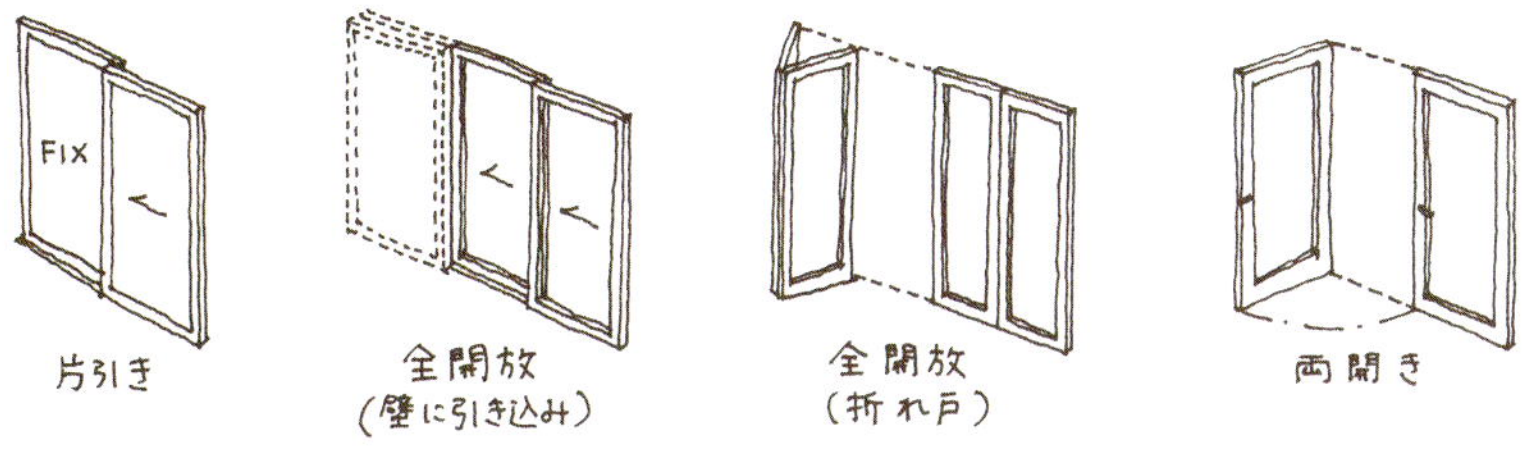

テラスに出る窓がアルミの場合は、木でケーシングを施す

部屋につなげてデッキやテラスをつくり、出入りできる大きな窓を設置するプランでは、窓が大きいぶん、枠も太くなって目立ちます。木製の窓にすると、インテリア性もよいのですが、そのぶんコストも上がります。また、防火規制の関係で木製の窓を選べないケースもあります。そこで、アルミの窓を設置する場合は、幅6～10㎝の木のケーシングをつけるローコストアイディアがおすすめです。表情がやわらぎ、ナチュラルテイストのインテリアが演出できます。

古道具屋さんで安い建具を探す手も

木のケーシングをつける方法のほか、アルミ窓と古い建具を2重に設置して、アルミの存在感を消してあたたかみを演出する方法もあります。古道具屋さんでは、1枚8000円ほどの安いものや、インパクトのある日本の古い建具が見つかることもあるので、根気よく探してみてください。

外観・エントランス

外壁材のコスト比較

種類	素材・仕上げ	参考㎡単価（工事費込み・円）
一般普及品	サイディング	6,000～
	モルタル塗り 吹き付け仕上げ	5,000～
	モルタル塗り 塗り壁仕上げ	7,500～
	ガルバリウム鋼板	6,000～

屋根材のコスト比較

種類	素材	参考㎡単価（工事費込み・円）
一般普及品	化粧スレート板	3,900～
	ガルバリウム鋼板	4,500～
	スパニッシュ瓦	8,000～

同じモルタル塗りでも、吹き付け仕上げだと、
サイディングよりコストを抑えることも可能。
味のある塗り壁仕上げは、コストアップ。

外構・玄関たたき　床材のコスト比較

種類	参考㎡単価（工事費込み・円）
土間コンクリート・モルタル金ゴテ仕上げ	下地コンクリート6,000～＋モルタル金ゴテ2,000～＝計8,000～
土間コンクリート・タイル張り仕上げ	下地コンクリート6,000～＋タイル張り9,000～＝計15,000～
土間コンクリート・石張り仕上げ	下地コンクリート6,000～＋石貼り12,000～＝計18,000～
枕木（長さ２ｍ）	１本6,000～（材料費のみ）

家の形は極端に複雑でなければ大丈夫

工事の手間賃は坪単位で計算することが多いので、外観を極端に複雑な形にしない限り、工事費がはね上がることはありません。

柄の種類も豊富なサイディング塗装板にして外壁をコストダウン

板張り風の外観を希望する場合でも、サイディング塗装板にすれば安くできます。そのほか安い順に、リシン吹き付け、サイディング無塗装板、ガルバリウム鋼鈑、塗り壁となります。

外壁の仕上げはなるべく全部統一する

素材を変えると別々にコストがかかるので割高になります。色の塗り分けはコストに関係しないので、1面のみ色を変える手も。道路側から見える正面だけ高い素材にする方法もあります。

外回りのアイアンは初期費用、維持費ともにコストアップ！

門扉や柵など、外回りにアイアンを使用すると、初期コストもメンテナンス費も高くつくので要注意。どうしても取り入れたいなら、ポイント的に使うなど量を減らすことを検討してみて。

屋根は勾配のゆるい片流れか切妻にすればローコストに

一般的に、屋根の形は片流れや切妻がローコストになりますが、勾配がきつい場合は、屋根の足場が必要になるのでコストアップにつながります。足場は意外とコスト高になるので要注意。

安価な屋根材は化粧スレート板ですがメンテ費に注意！

化粧スレート板やガルバリウム鋼板は、比較的安価な部材ですが10～15年で塗り替えが必要に。一方、高価な瓦、銅板、ステンレスは不要です。初期費用かメンテナンス費か、じっくり検討を。

屋根の軒や庇はある程度出して外壁を守る

軒を出すと、屋根の材料代が多くなるぶん若干コストアップに。でも軒で外壁を覆うようにすると雨から外壁を守り、夏場の日差しを遮る効果もあって光熱費がダウンするというメリットも。

玄関照明や門灯はネット通販で安くておしゃれなものを

ネット通販を利用すれば、安くてデザイン性の高いものが手に入ります。笠松電機製作所のレトロな外灯（www.kkds. net）やマリンライトなどもおすすめです。

ポーチに大きめの庇をつけると雨よけにもなって便利

外壁から1m以内の柱のない庇なら、床面積に入らず比較的安く設置できます。雨よけにもなるので、立派な玄関ポーチをつくらなくてもOK。横幅のある庇を設ければ、自転車置き場にも。

門扉や塀のないオープンスタイルに機能門塀を

機能門塀とは一辺約90cmのL字の板塀に門灯、表札、インターホンなどを設けたもの。玄関まわりに必要な機能を設置できるうえ、ここから先はプライベートゾーンであることのサインにも。

砂利を敷いたり石＋セメントでアプローチをつくる

アプローチもつくり方次第でコストに差が。細かいびり砂利だと靴の裏につきやすいのでふつうの砂利で。曲線を描くと奥行き感が出ます。石を並べてセメントを流せば石畳になります。

アプローチには自主施工で枕木を打つ手も

自分で枕木を打てば、ローコストで味のあるアプローチが完成します。タイルや石を自分で張るのも、それほど難しくはありません。自分でやれば、工事費を㎡あたり約5000円節約できます。

庭にはとりあえずびり砂利や芝生を植えて

ふつうの砂利より細かくて安価なびり砂利は、ネット販売で申し込むと、トラックで運んで庭に下ろしてくれるサービスもあります。踏むと音がするので防犯対策にも効果的です。

植樹の購入はネット販売が手軽でおすすめ

玄関先や庭に木を植えるならネット購入もおすすめ。ある程度の高さの3m弱の木も1本1万円以内で手に入ります。わらで根を巻いた状態で届くので、穴を掘ってそのまま植えるだけでOK。

思い出づくりを兼ねて、家族で楽しんで

たとえば「塗り壁にコテむらを残したい」など、職人さんにとっては抵抗のある仕上げ方でも、DIYなら好みどおりに仕上げられます。人件費をカットできるのでコストダウンにも。ただし、安いからという理由だけでチャレンジするのは考えもの。「材料と道具をそろえたら工務店に頼む場合との差額がほんの数万円だった」というケースもあります。慣れた職人さんなら数日で終わる作業が、ビギナーには数週間かかることも。まずは冷静に、自分たちの労力とコストをはかりにかけてみましょう。また、DIYに参加できるのは仕上げの部分だけ。建物の構造にかかわる部分はNGです。

オープン棚・テーブルの製作

コストダウン度 ★★★☆☆
難易度 ★★☆☆☆

棚受け金具に板をのせただけの棚や、シンプルなカウンター、テーブルなどは比較的簡単。木材のカットはお店に頼むか、丸ノコで。ネジ留めにはインパクトドライバーが便利です。

ワックスがけ、ペイント

コストダウン度 ★★★★☆
難易度 ★☆☆☆☆

床など木部にかけるワックスは、多少むらがあっても目立ちにくいのでDIY初心者にもおすすめ。ペイントも同様にマスキングなど下処理をしっかり行えば失敗も少ないはずです。

壁紙張り

コストダウン度 ★★★★☆
難易度 ★★★★☆

壁紙張りの基本は、ボードの継ぎ目をきれいに埋めて下地を平らにすること。特に和紙クロスなどの薄いものは、下地の凹凸が出やすいので慎重に。柄ものは上級者向き。

タイル貼り

コストダウン度 ★★★☆☆
難易度 ★★★☆☆

水を使わないカウンターやテーブルなどにインテリアタイルを貼るのはおすすめ。水回りのタイル貼りに挑戦するなら、目地から水がしみないようしっかり下地作りを。

左官仕事

コストダウン度 ★★★★☆
難易度 ★★★★★

珪藻土塗りなどコテを使う左官仕事はハイレベル。メーカーが主催する体験教室を利用して。ローラーで塗れる左官材や、水で練ってある製品を使うのも手です。

デッキ・外構の製作

コストダウン度 ★★★★☆
難易度 ★★★★★

デッキはキットも売られていて一見簡単そうですが、土台を水平に設置するのが難題。ポーチなどの外構は、雨水が流れるようコンクリートに微妙な傾斜をつける技術が必要です。

プロのアドバイスを受けながら慎重に進めて

材料や設備を施主が注文して取り寄せることを「施主支給」といいます。中間マージンをカットできたり、工務店では扱っていないものを自由にとり入れられるのがメリットです。ただし、スムーズに施主支給するには設計者や工務店との綿密な打ち合わせが不可欠。数量の計算や検品、工事に遅れないように注文することなど、チェック項目は多岐にわたります。自分たちのできることとコストのバランスを考えて、無理のない範囲で挑戦してみましょう。商品に不具合があったら工務店ではなく直接販売店に問い合わせを。輸入品を買うときは国内に代理店があるメーカーを選ぶと安心です。

照明

コストダウン度 ★★☆☆☆
難易度 ★☆☆☆☆

照明器具選びで気をつけたいのは、コードやソケットなど出火のおそれがあるパーツ。国内の安全基準をクリアした「PSEマーク」がついているものを選びましょう。

置き畳

コストダウン度 ★★★★☆
難易度 ★☆☆☆☆

1枚3000円ほどと安価で、洋室に敷き詰めるだけで和の空間ができます。部屋の面積にサイズをぴったり合わせるのは困難。大工さんに頼んで周囲を板張りにするなど工夫を。

建具

コストダウン度 ★★★☆☆
難易度 ★★★☆☆

枠、ハンドル、蝶番などのパーツがどこまで含まれているか確認を。輸入建具の場合はJAS規格で定められたホルムアルデヒドの等級を取得していないものもあるので要注意。

トイレ、洗面台、水栓金具

コストダウン度 ★★★★☆
難易度 ★★★☆☆

衛生設備の施主支給は大きくコストダウンできる一方、発注や検品が難しいので設計者や工務店に相談を。注文書の「一式」に何が含まれているか確認し部品の不足や重複を防いで。

システムキッチン、ユニットバス

コストダウン度 ★★★★☆
難易度 ★★★★★

キッチンや浴室は配管などが複雑なため、施工者との綿密な連携が必要です。ショールームで見積書をつくってもらい、それを施工者に見せて一式に含まれる内容を伝えましょう。

建材

コストダウン度 ★★★☆☆
難易度 ★★★★★

平面図から床材の数量を割り出すのは、プロでなければ至難の業。通常は面積の1割増しで発注しますが、それでもロスが出る場合も。素材の質もプロに見てもらったほうが安心。

PART 10

入居後の維持とメンテナンス

住んでからのランニングコストも大切

家にかかるお金は建てたら終わり、ではありません。日々、快適な暮らしを送るのにも、やはりコストがかかります。家づくりの最中は、住んでからあとのことまではなかなか頭が回らないものですが、あまりコストをかけずに心地よく暮らせるよう、ランニングコストにも配慮した家づくりができると理想的です。

建築コストは イニシャルコスト＋ ランニングコストで 考えましょう

新築時はとかく、はじめにかかるイニシャルコストだけに気をとられがちですが、子どもの教育費や老後資金など、家族のライフサイクルに必要なコストを考えると、じつはランニングコストを考えることも同じように大切です。

ランニングコストとは、運転・維持のための費用で、住み始めてから発生する電気・ガス・水道代といった光熱費や、修繕費などです。たとえ工事費を安く抑えたとしても、暮らしてから冷暖房費がかさんでしまうようでは、かえって家計の負担になりかねません。多少イニシャルコストがかかっても、ランニングコストを抑えることは、結果的に、トータルコストを削減することにもつながります。

ランニングコストを 抑えた家を希望するなら 最初に伝えましょう

設計者に家づくりを依頼するときは、自分たちは何を希望して何を優先させたいのかを最初に伝えることが鉄則。省エネ住宅の設計は、建物の構造やプランに大きくかかわるところですので、最初のリクエストが重要です。

「光熱費をできるだけ抑えたい」「メンテナンスに費用がかからない素材を使いたい」「採光と通風を優先させたい」などを最初に伝えておかないと、あとになってからプランや使う素材を考え直さなければいけなくなって、ロスが生じることにもなりかねません。

冷暖房効率のいい家を 目指すなら 断熱工事を万全に

省エネ住宅の基本は、断熱工事をしっかり施すこと。外気に触れる屋根、外壁、床下に断熱材をきちんと入れることが鉄則です。断熱工事がしっかりされている建物は、冷暖房費用を節約できるほか、結露を防止して建物が長持ちします。また、断熱材とあわせて検討したいのが、窓の仕様です。複層ガラス（ペアガラスやトリプルガラスなど）を採用して、熱損失の大きい窓の断熱をはかりましょう。窓と同様に、玄関ドアにも断熱性能の高いものを。必要な場所に適正な断熱を施して、省エネ効果の高い住宅を目指しましょう。

壁内断熱

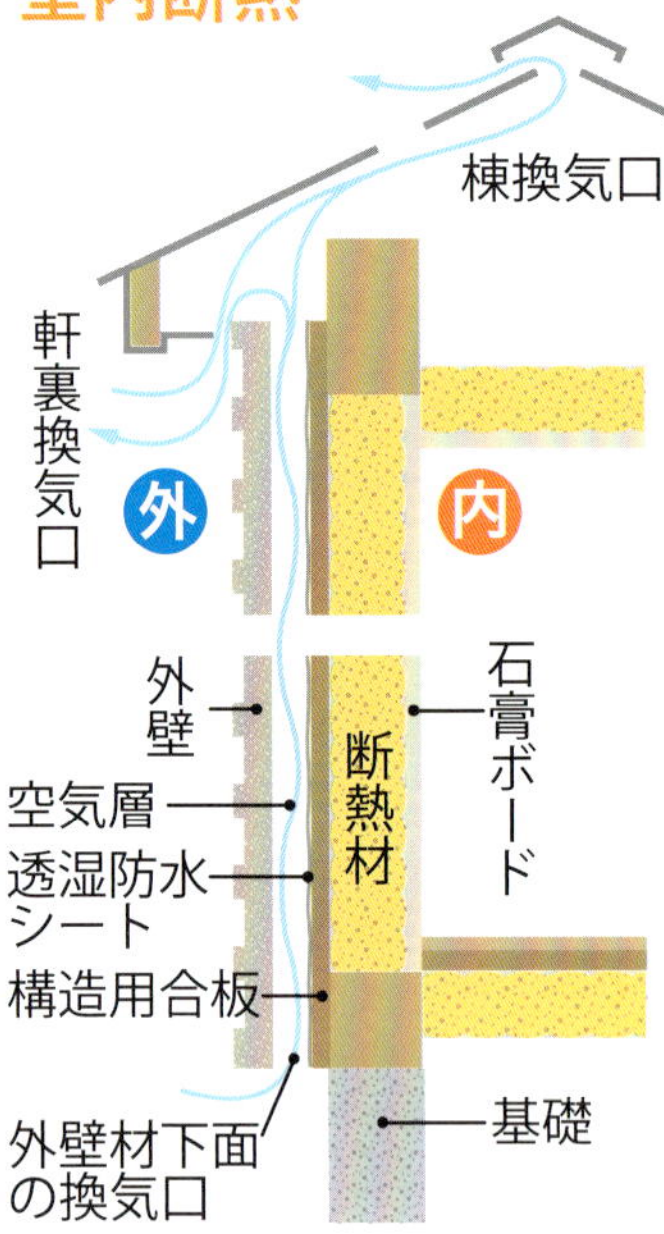

床下断熱

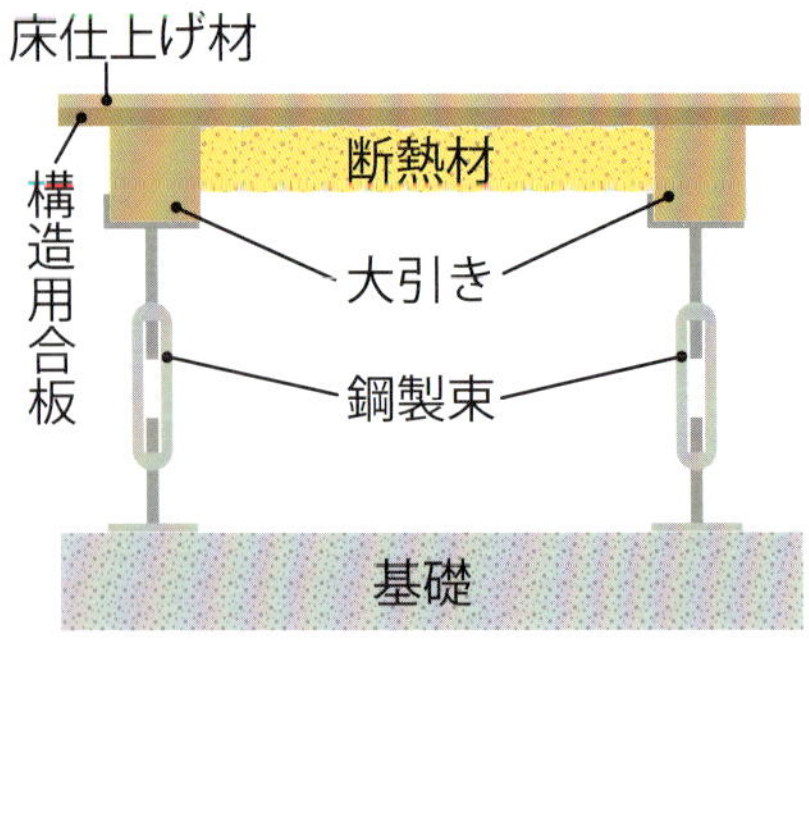

ランニングコスト・アイディア集

通風や採光、夏の日射遮蔽を工夫して光熱費を節約できる家に

夏場、熱気が室内にこもらないように、自然に外へ抜けるような間取りを工夫したり、冬に、太陽の光が部屋の奥までさし込むような開口部をつくったり。そんな配慮があると、冷暖房や照明などのランニングコストを大幅に節約することができます。

また、昔ながらの日本の家に見られる深い軒をつけると、夏の直射日光を遮ってくれるほか、雨などの汚れから開口部や外壁の劣化を防ぐこともできます。軒がつけられない場合は、夏の日差しをカットするオーニングをリビングなどの大きな開口部にとりつけるだけでも、冷房費の節約に効果を発揮します。

蓄熱性が高い土間風の床で夏も冬も快適なリビングに

2フロア分のたっぷりの開口部から光が降り注ぐ開放的なリビング。もちろん風通しも抜群です。軒庇を出すことで夏の日差しを遮る工夫も。土間風の床はコンクリート仕上げで、夏はひんやりと涼しく、蓄熱性が高いので冬場も暖かく過ごせます。（東光邸　設計／ビルド・ワークス）

プランやデザインに和の知恵を生かした明るくのびやかな家

夏の日差しを遮る軒を出した、直線的なデザインの外観。しっくい仕上げの外壁にして、落ち着いた雰囲気に仕上げています。木製フェンスやグリーンも加わって、素朴な和の家が完成しました。（江草邸　設計／明野設計室一級建築士事務所）

中庭をつくると、日当たりと採光にすぐれた省エネ住宅になります

隣家が迫っている住宅密集地や旗竿状敷地では、採光や通風をどうやって確保するかが課題になります。このような敷地の場合は、建物の中央に中庭をつくるプランがおすすめ。1階、2階とも中庭に面して開口部をつくれば、家じゅうに明るい日差しがまわり込み、風通しもよくなり、結果、ランニングコストの節約につながります。中庭に落葉樹などを植えれば、四季折々に変わる景色を眺めて楽しめる憩いの場にもなります。

三方を隣家に囲まれた立地でも中庭を設けて明るくのびのびと

家じゅうに光と風を導く中庭をとれ入れたプラン。木製の外壁で囲んでやわらかい表情に仕上げました。冬になると落葉するカツラを植えて、四季折々の風景を楽しみます。玄関ドアを開けると、真正面に中庭が。奥まで視線が抜けるので、玄関も広びろと感じられます。（安達邸　設計／ The Green Room）

オーニングで夏の日差しをカットすれば冷房費の節約になります

テラスや窓辺を夏の強い紫外線から守り、心地よい日陰をつくるのがオーニングです。直射日光が部屋に入り込むのを遮って、室温が上がるのを防げるので、冷房費の節約になります。オーニングは、室内側にブラインドやカーテンをつけるよりも約10倍の日よけ効果があるといわれています。軒や庇のように固定されたものではないので、日照に合わせて張りだす量を調節できて、必要がないときはたたんでおけるのもメリットです。

オーニングがあるから夏のテラスでも安心して遊べる

白い壁で囲んだライトコート（中庭）から各部屋に光を導くプランで、2階は中庭側にバルコニーを設けています。オーニングをつけて、夏は日差しを遮って快適に過ごせるように配慮を。子どもの遊び場やアウトドアダイニングとして活用しています。（石橋邸　設計／瀬野和広＋設計アトリエ）

オレンジと白のストライプがテラスの雰囲気にマッチ

LDに続くテラスは、壁で囲って外からの視線を気にせずにくつろげる場所に。オーニングで日差しを調整しながら、ゆっくりお茶を楽しみます。オーニングは「YKK AP」の製品で、紫外線カットと汚れ防止機能をそなえたもの。（M邸　設計／シャルドネホーム）

熱交換型換気扇を採用すれば、冷暖房効率が高まります

最近の、断熱・気密性が高い住宅の場合はとくに、計画的に換気を行うことが必要となっています。換気することによって、室内の汚れた空気と新鮮な外気を入れ替えるわけですが、通常の換気扇では、冷暖房の空気も入れ替わってしまいます。これに対して、熱交換型換気扇は、外の空気をとり入れるときに外気温を調整して室内にとり込むため、冷暖房時も室温が大きく変わることがありません。換気による熱のロスが少ないので、エネルギーの消費が軽減できるというわけです。

すべての窓に断熱効果の高い複層ガラスサッシを採用

家じゅうの窓をすべて複層ガラスサッシにしたお宅。LDに設けたフォールディングサッシはフルオープンにすることもできて、たっぷりの開放感を満喫できます。これだけ大きな開口部でも断熱性の高いサッシにすれば、外気をシャットアウトでき冷暖房費の節約に。（菊地邸　設計／KURASU）

複層ガラスにすればランニングコストが節約できます

2枚のガラスの間に空気層をつくり、断熱性と気密性をもたせたガラスを複層ガラスといいます。外気の影響を受けにくいので、冷暖房にかかる費用を大幅に節約することができて、快適な室内環境が得られます。

ランニングコストがかからない家をめざすなら、Ｐ３７４で説明したように、屋根や壁内、床下など、外気に接する部分にしっかり断熱材を施工したうえで、熱の出入りが多い開口部に複層ガラスサッシを採用すれば、より高い断熱効果が得られます。複層ガラスは、一般的な単層ガラスに比べるとコストも高くなるので、当初の建築コストは上がりますが、住みながらのコストは格段に安くなります。

設備機器は「高効率」「節水」タイプを選ぶのがおすすめ

従来のものよりずっと少ない熱でお湯を沸かす高効率給湯器や、水道代が7割近くも節水できる節水型トイレなど、国内メーカーの製品は、いまや省エネ型が主流になっています。特別に高価なものでもないので、建築コストが大きく跳ね上がることもありませんし、暮らしに無理なく、ランニングコストを抑えられます。

とくに、家の中でもっとも水道を使う場所であるトイレには、節水型のものを選ぶとよいでしょう。また、温水洗浄便座が一般的となった最近では、節水機能に加えて、節電機能を追加した製品も登場しているので、水道光熱費が大きく節約できます。ぜひ検討してみてください。

インテリア性とコストの両面を満足させたトイレスペース

コンパクトなスペースのトイレですが、手洗いシンクを壁の奥に引っ込ませ、節水型のタンクレス便器を採用したことで、狭さを感じさせない空間に。水栓やトイレットペーパーホルダーなど小物選びにもこだわって、すっきりさわやかなスペースにまとめています。（五十嵐邸　設計／佐賀・高橋設計室）

IHコンロは放熱が少ないので冷房を妨げません

IHクッキングヒーターやハロゲンヒーターは、電気を熱源にした調理機器です。ガスのような直火ではないので、室内への放熱が少なく、室温が上昇することがありません。そのため、夏の冷房費が軽減できるといううれしい効果があります。また、ガスのように対流が起こらないので、油の飛び散りや煙の拡散が少なく、壁や天井の汚れが軽減されるといったメリットもあります。最近人気の、ダイニングと一体になったオープンスタイルのキッチンをプランするなら、ぜひ検討してみてはいかがでしょうか。

2人で作業しても動きやすいⅡ列型のキッチン

壁も天井もキッチンも白にこだわったお宅。吊り戸棚もなくしてLDとオープンにつながるキッチンには、IHクッキングヒーターを採用しました。料理が大好きという奥さまの希望によるもので、なにより手入れがラク！（松本邸　設計／FISH＋ARCHITECTS一級建築士事務所）

LED照明は器具一体型を選んでランニングコストを抑えましょう

照明器具に使われる光源は、最近では白熱ランプに変わって蛍光ランプやLEDが主流になっています。とくにLEDは、「電球の価格が高い」といわれていますが、シーリングライトやダウンライトなどの器具一体型照明なら、これまでの白熱球タイプとほぼ変わらないくらいの価格になりました。消費電力量が少ないうえに、長寿命なので、ランニングコストの削減には絶大な効果があります。せっかく考えた照明計画も、電気代が気になって思うように楽しめない……のでは、もったいない話です。家を新築すると、それまで暮らしていた家よりも照明の数が増えるお宅が多いので、その効果は実感しやすいでしょう。

とくに直径10cmの量産品ダウンライトは非常に安価なのでおすすめです。電球交換はできないので、とりかえる際には電気工事屋さんに依頼することになりますが、そもそも長寿命なのでめったにとりかえることはありません。初期費用の安さと月々の電気料金の節約を考えると、検討する価値はあると思います。

書斎の照明はLEDランプにして電気の消費量を節約

リフォームを機に、書斎のダウンライトを思いきってLEDランプにしたお宅。チラつきが少ないので、長時間読書をしても、目に対する負担が軽減されるというのもメリットです。電気代や交換の手間が少なくてすむのが便利！（菅村邸　設計／es）

住まいの維持費も考えておく

できたてほやほやの新居も素敵ですが、住み始めて年を重ねるうちに、経変変化で、よりしっとりと家族の暮らしになじんでいく家というのもまた、魅力的です。そのためには、日々の暮らしでの手入れや定期的なメンテナスをきちんと行っていくことが大切です。

設備機器は故障するものと心得て選びましょう

快適な暮らしを実現するためには、システムキッチンやシステムバスをはじめ、冷暖房機器や給湯器などは、もはや欠かせないものになっています。こうした設備機器は日々どんどん進化していて、リモコン機能や自動温度調節、電動システムなど、便利な機能をもつ機器も増えてきています。そして、暮らしの便利さを考えると、どれも魅力的な機能に見えてきて、どれを選べばいいか迷ってしまうという声も多く聞かれます。でも、こうした付加機能がつけばつくほど、当然のことながら価格も高くなるものです。便利な機能も使わなければ意味がありませんから、「本当に自分たちの生活に必要な機能か」よく考えてから選びましょう。

また、新築の際に最新型の設備機器をとり入れても、次々と新しい機能が開発されたりもします。さらに、毎日使うものだけに、必ず不具合が出てくるときがきます。一般的に、建物本体に比べると設備機器の寿命は圧倒的に短いものですので、設備機器のとりかえは避けられないものと心得ておきましょう。たとえ故障しなくても、新しい便利機能がついたものに交換したくなるかもしれません。「いずれはとりかえるもの」と認識していれば、最初にどの程度のコストをかけるべきか、判断がつきやすくなります。

そして、機械には故障がつきものです。壊れたときに、専門の業者を頼まずに自分でメンテナンスできればローコストに。設備機器を選ぶときには、メンテナンスのしやすさという視点からもチェックしてみましょう。

エアコンなどの電化製品は新調したほうがランニングコストが安くなります

「いま使っているエアコンがまだ使えるので、新居にもつけてください」というリクエストをされるかたも少なくありません。でも、電化製品の省エネ化は日々進んでいて、最新の機種では、予想以上に省エネ効果が高いものもあります。古いものを大切に使うこともちろん大切ですが、電気料金も上がっているいま、思いきって新しいものに変えてしまったほうが、ランニングコストが安くなることも。買い替えという選択肢も検討してみてください。

汎用性に富んだ設備機器はメンテナンス性も高いのでおすすめ

設備機器を選ぶ基準として、「メンテナンスがラクにできるか」も大切な要素です。その場合には、汎用性に富んだものを選んだほうが、長い目で見ても安心です。

設備機器は、じつに頻繁にモデルチェンジが行われるので、人気のない製品はすぐに廃番になってしまう可能性もあります。メーカーは、一定の期間は部品を保管す

設備機器のとりかえどきの目安

キッチン	10～15年（コンロ7～8年）
バス	10～20年
トイレ	5～10年
給排水	15～20年
エアコン	10～15年
給湯機器	8～15年
照明器具	8～10年

住まいの維持費・アイディア集

るように義務づけられていますが、その先は在庫を処分してしまうため、いざ修理が必要になったときに、メーカーに問い合わせても、すでに部品がないといったケースも。その点、標準仕様のものは汎用性に富んでいるので、こうした事態を避けられます。先々のメンテナンスのことを考えるなら、標準仕様のなかから選ぶのが賢明でしょう。最新式のものは価格も高めなので、新機能にこだわらないなら、定番品から選ぶほうがコストも安くてすみます。

一方で、毎日使う設備機器は、ありがちな普及品ではなくて、デザインや機能にこだわった外国製を選びたいと、輸入ものの設備機器を採用するケースも増えています。こうした場合は、とくにメンテナンスの方法を把握しておくことが必須です。たとえば、輸入のシステムキッチンや水回り製品、照明器具などは、日本法人や輸入代理店が、故障したときの修理や部品のとり寄せなど、アフターケアをしていることもあります。メンテナンスや保証をどこが行うのか事前に確認を。日本の製品に比べて、修理や交換、部品のとり寄せに時間がかかることも覚えておきましょう。

コストの安いサイディング塗装板は塗り替えに100万円前後かかります

雨や太陽熱にさらされている外壁は、内装に比べてメンテナンスに手間がかかるものです。新築の際は、つい材料の価格や見た目ばかりを気にしがちですが、メンテナンスが少なくてすむ素材を使えば、維持費も安くすみます。

外壁の仕上げには、モルタルや左官で仕上げる湿式法と、タイルやサイディングを張る乾式法があります。メンテナンスしやすいのは、塗り重ねができるモルタルや吹きつけ、耐候性にすぐれたガルバリウム鋼板などです。

一方で、材料費自体は安くても、維持費がかかるものもあります。たとえば、サイディング塗装板の外壁は、コストが低いので人気ですが、15年後には塗り替えが必要となり、その費用には100万円前後かかります。先を見越してメンテナンス代を積み立てておきましょう。

ぽってりとした質感の左官仕上げの外壁が印象的

避暑地のフレンチレストランをイメージしたという外観は、三角屋根のかわいらしいフォルムが印象的です。素材にもこだわってしっくい風の外壁材を採用しました。木製ドアと石材を乱張りした玄関ポーチも趣を添えています。(S邸　設計/ロブホーム)

メンテナンス費用が節約できるガルバリウム鋼板を採用

シルバーの"箱"を組み合わせてデザインしたモダンな外観は、道路側に設けた丸い窓があたたかみを添えるアクセントに。外壁には、耐久性があってメンテナンスがラクなガルバリウム鋼板を採用しました。(A邸　設計/MONO設計工房一級建築士事務所)

家の管理がしやすいのが小さな家の大きなメリット

敷地や予算の都合から、小さな家しか建てられない……という話をよく聞きますが、小さな家には、小さいからこその暮らしやすさもたくさんあります。

そのうちのひとつが「管理のしやすさ」です。小さな家は、広い家に比べて毎日の掃除も短時間ですみますし、定期的なメンテナンスにもメリットが。たとえば、外壁の塗り替えも、小さければ当然、面積が小さくてすむので、費用も安く作業期間も短くなります。

住む人が丁寧に手をかけながら暮らしている家と、そうでない家とでは、10年後のたたずまいに大きな差が出ます。家の隅々まで気持ちが行き届き、自分のキャパシティを超えない大きさの家に住むのも、ストレスフリーの心地よい暮らし方につながります。

ペットと楽しく暮らすためには動物との接し方を見直してみて

「ペットと楽しく暮らせるプラン」には、2通りの目線があると思います。1つは「人間の目線」。ペットが入り込めないキッチンや、掃除しやすくにおいのつきにくい内装など、人間にとって快適なプランがこれにあたります。もう1つは「動物の目線」。特に犬の場合は、キッチンでもどこでも飼い主と一緒にいたいものですし、犬の脚にはフローリングよりカーペットのほうが快適。また周囲に自分のにおいがつくことで安心できるすみかになります。

この正反対の目線のおさめ方に、自分たちと動物とのつきあい方が表れるような気がします。もちろん人間の快適さが優先ですが、ペットにとっての幸せが自分たちの幸せにつながるなら、あまりストレスにならない環境づくりを考えてみては。ただし、ゲストの中には動物が苦手な人もいるので、どこか1カ所だけ仕切ったり、ケージを用意したり、一時的に留め置ける配慮を忘れずにしましょう。

ペット仕様のアイディア集

汚れが目立ちにくい玉砂利をセレクト

ポーチは洗い出しの玉砂利に。愛犬が散歩から帰ってきても汚れが目立たないのが○。ピーラー材でつくったオリジナルの玄関ドアとも相性抜群。（H邸　設計／悠らり建築事務所）

リビングの一角に愛犬のためのスペースを

LDKの広さが十分に確保できたので、アンティークのテラコッタタイルで床を切り返し、目を引くコーナーに。ケージも置いて愛犬の特等席に。（島田邸　設計／Sala's）

「CAT ONLY」のロゴで遊び心もたっぷり

「雑誌で見た猫の通路が『トムとジェリー』みたいでかわいくて」。愛猫ミルもお気に入りです。（M邸　設計／エイトデザイン）

ケージをプランに盛り込んですっきり

リビングのテレビ台とワークコーナーに、愛犬・きなこのケージも合わせてプランニングしました。家族のそばにいられてきなこもうれしそう♪（石田邸　設計／ファースト設計）

PART11

見積もり・契約・保証の話

見積書をチェックする

見積もりとは、家を建てるためにどれくらい費用がかかるのかを、前もって算出すること。施工会社から出される見積もりをしっかりチェックすることが、予算管理の大切なポイントになります。総額だけでなく、各項目もきちんと確認していきましょう。

ハウスメーカーと工務店の見積もりの違いは？

ハウスメーカーと工務店では、概算見積もりや本見積もりの時期、見積書の形式もまったく違います。建築士事務所に設計を依頼した場合には、工務店の見積もりになります。まずはその違いを説明していきましょう。

ハウスメーカーの見積書は、「本体工事費」と「付帯工事費」「諸経費」などにざっくりと分かれています。本体工事費とは家本体にかかる費用で、そのほかの地盤改良工事、屋外電気工事や屋外給排水工事、ガス工事、冷暖房工事などは付帯工事費になります。

ここで注目すべきは本体工事費が「一式」と表示されている点。メーカーの企画化された住宅の場合は、標準仕様があらかじめ決まっているので、明細をつけないことが多く、そのような表示になるのです。ただし、標準仕様に追加や変更があった場合は、オプションとして記載し、計上していく方法をとります。オプションをつけたことで価格が大幅にアップすることもありますので、標準仕様はどんなグレードでどこまで含まれるのかを確認し、オプションが必要かどうか検討しましょう。

一方、工務店の見積書は、ハウスメーカーの一式表示と違って工事費別に算出され、表書き、工事費内訳書、工事費内訳明細書がセットになっています。工事費内訳明細書には、本体工事費と付帯工事が別々の項目として示され、工事内容を分類した項目と金額が計上されています。この内訳書をさらに細分化したものが工事費内訳明細書です。たとえば、仮設工事にかかわる金額として、準備費、水盛遣方《みずもりやりかた》費、仮設水道設備費、仮設電気設備費、外部・内部足場掛

見積もりのポイント

- □ 消費税を含む工事費の総額は、希望した予算内になっていますか
- □ 工事費内訳明細書に明記されている材料や数量を確認しましたか
- □ 付帯工事(別途工事)費の内容を確認しましたか
- □ 打ち合わせで決定した設備や仕上げ材の商品名や品番が入っていますか
- □ 見積書と連動する設計図書はついていますか

主な工事内容

仮設工事	建築中に必要な足場や、電気・水道工事など
土工事	整地や基礎工事など、土に関する工事
地業工事	基礎を支えるための砂利、捨てコンなどの工事
屋根・とい工事	屋根下地、屋根葺き、雨どいなどの工事。軒、天窓の工事も含む
金属工事	手すり、点検口など、屋根板金や建具を除く、すべての金属工事
木工事	構造から仕上げまで、木材を使うすべての工事で、木造建築では、もっとも範囲が広い工事
左官工事	内・外部のモルタルや珪藻土塗り工事
金属製金具工事	アルミやスチールなどの窓やドアなどのとりつけ工事
木製建具工事	主に木製の窓やドアなどのとりつけ工事
内装工事	壁や天井などのクロス、床のカーペット、畳、フローリングなどの内部を仕上げる工事
断熱工事	壁や天井、床などにグラスウールや発泡ウレタンなどを用いて行う工事
造作家具工事	壁面やクローゼットなどに家具を造りつける工事

ハウスメーカーの見積もりの例

工事名称	単位	金額（円）	備考
本体工事			
標準仕様本体工事	一式	○○○○○○	
オプション工事	一式	○○○○○○	
本体工事費合計		○○○○○○	
付帯工事（別途工事）			
地盤改良工事	一式	○○○○○○	
屋外電気工事	○○○○	○○○○○○	
屋外給排水工事	○○○○	○○○○○○	
ガス配管工事	○○○○	○○○○○○	別途
冷暖房設備機器工事	○○○○	○○○○○○	別途
外構工事	○○○○○	○○○○○○	別途
運搬費	○○○○○	○○○○○○	
管理諸経費	○○○○○	○○○○○○	
付帯工事費合計	○○○○○○		
消費税額		○○○○○○	
工事見積もり金額合計		○○○○○○	

費……というように、ひとつひとつの工事にかかわる項目の数量、単価、金額が明記されています。

見積もり依頼の際は予算を控えめに伝えて

建物にかけられる金額は、自己資金や住宅ローンの返済額を検討したうえで、設定するのがふつうですが、ここで注意しておきたいのは、設計を始めるときに担当者に伝える予算です。工事予算は「用意できる資金の8～9割程度に」と心得ておきましょう。ハウスメーカーの営業担当者にみられる傾向なのですが、なぜか、提示した予算を目いっぱい使って見積もりを出してくることがあるからです。1～2割は予備の資金として残しておいたほうがよいでしょう。いつどんな変更工事が発生するとも限りませんし、追加したい設備が出てきたり、クロスやフローリングなど内装材のグレードを上げたくなるかもしれません。いざというとき資金不足にならないために、資金計画は余裕をもって立てましょう。

概算の段階でも詳細見積もりを出してもらいましょう

ハウスメーカーは、建主の予算に合わせて、最初の相談から2週間ほどで概算見積もりとラフプランを用意します。見積もり金額はたいていは建主の予算内でおさまっていますが、それは標準仕様を基準とした本体工事費のみで、付帯工事費や諸経費は含まれません。

ハウスメーカーの概算見積もりは詳細まで出さないというのが通例のようになっていますが、家づくりというのは本体工事以外に付帯工事があり、その分の工事費があとで加わったり、オプション費用も加算されたりします。つまり、最終見積もりで金額が大幅にアップすることが考えられるのです。概算見積もりであっても、本体工事費の内訳明細書なしで判断しなければならないというのは不安があります。できることなら工事費内訳明細書まで出してほしいと交渉してみましょう。

比較のための見積もりは要望を統一して伝えましょう

2～3社のハウスメーカーに見積もりを依頼する場合は、以下の2点を心がけて。複数のメーカーに見積もりを依頼していることを伝えることと、要望を統一することです。「ほかにも検討しているメーカーがある」ということが伝われば、競争意識が芽生え、張りきってプランを提案してくることが期待できます。

要望を統一するのは、同じ条件でつくったプランや見積もりでないと、比較する意味がないからです。「LDKは20畳程度ほしい」「将来分割できる子ども部屋にしたい」「収納スペースを多く」といった、具体的な要望を出すことがポイント。また、予算や家族構成、ライフスタイルなどを一覧にまとめておき、各社の営業担当者に渡せば、こちらの要望も伝わりやすいでしょう。

見積もりを比較するときは一覧表を作成すると一目瞭然です

各メーカーから出された概算見積もりを比較検討し、1社に決定する際には、各社の見積もりを一覧表にしてみるのが、比べやすくておすすめです。A社、B社、C社の欄をつくり、各社それぞれの項目ごとに金額を記入します。

そうすることで、総額はもちろん、項目ごとに高いか安いか、プランや工事内容に要望が反映されているかもひと目でわかります。さらに、メーカーごとの特徴が見えてきて、総合的な判断ができるわけです。見積もりの比較は、建主にとっても手間のかかる作業ですが、あとで後悔しないためにもぜひ実行してください。

建築家の場合は相見積もりで選定します

建築家に設計を依頼した場合は、工事は工務店に別途依頼するかたちになり、建築家が紹介した工務店か建主の指定により、相見積もりで選ぶケースがほとんどです。相見積もりをとると、その地域の相場がわかり、適正価格を知ったうえで最適な業者を選べるようになり、コストコントロールもしやすくなります。

見積もりは、独自の算定方式や書式で書かれていることが一般的ですが、複数の見積もりを比較するには、項目の立て方や内容などの条件を同じにしないと、意味がありません。このため、建築士事務所では、各社の見積もりが一覧できる比較表をつくって、建築士事務所の予算配分を載せます。これは、今までの実績と経験、積算資料などをもとに考えて配分した、いわば比較の目安となる金額になります。予算配分と各社の見積もりを一覧にすることで、ひと目で比較でき、予算の検討がスムーズにいくようになるわけです。

見積もり比較表はどうチェックする？

見積もりの査定とは、各社の見積もりに漏れがないかをチェックして、比較検討する作業のことです。左ページの見積もり比較表の例は、途中を省いていますが、実際には50項目ほどあります。各項目の横軸を見ると、いちばん高い工務店はどこかひと目でわかります。最高値と最安値に印（この例では☆と★）をつけると、より比較しやすくなります。

最安値の場合は、見積もり漏れがないか内容をくわしくチェックしてください。その結果を、各工務店の所見欄や備考欄にまとめます。ここまでは建築士事務所の作業として行われ、予算内におさまるかどうかのポイントは、この作業の精度によって決まります。このように、素人では見抜けない部分でのコスト管理ができるのが、建築士事務所に依頼するメリットです。このあと、各社の見積もりをチェックしていきますが、まかせっきりにせず、できれば同席して一緒に確認していきましょう。

工務店などの工事費内訳明細書の例

工事名称	単位	金額（円）
本体工事		
建築工事		
仮設工事	一式	○○○○○○
土工事	一式	○○○○○○
地業工事	一式	○○○○○○
コンクリート工事	一式	○○○○○○
鉄筋工事	一式	○○○○○○
鉄骨工事	一式	○○○○○○
防水工事	一式	○○○○○○
石工事	一式	○○○○○○
タイル工事	一式	○○○○○○
屋根・とい工事	一式	○○○○○○
金属工事	一式	○○○○○○
木工事	一式	○○○○○○
左官工事	一式	○○○○○○
金属製金具工事	一式	○○○○○○
木製建具工事	一式	○○○○○○
ガラス工事	一式	○○○○○○
塗装工事	一式	○○○○○○
内装工事	一式	○○○○○○
断熱工事	一式	○○○○○○
造作家具工事	一式	○○○○○○
電気設備工事	一式	○○○○○○
給排水衛生設備工事	一式	○○○○○○
雑工事	一式	○○○○○○
運搬費	一式	○○○○○○
管理諸経費	一式	○○○○○○
小計		○○○○○○
付帯工事		
屋外電気工事	一式	○○○○○○
屋外給排水工事	一式	○○○○○○
ガス配管工事	一式	○○○○○○
冷暖房設備機器工事	一式	○○○○○○
外構工事	一式	○○○○○○
小計		○○○○○○
設計料		○○○○○○
消費税額		○○○○○○
工事請負金額合計		○○○○○○

見積もり比較表

○×邸新築工事　見積もり比較表
H○年○月○日

建主から指示された予算を工事別に配分。設計事務所がこれまでの経験と積算資料などを参考に、適正価格と思われる金額を掲載。

各社の工事金額をさらに検討し、なぜこの金額なのかを考察。指示材料を使っているか、部材の記入漏れがないかなども入念に調べる。

NO.	項目	予算配分	①A工務店	②B社	③C社	④D工務店	備考
A	建築工事						
	直接仮設工事	¥540,000	¥603,270	¥465,238	☆¥232,400	★¥761,122	①④は共通仮設含む
	土工事	¥180,000	☆¥298,400	¥485,734	¥539,000	★¥2,348,300	①は残土数量少ない？
	地業工事	¥180,000	☆¥147,500	¥290,837	¥387,717	★上記に含む	②③はスタイロを計上
	コンクリート工事	¥450,000	¥793,750	☆¥653,305	¥771,250	★上記に含む	②は捨てコン漏れ？
	鉄筋工事	¥180,000	¥375,000	☆¥274,182	¥391,620	★上記に含む	
	鉄骨工事	¥0	¥203,000	☆¥95,000	★¥214,000	¥0	①②③はひさしや手すりを計上
	粗積工事	¥0	¥0	¥0	¥0	¥0	
	防水工事	¥90,000	☆¥115,000	¥548,860	★¥758,000	¥645,420	
	石工事	¥90,000	¥0	¥0	¥0	¥0	
	タイル工事	¥180,000	★¥300,500	¥258,420	☆¥157,350	¥203,720	
	屋根・とい工事	¥540,000	★¥692,500	☆¥46,000	¥541,950	¥193,600	①は陸屋根シート、③は外ガルバ含む
	金属工事	¥126,000	★¥606,310	¥499,900	¥0	☆¥496,560	
	木工事	¥5,670,000	¥4,669,850	¥5,447,624	★¥5,580,857	☆¥4,165,600	
	左官工事	¥720,000	☆¥362,500	★¥926,041	¥486,450	¥625,190	②は外壁吹きつけ含む、④は外構モルタル含む
	金属製金具工事	¥1,080,000	★¥1,898,200	¥1,335,935	☆¥884,250	¥1,359,470	③はサッシュガラス含まず
	木製建具工事	¥540,000	☆¥731,600	¥869,260	¥862,200	★¥940,140	
	ガラス工事	¥72,000	☆¥69,000	¥178,440	★¥530,880	¥172,100	③はサッシュガラス含む
	塗装工事	¥576,000	☆¥647,500	¥759,245	★¥1,106,350	¥933,340	①③④は外壁吹きつけ含む
	内装工事	¥90,000	¥569,000	¥613,300	☆¥313,158	★¥1,218,731	
	断熱工事	¥126,000	¥321,000	☆¥187,200	¥219,800	★¥868,440	④は基礎断熱材まちがい
	造作建具工事	¥900,000	¥1,068,200	★¥1,391,800	☆¥906,000	¥1,187,000	
	雑工事	¥900,000	¥874,000	¥663,100	☆¥187,045	★¥1,493,850	
小計		¥13,230,000	v¥15,346,080	¥15,989,421	☆¥15,070,277	★¥17,612,583	
B	電気設備工事	¥900,000	¥1,290,100				
	電気引込設備工事			¥98,570			
	受変電設備工事						
G	諸経費	¥1,440,000	★¥1,650,000	¥1,330,000		☆¥1,200,000	
	現場経費				¥700,000		
	一般管理費				¥1,300,000		
	値引き			▲¥32,863		▲¥80,393	
小計		¥1,440,000	¥1,650,000	¥1,297,137	★¥2,000,000	☆¥1,119,607	
	合計	¥18,000,000	☆¥22,205,260	¥22,500,000	¥22,784,900	★¥23,400,000	
	消費税	¥900,000	¥1,110,263	¥1,125,000	¥1,139,245	¥1,170,000	
総合計		¥18,900,000	☆¥23,315,523	¥23,625,000	¥23,924,145	★¥24,570,000	

NO.	項目	予算配分	①A工務店	②B社	③C社	④D工務店	備考
			×エアコン見積もり漏れ(約20万円) ×洗濯機の見積もり漏れ(約20万円) ×金属製建具が特に高い	○見積もり漏れが少ない様子 ・電気工事が高い ・設備工事が特に安い	○建築工事が最安値 ・経費が高い ・電気工事が特に安い	×見積もり項目分類が指定と違う ×設備内訳が不明 ・電気工事が特に安い	■考察　予算に対して22.5～30%、金額にして440～567万円(税込み)のオーバーとなった。各社の金額差は僅差で、決定的な差ではないことから、2～3社に絞って各社向けの減額案を作成し、契約に向けての金額交渉にあたることとしたい。最安値の会社は、内容を見ると見積もり漏れが見受けられ、金額の大きなものを考慮すると最安値ではなくなる見込み。2番目に安い会社は見積もり漏れが少ない様子なので、こちらを優先して見積もりを精査して金額交渉に臨みたい。
	評価		△	○	△	△	
最安値との差額(税込み) 予算との差額(税込み)			¥0 ☆¥4,4415,523	¥309,477 ¥4,725,000	¥608,622 ¥5,024,145	¥1,254,477 ★¥5,670,000	

★：最高値
☆：再安値

比較しやすいように最高値に★をつける。同様に最安値にも☆マークをつける。

4社の中で総合計額が最安値だったが、何カ所かの見積もり漏れがあった。見積もりをやり直すと最安値でなくなる可能性も。

総合計額は2番目の安さだが、見積もり漏れが少ないなど内容がしっかりしており、信頼がもてるとして総評価は○。

見積もり漏れや内訳の不備、指定した材料と違っていないかなど、細部にわたって4社の見積もりを考察した結果を記入する欄。このあと、どのようにしぼっていくかの計画案も示してある。

契約の注意点

土地を購入して家を建てるまでには、さまざまなとり決めがあり、それを法律で成立させることを「契約」といいます。金額も大きいですから、どんな契約でも、それぞれの内容に納得できるかどうか、急がず慎重に進めることが大切です。

家づくりに関する契約は4つあります

契約とひと口にいっても、家づくりに関係のある契約には「土地売買契約」「建築設計・監理業務委託契約」「工事請負契約」「金銭消費貸借契約」の4つがあります。

「土地売買契約」とは、土地を売る側と買う側で交わす契約ですが、不動産会社が仲介して契約することがほとんどです。土地の所在地と面積を明確にし、売買価格、支払い条件、所有権移転登記の時期、どちらかの都合で解約になった場合の処置などをとり決めます。

「建築設計・監理業務委託契約」とは、建築士事務所に設計を依頼する場合に、建築士事務所と建主が交わす契約です。建物の形を図面に起こす設計作業、工事費見積もりのコスト管理、工事が図面どおりに行われているかどうかの工事監理などが主な業務内容。２００８年に建築士法が改正され、重要事項説明などが義務づけられたので、契約時にしっかり確認してください。

「工事請負契約」とは、工務店やハウスメーカーと建主が交わす契約です。工事内容、請負代金の金額、工期、支払い条件などをとり決めて、契約時には図面や仕様書も添付されます。

「金銭消費貸借契約」とは、住宅ローンを申請して、融資が決定になったあとで金融機関と結ぶ契約です。

このように家づくりでは、完成するまでに複数の契約がかかわり、ひとつとしておろそかにはできません。それぞれの内容を確認し、納得したうえで判を押すようにしてください。

詳細な打ち合わせを先に サインは最後の最後に

設計以外にもさまざまなめんどうをみてくれるのがハウスメーカーですが、何から何までまかせっきりというのは考えもの。たとえば「工事請負契約」。営業マンは、一件でも多く成約し、実績を上げたいがために、契約を急がせる傾向にあります。しかし、詳細な打ち合わせをしていないうちに契約に進んでしまうと、あとでとり返しのつかないことにもなりかねません。

ハウスメーカーの家づくりの流れは、早い段階でラフプランと概算見積もりが出され、たいていのメーカーは「こまかい打ち合わせは契約のあとにしましょう」というのが常套句。しかし、建物というのは本体工事以外に付帯工事があり、この分の工事費があとで加わったり、オプション費用も加算されたりすると、契約時の額を大幅に上回ることも。こまかい打ち合わせをせずに契約し、あとから「こんなはずではなかった」と言

家づくりに関する契約

土地売買契約	土地を売買するときに交わす契約で、不動産会社が仲介して行われる。
建築設計・監理業務委託契約	建築家に設計を依頼する場合に、建築士事務所と建主が交わす契約。設計図の作成のほか、設計図どおりに工事が行われているかチェックする監理を依頼するもの。
工事請負契約	工務店やハウスメーカーと建主が交わす契約。建築家に設計を依頼する場合は、建築家との契約のほか、工務店との工事請負契約も必要になる。
金銭消費貸借契約	住宅ローンを利用する際に、金融機関と結ぶ契約。ローン申請後、審査を経て融資が決定すると、契約が行われる。

っても手遅れです。このような事態にならないためにも、「契約は、こまかい打ち合わせのあとにします」とはっきり伝えましょう。書類作成などの費用を請求されるかもしれませんが、契約後にその分を引いてもらう交渉をすればいいわけです。この家なら建ててもいいと納得できてはじめて、契約すべきではないでしょうか。

建主と建築家が交わすのは「建築設計・監理業務委託契約」です

ハウスメーカーの場合は設計・施工を一括して依頼するので、メーカーと「工事請負契約」を結びますが、建築家に設計を依頼する場合は、設計を建築士事務所に、工事は工務店に依頼することになり、それぞれに契約を結びます。このうち、建築士事務所と交わすのが「建築設計・監理業務委託契約」です。

業務内容は主に3つで、建主の希望を聞きながら初期段階で提案する「基本設計業務」、基本設計をもとに詳細な図面や仕様書を作成し、見積もり調整などを行う「実施設計業務」、工事が始まってから適正な工事が行われているかどうかを監理する「工事監理業務」です。

名称は少々難しいのですが、要は、建主の要望を形に起こす図面をつくり、予算に沿って工事費の見積もり金額を調整し、工事が図面どおり行われているかどうかをチェックするのが建築家の仕事で、業務内容をまとめた書類が契約書です。内容は建築士事務所によって違い、一律ではありませんから、契約時にはしっかりチェックしてください。

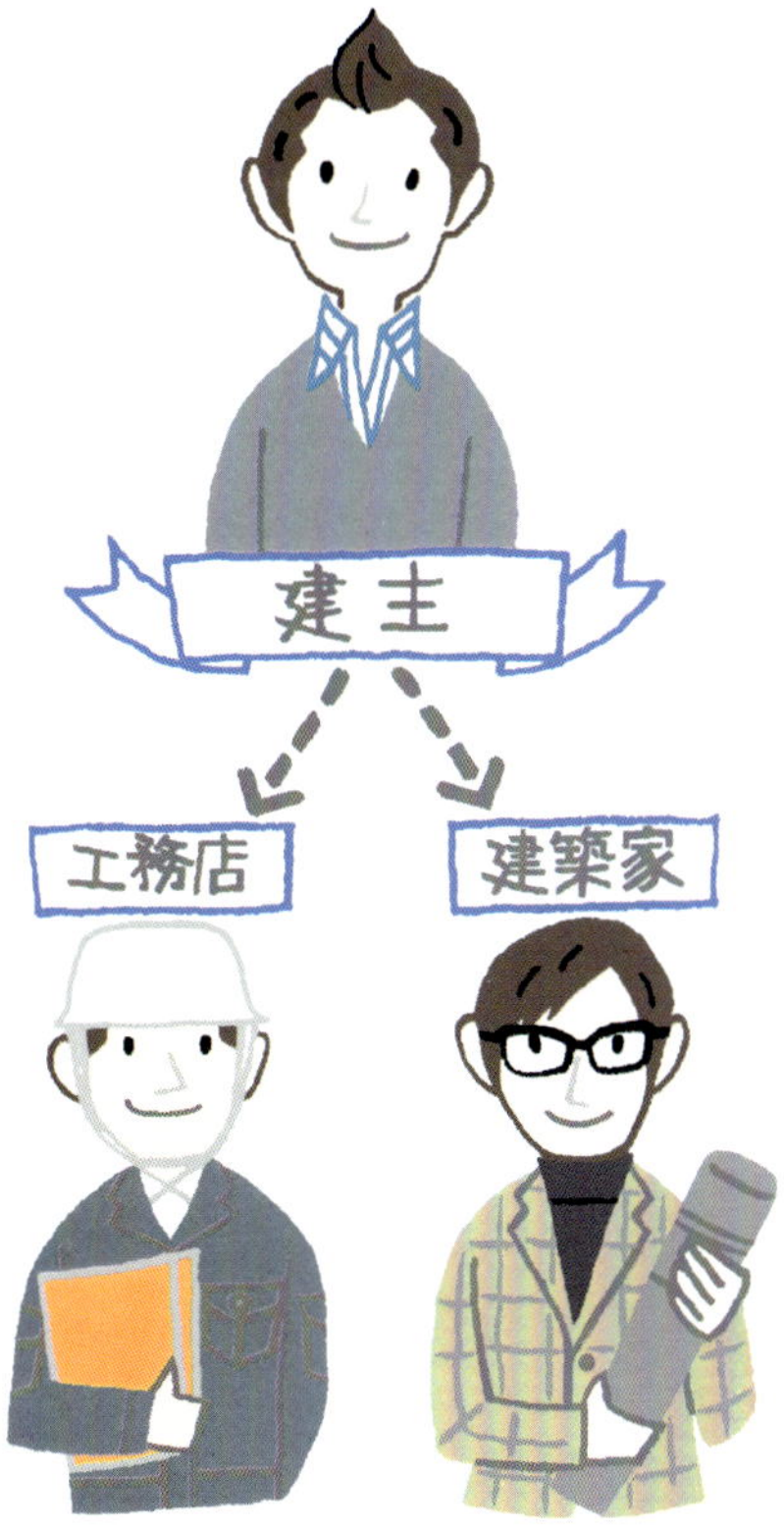

設計料の相場と支払い方法を知っておきましょう

契約書の中には、設計業務に対する「設計監理業務報酬」（一般に設計料といわれる）の金額や支払い時期なども明記されています。金額は法律や建築業界などで決められているわけではなく、設計者の実績、経験年数、技術レベルなどによって建築士事務所が決めています。一般的に建物の規模、構造、立地、設計の難易度、スタッフの人件費などを考慮して決めますが、建築工事費の10～15％というところが多いようです。しかし、規模が小さい建物では15％以上になる場合もあります。

支払い方法についてもまちまちで、契約時、基本設計時、実施設計時、竣工時の4回に分けて払うのが一般的ですが、3回や5回に分ける建築士事務所もあるなど、一律ではありません。いつ、どの段階で支払いが発生するのかを確認しておきましょう。

建主と工務店が交わすのは「工事請負契約」です

建築士事務所に設計を依頼した場合は、工事を工務店に依頼することになりますので、その工務店と「工事請負契約」を結ぶことになります。時期は本見積もりや実施設計のあとになるのが一般的です。契約時に工務店から用意される主な書類は、工事請負契約書、契約約款、本見積書、設計図書、工程表などがあります。

工事請負契約書には契約の基本的な内容が明記されていますから、きちんと確認しましょう。契約約款は、工事を進めるうえで万が一トラブルがあったときのとり決めなどが書かれています。本見積書には、工事の内容、部材の単価などがわかる内訳明細書の内容が書かれており、設計図書は、平面図や断面図、展開図などの図面一式と仕様書などがまとめられています。設計図だけでも厚さ1cmほど

契約のポイント

- □ 契約書には詳細な本見積もりや設計図書、工程表がついていますか
- □ 契約約款はしっかり読みましたか
- □ 工事費の総額を確認しましたか
- □ 工事費の支払い時期を確認しましたか
- □ 工期と引き渡し時期を確認しましたか
- □ 建築士事務所による重要事項の説明を受けましたか
- □ 施工会社に瑕疵担保保険か保証金供託の確認をしましたか
- □ 住宅ローンの手続きや建物登記の手続きなどについて確認しましたか

の冊子になる場合もありますから、書類が全部そろうと膨大な量になります。一式受けとったらじっくり目を通す時間をもらい、確認することが大事です。

契約時に確認すべきことは3つあります

まず、必要な書類がそろっているかどうかです。契約約款については難解な文章で書かれていることが多いので、前もって読んでおくことはもちろん、契約時には工務店のスタッフに声を出して読んでもらうといいでしょう。そのときに疑問や質問があれば、説明を受けること。こちらは素人なのですから専門用語に疎いのは当然。臆せず質問して、納得するまで説明してもらいましょう。次に、竣工日や引き渡し日、工事費の支払い期日などが明記されているかどうかもチェックします。

竣工日や引き渡し日の日付については、「着工〇日以内に竣工」という書き方はNGです。天候や追加工事などで遅れた分が日延べする可能性がありますから、きちんと「〇年〇月〇日竣工」と書かれているかどうかを確認してください。

また、建築確認申請の確認がとれているかどうかも大切なこと。これがとれていないと、工事を始めることができません。

住宅ローンの申請は一般的に契約時に行われますが、万が一、審査が通らず融資が実行されなかった場合は白紙に戻すことがよくあります。このような記載がされているかどうかも確認しましょう。

契約約款の意味を知っておきましょう

工事を進めるうえで、万が一トラブルがあった場合の対処法などをとり決めたものが、契約約款です。これは通常、工務店が作成し、建主側はその内容に同意するという形式になります。

内容をおおまかに説明すると、工事請負者（工務店）が設計図どおりに設計すること、一括して下請けに出さないこと、工事が設計図と違う場合は修正すること、工事期間中の責任の所在、さらに保証期間やどのような保険に加入しているかなど、何項目にもわたって明記されています。工務店に有利な内容になっていることが多いようですので、不安な項目があったら確認しておくことをおすすめします。また、建主にとって不利な内容があったとしても、契約内容の変更には応じてもらえません。工事費の支払いのタイミングやメンテナンスについては、覚書として明記してもらいましょう。

契約後の大幅な変更はコストアップになります

家づくりが進んでいくと、工事請負契約をしたあとでの軽微な設計変更が、多少出てくる場合もあります。でも、大幅な変更はできれば避けたいものです。実施設計が完了したあとの設計変更は、場合によっては変更工事に伴う料金が発生し、大幅なアップになる可能性があり、現場の工事関係者に影響が及ぶこともあります。

さらに、建築確認の申請後となれば、再度申請しなければなりません。２００７年６月の建築基準法の改正により、申請後に工事内容に変更が出た場合は、再申請しなければならないと定められたからです（軽微な変更を除く）。これにより、再申請のための手数料が余分にかかり、さらに、許可がおりるまでは工事がストップするため、工事に遅れが出る可能性があります。家づくりで「基本設計の段階から納得がいくまで打ち合わせを重ねることが大事」といわれるのはこのためです。

契約時に起こりがちなトラブル事例

CASE1

契約書をよく読まないで サインしてしまった

契約時に用意される書類が膨大で、大手のハウスメーカーだったので営業マンを信用し、契約書の内容もよく読まないままサインしました。ところが、その後に出されたオプション費用や付帯工事費が加わった金額は、予想をはるかに超えていました。

ADVICE

急かされても 簡単に契約しない

車や家具を買うときには、カタログをとり寄せ、デザイン、スペック、価格などあらゆる面でじっくり検討するのに、家となると、なぜか相手の言いなりになって簡単に契約してしまう人がいます。「年度末なので今月の売上げに入れたい」など、業者側の一方的な都合で契約を急かされる例もあります。契約時には、設計内容や見積もり詳細が決まらなければ絶対にサインしない、という気持ちで臨んでください。

また、契約約款は、トラブルが起こったときのとり決めが明記されている大事な書類。設計図書とともに契約書一式を受けとったら、じっくり目を通す時間をもらい、確認することが大事です。

内容が理解できなかった場合や、建主にとって不利な記載など、ちょっとでもおかしいと思ったら、質問し、納得するまで説明を求めましょう。難解な文章も多いので、担当者に読んで説明してもらう方法もおすすめ。専門用語を羅列してごまかしたり、質問したことに答えてくれなかったり、「お客さんが知っている必要はありませんよ」などと言う業者は要注意です。

CASE2

契約時に設計変更をした あとの図面がない

設計の途中で、何回かプラン変更をしたのですが、図面は最初の1枚のみでした。変更などは、その図面に鉛筆書きで入っていましたが、こんなに簡単な変更図面でいいのでしょうか。

ADVICE

変更した内容の 記載方法を確認する

何回かの変更に対し、最初の1枚の図面への書き込みだけでは、どれが最終なのかわからずトラブルのもとに。契約時に変更内容を手書きで加えたものを使うことは問題ないのですが、メモ書きではなく、正式な契約内容であることがわかるように日付やサインも書き込むようにしましょう。さらに、同じ内容を、関係者全員の図面に同様に記載するようにします。ただし、工事中に図面は何回もコピーするので、原本への修正もしてもらいましょう。なお、通常は契約時に提出される見積書には変更後の内容が反映されますので、どの時点での見積もりなのかをきちんと確認することが大事です。

CASE3

工事が終わっていないのに 最終金を請求された

工事費の支払いは、契約時に3分の1、上棟時に3分の1、竣工時に残りの3分の1を支払うというとり決めだったのですが、工事完了前に最終金を請求されました。

ADVICE

支払いの時期についての 契約内容をよく確認して

約束したタイミングより早く請求された場合は、「約束と違います」と伝え、きちんと話し合いましょう。工事費の最終支払いは工事完了時が一般的ですが、契約時の支払い条件によっては、工事が完了しないうちに請求される場合も。たとえば、契約書に「最終支払日は○年○月○日」となっていたら、何らかの理由で工事が遅れて終わっていなくても、その日に支払うことになってしまいます。

このようなトラブルを起こさないためには、「最終支払いは工事完了時」という条件がついているか確認しなければなりません。また、どのような場合に遅延金や追加料金が発生するのかなどもチェックしておきたい項目です。建主に不利な内容でないことを契約時に確認しておきましょう。

住まいを守る保証を知っておく

家づくりでは、工事途中での業者の倒産など予測できないことも起こりえます。また、住み始めてから欠陥が見つかることも。こうしたケースに対応するために、住宅にはさまざまな保証・保険制度があります。不測の事態に備えるためにもしっかりと頭に入れておきましょう。

安心して家づくりにとり組むための法律が「品確法」です

「人生のなかでもっとも高い買い物はなんですか？」と聞かれると、ほとんどの人が「家」と答えるでしょう。それだけ多くの費用がかかる住宅購入ですが、残念ながら、食べ物や洋服を買うときのように、試食や試着ができず、購入前に住み心地を確かめることはできません。また、家の性能や良し悪しを見極めるのには、専門的な知識も必要になってきます。そこで、建築的な知識をもっていない一般の人でも、品質の高い住宅を手に入れて、入居後も安心して住めるようにと定められたのが「品確法」です。

正しくは、「住宅の品質確保の促進等に関する法律」といい、「新築住宅の瑕疵担保責任に関する特例」「住宅性能表示制度」「住宅専門の紛争処理体制」という3つの柱からなります。

具体的には、住宅の引き渡しから10年以内になにかしらの欠陥が見つかった場合に、無料で修理をお願いしたり、賠償金の請求などを建築業者や売り主に求めることができるというものです。

また、住宅の耐震性や耐久性といった性能がどの程度のものかを、第三者機関がチェックして評価する「性能表示制度」を利用すると、業者とのあいだで、万が一トラブルが起きた場合に、専門機関が紛争を解決してくれる仕組みもあります。

万が一の事態から家づくりを守ってくれる保証制度もあります

完成した住宅に欠陥が見つかった。というトラブル以外にも、工事の途中で施工業者が倒産してしまうなど、家そのものが完成しないといったことも少なくありません。こうしたケースでは、多額な住宅ローンを抱えながら、その家に住むことができない……という最悪の事態も起こりえます。あるいは、地震や水災などの自然災害や火事なども、いつ起こるかわかりません。

こうした万が一のときに被害を最小限にくいとめるために、家づくりには保証・保険制度がいろいろあります。加入が義務付けられているものから、任意のものまで、保証の内容もいろいろありますので、しっかりと内容を把握して、加入を検討してみましょう。たまに、業者から保険の加入について説明を受けたので、安心していたら、単なる説明だけで実際には加入していなかったというケースも。加入については施工業者やハウスメーカーの担当者などに必ず確認しましょう。

品確法の3つの柱

1. 新築住宅の瑕疵担保責任期間の10年間義務化
2. 住宅性能表示制度
3. 裁判以外の紛争処理体制

住宅に関するさまざまな保証と保険制度

地盤保証制度	地盤調査や、基礎補強または地盤改良工事を施したにもかかわらず、不同沈下が原因で住宅が傾くなどの損害が起こった場合に、建物の修復工事やその際に必要な仮住まいにかかる費用などを保証する制度。第三者機関による保証制度のほか、施工業者の自社保証などもあります。契約によって内容は異なりますが、引き渡し日から10年間、最高で数千万円の保証があるものも。自社保証の場合は、その業者にどこまで保証能力があるかどうかの見極めも必要になってきますので、第三者機関による保証を選ぶのがおすすめです。
住宅完成保証制度	住宅の建設中に、施工業者の倒産などによって、工事ができない状態になってしまった場合に、公的機関（住宅保証機構）がそれを保証してくれるシステムです。新築一戸建てであれば、木造在来工法、ツーバイフォー、鉄骨、RC、ログハウスなどどのような構造であってもOK。住宅保証機構が工事を引き継いでくれる業者をあっせんし、引き継ぎに必要な追加の工事費用や、倒産業者に支払ってしまった過払い工事代金を保証（限度額あり）してくれます。加入者は施工業者やハウスメーカーなどで、保証期間は建築着工時から完成時までです。
売り主独自の保証制度	ハウスメーカーなどが独自に行っている保証制度で、品確法に基づく「瑕疵担保責任」の期限が終了する10年を超えて保証を行うものが多いようです。メーカーによっては、自社で行う定期点検を受けていることが条件になるなど、内容が異なりますので、事前にきちんと確認しておきましょう。
既存住宅保証制度	中古住宅を購入して、引き渡し後に構造耐力上の主要な部分に問題があったり、雨漏りが起きたときに、補修費の大部分を住宅保証機構が保証する制度です。保証期間は通常2年間ですが、引き渡し前の3年以内に外壁の塗装などが行われている場合は、5年の保証になります。 ただし、保証してもらえる住宅にはいくつかの規定があって、築15年以内の一戸建てで、新築の際に、住宅性能保証制度、住宅性能表示制度、住宅金融公庫融資、建築基準法といった公的な中間検査が実施されていること、増改築が行われている場合は、その床面積が延べ床面積の半分を超えていないこと、登録申請時に保証登録基準に基づく検査に合格しているものに限ります。 保証登録されるための申請料が必要で、現場検査申請料として32,550円、保証申請料は建物の延べ床面積×240円に15,750円を加えた金額となります。補修が必要になったときの保証額は、必要な額から10万円を引いた残りの95%です。 また、既存住宅保証制度は、売り主の瑕疵担保責任のすべてを保証するものではなく、たとえば給排水設備の故障などは対象外になりますので、注意してください。
火災保険	新築、中古にかかわらず、住宅を手に入れた際には「火災保険」に加入しましょう。火災保険と聞くと、火事による災害が補償の対象と思われがちですが、雨や浸水による水災、強風で飛んできたものによって起こる風災、雹によって屋根やトップライトが割れる雹災、盗難等の人的災害など、商品や契約内容にもよりますが、補償範囲は広くあります。 火災保険への加入は任意ですが、住宅ローンを利用する場合は、契約者と金融機関の両方を守るために、加入が義務付けられているケースがほとんどです。保険に加入していれば、たとえ火災や自然災害によって家を失っても、ローンだけが残ってしまうという事態を避けることができます。
家財保険	火災保険のなかで、建物以外の、生活に必要なものを対象とした補償を「家財保険」といいます。ここでいう「家財」とは、暮らしに欠かせないもので建物に含まれないもの。具体的には、テレビや冷蔵庫、パソコンなど家電類、テーブルやたんすなど家具類、カーテンや生活雑貨、洋服などです。保険の対象となる範囲や補償金額、火災以外の損害（水災や風災など）についての特約、保険料などは各保険会社によってもさまざま。いざというときに、どうやって生活を立て直していくのかを予測して、必要な補償を検討していきましょう。
地震保険	いつ起こるかわからない地震や噴火による災害と、それが原因となる津波による損害を補償するのが地震保険です。地震保険は、それ単独で申し込むことはできず、火災保険などの損害保険契約の特約として加入することになります。一般的には掛け捨て型が主流で、保険会社ごとにいろんな種類の保険商品が出ているので、内容を確認してみましょう。 また、地震保険の払込保険料に応じて、課税所得金額から一定額が差し引かれる地震保険料控除の制度もあります。これにより、所得税が最高5万円、住民税が最高2万5000円控除されます。
建築工事保険	施工会社が任意でかけるケースが多く、新築住宅やリフォームの工事の際に起こった事故などによる損害を補償する保険です。保険の対象となるのは、(1) 工事中に火災で建物が焼失したり、資材を盗まれた場合の損害を補償する「建設工事保険」、(2) 作業中に通行人にケガを負わせてしまったり、引き渡し後に施工ミスが原因で水漏れ事故が起きた場合の損害を補償する「第三者に与えた損害を補償する保険」、(3) 作業員が足場から落下してケガをしてしまった場合などの損害を補償する「労災事故に関する保険」があります。

住み始めてから欠陥が見つかっても安心な「瑕疵担保責任」制度

　完成したての住宅には、なにも不具合はないように見えたものの、住み始めてからしばらくして、雨漏りやシロアリなどの被害が見つかるというケースもあります。でも、心配はありません。こうした場合は、住宅瑕疵担保履行法という法律によって、完成引き渡し後から10年間なら、工務店や不動産業者が無料補修や賠償責任を負うことが義務づけられています。瑕疵担保責任の対象となるのは、住宅の基礎や柱、床、屋根などの基本構造部分と雨漏りなどに関した部分です。

　施工業者は、この義務を果たせるように、「住宅瑕疵担保責任保険（まもりすまい保険）への加入」もしくは「保証金の供託」のいずれかを行います。まもりすまい保険は、瑕疵に対する補修を行った業者に保険金が支払われる制度で、施工業者が倒産していて補修等が行えない場合は、買主が保険法人に対し、瑕疵の補修などにかかる費用（保険金）を直接請求することができます。補修費用のほか、調査費用、仮住まい・移転費用も支払われます。

　保険がかけられる住宅には一定の基準があるため、工事中に専門の検査員による現場検査が行われるというメリットもあります。たとえば2階建ての木造住宅の場合は、基礎配筋工事完了時に1回、屋根工事完了時から内装下地張り直前の工事完了時までのあいだに1回の、計2回の検査が入ります。

　一方の供託制度は、万が一の倒産に備えて、業者が法律で定められた額の保証金をあらかじめ法務局などの供託所に預けておく制度です。業者が倒産して瑕疵の補修が行えない場合、買主はその補修に必要な金額について、保証金からの還付を供託所に請求することができます。

保険の概要

申し込み先	住宅瑕疵担保責任保険法人
保険料	各法人ごとに異なる
保険金上限	2000万円（上限についてはオプションあり）
てん補率	1.売り主へは80％以上 2.売り主倒産時、買い主へは100％
対象となる費用	1.補修にかかる直接費用 2.調査費用（補修金額の10％または10万円のいずれか高い額）ただし、実額または50万円のいずれか小さいほうが限度 3.仮住まい、移転費用（50万円が限度）その他、保険法人によっては、求償権保全費用や争訟費用が対象になります

中古住宅を購入するときにも安心な瑕疵担保責任保険

　中古住宅についても、任意の制度ですが既存住宅売買瑕疵保険があります。これは、中古住宅を検査機関が検査し、住宅専門の保険会社（住宅瑕疵担保責任保険法人）が保険をつけることで、引き渡しから1～5年間の瑕疵担保責任を実現するものです。つまり、購入した中古住宅に住み始めてから欠陥が見つかった場合でも、補修費用などの保険金が事業者（事業者が倒産した場合は買主）に支払われるというもの。対象となるのは1981年施行の新耐震基準を満たしている住宅になります。

リフォームの場合、入居後に瑕疵が見つかったときは？

　新築住宅と同様に、リフォームの場合も、「リフォーム瑕疵保険」があります。ただし、保険をかけられるのは、保険会社の審査を通過した業者に限ります。リフォーム会社を選ぶときは、登録会社であるかどうか事前に確認しておくとよいでしょう。

　この保険では、欠陥部分の補修費用が保険会社から施工業者に支払われるほか、仮に業者が倒産してしまっていても補償が受けられます。保険をかけるリフォーム物件については、リフォーム工事の施工中や工事完了後に、建築士など第三者検査員が現場検査を行うので、質の高い施工が確保できます。万が一、補修が必要になった場合は、補修費用のほか、欠陥工事の調査費用や、修理期間中に転居が必要になった場合の仮住まい費用も保険でカバーされます。

　保険が支払われるのは、①床や土台、柱、基礎など、構造耐力上主要な部分が基本的な耐力性能を満たさない場合。②屋根や外壁、窓の開口部など、雨水の浸入を防止する部分が防水性能を満たさない場合。③その他、社会通念上必要とされる性能を満たさない場合です。保険期間は、①と②に関してはリフォーム終了後5年以内。それ以外については1年以内。この期間に見つかった瑕疵が対象になります。

品確法の3本柱のひとつ 住宅性能表示制度ってどんなもの？

国から指定を受けた第三者機関が住宅を調査して評価する制度で、「地震などに対する強さ」「火災に対する安全性」「省エネルギー対策」など10分野の性能項目について、等級や数値で表示されます。外見からでは判断できない建物の性能の違いが、専門知識がなくても分かりやすく確認できます。この制度を利用するかどうかは任意選択で、費用は建主の負担になります。

調査を依頼すると、住宅性能評価書が交付されます。評価書は2種類あり、求められている性能どおりの設計かどうかを評価する「設計住宅性能評価書」と、施工段階と完成段階で計4回の検査を行い、その評価結果をまとめた「建設住宅性能評価書」があり、それぞれ法律に基づくマークが表示されます。

性能評価の料金は、評価機関ごとに独自に定められていて、注文住宅の場合、10数万円程度かかります。中古住宅の場合は、実際の住宅の現況調査を行い、「建設住宅性能評価書」が交付されます。

建設住宅性能評価を受けると、買主と施工業者などのあいだでトラブルが起きた場合に、「指定住宅紛争処理機関」（全国の弁護士会）が、裁判をせずに円滑・迅速に対応してくれます。工事に関することのほか、請負契約または売買契約のトラブルも相談できます。紛争処理の申請手数料は1件あたり1万円です。

さらに、住宅ローンの優遇や、地震保険料の割引、住宅金融支援機構が提携する「フラット35」の手続きが簡単になるといったメリットも。それぞれ、一定の要件を満たすなどの条件もありますので、内容をよく確認しておきましょう。

住宅性能表示の内容（新築住宅のケース）

	項目		評価方法	
1	地震などに対する強さ（構造の安定）	耐震等級（構造躯体の倒壊等防止）	等級3〜1	●
		耐震等級（構造躯体の損傷防止）	等級3〜1	○
		その他（地震に対する構造躯体の倒壊等防止及び損傷防止）	免震対応の有無	●
		耐風等級（構造躯体の倒壊等防止及び損傷防止）	等級2〜1	○
		耐積雪等級（構造躯体の倒壊等防止及び損傷防止）	等級2〜1	※1
		地盤又は杭の許容支持力等及びその設定方法	具体的な数値など	●
		基礎の構造方法及び形式等	具体的な数値など	●
2	火災に対する安全性（火災時の安全）	感知警報装置設置等級（自住戸火災時）	等級4〜1	○
		感知警報装置設置等級（他住戸火災時）	等級4〜1	ー
		避難安全対策（他住戸火災時・共用廊下）	具体的な内容	ー
		脱出対策（火災時）	具体的な内容	○
		耐火等級（延焼のおそれのある部分〈開口部〉）	等級3〜1	○
		耐火等級（延焼のおそれのある部分〈開口部以外〉）	等級4〜1	○
		耐火等級（界壁及び界床）	等級4〜1	ー
3	柱や土台などの耐久性（劣化の軽減）	劣化対策等級（構造躯体等）	等級3〜1	●
4	配管の清掃や補修のしやすさ、更新対策（維持管理・更新への配慮）	維持管理対策等級（専用配管）	等級3〜1	●
		維持管理対策等級（共用配管）	等級3〜1	ー
		更新対策（共用排水管）	等級3〜1	ー
		更新対策（住戸専用部）	具体的な数値など	ー
5	省エネルギー対策（温熱環境・エネルギー消費量）	断熱等性能等級	等級4〜1	●※2
		一次エネルギー消費量等級	等級5、4、1	●※2
6	シックハウス対策・換気（空気環境）	ホルムアルデヒド対策（内装及び天井裏等）	等級3〜1など	○
		換気対策	具体的な調査結果	○
		室内空気の化学物質の濃度等：選択表示事項、建設住宅性能評価のみ	具体的な調査結果	○
7	窓の面積（光・視環境）	単純開口率	具体的な数値	○
		方位別開口比	具体的な数値	○
8	遮音対策（音環境）	重量床衝撃音対策	等級5〜1など	ー
		軽量床衝撃音対策	等級5〜1など	ー
		透過損失等級（界壁）	等級4〜1	ー
		透過損失等級（外壁開口部）	等級3〜1	○
9	高齢者や障害者への配慮（高齢者等への配慮）	高齢者等配慮対策等級（専用部分）	等級5〜1	○
		高齢者等配慮対策等級（共用部分）	等級5〜1	ー
10	防犯対策	開口部の侵入防止対策	具体的な調査結果	○

●：必須評価項目（住宅取得者等の関心が高い項目、建設後では調査しにくい項目が対象）　○：選択評価項目　ー：共同住宅のみ
※1：多雪区域のみ　※2：「断熱等性能等級」または「一次エネルギー消費量等級」のいずれかが必須評価項目となります。

引き渡し後は登記が必要

土地や建物の現状や所有者を法務局に届け出て記録することを「登記」といいます。これをすることで、手に入れた不動産の権利を主張することができます。一般的には、登記の手続きは司法書士に代行してもらいますが、ひと通りの内容を理解しておくといいでしょう。

不動産に関する登記は専門家に依頼するのが一般的です

待ちに待った新居が完成！したあとも、やるべきことはいろいろあります。その一つが不動産登記です。

登記とは、土地や建物の「状況」と「権利関係」を法務局に届け出て、登記簿（公的な帳簿）に記載すること。法律的にその不動産の権利を主張することができ、不動産取引を安全かつ円滑にできるようにするものです。戸籍謄本や住民票は個人情報なので、限られた人しか取得できませんが、登記簿謄本（登記事項証明書）は権利内容を公に知らせるものなので、不動産の所在地を管轄する法務局に申請すれば、誰でも入手できます。

登記は、不動産の所在地を管轄する法務局（支局、出張所）で申請します。必要な書類の作成や手続きを自分ですることもできますが、専門的な知識も必要なので、一般的には司法書士に代行してもらうことがほとんどです。司法書士は、その不動産を販売した不動産業者や工務店、ローンを組む銀行などから紹介してもらえます。

土地や建物にかかわる登記には、ケースごとにいろんな種類があります

ひと口に登記といっても、その内容はさまざまあります。どんな状態の土地を買うか、建物の取り壊しがあるか、住宅ローンを利用するかどうかで必要になる登記が変わります。

できたてほやほやの新築住宅は、まだ登記簿には登録されていないので、書類上は存在していないものになります。その新築した建物の所在地や家屋番号、建物の種類や構造、床面積、所有者といった情報を登記簿に登録するのが「建物表題登記」です。新築後、1か月以内に申請することが義務づけられています。これを怠ると10万円以下の過料を支払うことになるので注意が必要です。

次に「所有権保存登記」をすることで、初めてその物件の所有者であることが公的に認められます。

こちらは任意のものですが、所有権保存登記をすることで、その建物の売買や相続、そして住宅ローンを借りるときに行う「抵当権設定登記」が可能になります。「抵当権設定登記」は、万が一、住宅ローンを支払えなくなった場合に備えて、家と土地をその借金の担保として確保しておくためのもので

新築住宅を取得した際に必要な登記

	内容	登録免許税
建物表題登記（建物表示登記）	新築した建物の所在、種類、構造、床面積、所有者の住所・氏名を登録する。建物を取得した日から1か月以内に行う。	なし
所有権保存登記	法的に物件の所有者であることを示すもの。登記は任意だが、住宅ローンを利用して抵当権を設定する場合には必要になる。	不動産額の0.4%
所有権移転登記	土地や建物の売買、贈与や相続を行うことで、所有者が移転する際に行う。	不動産額の2.0%
抵当権設定登記	住宅ローンを利用する場合に行う。万が一返済ができなくなったときのために土地や建物を担保とする権利を設定する。	借入金額の0.4%
建物滅失登記	建て替えの際など、古い家の登記を抹消するための登記。取り壊し後1か月以内に行う。	なし
地目変更登記	農地や山林などに家を建てる場合に必要な登記で、土地の種類を「宅地」に変更する。	なし

※登録免許税には軽減税率があります。

す。

　また、土地を購入した場合は、土地の所有権を移すための「所有権移転登記」が必要です。農地や山林など宅地以外の土地に新築する場合は、土地の種類（地目）を宅地にする必要があり、「地目変更登記」を行います。

　古い家の建て替えの場合は、取り壊す建物の「建物滅失登記」をしなければなりません。この滅失登記も取り壊してから1か月以内に行う必要があります。

　登記をするために必要な費用には、登録免許税、印紙税のほか、司法書士や土地家屋調査士への報酬があります。司法書士が行う「所有権保存登記」「所有権移転登記」「抵当権設定登記」には、それぞれ不動産額やローン金額に税率をかけた金額が登録免許税としてかかります。登録免許税には、一定の要件を満たす住宅であれば、軽減措置があります。土地家屋調査士が行う「建物表題登記」「建物滅失登記」「地目変更登記」には、登録免許税はかかりませんが、調査士への報酬は必要になります。表題登記を行なうための土地家屋調査士への報酬額は、10万円前後かかります。

　一方、司法書士への報酬額は、登記する土地・建物の評価額（抵当権設定登記では債権額）によって加算されることが多く、一概にはいえませんが、平均的な都市部の物件の場合、1物件に対する所有権保存登記と抵当権設定登記、または所有権移転登記と抵当権設定登記のセットで、おおよそ4万円〜6万円程度です。

夫婦で資金を出し合った場合は、出した額に応じて登記しましょう

　共働き世帯が家を持つ場合など、夫婦それぞれが住宅資金を出し合ったときは、住宅や土地はふたりで「共有」することになり、名義もふたりのものとなります。これを「共有名義」といい、それぞれの持つ所有権の割合を「持分」といいます。たとえば、夫婦で住宅ローンを借りるときや、夫と妻それぞれが頭金を出すといった場合です。住宅を取得するための資金援助は700万円までなら贈与税がかかりませんが、それを超える額を出したときは、それぞれの割合について正しく登記しておかないと、贈与をしたものとみなされて、贈与税が課せられる可能性があります。これは、親から資金援助を受けた場合も同じです（相続時精算課税制度を利用すれば2500万円まで非課税となる。149ページ参照）。

　共有名義にすると、税金の控除を夫婦それぞれに受けられるというメリットも。また、将来住宅を売却するときに、譲渡所得からの特別控除3000万円を夫婦それぞれで受けられるため、合わせて6000万円の控除となります。

　一方、不動産を売却する場合には所有者全員の同意がいるので、共有名義になっている場合には全員の署名・捺印が必要です。勝手に売却される心配がない半面、売却する際の手続きは少々煩雑になることも覚えておきましょう。

　親から資金援助を受けて共有名義にした場合、親が死亡したときには親の持分を相続することになります。他にも相続人がいる場合には、その住宅に住みつづける人が持分を相続できるよう、事前の対策も必要です。

登録免許税の軽減税率

	所有権保存登記	所有権移転登記	抵当権設定登記	適用期限
原則	0.4%	2.0%	0.4%	
一般住宅	0.15%	0.3%	0.1%	2020/3/31
認定長期優良住宅	0.1%	0.2%		2018/3/31
認定低炭素住宅	0.1%	0.1%		2018/3/31
一定の買取再販物件		0.1%		2018/3/31

※土地の所有権移転登記は2.0%（2019年3月31日までに登記を受ける場合1.5%）

軽減税率を適用するための要件

- 登記名義人が自己の居住用に取得または新築した住宅
- 事務所・店舗・倉庫併用住宅の場合は延べ床面積の90%以上が居住スペースである
- 新築または取得後1年以内に登記する
- 家屋の床面積（登記面積）が50㎡以上
- 中古住宅の場合は、木造住宅など非耐火建築物では築20年以内、鉄骨造・RC造などの耐火建築物では築25年以内（耐震性を有する住宅、または既存住宅売買瑕疵保険に加入している住宅の場合は築年数を問わない。いずれも証明書が必要）
- 所有権移転登記の場合は売買または競落による取得であること（贈与や相続の場合は適用されない）
- 建物の所有権登記名義人が単独か共有かは問わない（共有の場合はその家屋に居住するものの持ち分についてのみ軽減）
- 抵当権設定登記の場合、建物の所有権登記名義人と債務者が同じであること
- 根抵当権設定登記には適用されない

設計図書の見方を覚えよう

実施設計に進むと、平面図のほか、数十種類以上の設計図書が提出されます。図面を見ただけでは立体をイメージするのはなかなか難しいものですが、設計者のアドバイスを受けながら、すべての図面に目を通し、建物の全体像を把握しましょう。

設計図を読み解きながら完成像を思い描いて

基本設計が決まると、実施設計図の作成に進みます。これは基本設計をよりくわしく書き込んだ設計図のことで、配置図、平面図、立面図、断面図など数十種類にも及ぶ図面と仕様書、仕上げ表などがまとめられ、「設計図書」ともいいます。設計図書には専門用語や記号が多数記載されていて、はじめて見る人にとっては難解な部分も。わからないところは設計者に質問し、図面を見ながら完成した家をイメージしていきましょう。図面に書かれている部材やスケール感などもチェックして、要望があれば設計者に伝えるようにします。

暮らしやすさを左右する動線などを平面図で確認しましょう

各階ごとに建物を水平に切り、真上から見た状態で示されるのが平面図で、一般にいう間取り図のことです。部屋の広さやつながり、壁やドア、造作家具の位置などは、この図面でチェックできます。

広さや高さなどを具体的に把握するには、こまかく記入されている数字を確認してください。

暮らしやすい家かどうかは、間取りによることが大きく、部屋から部屋への移動やさまざまな行為が効率よくできるかが重要です。図面を見ながら、実際に暮らしているつもりで、玄関→LDK→各部屋というように目でたどってみましょう。ドアや階段の幅は十分にとってあるか、キッチンの広さは人がすれ違うだけのゆとりがあるか、トイレや浴室の広さはこれでいいか、造作家具など収納の間口や奥行きの寸法などもチェックします。上下階への移動や、採光、通風などに関係のある窓の位置も忘れずに確認しておきます。

主な設計図面リストの例（木造軸組み工法の場合）

●付近見取図	建築予定地が示されたもの
●配置図	敷地のどの場所に建物を建てるかを示した図
●敷地求積図、建築面積求積図、床面積求積図、特記仕様書	図面では表現できない重要な工事の内容を補足したもの
●仕上げ表	建物の各部の仕上げ材の種類や厚みなどを示したもの
●平面図	各階ごとの間取り図。柱やすじかいの位置が示されている
●立面図	建物を東西南北の 4 面から見た姿図
●断面図	建物を垂直に切りとったときの切り口の図
平面詳細図	平面図を拡大し、詳細な説明を加えた図
矩形図	断面図を部分的に拡大した詳細図
基礎伏図	1階の床をはがして上から見た基礎の姿を示した図
床伏図	床板をはがして上から見た土台、大引き、根太などの図
小屋伏図	屋根を真上から見た図
天井伏図	天井を見上げた図
建具表	建具の形状、寸法、姿図、仕上げ材などが示されたもの
展開図	各部屋の壁面を描いた図
電気設備図	電気設備の系統や照明、コンセント、スイッチなどの位置を示した図
空調換気設備図	空調や換気の系統、設置位置などを示した図
給排水設備図	給排水系統や衛生設備機器のとりつけ位置などを示した図
ガス設備図	ガス配管の系統やガス関連機器のとりつけ位置などを示した図
外構図	門や塀、カーポートなど、建物の外まわりの状態を示した図
構造図	地下室や特殊な基礎を計画する場合、その部分についての構造を示した図

※●をつけた図面と、採光、換気計算表、壁量計算表、排煙計算書などが建築確認申請図書として必要になります。

平面図

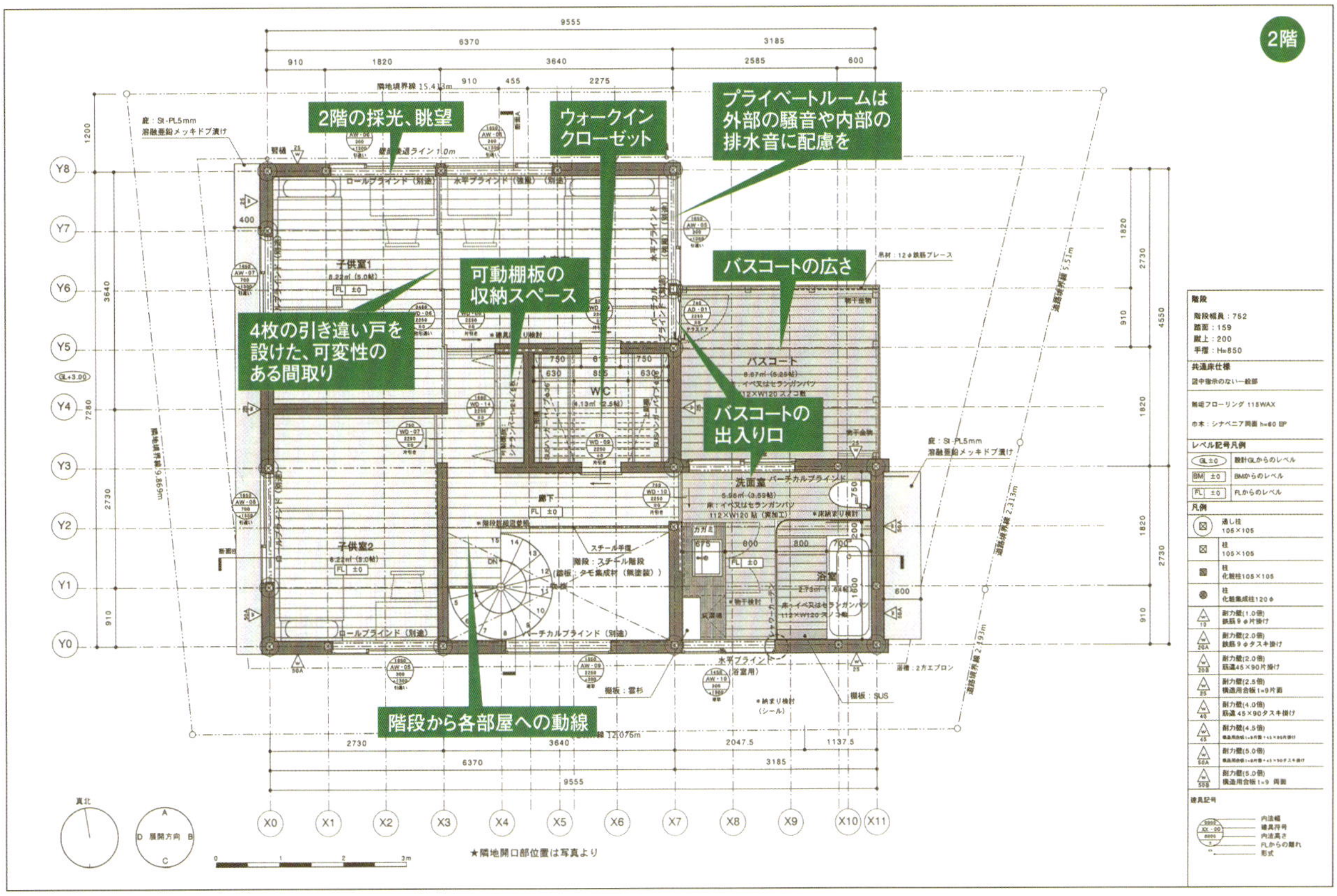

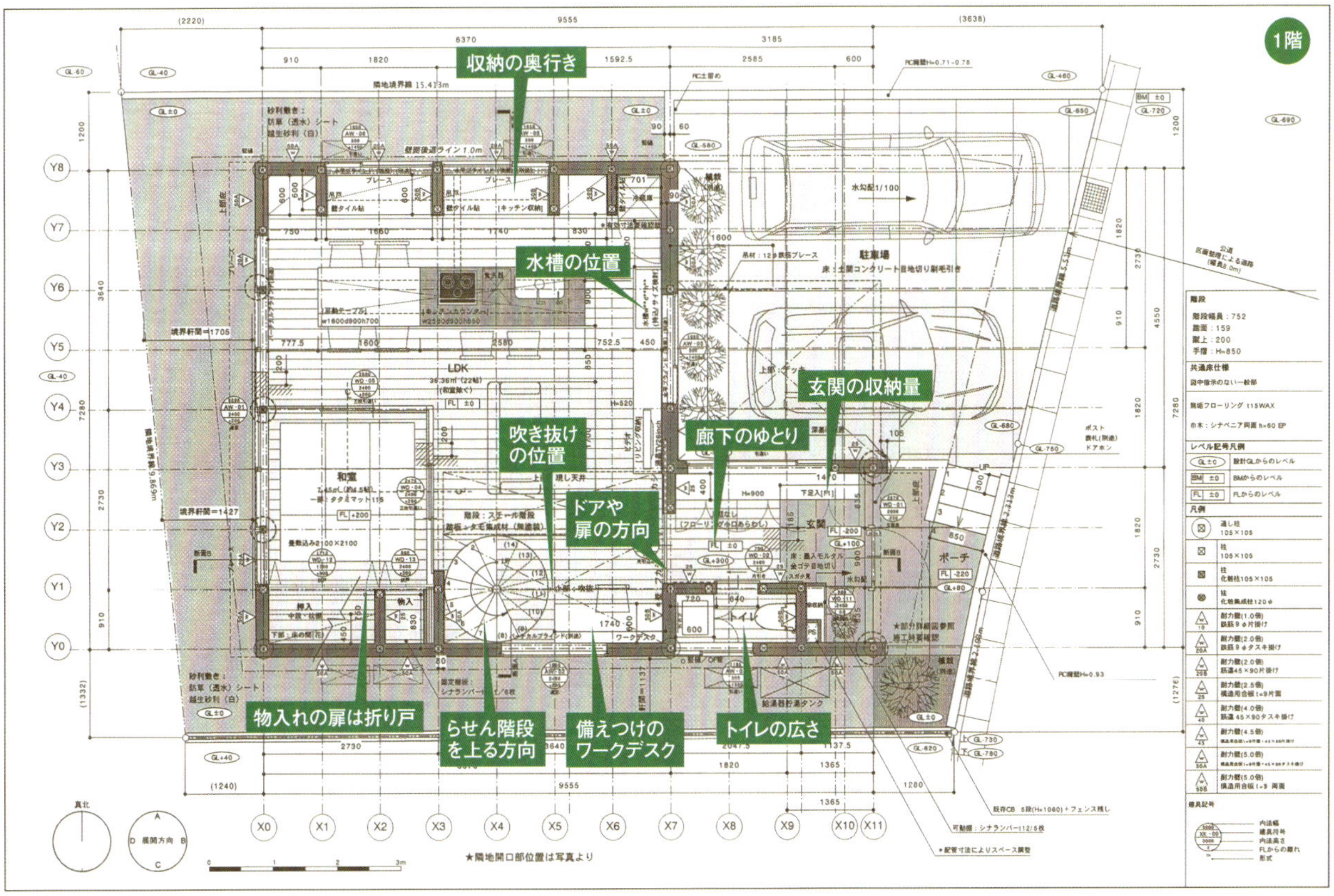

※P397〜399の図面は、誌面に合わせて縮小率を変えています。本来の設計図書では縮小率は統一されています。 ※図面提供／unit-H 中村高淑建築設計事務所

家の形をイメージしやすいのが立面図です

建物の外観を東西南北の4面から見たのが立面図で、完成のイメージをつかみやすいのがこの図面です。建物を外から見たときの玄関扉や窓、バルコニー、フェンスの位置などがわかるほか、屋根の勾配や素材、外壁にはどんな素材を使うのかも記されています。特に、家の顔ともいえる玄関まわりがどんなデザインになるのかをしっかりチェック。また、見落としがちなひさしやといの有無も、この図面で確認しておきましょう。さらに、北側斜線制限や道路斜線制限などについても記入されていますので、周囲との関連を確認しておきます。

立面図

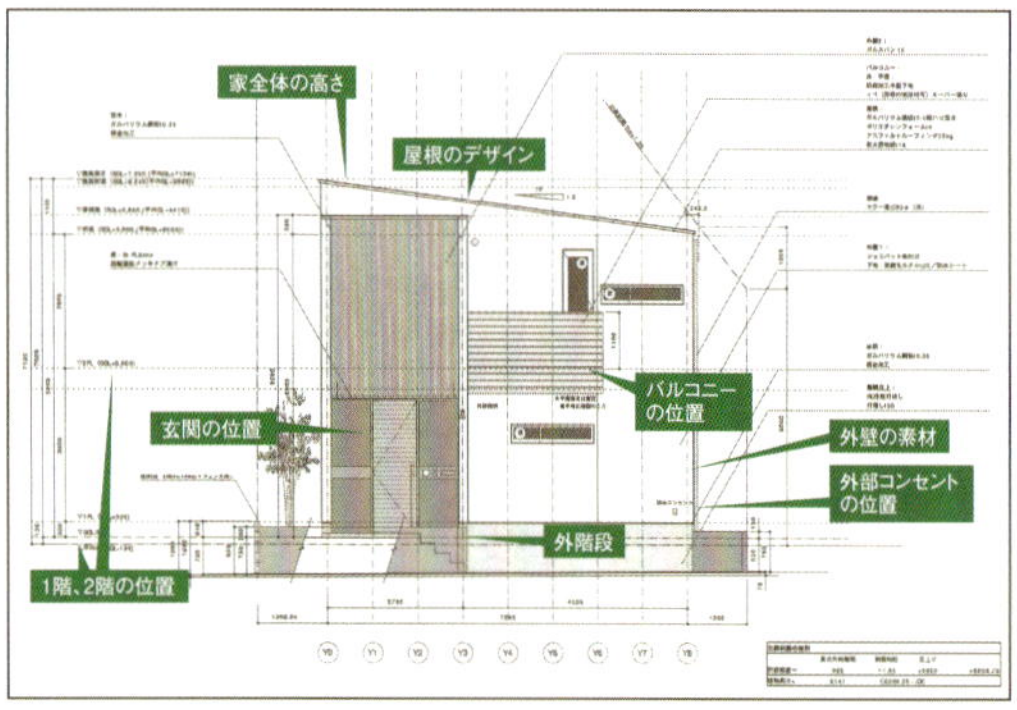

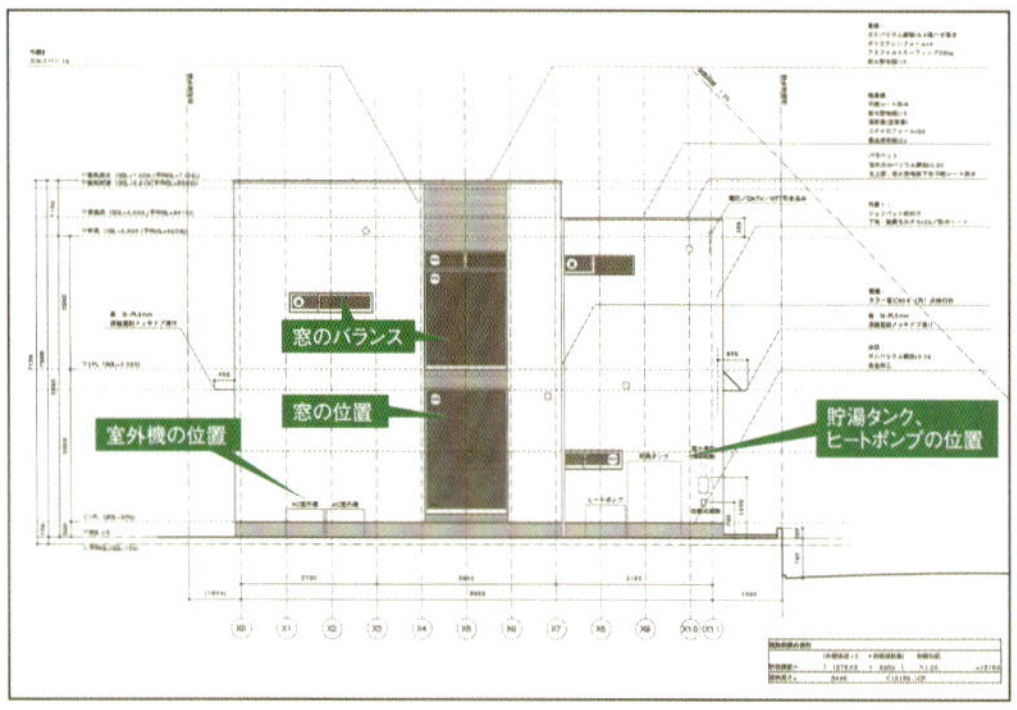

内装のこまかい高さ・寸法は展開図で確認を

部屋の中心から4面の壁を1面ずつ見た状態をあらわしたのが展開図です。窓やドア、造作家具の位置など、内装がどのようにデザインされているのかがわかります。平面図ではわからない、床からの高さ、壁からの寸法など、高さ方向のチェックができるのが展開図ですので、平面図と照らし合わせながらイメージしましょう。特に収納家具の高さ、スイッチやコンセント、エアコンとそのコントローラーの位置などは、家具の配置などとも関係するので、こまかくチェックします。

作業のしやすさがポイントとなるキッチンでは、ワークトップの高さ、吊り戸棚の位置にも注意しましょう。踏み台を使わなければ取っ手に手が届かないような収納では困りもの。リビングやダイニングでは、壁ぎわにテレビ台やデスクなどを置く予定があるなら、窓の高さが適切かどうかを確認し、ソファが窓やドア枠にかかっていないかなども見ておきます。

展開図

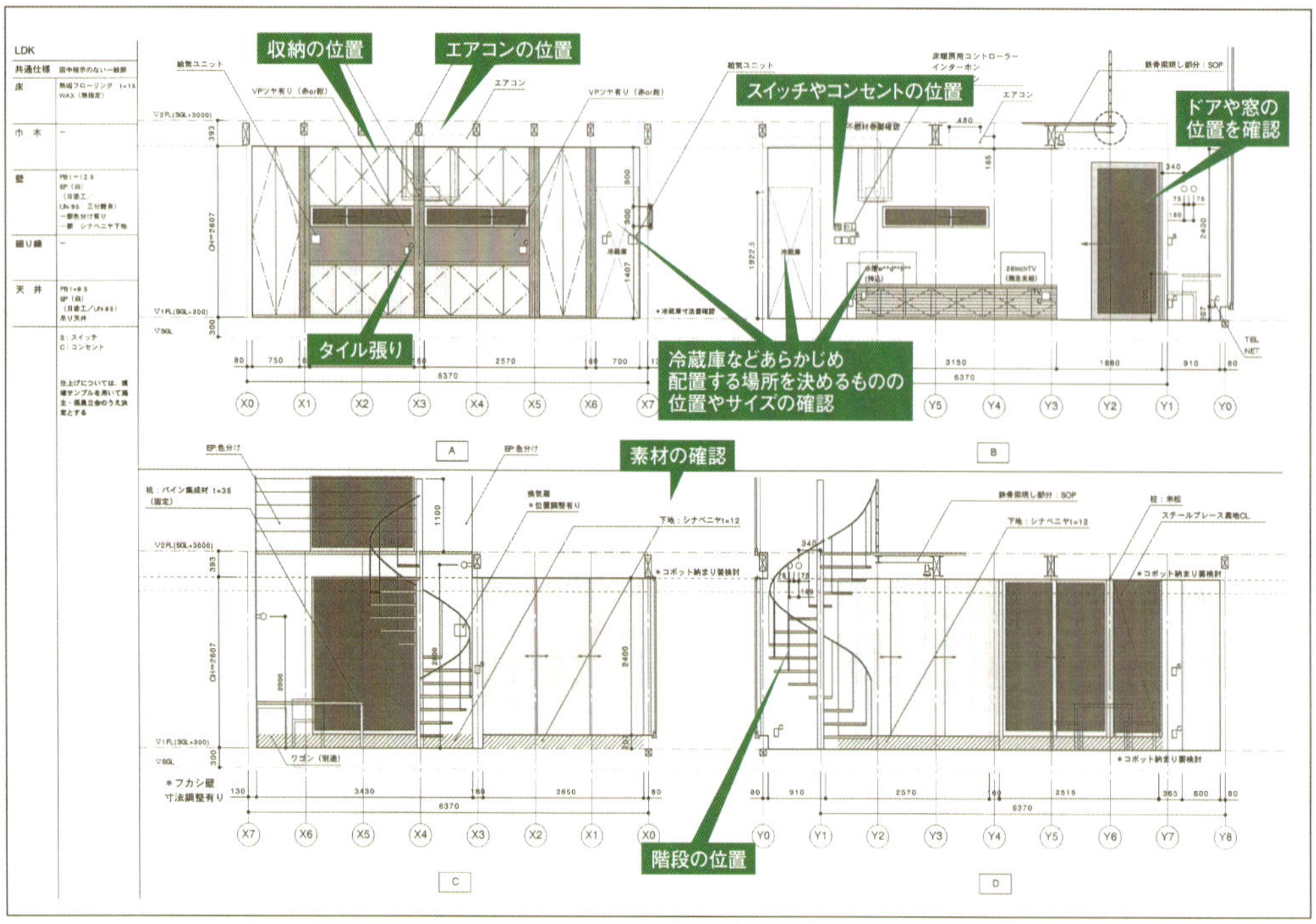

断面図から建物の立体感や構造を見極めましょう

建物を垂直に切りとり、各部屋の床の高さ、1階、2階などの各階の高さ、軒の高さなど、建物の高さをあらわしたのが断面図です。部屋ごとの高さをあらわしている展開図に似ていますが、こちらは建物全体の断面を見たもので、窓やドアなどの高さのバランスが把握できます。また、スキップフロアをとり入れたプランなどは、断面図を見ると上下階のつながりがわかりやすいので、しっかり見ておきましょう。

よりくわしい構造や性能をチェックできるのが矩計図です

断面図の一種で、縮尺や内容の精度を高くした垂直断面図を矩形図（かなばかりず）といいます。地盤と建物の基礎のおさまり、基礎の高さ、床下の防湿処理、根太や床材の寸法、天井や壁に入っている断熱材、屋根の勾配に至るまで、建物の構造や性能にかかわる重要な情報が示されています。たとえば、建物の耐久性を左右する基礎まわりは、基礎伏図（基礎を真上から見た図で、ここでは紹介されていませんが、設計図一式に含まれる）とも照らし合わせて確認しておくといいでしょう。また、断熱材の厚みは住み心地や省エネ性にも影響するので、どこにどんな素材がどのように入っているかをチェックしてください。

このほかにも、電気設備図や空調換気設備図なども重要な図面なので、すべてに目を通して確認しましょう。

断面図

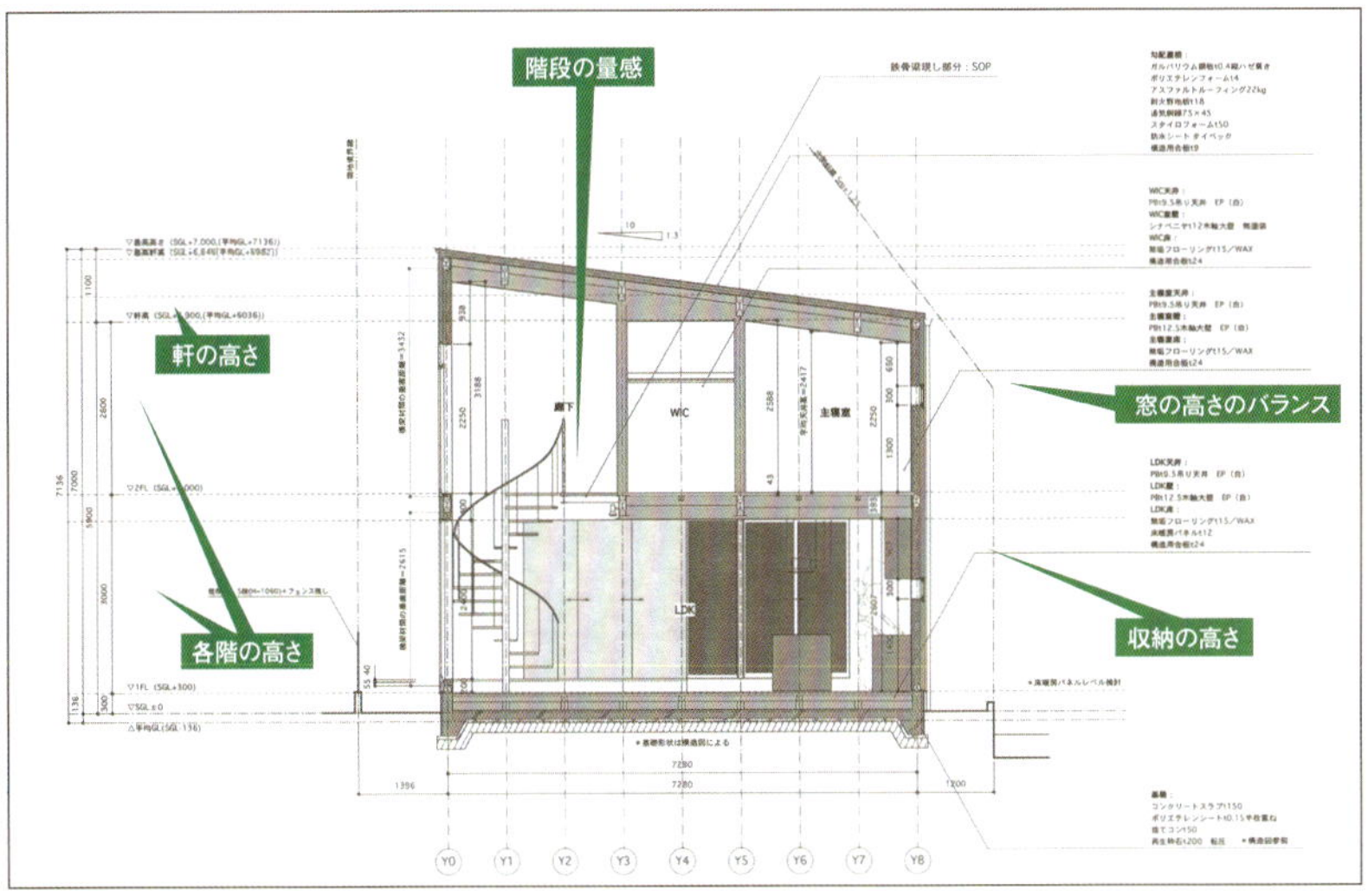

矩計図

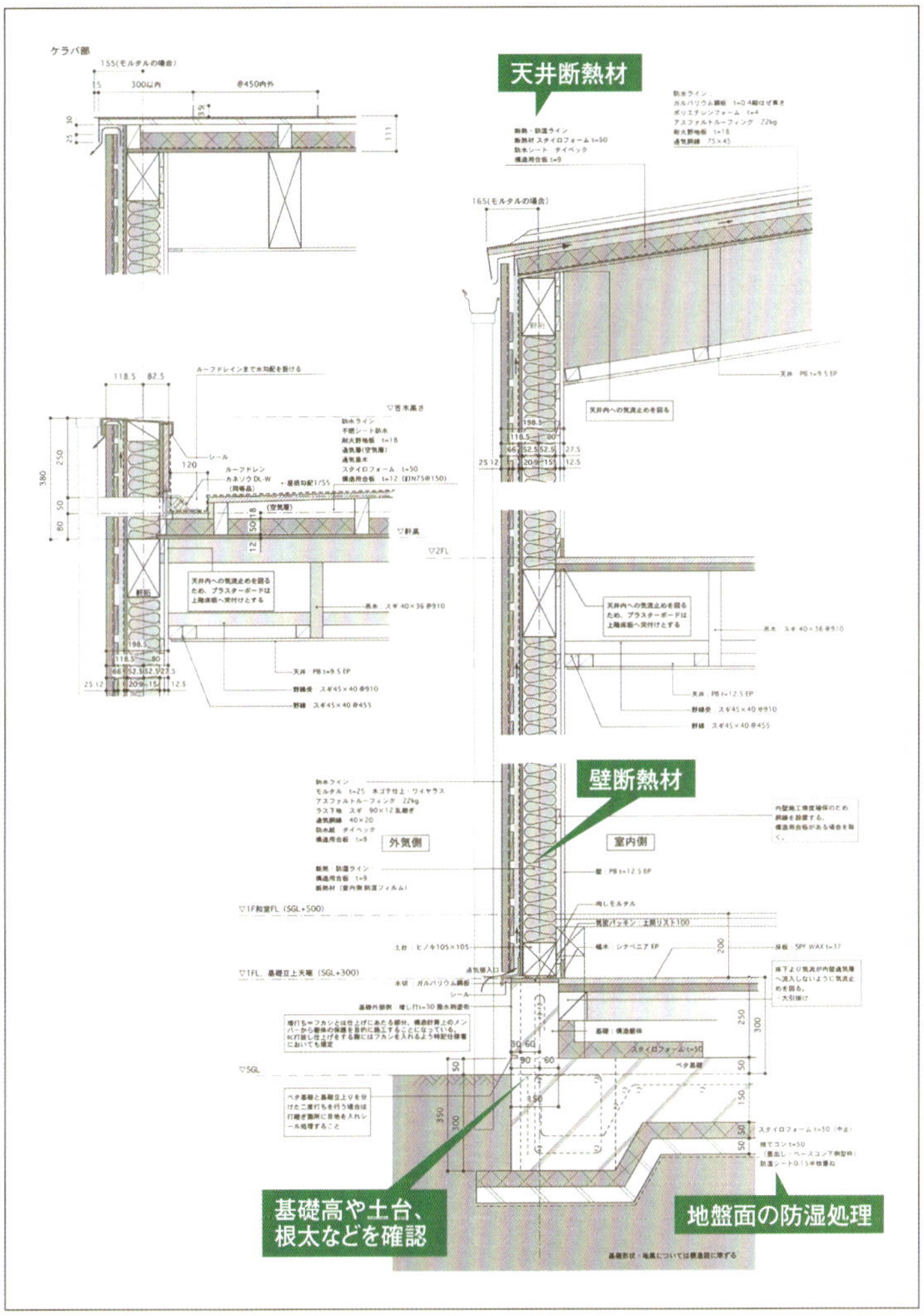

PART 11 見積もり・契約・保証の話

設計図の表示記号、設備の専門記号を把握しましょう

平面図にはさまざまな表示記号が使われています。窓やドアは左記のような記号で表示されているので確認しておきましょう。たとえばドアを開けたときに隣室のドアや歩いている人にぶつからないかをチェックして。窓と扉の記号は似ていて間違いやすいので、しっかり頭に入れておきましょう。

建物の設備関係を示したのが設備図で下記のような特殊な記号が多数出てきます。家電を多く使う部屋のコンセントの数は足りているか、スイッチは使いやすい位置についているか、消費電力の大きい家電は専用回路になっているかなどがチェックポイントです。

設計のポイント

- □ 必要な設計図面（P396の一覧表を参照）や書類はそろっていますか
- □ 途中での設計変更を含め、希望した間取り、設備などが設計図に反映されていますか
- □ すべての図面に目を通し、使いがってや必要な寸法（スケール感）を把握しましたか
- □ 床の段差や天井の高さ、部屋の広さと家具の配置などは確認しましたか
- □ ひさしやといの有無は確認しましたか
- □ 耐震や断熱などの性能面のレベルは確認しましたか
- □ 完成後のメンテナンス方法について確認しましたか

扉や窓をさす記号凡例

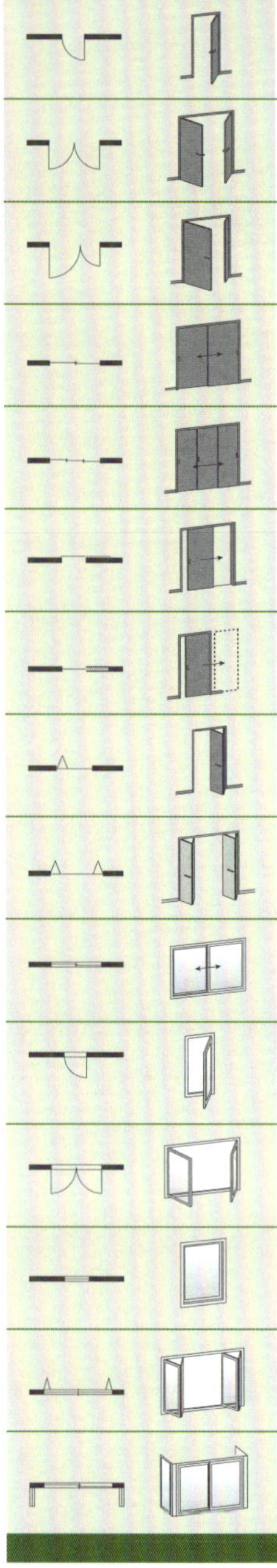

片開き戸	左右どちらか一方に開閉するタイプの戸。最も一般的に使われる。
両開き戸	左右2枚の戸が開閉するタイプの戸。大きな荷物の出し入れなどに便利。
親子扉	片方の戸の幅を狭くした両開きの戸。玄関などに多く使われる。
引き違い戸	2枚の戸をスライドさせて開閉する戸。左右どちらからも出入りできる。
3枚引き違い戸	3枚の戸をスライドさせて開閉する戸。レールの本数によって開く幅が変わる。
片引き戸	引き込みスペースにスライドさせて開閉する戸。
引き込み戸	壁の中にスライドさせて引き込むタイプの戸。開くと戸が見えなくなる。
折り戸	開いたときに折りたためるタイプの戸。浴室などに多く使われる。
2枚折り戸	開いたときに折りたためる戸が2枚ついた戸。クローゼットなどに多く使われる。
引き違い窓	左右2枚のガラス戸をスライドさせて開閉する窓。最も一般的。
片開き窓	左右どちらか一方に開閉する窓。採光・通風に有効。
両開き窓	左右2枚のガラス戸を開閉する窓。採光・通風に有効。
はめ殺し窓	ガラスを窓枠にはめ込んだ、開閉できない窓。採光・眺望に有効。
フルオープン窓	開口部いっぱいにサッシ枠が開くようになっている窓。
出窓	壁より外側に張り出した窓。室内の開放感を高め、採光・眺望に有効。

略字記号 凡例

N	北	φ	直径	H	高さ
GL	地盤面	R	半径	D	奥行き
CH	天井高	□	角	PS	配管スペース
⊠	柱	W	幅	EV	エレベーター
				RC	鉄筋コンクリート

電気設備図 凡例

記号	名称	記号	名称
	蛍光灯	2	コンセント
D	ダウンライト	2E	アースつきコンセント
B	ブラケット	AC	エアコンコンセント
CL	シーリングライト	W	防水コンセント
	ペンダント	T	電話
⊠	天井扇	V	テレビ
	壁換気扇	t	インターホン（親）
●	スイッチ	t	インターホン（子）

PART 12

リフォームの成功マニュアル

リフォームでできることは？

新築より安く、自分らしい家が手に入ると人気のリフォーム。理想の住まいをつくるために、どんな物件をどこまでリフォームするか？悩むところです。まずは、リフォームの基本から。どんなことができて、何ができないのか？ マンションと戸建て、それぞれのケースを見ていきましょう。

マンション

天井
○ 構造体の内側のリフォームは自由なので、内装の変更もできる
△ 天井裏にスペースがあれば、内装をはがして天井高を上げることもできる

間仕切り壁
○ 内装の変更はできる
△ 内部の壁は撤去や移動もできる。ただし、構造壁の場合は撤去できない

電気配線
○ コンセントや照明器具の移設と増設はできる

サッシ
○ 窓の内側を二重サッシにすることはできる
△ サッシをまるごと交換することは不可。管理規約によってはガラス部分のみ交換できるケースも

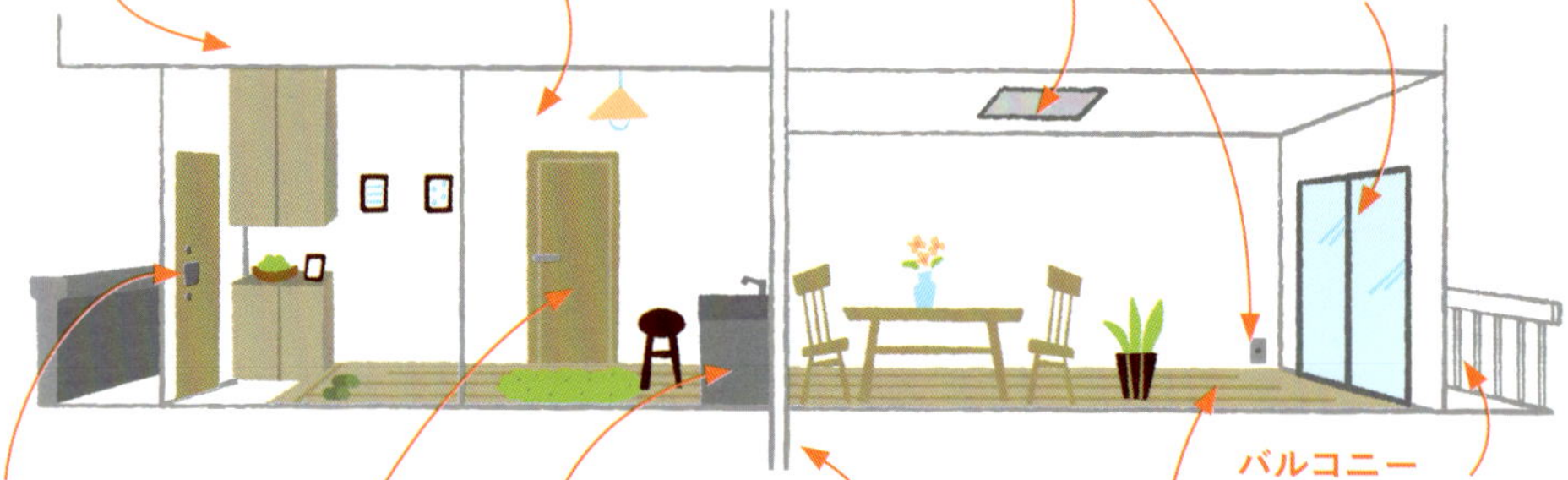

玄関ドア
○ ドア内側の塗装やカギの交換はできる
× ドア自体の交換は不可

扉・建具
○ 室内ドアや建具の交換はできる

給排水設備
○ キッチンや浴室の移設はできる
○ 排水勾配がとれる範囲であれば排水管の移動もできる
△ トイレの排水管は多少なら移動できる

パイプスペース
× 上下階と共有しているので移動できない

バルコニー
○ デッキやトレリスなど床に固定しないものを設置することはできる
× フェンスや手すりに手を加えることはできない

床
△ 管理規約に則していれば変更できる

マンションのリフォームでできること、できないこと

マンションの場合、たとえ持ち家でもすべてを自由に変えることはできません。玄関ドアや外廊下、バルコニーなどの共有部分の変更はNG。これに対して専有部分となる居室空間は、ほぼ全面的にリフォームが可能です。ただし、床材の変更は要注意。マンションでは、防音面から使用できる床材が管理規約で決められている場合も。また、居室内にマンション全体を支える壁や梁など構造体がある場合、これは撤去できません。キッチンや浴室などの水回りは、配管が動かせれば移設もできます。

Q 壁をなくして広いワンルームにできる？

マンションの場合でも、スケルトンリフォームといって、壁や建具、設備機器などをすべて撤去して空っぽの箱状態にし、一から自由にプランニングすることができます。ただし、マンションの構造によっては、住戸内に構造壁があって撤去できない場合も。こうしたケースでも、プランニングしだいで、壁を残したまま十分に広い居室空間をつくれます。

Q キッチンや浴室の位置を変更できる？

水回りは、排水と排気ルートが確保できれば移動もOK。浴室とキッチンの位置を変えたり、1カ所にかためたりなど、もともと水回りがある場所に移動するのは比較的簡単です。それ以外の大幅な位置変更もできる可能性はありますので、設計者に相談してください。また、オリジナルの浴室を設計することも可能。規格サイズのユニットバスと違って自由にサイズを設定できるので、スペースを有効に利用できます。

Q ナチュラルインテリアにしたいのですが…

もちろんできます。無垢材の床を張ったり、壁に珪藻土を塗ったり、建具や内装材も広範囲に選べます。ただし、床材の選択には注意を。事前にマンションの管理規約に目を通して、使える素材を確認してください。

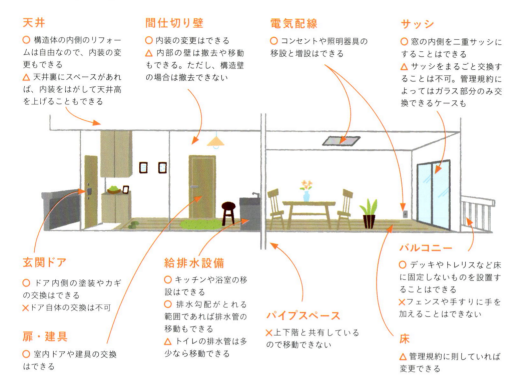

戸建て

屋根
○ 葺きかえや防水処理のやりかえもできる
○ 木造の場合、トップライトをつくることもできる。ただし、補強工事が必要な場合もある
△ コストはかかるが形状を変更することもできる

サッシ
○ とりかえも可能。まわりの壁の補修が必要になる
△ 建物の強度に影響がない場所なら、新たに窓を設置することもできる。防火・準防火地域の場合、設置可能なサッシの基準があるので要確認

電気設備・給排水設備
○ 移設、増設などはほぼ可能
○ オール電化にもできる。200Vの電源が必要になるので引き込み工事が追加になる場合もある
○ 新たに床暖房を設置することもできる

天井
△ 天井裏にスペースがあれば、内装をはがして天井高を上げることもできる
△ 吹き抜けをつくることもできる。ただし、工法によっては撤去できない構造体もあるので注意を

間仕切り壁
○ 木造在来工法や鉄骨なら撤去や移動もできる
△ 軽量鉄骨や2×4工法の場合、動かせない部分もあるので要注意

外壁
○ 素材を変更してつくりかえることも可能。地域の防火規制を確認すること

床
△ 基礎の形状しだいでは土間や掘りごたつをつくることもできる

玄関ドア
○ 変更できるが、まわりの壁の補修が必要になる。防火規制の確認が必須

構造補強
○ 木造の場合は柱や壁の補強が比較的簡単にできる
△ コストはかかるが、建物を浮かせて基礎をつくりかえることも可能

戸建てのリフォームでできること、できないこと

戸建て住宅の場合は、マンションに比べて制約が少ないので、平面はもちろん、吹き抜けをつくるなど上下階も含めた大胆な間取り変更が可能です。ただし、建物の工法によっては壁や梁が撤去できないなど、構造上の制約もあるので確認を。また、注意したいのは建築基準法や自治体の条例による規制など。特に外まわりのリフォームや増築を考えている場合は、建築面積や道路からの位置、外観などに制約があることもありますので、事前に調べておきましょう。

Q リビングに吹き抜けをつくりたいけれど、できますか？

木造軸組みの建物なら基本的に可能です。ただし、梁やすじかいなどはとり除くことができないので、これを逆手にとって、構造体を見せるダイナミックな吹き抜けをつくるのも一案です。気をつけたいのは空調の問題。床暖房など足元から暖める暖房設備もあわせて設置できると、開放的で快適なリビングになります。

Q 築30年の家に床暖房を入れたり、オール電化にすることは可能？

この場合、問題になるのが電気・水道・ガスの容量。古い住宅では、水道引き込み管の口径や電気の引き込み線が極端に小さいケースも多く見られます。床暖房やＩＨクッキングヒーター、オール電化住宅などを検討している場合は、それに見合うだけのライフラインを確保するために、水道や電気の引き込み工事が必要になるケースも。その点をクリアすれば、最新設備の導入も可能です。2世帯住宅にリフォームして2階にキッチンや浴室を増設する際も、同様の工事が必要になることがあります。

Q 増築はどこまで可能？　注意点はありますか？

敷地面積で決まる建ぺい率や容積率の範囲内なら増築が可能です。注意したいのは、セットバックの必要があるケース。前面道路の幅が4mに満たない場合、敷地内とはいえ建物を建てられないゾーンがあります。また、高さ制限や外観の規制など、地域ごとに決められた法律や条例もあるので確認を。特に中古物件を買ってリフォームする場合は、法改正などで家を建てたときの規制が変更されていることもあるので要注意です。増築部分が10㎡以上の場合など、建築確認申請が必要となるケースもあります。

断熱性を高めて快適に!

家全体を断熱材で すっぽりくるんで

夏は蒸し暑く、冬は暖房をかけても部屋があたたまらない。窓にびっしりつく結露も悩みのタネ……。そんな不満は、どれも断熱がきちんとされていないことが原因です。快適に過ごせる家をつくるには、断熱性能を上げることが不可欠です。リフォームの場合も、まず考えたいのは家全体をきちんと断熱すること。建物の断熱をせずに、いくら最新の冷暖房設備を採用しても、その効果は十分に得られません。

具体的には、外気に接する外壁、屋根、床に断熱材をしっかりと入れて、家全体が断熱材でくるまれるようにします。築20年以上の戸建て物件では、これらの箇所に断熱材が入っていないケースは意外と多くあります。マンションでも断熱工事は可能ですから、まずはリフォームする物件の断熱性をプロに見てもらいましょう。断熱材が足りないところは補うなどして、家全体をバランスよく断熱することで、室内温度のバラつきが少なくなり、結果、結露も起きにくくなります。

熱が逃げやすい開口部の 断熱性をUP

大きな窓は開放感があって気持ちがいいものですが、住まいの中で最も熱の出入りが激しいのも窓。特に、築年数のたった住宅で一般的なアルミサッシ+単板ガラスの窓は、外気の暑さ寒さをダイレクトに室内に伝えてしまいます。できれば複層ガラスや遮熱・断熱性の高いLOW－Eガラスなどを用いた断熱サッシにかえて、窓の断熱性もアップさせておきたいところです。

断熱性の高い窓に交換する場合、サッシごと新しいものにかえる以外に、サッシはそのままでガラスのみ交換することもできます。マンションリフォームの場合は、基本的にサッシの交換はできません（管理規約によっては、ガラス部分のみ交換できる場合も）。このケースでは、既存の窓の室内側に断熱性能にすぐれた「内窓」をとりつける方法があります。また戸建ての場合は、すだれのような感覚で窓の外側にとりつけて日ざしを遮る「外づけスクリーン」なども、夏の遮熱対策には効果的です。

断熱施工をして 浴室の温度差を なくしましょう

築年数のたった住宅では、浴室まわりの断熱が不十分だったり、北側に配置されたりしていることも多く、冬場の浴室が寒いという声を多く聞きます。特に、お年寄りのいるお宅では、リビングなどの居室と浴室の急激な温度差によって引き起こされるヒートショック対策としても、浴室の断熱性を高めたいところです。リフォームで建物全体の断熱工事を行う場合はそれほど心配いりませんが、浴室だけをとりかえるような部分リフォームでも、浴室の断熱性を高める工夫が必要です。最近では、リフォーム需要にこたえるように、各メーカーからあたたかく快適なバスルームにリフォームできるシステムバスも登場しています。床、壁、天井をまるごと断熱し、さらに床暖房や浴室暖房までついたものもあるので、そのような設備を採用するのも手です。オリジナルの浴室をつくる場合も、浴室の床、壁、天井をきちんと断熱して、ほかの居室との温度差が大きくならないような対策をとりましょう。

快適さUP！の設備

窓を交換する

単板ガラスから複層ガラスやLow-Eガラスに交換すると、断熱性が格段に上がります。また、窓枠（サッシ）の素材も重要で、木製サッシや樹脂製サッシはアルミ製に比べて高価ですが断熱性能が高く、結露しにくいのもメリットです。

内窓をつける

内窓自体も断熱・遮熱効果が高いものですが、もともとの窓との間に空気層が生まれることで、さらに断熱効果がアップ。窓が二重になることで、防音・防犯対策にもなります。

外づけスクリーンを設置する

窓自体の断熱性能を上げるのに加えて、外からの日ざしを効率よくカットできる「外づけスクリーン」をとりつけるのもおすすめ。太陽の熱を８割近くカットできるというデータもあり、冷房の使いすぎも抑えられます。

空気の流れをつくる

24時間換気システムをとり入れて結露対策を

冬になると窓の結露がすごい……という経験のあるかたも多いのでは？　家の中と外の温度差によって起こる結露を防ぐには、断熱をすることに加えて十分な換気が必須。気密性の高いマンションでは特に、家じゅうの空気を循環させることが必要です。

空気を循環させるには、24時間換気システムが効果的ですが、とりつけには配管用の穴が必要で、古いマンションなどでもともと換気システムが設置されていないと配管用の穴もなく、設置できないこともあります。そのような場合には、キッチンのレンジフードを24時間換気機能つきのタイプにし、家じゅうの空気がレンジフードを中心に流れるよう、部屋の仕切りやドアに換気用の穴を設けるなどの方法があります。空気の流れができると、天井にたまる暖気や床付近の冷気が撹拌されて、冷暖房の効率も上がります。

熱気がこもる屋根裏は換気扇で風を回す

戸建ての場合、屋根に降り注ぐ夏の日射は強烈で、屋根裏スペースが夏は暑くて使えない……というのはよくある話。これは、上からの日射に加えて、室内であたたまった空気が上昇し、屋根裏にこもってしまうことにも原因があります。リフォームでこれを解消するには、屋根直下に断熱材をしっかりと施し、屋根裏に換気扇をとりつけて、熱気がこもらず排出できるようにしておきましょう。

また、吹き抜けや屋根なり天井のリビングには、インテリアのアクセントにもなるシーリングファンをつけるのもおすすめ。室内に空気の対流をつくって室温を均一にし、冷暖房効率を高めます。シーリングファンというと夏に使うイメージがありますが、実は冬にこそ効果を発揮します。シーリングファンには上昇気流と下降気流という風の向きを変えられるタイプがあり、冬は下向き、夏は上向きにスイッチを切り替えれば、季節に応じた空気の流れをつくれます。

湿けやすい床下の風の流れも要チェック

リフォームは、構造体など見えない部分の状態を確認して必要な補修を行い、丈夫で長持ちする家につくりかえるチャンス。湿気がこもりがちな床下にも、風の流れをつくって除湿できるようにしましょう。まずは既存の住宅で、床下換気口から床下全体に風が通っているかを確認。空気が滞っているところがあったら床下換気扇を設置します。床下の通気をよくしたら、床に断熱材を補うことも忘れずに。

冷暖房選び

床暖房で家じゅうをまんべんなく快適温度に

最近は、オープンな間取りの要望が多く、冷暖房も家全体を均一の温度にできる設備が求められています。床暖房はその点からも効率がよく、床表面があたたかいのはもちろん、輻射熱で家全体がじんわりとあたためられるのでおすすめです。床暖房を主暖房にするなら、最低でも床面積の70％は敷設して。2階建ての場合は1階に敷設するだけで、上階にまで暖気が伝わります。

床暖房の種類

電気式床暖房

熱線式：電熱線で発熱するシートを床下に敷き込むタイプで、キッチンや洗面室など狭い範囲で使うケース向き。設置が簡単で費用も比較的安くすみますが、ランニングコストは高め。

蓄熱式：電気代の割安な夜間電力を利用して蓄熱し、電気代の高い日中に放熱して輻射熱で床をあたためます。住居内を均一にあたためることができるので、広い範囲に設置するケース向き。初期費用は高めですが、ランニングコストは低め。

温水式床暖房

ガスや石油であたためた温水を、床下に設置したパイプに流して循環させる方式で、広い範囲で長時間使うケース向き。給湯器の設置や配管工事の費用はかかりますが、最近ではフローリング一体型や、簡単な工事で設置可能な温水循環型のシステムもあります。熱源には電気、ガス、灯油、石油などがあり、それぞれにランニングコストが異なり、さらに高効率給湯システム（エコキュートなど）を設置すれば、ランニングコストが抑えられます。

素材の選び方

調湿効果の高い無垢材は足ざわりが格別に心地よい

自然素材を使ったナチュラルインテリアが人気ですが、なかでもフローリングなどに使われる無垢材は見た目のぬくもり感だけでなく、木がもつ調湿・断熱効果で室内環境を快適にしてくれる優秀素材。無垢の木の足ざわりが気持ちいいのは、木が呼吸して湿度をちょうどいい状態に保ってくれるから。夏でもベタベタせず、冬でもヒヤッとした冷たさはありません。ただしマンションの場合、使用できる床材が管理規約で決められている場合もあるので事前に確認しておきましょう。

珪藻土やしっくい壁は調湿＋抗菌効果も期待できます

珪藻土やしっくいにも無垢材と同様に調湿効果があり、さらにしっくいは抗菌作用も期待できる素材。珪藻土やしっくい塗りの壁は、室内を快適な環境にしてくれます。そして、これらの自然素材の壁のもうひとつの利点は、汚れがつきにくいこと。ビニールクロスの壁の場合、テレビや冷蔵庫の後ろは静電気が起きてホコリが吸い寄せられ、壁が黒く汚れることがありますが、自然素材の壁は静電気が起きず、黒ずみができません。

水回りにタイルを使うなら、汚れにくい目地を

清潔感があってインテリア性も高いタイルは、水回りの内装材として人気ですが、目地のお手入れが大変と躊躇する人もいます。しかし最近では、汚れにくい目地材もあり、インテリア性とお手入れ簡単な清潔・快適空間を両立することが可能です。

たとえば油汚れやしょうゆのシミに強いキッチン用、カビや水アカに強い浴室・洗面室用など、種類も豊富。抗菌・防汚性の高いタイルと組み合わせれば、さらに手間をかけずにキレイをキープできます。

おすすめの設備機器

掃除がぐんとラクになる設備に注目！

水回りをはじめとする住宅設備を選ぶ際には、使い勝手や機能性はもちろん、〝お手入れのしやすさ〟も大事なポイント。リフォームでは設備選びが暮らしの快適さに直結するので、最新情報をチェックしましょう。レンジフードやシンク、排水口やトイレなど、特に掃除が面倒なところに、汚れがつきにくい素材やデザイン上の工夫をとり入れ、掃除の手間がぐんと軽減できるうれしい設備が続々と登場しています。

室内にも物干し場をつくっておくと便利

リフォームの際にぜひおすすめしたいのが、室内で洗濯物を干せる場所をつくっておくこと。できればリビングから死角になる場所にスペースをとり、換気扇やエアコンを設置できるとベストです。天井に設置して使うときだけ引き出せる物干しポールや洗濯物乾燥用の空調などもあるので、上手にとり入れてみましょう。

浴室乾燥機やタオルウォーマーもおすすめ

窓のない浴室には乾燥機があると便利。カビの発生を抑えてくれるほか、入浴前の予備暖房機能を使えばヒートショック対策になりますし、夏場は涼風機能で快適なバスタイムが過ごせます。また洗面脱衣室におすすめなのがタオルウォーマー。場所をとらないのもメリットで、バスタオルをあたたかく使えるほか、輻射熱で空間がほんのりあたたまります。

ライティングレールなら照明が自由自在に

リフォーム時に電気工事を伴う照明計画をする場合、家具の配置や部屋の使い方が変わったときにも、ほしいところに照明が当てられるように、可変性のあるライティングプランを立てておくとよいでしょう。たとえば、ＬＤなど家族で多目的に使う場所は、照明器具を固定せず、ライティングレールを設置して、照明器具の位置を動かしたり器具を追加できるようにすると便利です。

エコ設備にも注目！

水道光熱費を節約できる設備は積極的に検討を

リフォームで水回りの設備をとりかえるなら、初期費用は少々高めでも、住んでからのランニングコストが抑えられるエコ設備を検討してみましょう。たとえば、家の中でいちばん水を使う場所といわれるトイレに最新の節水型を導入すれば、水道代が約7割も節約できます。こうした節水トイレのほか、お風呂のお湯が冷めにくい構造の断熱浴槽など、光熱費を賢く節約しながら快適に使える設備機器がいろいろ登場しています。少ないエネルギーで家計にも地球環境にもやさしく暮らすというスタイルは、これからの住まいのスタンダードになりつつあり、リフォームを機に採用しておくのがおすすめです。

快適さUPの設備

太陽光発電システム
屋根に太陽電池パネルをとりつけて、太陽の光エネルギーを家庭で使える電力に変換するシステム。発電の際にCO_2を排出しないクリーンエネルギーとしても注目されています。晴れた日は、家庭で使う電気をほぼ100％まかなうこともできます。

家庭用燃料電池
ガスからとり出した水素と空気中の酸素を化学反応させ、CO_2の排出を抑えながら電気とお湯を同時につくるのが、家庭用燃料電池エネファーム。季節や時間帯にかかわらず、電力が供給できます。

家庭用蓄電池
太陽光発電システムと合わせて設置すれば、つくった電気をためておけるので、電力自給率が上がります。停電時にも当面の電力がまかなえると注目されています。

高効率給湯システム
少ないエネルギーで効率よくお湯をつくるシステムで、通常の給湯器より初期費用はかかりますが、ランニングコストは抑えられます。大気熱と電気でお湯をつくるエコキュート、都市ガスで発電して貯湯するエコウィル、ガスで効率よくお湯をつくるエコジョーズ、石油を熱源とするエコフィールなどがあります。

オール電化
電気で調理するIHクッキングヒーターと安い夜間電力でお湯をつくるエコキュートを導入し、冷暖房や給湯、調理などのエネルギーをすべて電気でまかなうシステム。

防犯対策もしっかりと

戸建てなら、防犯、セキュリティ対策も万全に

人通りが少ない、隣家や道路から死角になる場所があるなど、敷地の周辺環境を考慮しながら必要な防犯対策も計画しましょう。最近では、小型防犯カメラやフラッシュライトなど、一般住宅用の防犯グッズも充実しています。また、こうした設備を見える場所に設置することで、防犯意識の高さをアピールできます。安全性や安心感は快適な暮らしに不可欠。工事が必要なものも多いので、リフォームを機に検討してみましょう。

Column

流行に左右されず長く使える設備を見極めて

暮らしを快適にしてくれる設備にも、じつははやりすたりがあります。少し前は生ゴミ処理機（ディスポーザー）を設置するケースが多かったのが最近はあまり……という話も。便利そうだとつけてみたけれど必要なかった、ということにならないよう、自分たちの暮らしに必要かどうかの見極めが肝心です。また、使わなくなるのは、設置場所などプランの甘さが原因であることも。新しい設備を導入する際には、置き場所やコンセントの位置などを綿密に計画しておきましょう。たとえば、最近、要望がふえつつあるお掃除ロボットを採用するなら、床の段差をなくしたり、廊下収納の下に充電ステーションをつくったりするなど事前にプランに組み込んでおきましょう。このように快適設備がフルに生かせるような環境を整えておくことも大切です。

スイッチ、コンセントの位置や高さも念入りに計画を

リフォームでは、電気のスイッチやコンセントの位置なども、暮らしに合わせて見直すチャンスです。たとえば、コンセントは床から25cmの高さが一般的ですが、年配のかたが腰をかがめるのがつらい場合は、床から50～60cmの高さに設置してもいいのです。

最近は、家族それぞれが携帯電話やパソコンを使うので、コンセントの数もたくさん必要です。充電器など、誰がどこにさすのかを考えて必要な数のさし口を用意しましょう。しかし、ただ数をふやせばいいというのではなく、大きな充電器は隣の口をふさいでしまうので、2口タイプのコンセントを少し離して並べてつけるなどの工夫をして。こうしたこまかい部分のプランニングこそ、毎日の暮らしの満足度を大きく変えます。事前に要望としてリフォーム会社に伝えましょう。

リフォームアイディア集 居心地をアップして快適に

天井を高くして広々と感じられる空間をつくる

（左）LDの天井板をはがして小屋裏をとり込み、のびやかな空間に。（I邸　設計／山崎壮一建築設計事務所）（中）リビングの真上にあったロフトの床を抜いて吹き抜けを実現。（U邸　設計／スタイル工房）（右）天井を撤去してマンションのコンクリートスラブをあらわしに。仕上げは白いペイントでラフに。（U邸　設計／KURASU）

天井に勾配をつけると雰囲気アップ

斜めに天井板を張り、戸建てのようなイメージを表現したマンションの一室。飾り梁もつけたことでさらに意匠性が高まり、高低差によりメリハリのある空間になりました。（K邸　設計／KURASU）

仕切り壁の上部をオープンにして圧迫感をなくす

ダイニングの一角を壁で仕切って身支度や収納用のスペースに。仕切り壁の上部をあけたことで、適度な抜け感と空間のつながりが。（K邸　設計／アートアンドクラフト）

とりはずせない柱は、上手にインテリアに利用

（左）構造上撤去できない柱に棚板をプラス。洗面室のドアをLDから目隠しする役割も。（O邸　設計／OKUTA LOHAS studio）（右）白くペイントした柱にレール＆棚板を設置。テレビ台とリンクしたオープン棚に。（F邸　設計／エム・アンド・オー）

間仕切りをガラスにして広がりを演出

古い団地の一室をスケルトンリフォーム。玄関ホールとLDKの間仕切りにガラスを採用しました。すだれ風のスクリーンもつけ、必要に応じて目隠しも。（T邸　設計／カサボン住環境設計）

変形スペースは形を生かして有効利用

（左）以前はダイニングだった五角形の部屋を、PC作業や子どもの勉強など多目的に使えるスペースにリフォーム。（Y邸　設計／アネストワン一級建築士事務所）（右）天井高のない階段下にデスクを造作してワークスペースに。（W邸　設計／エイトデザイン）

バルコニーにフェンスを設けて外の視線をカット

2階のリビングにバルコニーを新設。ナチュラルなフェンスもとりつけたので、植物の世話をしていてもリビングにいても、近隣からの視線が気にならず、リラックスして過ごせます。（F邸　設計／アイエスワン リノリノ）

不満要素は内壁でカムフラージュ

開口部に高さがなく、梁があってカーテンも似合わないという窓まわりに、内壁を造作しておしゃれに一新。エアコンのコンセントやガスの元栓も隠れて、すっきりしました。（N邸　設計／ FiELD平野一級建築士事務所）

ガラスブロックでさりげなく光を導く

手前のリビングと奥の洗面室を仕切る壁を新設して、上部にガラスブロックをはめ込みました。リビングから北側の洗面室にやわらかな光が届き、心地よさがアップ。（F邸　設計／エム・アンド・オー）

室内窓で家じゅうに光と風を通す

（左）窓のないアトリエに光を通すため、ダイニングとの間仕切り壁に設けたアイアンの室内窓。（O邸　設計／ DEN PLUS EGG）（右上）奥のワークルームとリビングを仕切る壁に、黒い塗装がきいた室内窓を設置。窓越しに屋外の景色も楽しめます。（K邸　設計／ウィル空間デザイン）（右下）木枠の連窓がおしゃれ。開閉できて風の通り道にも。（S邸　設計／アイエスワン）

ハイサイドライトを設けて通風＆採光を確保

2階の和室をつぶしてLDKをプラン。小屋裏をとり込み、隣家が迫る方向の壁にハイサイドライトを設けて、プライバシーを保ちながら光と風の通り道をつくりました。（K邸　設計／スタイル工房）

ごろ寝ができる畳スペースを設ける

いつでも好きなときに横になれて重宝。人が集まったときにベンチがわりにも使えます。高さを利用して収納を設けられるのも◎。（W邸　設計／エイトデザイン）

収納スペースをつくって機能的に

廊下の幅を生かして大型収納をつくる

玄関＆廊下の幅に余裕があったため、奥行き45cmの、床から天井まである大容量の壁面収納を設置。内部には市販のシェルフをおさめ、コストも削減しています。（T邸　設計／KURASU）

手持ちの家具の置き場所を事前に用意する

大切にしている桐の箪笥の置き場所を、玄関とLDをつなぐ廊下に確保。リフォーム時にあらかじめ計画したことで、出っ張りがなく、空間にすっきりフィット。（I邸　設計／ブリックス。一級建築士事務所）

押入れを奥行きを生かしたクローゼットに

押入れをクローゼットに。前後2列にハンガーパイプを設置。天袋のスペースもとり込んで高さを確保したので箪笥も置けます。（U邸　設計／アトリエグローカル一級建築士事務所）

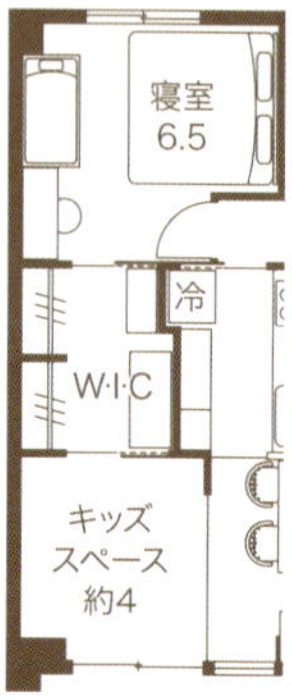

W・I・Cはウォークスルーできるつくりに

寝室と、ダイニング横のキッズスペースとの間にウォークインクローゼットを設置。出入り口をそれぞれ設けて通り抜けられるようにし、家族の便利な集中収納に。（M邸　設計／アネストワン一級建築士事務所）

大きな引き戸を採用して出し入れしやすく

2間分あるワイドなクローゼット。一般的な4枚扉ではなく、あえて大きな扉の2枚仕立てに。ワンアクションで開口部が広く開くので、大きなものの出し入れもラク。（M邸　設計／FILE）

しまうものに合わせて仕切りをつける

洋服や衣装ケースのほか、物干しやアイロン台をすっきり収納。必要なところだけあけられるように、3枚引き戸にしたのもポイント。（U邸　設計／KURASU）

つくり込まないざっくり収納で出し入れしやすく

ダイニングに設けた収納は、棚板だけのシンプルなつくりに。市販のケース類も活用して家じゅうのこまごましたものを収納。扉がわりのカーテンを全開できるのも◎。（N邸　設計／リノキューブ）

オープン棚は、収納だけでなくインテリアにも生かす

お気に入りの雑誌や絵本は表紙をみえるように置いてカフェ風のインテリアに。（T邸　設計／エイトデザイン）

階段下を子どもも使いやすい収納スペースに

階段下のデッドスペースを利用したもの。子どものおもちゃの定位置ができたので、すっきりしたリビングをキープできます。（I邸　設計／アイエスワン）

窓と窓の間のデッドスペースを有効利用

窓と窓の間のわずかな壁面を利用して造作した収納棚。周囲にとけ込む色とデザインで、部屋との一体感も演出。エアコンの配管を隠す役割も。（I邸　設計／ブリックス。一級建築士事務所）

窓ぎわのステップを収納に活用

バルコニーをデッキ風にリフォームしたのに合わせて、窓ぎわに収納スペースつきのステップを造作。CDの収納にぴったり！（K邸　設計／nu リノベーション）

ごちゃつきがちなデスクはまるごと収納！

家族が集まるダイニングの一角に設けたワークスペース。折り戸をつけてまるごと隠せるようにしたので、使わないときはすっきり。急なお客さまにもあわてません。（I邸　設計／ブリックス。一級建築士事務所）

通気性のある有孔ボードを収納扉に利用

湿けがちな収納内部は、小さな穴のあいた有孔ボードを扉に使い、閉めたままでも空気が流れるように工夫。（U邸　設計／アトリエグローカル一級建築士事務所）

＼まだまだある！／

快適な暮らしのための小さなテクニック

とりはずしができる棚で壁面を有効利用

温水器の点検用にとりはずせる壁と棚を造作。ふだんは見せる収納として楽しみます。（N邸　設計／リノキューブ）

回転するステンドグラスで換気対策

洗面室の間仕切り壁につけたアンティークのステンドグラス。換気もできるよう回転窓風に。（K邸　設計／KURASU）

造作工事で家具のような収納をつくる

AV機器用の収納も壁の内側に造作。パイン材の扉で家具のような趣に。配線も隠れるのですっきり。（I邸　設計／イノブン インテリアストア事業部）

ステップの下までめいっぱい収納に利用する

スキップフロアのステップ部分を引き出し収納に。取っ手のかわりに指をさし込む穴をあけ、上り下りのじゃまにならず見た目もスマート。（F邸　設計／エム・アンド・オー）

リフォームアイディア集 家族が楽しめる工夫

建具にひと工夫して楽しいワンポイントをプラス

(左) 子ども部屋のクローゼット扉を黒板塗料にして格好の遊び場に。(T邸　設計／コードスタイル) (右) 無塗装で仕上げたトイレの扉をDIYでブルーにペイント。ゲストにもわかりやすいと好評です。(K邸　設計／スタイル工房)

通路を有効利用してデスクコーナーを

LDから寝室へつながる廊下につくったご主人のデスクコーナー。並びには家族みんなの本棚も。家族の気配を感じつつ、落ち着いて作業できます。(K邸　設計／nuリノベーション)

家族や友人との交流の場になる土間スペースを設ける

(上) 土足OKの土間は子どもの遊び場に、飲み会スペースに、気がねなく使えるのがメリット。(N邸　設計／アイエスワンリノリノ) (左) 玄関横の洋室を土間にしてガレージ風に。古いキャビネットは靴入れ。(T邸　設計／エイトデザイン)

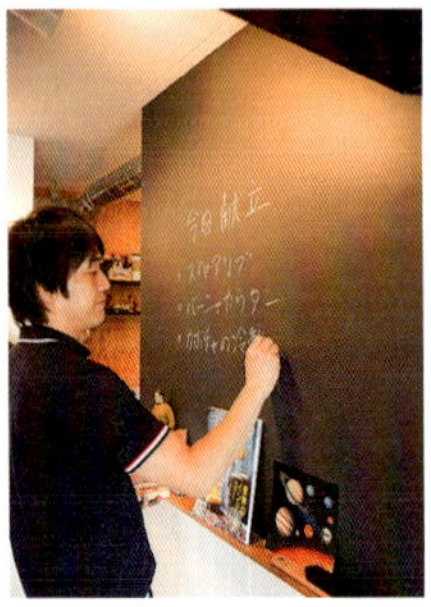

壁を伝言に使える楽しい仕上げに

(上) ホワイトボードになる塗料で仕上げた壁。伝言メモに大活躍。(H邸　設計／優建築工房) (左) DKの仕切り壁を黒板塗料で仕上げました。(M邸　設計／エー・ディーアンドシー)

左官壁を利用してリビングを映画館に！

リビングの白い壁は、リフォーム時に夫婦二人で珪藻土で仕上げたもの。休日はプロジェクターのスクリーンに早変わり！お気に入りのタイトルを映画館さながらの迫力で楽しめます。(Y邸)

LDにデスクコーナーを設けて家族が自然と集まる部屋に

（左）和室だったスペースをとり込んで広々としたLDKを実現。床の間だった場所をデスクコーナーに。（M邸　設計／アネストワン一級建築士事務所）（中）既存の出窓を生かしてカフェっぽいおしゃれなコーナーを。（F邸　設計／アイエスワン リノリノ）（右）LDKの一角に設けたデスクコーナー。デスク下にプリンター置き場もつくって機能的に。（O邸　設計／ OKUTA LOHAS studio）

秘密基地みたいなロフトベッドで楽しい子ども部屋

（左）姉弟の子ども部屋。下に机と収納を組み込んだ機能的なロフトベッドをつくりました。（K邸　設計／ nuリノベーション）（右）収納スペースだった部分につくったロフトベッド。下部に設けた収納スペースもゆったり。（U邸　設計／ OKUTA LOHAS studio）

専用コーナーをつくれば子どもも大喜び！

対面キッチンの腰壁にキッズ用のカウンターをプラス。お手製のベンチもぴったりフィットして、子どもたちのお気に入りの遊び場になりました。おやつの時間にも重宝。（K邸）

＼まだまだある！／

快適な暮らしのための小さなテクニック

必要なときだけ間仕切れるワイヤーを設置

サンルームと和室は、ワイヤーを伸ばして布で仕切れるように工夫。（O邸　設計／アネストワン一級建築士事務所）

常夜灯をつければ深夜のトイレも安心

廊下の足元につけた常夜灯は省エネのLEDランプを採用。壁となじむシンプルなデザインも◎。（S邸　設計／ es）

子ども部屋に気配が伝わる室内窓をつける

リビングと子ども部屋の間仕切り壁に設けたスリムな室内窓。子どもの様子がそれとなく伝わります。（T邸　設計／アートアンドクラフト）

リフォームアイディア集 家事をラクにするプラン

シンク下をオープンにして出し入れをラクに

（左）既存のキッチンの扉を撤去。レトロな雰囲気になりコストもダウン。（S邸　設計／トラスト）（右）扉なしのオープンなつくりは、出し入れがしやすく湿気がこもらないメリットも。LD側から見えない対面キッチンにおすすめのプラン。（U邸　設計／ピーズ・サプライ）

キッチンをまるごと隠せる引き戸を設置

LDとキッチンを仕切る3枚の引き戸は、急な来客があってもキッチンをまるごと隠せて大助かり。閉めるとまるで白い壁のようになります。冷暖房効率のアップにも貢献。（H邸　設計／アトリエ137）

奥行きのあるカウンターで作業しやすく

キッチンに設けたカウンターは、正方形に近い形。買い物から戻って食材を広げたり、調理中に必要な道具をスタンバイさせたりなど、多彩な場面で重宝です。（T邸　設計／KURASU）

回遊できる動線で機能的なキッチンに

キッチンから、ダイニング（左手）にもリビング（手前）にも目が届くコックピットのようなレイアウト。回遊動線も◎。（F邸　設計／アイエスワン リノリノ）

室内干し用のレールをLDの一角に

室内干し用の専用バーをとりつけておけば、雨の日や花粉の季節に大活躍。黒いバーはインテリアにもマッチ。（K邸　設計／スタイル工房）

洗濯機のそばにあると便利な小物収納

洗濯機の上のデッドスペースに吊り戸棚を設けて、洗剤やハンガー専用の収納スペースに。（I邸　設計／ブリックス。一級建築士事務所）

＼まだまだある！／

快適な暮らしのための小さなテクニック

ペイントで手軽に和から洋へ模様がえ

和室を洋室にリフォーム。奥の収納の引き戸は、既存の押入れのふすまを白く塗装しただけ。ローコストで大変身！（W邸　設計／エイトデザイン）

階段口の引き戸で冷気が階下に流れるのを防止

夏、エアコンの冷気が階下に流れないように、階段口に低めの引き戸を設置。小さな子どもの安全ガードにも重宝。（I邸　設計／山﨑壮一建築設計事務所）

デスクに配線用の穴をあけておく

リフォーム時に造作したデスクの天板に、ケーブル用の穴をあけて。パソコン作業もスムーズで、見た目のごちゃつきもなし。（A邸　設計／ピーズ・サプライ）

小ぶりなシンクを2つ設置して朝の混雑を防止

多目的に使えるユーティリティシンクを、洗面室にダブル採用。朝の混雑が防げるうえ、バケツの入る深さは、掃除や洗濯に重宝。シンプルなデザインも魅力。（S邸　設計／ピーズ・サプライ）

1枚ずつはずして洗えるカーペットを採用

マンションの規約でフローリングがNGだったため、タイル状カーペットを採用。汚れたらその部分だけはずして洗えるので便利です。（U邸　設計／アトリエグローカル一級建築士事務所）

アクセスしやすい場所に手洗い専用の洗面台を

わんぱく盛りの子どもが帰宅後すぐに手を洗えるように、洗面室とは別に玄関ホールにも洗面台を設置。カーテン部分は収納スペースです。（M邸　設計／スタイル工房）

実験用シンクで多岐に使える洗面台に

実験用シンクは、底が平らで浅めなのが特徴。こちらのお宅では、犬の散歩のあと、犬の足を洗うのに重宝しています。衣類の予備洗いにも便利。（U邸　設計／スタイル工房）

水回りを1カ所にまとめて家事ラクな家に

キッチン、浴室、洗面台を近くにまとめて、間には収納力のあるクローゼットもプラン。効率のいい家事動線に。（W邸　設計／ takano home）

失敗しない中古物件の選び方

リフォームが成功するかどうかは、中古物件の選び方にかかっているといっても過言ではありません。見た目の古さに気をとられていると、肝心なポイントを見落としてしまいます。思い描いているプランが実現できるかどうか、納得がいくまでとことん見極めましょう。

管理規約の内容を確認する

マンションには管理規約があり、共有部分の使い方やゴミ出しの方法など、こまかくルールが決められています。その中には、リフォームに関するとり決めも。たとえば、床材にはフローリングを禁止していたり、工事を行う時間帯や日にちに制限を設けていることもあるので要チェックです。

修繕履歴と計画を調べる

マンションの管理会社が定期的に修繕を行っているか、過去の履歴を調べてみましょう。今後の計画と修繕積立金についてもあわせて確認を。近々に大がかりな修繕予定がある場合、一時金が発生することもあるので要注意。築10～15年のマンションなら屋根の防水や外壁の補修・塗装を、築20年ならそれに加えて給排水管のとりかえや補修を行っているのが一般的。

管理費・修繕積立金の額は？

管理費は、エントランスやゴミ置き場など共有部分の維持・管理にかかるお金。一方、修繕積立金は、将来のメンテナンスに備えておくお金。どちらも所有者が負担します。ほかと比べて安すぎる場合、管理やメンテナンスがきちんと行われていない可能性も。

耐震基準の目安を確認

耐震性の目安は1981年6月1日以降に建築確認を受けているか。この年に施行された「新耐震基準」を満たしていれば、震度6強～7程度の地震でも倒壊しない耐震性をもつといわれています。基準はあくまで目安なので建物自体の耐震構造も確認を。

建物の構造は？

代表的な工法にはラーメン構造と壁式構造があり、それぞれにリフォームの自由度が異なります。中高層マンションに多いラーメン構造は、柱と梁で建物を支える構造で、間仕切り壁をすべてとり除いたスケルトンリフォームも可能です。一方、低層マンションに多い壁式構造は、壁と床などの面で建物を支えるので、住戸内に撤去できない壁があることも。どこまでの変更が可能か、専門家にチェックしてもらいましょう。

電気の容量はどれくらいか

最近のマンションは電気容量50～60アンペアが主流ですが、築20年以上の物件では30アンペアというところも。食洗機やIH調理器、パソコンなど電化製品を多く使う場合、契約数を上げる必要があります。特にオール電化のリフォームを希望する場合は、4人家族のケースで平均100アンペアの容量が必要といわれています。最大何アンペアまで契約できるか確認を。

エアコン用の穴の位置は？

エアコンを設置するには、壁に専用の穴と、室外機を置くスペースが必要です。古いマンションでは、エアコンはバルコニー側の部屋にしかとりつけられず、外廊下側の部屋には穴がないケースも。構造体に穴をあける工事が許可されるのはまれなので、その場合は、バルコニー側から配管することに。そういった工事が可能かどうかを設計担当者に確認しましょう。

ガス給湯器の容量は？

築年数のたったマンションでは、ガス給湯器の能力が10号程度といった場合も。キッチンと浴室などで同時にお湯を使う場合、最低でも20号以上、ガス給湯式床暖房の設置を検討しているなら24号は必要です。マンションの構造や管理規約によっては、給湯器の能力アップや、追い焚き機能つきの最新式の給湯器に交換できないケースもあるので要確認。

配管の状態は？

水回りの移動で問題になるのが配管と換気設備。通常、マンションでは床下に排水管があり、水が流れるように勾配をつけて設置しています。この排水勾配を確保できる範囲なら水回りの移動は可能です。古いマンションの場合、排水管が下の階の天井裏を通っていて工事が難しいケースも。トイレなども配管を移動させにくい場所です。が、床の高さを上げて排水勾配をとるなど、プランニングで解決できるケースもあるので専門家に相談を。換気扇につながる排気ダクトも、どこまで移動できるか確認しておきましょう。排水音の問題から管理規約で水回りの移動制限をしているマンションも。

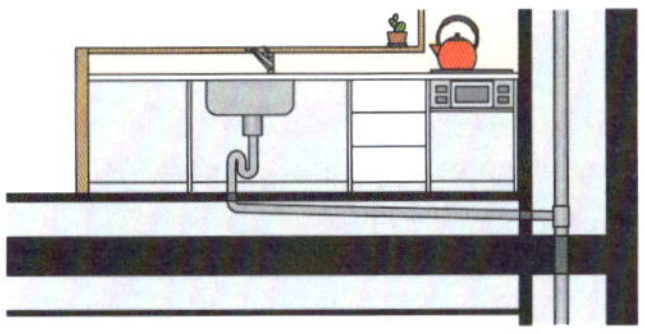

通常、排水管は床下を通っている。このスペースが広いほど、移動しやすい。

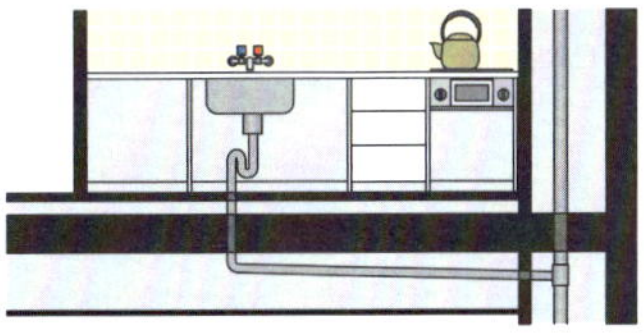

古いマンションでは階下の天井裏に排水管が通っていて、移動が難しいケースも。

管理状況をチェック

エントランスやエレベーター内はきちんと掃除されている？ 駐輪場やゴミ置き場は整然としている？ など住み手の目線で共有部分をチェック。また、修繕履歴もきちんと確認を。外壁の塗装やひび割れ、バルコニーの手すりのさびなど自分の目でもチェックして。特にひび割れは、外壁内に雨がしみ込んで構造体の鉄筋がさびている可能性があるので要注意。反対に補修した跡が確認できれば安心です。

生活環境も調べよう

まずは図面などで防音性能を確認。防音性能は床や壁のコンクリートの厚さに比例し、厚くなるほど音が聞こえにくくなります。個人差もありますが、音がほとんど気にならないのは床の遮音等級がLH-50以下、LL-45以下で、厚さが20cm以上あると理想的。壁の場合は遮音等級D-50以上で厚さ18cm以上は欲しいところ。古い物件で図面がない場合は住んでいる人に聞いてみるのも手。線路や交通量の多い道路、公共施設や繁華街に近い物件などは、外の音がどれだけ聞こえるか、窓を開け閉めして確認しましょう。

1日の日照時間や光の入り方、風の抜け方も確認を。特に日当たりは午前と午後など時間を変えてチェックできるとベストです。また、そこに住むことを想定してスーパーや銀行、病院などの場所、子どもの学校なども調べておきましょう。共働き夫婦の場合は保育園の入園状況も要チェックです。実際に周辺を歩いてみると、坂が多くて自転車は不便といった発見もあります。

マンション選びのCheck List

不動産会社に聞く

- □ 管理規約の内容を確認する
- □ これまでの修繕履歴と今後の修繕計画を調べる
- □ 管理費・修繕積立金の額は？
- □ 建物の耐震基準の目安を確認

現場で確認

リフォームにかかわるチェック

- □ 建物の構造はラーメン構造か？ 壁式構造か？
- □ 電気の容量はどれくらいか
- □ エアコン用の穴がどこにあるか
- □ ガス給湯器の容量は？ 最新のものに交換できる？
- □ 配管や換気扇の状態は？ 水回りの移動はどこまで可能？

生活環境のチェック

- □ エントランスや駐輪場、通路やエレベーターの状態から管理状況をチェック
- □ 外壁の塗装やひび割れ具合を見て、メンテナンス状況を確認
- □ 隣や上下階の住戸、外部の音は気になる？
- □ 日当たりと風通しは？
- □ 周辺環境も調べよう

法的条件の確認

中古物件を購入するときには、その土地の法的条件をきちんと確認しておきましょう。土地には用途地域が設定されていて、建築可能な建物の種類や高さ制限のほか、建ぺい率や容積率などから面積にも上限があります。

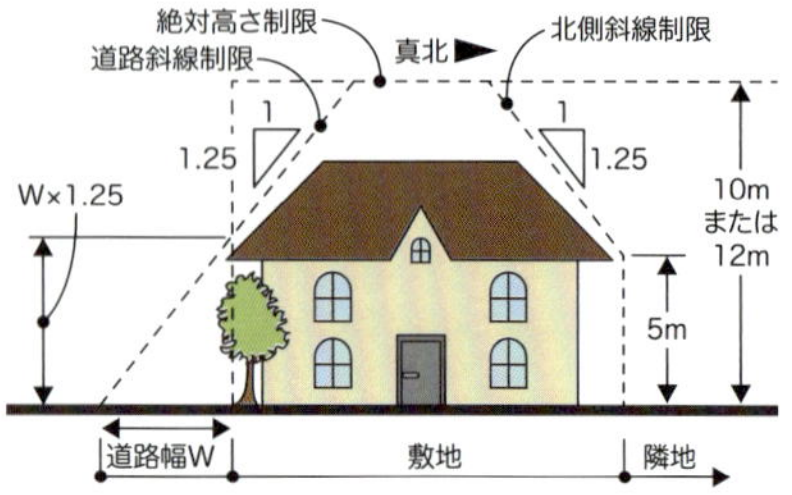

斜線制限
第一種・第二種低層住居専用地域の例。建物の高さが10mまたは12mまでと定められているほか、図のように前面道路の幅による斜線制限や北側斜線制限もある。

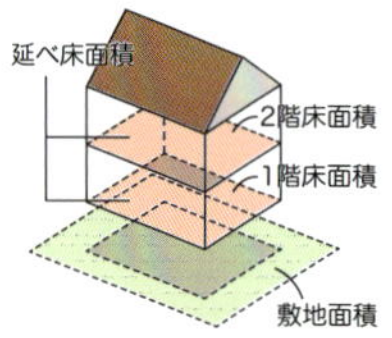

容積率＝ $\frac{\text{延べ床面積}}{\text{敷地面積}} \times 100\%$

容積率
敷地面積に対する延べ床面積の割合。これ以上の広さの家は建てられない。

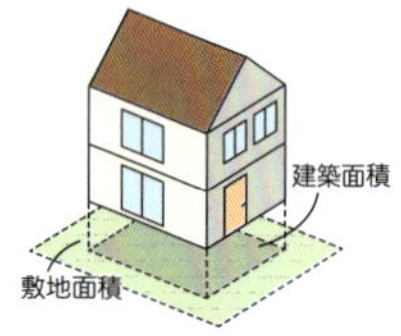

建ぺい率＝ $\frac{\text{建築面積}}{\text{敷地面積}} \times 100\%$

建ぺい率
敷地面積に対する建築面積の割合。用途地域ごとに上限が決められている。

接道状況は？

古い住宅では前面道路が幅4mに満たないことも多く、この場合、建てかえの際に道路中心線から敷地を2m後退させる義務があり、この部分には建物を建てられません。これをセットバックといいます。また、接道義務といって、左図の条件を満たさないと新築できない決まりも。リフォームには直接影響がないかもしれませんが、物件を購入する際には注意が必要です。

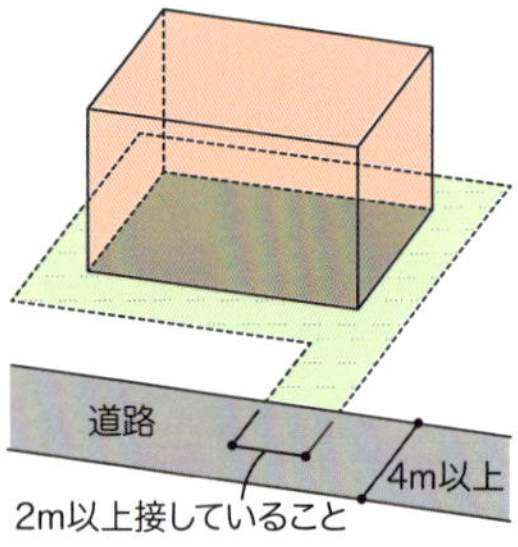

新築の場合、土地が幅4mの道路に2m以上接していないと家を建てることはできない。

図面が保管されているか

中古住宅は正式な図面がなく、販売用の簡単な間取り図のみといったケースも少なくありません。ですが、できれば平面図や立面図のほか、内外壁や断熱材の仕様などがわかる矩計図や仕様書などを入手できると理想的です。そのほか、建物が建築基準法に適合している証明となる検査済証が交付されているかどうか、さらに建築当時の地盤調査書などもあると安心です。

水道引き込み管や電気容量は？

最近では、道路の本管から各住戸に引き込む水道管の口径は20㎜以上が主流ですが、古い物件などでは13㎜といったことも。家族が多くて水道の使用量が多いと、水の出が悪くなる可能性もありますので、口径の大きい管を引き直す必要が。電気容量も同様。最低でも40アンペアは確保したいところですが、古い住宅で、屋内への引き込み線の容量が極端に小さい場合は、新たな引き込み工事が必要になります。

増改築やメンテナンスの履歴

中古物件の場合、築年数も気になりますが、じつは住み方や手入れしだいで老朽化に大きく差が出ます。これまでにいつどこをメンテナンスしたのか、担当者に確認してみましょう。築10年以上の物件で、一度もメンテナンスをしていない場合は要注意。建物自体の補強や修繕工事に予想以上の出費がかかる場合もあります。

建物が建築された年は？

戸建ての場合も、1981年6月1日以降に建築確認を受けているかどうかが耐震性の目安に。この年に施行された「新耐震基準」に適合していれば、震度6強〜7程度の地震でも倒壊しない基準を満たすといわれています。ただし、適合していても100％安心というわけではなく、中には工事不良や施工ミスなど危険性の高い家も。基準はひとつの目安と考えて、実際の建物の状態を確認することが大切です。

建物の工法を確認する

リフォームの自由度が高いのは、柱と梁、すじかいで建物を支える木造軸組み工法(在来工法)。一方、壁で建物を支える2×4工法は、構造上動かせない壁があるなどプ

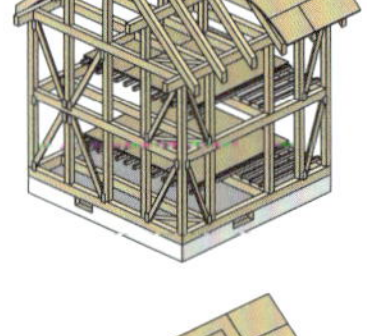

木造軸組み工法
柱や梁など木の軸で骨組みをつくり、すじかいで補強する工法。自由に間取りを変更できる。

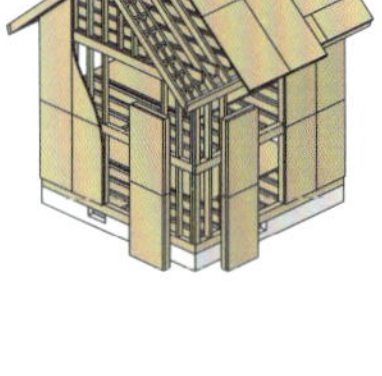

2×4工法
面で支える構造のため、耐震性や断熱性が高い。間仕切り壁は抜けないので間取り変更に制限あり。

ランの制約を受けることも。壁式のRC造も同様です。ハウスメーカーのプレハブ住宅は、独自の工法を採用しているので、リフォームできる範囲の確認が必須です。

基礎や外壁をチェックする

外壁に、目に見えてわかる亀裂や異様にふくらんだ個所があるのは、雨もりなど建物内部の老朽化が進んでいる可能性大。基礎に大きな亀裂がある場合は、軟弱地盤などで建物が不同沈下していることも。こういう物件は要注意です。

床下の状態を確認

床下収納庫や洗面室の下にある点検口から床下をのぞいてみましょう。基礎のコンクリートにひび割れがないか、床板の裏の断熱材がはがれたり傷んだりしていないか、土台や床組みに水もれの跡がないかどうかを確認します。

床の傾き、きしみがないか

部屋の中心にビー玉を置いてみて1方向に転がっていくのは×。床や柱など建物全体がゆがんでいる可能性が。建具のあけ閉めがスムーズにいかないのも要注意です。素足で歩いてみて、床のへこみやきしみがないかも確認を。床下の基礎部分が傷んでいて、修復が必要な場合も。

壁や天井にカビやシミがないか

特に壁と天井の境にシミがある場合は、雨もりのサインかもしれません。家具の裏や部屋の隅にあるカビや黒ずみは、壁の内部に結露が発生している可能性も。構造内部の通風や断熱材の施工状況に問題がある場合もあります。

断熱材がきちんと入っているか

正確には解体してみないとわかりませんが、ある程度の予測を立てるのは可能。屋根裏をのぞいて壁の断熱材が天井まで施されているか、床下をのぞいて断熱材がすき間なく入っているか、たれ下がっていないかチェックを。

水回りの設備と給湯器を確認

設備機器はすべて動かしてみて状態を確認。残して使えるかどうかでプランや費用が大きく変わります。給湯器の性能も要チェック。不便なくお湯を使えるようにするには、ガス式なら最低でも24号の容量は確保したいところです。

生活環境も調べよう

道路に面している方角や隣地との間隔など、リフォーム後の部屋の配置を想定しながら日当たりや風通しをチェック。車をもっている人は、車とカーポートのサイズを確認し、車庫入れがスムーズにできるか検討を。車の乗り降りと玄関までのアプローチや、自転車の置き場も要確認です。また、近隣のスーパーや施設、学校などを事前に確認。町内をひと回りして街の様子や近隣の雰囲気、ゴミ置き場の確認など、生活者の視点でチェックしましょう。

戸建て選びのCheck List

不動産会社に聞く

- □ 用途地域、容積率・建ぺい率、高さ制限・斜線制限など法的条件の確認
- □ 接道状況は？ セットバックの必要はある？
- □ 図面が保管されているか検査済証の有無も確認
- □ 水道引き込み管の口径や電気容量は？
- □ 増改築やメンテナンスの履歴
- □ 建物が建築された年は？

現場で確認

リフォームにかかわるチェック

- □ 建物の工法を確認する
- □ 外周をひと回りして基礎や外壁をチェックする
- □ 床下収納や洗面室の点検口から床下をのぞいて状態を確認
- □ 床の傾き、きしみはない？
- □ 壁や天井にカビや黒ずみ、シミはない？ 家具の裏や部屋の隅もチェック
- □ 断熱材がきちんと入っているか屋根裏や床下をのぞいてみる
- □ 水回りの設備機器と給湯器の状況を確認

生活環境のチェック

- □ 日当たりと風通しは？
- □ カーポートの位置や駐輪スペースなど玄関まわりをチェック
- □ 周辺環境も調べよう

地盤を調べましょう

安心して住める家の基本は地盤の調査から

マンションの場合、地盤調査を行ったうえで基礎の設計を行っているので、地盤に関してはそれほど心配ないはず。戸建ての場合、2000年に建築基準法が改正された以降は地盤調査が事実上、義務化されましたが、築20～25年の住宅では行われていないケースがほとんどです。軟弱な地盤は、地震が起こると液状化や不同沈下を引き起こし、建物が傾いたり倒れたりといった被害をもたらすことも。まずはしっかり地盤を見極めることが大切です。地盤調査を行った結果、地盤が弱いことがわかっても、地盤の強度に合わせた地盤改良を行えば安心。ですが、相応の費用がかかることは覚悟してください。中古住宅を購入する場合などで、地盤が弱いところを避けられるのであれば、それに越したことはありません。中古住宅の場合、地盤の状態を見極めるのは、更地に新築するケースよりも比較的簡単です。地盤に不具合があればそこに立っている建物に何かしらの兆候が現れているからです。チェック項目に従って既存の建物や敷地の周辺を観察しましょう。

□ 地盤調査のデータをチェックする

マンション　戸建て

特に戸建ての場合は、地盤の強度の確認は必須です。その土地の強度を調べるには、周辺地域で実施した調査結果からでも、ある程度は推察できます。民間の地盤調査会社「ジオテック」では、これまでに実施された地盤調査のデータをHPで公開しているので、チェックしてみてください。www.jiban.co.jp/geodas/

□ 液状化マップやハザードマップをチェック

マンション　戸建て

最近では、国や市区町村のHPで、液状化するおそれのある地域を示した液状化マップや、地震や津波・洪水などの災害リスクを示したハザードマップが公開されているので、こちらもぜひ調べてみましょう。こういった情報を公開している自治体であれば、防災対策の意識も高いと考えられますので、物件選びの際の参考にするのも手です。

□ 土地の来歴を調べる

マンション　戸建て

その昔、田んぼや湿地帯、池だった地域は、地震のときに揺れやすく、地盤の被害が生じる可能性があります。土地の来歴は、地名からもある程度は推察できます。水、沼、谷がつく地名など、水や低地を連想させる地名は要注意です。また、古地図で昔の土地利用状況を確認するのも一案。古地図は、地元の図書館などで閲覧できます。

□ 周囲を歩いてみる

マンション　戸建て

坂の多い街や、ひな壇状の造成地は注意。こういった地形に家を建てる場合、土地を削ったり（切り土）、盛ったり（盛り土）して平らな土地をつくりますが、きちんと造成されていないと、切り土や盛り土の境目の地盤がゆるんでずれることがあります。擁壁を観察してみて、ひび割れがあるのは地盤がゆるんでいるサインであることも。また、盛り土をはじめ、埋め立て地などは地盤が軟弱な可能性が。自治体が公表している地図で確認したり、売主などに造成方法を確認してみましょう。周辺を歩いてみて、擁壁のひび割れや、塀がたわんでいる家が広い範囲に及んでいたり、電柱が曲がっているのを見つけたら要注意。軟弱地盤のおそれがあります。

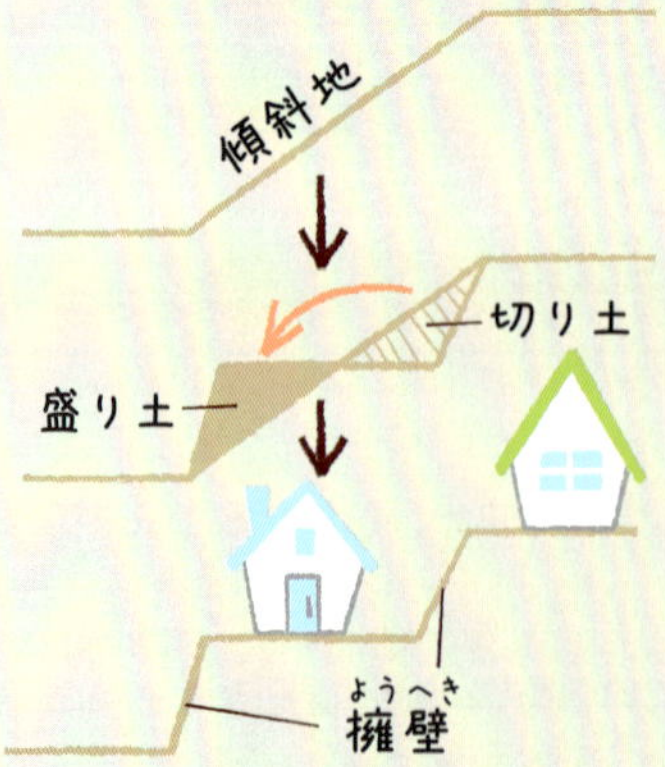

□ 敷地内や周囲を観察してみる

マンション　戸建て

建物のまわりを一周してみて、地面の状態をチェックしてください。建物と地面の間にすき間やくぼみがあるケースは、地盤が沈下しているおそれがあります。また、周辺の道路の一部が陥没していたり、雨のあとになかなか乾かない水たまりがあるのも、地盤が弱いエリアの可能性があります。

履歴の確認を

建物の状態や安全性をチェックして

建物がいつ建ったのか、現在までにどんな補修が行われてきたのかを調べることは、建物の状態や安全性を知るための重要な手がかりになります。マンションの場合は、修繕の履歴が残っているので確認が容易にできますが、戸建ての場合はないケースがほとんど。きちんと履歴が残っているか、まずは売主や不動産会社に確認してみましょう。履歴が不明な場合、素人判断による安全性の確認は難しいので、建築家やホームインスペクターなどのプロに診断を依頼することを検討しましょう。

マンション　戸建て

□ 1981年より前に建てられたものか？

「新耐震基準」が制定された1981年6月以降に確認申請を行った住宅なら、震度6強〜7程度の地震でも倒壊・崩壊しない耐震性が。工期が長いマンションの場合、81年の竣工だと建築確認は新耐震以前という場合もあるので注意が必要です。

マンション　戸建て

□ 修繕履歴と今後の修繕計画を確認する

マンションでは10〜15年に一度、外壁の補修や給排水設備、屋上の防水など大規模な修繕が行われるのが一般的。きちんと行われていないマンションは、建物の劣化が早く進んでいる可能性もあるので要注意です。同時に修繕積立金の額も確認を。

マンション　戸建て

□ 大地震や浸水、火事などに遭っているか？

これまでに大きな地震や、大雨・台風による浸水などの災害に遭っているかどうか、売主や不動産会社に聞いてみましょう。災害後に簡単な修復だけですませた場合、表面上は問題なく見えても、構造体など内部にダメージを抱えている可能性も。

マンション　戸建て

□ 増改築やメンテナンスの履歴を調べる

戸建ての場合も修繕履歴を確認しましょう。新しい外壁や屋根を上から張る修繕などをした場合、構造体内部の不具合が隠れているケースもあるのでヒアリングは重要です。また、増築をしているなら、必要な手続きをしたか確認しましょう。

老朽化をチェック

必要なら専門家に診断してもらいましょう

目立ったひび割れ、建物の傾き、雨漏りやシロアリなど、建物の傷んでいるか所を丁寧に確認したうえで、地震に備えた適切な耐震補強や修繕をすることが、安心な家を手に入れる近道です。たとえば基礎や外壁のひび割れ、天井や壁の雨ジミ、建物のゆがみや傾きなどは素人でも見分けやすいので、しっかりチェックを。反対に床下や小屋裏といった構造体に関する部分は判断が難しいので、少しでも心配な部分があったら建築家など専門家に診断してもらうことをおすすめします。

マンション　戸建て

□ 基礎や外壁のひびを確認

外観を見回してひび割れが何か所か見つかったらその位置に注目。部屋の縦と横の同じ線上や、上下階の同じ位置にある場合、その線を境に地盤が傾いている可能性が。外壁に目に見えてわかる亀裂やふくらみがあれば、雨漏りなど建物内部の老朽化が進んでいるおそれがあります。

マンション　戸建て

□ 屋根裏をのぞいてみる

上階の押入れやクローゼットの天井に設けられた点検口から、屋根裏の状態を確認。懐中電灯で内部を照らしながら雨漏りのシミがないか、手を入れてみて湿った感覚がないかチェック。足場も悪く危ないので、専門家に依頼できるとベストです。

マンション　戸建て

□ 床下の状態を確認

まずは床下点検口を開けてみます。異様にカビくさいなどにおいが気になる場合は要注意。床下環境がよくない可能性が。基礎のコンクリートのひび割れ、土台や床組みに水漏れの跡がないかチェックします。素人では判断が難しい部分なので、できれば専門家に見てもらうと安心。

マンション　戸建て

□ 床の傾き、壁のシミは？

室内に入ったときの足元の感覚や目線に違和感を感じる場合、大きな傾きやゆがみが。素足で歩いて床のへこみやきしみが目立つ場合は基礎部分が傷んでいる可能性も。床の傾きは水平器で測ると正確な数値がわかります。また、壁と天井の境のシミは雨漏りのサインかも。部屋の隅のカビは、壁体内結露が原因の場合も。

建物の形状を見てみましょう

地震に弱い部分を しっかり補強しましょう

地震に強い建物は、正方形に近いシンプルな形です。縦と横の差が極端に大きい細長い建物や、凹凸が多くて複雑な形の建物は、地震によって大きな力が加わったときに、バランスを崩して倒壊したり損傷するおそれがあります。リフォームをすることが前提であれば、こうした地震に対して弱い部分を直したり、補強することはいくらでも可能です。〝柱を太くしたり梁を渡す〟〝すじかいなどを入れた耐力壁をバランスよく配置する〟〝上下階の壁の位置をそろえる〟など、耐震性を上げる方法はいくつもあるので、まずは建物の形を見て、弱い部分をしっかりチェック。間取りの変更を検討する際に、耐震性を上げる計画も盛り込むようにします。LDKを2階に配置する逆転プランは、必然的に1階に個室を設けることになり、壁の量が多くなるので構造的に安定した形となります。反対に、コーナーに大きな吹き抜けを設けたり、1階より2階が飛び出た形の建物などは、構造的に弱くなるので、しっかりと耐震補強を施すことが必要になります。

□ 基礎が鉄筋コンクリートでつくられているかどうか

マンション　戸建て

最近の木造住宅は、布基礎かベタ基礎がほとんどですが、築年数のたった建物ではまれに独立基礎のケースも。最も耐震性が高いベタ基礎は、建物全面に鉄筋コンクリートの底盤を設けて建物を支える構造で、地震の衝撃を地盤に逃がします。強固な地盤の場合は、布基礎を採用することも。耐震性を考えるとベタ基礎か布基礎であれば安心ですが、共通して大事なポイントは、基礎の中に鉄筋が入っているかどうか。2階建ての場合はシングル配筋、3階建てなどはさらに強度の高いダブル配筋を採用するケースが多いようです。配筋の有無は、下地センサーなどでチェックします。

□ 1辺4m以上の大きな吹き抜けがあるか

マンション　戸建て

開放感のある吹き抜けは気持ちいいですが、耐震の面からはあまりおすすめできません。開口部が多くて壁や柱が少ないと、構造的なバランスがとりにくく、耐震性が劣る原因になります。吹き抜けは1辺4m以下などなるべく小さくして、梁を渡すなど十分な補強が必要です。また、窓は外壁面の4分の3以内におさめないと壁の強度が不足する可能性も。

□ 1階より2階が飛び出している建物は要注意

マンション　戸建て

建物は、1階から2階まで外壁がそろっているほうが、構造上安定します。小さな敷地の家などで見かけることの多い、2階部分を飛び出させて（オーバーハング）カーポートなどに利用している建物は不安定になりがち。また、2階が小さい建物は一見安定感がありそうですが、2階の外壁の下に壁がないと、建物に負担がかかり、地震が起きたときに2階の重みを1階が支えきれなくなる場合もあります。また、2階を支える壁にひびが入っているなど、劣化した部分がないか確認を。

□ 1階の東西南北各面のうち全く壁のない面がある

マンション　戸建て

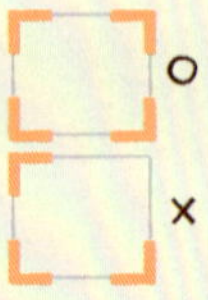

地震の揺れは、建物に水平方向に大きな力を加えます。この力に耐えるには、東西南北の各面にバランスよく壁を配置することです。配置に偏りがあると、地震で加わる力が壁の少ない箇所に集中し、弱いほうに倒れてしまいます。開口部も同様に、東西、南北に同じ程度つくるのが理想。コーナー出窓など角に壁がない建物はバランスが悪くなります。

□ 平面の形は単純なほうが耐震性が高い

マンション　戸建て

L字型やT字型など複雑な形の建物より、正方形や長方形など単純な形のほうが、耐震性を保ちやすくなります。外観上も凹凸の多い家は、地震や台風から受ける力をうまく分散することが難しいため、複雑な力が加わることになります。ただし、きちんと構造設計がなされていて、施工もしっかりしていれば、複雑な形の建物でも問題ありません。

□ 壁にすじかいがあるかどうか

マンション　戸建て

すじかいとは、柱と柱の間に斜めに入れて構造を補強する部材のこと。こういった補強を施した壁を「耐力壁」といい、これがバランスよく配置されていることが耐震性を高めるポイントとなります。すじかいのほか、構造用パネルを打ちつけて補強する方法もあります。これも外見からは判断できないので、ヒアリングや図面などで確認を。

住まいにも工夫を施して

家具の配置やふだんの習慣も大切です

地震の際は、家具の転倒や棚の上からの落下物による被害も多いもの。地震は「くるかもしれない」ではなく「必ずくるもの」と考えて対策をとっておくことが大切です。リフォームを機に、転倒の心配がない造りつけ家具を設置することなども検討してみましょう。

また、揺れがおさまったあとの避難通路の確保も重要。万が一、家具が倒れたとしても、被害を最小限に抑える配置を考えましょう。たとえば寝室では、ベッドの位置と本棚や箪笥が倒れる方向が重ならないようにしたり、出入り口をふさいでしまう位置に置くのも避けましょう。戸建ての場合なら、雨水を利用できる仕掛けをつくっておくと、震災時の備えにもなります。また、〝避難通路となるベランダにはモノをたくさん置かずに整理整頓する〟〝家族で連絡をとり合う方法や避難場所などを決めておく〟〝日頃から近隣とのコミュニケーションを密にはかっておく〟など、住まい方の工夫もこの機会に考えておきましょう。

□ 家具は造りつけがベスト

マンション　戸建て

リフォームで内装を替えるなら、背の高い家具はできるだけ造りつけにすると安心。手持ちの家具を使う場合は、造りつけ家具と組み合わせて固定させるのも一案です。置き家具は、耐震金具などでしっかりと壁や柱に固定すること。粘着式の「耐震マット」なら、ネジやクギなしで家具を固定できます。さらに、前面を少し浮かせる形に家具の下にパッキンを入れるのもおすすめ。

□ テレビや冷蔵庫など大型家電には転倒防止策を

マンション　戸建て

地震の際、テレビや冷蔵庫など大型家電の転倒は大けがのもとです。テレビは壁づけにする方法もあります。その際、壁の下地材の石膏ボードではなく、柱や桟にきちんと固定すること。テレビや冷蔵庫の下に貼るタイプの「耐震マット」もおすすめです。パソコンなどの精密機器にも貼っておくと安心。

□ 食器棚には耐震ラッチを設置する

マンション　戸建て

大きな地震では、食器棚などの扉が開き、中のものが落下・散乱することも。こうした被害を防ぐためには「耐震ラッチ」が有効です。耐震ラッチとは、地震が発生したときに、センサーが揺れを感知して扉が開かないようにロックがかかる仕掛け。揺れがおさまると同時にロックは自動解除されます。

□ ガラスフィルムでガラスの飛散防止

マンション　戸建て

災害時のけがで多いのは、割れたガラスによるもの。割れても破片が飛び散りにくい網入りガラスもおすすめですが、ガラスフィルムを張るのも◎。特に避難通路となる廊下や玄関まわりのガラスに張っておくとよいでしょう。また、リフォームで建具をとり替えるなら、ガラス部分にポリカーボネートやアクリル板などを採用することも検討して。

□ 寝室や子ども部屋には重いものを置かない

マンション　戸建て

寝ている間に地震がくることを想定して、寝室や子ども部屋には重いものや倒れて危ないものは置かないのが基本。寝室に箪笥を置く際は、寝るときだけ一番下の引き出しを少し開けておくと、前方に倒れてこないので安心です。

新基準にも注目！

わかりやすくて安心な統一規格

ユーザーが安心して選べるリノベーション住宅の普及を目的として、リノベーション住宅推進協議会が設定する優良なリノベーション住宅が " 適合リノベーション住宅 "。「検査・工事・報告・保証・履歴情報の蓄積」を統一規格とし、住宅タイプ別に品質基準を定めています。詳しくはHPを。www.renovation.or.jp

戸建ての場合は

専門家に依頼して耐震診断を

地震に万全に備えるなら、戸建てリフォームの場合は、建築家などの専門家に耐震診断を依頼しましょう。費用は10万円前後。現状の耐震性を調べておくと、リフォーム後の修繕計画も立てやすくなります。古い家はいざ解体してみたら耐震補強が必要で追加費用が発生するケースもあるのでぜひ事前診断を。

中古住宅を買うときのポイント

耐震の証明書があれば税制面でも得

住宅ローン減税は木造住宅の場合、築20年以内が対象となっていますが、それ以上の建物でも、売主が耐震診断を受けて耐震基準適合証明書を取得していれば減税対象になります。ほかにも、地震保険料が10％安くなったり、固定資産税や不動産取得税、登録免許税なども減免になります。

瑕疵《かし》保険がかけられる家を買う

構造や雨水による不具合などが起こった場合に保険が下りる「瑕疵保険」という制度があり、2010年からは中古住宅にも適用されるようになりました。保険に加入するためには、検査機関によるチェックが入るので、瑕疵保険がかけられる住宅であれば構造上、安心です。

リフォームの費用を知っておこう

新築住宅とは違って、リフォームに必要な費用はケースによってさまざまです。でも、理想の住まいを手に入れるために、資金計画をきちんと立てないといけないのは、リフォームでも同じ。どんな費用が必要か、まずは全体像を把握していきましょう。

工事費＆材料費以外にこんな費用も必要です

新築と違ってリフォームは、「現状を壊す」作業が必要です。「つくる」のに必要な工事費や材料費にプラスして、「壊す・捨てる」工程にも意外と費用がかかります。リフォームにかかる費用としてどんなものがあるか、具体的に見ていきましょう。

まずは解体・撤去工事費。内装や設備を解体＆撤去する費用のほか、防塵シートなどの養生費もかかります。またリフォーム業者が工事して発生した廃材は産業廃棄物になり、これには高額な処理費用がかかります。ほかにも、工事を始めてから内部の劣化が見つかって補修工事が必要になったり、「仕上がりがイメージと違う」と追加工事をしたくなることもあります。余裕をもって資金を用意しておくのが無難です。

暮らしながら水回りの工事をするケースでは、仮設トイレのリース費用が必要になることも。5万円程度が目安です。大がかりなリフォーム工事では、仮住まいが必要となりその家賃と往復の引っ越し代も。家財をトランクルームに一時保管する場合は、その費用も忘れずに。

そのほかにも、工事が始まってからの近隣へのあいさつ代や、各種手数料や税金、新しい家具などの購入費もかかります。

リフォーム工事費＆材料費

- □ 近隣へのあいさつ代
- □ 各種手数料・税金
- □ 新しい家具などの購入費
- □ 解体・撤去工事費
- □ 廃棄物処理費
- □ 追加工事費
- □ 設備リース費
- □ 工事中の住居費

リフォーム資金が足りないときはどうしたらいい？

助成金を申請する

耐震化やバリアフリー化、省エネルギー化などのリフォームをする場合、自治体によっては助成金を受けられることがあります。補助金、リフォームローンの利子補給、有利な金利での融資などの支援が受けられることも。利用できる条件などは各自治体によって異なるので、住んでいる都道府県や市町村に問い合わせを。「住宅リフォームに関する支援制度検索サイト」(www.j-reform.com/reform-support)でも確認可。

親からの援助を受ける

リフォームをするときに親や祖父母から資金を援助してもらう場合は、贈与税の特例が利用できます。暦年課税もしくは相続時精算課税と併用できる特例になっています。

暦年課税とは…

暦年課税とは、一般の贈与税のことです。誰にでも年に110万円の基礎控除がありますが、加えて「住宅取得等資金に係る贈与税の非課税措置」が利用可能。2020年3月末までは、父母や祖父母など直系親族からリフォーム費用を贈与された場合700万円まで非課税に。(P149参照)

相続時精算課税とは…

65歳以上の親から20歳以上の子ども（推定相続人）に贈与をするとき、合計2500万円までは贈与の段階では課税しない制度です。その後、親が亡くなったときに、贈与された金額を"親の財産"として計算上は戻し、合計金額を相続財産として相続税が計算されます。

特例と併用することもできる

「相続時精算課税」を選択すると、暦年課税の基礎控除（110万円の非課税枠）は利用できませんが、「住宅取得等資金に係る贈与税の非課税措置」の特例は利用できます。つまり「相続時精算課税」(2500万円まで贈与の段階で非課税) ＋「住宅取得等資金に係る贈与税の非課税措置」(2017年なら700万円まで非課税) ＝3200万円には贈与税がかかりません。そのうち700万円の非課税枠については、親が亡くなったときに相続税がかかることもありません。

リフォームのローン

リフォームに利用できるローンを知りましょう

リフォーム費用を現金で支払わずにローンを組む場合、現在住んでいる家のリフォームなのか、新たに中古住宅を購入するのかによって利用できるローンが違います。

単にリフォームだけをする場合は民間のリフォームローンが主です。一方、住宅購入とリフォームを同時に行う場合は、住宅ローンとリフォームローンを一体化できるケースも。

現在の住まいをリフォームする場合

リフォームだけの場合、民間の金融機関のリフォームローンを利用するのが主流で、これには無担保型と有担保型があります。また財形住宅融資を利用することもできます。

無担保型ローン

無担保で利用できるローンは、抵当権の設定などの面倒な手続きがいらないため、手軽に利用できます。保証料や手数料もかからないのが通常で、諸費用も有担保型に比べると低め。ただし、金利は高めに設定されていて、返済期間が最長で15年程度と短めです。融資額も有担保型と比べると限度額が低く、最大で５００万円程度のところが多くなっています。

有担保型ローン

現在の住まいを担保に契約するローン。抵当権の設定が必要で時間もかかりますが、一般に無担保型より低金利です。また、返済期間は最長35年まで設定できることが多く、融資限度額も５０００万円程度と高くなっています。

財形住宅融資

勤務先で財形貯蓄をしていて一定の要件を満たす人は、リフォームの際に財形住宅融資を利用できます。5年ごとに金利を見直す5年固定金利で、返済期間は最長20年。手数料はかからず、財形貯蓄残高の10倍の額（最高４０００万円）の融資が受けられます。

住宅ローン返済中の場合は借りられないことも！

住宅ローン返済中に新たにリフォームローンを組むと、2つのローンを抱えることになります。このとき気をつけたいのが「収入に占める返済割合の基準」です。各金融機関では、年間の総返済額の割合について「年収400万円以上700万円未満で35％以内」などと、収入に応じて限度を決めています。

まずは返済中の住宅ローンの利用条件を確かめてみてください。もしもリフォームローンを借りることで、2つのローンの年間の総返済額の合計が、この返済割合の限度を超えてしまうとしたら、新たにローンを組むことはできません。自己資金をふやしてローンを組む金額を減らしましょう。

60歳以上の場合は高齢者向け返済特例制度があります

60歳以上の人が、自宅のバリアフリーや耐震改修のリフォームをする場合、「住宅金融支援機構」のリフォーム融資を受けられます。さらに返済に関しては「返済期間を申し込み本人の死亡時までとする」という特例が適用されます。これを適用することで、本人の死亡時に相続人が元金を一括して返済。ローン契約時に担保にした建物や土地を処分して返済することも可能です。つまり、契約者本人の生存中は元金を返済しなくてもよく、毎月の返済は利息のみでOKということ。金利はやや高めですが、一般的なリフォームローンを利用するよりも月々の負担を低く抑えることができるため、年金生活者には心強い融資です。

おもな融資条件

◎借り入れ申し込み時に満60歳以上であること

◎自分が居住する住居をリフォームすること

◎総返済負担率が次の基準以下であること
年収が400万円未満の場合　30％以下
年収が400万円以上の場合　35％以下

◎日本国籍を持つ人、または永住許可などを受けている外国人

◎工事完了後の住宅部分面積が50㎡（共同建ての場合は40㎡）以上

中古住宅を購入してリフォームする場合

中古住宅の購入と同時にリフォームを行う場合、物件費用は住宅ローンで、リフォーム費用はリフォームローンでと、2つのローンを抱えることになります。ただし一部の金融機関には、2つのローンを一本化できる商品があります。これは物件費用とリフォーム費用の合計金額を、ひとつの住宅ローンで借り入れられるというもの。条件などは金融機関によって異なりますが、抵当権の設定などの手続きを一度にすませることができるので、2つのローン契約をするよりも諸費用を安く抑えられます。現在、住宅ローンを返済中の住まいをリフォームする場合でも、ローンの借り換えをし、同時にリフォームローンを申し込むことで、この2つのローンを一本化できることがあります。金融機関に問い合わせをしてみてください。

「フラット35」を利用

「フラット35」というのは、民間融資と公的融資の中間的な存在のローン。民間の金融機関で扱っていますが、貸し出したローン債権は「住宅金融支援機構」が買いとります。固定金利で長期の融資が受けられるのが特徴で、物件が一定の条件を満たしていないと利用できませんが、人に対する条件はゆるやかで、収入が安定しない人でも比較的利用しやすくなっています。中古住宅を購入する際に「フラット35」を利用し、同時に窓口となっている金融機関のリフォームローンを申し込むと「リフォームパック」が適用されます。一括でローンが組めるので、住宅ローンとリフォームローンの手続きを一度にすませることができるのがメリット。手間がかからず、手数料も抑えられます。ただし、契約時に事業者がリフォーム瑕疵（かし）保険に加入する必要があります。

「フラット35」を利用できる住宅の要件

- □ 一戸建ての場合、住宅の床面積が70㎡以上あること
- □ 住宅の耐久性などについて住宅金融支援機構が定めた技術基準に適合していること
- □ 店舗や事務所と併用した住宅の場合、住宅部分の床面積が全体の2分の1以上であること
- □ 建設費(建設に付随して取得した土地の購入も含む)、または購入価格が1億円以下(消費税を含む)であること

「フラット35」を利用できる人の要件

- □ 申し込み時の年齢が70歳未満であること
- □ 一定の収入があること
- □ 日本国籍を持つ人、または永住許可などを受けている外国人であること
- □ 「フラット35」とそのほかの借り入れ金を合わせたすべての借り入れ金の、年間返済額の年収に占める割合が、次の基準を満たしていること
  年収が400万円未満の場合　30%以下
  年収が400万円以上の場合　35%以下
- □ 申し込み本人または親族が住むための住宅の建設資金または購入資金であること

「リフォーム瑕疵《かし》保険」とは？

リフォーム工事がずさんで、あとでトラブルが起きた場合などに備えて、施工前に希望すればリフォーム瑕疵保険への加入を依頼することができます。「フラット35」の「リフォームパック」を利用する際は、加入が条件になっています。リフォーム瑕疵保険というのは、リフォーム時の検査と保証がセットになった保険制度です。事業者がこれに加入すると、リフォーム工事中や完了後に、第三者検査員（建築士）が現場検査を行うため、質の高い施工が保証されます。また、工事終了後に欠陥が見つかった場合は、補償費などの保険金が事業者（事業者が倒産等の場合は発注者）に支払われ、無償で直してもらえます。

リフォームにかかわる減税制度

長期のローンを組んで
リフォームした場合

【住宅ローン減税】

控除を受けられる条件

**ローン返済期間が10年以上。
住宅の取得、増改築の
工事費用が100万円以上**

工事費用100万円以上のリフォームをして、返済期間10年以上のリフォームローンを組み、一定の要件を満たすと、住宅ローン控除を10年間受けられます。中古住宅を購入＋リフォーム工事をして合計金額を住宅ローンで借りた場合も、同様に住宅ローン控除を受けられます。ただし、バリアフリーや省エネのリフォームをして、所得税額の特別控除を受けた場合は、併用して住宅ローン控除を受けることはできません。

住宅ローン控除の概要

一般住宅の場合

居住年	控除期間	住宅借入金等の年末残高の限度額	控除率
2014年4月〜2021年12月	10年間	4000万円	1.0%

認定住宅（長期優良住宅、低酸素住宅）の場合

居住年	控除期間	住宅借入金等の年末残高の限度額	控除率
2014年4月〜2021年12月	10年間	5000万円	1.0%

現金で（リフォームローンを組まずに）
リフォームした場合

【投資型減税】

控除を受けられる条件

**耐震・バリアフリー・
省エネリフォーム**

現金での支払いで、要件を満たす耐震、バリアフリー、省エネのリフォームを行うと、下表の特別控除が受けられます。耐震リフォームは、1981年5月31日以前に建築された耐震基準に適合しない住宅であること、バリアフリーリフォームは、50歳以上か要介護または要支援の認定を受けている人がいること、省エネリフォームは現行の省エネ基準（1999年基準）以上の性能になることなどが要件です。

所得税額の特別控除

耐震リフォーム

	リフォーム工事限度額	控除率	控除限度額
2014年4月〜2021年12月	250万円	10%	25万円

バリアフリーリフォーム

	リフォーム工事限度額	控除率	控除限度額
2014年4月〜2021年12月	200万円	10%	20万円

省エネリフォーム

	リフォーム工事限度額	控除率	控除限度額
2014年4月〜2021年12月	250万円（350万円）	10%	25万円（35万円）

※カッコ内は太陽光発電設備設置時

所得税の控除

一定の要件を満たすリフォーム工事をすると、所得税と固定資産税の控除（優遇）が受けられます。どんな控除を受けられるかは、費用の支払い方法によって異なります。複数のリフォーム工事を行った場合は、それぞれで税額控除を受けられる場合と、一方でしか受けられない場合があるので確認しておきましょう。

リフォームローンを組んで
リフォームした場合

【ローン型減税】

控除を受けられる条件

バリアフリー・省エネリフォーム

リフォームローンを組む場合は、バリアフリーあるいは省エネのリフォームをして一定の要件を満たすと、所得税の優遇措置が受けられます。さらに、バリアフリーもしくは省エネ以外のリフォーム部分に関しても控除があり、控除期間は5年間です。省エネリフォームの場合は、改修工事後の住宅全体の省エネ性能が、現状よりも1段階相当以上上がると認められる工事内容であることなどが要件です。

所得税額の特別控除

ローンを利用してリフォームした場合

居住年	特定増改築等限度額 / その他の借り入れ限度額	控除率	各年の控除限度額	最大控除額
2014年4月〜2021年12月	250万円	2%	5万円	62.5万円（5年間）
	750万円	1%	7.5万円	

固定資産税の減額

控除を受けられる条件

耐震・バリアフリー・省エネリフォーム

耐震、バリアフリー、省エネのリフォームをして一定の要件を満たすと、固定資産税の減額を受けることができます。減額期間はいずれも工事完了年の翌年度1年分で、工事完了後3カ月以内に所在する市区町村に申告します。それぞれ住宅の建てられた時期に要件があり、耐震リフォームは1982年1月1日以前、バリアフリーリフォームは2007年1月1日以前、省エネリフォームは2008年1月1日以前から存在する住宅であることが必要です。また右表で示したように、バリアフリーと省エネの固定資産税の減額措置の特例は併用することができます。耐震の特例だけは、ほかの2つの特例と同じ年に利用することはできません。

固定資産税の減税措置	耐震の特例	バリアフリーの特例	省エネの特例
耐震の特例	＼	×	×
バリアフリーの特例	×	＼	○
省エネの特例	×	○	＼

予算内でおさめるコストダウンのアイディア

物件価格とリノベーション費用のバランスを考えて

リノベーションでいちばんコストがかかるのは、断熱工事や耐震補強工事など、建物の基本性能にかかわるところです。物件を選ぶ段階で注意したいのは、安いと思って買った中古物件に、リノベーションの費用が想像以上にかかってしまう可能性があるということ。北側の部屋の壁がカビで真っ黒だったら、断熱性が低いゆえに結露が起こったことがわかりますし、玄関の段差が少ないマンションは、床が直張りで、水回りの移動がむずかしい可能性があります。物件の価格には理由があり、価格はある程度高くても、状態がよくて基本性能もしっかりした物件なら、設備機器もそのまま使えてリノベーション費用が少なくてすむかもしれません。希望エリアの不動産情報をチェックして、相場観を身につけておくことも大切です。

めざすリノベーションを得意とする会社を選ぶ

リノベーション業者にも、それぞれ得意分野があります。たとえば、水回りの交換だけであればスピーディに安くできる、自然素材を使ったリノベーションが得意、クラシカルなデザインが得意、など。それぞれの業者は、その得意分野の材料をリーズナブルに安定して入手できるルートをもっていますし、その材料の扱いに慣れた職人を知っています。もし、得意分野とかけ離れたオーダーをすれば、施主によりよい提案ができないかもしれませんし、材料の仕入れ先も職人も一から探さなくてはならず、コストも時間もかかってしまう場合も。ですから、まずは自分たちがめざすリノベーションは何かをはっきりさせ、その内容が得意な業者選びをすることが、満足できるリノベーションを予算内で実現するコツなのです。

やりたいことはとりあえず全部伝えましょう

打ち合わせでは、どういう住まいにしたいのか、リノベーションで実現したいことをすべて話しましょう。そのときに、なぜそうしたいのかという理由も一緒に伝えられるとベストです。できる、できないは、プロと一緒に優先順位を考えて決めていけばいいのです。最終的に到達したいところがわかれば、プロはプランニングの方向性が決められます。理想形のイメージをお互いに共有できれば、プランニングがスムーズに進み、お金のかけどころもしぼり込めます。

やりたいことの「本質＝本当の理由」は？

希望を伝えるとき、なぜそうしたいのか、本当の理由や目的をよく考えてみてください。その希望がコスト的に無理でも、ほかのアプローチで、コストを抑えながら目的を達成できるかもしれないからです。たとえば、スケルトン（建物を構造躯体だけの状態）にして間取りを変えることをしなくても、思い描く生活ができるかもしれませんし、キッチン自体にタイルを採用しなくても〝タイルのおしゃれなキッチン〟のイメージは実現できるかもしれません。生活スタイルをもう一度整理して考えると、本当に必要な間取りや仕上げが見えてきます。ひとつの方法に固執せず、本当の目的をはっきりさせれば、満足のいく仕上がりの可能性は広がります。

住まいの基本性能の部分にはコストをしっかりかけて

耐震性や断熱性など、住まいの基本性能にかかわるところには、適切にコストをかけるべきです。せっかく素敵にリノベーションをしても、家族の安全や日々の暮らしの快適性が損なわれてしまっては、元も子もありません。断熱性は、住んでからの冷暖房のランニングコストにかかわりますし、結露が起これば、住まいの寿命を縮めたり、カビの発生などで家族の健康に影響が出ることにもなりかねません。プロが見れば、その物件の基本性能の改善にどれくらいコストがかかるのか、およそのことはわかります。不安であれば、物件を決める前にリノベーション業者を決め、物件選びのアドバイスを受けるのも手です。

最終形をイメージしながら優先順位をつけましょう

予算が限られている場合は、全体の計画の中でやるべきところの優先順位をつけて、できないところは先送りすることも考えて。ただし、優先順位のつけ方にもコツがあり、たとえば、水回りなど、毎日の暮らしの快適性にかかわる部分をがまんすると、リノベーションした満足度が上がらないことも。最終形をイメージしながらコストの〝かけどころ〟と〝かけどき〟を考えましょう。

リフォーム費用は物件購入との一括ローンがお得

ライフスタイルに合わせたプランや、内装、設備などにこだわる人が多くなり、物件価格も手頃なことから、リフォームを前提に中古住宅を購入する人がふえています。しかし、物件価格とは別にリフォーム費用も必要となり、負担は少なくありません。これまでは物件購入のための「住宅ローン」とリフォームのための「リフォームローン」は別々に契約するのが一般的でしたが、最近はそれぞれを合算した金額で住宅ローンとして契約できるようになりました。リフォームローンと違って査定が厳しかったり、抵当権の設定が必要になったりしますが、「金利が低い」「借り入れ期間を長く設定できるため、月々の返済額を低く抑えられる」「手数料などの支払いを一本化できる」などのメリットが。総返済額も抑えられるので検討してみる価値大です。

中古マンション、こんな物件はコスト高！

マンションの場合、十数年ごとに行う大規模修繕の費用を修繕積立金として居住者が積み立てておきます。滞納者がいた場合、資金不足で修繕計画に支障をきたすばかりか、居住者から一時金（数十万円から100万円を超える場合も）を徴収する事態を招きかねません。資金不足で修繕そのものが実行されないとなれば、資産価値が下がり、売却時のマイナス材料に。あとから大きな出費を生まないように、中古マンション購入の際は修繕積立金の状況や大規模修繕の時期などを確認することも、のちのちのために大事です。

中古物件は〝見えない部分〟ほどチェック。保険も検討を

物件を選ぶときは、構造や給排水の管路など、〝表からは見えない部分〟についても、不動産屋さんに確認しましょう。中古物件を購入する際に買主がかけられる㈱日本住宅保証検査機構の「既存住宅かし保険」というものもあります。これは、事業者を通じて専門の保険会社に引き渡し前に申し込み、中古物件の保険の対象となる構造などを検査し補償するものです。検査に通れば、売買された中古物件に後日、欠陥（瑕疵）が見つかった場合も保険期間中であれば補修費などに対して保険が支払われます。

中古一戸建ては管理状態を確認して

マンション以上に維持管理の状態に差が出る一戸建て住宅。管理状態が悪ければ、内部構造などが傷んでいる可能性は高くなり、リノベーションで思わぬコストが発生することも。外壁のひびなど、外まわりのお手入れ状況を見れば、およその状態を知ることができるのでチェックしてください。また、内覧のときに家の傾きなどもチェックしましょう。サッシの開閉を確認したり、部屋を見て回るときにドアや引き戸を開閉してみれば、きしみなどをさりげなくチェックすることができます。

インナーサッシを設置して断熱性を向上。（設計／スタイル工房）

築年度が1981年以前の物件は耐震工事の予算を準備

一戸建ての場合、昭和56年（1981年、現在の耐震基準ができた年）以前の物件は、耐震補強工事を必要とするケースが多いので、耐震工事用に100万円（坪あたり3万円）ほど予算を計上しておいたほうがいいでしょう。

段階的より「一気に」リフォームが安上がり

たとえば、今回はリビングの床と壁の張りかえをし、2年後に水回りを新しくしたいなど、段階的に行うリフォームは予算の範囲内で無理なくできるというメリットがあり、そのときどきのライフスタイルに合わせた住まいづくりを可能にします。しかし、そのつど、解体や養生、ハウスクリーニングなどの費用がかかり、トータルで見ると割高になることが多いようです。また、前回リフォームした個所が、新たにリフォームする部分と合わなくなってしまった、ということにもなりかねません。短期間に2回リフォームするなら、一度にすませたほうがコストの節約に。

古い給排水管の交換工事はリフォーム時に行うのが◎

築20年以上の古いマンションで心配しなければならないのは、給排水管の劣化です。マンションの給排水管というのは床下やPS（パイプスペース）を通っているので交換工事が大がかりになり、それなりに費用もかかります。購入時に給排水管の状態が悪くなくても、いつかは交換工事が必要となるものなので、水回りに関係のないリフォームを行う場合でも、同じタイミングで給排水管の点検や交換工事をすませておくほうが得策です。仮に大丈夫そうに見えても、リフォーム工事の振動が引き金となって、古い給排水管が破裂したり水漏れを起こすこともあるようです。そうなると、予定外の工事がふえて工事費もアップ。リフォームするなら、給排水管のチェックや交換工事をすませておくというのも重要なポイントです。

はずせない耐力壁を上手に活用して

地震の横揺れや台風などの強風は、建物に対して横から力が加わります。このような横からの力に抵抗できる壁を耐力壁といい、戸建て住宅の場合、外壁だけでなく内部にも設けられています。耐力壁は安易に撤去することができないため、リフォームプランが限定されてしまうかもしれませんが、デザインに生かす手もあります。軸組み工法の住宅に限られますが、耐力壁の壁厚を利用して柱と筋かいの入っていない部分にニッチ風の収納スペースを設けるなどもおすすめです。

間取りを変えるならスケルトンリフォームがお得

スケルトンとは“骨組み”という意味で、マンションなどの専有スペースの内部をすべてとり壊し、建物の躯体だけの状態にして内部をつくり直す工法を「スケルトンリフォーム」と呼んでいます。購入予定のマンションの間取りがライフスタイルに合わない、設備や内装をすべて一新したいなどの理由から、この方法を選ぶ人がふえています。スケルトンリフォームは、同時に給排水管や電気配線の安全性チェック、断熱性の見直しなどができるメリットもあるので、間取りを大きく変えたいという人にとってはトータルで割安といえるでしょう。しかし、壁のクロスやフローリング、設備機器を新しくしたいというだけで既存の間取りはほとんど変えないのであれば、スケルトンにするメリットはあまりなく、かえって割高になってしまいます。

既存の間取りを生かせば大幅にコストダウンできる

マンションの場合、構造壁を撤去することはできませんが、制約の範囲内なら間取り変更は可能です。しかし、間仕切り壁をとり払うことで床や壁を施工し直したり、建具をつくり直したり、照明器具やコンセントの位置を変えるなどの工事も発生してしまいます。コストを抑える一番のポイントは、できるだけ既存の間取りを生かすこと。合板フローリングを無垢にかえたり、クロスを張りかえたり、設備機器や建具の交換をするだけでもクオリティは高まり、間取りを変えなくても住まいはぐんとリフレッシュします。

水回りの移動は位置交換で費用削減

給排水管やガス管、排気ダクトなどさまざまな設備がからむ水回りは、間取り変更によって大きく移動させると費用もかかります。マンションの場合、PSにつながる排水管には勾配がついていますが、キッチンや洗面室などの位置を変えることによってPSまでの距離が長くなるケースがあり、その場合、床を上げるなどの工事がふえ、排気ダクトも伸ばす必要があります。このように、水回りの移動は工事が複雑で費用もかかるのですが、水回り同士の位置交換ならコストを最小限に抑えることができます。たとえば、キッチンだったところに洗面室&浴室を設け、もとの洗面室&浴室の場所にはキッチンを、という場合。これなら既存の給排水管を利用できるので費用を抑えられます。すべてのプランに可能ではありませんが選択肢として考えてみては。

柱をデザインとしてあえて見せる。（設計／スタイル工房）

こだわりがなければ安価な素材を使う

色や柄がシンプルで汎用性があり、大量生産することでコストを抑えた製品を「量産品」と呼んでいます。たとえばクロスの場合、「量産クロス」なら１ｍあたり６００〜８００円程度と比較的安価で入手できるので、コスト節約のため、工務店やリフォーム会社から提案されることも多いよう。また、ロスが出ないように、使用する素材をできるだけ統一することもコスト節約のコツです。ただし、それではもの足りない、インテリアをもっと楽しみたいという人の場合は、色柄やテクスチャーが豊富にそろうデザインクロスや輸入クロスを部分的に使う、という手も。１ｍあたり２０００〜３０００円とちょっと高めですが、部分的に使えば全体のコストを大幅にアップさせることなく、理想のインテリアが楽しめます。

コストダウンのアイディア 部材&内装材

珪藻土塗りの壁に部分的にブリックタイルを採用。

使用範囲が狭ければ在庫品も狙い目

大量に仕入れて半端に残った内装材や、発注ミスなどにより使用されなかった設備機器が、工務店やリフォーム会社の倉庫に眠っているということは、じつはよくあること。家１軒分はまかなえないけれど、１部屋分なら間に合う量であったりするのですが、施工会社にしてみれば、このような在庫品はできるだけ早く処分したいもの。施工範囲の狭い部分リフォームの場合で、素材、色&デザイン、仕様などが条件に合えば、このような〝わけあり〟の在庫品はお買い得。施工会社に「安価な在庫品はありませんか?」と持ちかけてみるのも手です。

もとの内装材の上から施工してコストダウン

クロス張りの壁をペイントや左官仕上げに変える場合、通常は壁紙をはがし、裏打ち紙が残らないようきれいに処理するのですが、これはとても手間がかかる作業。最近ではクロスの上から塗れる塗料や珪藻土、しっくいなどが出ているので、それらを採用してもとの壁紙をはがす作業を省略すれば、作業代の節約につながります。また、床のフローリングも既存床をはがさずに重ね張りで対処できる方法があります。もとのフローリングを撤去する手間がないため、工期が短くなり工事費も安くなります。

天井を張らない店舗風の内装はコスト安

マンションの天井は、コンクリートでできた躯体（コンクリートスラブ）の下に配線や換気ダクトなどを通す空間を設けて、天井板を張る二重天井が一般的です。ところが、最近のリフォームで人気なのが、天井をはがして躯体のコンクリートをむき出しにする方法。電気配線や換気ダクトもむき出しになりますが、躯体と一緒にペイントで仕上げればすっきりとした印象になります。コンクリートスラブをあらわしにする仕上げは、一般的な二重天井に比べて材料と手間が省け、その分、コストも安くすみます。

構造用木材を仕上げに使えばコストダウン

柱や梁に使う角材や丸太のほか、壁や床の下地に使う板材や合板パネルなどの構造材は、外から見えない部分に使うため、仕上げが粗削りな分、価格も安め。ざらっとした質感が嫌でなければこれを仕上げ材に使うのも手です。ペイントやオイルステインで仕上げれば、独特の表情やナチュラルな雰囲気が楽しめます。特に２×４工法用の構造材は、堅牢でねじれが少ないわりに安価で出回っているのでおすすめです。

無垢のフローリングには低価格のものもある

一枚板の無垢の床材（ＯＰＣフローリング）が人気ですが、価格も高め。コストを抑えるなら「ＵＮＩタイプ」や節のあるものがおすすめです。「ＵＮＩ」とは〝ｕｎｉｔｅｄ〟の略。短い無垢材を１８２０㎜の長さにつないだもので、ＯＰＣフローリングより２〜３割安め。また、節の多いパインやスギの床材も比較的安く流通しているので、節が気にならなければおすすめです。

こだわりがなければ メーカーの指定はしない

システムキッチン、ユニットバス、トイレ、サッシなどは、卸業者を通して工務店やリフォーム会社に届くのが一般的な流れ。仕入れ価格はそれぞれ違い、工務店やリフォーム会社は独自に安いルートをもっているので、メーカーや商品そのものに対して特にこだわりがなければ、指定はしないほうが安く入手できます。設備メーカーは国産、輸入ものを含めると何十社とありますが、名の通ったメーカーなら性能の差はほとんどないといっていいでしょう。

既製品＋ひと手間で おしゃれに節約

キッチンや洗面台などの水回り設備は、オーダーで一からつくると高額に。一方、メーカーの普及品は、安価だけれど味けないと感じる人もいるでしょう。そんな場合は、周辺部材にひと手間かけてオリジナリティのある仕上がりにするのがおすすめ。洗面台のみ既製品にして壁面にアンティークミラーをとりつけたり、シンプルなキッチンカウンターを選んで上部にカフェ風のオープン棚を設けたりするなど。ミラーや棚をつけるだけならＤＩＹでもできるので、挑戦してみてはいかがでしょう。

白い壁にカラフルな雑貨が映え、楽しい雰囲気に。（設計／es）

配線ダクトのほうが ダウンライトより安上がり

配線ダクトによる照明は、住宅に設置することも可能です。通電できるレールを天井に埋め込んだり直づけにして、アダプターつきの照明器具を装着します。スポットライトやペンダントライトなど複数の照明器具をとりつけることもでき、交換やとりはずしも簡単。天井に穴をあけて器具をとりつけるダウンライトより工事が簡単で、器具そのものの価格も安価なので、照明器具の費用を抑えたい場合におすすめです。引っかけシーリングに設置できる簡易タイプなら、さらにローコスト。

収納は家具工事より 大工工事にすると割安

スペースを有効に利用できると人気な造作家具。家具工事でつくるか、大工工事でつくるかでコストが大幅に変わります。一般に「細部のつくりはラフだけれど、家具工事より大工工事のほうが工事単価は安い」といわれているので、凝った造作を希望しなければ、大工工事にしたほうがコストダウンに。しかし、引き出しをたくさん設けたり、複雑なデザインを要求した場合、家具づくりを本業としていない大工さんでは製作に時間がかかり、かえって高くつく場合もあります。設計者とよく相談して決めましょう。

既存の収納スペースを リメイクするのも手

もともと設置されていた収納を撤去せずに活用するのもコスト節約に。ペイントやインテリアの表装用のシートを張るだけでも印象ががらりと変わります。また、撤去する予定の収納も、扉だけどこかに再利用できることもあります。材料費の節約＋ゴミが出ないのもメリットです。

造作家具は扉をつけず オープンにすると安い

食器や雑貨をオープン棚に並べて〝見せる収納〟を楽しむのもコストダウンのひとつ。扉や引き出しなど造作が多いと思った以上に材料費や手間がかかります。シンプルなオープン棚は出し入れもラク。市販のカゴやボックスを組み合わせれば見た目も使い勝手も◎。

収納扉の枚数を抑えると コストが下がる

収納スペースにとりつける扉は、同じ間口なら4枚扉より2枚扉のほうが3〜4割安くできます。なぜなら、扉の大きさに関係なく扉の数が減ると金具などのパーツが減り、表面や小口部分の仕上げの手間なども少なくなるから。使い勝手にそれほど影響しないという場合なら、収納扉の枚数は少なければ少ないほどコストダウンになります。また、W・I・Cの出入り口など、なくてもそれほど不便のない場所の室内ドアを省くという手も。あとでつけられるよう枠だけ用意して。

コストダウンのアイディア その他&ランニングコスト

快適さがアップすれば長い目で見るとコストダウン

ランニングコストとは、生活していくうえで消費する電気やガスなどの光熱費のほか、建物の維持管理に必要な修繕費などをいいます。断熱性の低い建物や、日当たり&風通しの悪い建物は、たとえ工事費を安く抑えたとしても冷暖房費がかさみ、その後の家計の負担になってしまいます。リフォームを計画する際には、夏は熱気が自然に外へ流れる間取りや、冬は光が部屋の奥までさし込む窓のとり方などにも工夫を。年間を通して冷暖房費を削減することができれば、結果的に〝ローコストリフォーム〟になります。

〝断熱リフォーム〟で家計の負担を減らす

建物の断熱性を高めて外部環境の影響を受けにくい建物にすることで、エネルギーのロスを最小限に抑え、長期にわたり冷暖房費の負担を軽減することができます。断熱工法が積極的に行われるようになったのは1970年代以降といわれ、築後30年以上経過した中古住宅や、築年数が浅くても断熱材が不十分と診断された中古住宅の場合は、今後の暮らしの快適性を考慮して断熱リフォームをおすすめします。断熱性を高めるための工事方法は施工会社によってさまざまですが、既存の内装材をはがして、外部と接している壁の内部、床下、天井裏に断熱材（天然繊維系やガラス素材系などさまざまあります）を入れるのが一般的。断熱材は部分的に入れてもあまり効果は期待できないので、建物全体に施工することがポイントです。

照明は消費電力の少ないLEDランプに

家庭で消費する電気量の5分の1は照明によるもの。これまでは白熱ランプや蛍光灯が主流でしたがおすすめはLEDランプ。消費電力は同じ明るさの白熱ランプに比べて8分の1～10分の1、寿命は40倍。省エネ&交換の手間も省けるなどメリット大です。

窓に内窓をプラスすると光熱費が節約できる

マンションリフォームでは、サッシを含めて外壁は共有部分にあたるので、勝手に手を入れることができません。そこで注目したいのが「内窓」。既存のサッシの内側にもうひとつサッシを設けて二重窓にするというもの。内窓本体の断熱性と、既存のサッシとの間にできる空気層のおかげで断熱性がぐんと高まり、冷暖房費が抑えられるほか、結露も起こりにくくなります。工事も簡単で短時間ですみ、サイズもさまざまそろっているので、リフォームにはもってこいの手法。費用の目安は、1間幅の腰窓で6万～7万円ほどです。戸建ての場合は玄関ドアも断熱仕様の製品に交換すれば、開口部の断熱対策は万全です。

アンティークドアはオーダーより安い場合も

アンティークのドアは雰囲気がよく、オーダーでドアを造作するより安く買えることもあります。ただし、アンティークは一点物で、サイズもまちまちなので、ドアのサイズに合わせて開口枠を設計しなくてはいけません。解体工事が終わった頃には現場にドアの現物が準備されているくらいのタイミングで入手を。

照明器具を自分たちで探す

ペンダントやブラケットなど、ダウンライト以外の照明は、施主支給することで、好みのものが入手できることもあります。プランニングの段階でつけたい照明が決まっていれば、それに合わせて配線プランもできるので、早めに考えておきましょう。

無垢材フローリングの施主支給は要注意

無垢材のフローリングには、メンテナンスが大変なものや、精度にばらつきがあるものもあります。結局、使えない部分が出てきて、無駄がふえることさえあります。自然素材を使いたい場合は、それに慣れていて、扱いが得意な業者に依頼したほうが安心です。

アンティークのガラス入りドアを採用。（設計／スタイル工房）

リフォームとお金のステップと予定

中古物件を探すために不動産会社を回ったり、それと同時に、理想の住まいをつくるためにリフォームの依頼先を決めたり……と、やることは山積み！　イメージづくりの段階から入居後までのスケジュールとお金の準備などなど、リフォームの全段取りを説明します。

START!　入居まであと **6** カ月

物件探しから売買契約を結ぶまでは、平均して1〜2カ月かかることが多いようです。

住まいを手に入れるまでのスケジュールを、物件購入、リフォーム&リノベーションの計画、ローンを利用するケースで整理しました。ローンを組んで中古物件を購入しリフォームする人は全項目を、持ち家をリフォームする人は中段を……というように、自分にかかわる項目のチェックボックスを追ってください。

物件を購入する

A □ 中古物件を探す

住みたいエリアが決まったら、物件探しにとりかかりましょう。インターネットや情報誌、新聞広告やチラシから探したり、不動産会社に足を運んだり、幅広く情報収集を。不動産会社にはリフォームを前提にしていることや予算も伝えておきましょう。条件に合った物件が出たときに連絡してもらえたり、地元の情報を教えてもらえるなどのメリットがあります。

D □ 物件を下見して決める

気になる物件があったら、不動産会社の担当者と下見に行きます。内部はもちろん、外まわりや管理状況なども確認を。P416〜のチェックリストを活用してください。下見には、リフォームの担当者や設計者にも同行してもらい、構造的な制約や建物の状況などを確認し、希望のリフォームが実現できるか、戸建ての場合は修繕や補強にいくらくらいかかるか見てもらいましょう。

リフォーム&リノベーションをする

B □ リフォームの依頼先を検討する

物件探しと同時に進めたいのが、リフォームの依頼先の選定。建築家や工務店からリフォーム会社、大手メーカーまで、それぞれに特徴があるので、これまでに手がけた実例を見せてもらうなど、判断材料にしてください。建築家やリフォーム会社をはじめ、物件探しの段階から相談にのってくれるケースも多いので、ここ！という依頼先が見つかったら、さっそく問い合わせを。

E □ 依頼先を決めてプランを打ち合わせる

設計をお願いしたい依頼先が見つかったら、間取りやインテリア、使いたい設備などの希望を伝えて、リフォームプランをつくっていきます。要望はできるだけ具体的に、雑誌の切り抜きやカタログなどを見せながら伝えましょう。ある程度プランがかたまったら見積もりを出してもらい、リフォーム予算の調整も進めていきます。

ローンを利用する

C □ 資金計画を立てる

まずはP150の計算式から総予算を算出してみましょう。ローンを予定している人は、物件購入のみローンを組むのか、それとは別にリフォームローンも組むのか検討を。最近では、一部の金融機関で物件価格とリフォーム費用を合算して住宅ローンを組むことも可能に。利用を考えている人は、普段使っている銀行や勤務先のメインバンクなどに問い合わせを。いざとなってからあわてないために、どの金融機関を利用するかの目星をつけておきましょう。

主な支払い

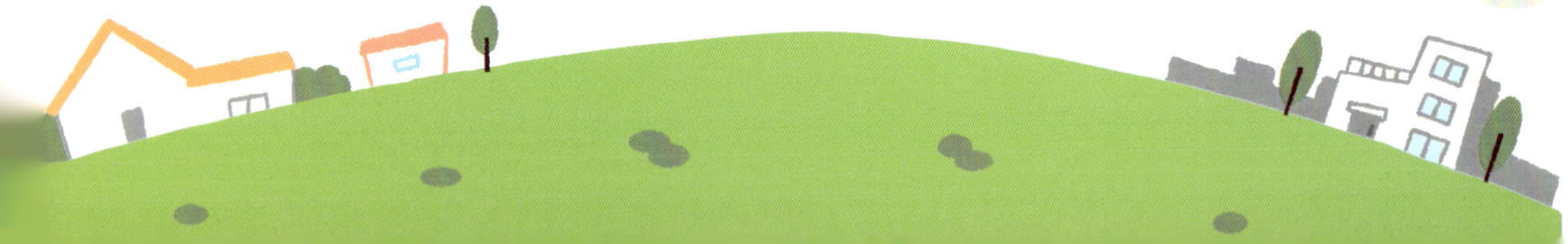

入居まであと 4 カ月

物件が決まったら、着工に向けてローンの申し込みなどを。この期間は約2カ月が目安に。

F □ 物件購入の申し込みをする

物件が決まったら、いよいよ申し込みをします。不動産会社が用意した「買付証明書（購入申込書、買付申込書など）」に購入希望金額や契約、引き渡しの時期などの条件を記入。不動産会社の担当者が、これをもとに売主と価格交渉をします。この段階では、契約の手前の購入予約をしたにすぎないので、手付金やキャンセル料はまだ発生しません。

G □ 住宅ローンの事前審査を申し込む

ローンを利用する場合、金融機関による事前審査を受けます。物件の購入予約をしたら申し込みましょう。申込書のほか、所得を証明できる書類などの提出が必要です。審査では、申込者の支払い能力や信用度、物件価格などからどれくらいの融資が可能かをチェックします。物件購入費用とリフォーム費用をあわせてローンを組む場合は、工事見積書の提出が必要になりますので、リフォームプランもある程度進めておく必要があります。

＊事前審査に必要なもの
- 住宅ローン事前審査申込書
- 本人確認書類（運転免許証、パスポート、健康保険証など）
- 所得証明書類（会社員は源泉徴収票、自営業は納税証明書や確定申告書2〜3年分など）など

H □ 重要事項説明を聞く

住宅を購入するときには、正式な売買契約を結ぶ前に、不動産会社から物件に関する重要な事項を説明してもらうことが決められています。この「重要事項説明」は、契約と同じ日に行われるのが一般的ですが、記載内容が多いうえに、文字どおり重要な事柄がたくさん盛り込まれているので、その場ですべてを理解するのはなかなか難しいもの。できれば契約日とは別の日に行うか、あらかじめコピーをもらって読んでおけるとベストです。

I □ 不動産売買契約を結ぶ

ローンの事前審査でOKが出たら、売主と売買契約を結びます。手付金（中古物件の場合、物件価格の約10%）や仲介手数料の支払いなど、まとまったお金が必要になりますので、きちんと予算繰りを。住宅ローンを利用する場合は、契約に際して「ローン条項」がついているかどうかをチェック。これは、予定していたローンの審査が通らなかった場合、売買契約を白紙にできる期限をとり決めたもの。万が一に備えて必ず確認しましょう。

＊売買契約に必要なもの
- 印鑑
- 本人確認書類（運転免許証、パスポート、健康保険証など）など

J □ 設計契約・工事請負契約を交わす

最終的なリフォームプランと工事見積もりが確定したら、いよいよ契約です。施主とリフォーム会社の両者が契約書に署名捺印し、「工事請負契約」を交わします。この時点で、設計者に支払う設計料と、工事会社に支払う工事費が必要になりますので準備を。設計料や工事費は通常、工事着工時や竣工時など数回に分けて払うことになるので、支払いのタイミングと金額を事前に確認しておきましょう。支払い時にローンが実行されるかも要チェックです。

K □ 住宅ローンを申し込む

事前審査にクリアしたら、ローンを受ける金融機関を決めて本審査を申し込みます。審査は信用保証会社が行います。金融機関によって、売買契約書や土地建物の登記簿謄本、印鑑証明書などの必要書類が異なりますので、事前に確認しておきましょう。物件とあわせてリフォーム費用も借りる際は、工事請負契約書の写し、または確定した見積書も必要になります。別途、リフォームローンを借りる場合も、工事着工前までに申し込みを。

＊本審査に必要なもの
- 住宅ローン借入申込書
- 団体信用生命保険申込書
- 本人確認書類（運転免許証、パスポート、健康保険証など）
- 所得証明書類（会社員は源泉徴収票、自営業は納税証明書や確定申告書2〜3年分など）
- 印鑑証明書
- 実印
- 住民票
- 売買契約書
- 重要事項説明書
- 土地建物の登記簿謄本
- 物件概要書 など

I
- 仲介手数料の50%
- 物件価格の10%程度の手付金
- 印紙代

※リフォーム会社に依頼する場合、コンサルティング業務委託料30万円程度がかかるケースもあります。

J
- 建築設計監理業務委託料の10〜30%
- 工事請負代金の30〜50%

GOAL!

入居まであと2カ月 ｛スケルトンリフォームの場合、着工から竣工までは約2カ月かかります。

物件を購入する

リフォーム&リノベーションをする

ローンを利用する

N □物件引き渡し

工期の短いリフォームでも、工事の音や資材搬入時のトラックの往来など、近隣には少なからず迷惑をかけることになります。工事が始まる1～2週間前に、リフォーム会社の担当者と一緒に近隣にあいさつに行きましょう。両隣はもちろん、マンションなら上下階まで、戸建てなら前後や数軒先まで回り、工事の内容や期間などを伝えます。マンションの場合は、管理組合への届け出も必要。エレベーターや共有廊下の使用を了承してもらいます。

L □住宅ローンの契約をする

無事に本審査を通過したら、ローンの対象となる物件の抵当権を設定し、金融機関と「金銭消費貸借契約」を結びます。これで無事、ローンが実行されることになります。融資を受ける金融機関に口座がない場合は、契約と同時に口座開設の手続きなども行います。銀行ローンを利用するケースでは、抵当権の設定とともに所有権移転登記も司法書士に委任し、残金決済や物件の引き渡しなどもローン契約と同時に行うケースが一般的です。

O □近隣へのあいさつや管理組合への届け出をする

P □工事着工

リフォームの場合、解体後に修繕が必要な個所が見つかるケースもあり、追加工事が発生することになります。その際は、あとあとトラブルのないように、追加金額や工期がどれくらい延びるかを確認し、書面で残しておくこと。また、図面どおりの工事が行われているか、自分の目で確かめることも大切。現場を見る際にはくれぐれも工事のじゃまにならないようにしましょう。

M □ローン実行・残金決済

ローンを受ける金融機関に物件の買主と売主、不動産会社の担当者や司法書士が集まって、さまざまな手続きを行います。購入物件の所有権移転の登記を司法書士に依頼し、金融機関から融資金の交付を受け、物件購入残金の支払いと鍵の受け渡しを行います。手続き終了と同時に住宅ローンの支払いもスタート。中古購入×リフォームの場合、工事が終わるまでの間、家賃との二重払いが続くので、引き渡し後はできるだけ早い着工を目指しましょう。

Q □完成・引き渡し

工事が終わったら、竣工検査を行います。図面どおりの完成になっているかどうか、設計者や施工会社の立ち会いのもと、最終確認をします。不具合があれば工事費を精算する前に手直しを依頼しましょう。新しく導入した設備機器の使い方やメンテナンスについても聞いておきます。担当者の連絡先、工事や設備機器の保証書、定期点検の時期などの確認も忘れずに。リフォーム会社などでは、第三者検査機関などによる竣工検査や保証制度があるケースも。

R □引っ越し・入居

ようやく完成にこぎ着けたら、ついに新居に引っ越しです。ここでまた、引っ越し代や、新居に合わせて購入する家具代やカーテン代などの費用が必要になります。さらに、不動産取得税や、毎年かかる固定資産税・都市計画税といった税金の支払いがあることも念頭に置いておきましょう。入居後は、3カ月、1年を目安に不具合や設備の初期不良などをチェックします。業者によってはアフターサービスとして行ってくれるところもあります。

主な支払い

L
- 印紙代（金銭消費貸借契約書）
- 各種保険料
- ローン保証料
- 融資手数料

＊融資契約に必要なもの
- 実印
- 印鑑証明書
- 住民票
- 適合証明書（「フラット35」を利用する場合）など

M
- 物件価格の90％
- 仲介手数料の残金（50％）
- 固定資産税、都市計画税、管理費等の清算金
- 登記費用

＊残金決済時に必要なもの
- 実印
- 印鑑証明書
- 住民票 など

P
- 建築設計監理業務委託料の40～70％

Q
- 建築設計監理業務委託料の20～30％
- 工事請負代金の50～70％

R
- 引っ越し代
- 家具の購入費
- 不動産取得税
- 固定資産税
- 都市計画税
- 管理費、修繕積立金

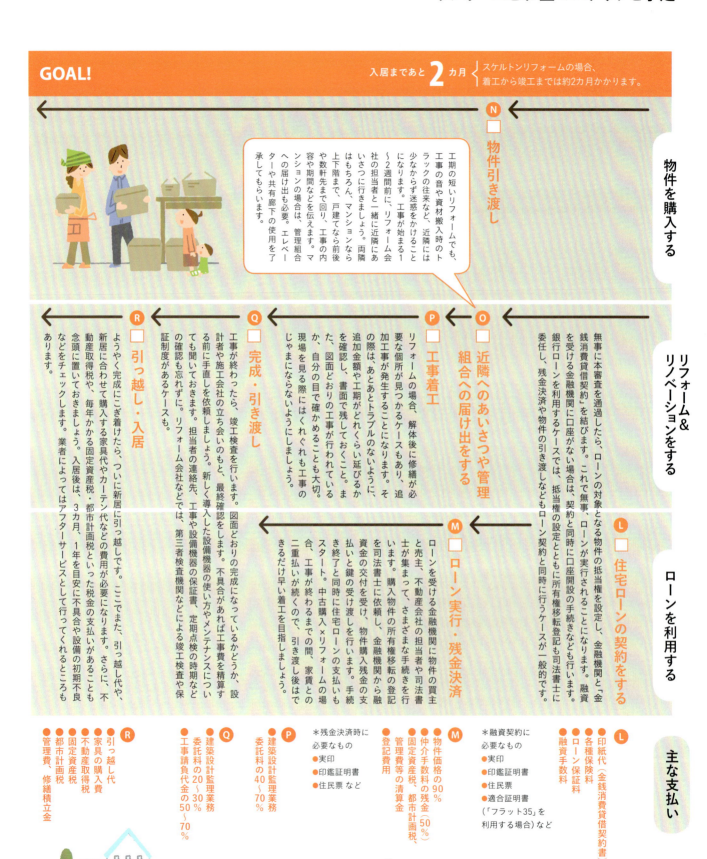

PART13

建築家インタビュー

「わが家づくり」をすすめる理由

建築家インタビュー | Vol.1 | プランボックス 一級建築士事務所 |

小山和子さん

パートナー選び、希望の伝え方、お金のこと、インテリアのスタイル。そして、なぜ家を建てるのか。施主のかたがたに伴走しながら気づいたこと

設計経験を通じて知った家づくりの多様さ、おもしろさ

これまで30年間、設計という仕事を通じて、数多くの家づくりにかかわってきました。その中には、家づくりの大成功で、人生をさらに輝かせた素敵なかたがたもたくさん含まれています。特に小さなお子さんの変化は大人以上。家づくりに対するご両親の努力や苦労が、確実に子どもを成長させていると感じます。

そんな経験を積み重ねる中で、家づくりに成功した事例には、共通の何か、いわば「家づくり成功のコツ」というものがあることに気づきました。ここではそれをいくつかお話ししてみようと思います。

いちばん大切なのはお金とのつきあい方

最初からいきなりお金の話!?と思うかもしれません。でも、家づくりの成功者は、「予算はいくら?」と尋ねたとき、はっきり答えられたかたがほとんどです。

まずはご自身の貯蓄や収入を把握してみてください。ローンについて知りたければ金融機関へ、生前贈与などを検討しているなら税務署の相談窓口へ。インターネットでのシミュレーションもありますし、ファイナンシャルプランナーに相談する手もあります。

ここで納得のいく予算計画が立たないなら、家づくりのスタート地点には立っていないと考えたほうが賢明。ご自身の使える金額があいまいだと満足できる家ができないばかりか、最悪の場合、家を売る側にとっての〝都合のいい顧客〟になるおそれがあるからです。

設計者選びは、旅行のパートナーを探す感覚で

理想的な設計者は、旅の同伴者にたとえられます。本音で話せたり、同じことで笑い合えたり、一緒にワクワクすることを探したりできる旅。危険なことにはきちんと注意信号が送られて、見守ってもらえる安心感のある旅。あなたにとって、そんな旅ができる同伴者はどんな人でしょうか?特に予算がタイトな旅であれば、夢ばかり追わず、クールに現実を指摘してくれる〝旅慣れた人〟を選ぶのが正解。私たちも、そうしたパートナーになりたいと考えています。

自分に合った家を求めるならカルテづくりがおすすめ

設計者には絶対できない、あなたにしかできないことがあります。「あなたがどんな暮らしを望み、どんな住まいが心地いいのか」この情報を外に出して伝えることです。そのために、私たちは「家づくりカルテ」を必ずご自身の手でつくっていただいています(フォーマットは「プランボックス」のHPからダウンロードできるので、自由に活用してみてください)。

これはご自身にしかわからない内面を、外に出しやすくするシート。40ページもあるので「えっ、こんなに!?」と思われるかもしれませんが、記入してみると自分をすっきりと整理でき、熱くなっていた気持ちも落ち着きます。好みの写真もカルテに貼り込んでおくのがおすすめ。情報集めに熱中しすぎて、自分自身を見失っているとき、それをとり戻すための強力な〝虎の巻〟になります。設計をする私たちにとっては、まさにバイブル。設計中も現場でも頻繁にこれを見て、そのかたの空気感を感じます。施主も設計者も、迷ったときにこれを開くと、不思議なほど答えが見つかるのです。

家についての発想はできるだけ柔軟に！

自分流の家づくりに成功した人の特徴は「切りかえの柔軟さ」にあると思います。とはいえ、いつも同じ環境で同じ生活をくり返していると、これが意外と難しい。どうしても過去の事例の「いいところ」をつぎはぎしただけの、パッチワークのような家になりがちです。

本やインターネットで家づくりの体験談を検索すると、「○○が必要」といった情報ばかり目につきます。「○○がないと困るのではないか」という思いから、小さな家のプランを受け入れにくいかたも多いようです。私たちのところに来られたAさんもそのひとりでした。

Aさんが発想を転換できたきっかけは、ご家族で出かけた低予算のキャンプ。普段の便利な暮らしとはまったく違う経験を通して、「あれやこれやがなくても、こんなに楽しくて、快適なんだ！」という事実に気づいたのだそう。それ以来、「あれもこれもないと不安」だったAさんの考え方はがらりと変わりました。

こんなふうに、プランニング中に一度でも、わが家のことを少し遠くから眺められるチャンスがあるとベスト。キャンプが大変なら、お弁当を持って近所の公園でピクニック、でもいいかもしれません。視点を変えるちょっとしたきっかけを、ぜひ探してみてください。

手前はリビング、ガラスの室内窓の向こうが玄関ホール、さらに奥がダイニングキッチン。くつろぎの場を分離しながらも、家族の気配が伝わるように工夫したIさんのお宅。

成功したプランには家族の笑顔が見える

このところ、初期相談に来られるかたのお話やカルテの内容に変化が見られます。以前のような南仏風、北欧風、和風といった表面的なデザインではなく、もっと内面的なこと（子育て、家族のあり方、生活の楽しさなど）がリクエストの主体となっているのです。

特に東日本大震災以降は、家族の絆を重視する表現がふえました。たとえば「家族がそれぞれ別のことをしていても、さりげなく気配を感じていたい」といったリクエスト。もともと、日本人は周囲の人たちとの空気感を大切にする民族。直接的な言葉や身振りより、雰囲気での伝達がしっくりきます。つまり心地いい暮らしには、家族にぴったりフィットする〝空気感の形〟が不可欠――震災を経験して、こうした本質的なことを強く実感するようになったのかもしれません。

どうして家をつくるのか？ そのヒントを最後にご紹介

この仕事を通じて、多くのかたの「人生の山場」ともいえる期間を一緒に歩んできました。汗だくになって土地を探し、時間を見つけては現場に出かけ、うまくいくかハラハラしながら自主施工……でき上がった家はおもしろいくらい「その人」らしい。こんなにしてまで、どうして家をつくるのでしょうか？ この答えは全力で家をつくった人にしかわかりません。

ここでエピソードをひとつ。家づくりに積極的に参加してくれた小学6年生の男の子の話です。彼にとって、そのプロセスはとても強烈な経験だったよう。なにせシミュレーションゲームのストーリーではなく、現実の世界で大人たちが本気でおろおろしているのですから、目が離せません。そんな彼が、自分の部屋の壁塗りをまかされてチャレンジ。ところがうまく珪藻土が塗れなくて、悔しさとふがいなさでクローゼットに隠れて泣きました（この気持ち、わかるな～）。

作業が終盤にさしかかった頃、夕食をとりに家族でいったん外出。そして現場に戻ろうとしたとき、明かりのポツンとついた作業中の家が見えたのです。それを見て、彼は思わず大きな声で「あっ、自分ちだ！」と言ったのだそう。子どもが育つって、こんな瞬間なんだな、と思いませんか。彼はラッキーにも小学6年生にして「どうして家をつくるのか？」の答えを見つけたように思います。

建築家インタビュー | Vol.2 | 宮地亘設計事務所 | 宮地 亘さん

予算が少ない人、土地が狭い人にこそすすめたいのが自分たちでかかわる家づくり。自身の体験談をまじえてお話しします

〝予算配分の自由〟も自由な家づくりの利点

　ぼくがわが家づくりをすすめる理由は、ひとことで言えば「自由だから」です。敷地や予算の制限はあっても、広さや間取りからデザインまで、すべて自由につくり上げることができるからです。

　意外と忘れがちですが、この〝自由〟の中には、「好きなものを選ぶ自由」と同時に「いらないものを選ばない自由」もあるんですよ。

　ぼくは30歳のとき、自分で設計して家を建てました。延べ床面積24坪の小さな家です。その過程で気づいたのは、「あれもなくていい、これもなくていい」でした。リビングとダイニングの区別、寝室専用の部屋、こまかいところでは炊飯器を置くスペース……わが家にはどれもありません。新築したときは夫婦2人暮らしで、その後、子どもが2人生まれましたが、それぞれの子ども部屋もなし。それでも、家族みんなが何不自由なく暮らしています。

自分の家をモデルにコンセプトを伝える

　ぼくは自宅で仕事をしているので、建主さんとの最初の打ち合わせはほとんど自宅で行います。そこで24坪の〝広さ感〟を体験してもらうのですが、たいていのかたは「これくらいの広さで十分なんだな」と感じて帰られます。

　自宅に来ていただくもうひとつのメリットは、経年変化した自然素材を見てもらえること。経年変化というと聞こえはいいですが（笑）、要するに「無垢材や珪藻土は15年たつと、これだけ傷ついたり、割れたり、汚れたりするよ」というのを実際に見てもらうんです。そのうえで使いたいと思うかたには自然素材をおすすめしています。先に欠点を知ってしまえば、あとから「こんなはずじゃなかった」と後悔しなくてすみますよね。

　余談ですが、ぼくは事務所名に「建築」という言葉を入れずに、ただ「設計事務所」としています。住まいは〝建築〟じゃなくてもいいような気がするので。肩書も建築家ではなく、おうちを建ててくれる〝おうちやさん〟というイメージなので、ホームページのタイトルも「おうちや」です。そんなわけで、ぼくにとっての理想の住まいというのは、「ちょっといいふつうの家」なんです。

「生活が入って完成する住まい」をめざして

　〝ふつうの家〟がいいと思う理由は、たいていの人の暮らしはふつうだからです。ふつうの暮らしをするのなら、特別なことじゃなく、ふつうの日常がいちばんよくなるような家がいいんじゃないかな、と思うんです。たとえば、普段使うコップがお気に入りのものなら、ただ水を飲むという日常がちょっとよくなりますよね。凝ったデザインじゃなくても、高価なものじゃなくても、〝ちょっといい〟。住まいの〝よさ〟って、それくらいさりげないものじゃないでしょうか。

　ただし、この〝ちょっといい〟の奥には、じつはすごく緻密な工夫があるんですよ。自然光の入る角度、目に入るものの高さと幅のバランス、面のそろえ方、縁の仕上げ方、ちらっと見えるパーツの色……言われてはじめて気づくようなささいなディテールの積み重ねから、人は無意識に「なんだか気持ちいい」と感じるんですよね。ひと目見て気づくくらい素敵！　カッコいい！　デザインは、住宅には向かないような気がします。というのは、家というのはからっぽの状態でカッコよくても意味がないからです。人が住み始めて、家具とか家電、生活雑貨、食器、お

もちゃなどが入ることでやっと完結するものなので、それが映えるデザインを心がけています。

大切なのは欲しいものよりしたいこと

建主さんに要望を伺うと、まず返ってくるのは「デッキ」とか「パントリー」といった〝名称〟です。最初はそれでもいいのですが、その次には「どうしてそれが欲しいのか」「それをどう使いたいのか」を設計者に伝えてみてください。たとえばデッキが欲しいと思った理由が「外っぽいところでくつろぎたい」だった場合、もし外回りにデッキをつくるスペースがなかったとしても、家の中に〝外っぽいところ〟をつくれば解決するかもしれません。極端なことを言えば、設計者にとっては「欲しいものの名称」はいらなくて、「何がしたいのか」だけを伝えてもらえればいい。「ごろごろしながらテレビが見たい」とか「朝、気持ちよく歯を磨きたい」とか。それがプランのもとになるわけです。

自由な家づくりには向き・不向きもあります

ここでちょっと、自由な家づくりのダークサイドをお話ししましょう。おどかすつもりはないですが（笑）、自由って大変なんですよ。すべてが自由ということは、すべてを自分で決めなきゃならないということ。もちろん、設計者や施工者もアドバイスはしますが、決断してGOを出すのは、あくまで建主さん。しかも、決断にはだいたい締め切りがありますから、悩む時間も限られています。疲れて仕事から帰ってきてからメールをチェックして、資料を見ながら家族で話し合って、返事を出して……やっと迎えた週末は、打ち合わせやショールーム回り。プランニングの数カ月間は、そのくり返しです。その苦労が最小限ですむのが、建売住宅や大手メーカーの提案する企画（規格）住宅。できない苦労をしなくていいというのは大きなメリットですから、その選択肢もありです。「自分たちにはこっちのほうが向いている」と思ったら、無理をしてゼロから家づくりをすることはありません。家づくりにかけられる時間、やる気の度合いなどをしっかりおしはかって、どの道を選ぶか判断してみてください。

無垢材の床と木枠の窓、左官仕上げの壁など自然素材をふんだんに使った、コンパクトでもあたたかみのあるKさんのお宅。施工面積をしぼることでこだわり部分をグレードアップさせました。

パートナーと一緒に困難に挑む気持ちが成功へのカギに

以前放映していた『仮面ライダーW《ダブル》』を子どもと見ていたときのこと。このシリーズの仮面ライダーは、2人の主人公が合体してライダーに変身する設定なんですが、初回の変身シーンに「悪魔と相乗りする勇気、あるかな⁉」という決めゼリフが出てきました。

これを聞いてぼくが思ったのは「建主さんにもこれを言いたい！」でした。「悪魔と」は別として（笑）、設計者、施工者と「相乗りする勇気」は、自分たちで家をつくろうとする人には絶対に必要なんですよ。

アニメや戦隊ヒーローものと同じで、一緒に力を合わせて頑張って、次々に立ちはだかる困難を乗り越えていく、というイメージのほうが近いです。ちなみに『仮面ライダーW』のその後のストーリーには「男の仕事の8割は決断だ。そっから先はおまけみたいなものだ」という名言も。これも家づくりに通じますね（笑）。「家づくり成功の秘訣は？」と聞かれたら、ぼくは「やる気と勇気と気持ちの余裕」と答えます。何でも自由になる家づくりは大変だけれど、これがあれば設計者も施工者も味方になってくれるし、なにより完成した家の満足度ははかり知れません。

ちなみに3つ目の「気持ちの余裕」というのは、「こういう考え方もありかな？」と視点を変えられること。面積についての思い込みや、「あれがなきゃ、これがなきゃ」から視点をずらせれば、もっと自由に家づくりを楽しめます。

建築家インタビュー | Vol.3 | 明野設計室 一級建築士事務所

明野岳司さん 美佐子さん

「わたしの暮らし」や「わたしの心地よさ」にぴったりと合う住まいをつくれること。それが自分たちで家づくりをする最大の魅力だと思います。

「リビングで歯を磨けたら……」から生まれたプラン

私たちがいま設計を進めているお施主さんから、こんなリクエストがありました。「脱衣室に洗面台はいりません。そのかわり、リビングの中に洗面台をつくってください」。洗面台のない洗面・脱衣室をプランしたことのなかった私たちは、このリクエストに驚きました。理由をお尋ねすると、「脱衣室は寒いでしょ? 朝晩に顔を洗ったり、歯を磨いたりするたびに寒い思いをするのがいやなんです。普段お化粧をしないから、おふろに入る前に化粧落としをする必要もないですし」

冬の時期、あたたかいリビングで歯を磨けたほうがいい。洗面台がなければ、脱衣室も広々と使える。とても合理的な考え方です。とはいえ、私たちは念のため「入浴前や洗濯のときに水場がなくても大丈夫ですか?」「トイレから洗面台までちょっと距離がありますよ」とお話ししましたが、そのお施主さんはやはり、リビングに洗面台のあるプランを選ばれました。

暮らし方から発想したプランが家づくりのベースに

みなさんもこれくらい斬新なアイディアを考えましょう、というお話ではないのでご安心を。お伝えしたいのは、こうしたアイディアが「お施主さんご自身の生活体験から生まれてきた」という点です。私たちが「わが家づくりをおすすめする理由」は、ここにあります。自分たちが家づくりにかかわることで、こんな住まいでこんな生活がしたいという〝私らしい暮らし〟を実現できるのです。自分たちにとってどんな住まいが心地いいのか、どんな暮らしが快適なのかを突き詰めることが、家づくりの最大のテーマといえるでしょう。

快適さや便利さの感じ方はとても個人的なもの。特に暮らしや家事のしやすさは個人の習慣に基づいていて、一般的なルールからはずれていてもその人にとっては便利なことが多いと思います。心地よさについても同じ。広くて開放的な部屋ほど心地いい人がいれば、壁に囲まれた小さな空間が落ちつく人もいる。好きなものをにぎやかに飾った部屋が理想な人がいれば、ものの出ていないすっきりした部屋が好みの人も。まさに千差万別です。

毎日の習慣、無意識のクセ、もっと大きく言うと自分の〝質(たち)〟みたいなもの。それに気づくには、毎日の自分の暮らし方、過ごし方、感じ方を見つめなおすことが必要です。「こうしたい」という希望はもちろん「このほうがラク」「このほうが気持ちいい」という感覚的な要素が、ベストなプランにたどりつくためにはとても役に立つのです。

情報のおかげで理想の暮らし方が見えなくなることも

「自分にとっての便利さや心地よさを突き詰めるのは、意外と難しい」と感じるかたも多いようです。その理由のひとつは、情報が多すぎることかもしれません。たとえばこんなご相談を受けることがあります。「階段はスケルトンタイプのほうが、圧迫感がなくていいんですよね?」「洗面台の下はオープンにしたほうが湿気が溜まらくていいんですよね?」。こうしたリクエストの理由をお尋ねすると、「家づくりの本やネットの記事に書いてあったから」「最近家を建てた友人から聞いて」というお答えがほとんどです。もちろん、間

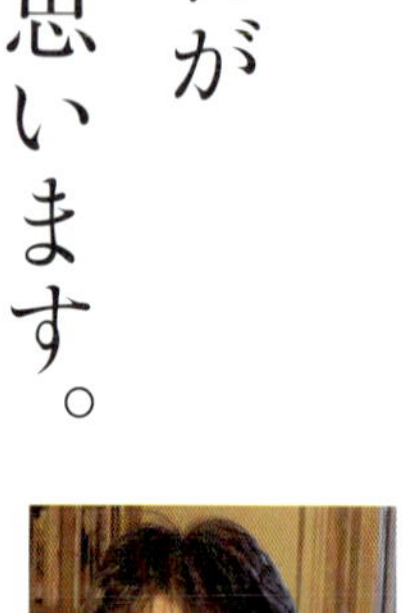

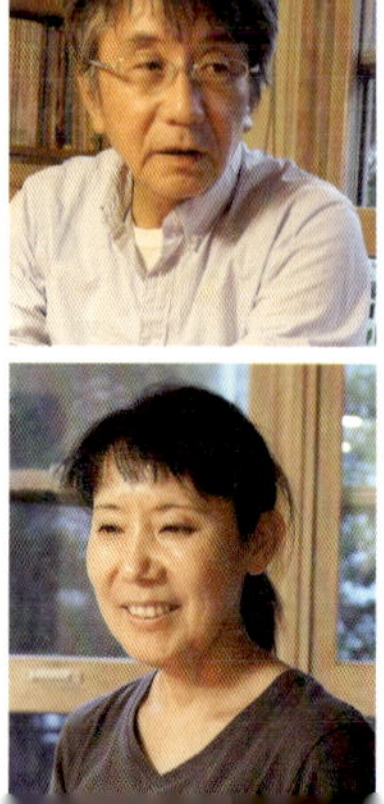

違いではありません。ただ、プラン全体の中で考えたときには、ほかの方法のほうがよりよい結果をもたらすこともあります。もしプラン中の家の面積がとても小さくて、収納スペースを確保するのが難しそうなら、階段下や洗面台の下は収納にしたほうが、トータルで考えると正解かもしれません。

つまり、階段や洗面台をどうつくればいいのかは、その先にある暮らしのイメージやプラン全体の中で決まること。目に見える形だけを最初から目指すのではなく、要望や条件をまとめた〝結果〟として生まれるものなんです。

本やネット、知人から得た知識や情報は、もっとあとの段階になると生きてきます。ただ、家づくりの初期段階で大切にしたいのは自分たちの「質」や「習慣」。それを設計者に伝えることで〝わたしの暮らし〟にぴったりマッチする住まいができるのです。

時間をかけてプロセスを踏むと納得度に差が出る

自分たちで家づくりをするもうひとつの大きな利点は、「家づくりに長いプロセスがある」ということ。買う段階ですでに完成しているマンションや建売住宅には、家づくりのプロセスはありません。メーカー住宅によく見られる、決まったプランの中から選ぶ企画型の家は、合理化によってプロセスを最短にしたものです。それに対して、自分たちでかかわる家づくりには数えきれないほどのプロセスがあります。間取りから仕上げ、設備、照明やスイッチの位置まですべての段階でお施主さんが判断にかかわり、設計者や施工業者と一緒に考えながら決めていくことになります。

では、プロセスがあると何が違うのでしょうか。私たちは「完成したときの納得度」に大きな差が出ると考えています。仮にできあがった建物がまったく同じでも、家づくりのプロセス＝過程を経験した人と経験していない人では、感じ方・受け取り方がまったく違うのです。たとえば、スイッチの位置に「どうしてここはこうなっているの？」と感じる点があったとしましょう。もしそれを自分で決めていたり、そこがそうなった過程を知っていれば、「ああそういえばそうだったな」と納得できる。反対にそうなった過程をまったく知らないと、いつまでも違和感が残ることも。つまり結果が同じであっても、「私」がプロセスを経験しているかいないかで、納得できるかどうか、満足できるかどうかに大きな違いが生まれるのです。プロセス＝過程を経験するためには自分自身が家づくりをするしか方法はありません。「買う家」や「選ぶ家」とは違って、自分がつくるからこそ、家づくりのプロセスをひとつひとつ踏んでいくことができるのです。

リビングとダイニングを敷地の両端に振り分け、その間をブリッジ状のワークスペースでつないだ青柳邸のプラン。空間同士はつながっていても、それぞれのスペースにほどよい独立感が生まれています。

プロセスを踏んだ家は大切に暮らしたくなる

家づくりのプロセスを経験すると、住まいへの愛着はひとしお。完成した住まいに満足しているお施主さんたちを見ていると、ひしひしとそれが伝わってきます。手間をかけて編み上げたセーターがいとおしい感覚と、似ているかもしれません。何でもそうですが、それが生まれた過程を知っていると大切にしたくなりませんか？　家具の工房を訪れて、その家具ができていくプロセスを見たら、手に入れたあと長く大切に使い続けたくなりますよね。

家づくりにかかわり、施工現場を見てきたお施主さんの中には、「住んでから何年にもなるのに、部屋のここを見ると、大工の○○さんが苦労してたなぁと思い出すんです」とおっしゃるかたも。できあがってしまえば何でもない、住まいのほんの一部分でも、そこに職人さんの姿が重なって見えるのでしょう。「プロセスが大切」というお話はここにも生きています。たくさんの人が関わって建物ができあがっていく過程を知っていることが、完成後も長く愛着という形で残っていくのだと思います。

建築家インタビュー Vol.4 unit-H 中村高淑建築設計事務所 中村高淑さん

相性のいいパートナーとコミュニケーションを深める中で、自然と「これだ！」というプランにたどり着きます。

その人にとっての「安心・安全・快適・素敵」とは？

家づくりの本やネットなどには、「建主のこだわりを生かした家」がたくさん載っています。それを見ると「自分たちも何かこだわりを持たなくてはいけないのでは……」と思うかもしれません。

でも、私たちのところに相談に来られるかたがたが、最初から強いこだわりを抱えているかというと、そうではありません。顔合わせのときにみなさんにリクエストをお聞きすると、返ってくる答えはたいてい「安心・安全・快適で素敵な家」。つまり、家を建てようかと考え始めた時点では、理想の住まいや暮らしの形は決まっていない人がほとんどです。

ただ、ここで大切なのは、「安心・安全・快適で素敵な家」の意味や内容が、人によってまったく違うということ。その人にとっての安心や安全、その人にとっての快適、その人にとっての素敵とは何なのか――それを引き出して整理することが、私たち設計者の仕事のひとつです。

自分たちだけで突き詰めて整理するのは難しくても、設計者とやりとりを進めるうちに、だんだん自分たちにとっての「安心・安全・快適・素敵」が見えてくるものです。

身近な例でたとえてみましょう。ディナーで外食に出かけようとしたとき、「フレンチがいいかな」「最近見つけた中華のお店はどう？」「きょうはそんな気分じゃないなあ」というように、夫婦で何気ないやりとりを交わすうちに、「あの店にしよう」と自然と結論が出ることがありますよね。コミュニケーションにはそういう力があって、最初から明確な方向性が決まっていなくても、話のキャッチボールを続けるうちに、いちばんしっくりくる結果にたどり着くことができるのです。

やりとりを大切にしてくれるパートナーが理想的

こう考えると、家づくりのパートナー選びはとても重要。相性がよく、コミュニケーションがスムーズにできること、正解が出るまでのプロセスにとことんつきあってくれる相手が理想的でしょう。

私たちのような設計事務所では、設計期間に6カ月といった長い時間をかけます。そのお施主さんにとっての安心・安全・快適・素敵を探り、それを初期プランという形にして提案し、それを基にして話し合い、さらにプランを発展させながら１００前後の詳細な図面によって細部にいたるまで話し合い……といった繰り返しのためには、最低でも6カ月は必要なのです。わずかな期間の違いですが、設計段階の綿密なコミュニケーションの中から、正解＝ベストなプランが導き出されるわけです。

最初の顔合わせでは、依頼者のかたも緊張したり遠慮したりで、なかなか本音を出しづらいようです。そこで、「お帰りになったら要望をまとめたメールをください」とお願いするのですが、このメールの内容やボリュームがそれぞれ違っていて、ほんとうに面白い。いちばん長かったメールは、A4の用紙にして4枚分びっしりと、エクセルの表なども駆使して書かれていました。最短だったメールは、なんと4行。お施主さんのキャラクターはこれくらいバラバラで、個性があります。

そしてこのメールを読んだだけでも、そのかたが何をいちばん大事にされているのかがわかります。設計者はこうしたヒントをすくい上げて、プランニングに役立てるのです。

たたき台があるとイメージがふくらみやすい

特に初めて家づくりをする人にとって、何もない白紙の状態から具体的な住まいをイメージするのは難しいでしょう。このときに役立つのが、たたき台となる初期プランです。

お施主さんにとっては、ここで初めて、たんなる頭の中のイメージが目に見える形となって現れてきます。たたき台があることで、自分にとっての「広い」がどのくらいの面積なのか、どんな動線なら「家事がしやすい」のか、といったことがイメージしやすくなり、「ここはもっとこうしたい」という希望を設計者に伝えやすくなります。さらに、同じ図面を見ながら話をすることで、お施主さんと設計者の間に〝共通認識〟がつくられていきます。この共通認識は、それまで面識のなかった人同士がお互いを知り、相手のものの考え方、感じ方を推し量る手がかりになります。

初期プランはその後のコミュニケーションによって形を変え、数十ものバリエーションになることも。ただし、お施主さんはそのプランに行き着いたプロセスをすべて知っています。だからこそ、多くの選択肢を前に悩んだとしても、最終的に納得のいく選択ができるのだと思います。

建築家は建てる人の権利を守る立場

建築家の原点は、古くからヨーロッパにいる「サーベイヤー」だと言われています。サーベイヤーとは、貴族が土地などを購入するときに依頼していた調査士のこと。買い手の側について土地について詳しく調べ、適正価格で購入できるように、売り手と交渉する役割を果たしていました。

階段を中心にリビング、ダイニング、キッチン、和室を配置した俵木邸のプラン。行き止まりのない回遊動線は生活しやすく、お子さんも思いきり走り回ることができます。家族の顔がいつも見えるほどよい距離感も。

これを現代の家づくりに置き換えてみましょう。家を建てる人は「買い手」、住宅メーカーや工務店・ビルダーは「売り手」です。建築家は買い手である建主の側について、売り手である工務店と交渉し、適正価格で家を購入できるようにするわけです。

建売住宅や、プランの決まっている住宅メーカーの家は「売っている家」で、自由なプランで建てられる工務店・ビルダーの家は「売っている家ではない」というイメージがあるかもしれません。でも、工務店やビルダーも、建材や設備機器、職人さんの労働力を「販売する」立場です。

このように、建主側と工務店側には、売買という形の利害関係があります。それに対して建築家は、あくまで第三者的な立場。そして、買い手である建主が損をしないように、売り手の売りたいものを精査し、品質や値段が適正かどうかを調べます。つまり、建築家は弁護士や会計士などと同じように、専門家としてクライアントの利益や権利を守る立場にいるのです。

買い手と売り手の二者だけで行う家づくりと、建築家が間に入る家づくりの最大の違いは、実はここにあります。買い手に建築についての専門的な知識がない限り、売り手と一対一で売買をするのは、圧倒的に不利なはず。売り手の用意したものを精査することなく、先方の決めた値段で購入することになるわけですから。

家はほとんどの人にとって一生に一度の、数千万円の買い物。それなのに、品質も適正価格もわからないまま購入するかたが驚くほど多いです。しかも、家は服や車のように気軽に取り替えられず、数十年間にわたって毎日使い続けるもの。家族の生活や健康、価値観などにも大きく影響します。

こう考えると、〝自分で建てる家〟の意味が少し変わってくるのでは。プランやデザインといった目に見える部分だけでなく、家を手に入れるプロセスについても、相性のいい建築家を味方につけて、一緒にしっかり考えてみていただければ、家づくりは必ず成功することでしょう。

建築家インタビュー | Vol.5 | ノアノア空間工房

大塚泰子さん

「家」はしあわせな日々の暮らしを生み出す装置。単なる「もの」ではないから、つくることでしか感性に響く家は手に入らないと思うんです。

「家」とは「もの」ではなく記憶をつくる「装置」

人はなぜ、一生をかけたローンを払い続けるという大変な思いをしてまで、家を手に入れたいのか――これは何十年も家づくりに関わってきた私が、常々考えていることです。ちょっと哲学的な話になってしまうんですが、「なぜなんだろう」と、ずっと考えています。

そして思うのは、「家」というのは単なる「もの」ではなく、そこで生まれる経験だったり、思い出をつくるための「空間」なのかな、ということです。言い換えれば、経験や思い出という記憶として残るものを、いいものにするための「装置」ではないかと。

しあわせな記憶をつくる装置という大切なものだからこそ、そのことを意識するしないにかかわらず、多くの人が家を求めるのではないかと思います。

感性に響く家は「つくる」ことで生まれる

いい記憶をつくるためには、家の中に「仕掛け」をほどこすことが大切です。たとえば、壁の一部をガラスブロックにして、さざなみのようにやわらかく差し込む光に癒されたり、リビングにウッドデッキを設けてシンボルツリーを植え、その木から感じられる季節の変化を家族で話したり…。ほんとうにささいなひとこまひとこまが、とてもいい記憶となっていくような仕掛けです。ときにはハプニングが起きたとしても、それすらいい思い出になるような。

私が考える家への「愛着」とは、空間への愛着なんです。素材やおしゃれな設備などに対する愛着ではなく、そこで過ごした空気感やにおいなど、しあわせな記憶が重なっていくことが愛着だと思っています。ものはいつかなくなってしまいますが、記憶は確実に人の心や潜在意識の中に残ります。

このような、単なる「もの」ではない、感性に響く家を手に入れるためには、家を「買う」のではなく、一から「つくる」必要があると思います。

家を「つくる」のと「買う」ことの違い

家を「買う」となると、こういった感覚的なところが、ほとんど後回しになってしまいがち。リビングは何畳ぐらいで、キッチンにはどんな設備を入れて…など、あくまでも「もの」としてのとらえ方になってしまって、暮らしのひとこまひとこまを大切にするという視点が抜け落ちてしまいます。

また、家づくりの基本となるのは、その「家族」と「土地」に合わせるということですが、まったく同じ家族、まったく同じ土地というのはありえませんから、やはり満足のいく家を手に入れようと思ったら、「つくる」しかないんです。

ストレスをなくすプランニングも大切

いい記憶をつくるために、もうひとつ大切なのは、ストレスなく暮らせるプランニングをするということです。たとえば、家事動線がスムーズにいかないとか、ここの昇り降りがいやだ、などのストレスがあると、一気に気持ちよさが消えてしまいます。人の意識って、いやな方向に向きがちなんです。ありふれた風景の中にいいものがいっぱいあるのに、ストレスがあると見失ってしまう。そういうストレスを排除するという作業も、一から家づくりをすることで可能になると思います。

予算内に収めるには柔軟な発想で

家づくりでは、もちろん予算も

考慮しなければいけません。けれど、たとえ予算が限られていても、満足のいく家をつくる夢はかなえられます。

フローリング材を例に挙げると、チークのような高い材料から、パイン材などの安価なものまで種類が豊富。もし自然素材にこだわるるのなら、必ずしも高い材料でなくても、十分満足できるものは見つかるのです。

空間構成に関しても同様。希望している広さの部屋が取れなかったとしても、窓の取り方を工夫して、明るく広く感じさせたり、仕切りをなくしてスペースを確保するなど、柔軟に発想していけば、いくらでも解決策はあるのです。

ほんとうの自分たちらしさとはどんなものかを見つめなおし、自分たちに必要なもの、必要でないものをはっきりさせていくことが、家づくりだと思います。

最近はネットなどにたくさんの情報、画像があふれていますが、ぜひそれらに惑わされず、建築家といちばんいい方法を探ってみてください。

ワクワクするところから家づくりをスタート！

それぞれの家族に合った家をつくるために、私はヒアリングを大切にしています。こういう家がいいとおっしゃっているけど、もしかしたらこちらのほうがいいのかな、と想像力を働かせて、別の角度から質問したり。

お話を聞く以外には、いくつかの質問を記したノートに、お子さんも含めてなるべく家族全員に記入してもらっています。質問項目は、「子どものときのお気に入りの場所は？」「子どものときの夢は？」「お気に入りの服はどんな服？」「あなたにとって空とは？」「何をしているときがしあわせですか？」などというものです。「部屋数はいくつほしいですか？」といった具体的な質問はいっさいなし！

こうした一見不思議な質問は、建主さんの潜在意識を掘り起こして、家づくりをワクワクするところからスタートさせるのがねらいです。本人や夫婦間でも知らなかったこと、気づかなかったことが出てきたり、お子さんの自由な発想に驚かされたり。拝見していてとても楽しいんです。皆さんには、「小さいころに押入れが好きだったからといって、押入れをつくるわけではないんですよ」とお話しています（笑）。言葉にしにくい感覚的なところを建主さんと共有して、デザインの軸をつくりたいんです。具体的なものや、数字で伝えられる機能性などと違って、感覚を共有するのは難しいけれど、そこから逃げたくはないんです。

都心の22坪の敷地に建てたお宅。スケルトン階段で天窓からの光を室内に導いたり、ハイウォールを立てたデッキを設けてシンボルツリーをながめられたりと、開放的で心豊かな日々が積み重ねられる空間になっています。

家が完成したら将来も見据えて

もし、プランで迷ったら、建築家とじっくり話をして、建築家の誠実な提案を信じてほしいと思います。建築家は、住まいについて考えている時間は建主さんより圧倒的に長いわけですから、持っている情報量も違います。建築家を信頼してゆだねる姿勢も、家づくりを成功させる秘訣だと思います。

そして工事が始まったら、ぜひ現場に足を運んで過程を見てください。家が形になっていくのを見てほしいというのもありますが、大勢の人が自分たちのために働いてくれているのを目の当たりにするのは、人生でめったにない、貴重な機会です。

こうして完成した家は、できたらそれで終わりではありません。家は少しずつ古くなり、その古びていくさまも味わいになりますが、年月がたつと、修理や、子どもの成長に合わせたリフォームも必要になってきます。そのときのために、家を建てた当初から、マンションの管理費を払うような感覚で、少しずつ費用を積み立てることをおすすめします。備えがあれば、いざ工事が必要になったときも、また楽しんで、あらたな空間づくりができるはずですから。

建築家 PROFILE

小山和子 ● プランボックス一級建築士事務所

1955年広島県生まれ。女子美術大学芸術学部卒業。95年に涌井辰夫さんと共同で現事務所を設立。住み手の立場に立った多彩な提案が身上。施主参加型の家づくりも積極的にすすめている。自然素材のもつ素朴な風合いを生かしたあたたかみのあるデザインと、暮らしやすさを第一に考えたプランに定評がある。

www.mmjp.or.jp/p-box

宮地 亘 ● 宮地亘設計事務所

1970年千葉県生まれ。工学院大学工学部建築学科卒業後、髙橋克彦建築事務所を経て2001年に独立。スターウォーズからガンダム、家電や雑貨、最新デジタルガジェットまで幅広い趣味をもち、ほのぼのとした雰囲気のHP「おうちや」にもファンが多い。家のことならなんでも相談できる、身近な“おうちやさん”を目指している。
http://ouchiya.jp

明野岳司・美佐子 ● 明野設計室

(岳司)1961年東京都生まれ。一級建築士。東海大学非常勤講師。88年芝浦工業大学修士課程修了後、㈱磯崎新アトリエに勤務。2000年明野設計室設立。

(美佐子) 1964年東京都生まれ。一級建築士。福祉住環境コーディネーター2級。公認ホームインスペクター。88年芝浦工業大学修士課程修了後、小堀住建㈱(現エス・バイ・エル㈱)中央研究所に勤務。2000年明野設計室設立。住む人の価値観や気持ちよさを大切にした家づくりを提案。家族のコミュニケーションも密に、かつライフスタイルの変化にも対応可能なシンプルで開放的なプランが人気を博している。

www.tm-akeno.com

中村高淑 ● Unit-H 中村高淑建築設計事務所

1968年東京都生まれ。92年多摩美術大学美術学部建築科卒業。設計事務所勤務を経て、99年に現事務所を設立。01年にunit-Hを共同で立ち上げる。家族のライフスタイルや趣味嗜好を反映し、将来的にも柔軟に対応できる住宅を提供する設計ポリシーのもと、シンプルなデザイン、豊かな空間、巧みな素材使いを実現した住まいづくりが人気。

www.unit-h.com

大塚泰子 ● ノアノア空間工房

1971年生まれ。96年、日本大学大学院生産工学部建築工学修士課程終了。㈱アーツ＆クラフツ建築研究所に入社し「ちっちゃな家シリーズ」の設計に参加。2003年、現事務所を設立。「どうしたら建築がゆたかさを育てるのか」をテーマに、小さな敷地でも自然を取り入れた、機能とデザインを備えた五感に響く空間づくりを。著書に『小さな家のつくり方』(草思社)
www.noanoa.cc

巻末集録1

絵でわかる
家づくりの用語
大図鑑

リビング&ダイニングを分解

小屋（屋根）裏

屋根と天井の間。通常は天井板でふさぐが、はしごをつけて収納などに利用することも。ロフトともいう。

吹き抜け

2階建て以上の建物で、上階の床がない空間のこと。開放感があって、リビングなどにつくると部屋を広く感じさせる効果がある。また、吹き抜けを介して上下階の声や気配が伝わるので、家族間のコミュニケーションがとりやすい。

袖壁

部屋などの一部に平面的にとび出している小さな壁。間仕切りのように目隠しとして設けることが多い。玄関横などにつくる、建物から外に突き出した短い壁のこともさす。

ワークスペース

仕事などをするための簡単なデスクや棚を造りつけたスペース。家族共用のパソコンを置くケースも多く、その場合は配線用のコンセントなどをあらかじめ用意しておくとよい。

畳コーナー

リビングなどの一角に設けた、畳を敷き詰めたスペース。子どものお昼寝や家事作業にも便利。パーティションやスクリーンなどで目隠しすれば来客時のゲストルームにもなる。

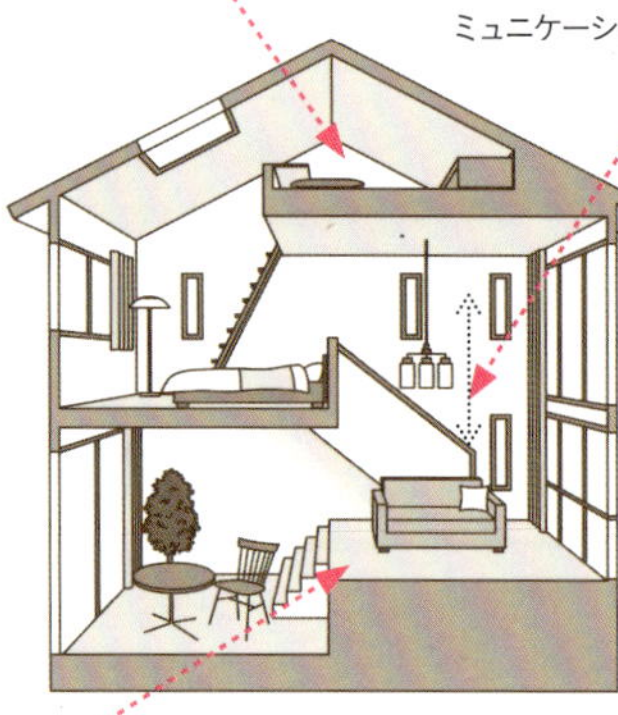

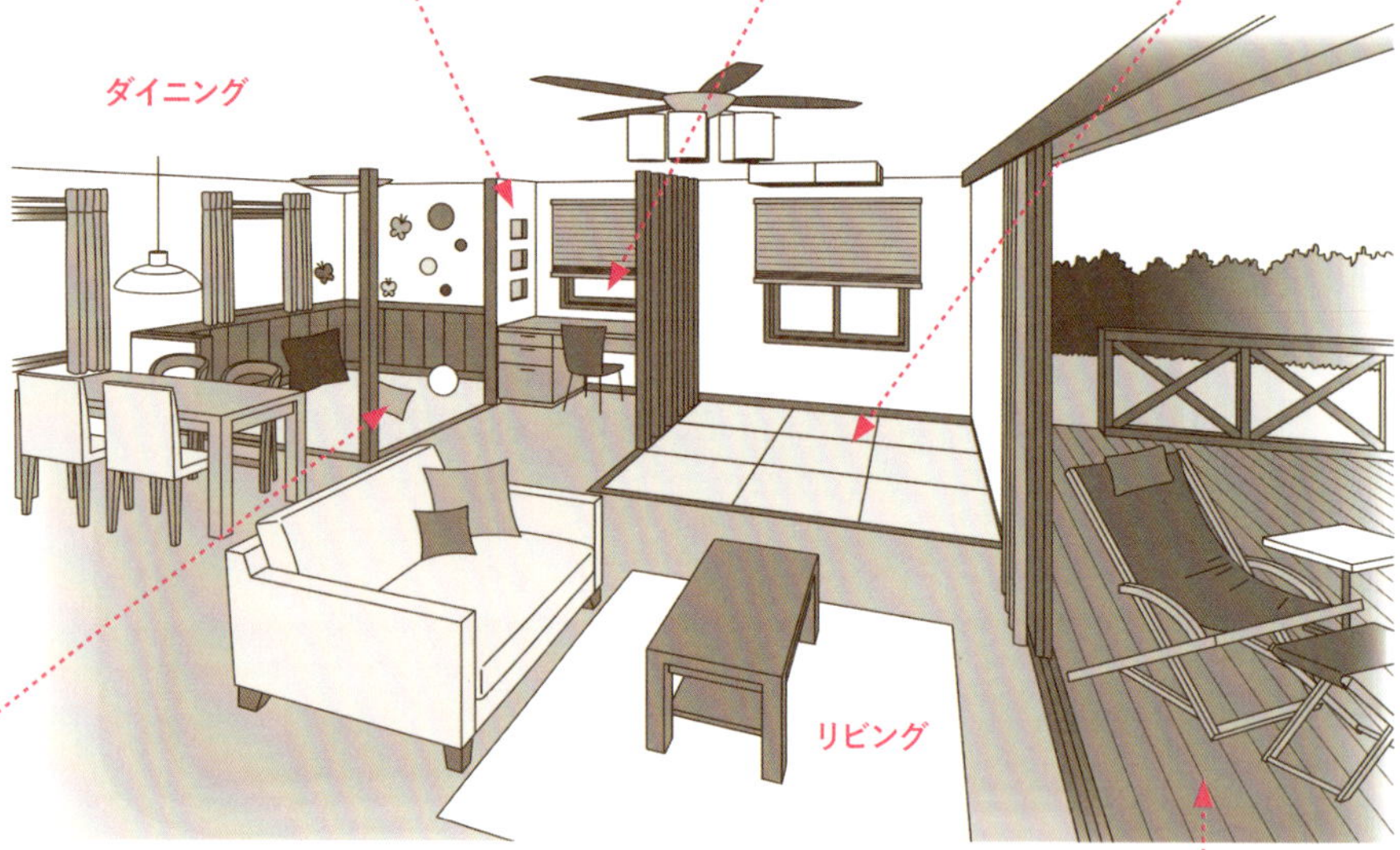

スキップフロア

床の高さを半階ずつずらして立体的に空間をつなぐ構造。視線が平面と立体のいろいろな方向に抜けるため、実際より広く感じるほか、動線を短くでき、狭い敷地を有効に使えるというメリットがある。

プレイルーム

子どもが遊ぶための専用スペース。家族が集まるLDやキッチンから見渡せる場所につくっておくと、家事作業をしながら子どもの様子が見守れるので親子とも安心。

アウトドアリビング

デッキやテラスなどをLDにつなげて設け、部屋の延長として活用する屋外空間のこと。室内との段差をなくしてつなげると、より一体感が高まり、室内に開放感をもたらす効果も。

回り縁

天井と壁が接する部分にとりつける細長い棒状の部材で、おさまりをきれいに見せる。木材を使うことが多いが、天井の仕上げ材に合わせてアルミ、プラスチックなどが使われることも。

アルコーブ

部屋や廊下などの壁面の一部をくぼませてつくったスペースのこと。テーブルやソファ、棚などの家具を置くのにちょうどよく、書斎や書庫に使われることもある。

額縁

窓や出入り口などのまわりを囲むようにとりつける木枠。装飾的な効果以外に、枠と壁とのおさまりをよくする役割も。

梁あらわし

梁は、屋根や上階の床の重さを支えるために柱の上に渡す構造部材。部屋を広く見せたりインテリアのアクセントにするため、天井を張らずに見せることを梁あらわしという。

笠木

腰板の上部の部材。そのほか、階段やバルコニーなどの手すりの上端に渡す横木のことも笠木という。

腰壁

壁の下部分の、腰の高さ（約90cm）に板材などを張った部分。傷や汚れから壁を保護するほか、インテリアのアクセントにも。DKの間仕切りなど腰高の壁のこともさす。

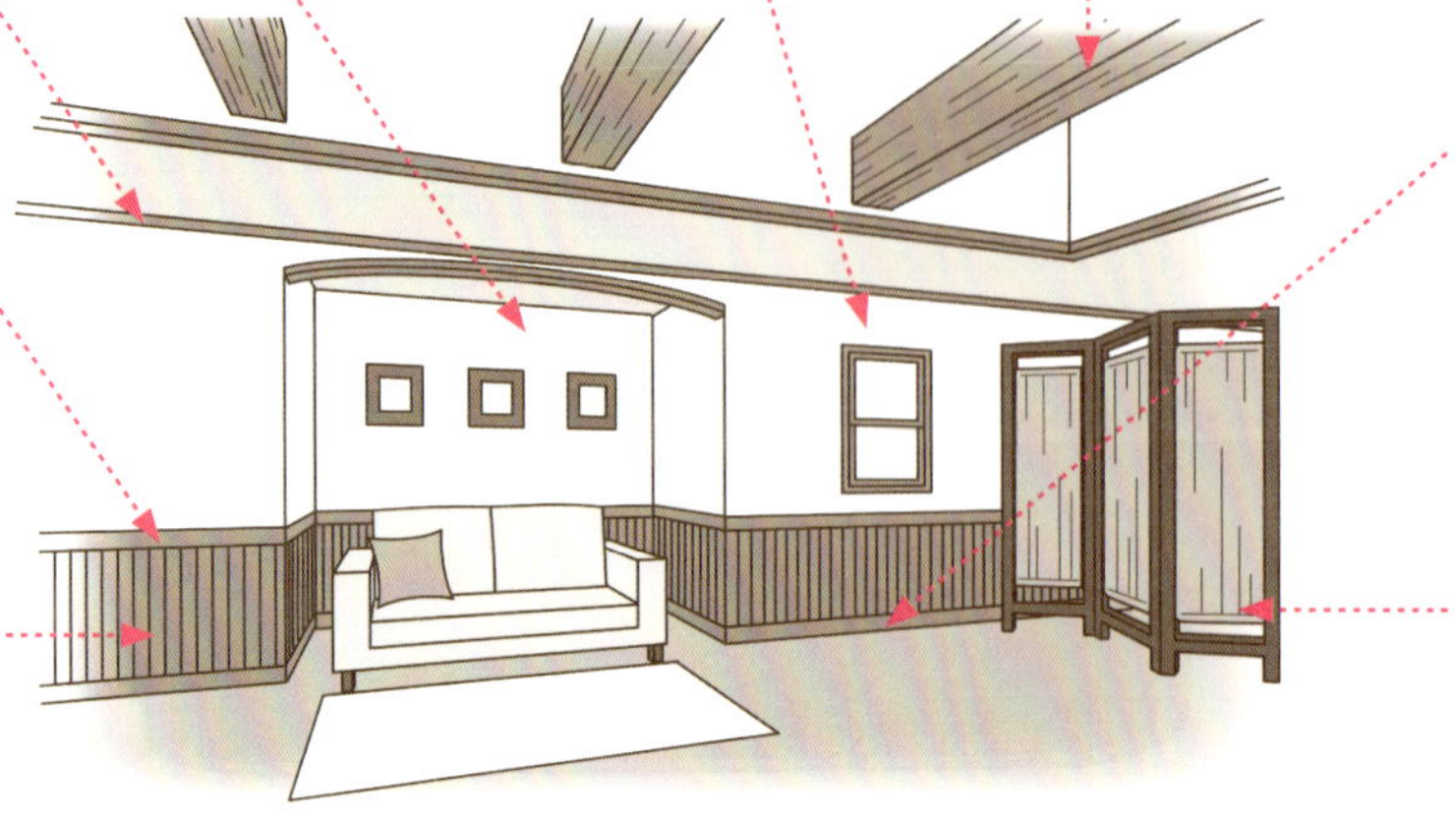

幅木

壁と床が接する部分にとりつける横板。すき間をふさぎ、壁に汚れや傷がつくのを防ぐ役目がある。

パーティション

空間を分割したり仕切ること、またはそのための道具。壁と違い、簡易的に空間を仕切れるのがメリット。兄弟で使う子ども部屋で、それぞれのスペースを区切るときに用いたりもする。

知っておきたい 照明のこと

照明の種類

部屋を明るくするのはもちろんですが、部分的な明かりやほわっとやわらかな光など、多種類の明かりを組み合わせると、ひとつの部屋でいろいろなシーンを楽しめるようになります。たとえばリビングなどでは、人が大勢集まるときは全体を明るく照らす、家族だけでゆったりくつろぐときは部分照明や間接照明のやわらかい光で落ち着いた空間をつくるなど。そのためには、設計段階から同時に照明計画も進めていくことが必要です。

光源の種類

住宅で使われている代表的な光源は3種類。白熱灯と蛍光灯のほか、最近ではLEDもふえつつあります。白熱灯は暖色系のやわらかい光で、点灯が早く調光が可能。オン・オフが頻繁なトイレや廊下向き。広範囲を明るく照らす蛍光灯は、影が出にくいので作業中の光に最適です。LEDは高い省エネ性と長寿命がメリット。価格は高めですがランニングコストは断然安くすみます。

照明のバリエーション

直接照明

光源の光をそのままあてる方法。天井など光を遮る障害物のない場所に器具をとりつけるのが一般的。食卓のペンダントやリビングのシーリングライトなど。

間接照明

照明器具から直接光を当てるのではなく、壁や天井に反射させて間接的に空間を照らす手法。直接光に比べると光がやわらかくソフトな印象。建築化照明など。

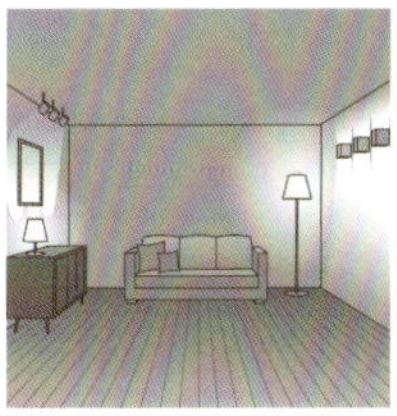

部分照明

ソファで読書をするときや調理中の手元、壁に飾った額縁など、明かりのほしい場所だけを部分的に照らす。スタンドやスポットライト、ブラケットなど。

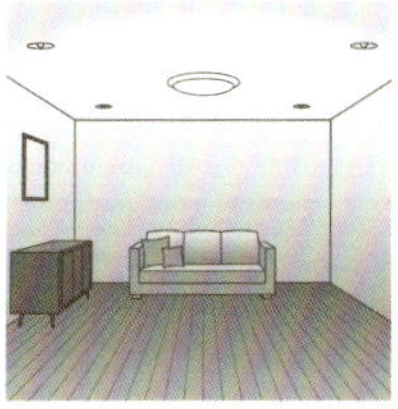

全体照明

部屋の中央にとりつけて、空間全体を均一に明るくする。シーリングライトやダウンライトを複数埋め込む方法など。

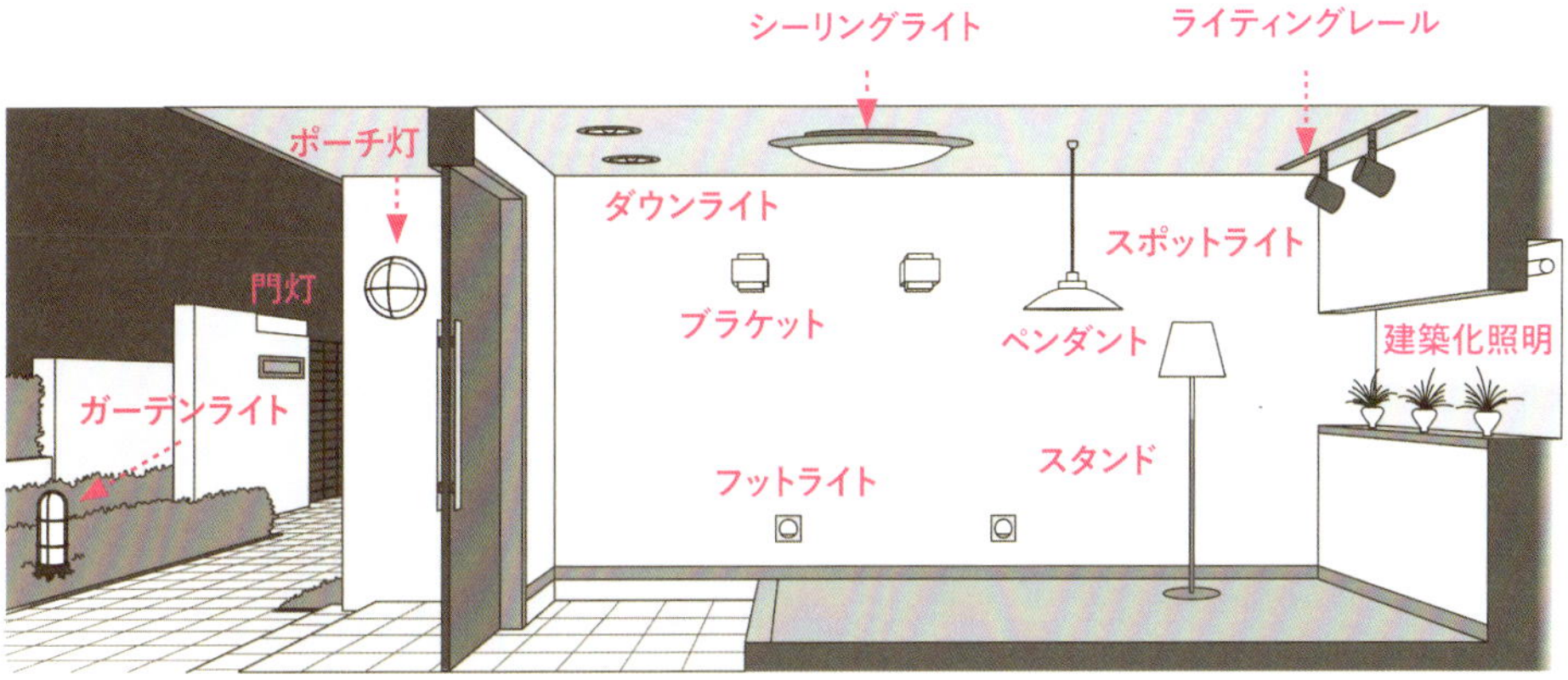

知っておきたい 建具のこと

建具の種類

壁の開口部に設けられる、あけ閉めできる仕切りを建具といい、障子、ふすま、窓、戸などが含まれます。出入り口としての建具には、ドアなど開きタイプと、ふすまや戸などスライドタイプがあります。ドアは、あけ閉めのためのスペースが必要となるので、設置する場所や開閉の方向に工夫が必要。引き戸の場合、前後にスペースはいりませんが、スライドした戸を引き込むためのスペースは必要です。

建具のバリエーション

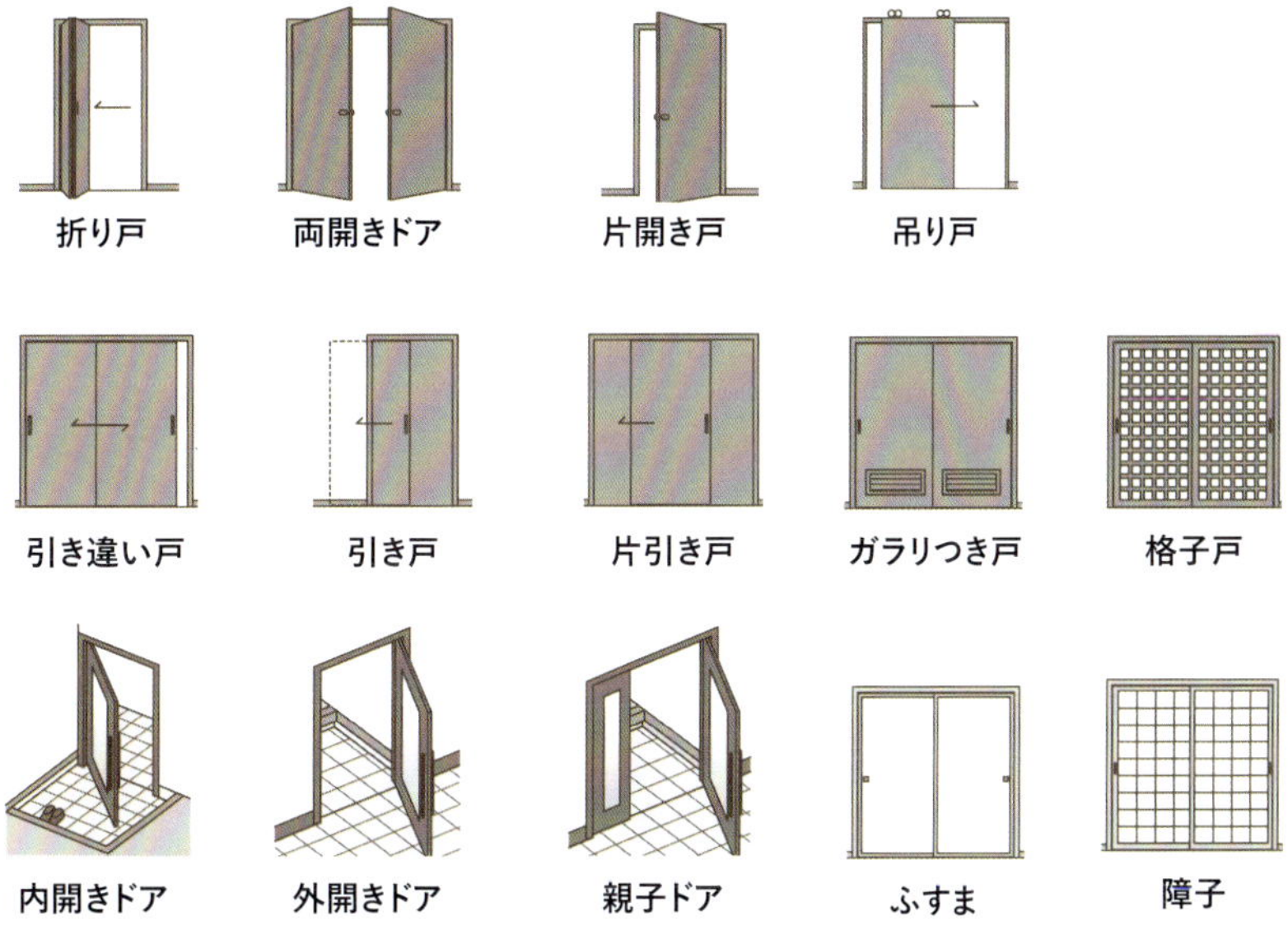

キッチン・家事室を分解

ユーティリティ

家事を行うためのスペースで洗濯機や作業台などを置く。キッチンや浴室に隣接させると家事効率があがる。

バックヤード

キッチンや家事室の裏側などに配置して、泥つき野菜を保管したり、ゴミの一時置き場などに利用する場所。

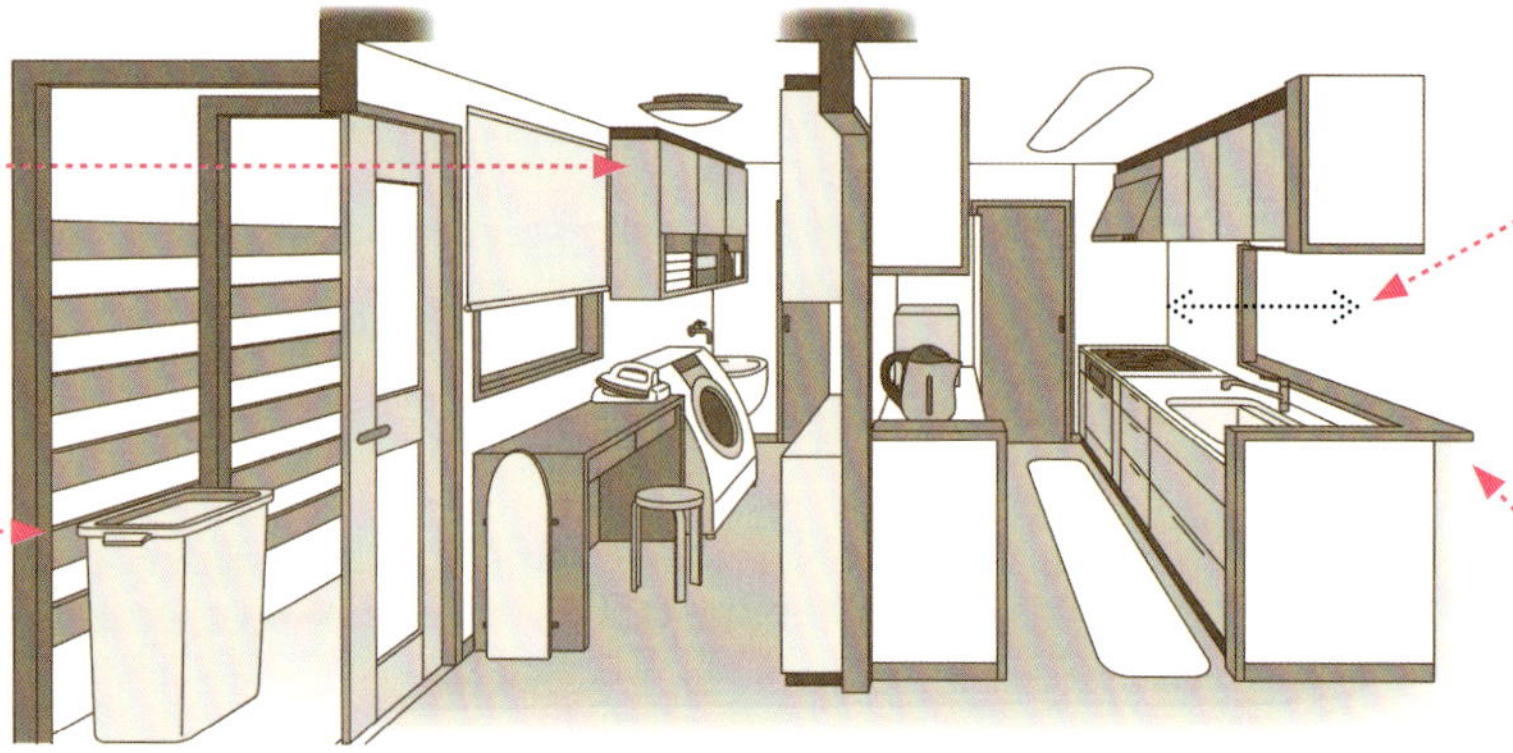

対面キッチン

調理台をLDなど居室側に向けたキッチンのこと。キッチンで料理をしながらLDを見渡せて、カウンター越しの受け渡しも便利。

カウンター

仕切りを兼ねた細長い台。ダイニングとの間にカウンターを設けたものをカウンターキッチンという。

キッチンのタイプ

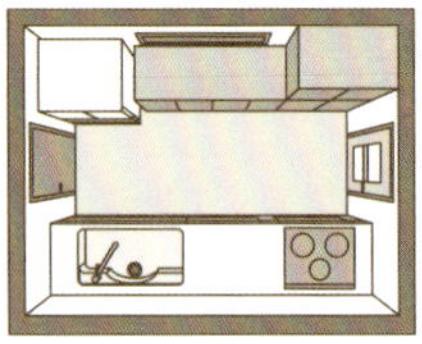

クローズ型

LDと壁で仕切って独立させたキッチン。散らかっていても部屋から見えない、料理に集中できる一方、家族から孤立するデメリットも。

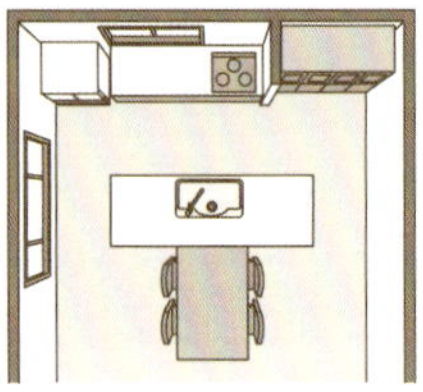

オープン型

LDとひとつながりの空間に設置したキッチン。開放的で部屋が広く見えるうえ、配膳やあと片づけもラク。換気や収納の工夫が必要。

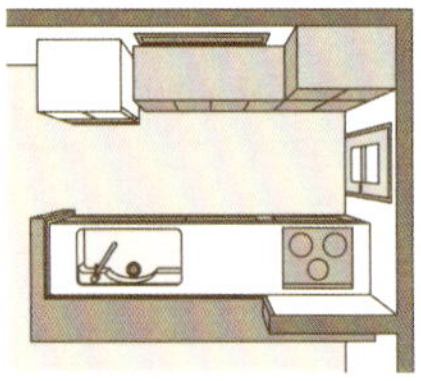

セミオープン型

吊り戸棚やカウンターで目隠ししつつ、LDとオープンにつなげたスタイル。調理中のキッチンが丸見えにならない。

レンジフード

調理中の煙やにおいを排気する、笠状の空気抜き（フード）と換気扇が組み合わさった設備。最新機器ではフィルターを自動清掃する機能も。

水栓金具

ひとつの口から湯・水が出る混合水栓が一般的。シングルレバーのほか、水とお湯が別のツーハンドル、タッチスイッチなども。

シンク

ステンレスやホウロウ、複合セラミック製などがあるキッチンの流し台。「I 槽式(シングルシンク)」と「2槽式(ダブルシンク)」がある。

パントリー

キッチンの隣に配置して食材や食器を収納する。冷蔵庫を置くケースも。キッチン側と別に出入り口をつくると、2方向から使える収納に。

サービスバルコニー

比較的面積の小さいバルコニーで、2階キッチンの横に設けるケースが多い。キッチンの採光や通風がよくなるほか、ゴミの一時置き場や洗濯物の干し場などに利用できる。

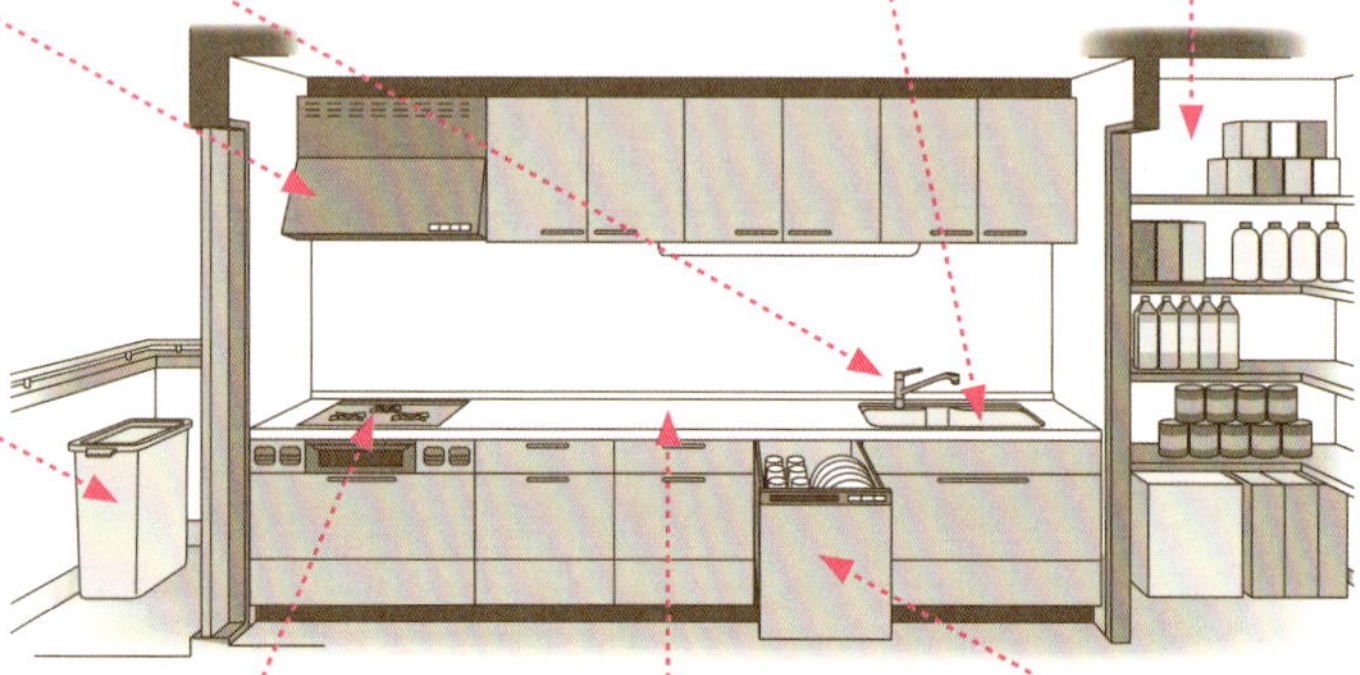

IHクッキングヒーター

電気を熱源として鍋を発熱させる調理器具で熱効率がよく、火を使わない安全性や、天板がフラットで掃除がしやすいのも人気。

コンロ

煮炊き用の調理機器でガス式、電気式が。天板に2～3口のコンロがあるガス式はガスレンジともいい、下部がオープンのものも。

天板（カウンタートップ）

キッチンの作業台となる部分。傷がつきにくく丈夫な素材が使われ、ステンレスや人造大理石が多い。小さなモザイクタイルを貼るのも人気。

ビルトイン

建物や設備に組み込まれた機器や家具のこと。キッチンでは食洗機などをビルトインすることが多い。造りつけやはめ込みともいう。

キッチンのレイアウト

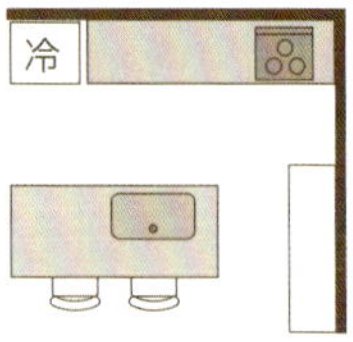

アイランド型

シンクや調理台を部屋のまん中に配置するタイプ。動線が自由で、大人数での調理に向く。

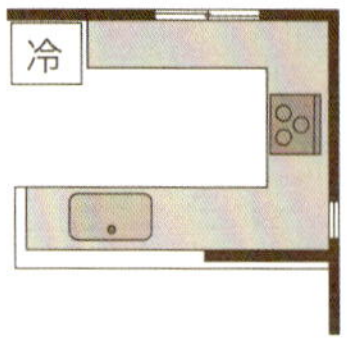

U型

諸設備をU字形に並べたキッチン。作業スペースが広くとれて、収納もたくさんつくれる。

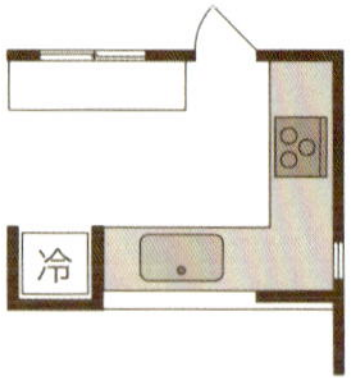

L型

天板をL字形に配置したタイプ。シンクとコンロをL字に振り分けると動線が短く作業がしやすい。

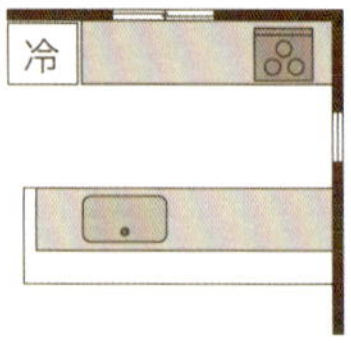

Ⅱ型

キッチンを平行に2列並べた配置。シンクとコンロを対面させると、調理動線が振り向く動作となり使いやすい。

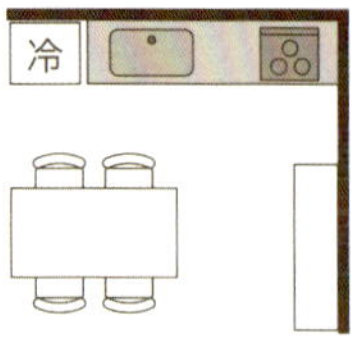

Ⅰ型

シンクとコンロを1列に並べた省スペースのキッチン。調理中の動きも一直線ですむのでラク。

窓のバリエーション

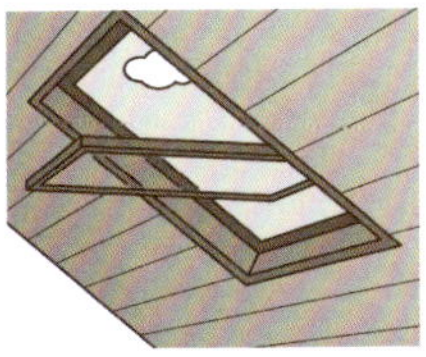

トップライト（天窓）

屋根面に設けた窓。密集地など通常の窓がとりにくい場合、トップライトを設けて頭上から採光するケースが多い。

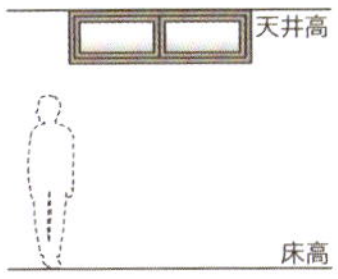

高窓

天井付近の壁の高い位置に設ける窓。地窓などと向き合わせて設けると効果的な換気が得られる。防犯性も高い。

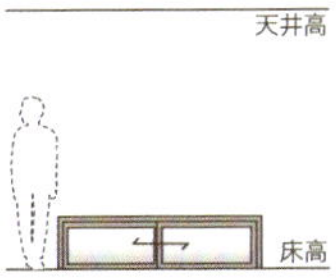

地窓

床面に接した位置にある窓。プライバシーを確保しながら、足元から通風を得ることができる。

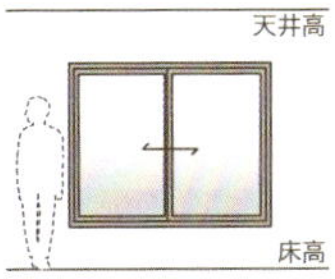

ひじかけ窓

床に座ったときにひじがかけられる高さにつくる窓。和室など床に座って過ごす部屋につくることが多い。手窓ともいう。

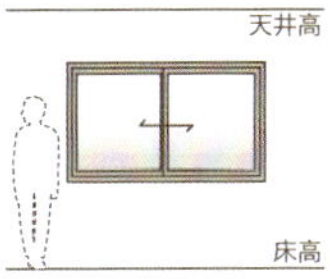

腰窓

床から90cmほどの高さに設ける窓で、窓の下に家具が置ける。

掃き出し窓

人が出入りできる窓で、下枠は室内の床と同じ高さに設ける（バルコニーなど防水立ち上がりが必要な場合を除く）。

出窓

壁から外に張り出した窓のこと。張り出し部分が台形のものをベイウインドー、弓形のものをボウウインドーという。

ピクチャーウインドー

家のまわりにある景色を室内から眺めて楽しむことを借景といい、そのために設けた窓。設計段階から計画が必要、

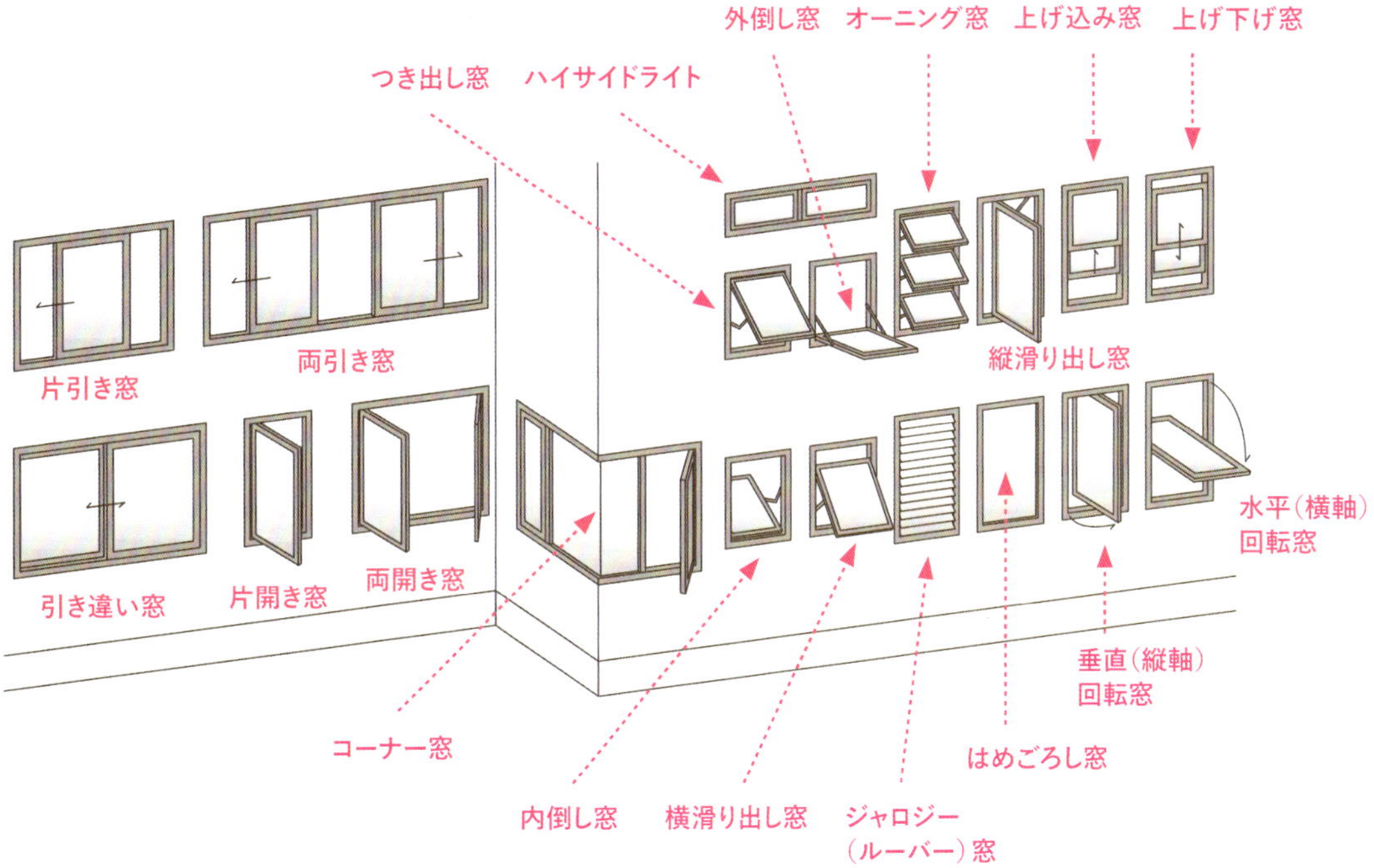

知っておきたい 窓のこと

サッシの種類

最も普及しているのが、軽くて扱いやすく、耐久性や防火・防錆性にすぐれたアルミ製のサッシ。ほかには、高い断熱性や防露性と素朴な風合いが人気の木製サッシ、寒冷地に多い高断熱性能の樹脂サッシ、室外側にアルミ、室内側に木製や樹脂製のものを組み合わせた複合サッシなど。

ガラスの種類

一般的なのはフロート板ガラス。目隠し効果があるのは片面にすり加工を施したすり板ガラス、型模様をつけた型板ガラス。安全性が高いのは割れたときに破片が飛び散らない網入りガラスや、加熱＋急冷加工で強度を上げた強化ガラス。紫外線を遮るLow-Eガラスや複層ガラスは断熱性が高い。

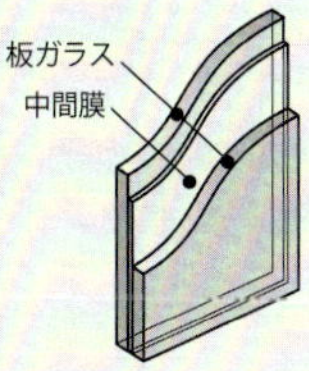

合わせガラス

板ガラスの間に透明なフィルム（中間膜）をはさんだ、割れても破片が飛散しないガラス。防犯ガラスや防音ガラスも合わせガラスの一種。

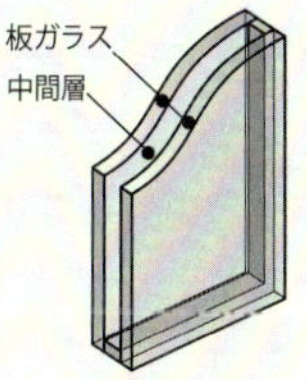

複層ガラス

板ガラスの間に乾燥空気などを密閉した窓ガラスで、断熱効果が高いのが特徴。二重ガラスともいう。

寝室・子ども部屋を分解

ロフト

おもに収納などに利用する屋根裏の空間。LDにつくるほか、子ども部屋など面積の小さな部屋につくれば、その分、居室スペースを広く使える。

W・I・C

ウォークインクローゼット。人が中に入って歩ける広さを確保した、衣類などをしまうための収納スペース。寝室などに隣接して設けることが多い。

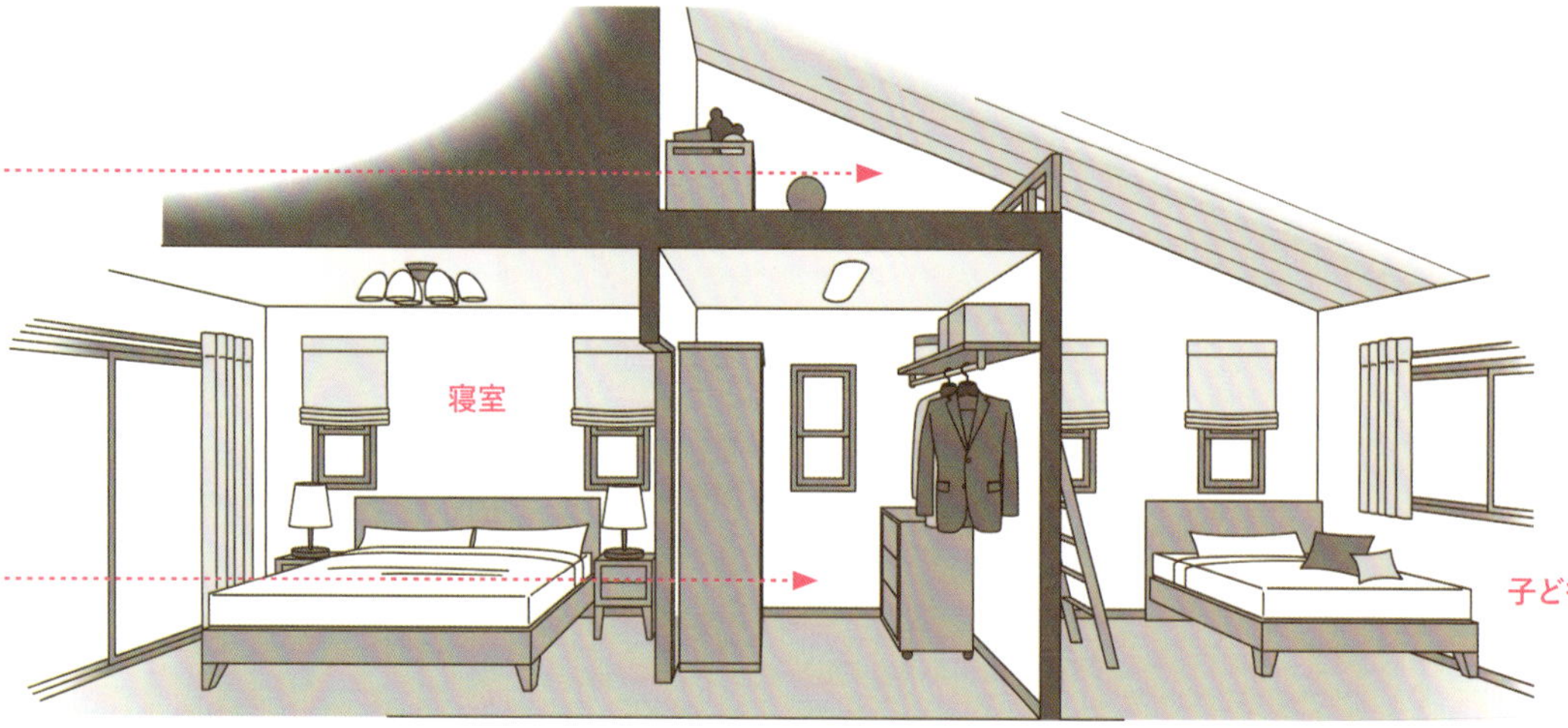

スタディルーム

書斎のこと。読書や書き物をするための部屋として、机と椅子、本棚などを備える。作業に疲れた目を休めるために窓のとり方などを工夫すると、居心地のいい空間になる。

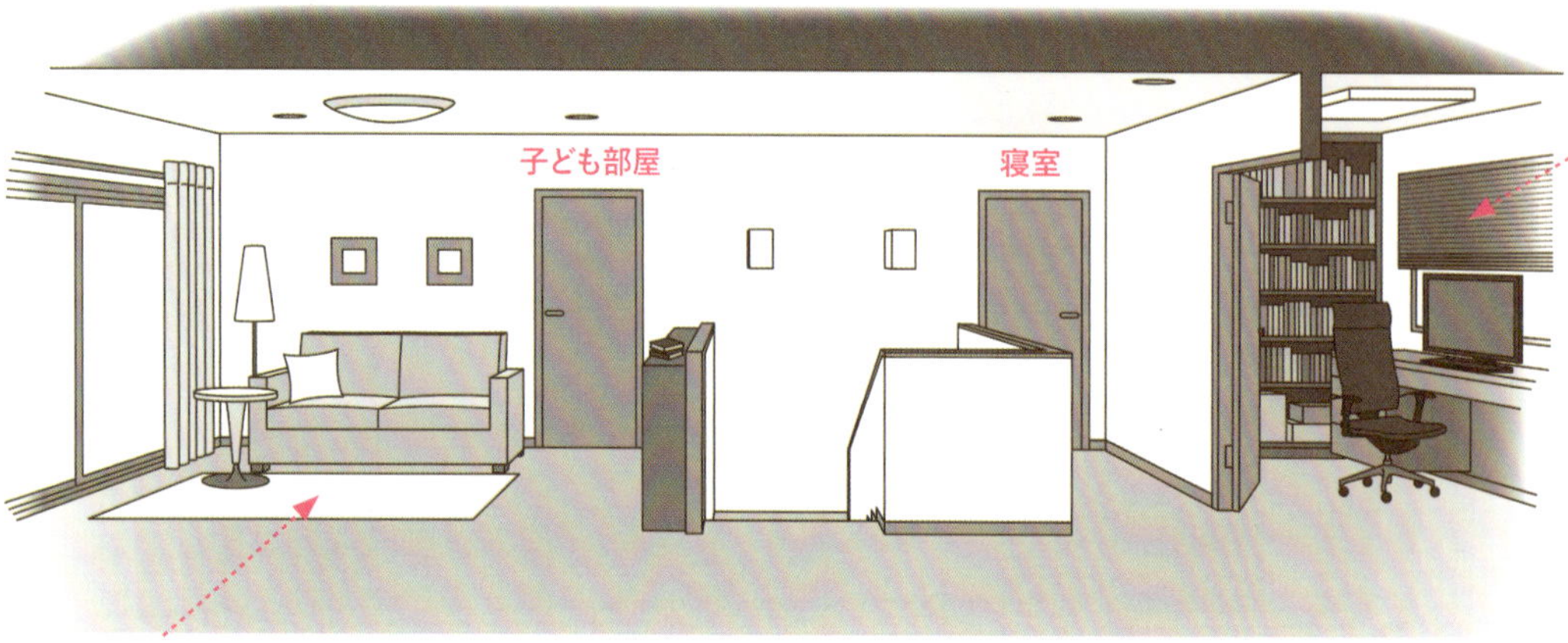

アトリエ

フランス語で工房のこと。英語ではスタジオともいう。洋裁や絵画、陶芸など趣味を楽しむためのスペースで、趣味室と呼ぶことも。

セカンドリビング

メインのリビングとは別の小さめのくつろぎ空間。寝室や子ども部屋など個室の隣に設けることも多く、読書や音楽を聴きながらプライベートに過ごす場所。

和室を分解

天袋

押入れの上の部分につくられた、戸のついた収納スペース。高い位置にあるため、頻繁に出し入れするものや重いものの収納には向かない。

吊り押入れ

布団などをしまう奥行きの深い収納で、下部をあけて床から浮いた状態でとりつけたもの。下部空間に地窓を設けて採光や通風を確保する方法も。

鴨居

ふすまや障子など引き戸の上部にある横木で、開閉のための溝がついている。引き戸の下部にとりつける敷居と対になっている。ちなみにドアなど開き戸の場合は上枠という。

床の間

畳の面より床を1段高くして、置物や花瓶などを飾り、正面の壁には掛け軸などを掛けてしつらえる装飾空間。

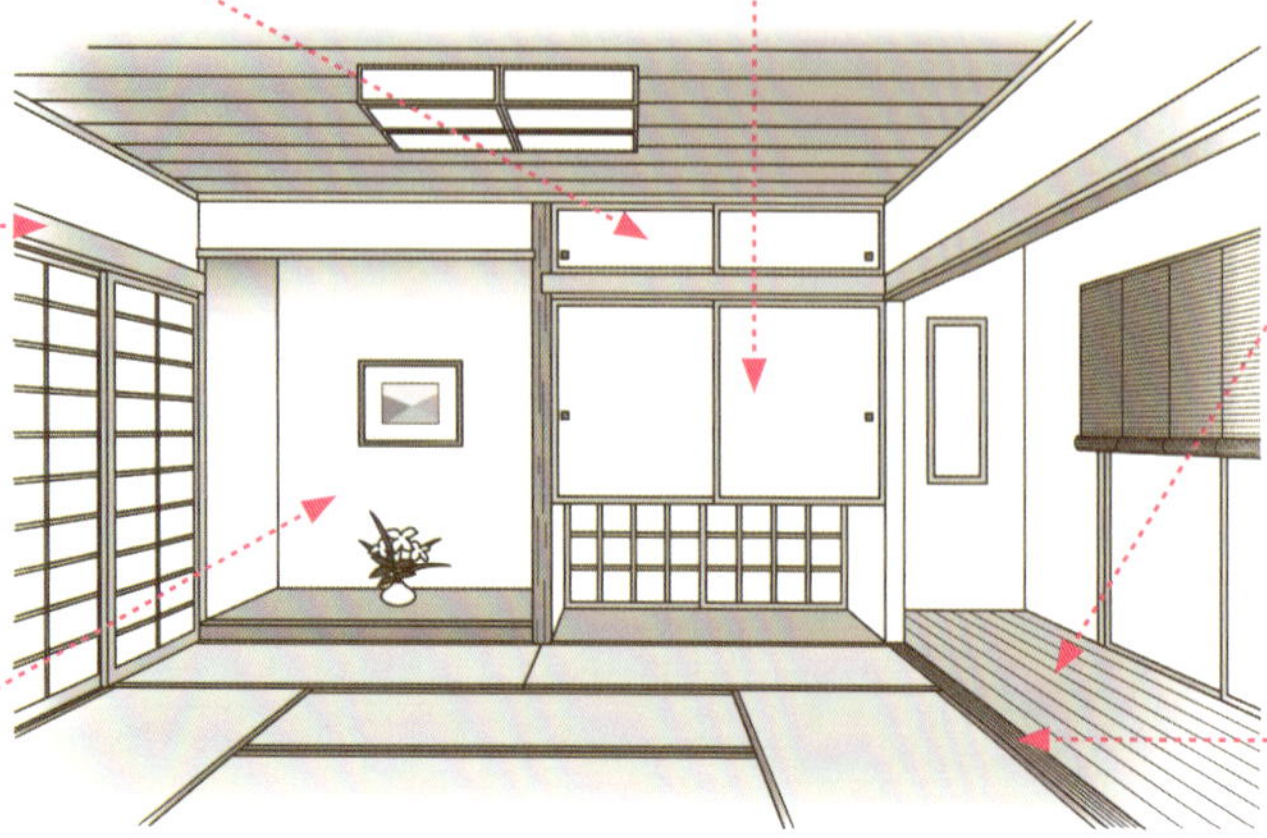

縁側

畳の部屋の外側に設けた板張りスペースで、屋外と室内をつなぐ場所。室内にあるものを縁側、外部にあるものをぬれ縁という。

敷居

ふすまや障子など引き戸の下部にとりつける、溝やレールがついた水平材。上部にとりつける鴨居と対になっている。強度と滑りやすさが求められる。

サニタリーを分解

洗面化粧台

収納キャビネットの上部に洗面ボウルを据えつけたもの。家族が多い場合は洗面ボウルを2つつけると便利。

タンクレストイレ

洗浄水をためておくロータンクのないトイレ。空間を広く使える。手洗いボウルを別に設置する必要が。

スリーインワン

洗面、トイレ、浴室をひとつにまとめたスタイル。間仕切り壁が省けてスペースを有効に使えたり、開放的なサニタリーができるのがメリット。狭小地のプラン向き。

バスコート

浴室の窓から屋外の風景を楽しむほか、浴室の通風や採光も確保できる。浴室から出入りできるつくりにすると、贅沢な空間に。

ユニットバス

浴槽と床、壁、天井を一体化し、工場で生産した浴室のこと。システムバスともいう。一方、オーダーメイドでつくる浴室を在来浴室という。

高断熱浴槽

浴槽のまわりを断熱材で覆う構造で、保温性を高めたバスタブ。専用の断熱ふろぶたとセットで使う。

知っておきたい 収納のこと

収納のタイプ

使いやすく片づく収納をつくるには、使う頻度に合わせて、しまい場所と出し入れの方法を計画すること。よく使うものは使う場所の近くに、ストック品や季節のものなど出し入れが少ないものは廊下の納戸や小屋裏など少し離れた場所でOK。毎日使うものは、手の届きやすいオープン棚に並べる、行方不明になりがちなこまごましたものは、中身が見渡せる引き出し収納にするなど、ものに合わせてしまい方を工夫すると使いやすい。

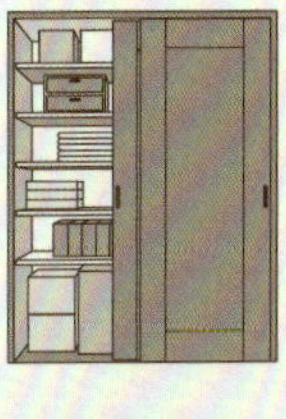

クローズ収納

ものが見えないように扉の中にしまう収納。種類や大きさがバラバラなものや、生活感あふれる雑多なものを隠して、部屋をすっきり見せられるのがメリット。

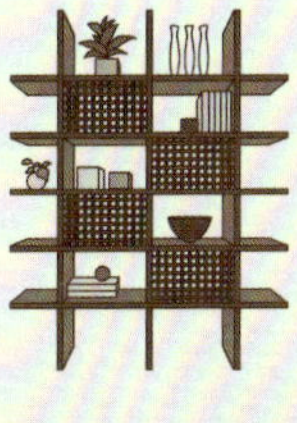

オープン収納

扉のない棚に並べたり、バーなどに吊り下げるなど、しまうものが見えるスタイル。ほしいものがさっと手にとれる便利さと、インテリア性がポイント。

収納を分解

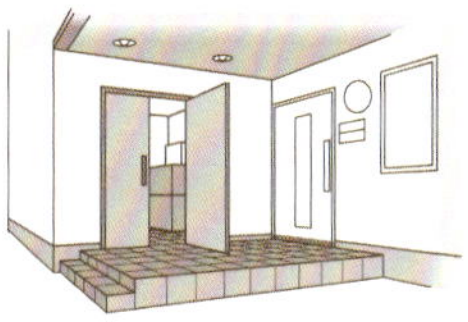

外物置

玄関や勝手口の近くなど屋外につくる収納。建物と一緒にデザインしておくと見た目を損なわない。

造りつけ（造作）収納

工事の過程で建物と一体化させてつくる収納家具のこと。しまうものや空間に合わせてぴったりサイズの収納がつくれる。

大工工事・家具工事

構造材の加工・組立、棚の設置を行うのが大工工事。専門業者が家具の製作から据付まで行うのが家具工事で、大工工事とは別にコストがかかる。

壁面収納

床から天井までの空間をむだなく利用して造りつけた収納。廊下やサニタリーにつくるケースも

小屋裏収納

2階の天井裏（小屋裏）を利用した収納。天井の高さや床面積などいくつかの条件を満たせば、延べ床面積に参入されない。

吊り戸棚

天井や壁にとりつける扉つきの収納棚。頭上のあいた空間をむだなく収納に利用することができる。キッチンなどに多い。

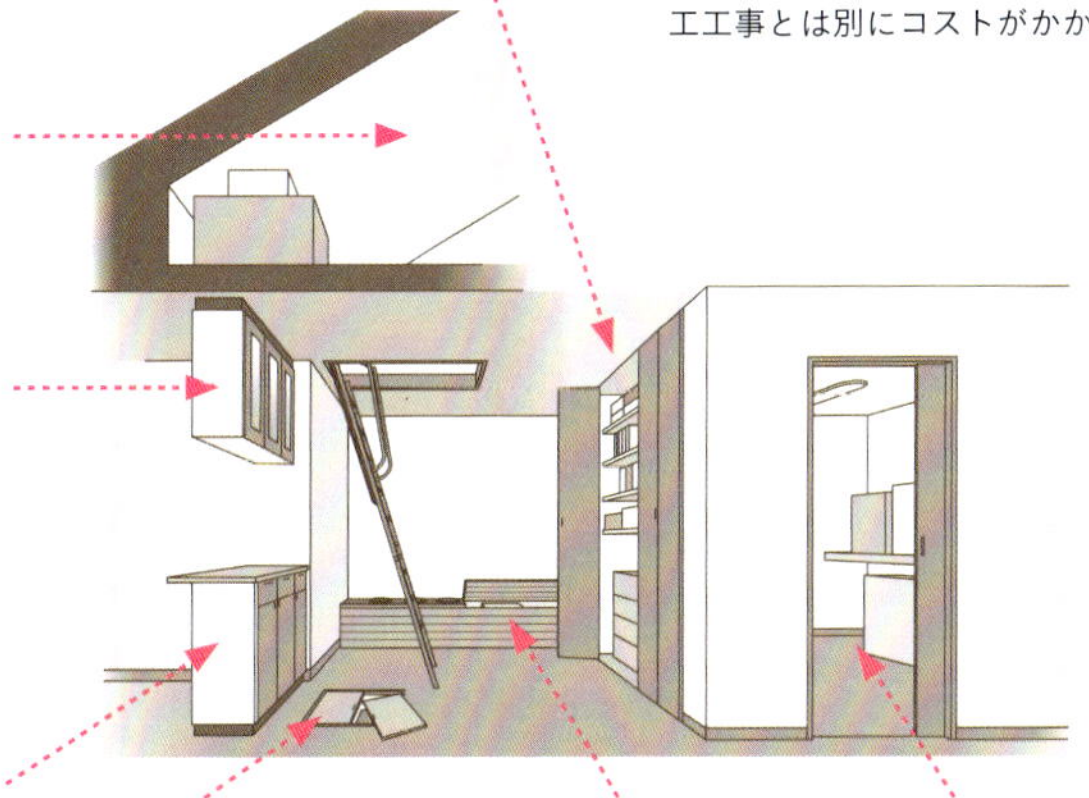

カウンター収納

キッチンとダイニングなどを仕切るカウンターの下部を収納にしたもの。両面に扉をつけて両側から使えるようにしたものなどもある。

床下収納

基礎と床板の間の空間に設ける収納庫。キッチンや洗面室のほか和室の畳下にもつくれる。

ベンチ式収納

リビングなどに設けたベンチの中を収納に使う。上ぶた式、側面を引き戸にしたものなど。

納戸

ある程度の広さを確保した部屋状の収納スペース。通風など換気対策に配慮が必要。

階段を分解

階段のバリエーション

回り階段

踊り場はなく、曲がったり折り返したり、上り下りの途中で体の向きが変わっていく階段。

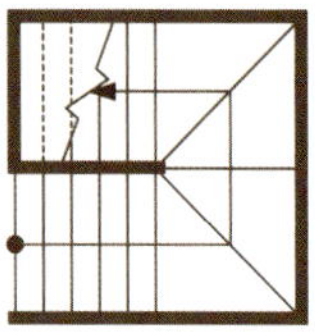

直階段

まっすぐに上り下りする階段。一度転倒すると止まるところがない。鉄砲階段ともいう。

スケルトン階段

蹴込み板のない、骨組みがあらわれた階段。階段の向こう側が見通せるので圧迫感がない。

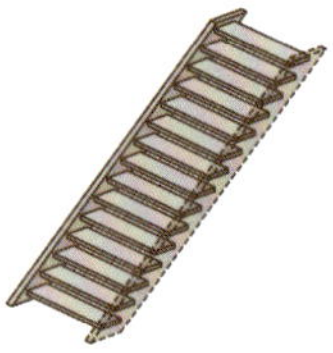

かね折れ階段

直角に曲がった階段。踊り場や、三角形の踏み板を設けて角度を変える。折れ曲がり階段、L の字階段ともいう。

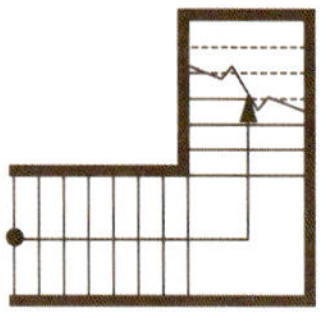

らせん階段

回転しながら昇降する階段。省スペースでデザイン性も高い。大きな荷物を持ちながらの上り下りは難。

折り返し階段

中間に踊り場が設けられ、折り返すタイプ。安全性は高い。戻り階段、行ってこい階段ともいう。

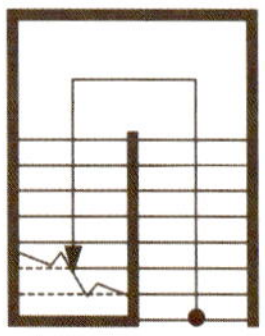

踏み板

階段を上り下りするときに足で踏む面。踏み板は安全対策上、奥行きが23cm以上あることが望ましい。段板ともいう。

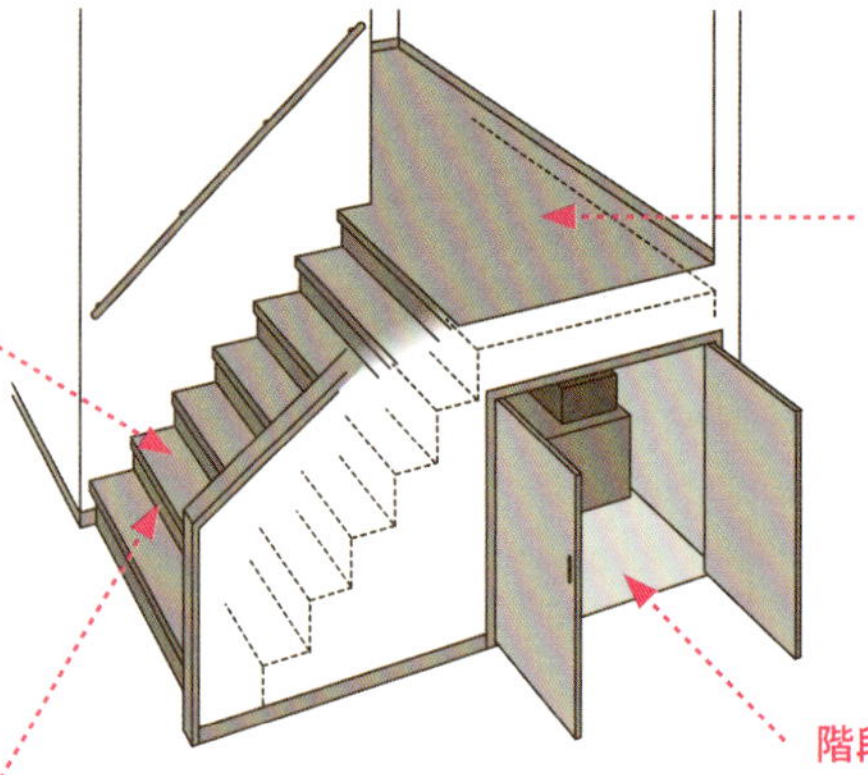

踊り場

階段の中間の小さなスペース。階段の方向転換のために設けることが多い。上り下りの途中で小休止できるため高齢者や子どもにも安全。転落事故の際のブレーキにもなる。

蹴込み板

階段の踏み板に垂直に立てた板のこと。スケルトン階段では、この蹴込み板を省略して軽やかなデザインを演出する。

デッドスペース

プラン上または構造上生まれる、有効に使えないむだな空間。階段下などもこれにあたる。

階段下収納

階段の下部分につくった収納スペース。扉をつければ、見た目もすっきり。奥行きがあるので季節ものの家電や雛人形、アウトドア用品など大物の収納にも向く。

玄関・廊下を分解

シューズクローゼット

玄関脇の、靴や傘、コートなどをしまえる収納スペース。たたきから靴のまま入れるつくりにするケースが多い。広めにとってベビーカーなどをしまえるようにするのも便利。

ニッチ

壁をくぼませてつくる小さな棚のこと。廊下や玄関ホール、リビングなどに設けて、小花や雑貨などを飾ったり、照明を組み込んだ演出も楽しい。

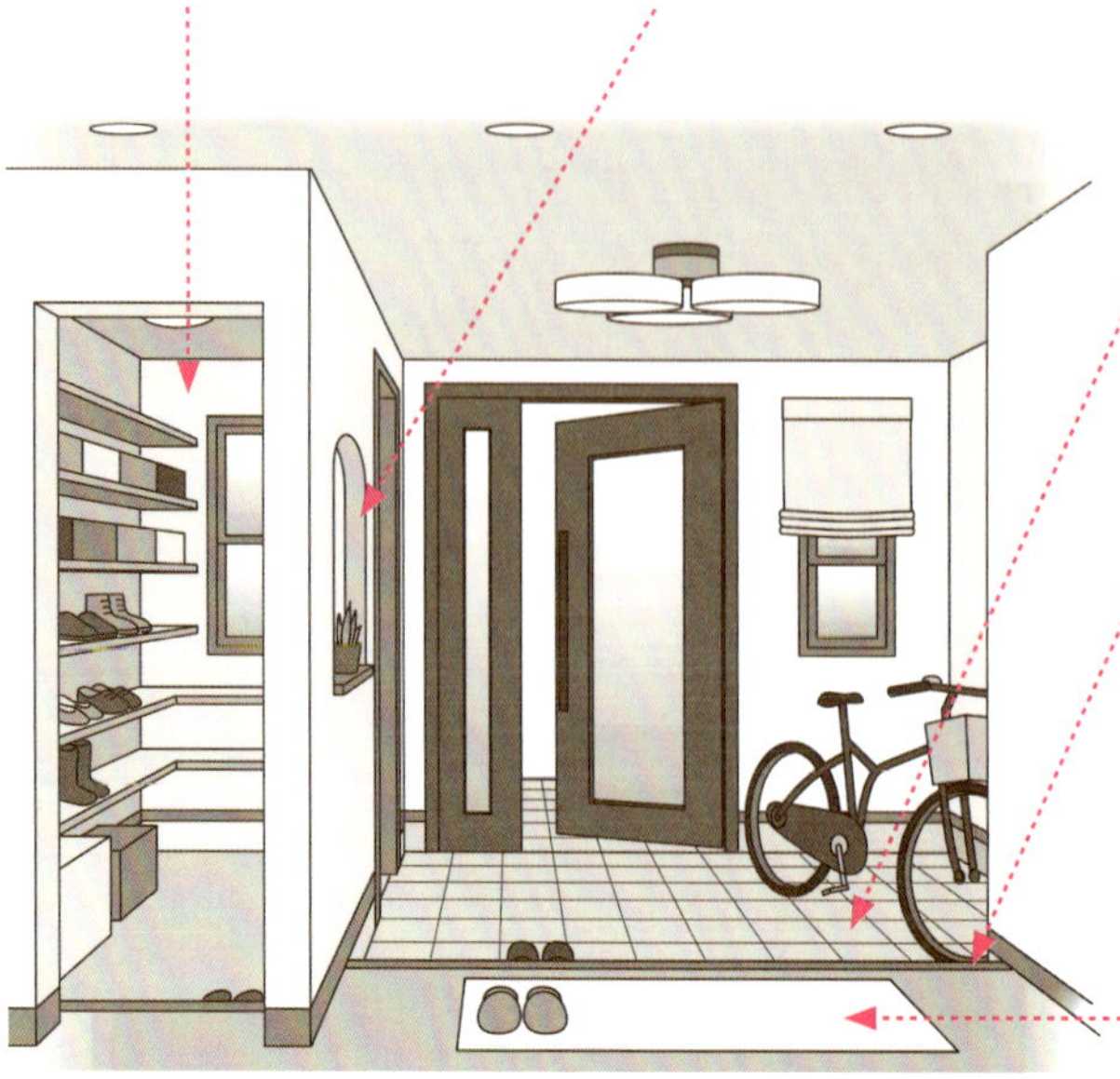

土間

家の中の地面と同じ高さの場所。屋外と室内をつなぐ空間で、玄関の靴を脱ぐ場所などをさす。

たたき

土足で入る土間の部分。元々は土と石灰とにがりを混ぜ、叩き固めて仕上げた。珪藻土やしっくい、コンクリート土間もたたきと呼ぶ。

上がりかまち

玄関や勝手口などの上がり口の、土間と室内床との段差部分にとりつける横木のこと。化粧材としてケヤキや人造大理石が使われる。

ホール

住宅の場合、玄関を入ったところの空間や、階段を上がった2階の空間など、ちょっとした“たまり”のスペースをさす。

デッキetc.を分解

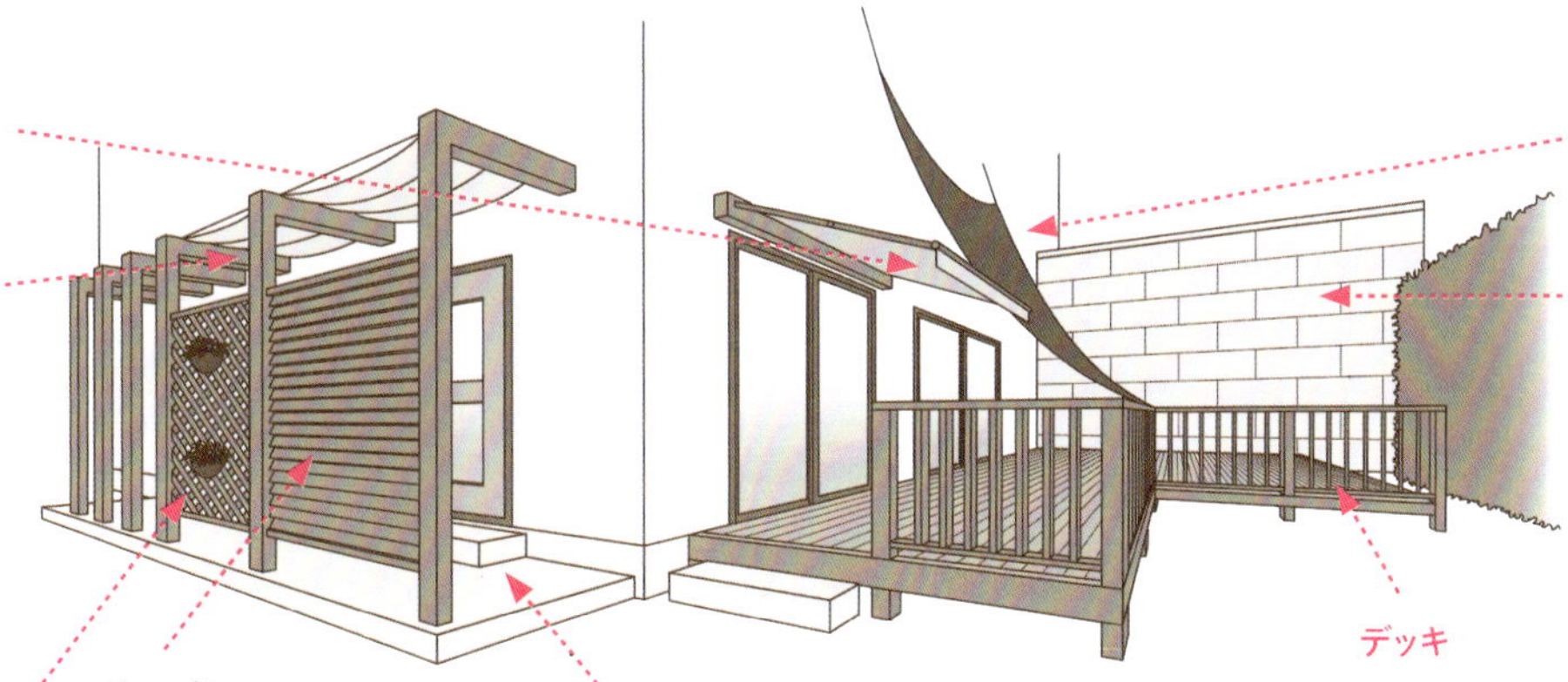

オーニング

窓や出入り口に設置する日よけ・雨よけで、開閉できるもの。電動式や後づけできるものも。

パーゴラ

つる植物などをからませて日陰をつくるための棚。テラスやデッキ、庭に設けるのが一般的。

トレリス

木製の格子状フェンスのこと。目隠しや間仕切りのほか、植物をはわせたりハンギングするのにも使われる。

ルーバー

羽板(はいた)と呼ばれる細長い板を、すき間をあけて平行に組んだもの。採光・通風を得ながら視線を遮る。

テラス

建物から外に張り出してつくった床部分。地面より1段高く、室内から出入りできる。

インナーテラス

家の中につくるテラス。屋根があるので延べ床面積に含まれる。

デッキ

建物の庭先に設けた、木の床で仕上げた外部スペース。リビングやダイニングにつなげてつくると、部屋が広がる開放感が。

タープ

日ざしや雨を防ぐための、タールを塗った防水シート。キャンプなどでテントの横に張る。

ハイウォール

デッキなどのプライバシーを確保するために、外部からの視線を遮る目的で建てられる背の高い壁。道路側に設置する際には道路斜線に注意が必要。

コンサバトリー

ヨーロッパが発祥で、冬の寒さから植物を守るためにつくられた、ガラスで囲まれた温室。ガーデニングを楽しむことを重視した空間。

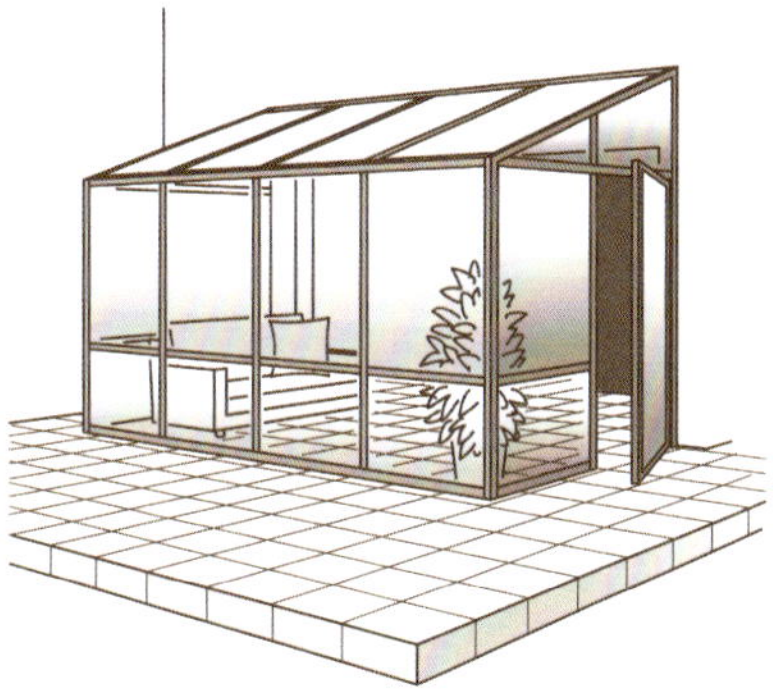

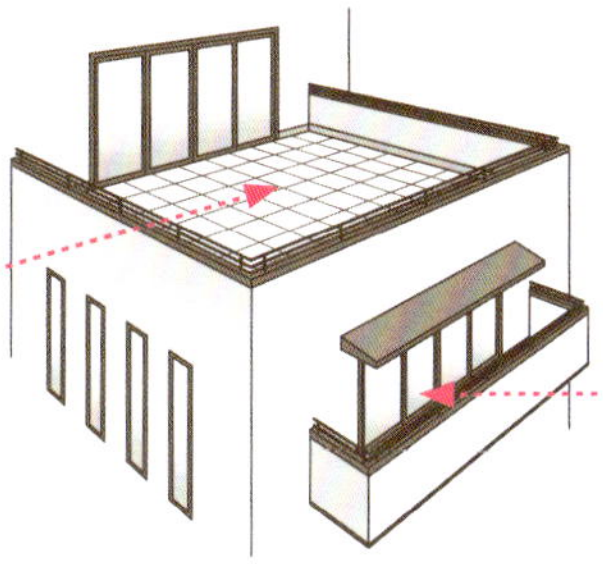

ルーフバルコニー

階下の屋根部分に設けたバルコニーのこと。スペースが広く、開放感があるので、第二のリビングとして活用できる。ルーフテラスともいう。

ベランダ(バルコニー)

建物の外側に張り出した通路状の細長いスペース。屋根があるものがベランダ、ないものをバルコニーと区別することが多い。

サンルーム

太陽の光をたっぷりと取り込めるように、天井や壁の一部または全体をガラス張りにしたり、大きな開口部を設けた部屋。

中庭

建物に囲まれた庭。家じゅうに採光や通風をもたらし、プライバシーを保てる外部空間としても使える。パティオともいう。

ドライエリア

地下室の採光や通風、防湿などのために、外壁に沿って掘り下げられた空間。からぼりともいう。

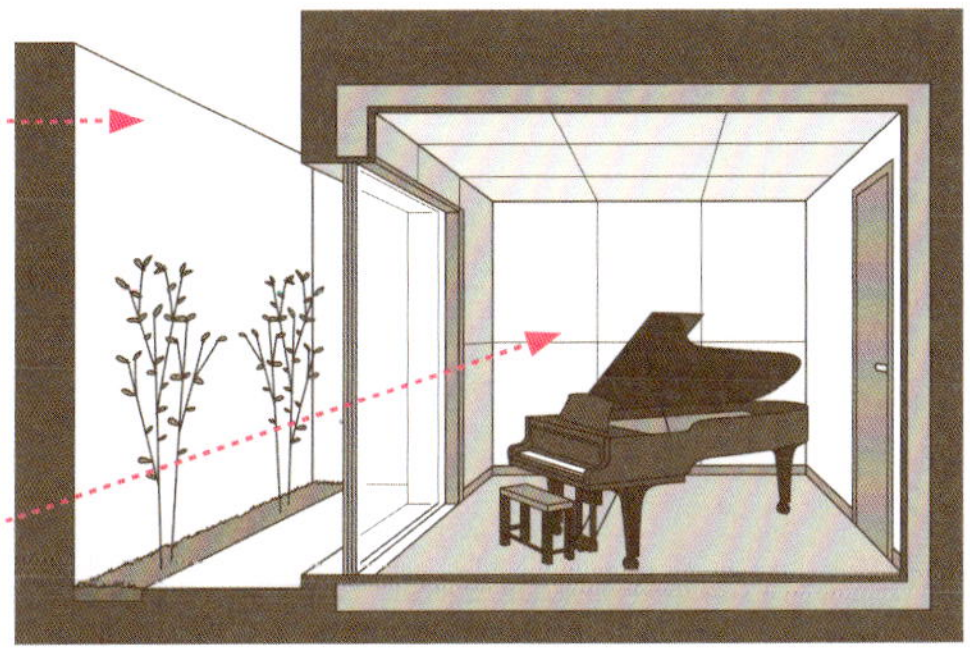

防音室

床、壁、天井などを音もれしにくい仕様にしたり、出入り口に防音ドアを採用して遮音効果を高めた部屋。

坪庭

建物や塀で囲まれたごく小さな庭。玄関ドアを入ったときの視線の先や、浴室で湯船につかったときに見える位置などにつくって、小さなグリーンになごむといった演出も素敵。

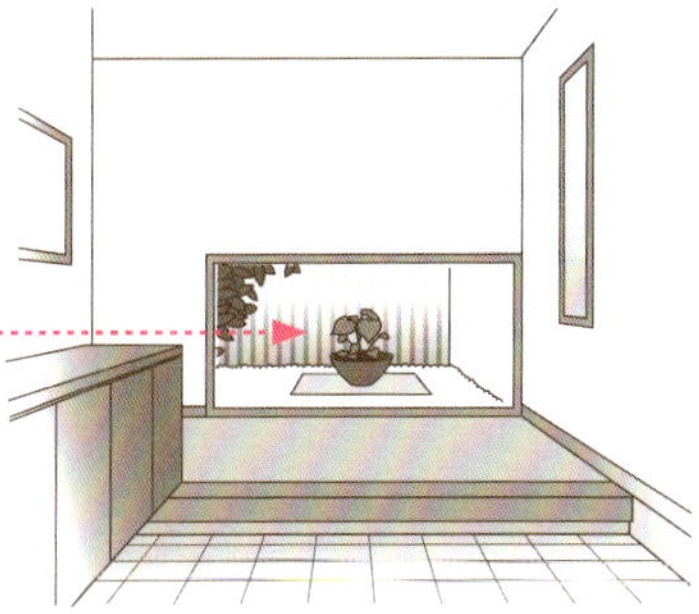

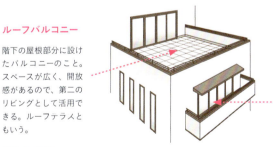

外観・外まわりを分解

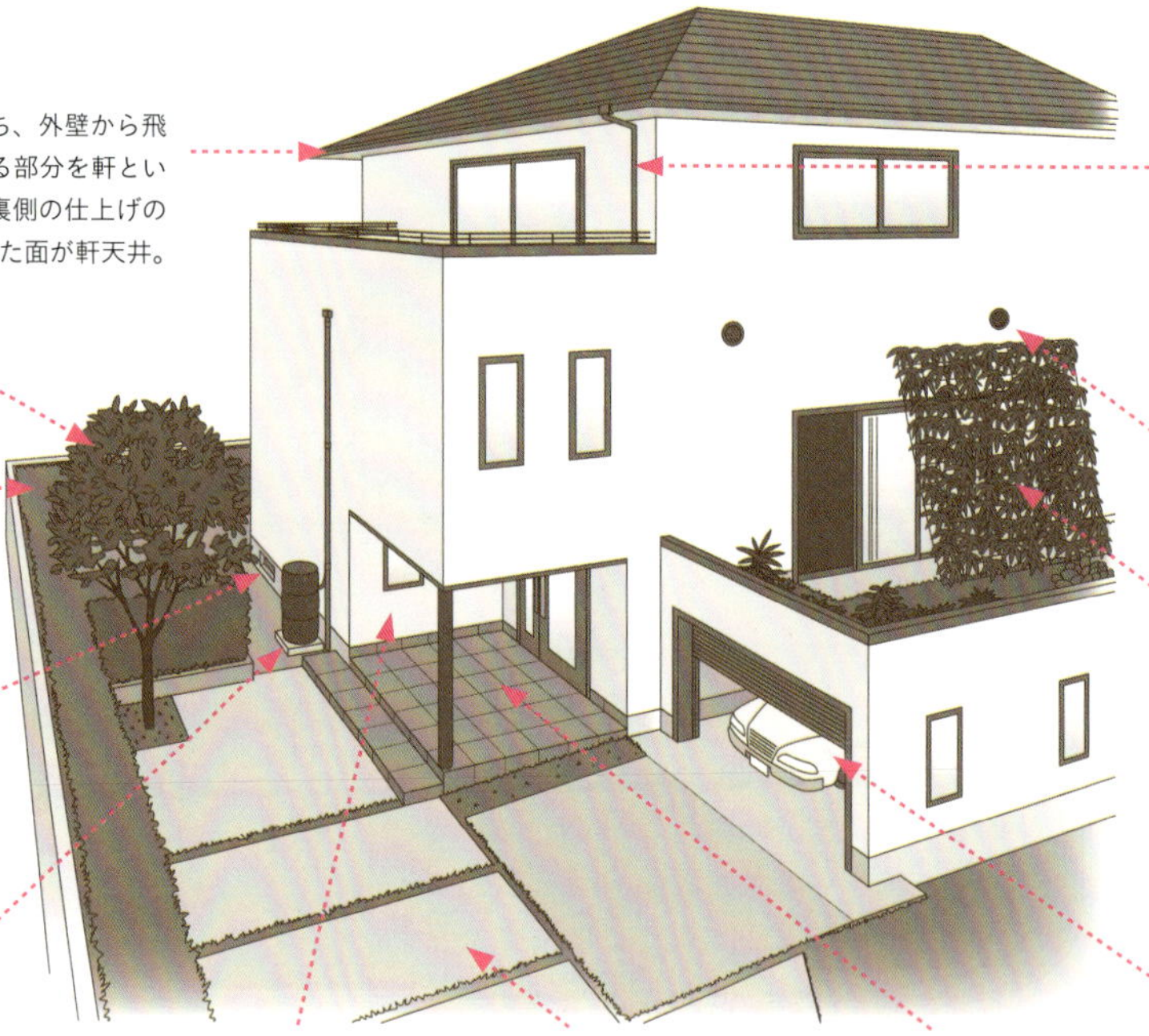

シンボルツリー

家のシンボルとなる樹木。おもに玄関まわりや庭の中心などに植えて外観を印象的に演出する。

植栽

庭やアプローチ部分などに植えた樹木や草花。前面道路側に樹木を植えた部分は生垣ともいう。

床下換気口

床下の風通しをよくして湿気を防ぐために、基礎の外周に設けられた小さな開口部のこと。

雨水タンク

雨樋に流れ落ちる雨水をためておく容器。庭の水やりや洗車などに使えば節水効果が期待でき、非常時の備えにもなる。

軒天井

屋根のうち、外壁から飛び出ている部分を軒といい、その裏側の仕上げの板材を張った面が軒天井。

立て(竪)樋《どい》

屋根に流れる雨水を軒先に集めて下水に排水するための部材が雨樋。軒先に設置するのが軒樋、垂直方向のものが立て樋。

通気口

室内環境を良好に保つために、屋内の空気と屋外の空気を入れかえる目的で壁にとりつけられる穴。

緑のカーテン

窓の外にネットやトレリスを立てかけて、つる性の植物を這わせたもの。室内への直射日光を遮るほか、植物の蒸散作用により夏場の節電対策にも。

ピロティ

2階建て以上の建物で、1階部分の、柱だけで構成された空間のこと。

アプローチ

道路や門から玄関までの通り道のこと。レンガや枕木を敷いたり、花壇を設けるなど演出を楽しむ。

ポーチ

建物から張り出して設けられた、庇や屋根のついた空間。玄関に設けるものを玄関ポーチという。

ビルトインガレージ

駐車スペースを住宅の中に組み込んだもの。室内に直接出入りできると、雨の日の乗り降りが便利。

屋根のバリエーション

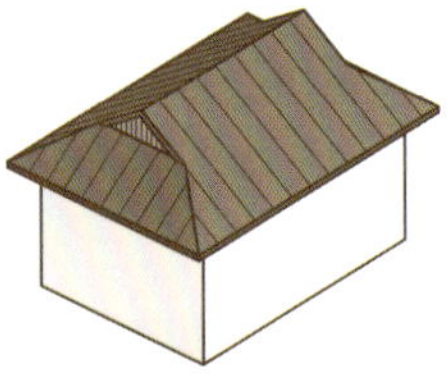

入《い》り母《も》屋《や》

切り妻と寄せ棟を合体させた形。重厚で格調高い印象で、和風住宅に採用される。

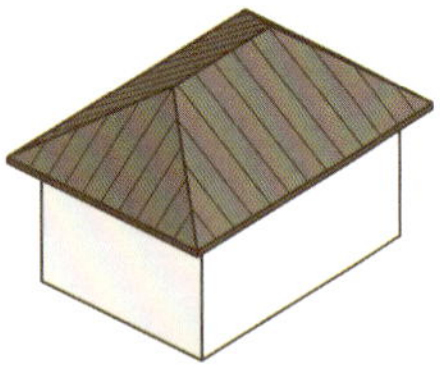

寄《よ》せ棟《むね》

四方向に傾斜をつけた屋根。構造上も丈夫で台風などの風圧にも強い。

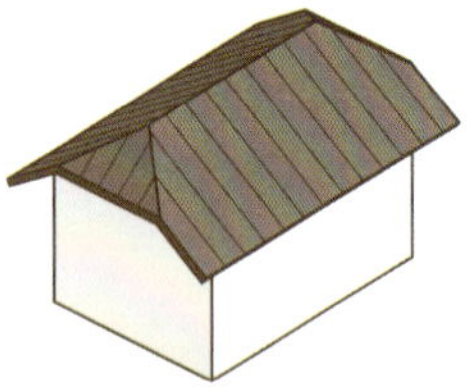

半切り妻

切り妻屋根の棟の途中から傾斜する屋根。隅切りともいう。

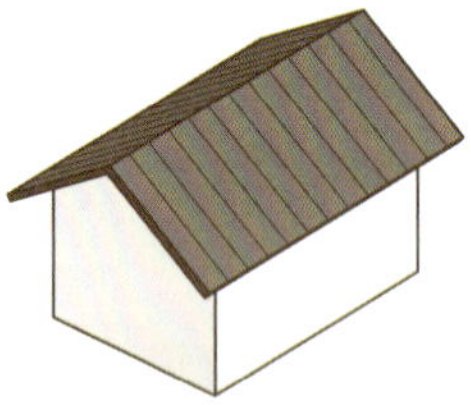

切《き》り妻《づま》

2方向に傾斜をつけたシンプルな山形。合理的な形で雨もりの心配も少ない。

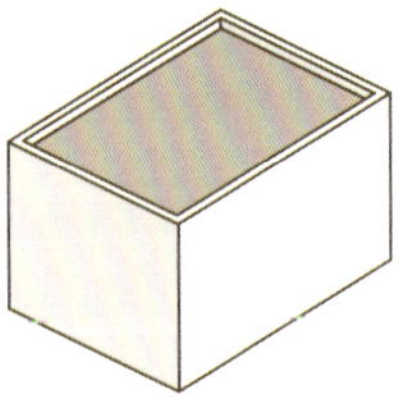

陸屋根《りくやね》

傾斜がなく水平に近い屋根。ろくやね、または平屋根ともいう。

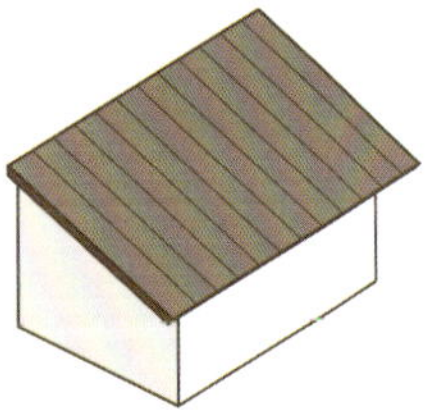

片流れ

1方向のみに傾斜した単純な形。施工が簡単で雨もりの心配も少ない。

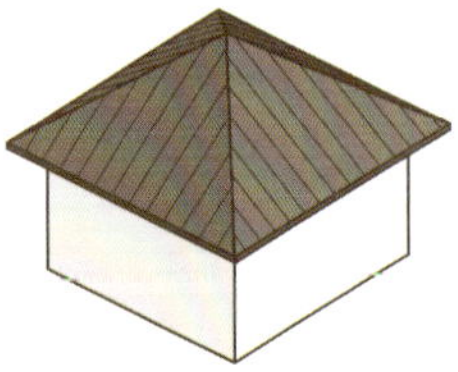

方形《ほうぎょう》

寄せ棟のひとつ。頂点から四方または八方に同じ角度で傾斜する屋根。

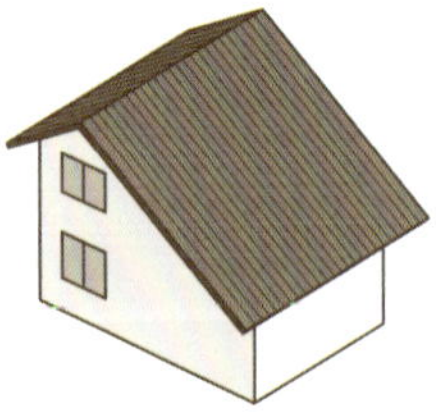

大屋根

ひとつの屋根を複数の階にかけたダイナミックな形。傾斜のある天井面ができる。

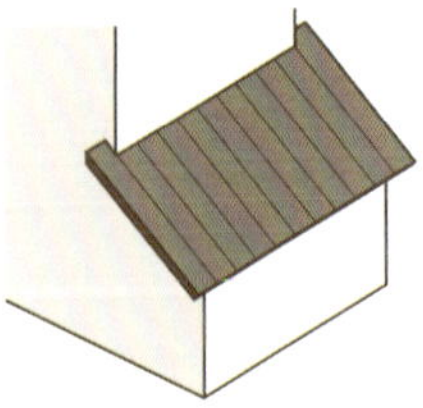

さしかけ

家全体の屋根より1段下がった場所につくる、壁から始まる片流れの屋根。

巻末集録2

工夫のある
間取り集

間取り図の見方をおさらいしましょう

部屋の広さやつながり、動線などもイメージできます

　一般的に間取り図といわれるのは、各階ごとに真上から見た状態をあらわした平面図のことをさします。部屋の広さや、部屋と部屋のつながり、壁やドア・窓の位置、造作家具の位置などが確認できます。部屋の入り口のドアや収納の扉の開き方なども書き込まれています。また、ソファやダイニングテーブル、ベッドなどの大型家具も書かれているので、実際の空間がイメージしやすいでしょう。

　間取り図でチェックできることはいろいろありますが、たとえば部屋から部屋の動線もそのひとつ。実際に暮らしているつもりで、玄関→LDK→プライベートルームというようにたどってみると、どういう動線がプランされているかがつかめます。

　また、ドアや階段の幅、キッチンの広さ、トイレやバスルームの広さ、造作家具など収納の間口や奥行きなどもわかります。平面図からはなかなかイメージしにくいものではありますが、上下階への移動や、通風・採光に関係する窓の位置なども、チェックしてみましょう。

＊建築面積とは、敷地に対して建物を真上から見たときの投影面積。建坪ともいう。

＊延べ床面積とは、建物の各フロアの床面積を合計したもの。

間取り図中の記号凡例

L	リビング
D	ダイニング
K	キッチン
W・I・C	ウォークインクローゼット
RF	屋上
冷	冷蔵庫
洗	洗濯機
数字	畳数

間取り図の記号凡例

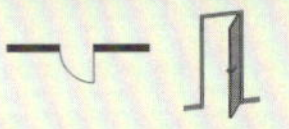	**片開き戸**　左右どちらか一方に開閉するタイプの戸。最も一般的に使われる。
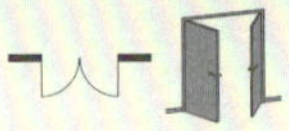	**両開き戸**　左右2枚の戸が開閉するタイプの戸。大きな荷物の出し入れなどに便利。
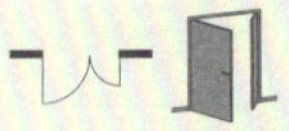	**親子扉**　片方の戸の幅を狭くした両開きの戸。玄関などに多く使われる。
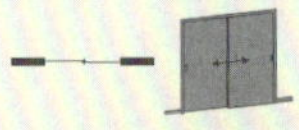	**引き違い戸**　2枚の戸をスライドさせて開閉する戸。左右どちらからも出入りできる。
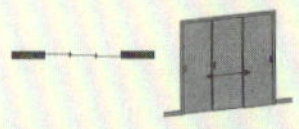	**3枚引き違い戸**　3枚の戸をスライドさせて開閉する戸。レールの本数によって開く幅が変わる。
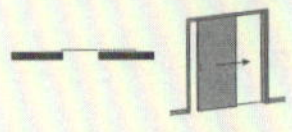	**片引き戸**　引き込みスペースにスライドさせて開閉する戸。
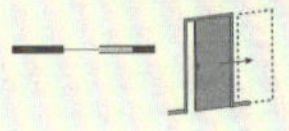	**引き込み戸**　壁の中にスライドさせて引き込むタイプの戸。開くと戸が見えなくなる。
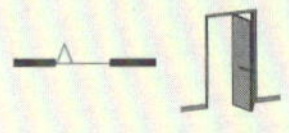	**折り戸**　開いたときに折りたためるタイプの戸。浴室などに多く使われる。
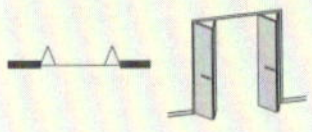	**2枚折り戸**　開いたときに折りたためる戸が2枚ついた戸。クローゼットなどに多く使われる。

間取り図の記号凡例

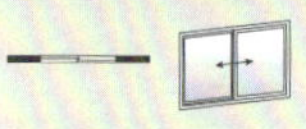	**引き違い窓**　左右2枚のガラス戸をスライドさせて開閉する窓。最も一般的。
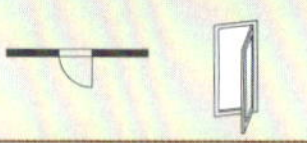	**片開き窓**　左右どちらか一方に開閉する窓。採光・通風に有効。
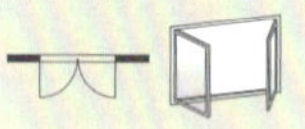	**両開き窓**　左右2枚のガラス戸を開閉する窓。採光・通風に有効。
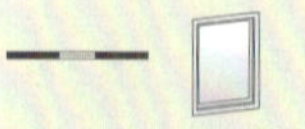	**はめ殺し窓**　ガラスを窓枠にはめ込んだ、開閉できない窓。採光・眺望に有効。
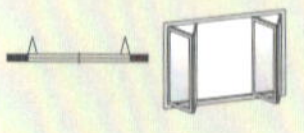	**フルオープン窓**　開口部いっぱいにサッシ枠が開くようになっている窓。
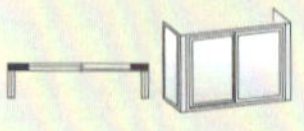	**出窓**　壁より外側に張り出した窓。室内の開放感を高め、採光・眺望に有効。
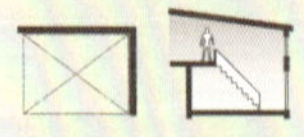	**吹き抜け**　上下階を立体的につないだ空間。玄関やリビングなどに多く使われる。
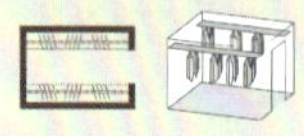	**ウォークインクローゼット(W・I・C)**　衣類などをしまえる大型の収納。寝室などに多く併設される。

建坪

5.26 極小の敷地を生かした地下＋地上3階建ての住宅

Yさん宅のプラン●東京都

DATA

家族構成 ……………… 夫婦＋子ども1人
敷地面積 ……………… 32.23㎡（9.75坪）
建築面積 ……………… 17.39㎡（5.26坪）
延べ床面積 …………… 69.56㎡（21.04坪）
B1F17.39㎡＋1F17.39㎡＋
2F17.39㎡＋3F17.39㎡
構造・工法 ……………………… RC造
（地下1 階・地上3階建て）
設計 ……… unit-H中村高淑建築設計事務所

わずか9.75坪の敷地に計画したこの家は、敷地の有効利用を最優先テーマに設計されました。200%の容積率と、地下緩和措置を利用して延べ床面積21坪を確保しています。地下から3 階まで、建物中央には、スペースをとらないらせん階段を置き、居室は南北に振り分けて配置。最も長くいるLDKを2階に配したので、1 階と3 階へのアプローチもスムーズです。階段西のフィックス窓から光が入り、2、3階南面の大きな窓は視線が外に抜け、開放感をもたらしています。

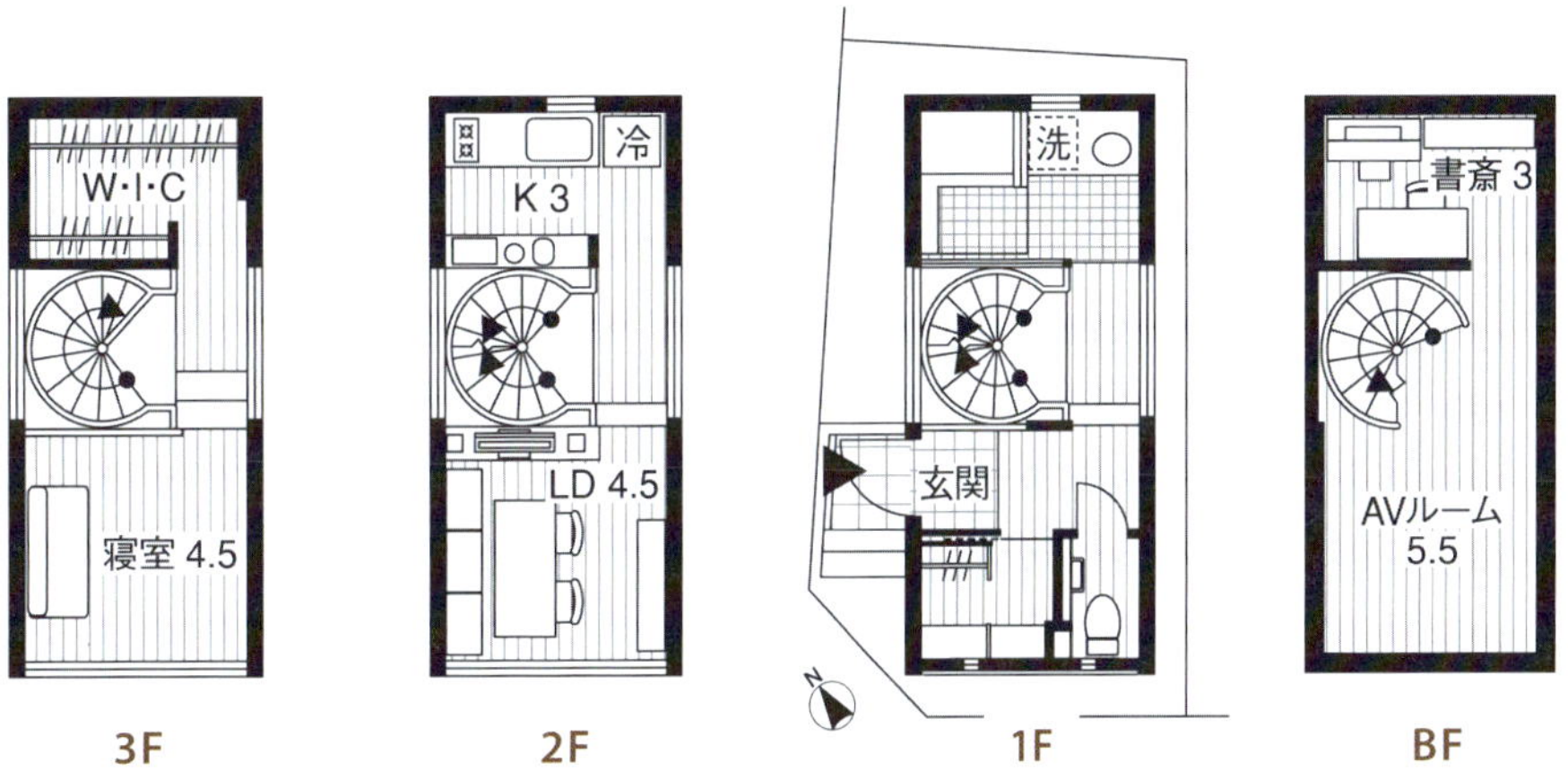

3F　2F　1F　BF

建坪

5.58 玄関を外につくって床面積を最大に生かす

Kさん宅のプラン●東京都

DATA

家族構成 ……………………………… 夫婦
敷地面積 ……………… 31.20㎡（9.44坪）
建築面積 ……………… 18.45㎡（5.58坪）
延べ床面積 …………… 49.91㎡（15.10坪）
1F18.45㎡＋2F18.45㎡＋3F13.01㎡
構造・工法 ……………………… 鉄骨造3階建て
設計 ………… アーツ&クラフツ建築研究所

狭い敷地を有効に生かすため、玄関を外につくったり、和室と浴室を隣接させるなど、ユニークなプランが特徴のこの家。外の玄関といっても、エキスパンドメタルで囲った道路側の前庭にあるため、外部の視線は完全に遮断することができます。また、建ぺい率に含まれないデッキをDKの延長として使えるように設計したのもポイントとなっています。床面積をできるだけ生かすため、収納は壁面ではなく、床下収納を多くとり入れています。

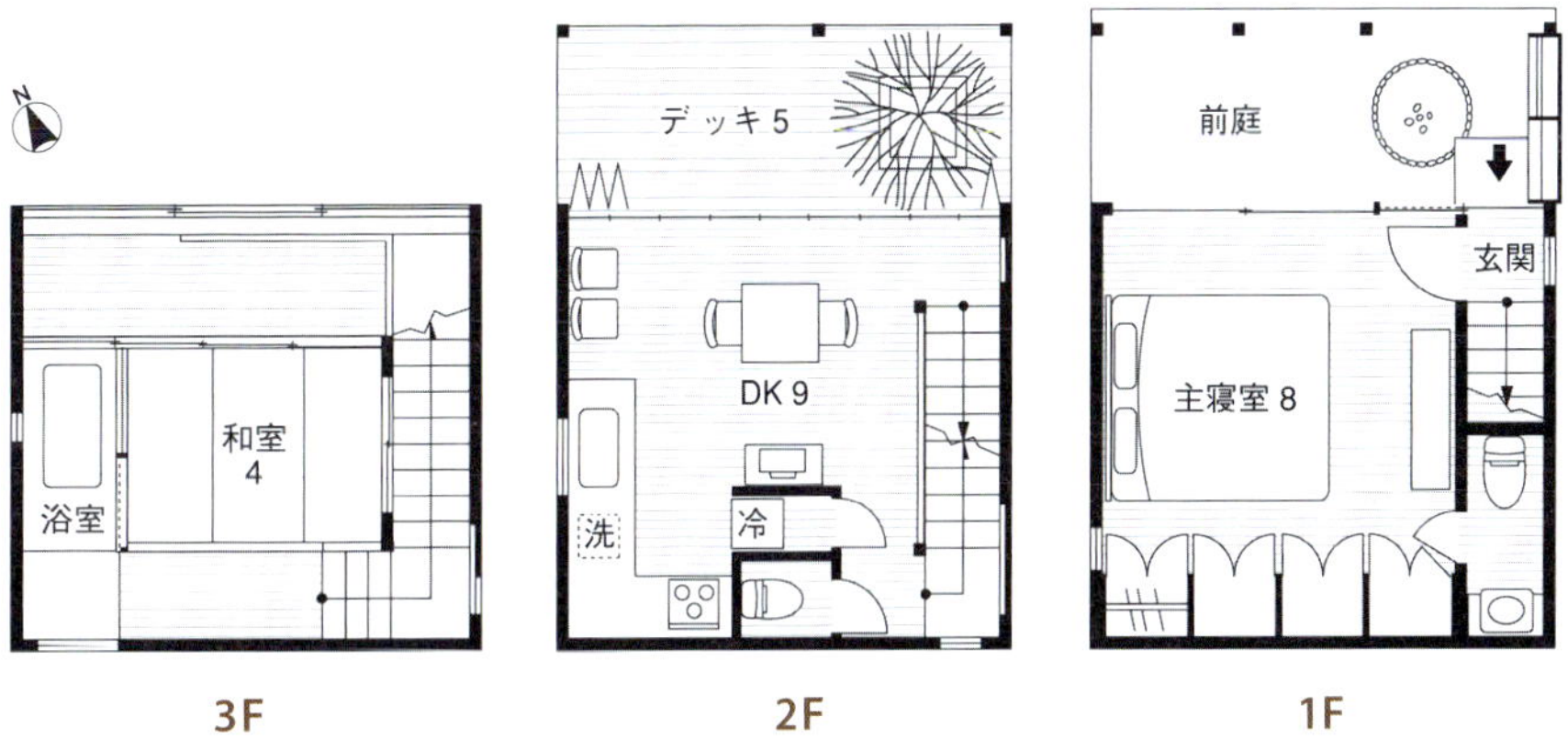

3F　2F　1F

巻末集録 — 工夫のある間取り集

建坪

8.44 建ぺい率に含まれない出窓やロフトをうまく活用

Yさん宅のプラン●東京都

DATA

家族構成 …… 夫婦＋子ども2人
敷地面積 …… 46.81㎡（14.16坪）
建築面積 …… 27.90㎡（8.44坪）
延べ床面積 …… 74.51㎡（22.54坪）
1F27.32㎡＋2F27.32㎡＋3F19.87㎡
構造・工法 …… 木造3階建て（軸組み工法）
設計 …… キューブファクトリー

出窓とは外壁より外に張り出した窓のことで、外壁からの出幅が50cm未満で、出窓の下端の高さが床面より30cm以上、室内から見た出窓の面積が、その壁面の20分の1以上であることの3つを満たせば、延べ床面積に算入されません。床面積を有効利用できると同時に、空間を開放的に見せるメリットがあり、このお宅では、2階キッチン、3階書斎デスクなどに生かされています。また、同じく緩和措置を利用してロフトも設け、収納などに利用しています。

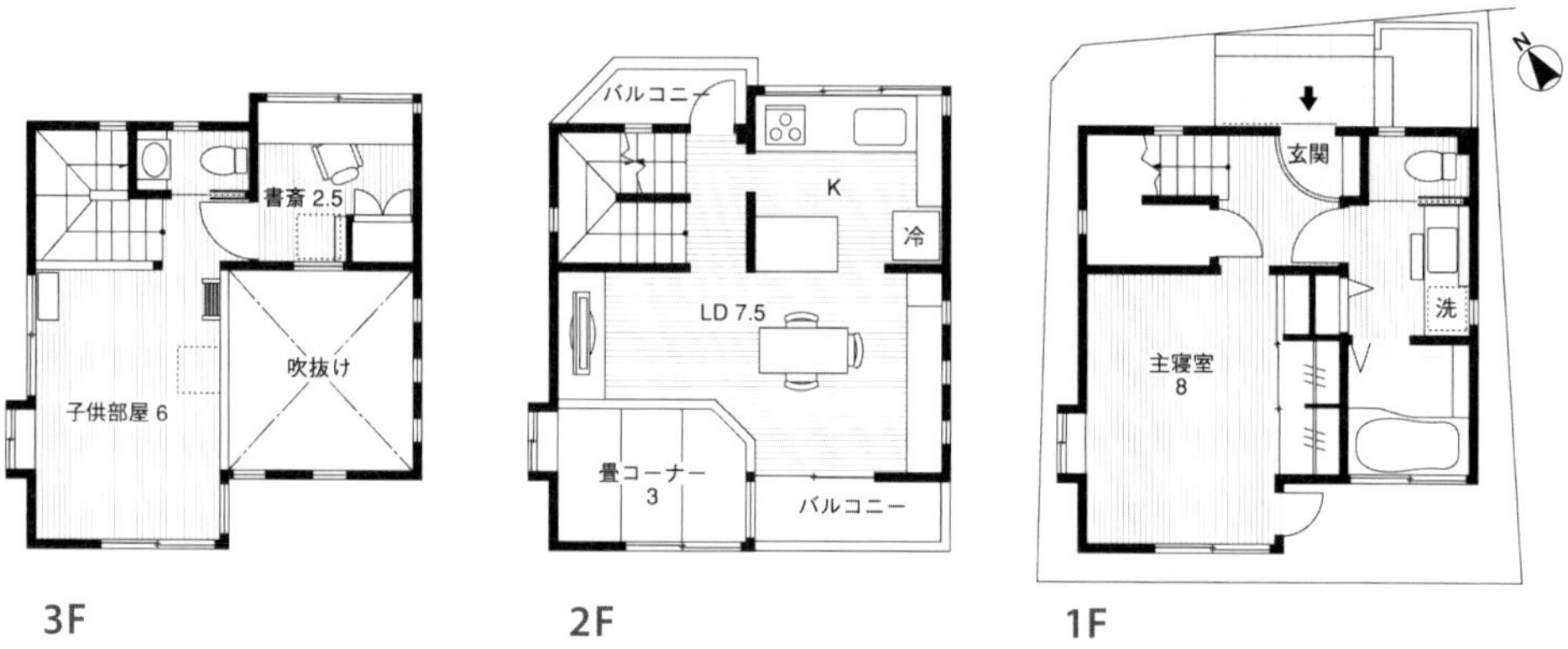

建坪

8.66 建物中央のデッキから、光と風が抜けるプラン

Iさん宅のプラン●兵庫県

DATA

家族構成 …… 夫婦＋子ども2人
敷地面積 …… 47.82㎡（14.47坪）
建築面積 …… 28.64㎡（8.66坪）
延べ床面積 …… 63.90㎡（19.33坪）
1F28.64㎡＋2F28.64㎡＋ロフト6.62㎡
構造・工法 …… 木造2階建て（軸組み工法）
設計 …… 石倉建築設計工房

三方を住宅に囲まれた密集地の細長い敷地で、広さは14.47坪。そのため、開口部は北西の道路側だけとし、建物の中央にデッキを設けて光をとり込んでいます。狭小住宅のため、それぞれの部屋は狭くなりましたが、どの部屋もデッキに向いて配置されているため、家じゅう風の抜ける気持ちのよいプランになっています。また2階の子供部屋と寝室をつなぐ渡り廊下は、すのこ状につくったため、光だけでなく、空気も上下階を循環するという効果が生まれました。

建坪

9.61 デッキとLDをつなげて開放感を満喫

Kさん宅のプラン●東京都

DATA

家族構成……本人
敷地面積……64.35㎡（19.47坪）
建築面積……31.76㎡（9.61坪）
延べ床面積……63.52㎡（19.21坪）
1F31.76㎡＋2F31.76㎡
構造・工法……木造2階建て（軸組み工法）
設計……DON工房

小さな家を広く感じさせるコツは、視線の届く範囲をできるだけ広げること。この家のLDKも、建物の奥行きと幅をすべて生かしてワンルームにし、さらにデッキから外へと視線が抜けるように工夫されています。キッチンから伸びる長いテーブルには10人ものお客さまが座ることができ、デッキはバーベキューコーナーとしても活用。1、2階に収納スペースがあり、特に2階の納戸は着付けなどもできるスペースを確保したそうです。

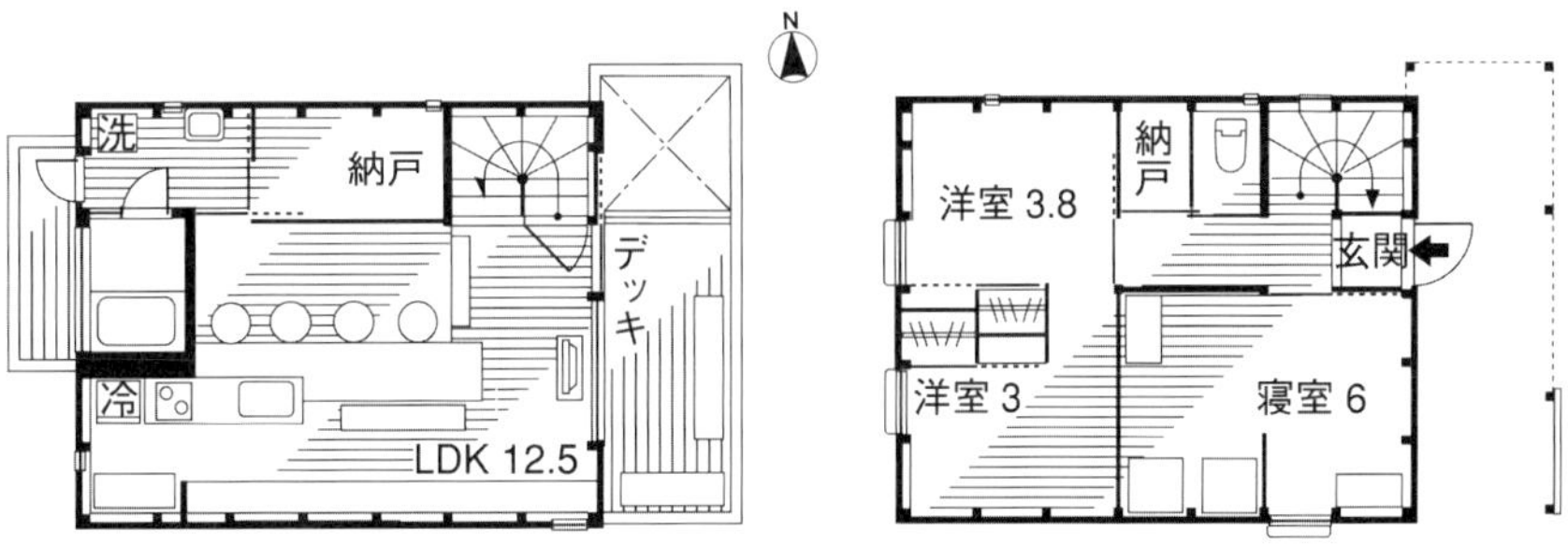

2F　1F

建坪

10.41 床を半階ずつずらすスキップフロアで広さを獲得

Oさん宅のプラン●東京都

DATA

家族構成……夫婦
敷地面積……56.68㎡（17.15坪）
建築面積……34.42㎡（10.41坪）
延べ床面積……102.45㎡（30.99坪）
1F 21.46㎡＋2F34.42㎡＋3F34.42㎡
＋ロフト12.15㎡
構造・工法……木造3階建て（軸組み工法）
設計……南部設計開発

スキップフロアを採用したことで、延べ床面積30.99坪を確保したのがこのお宅です。1階の車庫の天井を下げ、2階と3階、それぞれの中央に段差を設けてスキップさせ、ロフトまで含めると6面の床がある3階建てです。ひとつのフロアの中で半階ずつ床をずらすことで、上下の階がゆるくつながり、部屋が広く見え、空間に変化が生まれるのがスキップフロアのメリット。このプランでは、リビングとDKを3段の階段でつなげ、17畳のLDKを実現。

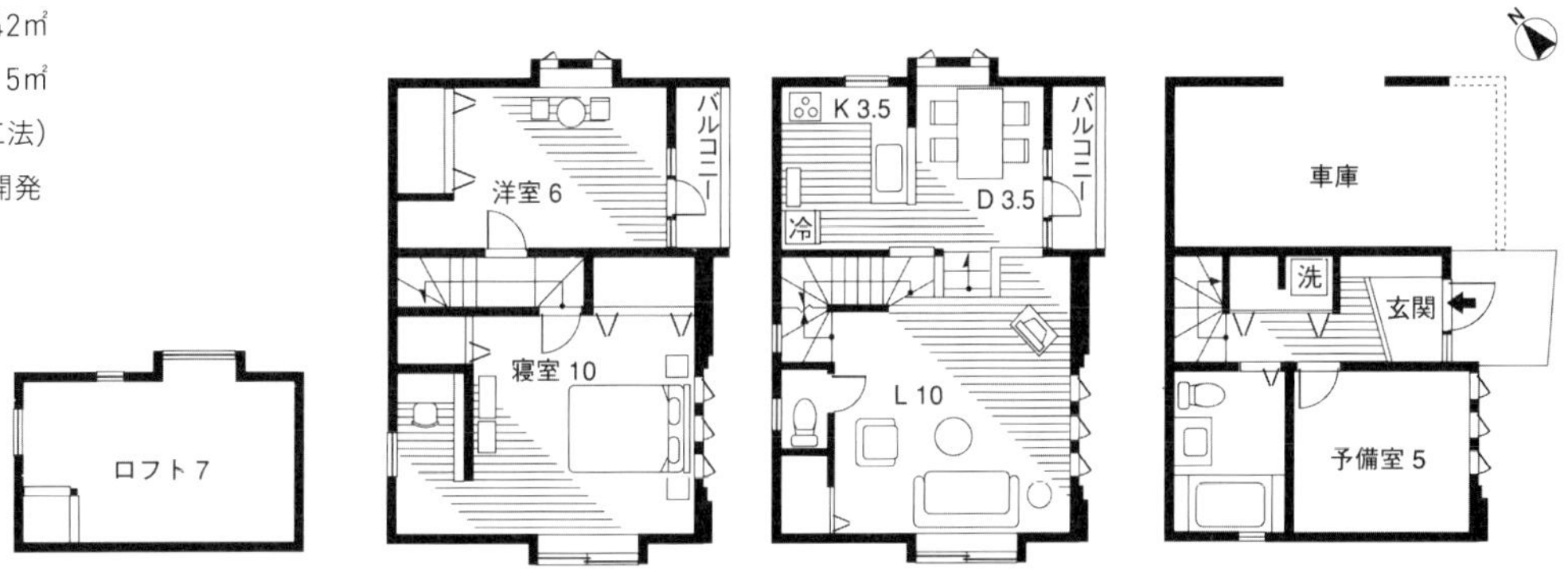

LOFT　3F　2F　1F

建坪

12.02 玄関も階段もオープンにしてスペースを効率よく使う

Uさん宅のプラン●東京都

DATA

家族構成……夫婦＋子ども3人
敷地面積……103.88㎡（31.42坪）
建築面積……39.74㎡（12.02坪）
延べ床面積……79.48㎡（24.04坪）
1F39.74㎡＋2F39.74㎡
構造・工法……木造2階建て（軸組み工法）
設計……瀬野和広＋設計アトリエ

建築面積が12.02坪の狭小住宅のため、通路としての玄関ホールや廊下、階段ホールは無駄なスペースと割り切り、省いています。玄関を入るとすぐにLDKがあり、サニタリーにも直接入る動線で、どのエリアにもつながる生活しやすい間取りです。壁や廊下で仕切らないことで居室空間がフルに活用でき、壁や建具にかかるコストを抑えることもできます。畳コーナーも独立させるのではなく、LDと一体化させ、子供の遊ぶスペースなどに活用しています。

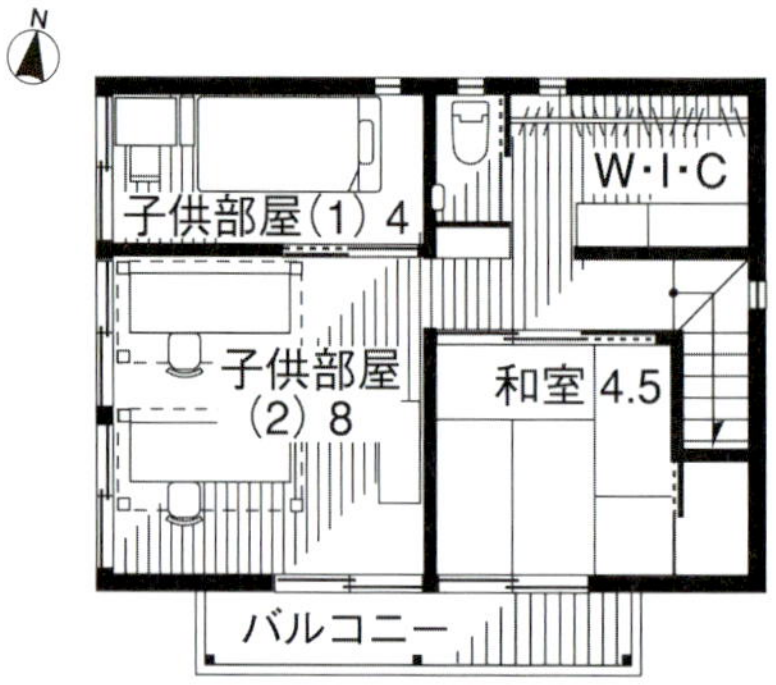

2F

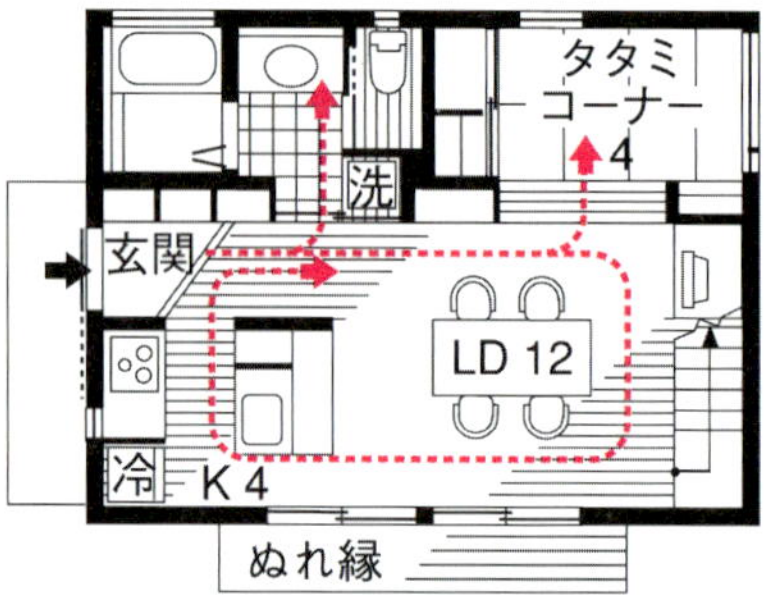

1F

建坪

12.57 伸びやかな広がりが楽しめる間取り

Tさん宅のプラン●千葉県

DATA

家族構成……夫婦＋子ども1人
敷地面積……100.01㎡（30.25坪）
建築面積……41.54㎡（12.57坪）
延べ床面積……80.72㎡（24.42坪）
1F39.74㎡＋2F40.98㎡
構造・工法……木造2階建て（2×4工法）
設計……クリプトン

2階はほぼワンルーム、1階も2室だけというシンプルな構成にし、間仕切りをできるだけ省いています。玄関ホールは、隣の子供部屋と扉なしで連続させ、階段にも手すりがないので、広々した印象です。2階への階段を上がると、天井の高いLDK。南に三角形のデッキを張り出した軽快な空間になっています。階段がLとDKの間に配されているため、階段を中心に回遊でき、生活しやすい動線です。

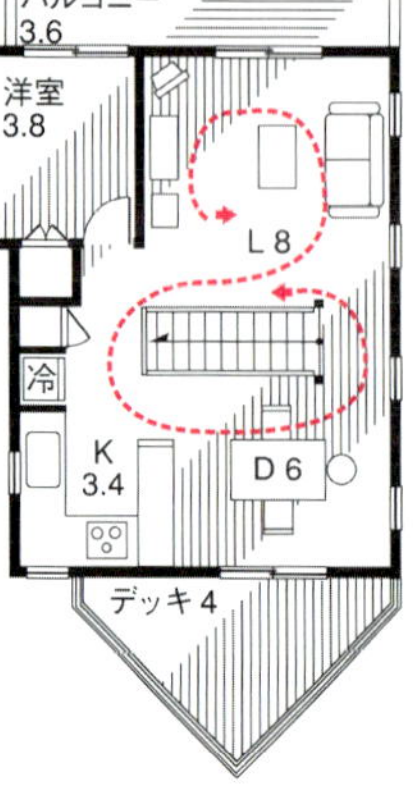

2F

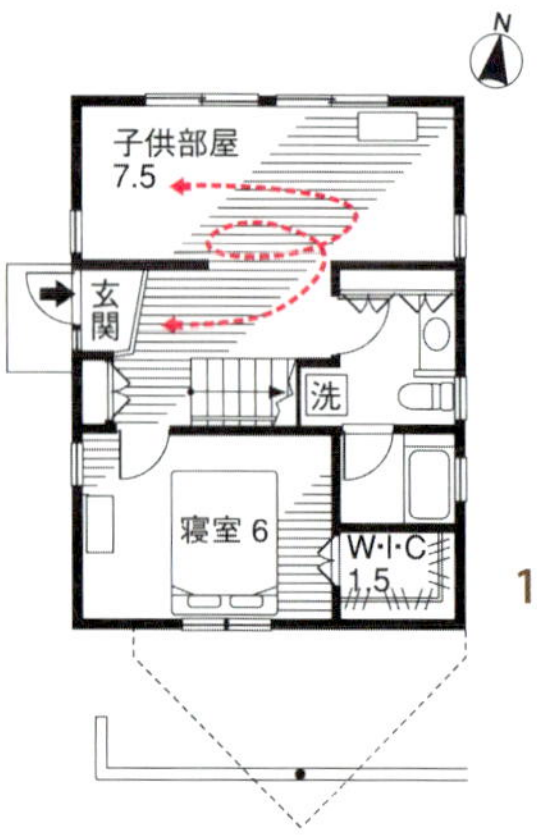

1F

建坪

14.03 生活シーンに合わせた部屋の配置で暮らしやすく

Iさん宅のプラン●神奈川県

DATA

家族構成……夫婦＋子ども２人
敷地面積……103.69㎡(31.37坪)
建築面積……46.37㎡ (14.03坪)
延べ床面積……92.74㎡ (28.05坪)
1F46.37㎡＋2F46.37㎡
構造・工法……木造2階建て(SE構法)
設計……ピーズ・サプライ

高台にあり、南に遮るものがないため広いデッキを設けました。1階はLDKが順序よく並び、階段やサニタリーなどにもダイレクトにつながっていますが、北側ゾーンとの間に壁を設け、ゆるくエリア分けをしています。これにより、リビングに来客があっても家族は1 階のサニタリーの利用が楽になります。デッキはキッチンから出入りするので、サービスヤードのような使い方も。2 階に小さな洗面台を設置したので朝晩の洗面や歯磨きに便利です。

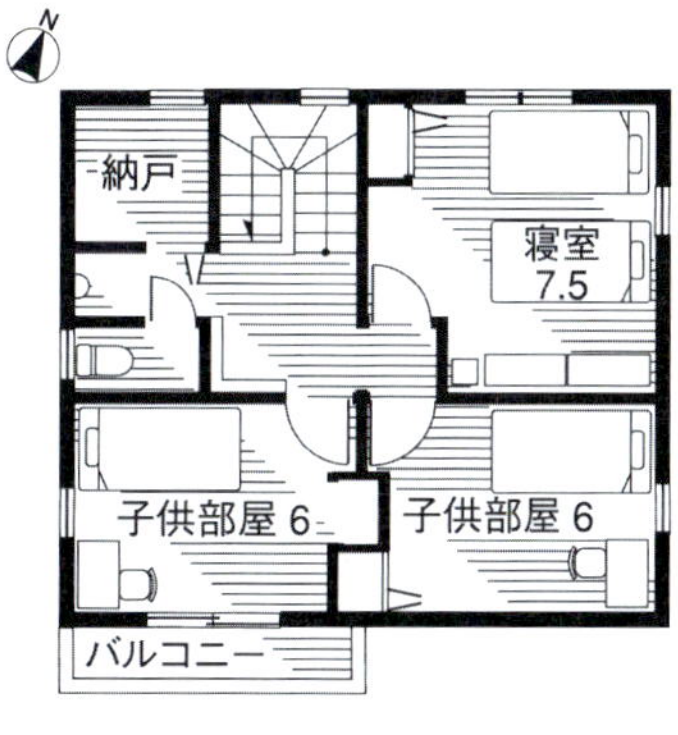

2F

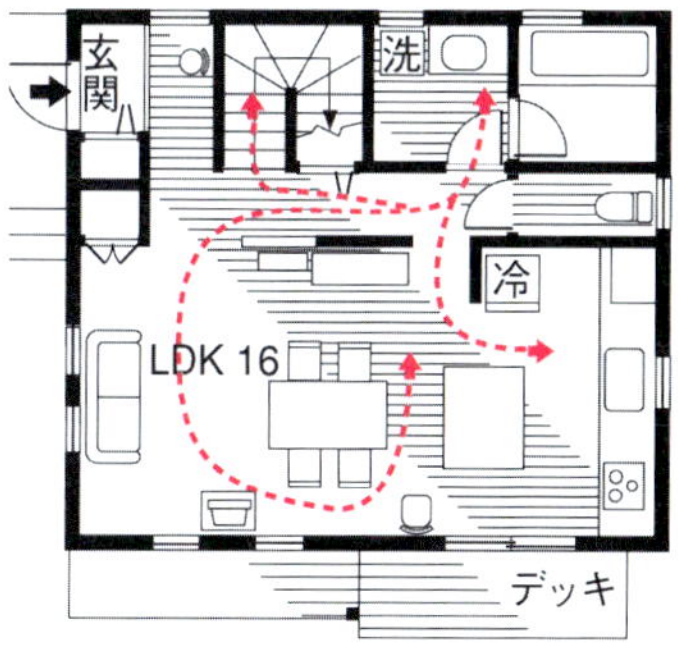

1F

建坪

14.03 家じゅう回廊のように回れる動線

Nさん宅のプラン●埼玉県

DATA

家族構成……夫婦＋子ども２人
敷地面積……149.58㎡(45.25坪)
建築面積……46.37㎡ (14.03坪)
延べ床面積……91.45㎡ (27.66坪)
1F45.08㎡＋2F46.37㎡
構造・工法……木造2階建て(軸組み工法)
設計……アルクデザイン

2階全体をLDKにし、階段を中心に回廊のような間取りで空間の連続性を実現しました。1階も階段をはさんで部屋とサニタリーを振り分け、どの部屋へ行くにも行き止まりがありません。2階は、階段越しに見える位置にワークスペースを設け、家族全員が並んで使えるデスクが設置されていますが、壁をつくって仕切ることも可能。家族みんなが同じ空間を共有しながら、それぞれが自由に使うことができ、交流と機能を両立させています。

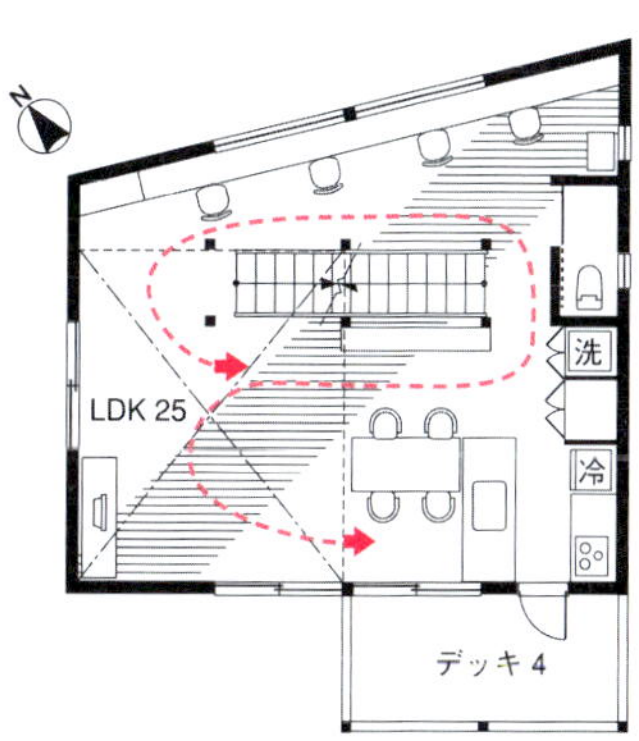

2F

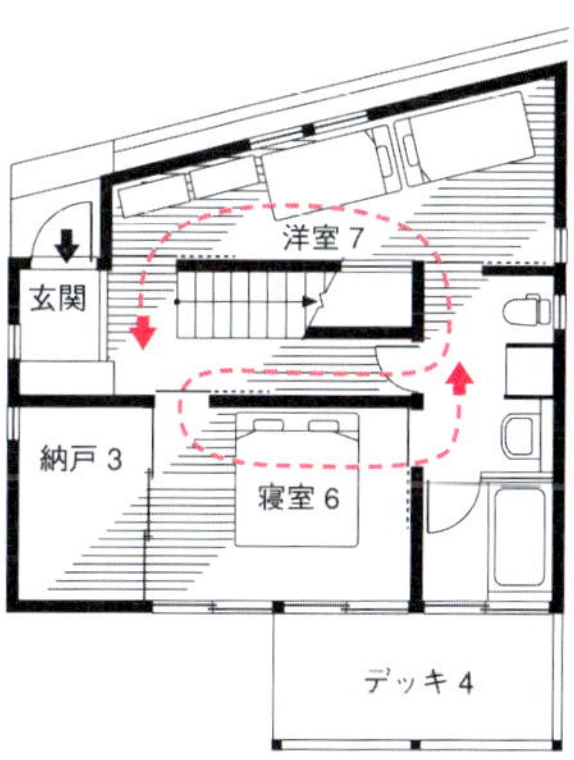

1F

建坪

14.53 デッキを中心にしたプランで、家事動線もスムーズ

Sさん宅のプラン●神奈川県

DATA

家族構成 ……… 夫婦
敷地面積 ……… 117.33㎡（35.49坪）
建築面積 ……… 48.02㎡（14.53坪）
延べ床面積 ……… 74.10㎡（22.42坪）
1F48.02㎡＋2F26.08㎡
構造・工法 …… 木造2階建て（軸組み工法）
設計 …… MONO設計工房一級建築士事務所

東南に細長い敷地で、西側には道路があり、南も家が建つ可能性があるということで、リビングを北側に配置し、中央にデッキを設けました。1階はデッキをはさんでLDKと和室を振り分け、2階も東西に部屋を配置。どの部屋にも光が入り、風も抜けていきます。デッキには3カ所から出入りでき、洗濯して干す作業もスムーズにできます。2階の寝室にもバルコニーがあり、布団干しに便利。1階も2階も家事動線に工夫のある間取りです。

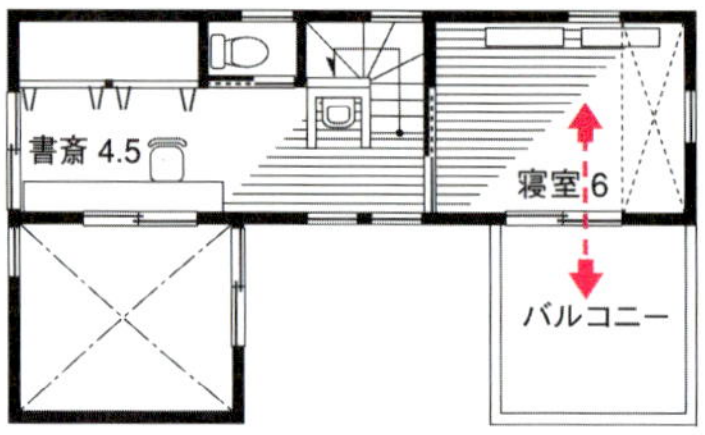

2F

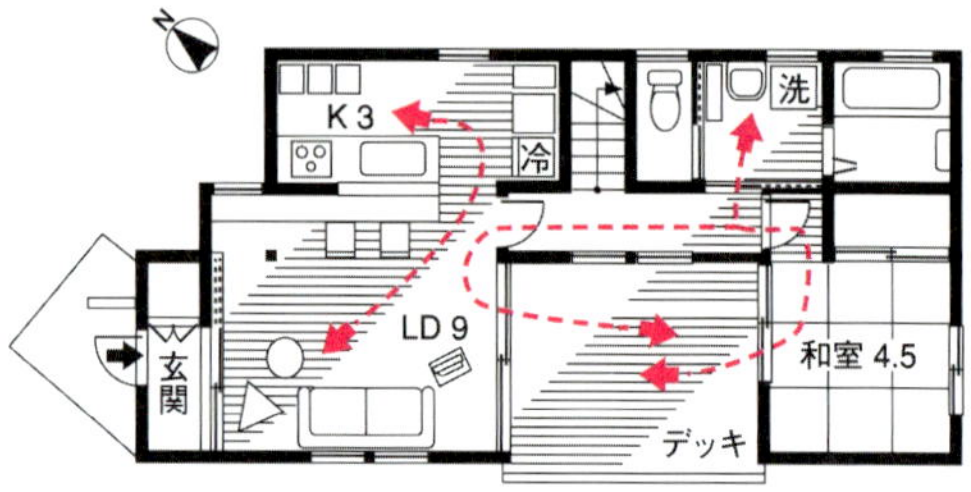

1F

建坪

14.68 広いデッキは家族みんながくつろげる

Hさん宅のプラン●神奈川県

DATA

家族構成 ……… 夫婦＋子ども２人
敷地面積 ……… 124.04㎡（37.52坪）
建築面積 ……… 48.52㎡（14.68坪）
延べ床面積 ……… 91.91㎡（27.80坪）
1F48.85㎡＋2F43.06㎡
構造・工法 …… 木造2階建て（2×4工法）
設計 …… The Green Room

海辺の暮らしを楽しむために、上下階にデッキをつくったプラン。1階は寝室と子供部屋、バス＆サニタリーをまとめ、2階全体をLDKに。1階北側のデッキは浴室とサニタリーにつながり、海から帰って直行できる動線になっています。サニタリーの一角には洗濯機置き場もつくったので、洗濯物を干すにも便利。LDKは吹き抜けを設けた開放的な空間で、階段上のトップライトから光が届きます。

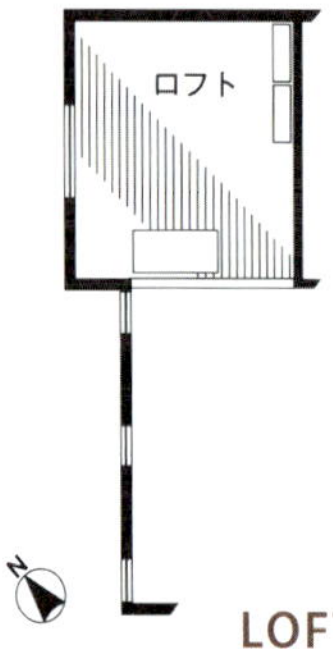

LOFT

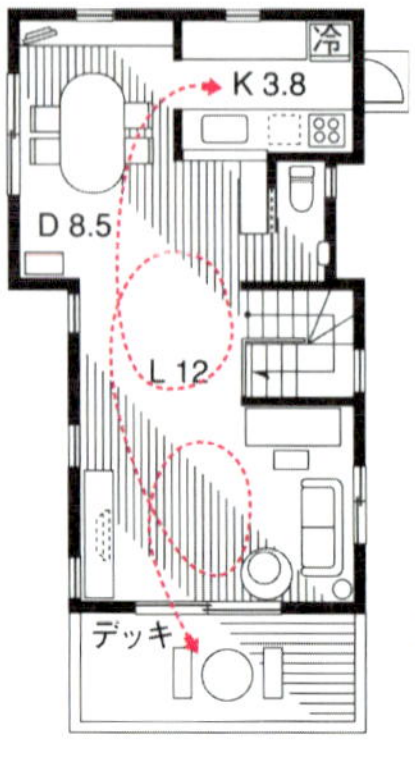

2F

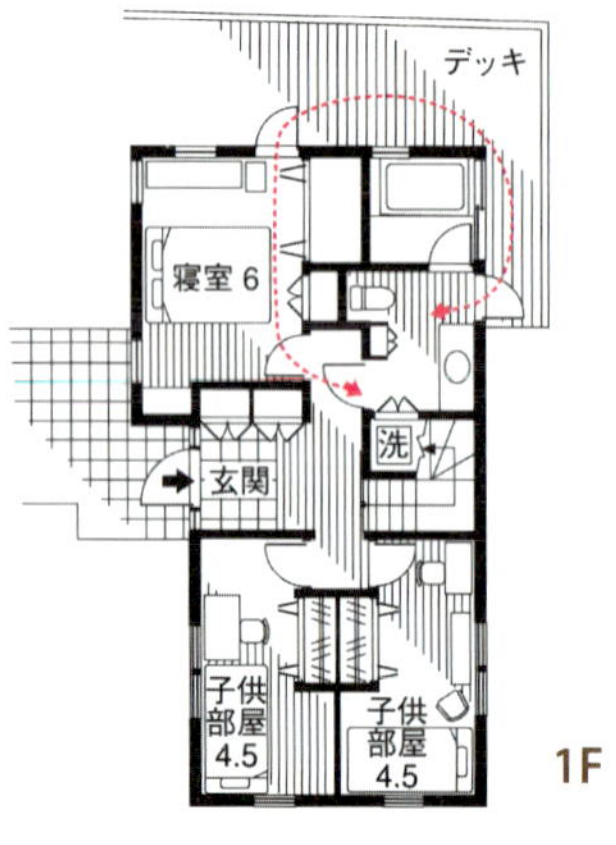

1F

建坪

15.03 吹き抜け+スキップフロアで大きな立体ワンルームを

Iさん宅のプラン●東京都

DATA

家族構成 ……… 夫婦＋子ども２人
敷地面積 ……… 101.61㎡(30.74坪)
建築面積 ……… 49.69㎡（15.03坪）
延べ床面積 ……… 119.74㎡(36.22坪)
B1F29.81㎡＋1F49.69㎡＋2F40.24㎡
構造・工法 ……… 地下RC造＋木造2階建て（軸組み工法）
設計 ……… 関繁明建築設計事務所

旗ざお状敷地でさおの部分をアプローチに使い、残った正方形の敷地を建物に利用。3方が住宅に囲まれているため、地下を掘って3層構造とし、唯一あいている東にデッキを設けて採光、通風を確保しています。1階を吹き抜けにし、1階と2階をつなぐ階段は半階ずつずらしてスキップしているため、立体的なワンルームのよう。東のデッキにも階段をつけて、子供部屋からも出入りできる構造にしたので、LD～子供部屋までぐるりと回れる動線になっています。

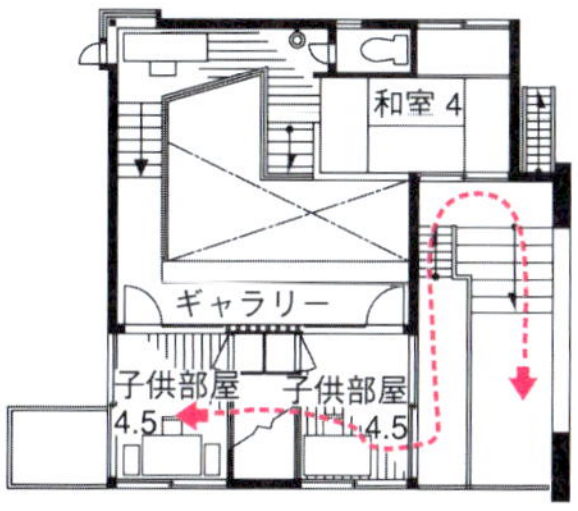

2F

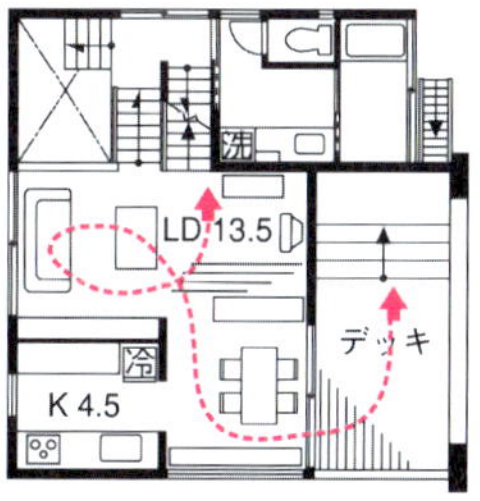

1F

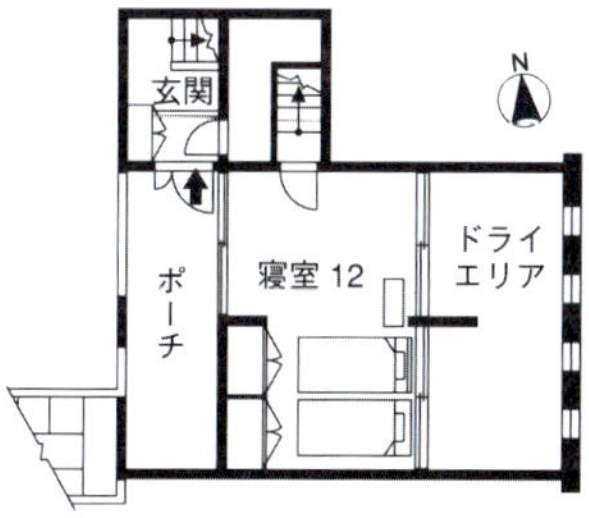

BF

建坪

15.97 来客時も気がねのない上下分離のプラン

Tさん宅のプラン●神奈川県

DATA

家族構成 ……… 夫婦＋子ども3人
敷地面積 ……… 120.13㎡(36.34坪)
建築面積 ……… 52.79㎡（15.97坪）
延べ床面積 ……… 94.03㎡(28.44坪)
1F49.50㎡＋2F44.53㎡
構造・工法 ……… 木造2階建て（2×4工法）
設計 ……… クリプトン

建ぺい率の厳しい風致地区で、36坪の敷地に対して建築面積は16坪弱しかとれませんでしたが、子供置屋を2段ベッドで仕切る、サニタリーはワンルームにするなど、1階をコンパクトなレイアウトにすることで、2階に明るく開放的なLDKが実現できました。1階と2階の生活空間を分離したことで、来客時でも気軽に応対できます。また、構造的に可能な限り、LDKは壁を少なく、東西南北に窓を設けて朝から夕方までの光をとり込んでいます。

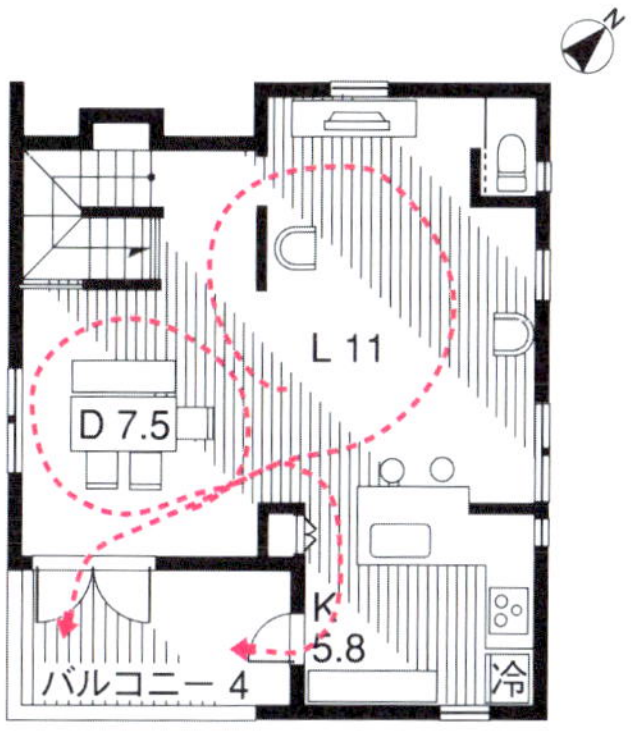

2F

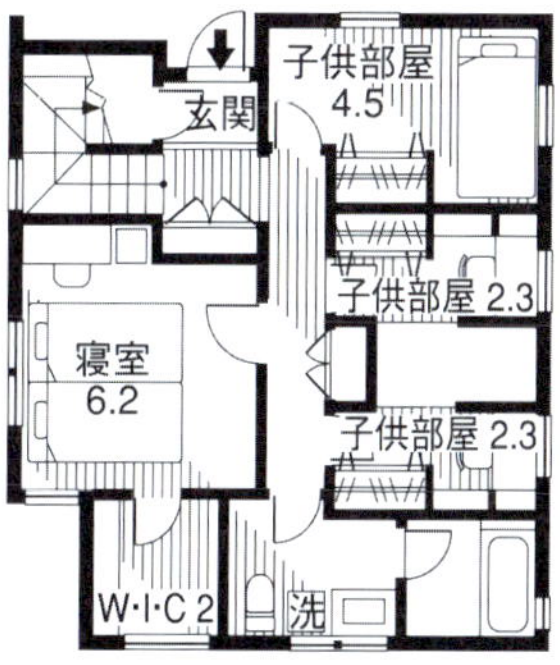

1F

建坪

17.25 子供も大人も伸び伸びできる行き止まりのない動線

Sさん宅のプラン●神奈川県

DATA

家族構成 ……… 夫婦＋子ども3人
敷地面積 ……… 157.86㎡（47.75坪）
建築面積 ……… 57.04㎡（17.25坪）
延べ床面積 ……… 121.20㎡（36.66坪）
1F56.04㎡＋2F56.05㎡＋ロフト9.11㎡
構造・工法 …… 木造2階建て（軸組み工法）
設計 ……… 明野設計室一級建築士事務所

3人の子供がいるにぎやかなお宅です。子育て期間を家族みんなで楽しみたいと、子供が家じゅうどこでも遊べるようなプランにしました。1階はLDKと水回りだけのシンプルな間取りですが、リビング〜キッチン〜ワークスペース〜リビング、リビング〜デッキ〜サニタリー〜リビングというように、ぐるぐる回れる動線になっています。このような行き止まりがない動線は、子供も大人もストレスなく自由に動くことができるのがメリットです。

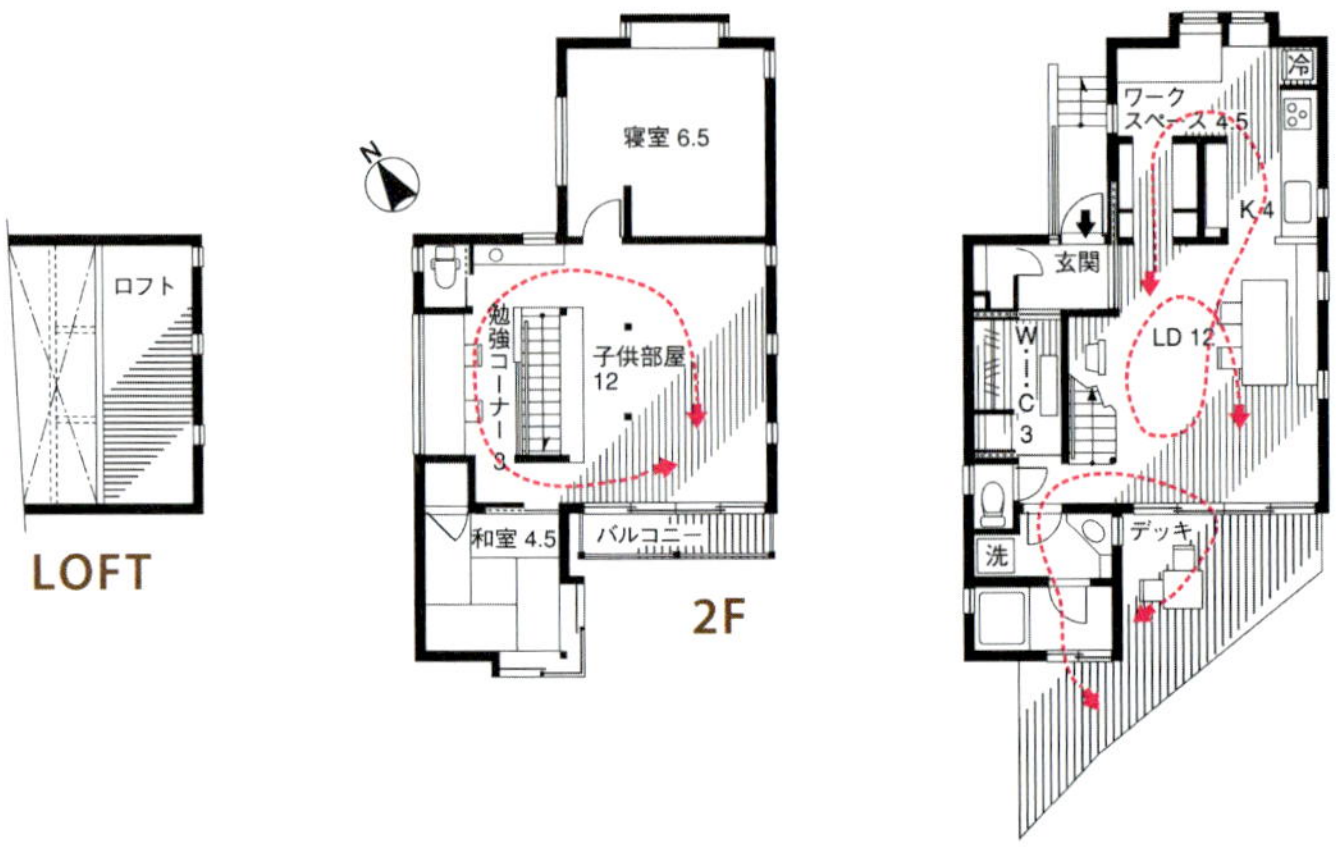

建坪

17.47 料理が好きな仲よし家族が暮らす楽しい住まい

Sさん宅のプラン●神奈川県

DATA

家族構成 ……… 夫婦＋子ども1人
敷地面積 ……… 195.26㎡（59.07坪）
建築面積 ……… 57.75㎡（17.47坪）
延べ床面積 ……… 101.49㎡（30.70坪）
1F57.75㎡＋2F43.74㎡
構造・工法 …… 木造2階建て（軸組み工法）

南のデッキに沿ってLDKを配置し、2階へ上がる階段をリビング内に設けたコミュニケーション重視の間取りです。料理好きなご夫婦ということで、魚をおろしたり、泥野菜を洗うことのできるシンクをキッチン外にも設置し、キッチンからデッキに出入りできる裏口も設けています。2階はワークスペースをはさんで、子供部屋と寝室を配置。吹き抜けに向いたワークスペースからは、階下にいる家族のけはいを感じていることができます。

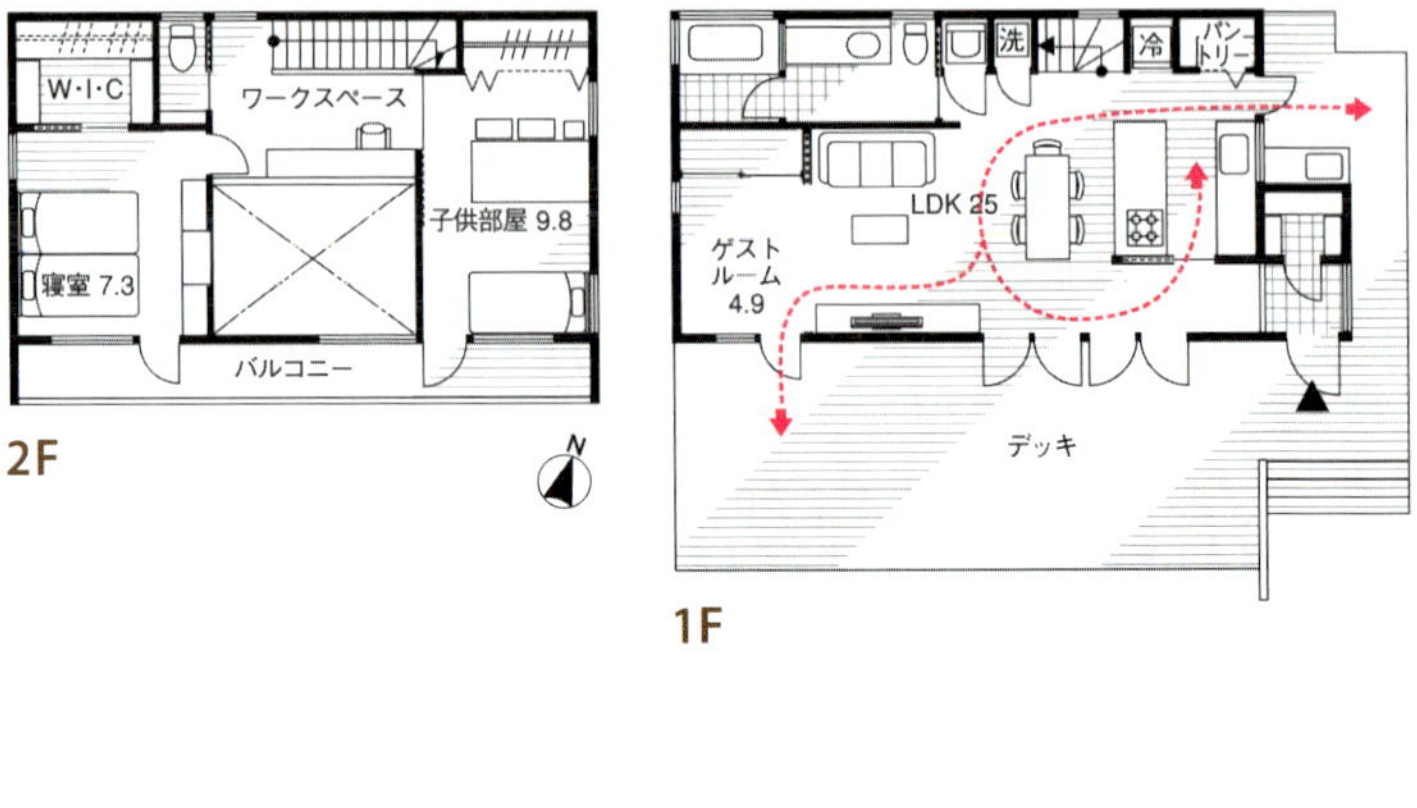

建坪

17.77 デッキとバルコニーをらせん階段でつなげて

Yさん宅のプラン●神奈川県

DATA

家族構成 …… 夫婦＋子ども2人
敷地面積 …… 167.42㎡（50.64坪）
建築面積 …… 58.74㎡（17.77坪）
延べ床面積 …… 107.91㎡（32.64坪）
1F53.82㎡＋2 F54.09㎡
構造・工法 …… 木造2階建て（2×4工法）
設計 …… アスデザイン アソシエイツ

北側に幹線道路があるため、水回りや階段、収納などを北にまとめ、南側を開放させたプランです。仕切りのない開放的なLDにつづけて和室も設けています。4畳ほどの小さなスペースですが、昼寝や洗濯物をたたんだりと、重宝するスペース。また、キッチンの奥にユーティリティをつなげ、家事をしやすくしました。1階のデッキと2 階のバルコニーをらせん階段でつなげたプランは、このお宅の自慢のポイント。上下を行ったり来たりと、子供たちの楽しい遊び場になっています。

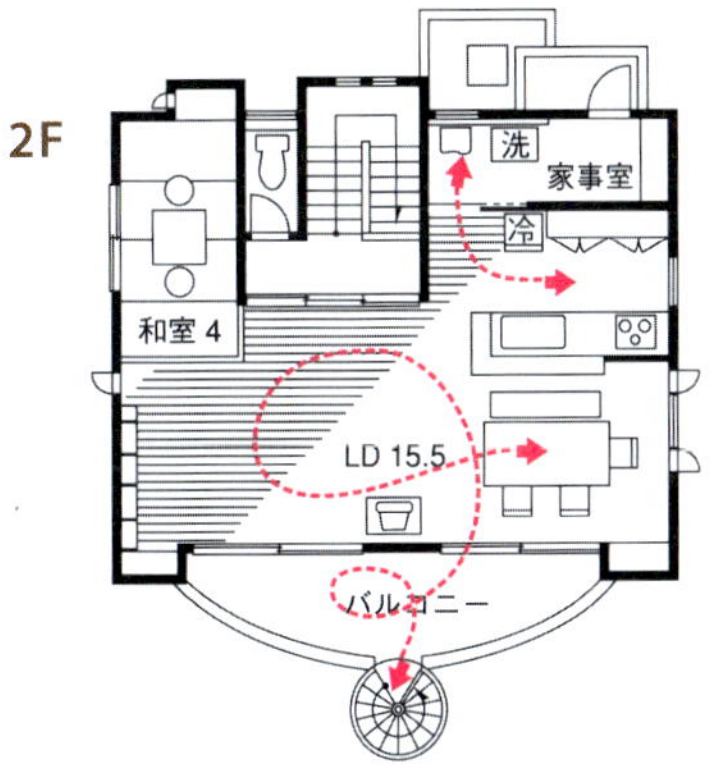

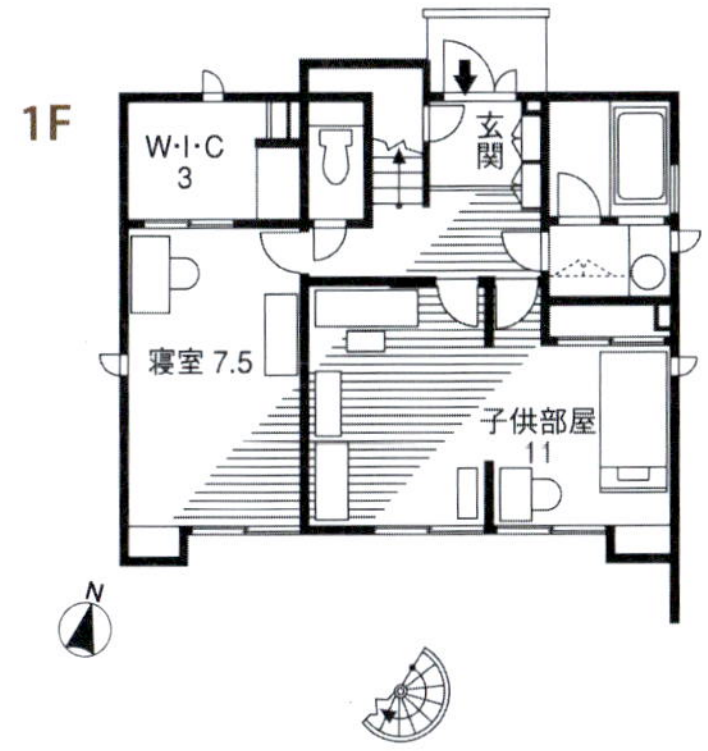

建坪

18.07 どこにいても家族のけはいがわかる、中庭のある家

Cさん宅のプラン●東京都

DATA

家族構成 …… 夫婦＋子ども3人
敷地面積 …… 114.21㎡（34.55坪）
建築面積 …… 59.73㎡（18.07坪）
延べ床面積 …… 120.61㎡（36.48坪）
1F59.73㎡＋2F58.40㎡＋塔屋2.48㎡
構造・工法 …… 木造2階建て（軸組み工法）
設計 …… 一級建築士事務所　鐘山建築設計

すべての部屋が中庭を中心にあり、どの部屋にも光と風が入ります。1 階も2階も行き止まりのないスムーズな動線は、暮らしやすさにもつながります。また、中庭に向いた窓は透明になっているため、家族のけはいは一目瞭然。2階への階段はリビングに設け、階段下を家族で使えるパソコンコーナーにしたので、家族は自然にリビングに集まってきます。階段を上がるとホールがあり、ここは多目的スペースとして利用します。

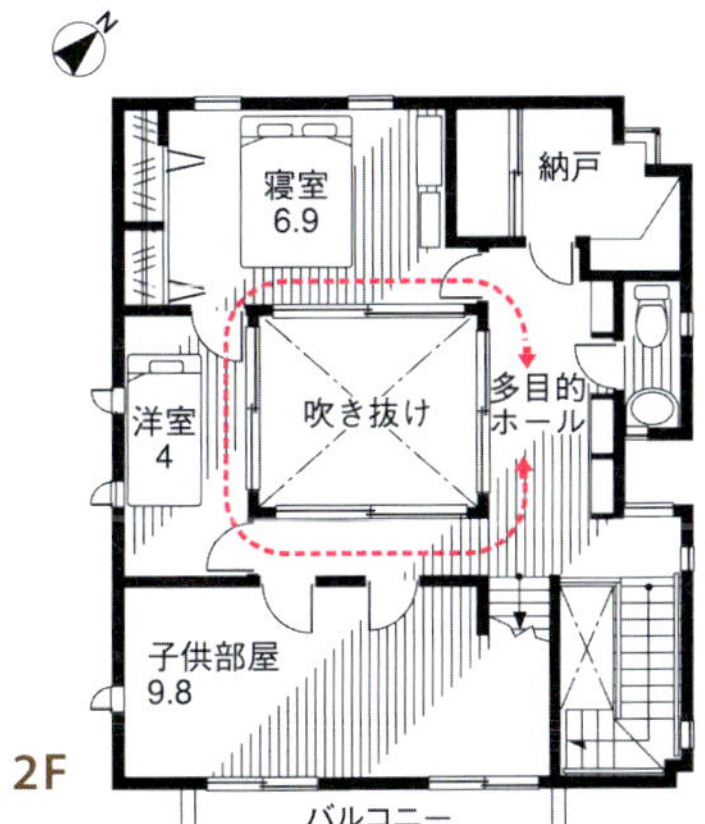

建坪

19.24 子供が喜ぶ土間のある住まい

Mさん宅のプラン●茨城県

DATA

家族構成 …… 夫婦＋子ども1人
敷地面積 …… 181.47㎡(54.95坪)
建築面積 …… 63.53㎡ (19.24坪)
延べ床面積 …… 102.56㎡(31.02坪)
1F55.55㎡＋2F47.01㎡
構造・工法 …… 木造2階建て（軸組み工法）
設計 …… プラスティカンパニー

玄関をあけると、土間につづいて畳敷きのリビングがつながります。ふだんは間仕切りのふすまをあけ放して子供の遊び場として活用。また、土間とキッチンはひとつづきになっているので、買い物のあとはそのまま運び込むことができます。キッチンの床はリビングより一段下がっており、調理する人とリビングにいる人の目線が重なって会話もはずみます。2階は寝室と子供部屋がつながり、子供の成長に合わせて仕切ることも可能です。

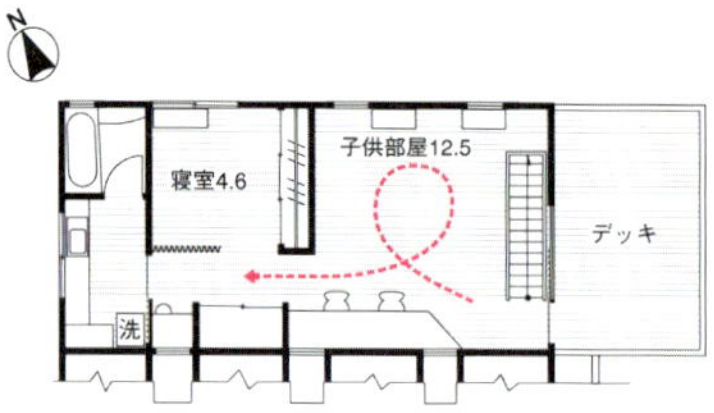

2F

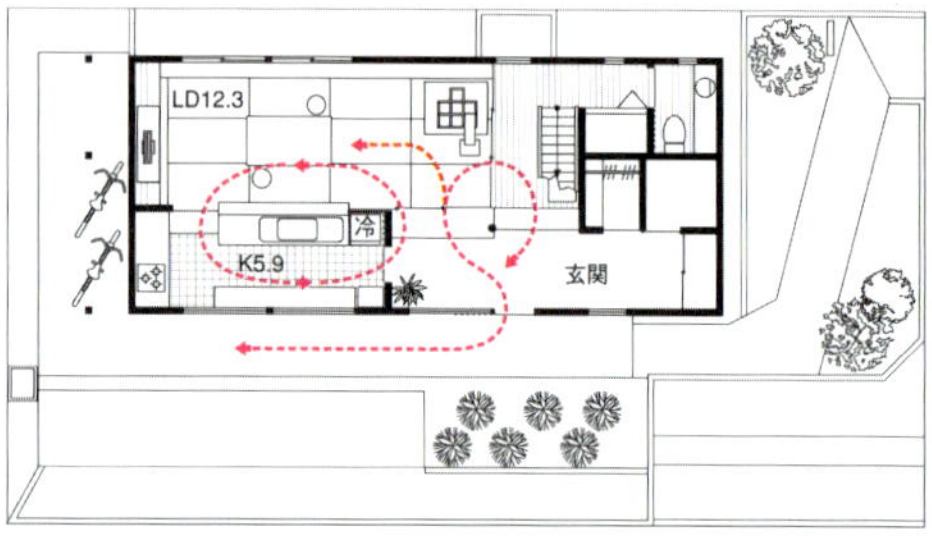

1F

建坪

21.04 家族が自然と集まるオープンな間取り

Mさん宅のプラン●東京都

DATA

家族構成 …… 夫婦＋子ども2人
敷地面積 …… 202.26㎡(61.18坪)
建築面積 …… 69.56㎡ (21.04坪)
延べ床面積 …… 113.65㎡(34.38坪)
1F59.00㎡＋2F54.65㎡
構造・工法 …… 木造2階建て（軸組み工法）
設計 …… 明野設計室一級建築士事務所

間仕切りを省き、生活空間やワークスペースを広くとり、家族のコミュニケーションを最優先させたプラン。1階のLDは南側にデッキを設け、子供の遊び場としても活用。2階も建物の幅いっぱいにバルコニーを設け、子供部屋からも行き来できるようになっています。また、2階のホールに設けたワークスペースは、子供部屋とつながり、両方を自由に行き来できる楽しいスペースです。

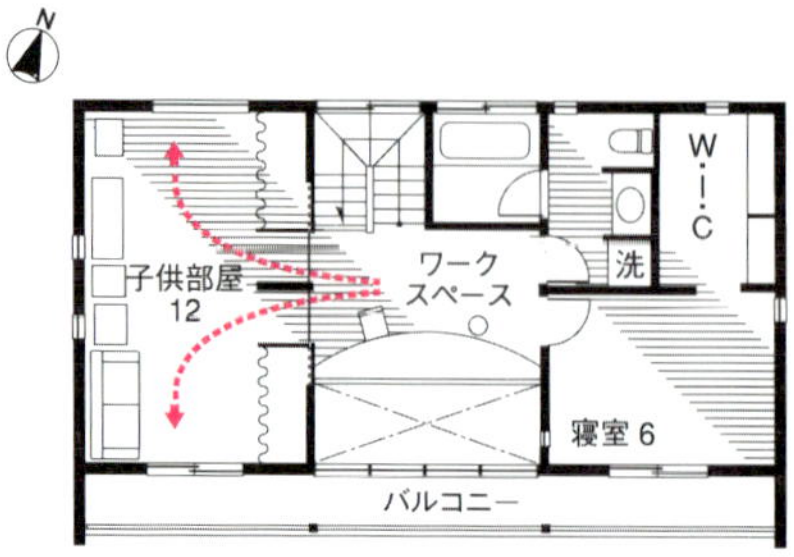

2F

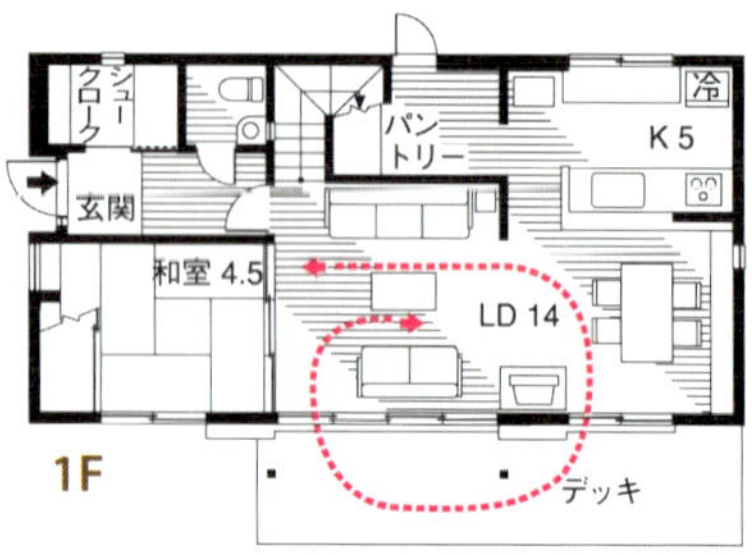

1F

建坪

21.77 玄関を2階において、スペースの有効利用を

Sさん宅のプラン●千葉県

DATA

家族構成 ………………… 夫婦＋子ども2人
敷地面積 ………………… 143.67㎡（43.46坪）
建築面積 ………………… 71.98㎡（21.77坪）
延べ床面積 ……………… 131.48㎡（39.77坪）
1F71.98㎡＋2F59.50㎡
構造・工法 …… 木造2階建て（軸組み工法）

日当たりのいい2階にLD、2つの個室は1階というのが希望したプランですが、玄関と子供部屋を直結するルートは避けたかったということで、玄関は2階のデッキから入るプランに。これにより、玄関とLDがオープンでつながり、ホールや廊下などが必要なくなりました。南西にL字形に張り出したデッキとLDが一体となり、広々と開放的な空間ができました。キッチンとユーティリティがオープンでつながっているので、家事にかかる時間が短縮されます。

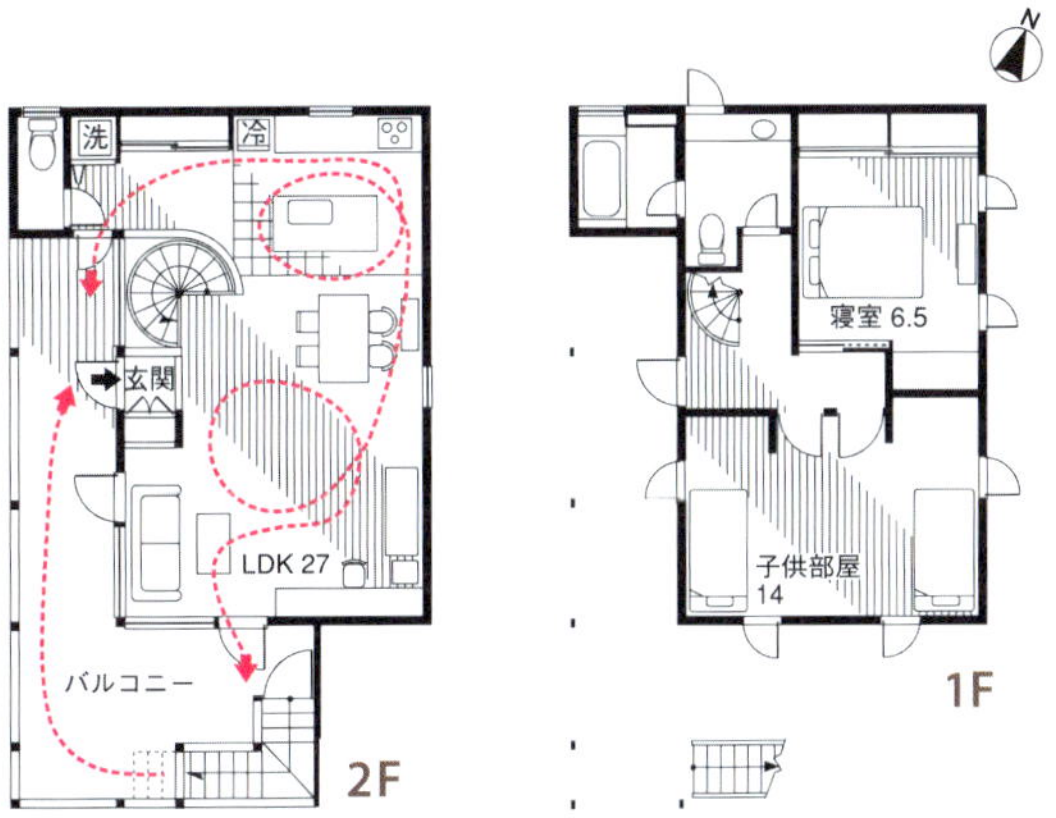

建坪

22.66 1階だけで暮らせるようにプランした住まい

Kさん宅のプラン●東京都

DATA

家族構成 ………………… 夫婦（＋子ども3人）
敷地面積 ………………… 184.83㎡（55.91坪）
建築面積 ………………… 74.92㎡（22.66坪）
延べ床面積 ……………… 114.26㎡（34.56坪）
1F74.92㎡＋2F39.34㎡
構造・工法 …… 木造2階建て（軸組み工法）
設計 ………………………… アルクデザイン

子供が独立し、熟年夫婦だけの暮らしになったため、小さくても安心して暮らせる家を希望して新築。玄関を入ると土間があり、その先には床段差なくLDKがつながっています。南側にテラスを設け、東に向けて夫婦それぞれの部屋を配置。夫婦の2室は引き戸でつながっています。トイレも浴室も洗面室も同じフロアに置いたので、1階だけで不自由なく暮らせるようになっています。部屋の扉はすべて引き戸で床段差がなく、安全第一を考えたバリアフリー仕様です。

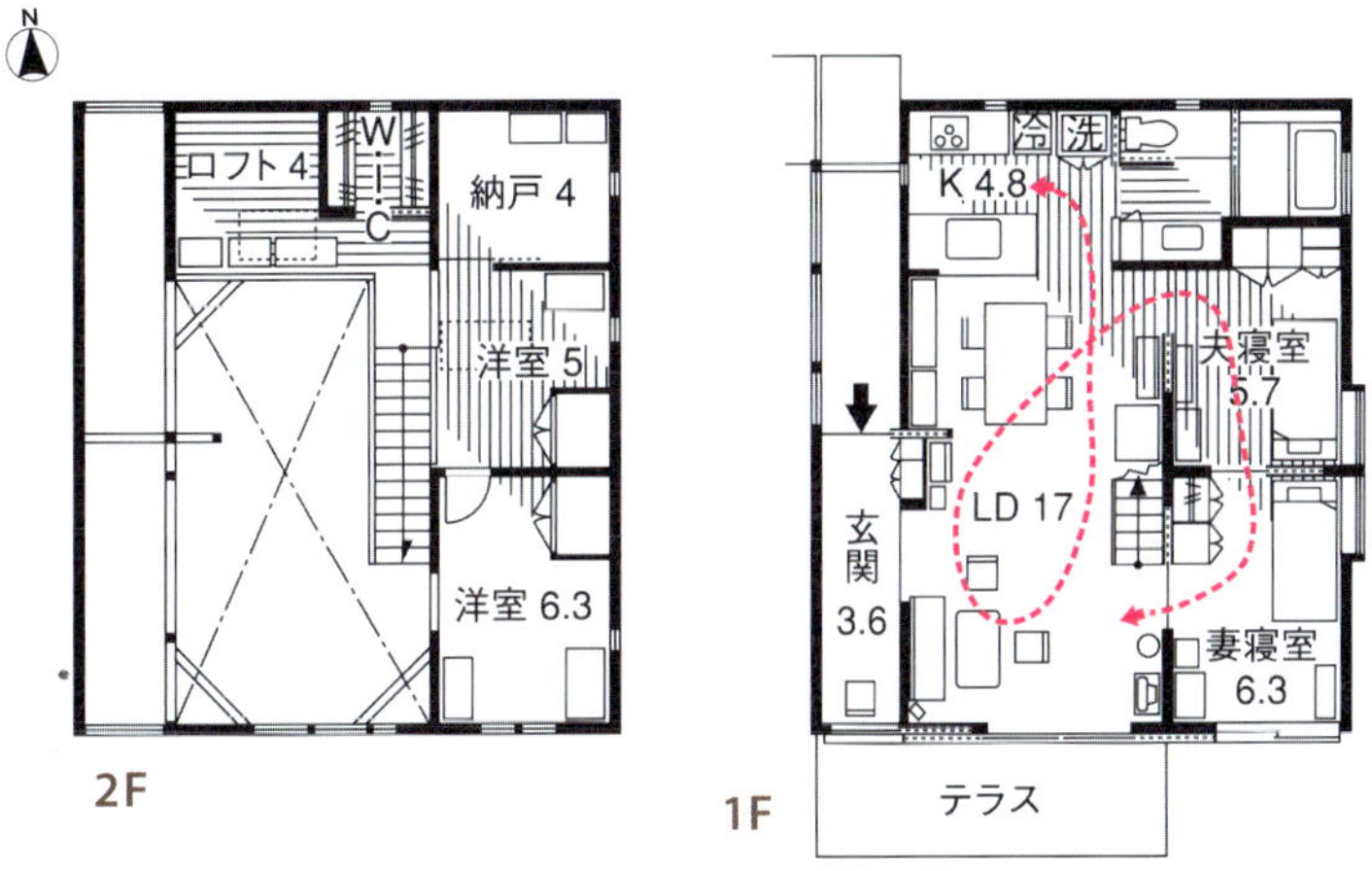

建坪

11.57 デッドスペースも工夫して収納を充実

Sさん宅のプラン●神奈川県

DATA

家族構成……夫婦
敷地面積……100.39㎡（30.37坪）
建築面積……38.25㎡（11.57坪）
延べ床面積……69.11㎡（20.91坪）
1F39.91㎡＋2F29.20㎡
構造・工法……木造2階建て（2×4工法）
設計……クリプトン

土地が狭いため、部屋数をふやすより、大きな収納を要所要所に設けたほうが生活しやすいと判断。1階廊下には天井までの壁面収納、階段下も収納に利用しています。寝室のウォークインクローゼットには、窓を設けて換気に配慮しました。コの字型キッチンは収納スペースがたっぷりとれるレイアウトですが、コーナーはデッドスペースになりがち。ふだん使わないものは奥へ、使用頻度の高いものは手前にと二重構造になっています。

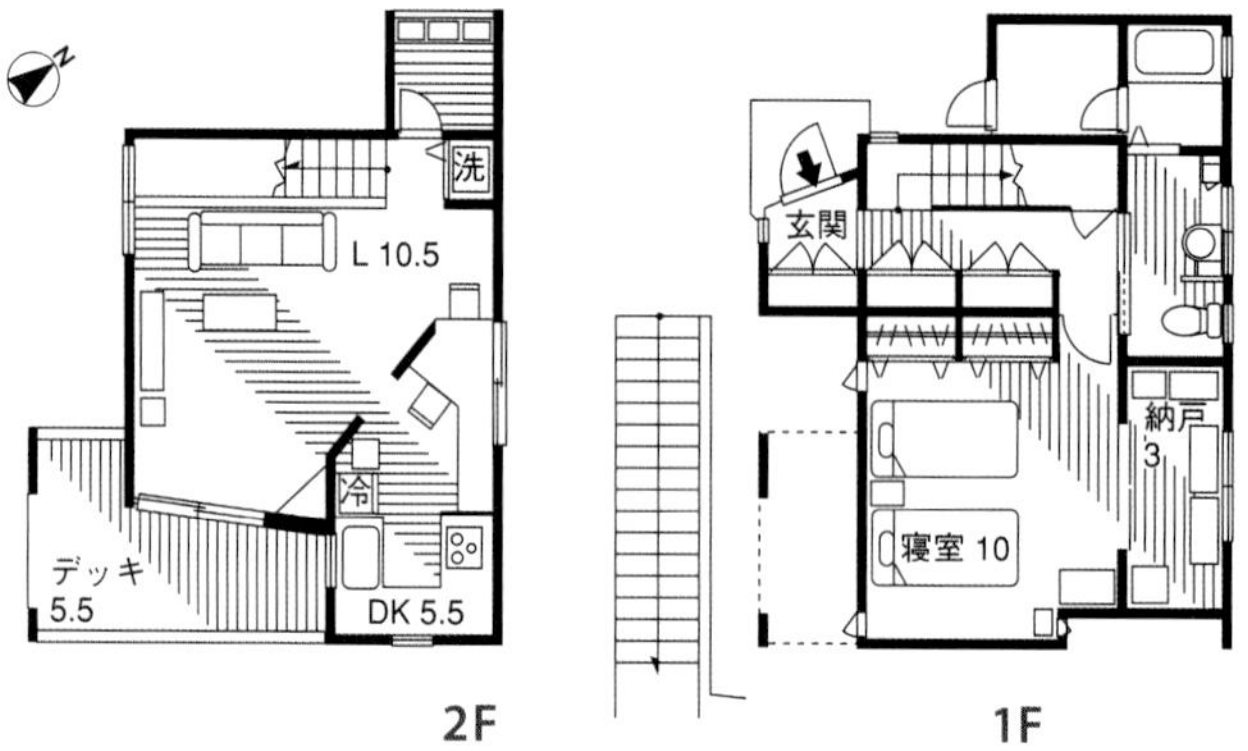

2F　1F

建坪

12.15 1階から3階まで、家の中心を貫く本棚のある家

Hさん宅のプラン●埼玉県

DATA

家族構成……夫婦
敷地面積……78.55㎡（23.76坪）
建築面積……40.16㎡（12.15坪）
延べ床面積……103.15㎡（31.20坪）
1F 40.16㎡＋2F38.70㎡＋3F24.29㎡
構造・工法……木造3階建て（軸組み工法）
設計……ますいいリビングカンパニー

膨大にふえつづける蔵書の収納をなんとかしたいというのが、新築のきっかけです。敷地は24坪弱で、各フロアの床面積は40㎡（12坪）と、決して広いとはいえませんが、収納スペースを工夫することで、床面積を有効に生かすことができました。1階から3階まで、通常は壁にしてしまう階段室と居室の仕切りを本棚に活用したのです。棚には背板がないので、階段側の窓から入る光が室内にも届き、明るく快適な空間を実現しています。

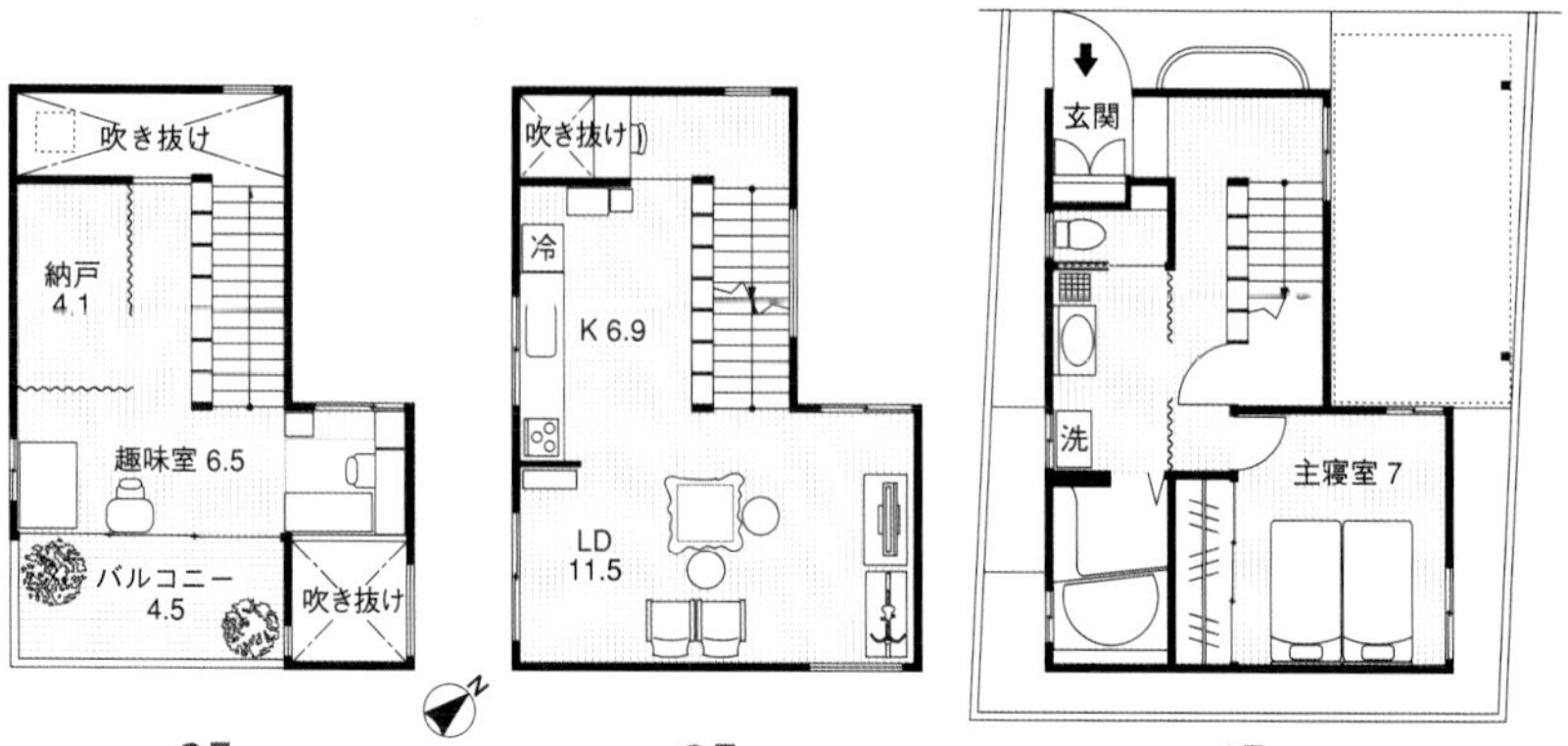

3F　2F　1F

建坪

13.29 フロアごとに収納スペースを充実

Yさん宅のプラン●東京都

DATA

家族構成……夫婦＋子供2人
敷地面積……165.00㎡（49.91坪）
建築面積……43.92㎡（13.29坪）
延べ床面積……162.09㎡（49.03坪）
B1F39.82㎡＋1F43.92㎡＋2F39.13㎡＋3F39.22㎡
構造・工法……地下RC造＋木造3階建て（2×4工法）

地下ガレージつきの地上3階建ての建物です。1階から3階まで、フロアごとに部屋を振り分けたので、各階の収納スペースを充実させました。2階のDKには、洗濯機、乾燥機、掃除機などの家電品をまとめて収納できる奥行きのある壁面収納を設けています。料理と洗濯が同時にでき、バルコニーも近いため、干すまでの一連の作業が楽になります。子供部屋のある3階にもウォークインクローゼットを設けたので、子供の衣類の管理が楽になります。

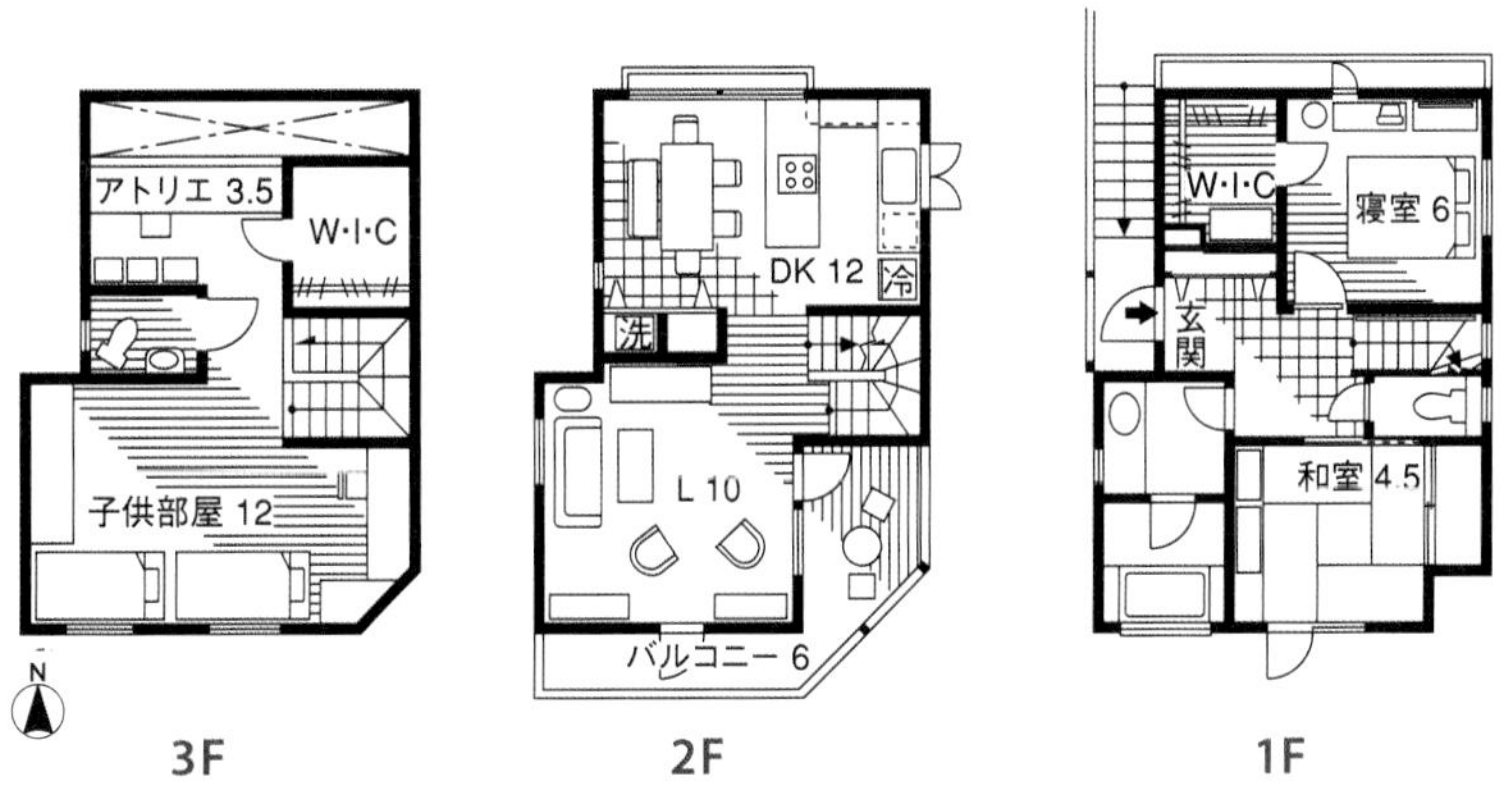

建坪

13.37 ウォークインクローゼットを身支度しやすい場所に

Wさん宅のプラン●神奈川県

DATA

家族構成……夫婦
敷地面積……103.57㎡（31.33坪）
建築面積……44.19㎡（13.37坪）
延べ床面積……80.31㎡（24.29坪）
1F39.74㎡＋2F40.57㎡
構造・工法……木造2階建て（軸組み工法＋ステムスーパーウォールパネル工法）
設計……川野工務店

夫婦2人の暮らしに見合う、コンパクトな住まい。1階をプライベートスペースに、2階をパブリックスペースにしたセパレートプランです。注目したいのは、関西サイズのタンス1式がおさまる広さのウォークインクローゼットを寝室に設けたこと。中にはドレッサーも置き、廊下側からも出入りできるようにしたので、バスルームやサニタリーへのつながりがスムーズです。外出時の身支度や帰宅後の着替えにも楽な、合理的な動線になっています。

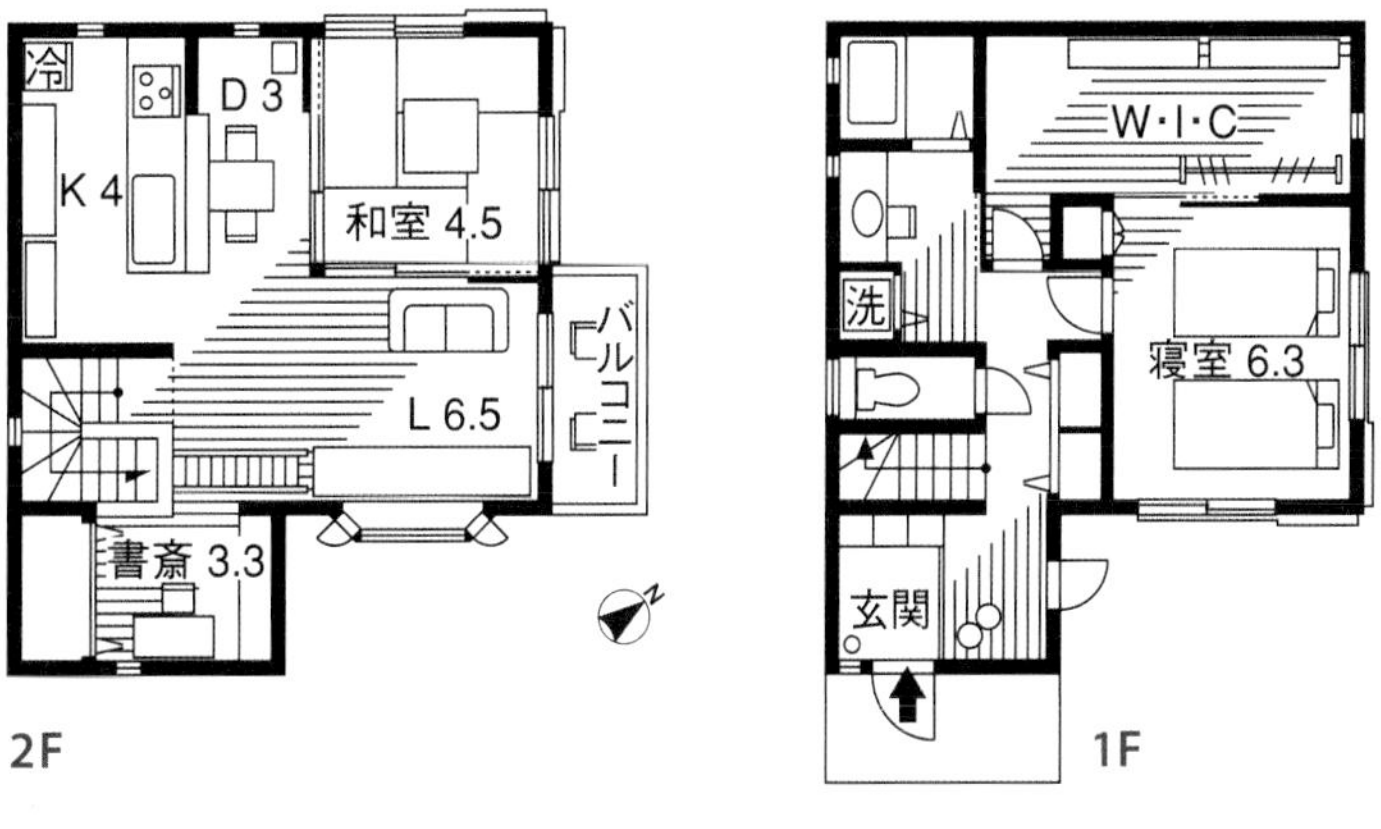

建坪

15.13 管理しやすい収納を目指してプランニング

Cさん宅のプラン●東京都

DATA

家族構成……夫婦＋子供1人
敷地面積……100.00㎡(30.25坪)
建築面積……50.00㎡ (15.13坪)
延べ床面積……120.00㎡(36.30坪)
1F50.00㎡＋2F50.00㎡＋ロフト20.00㎡
構造・工法……木造2階建て(軸組み工法)
設計……千葉明彦建築設計室

夫婦共働きのため、ものの管理がしやすい収納を目指したプランです。1階も2階も開口部以外の壁面をすべて収納スペースに利用しています。1階は西側の壁面と玄関を囲む形で裏と表に、2階は西側の壁面とサニタリーの間仕切り壁です。奥行きは、収納するものに合わせてサイズを決めているため、どの収納も中身がひと目でわかります。逆にキッチンのシンク下などは、形の不ぞろいなものでも効率的に収納できるよう、深型の引き出しになっています。

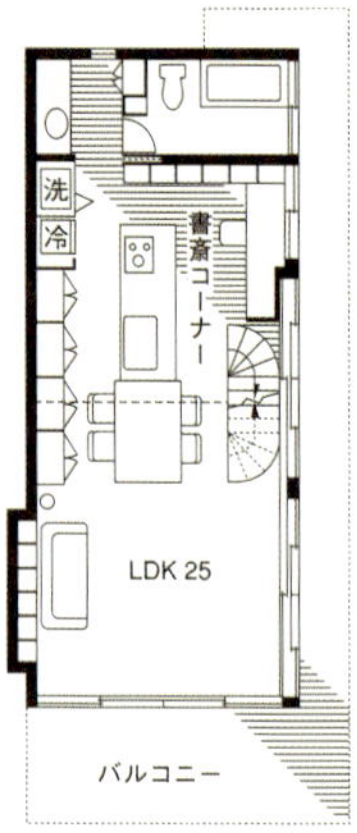

2F

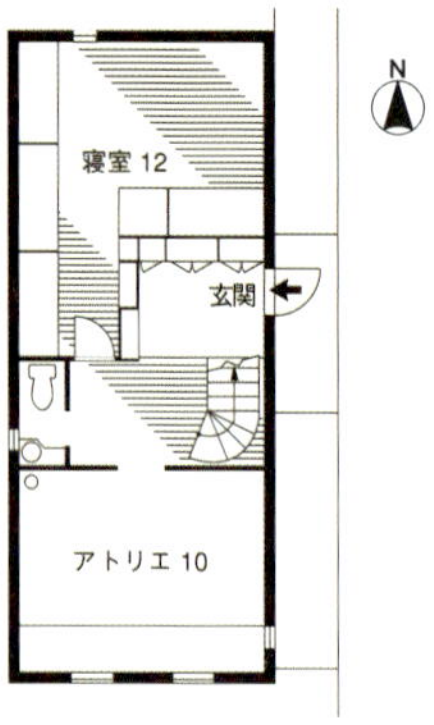

1F

建坪

15.69 使いやすさにこだわった効率的な収納スペース

Sさん宅のプラン●東京都

DATA

家族構成……夫婦＋子供1人
敷地面積……263.60㎡(79.74坪)
建築面積……51.86㎡ (15.69坪)
延べ床面積……99.89㎡ (30.22坪)
1F51.86㎡＋2F48.03㎡
構造・工法……木造2階建て(軸組み工法)
設計……空間システム研究所

部屋ごとの収納を充実させたプランです。1階の寝室にはウォークインクローゼットとタンスなどを収納する納戸を隣り合わせに設け、廊下からも出入りできるようにしました。2階は間口3間分のスペースを使い、収納スペースを確保。右2間分は飾って楽しむオープン棚、左1間はこまごました生活雑貨というように、スペースを使い分けています。そのため扉は1間の1枚分としました。ほかにロフトもあり、季節用品の収納などに活用しています。

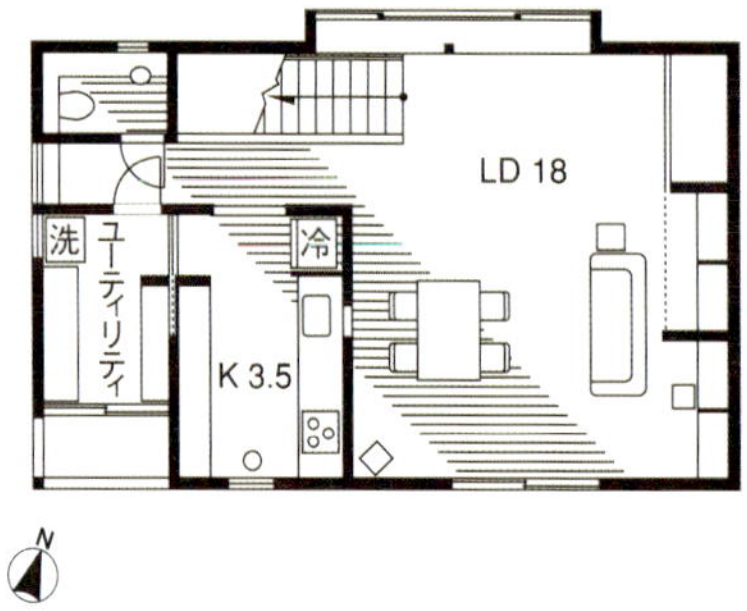

2F

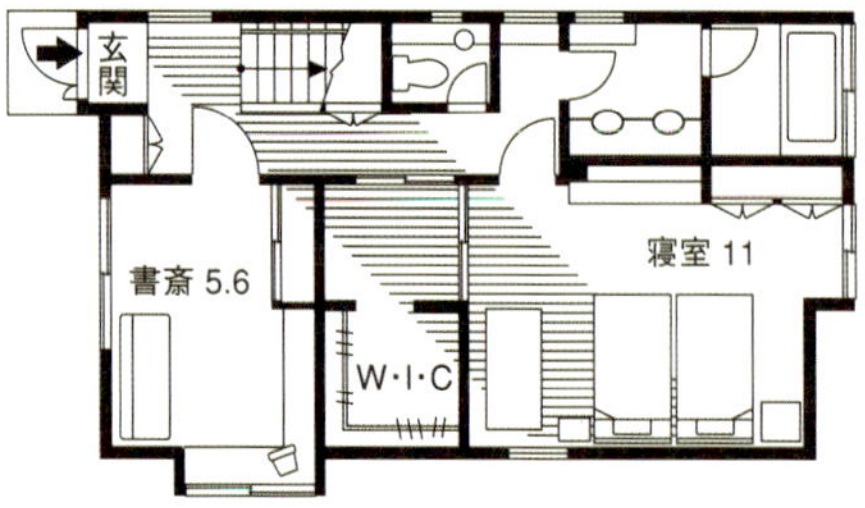

1F

建坪

17.53 家具の兼用使いで、空間を有効利用

Iさん宅のプラン●神奈川県

DATA

家族構成……夫婦＋子ども1人
敷地面積……147.23㎡(44.54坪)
建築面積……57.96㎡（17.53坪）
延べ床面積……92.74㎡（28.05坪）
1F50.51㎡＋2F42.23㎡
構造・工法……木造2階建て（軸組み工法）
設計……MONO 設計工房一級建築士事務所

延べ床面積は100㎡に満たない住宅のため、スペースを有効に生かすために収納にひとひねり加えたお宅です。LDの壁面に全長5m近いベンチを設け、腰かけ、テレビ台、収納に活用。専用の家具を置く必要がなく、コストも節約できます。一方、2階の子供部屋は広いワンルームにし、背の高い収納家具を中央に置き、“遊ぶ”と“寝る”のゾーンを間仕切りしています。将来子供がふえても、フレキシブルに対応できる重宝な家具といえるでしょう。

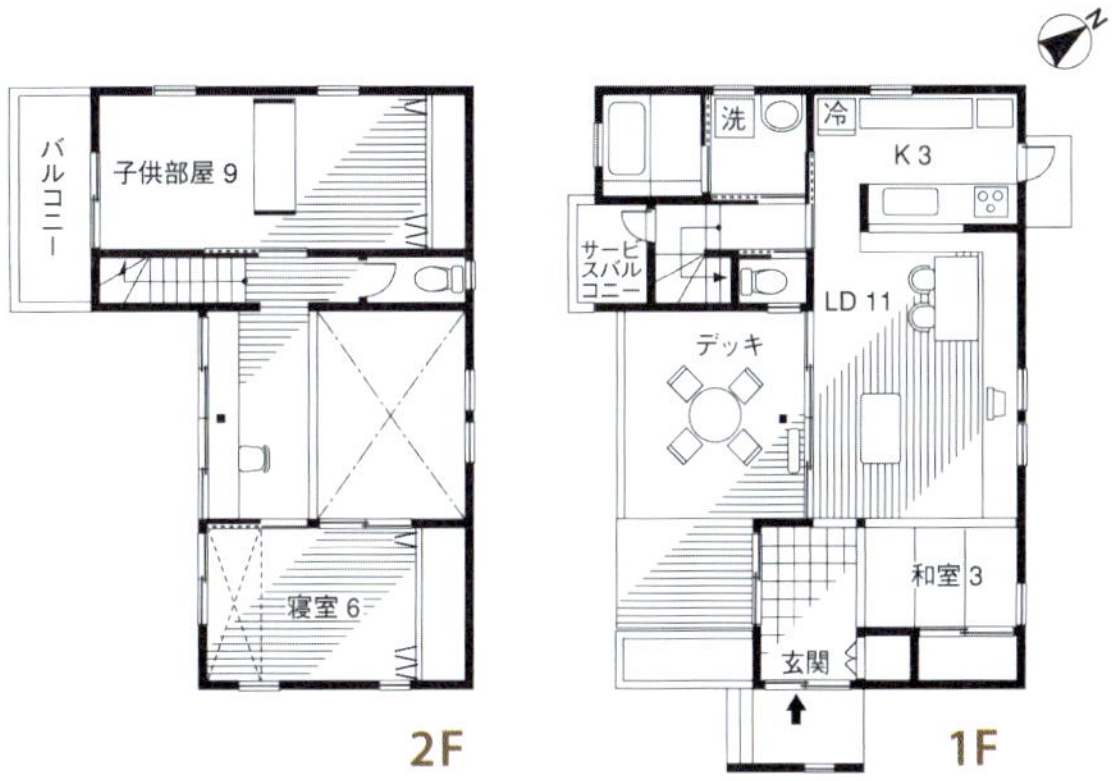

2F　1F

建坪

17.55 生活雑貨は見えないように収納スペースを確保

Kさん宅のプラン●東京都

DATA

家族構成……夫婦＋子ども2人
敷地面積……115.73㎡(35.01坪)
建築面積……58.01㎡（17.55坪）
延べ床面積……106.88㎡(32.33坪)
1F50.18㎡＋2F56.70㎡
構造・工法……木造2階建て（軸組み工法）

タンスなど家具は置かず、集中収納と各部屋の造作家具で収納を充実させ、空間を有効に生かしたプランです。玄関に靴箱はなく、正面の階段下に棚と扉をつけてシューズクローゼットに、寝室にはウォークインクローゼット、サニタリーにも天井までの壁面収納を用意しました。2階のキッチンには収納を兼ねたユーティリティを設け、LDを通らずに階下へ行ける動線になっています。2人のお子さんは女の子なので、それぞれにクローゼットを広めにとって、自分で管理できるようにしているそうです。

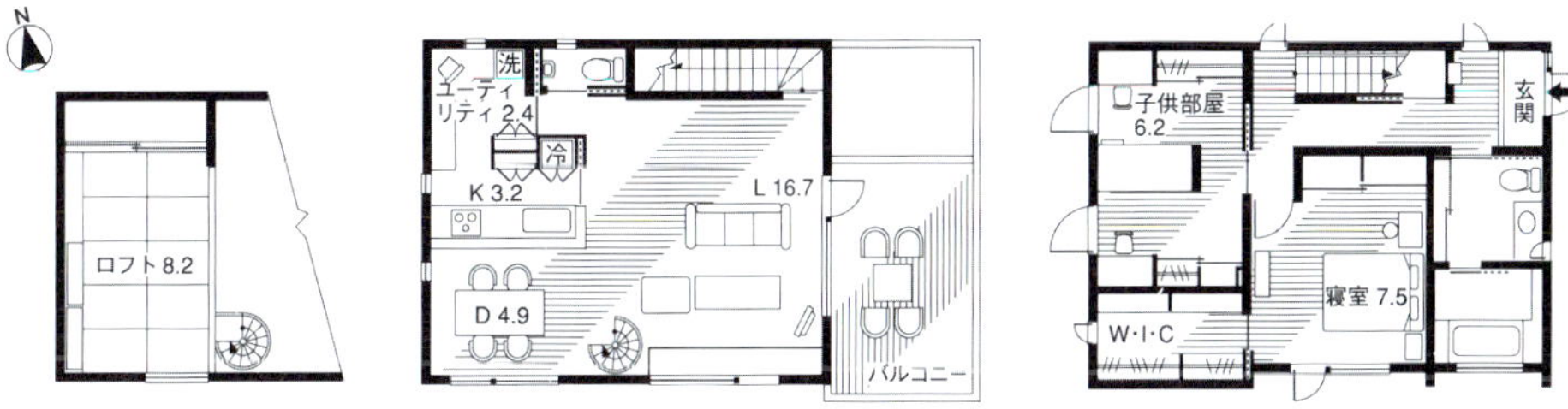

LOFT　2F　1F

建坪

17.78 効率的な動線や計画的な収納で暮らしやすく

Aさん宅のプラン●神奈川県

DATA

家族構成 夫婦＋子ども1人
敷地面積 236.75㎡（71.62坪）
建築面積 58.79㎡（17.78坪）
延べ床面積 94.39㎡（28.55坪）
1F45.96㎡＋2F48.43㎡
構造・工法 木造2階建て（軸組み工法）
設計 クリプトン

四角い箱形の建物で、2階をLDKにした逆転プランです。1階は、玄関と書斎をつなぐ廊下に収納スペースをとり、書斎の隣にウォークインクローゼット、その先に寝室をつなげた、機能的な動線になっています。東側の子供部屋にもウォークインクローゼットを設け、家具を置かずにすむようにしました。2階のLDはロフト空間をとり込んで天井を高くし、階段室と連続させることで伸びやかな広がりを実現しています。キッチンには間口1間の大型収納を設置しました。

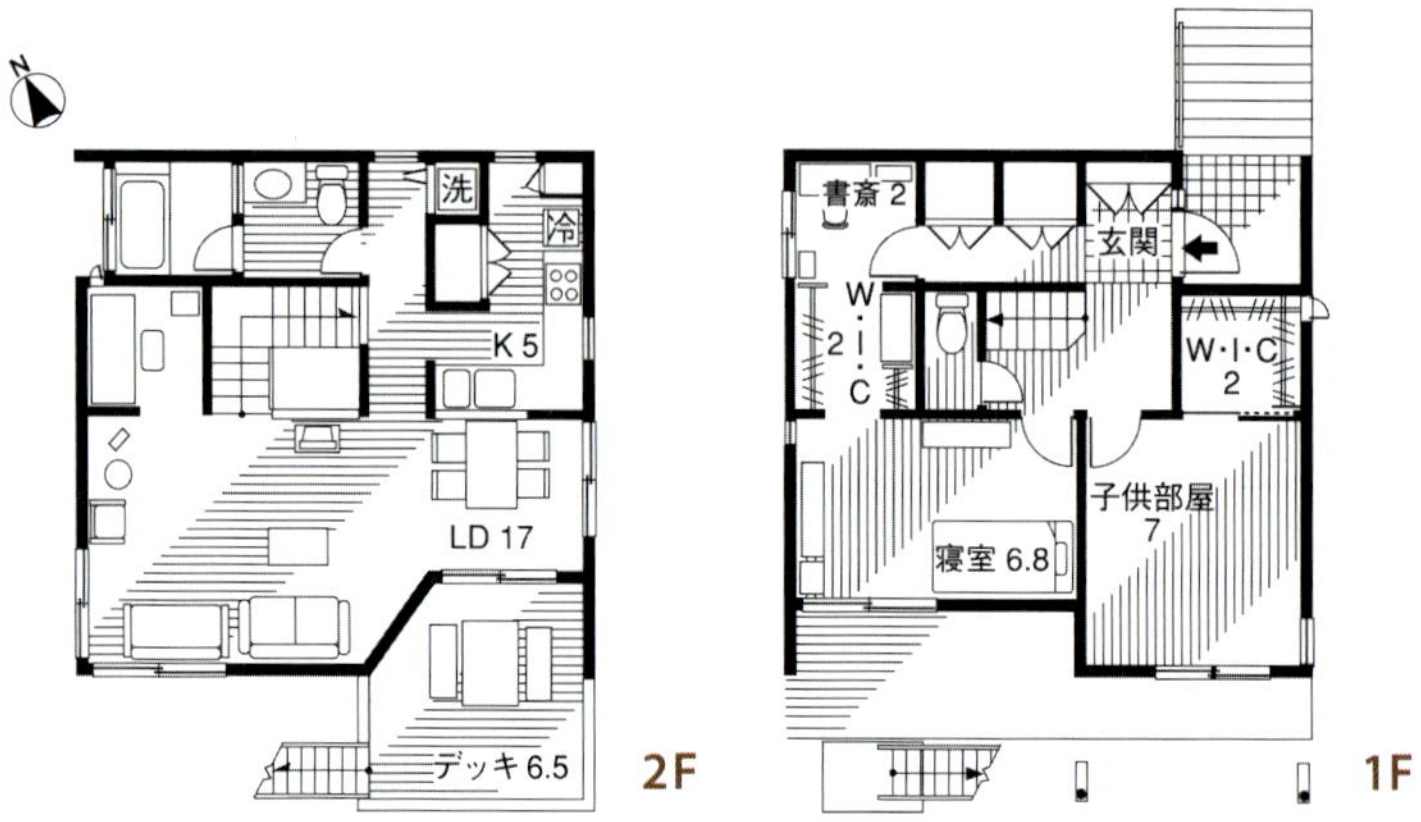

建坪

18.00 収納の工夫で親子のコミュニケーションも深まる

Nさん宅のプラン●東京都

DATA

家族構成 夫婦＋子ども1人
敷地面積 155.45㎡（47.02坪）
建築面積 59.49㎡（18.00坪）
延べ床面積 110.16㎡（33.32坪）
1F51.22㎡＋2F58.94㎡
構造・工法 木造2階建て（軸組み工法）
設計 DON工房

L字形に建物を配置し、2階のデッキは回廊状に中庭をぐるりと囲み、1階と2階を行き来できる仕組みに。プランの工夫は収納スペースのとり方にもあり、子供部屋に納戸を設け、さらに寝室とも行き来できる動線になっています。子供部屋が片づくという効果に加え、親子のコミュニケーションも深まる間取りです。ほかに、玄関に外回り用品の収納場所、寝室にも納戸を用意。プライバシーもしっかり守りながら、暮らしやすさを考えたプランです。

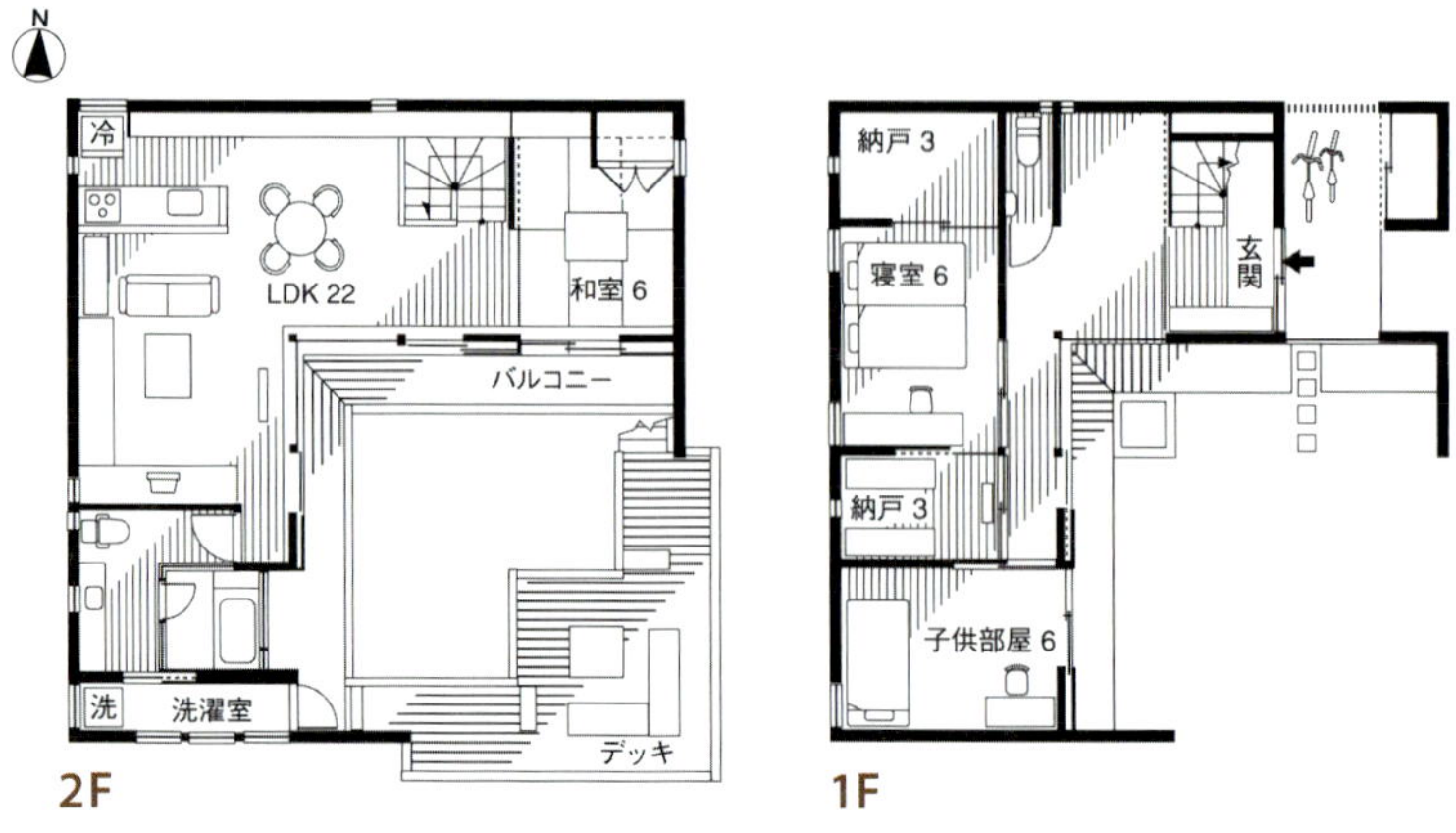

建坪

18.91 壁から壁、床から天井までを有効利用した収納

Nさん宅のプラン●神奈川県

DATA

家族構成 ………… 夫婦＋子ども1人
敷地面積 ………… 122.73㎡（37.13坪）
建築面積 ………… 62.52㎡（18.91坪）
延べ床面積 ………… 108.05㎡（32.69坪）
1F 59.20㎡＋2F48.85㎡
構造・工法 …… 木造2階建て（軸組み工法）
設計 …… アトリエシゲ一級建築士事務所

住宅に囲まれた細長い敷地ですが、ハイサイドライトや、デッキの工夫で明るい住まいを実現。床にムクのパイン材、天井材にシナ合板を使ったナチュラルトーンで内装をまとめ、その内装に合わせてリビングの壁面収納を造作家具でつくりました。収納するものに合わせて、ディスプレイ用のオープンスペースと扉のついた棚を組み合わせています。ウォークインクローゼットは、通風を考えてドアをつけていませんが、かえって使いやすいようです。

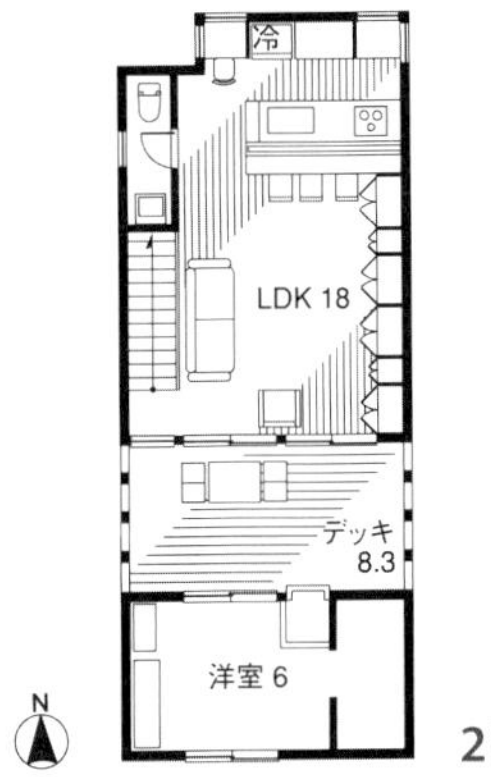

2F

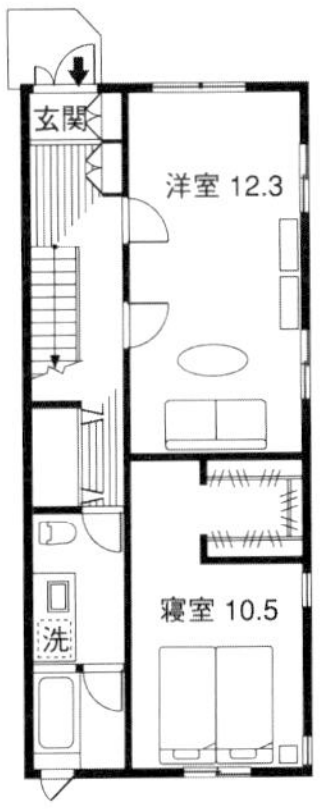

1F

建坪

19.35 コレクションを眺めながら至福の時間を過ごす住まい

Sさん宅のプラン●埼玉県

DATA

家族構成 ………… 夫婦
敷地面積 ………… 120.00㎡（36.30坪）
建築面積 ………… 63.96㎡（19.35坪）
延べ床面積 ………… 114.36㎡（34.59坪）
1F 63.44㎡＋2F50.92㎡
構造・工法 …… 木造2階建て（軸組み工法）

アンティークガラスや豆ランプのコレクターでもあるご夫婦が、コレクションを眺めながら暮らせる家を計画。LDの東と西の壁面はコレクションを飾るための棚で、すべてにガラスの扉がついています。寝室のクローゼットもみごとで、間口4 間分の壁面をすべてクローゼットにしています。内部は、棚とパイプを組み合わせて、衣類ごとに整理。ウォークインクローゼットや納戸と違って、一度に全体を見ることができるのが壁面収納のメリットです。

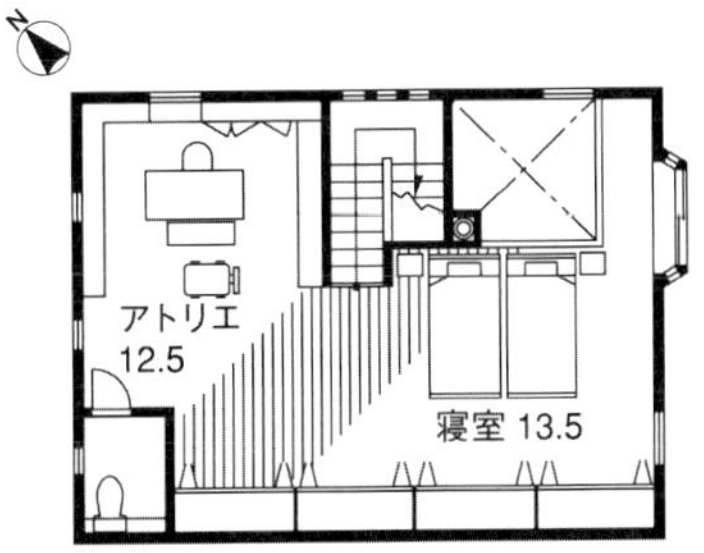

2F

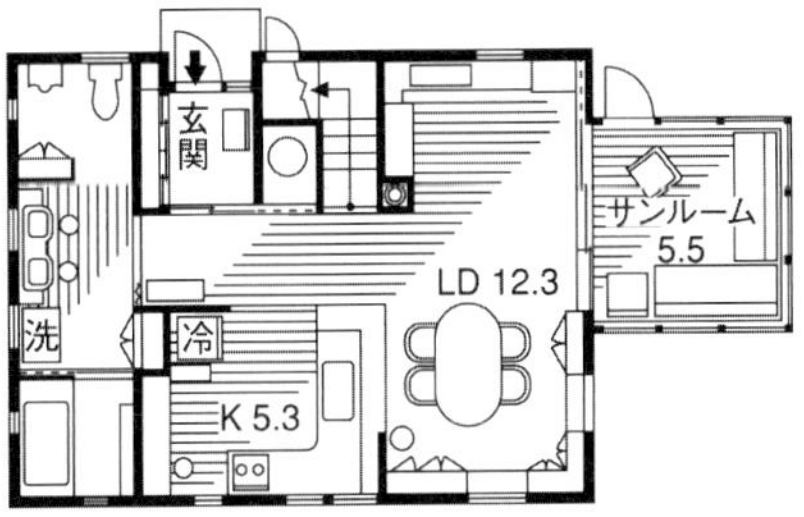

1F

建坪

19.54 機能的な収納とインテリアを楽しむ住まい

Yさん宅のプラン●東京都

DATA

家族構成 …… 夫婦
敷地面積 …… 162.16㎡(49.05坪)
建築面積 …… 64.58 ㎡ (19.54坪)
延べ床面積 …… 108.63㎡(32.86坪)
1F 56.16㎡+2F52.47㎡
構造・工法 …… 木造2階建て(軸組み工法)
設計 …… プランボックス一級建築士事務所

部屋ごとに明確なイメージをイラストにして設計者に伝えたご夫婦。特に収納スペースを決めるときは、使うもののサイズ、量をはかって、それに合わせてさまざまな工夫をしています。キッチンはベースキャビネットを2 列に配置し、シンク下以外は引き出し式に。玄関や寝室は集中収納を設け、空間をすっきりさせています。しかし、その一方で、お気に入りのチェストやキャビネットを各部屋に置いて、好きなものに囲まれたインテリアを楽しんでいます。

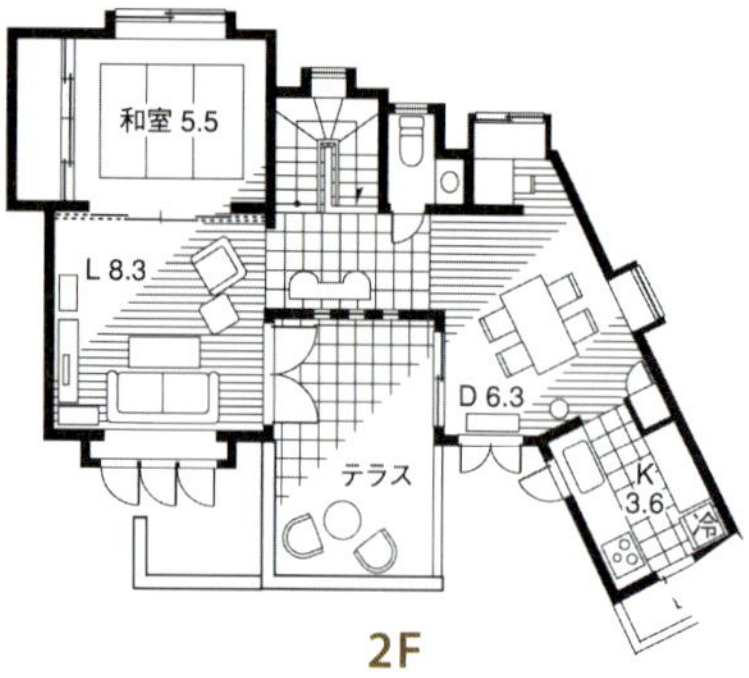

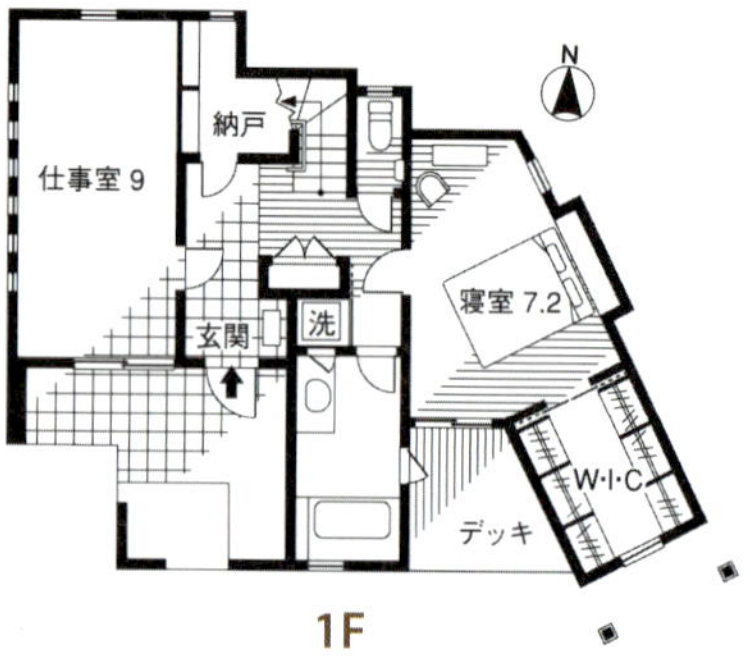

建坪

20.04 家事にかかる時間を軽減させたプラン

Kさん宅のプラン●広島県

DATA

家族構成 …… 夫婦
敷地面積 …… 169.05㎡(51.14坪)
建築面積 …… 66.24㎡ (20.04坪)
延べ床面積 …… 120.89㎡(36.57坪)
1F64.59㎡+2F56.30㎡
構造・工法 …… 木造2階建て(軸組み工法)
設計 …… さくら建設夢工房一級建築士事務所

共働き夫婦のために家事動線と収納の充実を優先させてプランしています。水回り〜キッチンのつながりを回遊させ、家事作業をスムーズに。一方、階段下のパントリーは、床を張らずに基礎のままの仕上げにしたので、低温保存が可能。大量に食品のストックができ、買い物にかかる時間を短縮することができます。寝室にも奥行きの深い壁面収納を2 カ所設け、室内をすっきりさせています。2カ所に扉があるので、将来は2 室にすることも可能です。

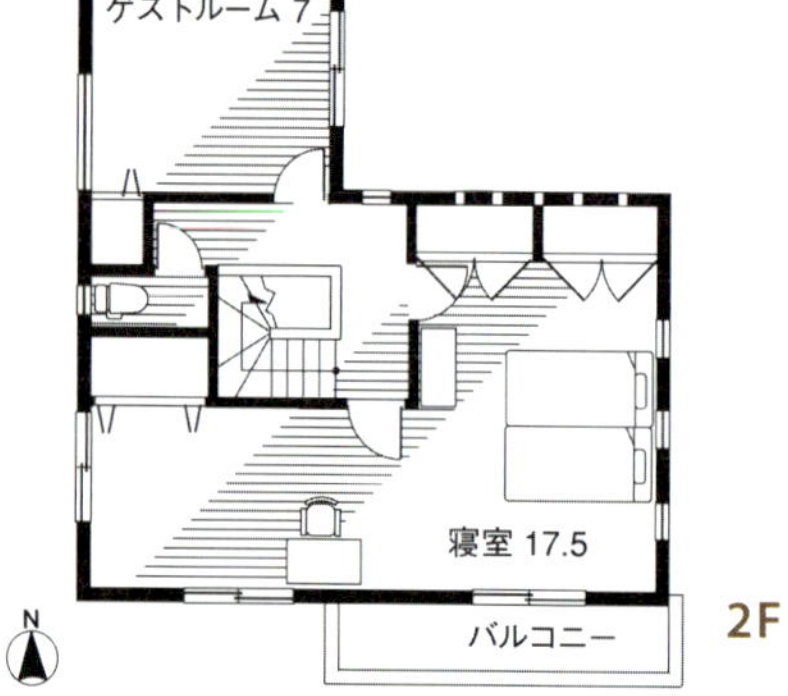

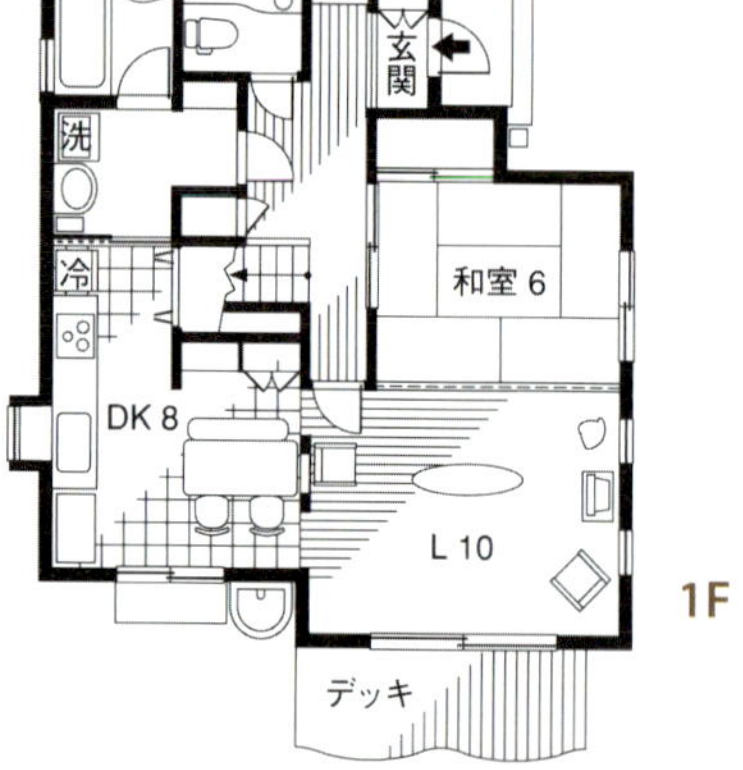

建坪

20.25 空間のゆとりが暮らしやすさにつながって

Kさん宅のプラン●岡山県

DATA

家族構成……夫婦＋子ども2人
敷地面積……330.14㎡（99.87坪）
建築面積……66.93㎡（20.25坪）
延べ床面積……111.16㎡（33.63坪）
1F57.13㎡＋2F54.03㎡
構造・工法……木造2階建て（2×4工法）
設計……案山子屋ボックスプランニング

余裕のある敷地にあるため、LDKをはじめ、個室もゆったり配置された住まいです。間取りのポイントは階段上の中2階です。1、2階の両方とコミュニケーションしやすく、このスペースをつくったことで1階に食品庫もでき、キッチン収納の充実につながりました。洗濯機置き場のあるサニタリーも広くし、L字カウンターの下にも収納をたっぷり設けています。寝室回りには大型収納があるので、室内に収納家具を置かずにすんでいます。

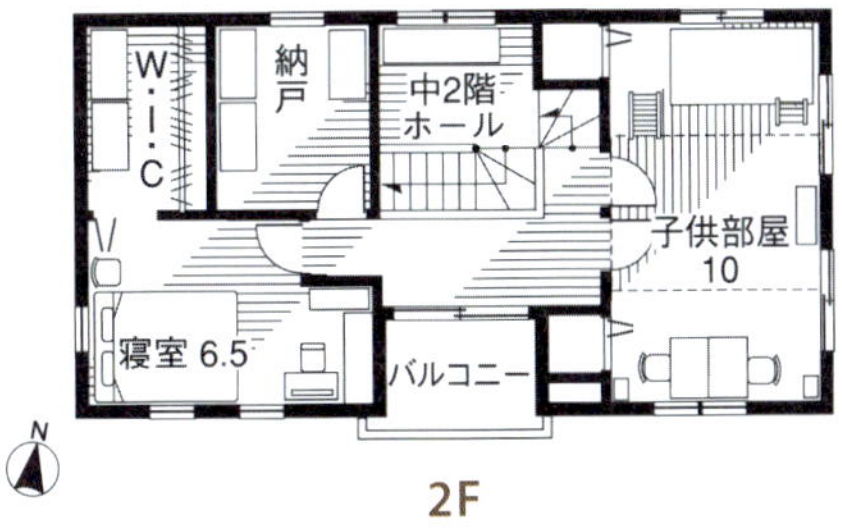

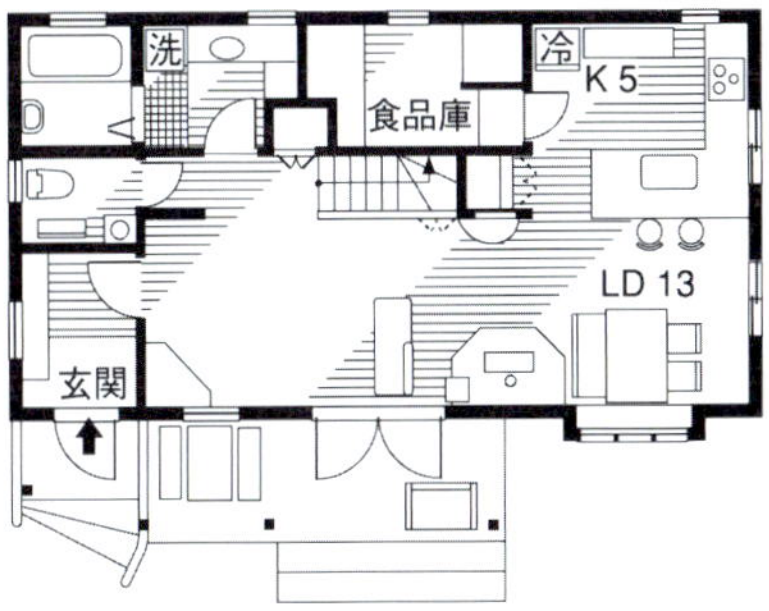

建坪

21.13 賢い収納が随所に設けられたプラン

Iさん宅のプラン●神奈川県

DATA

家族構成……夫婦＋子ども2人
敷地面積……124.47㎡（37.65坪）
建築面積……69.84㎡（21.13坪）
延べ床面積……111.78㎡（33.81坪）
1F 56.82㎡＋2F54.96㎡
構造・工法……木造2階建て（軸組み工法）
設計……DON工房

デッキ側に大きな開口を設けたことで、隣家に囲まれたほかの3方は窓を大きくする必要がなくなり、通風のための小窓だけをあけています。開放的なLDは床座りスタイルにし、壁づたいにL字に収納を設けました。この収納はベンチとしても使えるように高さを抑えたので、圧迫感もありません。収納の工夫は1階にも見られます。和室に隣接した納戸はサニタリーともつなげ、2方向から出入りできる動線にしました。外出前の身支度もスピーディにできます。

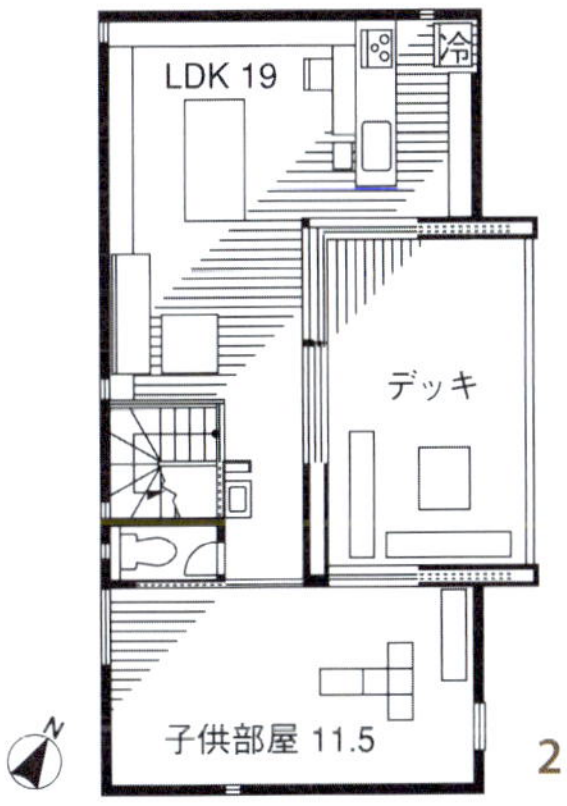

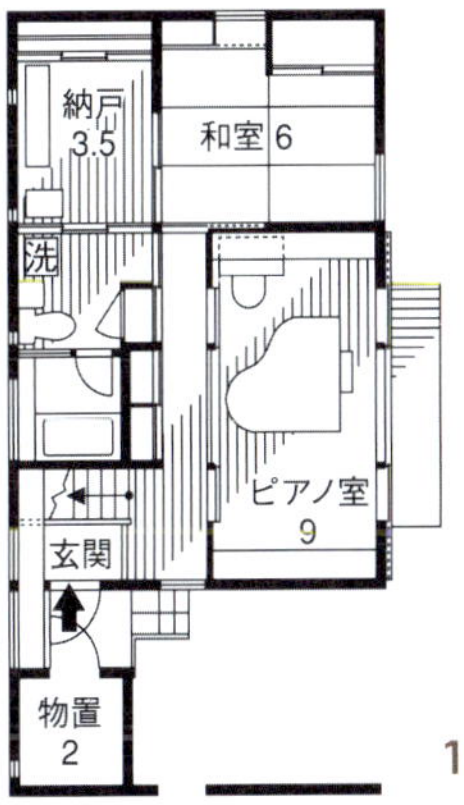

STAFF

アートディレクション・デザイン
草薙伸行、蛭田典子、村田亘 (PLANET PLAN DESIGN WORKS)

イラスト
石山綾子、酒井葵、高沢幸子、長岡伸行

間取り図
長岡伸行、中嶋英敏

撮影
アクネノブヤ、瓜坂三江子、片山達治、川上信也、
川隅知明、木奥惠三、栗田覚、小林勇蔵 (k-est.works)、
坂下智弘、坂本道浩、佐々木幹夫、澤﨑信孝、志原雅明、
鈴木江実子、大坊崇、多田昌弘、千葉充、永田智恵、中西ゆき乃、
西田佳世、畑拓、林ひろし、原野純一、広瀬麻子、
藤原武史、古瀬桂、松井ヒロシ、松竹修一、宮田知明、
森安照、矢野信夫、山口幸一、湯浅亨
主婦の友社写真課 (黒澤俊宏、佐山裕子、柴田和宣、松木潤)

取材・文
新井和彦、小沢理恵子、小野奈央子、神坐陽子、
後藤由里子、佐々木由紀、城谷千津子、杉内玲子、
中村友紀、西脇寿世、藤城明子 (ポルタ)、水谷みゆき、
横田頼子、米谷瑞恵、渡部響子、鈴木ちひろ、髙橋由佳、
多田千里、星野真希子

アシスタント
小田恵利花

編集
加藤登美子、天野隆志 (主婦の友社)

監修・取材協力
アトリエSORA
アルクデザイン増田政一一級建築士事務所
井上徹 (ピーズ・サプライ)
川上堅次 (エトラデザイン)
きのへそ工房
倉田充 (アトリエ71)
小針美玲 (KURASU)
スタイル工房
トトモニ
長浜信幸 (長浜信幸建築設計事務所)
FISH+ARCHITECTS一級建築士事務所
稲瀬稔 (リノベーション住宅推進協議会　リニューアル仲介(株))
ing design 前田久美子
菱田雅生 (ライフアセットコンサルティング株式会社)
古橋裕一 (相陽建設株式会社)
町田ひろこアカデミー
ミサワホーム
リビングデザインセンター OZONE ／ OZONE家づくりサポート

The photographs encyclopedia of HOUSE BUILDING

家《いえ》づくり
大《だい》百《ひゃっ》科《か》

平成30年1月20日　第1刷発行

編者　主婦の友社
発行者　矢崎謙三
発行所　株式会社主婦の友社
〒101-8911
東京都千代田区神田駿河台2-9
電話03-5280-7537 (編集)
03-5280-7551 (販売)
印刷所　大日本印刷株式会社

ISBN978-4-07-427810-7

■本書の内容に関するお問い合わせ、また、印刷・製本など製造上の不良がございましたら、主婦の友社 (電話03-5280-7537) にご連絡ください。
■主婦の友社が発行する書籍・ムックのご注文は、お近くの書店か主婦の友社コールセンター(電話0120-916-892) まで。
*お問い合わせ受付時間 月〜金 (祝日を除く)9:30 〜 17:30
主婦の友社ホームページhttp://www.shufunotomo.co.jp/